Anonymous

Publications

Anonymous

Publications

ISBN/EAN: 9783744649575

Printed in Europe, USA, Canada, Australia, Japan

Cover: Foto ©ninafisch / pixelio.de

More available books at **www.hansebooks.com**

REGISTER

OF THE

UNIVERSITY OF OXFORD

VOL. II

(1571—1622)

PART III

DEGREES

EDITED BY

ANDREW CLARK, M.A.

FELLOW OF LINCOLN COLLEGE, AND VICAR OF S. MICHAEL'S, OXFORD

Oxford

PRINTED FOR THE OXFORD HISTORICAL SOCIETY

AT THE CLARENDON PRESS

1888

[*All rights reserved*]

PREFACE.

This third part of the second volume or section of the Register of the University of Oxford gives the degrees which correspond to the matriculations which have already appeared in Part II; that is to say, the degrees of B.A. and B.C.L. from 1571–1625, with the other later degrees as they attach themselves to these.

I had hoped to complete the second volume with the present part, but I find that the general index which has now been compiled is too extensive to permit of its issue in the same part with the degrees. I am very sensible of the incompleteness of the volume without its index, and shall hasten it through the press with all speed. Its extent will, I hope, in some measure excuse this delay in its appearance.

The present volume brings out very distinctly several points of deficiency in the matriculation registers of the University. How frequently names are omitted in the Matriculation registers and Subscription books is sufficiently apparent from the first table which is given at the end of the degrees. How imperfect the registers are in dates, even with those names which they give, may be collected from such comparisons as the following:—

William Cheyny, Ball.; matric. 28 June 1604; adm. B.A. 20 May 1606.

William Cheney, S. Jo.; matric. 22 June 1610; adm. B.A. 31 Jan. 161$\frac{0}{1}$.

Christopher Coles, S. Jo.; matric. 16 June 1610; adm. B.A. 28 June 1610.

Henry Figg, Magd. H.; matric. 4 Dec. 1607; adm. B.A. 17 Dec. 1607.

John Hind, Ch. Ch.; matric. 18 Jan. 158$\frac{6}{7}$; adm. B.A. 17 Feb. 158$\frac{4}{5}$.

Alexander Norris, Bras.; matric. 28 June 1616; adm. B.A. 4 Nov. 1616.

Thomas Stersacher, Gloc. H.; matric. 20 Oct. 1620; adm. B.A. 28 Nov. 1620.

It is impossible to suppose that the requirements of the University about residence for the B.A. degree were openly and habitually neglected without some record of dispensation or residence elsewhere. One conclusion therefore remains, that the matriculation entry in such cases has been made at a date later than the actual beginning of residence. I have taken these seven instances quite at random, and might have increased them by tens and twenties. The lists in Part I, pp. 290 foll., supply conclusive evidence on both points. Several names are found there which are absent from the Matriculation register. In other cases names occur earlier than they do in the Matriculation register. There is, for instance, no doubt that ... Badcock and ... Day of the Broadg. H. list on 1 Feb. 161$\frac{3}{9}$ are the two whose matric. in ii. 394 is only a month before their degree in iii. 401.

I had hoped to draw from the materials supplied by the present volume a tabular view of the part played in the economy of the University by the eight Halls which still flourished in the Elizabethan age; but I find that the details are too intricate to be gathered together in a table. Generally speaking, however, we may note a constant tendency with men who have taken B.A. from a College to take M.A. from a Hall, where the fees were smaller and rooms cheaper. We may note also that the choice of the hall is very frequently determined by its proximity to the graduate's college, Christ Church men frequently appearing at Broadgates Hall, New College men at Hart Hall, Corpus Christi men at S. Alban Hall. In the case of Merton and S. Alban Hall, Oriel and S. Mary Hall, Queen's and S. Edmund Hall, Magdalen College and Magdalen Hall, the attractions of proximity were strengthened by the close connection between the College and the Hall. We find also many who have matriculated at or taken B.A. from a Hall, subsequently graduating from a College; a number of these cases may be accounted for by the gaining of some scholarship, exhibition, clerkship, or fellowship.

I take this opportunity of adding some notes and corrections about points touched on in the first part.

In Part I, p. 290, line 24 from top: *for* **Hart H.** *read* **S. Alb. H.**

As regards New College, I find that a relic of the old exemption from supplicating for degrees survives in theory. All New College men have their graces asked in Congregation, but the correct word in asking the grace for a Fellow of New College is 'postulat' and not 'supplicat.' (See Part i, pp. 30, 31.)

As regards the High Sheriffs (Part i, pp. 313, 314) I have to refer to the ample lists of 'Lords Lieutenant, High Sheriffs, and Members of Parliament of Oxfordshire from 1086 to 1868,' compiled by the late J. M. Davenport, Esq., recently issued (Oxford, at the Clarendon Press, 1888) in a new edition by T. M. Davenport, Esq.

I might also have called attention to the evidence which the exercises and formalities of the degree-system afford about the numbers present in the University. We know that in the Elizabethan age many of these had become very formal and unimportant, and that no new ceremonies of any length had been imposed; and yet we find that with a couple of hundred, say, proceeding to B.A., and a hundred to M.A., the requirements of the University system can be fulfilled only by liberal dispensations about the time and place and duration of the exercises. When therefore these exercises were real and thoroughly carried out, we must conclude that the number of persons passing through the curriculum of the University was very small.

In the present part I ought to have noted that the list of Fellows of All Souls' College referred to on p. 7 is that originally compiled by Robert Hoveden, Warden from 1571 to 1614. See Bliss' Wood's Ath. II. 145.

In the present part, after the sheets were struck off, I have noted several misprints and a few omissions in the bracketed references to the matriculations; these have been of course corrected in the index, and I need not enumerate the simpler ones of them here, as they are an addition to the work and involve no misstatement of any document.

One or two of them, however, involve not merely a wrong reference, but a mistake in attaching the degree to the right person. These I have noted here. Also one or two slips and omissions in the text.

p. 21, line 9 from foot: *read* 'to take D.D. (? M.A.) suppl. to have.' The description of the former grace as being for D.D. is clearly an error for M.A.; since immediately after the present grace is granted Angell takes his M.A.

p. 21, line 13 from foot: *for* 1555 *read* 1563.

p. 23, line 11 from top: *for* 1561 *read* 1555.

p. 39: **Kindersley**, add the Christian name **Robert**.

p. 41, line 3 from top: *read* **Justinian**.

p. 89, footnote: *read* Part I, p. 249.

p. 91, last line: the lic. to preach, and the D.D. degree must be transferred to John Wilkinson on p. 169.

p. 98, line 3 from top: *read* $15\frac{19}{50}$.

p. 125, line 6 from foot: the Arts and Law degrees should be separated; the B.A. being the degree of the John Penny who matr. at Hart H., ii. 97.

p. 156, last line: add to the matric. reference 'or Jes. ii. 151.'

p. 159, line 26 from top: *read* 'ii. 141 or 148.'

p. 186, line 8 from top: *for* ii. 254 *read* ii. 154.

p. 199, line 15 from top: the degrees of M.A. and B.D. have been attached to the B.A. of Lewis Bowen of Jesus in error; they must be transferred to Lewis Bowen of Magd. H., p. 219.

p. 243, line 28 from top: *for* Trin., ii. 249 *read* Broadg. H., ii. 235.

p. 248, line 17 from foot: *for* Trin., ii. 241 *read* Univ., ii. 250.

p. 249, line 17 from foot: *for* Gloc. H., ii. 253 *read* Broadg. H., ii. 244.

p. 257, line 3 from foot : *for* 238 *read* 279.
p. 283, top line ; *for* 262 *read* 259.
p. 292, line 23 from top : *for* Ch. Ch., ii. 300 *read* Bras., ii. 290.
p. 302, line 26 from top : *for* 285 *read* 311.
p. 333, line 18 from top : *for* **Hayes** *read* **Hayles**.
p. 372, line 21 from foot : *for* ii. 335 *read* Eston, ii. 355.
p. 381, line 13 from foot : *dele* Wadh.
p. 396, line 17 from top : the M.A. degree is wrongly attached to this Magd. man ; it must be transferred to William Pickering of Ch. Ch., p. 406.
p. 400, line 23 from top : *for* 307 *read* 367.
p. 402, line 16 from top : after **Stroude** supply the Christian name **William**.
p. 410, line 16 from top : the 'Lennard' whose det. is added here perhaps belongs to Christopher Lannard of Exet., p. 398.

The degree of Thomas Wood, who was lic. M.A. from S. Mary H. on 9 July 1613 and inc. 1613, furnishes a good example of how complicated a question the fitting together of these degrees becomes with a common combination of names and how easy it is to fall into error—an error which in this case I have not been able to avoid in the text, though I have now detected it.

We learn from Wood's life (Bliss' Wood's Ath. I. p. v.) that we must bring together Thomas Wood (Anthony's father), whose matric. at Broadg. H. is given in ii. 240 ; Thomas Wood, B.A., Corp., p. 246 ; and B.C.L., Broadg. H., p. 380. Wood never mentions his father as taking M.A., and therefore this M.A. entry cannot belong to this place.

It is probably out of the question to attach this M.A. to Thomas Wood of S. Mary H. p. 141, who took his B.A. 26 years before.

There is at this time also a Thomas Wood, B.A., New C., p. 286, and another B.A., S. Edm. H., p. 284, but each of these has his own M.A.

All these possibilities being struck out, it becomes clear that this M.A. must be attached to Thomas Wood who incorporated as B.A. from Cambridge on 1 July 1612 (i. 367), and on 4 July, being then at S. Edm. H., was allowed to count his Cambridge terms since B.A. On 27 Oct. 1612, being then of S. Mary H., his grace (I suppose, for M.A., though it is not stated) was refused (i. 228). On 7 July 1613 he suppl. again for M.A. from S. Mary H., was lic. M.A. on 9 July 1613, and inc. 1613.

ANDREW CLARK.

REGISTRUM UNIVERSITATIS OXON.

VOL. II, PART III.

DEGREES 1571–1625.

The reasons which induced me to give the degrees in a separate volume from the matriculations have been stated in the Preface to Part I of this volume (pp. xv, xvi), but may be recapitulated here. In the first place, there are so many errors and omissions in the Matriculation Registers, that any system of combining the degrees with the matriculations must have involved a large appendix of degrees for which no matriculations could be found. In the second place, the successive admissions to the B.A. degree supply a chronological view of members of the University, which becomes of the greatest value in the many years in which the Matriculation Registers and Subscription Books are defective or confused in their notes of time.

The principles on which the degrees in this volume have been arranged may be thus stated. The entries follow each other according to a fixed scheme, and seek to give (I) the College, (II) the names, (III) the degrees, (IV) the reference to the matriculation, and (V) (in some cases) other references in relation to the persons graduating.

On each of these heads some words of explanation are needed.

(I.) As regards the College of the graduates. Wherever possible the College given is that found in the entry which records admission to the B.A. degree. In a few cases, where that entry is unmistakeably in error, the right College is given from other entries; but the change and the reason for it are noted. Where no further record of the College is made, it is to be understood that in all subsequent degrees the student continues to be at his first College. Where the student changes his College, which at this period was a very common occurrence, an asterisk has been added, and the new College is entered in brackets at the point where it first comes in.

In the earlier years of this period (1571 to 1580) the College is absent from all degree entries. In these years I have given, wherever possible, a College reference for the graduate, enclosing it in angular brackets ⟨ ⟩. The evidence on which this is done is found in the references to the Matriculation Register and to College admission books which follow the degree entries. It is to be clearly understood that such bracketed entries do not profess to give the College at the date of the B.A. degree, but only the College to which it appears that the student belonged at some time in his course. In some instances he would be of that College at the date of his B.A.; in others, not.

Just at the point of time where the College begins to be recorded in the degree entries, several complications arise. A person, e.g. admitted B.A. in 1580 does not have his College indicated; but the College is stated when he determines in 158$^?_1$, or takes his M.A. in 1583. In these cases the possible College at the date of the B.A. degree is given in angular brackets as before; and the College recorded at the determination or the M.A. is given when it first occurs. Where a change has taken place the first entry is asterisked, as before.

The mark ... indicates that I have been unable to find a College reference for the graduate.

(II.) As regards the names of the graduates. The first spelling of the surnames, as a rule, is that of the entry recording admission to the B.A., variants in other degree entries being added in brackets. In a few cases, where the spelling of the admission entry was misleading, the more usual spelling has been taken, and the other recorded as a variant. In many cases the spelling of the surname in one or other of the degree entries is not a variant but an error; and in other cases the Christian name is given erroneously in some of the entries. In these cases the erroneous spelling or name is given in brackets at the date when it is found. It is, however, to be clearly understood that the surname and name given in the first place prevail throughout the entries, unless the contrary is expressly stated.

(III.) As regards the degrees. As a rule, the names follow

each other in the order of admission to the B.A. degree; to which all other degree entries have been attached.

In a fully-written out series of degree entries there will be found *three*[1] entries for the B.A. degree, recording the supplication (suppl.), admission (adm.), and determination (det.); these are followed by *three* for the M.A. degree, recording the supplication (suppl.), the licentiation (lic.), and the inception (inc.); these may be followed by *two* for a licence to practise in a faculty (suppl. lic. to pract. med. and lic., *or* suppl. lic. to preach and lic.); these again may be followed by *two* for a bachelor's degree in a higher faculty (suppl. B.C.L., *or* M.B., *or* B.D., and adm.); and these by *three* entries for a doctorate (suppl. D.C.L., *or* M.D., *or* D.D., lic., and inc.).

It is therefore quite possible that a graduate in Medicine or Theology may have thirteen entries recording the thirteen stages of his graduation. And in the great majority of cases his name will occur in the University registers even more frequently, for it was possible and usual to have a dispensation at all of these stages and at several intermediate points.

These dispensations have been omitted; as also the 'supplicat' entries, except in the first twelve years, when it was desirable to illustrate the ordinary degree procedure of the University. Where, however, the 'suppl.' or 'disp.' entries contain any information beyond the mere formal statement that the candidate had fulfilled or been dispensed from the conditions required for the degree, either the entry is recorded or the information it supplies is noted.

Where a graduate was a grand compounder, the fact was generally noted in the admission entry by adding 'cumulatus,' and these notes have of course been retained here.

The record of determination and inception has been retained throughout. Without determination the degree of B.A. was incomplete, and *ipso facto* lapsed; without inception the degrees of Master and Doctor were incomplete, and *ipso facto* lapsed. If we set aside, therefore, the omissions of the degree registers, we have to seek in all cases an explanation for the absence of the determination or licence. It points us sometimes to the candidate's death or removal from Oxford before completion of his degree; sometimes to some College custom or quarrel; and so

---

[1] Except in the case of members on the foundation of New College, who were exempt from supplicating in all degrees.

on. In a few cases it is helpful in fixing the right person to whom to attach a later degree: e.g. a Thomas Collins of Exet. took M.A. in 1628; we have to decide whether this was Thomas Collins of Exet. who took B.A. in 1624, or another Thomas Collins who took B.A. in 1625; the former alternative is preferable, because the B.A. of 1624 certainly determined, but we have no record of the determination of the other. In a great many cases the absence of the determination entry enables us to correct the degree register in those places in which a licence to M.A. has been registered as an admission to B.A.

In almost every year there are a number of degree entries which cannot be brought into the above scheme. These have been arranged at the end of the B.A. admissions for each year in the following groups:—

(*a*) Students who are recorded as supplicating for the B.A. degree, or determining, but for whom no admission to that degree has been found. Some of these supplications were perhaps never followed by admissions; some are probably due to errors in the names which I have been unable to check; in some the record of admission has been omitted, as is proved by later entries.

(*b*) Students who are recorded as taking M.A., but for whom no B.A. entries exist to which the M.A. can be attached. Several of these persons are known to have incorporated; others perhaps had incorporated, but the record of their incorporation is lost; some few are doubtless due to error in the name, or to incompleteness in the register of the B.A. degree.

(*c*) Students who graduate in Law without graduating in Arts. This (as has been explained in Part I, pp. 7, 113) was a recognised course in the University. Such students are most frequently from New C. S. John's and All Souls contribute some names; but latterly the All Souls Law students are generally found to have graduated in Arts.

(*d*) Students who graduate in Medicine without graduating in Arts.

(*e*) Students who graduate in Theology without graduating in Arts.

These two classes last preceding suggest either incorporation or special dispensation; or else imperfection in the register of Arts degrees.

For the first few years of the period these appendixes to the

B.A. degrees of the year are swollen to an abnormal volume by the necessity of entering the higher degrees of men whose earlier degrees have been recorded in Mr. Boase's volume. Some slight repetition of the entries in that volume has also been found necessary; it seemed better to err on the side of repetition than to spoil the run of the degree entries by petty curtailments.

Having had so much to say in all three parts of my volume about the existence of large gaps in the matriculation records, I note with pleasure that there seems every reason to suppose that the register of graduates is fairly complete. We may not have all the entries about every graduate, but from 1571 to 1625 there can have been very few people who ever proceeded to a degree whose name has not been preserved in some one entry or other.

The entries relating to licences to practise in Surgery and to degrees in Music are not given here, but have been placed by themselves in Part I, pp. 124, 146. They are very few in number; and when brought together throw a light on each other which would be lost if one entry was separated from the other by forty or fifty pages of print.

I intended also to append to the record of incorporation of graduates in Part I any entry relating to a higher degree at Oxford. I find, however, that I failed to trace some of these at the time, and have had to place them among the M.A. and other entries in the present Part.

In this list of degrees there is one point of cardinal importance. Every entry about a graduate occurs in a different part of the degree registers from every other entry, and there is absolutely no clue to attach them together in a series except pure conjecture from the similarity of the names. These conjectures are in most cases easy and certain. But where the name is a common one, and especially where a change of College takes place, the summation of the entries is often both difficult and uncertain. To take a hypothetical case. John Williams, of Hart H., is found taking M.A. in a given year; is this degree to be attached to John Williams who took his B.A. from S. Edm. H. three years before, or to another John Williams who took his B.A. from Jes. C. four years before? And so on in many like cases. I have taken every pains to attain accuracy in this matter, but it must be clearly understood that the connection of one degree entry with another rests on no statement in the degree registers, but on bare conjecture or inference.

Towards the end of this volume it will be observed that there are an unusual number of errors and omissions in the register of degrees, especially in the Christian names. The explanation is to be sought in the failing health of the Registrar, Thomas French, and the incompetency of his deputy. In the beginning of the next volume, when John French succeeded his father (see Part I, p. 249), these errors become still more numerous; as À Wood has noted in his transcript of the licences to M.A. for $163\frac{29}{30}$:—'Nota quod Johannes French, in officium scribae noviter electus, multa omisit.' John French's delinquencies were, however, due to more causes than his newness in office. In describing 'P. 15' (the register of Congregation from 7 April 1630 to July 1634), À Wood says:—'All which is written by John French, who though a good scholar, yet he was much given to bibbing, and has committed many misnomers, neither hath he timed[1] things well.' ⟨Wood, MS. E. 4, fol. 169.⟩

(IV.) As regards the matriculation references. I have added to the degree entries within square brackets [ ] the reference, where I seemed satisfied with its probability, to the matriculation as given in Part II, and occasionally to similar records in Part I. In every such case the attachment of a degree to a matriculation is a mere conjecture. In most cases the conjecture is not only easy but also certain; but with frequently recurring names, such as John Williams, William Jones, Richard Smith, certainty, or even probability, is out of the question. We have to remember that there are great gaps in the matriculation register; that names are entered under wrong Colleges; that changes of College are frequent. Hence, to take a hypothetical example, it is impossible to say whether a William Powell, who took his B.A. from Gloc. H. in a given year, is to be identified with a William Powell who matriculated at Jes. C. four years before, or with another who entered Oriel C. about the same date, or whether it is to be supposed that he refers to neither, but that the record of his admission has been omitted. A great many identifications of degrees with matriculations, which at first sight seemed plausible, have had to be rejected when all the possibilities of the case were taken into account.

---

[1] I. e. given the dates of the entries. This is particularly true of the licences to preach from 1630 to 1633, and of the admissions to B.D. in 1631.

This point has an interest and importance far beyond the range of the present volume. The older generation of students who collected notices of Oxford writers seem to have been far too hasty in claiming a writer for Oxford on the strength of finding a person of his names recorded in our Oxford registers at or about the year at which he might have come to Oxford; and the same vicious principle of hasty identification continues to infect our biographical dictionaries and county histories. One instance of it may be given. Nicholas Fitzherbert in 1602 published an interesting tract[1] on Oxford University in his day. À Wood has a distinct statement that he entered Exeter College in 1568, and that he occurs as senior undergraduate in the Exeter College list of 1572. The only evidence for this seems to be that one 'Fitz-herbert' (no Christian name given) occurs in the Exeter list, see Part II, p. 32. To see how unsubstantial is the foundation for identifying this name with Nicholas Fitzherbert, we have to remember that Fitzherbert is not an uncommon name at the period, and that this may equally well have been a John, or Thomas, or any one else; and again, that though it were certain that Nicholas Fitzherbert was in Oxford in 1572, he may have been at All So., Bras., Ch. Ch., Corp., Linc., Magd. C., Mert., New C., Queen's, S. Jo., or Trin., of all which Colleges there are in this year either no lists, or practically no lists.

(V.) Some other references have been added. During the period 1571–1580, where the College is not given in the degree registers, I have tried to supply the omission by adding from such College sources as were open to me the record of the graduate's fellowship or scholarship. Since these notes are in part drawn from original authorities, and in part borrowed, I append a statement of their sources.

For All Souls, I have used a MS. list of fellows from the foundation, preserved in the College Library, apparently drawn from the College admission books, and prepared with great accuracy.

For Balliol, I have used the original College Register.

For Brasenose, I have used a MS. list of fellows in a ledger-book. It seems to date from the end of the seventeenth century, and to be incomplete.

---

[1] Republished in the volume of reprints concerning Elizabethan Oxford, issued by the Oxford Historical Society in 1886.

For Christ Church, Mr. Vere Bayne allowed me to use his lists.

For Corpus Christi, I have used the MS. list of scholars and fellows drawn up from the original admission books by Robert Hegg, and revised by William Fulman.

For Exeter, I have used Mr. Boase's published 'Registrum Collegii Exoniensis,' cited as 'Boase.'

For Jesus College, I find that the College Register affords no help till about 1612.

For Lincoln, I have gone through the original College Registers.

For Magdalen, I have used Dr. Bloxam's published 'Register of S. Mary Magdalene College,' cited as 'Blox.'

For Merton, I have used the list in Dr. Brodrick's 'Memorials of Merton College,' cited as 'Brod.'

For New College, I have used the admirable MS. list of fellows and scholars drawn up from the College books by the present Warden.

For Oriel, I have, with Mr. C. L. Shadwell's help, gone through the original College Register.

For Queen's, I have used an old MS. list of fellows, apparently of date towards the beginning of the seventeenth century, and probably extracted from the College books.

For S. John's, I have used a MS. list of fellows, drawn up by William Holmes, President 1728-1748.

For Trinity, I have used the MS. list of fellows and scholars, drawn up by Ralph Kettell, President 1599-1643.

For University College, there seems to be no register or list of fellows till quite recent times.

For the Halls, Broadgates, Glocester, Hart, Magdalen, New Inn, S. Alban's, S. Edmund, S. Mary, there seem to be no independent lists in existence.

In the case of degrees taken by persons whose earlier degrees are found in Vol. I of the Register, edited by Mr. Boase, I have given the reference (in the usual form, *Reg.* I) in all instances where it is not covered by the reference to Part II of the present volume.

Other references, e.g. to Wood's 'Athenae' and 'Fasti', might readily have been added here; but I have intentionally omitted them, since the scope of the present volume extends only to unpublished documents.

DEGREES.

1571.

... **Grene, Roger**; adm. B.A. 26 Mar. 1571; lic. M.A. 20 July 1574, inc. 1574. (*Reg.* I. 282.)
... **Wryght, Edmund**; adm. B.A. 28 Mar. 1571.
... **Atkyns, John**; suppl. B.A. 26 Mar., adm. 28 Mar. 1571, det. 157½; suppl. M.A. 9 Apr., lic. 4 May 1575, inc. 1575.
... **Foggs, Ezechias**; adm. B.A. 28 Mar. 1571.
... **Cunisbie, Ralph**; adm. B.A. 31 Mar. 1571.
⟨*S. Alb. H.*⟩ **Warde, Leonard**; adm. B.A. 31 Mar. 1571; suppl. M.A. 6 Feb., lic. 22 Feb. 157⅘, inc. 1575. (*Reg.* I. 282.) [ii. 40]
... **Gwyn** (Guine), **John**; suppl. B.A. 4 Apr., adm. 7 Apr. 1571, det. 157½.
⟨*All Souls.*⟩ **Jesoppe** (Jhesop, Jhesoppe, Jesop), **John**; adm. B.A. 7 Apr. 1571, det. 157½; suppl. M.A. 10 Oct. 1575, lic. 3 July 1576, inc. 1576; suppl. B.D. (from All So.) 1 Dec., adm. 7 Dec. 1582. (*Reg.* I. 282) ⟨Fellow of All Souls in 1571.⟩
⟨?*S. Alb. H.*⟩ **Browne, John**; suppl. B.A. 26 Mar., adm. 7 Apr. 1571, det. 157½. [? ii. 40] A John Browne suppl. M.A. 20 June, lic. 2 July 1576; inc. 1576; but there are three of both names about this time, see infra, pp. 13, 39. A John Browne adm. B.D. 27 June 1580; suppl. lic. to preach 11 Apr. 1583.
⟨*Oriel?*⟩ **Lewes** (Lewys), **Edward**; suppl. B.A. 4 Apr., adm. 7 Apr. 1571, det. 157½; suppl. M.A. 4 May, lic. 26 June 1574, inc. 1574. ⟨An Edward Lewis was elected Fellow of Oriel in 1572; probably this man and not, as I have suggested in Part II. p. 39, Edward Lewis from Cambridge.⟩
⟨*Exeter.*⟩ **Sherwyn** (Sherwin), **Ralph**; suppl. B.A. 26 Apr., adm. 22 Nov. 1571, det. 157½; suppl. M.A. 18 June, lic. 2 July 1574, inc. 1574. [ii. 32] Boase, p. 45.
⟨*Exeter.*⟩ **Carpentar, Robert**; suppl. B.A. 26 Apr., adm. 22 Nov. 1571, det. 157½; suppl. and lic. M.A. 18 June 1575, inc. 1575. [ii. 32] Boase, p. 45.
⟨*Exeter.*⟩ **Cliff** (Clyffe), **Nicholas**; suppl. B.A. 26 Apr., adm. 22 Nov. 1571, det. 157½; suppl. M.A. 18 June, lic. 2 July 1574, inc. 1574; suppl. B.D. (from Exeter) 5 Nov., adm. 7 Dec. 1584; suppl. lic. to preach, 23 Mar. 159⁰⁄₁. [ii. 32] Boase, p. 45.
⟨*Exeter.*⟩ **Hole** (Hoole), **Thomas**; suppl. B.A. 26 Apr., adm. 22 Nov. 1571, det. 157½; suppl. M.A. 18 June, lic. 2 July 1574, inc. 1574. [ii. 32] Boase, p. 45.
... **Eaton** (Eiton), **Ralph**; adm. B.A. 22 Nov. 1571; suppl. M.A. 25 Nov. 1575, lic. 1 Feb. 157⅝, inc. 1576. (*Reg.* I. 282.)
⟨*New Coll.*⟩ **Midwinter** (Midwater, Madwinter), **John**; adm. B.A. 22 Nov. 1571, det. 157½; lic. M.A. 21 Feb. 157⅝, inc. 1576; suppl. B.C.L. 7 July, adm. ... July 1579. ⟨Scholar of New C. in 1567.⟩

⟨*Merton.*⟩ **May, John**; suppl. B.A. 26 Apr., adm. 22 Nov. 1571, det. ('Man') 157½; suppl. M.A. 7 June, lic. 3 July 1576, inc. 1576. (*Reg.* I. 282, Brod. p. 268.)
⟨*All Souls.*⟩ **Madox** (Madocks, Maddockes), **Richard**; suppl. B.A. 26 Apr., adm. 1 Dec. 1571, det. 157½; suppl. M.A. 10 Oct., lic. 25 Nov. 1575, inc. 1576; suppl. lic. to preach 8 Feb. 158½. ⟨Fellow of All Souls in 1571.⟩
⟨*Lincoln.*⟩ **Harwode** (Harwood, Harewood), **William**; adm. B.A. 1 Dec. 1571, det. 157½; suppl. M.A. 30 June, lic. 3 July 1576, inc. 1576. ⟨Fellow of Lincoln before 1573, died 1 May 1578.⟩
. . . **Bote** (Boote), **George**; suppl. B.A. Nov., adm. 4 Dec. 1571.
. . . **Bankes, Thomas**; adm. B.A. 4 Dec. 1571; suppl. M.A. 23 July, lic. 24 July 1574, inc. 1574.
. . . **Green, Thomas**; adm. B.A. 17 Dec. 1571.
. . . **Jones** (Jonnes), **Roger**; suppl. B.A. June, adm. 17 Dec. 1571, det. ('Roger James'?) 157½; suppl. M.A. 4 May, lic. 28 June 1574, inc. 1574.
⟨*New Coll.*⟩ **Bodie** (Body), **John**; det. 157½; lic. M.A. 1 Feb. 157⅝, inc. 1576. ⟨Scholar of New Coll. in 1567.⟩
⟨*New Coll.*⟩ **Leyson, Thomas**; det. 157½; lic. M.A. 1 Feb. 157⅝, inc. 1576; adm. M.B. 8 July 1583. ⟨Scholar of New Coll. in 1567.⟩
⟨*New Coll.*⟩ **Tomlins** (Tomlyns, Tolins), **Richard**; det. 157½; lic. M.A. 1 Feb. 157⅝, inc. 1576. ⟨Scholar of New Coll. in 1567.⟩

⟨*Lincoln.*⟩ **Markam** (Marcham) **William**; suppl. B.A. 28 Mar. 1571, det. 157¾. (*Reg.* I. 282.) ⟨Fellow of Lincoln, 1573-1574.⟩
. . . **Ashton, Richard**; suppl. B.A. 7 Dec. 1571.
. . . **Barton, John**; suppl. B.A. 7 Dec. 1571.
. . . **Elmrose** (Elmore)(?), **Cuthbert**(?); suppl. B.A. 7 Dec. 1571. ⟨This name occurs in only one entry, where it is scored out and hardly legible. The lines of 'The Rehearsal' seem appropriate to this man :—

'The blackest ink of fate, sure, was my lot,
And when she writ my name she made a blot.'⟩

. . . **Hilton, Jerome**; suppl. B.A. 7 Dec. 1571.
. . . **Richards, Thomas**; suppl. B.A. 7 Dec. 1571.
. . . **Swet, George**; suppl. B.A. 7 Dec. 1571.

⟨*All Souls.*⟩ **Dun, Daniel**; suppl. B.C.L. 26 Apr. 1571[1], adm. 14 July 1572; suppl. D.C.L. 14 July 1579, lic. 20 June 1580. Principal of N. I. H. (*Reg.* I. 282.) ⟨Fellow of All Souls in 1567.⟩
⟨*New Coll.*⟩ **White, Edward**; adm. B.C.L. Nov. 1571; suppl. D.C.L. 4 Apr. 1582. [ii. 22] ⟨Scholar of New C. in 156¾.⟩
⟨*New Coll.*⟩ **Polson, James**; adm. B.C.L. Nov. 1571. [ii. 22] ⟨James Polson or Pollexphen, Scholar of New C. in 1563.⟩
⟨*Brasenose.*⟩ **Blackleche, William**; B.A., suppl. B.C.L. Mich.Term 1571, adm. B.C.L. 19 July 1573. [ii. 26]

---

[1] The deferring of the admission for a year in this and some cases that follow reminds us of the pestilence which closed the Schools in the summer of 1571. See Part I. p. 158. The same epidemic accounts for the small number of B.A.'s in this year.

⟨*Ch. Ch.*⟩ **Stoughton, William**; suppl. B.C.L. Mich. Term 1571 [ii. 12]
⟨Student of Ch. Ch. in 1561, the first el. from Westminster School.⟩

⟨*Magd. C.*⟩ **Gibbard** (Gibbert), **Nicholas**; suppl. for licence to practise medicine 4 Apr. 1571, adm. M.B. and licensed to pract. Med. 17 Dec. 1571; suppl. M.D. 30 Jan. 157$\frac{0}{1}$. [ii. 16, 45]
⟨*Corpus.*⟩ **Bassett** (Basset), **Thomas**; suppl. M.D. 26 Apr. 1571, lic. 26 June 1572, inc. 1572. (*Reg.* I. 227.) ⟨Fellow of Corp. in 1552.⟩
⟨*Trinity.*⟩ **Bellamye, Robert**; suppl. M.D. Mich. Term 1571, lic. 23 June 1572, inc. 1572. [ii. 24] ⟨Fellow of S. Jo. in 1555; Fellow of Trin. in 1556; see Warton's Life of Sir T. Pope, p. 408.⟩
⟨*Merton.*⟩ **Wanton, Thomas**; suppl. M.D. Mich. Term 1571 and again 18 June 1573, lic. 2 July 1573. [ii. 20]
⟨*Magd. C.*⟩ **Doylie, Thomas**; suppl. M.B. and for lic. to pract. med. Mich. Term 1571. [ii. 17]
⟨*Magd. C.*⟩ **Bust, Henry**; suppl. M.B. and for lic. to pract. med. Mich. Term 1571, adm. M.B. 14 July 1572; suppl. M.D. 4 May 1574, lic. 12 Nov. 1578, inc. 1579. [ii. 16, 45]
. . . **Lesseus, Robert**; for six years a student of med. suppl. M.B. Mich. Term 1571.
⟨*Merton.*⟩ **Whiteheade** (Whytthead), **James**; suppl. M.B. and for lic. to pract. med. 7 Dec. 1571. [ii. 20]

⟨*Brasenose.*⟩ **Emot, William**; suppl. B.D. 26 Apr. 1571. ⟨Fellow of Bras. in 1556.⟩ [ii. 25]
⟨*Oriel.*⟩ **Horlocke, John**; suppl. B.D. 26 Apr. 1571. [ii. 39 *n.*] ⟨Fellow of Oriel in 1561.⟩
⟨*New Coll.*⟩ **Chandler** (Chandeler), **John**; suppl. D.D.(?) 10 Nov. 1571; adm. B.D. 22 Jan. 157$\frac{2}{3}$; suppl. D.D. 10 Nov. 1581. [ii. 21]
⟨? *Merton*⟩ **Rowe, George**; suppl. B.D. Mich. Term 1571; suppl. for lic. to preach 8 July 1572. [? ii. 20] (*Reg.* I. 259.)
⟨*Corpus.*⟩ **Sprinte, John**; suppl. B.D. 7 Dec. 1571; suppl. B.D. and D.D. (being then Prebendary of Sarum) 18 June, adm. B.D. and lic. D.D. 23 July 1574, inc. D.D. 1574. [ii. 15] ⟨Scholar of Corp. in 1560, Fell. in 1563.⟩

1572.

. . . **Lister** (Lyster), **John**; suppl. B.A. 7 Dec. 1571, adm. 17 Jan. 157$\frac{1}{2}$; det. 157$\frac{1}{2}$.
⟨*Merton.*⟩ **Scott, William**; suppl. B.A. Nov. 1571, adm. 19 Jan. 157$\frac{1}{2}$, det. 157$\frac{1}{2}$; suppl. M.A. 7 June, lic. 3 July 1576, inc. 1576. (Brod. p. 270.)
⟨*Merton.*⟩ **Ratcliff** (Ratclyff), **Richard**; suppl. B.A. 26 Apr. 1571, adm. 1 Feb. 157$\frac{1}{2}$, det. 157$\frac{1}{2}$; suppl. M.A. 7 June, lic. 3 July 1576, inc. 1576; suppl. for lic. to pract. med. and for M.B. 28 Nov. 1582, lic. to pract. med. and adm. M.B. 8 July 1585; suppl. M.D. 29 June, lic. 8 July 1585, inc. 1585. (*Reg.* I. 283. Brod. p. 270.)
⟨*All Souls.*⟩ **Screvin** (Scriven), **Reginald**; suppl. B.A. 26 Apr. 1571, adm. 1 Feb. 157$\frac{1}{2}$, det. 157$\frac{1}{2}$; suppl. M.A. 10 Oct. 1575, and again 22 Oct. 1576, lic. 5 July 1577, inc. 1577. (*Reg.* I. 280.) ⟨Fellow of All So. in 1569.⟩

⟨*All Souls.*⟩ **Carpenter, Thomas**; suppl. B.A. 26 Apr. 1571, adm. 1 Feb. 157½, det. 157½; suppl. M.A. 10 Oct., lic. 25 Nov. 1575, inc. 1576. (*Reg.* I. 280.) ⟨Fellow of All So. in 1569.⟩

⟨*All Souls.*⟩ **Davys** (Davies), **Owen**; suppl. B.A. 7 Dec. 1571, adm. 1 Feb. 157½, det. 157½; suppl. M.A. 10 Oct. 1575, lic. 4 Feb. 157⅚, inc. 1576. (*Reg.* I. 283.) ⟨Fellow of All So. in 1570.⟩

⟨*All Souls.*⟩ **Woodward, Humphrey**; suppl. B.A. 26 Apr. 1571, adm. 1 Feb. 157½; det. 157½. ⟨Fellow of All So. in 1570.⟩

⟨*S. Alb. H.*⟩ **Fletewode** (Fleetwood, Flettwood), **Edward**; adm. B.A. 7 Feb. 157½, det. 157½; suppl. M.A. 18 Apr., lic. 18 May 1575, inc. 1575. [ii. 40]

⟨*Balliol.*⟩ **Crane, Robert**; suppl. B.A. 7 Dec. 1571, adm. 7 Feb. 157½, det. 157½; suppl. M.A. 18 June, lic. 21 June 1575, inc. 1575. [ii. 30] ⟨Fellow of Ball. 1572–1583.⟩

⟨*New Coll.*⟩ **Barker, Thomas**; suppl. B.A. 26 Apr. 1571, adm. ('Parker') 7 Feb. 157½, det. 157½; lic. M.A. 21 Feb. 157⅚. ⟨Scholar of New C. in 1568.⟩

. . . **Roberts, Lancelot**; adm. B.A. 12 Feb. 157½, det. 157½.

⟨*Trinity.*⟩ **Ashbrooke, John**; suppl. B.A. May 1571, adm. 12 Feb. 157½, det. 157½. (*Reg.* I. 283.) ⟨Scholar of Trin. in 1566.⟩

⟨*Trinity.*⟩ **Chewe** (Chue), **John**; suppl. B.A. May 1571, adm. 12 Feb. 157½, det. 157½; suppl. M.A. 9 May, lic. 14 May 1575, inc. 1575. (*Reg.* I. 283.) ⟨Scholar of Trin. in 1567, Fell. in 1572.⟩

⟨*Trinity.*⟩ **Warren** (Warryn), **Thomas**; suppl. B.A. May 1571, adm. 12 Feb. 157½, det. 157½; suppl. M.A. 9 May, lic. 14 May 1575, inc. 1575. *Reg.* I. 283.) ⟨Scholar of Trin. in 1568, Fell. in 1572.⟩

⟨*Trinity.*⟩ **Cottington** (Cottingtoonne, Cottynton), **James**; suppl. B.A. May 1571, adm. 12 Feb. 157½, det. 157½; suppl. M.A. 9 May, lic. 14 May 1575, inc. 1575; suppl. B.D. 1 Mar., adm. 2 Mar. 15$\frac{79}{80}$; suppl. D.D. 28 Nov. 1581, lic. 13 Mar. 158½, inc. 1582. [ii. 24] ⟨Scholar of Trin. in 1569, Fell. in 1572.⟩

⟨*Trinity.*⟩ **Pattinson** (Pattison, Pattynson), **Richard**; suppl. B.A. May 1571, adm. 12 Feb. 157½, det. 157½. (*Reg.* I. 283.) ⟨Scholar of Trin. in 1569, Fell. in 1572.⟩

⟨*Trinity.*⟩ **Pickeringe** (Pykeringe), **Matthew**; suppl. B.A. 7 Dec. 1571, adm. 12 Feb. 157½, det. 157½. ⟨Scholar of Trin. in 1569.⟩

⟨*Trinity.*⟩ **Swinborne** (Swinburne, Swynborn), **Ralph**; suppl. B.A. May 1571, adm. 12 Feb. 157½, det. 157½; suppl. and lic. M.A. 8 July 1575, inc. 1575. (*Reg.* I. 283.) ⟨Scholar of Trin. in 1569, Fell. in 1572.⟩

⟨*Trinity.*⟩ **Chamberlane** (Chamberleyn), **John**; suppl. B.A. 7 Dec. 1571, adm. 12 Feb. 157½, det. 157½; suppl. M.A. 10 Apr., lic. 24 May 1576. A 'Robert' Chamberlayne incepted 1576, probably a mistake for this one 'John.' ⟨Scholar of Trin. in 1571, Fell. in 1573.⟩

. . . **Michel** (Michall), **Richard**; suppl. B.A. 7 Dec. 1571, adm. 15 Feb. 157½, det. 157½; suppl. M.A. 16 Feb. 157¾, lic. 3 Apr. 1574, inc. 1574.

⟨*Hart H.*⟩ **Whiddon** (Whitton), **Nicholas**; suppl. B.A. 7 Dec. 1571, adm. 15 Feb. 157½, det. 157½; suppl. M.A. 14 May, lic. 8 July 1575, inc. 1575. [ii. 35, 49]

⟨*Hart H.*⟩ **Craker, John**; suppl. B.A. 7 Dec. 1571, adm. 15 Feb. 157½, det. 157½; suppl. M.A. June, lic. 27 June 1577, inc. 1577. [ii. 35, 48]

⟨*S. Alb. H.*⟩ **Blandford** (Blanford), **Henry**; suppl. B.A. 17 Dec. 1571, adm. 15 Feb. 157½. [ii. 40]
⟨*All Souls.*⟩ **Frye** (Frie), **Miles**; suppl. B.A. 18 Feb. (?), adm. 15 Feb. 157½, det. 157½; suppl. M.A. 9 July, lic. 25 Nov. 1575, inc. 1576. ⟨Fellow of All So. in 1571.⟩
⟨*Hart H.*⟩ **Lloide** (Lloyde), **Owen**; adm. B.A. 15 Feb. 157½, det. 157½; suppl. M.A. 3 Oct., lic. 5 Oct. 1573, inc. 1573. [ii. 35]
  . . . **Knighte** (Knyght), **William**; adm. B.A. 15 Feb. 157½, det. 157½; suppl. M.A. Mar., lic. 23 Mar. 157¾, inc. 1574.
  . . . **Roberts**, **Henry**; suppl. B.A. 26 Apr. 1571, adm. 15 Feb. 157½, det. 157½; suppl. M.A. 18 June 1574, inc. 1574.
⟨*S. Edm. H.**⟩ **Fisher**, **William**; suppl. B.A. 7 Dec. 1571, adm. 15 Feb. 157½, det. 157½; suppl. M.A. 14 May, lic. 20 June 1575, inc. 1575. suppl. (from Oriel) B.D. 18 July, adm. 14 Oct. 1598; suppl. D.D. 26 Feb. 160⅝, lic. 30 Oct. 1606, inc. 1607. [ii. 41]
  . . . **More**, **George**; suppl. B.A. 18 Feb., adm. 20 Feb. 157½, det. 157½; suppl. M.A. 16 Jan., lic. 21 Jan. 157¾.
  . . . **Broune** (Browne), **John**; suppl. B.A. 26 Mar. 1571, adm. 23 Feb. 157½, det. 157½ (see p. 9).
⟨*Magd. C.*⟩ **Forde**, **Anthony**; suppl. B.A. 18 Feb., adm. 23 Feb. 157½, det. 157½. ⟨Demy of Magd. C. 1566–1569, Blox. 4, p. 165.⟩
⟨*Ch. Ch.*⟩ **Willes** (Willis), **Toby**; suppl. B.A. 7 Dec 1571, adm. 26 Feb. 157½, det. 157½; suppl. M.A. 9 July (?), lic. 8 July 1575, inc. 1575. ⟨Student of Ch. Ch. in 1567.⟩
⟨*Ch. Ch.*⟩ **Plumpton** (Plompton), **John**; suppl. B.A. 18 Feb., adm. 26 Feb. 157½, det. 157½; suppl. M.A. 7 June, lic. 30 June 1575, inc. 1575. ⟨Student of Ch. Ch. in 1568.⟩
⟨*Ch. Ch.*⟩ **Edwards**, **John**; suppl. B.A. 7 Dec. 1571, adm. 26 Feb. 157½, det. 157½; suppl. M.A. 18 Apr., lic. 5 May 1575, inc. 1575. ⟨Student of Ch. Ch. in 1569.⟩
⟨*Ch. Ch.*⟩ **Snowe**, **John**; suppl. B.A. 7 Dec. 1571, adm. 26 Feb. 157½, det. 157½; suppl. M.A. 28 May, lic. 8 July 1575, inc. 1575. ⟨Student of Ch. Ch. in 1569.⟩
⟨*Ch. Ch.*⟩ **Stedman**, **John**; suppl. B.A. 7 Dec. 1571, adm. 26 Feb. 157½, det. 157½. ⟨Student of Ch. Ch. in 1569.⟩
⟨*Ch. Ch.*⟩ **Colfe** (Colphe), **Richard**; suppl. B.A. 18 Feb., adm. 26 Feb. 157½, det. 157½; suppl. M.A. 18 Apr., lic. 5 May 1575, inc. 1575; suppl. lic. to preach 9 Dec. 1578; suppl. B.D. and D.D. (from Ch. Ch.) 18 Apr. 1608, being then Prebendary of Canterbury, and thirty years a preacher, lic. D.D. 30 June 1608, inc. 1608. ⟨Student of Ch. Ch. in 1569.⟩
⟨*Ch. Ch.*⟩ **Baker**, **John**; suppl. B.A. 18 Feb., adm. 27 Feb. 157½, det. 157½; suppl. M.A. 18 Apr., lic. 5 May 1575, inc. 1575. ⟨Student of Ch. Ch. in 1568.⟩
⟨*Ch. Ch.*⟩ **Fowler** (Fouler), **Abraham**; suppl. B.A. 18 Feb., adm. 27 Feb. 157½, det. 157½. ⟨Student of Ch. Ch. in 1568.⟩
⟨*Ch. Ch.*⟩ **Harington** (Harrington), **Thomas**; suppl. B.A. 7 Dec. 1571, adm. 27 Feb. 157½, det. 157½; suppl. M.A. 5 Mar. 157¾, inc. 1574. ⟨Student of Ch. Ch. in 1568.⟩
⟨*Ch. Ch.*⟩ **Heaton** (Eaton), **Matthew**; suppl. B.A. 18 Feb., adm. 27 Feb. 157½, det. 157½. ⟨Student of Ch. Ch. in 1569.⟩

⟨*Ch. Ch.*⟩ **Morrey** (Morré), **Thomas**; suppl. B.A. 18 Feb., adm. ('Norrey') 27 Feb. $157\frac{1}{2}$, det. $157\frac{1}{2}$; suppl. M.A. 18 Apr., lic. 17 May 1575, inc. 1575; suppl. lic. to preach 10 Oct. 1579. ⟨Student of Ch. Ch. in 1571.⟩

⟨*Ch. Ch.*⟩ **Stone** (Stoane), **Thomas**; suppl. B.A. 7 Dec. 1571, adm. 27 Feb. $157\frac{1}{2}$, det. $157\frac{1}{2}$; suppl. M.A. 9 May, lic. 17 May 1575, inc. 1575; suppl. lic. to preach 18 May 1582. ⟨Student of Ch. Ch. in 1571.⟩

⟨*Ch. Ch.*⟩ **Weston, John**; suppl. B.A. 7 Dec. 1571, adm. 27 Feb. $157\frac{1}{2}$, det. $157\frac{1}{2}$; suppl. M.A. 18 Apr., lic. 17 May 1575, inc. 1575; suppl. (from Ch. Ch.) B.C.L. 5 June, and D.C.L. 11 July 1590; adm. B.C.L. and lic. D.C.L. 14 July 1590, inc. D.C.L. 1591. ⟨Student of Ch. Ch. in 1571.⟩

. . . **Graunt** (Grant), **Edward**; suppl. B.A. 18 Feb., adm. 27 Feb. $157\frac{1}{2}$; suppl. M.A. Mar. $157\frac{1}{2}$, lic. 27 Mar. 1572, inc. 1572.

. . . **Richardson, John**; suppl. B.A. 18 Feb., adm. 10 Mar. $157\frac{1}{2}$.

⟨*Broadg. H.*⟩ **Peperill, John**; adm. B.A. 10 Mar. $157\frac{1}{2}$. [ii. 31]

. . . **Griffet** (Griffith, Griffin), **William**; suppl. B.A. Mar., adm. 18 Mar. $157\frac{1}{2}$, det. $157\frac{1}{2}$; suppl. M.A. 14 Jan., lic. 27 Jan. $157\frac{4}{5}$, inc. 1575.

⟨*Corpus.*⟩ **Watts, Thomas**; suppl. B.A. 7 Dec. 1571, and again Mar. $157\frac{1}{2}$, adm. 18 Mar. $157\frac{1}{2}$. ⟨Scholar of Corp. in 1568.⟩

⟨*Exeter.*⟩ **Scutte, Andrew**; suppl. B.A. Mar., adm. 17 Mar. $157\frac{1}{2}$. [ii. 33]

⟨*Corpus.*⟩ **Hanson** (Hauson), **George**; suppl. B.A. 18 Feb., adm. 18 Mar. $157\frac{1}{2}$, det. $157\frac{2}{3}$; suppl. M.A. 23 Feb., lic. 13 Mar. $157\frac{5}{6}$, inc. 1576. ⟨Scholar of Corp. in 1568, Fell. in 1573.⟩

⟨*Corpus.*⟩ **Bodley** (Bodleighe), **Miles**; suppl. B.A. 18 Feb., adm. 18 Mar. $157\frac{1}{2}$, det. $157\frac{2}{3}$. ⟨Scholar of Corp. in 1568.⟩

⟨*Corpus.*⟩ **Cole, Thomas**; suppl. B.A. 18 Feb., adm. 18 Mar. $157\frac{1}{2}$, det. $157\frac{2}{3}$; suppl. M.A. 23 Feb., lic. 13 Mar. $157\frac{5}{6}$, inc. 1576; adm. B.D. 22 June 1584. ⟨Scholar of Corp. in 1568, Fell. in $157\frac{5}{6}$.⟩

⟨*Corpus.*⟩ **Frye** (Frie), **Peter**; suppl. B.A. 18 Feb. and again 17 Mar., adm. 18 Mar. $157\frac{1}{2}$, det. $157\frac{2}{3}$; suppl. M.A. 23 Feb., lic. 13 Mar. $157\frac{5}{6}$, inc. 1576. ⟨Scholar of Corp. in $156\frac{8}{9}$, Fell. in $157\frac{4}{5}$.⟩

⟨*Corpus.*⟩ **Taylour** (Tayler, Tailour), **Leonard**; suppl. B.A. 18 Feb., adm. 18 Mar. $157\frac{1}{2}$, det. $157\frac{2}{3}$; suppl. M.A. 23 Feb., lic. 13 Mar. $157\frac{5}{6}$, inc. 1576; suppl. B.D. 5 Nov., adm. 7 Dec. 1584; suppl. lic. to preach 30 June 1589; suppl. D.D. 3 July, lic. 6 July 1593. ⟨Scholar of Corp. in $156\frac{8}{9}$, Fell. in 1574.⟩

⟨*Magd. H.*⟩ **Spendlove** (Spendlowe), **Edward**; suppl. B.A. 26 Mar. 1571, and again Mar. $157\frac{1}{2}$, adm. 22 Mar. $157\frac{1}{2}$, det. $157\frac{2}{3}$; suppl. M.A. 9 May, lic. 8 July 1575, inc. 1575. [ii. 38]

⟨*Magd. H.*⟩ **Spendlove, Richard**; suppl. B.A. 26 Mar. 1571, and again Mar. $157\frac{1}{2}$, adm. 22 Mar. $157\frac{1}{2}$, det. $157\frac{2}{3}$; suppl. M.A. 26 Mar., lic. 8 July 1575, inc. 1575. [ii. 38]

⟨*Magd. H.*⟩ **Tilman** (Tylman), **Isaac**; suppl. B.A. Mar., adm. 22 Mar. $157\frac{1}{2}$, det. ('Josias') $157\frac{2}{3}$; suppl. M.A. 18 June 1574, inc. 1574. [ii. 38]

⟨*Oriel.*⟩ **Sheward, John**; suppl. B.A. 18 Feb., adm. 22 Mar. $157\frac{1}{2}$; suppl. M.A. 18 June 1575, and again 7 June 1576, lic. 9 June 1576, inc. 1576. ⟨Fellow of Oriel in 1572; Shewerde.⟩

... **Gibs** (Gibbs), **Anthony**; suppl. B.A. Mar., adm. 24 Mar. 157$\frac{1}{2}$.

... **Dalison, Thomas**; suppl. B.A. Mar., adm. 24 Mar. 157$\frac{1}{2}$, det. 157$\frac{2}{3}$.

⟨*Magd. C.*⟩ **Spensar** (Spencer), **Richard**; suppl. B.A. Mar. 157$\frac{1}{2}$, adm. 27 Mar. 1572, det. 157$\frac{2}{3}$; suppl. M.A. 18 Apr., lic. 9 May 1575, inc. 1575. [? Sr ... Spenser, ii. 52]

... **Lounes** (Lownes), **Ralph**; suppl. ('Lowe') B.A. Mar. 157$\frac{1}{2}$, adm. 27 Mar. 1572.

⟨*Balliol.*⟩ **Turner, George**; suppl. B.A. Mar. 157$\frac{1}{2}$, adm. 27 Mar. 1572, det. 157$\frac{2}{3}$; suppl. M.A. 18 June, lic. 21 June 1575, inc. 1575. ⟨Fell. of Ball. 1572, died 1582.⟩

⟨*Magd. C.*⟩ **Drope, Thomas**; suppl. B.A. Mar. 157$\frac{1}{2}$, adm. 29 Mar. 1572, det. 157$\frac{2}{3}$; suppl. M.A. 25 Nov., lic. 5 Dec. 1575, inc. 1576; suppl. B.D. 4 Dec., adm. 12 Dec. 1583. [ii. 37]

⟨*Magd. C.*⟩ **Smyth** (Smith), **Luke**; suppl. B.A. Nov. 1571 and again Mar. 157$\frac{1}{2}$, adm. 29 Mar. 1572, det. 157$\frac{2}{3}$; suppl. M.A. 25 Nov., lic. 5 Dec. 1575, inc. 1576. ⟨Chorister of Magd. C. 1556, Demy 1569–1572, Chapl. 1576–1580; Blox. 1, p. 15, 2 p. 128, and 4 p. 174.⟩

... **Tailour, John**; suppl. B.A. 16 Apr., adm. 30 Apr. 1572.

... **Yate, Francis**; suppl. B.A. 16 Apr., adm. 30 Apr. 1572, det. 157$\frac{2}{3}$.

⟨*Gloc. H.*⟩ **Weare** (Were, Wyer), **John**; suppl. B.A. 16 Apr., adm. 30 Apr. 1572, det. 157$\frac{2}{3}$. [ii. 34]

... **Rishton, Edward**; suppl. B.A. 16 Apr., adm. 30 Apr. 1572. A 'Richard Rilstone' det. 157$\frac{3}{4}$, probably an error for this name.

⟨*University.*⟩ **Hagthrop** ⟨Hagthroppe⟩, **Rowland**; suppl. B.A. 16 Apr., adm. 2 May 1572. [ii. 43]

⟨*Magd. C.*⟩ **Taverner, John**; suppl. B.A. 17 Mar. 157$\frac{1}{2}$, adm. 8 May 1572, det. 157$\frac{3}{4}$. [ii. 52]

⟨*New C.*⟩ **Matkin** (Matkyn, Matkins), **William**; adm. B.A. 12 May 1572, det. 157$\frac{2}{3}$; lic. M.A. 21 Feb. 157$\frac{5}{6}$, inc. 1576. ⟨Scholar of New C. in 1568.⟩

⟨*New C.*⟩ **Tilburne** (Tilborne, Tillbrow, Tilborow, Tylburne, Tylborowe), **John**; adm. B.A. 12 May 1572, det. 157$\frac{2}{3}$; lic. M.A. 21 Feb. 157$\frac{5}{6}$, inc. 1576. ⟨Scholar of New C. in 1568.⟩

⟨*New C.*⟩ **Packington** (Paggenton, Pagenton, Paginton), **Andrew**; adm. B.A. 12 May 1572, det. 157$\frac{2}{3}$; lic. M.A. 21 Feb. 157$\frac{5}{6}$, inc. 1576. ⟨Scholar of New C. in 1568.⟩

⟨*? S. Jo.*⟩ **Greneway, Richard**; suppl. B.A. 16 Apr., adm. 12 May 1572, det. 157$\frac{2}{3}$. [Corp. ii. 15] ⟨Fellow of S. Jo. in 1570.⟩

... **Coburne** (Cooburne), **Henry**; suppl. B.A. 18 Feb. 157$\frac{1}{2}$, adm. 17 May 1572.

⟨*New C.*⟩ **Bowles** (Booles, Boules, Bouls, Boles), **John**; adm. B.A. 4 June 1572, det. 157$\frac{2}{3}$; suppl. M.A. Mar. 157$\frac{5}{6}$, lic. 19 May 1576, inc. 1576. ⟨Scholar of New C. in 1568.⟩

⟨*S. Mary H.*⟩ **Pinkney** (Pynkney, Pincknie), **Robert**; suppl. B.A. 16 Apr., adm. 10 June 1572, det. 157$\frac{2}{3}$; suppl. M.A. 3 July, lic. 5 July 1575, inc. 1575. [ii. 42]

⟨*S. Mary H.*⟩ **Smith** (Smyth), **William**; suppl. B.A. 16 Apr., adm. 10 June 1572, det. 157$\frac{2}{3}$; suppl. M.A. 18 June 1575, inc. 1575. [ii. 42]

⟨*S. Mary H.*⟩ **Alexander, Nicholas**; suppl. B.A. 16 Apr., adm. 10 June 1572, det. 157⅔; suppl. M.A. 18 June, lic. 6 July 1575, inc. 1575. [ii. 42]

⟨*S. Mary H.*⟩ **Roo** (Rooe), **Richard**; suppl. B.A. May, adm. 12 June 1572, det. 157⅔. [ii. 42]

⟨*Balliol.*⟩ **Parsons** (Parsoonnes, Persons), **John**; suppl. B.A. 16 Apr., adm. 12 June 1572, det. 157⅔; suppl. M.A. 3 July, lic. 8 July 1575, inc. 1575; suppl. B.D. 20 Jan., adm. 21 Jan. 158¹¹⁄₁. [ii. 30]

⟨*S. Alb. H.*⟩ **Carslocke** (Karslake), **George**; suppl. B.A. May, adm. 18 June 1572. [ii. 40]

... **Wakefelde, John**; adm. B.A. 18 June 1572.

... **Chetame** (Chetam, Chetamme), **William**; suppl. B.A. 16 Apr., adm. 18 June 1572, det. 157⅔.

⟨*University.*⟩ **Waringe** (Warryng), **Richard**; suppl. B.A. 16 Apr., adm. 18 June 1572, det. 157⅔; suppl. M.A. 25 June, lic. 2 July 1576, inc. ('Maring') 1576. [ii. 43]

... **Weston, John**; suppl. B.A. May, adm. 11 July 1572, det. 157⅔; suppl. M.A. 14 May, lic. 18 May 1575, inc. 1575.

⟨*Queen's.*⟩ **Ayray** (Airey, Airé), **Hugh**; adm. B.A. 11 July 1572; suppl. M.A. 3 July, lic. 6 July 1575, inc. 1575. ⟨Tabarder at Queen's, 1572.⟩

⟨*Exeter.*⟩ **Germyn** (Germin), **Gilbert**; suppl. B.A. 8 July, adm. 11 July 1572, det. 157⅔. [ii. 32]

⟨*Exeter.*⟩ **Coke** (Cooke), **Robert**; suppl. B.A. 8 July, adm. 11 July 1572, det. 157⅔. [ii. 33] ⟨A 'Robert Cooke' was Fellow of Oriel in 1572, possibly this man. See, however, another of both names, *infra*, p. 29.⟩

⟨*Queen's.*⟩ **Davis** (Davies), **William**; suppl. B.A. 7 Dec. 1571, adm. 12 July 1572, det. 157½; suppl. M.A. 7 June, lic. 20 June 1575, inc. 1575. [? ii. 50] ⟨Tabarder at Queen's, 1572; Fellow of Queen's in 1575.⟩

⟨*Queen's.*⟩ **Shephard** (Shepherd, Sheppard), **John**; suppl. B.A. 7 Dec. 1571, adm. 12 July 1572, det. 157½; suppl. M.A. 7 June, lic. 20 June 1575, inc. 1575. [? Hart H., ii. 49] ⟨Tabarder at Queen's, 1572; Fellow of Queen's in 1575.⟩

⟨*Queen's.*⟩ **Robinson** (Robynson), **Henry**; suppl. B.A. 7 Dec. 1571, adm. 12 July 1572, det. 157⅔; suppl. M.A. 14 May, lic. 20 June 1575, inc. 1575, suppl. (Provost of Queen's) B.D. 13 June, adm. 10 July 1582; suppl. D.D. 13 May, lic. 6 July 1590, inc. 1590. ⟨Tabarder at Queen's, 1572; Fellow of Queen's in 1572.⟩

⟨*Balliol.*⟩ **Bagshawe, Christopher**; suppl. B.A. June, adm. 12 July 1572, det. 157⅔; suppl. M.A. 18 June, lic. 21 June 1575, inc. 1575. [ii. 30] ⟨Fellow of Balliol in 1572.⟩

... **Drisius** (Drusius, Drutius), **John**; adm. B.A. 15 July 1572; lic. M.A. 8 Oct. 1573, inc. 1573.

⟨*Exeter.*⟩ **Buckland, Robert**; suppl. B.A. 26 Mar. 1571, adm. 26 June 1572, det. 157⅔; suppl. M.A. 18 June, lic. 2 July 1574, inc. 1574. The Christian name in the suppl. M.A. and inc. is put as 'Francis.' [ii. 32]

⟨*Exeter.*⟩ **Carew, Peter**; suppl. B.A. May, adm. 26 June 1572, det. 157⅔. [ii. 32]

⟨*Exeter.*⟩ **Harison** (Harrison), **William**; suppl. ('Harris') B.A. May, adm. 26 June 1572, det. 157⅔. [ii. 33]

⟨*Exeter.*⟩ **Yerworth** (Yarworth, Yearworth), **James**; suppl. B.A. May, adm. 26 June 1572, det. $157\frac{2}{3}$. [ii. 33]

. . . **Shawe, Henry**; suppl. B.A. 7 Dec. 1571 and again June 1572, adm. 27 June 1572, det. $157\frac{2}{3}$.

⟨*S. Alb. H.*⟩ **Scarboroughe** (Scarborow), **Robert**; suppl. B.A. June, adm. 3 July 1572, det. $157\frac{2}{3}$. [ii. 40]

. . . **Price, Rowland**; adm. B.A. 15 Oct. 1572.

⟨*Queen's.*⟩ **Lancaster, Ambrose**; suppl. B.A. 7 Dec. 1571, adm. 22 Oct. 1572, det. $157\frac{4}{5}$; suppl. M.A. June, lic. 1 July 1577, inc. 1577. ⟨Tabarder at Queen's, 1572; Fellow of Queen's in 1577.⟩

. . . **Morryce** (Moryce, Morris, Morrys), **Matthew**; suppl. B.A. Aug., adm. 25 Oct. 1572, det. $157\frac{2}{3}$.

⟨*Magd. C.*⟩ **Gynens** (Jennens, Jennyngs, Jennings), **John**; suppl. B.A. Aug., adm. 25 Oct. 1572, det. $157\frac{2}{3}$; suppl. M.A. 27 June, lic. 2 July 1576, inc. 1576. [ii. 51]

⟨*Jesus.*⟩ **Roberts, Robert**; suppl. B.A. 16 Apr., adm. 25 Oct. 1572, det. $157\frac{2}{3}$; suppl. M.A. 4 July, lic. 6 July 1575, inc. 1575; suppl. B.D. (from Jes.) 19 Mar. $158\frac{4}{5}$, adm. 17 May 1585.

⟨*Jesus.*⟩ **Harbert, Walter**; suppl. B.A. June, adm. 30 Oct. 1572; suppl. M.A. 21 Apr., lic. 2 May 1578, inc. 1578. [ii. 36]

⟨*S. John's.*⟩ **Russell, Roland**; suppl. B.A. 10 Oct., adm. 30 Oct. 1572, det. $157\frac{2}{3}$; suppl. M.A. 14 Jan. $157\frac{6}{7}$, lic. 22 May 1577, inc. 1577. ⟨Fellow of S. Jo. in 1568.⟩

. . . **Atkinson, Leonard**; suppl. B.A. 16 Apr., adm. 30 Oct. 1572, det. $157\frac{2}{3}$.

⟨*Lincoln.*⟩ **Paule, John**; suppl. B.A. Aug., adm. 9 Nov. 1572, det. $157\frac{2}{3}$; suppl. M.A. 28 June, adm. 6 July 1577, inc. 1577. [?ii. 40] ⟨Fellow of Lincoln, 1573–1586.⟩ ⟨The 'John Pawle' who was Student of Ch. Ch. 1567–1571 is not to be identified with this man.⟩

⟨*Lincoln.*⟩ **Fulbecke, Thomas**; suppl. B.A. 25 Nov., adm. 26 Nov. 1572, det. $157\frac{2}{3}$; suppl. M.A. 7 June, lic. 6 July 1576, inc. 1576. ⟨Fellow of Lincoln, 1573–1576.⟩

⟨*Balliol.*⟩ **Thornley, Hugh**; adm. B.A. 26 Nov. 1572, det. $157\frac{2}{3}$; suppl. M.A. 18 June, lic. 21 June 1575, inc. 1575. [ii. 30] ⟨Fellow of Ball. 1572–$157\frac{7}{8}$.⟩

⟨*Oriel.*⟩ **Ashworth, Henry**; suppl. B.A. 25 Nov., adm. 1 Dec. 1572, det. $157\frac{2}{3}$; suppl. M.A. 29 Jan., lic. 27 Feb. $157\frac{7}{8}$, inc. 1578; suppl. M.B. and for lic. to pract. med. 20 Mar. $158\frac{3}{4}$, adm. M.B. and lic. to pract. med. 10 July 1585; suppl. M.D. 24 Jan. $\frac{1599}{1600}$ and again 3 Aug. 1605, lic. M.D. 13 Aug. 1605. [?ii. 41] ⟨Fellow of Oriel in 1574.⟩ [i. 236]

⟨*All Souls.*⟩ **Yates** (Yate), **Robert**; adm. B.A. 1 Dec. 1572; suppl. M.A. 30 June, lic. 3 July 1576, inc. 1576. (*Reg.* I. 282.) [Gloc. H., ii. 34] ⟨Fellow of All So. in 1571.⟩

⟨*Merton.*⟩ **Wilks** (Weeks, Wilkes), **William**; suppl. B.A. 25 Nov., adm. 2 Dec. 1572, det. $157\frac{2}{3}$; suppl. M.A. 6 May, lic. 25 June 1577, inc. 1577; suppl. B.D. 4 Dec., adm. 17 Dec. 1583; suppl. D.D. 29 June, adm. 14 July 1585, inc. 1585. (Brod., p. 270.)

⟨*Balliol.*⟩ **Dell, Ralph**; suppl. B.A. Aug., adm. 2 Dec. 1572, det. $157\frac{2}{3}$; suppl. M.A. (from Ball.) 7 May 1583. [ii. 30]

. . . **Hudson** (Hudston, Hutson), **John**; suppl. B.A. 25 Nov., adm. 9 Dec. 1572, det. $157\frac{2}{3}$; suppl. M.A. 1 June, lic. 3 June 1575, inc. 1575.

⟨*Gloc. H.*⟩ **Minchin** (Mynchyn), **Robert**; suppl. B.A. 25 Nov., adm. 9 Dec. 1572, det. $157\frac{2}{3}$; suppl. M.A. Mar. $157\frac{5}{6}$, lic. 27 Mar. 1576, inc. 1576. [ii. 34]

. . . **Flaxney** (Flexney), **Thomas**; suppl. B.A. 25 Nov., adm. 9 Dec. 1572, det. $157\frac{2}{3}$.

⟨*? S. Mary H.*⟩ **Pope, Thomas**; suppl. B.A. 25 Nov., adm. 9 Dec. 1572, det. $157\frac{2}{3}$; suppl. M.A. 10 April, lic. 23 June 1576, inc. 1576. [ii. 42]

. . . **Hewster, William**; suppl. B.A. 25 Nov., adm. 9 Dec. 1572, det. $157\frac{2}{3}$.

⟨*New Coll.*⟩ **Pryme** (Prime), **John**; adm. B.A. 15 Dec. 1572, det. ('Prynne') $157\frac{2}{3}$; lic. M.A. 29 Oct. 1576, inc. 1577; suppl. lic. to preach 12 Dec. 1581; adm. B.D. 22 June 1584; lic. D.D. (from New C.) 9 July 1588, inc. 1589. [ii. 22] ⟨Scholar of New C. in $156\frac{8}{9}$.⟩

⟨*New Coll.*⟩ **Badger, William**; adm. B.A. 15 Dec. 1572, det. $157\frac{2}{3}$. ⟨Scholar of New C. in 1569.⟩

. . . **Morgan** (Morgans), **Meredith**; suppl. B.A. Mar. $157\frac{1}{2}$, adm. 15 Dec. 1572, det. $157\frac{2}{3}$; suppl. M.A. 10 April, lic. 23 June 1576, inc. 1576.

. . . **Laurence, John**; suppl. B.A. 25 Nov., adm. 15 Dec. 1572, det. $157\frac{2}{3}$.

⟨*Magd. H.*⟩ **Gurley, James**; suppl. B.A. 25 Nov., adm. 16 Dec. 1572, det. $157\frac{2}{3}$. [ii. 38]

⟨*S. Alb. H.*⟩ **Williams, Joye**; suppl. B.A. 25 Nov., adm. 17 Dec. 1572, det. ('Josias') $157\frac{2}{3}$; suppl. M.A. 4 Mar. $157\frac{6}{7}$, lic. ('Josias') 17 May 1577, inc. 1577. [ii. 41]

⟨*Merton.*⟩ **Messinger** (Massinger, Mossinger, Messanger, Massager), **Arthur**; suppl. B.A. 7 Dec. 1571, det. $157\frac{2}{3}$; suppl. M.A. 6 May lic. 25 June 1577, inc. 1577. (Fellow of Mert.; Brod. p. 270.) [? S. Alb. H., ii. 40]

. . . **Blount, Robert**; suppl. B.A. Mar. $157\frac{1}{2}$.

⟨*Magd. C.*⟩ **Chipindale, Edward**; suppl. B.A. Mar. $157\frac{1}{2}$. ⟨Demy of Magd. C. 1569–1572; Blox. 4, p. 173.⟩

. . . **Farmer, Thomas**; suppl. B.A. 16 Apr. 1572, and again 9 May 1575.

. . . **Mathew, Laurence**; suppl. B.A. 16 Apr. 1572.

⟨*Trinity.*⟩ **Pegge, Christopher**; suppl. B.A. 16 Apr. 1572. [ii. 55]

. . . **Price, Jeffry**; suppl. B.A. May 1572.

. . . **Smyth, Thomas**; suppl. B.A. May 1572. [? S. Alb. H., ii. 41]

. . . **Rabon, Henry**; suppl. B.A. 8 July 1572.

⟨*? S. Mary H.*⟩ **Petifer, Thomas**; suppl. B.A. Aug. 1572. [? ii. 42]

. . . **Hartley, John**; suppl. B.A. Aug. 1572.

. . . **Pymme, William**; suppl. B.A. 25 Nov. 1572.

. . . **Starsmore, William**; suppl. B.A. 25 Nov. 1572.

⟨*Brasenose.*⟩ **Johnson, Laurence**; suppl. B.A. 25 Nov. 1572. ⟨Fellow of Bras. in 1569.⟩

. . . **Smith, James**; suppl. B.A. 25 Nov. 1572.

⟨*S. John's.**⟩ Ready (Redye), **Alexander**; suppl. M.A. 7 Dec. 1571, lic. 17 Jan. 157½, inc. 1572. [ii. 28; of Gloc. H., ii. 34]
⟨*Oriel.*⟩ **Holt, William**; lic. M.A. 12 Feb. 157½, inc. 1572. [ii. 39] ⟨Fellow of Oriel in 1567.⟩
⟨*University.*⟩ **Slatter** (Sclater), **Richard**; suppl. M.A. 7 Dec. 1571, lic. 12 Feb. 157½, inc. 1572. [ii. 43]
⟨*University.**⟩ **Medford, Peter**; suppl. M.A. 7 Dec. 1571, lic. 12 Feb. 157½, inc. 1572. [ii. 20, 43]
⟨*Exeter.*⟩ **Randall, Peter**; lic. M.A. 16 Feb. 157½, inc. 1572. (*Reg.* I. 261.) Boase, p. 43.
⟨*Magd. C.*⟩ **Lumbard** (Lambarde), **Nicholas**; suppl. M.A. 16 Mar., lic. 24 Mar. 157½, inc. 1572. [ii. 37]
⟨*Magd. C.*⟩ **Brickenden, Thomas**; suppl. M.A. 16 Mar., lic. 24 Mar. 157½, inc. 1572. [ii. 18]
⟨*Magd. C.*⟩ **Inkeforbie** (Inckforbee, Inkforbé, Inkforby), **Roger**; suppl. M.A. 16 Mar., lic. 24 Mar. 157½, inc. 1572; suppl. B.D. Oct. 1579, adm. 24 Jan. 15$\frac{79}{80}$; suppl. D.D. 28 Apr. 1582, lic. D.D. 9 May 1597, inc. 1597. [ii. 18]
⟨*Magd. C.*⟩ **Enderbie, Walter**; suppl. M.A. 16 Mar., lic. 24 Mar. 157½, inc. 1572. [ii. 18]
⟨*Magd. C.*⟩ **Savage, John**; suppl. M.A. 16 Mar., lic. 24 Mar. 157½, inc. 1572. [ii. 18]
⟨*Magd. C.*⟩ **Carye, Walter**; suppl. M.A. 16 Mar., lic. 24 Mar. 157½, inc. 1572. [ii. 18]
⟨*Magd. C.*⟩ **Dochin, Thomas**; suppl. M.A. 16 Mar., lic. 24 Mar. 157½, inc. 1572; suppl. M.B. 9 Feb. 15$\frac{79}{80}$; lic. to pract. med. 17 Aug. 1592; lic. M.D. 17 Aug. 1592. [i. 235; ii. 18]
⟨*Magd. C.*⟩ **Smith** (Smyth), **Ralph**; suppl. M.A. 16 Mar., lic. 24 Mar. 157½, inc. 1572; suppl. B.D. Oct. 1579, adm. 24 Jan. 15$\frac{79}{80}$. [ii. 37]
⟨*Magd. C.*⟩ **Cole, Samuel**; suppl. M.A. 16 Mar., lic. 24 Mar. 157½, inc. 1572; suppl. M.B. and for lic. to pract. med. 22 Mar. 157¾. [ii. 37]
⟨*Magd. C.*⟩ **Gregory, Christopher**; suppl. M.A. 16 Mar., lic. 24 Mar. 157½, inc. 1572; suppl. B.D. 30 June 1579, dispensed as B.D. 27 June 1580. [ii. 18]
⟨*Magd. C.*⟩ **Cotton, Henry**; suppl. M.A. 16 Mar., lic. 24 Mar. 157½, inc. 1572; suppl. B.D. (from Magd. C.) 28 Apr. 1586. (*Reg.* I. 276.)
⟨*Exeter.*⟩ **Germyn, William**; suppl. M.A. 16 Mar. 157½, lic. 27 Mar. 1572, inc. 1572. [ii. 32]
⟨*Exeter.*⟩ **Charden** (Chardon), **John**; suppl. M.A. 1 Mar. 157½, lic. 27 Mar. 1572, inc. 1572; suppl. B.D. (from Exet.) 10 Nov., adm. 15 Nov. 1581; suppl. D.D. 1 July 1584, lic. 14 Apr. 1586, inc. 1586. (*Reg.* I. 261.) Boase, p. 44.
⟨*Ch. Ch.*⟩ **Wythye** (Withye, Withie), **William**; suppl. M.A. Mar. 157½, lic. 29 Mar. 1572, inc. 1572; suppl. B.C.L. 17 Jan., adm. 12 Feb. 157$\frac{3}{4}$. [ii. 12] ⟨Student of Ch. Ch. in 1564.⟩
⟨*Ch. Ch.*⟩ **Bagshaw, John**; suppl. M.A. Mar. 157½, lic. 29 Mar. 1572, inc. 1572. [ii. 12] ⟨Student of Ch. Ch. in 1564.⟩
⟨*Ch. Ch.*⟩ **Alden, Mardocheus** ⟨Mordecai⟩; suppl. M.A. Mar. 157½, lic. 29 Mar. 1572, inc. 1572. [ii. 12] ⟨Student of Ch. Ch. in 1564.⟩
⟨*Ch. Ch.*⟩ **Horden, John**; suppl. M.A. Mar. 157½, lic. 29 Mar. 1572, inc. 1572; suppl. lic. to preach 29 Jan. 157$\frac{7}{8}$. ⟨In the 'Alumni

Westmon.' he is wrongly called 'Hoveden.') [ii. 12] ⟨Student of Ch. Ch. in 1564.⟩

⟨*Ch. Ch.*⟩ **Hicson** (Hixson), **Thomas**; suppl. M.A. Mar. 157½, lic. 29 Mar. 1572, inc. 1572. (*Reg.* I. 273.) ⟨Student of Ch. Ch. in 1567.⟩

⟨*S.MaryH.*⟩ **Jennings, Matthew**; suppl. M.A. Mar. 157½, lic. 2 May 1572, inc. 1572. [ii. 42]

⟨? *Corpus.*⟩ **Booth, Thomas**; suppl. M.A. 16 Apr. lic. 8 May 1572, inc. 1572. (*Reg.* I. 270.) ⟨'Sacrist' at Corp. 15 Nov. 1566.⟩

⟨*University.*⟩ **Batten** (Battone), **Anthony**; suppl. M.A. 16 Apr.,lic. 12 May 1572, inc. 1572. [ii. 43]

⟨*University.*⟩ **Trigge, Francis**; suppl. M.A. 16 Apr., lic. 12 May 1572. [ii. 43]

⟨*Corpus.*⟩ **Raynolds** (Rainolds, Rcinolds, Renoldes, Reynolds), **John**; suppl. M.A. 16 Apr., lic. 14 June 1572, inc. 1572; suppl. lic. to preach 12 May 1576; suppl. B.D. Oct. 1579, adm. 24 Jan. 157⁹⁄₈₀; lic. D.D. 14 July 1585, inc. 1585. *Ath.* II. 12. In his will he left 'to the public library . . . 40 books . . . to be chosen by Sir Thomas Bodley . . . fit for that excellent work of his.' The residue of his books he directed to be divided among the Colleges he had been connected with. He left a legacy to his servant, John Dewhurst. [ii. 15] ⟨Scholar of Corp. in 1563, Fellow in 1566, President in 1598.⟩

⟨*Corpus.*⟩ **Evans, Henry**; suppl. M.A. 16 Apr., lic. 14 June 1572, inc. 1572; suppl. B.D. 4 July, adm. 8 July 1581. [ii. 15] ⟨Scholar of Corp. in 1564, Fellow in 1566.⟩

⟨*Corpus.*⟩ **Lancaster, Roger**; suppl. M.A. 16 Apr., lic. 14 June 1572, inc. 1572; suppl. B.C.L. 4 July 1575. (*Reg.* I. 269.) ⟨Scholar of Corp. in 1566, Fellow in 1566.⟩

⟨*Corpus.*⟩ **Charnock, Roger**; suppl. M.A. 16 Apr., lic. 14 June 1572, inc. 1572. [ii. 15] ⟨Scholar of Corp. in 1563, Fellow in 1566.⟩

⟨*Corpus.*⟩ **Key** (Kaye), **Thomas**; suppl. M.A. 16 Apr., lic. 14 June 1572, inc. 1572. (*Reg.* I. 264.) ⟨Scholar of Corp. in 1567, Fellow in 1568.⟩

⟨*Corpus.*⟩ **Rauson** (Rawson), **Christopher**; suppl. M.A. (called 'Roger Raunson') 16 Apr.,lic. 14 June 1572, inc. 1572. [ii. 15] ⟨Scholar of Corp. in 1564, Fellow in 1568.⟩

⟨*Corpus.*⟩ **Smyth, William**; suppl. M.A. 16 Apr., lic. 14 June 1572, inc. 1572. [ii. 15] ⟨Scholar of Corp. in 1564, Fellow in 1568.⟩

⟨*Corpus.*⟩ **Lane, John**; suppl. M.A. 16 Apr., lic. 14 June 1572, inc. 1572; suppl. B.C.L. 4 July 1575. (*Reg.* I. 269.) ⟨Scholar of Corp. in 1565, Fellow in 1568.⟩

. . . **Dethicke** (Dethycke), **Henry**; suppl. M.A. 16 Apr.,lic. 14 June 1572, inc. 1572; suppl. B.C.L. 16 Jan. 157¾, adm. 2 July 1578; suppl. D.C.L. 12 Dec. 1581. (*Reg.* I. 273.)

⟨*Queen's.*⟩ **Gyllpine, Richard**; suppl. M.A. Mar., lic. 18 June 1572, inc. 1572. [ii. 23] ⟨Tabarder at Queen's, 1566; Fellow of Queen's in 1569.⟩

⟨*Queen's.*⟩ **Alenbye** (Alanby), **Robert**; suppl. M.A. Mar., lic. 18 June 1572, inc. 1582. [ii. 23]

⟨*Queen's.*⟩ **Denton, Edward**; suppl. M.A. (called 'Dent') Mar., lic. 18 June 1572, inc. 1572. [ii. 23] ⟨Tabarder at Queen's, 1566; Fellow of Queen's in 1569.⟩

(Queen's.) **Gyllpine, Joshua**; suppl. M.A. Mar., lic. 18 June 1572, inc. 1572. (*Reg.* I. 271.) ⟨Fellow of Queen's in 1572.⟩

(Queen's.) **Boaste (Boost), John**; suppl. M.A. 18 Feb. 157½, lic. 18 June 1572, inc. 1572. [ii. 23] ⟨Tabarder at Queen's, 156⅜; Fellow of Queen's in 1572.⟩

(Queen's.) **Brisko (Briskowe, Bryscooe), Guy**; suppl. M.A. (called 'William') 18 Feb. 157½, lic. 18 June 1572, inc. 1572. (*Reg.* I. 275.) ⟨Tabarder at Queen's, 156⅔: Fellow of Queen's in 1572.⟩

(Queen's.) **Lancaster, George**; suppl. M.A. 18 Feb. 157½, lic. 18 June 1572, inc. 1572. (*Reg.* I. 275.) ⟨Tabarder at Queen's, 156⅜; Fellow of Queen's in 1572.⟩

... **Crosse, Jeffry**; suppl. M.A. May, lic. 18 June 1572, inc. 1572. (*Reg.* I. 269.) (In the B.A. supplicat on 2 Apr. 1568 he is said to be then of six years' standing and to be a servant of the Bishop of Oxford.)

... **Hanmer, David**; suppl. M.A. (called 'Daniel') 16 Apr., lic. 25 June 1572, inc. 1572. (*Reg.* I. 272.)

(Exeter.) **Battishill, Henry**; suppl. M.A. May, lic. 26 June 1572, inc. 1572. [ii. 32] Boase, p. 44.

(New C.) **Barefoote (Barfoot), John**; lic. M.A. 27 June 1572, inc. 1572; suppl. M.B. and for lic. to pract. med. Mar. 157⅝, adm. M.B. and lic. to pract. med. 8 Mar. 157⅞; suppl. M.D. 4 July, lic. 11 July 1581, inc. 1582. [ii. 22] ⟨Scholar of New C. in 1564.⟩

(University.) **Gates, Anthony**; suppl. M.A. 16 Apr., lic. 3 July 1572, inc. 1572; suppl. M.B. (from Univ.) 19 July 1580. [ii. 43]

(S. John's.) **Case, John**; lic. M.A. 3 July 1572, inc. 1572; suppl. for M.B. and M.D. 20 Sept. 1588, adm. M.B. and lic. M.D. 4 Nov. 1589, inc. 1589. [ii. 28, 45] ⟨Fellow of S. Jo. in 1564.⟩

(Corpus.) **Ligh (Le, Lee, Leygh), Miles**; suppl. M.A. June, lic. 5 July 1572, inc. 1572; suppl. B.C.L. 4 May, adm. 8 May 1579; suppl. D.C.L. 4 Apr. 1582. [ii. 15] ⟨Scholar of Corp. in 1558, Fellow in 1561.⟩

(Balliol.) **Hill (Hyll), Adam**; suppl. M.A. 12 June, lic. 5 July 1572, inc. 1572; suppl. B.D. (from Ball.) 20 May 1591, suppl. D.D. 4 June 1591, adm. B.D. and lic. D.D. 2 July 1591, inc. D.D. 1591. [ii. 30] (*Ath.* I. 623.) ⟨Fell. of Ball. 1568–1572.⟩

(Brasenose.) **Maddocks (Madox), Thomas**; suppl. M.A. 18 Feb. 157½, lic. 8 July 1572, inc. 1572. (*Reg.* I. 257.)

(Ch. Ch.) **Jones, Thomas**; suppl. M.A. June, lic. 8 July 1572, inc. 1572. [ii. 12] ⟨Student of Ch. Ch. in 1555.⟩

(Corpus.) **Angell (Angelus), John**; lic. M.A. 8 July 1572, inc. 1572; suppl. B.D. 25 Nov. 1572. (*Reg.* I. 235.) There is an entry about him on 17 Mar. 157½; John Angelus, B.A., who had a grace six years ago to take D.D. (?) suppl. M.A. to have that grace renewed: granted, 'modo concionetur Anglice in Universitate infra annum.' ⟨Scholar of Corp. in 1554.⟩

(Corpus.) **Baynam, Thomas**; suppl. M.A. June, lic. 8 July 1572, inc. 1572. (*Reg.* I. 271.) ⟨Scholar of Corp. in 1567.⟩

(Hart H.) **Gilbart (Gilbert), John**; suppl. M.A. June, lic. 11 July 1572, inc. 1572. [ii. 35, 48]

(Brasenose.) **Cottam (Cotam), Thomas**; suppl. M.A. (called 'Cotton') June, lic. 11 July 1572, inc. 1572. (*Reg.* I. 274.)

⟨*Magd. C.*⟩ **Skiftlinge** (Skiflinge, Skifflinge, Skyflinge), **John**; suppl. M.A. May, lic. 11 July 1572, inc. 1572. ⟨Demy of Magd. C. 1566–1569; Fell. 1569–1572. Blox. 4, p. 165.⟩ (*Reg.* I. 271.)
⟨*Brasenose.*⟩ **Dotshon** (Dodshon), **Richard**; suppl. M.A. 7 July, lic. 12 July 1572, inc. 1572. In 1572 he calls himself Domestic Chaplain to the Earl of Pembroke. (*Reg.* I. 266.)
⟨*S. Mary H.*⟩ **Dee, David**; suppl. M.A. 8 July, lic. 12 July 1572, inc. 1572. (*Reg.* I. 272.)
⟨*All Souls.**⟩ **Webbe, Erasmus**; suppl. M.A. 25 Nov., lic. 1 Dec. 1572, inc. 1573; suppl. (from All So.) lic. to preach 28 Nov. 1581; suppl. (from All So.) B.D. 9 June, adm. 21 June 1585. [Gloc. H., ii. 34] ⟨Fellow of All So. in 1567.⟩
⟨*Balliol.*⟩ **Parsons, Robert**; lic. M.A. 2 Dec. 1572, inc. 1573. [ii. 30] (*Ath.* II. 63.) ⟨Fellow of Ball. 1568–1574.⟩
⟨*Balliol.*⟩ **Hyde** (Hide, Hydde), **Thomas**; lic. M.A. 2 Dec. 1572, inc. 1573; suppl. B.D. 23 Feb. 157⅚, adm. 12 July 1576; suppl. lic. to preach 9 Dec. 1578; suppl. D.D. 24 June, lic. 2 July 1591, inc. 1591. [ii. 30] ⟨Fellow of Ball. 1570–1576.⟩
⟨*Corpus.*⟩ **Powle** (Pole), **Stephen**; suppl. M.A. 25 Nov., lic. 9 Dec. 1572, inc. 1573. (*Reg.* I. 274.)

⟨*Queen's.*⟩ **Cooke, Thomas**; suppl. M.A. Mar. 157½. [ii. 23] ⟨Tabarder at Queen's, 1566.⟩ There are three of these names at this period. Perhaps they may thus be distinguished: the one on *Reg.* I. 270 is of Oriel; the one on *Reg.* I. 271 of Queen's; and the one on *Reg.* I. 277 of Ch. Ch. They took also M.A. about the same time. See below, p. 32.
⟨*Brasenose.*⟩ **Stubberfield, Rowland**; suppl. M.A. Mar. 157½. [ii. 27]
⟨*Queen's.*⟩ **Farlam, William**; suppl. M.A. Mar. 157½. (*Reg.* I. 271.) ⟨Tabarder at Queen's, 1566.⟩
⟨*Queen's.*⟩ **Mercer, William**; suppl. M.A. 18 Feb. 157½. (*Reg.* I. 275.) ⟨Tabarder at Queen's, 156⁸⁄₉.⟩
⟨*Trinity.*⟩ **Whetherheade, Thomas**; suppl. M.A. Dec. 1572. (*Reg.* I. 272.) ⟨Scholar of Trin. in 1565.⟩
⟨*Corpus.*⟩ **Hanmer, Meredith**; inc. M.A. 1572; suppl. B.D. (being then a nobleman's chaplain) 7 June 1575, adm. 5 July 1581; suppl. D.D. (from Corp.) 30 June, lic. 5 July 1582, inc. 1582. (*Reg.* I. 272.) ⟨'Aedituus' at Corp. 9 Apr. 1567.⟩
⟨*Magd. C.*⟩ **Merycke, William.**
⟨*New C.*⟩ **Merricke, William.**
There is probably a confusion between these two in the notice in *Reg.* I. 254. William Merricke, Fell. of New C., would not suppl. for his degrees since members on the foundation of New C. were exempted from supplicating. The degree in arts there given ought therefore to be assigned to William Merricke of Magd. C. [ii. 17]

Merricke, William, of Magd. C., suppl. B.A. Mar. 156¾, adm. 24 July 1564, det. 156⅘; suppl. M.A. 23 June 1569, and again Apr. 1570, and again May 1572.

Merricke, William, of New C., was adm. B.C.L. 28 Jan. 157¾; lic. D.C.L, 5 July 1582, inc. D.C.L. 1582. ⟨Scholar of New C. in 156⅚.⟩

⟨*New Coll.*⟩ Smith, William; suppl. D.C.L. 17 Mar. 157½, lic. 15 Oct. 1573, inc. 1574. [ii. 21]   ⟨Scholar of New C. in 1558.⟩
 . . .   Keirse (Kierce), Martin; suppl. B.C.L. 16 Apr., adm. 14 July 1572.
 . . .   Huett, Thomas; after twenty years in Law, suppl. B.C.L. 19 May 1572.
⟨*New Coll.**⟩ Floyde (Floydde, Lloyd), Griffin; adm. B.C.L. 30 Apr. 1572; suppl. D.C.L. 20 June, lic. 3 July 1576, inc. 1576. [ii. 22; of Jes. Coll., ii. 36]
⟨*Ch. Ch.*⟩   Jones, Thomas; suppl. D.C.L. July 1572. [ii. 11]   ⟨Student of Ch. Ch. in 1561.⟩

⟨?*Brasenose.*⟩ Hall (Haule, Hooll), Thomas; B.A. suppl. M.B. and for lic. to pract. med. 17 Mar. 157½, adm. M.B. 14 July 1572; suppl. M.D. 31 Oct. 1576, lic. 11 July 1581, inc. 1582. (*Reg.* I. 267.) [Perhaps he is the — Hall of Bras. ii. 26, No. 64.]
⟨*Trinity.*⟩ Sherewood, John; suppl. M.B. and for lic. to pract. med. 17 Mar. 157½. [ii. 24]   ⟨Scholar of Trin. in 1561, Fellow in 1565.⟩
⟨*New Coll.*⟩ Culpeper, Martin; suppl. M.D. May 1572, lic. 26 June 1572, inc. 1572. [ii. 21]   ⟨Martin Colipeper, Scholar of New C. in 1559.⟩
⟨*Queen's.*⟩   Williamson (Wyllyamsonne), Robert; suppl. M.B. May 1572; suppl. for lic. to pract. med. Oct. 1573; adm. M.B., and lic. to pract. med. 18 Feb. 157¾; suppl. M.D. 1 Mar. 15⅞⅞. [ii. 23]   ⟨Tabarder at Queen's 1566; Fellow of Queen's in 1569.⟩
⟨?*Lincoln.*⟩ Chippingdale, John.
⟨*All Souls.*⟩ Chippingdale, John.
In the notice in *Reg.* I. 258 probably two persons are to be distinguished. Chippingdale, John, suppl. B.A. Apr., adm. 6 July 1565, det. 156⅔. At a date not given he took M.A. and M.B.   As M.A. and M.B. of one year's standing, he suppl. M.D. 16 July 1572.   There was a Chippingdale, Fellow of Linc. in 1566; possibly this man, since in most cases a Fellow of Linc. at his election was of B.A. standing.
Chippingdale, John, after five years in Law, suppl. B.C.L. Apr., adm. 26 Apr. 1570; suppl. D.C.L. as B.C.L. of 3½ years' standing 9 June, lic. 15 Oct. 1573, inc. 1573.   This John Chippingdale was el. into a Law Fellowship at All So. in 1565, and would therefore be excused the course in Arts.
⟨*New Coll.*⟩ Jhonson, Christopher; lic. M.D. 23 June 1572, inc. 1572. (*Reg.* I. 234, 330.)
⟨*Trinity.*⟩   Simpson, George; as M.A. of seven years' standing, suppl. M.B. June 1572. (*Reg.* I. 224.)   ⟨Fellow of Trin. in 1556.⟩
⟨*All Souls.*⟩ Lapworth, Mr. ⟨Michael⟩; suppl. M.B. and for lic. to pract. med. Oct. 1572, adm. M.B. and lic. to pract. med. 12 Oct. 1573. [ii. 10]   ⟨Fellow of All So. in 1562.⟩

 . . .   Willobey, Thomas; as M.A. of ten years' standing, suppl. B.D. 17 Mar. 157½.   (Perhaps he took his M.A. in 1564 when the reg. is mutilated. See *Reg.* I. 256.)
⟨*Ch. Ch.*⟩   Dorset, Robert; suppl. B.D. 17 Mar. 157½; suppl. B.D.

and D.D. 3 Sept. 1575, (the record of his adm. and lic. is missing), inc. D.D. 1579. [ii. 12] ⟨Student at Ch. Ch. in 1561.⟩

⟨*Oriel.*⟩ **Hill, Robert**; suppl. B.D. 16 April 1572; adm. B.D. (from Oriel) 21 Jan. $158\frac{0}{1}$. [ii. 39] ⟨Fellow of Oriel in 1562⟩.

⟨*Ch. Ch.*⟩ **Merston** (Marston), **Nicholas**; suppl. B.D. May 1572, and again 19 Mar. $157\frac{4}{5}$. [ii. 12] ⟨Student of Ch. Ch. in 1561.⟩

⟨*Ch. Ch.*⟩ **Townsend, Stephen**; suppl. B.D. June 1572, and again Oct. 1573, adm. 10 Dec. 1573; suppl. D.D. 9 Dec. 1573, lic. D.D. (June?) 1580. [ii. 11] ⟨Student of Ch. Ch. in 1561.⟩

⟨*Ch. Ch.*⟩ **Oxenbridge, John**; suppl. B.D. June 1572. [ii. 11] ⟨Student of Ch. Ch. in 1550.⟩

⟨*Magd. C.*⟩ **Kingismill, Thomas**; suppl. B.D. June 1572; suppl. for lic. to preach 8 July 1572. [ii. 16]

⟨*Merton.*⟩ **Hemmyng, John**; suppl. B.D. July 1572. [ii. 19]

⟨*Ch. Ch.*⟩ **Beale, William**; suppl. B.D. July 1572. [ii. 12] ⟨Student of Ch. Ch. in 1561.⟩

⟨*Queen's.*⟩ **Talentire, William**; suppl. B.D. July 1572. [ii. 23] ⟨Fellow of Queen's, 1563.⟩

⟨*New Coll.*⟩ **Rooles** (Rowles, Rolls), **Robert**; suppl. B.D. July 1572, adm. 22 Jan. $157\frac{2}{3}$; suppl. for lic. to preach 21 July 1573; lic. D.D. 14 July 1585, inc. D.D. 1585. (*Reg.* I. 229, 345.)

⟨*Exeter.*⟩ **Collins, John**; as M.A. and after twelve years' study in Theology suppl. for lic. to preach on 8 July and again on 9 Nov. 1572.

There seems to be an error in the notice in *Reg.* I. 220. This suppl. would naturally belong to 'John Colling,' M.A., in 1553. The M.D. degree assigned to this man in *Reg.* I. 220 must therefore belong to 'John Collyns,' *Reg.* I. 196. Both were Fellows of Exet., see Boase, p. 36 and p. 38.

⟨*Magd. C.*⟩ **Sale** (Sall, Salé), **Arthur**; suppl. B.D. 8 July 1572. (*Reg.* I. 212.)

⟨*All Souls.*⟩ **Sommester** (Somester, Summaster, Sumaster, Sumester), **Thomas**; suppl. for lic. to preach 16 July 1572; suppl. B.D. 13 Feb., adm. 14 Feb. $157\frac{5}{6}$; suppl. D.D. (from All So.) 8 Feb. $158\frac{1}{2}$. [ii. 10] ⟨Fellow of All. So. in 1560.⟩

⟨*Brasenose.*⟩ **Slocombe** (Slocumbe), **Henry**; suppl. for lic. to preach 16 July 1572; suppl. B.D. Oct. 1573. [ii. 26] (He was minister of Kettlecumbe, dio. Wells, and died 1579.)

⟨*Brasenose.*⟩ **Tomsone** (Tomson, Thomsoon), **Ralph**; suppl. for lic. to preach 16 July 1572; suppl. B.D. 19 May 1575, adm. 14 Feb. $157\frac{5}{6}$; suppl. D.D. 27 Jan. $157\frac{8}{9}$, lic. 27 Mar. 1579, inc. 1579. ⟨Fellow of Bras. in 1565.⟩ (*Reg.* I. 265.)

. . . **Clayton, Nicholas**; suppl. D.D. 25 Nov. 1572. (*Reg.* I. 274).

1573.

⟨? *Exeter.*⟩ **Bickell** (Bicknell), **John**; suppl. B.A. Dec. 1572, adm. 14 Jan. $157\frac{2}{3}$, det. $157\frac{2}{3}$. [Perhaps . . . Bickell, ii. 33]

⟨*Lincoln.*⟩ **Hartley** (Hertley), **Anthony**; suppl. B.A. Aug. 1572, adm. 14 Jan. $157\frac{2}{3}$, det. $157\frac{2}{3}$; suppl. M.A. 28 June 1577 and again 30 June 1579, lic. 3 July 1579, inc. 1579. ⟨Fellow of Lincoln, 1573–1576.⟩

(*University.*) **Chauntler, John**; adm. B.A. 22 Jan. 1573/4. (Clearly an error for the lic. M.A. of John Chauntler, Univ., *infra*, p. 31.)
... **Atwoode** (Atwodde), **Richard**; suppl. B.A. 25 Nov. 1572, adm. 27 Jan. 1572/3; suppl. M.A. Mar. 1575/6, lic. 7 July 1576, inc. 1576.
(*University.*) **Jones, Richard**; suppl. B.A. 16 Apr. 1572, adm. 27 Jan. 1572/3, det. 1572/3; suppl. M.A. June, lic. 27 June 1577, inc. 1577. [ii. 43]
... **Thinne** (Thynne), **John**; adm. B.A. 27 Jan. 1572/3, det. 1572/3.
(*Lincoln.*) **Bryan** (Brian, Briant), **Robert**; suppl. B.A. 14 Jan., adm. 27 Jan. 1572/3, det. 1572/3; suppl. M.A. 28 June, lic. 6 July 1577, inc. 1577; suppl. B.D. (from Linc.) 5 July, adm. 8 July 1586. (Fellow of Lincoln, 1573–1586.) (Chorister of Magd. C. 1546 (perhaps not the same person), Clerk of Magd. C. 1568–1571; Blox. 2, p. 41.)
... **Smith, Joseph**; suppl. B.A. 14 Jan., adm. 27 Jan. 1572/3, det. 1572/3.
... **Fearne** (Ferne), **Richard**; suppl. B.A. 14 Jan., adm. 27 Jan. 1572/3, det. 1572/3; suppl. M.A. 10 Apr., lic. 5 June 1576, inc. 1576. [... Fearne, Exet., ii. 33; Univ., ii. 43]
... **Jennings** (Jennyngs, Gynens), **Richard**; suppl. B.A. 26 Jan., adm. 29 Jan. 1572/3, det. 1572/3.
(*All Souls.*) **Prise** (Price), **David**; suppl. B.A. 14 Jan., adm. 30 Jan. 1572/3, det. 1572/3; suppl. M.A. 4 July, lic. 6 July 1576, inc. 1576. (Fellow of All So. in 1571.)
... **Snodon, John**; suppl. B.A. 26 Jan., adm. 30 Jan. 1572/3.
(*Ch. Ch.**) **Smith, Miles**; suppl. B.A. 26 Jan., adm. 31 Jan. 1572/3, det. 1572/3; suppl. M.A. 20 June, lic. 27 June 1576, inc. 1576; suppl. B.D. (from Ch. Ch.) 17 Dec. 1584, adm. 1 Feb. 1584/5; suppl. D.D. (from Bras.) 19 June, lic. 4 July 1594.
(*Gloc. H.*) **Watson, Henry**; suppl. B.A. 26 Jan., adm. 6 Feb. 1572/3, det. 1572/3. [Probably ... Watson, ii. 34]
(*Gloc. H.*) **Ascham** (Ascam, Askam, Ashcombe, Ascombe), **Lewis**; suppl. B.A. 26 Jan., adm. 6 Feb. 1572/3, det. 1572/3; suppl. M.A. 29 Jan. 1573/4. [Probably ... Ascombe, ii. 34] (Fellow of Oriel in 1574.)
(*Gloc. H.*) **Lanam** (Lannam), **Richard**; suppl. B.A. 26 Jan., adm. 6 Feb. 1572/3, det. 1572/3. [Probably ... Lanam, ii. 34]
(*S. Mary H.**) **Wilson** (Willson), **Robert**; suppl. B.A. 25 Nov. 1572, adm. 18 Feb. 1572/3, det. 1572/3; suppl. M.A. 13 Feb. 1575/6, lic. 14 Apr. 1576, inc. 1576; suppl. B.D. (from S. Mary H.) 9 June, adm. 21 June 1585; suppl. D.D. (from Ch. Ch.) 28 Jan. 1593/4.
... **Howghton** (Haughton, Hagheton, Haghton, Hawten), **Thomas**; suppl. B.A. Dec. 1572, adm. 18 Feb. 1572/3, det. 1572/3; suppl. M.A. 20 June, lic. 3 July 1576, inc. 1576.
(*All Souls.*) **Wilkes, Thomas**; suppl. B.A. 26 Jan., adm. 20 Feb. 1572/3, det. 1572/3. (Fellow of All Souls in 1572.)
... **Vayn** (Vain), **Andrew**; suppl. B.A. Aug. 1572, adm. 20 Feb. 1572/3.
... **Woodcoke** (Wodcoke), **Anthony**; suppl. B.A. 26 Jan., adm. 26 Feb. 1572/3, det. 1572/3.

⟨*Hart H.*⟩ **Parrie, Roger**; suppl. B.A. 26 Jan., adm. 26 Feb. $157\frac{2}{3}$, det. $157\frac{2}{3}$; suppl. M.A. 4 July, lic. 5 July 1575, inc. 1575. [ii. 29]

⟨*Hart H.*⟩ **Nicolas** (Nicholes, Nicholls), **Richard**; suppl. B.A. 26 Jan., adm. 26 Feb. $157\frac{2}{3}$, det. $157\frac{2}{3}$; suppl. M.A. 4 July, lic. 6 July 1576, inc. 1576. [ii. 29]

⟨*S. Mary H.*⟩ **Holland, Richard**; suppl. B.A. Dec. 1572, adm. 26 Feb. $157\frac{2}{3}$, det. $157\frac{2}{3}$. [ii. 42]

. . . **Wodwall, William**; suppl. B.A. 26 Jan., adm. 26 Feb. $157\frac{2}{3}$, det. $157\frac{2}{3}$.

⟨*S. Alb. H.*⟩ **Rice** (Ryce, Rise), **David**; suppl. B.A. 26 Jan., adm. 3 Mar. $157\frac{2}{3}$, det. $157\frac{2}{3}$. [ii. 40]

⟨*S. Alb. H.*⟩ **Aldworthe** (Oldworthe), **John**; suppl. B.A. 27 Jan., adm. 3 Mar. $157\frac{2}{3}$, det. $157\frac{2}{3}$; suppl. M.A. June, lic. 25 June 1577, inc. 1577. [ii. 40]

⟨*All Souls.*⟩ **Powell** (Poell), **David**; suppl. B.A. 26 Jan., adm. 3 Mar. $157\frac{2}{3}$, det. $157\frac{2}{3}$; suppl. M.A. 4 July, lic. 6 July 1576, inc. 1576. ⟨Fellow of All Souls in 1573; the Welsh antiquary.⟩

⟨? *Broadg. H.*⟩ **Billingford, Thomas**; suppl. B.A. 26 Jan., adm. 3 Mar. $157\frac{2}{3}$, det. $157\frac{2}{3}$; suppl. M.A. June 1577. [? ii. 32]

⟨*Oriel.*⟩ **Sandes** (Sannes), **John**; suppl. B.A. 14 Jan., adm. 3 Mar. $157\frac{2}{3}$, det. $157\frac{2}{3}$. [ii. 40]

⟨? *Jesus.*⟩ **Meridithe** (Merideithe), **Richard**; suppl. B.A. 26 Jan., adm. 4 Mar. $157\frac{2}{3}$, det. $157\frac{2}{3}$; suppl. M.A. 19 May, lic. 1 June 1575, inc. 1575. [Probably Sr . . . Meredethe, ii. 36]

⟨*Jesus.*⟩ **Granger** (Grayynger), **Richard**; suppl. B.A. 26 Jan., adm. 4 Mar. $157\frac{2}{3}$, det. $157\frac{2}{3}$; suppl. M.A. 10 Oct. 1575, lic. 24 May 1576, inc. 1576. [ii. 36]

⟨*Magd. H.*⟩ **Markes, Hugh**; suppl. B.A. 25 Nov. 1572, adm. 11 Mar. $157\frac{2}{3}$. [ii. 38]

⟨*Magd. C.*⟩ **Rawlings** (Rawlyns, Rawlyngs), **Thomas**; suppl. B.A. Mar. $157\frac{2}{3}$, adm. 1 April 1573, det. $157\frac{3}{4}$; suppl. M.A. June, lic. 11 June 1577, inc. 1577. [ii. 19]

⟨*Magd. C.*⟩ **Hornesley** (Hornslie), **John**; suppl. B.A. Mar. $157\frac{2}{3}$, adm. 1 Apr. 1573, det. $157\frac{3}{4}$; lic. M.A. 11 June 1577, inc. 1577. [ii. 37]

⟨*Magd. C.*⟩ **Staple** (Stapell), **Stephen**; suppl. B.A. Mar. $157\frac{2}{3}$, adm. 1 Apr. 1573, det. $157\frac{3}{4}$; suppl. M.A. June, lic. 22 June 1577, inc. 1577; suppl. B.C.L. 12 Oct. 1580, adm. 14 Oct. 1583. [ii. 37]

⟨*Magd. C.*⟩ **Cranmer, Samuel**; suppl. B.A. Mar. $157\frac{2}{3}$, adm. 1 Apr. 1573, det. $157\frac{3}{4}$. [ii. 37)

⟨*Magd. C.*⟩ **Criche** (Cryche), **Joseph**; suppl. B.A. Mar. $157\frac{2}{3}$, adm. 1 Apr. 1573, det. $157\frac{3}{4}$. [ii. 50]

. . . **Jones, Richard**; adm. B.A. 1 Apr. 1573; a 'Thomas' Jones, det. $157\frac{3}{4}$. ⟨One or other Christian name is wrong.⟩

⟨*Magd. C.*⟩ **Gelibrande** (Gilebrand, Gelebrand, Jelebrand), **Edward**; suppl. B.A. Mar. $157\frac{2}{3}$, adm. 1 Apr. 1573, det. $157\frac{3}{4}$; suppl. M.A. June, lic. 1 July 1577, inc. 1577; suppl. lic. to preach 18 Oct. 1582; suppl. B.D. 1 July, adm. 15 July 1584. [ii. 50]

⟨*Magd. C.*⟩ **Bisse, James**; suppl. B.A. Mar. $157\frac{2}{3}$, adm. 1 Apr. 1573, det. $157\frac{3}{4}$; lic. M.A. 25 June 1577, inc. 1577; suppl. lic. to preach 7 May 1583; suppl. B.D. and D.D. (being of Wells Cathedral) 19 Jan., adm. B.D. and lic. D.D. 20 Jan. $159\frac{5}{6}$, inc. D.D. 1596. [ii. 50]

⟨*Magd. C.*⟩ **Boughton** (Bougton, Bowghton, Bowton), **Richard**; suppl. B.A. Mar. $157\frac{2}{3}$, adm. 1 Apr. 1573, det. $157\frac{3}{4}$; lic. M.A. 11 June 1577, inc. 1577; suppl. B.D. (from Magd. C.) 27 Mar., adm. 15 Dec. 1596. [ii. 50]

⟨*Magd. C.*⟩ **Thornborow** (Thorneburrowgh), **John**; suppl. B.A. Mar. $157\frac{2}{3}$, adm. 1 Apr. 1573, det. $157\frac{3}{4}$; suppl. M.A. 19 May, lic. 27 June 1575, inc. 1575; suppl. B.D. 21 Mar., adm. 22 Mar. $158\frac{1}{2}$. [ii. 52]

⟨*Magd. C.*⟩ **Smith, John**; suppl. B.A. Mar. $157\frac{2}{3}$, adm. 1 Apr. 1573, det. $157\frac{3}{4}$; suppl. M.A. June, lic. 11 June 1577, inc. 1577; suppl. B.D. (from Magd. C.) 18 Mar. $159\frac{1}{2}$, adm. 15 Dec. 1592. [ii. 52]

⟨*Magd. C.*⟩ **Tinley** (Tynley), **Joel**; suppl. B.A. Mar. $157\frac{2}{3}$, adm. 1 Apr. 1573, det. $157\frac{3}{4}$; suppl. M.A. June, lic. 1 July 1577, inc. 1577. [ii. 52]

⟨*Magd. C.*⟩ **Leonard, Thomas**; suppl. B.A. Mar. $157\frac{2}{3}$, adm. 1 Apr. 1573. [ii. 51]

. . . **Matthew** (Mathew), **Simon**; suppl. B.A. 1 Apr., adm. 12 Apr. 1573, det. $157\frac{3}{4}$; suppl. M.A. 1 June, lic. 20 June 1576, inc. 1576.

⟨*Magd. H.**⟩ **Nicolsonne, William**; suppl. B.A. 1 Apr., adm. 15 Apr. 1573, det. $157\frac{3}{4}$; suppl. M.A. 4 Feb. $157\frac{6}{7}$, lic. 29 Mar. 1577, inc. 1577. [ii. 38] ⟨Fellow of Corpus in 1573.⟩

. . . **Marsden** (Merston), **James**; suppl. B.A. 1 Apr., adm. 21 Apr. 1573.

⟨*S. Alb. H.*⟩ **Hewes, John**; suppl. B.A. 1 Apr., adm. 24 Apr. 1573, det. $157\frac{3}{4}$. [ii. 40]

. . . **Weicke, John**; adm. B.A. 27 Apr. 1573.

⟨*Magd. C.*⟩ **Farrer** (Farrar, Ferrar), **John**; suppl. B.A. 1 Apr., adm. 27 Apr. 1573, det. $157\frac{3}{4}$; lic. M.A. 11 June 1577, inc. 1577. [ii. 50]

⟨*Magd. C.*⟩ **Cotton, William**; suppl. B.A. 1 Apr., adm. 27 Apr. 1573, det. $157\frac{3}{4}$; suppl. M.A. June, lic. 22 June 1577, inc. 1577. [ii. 50] ⟨Fellow of Magd. C. in 1573.⟩

⟨*Magd. C.*⟩ **Lillie, John**; suppl. B.A. 1 Apr., adm. 27 Apr. 1573, det. $157\frac{3}{4}$; suppl. M.A. 19 May, lic. 1 June 1575, inc. 1575. [ii. 51]

⟨*Magd. C.*⟩ **Hunte, George**; suppl. B.A. 1 Apr., adm. 27 Apr. 1573, det. $157\frac{3}{4}$; suppl. M.A. June, lic. 11 June 1577, inc. ('Gerard') 1577. [ii. 51]

⟨*Magd. C.*⟩ **Dredon** (Dreden, Dreiden, Driden, Dryden), **Anthony**; suppl. B.A. 26 Jan. $157\frac{2}{3}$, adm. 27 Apr. 1573, det. $157\frac{3}{4}$. [ii. 50]

⟨*Magd. C.*⟩ **Harrolde, Thomas**; suppl. B.A. 1 Apr., adm. 27 Apr. 1573, det. $157\frac{3}{4}$. [ii. 51]

. . . **Everet** (Everedd), **John**; suppl. B.A. 1 Apr., adm. 27 Apr. 1573, det. $157\frac{3}{4}$; suppl. M.A. June, lic. 27 June 1577, inc. 1577. [? S. Mary H., ii. 42]

⟨? *S. Edm. H.*⟩ **Shakerly** (Schakerly), **Peter**; suppl. B.A. 1 Apr., adm. 5 May 1573, det. $157\frac{5}{6}$. [ii. 41]

⟨*Magd. H.*⟩ **Baylie** (Baylye, Balie), **Richard**; suppl. B.A. 2 May, adm. 5 May 1573, det. $157\frac{3}{4}$; suppl. M.A. 4 July, lic. 6 July 1576, inc. 1576. [ii. 38]

⟨*Magd. C.*⟩ **Jacman** (Jackman), **Henry**; suppl. B.A. 1 Apr., adm. 21 May 1573, det. $157\frac{3}{4}$. [ii. 51]

⟨*Magd. C.*⟩ **Justice, John**; suppl. B.A. 2 May, adm. 21 May 1573, det. 157¾; suppl. M.A. June, lic. 22 June 1577, inc. 1577. [ii. 51]
⟨*New Coll.*⟩ **Baule** (Balle, Bale, Bawle), **Robert**; adm. B.A. 10 June 1573, det. 157¾; lic. M.A. 22 June 1577, inc. 1577. ⟨Scholar of New Coll. in 1569.⟩
⟨*New Coll.*⟩ **Hall** (Haule, Haulle, Hawle), **Ralph**; adm. B.A. 10 June 1573, det. 157¾; lic. M.A. 22 June 1577, inc. 1577. ⟨Scholar of New Coll. in 1569.⟩
⟨*Magd. C.*⟩ **Clemson, Thomas**; suppl. B.A. 20 Apr., adm. 10 June 1573, det. 157¾. [ii. 50]
. . . **Hackes** (Hakes), **Thomas**; suppl. B.A. 20 Apr., adm. 10 June 1573.
⟨*Trinity.*⟩ **Yeates** (Yate, Yates), **Bartholomew**; suppl. B.A. 20 Apr., adm. 12 June 1573, det. 157¾; suppl. M.A. 17 May, lic. 21 May 1577, inc. 1577. [ii. 42] ⟨Scholar of Trin. in 1569, Fellow in 1574.⟩
⟨*Trinity.*⟩ **Lanstone** (Langston), **Francis**; suppl. B.A. 20 Apr., adm. 12 June 1573, det. 157¾; suppl. M.A. 21 Apr., lic. 26 June 1578, inc. 1578; suppl. B.C.L. (from Trin.,) 17 Oct. 1587, adm. 5 Nov. 1588. [ii. 42] ⟨Scholar of Trin. in 1569, Fellow in 1577.⟩
⟨*Trinity.*⟩ **Atkennes** (Atkens, Atkins, Atkyns), **John**; suppl. B.A. 20 Apr., adm. 12 June 1573, det. 157¾; suppl. M.A. 17 May, lic. 21 May 1577, inc. 1577. [ii. 42] ⟨Scholar of Trinity in 1572, Fellow in 1574.⟩
⟨*Balliol.*⟩ **Blunt, Richard**; suppl. B.A. 1 Apr., adm. 12 June 1573, det. 157¾; suppl. M.A. 31 Oct. 1576, lic. 13 Mar. 157⁶⁄₇, inc. 1577. [ii. 30] ⟨Exhibitioner of Balliol in 1570.⟩
⟨*Balliol.*⟩ **Bunche, Thomas**; suppl. B.A. 1 May 1572, and again 1 Apr. 1573, adm. 12 June 1573, det. 157¾. [? ii. 37] ⟨Exhibitioner of Ball. in 1574.⟩
⟨*Hart H.*⟩ **Culpeper** (Culpepper, Colepeper), **Edmund**; suppl. B.A. 1 Apr., adm. 12 June 1573, det. 157¾; suppl. M.A. 21 Apr., lic. 2 June 1578, inc. 1578; suppl. B.D. 17 Nov., adm. 17 Dec. 1585. [ii. 58]
⟨? *Balliol.*⟩ **Fennell** (Fenell), **Simon**; suppl. B.A. 1 Apr., adm. 12 June 1573, det. 157¾. [? ii. 30]
⟨*Hart H.*⟩ **Hille, James**; suppl. B.A. 1 Apr., adm. 12 June 1573, det. 157¾. [ii. 49]
⟨*All Souls.*⟩ **Lymiter** (Lymmiter), **Stephen**; suppl. B.A. 20 Apr., adm. 17 June 1573, det. 157¾; suppl. M.A. 4 Feb. 157⁶⁄₇, lic. 17 May 1577, inc. 1577; suppl. lic. to preach (from All So.) 7 May 1583. [S. Alb. H., ii. 40] ⟨Fellow of All So. in 1572.⟩
⟨*All Souls.*⟩ **Grenewich** (Grenewitch, Grinwich, Grenwitche), **William**; suppl. B.A. 20 Apr., adm. 17 June 1573, det. 157¾; suppl. M.A. 15 Feb. 157⁶⁄₇, lic. 17 May 1577. inc. 1577. ⟨Fellow of All Souls in 1572.⟩
⟨*All Souls.*⟩ **Strowde** (Strode, Stroude), **Sampson**; suppl. B.A. 20 Apr., adm. 17 June 1573, det. 157¾; suppl. M.A. 4 Feb. 157⁶⁄₇, lic. 22 May 1577, inc. 1577. ⟨Fellow of All So. in 1572.⟩
⟨*Hart H.*⟩ **Taverner, Nicholas**; suppl. B.A. 8 May, adm. 20 June 1573, det. 157¾. [ii. 35, 49]
⟨*Hart H.*⟩ **Coppocke, Richard**; suppl. B.A. 18 June, adm. 20 June 1573. [ii. 35]

1573]   DEGREES.   29

⟨*Hart H.*⟩ Chaloner (Chalinor, Chaliner, Chalmer, Chalmore), Nicholas; suppl. B.A. 20 Apr., adm. 20 June 1573, det. 157¾; suppl. M.A. 12 May, lic. 19 May 1576, inc. 1576. On 20 Mar. 1577 he was el. by Convocation to vicarage of South Petherwin, co. Cornw. [ii. 52]

⟨*Hart H.*⟩ Snowe, John; suppl. B.A. 1 Apr., adm. 27 June 1573, det. 157¾; suppl. M.A. 13 Feb., lic. 17 Feb. 157⁹⁄₉, inc. 1579. [ii. 53] ⟨Fellow of Oriel in 1575.⟩

⟨*Brasenose.*⟩ Cooke, Robert; suppl. B.A. 1 Apr., adm. 27 June 1573, det. 157¾. ⟨A 'Robert Cooke' suppl. M.A. 27 July 1575, and again 31 Oct. 1576, lic. 31 Jan. 157⁶⁄₄, inc. 1577; suppl. lic. to preach 22 Feb. 158½; suppl. B.D. (from Bras.) 1 July, adm. 15 July 1584. He was Fellow of Bras. in 1573. It is not clear whether these degrees should be attached to this 'Robert Cooke' here or to the one *supra*, p. 16.⟩

⟨? *Exeter.*⟩ Payenter (Paynter, Painter), Henry; suppl. B.A. 18 June, adm. 1 July 1573. det. 157¾; suppl. M.A. June, lic. 27 June 1577, inc. 1577. [Possibly . . . Paynter, ii. 33] Boase, p. 46.

. . .   Paddie, William; suppl. B.A. Apr., adm. 1 July 1573.
. . .   Burton, Jarvis (Gervase); suppl. B.A. 4 Apr., adm. 1 July 1573. det. 157¾.

⟨? *Balliol.*⟩ Tallie (Talley, Tolley, Tollie), Robert; suppl. B.A. Mar. 157½, and again Mar. 157⅔, adm. 1 July 1573. det. 157¾; suppl. M.A. 28 June, lic. 6 July 1577, inc. 1577. [ii. 31]

⟨*Magd. C.*⟩ Clarke, Jerome; suppl. B.A. May 1572 and again 18 June 1573, adm. 3 July 1573, det. 157¾. [ii. 50]

⟨*Magd. H.*⟩ Lovell, Thomas; suppl. B.A. 1 Apr., adm. 3 July 1573, det. 157¾; suppl. M.A. June, lic. 3 July 1577, inc. 1577. [ii. 38]

. . .   James, Hugh; suppl. B.A. 18 June, adm. 3 July 1573.
. . .   Maderine, Maurice; suppl. B.A. 8 May, adm. 6 July 1573, det. 157¾.
. . .   Owens, Hugh; adm. B.A. 6 July 1573, det. 157¾.

⟨*Ch. Ch.*⟩ Bankes, James; suppl. B.A. 30 June, adm. 7 July 1573, det. 157¾. ⟨Student of Ch. Ch. in 1567.⟩

⟨*Ch. Ch.*⟩ Bearblocke (Berblock, Bereblocke), Edward; suppl. B.A. 30 June, adm. 7 July 1573, det. 157¾; suppl. M.A. 17 May, lic. 11 June 1577, inc. 1577. ⟨Student of Ch. Ch. in 1569.⟩

⟨*Ch. Ch.*⟩ Auberie (Aubrey, Aubrye), Thomas; suppl. B.A. 30 June, adm. 7 July 1573, det. 157¾; suppl. M.A. 17 May, lic. 22 May 1577, inc. 1577. ⟨Student of Ch. Ch. in 1569.⟩

⟨*Ch. Ch.*⟩ Lloide (Lloyd, Loyd, Floyde, Flood, Lloude, Lloyude), Thomas; suppl. B.A. 30 June, adm. 7 July 1573, det. 157¾; suppl. M.A. 28 May, lic. 7 June 1575, inc. 1575. ⟨Student of Ch. Ch. in 1569.⟩

⟨*Ch. Ch.*⟩ Henshawe, Thomas; suppl. B.A. 30 June, adm. 7 July 1573; suppl. M.A. 17 May 1577, lic. ('Henché') 22 May 1577. ⟨Student of Ch. Ch. in 1569.⟩

⟨*Ch. Ch.*⟩ Barkesdale (Barksdalle), William; suppl. B.A. 30 June, adm. 7 July 1573, det. 157¾; suppl. M.A. 25 Oct., lic. 31 Oct. 1576, inc. 1577; his lic. M.A. is wrongly registered as adm. B.A.; suppl. lic. to preach 28 May 1582. ⟨Student of Ch. Ch. in 1571.⟩

⟨*Ch. Ch.*⟩ Rogers, Thomas; suppl. B.A. 30 June; adm. 7 July 1573,

det. 157¾; suppl. M.A. 4 July, lic. 6 July 1576, inc. 1576. ⟨Student of Ch. Ch. in 1571.⟩
⟨? S. *Mary H.*⟩ **Dauckes** (Daux, Dawkes, Darkes), **George**; suppl. B.A. 20 Apr. 1573, adm. 7 July 1573, det. 157¾; suppl. M.A. 25 Oct., lic. 31 Oct. 1576; suppl. B.C.L. 6 May 1579. His lic. M.A. is wrongly registered as adm. B.A. [ii. 42]
⟨*Magd. C.*⟩ **Persons** (Parsons), **Philip**; suppl. B.A. 9 June, adm. 30 July 1573, det. 157¾. [ii. 51]
⟨*Hart H.*⟩ **Brockes** (Brookes, Brokes), **James**; suppl. B.A. 21 July, adm. 5 Oct. 1573, det. 157¾; suppl. M.A. 6 May, lic. May 1579, inc. 1579. In the B.A. suppl. he is styled ʻclericus;' in M.A. suppl. he is called ʻJames Brooke *alias* Gourd.' [ii. 55]
⟨*Jesus.*⟩ **Sheterdyne** (Sheterden, Cheterden), **John**; suppl. B.A. Mar. 157⅔, adm. 8 Oct. 1573, det. 157¾; suppl. M.A. 4 Feb. 157⁶⁄₇, lic. 10 June 1577, inc. 1577. [ii. 62] ⟨Fellow of All So. in 1573.⟩
... **Culverwell** (Colverwell), **Ezechiel**; suppl. B.A. 21 July, adm. 17 Oct. 1573, det. 157¾; suppl. M.A. June, lic. 25 June 1577, inc. 1577.
⟨*Hart H.*⟩ **Vaughan** (Vachan, Vachame, Vaghan), **Ryce**; suppl. B.A. 18 June, adm. 17 Oct. 1573, det. 157¾; suppl. M.A. 4 July, lic. 5 July 1575, inc. 1575. [ii. 93]
... **Laurence, Richard**; adm. B.A. 19 Oct. 1573.
⟨*Trinity.*⟩ **Apletrie** (Appletre), **John**; suppl. B.A. Oct. 1573, adm. 24 Nov. 1573, det. 157¾. [... Appletre, ii. 42]
⟨? *University.*⟩ **More, John**; suppl. B.A. 9 Dec., adm., 16 Dec. 1573, det. 157¾; suppl. M.A. 27 June, lic. 2 July 1576, inc. 1576. [ii. 43]
... **Pulleston** (Puleston), **Richard**; suppl. B.A. 3 Oct., adm. 16 Dec. 1573; suppl. M.A. 27 Mar., lic. 30 Mar. 1577, inc. 1577.
... **Mutley, George**; suppl. B.A. Oct., adm. 16 Dec. 1573, det. 157¾; suppl. M.A. June, lic. 6 July 1577, inc. 1577.
... **Blight** (Bligh, Bleighe), **John**; suppl. B.A. Oct., adm. 16 Dec. 1573, det. 157¾.
⟨? *Exeter.*⟩ **Ambrose, Richard**; suppl. B.A. Oct., adm. 4 Dec. 1573, det. 157¾. (The adm. B.A. of Ambrose and Netherwood are wrongly registered as lic. M.A.) [Possibly ... Ambrose, ii. 33]
⟨*Gloc. H.*⟩ **Netherwodde, John**; suppl. B.A. Oct., adm. 4 Dec. 1573, det. 157¾; suppl. M.A. 26 June 1576 and again June 1577, lic. 28 June 1577, inc. 1577. [ii. 34]

... **Tayler, John**; suppl. B.A. 26 Jan. 157⅔.
⟨? *S. Mary H.*⟩ **Harper, Roger**; suppl. B.A. Mar. 157⅔. [? ii. 42]
... **Freckeltone, Ferdinando**; suppl. B.A. 4 Apr. 1573.
... **Werdnam, Robert**; suppl. B.A. 18 June 1573.
⟨*Hart H.**⟩ **Pricharde, Lawrence**; suppl. B.A. Oct. 1573, det. 157¾; suppl. M.A. 10 June, lic. 28 June 1578, inc. 1578; in the M.A. suppl. he is called ʻLaurence Pricharde Pengwerne,' Pengwerne being a Welsh place-name, meaning the ʻend of the place of aldertrees.' Laurence Prichard, M.A. of Queen's, suppl. M.B. 8 July 1581. [ii. 44.]

... **Kearke, Nicholas**; suppl. B.A. Oct. 1573.
⟨*Trinity.*⟩ **Mathew, George**; suppl. B.A. Oct. 1573. ⟨An error for suppl. M.A., see *infra*, p. 34.⟩
⟨*Oriel.*⟩ **Unton, Edward**; suppl. B.A. Oct. 1573. [ii. 40]
⟨*Oriel.*⟩ **Unton, Henry**; suppl. B.A. Oct. 1573. [ii. 40]
⟨*Gloc. H.*⟩ **Undrell** (Underhill), **Nicholas**; suppl. B.A. Oct. 1573. [ii. 59]
⟨*Hart H.*⟩ **Hellier** (Helier), **William**; suppl. B.A. 9 Dec. 1573, det. 157$\frac{3}{4}$; suppl. M.A. 4 Feb. 157$\frac{6}{7}$, lic. 29 Apr. 1577, inc. 1577. [ii. 49]
... **Pigott, Christopher**; suppl. B.A. 15 Dec. 1573.
... **Rilstone, Richard**(?); det. 157$\frac{3}{4}$. ⟨See *supra*, p. 15⟩.

⟨*University.*⟩ **Chauntler, John**; suppl. M.A. 2 Sept. 1572, lic. 22 Jan. 157$\frac{2}{3}$. [ii. 43]
⟨*S. Alb. H.**⟩ **Babington** (Babintone), **Zachary**; suppl. M.A. 26 Jan., lic. Feb. 157$\frac{2}{3}$, inc. 1573; after more than twenty years in Law, and being then Chancellor of Lichfield, he suppl. (from Mert.) for B.C.L. and D.C.L. 2 Dec. 1598; adm. B.C.L. and lic. D.C.L. 27 June 1599, inc. D.C.L. 1599. [ii. 40]
⟨*Hart H.*⟩ **Cleare** (Clere), **David**; suppl. M.A. 25 Nov. 1572, lic. 26 Feb. 157$\frac{2}{3}$, inc. 1573. [ii. 29, 35]
⟨*Hart H.*⟩ **Norden, John**; suppl. M.A. 1572 and 26 Jan. 157$\frac{2}{3}$, lic. 26 Feb. 157$\frac{2}{3}$, inc. 1573. [ii. 29, 35]
⟨*Magd. H.*⟩ **Smyth** (Smith), **Humphrey**; suppl. M.A. 14 Jan., lic. 26 Feb. 157$\frac{2}{3}$, inc. 1573. [ii. 38]
⟨*Magd. H.*⟩ **Ryve** (Reve), **John**; suppl. M.A. 26 Jan., lic. 26 Feb. 157$\frac{2}{3}$, inc. 1573. [ii. 38]
... **Harleston** (Hurlston), **Samuel**; lic. M.A. 11 Mar. 157$\frac{2}{3}$, inc. 1573. (*Reg.* I. 278.)
⟨*Brasenose.*⟩ **Colmer, Clement**; suppl. M.A. 26 Jan., lic. 14 Mar. 157$\frac{2}{3}$, inc. 1573; suppl. B.C.L. 12 Oct., adm. 22 Oct. 1580; suppl. D.C.L. 1 Mar. 158$\frac{1}{2}$, lic. 5 July 1582, inc. D.C.L. 1582. [ii. 26] ⟨Fellow of Bras. in 156$\frac{8}{9}$.⟩
⟨*Brasenose.*⟩ **Knowles, Thomas**; suppl. M.A. 16 Jan., lic. 24 Mar. 157$\frac{2}{3}$, inc. 1573. (*Reg.* I. 276.) ⟨Fellow of Bras. in 156$\frac{8}{9}$.⟩
⟨*Brasenose.*⟩ **Hutchings** (Huchinges, Huchens, Hutchins), **Thomas**; suppl. M.A. Mar., lic. 14 Mar. 157$\frac{2}{3}$, inc. 1573; suppl. for lic. to preach 25 Nov. 1575. (*Reg.* I. 276.) ⟨Fellow of Bras. in 156$\frac{8}{9}$.⟩
⟨*Brasenose.*⟩ **Charlwood, John**; suppl. M.A. Mar., lic. 14 Mar. 157$\frac{2}{3}$, inc. (then called 'Clarkewood') 1573. (*Reg.* I. 275.)
⟨*University.*⟩ **Cartwryght, Giles**; suppl. M.A. 16 July 1572, lic. 24 Apr. 1573, inc. 1573. [ii. 43]
⟨*All Souls.*⟩ **Tovie** (Tovey), **William**; suppl. M.A. 4 Apr., lic. 2 May 1573, inc. 1573; suppl. B.D. (from All So.) 9 June, adm. 21 June 1585. (*Reg.* I. 273.) ⟨Fellow of All So. in 1568.⟩
⟨*All Souls.*⟩ **Smythe, George**; suppl. M.A. 4 Apr., lic. 2 May 1573, inc. 1573. (*Reg.* I. 273.) ⟨Fellow of All So. in 1569.⟩
⟨*Balliol.*⟩ **Bingley** (Bynley), **Peter**; suppl. M.A. 4 Apr., lic. 2 May 1573, inc. 1573. [ii. 30] ⟨Fellow of Ball. 1572–1573.⟩
⟨*Magd. C.*⟩ **Temple, Robert**; suppl. M.A. 1 Apr., lic. 12 June 1573; suppl. B.D. (from Magd. C.) 14 June, adm. 4 July 1588. [ii. 18]

⟨*S. Alb. H.*⟩ **Roberts** (Robartes), **John**; det. B.A. $157\frac{2}{3}$; suppl. M.A. 20 Apr., lic. 17 June 1573, inc. 1573. [ii. 40]

⟨*All Souls.*⟩ **Heath** (Heth, Hithe), **Thomas**; suppl. M.A. 25 Nov. 1572, lic. 17 June 1573, inc. 1573. (*Reg.* I. 280.) ⟨Fellow of All So. in 1567.⟩

⟨*All Souls.*⟩ **Owen** (Owayne), **Foulke**; lic. M.A. 17 June 1573, inc. 1573. (*Reg.* I. 268.) ⟨Fellow of All So. in 1568.⟩

⟨*S. Alb. H.*⟩ **Cheynie, Henry**; suppl. B.A. 2 Nov., adm. 3 Nov. 1568, det. $156\frac{8}{9}$; suppl. M.A. 4 Apr., lic. 17 June 1573, inc. 1573. [ii. 40]

⟨*University.*⟩ **Hagthorpe, Robert**; suppl. M.A. 25 Nov. 1572, lic. 19 June 1573, inc. 1573. [ii. 43]

... **Williams, Thomas**; suppl. M.A. 20 Apr., lic. 19 June 1573, inc. 1573. (*Reg.* I. 267.)

⟨*Exeter.*⟩ **Reynolds** (Reignoldes), **James**; suppl. M.A. 9 June, lic. 20 June 1573, inc. 1573. [ii. 32] Boase, p. 45.

⟨*Exeter.*⟩ **Done** (Dun, Dunne), **William**; suppl. M.A. 9 June, lic. 20 June 1573, inc. 1573; suppl. M.B. and for lic. to pract. med. 29 Jan., adm. M.B. and lic. to pract. med. 27 Feb. $15\frac{79}{80}$; suppl. M.D. 8 Feb. $158\frac{1}{2}$ and again 19 Jan. $158\frac{2}{3}$, lic. 21 Jan. $158\frac{2}{3}$, inc. 1583. [ii. 32] Boase, p. 46.

⟨*Oriel.*⟩ **Cooke** (Coke, Cocke), **Thomas**; suppl. M.A. 9 June, lic. 27 June 1573, inc. 1573. (*Reg.* I. 270.) [ii. 39; iii. 22] ⟨Fellow of Oriel in 1569.⟩

⟨*Oriel.*⟩ **Kearkbie** (Kirby, Kerbie, Kerkby), **Richard**; suppl. M.A. 18 June, lic. 27 June 1573, inc. 1573. [ii. 39] ⟨Fellow of Oriel in 1570.⟩

⟨?*Jesus.*⟩ **Prichard, Hugh**; suppl. M.A. 20 Apr., lic. 27 June 1573, inc. 1573. [ii. 36 n.]

⟨?*Jesus.*⟩ **Prichard, Thomas**; suppl. M.A. 18 June, lic. 27 June 1573, inc. 1573. [ii. 36 n.]

⟨*Exeter.*⟩ **Blake** (Blakes, Blacke), **John**; suppl. M.A. 8 May, lic. 27 June 1573, inc. 1573. [ii. 32]

⟨*Exeter.*⟩ **Battes** (Batt), **John**; suppl. M.A. 9 June, lic. 27 June 1573, inc. 1573. [ii. 32]

⟨*Magd. H.*⟩ **White** (Whytte, Whitte, Whight), **Thomas**; suppl. M.A. 7 Mar. $157\frac{2}{3}$, lic. 1 July 1573, inc. 1573; suppl. for lic. to preach 9 May 1575; suppl. B.D. 6 Dec., adm. 11 Dec. 1581; suppl. for lic. to preach 28 Feb. $158\frac{3}{4}$ and lic. 9 Apr. 1584; suppl. D.D. 22 May 1584, lic. D.D. 8 Mar. $158\frac{4}{5}$. [ii. 38]

⟨*Exeter.**⟩ **Marstone, Vincent**; suppl. M.A. 18 June, lic. 1 July 1573, inc. 1573. [S. Alb. H., ii. 40] Boase, p. 46.

⟨*Queen's.*⟩ **Dausone** (Dawson), **William**; suppl. M.A. 20 Apr. lic. 1 July 1573, inc. 1573. (*Reg.* I. 280.) ⟨Fellow of Queen's in 1575.⟩

⟨*Magd. C.*⟩ **Underhill, William**; suppl. M.A. 9 June, lic. 6 July 1573, inc. 1573. [ii. 18]

⟨*Ch. Ch.*⟩ **Cocke, Thomas**; suppl. M.A. 18 June, lic. 6 July 1573, inc. 1573. (*Reg.* I. 277.) (See p. 22.) ⟨Student of Ch. Ch. in 1567.⟩

⟨*Ch. Ch.*⟩ **Russell, John**; suppl. M.A. 20 Apr., lic. 6 July 1573, inc. 1573. (*Reg.* I. 276.) ⟨Student of Ch. Ch. in 1567.⟩

⟨*Ch. Ch.*⟩ **James, Simon**; suppl. M.A. 18 June, lic. 6 July 1573, inc. 1573. (*Reg.* I. 276.) ⟨Student of Ch. Ch. in 1567.⟩

⟨*Ch. Ch.*⟩ **Powell, Rice**; suppl. M.A. 20 Apr., lic. 6 July 1573, inc. 1573. (*Reg.* I. 276.) ⟨Student of Ch. Ch. in 1567.⟩

⟨*Gloc. H.*⟩ **Adderton** (Aderton), **Christopher**; suppl. M.A. 21 July, lic. (called 'Anderton') 30 July 1573, inc. 1573. [ii. 34]

⟨*Exeter.*⟩ **Cowley, John**; suppl. M.A. 25 Nov. 1572, lic. 30 July 1573, inc. 1573. [ii. 32]

⟨*Lincoln.*⟩ **Gibson** (Gybsonne), **John**; suppl. M.A. 18 June, lic. 31 July 1573, inc. 1573. [ii. 36] ⟨Fellow of Lincoln, 1571–1583.⟩

⟨*Lincoln.*⟩ **Michell** (Mychell), **John**; suppl. M.A. 18 June, lic. 31 July 1573, inc. 1573. [ii. 36] ⟨Fellow of Lincoln, 1567–1575.⟩

⟨*Lincoln.*⟩ **Potts** (Pott, Pottes), **Peter**; suppl. M.A. 18 June, lic. 31 July 1573, inc. 1573. [ii. 36] ⟨Fellow of Lincoln, 1571–1578.⟩

⟨*Magd. H.*⟩ **Sambourne** (Samborn), **Swithin** (Swithone); suppl. M.A 30 June, lic. 31 July 1573, inc. 1573. [ii. 38]

⟨*Corpus*⟩ **Cole, John**; suppl. M.A. 5 Mar. 157¾, lic. 4 Oct. 1573, inc. 1574. (*Reg.* I. 278.) In this and the five following the dates of the M.A. suppl. are obviously wrong. ⟨Scholar of Corp. in 1569, Fellow in 1570.⟩

⟨*Corpus.*⟩ **Bingham, Charles**; suppl. M.A. 5 Mar. 157¾, lic. 4 Oct. 1573, inc. 1574; suppl. for lic. to preach 20 June 1576. (*Reg.* I. 278.) ⟨Scholar of Corp. in 1566, Fellow in 1568.⟩

⟨*Corpus.*⟩ **Pottell, John**; suppl. M.A. 3 Mar. 157¾, lic. 4 Oct. 1573, inc. 1574; suppl. M.B. 15 Apr. 1580. (*Reg.* I. 278.) ⟨Scholar of Corp. in 1566, Fellow in 1568.⟩

⟨*Corpus.*⟩ **Norton, John**; suppl. M.A. 3 Mar. 157¾, lic. (then called 'Nooden') 4 Oct. 1573, inc. 1574. (*Reg.* I. 278.) ⟨Scholar of Corp. in 1566, Fellow in 1569.⟩

⟨*Corpus.*⟩ **Cullam** (Culme), **William**; suppl. M.A. 5 Mar. 157¾, lic. 4 Oct. 1573, inc. 1574. (*Reg.* I. 278.) ⟨Scholar of Corp. in 1566, Fellow in 1573.⟩

⟨*Corpus.*⟩ **Seller, John**; suppl. M.A. 5 Mar. 157¾, lic. 4 Oct. 1573, inc. 1574; suppl. B.D. 6 Dec., adm. 11 Dec. 1581; suppl. lic. to preach 28 Feb. 158¾, lic. to preach 9 Apr. 1584. (*Reg.* I. 278.) ⟨Scholar of Corp. in 1568, Fellow in 1570.⟩

⟨*Corpus.*⟩ **Webbe, Richard**; lic. M.A. 4 Oct. 1573, inc. 1574. [ii. 15] ⟨Scholar of Corp. in 1561, Fellow in 1564.⟩

⟨*Oriel.**⟩ **Tie, Anthony**; suppl. M.A. 22 Mar. 157¾, lic. 4 Oct. 1573, inc. 1574. [Of Corp., ii. 15; and Oriel, ii. 39] ⟨He died in 1584, and was buried in S. Mary's, Oxford; Scholar of Corp. in 1561, Fellow of Oriel in 1571.⟩

⟨*Gloc. H.*⟩ **Blades** (Blads, Bladdes), **Robert**; suppl. M.A. 30 June and 3 Oct. 1573, lic. 5 Oct. 1573, inc. 1573. [ii. 34]

⟨*St. John's.*⟩ **Heathe, Edward**; as B.A. of eight years' standing suppl. M.A. 3 Oct., lic. 7 Oct. 1573, inc. 1573. [ii. 28]

⟨*Merton.*⟩ **Chambers** (Chamber), **John**; suppl. M.A. 3 Oct., lic. 7 Oct. 1573, inc. 1573; suppl. (from Mert.) for lic. to pract. med. 5 Nov. 1584. (*Reg.* I. 272; Brod. p. 269.)

⟨*Merton.*⟩ **Tatam, Thomas**; suppl. M.A. 3 Oct., lic. 7 Oct. 1573, inc. 1573; suppl. B.C.L. 13 June 1584. [ii. 20]

⟨*Merton.*⟩ **Whyte** (Whytte, White), **William**; suppl. M.A. 21 July, lic. 7 Oct. 1573, inc. 1573. (*Reg.* I. 276; Brod. p. 269.)

⟨*Merton.*⟩ **Ledsome** (Ledsam), **Henry**; suppl. M.A. 3 Oct., lic. 7 Oct. 1573, inc. 1573; suppl. B.D. 11 Apr. 1583; suppl. D.D. 1 July, lic. 15 July 1584, inc. 1584. (*Reg.* I. 277; Brod. p. 270.)
⟨*AllSouls.*⟩ **Carre**, **Robert**; suppl. M.A. 3 Oct., lic. 7 Oct. 1573, inc. 1573. (*Reg.* I. 279.) ⟨Care, Fellow of All So. in 1560.⟩
⟨*Ch. Ch.*⟩ **Garret**, **Robert**; suppl. M.A. 18 June, lic. 9 Oct. 1573, inc. 1573. (*Reg.* I. 276.) ⟨Student of Ch. Ch. in 1567.⟩ ⟨A 'Robert Garret' was Fellow of S. Jo. in 1574.⟩
⟨*Magd. H.*⟩ **Bisse**, **John**; suppl. M.A. Apr., lic. 10 Oct. 1573, inc. 1573. [ii. 38]
⟨*Brasenose.*⟩ **Randall**, **Robert**; suppl. M.A. Apr., lic. 10 Oct. 1573, inc. 1573. (*Reg.* I. 277.)
⟨*Trinity.*⟩ **Daye**, **Henry**; suppl. M.A. Oct., lic. 24 Nov. 1573, inc. 1574. [ii. 24] ⟨Scholar of Trin. in 1565, Fellow in 1569.⟩
⟨*Trinity.*⟩ **Matthew**, **George**; suppl. M.A. Oct., lic. 24 Nov. 1573, inc. 1574. [ii. 24] ⟨In the Trin. Coll. book he is called 'George Chamberlane *alias* Mathoys; Scholar of Trin. in 1565, Fellow in 1569.⟩

⟨*Gloc. H.*⟩ **Vivian**, **John**; suppl. M.A. 26 Jan. 157¾. [ii. 34]
⟨? *AllSouls.*⟩ **Apsley**, **William**; suppl. M.A. 26 Jan. 157¾. (*Reg.* I. 246.)
⟨*NewColl.*⟩ **Garbet**, **Richard**; suppl. M.A. 6 Aug. 1573. [ii. 22]
⟨*Magd. C.*⟩ **Sparke**, **Thomas**; suppl. M.A. 6 Aug. 1573 and again 16 Jan. 157¾. As B.A. suppl. for B.D. 9 May, adm. 8 July 1575; suppl. and lic. D.D. 1 July 1581, inc. D.D. 1581. (*Reg.* I. 277.) ⟨Demy of Magd. C. 1567-1569; Fellow 1569-1572. Blox. 4, p. 166.⟩
... **Bennet**, **Henry**; suppl. M.A. 10 Dec. 1573.

... **Pewgh** (Pwe), **John**; as S.C.L. suppl. B.C.L. 7 Mar. 157⅔, adm. 3 July 1573. [?if John Apewe, of New C., ii. 22]
... **Jenkens**, **Morris** (Maurice); suppl. B.C.L. 20 Apr., adm. 3 July 1573. [Perhaps Sr. Jankens, of Jes., ii. 36]
⟨*Broadg. H.*⟩ **Somerstare**, **George**; adm. B.C.L. 2 May 1573. [ii. 31]
... **Ewe** (Yow), **William**; suppl. B.C.L. 9 June 1573, adm. 28 July 1574.
⟨? *Corpus.*⟩ **Webbe**, **Richard**; as a Student of Law for six years suppl. B.C.L. 9 June 1573. ⟨Is this an error for the suppl. M.A. of Richard Webbe of Corp., *supra*, p. 33?⟩
⟨*All Souls.*⟩ **Prise** (Price), **Edward**; as S.C.L. suppl. B.C.L. 30 June 1573, adm. 17 May 1575. ⟨Fellow of All So. in 1568.⟩
⟨*AllSouls.*⟩ **Kendall**, **John**; adm. B.C.L. 1 July 1573; suppl. M.A. 15 Dec. 1574, lic. 12 Feb. 157⅘, inc. 1575. ⟨Fellow of All So. in 1570.⟩
⟨*Broadg. H.*⟩ **Grenevile**, **George**; as B.C.L. of five years' standing suppl. D.C.L. 21 July 1573. [ii. 31]
⟨*AllSouls.*⟩ **Braye**, **Richard**; suppl. D.C.L. 3 Oct. 1573. [ii. 10] ⟨Fellow of All So. in 1563.⟩
⟨*New Coll.*⟩ **Marshatt**, **Michael**; lic. D.C.L. 13 Oct. 1573, inc. 1574. [ii. 21] ⟨Marshiart, Scholar of New C. in 156⁰/?.⟩
... **Archpolle**, **Edward**; as B.A. of six years' standing suppl. B.C.L. Oct. 1573.

⟨*New Coll.*⟩ **Barker, Edward**; suppl. B.C.L. Oct. 1573, and again (being then ten years a student of law) 25 Nov. 1575, adm. 11 July 1576. [ii. 22] ⟨Scholar of New C. in 1564.⟩

. . . **Lee, Jerome**; as B.A. and eight years a student of medicine and lic. to pract. med. five years ago, suppl. M.B. 4 Apr. 1573. (*Reg.* I. 267, 271.)
⟨*All Souls.*⟩ **Foster, Richard**; adm. M.B. and lic. to pract. med. 10 June 1573; suppl. M.D. 30 June, lic. 2 July 1573, inc. 1574. [ii. 10] ⟨Forster, Fellow of All So. in 1562.⟩
⟨*Ch. Ch.*⟩ **Trever** (Treaver), **Randall** (sometimes 'Ralph'); suppl. M.D. 30 June, lic. 2 July 1573. *Reg.* I. 214 (where the name is misprinted 'Treser') and *Reg.* I. 230 (where the name is misprinted 'Creaven'). He had suppl. M.B. and for lic. to pract. med. in Dec. 1555. ⟨Student of Ch. Ch. in 15⁵⁹⁄₆₀.⟩
⟨*Ch. Ch.*⟩ **Bankes, Edward**; as M.A. and after twenty years in med. suppl. for lic. to pract. med. 30 June 1573. (*Reg.* I. 214.) ⟨Student of Ch. Ch. in 15⁴⁹⁄₅₀.⟩
. . . **Banister, John**; after seven years in med. suppl. for lic. to pract. med. 30 June 1573.
⟨*Ch. Ch.*⟩ **Marbecke** (Morbeck), **Roger**; suppl. M.B. and for lic. to pract. med. 2 May, adm. M.B. and lic. to pract. med. 1 July 1573; lic. M.D. 2 July 1573, inc. 1574. [ii. 11] ⟨Student of Ch. Ch. in 1552.⟩
⟨*Ch. Ch.*⟩ **Dewe, Richard**; suppl. M.D. 3 Oct. 1573. [ii. 11] ⟨Student of Ch. Ch. in 1561.⟩
⟨*Magd. C.*⟩ **Stile, Laurence**; as M.B. fourteen years ago, suppl. M.D. Oct. 1573. [ii. 16]

⟨*Magd. C.*⟩ **Rowe, William**; suppl. B.D. Feb. 157⅔. [ii. 17]
⟨*Ch. Ch.*⟩ **Turner, William**; suppl. B.D. 18 June 1573. [ii. 12] ⟨Student of Ch. Ch. in 1561.⟩
⟨*Ch. Ch.*⟩ **Thornton, Thomas**; suppl. D.D. 18 June 1573, 29 May 1579, 1 Mar. 15⁷⁸⁄₉ and 11 July 1583, lic. D.D. 13 July 1584. [ii. 11] ⟨Student of Ch. Ch. in 1561.⟩
⟨*Magd. C.*⟩ **Barker, William**; suppl. B.D. 21 July, adm. 30 July 1573. (*Reg.* I. 225.)
⟨*Magd. C.*⟩ **Hathorne, Adrian**; suppl. D.D. July 1573. [ii. 16]
. . . **Bisse, William**; suppl. D.D. July 1573. (*Reg.* I. 268.)
⟨*University.*⟩ **James, William**; suppl. D.D. July 1573, and 3 Mar. 157¾, lic. 22 Apr. 1574, inc. 1574. [ii. 12, 43] Ath. II. 203. ⟨Student of Ch. Ch. in 1561.⟩
. . . **Elmer, John**; after twenty years in theology, suppl. B.D. and D.D. 3 Oct., adm. B.D. and lic. D.D. 10 Oct. 1573, inc. D.D. 1573.
⟨*Magd. C.*⟩ **Reneger, Michael**; suppl. B.D. and D.D. 3 Oct., adm. B.D. and lic. D.D. 10 Oct. 1573, inc. D.D. 1573. (*Reg.* I. 212.) ⟨Demy of Magd. C. 1544; Fellow 1546–1553. Blox. 4, p. 99⟩
⟨*Ch. Ch*⟩ **Lewes, Jeffry**; suppl. D.D. Oct. 1573, lic. 27 May 1574, inc. 1574. [ii. 12] ⟨Student of Ch. Ch. in 1561.⟩

. . . **Coke, John**; as M.A. of fourteen years' standing suppl. B.D. Oct. 1573.

⟨*Ch. Ch.**⟩ **Mathew, Toby**; adm. B.D. 10 Dec. 1573; suppl. D.D. 30 June 1573, had his grace for D.D. renewed 7 Dec. 1573, lic. D.D. 27 May 1574, inc. 1574. [ii. 12, and 28 n.] ⟨Student of Ch. Ch. in 1561, President of S. Jo. in 1572.⟩

1574.

⟨*Corpus.*⟩ **Baker, Francis**; suppl. B.A. Oct. 1573, adm. 14 Jan. $157\frac{3}{4}$, det. $157\frac{3}{4}$; suppl. M.A. 4 Feb. $157\frac{6}{7}$, lic. 29 Mar. 1577, inc. 1577; suppl. B. D. (from Corp.) 6 June, lic. 4 July 1586. ⟨Scholar of Corp. in 1569, Fellow in 1571.⟩

⟨*Corpus.*⟩ **Barnard, Hugh**; suppl. B.A. Oct. 1573, adm. 14 Jan. $157\frac{3}{4}$, det. $157\frac{3}{4}$; suppl. M.A. 4 Feb. $157\frac{6}{7}$, lic. 29 Mar. 1577, inc. 1577. ⟨Scholar of Corp. in $157\frac{0}{1}$, Fellow in 1572.⟩

⟨*Corpus.*⟩ **Knight** (Knyght, Knigte), **Thomas**; suppl. B.A. Oct. 1573, adm. 14 Jan. $157\frac{3}{4}$, det. $157\frac{3}{4}$; suppl. M.A. 4 Feb. $157\frac{6}{7}$, lic. 29 Mar. 1577, inc. 1577; adm. B.D. 17 Dec. 1584. ⟨Scholar of Corp. in 1569, Fellow in 1572.⟩

⟨*Corpus.*⟩ **Williams** (Wylliams, Wyllyams, Wyllims), **John**; suppl. B.A. Oct. 1573, adm. 14 Jan. $157\frac{3}{4}$, det. $157\frac{3}{4}$; suppl. M.A. 4 Feb. $157\frac{6}{7}$, lic. 29 Mar. 1577, inc. 1577. ⟨Scholar of Corp. on 20 Aug. 1569, where his name is given as 'Thomas'?⟩

⟨*Corpus.*⟩ **Leche** (Leache, Leiche), **William**; suppl. B.A. Oct. 1573, adm. 14 Jan. $157\frac{3}{4}$, det. $157\frac{3}{4}$. ⟨Scholar of Corp. in 1569.⟩

⟨*Corpus.*⟩ **Morryce** (Morrice, Morice, Morris), **Nicholas**; suppl. B.A. 9 Dec. 1573, adm. 14 Jan. $157\frac{3}{4}$, det. ('Norris') $157\frac{3}{4}$; suppl. M.A. 13 Oct., lic. 29 Oct. 1577, inc. 1577. ⟨Scholar of Corp. in 1570, Fellow in $157\frac{4}{5}$.⟩

⟨*Corpus.*⟩ **Powell, John**; suppl. B.A. Oct. 1573, adm. 14 Jan. $157\frac{3}{4}$, det. $157\frac{3}{4}$. ⟨Scholar of Corp. in $157\frac{0}{1}$.⟩

⟨*Corpus.*⟩ **Hoker** (Hooker), **Richard**; suppl. B.A. Oct. 1573, adm. 14 Jan. $157\frac{3}{4}$, det. $157\frac{3}{4}$; suppl. M.A. 4 Feb. $157\frac{6}{7}$, lic. 29 Mar. 1577, inc. 1577. ⟨Scholar of Corp. 24 Dec. 1573 (of co. Devon, aet. 20); Fellow 16 Sept. 1577.⟩

⟨?*Corpus.*⟩ **Medecalf** (Medcalfe), **William**; suppl. B.A. 9 Dec. 1573, adm. 14 Jan. $157\frac{3}{4}$, det. $157\frac{3}{4}$.

⟨*All Souls.*⟩ **Dowe** (Dewe, Doue), **Robert**; suppl. B.A. Oct. 1573, adm. 14 Jan. $157\frac{3}{4}$, det. $157\frac{3}{4}$; suppl. B.C.L. (from All So.) 29 Mar., adm. 26 Apr. 1582. ⟨Fellow of All So. in 1575.⟩

. . . **Wodison** (Woodson, Wodsone), **Alexander**; suppl. B.A. 10 Dec. 1573, adm. 19 Jan. $157\frac{3}{4}$, det. $157\frac{3}{4}$; suppl. M.A. 4 Mar. $157\frac{6}{7}$, lic. 29 Apr. 1577, inc. 1577.

⟨*New Coll.*⟩ **Lytster** (Lister, Lyster), **Thomas**; adm. B.A. 28 Jan. $157\frac{3}{4}$, det. $157\frac{3}{4}$; suppl. M.A. 26 June 1576. ⟨Scholar of New C. in 1569.⟩

⟨*Corpus.*⟩ **Coles, Humphrey**; suppl. B.A. 9 Dec. 1573, adm. 28 Jan. $157\frac{3}{4}$, det. $157\frac{3}{4}$. ⟨Scholar of Corp. in $156\frac{8}{9}$, Fellow in 1574.⟩

. . . **Robinsone, Thomas**; suppl. B.A. 16 Jan., adm. 28 Jan. $157\frac{3}{4}$, det. $157\frac{3}{4}$; lic. M.A. 20 June 1576, inc. 1576.

⟨*University.*⟩ **Glinne** (Glyne), **Richard**; suppl. B.A. 16 Jan., adm. 28

Jan. 157$\frac{3}{4}$, det. 157$\frac{3}{4}$; suppl. M.A. 1 June, lic. 5 June 1576, inc. 1576. [ii. 43]

⟨*University.*⟩ **Glinne** (Glyn, Glynne), **Owen**; suppl. B.A. 16 Jan., adm. 28 Jan. 157$\frac{3}{4}$, det. 157$\frac{3}{4}$; suppl. M.A. 13 June, lic. 20 June 1576, inc. 1576; suppl. B.D. 11 Apr., adm. 6 May 1583; suppl. D.D. 4 June, lic. 14 July 1590, inc. 1591. [ii. 43]

. . . **Sterrell** (Stirric), **Anthony**; suppl. B.A. 16 Jan., adm. 3 Feb. 157$\frac{3}{4}$, det. 157$\frac{3}{4}$.

. . . **Gardener, Thomas**; suppl. B.A. 16 Jan., adm. 3 Feb. 157$\frac{3}{4}$, det. 157$\frac{3}{4}$.

. . . **Roylle** (Royle, Roile), **Walter**; suppl. B.A. 16 Jan., adm. 3 Feb. 157$\frac{3}{4}$, det. 157$\frac{3}{4}$; suppl. M.A. 10 June, lic. 25 June 1577, inc. 1577.

⟨*Brasenose.*⟩ **Walmesley** (Walmysley, Warmesley), **Henry**; suppl. B.A. 16 Jan., adm. 3 Feb. 157$\frac{3}{4}$, det. 157$\frac{3}{4}$; suppl. M.A. 12 Dec. 1577, lic. 29 Jan. 157$\frac{7}{8}$, inc. 1578. ⟨Fellow of Bras. in 158$\frac{9}{0}$.⟩

. . . **Bamforde, Robert**; suppl. B.A. 16 Jan., adm. 3 Feb. 157$\frac{3}{4}$, det. 157$\frac{3}{4}$; suppl. M.A. 20 May, lic. 10 June 1580, inc. 1580.

. . . **Lee** (Ley, Lye), **James**; suppl. B.A. 16 Jan., adm. 3 Feb. 157$\frac{3}{4}$, det. 157$\frac{3}{4}$.

⟨*Brasenose.*⟩ **Massie** (Massey), **William**; suppl. B.A. 16 Jan., adm. 3 Feb. 157$\frac{3}{4}$, det. 157$\frac{3}{4}$; suppl. M.A. 10 June, lic. 25 June 1577, inc. 1577; suppl. lic. to preach (from Bras.) 15 Apr. 1586; suppl. B.D. 6 June, adm. 4 July 1586. ⟨Fellow of Bras. in 1573.⟩

⟨*Brasenose.*⟩ **Bamforde, John**; suppl. B.A. 16 Jan., adm. 3 Feb. 157$\frac{3}{4}$, det. 157$\frac{3}{4}$. ⟨Fellow of Bras. in 1573.⟩

⟨*Brasenose.*⟩ **Lowe** (Lawe, Law), **John**; suppl. B.A. 16 Jan., adm. 3 Feb. 157$\frac{3}{4}$, det. 157$\frac{3}{4}$; suppl. M.A. June, lic. 4 July 1577, inc. 1577. ⟨Fellow of Bras. in 1573.⟩

⟨? *Exeter.*⟩ **Band** (Bonde), **John**; suppl. B.A. 21 July 1573, adm. 4 Feb. 157$\frac{3}{4}$, det. 157$\frac{3}{4}$; suppl. M.A. 7 July, lic. 7 July 1579, inc. 1579. [Probably . . . Bonde, ii. 33; but see ii. 22, 35]

⟨? *Exeter.*⟩ **Filpotte** (Philpote), **George**; suppl. B.A. 16 Jan., adm. 4 Feb. 157$\frac{3}{4}$, det. 157$\frac{3}{4}$. (Probably . . . Philpott of the list in part ii, p. 32.)

⟨? *Exeter.*⟩ **Abintone** (Abingdon), **Edward**; suppl. B.A. Oct. 1573, adm. 4 Feb. 157$\frac{3}{4}$, det. 157$\frac{3}{4}$. (Probably . . . Habinton of the list in part ii, p. 33.)

⟨? *Exeter.*⟩ **Martimer** (Mortimer), **Thomas**; suppl. B.A. 16 Jan., adm. 4 Feb. 157$\frac{3}{4}$, det. 157$\frac{3}{4}$. (Perhaps . . . Mortemer of the list in part ii, p. 33.)

. . . **Leiche** (Leache, Leche), **William**; suppl. B.A. Oct. 1573, adm. 4 Feb. 157$\frac{3}{4}$, det. 157$\frac{3}{4}$.

⟨? *Exeter.*⟩ **Haulle** (Haule), **Thomas**; suppl. B.A. Oct. 1573, adm. 4 Feb. 157$\frac{3}{4}$, det. 157$\frac{3}{4}$. (Perhaps . . . Halle of the list in part ii, p. 33.)

. . . **Berche** (Birche, Burche, Byrche), **John**; suppl. B.A. 16 Jan., adm. 10 Feb. 157$\frac{3}{4}$, det. 157$\frac{3}{4}$; lic. M.A. 3 July 1577, inc. 1577.

⟨*S. Alb. H.**⟩ **Jenkensone, Zachary**; suppl. B.A. Oct. 1573, adm. 10 Feb. 157$\frac{3}{4}$, det. 157$\frac{3}{4}$. [ii. 40] ⟨Fellow of Bras. in 157$\frac{5}{6}$.⟩

⟨*S. Alb. H.*⟩ **Wadde** (Wade), **Roger**; suppl. B.A. 16 Jan., adm. 10 Feb. 157$\frac{3}{4}$, det. 157$\frac{3}{4}$; suppl. M.A. 4 Mar. 157$\frac{6}{7}$, lic. 30 Mar. 1577, inc. 1577. [ii. 40]

⟨*S.Alb.H.*⟩ **Hopkens** (Hopkennes, Hopkins, Hopkyns), **Richard**; suppl. B.A. 16 Jan., adm. 10 Feb. 157$\frac{3}{4}$, det. 157$\frac{3}{4}$; suppl. M.A. 31 Oct. 1576, lic. 13 Mar. 157$\frac{6}{7}$, inc. 1577. [ii. 41]

⟨*Brasenose.*⟩ **Perrin** (Perin, Pirrin, Perryn), **Christopher**; suppl. B.A. 15 Jan., adm. ('Berrie') 10 Feb. 157$\frac{3}{4}$, det. 157$\frac{3}{4}$; suppl. M.A. 10 June, lic. ('Berithe') 25 June 1577, inc. 1577. [ii. 27]

. . . **Heyley** (Haly, Hily, Hyley), **William**; suppl. B.A. Oct. 1573, adm. 10 Feb. 157$\frac{3}{4}$, det. 157$\frac{3}{4}$.

⟨*Magd.H.*⟩ **Jones** (Jonnes), **Edmund**; suppl. B.A. 16 Jan., adm. 15 Feb. 157$\frac{3}{4}$, det. 157$\frac{3}{4}$. [ii. 38]

⟨*?S.Alb.H.*⟩ **Browne, Hugh**; suppl. B.A. 30 June 1573, adm. 15 Feb. 157$\frac{3}{4}$, det. 157$\frac{3}{4}$; suppl. M.A. 2 Apr., lic. 6 July 1576, inc. 1576. [? Browe, ii. 41]

. . . **Walker, William**; suppl. B.A. 16 Jan., adm. 15 Feb. 157$\frac{3}{4}$, det. 157$\frac{3}{4}$; suppl. M.A. 10 June, lic. 27 June 1577, inc. 1577.

. . . **Hussie, William**; suppl. B.A. Oct. 1573, adm. 17 Feb. 157$\frac{3}{4}$, det. 157$\frac{3}{4}$.

⟨*New Coll.*⟩ **Rolandes** (Roland, Roulands, Rowlands), **Henry**; suppl. B.A. Oct. 1573, and again 16 Jan. 157$\frac{3}{4}$, adm. 17 Feb. 157$\frac{3}{4}$, det. 157$\frac{3}{4}$; suppl. M.A. 10 June, lic. 27 June 1577, inc. 1577; suppl. B.D. (then formerly of New C.) 26 Mar., lic. 27 Mar. 1591; suppl. D.D. (then Bishop of Bangor) 28 June 1605. [i. 236]

⟨*?S.Mary H.*⟩ **Lawse** (Lause), **George**; suppl. B.A. 6 Aug. 1573, and again 16 Jan. 157$\frac{3}{4}$, adm. 17 Feb. 157$\frac{3}{4}$, det. ('Lewes') 157$\frac{3}{4}$. [? ii. 42]

. . . **Evans** (Evance), **Lewis**; suppl. B.A. Oct. 1573, and again 16 Jan. 157$\frac{3}{4}$, adm. 18 Feb. 157$\frac{3}{4}$, det. 157$\frac{3}{4}$.

. . . **Hitches** (Hicches), **John**; suppl. B.A. Oct. 1573, and again 16 Feb. 157$\frac{3}{4}$, adm. 18 Feb. 157$\frac{3}{4}$, det. 157$\frac{3}{4}$; suppl. M.A. 29 Nov., lic. 7 Dec. 1577, inc. 1578.

. . . **Williams** (Wyllyams), **Ralph**; suppl. B.A. 1573, adm. 18 Feb. 157$\frac{3}{4}$, det 157$\frac{3}{4}$ (see below, p. 39).

⟨*Hart H.*⟩ **Dowrishe** (Dowrish, Durishe), **Hugh**; suppl. B.A. Oct. 1573, and again 16 Feb. 157$\frac{3}{4}$, adm. 18 Feb. 157$\frac{3}{4}$, det. 157$\frac{3}{4}$; suppl. M.A. 20 Apr., lic. 21 May 1576, inc. 1576; suppl. B.D. 6 Dec., adm. 11 Dec. 1581; suppl. lic. to preach 19 Feb. 158$\frac{2}{3}$. [ii. 53]

⟨*Hart H.**⟩ **Lewis** (Lewes), **Richard**; suppl. B.A. 16 Jan., adm. 18 Feb. 157$\frac{3}{4}$, det. 157$\frac{3}{4}$; suppl. M.A. 13 Feb., lic. 13 Mar. 157$\frac{5}{6}$, inc. 1576. Richard Lewis (perhaps of Ch.Ch.) suppl. B.D. 1 July, adm. 22 June (6 July) 1584; Richard Lewis (of Ch. Ch.) suppl. D.D. 1 Mar. 159$\frac{3}{4}$, lic. 25 June 1594. [ii. 53]

⟨*Hart H.*⟩ **Lewis, William**; suppl. B.A. 16 Jan., adm. 18 Feb. 157$\frac{3}{4}$; det. 157$\frac{3}{4}$. [ii. 53]

⟨*?Broadg.H.*⟩ **Dell** (Diell), **Thomas**; suppl. B.A. 30 June 1573, adm. 18 Feb. 157$\frac{3}{4}$, det. 157$\frac{3}{4}$. [? ii. 31]

⟨*Queen's.*⟩ **Cleter** (Cletter, Cletor, Cleeter), **Adam**; suppl. B.A. 16 Jan., adm. 18 Feb. 157$\frac{3}{4}$, det. 157$\frac{3}{4}$; suppl. M.A. 21 Apr. 1578, and again 25 May 1579. ⟨Tabarder at Queen's, 1572.⟩

⟨*Queen's.*⟩ **Jackson** (Jacson), **Robert**; suppl. B.A. 16 Jan., adm. 18 Feb. 157$\frac{3}{4}$, det. ('Jackman') 157$\frac{3}{4}$; suppl. M.A. 4 Mar. 157$\frac{6}{7}$, lic. 30 Mar. 1577, inc. 1577. [ii. 54]

⟨*Ch. Ch.*⟩ **Caulfild** (Caufild, Cauffield, Calfhill, Caulphehill, Calphehill), **Richard**; suppl. B.A. 16 Jan. 157$\frac{3}{4}$, adm. 19 Feb. 157$\frac{3}{4}$, det. 157$\frac{3}{4}$;

suppl. M.A. June, lic. 27 June 1577, inc. 1577. ⟨Student of Ch. Ch. in 1567.⟩

⟨*Ch. Ch.*⟩ **Strensham** (Stransham, Transome), **Laurence**; suppl. B.A. 16 Jan., adm. 19 Feb. 157$\frac{3}{4}$, det. 157$\frac{3}{4}$. ⟨Student of Ch. Ch. in 1569.⟩

⟨*Ch. Ch.*⟩ **Wake, William**; suppl. B.A. 16 Jan., adm. 19 Feb. 157$\frac{3}{4}$, det. 157$\frac{3}{4}$; suppl. M.A. 14 Apr., lic. 22 May 1577, inc. 1577. ⟨Student of Ch. Ch. in 1571.⟩

⟨*Ch. Ch.*⟩ **Wyllyams, Ralph**; suppl. B.A. Oct. 1573, and again 16 Jan. 157$\frac{3}{4}$, adm. 19 Feb. 157$\frac{3}{4}$, det. 157$\frac{3}{4}$; suppl. M.A. June, lic. 27 June 1577, inc. 1577 (see above, p. 38). ⟨Student of Ch. Ch. in 1571.⟩

⟨*Ch. Ch.*⟩ **Hacklette** (Haklette, Haclette, Hakluette, Hakluit, Hackluitt, Hacklewet, Hacklewight), **Richard**; suppl. B.A. 16 Jan., adm. 19 Feb. 157$\frac{3}{4}$, det. 157$\frac{3}{4}$; suppl. M.A. 14 May, lic. 27 June 1577, inc. 1577. ⟨Student of Ch. Ch. in 1570.⟩

⟨*Ch. Ch.*⟩ **Goodman, Hugh**; suppl. B.A. 16 Jan., adm. 19 Feb. 157$\frac{3}{4}$, det. 157$\frac{3}{4}$; suppl. M.A. 14 Apr., lic. 22 May 1577, inc. 1577. ⟨Student of Ch. Ch. in 1570.⟩

⟨*Ch. Ch.*⟩ **Lence** (Linche, Lenche, Lynche), **Stephen**; suppl. B.A. 16 Jan., adm. 19 Feb. 157$\frac{3}{4}$, det. 157$\frac{3}{4}$; suppl. M.A. 4 July, lic. 6 July 1576, inc. 1576 (see another of both names, below). ⟨Student of Ch. Ch. in 1571.⟩

⟨*Ch. Ch.*⟩ **Edmonds** (Edmundes), **Silvester**; suppl. B.A. 16 Jan., adm. 19 Feb. 157$\frac{3}{4}$, det. 157$\frac{3}{4}$; suppl. M.A. June, lic. 27 June 1577, inc. 1577. ⟨Student of Ch. Ch. in 1571.⟩

⟨*Ch. Ch.*⟩ **Reise** (Rice, Risc), **Giles**; suppl. B.A. 16 Jan., adm. 19 Feb. 157$\frac{3}{4}$, det. 157$\frac{3}{4}$. ⟨Student of Ch. Ch. in 1571.⟩

⟨*Ch. Ch.*⟩ **Kindersley** (Kendersley, Kyendersley), suppl. B.A. 16 Jan., adm. 19 Feb. 157$\frac{3}{4}$, det. 157$\frac{3}{4}$. ⟨Student of Ch. Ch. in 1571.⟩

⟨*Ch. Ch.*⟩ **Smythe, Baldwin**; suppl. B.A. 16 Jan., adm. 19 Feb. 157$\frac{3}{4}$, det. 157$\frac{3}{4}$. ⟨Student of Ch. Ch. in 1571.⟩

⟨*Ch. Ch.*⟩ **Littletone** (Lytleton, Litletone), **Christopher**; suppl. B.A. 16 Jan., adm. 19 Feb. 157$\frac{3}{4}$, det. 157$\frac{3}{4}$; suppl. M.A. 17 May, lic. 27 June 1577, inc. 1577. ⟨Student of Ch. Ch. in 1572.⟩

⟨*Ch. Ch.*⟩ **Norris** (Norice, Norrice), **Edward**; suppl. B.A. 16 Jan., adm. 19 Feb. 157$\frac{3}{4}$, det. 157$\frac{3}{4}$; suppl. M.A. 7 May, lic. 22 May 1577, inc. 1577. ⌊S. Alb. H., ii. 40] ⟨Student of Ch. Ch. in 1572.⟩

⟨*Ch. Ch.**⟩ **Hare, Thomas**; suppl. B.A. 16 Jan., adm. 19 Feb. 157$\frac{3}{4}$, det. 157$\frac{3}{4}$; suppl. M.A. 17 May, lic. 27 June 1577, inc. 1577; suppl. (from Bras.) for lic. to pract. med. and M.B.—Jan. 158$\frac{6}{7}$, lic. to pract. med. and adm. M.B. 13 July 1587. ⟨Student of Ch. Ch. in 1572.⟩

⟨*Ch. Ch.*⟩ **Browne, John**; suppl. B.A. 16 Jan., adm. 19 Feb. 157$\frac{3}{4}$, det. 157$\frac{3}{4}$; suppl. M.A. 17 May, lic. 22 May 1577, inc. 1577. ⟨Student of Ch. Ch. in 1572.⟩ (See *supra*, p. 9.)

⟨*Ch. Ch.*⟩ **Torporley, Thomas**; suppl. B.A. 16 Jan., adm. 19 Feb. 157$\frac{3}{4}$, det. 157$\frac{3}{4}$; suppl. M.A. 17 May, lic. 27 June 1577, inc. 1577. ⟨Student of Ch. Ch. in 1572.⟩

⟨*All Souls.*⟩ **Lenche** (Lence, Lynche), **Stephen**; suppl. B.A. 16 Jan., adm. 19 Feb. 157$\frac{3}{4}$, det. 157$\frac{3}{4}$; suppl. M.A. 17 May, lic. 11 June 1577, inc. 1577; suppl. lic. to preach (from All So.) 7 May 1583.

The will of Stephen Lynche, Chapl. of All So., was proved 8 Feb. 1593/4 (GG. 270 b.) See another of both names, above.
⟨? *S.Mary II.*⟩ **Mericke** (Mericke, Merrecke, Meredicke), **Jasper** ; suppl. B.A. 6 Aug. 1572, adm. 19 Feb. 1573/4, det. 1573/4 ; suppl. M.A. 1 June, lic. 5 June 1576, inc. 1576. [? ii. 42]
⟨*S. Alb. II.*⟩ **Colthurst, Richard** ; suppl. B.A. Oct. 1573, and again 16 Jan. 1573/4, adm. 20 Feb. 1573/4, det. 1573/4 ; lic. M.A. 25 June 1577, inc. 1577. [ii. 40]
. . . **Walden** (Wallenne), **Henry** ; suppl. B.A. 16 Jan., adm. 20 Feb. 1573/4, det. 1573/4 ; lic. M.A. 6 July 1577, inc. 1577.
⟨*Exeter.*⟩ **Bellot** (Bilotte, Billott, Billet), **Reginald** ; suppl. B.A. 16 Jan., adm. 3 Mar. 1573/4, det. ('Richard') 1573/4 ; suppl. M.A. June, lic. 27 June 1577, inc. 1577 ; suppl. lic. to preach 18 May 1582. (Probably . . . Billit, in the list, part ii, p. 33.) (Boase, p. 46.)
. . . **Grene** (Greine), **James** ; suppl. B.A. 16 Jan., adm. 3 Mar. 1573/4, det. 1573/4 ; suppl. M.A. 28 June, lic. 4 July 1577, inc. 1577.
⟨*Trinity.*⟩ **Marten, Thomas** ; suppl. B.A. 16 Jan., adm. 3 Mar. 1573/4. [ii. 42, 55]
. . . **Bleithman** (Blithman), **Robert** ; suppl. B.A. 3 Mar., adm. 5 Mar. 1573/4.
. . . **David, Giles** ; adm. B.A. 6 Mar. 1573/4.
⟨*Magd. C.*⟩ **Shortred** (Shoretrede), **William** ; suppl. B.A. 9 June 1573, adm. 6 Mar. 1573/4, det. 1573/4 ; suppl. M.A. June, lic. 11 June 1577, inc. 1577. ⟨Fellow of Magd. C. in 1575.⟩
⟨*Ch. Ch.*⟩ **Campden, William** ; suppl. B.A. 5 Mar., adm. 6 Mar. 1573/4 ; 3 June 1588 supplicat venerabili Convocationi, etc. Gulielmus Camden, A.B. ex Aede Xti, quatenus 16 annos a suscepto Baccalaureatus gradu in studio philosophiae et caeterarum liberalium artium posuerit ut gratiosa vestra dispensatione cum tres solennes lectiones pro forma perlegerit haec ei sufficiant ut admittatur ad incipiendum in facultate artium. Gratia conceditur, modo incipiat proximis comitiis. (*Reg.* I. 279.)
. . . **Whyte, John** ; suppl. B.A. 16 Feb., adm. 8 Mar. 1573/4, det. 1573/4.
. . . **Poole** (Pole, Poule, Powle), **Thomas** ; suppl. B.A. Oct. 1573, and again 16 Jan. 1573/4, adm. 8 Mar. 1573/4, det. 1573/4 ; suppl. M.A. 29 Jan., lic. 11 Mar. 1578/9, inc. 1578.
. . . **Stockton** (Stocton, Stacton), **John** ; suppl. B.A. 30 June 1573, adm. 8 Mar. 1573/4, det. 1573/4.
. . . **Walker, John** ; suppl. B.A. 5 Mar., adm. 8 Mar. 1573/4.
. . . **Osbastone** (Osboston), **Robert** ; suppl. B.A. Mar., adm. 9 Mar. 1573/4 ; lic. M.A. 28 June 1577, inc. 1577.
⟨*Hart H.*⟩ **Keyne** (Kene, Kenne), **Thomas** ; suppl. B.A. 5 Mar., adm. 9 Mar. 1573/4, det. 1573/4. [ii. 53]
⟨*Hart H.*⟩ **Chammer** (Channer, Chauner, Chawner, Chawener), **John** ; suppl. B.A. Oct. 1573, and again 16 Feb. 1573/4, and again 5 Mar. 1573/4, adm. 18 Mar. 1573/4, det. 1573/4. [ii. 53]
. . . **Baulens, Walter** ; suppl. B.A. 5 Mar., adm. 18 Mar. 1573/4.
. . . **Nicoles** (Nicholes), **Josias** ; suppl. B.A. Mar., adm. 18 Mar. 1573/4, det. 1573/4.
⟨*Exeter.*⟩ **Daniles** (Danels, Davells), **Philip** ; suppl. B.A. 5 Mar., adm. 18 Mar. 1573/4, det. 1573/4. [ii. p. 33 and p. 63]

... **Robartes** (Robertes), **Oliver**; suppl. B.A. Mar., adm. 18 Mar. 1573/4, det. 1573/4.
⟨*Gloc. H.*⟩ **Stubes** (Stubbes, Stobbes), **Justitian**; suppl. B.A. 30 June 1573, adm. 18 Mar. 1573/4, det. 1573/4; suppl. M.A. 29 Jan., lic. 11 Mar. 1577/8, inc. 1578; suppl. B.C.L. 30 June 1573; and again suppl. B.C.L. (from Gloc. H.) 12 May 1589.
⟨*University.**⟩ **Langley, Richard**; suppl. B.A. Mar., adm. 18 Mar. 1573/4, det. 1573/4. [ii. 43]   ⟨Scholar of Ball. in 1573.⟩
⟨*S. Alb. H.*⟩ **Tomsonne** (Tomson, Tompson), **George**; suppl. B.A. 16 Jan., adm. 22 Mar. 1573/4, det. 1573/4; suppl. M.A. 12 Nov. 1577, lic. 12 July 1578, inc. 1578. [ii. 41]
⟨*New Coll.*⟩ **Fairclow** (Fairecloe, Fairtlowe, Faireclough), **Richard**; adm. B.A. 23 Mar. 1573/4, det. 1573/5; lic. M.A. 4 Feb. 1577/8, inc. 1578. ⟨Scholar of New Coll. in 1570.⟩
⟨*Magd. H.*⟩ **Coventre** (Coventrie), **William**; suppl. B.A. 3 Mar., adm. 23 Mar. 1573/4. [ii. 38]
⟨*Balliol.*⟩   **Kerkam** (Kirchame), **John**; suppl. B.A. 22 Mar. 1573/4, adm. 29 Mar. 1574, det. 1574/5. [ii. 65]
... **Neler** (Nayler), **James**; suppl. B.A. 22 Mar. 1573/4, adm. 30 Mar. 1574, det. 1574/5; suppl. M.A. 2 June, lic. 22 June 1579, inc. 1579.
... **Bowatre** (Bowater), **Christopher**; suppl. B.A. 22 Mar. 1573/4, adm. 30 Mar. 1574, det. 1574/5; suppl. M.A. 29 Nov., lic. 7 Dec. 1577, inc. 1578.
... **Pitman** (Pritman), **John**; suppl. B.A. 22 Mar. 1573/4, adm. 30 Mar. 1574, det. 1574/5; suppl. M.A. 21 Apr., lic. 8 July 1578, inc. 1578.
⟨*All Souls.*⟩ **Lucke, Thomas**; suppl. B.A. 22 Mar. 1573/4, adm. 30 Mar. 1574, det. 1574/5; suppl. M.A. 2 June, lic. 22 June 1579, inc. 1579. ⟨Fellow of All Souls in 1578.⟩
... **Smythe** (Smith), **Thomas**; suppl. B.A. 23 Mar. 1573/4, adm. 30 Mar. 1574, det. 1574/5. ⟨Perhaps the same as *supra*, p. 18.⟩
... **Stocke** (Stoake, Steocke, Storke), **Henry**; suppl. B.A. 22 Mar. 1573/4, adm. 30 Mar. 1574, det. 1574/5.
⟨*Oriel.*⟩   **Benet** (Bennet), **Edward**; suppl. B.A. 22 Mar. 1573/4, adm. 31 Mar. 1574, det. 1574/5. ⟨Fellow of Oriel in 1575.⟩
⟨? *Trinity.**⟩ **Fisher** (Fyssher), **Timothy**; suppl. B.A. 22 Mar. 1573/4, adm. 31 Mar. 1574, det. 1574/5; suppl. M.A. June, lic. 22 June 1577, inc. 1577. [? ... Fisher, ii. 42] ⟨Fellow of Magd. C. in 1575.⟩
... **Thomas, Morgan**; suppl. B.A. 22 Mar. 1573/4, adm. 1 Apr. 1574.
⟨*Hart H.*⟩ **Pepwell, Timothy**; suppl. B.A. 22 Mar. 1573/4, adm. 2 Apr. 1574, det. 1574/5. [ii. 53]
⟨*Exeter.*⟩ **Cogan, Edmund**; suppl. B.A. 22 Mar. 1573/4, adm. 3 Apr. 1574, det. 1574/5. [ii. 32] Boase, p. 46.
⟨? *Exeter.*⟩ **Wylliams** (Wyllyams), **Edward**; suppl. B.A. 22 Mar. 1573/4, adm. 3 Apr. 1574. [Perhaps ... Williams of the list in part ii, p. 33] ⟨See p. 45.⟩
⟨? *Exeter.*⟩ **Cowper** (Cooper), **George**; suppl. B.A. 22 Mar. 1573/4, adm. 3 Apr. 1574, det. ('Cupper') 1574/5; suppl. M.A. 14 Apr., lic. 22 May 1577, inc. 1577. A 'George Carper' is registered as det.

in $157\frac{4}{5}$, perhaps a duplicate of this name. [Perhaps . . . Cooper of the list in part ii, p. 33]

. . . **Edwards** (Edward, Edwardes), **William**; suppl. B.A. 22 Mar. $157\frac{3}{4}$, adm. 3 Apr. 1574, det. $157\frac{4}{5}$. ⟨Perhaps the suppl. M.A. of William Edwards, *infra*, p. 47, is a mistake for the suppl. B.A. of this man.⟩

. . . **Wylliams, Richard**; suppl. B.A. 22 Mar. $157\frac{3}{4}$, adm. 3 Apr. 1574; suppl. M.A. 7 June, lic. 6 July 1576, inc. 1576. ⟨Perhaps the suppl. M.A. of Richard Wyllyams, *infra*, p. 47, is a mistake for the suppl. B.A. of this man.⟩

. . . **Dyar, Thomas**; suppl. B.A. 22 Mar. $157\frac{3}{4}$, adm. 22 Apr. 1574.

⟨*? Exeter.*⟩ **Cheyvney** (Cheveney), **Robert**; suppl. B.A. 5 Mar. $157\frac{3}{4}$, adm. 27 Apr. 1574. (Perhaps . . . Cheyvenye of the list in part ii, p. 33.)

. . . **Duncane** (Duncan), **Peter**; suppl. B.A. 21 Apr., adm. 27 Apr. 1574, det. $157\frac{4}{5}$; suppl. M.A. 1 June, lic. 5 June 1576, inc. 1576.

⟨*S. Edm. H.**⟩ **Pindar** (Pynder), **Matthew**; suppl. B.A. 21 Apr., adm. 18 May 1574, det. $157\frac{4}{5}$; suppl. M.A. 12 May, lic. 16 May 1579, inc. 1579. [ii. 61] ⟨Fellow of Ball. in 1576.⟩

⟨*New Coll.*⟩ **Harley, Richard**; adm. B.A. 24 May 1574, det. $157\frac{4}{5}$. ⟨Scholar of New Coll. in 1570.⟩

⟨*New Coll.*⟩ **Lucar** (Lukar), **Mark**; adm. B.A. 24 May 1574, det. $157\frac{4}{5}$. ⟨Scholar of New Coll. in 1570.⟩

⟨*New Coll.*⟩ **Secoll, Richard**; adm. B.A. 24 May 1574, det. ('Henry') $157\frac{4}{5}$. ⟨Scholar of New Coll. in 1570.⟩

⟨*Corpus.**⟩ **Pister** (Pistor), **Robert**; adm. B.A. 24 May 1574, det. $157\frac{4}{5}$; suppl. M.A. 7 July, lic. 10 July 1578, inc. 1578. ⟨Scholar of Corpus in 1569, Fellow of Ball. 1575–1579.⟩

⟨*Trinity.*⟩ **Potter, Richard**; suppl. B.A. 4 May, adm. 24 May 1574, det. $157\frac{4}{5}$; suppl. M.A. 6 June, lic. ('Porter') 7 July 1578, inc. 1578; suppl. B.D. (from Trin.) 23 Mar. $158\frac{5}{6}$, and again 26 Apr. 1587, adm. 6 July 1587. (His lic. M.A. is also wrongly registered as an adm. B.A.) [ii. 42] ⟨Scholar of Trin. in 1571, Fellow in 1579.⟩

⟨*Trinity.**⟩ **Ridley** (Rydley, Ridlé), **Thomas**; suppl. B.A. 4 May, adm. 24 May 1574, det. $157\frac{4}{5}$. [ii. 42, 55] ⟨Scholar of Trin. in 1572; Chaplain of Magd. C. 1574–1576; Blox. 2, p. 128.⟩

⟨*Trinity.*⟩ **Fletcher** (Flecher), **Owen**; suppl. B.A. 4 May, adm. 24 May 1574, det. $157\frac{4}{5}$. [ii. 42, 55] ⟨Scholar of Trin. in 1572.⟩

⟨*Trinity.*⟩ **Crane, John**; suppl. B.A. 4 May, adm. 24 May 1574, det. $157\frac{4}{5}$. [ii. 42] ⟨Scholar of Trin. in 1572.⟩

⟨*Corpus.*⟩ **Heyden** (Heydon), **Francis**; suppl. B.A. 21 Apr., adm. ('Higden') 27 May 1574, det. $157\frac{4}{5}$; suppl. M.A. 4 July, lic. 5 July 1581, inc. 1581. ⟨Francis Hyden, Chapl. of Corp. 24 June 1572.⟩

⟨*S. John's.*⟩ **Kiblewhite** (Kibblewhite, Keblewhite, Kebilwhite), **Roger**; suppl. B.A. 22 Mar. $157\frac{3}{4}$, adm. 27 May 1574, det. $157\frac{4}{5}$; suppl. M.A. 29 Jan., lic. 11 Mar. $157\frac{7}{8}$, inc. 1578. ⟨Fellow of S. Jo. in 1570.⟩

⟨*S. John's.*⟩ **Hutchinson** (Hutchison, Hutchenson, Huchinson), **Ralph**; suppl. B.A. 22 Mar. $157\frac{3}{4}$, adm. 27 May 1574, det. $157\frac{4}{5}$; suppl.

M.A. 29 Jan., lic. 11 Mar. $157\frac{7}{8}$, inc. 1578; suppl. B.D. (President of S. Jo.) 3 July, adm. 6 Nov. 1596; suppl. D.D. 16 Apr. 1602. ⟨Fellow of S. Jo. in 1570.⟩

⟨*S. John's.*⟩ **Pykes** (Pixe, Pickes, Pikes), **John**; suppl. B.A. 22 Mar. $157\frac{3}{4}$, adm. 27 May 1574, det. $157\frac{4}{5}$; suppl. M.A. 29 Jan., lic. 11 Mar. $157\frac{7}{8}$, inc. 1578. [? ii. 48] ⟨Fellow of S. Jo. in 1570.⟩

. . . **Betts, John**; suppl. B.A. Apr., adm. 27 May 1574.

⟨*Oriel.*⟩ **Bonde, William**; suppl. B.A. 21 Apr., adm. 19 June 1574, det. $157\frac{4}{5}$; suppl. M.A. 13 Feb., lic. 17 Feb. $157\frac{8}{9}$, inc. 1579. ⟨Fellow of Oriel in 1575.⟩

⟨*S. Alb. H.*⟩ **Wasbro** (Wasborough), **Richard**; suppl. B.A. 18 June, adm. 26 June 1574, det. $157\frac{4}{5}$. [ii. 40]

⟨*S. Alb. H.*⟩ **Heathe** (Hethe), **John**; suppl. B.A. 18 June, adm. 9 July 1574, det. $157\frac{4}{5}$; suppl. M.A. 7 July, lic. 10 July 1578, inc. 1578. [ii. 41]

⟨*Jesus.*⟩ **Williams, Griffin**; suppl. B.A. 18 June, adm. ('Jeffry') 14 July 1574, det. $157\frac{4}{5}$; suppl. M.A. 1 July, lic. 7 July 1580, inc. 1580. [ii. 62]

. . . **Salte, Richard**; suppl. B.A. 13 July, adm. 14 July 1574, det. $157\frac{4}{5}$.

⟨*Trinity.*⟩ **Wylkens** (Wilkins), **Richard**; suppl. B.A. 18 June, adm. 17 July 1574. [. . . Wilkins, ii. 42]

⟨*Brasenose.*⟩ **Shingleton** (Singleton), **Thomas**; suppl. B.A. 13 July, adm. 23 July 1574, det. $157\frac{4}{5}$; suppl. M.A. 29 Jan. $157\frac{7}{8}$, lic. 29 May 1578, inc. 1578; suppl. B.D. (from Brasenose) 1 July, adm. 4 July 1586; suppl. D.D. 7 July, lic. 12 July 1597, inc. 1598. [ii. 27] ⟨Fellow of Bras. in $157\frac{5}{6}$.⟩

. . . **Beale** (Beall), **William**; suppl. B.A. 13 July, adm. 29 July 1574, det. $157\frac{4}{5}$.

. . . **Moankfylde** (Mounsfield, Munsfeld, Munkesfeilde, Munkesfelde), **Hugh**; suppl. B.A. 6 Nov., adm. 12 Nov. 1574, det. $157\frac{4}{5}$; suppl. M.A. 29 Jan., lic. 8 Feb. $157\frac{7}{8}$, inc. 1578.

. . . **Gorge, Arthur**; suppl. B.A. 27 Oct., adm. 12 Nov. 1574.

⟨*Hart H.*⟩ **Jacksoonne** (Jackson), **Lawrence**; suppl. B.A. 12 Nov., adm. 13 Nov. 1574, det. $157\frac{4}{5}$; suppl. M.A. 4 Mar. $157\frac{6}{7}$, lic. 29 Mar. 1577, inc. 1577. [ii. 53]

⟨*Balliol.*⟩ **Earth** (Yearth), **William**; suppl. B.A. 22 Sept., adm. 29 Nov. 1574, det. $157\frac{4}{5}$; suppl. M.A. 13 June, lic. 23 June 1576, inc. 1576. [ii. 31]

. . . **Anderton, James**; suppl. B.A. 27 Nov., adm. 9 Dec. 1574, det. $157\frac{4}{5}$.

⟨? *S. Mary H.*⟩ **Horlocke** (Hurlocke, Whorlock), **Francis**; suppl. B.A. 13 Nov., adm. 9 Dec. 1574, det. $157\frac{4}{5}$. [? ii. 42]

⟨*Brasenose.*⟩ **Powell, Morgan**; suppl. B.A. 27 Nov., adm. 10 Dec. 1574, det. $157\frac{4}{5}$; suppl. M.A. 29 Jan. $157\frac{7}{8}$, lic. 29 May 1578, inc. 1578; suppl. lic. to preach (from Bras.) 2 July 1585; suppl. B.D. 1 July, adm. 4 July 1586. ⟨Fellow of Bras. in $157\frac{4}{5}$.⟩

⟨*Brasenose.*⟩ **Lighe** (Leygh, Lye, Lee, Leigh), **William**; suppl. B.A. 27 Nov., adm. 10 Dec. 1574, det. $157\frac{4}{5}$; suppl. M.A. 29 Jan. $157\frac{7}{8}$, lic. 29 May 1578, inc. 1578; suppl. lic. to preach (from Bras.) 24 July 1584; suppl. B.D. 6 June, adm. 4 July 1586. [ii. 27] ⟨Fellow of Bras. in 1573.⟩

. . . **Sheward, Henry**; suppl. B.A. 27 Nov., adm. 10 Dec. 1574, det. $157\frac{4}{5}$; suppl. M.A. 1 July, lic. 6 July 1580, inc. 1580.

. . . **Maudsley** (Mawdsley), **Henry**; suppl. B.A. 27 Nov., adm. 10 Dec. 1574, det. $157\frac{4}{5}$.

⟨*Queen's.*⟩ **Wilbrane** (Wibrane, Wiber, Wyber), **Jeffry**; suppl. B.A. 3 Mar. $157\frac{3}{4}$, adm. 14 Dec. 1574, det. $157\frac{6}{7}$; suppl. M.A. June, lic. 1 July 1577, inc. 1577. ⟨Fellow of Queen's, 1577.⟩

⟨*Queen's.*⟩ **Cocke, James**; suppl. B.A. 27 Nov., adm. 14 Dec. 1574, det. $157\frac{6}{7}$; suppl. M.A. 7 July 1577, inc. 1577. James Cooke (Queen's) suppl. lic. to preach 18 Oct. 1582. [ii. 54] ⟨Fellow of Queen's, 1577.⟩

⟨*Balliol.*⟩ **Button, Francis**; suppl. B.A. 3 Oct., adm. 17 Dec. 1574, det. $157\frac{4}{5}$. [ii. 31]

⟨*Balliol.*⟩ **Button, Edward**; suppl. B.A. 3 Oct., adm. 17 Dec. 1574, det. $157\frac{4}{5}$. [ii. 31]

⟨*Ch. Ch.*⟩ **Acley, Henry**; suppl. B.A. 15 Dec., adm. 17 Dec. 1574, det. $157\frac{4}{5}$. ⟨Student of Ch. Ch. in 1571; his name in the College books seems spelt also as Atelye, Alley, Anclye, Elye.⟩

⟨*Ch. Ch.*⟩ **Wimsherst** (Wimshurst, Wimserst, Wimmeshurst), **John**; suppl. B.A. 15 Dec., adm. 17 Dec. 1574, det. $157\frac{4}{5}$; suppl. M.A. 21 Apr., lic. 22 Apr. 1578, inc. 1578. ⟨Student of Ch. Ch. in 1571.⟩

⟨*Ch. Ch.*⟩ **Heton** (Haiton, Eton, Eaton), **Martin**; suppl. B.A. 15 Dec. adm. 17 Dec. 1574, det. $157\frac{4}{5}$; suppl. M.A. 21 Apr., lic. 2 May 1578, inc. 1578; suppl. B.D. (from Ch. Ch.) 27 Apr., adm. 4 June 1583; suppl. D.D. 27 June, lic. 4 July 1585, inc. 1585. ⟨Student of Ch. Ch. in 1571.⟩

⟨*Ch. Ch.*⟩ **Edes** (Eedes), **Richard**; suppl. B.A. 15 Dec., adm. 17 Dec. 1574, det. $157\frac{4}{5}$; suppl. M.A. 21 Apr., lic. 2 May 1578, inc. 1578; adm. B.D. 6 July 1584; suppl. D.D. 30 June, lic. 6 July 1589, inc. 1589. ⟨Student of Ch. Ch. in 1571.⟩

⟨*Ch. Ch.*⟩ **Pownall** (Pownoll, Pounall), **Israel**; suppl. B.A. 15 Dec., adm. 17 Dec. 1574, det. $157\frac{4}{5}$; suppl. M.A. 21 Apr., lic. 5 May 1578, inc. 1578; suppl. lic. to preach 13 June 1582. ⟨Student of Ch. Ch. in 1571.⟩

⟨*Ch. Ch.*⟩ **Elmer** (Elmore, Aylmer), **Richard**; suppl. B.A. 27 Nov., adm. 17 Dec. 1574, det. $157\frac{4}{5}$. ⟨Student of Ch. Ch. in 1572.⟩

⟨*Ch. Ch.*⟩ **Smithe, Richard**; suppl. B.A. 27 Nov., adm. 17 Dec. 1574, det. $157\frac{4}{5}$; suppl. M.A. 21 Apr., lic. 5 May 1578, inc. 1578. ⟨Student of Ch. Ch. in 1567.⟩

⟨*Ch. Ch.*⟩ **Weltden** (Walden, Welcden, Weldon), **Thomas**; suppl. B.A. 27 Nov., adm. 17 Dec. 1574, det. $157\frac{4}{5}$; suppl. M.A. 21 Apr., lic. 2 May 1578, inc. 1578. ⟨Student of Ch. Ch. in 1573.⟩

⟨*Ch. Ch.*⟩ **Smithe, Thomas**; suppl. B.A. 15 Dec., adm. 17 Dec. 1574, det. $157\frac{4}{5}$; suppl. M.A. 10 June, lic. 17 June 1578, inc. 1578. ⟨Student of Ch. Ch. in 1573.⟩

⟨*Ch. Ch.*⟩ **Watkinson, William**; suppl. B.A. 27 Nov., adm. 17 Dec. 1574, det. ('Wilkinson') $157\frac{4}{5}$; lic. M.A. 2 May 1578; suppl. lic. to preach (from Ch. Ch.) 23 Apr. 1583, lic. 26 Feb. $158\frac{3}{4}$; suppl. B.D. 1 July, adm. 6 July 1587; presented by the University to Vicarage of Seiston, co. Leic., 27 Sept. 1593. ⟨Student of Ch. Ch. in 1573.⟩

. . . **Webbe, Richard**; suppl. B.A. 27 Nov., adm. 17 Dec. 1574, det. $157\frac{4}{5}$.

. . . **Lante, James**; suppl. B.A. 27 Nov., adm. 17 Dec. 1574, det. 157$\frac{4}{5}$; suppl. M.A. 25 June, lic. 26 June 1578, inc. 1578.

. . . **White, Roger**; suppl. B.A. 3 Mar. 157$\frac{3}{4}$.

. . . **Dain, Giles**; suppl. B.A. 5 Mar. 157$\frac{3}{4}$.

⟨*? Exeter.*⟩ **Maxfelde, Humphrey**; suppl. B.A. 22 Mar. 157$\frac{3}{4}$. [Perhaps . . . Maxfelde, ii. 33]

. . . **Morgans, Hugh**; suppl. B.A. 22 Mar. 157$\frac{3}{4}$.

. . . **Scarboroughe, Thomas**; suppl. B.A. 24 Apr. 1574.

⟨*Lincoln.*⟩ **Openshaw, Robert**; suppl. B.A. 4 May 1574. [ii. 66]

. . . **Efford, Nicholas**; suppl. B.A. 18 June 1574, and again 18 Apr. 1575.

⟨*Oriel.**⟩ **Eglesfeilde, Anthony**; suppl. B.A. 18 June 1574, det. 157$\frac{6}{7}$; suppl. M.A. June 1577. Thomas Eglesfelde lic. M.A. 1 July 1577, inc. 1577; probably this man by a mistake, natural if the name were given as 'Tony.' [ii. 40] ⟨Anthony Eglesfeilde was Fellow of Queen's in 1577.⟩

⟨*Brasenose.*⟩ **Mosten** (Mostyne, Mosden), **Henry**; suppl. B.A. 18 June 1574, det. 157$\frac{4}{5}$; suppl. M.A. 27 Mar., lic. 22 May 1577, inc. 1577. [ii. 27]

⟨*Lincoln.*⟩ **Harte, William**; suppl. B.A. 18 June 1574. [ii. 37]

⟨*Magd. C.*⟩ **Henshawe, Humphrey**; suppl. B.A. 18 June 1574. [ii. 51]

. . . **Warde, Henry**; suppl. B.A. 13 July 1574, det. 157$\frac{4}{5}$.

⟨*Queen's.*⟩ **Tisdale, William**; suppl. B.A. 3 Nov. 1574. [ii. 54]

⟨*New C.*⟩ **Williams, Erasmus**; det. 157$\frac{4}{5}$, lic. M.A. 19 Apr. 1578, inc. 1578. ⟨Scholar of New C. in 1570.⟩

. . . **Edge, Giles**; det. 157$\frac{4}{5}$.

. . . **Willins** (? Williams), **Edmund**; det. 157$\frac{4}{5}$. ⟨? Edward, p. 41.⟩

. . . **Powle, Peter**; det. 157$\frac{4}{5}$. ⟨Perhaps a repetition of the determination entry of Peter Powell, *infra*, p. 49.⟩

⟨*Corpus.*⟩ **Turnbull, Richard**; suppl. M.A. 15 Dec. 1573, lic. (wrongly called 'Robert') 21 Jan. 157$\frac{3}{4}$, inc. 1574; suppl. for lic. to preach 20 June 1576. (*Reg.* I. 278.) ⟨Scholar of Corp. in 1566; Fellow in 1569; 'Aedituus,' i.e. Chaplain, at Corp. 4 Jan. 157$\frac{3}{4}$.⟩

⟨*Ch. Ch.*⟩ **Dewhurst, Giles**; suppl. M.A. 5 Mar., lic. (wrongly called 'Robert') 9 Mar. 157$\frac{3}{4}$, inc. 1574. (*Reg.* I. 281.) ⟨Student of Ch. Ch. in 1567.⟩

. . . **Conor** (Coner), **Owen** (Eugenius); suppl. M.A. 5 Mar., lic. 19 Mar. 157$\frac{3}{4}$, inc. 1574. (*Reg.* I. 274.)

⟨*Ch. Ch.*⟩ **Baldwine, Justinian**; suppl. M.A. 3 Mar., lic. 19 Mar. 157$\frac{3}{4}$, inc. 1574. (*Reg.* I. 281.) ⟨Student of Ch. Ch. in 1567.⟩

. . . **Vivian** (Phivian), **William**; suppl. M.A. 10 Dec. 1573, lic. 19 Mar. 157$\frac{3}{4}$, inc. 1574.

. . . **Chaloner** (Chaliner, Chalmer), **William**; suppl. M.A. 5 Mar., lic. 22 Mar. 157$\frac{3}{4}$, inc. 1574. (*Reg.* I. 275.)

⟨*Ch. Ch.*⟩ **Matthew** (Mathew), **Thomas**; suppl. M.A. 5 Mar. 157$\frac{3}{4}$, lic. 26 Mar. 1574, inc. 1574. (*Reg.* I. 281.) ⟨Stud. of Ch. Ch., 1567.⟩

⟨*Ch. Ch.*⟩ **Souche** (Suche), **William**; suppl. M.A. 3 Mar. 157$\frac{3}{4}$, lic 26 Mar. 1574, inc. 1574; suppl. B.D. 20 May, adm. 27 June 1580; lic. D.D. 5 July 1582, inc. 1582. (*Reg.* I. 281.) ⟨Stud. of Ch. Ch., 1567.⟩

⟨*Ch. Ch.*⟩ **Bentley John**; suppl. M.A. 5 Mar. 157¾, lic. 26 Mar. 1574, inc. 1574; suppl. for M.B. and lic. to pract. med. 1 Dec. 1582, adm. M.B. and lic. to pract. med. 30 June 1589; suppl. M.D. 29 Feb. 158⅞, lic. 30 June 1589, inc. 1589. (*Reg.* I. 281.) ⟨Student of Ch. Ch. in 1567.⟩

⟨*Ch. Ch.*⟩ **Toldervey** (Tolervé, Tollerby, Toldervé, Touldervey), **Christopher**; suppl. M.A. 5 Mar. 157¾, lic. 26 Mar. 1574, inc. 1574. (*Reg.* I. 281.) ⟨Student of Ch. Ch. in 1569.⟩

⟨*Magd. C.*⟩ **Gough** (Gouch, Goghe), **Hugh**; suppl. M.A. 3 Mar. 157¾, lic. 1 Apr. 1574, inc. 1574. (*Reg.* I. 269.) ⟨Clerk of Magd. C. 1560–1565. Blox. 2, p. 40.⟩

. . . **Lougharne** (Lacharne, Licharne, Lughorne, Lowghorne), **Francis**; suppl. M.A. 22 Mar. 157¾, lic. 1 Apr. 1574, inc. 1574. (*Reg.* I. 275.)

⟨*Brasenose.*⟩ **Watts, Edmund**; suppl. M.A. 16 Jan. 157¾, lic. 22 Apr. 1574, inc. 1574; suppl. (from Bras.) after twenty years in Theology for B.D. and D.D. 27 Mar., adm. B.D. and lic. D.D. 31 Mar. 1596, inc. D.D. 1596. (*Reg.* I. 276.)

⟨*Brasenose.*⟩ **Evans** (Evance), **Hugh**; lic. M.A. 18 May 1574, inc. 1574. (*Reg.* I. 281.)

⟨*New Coll.*⟩ **Osborne, John**; lic. M.A. 24 May 1574, inc. 1574; lic. to pract. med. 8 Feb. 158⅘. (*Reg.* I. 280.) ⟨Scholar of New C. in 1566.⟩

⟨*S. John's.*⟩ **Singleton** (Shingleton), **Robert**; suppl. M.A. Oct. 1573, lic. 27 May 1574, inc. 1574. (*Reg.* I. 275.) ⟨Fellow of S. Jo. in 1565.⟩

⟨*Magd. C.*⟩ **Travers** (Traverse), **John**; lic. M.A. 19 June 1574, inc. 1574. An entry that he suppl. for lic. to preach 6 Nov. 1574 is scored out in the reg. [ii. 37]

⟨*Magd. C.*⟩ **Herks** *alias* **Garbrand, William**; suppl. M.A. 4 May, lic. 19 June 1574, inc. 1574. [ii. 19]

⟨*Magd. C.*⟩ **Sandford** (Sanford), **Toby**; suppl. M.A. 21 Apr., lic. 19 June 1574, inc. 1574; suppl. M.B. and for lic. to pract. med. 9 Feb. 15⁷⁹⁄₈₀, adm. M.B. from (Magd. C.), and lic. to pract. med. 14 Jan. 160⁰⁄₁. (*Reg.* I. 278.)

⟨*Magd. C.*⟩ **Bridger, Laurence**; suppl. M.A. 4 May, lic. 21 June 1574, inc. 1574. [ii. 37]

⟨*Magd. C.*⟩ **Tansey, Theodore**; suppl. M.A. 4 May, lic. 21 June 1574, inc. 1574; suppl. B.D. 21 June, adm. 8 July 1581; suppl. for lic. to preach 28 Apr. 1582. [ii. 18]

⟨*Magd. C.*⟩ **Cullen, Richard**; lic. M.A. 21 June 1574, inc. 1574; suppl. B.C.L. 17 Dec. 1584, adm. 26 Mar. 1586. [ii. 37]

⟨*Magd. C.*⟩ **Judson, William**; suppl. M.A. 4 May, lic. 21 June 1574, inc. 1574. [ii. 37]

⟨*Magd. C.*⟩ **Upton, Isaac**; suppl. M.A. 4 May, lic. 21 June 1574, inc. 1574; suppl. B.C.L. 29 Apr., adm. 27 June 1580; suppl. D.C.L. 28 Nov. 1582, lic. 14 Oct. 1583, inc. 1584. [ii. 37]

⟨*Magd. C.*⟩ **Mayo** (Mayew), **Richard**; suppl. M.A. 4 May, lic. 21 June 1574, inc. 1574. [ii. 37]

. . . **Prestman** (Pristman), **John**; suppl. M.A. 18 June, lic. 26 June 1574, inc. 1574. (*Reg.* I. 279.)

⟨*Brasenose.*⟩ **Pope, Josias**; suppl. M.A. 4 May, lic. 28 June 1574, inc. 1574. (*Reg.* I. 276.)

⟨*Brasenose.*⟩ **Norrice** (Norrys), **Robert**; suppl. M.A. 18 June, lic. 28 June 1574, inc. 1574. [ii. 27]   ⟨Fellow of Bras. in 157½.⟩
⟨*Brasenose.*⟩ **Dobbes**, **Thomas**; suppl. M.A. 18 June, lic. 28 June 1574, inc. 1574; suppl. (from Bras.) B.D. 28 Nov. 1582, adm. 16 Jan. 158¾. [ii. 27]   ⟨Fellow of Bras. in 1569.⟩
⟨*Brasenose.*⟩ **Sperin** (Spyryn), **Thomas**; suppl. M.A. 4 May, lic. 1 July 1574, inc. 1574. (*Reg.* I. 276.)
⟨*Exeter.*⟩   **Currye**, **John**; suppl. M.A. 18 June, lic. 2 July 1574, inc. 1574. [ii. 32]   Boase, p. 46.
⟨*Magd. C.*⟩ **Allen**, **Samuel**; suppl. M.A. 4 May, lic. 9 July 1574, inc. 1574. [ii. 37]
⟨*Magd. C.*⟩ **Barbone**, **John**; suppl. M.A. 4 May, lic. 9 July 1574, inc. 1574; suppl. B.D. 21 June, adm. 8 July 1581; suppl. for lic. to preach 29 Mar. 1582. [ii. 37]
⟨*Corpus.*⟩   **Becke**, **Samuel**; suppl. M.A. 18 June, lic. 13 July 1574 (this is entered in error among the adm. B.A. in the reg.), inc. 1574. [ii. 15]   ⟨Fellow of Corp. in 1570.⟩
. . .   **Midelton**, **William**; suppl. M.A. 18 June, lic. 13 July 1574 (this is entered in error among the adm. B.A. in the reg.), inc. 1574.
⟨*Magd. C.*⟩ **Digons** (Diggons, Dyggons, Dygons), **Thomas**; suppl. M.A. 13 July, lic. 17 July 1574, inc. 1574. [ii. 37]
⟨*Magd. C.*⟩ **Fisher**, **Samuel**; suppl. M.A. 4 May, lic. 20 July 1574, inc. 1574. [ii. 37]
⟨*AllSouls.**⟩ **Sanky** (Sanckie), **Peter**; suppl. M.A. 9 Dec. 1573, lic. 20 July 1574, inc. 1574; suppl. for lic. to preach 10 Oct. 1575. (*Reg.* I. 278.) [of Hart H., ii. 44]   ⟨Fellow of All So. in 1568.⟩
. . .   **Buggins** (Bigghan), **Peter**; suppl. M.A. 18 June, lic. 20 July 1574, inc. 1574. (*Reg.* I. 274.)
⟨*Magd. C.*⟩ **Hopkins** (Hopkens), **Henry**; suppl. M.A. 1 Apr. 1573 and 13 July 1574, lic. 24 July 1574, inc. 1574. (*Reg.* I. 271.) ⟨Demy of Magd. C. 1565–1568; Fellow 1568–1571. Blox. 4, p. 164.⟩

. . .   **Edwards**, **William**; suppl. M.A. 5 Mar. 157¾. (? *Reg.* I. 237.)   ⟨See *supra*, p. 42.⟩
. . .   **Wyllyams**, **Richard**; suppl. M.A. 4 May 1574. (? *Reg.* I. 278.)   ⟨See *supra*, p. 42.⟩
. . .   **More**, **Thomas**; suppl. M.A. 18 June 1574, inc. 1574.

⟨? *Merton.*⟩ **Jones**, **William**; lic. D.C.L. 28 June 1574, inc. 1574. (*Reg.* I. 278.) [? ii. 20]
. . .   **More**, **Richard**; suppl. B.C.L. 12 July, adm. 23 July 1574.
. . .   **Carrington**, **Jervis**; suppl. B.C.L. 12 July 1574, adm. 27 Oct. 1579.
⟨*S. Alb. H.*⟩ **Atie**, **Arthur**; suppl. B.C.L. and D.C.L. 27 Oct. 1574. [of Mert., ii. 20; of S. Alb. H., ii. 40] ⟨Student of Ch. Ch. before 1561, Fellow of Mert. in 1562.⟩
⟨*AllSouls.*⟩ **Floyd**, **David**; as B.C.L. of five years' standing, suppl. D.C.L..

1 Nov. 1574. (*Reg.* I. 278.) ⟨David Lloyd, Fellow of All So. in 1565.⟩

⟨*Corpus.*⟩ **Twine, Thomas**; suppl. M.B. and for lic. to pract. med. 18 June 1574. [ii. 15] (Ath. II. 130.) Thomas Twyne, formerly of Corpus Christi, Oxon, was adm. M.B. 10 July 1593. ⟨This entry is elsewhere given as incorp. M.B. from Cambr., see i. 349.⟩ ⟨Scholar of Corp. in 1560.⟩

⟨*Brasenose.*⟩ **Smith, Robert**; as M.A., and after eight years in Med., suppl. M.D. 18 June 1574. [ii. 25] ⟨Fellow of Bras. in 1557.⟩

⟨*All Souls.*⟩ **Sweete, Lewis**; suppl. B.D. 16 Jan. $157\frac{3}{4}$, adm. 27 May 1574; suppl. (from All So.) D.D. 8 Feb. $158\frac{1}{2}$; suppl. for lic. to preach 4 Feb. $158\frac{2}{3}$. [ii. 10] ⟨Fellow of All So. in 1563.⟩

⟨*Corpus.*⟩ **Cole, William**; suppl. D.D. 16 Jan. $157\frac{3}{4}$, lic. 27 May 1574, inc. 1574. (*Reg.* I. 215.) ⟨Fellow of Corp. in 1545, Pres. in 1568.⟩

⟨*Magd. C.*⟩ **Bonde, Nicholas**; as M.A. of five years' standing, suppl. for lic. to preach 3 Mar. $157\frac{3}{4}$; suppl. B.D. 7 July, adm. 9 July 1580; suppl. D.D. 13 July, lic. 15 July 1580, inc. 1581. [ii. 37]

⟨*Brasenose.*⟩ **Wolton, John**; after fifteen years in Theology, suppl. B.D. 24 Apr. 1574; suppl. and lic. D.D. 2 June 1579. (*Reg.* I. 228.)

⟨*Magd. C.*⟩ **Brassebridge, Thomas**; suppl. B.D. 24 Apr. 1574; suppl. for lic. to preach 4 Dec. 1583, lic. to preach 26 Feb. $158\frac{3}{4}$. [ii. 16]

. . . **Norrington, Simon**; suppl. B.D. 18 June, adm. 19 June 1574. (*Reg.* I. 259, 270.)

. . . **Blage, Thomas**; as B.A. of seven years' standing suppl. B.D. 18 June 1574; after fifteen years in Theology suppl. D.D. 2 Apr. 1582. (He perhaps took B.A. in 1564, when some degrees are missing; see *Reg.* I. 256.)

⟨?*Brasenose.*⟩ **Wilson, Thomas**; after fifteen years in Theology suppl. D.D. 12 July 1574. (? *Reg.* I. 212.) He was Dean of Worcester.

⟨*Gloc. H.*⟩ **Stocke, William**; as B.D., and after twelve years in Theology, suppl. D.D. 13 July 1574; suppl. for lic. to preach 18 June 1575. [ii. 34]

⟨*Merton.*⟩ **Hancocke, John**; suppl. B.D. 6 Nov. 1574. [ii. 20]

⟨*Queen's.*⟩ **Johnson, Philip**; suppl. B.D. 6 Nov. 1574, adm. 21 Jan. $157\frac{4}{5}$. [ii. 23] ⟨Tabarder at Queen's, 1566; Fellow of Queen's in 1569.⟩

⟨*Ch. Ch.*⟩ **Rogers, Robert**; as B.D. of ten years' standing, suppl. D.D. 17 Dec. 1574. (*Reg.* I. 217.) ⟨Student of Ch. Ch. before 1561.⟩

1575.

⟨? *Exeter.*⟩ **Eveley** (Evelighe), **George**; suppl. B.A. 17 Dec. 1574, adm. 18 Jan. $157\frac{4}{5}$. [Possibly . . . Eveleghe, ii. 33]

⟨? *Trinity.*⟩ **Kniht** (Knight), **John**; suppl. B.A. 18 Jan., adm. 31 Jan. $157\frac{4}{5}$, det. $157\frac{4}{5}$; suppl. M.A. 13 Feb., lic. 17 Feb. $157\frac{8}{9}$, inc. 1579. [Possibly . . . Knight, ii. 42] ⟨Fellow of Oriel in 1575.⟩

. . . **Shaw, Richard**; suppl. B.A. 14 Jan., adm. 31 Jan. $157\frac{4}{5}$, det. $157\frac{4}{5}$.

⟨*Queen's.*⟩ **Watsoonne** (Watson), **Ralph**; suppl. B.A. 5 Feb., adm. 7 Feb. $157\frac{4}{5}$, det. $157\frac{4}{5}$. [ii. 56]

⟨*Queen's.*⟩ **Hollinges** (Hollyngs, Holinges), **Edmund**; suppl. B.A. 5 Feb., adm. 7 Feb. $157\frac{4}{5}$, det. $157\frac{4}{5}$. [ii. 56]

. . . **Powell, Peter**; suppl. B.A. 4 Feb., adm. 9 Feb. $157\frac{4}{5}$, det. $157\frac{4}{5}$.

. . . **Richardson** (Richarson, Richarsoonne), **Thomas**; suppl. B.A. 5 Feb., adm. 9 Feb. $157\frac{4}{5}$, det. $157\frac{4}{5}$.

. . . **Parker** (Parkar), **Nicholas**; suppl. B.A. 27 Nov. 1574, adm. 9 Feb. $157\frac{4}{5}$, det. $157\frac{4}{5}$; suppl. M.A. 6 June, lic. 26 June 1578, inc. 1578.

. . . **Edmonds** (Edmunds), **William**; suppl. B.A. 7 Dec. 1574, adm. 9 Feb. $157\frac{4}{5}$, det. $157\frac{4}{5}$; lic. M.A. 6 July 1577, inc. 1577.

. . . **Jhonson** (Johnson), **William**; suppl. B.A. 14 Jan., adm. 9 Feb. $157\frac{4}{5}$, det. $157\frac{4}{5}$.

⟨? *Balliol.*⟩ **Sidley** (Sedley), **William**; suppl. B.A. 6 Feb., adm. 11 Feb. $157\frac{4}{5}$; suppl. M.A. 28 June, lic. 1 July 1577, inc. 1577. [ii. 66]

⟨*Exeter.*⟩ **Mercer** (Marser), **Nicholas**; suppl. B.A. 6 Feb., adm. 11 Feb. $157\frac{4}{5}$, det. $157\frac{4}{5}$; suppl. M.A. 9 Dec. 1578, lic. 14 Mar. $157\frac{8}{9}$, inc. 1579; suppl. lic. to preach (from Exet.) 1 July 1586. [ii. 33, 64] (Boase, p. 47.)

. . . **Floyde** (Floode, Lloyde), **William**; suppl. B.A. 5 Feb., adm. 11 Feb. $157\frac{4}{5}$, det. $157\frac{4}{5}$; suppl. M.A. 21 Apr., lic. 12 June 1578, inc. 1578.

. . . **Smythe** (Smith), **Henry**; suppl. B.A. 27 Nov. 1574, adm. 11 Feb. $157\frac{4}{5}$, det. $157\frac{4}{5}$; suppl. M.A. 30 June, lic. 9 July 1579, inc. 1579.

. . . **Thorne, Thomas**; suppl. B.A. 5 Feb., adm. 11 Feb. $157\frac{4}{5}$, det. $157\frac{4}{5}$.

⟨*Broadg. H.*⟩ **Price, David**; suppl. B.A. 6 Feb., adm. 11 Feb. $157\frac{4}{5}$, det. $157\frac{4}{5}$; suppl. M.A. 4 June, lic. 25 June 1577, inc. 1577.

⟨*Lincoln.*⟩ **Reade, William**; suppl. B.A. 3 Mar. $157\frac{3}{4}$, adm. 12 Feb. $157\frac{4}{5}$, det. $157\frac{4}{5}$; suppl. M.A. 6 July, lic. 6 July 1577, inc. 1577. ⟨Fellow of Lincoln, 1575–1582.⟩

⟨*Jesus.*⟩ **Chessall, William**; suppl. B.A. 15 Dec. 1574, adm. 19 Feb. $157\frac{4}{5}$. [ii. 62]

⟨? *University.*⟩ **Golde, Philip**; suppl. B.A. 18 Jan., adm. 21 Feb. $157\frac{4}{5}$, det. $157\frac{4}{5}$. ⟨? ii. 43⟩

. . . **Strete, Stephen**; suppl. B.A. 6 Feb., adm. 21 Feb. $157\frac{4}{5}$, det. $157\frac{4}{5}$.

⟨*Lincoln.*⟩ **Pockleton** (Poclington, Pocklington), **William**; suppl. B.A. 22 Mar. $157\frac{3}{4}$, adm. 22 Feb. $157\frac{4}{5}$, det. $157\frac{4}{5}$; lic. M.A. 6 July 1581, inc. 1581. [ii. 67]

. . . **Michell** (Mychell), **Richard**; suppl. B.A. 5 Feb., adm. 22 Feb. $157\frac{4}{5}$, det. $157\frac{4}{5}$; suppl. M.A. 15 Dec., lic. 15 Dec. 1576.

. . . **Fynche** (Finche, Funche), **Richard**; suppl. B.A. 6 Feb., adm. 22 Feb. $157\frac{4}{5}$, det. $157\frac{4}{5}$; suppl. M.A. 21 June 1581.

⟨? *Gloc. H.*⟩ **Risdon, Nicholas**; suppl. B.A. 6 Feb., adm. 22 Feb. $157\frac{4}{5}$, det. $157\frac{4}{5}$; suppl. M.A. 4 June 1577, lic. 12 June 1577, inc. 1577. [Probably . . . Risdon, ii. 34]

. . . **Readie** (Redye), **John**; suppl. B.A. 6 Feb., adm. 22 Feb. $157\frac{4}{5}$, det. $157\frac{4}{5}$; suppl. M.A. 7 Mar., lic. 13 Mar. $157\frac{8}{9}$, inc. ('Reddithe') 1579.

⟨*Gloc. H.*⟩ **Gibbarde** (Gibbards, Gilbarde), **Richard**; suppl. B.A. 6 Feb., adm. 22 Feb. $157\frac{4}{5}$, det. $157\frac{4}{5}$; suppl. 5 Mar., lic. 23 Mar. $157\frac{8}{9}$, inc. 1579. [Probably . . . Gibbard, ii. 34]

⟨*University.*⟩ **Shuttleworth** (Shuttelwoorth), **Laurence**; suppl. B.A. 6 Feb., adm. 25 Feb. $157\frac{4}{5}$, det. $157\frac{4}{5}$; suppl. M.A. 4 July, lic. 6 July 1575, inc. 1575; suppl. B.C.L. 10 June, adm. 2 July 1578; suppl. lic. to preach 14 May 1582; suppl. and adm. B.D. 19 Feb. $158\frac{2}{3}$. [ii. 43]

⟨*Lincoln.*⟩ **Smythe, Barnard**; adm. B.A. 25 Feb. $157\frac{4}{5}$. [ii. 67]

⟨*Gloc. H.*⟩ **Walthewe** (Walthue), **Robert**; suppl. B.A. 6 Feb., adm. 25 Feb. $157\frac{4}{5}$; suppl. M.A. 4 July, lic. 8 July 1578, inc. 1578. [ii. 34]

⟨*Balliol.*⟩ **Stafferton** (Staverton), **William**; suppl. B.A. 6 Feb., adm. 25 Feb. $157\frac{4}{5}$; suppl. M.A. 12 May, lic. 16 May 1579, inc. 1579. ⟨Fellow of Ball. in 1576.⟩

. . . **Mathewe, William**; suppl. B.A. 6 Feb., adm. 25 Feb. $157\frac{4}{5}$. [Perhaps . . . Mathew. Broadg. H., ii. 31]

⟨*Brasenose.*⟩ **Aspinall, Alexander**; adm. B.A. 25 Feb. $157\frac{4}{5}$; suppl. M.A. 20 Feb. $157\frac{7}{8}$, lic. 12 June 1578, inc. 1578. [ii. 27]

. . . **Stanley** (Standley), **Thomas**; suppl. B.A. 6 Feb., adm. 25 Feb. $157\frac{4}{5}$.

⟨*Corpus.*⟩ **Sleade** (Sleidd, Sledd), **John**; adm. B.A. 2 Mar. $157\frac{4}{5}$; suppl. M.A. 4 June, lic. 22 June 1577, inc. 1577. ⟨Scholar of Corp. in 1568.⟩

⟨*Exeter.*⟩ **Leigh, Edmund**; suppl. B.A. 2 Mar., adm. 3 Mar. $157\frac{4}{5}$. (Boase, p. 47.)

⟨*Gloc. H.*⟩ **Stevens, Walter**; suppl. B.A. 2 Mar., adm. 3 Mar. $157\frac{4}{5}$; suppl. M.A. 15 Apr., lic. May 1580, inc. 1580. [ii. 59]

⟨*University.*⟩ **Batsoonne** (Batson), **Henry**; suppl. B.A. 6 Feb., adm. 3 Mar. $157\frac{4}{5}$. [ii. 58, 61]

⟨*All Souls.*⟩ **Martyn, Hugh**; suppl. B.A. 2 Mar., adm. 10 Mar. $157\frac{4}{5}$, det. $157\frac{5}{6}$. ⟨Fellow of All So. in 1573.⟩

. . . **Eyre, Robert**; suppl. B.A. 3 Mar., adm. 11 Mar. $157\frac{4}{5}$.

⟨?*Exeter.*⟩ **Colomore, Robert**; suppl. B.A. 3 Mar., adm. 16 Mar. $157\frac{4}{5}$. [Probably . . . Collamore, ii. 33]

⟨? *Balliol.*⟩ **Goldsmythe** (Goldsmith), **John**; suppl. B.A. 3 Mar., adm. 16 Mar. $157\frac{4}{5}$. [? ii. 30]

⟨? *Broadg. H.*⟩ **Carnesew** (Charnsewe, Charnseus), **Matthew**; suppl. B.A. 19 Mar. $157\frac{4}{5}$, adm. 26 Mar. 1575, det. $157\frac{5}{6}$; suppl. M.A. 14 Mar. $157\frac{8}{9}$, lic. 20 June 1579, inc. 1579. (? ii. 31]

. . . **Joanes** (Jones, Johnes), **John**; suppl. B.A. 18 Apr., adm. 4 May 1575, det. $157\frac{5}{6}$; suppl. M.A. 8 Mar., lic. 14 Mar. $157\frac{7}{8}$.

. . . **Dauson, Hugh**; adm. B.A. 5 May 1575.

⟨*University.*⟩ **Locket, William**; suppl. B.A. 9 May, adm. 11 May 1575, det. $157\frac{5}{6}$; suppl. M.A. 8 Mar., lic. 11 Mar. $157\frac{7}{8}$, inc. 1578. [ii. 63]

. . . **Chiever** (Chievers), **Robert**; adm. B.A. 11 May 1575; suppl. M.A. 9 May, lic. 4 July 1575, inc. 1575.

⟨*Jesus.*⟩ **Sauaker** (Savaker), **Edward**; suppl. B.A. 18 Apr., adm. 11 May 1575, det. $157\frac{5}{6}$. [ii. 36]

⟨*New C.*⟩ **Martine** (Martyn), **Nicholas**; adm. B.A. 14 May, det. $157\frac{5}{6}$; lic. M.A. 17 Jan. $157\frac{8}{9}$, inc. 1579. [ii. 54] ⟨Scholar of New C. in 1571.⟩

⟨*Magd. H.*⟩ **Caesar, Julius**; suppl. B.A. 2 Mar. $157\frac{4}{5}$, adm. 17 May 1575, det. $157\frac{5}{6}$; suppl. M.A. 12 Dec. 1577, lic. 18 Feb. $157\frac{7}{8}$, inc. 1578. (Fasti I. 224) [ii. 60]

. . . **Farmer, William**; adm. B.A. 17 May 1575, det. $157\frac{5}{6}$.

⟨*Brasenose.*⟩ **Bamforde, Ralph**; suppl. B.A. 9 May, adm. 17 May 1575, det. $157\frac{5}{6}$; lic. M.A. 12 June 1578, inc. 1578.

. . . **Chisnoll** (Chisnall), **James**; suppl. B.A. 14 May, adm. 18 May 1575, det. $157\frac{5}{6}$.

⟨*Ch. Ch.*⟩ **Bradforde, John**; suppl. B.A. 9 May, adm. 18 May 1575, det. $157\frac{5}{6}$; John Bradforde (Ch. Ch.) suppl. M.A. 10 Feb., lic. 11 Feb. $159\frac{1}{2}$, inc. 1592. (Probably the same person.)

⟨*? Merton.*⟩ **Lee** (Lea), **Edward**; suppl. B.A. 19 May, adm. 3 June 1575, det. $157\frac{5}{6}$; suppl. M.A. 4 June, lic. 12 June 1577, inc. 1577. (? Brod. p. 272)

. . . **Stone** (Stoane), **Richard**; suppl. B.A. 28 May, adm. 3 June 1575, det. $157\frac{5}{6}$.

⟨*Magd. H.*⟩ **Firminger, David**; suppl. B.A. 19 May, adm. 3 June 1575, det. $157\frac{5}{6}$. [ii. 38]

. . . **Jefferes** (Jeffres, Geffris, Jefferies), **Nicholas**; suppl. B.A. 19 May, adm. 3 June 1575, det. $157\frac{5}{6}$; suppl. M.A. 13 Feb. $157\frac{8}{9}$, lic. 10 July 1579, inc. 1579.

. . . **Curtoppe** (Curtop, Courthope), **Laurence**; suppl. B.A. 19 May, adm. 7 June 1575, det. $157\frac{5}{6}$; suppl. M.A. 20 Feb. $157\frac{7}{8}$, lic. 29 May 1578, inc. 1578.

. . . **Seele** (Sele, Seile), **John**; suppl. B.A. 3 June, adm. 10 June 1575, det. $157\frac{5}{6}$; suppl. M.A. 21 Apr., lic. 30 Apr. 1578, inc. 1578.

⟨*Trinity.*⟩ **Atkins, Henry**; suppl. B.A. 7 June, adm. 10 June 1575, det. $157\frac{5}{6}$; suppl. M.A. 20 Feb., lic. 25 Feb. $157\frac{7}{8}$, inc. ('Atkinson') 1578. [ii. 56]

⟨*Balliol.*⟩ **Whitmore** (Whytmor, Wightmor), **Francis**; suppl. B.A. 16 June, adm. 18 June 1575, det. $157\frac{5}{6}$; suppl. M.A. 12 May, lic. 9 July 1579, inc. 1579. [ii. 30] ⟨Scholar of Ball. in 1573, Fell. of Ball. 1576–1581.⟩

⟨*Balliol.*⟩ **Hauley** (Hawley, Howley), **James**; suppl. B.A. 14 May, adm. 18 June 1575, det. $157\frac{5}{6}$; suppl. M.A. 12 May, lic. 16 May 1579, inc. 1579. [ii. 30] ⟨Fell. of Ball. 1576–1583.⟩

. . . **Penruddock, Robert**; suppl. B.A. 18 Apr., adm. 18 June 1575, det. $157\frac{5}{6}$; suppl. M.A. 21 Apr., lic. 5 May 1578, inc. 1578.

. . . **Hook, Thomas**; suppl. B.A. 7 June, adm. 18 June 1575, det. $157\frac{5}{6}$; suppl. M.A. 3 Apr., lic. 30 Apr. 1579, inc. 1579.

⟨*Queen's.*⟩ **Parker, James**; suppl. B.A. 7 June, adm. 20 June 1575; suppl. M.A. 30 June, adm. 10 July 1579, inc. 1579. [ii. 54]

. . . **Lewis, Richard**; suppl. B.A. 18 Apr., adm. 20 June 1575, det. $157\frac{5}{6}$; suppl. M.A. 10 June, lic. 17 June 1578, inc. 1578. [? N. I. H., ii. 39] ⟨See another of both names, *infra*, p. 55.⟩

. . . **Conway, Hugh**; suppl. (then a 'scholaris' of 12 years standing) B.A. 16 June, adm. 20 June 1575; suppl. M.A. 18 June, lic. 6 July 1575, inc. 1575.

⟨*Gloc. H.*⟩ **Lane, Hugh**; suppl. B.A. 7 June, adm. 25 June 1575, det. $157\frac{5}{6}$; suppl. M.A. 6 June, lic. 17 June 1578, inc. 1578. [ii. 59]

⟨*Balliol.*⟩ **Knight, Robert**; suppl. B.A. 18 June, adm. 25 June 1575, det. $157\frac{5}{6}$; suppl. M.A. 3 June, lic. 17 June 1579, inc. 1579. ⟨Scholar of Ball. in 1573, Fell. of Ball. 1575–1581.⟩

⟨*S. Alb. H.*⟩ **Marshall** (Martiall), **John**; suppl. B.A. 18 June, adm. 30 June 1575, det. $157\frac{5}{6}$; lic. M.A. 6 July 1577, inc. 1577. [ii. 40]

. . . **Bowre** (Bower), **John**; suppl. B.A. 6 Feb. $157\frac{4}{5}$, adm. 5 July 1575.

⟨*University.*⟩ **Warren, Roger**; suppl. B.A. 7 June, adm. 5 July 1575. [ii. 62]

⟨*University.**⟩ **Tomsoon** (Tompson), **Giles**; suppl. B.A. 7 June, adm. 5 July 1575, det. $157\frac{5}{6}$; suppl. M.A. 25 June, lic. 4 July 1578, inc. 1578; suppl. B.D. (from All So.) 20 Mar., adm. 21 Mar. $15\frac{88}{89}$; suppl. D.D. 10 May 1599 and again 24 Jan. $\frac{1599}{1600}$, and again 28 June 1602, lic. 8 July 1602, inc. 1602. [ii. 62] ⟨Fell. of All So. in 1580.⟩

⟨? *Gloc. H.*⟩ **Crispe, John**; suppl. B.A. 18 June, adm. 5 July 1575, det. $157\frac{5}{6}$; suppl. M.A. 21 Apr., lic. ('James') 5 May 1578, inc. 1578. [Possibly . . . Crispe, ii. 34]

⟨*University.*⟩ **Wardropper, Walter**; suppl. B.A. 7 June, adm. 5 July 1575, det. $157\frac{5}{6}$; suppl. M.A. 3 Apr., lic. 30 Apr. 1579, inc. 1579. [ii. 62]

⟨*Magd. H.**⟩ **Wignall** (Wignoll, Wrignall), **Richard**; suppl. B.A. 25 Nov., adm. 28 Nov. 1575, det. $157\frac{5}{6}$; suppl. M.A. 19 May, lic. 22 June 1579, inc. 1579. [ii. 60] ⟨Fell. of All So. in 1577.⟩

⟨*Corpus.*⟩ **Greneway** (Grenway, Grinway), **John**; suppl. B.A. 27 July, adm. 15 Dec. 1575, det. $157\frac{5}{6}$; suppl. M.A. 13 Feb. $157\frac{8}{9}$, lic. 13 Apr. 1579, inc. 1579. ⟨Scholar of Corp. in 1569, Fell. in $157\frac{4}{5}$.⟩

⟨*Corpus.*⟩ **Harward, William**; suppl. B.A. 27 July, adm. 15 Dec. 1575, det. $157\frac{5}{6}$; suppl. M.A. 13 Feb. $157\frac{8}{9}$, lic. 13 Apr. 1579, inc. 1579. ⟨Scholar of Corp. in $157\frac{0}{1}$, Fell. in 1579.⟩

⟨*Corpus.*⟩ **Wilde, William**; suppl. B.A. 11 July, adm. 15 Dec. 1575, det. $157\frac{5}{6}$. ⟨Scholar of Corp. in 1572.⟩

⟨*Corpus.*⟩ **Cobbe** (Cob), **Richard**; suppl. B.A. 18 July, adm. 15 Dec. 1575, det. $157\frac{5}{6}$; suppl. M.A. 27 Jan. $157\frac{8}{9}$, lic. 13 Apr. 1579, inc. 1579; suppl. B.D. (from Corp.) 1 July, adm. 6 July 1587; suppl. lic. to preach 30 June, lic. 9 Dec. 1590. ⟨Scholar of Corp. in 1572, Fell. in 1579; died in 1597.⟩

⟨*Corpus.*⟩ **Walward** (Waluard, Walforde), **John**; suppl. B.A. 11 July, adm. 15 Dec. 1575, det. $157\frac{5}{6}$; suppl. M.A. 13 Feb. $157\frac{8}{9}$, lic. 13 Apr. 1579, inc. 1579; suppl. B.D. 17 Oct., adm. 7 Dec. 1587. ⟨Scholar of Corp. in 1573, Fell. in 1576.⟩

⟨*Jesus.*⟩ **Ellis, Griffin**; suppl. B.A. 15 Apr. 1575. [ii. 62]

⟨*Hart H.*⟩ **Web, Giles**; suppl. B.A. 14 May 1575. [ii. 53]

⟨? *Hart H.*⟩ **Owens, John**; suppl. B.A. 16 June 1575. [? ii. 48]

. . . **Bottler, Giles**; suppl. B.A. 18 June 1575.

⟨*Hart H.*⟩ **Winter** (Wynter), **William**; suppl. B.A. 10 Oct. 1575 and again 31 Oct. 1576. [ii. 53]

. . . **Swayne, Thomas**; suppl. B.A. 25 Nov. 1575.

⟨*Trinity.*⟩ **Stanforde, Henry**; suppl. M.A. 9 May, lic. 14 May 1575, inc. 1575. (*Reg.* I. 279) ⟨Scholar of Trin. in 1572, Fellow in 1573.⟩

⟨*Brasenose.**⟩ **Bond, Daniel**; suppl. M.A. 1 June, lic. 18 June 1575, inc. 1575. [ii. 20, 26]

. . . **Kinge, John**; suppl. M.A. 7 June, lic. 20 June 1575, inc. 1575. (*Reg.* I. 275.)

⟨*Balliol.*⟩ **Hollande, Thomas**; suppl. M.A. 18 June, lic. 21 June 1575, inc. 1575; suppl. for lic. to preach 14 Mar. $157\frac{8}{9}$; suppl. and adm. B.D. 13 July 1582; suppl. D.D. 30 May, lic. 15 July 1584, inc. 1585. [ii. 30 n.] ⟨Fellow of Ball. in 1573.⟩ Boase, p. 50.

⟨*Balliol.*⟩ **Stankliffe, James**; suppl. M.A. 18 June, lic. 21 June 1575, inc. 1575. [ii. 30] ⟨Fellow of Ball. 1570–1575.⟩

. . . **Farrer, Marmaduke**; suppl. M.A. 4 July, lic. 6 July 1575, inc. 1575.

⟨*Gloc. H.*⟩ **Bagnolde** (Bagnoll), **Ralph**; suppl. M.A. 14 May, lic. 8 July 1575, inc. 1575. [ii. 34]

. . . **More, Thomas**; suppl. M.A. 9 May, lic. 8 July 1575, inc. 1575.

⟨*Magd. C.*⟩ **Batman** (Bateman), **John**; suppl. M.A. 3 Mar. $157\frac{4}{5}$. (*Reg.* I. 277.) ⟨Demy of Madg. C. 1566–1571; Blox. 4, p. 166.⟩

⟨*Brasenose.*⟩ **Warbricke, John**; suppl. M.A. 4 July 1575. [ii. 27]

⟨*Ch. Ch.*⟩ **Glasier** (Glacier), **Thomas**; suppl. D.C.L. 6 Feb. $157\frac{4}{5}$, lic. 29 Nov. 1577, inc. 1578. [ii. 12] ⟨Student of Ch. Ch. before 1561.⟩ Boase, p. 47.

. . . **Hemmerforde, Thomas**; suppl. B.C.L. 2 Mar. $157\frac{4}{5}$, adm. 30 June 1575.

⟨*Oriel.*⟩ **Garvey, Robert**; suppl. B.C.L. 26 Mar. 1575. [ii. 39] ⟨Fellow of Oriel in 1563.⟩

⟨*? Exeter.*⟩ **Browning** (Brunning), **Richard**; suppl. B.C.L. 9 May, adm. 30 June 1575. [Perhaps . . . Brunyng of the list, ii. 33]

⟨*Hart H.**⟩ **Cleson, Israel**; suppl. B.C.L. 19 May 1575. [of Hart H., see ii. 53] Israel Gleeson or Cleeson or Glyson, of S. Jo., suppl. B.C.L. 25 Oct., adm. 30 Oct. 1591. But the two are perhaps different persons. See however for a similar interval of years Richard Raynoldes on p. 54.

⟨*All Souls.*⟩ **Bellingham, Richard**; S.C.L., suppl. for B.C.L. 1 June 1575, adm. 25 June 1576; suppl. D.C.L. (then called 'Ralph') 2 Apr. 1582. ⟨Fellow of All So. in 1570.⟩

⟨*Broadg. H.*⟩ **Randall** (Randolph), **Thomas**; as B.C.L. of twenty-six years' standing, suppl. D.C.L. 7 June 1575. [ii. 31]

⟨*All Souls.*⟩ **Short, Anthony**; suppl. B.C.L. 18 June 1575, adm. 24 Nov. 1576. [ii. 10] ⟨Fellow of All So. in 1570.⟩

. . . **Fisher, Thomas**; suppl. B.C.L. 8 July, adm. 12 July 1575.

⟨*Oriel.*⟩ **Cogan** (Cogyn), **Thomas**; suppl. M.B. and for lic. to pract. med. 3 Mar., adm. M.B. and lic. to pract. med. 11 Mar. $157\frac{4}{5}$. [ii. 39] ⟨Fellow of Oriel in 1563.⟩

⟨*Trinity.*⟩ **Harris, John**; after twelve years in med. suppl. M.B. 1 June 1575. (*Reg.* I. 240.) ⟨Scholar of Trin. in 1556, Fellow 1559.⟩

...   Watson, John; after twenty years in med. suppl. M.D. 27 July 1575.
⟨*Merton.*⟩   Williams, Thomas; suppl. M.B. and for lic. to pract. med. 22 Nov. 1575. [ii. 20]

⟨*Brasenose.*⟩ Avenant, Alexander; suppl. for lic. to preach 14 Jan. 157$\frac{4}{5}$. (*Reg.* I. 262.)
⟨*Brasenose.*⟩ Langforde, Charles; suppl. for lic. to preach 14 Jan. 157$\frac{4}{5}$; after twenty years in Theology, and being then Dean of Hereford, suppl. (from All So.) B.D. and D.D. 28 June, adm. B.D. and lic. D.D. 8 July 1602, inc. D.D. 1602. [ii. 26]   ⟨Fellow of All So. in 1565.⟩
⟨*Magd. C.*⟩ Weste, Henry; suppl. for lic. to preach 14 Jan. 157$\frac{4}{5}$. [ii. 18]
⟨*Magd. C.*⟩ Cole, Thomas; suppl. B.D 6 Feb. 157$\frac{4}{5}$; suppl. for lic. to preach 3 June 1575. [ii. 17]
⟨*All Souls.*⟩ Ovenden (Hovenden), Robert; suppl. B.D. 2 Mar. 157$\frac{4}{5}$; suppl. D.D. 1 Mar. 15$\frac{79}{80}$; adm. B.D. and lic. D.D. 1 July 1581, inc. D.D. 1581. [ii. 10 n.] (*Ath.* II. 144.)   ⟨Fellow of All So. in 1565, Warden in 1571.⟩
⟨*Ch. Ch.*⟩ Argall, John; suppl. B.D. 3 Mar. 157$\frac{4}{5}$; suppl. for lic. to preach 4 July 1575; suppl. (from Ch. Ch.) B.D. 19 Feb. 158$\frac{2}{3}$, adm. 19 Feb. 158$\frac{2}{3}$; suppl. for lic. to preach 22 Oct., lic. to preach 23 Oct. 1605. [ii. 12] (*Ath.* I. 760.) ⟨Student of Ch. Ch. before 1561.⟩
⟨*Ch. Ch.*⟩ Bust, John; suppl. B.D. 19 Mar. 157$\frac{4}{5}$; suppl. for lic. to preach 23 Apr. 1583, lic. to preach 12 Feb. 158$\frac{3}{4}$. [ii. 12] ⟨Student of Ch. Ch. before 1561.⟩
⟨*New Coll.*⟩ Bilsonne (Bilson, Billson, Belson), Thomas; suppl. B.C.L. (this is perhaps an error in the reg. for B.D.) 9 May 1575, adm. B.D. 24 Jan. 15$\frac{79}{80}$; suppl. D.D. 25 Jan. 158$\frac{0}{1}$, lic. 27 Jan. 158$\frac{0}{1}$, inc. D.D. 1581. In the D.D. lic. and inc. he is called 'John,' in error. [ii. 22]   ⟨Scholar of New Coll. in 1563.⟩
⟨*Corpus.*⟩ Simpson (Simson), Nicholas; suppl. B.D. 1 June 1575; suppl. (from Corp.; being then Prebendary of Canterbury) B.D. and D.D. 18 Apr. 1608, adm. B.D. and lic. D.D. 30 June 1608, inc. D.D. 1608. (*Reg.* I. 258.) ⟨'Praecentor' at Corp. 16 Dec. 1566.⟩
⟨*Brasenose.*⟩ Nutter, John; after sixteen years in Theology, suppl. B.D. 7 June, adm. 30 June 1575. [ii. 26]
⟨*Balliol.*⟩ Squier, Adam; suppl. B.D. 18 June 1575; suppl. D.D. July 1575; adm. B.D. and lic. D.D. 10 Apr. 1576, inc. D.D. 1576. [ii. 30]   ⟨Fellow of Ball. in 1571.⟩
⟨*Oriel.*⟩   Reynoldes (Rainoldes), Richard; suppl. B.D. 8 July 1575, adm. (from Oriel) B.D. 9 May 1597. [ii. 39]   ⟨Fellow of Oriel in 1566.⟩
⟨*Magd. C.*⟩ Powell, William; suppl. B.D. 19 Sept. 1575, adm. 12 June 1577; suppl. D.D. 13 Mar. 158$\frac{0}{1}$, and again 10 Nov. 1581, and again 22 Nov. 1583, lic. D.D. 14 July 1585. [ii. 17]
...   Kitson, Richard; after fourteen years in Theology, suppl. B.D. 22 Dec. 1575, adm. 9 Jan. 157$\frac{5}{6}$.
...   Cox, Francis; after seventeen years in Theology, suppl.

B.D. 22 Dec. 1575, adm. 9 Jan. $157\frac{5}{6}$; suppl. D.D. 22 June, lic. 4 July 1594. (There is some confusion about him; his suppl. D.D. is put down from Oriel, his lic. D.D. from New Coll.)

1576.

⟨? *New Coll.*⟩ **Lewes** (Lewys), **Richard**; adm. B.A. 27 Jan. $157\frac{5}{6}$, det. $157\frac{5}{6}$; suppl. M.A. 6 July, lic. 6 July 1577, inc. 1577; suppl. B.D. May, adm. 16 May 1584. ⟨See another of both names, *supra*, p. 51.⟩ [Perhaps . . Levcis, New Coll., ii. 60]

. . . **Lloyde** (Floyde), **Evan**; suppl. B.A. 8 July 1575, adm. 27 Jan. $157\frac{5}{6}$, det. $157\frac{5}{6}$.

. . . **Burstall**, **Thomas**; suppl. ('Brusko') B.A. 9 Jan., adm. ('Burstall') 31 Jan. $157\frac{5}{6}$, det. ('Burscoughe') $157\frac{5}{6}$.

. . . **Hodson** (Hodgson), **William**; suppl. B.A. 22 Dec. 1575, and again 22 Jan. $157\frac{5}{6}$, adm. 31 Jan. $157\frac{5}{6}$, det. $157\frac{5}{6}$.

⟨*All Souls.*⟩ **Norwood**, **William**; suppl. B.A. 13 Feb., adm. 14 Feb. $157\frac{5}{6}$, det. $157\frac{5}{6}$; suppl. M.A. 20 Aug. 1579, lic. 1 Oct. 1579, inc. ('Yorwood') 1580; suppl. and adm. B.D. (from All So.) 17 Dec. 1590. ⟨Fellow of All So. in 1575.⟩

⟨*Brasenose.*⟩ **Newman**, **Henry**; suppl. B.A. 13 Feb., adm. 14 Feb. $157\frac{5}{6}$, det. $157\frac{5}{6}$; suppl. M.A. 10 June, lic. 14 June 1578, inc. 1578.

. . . **Howle** (Howell), **John**; suppl. B.A. 13 Feb., adm. 14 Feb. $157\frac{5}{6}$, det. $157\frac{5}{6}$.

. . . **Gregson**, **William**; suppl. B.A. 13 Feb., adm. 24 Feb. $157\frac{5}{6}$, det. $157\frac{5}{6}$.

⟨*Oriel.*⟩ **Leye** (Le, Lea, Lei), **Simon**; suppl. B.A. 13 Feb., adm. 14 Feb. $157\frac{5}{6}$, det. $157\frac{5}{6}$; suppl. M.A. 13 Mar. $158\frac{0}{1}$, lic. (from Oriel) 12 Apr. 1581, inc. 1581. ⟨Fellow of Oriel in 1578.⟩

. . . **Helme**, **Thomas**; adm. B.A. 14 Feb. $157\frac{5}{6}$, det. $157\frac{5}{6}$; suppl. M.A. 30 June 1579, lic. 17 July 1579, inc. 1579.

⟨*S. John's.*⟩ **Warner**, **Bartholomew**; suppl. B.A. 13 Feb., adm. 14 Feb. $157\frac{5}{6}$, det. $157\frac{5}{6}$; suppl. M.A. 14 Mar., lic. 19 Mar. $157\frac{8}{9}$, inc. 1579; suppl. M.B. (S. Jo.) 27 Oct. 1585, adm. 27 Jan. $158\frac{5}{6}$; suppl. M.D. 22 June, lic. 1 July 1594. [Linc. ii. 67]

⟨*Hart H.*⟩ **Wikes** (Wiks, Wykes), **John**; suppl. B.A. 13 Feb., adm. 14 Feb. $157\frac{5}{6}$, det. $157\frac{5}{6}$; suppl. M.A. 25 June, lic. 3 July 1579, inc. 1579. [ii. 44]

⟨*Trinity.*⟩ **Hobbye** (Hobbie), **Edward**; suppl. B.A. 13 Feb., adm. 19 Feb. $157\frac{5}{6}$, det. $157\frac{5}{6}$; suppl. M.A. 1 June, lic. 3 July 1576. ⟨He took B.A. after only eight Terms, and M.A. within two Terms from B.A.⟩ [ii. 57]

⟨*Trinity.*⟩ **Boorne** (Bourne), **John**; suppl. B.A. 13 Feb., adm. 19 Feb. $157\frac{5}{6}$, det. $157\frac{5}{6}$; suppl. M.A. 4 June, lic. 10 June 1577, inc. 1577; suppl. (from Trin.) B.D. and D.D. 27 Mar., adm. B.D. and lic. D.D. 31 Mar. 1596, inc. D.D. 1596. [ii. 57]

⟨*Ch. Ch.*⟩ **Smithe**, **Richard**; suppl. B.A. 11 July 1575, adm. 19 Feb. $157\frac{5}{6}$, det. $157\frac{5}{6}$; suppl. M.A. 10 June, lic. 12 June 1578, inc. 1578. ⟨Student of Ch. Ch. in 1572.⟩

. . . **Lloyde** (Floyde), **David**; suppl. B.A. 8 July 1575, adm. 17 Feb. $157\frac{5}{6}$, det. $157\frac{5}{6}$.

. . . **Mese** (Meese, Myesse), **Edmund**; suppl. B.A. 13 Feb., adm. 20 Feb. $157\frac{5}{6}$, det. $157\frac{5}{6}$.

⟨*S. John's.*⟩ **Stones, Thomas**; suppl. B.A. 23 Feb., adm. 24 Feb. $157\frac{5}{6}$, det. $157\frac{5}{6}$; suppl. M.A. 14 Mar. $157\frac{8}{9}$, lic. 3 July 1579, inc. 1579. [ii. 69]

⟨*Balliol.*⟩ **Leye** (Leeghe, Lee), **Edmund**; suppl. B.A. 13 Feb., adm. 27 Feb. $157\frac{5}{6}$, det. $157\frac{5}{6}$. [ii. 65]

⟨*Ch. Ch.*⟩ **Simberbe** (Sincbers, Simbers, Saintberbe, Seintbarbe, St. Bearbe, Symberbe, St. Barbe), **William**; suppl. B.A. 23 Feb., adm. 27 Feb. $157\frac{5}{6}$, det. $157\frac{5}{6}$; suppl. M.A. 12 May, lic. 6 July 1579, inc. 1579; suppl. lic. to preach 21 Oct. 1583, lic. 26 Feb. $158\frac{3}{4}$; suppl. B.D. 26 Apr., adm. 6 July 1587. ⟨Student of Ch. Ch. in 1572.⟩

⟨*Ch. Ch.*⟩ **Purpherie** (Purferie, Purefi, Purifey, Purefey), **John**; suppl. B.A. 23 Feb., adm. 27 Feb. $157\frac{5}{6}$, det. $157\frac{5}{6}$; suppl. M.A. 12 May, lic. 22 May 1579, inc. 1579. ⟨Student of Ch. Ch. in 1572.⟩

⟨*Ch. Ch.*⟩ **Wickam** (Wickham, Wicam, Wiccam, Wicombe), **William**; suppl. B.A. 23 Feb., adm. 27 Feb. $157\frac{5}{6}$, det. $157\frac{5}{6}$; suppl. M.A. 2 June, lic. 22 June 1579, inc. 1579; suppl. B.C.L. 23 Apr. 1583. ⟨Student of Ch. Ch. in 1572.⟩

⟨*Ch. Ch.*⟩ **Copleye** (Coppley), **Peter**; suppl. B.A. 23 Feb., adm. 27 Feb. $157\frac{5}{6}$, det. $157\frac{5}{6}$; suppl. M.A. 12 May, lic. 22 May 1579, inc. 1579. ⟨Student of Ch. Ch. in 1572.⟩

⟨*Ch. Ch.*⟩ **Lant, John**; suppl. B.A. 23 Feb., adm. 27 Feb. $157\frac{5}{6}$, det. $157\frac{5}{6}$; suppl. M.A. 12 May, lic. 21 May 1579, inc. 1579; suppl. lic. to pract. med. 28 Feb., lic. 7 Mar. $159\frac{4}{5}$. ⟨Student of Ch. Ch. in 1572.⟩

⟨*Ch. Ch.*⟩ **Arnolde** (Arnoulde), **William**; suppl. B.A. 23 Feb., adm. 28 Feb. $157\frac{5}{6}$, det. $157\frac{5}{6}$; suppl. M.A. 2 June, lic. 22 June 1579, inc. 1579. ⟨Student of Ch. Ch. in 1573.⟩

. . . **Dier** (Dyer), **Richard**; suppl. B.A. 23 Feb., adm. 28 Feb. $157\frac{5}{6}$, det. $157\frac{5}{6}$.

⟨*Broadg. H.*⟩ **Alleye** (Allye), **Zachary**; suppl. B.A. 23 Feb., adm. 28 Feb. $157\frac{5}{6}$, det. $157\frac{5}{6}$. [ii. 32]

⟨*Ch. Ch.*⟩ **Reve** (Reeve, Rive), **Samuel**; suppl. B.A. 23 Feb., adm. 28 Feb. $157\frac{5}{6}$, det. $157\frac{5}{6}$; suppl. M.A. 12 May, lic. 22 May 1579, inc. 1579. ⟨Student of Ch. Ch. in 1573.⟩ [Magd. H., ii. 38]

⟨*Ch. Ch.*⟩ **Gilford** (Guilford, Guilferde), **Thomas**; suppl. B.A. 23 Feb., adm. 28 Feb. $157\frac{5}{6}$, det. $157\frac{5}{6}$. [Broadg. H., ii. 32] ⟨Student of Ch. Ch. in 1573.⟩

⟨*Ch. Ch.*⟩ **Maxe** (Maxie, Maxey), **Emanuel**; suppl. B.A. 23 Feb., adm. 28 Feb. $157\frac{5}{6}$, det. $157\frac{5}{6}$; suppl. M.A. 12 May, lic. 22 May 1579, inc. 1579. ⟨Student of Ch. Ch. in 1573.⟩ [Hart H., ii. 53]

⟨*Ch. Ch.*⟩ **Russell, Robert**; suppl. B.A. 23 Feb., adm. 28 Feb. $157\frac{5}{6}$, det. $157\frac{5}{6}$; suppl. M.A. 12 May, lic. 22 May 1579, inc. 1579; suppl. B.D. (from Ch. Ch.) 11 Apr., adm. 14 Apr. 1600; suppl. lic. to preach 17 Jan., lic. 18 Jan. $160\frac{0}{1}$. (Á Wood says he was Vicar of S. Thomas', Oxford, and died 23 Nov. 1616.) ⟨Student of Ch. Ch. in 1573.⟩

⟨*New Coll.*⟩ **Banger, Nicholas**; adm. ('William') B.A. 28 Feb. $157\frac{5}{6}$, det. $157\frac{5}{6}$; lic. M.A. 27 Oct. 1579, inc. 1580. [ii. 53] ⟨Scholar of New Coll. in 1571.⟩

⟨*New Coll.*⟩ **Bale** (Baule, Ball), **Henry**; adm. B.A. 28 Feb. $157\frac{5}{6}$, det.

1575/6; lic. M.A. 27 Oct. 1579, inc. 1580; adm. B.D. 4 July 1588; suppl. D.D. (from New Coll.) 18 June, lic. 4 July 1594. [ii. 53]
⟨Scholar of New Coll. in 1571.⟩
⟨*New Coll.*⟩ **Martin, William**; adm. B.A. 28 Feb. 1575/6, det. 1575/6; lic. M.A. 27 Oct. 1579, inc. 1580; suppl. B.C.L. 5 Nov. 1584; suppl. D.C.L. 25 June 1597. [ii. 54] ⟨Scholar of New Coll. in 1571½.⟩

. . . **Price, Bartholomew**; suppl. B.A. 23 Feb., adm. 28 Feb. 1575/6, det. 1575/6.

⟨*Trinity.*⟩ **Hughes, John**; suppl. B.A. 13 Feb., adm. 28 Feb. 1575/6, det. 1575/6. [ii. 55]

⟨*S. Mary H.*⟩ **Cugleye, Edmund**; suppl. B.A. 23 Feb., adm. 28 Feb. 1575/6, det. 1575/6. [ii. 69]

. . . **Randall, William**; suppl. B.A. 23 Feb., adm. 28 Feb. 1575/6, det. 1575/6; suppl. M.A. 12 Oct., lic. 14 Dec. 1580, inc. 1580.

. . . **Bisleye** (Biseley, Beselie), **Basil**; suppl. B.A. 23 Feb., adm. 28 Feb. 1575/6, det. 1575/6; suppl. M.A. 4 July, lic. 12 July 1578, inc. 1578.

. . . **Bowen, Edward**; suppl. B.A. 23 Feb., adm. 28 Feb. 1575/6, det. 1575/6.

⟨*Magd. C.*⟩ **Barret** (Baret), **John**; suppl. B.A. 23 Feb., adm. 28 Feb. 1575/6, det. 1575/6. [ii. 50]

. . . **Slifelde** (Slyfelde, Slithfelde), **William**; suppl. B.A. 23 Feb., adm. 28 Feb. 1575/6, det. 1575/6; suppl. M.A. 25 June 1579, lic. 3 July 1579, inc. 1579.

⟨*Magd. C.*⟩ **Scotsforde** (Scothford, Scotchford, Scotford, Scohford), **Stephen**; suppl. B.A. 23 Feb., adm. 28 Feb. 1575/6, det. 1575/6; suppl. M.A. 1 Mar. 1579/80, lic. 3 July 1580, inc. 1580. ⟨Chaplain of Magd. C. 1577-1585. Blox. 2, p. 128.⟩

⟨*Balliol.*⟩ **Hill, Martin**; suppl. B.A. 23 Feb., adm. 28 Feb. 1575/6, det. 1575/6; suppl. M.A. 2 June, lic. 22 June 1579, inc. 1579. ⟨Fellow of Ball. in 1576.⟩

. . . **Pearse, Richard**; suppl. B.A. 13 Feb., adm. 28 Feb. 1575/6, det. 1575/6.

⟨*S. Alb. H.*⟩ **Dotten** (Dotin), **Andrew**; suppl. B.A. 23 Feb., adm. 28 Feb. 1575/6, det. 1575/6. [ii. 41]

. . . **White** (Whight, Wight), **John**; adm. B.A. 28 Feb., det. 1575/6; suppl. M.A. 30 June, lic. 6 July 1579, inc. 1579.

⟨*Brasenose.*⟩ **Dod** (Dodde), **Richard**; suppl. B.A. 13 Feb., adm. 28 Feb. 1575/6, det. 1575/6; suppl. M.A. (from Bras.) 5 June, lic. 26 June 1581, inc. 1581; suppl. B.D. 21 Nov. 1590. ⟨Fellow of Bras. in 1580/1.⟩

. . . **Paphraman** (Palphraman, Palframan), **John**; suppl. B.A. 23 Feb., adm. 28 Feb. 1575/6, det. 1575/6.

. . . **Boston, Robert**; suppl. B.A. 10 Oct. 1575, adm. 29 Feb. 1575/6, det. 1575/6.

. . . **Bradleye, Thomas**; suppl. B.A. 23 Feb., adm. 29 Feb. 1575/6, det. 1575/6.

⟨*Trinity.*⟩ **Blunt, Pope**; suppl. B.A. 23 Feb., adm. 29 Feb. 1575/6, det. 1575/6. [ii. 56]

⟨*Trinity.*⟩ **Erington, George**; suppl. B.A. 23 Feb., adm. 29 Feb. 1575/6, det. 1575/6; suppl. M.A. 26 Feb., lic. 23 Mar. 1578/9, inc. 1579. [ii. 55]

⟨*Trinity.*⟩ **Garthwayt, Giles**; suppl. B.A. 23 Feb., adm. ('Cartwrigte') 29 Feb. $157\frac{5}{6}$, det. $157\frac{5}{6}$. [ii. 55]

. . . **Fishe, Robert**; suppl. B.A. 23 Feb., adm. 29 Feb. $157\frac{5}{6}$, det. $157\frac{5}{6}$; suppl. M.A. 27 Jan. $157\frac{8}{9}$, lic. 15 May 1579, inc. 1579.

. . . **Brownell** (Brounell), **William**; suppl. B.A. 23 Feb., adm. 29 Feb. $157\frac{5}{6}$, det. $157\frac{5}{6}$; suppl. M.A. 25 June 1579, lic. 3 July 1579, inc. 1579.

⟨*S. John's.*⟩ **Transham** (Stransham), **Edward**; suppl. B.A. 23 Feb., adm. 29 Feb. $157\frac{5}{6}$, det. $157\frac{5}{6}$. [ii. 69]

⟨*Hart H.*⟩ **Holtbie, Richard**; suppl. B.A. 23 Feb., adm. 3 Mar. $157\frac{5}{6}$, det. $157\frac{5}{6}$. [ii. 58]

. . . **Elistones** (Eliston), **John**; suppl. B.A. 23 Feb., adm. 3 Mar. $157\frac{5}{6}$, det. $157\frac{5}{6}$.

. . . **Jenkyn** (Jenkyns), **Thomas**; suppl. B.A. 23 Feb., adm. 3 Mar. $157\frac{5}{6}$, det. $157\frac{5}{6}$.

. . . **Bartlet, William**; suppl. B.A. 23 Feb., adm. 3 Mar. $157\frac{5}{6}$, det. $157\frac{5}{6}$.

⟨*S. John's.*⟩ **Benion, Morgan**; suppl. B.A. 23 Feb., adm. 3 Mar. $157\frac{5}{6}$, det. $157\frac{5}{6}$. [ii. 68]

⟨*Hart H.*⟩ **Gwinne** (Gwynne), **Richard**; adm. B.A. 3 Mar. $157\frac{5}{6}$, det. $157\frac{5}{6}$; suppl. M.A. 10 June, lic. 12 June 1578, inc. 1578. [ii. 70]

⟨*S. Alb. H.*⟩ **Hare, Richard**; suppl. B.A. 13 Feb., adm. 13 Mar. $157\frac{5}{6}$, det. $157\frac{5}{6}$. [ii. 41]

⟨? *University.*⟩ **Darbyshere** (Darbishere), **Robert**; suppl. B.A. 3 June 1575, adm. 13 Mar. $157\frac{5}{6}$, det. $157\frac{5}{6}$. [? — Darbyshire, ii. 58]

. . . **Warbarton** (Warberton), **Thomas**; suppl. B.A. 7 Mar., adm. 13 Mar. $157\frac{5}{6}$, det. $157\frac{5}{6}$.

⟨? *Exeter.*⟩ **Markes, John**; suppl. B.A. Mar., adm. 13 Mar. $157\frac{5}{6}$, det. $157\frac{5}{6}$; suppl. M.A. 14 Mar., lic. 14 Mar. $157\frac{8}{9}$, inc. 1579. [Oriel, ii. 40; or Exet. ii. 64]

. . . **Wraye** (Wraie), **Thomas**; suppl. B.A. 23 Feb., adm. 13 Mar. $157\frac{5}{6}$, det. $157\frac{5}{6}$.

⟨? *Exeter.*⟩ **Moore** (More), **Thomas**; suppl. B.A. 13 July 1574, adm. 17 Feb.[1] $157\frac{5}{6}$, det. $157\frac{5}{6}$; suppl. M.A. 9 July, lic. 11 July 1578, inc. 1578. Thomas More suppl. B.D. (from Exet.) 6 June, lic. 7 July 1591; Thomas More B.D. Exet. suppl. and lic. D.D. 7 July 1608, inc. 1608. But see another of both names p. 47.

⟨*S. Alb. H.*⟩ **Vincent, Robert**; adm. B.A. 17 Feb.[1] $157\frac{5}{6}$, det. $157\frac{5}{6}$. [ii. 41.]

⟨*Queen's.*⟩ **Higgens** (Higgins), **Edward**; suppl. B.A. Mar., adm. 17 Feb.[1] $157\frac{5}{6}$, det. $157\frac{5}{6}$; lic. (from Queen's) M.A. 3 July 1581, inc. 1581. ⟨An 'Edward Higgins' was Fellow of Bras. in 1583.⟩

⟨*Magd. H.*⟩ **Hampton** (Hamton), **Rouland**; suppl. ('Hopton') B.A. 23 Feb., adm. 19 Feb.[1] $157\frac{5}{6}$; suppl. M.A. 25 May, lic. May 1579, inc. 1579. [ii. 38]

. . . **Clayten** (Clayton), **Richard**; suppl. B.A. Mar., adm. 21 Mar. $157\frac{5}{6}$.

⟨*Queen's.*⟩ **Stubbes, Robert**; suppl. B.A. Mar., adm. 21 Mar. $157\frac{5}{6}$, det. $157\frac{5}{6}$. [ii. 56]

. . . **Eyles** (Eyle), **George**; suppl. B.A. Mar. $157\frac{5}{6}$, adm. 26 Mar. 1576, det. $157\frac{5}{6}$; suppl. M.A. 4 July, lic. 10 July 1578, inc. 1578.

[1] So in the reg., probably a clerical error for Mar.

. . . **Floyde, Thomas**; suppl. B.A. 7 Mar. $157\frac{5}{6}$, adm. 27 Mar. 1576, det. $157\frac{5}{6}$.

⟨*Brasenose.*⟩ **Jacke** (Jace), **David**; suppl. B.A. Mar. $157\frac{5}{6}$, adm. 29 Mar. 1576, det. $157\frac{5}{6}$; suppl. M.A. 10 June 1578, lic. 12 June 1578, inc. 1578; suppl. B.D. (from Bras.) 1 July, adm. 4 July 1586. [ii. 27]

. . . **Wilde, Richard**; suppl. B.A. Mar. $157\frac{5}{6}$, adm. 29 Mar. 1576, det. $157\frac{5}{6}$.

. . . **Sile, Edward**; suppl. B.A. 13 Feb. $157\frac{5}{6}$, adm. 29 Mar. 1576, det. $157\frac{5}{6}$. ⟨? . . . Syle, ii. 31⟩

⟨*Magd. H.**⟩ **Dayrell, William**; suppl. B.A. Mar. $157\frac{5}{6}$, adm. 29 Mar. 1576, det. $157\frac{6}{7}$. [ii. 38] ⟨Fellow of Magd. C. in 1576.⟩

⟨*Magd. C.*⟩ **Norrice** (Norice, Norrys), **Thomas**; suppl. B.A. 23 Feb. $157\frac{5}{6}$, adm. 6 Apr. 1576, det. $157\frac{6}{7}$. [ii. 51]

⟨*Magd. H.*⟩ **Frier** (Friar, Fryer), **Thomas**; suppl. B.A. Mar. $157\frac{5}{6}$, adm. 6 Apr. 1576, det. $157\frac{6}{7}$. [ii. 38]

⟨*Jesus.*⟩ **Bucklande, Christopher**; suppl. B.A. 10 Apr., adm. 11 Apr. 1576, det. $157\frac{6}{7}$. [ii. 62]

⟨*Magd. C.*⟩ **Mercer** (Merser), **Henry**; suppl. B.A. 10 Apr., adm. 14 Apr. 1576, det. $157\frac{6}{7}$; suppl. M.A. 29 Apr., lic. 6 June 1580, inc. 1580. [ii. 51]

⟨*Oriel.*⟩ **Stanford** (Stanfurthe), **Ralph**; suppl. B.A. Mar. $157\frac{5}{6}$, adm. 16 May 1576, det. $157\frac{6}{7}$; suppl. M.A. 13 Mar. $158\frac{0}{1}$, lic. (from Oriel) 12 Apr. 1581, inc. 1581. ⟨Ralph Stamford, Fellow of Oriel in 1577.⟩

⟨*Trinity.*⟩ **Allen** (Allyn), **Richard**; suppl. B.A. 12 May, adm. 17 May 1576, det. $157\frac{6}{7}$; suppl. M.A. 15 Apr., lic. 21 Apr. 1580, inc. 1580. ⟨Scholar of Trin. in 1572, Fellow in 1578.⟩

⟨*Trinity.*⟩ **Cecill** (Cissel, Cecil, Cissill), **John**; suppl. B.A. 10 Apr., adm. 17 May 1576, det. $157\frac{6}{7}$; suppl. M.A. 30 June 1579, lic. 14 Mar. $15\frac{79}{80}$, inc. 1580. [ii. 42, 55] ⟨Scholar of Trin. in 1573, Fellow in 1576.⟩

⟨*Trinity.*⟩ **Spenser** (Spensar, Spencer), **William**; suppl. B.A. 12 May, adm. 17 May 1576, det. $157\frac{6}{7}$; suppl. M.A. 15 Apr., lic. 21 Apr. 1580, inc. 1580. [ii. 42] ⟨Scholar of Trin. in 1573, Fellow in 1579.⟩

⟨*Trinity.*⟩ **Jesopp** (Jesope), **William**; suppl. B.A. 12 May, adm. 17 May 1576, det. $157\frac{6}{7}$. [? S. Alb. H., ii. 41] ⟨Scholar of Trin. in 1573.⟩

. . . **Simpson, Robert**; suppl. B.A. 10 Apr., adm. 17 May 1576.

⟨*Trinity.**⟩ **Cosens** (Cosines, Cossens, Cosins, Cussins), **John**; suppl. B.A. 12 May, adm. 17 May 1576, det. $157\frac{6}{7}$; suppl. M.A. 10 Oct., lic. 23 Oct. 1579, inc. 1580; suppl. for lic. to pract. med. 9 May 1585; suppl. M.B. 9 June 1585. [ii. 42, 55] ⟨Scholar of Trin. in 1574, Fellow in 1576.⟩

⟨*Oriel.*⟩ **Wharton** (Warton), **Richard**; suppl. B.A. 12 May, adm. 24 May 1576, det. $157\frac{6}{7}$; suppl. M.A. 13 Mar. $158\frac{0}{1}$, lic. (from Oriel) 12 Apr. 1581, inc. 1581; suppl. B.D. (from Oriel) 27 June 1594, adm. 7 July 1597. ⟨Fellow of Oriel in 1577.⟩

⟨*Lincoln.*⟩ **Grene, Michael**; suppl. B.A. 20 Apr., adm. 24 May 1576, det. $157\frac{6}{7}$; suppl. M.A. 13 Feb., lic. 19 Mar. $157\frac{8}{9}$, inc. 1579. [ii. 66]

. . . **Hughes** (Hewes), **Richard**; suppl. B.A. 5 July 1575, and again 10 Apr. 1576, adm. 24 May 1576, det. 157$\frac{6}{7}$; suppl. M.A. 30 June, lic. 6 July 1579, inc. 1579.

. . . **Neuton** (Newton, Nuton), **John**; suppl. B.A. 12 May, adm. 28 May 1576, det. 157$\frac{6}{7}$; suppl. M.A. 19 May 1579, lic. 23 May 1579, inc. 1579.

⟨*New C.*⟩ **Johnson, Gilbert**; adm. B.A. 28 May 1576, det. 157$\frac{6}{7}$; lic. M.A. 4 Feb. 15$\frac{7}{8}\frac{9}{0}$, inc. 1580. ⟨Scholar of New Coll. in 1572.⟩

⟨*Balliol.*⟩ **Pilcher, Thomas**; suppl. B.A. 12 May, adm. 28 May 1576, det. 157$\frac{6}{7}$; suppl. M.A. 12 May, lic. 16 May 1579, inc. 1579. [ii. 66] ⟨Scholar of Ball. in 1575; Fellow of Ball. in 1576.⟩

⟨*Balliol.*⟩ **Skidmore, Rowland**; suppl. B.A. 12 May, adm. 28 May 1576. [Ball., ii. 66; Trin. ii. 55] ⟨Exhibitioner of Ball, 1574–157$\frac{7}{8}$.⟩

. . . **Michell** (Mychell), **William**; suppl. B.A. 12 May, adm. 5 June 1576.

⟨? *N. I. H.*⟩ **Watts, William**; suppl. B.A. 1 June, adm. 7 June 1576, det. 157$\frac{6}{7}$. [? ii. 39]

⟨*Brasenose.*⟩ **Porter, Roger**; suppl. B.A. 7 June, adm. 20 June 1576, det. 157$\frac{6}{7}$; suppl. M.A. 9 Feb. 15$\frac{7}{8}\frac{9}{0}$, ⟨lic. Mar. 15$\frac{7}{8}\frac{9}{0}$, inc. 1580. These two are put in error as adm. B.A. Mar. 15$\frac{7}{8}\frac{9}{0}$, det. 15$\frac{7}{8}\frac{9}{0}$.⟩ Roger Porter, Bras., suppl. B.D. 11 Apr., lic. 14 Apr. 1600; suppl. lic. to preach 19 Oct., lic. 20 Oct. 1604.

⟨*Brasenose.*⟩ **Lassells, Roger**; suppl. B.A. 13 Feb. 157$\frac{5}{6}$ and again 1 June 1576, adm. 20 June 1576, det. 157$\frac{6}{7}$; suppl. M.A. 15$\frac{7}{8}\frac{9}{0}$, inc. 1580. This Roger Lassells is put in error in the reg. as adm. B.A. Mar. 15$\frac{7}{8}\frac{9}{0}$, det. 15$\frac{7}{8}\frac{9}{0}$; instead of lic. M.A. Mar. 15$\frac{7}{8}\frac{9}{0}$. Roger Lassells, M.A. All So., suppl. lic. to preach Mar. 158$\frac{3}{4}$. [ii. 27]

⟨*Brasenose.*⟩ **Hunt, Henry**; suppl. B.A. 13 Feb. 157$\frac{5}{6}$ and again 7 June 1576, adm. 20 June 1576, det. 157$\frac{6}{7}$; suppl. M.A. 30 June 1579, lic. 8 July 1579, inc. 1579. Hunt's lic. M.A. is put in error in the reg. as adm. B.A. at 3 July 1579.

. . . **Jones, Samuel**; suppl. B.A. 25 (?) June, adm. 20 June 1576.

⟨*Balliol.*⟩ **Yate** (Yates, Yeate, Yeats), **Peter**; suppl. B.A. 13 June, adm. 20 June 1576, det. 157$\frac{6}{7}$; suppl. M.A. 12 May, lic. 16 May 1579, inc. 1579. [ii. 66]

⟨*Balliol.**⟩ **Dale** (Dalle), **George**; suppl. B.A. 13 June, adm. 20 June 1576, det. 157$\frac{6}{7}$; suppl. M.A. 13 Mar. 158$\frac{0}{1}$, lic. (from Oriel) 12 Apr. 1581, inc. 1581; suppl. B.C.L. (Oriel) 13 Feb. 158$\frac{7}{8}$, adm. 14 July 1590; suppl. D.C.L. (Oriel) 11 July 1590, lic. 14 July 1590, inc. 1591. [ii. 65] ⟨Fellow of Oriel in 1578.⟩

. . . **Burdet, Robert**; suppl. B.A. 13 June, adm. 20 June 1576, det. 157$\frac{6}{7}$.

. . . **Hungerford, Edward**; suppl. B.A. 13 June, adm. 22 June 1576, det. 157$\frac{6}{7}$.

. . . **Rushton** (Rugden), **Robert**; suppl. B.A. 2 Apr., adm. 22 June 1576, det. 157$\frac{6}{7}$.

⟨*Magd. H.*⟩ **Stevens, James**; suppl. B.A. 23 Feb. 157$\frac{5}{6}$ and again 7 June 1576, adm. 23 June 1576; suppl. M.A. 25 May 1579, inc. 1579. [ii. 38]

⟨? *Gloc. H.*⟩ **Weaver** (Wever), **William**; suppl. B.A. 12 May, adm. 2 July 1576. [Possibly . . . Weaver, ii. 34]

⟨*Queen's.*⟩ **Morlande, Anthony**; suppl. B.A. 25 June, adm. ('Horley') 4 July 1576, det. $157\frac{8}{9}$; suppl. M.A. 6 May 1579, lic. 19 May 1579, inc. 1579. [ii. 54] ⟨Tabarder at Queen's, 1575; Fellow of Queen's in 1579.⟩

⟨*Queen's.*⟩ **Copperthayte** (Copperthaite, Coperthwait, Copperthwarpe, Coperthwarth, Coperthuate), **Stephen**; suppl. B.A. 25 June, adm. 4 July 1576, det. $157\frac{8}{9}$; suppl. M.A. 6 May, lic. 23 May 1579, inc. 1579. [ii. 54] ⟨Tabarder at Queen's, 1575; Fellow of Queen's in 1579.⟩

⟨*Queen's.*⟩ **Benebrigge** (Banbricke, Baynbridge, Bambridg, Brambridge), **Reginald**; suppl. B.A. 25 June, adm. 4 July 1576, det. $157\frac{8}{9}$; suppl. M.A. 30 June, lic. 10 July 1579, inc. 1579. [ii. 54] ⟨Tabarder at Queen's, 1575.⟩

⟨*Queen's.*⟩ **Waistell, Michael**; suppl. ('Waistell') B.A. 25 June, adm. ('Reastell') 4 July 1576. [Waistell, ii. 54] ⟨Tabarder at Queen's, 1575; 'Wastell.'⟩

⟨*Queen's.*⟩ **Hylton** (Hilton), **Nicholas**; suppl. B.A. 25 June, adm. 4 July 1576. [ii. 54] ⟨Tabarder at Queen's, 1575.⟩

⟨*S. Edm. H.*⟩ **Grigson** (Gregson), **Richard**; suppl. B.A. 27 June, adm. 4 July 1576, det. $157\frac{6}{7}$; suppl. M.A. 25 May, lic. 27 June 1579, inc. 1579. [ii. 41]

⟨*S. Edm. H.*⟩ **Rasidell**, (Rosdell, Resdell), **Christopher**; suppl. B.A. 20 June, adm. 4 July 1576, det. $157\frac{6}{7}$. [ii. 73]

. . . **Griffithe, Rice** (Richard); suppl. B.A. 23 Feb. $157\frac{5}{6}$ and again 27 June 1576, adm. 4 July 1576, det. $157\frac{6}{7}$.

⟨*Queen's.*⟩ **Williamson, Richard**; suppl. B.A. 25 June, adm. 5 July 1576. [ii. 54] ⟨Tabarder at Queen's, 1575.⟩

⟨*Queen's.*⟩ **Hudson** (Hodson, Hodsun, Hodgson, Hodgeshon), **Percival**; suppl. B.A. 25 June, adm. 5 July 1576, det. $157\frac{6}{7}$; suppl. M.A. 12 May, lic. 23 May 1579, inc. 1579. [ii. 54] ⟨Fellow of Queen's in 1579.⟩

. . . **Wilmot** (Willmot), **Henry**; suppl. B.A. 30 June, adm. 5 July 1576. [? Queen's, ii. 23]

. . . **Cox** (Cockes), **William**; suppl. B.A. 25 June, adm. 5 July 1576, det. $157\frac{6}{7}$.

⟨*Queen's.*⟩ **Laughorne** (Lougherne), **John**; suppl. B.A. 6 July, adm. 7 July 1576, det. $157\frac{8}{9}$; suppl. M.A. 12 May, lic. ('Lauger') 23 May 1579, inc. 1579. [ii. 56] ⟨Tabarder at Queen's, 1575; Fellow of Queen's in 1579.⟩

⟨*Queen's.*⟩ **Ubancke** (Eubanke, Ewbancke), **Henry**; suppl. B.A. 6 July, adm. 7 July 1576, det. $157\frac{8}{9}$; suppl. M.A. 12 May, lic. 23 May 1579, inc. 1579. [ii. 56] ⟨Tabarder at Queen's, 1575; Fellow of Queen's in 1579.⟩

⟨*? N. I. H.*⟩ **Griffith, Hugh**; suppl. B.A. 12 May, adm. 24 Oct. 1576. [? ii. 39]

⟨*New C.*⟩ **Harris** (Harrys), **Thomas**; adm. B.A. 24 Oct. 1576, det. $157\frac{6}{7}$. [ii. 54] ⟨Scholar of New C. in 1572.⟩

⟨*Jesus.*⟩ **Winston** (Vinstone, Winster), **Walter**; suppl. B.A. 8 Mar. $157\frac{4}{5}$ and again 24 Nov. 1576, adm. 7 Dec. 1576. [ii. 62]

. . . **Phillippes, James**; suppl. B.A. 31 Oct., adm. 7 Dec. 1576.

. . . **Barnard** (Bernard), **Henry**; suppl. B.A. 28 Nov., adm. 17 Dec. 1576, det. $157\frac{6}{7}$.

⟨? *Ch. Ch.*⟩ **Barnard, John**; suppl. B.A. 15 Dec., adm. 17 Dec. 1576, det. $157\frac{6}{7}$. ⟨A John Barnard was student of Ch. Ch. in 1571.⟩

⟨*Gloc. H.*⟩ **Smithe, Richard**; suppl. B.A. 31 Oct., adm. 17 Dec. 1576, det. $157\frac{6}{7}$. [ii. 59]

. . . **Harris** (Haris, Harrys), **Edmund**; suppl. B.A. 6 July, adm. 17 Dec. 1576, det. $157\frac{6}{7}$; suppl. and lic. M.A. 9 July 1580, inc. 1580.

⟨*Corpus.*⟩ **Allyn, John**; suppl. B.A. 18 June 1575, adm. 17 Dec. 1576. ⟨Alen, Scholar of Corp. in 1569.⟩

⟨*Corpus.*⟩ **Gossam** (Gosson), **Stephen**; suppl. B.A. 31 Oct., adm. 17 Dec. 1576. ⟨Scholar of Corp. in 1572.⟩

⟨*Jesus.*⟩ **Roberts, Griffin** (Griffith); suppl. B.A. 10 Apr., adm. 17 Dec. 1576, det. $157\frac{6}{7}$. [ii. 62] A 'Griffin Roberts,' Jes., suppl. M.A. 23 June, lic. 26 June 1592, inc. 1592 ⟨possibly this man.⟩

. . . **Skinner, Edmund**; suppl. B.A. 13 Feb. $157\frac{5}{6}$.

. . . **Tatersall, John**; suppl. B.A. 13 Feb. $157\frac{5}{6}$.

⟨*Magd. C.*⟩ **Coverte, Robert**; suppl. B.A. Mar. $157\frac{5}{6}$ [Calverte, ii. 50]

⟨*Magd. C.*⟩ **Denton, Christopher**; suppl. B.A. 12 May 1576. [ii. 50]

. . . **Yeomans** (Yemans, Yoemans), **William**; suppl. B.A. 27 June 1576, det. $157\frac{6}{7}$; suppl. M.A. 25 May, lic. May 1579, inc. 1579. [Hart H., ii. 56; Ball., ii. 66]

⟨*Oriel.*⟩ **Champernowne, Charles**; suppl. B.A. 30 June 1576. [ii. 40]

⟨*Exeter.*⟩ **Stowrton, Charles**; suppl. B.A. 15 Dec. 1576. [ii. 64]

⟨*Gloc. H.*⟩ **Wisdom, Simon**; suppl. M.A. 7 June, lic. 23 June 1576, inc. 1576. (*Reg.* I. 279.)

. . . **Browne, Edward**; suppl. M.A. 20 June, lic. 27 June 1576, inc. 1576. (*Reg.* I. 281.)

⟨*Lincoln.*⟩ **Betham, Ralph**; suppl. M.A. 7 June; lic. (then called 'Letham') 3 July 1576, inc. 1576. (*Reg.* I. 281.) ⟨Fellow of Linc. 1573–1577.⟩

⟨*Merton.*⟩ **Jervis, Henry**; suppl. M.A. 7 June, lic. 3 July 1576, inc. 1576; suppl. B.D. (from Mert.) 28 Nov., adm. 6 Dec. 1582; suppl. D.D. 5 June, lic. 21 June 1585, inc. 1585. [ii. 20]

⟨*S. Alb. H.*⟩ **Rogers, John**; suppl. M.A. 7 June, lic. 3 July 1576, inc. 1576. [ii. 40]

. . . **Woodd** (Wodde), **Stephen**; suppl. M.A. 4 July, lic. 5 July 1576, inc. 1576. (*Reg.* I. 272.)

⟨*Ch. Ch.*⟩ **Dickens, George**; suppl. (called 'Digges,' or ? 'Diggens') M.A. 23 Feb. $157\frac{5}{6}$, lic. 6 July 1576, inc. 1576. (*Reg.* I. 281.) ⟨Student of Ch. Ch. in 1567.⟩

⟨*Corpus.*⟩ **Gillingham, Thomas**; suppl. M.A. 23 Feb. $157\frac{5}{6}$. [ii. 15] ⟨Scholar of Corp. in 1560, Fellow in 1566.⟩

. . . **Drury** (Drowrie, Drwrye), **John**; suppl. B.C.L. 9 Jan. $157\frac{5}{6}$,

adm. 7 July 1578; lic. D.C.L. 17 Mar. 158½, inc. 1585. He was Archdeacon of Oxford. [See a . . . Drurie, of Exet., ii. 33]
(*New Coll.*) **Tuchenor, Anthony**; adm. B.C.L. 14 May 1576. 〈Anthony Twichener, Scholar of New C. in 1567.〉
(*New Coll.*) **Brownell, Gratian**; adm. B.C.L. 14 May 1576. 〈Scholar of New C. in 1568.〉
(*New Coll.*) **Payne, Richard**; adm. B.C.L. 27 June 1576. 〈Scholar of New C. in 1568.〉
(*New Coll.*) **Tabb, Paul**; adm. B.C.L. 27 June 1576. 〈Scholar of New C. in 1568.〉
(*New Coll.*) **Estmonde, John**; adm. B.C.L. 27 June 1576; lic. D.C.L. 30 June 1589, inc. 1589. 〈Scholar of New C. in 1565.〉
(*All Souls.*) **Loughern, William**; suppl. B.C.L. 4 July, lic. 27 Dec. 1576. [N. I. H., ii. 39] 〈Fellow of All So. in 1573.〉
(*New Coll.*) **Gefferys, Thomas**; adm. B.C.L. 12 July 1576. [ii. 21] 〈Thomas Geffrey, Scholar of New C. in 1560.〉 A ' Thomas Geffrys' suppl. for lic. to preach 4 Feb. 158¾.
. . . **Hacker, John**; suppl. B.C.L. 31 Oct. 1576.

(*Exeter.*) **Newton, Robert**; after twenty years in Theology, suppl. B.D. 9 Jan., adm. 14 Feb. 157⅝. [ii. 32] (*Reg.* I. 218.) Boase, p. 38.
(*Exeter.*) **Wiat, William**; after ten years in Theology, suppl. B.D. 9 Jan., adm. 14 Feb. 157⅝. [ii. 32] Boase, p. 43.
(*Exeter.*) **Leache, John**; suppl. B.D. 13 Feb., adm. 14 Feb. 157⅝; suppl. for lic. to preach 14 Jan. 157⅞. [ii. 32] Boase, p. 45.
(*S. John's.*) **Reade, John**; suppl. B.D. 7 Mar. 157⅝, adm. 10 Apr. 1576; suppl. D.D. (from S. Jo.) 1 July 1581. [ii. 28] 〈Fellow of S. Jo. before 1564.〉
(*Corpus.*) **Bolde** (Bowles), **John**; suppl. B.D. and D.D. 2 Apr., adm. B.D. and lic. D.D. 6 July 1576, inc. 1576. (*Reg.* I. 255.) He was Archdeacon of Northumberland in 1578. 〈Scholar of Corp. in 1545, Fellow in 1548.〉
(*Trinity.*) **Chamberlayne, Bartholomew**; suppl. for lic. to preach 1 June 1576; suppl. B.D. 13 June, adm. 3 July 1576; suppl. D.D. 14 Jan., lic. 19 Jan. 157⅔, inc. 1579. [ii. 24] 〈Scholar of Trin. in 1563, Fellow in 1567.〉 (Ath. I. 584.)
(*Merton.*) **Wilson** (Willson, Wyllson), **William**; suppl. for lic. to preach 13 June 1576; suppl. B.D. 30 June, adm. 12 July 1576; suppl. (from Mert.) D.D. 23 Feb. 158⁰⁄₁, lic. (from Mert.) D.D. 8 July 1607, inc. 1607. [ii. 20]
(*All Souls.*) **Wagstaffe, Thomas**; after six years in Theology, suppl. lic. to preach 13 June 1576. (*Reg.* I. 262.) 〈Demy of Magd. C. 1557–1561. Blox. 4, p. 152; Fellow of All So. in 1565.〉
. . . **Richard, Ralph**; as M.A. of seven years' standing, suppl. B.D. 23 June 1576.
(*Ch. Ch.*) **Browne, Abraham**; suppl. B.D. 23 June, adm. 27 June 1576; suppl. for lic. to preach 12 Nov. 1577; suppl. B.D. 26 Feb. 157⅞. [ii. 12] 〈Student of Ch. Ch. in 1563.〉
(*Ch. Ch.*) **Chalener** (Chalenour, Chaliner), **Robert**; suppl. B.D. 23

June, adm. 27 June 1576; suppl. D.D. 29 May 1579, lic. D.D. 15 July 1584, inc. 1584. [ii. 12] ⟨Student of Ch. Ch. in 1564.⟩
⟨*Corpus.*⟩ **Barfoote, John**; suppl. B.D. 30 June, adm. 3 July 1576; suppl. D.D. 9 Dec. 1578, lic. 19 Jan. 157$\frac{a}{9}$, inc. 1579. [ii. 15] ⟨Scholar of Corp. in 156$\frac{2}{3}$; Fellow in 1566.⟩
⟨*Ch. Ch.*⟩ **Pichaver** (Pickhover), **Ralph**; suppl. B.D. 30 June 1576; suppl. B.D. 20 May 1591; suppl. D.D. 4 June 1591, and was allowed to defer the exercises for that degree 'emolumenti causa;' adm. B.D. and lic. D.D. 2 July 1591, inc. D.D. 1591. [ii. 12] ⟨Student of Ch. Ch. in 1561.⟩

1577

⟨*Queen's.*⟩ **Johnson** (Jonson), **Michael**; suppl. B.A. 23 Feb. 157$\frac{5}{6}$, adm. 14 Jan. 157$\frac{6}{7}$. [ii. 54]
⟨*New Coll.*⟩ **Harmar** (Harmer, Harmore), **John**; adm. B.A. 21 Jan. 157$\frac{a}{7}$, det. 157$\frac{a}{7}$; lic. M.A. 18 June 1582, inc. 1582; suppl. B.D. and D.D. (late of New C.) 6 May 1605, adm. B.D. 16 May 1605. In 1606 he is mentioned as Warden of S. Mary Coll., Winton. [ii. 60] ⟨Scholar of New C. in 1572.⟩
. . . **Stokes** (Stockes, Stookes), **Robert**; suppl. B.A. 28 Nov. 1576, adm. 21 Jan. 157$\frac{a}{7}$, det. 157$\frac{a}{7}$; suppl. M.A. 10 Oct., lic. 27 Oct. 1579, inc. 1580.
. . . **Giles, Edward**; suppl. B.A. 28 Nov. 1576, adm. 21 Jan. 157$\frac{a}{7}$, det. 157$\frac{a}{7}$; suppl. M.A. 15 Apr., lic. 17 June 1580, inc. 1580.
⟨*Merton.*⟩ **Pett, Thomas**; suppl. B.A. 30 Jan., adm. 31 Jan. 157$\frac{a}{7}$, det. 157$\frac{a}{7}$; suppl. M.A. 28 Nov., lic. (from Mert.) 1 Dec. 1581, inc. 1582. (Brod. p. 272.)
⟨*S. Alb. H.*⟩ **Hales** (Hayles), **Stephen**; suppl. B.A. 14 Jan., adm. 31 Jan. 157$\frac{a}{7}$, det. 157$\frac{a}{7}$. [ii. 41]
⟨*Merton.*⟩ **Hurlstone, Jeffry**; suppl. B.A. 14 Jan., adm. 31 Jan. 157$\frac{a}{7}$, det. ('Thurleston') 157$\frac{a}{7}$; suppl. M.A. 28 Nov., lic. 1 Dec. 1581, inc. ('Hurston') 1582. (Brod. p. 272.)
⟨*Magd. C.*⟩ **Griffithe** (Griffin), **Thomas**; suppl. B.A. 14 Jan., adm. 31 Jan. 157$\frac{a}{7}$, det. 157$\frac{a}{7}$; suppl. M.A. 25 May, lic. 6 July 1579, inc. 1579. [ii. 51]
. . . **Painter** (Paynter), **William**; suppl. B.A. 6 Jan., adm. 31 Jan. 157$\frac{a}{7}$, det. 157$\frac{a}{7}$; suppl. M.A. 27 June, lic. 7 July 1580, inc. 1580.
. . . **Lousé** (Livsey, Lyvesaye), **John**; suppl. B.A. 15 Dec. 1576, adm. 31 Jan. 157$\frac{a}{7}$, det. 157$\frac{a}{7}$.
⟨*University.*⟩ **Lee** (Lighe, Leyghe), **Philip**: suppl. B.A. 6 Jan., adm. 31 Jan. 157$\frac{a}{7}$, det. 157$\frac{a}{7}$; suppl. M.A. 4 May, lic. 8 May 1579, inc. 1579. [ii. 61]
. . . **Arnold, Philip**; suppl. B.A. 30 Jan., adm. 1 Feb. 157$\frac{a}{7}$, det. 157$\frac{a}{7}$; suppl. M.A. 6 Feb., lic. 9 Mar. 15$\frac{79}{80}$, inc. 1580. (His M.A. lic. is wrongly registered as a B.A. adm.)
⟨*Brasenose.*⟩ **Evance, Morice** (Maurice); suppl. B.A. 14 Jan., adm. 1 Feb. 157$\frac{a}{7}$, det. 157$\frac{a}{7}$; suppl. M.A. (from Bras.) 1 Dec. 1582, lic. ('Martin') 4 July 1583, inc. 1583.
⟨*Magd. C.*⟩ **Yvery** (Everye, Iverye, Ivory, Yverie, Evory), **John**; suppl.

B.A. 14 Jan., adm. 1 Feb. 157⁶⁄₇, det. 157⁶⁄₇; suppl. M.A. 20 Jan. 158⁰⁄₁, lic. 5 Apr. 1581, inc. 1581; as M.A. of Magd. C. and for sixteen years a student in med. suppl. M.B. 29 Apr. 1600; suppl. M.D. 3 June 1600. (Fellow of Magd. C. in 1577.)

... **Parker, William**; suppl. B.A. 14 Jan., adm. 1 Feb. 157⁶⁄₇, det. 157⁶⁄₇; lic. M.A. 30 June 1581, inc. 1581. A William Parker, Linc., suppl. B.D. 15 Feb., adm. 19 Feb. 159⁶⁄₇.

... **Kinnall (Kenwall), Rice**; suppl. B.A. 30 Jan., adm. 1 Feb. 157⁶⁄₇, det. 157⁶⁄₇.

⟨*Magd. C.*⟩ **Stanhoppe, John**; suppl. B.A. 30 Jan., adm. 7 Feb. 157⁶⁄₇, det. 157⁶⁄₇. [ii. 60]

⟨?*Exeter.*⟩ **Roscarrock, John**; suppl. B.A. 14 Jan., adm. 11 Feb. 157⁶⁄₇, det. 157⁶⁄₇. [... Roscharocke, ii. 33]

⟨*Exeter.*⟩ **Coode, Arthur**; suppl. B.A. 30 June 1576, adm. 11 Feb. 157⁶⁄₇, det. 157⁶⁄₇. [ii. 63]

⟨*Hart H.*⟩ **Atwill (Atuill), Thomas**; suppl. B.A. 30 June 1576, adm. 11 Feb. 157⁶⁄₇, det. 157⁶⁄₇. [ii. 52]

⟨?*Lincoln.*⟩ **Wylliams, William**; suppl. and adm. B.A. 11 Feb. 157⁶⁄₇. A William Williams, Linc., after twenty years in theology, suppl. B.D. 26 Mar., adm. 27 Mar. 1601. [ii. 67]

... **Beare, Roger**; suppl. B.A. 15 Dec. 1576, adm. 11 Feb. 157⁶⁄₇, det. 157⁶⁄₇.

... **More, Robert**; suppl. B.A. 4 Feb. adm. 11 Feb. 157⁶⁄₇, det. 157⁶⁄₇.

... **Robertson, Leonard**; suppl. B.A. 14 Jan., adm. 11 Feb. 157⁶⁄₇, det. 157⁶⁄₇.

⟨*S. John's.*⟩ **Haddock, Philip**; suppl. B.A. 14 Jan., adm. 13 Feb. 157⁶⁄₇, det. 157⁶⁄₇; lic. M.A. 8 May 1579, inc. 1579. [ii. 68]

⟨*Lincoln.*⟩ **Lane, William**; suppl. B.A. 30 Jan., adm. 13 Feb. 157⁶⁄₇, det. 157⁶⁄₇; suppl. M.A. 15 Apr., lic. 13 May 1580, inc. 1580. [ii. 67] (Fellow of Lincoln, 1577–1589.)

... **Barret, Thomas**; suppl. B.A. 30 Jan., adm. 14 Feb. 157⁶⁄₇, det. 157⁶⁄₇.

... **Hill, William**; suppl. B.A. 4 Feb., adm. 14 Feb. 157⁶⁄₇, det. 157⁶⁄₇.

... **Evance (Evans), Richard**; suppl. B.A. 4 Feb., adm. 14 Feb. 157⁶⁄₇, det. 157⁶⁄₇; suppl. M.A. 25 May, lic. 27 June 1579, inc. 1579.

... **Roberts, John**; suppl. B.A. 4 Feb., adm. 14 Feb. 157⁶⁄₇, det. 157⁶⁄₇; suppl. M.A. 18 Jan., lic. 24 Jan. 15⁷⁹⁄₈₀, inc. 1580.

⟨*Merton.*⟩ **Claveringe (Glaveringe), John**; suppl. B.A. 14 Jan., adm. 14 Feb. 157⁶⁄₇, det. 157⁶⁄₇; suppl. M.A. 28 Nov., lic. (from Mert.) 1 Dec. 1581, inc. 1582. (Brod. p. 272.) [Claveonige, Queen's, ii. 61]

⟨*Jesus.*⟩ **Robinson, Robert**; suppl. B.A. 14 Jan., adm. 15 Feb. 157⁶⁄₇, det. 157⁶⁄₇; suppl. M.A. 16 Jan. 15⁷⁹⁄₈₀, and again 31 Jan. 158⁰⁄₁. [ii. 62]

⟨*Brasenose.*⟩ **Colmer (Colmore, Colmere), Thomas**; suppl. B.A. 4 Feb., adm. 15 Feb. 157⁶⁄₇, det. 157⁶⁄₇; suppl. M.A. 5 June, lic. 7 June 1581, inc. 1581. (Fellow of Bras. in 1573.)

⟨*Brasenose.*⟩ **Goodman, Adam**; suppl. B.A. 4 Feb., adm. 15 Feb. 157⁶⁄₇, det. 157⁶⁄₇. [S. Alb. H., ii. 41] (Fellow of Bras. in 1573.)

... Almond (Almonte), William; suppl. B.A. 4 Feb., adm. 15 Feb. 157⁴⁄₇, det. 157⁰⁄₇.
... Dellam (Dallam), William; suppl. B.A. 14 Jan., adm. 15 Feb. 157⁰⁄₇, det. 157⁰⁄₇.
... Kistell, Philip; suppl. B.A. 4 Feb., adm. 15 Feb. 157⁴⁄₇, det. 157⁰⁄₇; suppl. M.A. 18 Jan., lic. 29 Jan. 15⁷⁄₈⁰, inc. 1580; suppl. lic. to preach 20 Oct. 1587.
... Caterall, George; suppl. B.A. 4 Feb., adm. 15 Feb. 157⁰⁄₇, det. 157⁰⁄₇.
⟨*Brasenose.*⟩ Houghton (Haugton), Peter; suppl. B.A. 4 Feb., adm. 15 Feb. 157⁰⁄₇, det. 157⁰⁄₇. [ii. 70]
⟨*Brasenose.*⟩ Cheshier (Chesshire, Cheshiar), John; suppl. B.A. 4 Feb., adm. 15 Feb. 157⁴⁄₇, det. 157⁴⁄₇. [ii. 70]
⟨*Brasenose.*⟩ Aderton (Atherton), John; suppl. B.A. 4 Feb., adm. 15 Feb. 157⁴⁄₇, det. 157⁰⁄₇; suppl. (from Bras.) M.A. 5 June 1581, lic. 26 June 1581, inc. 1581. ⟨Fellow of Bras. in 1579.⟩
... Nourse (Nurse), Thomas; suppl. B.A. 4 Feb., adm. 15 Feb. 157⁰⁄₇, det. 157⁰⁄₇.
... Calcot, Anthony; suppl. B.A. 4 Feb., adm. 15 Feb. 157⁰⁄₇, det. 157⁰⁄₇; lic. M.A. 26 June 1581, inc. 1581.
... Harley, Thomas; suppl. B.A. 4 Feb., adm. 15 Feb. 157⁰⁄₇, det. 157⁰⁄₇.
... Wilcocks, John; adm. B.A. 15 Feb. 157⁰⁄₇, det. 157⁰⁄₇.
... Forde, Lionel; suppl. B.A. 4 Feb., adm. 15 Feb. 157⁰⁄₇, det. 157⁰⁄₇.
⟨*S. Alb. H.*⟩ Raulyns (Rawlings, Rawlyns), John; adm. B.A. 15 Feb. 157⁰⁄₇, det. 157⁰⁄₇. [ii. 41]
... Mathuson (Mathison, Matheson), John; suppl. (then of nine years' standing) B.A. 4 Feb., adm. 15 Feb. 157⁰⁄₇, det. 157⁰⁄₇; suppl. and lic. M.A. 6 July 1577, inc. 1577.
⟨*Exeter.*⟩ Hale, Thomas; suppl. B.A. 15 Feb., adm. 21 Feb. 157⁰⁄₇, det. 157⁰⁄₇; suppl. M.A. 4 May 1579. (Boase, p. 47.)
⟨*Lincoln.*⟩ Radshewe (Redshawe), Richard; suppl. B.A. 15 Feb., adm. 21 Feb. 157⁰⁄₇, det. 157⁰⁄₇. [ii. 67]
⟨*Brasenose.*⟩ Braddill (Bradell), John; suppl. B.A. 15 Feb., adm. 16 Feb. 157⁰⁄₇, det. 157⁰⁄₇. [ii. 27]
⟨*Merton.*⟩ Colmer, Jasper; suppl. B.A. 15 Feb., adm. 16 Feb. 157⁰⁄₇, det. 157⁰⁄₇; suppl. M.A. (from Mert.) 28 Apr., lic. 14 May 1582, inc. 1582. (Brod. p. 272.)
⟨*Brasenose.*⟩ Humphrey (Humfrey, Humfries), David; suppl. B.A. 4 Feb., adm. 16 Feb. 157⁰⁄₇, det. 157⁰⁄₇; suppl. M.A. (from Bras.) 2 July, lic. 8 July 1585, inc. 1585.
... Beere (Bere, Beare), John; suppl. B.A. 15 Feb., adm. 16 Feb. 157⁰⁄₇, det. 157⁰⁄₇.
... Dodridge, John; suppl. B.A. 15 Feb., adm. 16 Feb. 157⁰⁄₇, det. 157⁰⁄₇. ⟨?See I. 237.⟩
⟨*Exeter.*⟩ Landoll (Lendoll), Richard; suppl. B.A. 15 Feb., adm. 16 Feb. 157⁰⁄₇, det. 157⁰⁄₇. [ii. 64]
⟨*Magd. C.*⟩ Whitfilde (Whytfield, Whyttfeeld), William; suppl. B.A. 15 Feb., adm. 16 Feb. 157⁰⁄₇, det. 157⁰⁄₇; suppl. M.A. 1 Mar. 15⁷⁄₈⁰, lic. 25 April 1580, inc. 1580. ⟨Chaplain of Magd. C. 1580–1585, Blox. 2, p. 128.⟩

. . . **Raunce, Robert**; suppl. B.A. 4 Mar., adm. 19 Mar. 157$\frac{6}{7}$, det. 157$\frac{7}{8}$.

. . . **Rogers, Francis**; suppl. B.A. 14 Apr., adm. 18 Apr. 1577.

. . . **Maicocke** (Maycock, Maycockes, Meacocke, Mecocke), **Thomas**; suppl. B.A. 18 Apr., adm. 29 Apr. 1577, det. 157$\frac{7}{8}$; suppl. M.A. 14 June, lic. 17 June 1580, inc. 1580.

⟨*New Coll.*⟩ **Newman** (Nwman), **Robert**; adm. B.A. 2 May 1577, det. 157$\frac{7}{8}$; suppl. M.A. 1 July, lic. 9 July 1580, inc. 1580; suppl. B.D. (from New C.) 8 July, adm. 9 July 1590; suppl. D.D. 11 June, adm. 14 June 1602, inc. 1602. [ii. 60] ⟨Scholar of New C. in 1573.⟩

⟨*Magd. C.*⟩ **Sankey** (Sanckey), **Christopher**; suppl. B.A. 4 Mar. 157$\frac{6}{7}$, adm. 8 May 1577. [ii. 52]

⟨*St. John's.*⟩ **Hill** (Hyll), **Henry**; suppl. B.A. 1 May, adm. 8 May 1577, det. 157$\frac{7}{8}$; suppl. M.A. 11 June, lic. 1 July 1580, inc. 1580. [ii. 68]

⟨*Lincoln.*⟩ **Grenewoodd** (Grinewood), **Richard**; suppl. B.A. 6 May, adm. 17 May 1577, det. 157$\frac{7}{8}$; suppl. M.A. 21 June, lic. 1 July 1581, inc. 1581. [ii. 67]

⟨*Queen's.*⟩ **Morgan, Rowland**; suppl. B.A. 4 Mar. 157$\frac{6}{7}$, adm. 10 June 1577, det. 157$\frac{7}{8}$; suppl. M.A. 14 June, lic. 1 July 1580, inc. 1580. [ii. 61]

⟨*Ch. Ch.*⟩ **Bennet** (Bennett), **John**; suppl. B.A. 10 June, adm. 11 June 1577, det. 157$\frac{7}{8}$; suppl. M.A. 20 May, lic. 15 June 1580, inc. 1580; adm. B.C.L. and lic. D.C.L. 6 July 1589, inc. D.C.L. 1589. ⟨Student of Ch. Ch. in 1573.⟩

⟨*Magd. C.*⟩ **Lorde, Edward**; suppl. B.A. 12 May 1576 and again 10 June 1577, adm. 11 June 1577, det. 157$\frac{7}{8}$; suppl. M.A. 31 Jan. 158$\frac{0}{1}$, lic. 5 Apr. 1581, inc. 1581. [ii. 51]

⟨*Magd. C.*⟩ **Widdoson** (Widosun, Woddeson, Widdsun), **Richard**; suppl. B.A. 12 May 1576 and again 10 June 1577, adm. 11 June 1577, det. 157$\frac{7}{8}$; suppl. M.A. 13 Mar. 158$\frac{0}{1}$, lic. 5 Apr. 1581, inc. 1581. [ii. 52]

⟨*Magd. C.*⟩ **Drydon** (Driden), **Erasmus**; suppl. B.A. 12 May 1576 and again 10 June 1577, adm. 11 June 1577. [ii. 51]

⟨*Ch. Ch.*⟩ **Hilliard** (Helliard), **John**; suppl. B.A. 10 June, adm. 12 June 1577, det. 157$\frac{7}{8}$; suppl. M.A. 20 May, lic. 15 June 1580, inc. 1580. ⟨Student of Ch. Ch. in 1571.⟩

⟨*Ch. Ch.*⟩ **Wright, Randall**; suppl. B.A. 10 June, adm. 12 June 1577, det. 157$\frac{7}{8}$; suppl. M.A. 20 May, lic. 15 June 1580, inc. 1580. ⟨Student of Ch. Ch. in 1571.⟩

⟨*Ch. Ch.*⟩ **Wright, John**; suppl. B.A. 10 June, adm. 12 June 1577, det. 157$\frac{7}{8}$; suppl. M.A. 20 May, lic. 15 June 1580, inc. 1580. ⟨Student of Ch. Ch. in 1572.⟩

⟨*Ch. Ch.*⟩ **Hacklewight** (Hacluit, Hackluitt, Haclet, Hacklett), **Oliver**; suppl. B.A. 10 June, adm. 12 June 1577, det. 157$\frac{7}{8}$; suppl. M.A. 20 May, lic. 15 June 1580, inc. 1580; suppl. for lic. to pract. med. and for M.B. 21 Jan. 158$\frac{0}{1}$, lic. to pract. med. and adm. M.B. 11 July 1588. ⟨Student of Ch. Ch. in 1573.⟩

⟨*Ch. Ch.*⟩ **Goodwyn, William**; suppl. B.A. 10 June, adm. 12 June 1577, det. 157$\frac{7}{8}$; suppl. M.A. 20 May, lic. 15 June 1580, inc. 1580. William Goodwin, Ch. Ch., suppl. B.D. and D.D. 8 Feb. 160$\frac{1}{2}$, adm. B.D. and lic. D.D. 8 June 1602, inc. D.D. 1602. ⟨Student of Ch. Ch. in 1573.⟩

⟨*Ch. Ch.*⟩ **Pele** (Peele), **George**; adm. B.A. 12 June 1577, det. $157\frac{7}{8}$; suppl. M.A. 2 June, lic. 6 July 1579, inc. 1579. (The name in the inceptor's list is given as 'Ket,' but another hand has written 'Pele' at the side.) [Broadg. H., ii. 32] Ath. I. 688. ⟨Student of Ch. Ch., 1574–1579.⟩

⟨*Ch. Ch.*⟩ **Browne, Edward**; suppl. B.A. 10 June, adm. 12 June 1577, det. $157\frac{7}{8}$; suppl. M.A. 14 June, lic. 15 June 1580, inc. 1580. ⟨Student of Ch. Ch. in 1575.⟩

⟨*Magd. C.*⟩ **Dreiden** (Driden), **Edward**; suppl. B.A. 1 June 1576 and again 14 May 1577, adm. 12 June 1577. [ii. 50]

⟨*S. John's.*⟩ **Stevins** (Stevens, Stephans), **Thomas**; suppl. B.A. June, adm. 25 June 1577. [ii. 69] ⟨Fellow of S. Jo. in 1573.⟩

⟨*S. John's.*⟩ **Rixman** (Ryxman), **John**; suppl. B.A. 14 Apr., adm. 25 June 1577, det. $157\frac{7}{8}$; suppl. M.A. 4 July 1581, inc. 1581. [ii. 69] ⟨Fellow of S. Jo. in 1573.⟩

⟨*S. John's.*⟩ **Lee** (Lea), **William**; suppl. B.A. 14 Apr., adm. 25 June 1577, det. $157\frac{7}{8}$; lic. M.A. 15 June 1581, inc. 1581. [Perhaps the . . . Lee of ii. 68] ⟨Fellow of S. Jo. in 1573.⟩

⟨*S. John's.**⟩ **Nashe, Jerome**; suppl. B.A. June, adm. 25 June 1577, det. $157\frac{7}{8}$; suppl. M.A. (from Bras.) 23 Feb. $158\frac{0}{1}$, lic. 13 July 1581, inc. 1581; suppl. B.C.L. 14 Oct., adm. 5 Nov. 1588. ⟨Fellow of S. Jo. in 1573.⟩

⟨*S. John's.*⟩ **Pyne, Tertullian**; suppl. B.A. 14 Apr., adm. 25 June 1577, det. $157\frac{7}{8}$. [ii. 69] ⟨Fellow of S. Jo. in 1573.⟩

⟨*Magd. C.*⟩ **Durden** (Durdant, Durdent), **Thomas**; suppl. B.A. June, adm. 25 June 1577, det. $157\frac{7}{8}$. A Thos. Durdant, Magd. C., suppl. M.A. 21 Mar. $15\frac{89}{90}$, but see *infra*, 15 Oct. 1588. [ii. 50] ⟨Demy of Magd. C. 1567–1573, Fellow 1576–1578; Blox. 4, p. 165.⟩

⟨*Magd. C.*⟩ **Batner** (Battner), **John**; suppl. B.A. 10 June, adm. 25 June 1577, det. $157\frac{7}{8}$; suppl. M.A. 11 May, lic. (from Magd. C.) 31 May 1581, inc. 1581. [ii. 50]

⟨*Magd. C.*⟩ **Strowde, Swithin**; suppl. B.A. 10 June, adm. 25 June 1577, det. $157\frac{7}{8}$; suppl. M.A. 20 Jan. $158\frac{0}{1}$, lic. 5 Apr. 1581, inc. 1581; suppl. B.D. 14 Dec. 1597 and again 19 Feb. $159\frac{8}{9}$, adm. 14 Mar. $159\frac{8}{9}$. [ii. 52]

⟨*New Coll.**⟩ **Whittle** (Whittell, Whittley), **Christopher**; adm. B.A. 25 June 1577, det. $157\frac{7}{8}$; suppl. M.A. (apparently from Hart H.) 9 Feb. $15\frac{79}{80}$, inc. 1580. ⟨A Christopher Whittell is put down as adm. B.A. Mar. $15\frac{79}{80}$, det. $15\frac{79}{80}$. This is probably an error for the lic. M.A. of this man.⟩ [ii. 61] ⟨Scholar of New C. in 1573.⟩

⟨*Corpus.*⟩ **Collet, Nicholas**; suppl. B.A. 10 June 1577, adm. 25 June 1577, det. $157\frac{7}{8}$; suppl. M.A. 30 June, lic. 10 July 1579, inc. 1579. ⟨Scholar of Corp. in 1572.⟩

. . . **Belcher, William**; suppl. B.A. June, adm. 27 June 1577.

⟨*Magd. H.*⟩ **Kinge** (Kynge), **Andrew**; suppl. B.A. June, adm. ('Nicholas') 27 June 1577, det. $157\frac{7}{8}$; suppl. M.A. 15 Apr. 1580 and again 13 Mar. $158\frac{0}{1}$, lic. 7 July 1581, inc. 1581. [ii. 60]

. . . **Grene** (Greene), **John**; suppl. B.A. June, adm. 27 June 1577, det. $157\frac{7}{8}$; suppl. M.A. 14 June, lic. 20 June 1580, inc. 1580.

. . . **Hincksman** (Hinxsman, Hinksman), **Joseph**; suppl. B.A. June, adm. 1 July 1577, det. $157\frac{7}{8}$.

⟨*Gloc. H.*⟩ **Davys** (Davye, Davis), **John**; suppl. B.A. 4 June, adm. 1 July 1577, det. $157\frac{7}{8}$; suppl. M.A. (from Gloc. H.) 21 June, lic. 4 July 1581, inc. 1581. [? Jes., ii. 62]

. . . **Pridiockes** (Prideaux, Predeaux, Pridieux), **Robert**; suppl. B.A. 17 May, adm. 3 July 1577, det. $157\frac{7}{8}$; lic. M.A. 5 June 1581, inc. 1581.

. . . **Heirde, Gavin**; suppl. B.A. 14 May, adm. 5 July 1577.

. . . **Speade** (Speede), **John**; suppl. B.A. 6 July, adm. 6 July 1577, det. $157\frac{7}{8}$.

. . . **Glover, Daniel**; suppl. B.A. 6 July, adm. 6 July 1577.

⟨*Brasenose.*⟩ **Eaton** (Eton, Heton), **Robert**; suppl. B.A. 6 July, adm. 6 July 1577, det. $157\frac{7}{8}$; suppl. M.A. (from Bras.) 21 Jan $158\frac{6}{7}$, lic. 26 May 1587, inc. 1587.

⟨*S. Alb. H.*⟩ **Breers** (Breeares, Breears, Bryars, Briars), **Andrew**; suppl. and adm. B.A. 6 July 1577, det. $157\frac{7}{8}$; lic. M.A. 6 July 1581; suppl. (from S. Alb. H.) for lic. to pract. med. —July 1588.

. . . **Lodge, Thomas**; suppl. B.A. 6 July, adm. 8 July 1577, det. $157\frac{7}{8}$; suppl. M.A. 3 Feb. $158\frac{0}{1}$.

⟨*S. Mary H.*⟩ **Mintrige** (Mintriche, Mintridge), **Michael**; suppl. B.A. 17 May, adm. 10 July 1577, det. $157\frac{7}{8}$; suppl. M.A. (from S. Mary H.) 13 June, lic. 16 June 1582, inc. 1582. [? . . . Mintridge, S. Jo., ii. 28]

⟨*Brasenose.*⟩ **Betham, William**; suppl. B.A. 6 July, adm. 10 July 1577, det. $157\frac{7}{8}$; suppl. M.A. 20 June, lic. 6 July 1580, inc. 1580.

. . . **Bradshaw, Roger**; suppl. B.A. 6 July, adm. 10 July 1577, det. $157\frac{7}{8}$; suppl. M.A. 11 June, lic. 17 June 1580, inc. 1580.

⟨*Corpus.*⟩ **Nut** (Nutte), **William**; suppl. B.A. 13 Oct., adm. 29 Oct. 1577, det. $157\frac{7}{8}$; suppl. M.A. (from Corp.) 23 Feb., lic. 16 Mar. $158\frac{0}{1}$, inc. 1581. ⟨Scholar of Corp. in $157\frac{2}{3}$, Fellow in 1577.⟩

⟨*Corpus.*⟩ **Turnbull, Charles**; suppl. B.A. 13 Oct., adm. 29 Oct. 1577, det. $157\frac{7}{8}$; suppl. M.A. (from Corp.) 23 Feb., lic. 16 Mar. $158\frac{0}{1}$, inc. 1581. ⟨Scholar of Corp. in 1573, Fellow in 1579; he constructed the sundial which still stands in the quadrangle of Corp.⟩

⟨*Corpus.*⟩ **Bisshop** (Bishoppe), **Thomas**; suppl. B.A. 13 Oct., adm. 29 Oct. 1577, det. $157\frac{7}{8}$. ⟨Scholar of Corp. in 1574.⟩

⟨*Corpus.*⟩ **Spencar** (Spenser), **John**; adm. B.A. 29 Oct. 1577, det. $157\frac{7}{8}$; suppl. M.A. (from Corp.) 23 Feb., lic. 16 Mar. $158\frac{0}{1}$, inc. 1581; suppl. B.D. 20 Mar., adm. 21 Mar. $15\frac{99}{00}$; suppl. D.D. 4 Mar. $160\frac{1}{2}$, lic. 20 Apr. 1602, inc. 1602. (In the divinity degrees, the name is sometimes given as 'Charles,' sometimes as 'John' over 'Charles' scored out.) ⟨Scholar of Corp. in 1578, Fellow in 1579, Pres. in 1607.⟩

. . . **Kempe, John**; suppl. B.A. June, adm. 29 Oct. 1577.

. . . **Brigman** (Bridgman), **John**; suppl. B.A. 4 May 1574 and again 31 Oct. 1576 and again 13 Oct. 1577, adm. 29 Oct. 1577, det. $157\frac{7}{8}$; suppl. M.A. 30 June, lic. 10 July 1579, inc. 1579.

⟨*Magd. C.*⟩ **Daye, Hugh**; suppl. B.A. June, adm. 26 Nov. 1577, det. $157\frac{7}{8}$. [ii. 50]

⟨*Exeter.*⟩ **Rede** (Reade, Reede), **Martin**; suppl. B.A. 6 Aug., adm. 26 Nov. 1577, det. $157\frac{7}{8}$; suppl. M.A. 5 June, lic. 7 June 1581, inc. 1581; suppl. B.D. (Exet.) 12 Nov. 1591, adm. (Exet.) 14 July 1592. [S. Jo., ii. 69] Boase, p. 49.

⟨*Balliol.*⟩ **Todd, Abraham**; suppl. B.A. 4 June, adm. 4 Dec. 1577, det. $157\frac{7}{8}$. [ii. 66]

⟨*New C.*⟩ **Holingshed** (Hollinshed, Hollengshed), **Edward**; suppl. B.A. 12 Nov., adm. 4 Dec. 1577, det. ('Thomas') $157\frac{7}{8}$; suppl. M.A. 26 Jan., lic. 22 Feb. $158\frac{0}{1}$, inc. 1581.

⟨*Ch. Ch.*⟩ **Gager, William**; suppl. B.A. 6 Aug., adm. 4 Dec. 1577, det. $157\frac{7}{8}$; suppl. M.A. 20 May, lic. 15 June 1580, inc. 1580; suppl. B.C.L. 11 July 1586; suppl. B.C.L. and D.C.L. July 1588, adm. B.C.L. and lic. D.C.L. 30 June 1589, inc. D.C.L. 1589. ⟨Student of Ch. Ch. in 1574.⟩

⟨*Lincoln.*⟩ **Goddard, William**; suppl. B.A. 29 Nov., adm. 4 Dec. 1577, det. $157\frac{7}{8}$; suppl. M.A. 20 May, lic. 17 June 1580, inc. 1580. ⟨Fellow of Lincoln, 1578–1588.⟩

⟨*Oriel.*⟩ **Nelson, William**; suppl. B.A. 12 Dec., adm. 14 Dec. 1577, det. $157\frac{7}{8}$; suppl. M.A. 13 Mar. $158\frac{0}{1}$, lic. 12 Apr. 1581, inc. 1581. ⟨Fellow of Oriel in 1577.⟩

⟨*Brasenose.**⟩ **Gibbon, Robert**; suppl. B.A. 12 Dec., adm. 14 Dec. 1577, det. $157\frac{7}{8}$; suppl. M.A. 11 June, lic. 17 June 1580, inc. 1580. [ii. 70] ⟨Fellow of Lincoln before 1579, died 9 July 1582.⟩

⟨*Hart H.*⟩ **Glover, Edward**; suppl. B.A. 12 Dec., adm. 14 Dec. 1577, det. $157\frac{7}{8}$; suppl. M.A. 1 July, lic. (from Hart H.) 7 July 1581, inc. 1581.

⟨*Merton.*⟩ **Maisters** (Master, Masters, Maysters), **Thomas**; suppl. B.A. 29 Nov., adm. 14 Dec. 1577, det. $157\frac{7}{8}$; suppl. M.A. (from Mert.) 28 Apr., lic. 14 May 1582, inc. 1582; suppl. B.D. (from Mert.) 12 Nov. 1591, adm. 12 July 1592; suppl. lic. to preach 28 Jan. $159\frac{3}{4}$. (Brod. p. 272) [S. Jo., ii. 68]

⟨*University.*⟩ **Waterhouse, Philip**; suppl. B.A. 12 Dec., adm. 17 Dec. 1577, det. $157\frac{7}{8}$; suppl. (from Univ.) M.A. 26 Jan. $158\frac{0}{1}$, lic. 7 Apr. 1581, inc. 1581. [Magd. H., ii. 58]

⟨*Magd. H.*⟩ **Grover, Simon**: suppl. B.A. 12 Dec., adm. 17 Dec. 1577, det. $157\frac{7}{8}$; suppl. M.A. 7 June, lic. 15 June 1580, inc. 1580. [ii. 72]

. . . **Marshall, William**; adm. B.A. 17 Dec. 1577, det. $157\frac{7}{8}$.

. . . **Osborne, Hugh**; suppl. B.A. 12 Dec., adm. 17 Dec. 1577, det. $157\frac{7}{8}$.

. . . **Morrice** (Morice, Morryce, Morris), **Ellis** adm. B.A. 17 Dec. 1577, det. $157\frac{7}{8}$; suppl. M.A. 20 June, lic. 27 June 1580, inc. 1580.

. . . **Perse** (Pearce, Peirse, Pers, Pieres, Pires, Pyres), **John**; suppl. B.A. 12 Dec., adm. 17 Dec. 1577, det. $157\frac{7}{8}$; suppl. M.A. 6 May, lic. 8 May 1579, inc. 1579.

⟨*Magd. H.*⟩ **Hickman, Thomas**; suppl. B.A. 28 June, adm. 17 Dec. 1577. [ii. 60]

⟨*Brasenose.*⟩ **Bennet, Bernard**; adm. B.A. 17 Dec. 1577, det. ('Barnaby') $157\frac{7}{8}$; suppl. M.A. (from Bras.) 6 July, lic. 7 July 1581, inc. 1581.

⟨*New Coll.*⟩ **Boys** (Boyse), **Anthony**; det. B.A. $157\frac{7}{8}$; lic. M.A. 27 May 1581, inc. 1581. [ii. 60] ⟨Scholar of New C. in $157\frac{3}{4}$.⟩

. . . **Robinson, Richard**; suppl. B.A. 6 Jan. $157\frac{6}{7}$ and again 8 Mar. $157\frac{7}{8}$.

. . .   Yate, Richard ; suppl. B.A. 14 Jan. 157⁶⁄₇ and 10 June 1577.
⟨S. Alb. H.⟩ Noone, Andrew ; suppl. B.A. 30 Jan. 157⁶⁄₇. [ii. 67]
⟨Lincoln.⟩ Tempest, Robert ; suppl. B.A. 4 Feb. 157⁶⁄₇.
⟨?University.⟩Ashton, Charles ; suppl. B.A. 4 Mar. 157⁶⁄₇. [?ii. 43]
. . .   Anderton, Thurstan ; suppl. B.A. 14 May 1577.
. . .   Hyll, Cosowarth ; suppl. B.A. 4 June 1577.
⟨S. John's.⟩ Gode, Thomas ; suppl. B.A. 28 June 1577. [ii. 68]
⟨Hart H.⟩ Evans, John ; suppl. B.A. 12 Dec. 1577. [ii. 70]
. . .   Bucks (Pucks), William ; det. 157⁷⁄₈.
⟨New Coll.⟩Hollingeshed, Thomas; det. 157⁷⁄₈. ⟨An error for 'Edward,' see *supra*, p. 70⟩

⟨Brasenose.⟩Harrison (Harison), James ; suppl. M.A. 28 Nov. 1576, lic. 27 Apr. 1577, inc. 1577. (*Reg.* I. 276.)
⟨Merton.⟩ Norrice (Norice, Noris), John ; suppl. M.A. 24 Apr., lic. 25 June 1577, inc. 1577 ; suppl. (Mert.) lic. to pract. med. 5 Nov. 1584, and again 1 July 1587, lic. 1 July 1587. [St. Alb. H., ii. 40] ⟨Fellow of Mert. in 1572, Brod. p. 270.⟩
. . .   Williams, Thomas; suppl. M.A. 17 May, lic. 5 July 1577, inc. 1577.
⟨Lincoln.⟩ Weston, Hugh ; suppl. and lic. M.A. 6 July 1577, inc. 1577. [S. Alb. H., ii. 40] (*Reg.* I. 281.) ⟨Fellow of Linc. in 1573 ; resigned his Fellowship on 16 Nov. 1577.⟩
. . .   Baxter, Nathaniel ; inc. M.A. 1577.

⟨New Coll.⟩ Cutler, Edward ; adm. B.C.L. 8 July 1577. ⟨The same as 'Edward Coulter,' Scholar of New C. in 1569.⟩

⟨All Souls.⟩ Woodd, Henry ; adm. M.B. and lic. to pract. med. 26 Mar. 1577. [ii. 10] ⟨Scholar of Corp. 1559 ; Fell. of All So. 1561.⟩

⟨Ch. Ch.⟩ Barnard, Daniel; suppl. D.D. 30 Jan. 157⁶⁄₇, and again 2 Apr. 1582, and again 29 June 1585, lic. D.D. 14 July 1585, inc. 1585. [ii. 12] (Cooper, I. 459.) ⟨Student of Ch. Ch. before 1561.⟩
⟨Magd. C.⟩Pirrie, Thomas ; an M.A. of twenty years' standing, suppl. B.D. 6 July, adm. 9 July 1577. (*Reg.* I. 221.)

1578.

⟨Brasenose.⟩Fleshware (Fleshuar), William ; suppl. B.A. 12 Dec. 1577, adm. 15 Jan. 157⁷⁄₈, det. 157⁷⁄₈ ; suppl. M.A. 31 Jan. 158⁰⁄₁. lic. (from Bras.) 8 July 1581, inc. 1581 ; suppl. and adm. B.D. 4 July 1594. [ii. 70] ⟨Fellow of Bras. in 1576.⟩
⟨All Souls.⟩ Hovenden (Ovenden), Christopher ; adm. B.A. 18 Jan. 157⁷⁄₈, det. 157⁷⁄₈ ; suppl. M.A. 2 Nov., lic. (from All So.) 18 Nov. 1581, inc. 1583. [ii. 71] ⟨Fellow of All So. in 1575.⟩
⟨University.⟩ Vaughan, Griffin (Griffith) ; suppl. B.A. 12 Dec. 1577, adm. 18 Jan. 157⁷⁄₈, det. 157⁷⁄₈ ; suppl. M.A. 11 May, lic. (from Univ.) 3 July 1581, inc. 1581.

⟨*S.Edm.H.*⟩**Hues** (Hughes), **Thomas**; suppl. B.A. 12 Dec. 1577, adm. 18 Jan. $157\frac{7}{8}$, det. $157\frac{7}{8}$; suppl. M.A. 27 June, lic. 1 July 1580, inc. 1580. [ii. 61]

⟨*S.Edm.H.*⟩**Hues, Owen**; suppl. B.A. 12 Dec. 1577, adm. 18 Jan. $157\frac{7}{8}$, det. $157\frac{7}{8}$; suppl. M.A. 27 June, lic. 1 July 1580, inc. 1580. [ii. 61]

. . . **Haycroft** (Heycroft), **Edward**; suppl. B.A. 'Edward' 12 Dec. 1577, adm. ('Henry') 18 Jan. $157\frac{7}{8}$, det. ('Edward') $157\frac{7}{8}$.

. . . **Dobson, John**; suppl. B.A. 29 Jan., adm. 19 (?) Jan. $157\frac{7}{8}$, det. $157\frac{7}{8}$; suppl. M.A. 14 Dec. 1579. John Dobson, S. Mary H., suppl. M.A. (then in orders) 6 July, lic. 9 July 1601, inc. 1601. ⟨Possibly the same person.⟩

. . . **Minshull, Christopher**; suppl. B.A. 12 Dec. 1577, adm. 19 Jan. $157\frac{7}{8}$, det. $157\frac{7}{8}$; suppl. M.A. 20 May, lic. 4 June 1580, inc. 1580.

. . . **Webb, Hugh**; suppl. B.A. 12 Dec. 1577, adm. 29 Jan. 1577, det. $157\frac{7}{8}$.

. . . **Price** (Prise), **Robert**; suppl. B.A. 29 Jan., adm. 31 Jan. $157\frac{7}{8}$, det. $157\frac{7}{8}$; suppl. M.A. 27 June, lic. 1 July 1580, inc. 1580.

⟨*Trinity.*⟩ **Hitchcock** (Hichcok, Hitchcocks), **Thomas**; suppl. B.A. 29 Jan., adm. 1 Feb. $157\frac{7}{8}$, det. $157\frac{7}{8}$. One . . . 'Hiscockes' inc. M.A. in 1580. [ii. 57]

⟨*Magd. C.*⟩ **Atkins** (Adkens), **Ralph** (Raphael); suppl. B.A. 12 Nov. 1577, adm. 1 Feb. $157\frac{7}{8}$, det. $157\frac{7}{8}$; suppl. M.A. 18 Feb. $158\frac{0}{1}$, lic. (from Magd. C.) 5 Apr. 1581, inc. 1581. [ii. 50]

⟨*Magd. C.*⟩ **Pet** (Pette), **Simon** (Simeon); suppl. B.A. 12 Nov. 1577, adm. 1 Feb. $157\frac{7}{8}$, inc. $157\frac{7}{8}$; suppl. M.A. 26 Jan. $158\frac{0}{1}$, lic. 5 Apr. 1581, inc. 1581; suppl. B.D. (from Magd. C.) 12 Nov., adm. 13 Nov. 1591. [ii. 51]

⟨*Magd. C.*⟩ **Chittye** (Chittey, Chittie), **Henry**; suppl. B.A. 12 Nov. 1577, adm. 1 Feb. $157\frac{7}{8}$, det. $157\frac{7}{8}$; suppl. M.A. 23 Feb. $158\frac{0}{1}$, lic. (from Magd. C.) 5 Apr. 1581, inc. 1581; suppl. M.B. 8 May 1600; suppl. M.D. 3 June 1600. ⟨Demy of Magd. C. 1572–1577, Fellow 1577–1612; Blox. 4, p. 199.⟩

⟨*Magd. C.*⟩ **Sanders** (Saunders), **William**; suppl. B.A. 12 Nov. 1577, adm. 1 Feb. $157\frac{7}{8}$, det. $157\frac{7}{8}$. [ii. 52]

⟨*Magd. C.*⟩ **Simons** (Symmonds, Symonds, Simonds), **William**; suppl. B.A. 12 Nov. 1577, adm. 1 Feb. $157\frac{7}{8}$, det. $157\frac{7}{8}$; lic. M.A. 5 Apr. 1581, inc. 1581; as M.A. of Magd. C. of twenty years' standing, suppl. B.D. 14 May, suppl. D.D. 3 July 1613; adm. B.D. and lic. D.D. 8 July 1613, inc. D.D. 1613. [ii. 52, 60]

⟨*Magd. C.*⟩ **Springham, Richard**; adm. B.A. 1 Feb. $157\frac{7}{8}$, det. $157\frac{7}{8}$; suppl. M.A. 13 Mar. $158\frac{0}{1}$, lic. (from Magd. C.) 7 Apr. 1581, inc. 1581. [ii. 60]

. . . **Galhampton** (Galahampton), **Bartholomew**; suppl. B.A. 29 Jan., adm. 1 Feb. $157\frac{7}{8}$, det. $157\frac{7}{8}$.

. . . **Dalifeld** (Delafielde), **John**; suppl. B.A. 12 Dec. 1577, adm. 1 Feb. $157\frac{7}{8}$, det. $157\frac{7}{8}$.

. . . **Bridge, Edward**; suppl. B.A. 29 Jan., adm. 4 Feb. $157\frac{7}{8}$, det. $157\frac{7}{8}$.

. . . **Congley, Richard**; suppl. B.A. 29 Jan., adm. 4 Feb. $157\frac{7}{8}$, det. $157\frac{7}{8}$; suppl. M.A. 20 May, lic. 4 June 1580, inc. 1580.

. . . **Nuttar** (Nutter), **Christopher**; suppl. B.A. 29 Jan., adm. 4 Feb. 157$\frac{7}{8}$, det. 157$\frac{7}{8}$.

⟨*Brasenose.*⟩ **Hutchins** (Huchins, Huchens), **Edward**; suppl. B.A. 29 Jan., adm. 6 Feb. 157$\frac{7}{8}$, det. 157$\frac{7}{8}$; suppl. M.A. 21 June, lic. (Bras.) 8 July 1581, inc. 1581; suppl. B.D. 21 Nov. 1590. [ii. 70] ⟨Fellow of Bras. in 158$\frac{0}{1}$.⟩

⟨*Brasenose.*⟩ **Dalton, Richard**; suppl. B.A. 29 Jan., adm. 6 Feb. 157$\frac{7}{8}$, det. 157$\frac{7}{8}$; suppl. M.A. 5 June, lic. 7 July 1581, inc. 1581; suppl. B.D. 21 Nov., adm. 15 Dec. 1590; suppl. lic. to preach 28 June 1605, and lic. to preach 14 July 1607. ⟨His lic. M.A. is wrongly entered as adm. B.A.⟩ ⟨Fellow of Bras. in 1583.⟩

. . . **Avenell, Walter**; suppl. B.A. 29 Jan., adm. 6 Feb. 157$\frac{7}{8}$, det. 157$\frac{7}{8}$.

⟨*S.Edm.H.*⟩ **Hampton, John**; suppl. B.A. 29 Jan., adm. 6 Feb. 157$\frac{7}{8}$, det. 157$\frac{7}{8}$; suppl. M.A. 26 Jan., lic. 15 Feb. 158$\frac{0}{1}$, inc. 1581. [ii. 73]

⟨*Ch. Ch.*⟩ **Robardes** (Roberts), **Hugh**; suppl. B.A. 29 Jan., adm. 6 Feb. 157$\frac{7}{8}$, det. 157$\frac{7}{8}$; suppl. (from Ch. Ch.) M.A. 4 July, lic. 25 Nov. 1585, inc. 1586. [S. Edm. H., ii. 73]

⟨*Hart H.*⟩ **Gardiner** (Gardener, Gardner), **William**; suppl. B.A. 29 Jan., adm. 7 Feb. 157$\frac{7}{8}$, det. 157$\frac{7}{8}$; suppl. M.A. 27 June 1580, and again (from Hart H.) 1 Dec. 1582, lic. 7 Dec. 1582, inc. 1583.

⟨*Gloc. H.*⟩ **Hunt, Henry**; suppl. B.A. 29 Jan., adm. 7 Feb. 157$\frac{7}{8}$, det. 157$\frac{7}{8}$; suppl. M.A. 25 May, and again 30 June 1579, lic. 8 July 1579, inc. 1579.

⟨*Gloc. H.**⟩ **Thomas, Evans** (Evan); suppl. B.A. 29 Jan., adm. 7 Feb. 157$\frac{7}{8}$, det. 157$\frac{7}{8}$; suppl. M.A. (from Bras.) 1 July, lic. (from Bras.) 8 July 1584, inc. ('Thomas Evans') 1584. [ii. 75]

. . . **Charlton** (Charleton), **Thomas**; suppl. B.A. 29 Jan., adm. 7 Feb. 157$\frac{7}{8}$, det. 157$\frac{7}{8}$; suppl. M.A. 27 June, lic. 1 July 1580, inc. ('Chirton') 1580.

⟨*S.Alb.H.*⟩ **Heiton** (Eaton, Eton), **Thomas**; suppl. B.A. 29 Jan., adm. 7 Feb. 157$\frac{7}{8}$, det. 157$\frac{7}{8}$. [ii. 67]

⟨*S.Alb.H.*⟩ **Cape, James**; suppl. B.A. 29 Jan., adm. 7 Feb. 157$\frac{7}{8}$, det. 157$\frac{7}{8}$. [ii. 78]

⟨*Oriel.*⟩ **Cockram** (Cokeram), **Robert**; suppl. B.A. 29 Jan., adm. 7 Feb. 157$\frac{7}{8}$, det. 157$\frac{7}{8}$; suppl. M.A. 13 Mar. 158$\frac{0}{1}$, lic. 12 Apr. 1581, inc. 1581. ⟨Fellow of Oriel in 1578.⟩

⟨*Magd. C.*⟩ **Hardinge, John**; suppl. B.A. 29 Jan., adm. 7 Feb. 157$\frac{7}{8}$, det. 157$\frac{7}{8}$; suppl. M.A. 23 Feb. 158$\frac{0}{1}$, lic. 5 Apr. 1581, inc. 1581; suppl. B.D. (from Magd. C.) 18 Mar. 159$\frac{1}{2}$, adm. 15 Dec. 1592; suppl. D.D. 16 May 1596, lic. 11 Mar. 159$\frac{6}{7}$, inc. 1597.

. . . **Lewes** (Luesse), **Hugh**; suppl. and adm. B.A. 7 Feb. 157$\frac{7}{8}$, det. 157$\frac{7}{8}$.

⟨*Exeter.*⟩ **Whiccar** (Whiker, Whicker), **Adrian**; suppl. B.A. 4 Mar., adm. 7 Feb. 157$\frac{7}{8}$, det. 157$\frac{7}{8}$; suppl. M.A. (from Exet.) 10 Oct. 1582, lic. 19 Feb. 158$\frac{2}{3}$, inc. 1583. (Boase, p. 48.)

⟨*Gloc. H.*⟩ **Binckes, William**; suppl. B.A. 29 Jan., adm. 8 Feb. 157$\frac{7}{8}$. [ii. 59]

. . . **Tanner, Henry**; suppl. B.A. 29 Jan., adm. 18 Feb. 157$\frac{7}{8}$, det. 157$\frac{7}{8}$; suppl. M.A. 27 June, lic. 1 July 1580, inc. 1580.

⟨*S.Alb.H.*⟩ **Holland**, **John**; suppl. B.A. 28 June 1577, adm. 18 Feb.

157$\frac{7}{8}$, det. 157$\frac{7}{8}$; suppl. M.A. 21 June, lic. (from S. Alb. H.) 3 July 1581, inc. 1581. [ii. 67]

. . . **Cotman** (Cottman), **John**; suppl. B.A. 29 Jan., adm. 18 Feb. 157$\frac{7}{8}$, det. 157$\frac{7}{8}$; lic. M.A. 7 July 1581, inc. 1581.

<*Lincoln.*> **Knowles** (Knoles, Knoules), **William**; suppl. B.A. 14 Apr. 1577, adm. 25 Feb. 157$\frac{7}{8}$, det. 157$\frac{7}{8}$. [ii. 66]

. . . **Leavinge, Henry**; suppl. B.A. 20 Feb., adm. 27 Feb. 157$\frac{7}{8}$, det. 157$\frac{7}{8}$.

<*Jesus.*> **Williams, Peter** (Pierce, Piers); suppl. B.A. 20 Feb., adm. 27 Feb. 157$\frac{7}{8}$, det. 157$\frac{7}{8}$; suppl. M.A. (from Jes.) 1 July, lic. 6 July 1587, inc. 1587.

<*Magd. H.*> **Stephans** (Stevens), **Thomas**; suppl. B.A. 12 Nov. 1577, adm. 5 Mar. 157$\frac{7}{8}$. [ii. 60]

<*Balliol.*> **Nicholas, Anthony**; suppl. B.A. Mar., adm. 5 Mar. 157$\frac{7}{8}$. [ii. 84]

<*Trinity.*> **Seale, Richard**; suppl. B.A. ('Richard') Mar., adm. ('Roger,' in error) 5 Mar. 157$\frac{7}{8}$. [ii. 57]

. . . **Ostler, Thomas**; suppl. B.A. 20 Feb., adm. 8 Mar. 157$\frac{7}{8}$.

. . . **Jones, John**; adm. B.A. 14 Mar. 157$\frac{7}{8}$.

<*Brasenose.*> **Heyman** (Hayman), **William**; suppl. B.A. 8 Mar., adm. 14 Mar. 157$\frac{7}{8}$. [ii. 70]

<*University.*> **Wiglesworth** (Wiggelsworth), **John**; suppl. B.A. 29 Jan., adm. 20 Mar. 157$\frac{7}{8}$, det. 157$\frac{8}{9}$; suppl. M.A. (from Univ.) 14 May, lic. 28 May 1582, inc. 1582.

<*Trinity.*> **Sandie** (Sandley), **John**; suppl. B.A. 8 Mar., adm. 22 Mar. 157$\frac{7}{8}$, det. 157$\frac{8}{9}$. [ii. 57] <Scholar of Trin. in 1575.>

<*Trinity.*> **Warforde** (Wareforde, Wardforde), **William**; suppl. B.A. 8 Mar., adm. 22 Mar. 157$\frac{7}{8}$, det. 157$\frac{8}{9}$; suppl. M.A. 29 Mar., lic. 30 Mar. (from Trin.) 1582, inc. 1582. [ii. 57] <Scholar of Trin. in 1576, Fellow in 1578.>

<*Trinity.*> **Avys** (Avis), **Robert**; suppl. B.A. 8 Mar., adm. ('Davys') 22 Mar. 157$\frac{7}{8}$, det. 157$\frac{8}{9}$; suppl. M.A. 4 Apr., lic. 4 May 1582, inc. 1582; suppl. B.D. 20 May, adm. 7 July 1591; suppl. D.D. 5 July 1600, but grace refused; suppl. lic. to preach 7 Feb., lic. 22 Feb. 160$\frac{4}{5}$. [ii. 56] <Scholar of Trin. in 1576; Fellow in 1580.>

<*Trinity.*> **Shurley** (Sherley, Shirley), **Anthony**; suppl. B.A. 8 Mar., adm. 22 Mar. 157$\frac{7}{8}$, det. 157$\frac{8}{9}$; suppl. M.A. 9 Apr. 1582. <Scholar of Trin. in 1576; Fellow in 1579.>

<*Trinity.*> **Bingley** (Bignaleus), **James**; suppl. B.A. 8 Mar., adm. 22 Mar. 157$\frac{7}{8}$, det. 157$\frac{8}{9}$; suppl. M.A. 4 Apr., lic. 4 May 1582, inc. 1582. <Scholar of Trin. in 1576; Fellow in 1580.>

<*Magd. C.*> **Fitzherbert** (Fiharbert, Fitzharbard), **Robert**; suppl. B.A. 8 Mar., adm. 22 Mar. 157$\frac{7}{8}$, det. 157$\frac{8}{9}$; suppl. M.A. 14 Jan. 158$\frac{0}{1}$, lic. 12 Apr. 1581, inc. 1581. <Probably . . . Fitzherbert, clerk of Magd. C. 1578–1585; Blox. 2, p. 43.>

. . . **Hungerford, Edward**; suppl. B.A. 8 Mar., adm. 22 Mar. 157$\frac{7}{8}$, det. 157$\frac{8}{9}$.

. . . **Bucktrowt, William**; suppl. B.A. 8 Mar., adm. 22 Mar. 157$\frac{7}{8}$.

. . . **Bere** (Beare), **Thomas**; suppl. B.A. 21 Apr., adm. 30 Apr. 1578.

<*S. John's.*> **Aubery** (Aubrey, Aubrie, Awbrey), **Arthur**; suppl. B.A. 21 Apr., adm. 14 May 1578, det. 157$\frac{8}{9}$; suppl. M.A. (from S. Jo.) 8

Feb. $158\frac{1}{2}$, lic. 4 May 1582, inc. 1582; suppl. B.D. (from S. Jo.) 20 Nov. 1595, adm. 17 Feb. $159\frac{5}{6}$; suppl. D.D. 27 Mar., lic. 31 Mar. 1596, inc. 1596. [ii. 67] ⟨Fellow of S. Jo. in 1574.⟩

⟨*S. John's.*⟩ **Gardener** (Gardiner), **George**; suppl. B.A. 21 Apr., adm. 14 May 1578, det. $157\frac{8}{9}$. [ii. 68] ⟨Fellow of S. Jo. in 1574.⟩

⟨*S. John's.*⟩ **Gwinne** (Gwynn, Gwin, Gwyn), **Matthew**; suppl. B.A. 21 Apr., adm. 14 May 1578, det. $157\frac{8}{9}$; suppl. M.A. (from S. Jo.) 8 Feb. $158\frac{1}{2}$, lic. 4 May 1582, inc. 1582; suppl. M.B. 15 July 1590, adm. 17 July 1593; suppl. M.D. 2 June, lic. 17 July 1593. ⟨Fellow of S. Jo. in 1574.⟩

⟨*S. John's.*⟩ **Spratt** (Sprotte, Sprot), **Edward**; suppl. B.A. 21 Apr., adm. 14 May 1578, det. $157\frac{8}{9}$; suppl. M.A. (from S. Jo.) 8 Feb. $158\frac{1}{2}$, lic. 4 May 1582, inc. 1582; suppl. B.C.L. (from S. Jo.) 14 Oct., adm. 5 Nov. 1588. [ii. 69] ⟨Fellow of S. Jo. in 1574.⟩

⟨*S. John's.*⟩ **Weight** (Wight, Wyght), **Thomas**; suppl. B.A. 21 Apr., adm. 14 May 1578, det. $157\frac{8}{9}$; suppl. M.A. (from S. Jo.) 8 Feb. $158\frac{1}{2}$, lic. 4 May 1582, inc. ('Whit') 1582; suppl. B.D. (from S. Jo.) 14 Oct., adm. 31 Oct. 1588. ⟨Fellow of S. Jo. in 1574.⟩

. . . **Davis** (Davies, Davys), **William**; suppl. B.A. 6 June, adm. 12 June 1578, det. $157\frac{8}{9}$.

⟨*University.*⟩ **Daniel, Peter**; suppl. B.A. 10 June, adm. 12 June 1578. [ii. 73]

⟨*University.*⟩ **Clode, Richard**; suppl. B.A. 21 Apr., adm. 12 June 1578. [ii. 61]

. . . **Shales, Henry**; suppl. B.A. 10 June, adm. 12 June 1578.

⟨*Queen's.*⟩ **Coles** (Cole, Coole), **William**; suppl. B.A. 10 June, adm. 12 June 1578, det. $157\frac{8}{9}$; suppl. M.A. 21 June, lic. (from Queen's) 3 July 1581, inc. 1581. [Bras., ii. 81]

⟨*Lincoln.*⟩ **Jones** (Johnes), **Francis**; suppl. B.A. 10 June, adm. 12 June 1578, det. $157\frac{8}{9}$. [ii. 69] ⟨Fellow of Lincoln, 1579–1583.⟩

⟨*Lincoln.*⟩ **Sincocks** (Symcox), **Thomas**; suppl. B.A. 10 June, adm. 12 June 1578, det. $157\frac{8}{9}$. [ii. 80]

⟨*Brasenose.*⟩ **Vaughan** (Vaghan), **Watkin**; adm. B.A. 13 June 1578, det. $157\frac{8}{9}$; suppl. M.A. 22 Feb., lic. Mar. $158\frac{1}{2}$, inc. 1582. (His lic. M.A. is wrongly registered as adm. B.A.)

⟨*Ch. Ch.*⟩ **Merik** (Mirik, Merricke), **Robert**; suppl. B.A. 21 Apr. 1578, adm. 17 June 1578, det. $157\frac{8}{9}$; suppl. M.A. (from Ch. Ch.) 25 Jan. $158\frac{1}{2}$, lic. ('Mecocke') 3 Mar. $158\frac{1}{2}$, inc. 1582.

⟨*Trinity.*⟩ **S. John, Oliver**; suppl. B.A. 10 June, adm. 26 June 1578, det. $157\frac{8}{9}$. [ii. 79]

⟨*Brasenose.*⟩ **Taylor** (Taylior, Tayler), **Jasper**; suppl. B.A. 25 June, adm. 26 June 1578, det. $157\frac{8}{9}$; suppl. M.A. 21 June, lic. (from Bras.) 7 July 1581, inc. 1581.

⟨*Jesus.*⟩ **Haukins** (Hauken, Hawkyns), **Robert**; suppl. B.A. 10 June, adm. 26 June 1578, det. $157\frac{8}{9}$; suppl. M.A. (from Jes.) 1 Apr., lic. 3 July 1582, inc. 1582. [Linc., ii. 69]

. . . **Paycocke** (Peacocke, Pecocke), **Thomas**; suppl. B.A. 25 June, adm. 8 July 1578, det. $157\frac{8}{9}$.

. . . **Welles, Henry**; suppl. B.A. 25 June, adm. 8 July 1578, det. $157\frac{8}{9}$.

⟨*Lincoln.*⟩ **Burdet** (Barduitte, Burdett), **William**; suppl. B.A. 4 July, adm. 8 July 1578, det. $157\frac{8}{9}$. [ii. 69]

. . . **Sheppard** (Sheparde), **Walter**; suppl. B.A. 7 July, adm. 10 July 1578, det. 157⁹⁄₉. [Linc., ii. 70, or S. Edm. H., ii. 61]
⟨*S.Alb.H.*⟩ **Lynke** (Lincke), **Robert**; suppl. B.A. 5 July, adm. 10 July 1578, det. 157⁸⁄₉; suppl. M.A. (from S. Alb. H.) 13 June, lic. 16 June 1582, inc. 1582.
⟨*Magd. H.*⟩ **Hughes, Robert**; suppl. B.A. 20 Feb. 157⁷⁄₈, adm. 12 July 1578, det. 157⁸⁄₉. [ii. 58]
⟨*S.MaryH.*⟩ **Lloyde, Thomas**; suppl. B.A. 10 June, adm. 12 July 1578, det. 157⁸⁄₉; suppl. M.A. (from S. Mary H.) 19 Feb., lic. 20 Mar. 158⅔, inc. 1583.
⟨*University.*⟩ **Osbouldston** (Osbaston), **Francis**; suppl. B.A. 9 July, adm. 12 July 1578, det. 157⁸⁄₉. [ii. 62]
. . . **Lancaster, Reginald**; suppl. B.A. 4 July, adm. 12 July 1578, det. 157⁸⁄₉.
⟨*Brasenose.*⟩ **Richards, Hugh**; suppl. B.A. 21 Apr., adm. 15 July 1578, det. 157⁸⁄₉; suppl. M.A. (from Bras.) 1 July, lic. 8 July 1584, inc. 1584.
⟨*Ch. Ch.*⟩ **Hutton, Leonard**; suppl. B.A. 29 Oct., adm. 12 Nov. 1578, det. 157⁸⁄₉; suppl. M.A. (from Ch. Ch.) 25 Jan., lic. 3 Mar. 158½, inc. 1582; suppl. B.D. 20 Apr., adm. 27 Apr. 1591; suppl. D.D. 5 Apr., lic. 14 Apr. 1600, inc. 1600; suppl. lic. to preach 6 Nov., lic. 17 Nov. 1610. ⟨Student of Ch. Ch. in 1575.⟩
⟨*Ch. Ch.*⟩ **Ravys** (Ravis), **Thomas**; suppl. B.A. 10 Nov., adm. 12 Nov. 1578, det. 157⁸⁄₉; suppl. M.A. (from Ch. Ch.) 25 Jan., lic. 3 Mar. 158½, inc. 1582; suppl. B.D. June, adm. 6 July 1589; lic. D.D. 10 Oct. 1595, inc. 1596. ⟨Student of Ch. Ch. in 1575.⟩
⟨*Ch. Ch.*⟩ **Holland, John**; suppl. B.A. ('Hellam') 10 Nov., adm. 12 Nov. 1578, det. 157⁸⁄₉; suppl. M.A. (from Ch. Ch.) 25 Jan., lic. 3 Mar. 158½, inc. 1582; suppl. B.D. 20 Apr., adm. 27 Apr. 1591. ⟨Student of Ch. Ch. in 1577.⟩
⟨*Ch. Ch.*⟩ **Howson** (Howsunn, Houson), **John**; suppl. B.A. 10 Nov., adm. 12 Nov. 1578, det. 157⁸⁄₉; suppl. M.A. (from Ch. Ch.) 25 Jan., lic. 3 Mar. 158½, inc. 1582; suppl. lic. to preach 30 June 1589, lic. 23 July 1597; suppl. B.D. 21 Nov., adm. 17 Dec. 1601; suppl. and lic. D.D. 17 Dec. 1601, inc. 1602. ⟨Student of Ch. Ch. in 1577.⟩
⟨*New Coll.*⟩ **Terré** (Terry, Trye, Terrey, Terrell), **John**; adm. B.A. 12 Nov. 1578, det. 157⁸⁄₉; lic. M.A. (from New C.) 15 June 1582, inc. 1582. [ii. 61] ⟨Scholar of New C. in 157⅘.⟩
⟨*New Coll.*⟩ **Misselbroke** (Miselbroke, Missilbrooke, Mistilbrooke, Mislebrough), **Edward**; adm. B.A. 12 Nov. 1578, det. 157⁸⁄₉; suppl. and lic. M.A. 18 Nov. 1581, inc. 1582. ⟨Scholar of New C. in 157⅘.⟩
⟨*Ch. Ch.*⟩ **Nuberie** (Newberrye, Newberie, Nubery), **Hugh**; suppl. B.A. 10 Nov., adm. 12 Nov. 1578, det. 157⁸⁄₉; suppl. M.A. 25 Jan. (from Ch. Ch.), lic. 3 Mar. 158½, inc. 1582. ⟨Student of Ch. Ch. in 1573.⟩
⟨*Ch. Ch.**⟩ **Spratte** (Sprott), **John**; suppl. B.A. 10 Nov., adm. 12 Nov. 1578, det. 157⁸⁄₉; suppl. M.A. (from Gloc. H.) 4 Apr., lic. 23 May 1582, inc. 1582. ⟨Student of Ch. Ch. in 1573.⟩
⟨*University.*⟩ **Bagnall, Ambrose**; suppl. B.A. 10 Nov., adm. 12 Nov. 1578, det. 157⁵⁄₉; suppl. M.A. (from Univ.) 5 June, lic. 7 June 1581, inc. 1581. [Jes., ii. 36]

⟨*Lincoln.*⟩ **Kilbie** (Kilbye), **Richard**; suppl. B.A. 10 June, adm. 9 Dec. 1578, det. $157\frac{8}{9}$; suppl. M.A. (from Linc.) 13 June, lic. 2 July 1582, inc. 1582; suppl. B.D. 22 June, and D.D. 25 June, adm. B.D. and lic. D.D. 7 July 1596, inc. D.D. 1596. [ii. 75] ⟨Fellow of Linc. 18 Jan. $157\frac{7}{8}$, Rector 10 Dec. 1590, died 7 Nov. 1620. By his will he gave to All Saints' parish, Oxford, a double-gilt chalice and 50*s*. to buy a silver gilt patten. The chalice and patten are those still in ordinary use in that Church.⟩

⟨*Ch. Ch.*⟩ **Bursey, John**; suppl. B.A. 9 Dec., adm. 17 Dec. 1578, det. $157\frac{8}{9}$; suppl. M.A. (from Ch. Ch.) 1 July, lic. 5 July 1581, inc. 1581. ⟨Student of Ch. Ch. in 1577.⟩

⟨*Magd. C.*⟩ **Elie** (Elye), **Thomas**; suppl. B.A. 9 Dec., adm. 17 Dec. 1578, det. $157\frac{8}{9}$; suppl. M.A. (from Magd. C.) 27 May 1581, lic. 31 May 1581, inc. 1581. [Bras., ii. 81]

⟨*S. Alb. H.*⟩ **Moone, Morgan**; suppl. B.A. 21 Apr. 1578. [ii. 78]

. . . **Wynn, John**; suppl. B.A. 10 June 1578.

⟨*Magd. C.*⟩ **Gilby, Richard**; suppl. B.A. 10 June 1578. [ii. 51]

⟨*All Souls.*⟩ **Stroude, Arthur**; suppl. B.C.L. 20 Feb. $157\frac{7}{8}$, adm. 19 Apr. 1578. ⟨Fellow of All So. in 1571.⟩

⟨*New Coll.*⟩ **Smith, Robert**; adm. B.C.L. 19 Apr. 1578. ⟨Scholar of New C. in 1570.⟩

⟨*New Coll.*⟩ **Blake, Thomas**; adm. B.C.L. 19 Apr. 1578. ⟨Scholar of New C. in 1570.⟩

. . . **Gudgen, Anthony**; suppl, B.C.L. 21 Apr. 1578. (*Reg.* I. 258.)

⟨*Ch. Ch.*⟩ **Percie** (Percey, Percé, Percye), **Richard**; suppl. D.C.L. 17 July 1578, lic. 12 Feb. $157\frac{8}{9}$, inc. 1579(?). [ii. 11] ⟨Student of Ch. Ch. in 1552.⟩

. . . **Percie, John** (?); suppl. D.C.L. 13 Sept., lic. 13 Oct. 1578, inc. 1579. ⟨These entries are possibly errors arising from some confusion with the preceding entries.⟩

⟨*Ch. Ch.*⟩ **Laurence, Giles**; suppl. D.C.L. 13 Oct. 1578, lic. 12 Feb. $157\frac{8}{9}$, inc. 1579. [ii. 11, 14.]

⟨*New Coll.*⟩ **Aileworth** (Aleworth), **Anthony**; adm. M.B. 8 Mar. $157\frac{7}{8}$; lic. to pract. med. 5 July 1582; lic. M.D. 5 July 1582, inc. 1582. [ii. 22] ⟨Scholar of New C. in 1563.⟩

⟨*Brasenose.*⟩ **Nowell, Alexander**; suppl. D.D. 10 June 1578. [i. 235; ii. 25.]

⟨*Lincoln.*⟩ **Underhill, John**; suppl. lic. to preach 10 June 1578; suppl. B.D. and D.D. 28 Nov. 1580, adm. B.D. and lic. D.D. 7 July 1581, inc. D.D. 1587. [ii. 21] ⟨Scholar of New C. in 1561.⟩

⟨*Magd. C.*⟩ **Creke** (Crike, Cricke), **Richard**; M.A. of ten years' standing, suppl. B.D. 9 July, adm. 10 July 1578; suppl. D.D. 11 July, lic. 12 July 1578, inc. 1578. [ii. 17]

. . . **Chapman, Edmund**; B.D. Cambr. of ten years' standing, suppl. D.D. 7 July, lic. 10 July 1578, inc. 1578. [i. 348]
⟨*Magd. C.**⟩ **Lillie, Edmund**; adm. B.D. 17 July 1578; suppl. D.D. 4 July, lic. (wrongly called ' John ') 15 July 1580, inc. 1581. [ii. 17] ⟨Master of Ball., 1 Aug. 1580, died 7 Feb. 16$\frac{9}{1}\frac{0}{1}$.⟩
⟨*All Souls.*⟩ **Anne** (An), **Edward**; suppl. B.D. 10 Nov. 1578 and again 14 Jan. 157$\frac{8}{9}$, adm. 23 June 1579. (*Reg.* I. 247.) ⟨Scholar of Corp. in 1550; Fellow of All So. in 1555.⟩
⟨*Magd. C.*⟩ **Bunnel** (Bonney), **Francis**; suppl. lic. to preach 9 Dec. 1578, lic. 26 Feb. 158$\frac{3}{4}$. [ii. 17]

1579.

⟨*All Souls.*⟩ **Huet** (Hwet), **Richard**; adm. B.A. 14 Jan. 157$\frac{a}{9}$, det. 157$\frac{a}{9}$; suppl. M.A. (from All So.) 7 May, lic. 5 July 1583, inc. 1583. ⟨Fellow of All So. in 1577.⟩
⟨*All Souls.*⟩ **Meredith, Owen**; suppl. B.A. 10 June 1578, adm. 14 Jan. 157$\frac{a}{9}$, det. 157$\frac{a}{9}$; suppl. M.A. (from All So.) 10 July, lic. 18 Oct. 1582, inc. 1583; suppl. B.D. 26 Mar., adm. 2 July 1591. ⟨Fellow of All So. in 1577.⟩
⟨*Broadg. H.*⟩ **Case, George**; suppl. B.A. 17 Jan., adm. 19 Jan. 157$\frac{a}{9}$, det. 157$\frac{a}{9}$; suppl. M.A. (from Broadg. H.) 21 June, lic. 1 July 1581, inc. 1581.
⟨*Brasenose.*⟩ **Whitingham** (Withingham, Whittingham), **George**; suppl. B.A. 14 Jan., adm. 24 Jan. 157$\frac{a}{9}$, det. 157$\frac{a}{9}$; suppl. M.A. (from Bras.) 21 June, lic. 7 July 1581, inc. 1581.
⟨*Merton.*⟩ **Crompton** (Crumpton), **Thomas**; suppl. B.A. 27 Jan., adm. 28 Jan. 157$\frac{a}{9}$, det. 157$\frac{a}{9}$; suppl. M.A. 18 Nov., lic. 1 Dec. 1581, inc. 1582; suppl. B.C.L. and D.C.L. (from Mert.) 30 June, adm. B.C.L. and lic. D.C.L. 11 July 1589, inc. D.C.L. 1589. [S. Alb. H., ii. 78]
. . . **Warner, Walter**; suppl. B.A. 17 Jan., adm. 28 Jan. 157$\frac{a}{9}$, det. 157$\frac{a}{9}$.
⟨*Brasenose.*⟩ **Bonner, John**; suppl. B.A. 14 Jan., adm. 28 Jan. 157$\frac{a}{9}$, det. 157$\frac{a}{9}$. [ii. 80]
⟨*Brasenose.*⟩ **Wynter, Edward**; adm. B.A. 28 Jan. 157$\frac{a}{9}$, det. 157$\frac{a}{9}$. [ii. 74]
⟨*Brasenose.*⟩ **Stacé** (Stacey), **James**; suppl. B.A. 10 Nov. 1578, adm. 28 Jan. 157$\frac{a}{9}$, det. 157$\frac{a}{9}$; suppl. M.A. (from Bras.) 6 Feb. 158$\frac{1}{2}$, lic. 30 June 1582, inc. 1582. [ii. 81]
⟨*Brasenose.**⟩ **Porter, Robert**; suppl. B.A. 17 Jan., adm. 28 Jan. 157$\frac{a}{9}$, det. 157$\frac{a}{9}$; suppl. M.A. (from All So.) 10 July, lic. 18 Oct. 1582, inc. 1583. [ii 81] ⟨Fellow of All So. in 1580.⟩
⟨*Brasenose.*⟩ **Wood, William**; adm. B.A. 28 Jan. 157$\frac{a}{9}$, det. 157$\frac{a}{9}$; suppl. M.A. (from Bras.) 6 July, lic. 7 July 1581, inc. 1581. [ii. 81]
⟨*Brasenose.*⟩ **Wilkinson, William**; adm. B.A. 28 Jan. 157$\frac{a}{9}$. ' John ' Wilkinson det. 157$\frac{a}{9}$, the 'John' being probably in error for 'William.' [ii. 81]
⟨*Ch. Ch.*⟩ **Cunningam** (Coningham, Cuningham), **Richard**; suppl. B.A. 27 Jan., adm. 28 Jan. 157$\frac{a}{9}$, det. 157$\frac{a}{9}$; suppl. M.A. (from Ch. Ch.) 25 Jan., lic. 3 Mar. 158$\frac{1}{2}$, inc. 1582. [ii. 57] ⟨Student of Ch. Ch. in 1577.⟩

⟨*Ch. Ch.*⟩ **Walronde** (Waldrond, Walron), **Nicholas**: suppl. B.A. 27 Jan., adm. 28 Jan. 157$\frac{8}{9}$, det. 157$\frac{8}{9}$; suppl. M.A. (from Ch. Ch.) 25 Jan., adm. 3 Mar. 158½, inc. 1582. ⟨Student of Ch. Ch. in 1577.⟩

⟨*Ch. Ch.*⟩ **Fletcher, Christopher**; suppl. B.A. 17 Jan., adm. 28 Jan. 157$\frac{8}{9}$, det. 157$\frac{8}{9}$. ⟨Student of Ch. Ch. in 1577.⟩

. . . **Balston, William**; suppl. B.A. 27 Jan., adm. 9 Feb. 157$\frac{8}{9}$, det. 157$\frac{8}{9}$; lic. M.A. 1 July 1581, inc. 1581.

⟨*Ch. Ch.*⟩ **Guillam** (Gullam, Gwilliam), **Peter**; suppl. B.A. 27 Jan., adm. 9 Feb. 157$\frac{8}{9}$, det. 157$\frac{8}{9}$; suppl. M.A. (from Ch. Ch.) 21 June, lic. 1 July 1581, inc. 1581.

⟨*New Coll.*⟩ **Wigge, William**; adm. B.A. 11 Feb. 157$\frac{8}{9}$, det. 157$\frac{8}{9}$; lic. (from New C.) M.A. 12 Oct. 1581, inc. 1581. ⟨Scholar of New C. in 1575.⟩

⟨*Merton.*⟩ **Fisher, Richard**; suppl. B.A. 27 Jan., adm. 11 Feb. 157$\frac{8}{9}$, det. 157$\frac{8}{9}$; suppl. M.A. (from Mert.) 2 May, lic. 4 May 1583, inc. 1583. (Brod., p. 272.)

⟨*Broadg. H.*⟩ **Dodde** (Dod), **Anthony**; suppl. B.A. 27 Jan., adm. 11 Feb. 157$\frac{8}{9}$, det. 157$\frac{8}{9}$; suppl. M.A. (from Broadg. H.) 1 July, lic. 5 July 1583, inc. 1583. [S. Jo., ii. 68]

⟨*Brasenose.*⟩ **Dier** (Diar), **William**; suppl. B.A. 27 Jan., adm. 11 Feb. 157$\frac{8}{9}$, det. 157$\frac{8}{9}$; suppl. M.A. (from Bras.) 6 July, lic. 7 July 1581, inc. 1581. [ii. 81]

⟨*Balliol.*⟩ **Harris** (Harries, Harryes), **Thomas**; suppl. B.A. 27 Jan., adm. 11 Feb. 157$\frac{8}{9}$, det. 157$\frac{8}{9}$; suppl. M.A. (from Ball.) 1 July, lic. 5 July 1583, inc. 1583.

. . . **Jobson, Thomas**; suppl. B.A. 27 Jan., adm. 12 Feb. 157$\frac{8}{9}$, det. 157$\frac{8}{9}$.

⟨*Ch. Ch.*⟩ **Laurence, Arthur**; suppl. B.A. 20 Dec. 1578, and again 27 Jan. 157$\frac{8}{9}$, adm. 12 Feb. 157$\frac{8}{9}$, det. 157$\frac{8}{9}$; suppl. M.A. (from Ch. Ch.) 25 Jan., lic. 6 Mar. 158½, inc. 1582. ⟨Student of Ch. Ch. in 1571.⟩

⟨*Broadg. H.*⟩ **Coles** (Cole), **William**; suppl. B.A. 27 Jan., adm. 12 Feb. 157$\frac{8}{9}$, det. 157$\frac{8}{9}$; suppl. M.A. 1 July, lic. (from Broadg. H.) 3 July 1581, inc. 1581. [ii. 74]

. . . **Heddington** (Hedington), **Thomas**; suppl. B.A. 27 Jan., adm. 13 Feb. 157$\frac{8}{9}$, det. 157$\frac{8}{9}$.

. . . **Cheiney** (Cheinie, Cheney, Cheyney), **Thomas**; suppl. B.A. 27 Jan., adm. 13 Feb. 157$\frac{8}{9}$, det. 157$\frac{8}{9}$.

⟨*Broadg. H.*⟩ **Russel, Henry**; suppl. B.A. 27 Jan., adm. 13 Feb. 157$\frac{8}{9}$, det. 157$\frac{8}{9}$; suppl. M.A. 21 June, lic. 1 July 1581, inc. 1581. [ii. 73]

. . . **Brokes** (Brockes), **William**; suppl. B.A. 27 Jan., adm. 16 Feb. 157$\frac{8}{9}$, det. 157$\frac{8}{9}$.

. . . **Griffen** (Griffin), **Roger**; suppl. B.A. 13 Feb., adm. 16 Feb. 157$\frac{8}{9}$, det. 157$\frac{8}{9}$.

⟨*Queen's.*⟩ **Dixon** (Dickson), **Robert**; suppl. B.A. 27 Jan., adm. 16 Feb. 157$\frac{8}{9}$, det. 157$\frac{8}{9}$. (See another Robert Dixon on p. 80.) [ii. 77]

⟨*Lincoln.**⟩ **Smith, Henry**; suppl. B.A. 13 Feb., adm. 16 Feb. 157$\frac{8}{9}$, det. 157$\frac{8}{9}$; suppl. M.A. (from S. Jo.) 2 May, lic. 3 May 1583, inc. 1583. [ii. 70]

⟨*Lincoln.*⟩ **Clarke, William**; suppl. B.A. 13 Feb., adm. 17 Feb. 157$\frac{8}{9}$, det. 157$\frac{a}{9}$; suppl. M.A. 21 June, lic. 1 July 1581, inc. 1581. [ii. 69 or 78]

... **Rainford** (Rainsford, Reinsford, Raynsforde), **Edward**; suppl. B.A. 14 Jan., adm. 19 Feb. 157$\frac{a}{9}$, det. 157$\frac{a}{9}$.

... **Dixon** (Dicson), **Robert**; suppl. B.A. 27 Jan., adm. 19 Feb. 157$\frac{a}{9}$, det. 157$\frac{a}{9}$. Either this one or the other just above (p. 79) suppl. M.A. 21 June, lic. (apparently from Bras.) 3 July 1581, inc. (apparently from Queen's) 1581.

⟨*S.MaryH.**⟩**Price, Bartholomew*; suppl. B.A. 13 Feb., adm. 21 Feb. 157$\frac{a}{9}$, det. 157$\frac{a}{9}$; suppl. M.A. (from S. Mary H.) 19 Feb., lic. 15 Mar. 158$\frac{3}{4}$, inc. 1583. Bartholomew Price, S. Edm. H. ⟨perhaps a different person⟩, suppl. B.C.L. 12 Feb., adm. 20 Feb. 159$\frac{0}{1}$.

⟨*Hart H.*⟩ **Bragge, Edward**; suppl. B.A. 13 Feb., adm. 23 Feb. 157$\frac{a}{9}$, det. 157$\frac{a}{9}$; suppl. M.A. 21 June, lic. 30 June 1581, inc. ('Edmund') 1581. [ii. 55]

⟨*Merton.*⟩ **Helme, Christopher**; suppl. B.A. 27 Jan., adm. 23 Feb. 157$\frac{a}{9}$, det. 157$\frac{a}{9}$; suppl. M.A. (from Mert.) 5 Nov. 1584, lic. 18 Jan. 158$\frac{1}{5}$, inc. 1585; suppl. B.C.L. (from Mert.) 2 July, adm. 9 July 1594; suppl. and lic. D.C.L. 9 July 1594. (Brod., p. 273.) [Hart H., ii. 71]

⟨*Lincoln.*⟩ **Codrington, Francis**; suppl. B.A. 27 Jan., adm. 23 Feb. 157$\frac{a}{9}$, det. 157$\frac{a}{9}$. [ii. 69]

... **Treffrie, William**; suppl. B.A. 13 Feb., adm. 23 Feb. 157$\frac{a}{9}$, det. 157$\frac{a}{9}$.

⟨*Ch. Ch.*⟩ **Stoughton** (Stouton), **John**; suppl. B.A. 13 Feb., adm. 23 Feb. 157$\frac{a}{9}$, det. 157$\frac{a}{9}$; suppl. M.A. (from Ch. Ch.) 25 Jan., lic. 3 Mar. 158$\frac{1}{2}$, inc. 1582.

... **Horton** (Harton), **Thomas**; suppl. B.A. 13 Feb., adm. 23 Feb. 157$\frac{a}{9}$, det. 157$\frac{a}{9}$.

⟨*Queen's.*⟩ **Aldred** (Allreade), **Richard**; suppl. B.A. 12 Feb., adm. 26 Feb. 157$\frac{a}{9}$, det. 157$\frac{a}{9}$. [ii. 61]

... **Gibson, Thomas**; suppl. B.A. 13 Feb., adm. 26 Feb. 157$\frac{a}{9}$, det. 157$\frac{a}{9}$; suppl. M.A. 31 Jan., lic. 1 Mar. 158$\frac{0}{1}$, inc. 1581.

... **Barwell, John**; suppl. B.A. 13 Feb., adm. 26 Feb. 157$\frac{a}{9}$, det. 157$\frac{a}{9}$; suppl. M.A. 9 Apr., lic. 28 Apr. 1582, inc. 1582.

⟨*Brasenose.*⟩**Parks, Richard**; suppl. B.A. 13 Feb., adm. 26 Feb. 157$\frac{a}{9}$, det. 157$\frac{a}{9}$; suppl. M.A. (from Bras.) 8 July, lic. 8 July 1585, inc. 1585. [ii. 74]

... **Nutt, Humphrey**; suppl. B.A. 14 Jan., adm. 26 Feb. 157$\frac{a}{9}$, det. 157$\frac{a}{9}$.

⟨*Broadg. H.*⟩**Cleyton** (Clayton, Claton, Cleiton, Cleaton, Cleton), **Matthew**; suppl. B.A. 13 Feb., adm. 26 Feb. 157$\frac{a}{9}$, det. 157$\frac{a}{9}$; suppl. M.A. (from Broadg. H.) 21 June, lic. 1 July 1581, inc. 1581. [ii. 73]

... **Hardinge, Robert**; suppl. B.A. 23 Feb., adm. 26 Feb. 157$\frac{a}{9}$, det. 157$\frac{a}{9}$.

⟨*S.MaryH.*⟩**Cuckley** (Cugley), **John**; suppl. B.A. 14 July 1578, adm. 26 Feb. 157$\frac{a}{9}$, det. 157$\frac{a}{9}$. [ii. 69]

... **Lyforde** (Liforde, Lyfforde), **William**; suppl. B.A. 13 Feb., adm. 26 Feb. 157$\frac{a}{9}$, det. 157$\frac{a}{9}$.

... **Jurdan** (Jordane), **Hugh**; suppl. B.A. 10 June 1578, and again 13 Feb. 157$\frac{a}{9}$, adm. 26 Feb. 157$\frac{a}{9}$, det. 157$\frac{a}{9}$.

... Harrison (Harison), **Henry**; suppl. B.A. 23 Feb., adm. 26 Feb. 157$\frac{8}{9}$, det. 157$\frac{8}{9}$; suppl. M.A. 4 July, lic. 6 July 1581, inc. 1581.
⟨*University.*⟩ **Tuke** (Tucke), **Edward** (Edmund); suppl. B.A. 15 July 1578, adm. 28 Feb. 157$\frac{8}{9}$, det. 157$\frac{8}{9}$; suppl. M.A. (from Univ.) 1 July, lic. 6 July 1583, inc. 1583. The name is 'Edmund' in the matric. Reg., and in the suppl. B.A. and det.; but 'Edward' in the B.A. adm. and the suppl. M.A. and lic. [ii. 62]
... **Richardes, Humphrey**; suppl. B.A. 10 June 1578, adm. 28 Feb. 157$\frac{8}{9}$, det. 157$\frac{8}{9}$.
⟨*S. John's.*⟩ **Burforde** (Bursforde), **Francis**; suppl. B.A. June 1577, and again 26 Feb. 157$\frac{8}{9}$, adm. 28 Feb. 157$\frac{8}{9}$, det. 157$\frac{8}{9}$. [ii. 68]
⟨*Ch. Ch.*⟩ **Snowe, Thomas**; suppl. B.A. 14 Jan., adm. 28 Feb. 157$\frac{8}{9}$, det. 157$\frac{8}{9}$; suppl. M.A. 25 Jan. 158$\frac{1}{2}$, lic. 31 May 1582, inc. 1582. ⟨Student of Ch. Ch. in 1571.⟩
... **Parker, John**; suppl. B.A. 13 Feb., adm. 28 Feb. 157$\frac{8}{9}$, det. 157$\frac{8}{9}$.
⟨*Exeter.*⟩ **Coode** (Coade), **Gilbert**; suppl. B.A. 7 July 1578, and again 5 Mar. 157$\frac{8}{9}$, adm. 7 Mar. 157$\frac{8}{9}$, det. 157$\frac{8}{9}$; suppl. M.A. (from Exet.) 1 Dec. 1582, lic. 19 Feb. 158$\frac{2}{3}$, inc. 1583. [Hart H., ii. 55] (Boase, p. 48.)
... **Sanderson** (Saunderson), **Nicholas**; suppl. B.A. 23 Feb., adm. 7 Mar. 157$\frac{8}{9}$, det. 157$\frac{8}{9}$.
⟨*Jesus.*⟩ **Tannet** (Tanatt, Tannat), **Griffin** (Griffith); suppl. B.A. 7 Mar., adm. 10 Mar. 157$\frac{8}{9}$, det. 157$\frac{8}{9}$; suppl. M.A. (from Jes.) 21 June, lic. 1 July 1581, inc. 1581.
⟨*Exeter.*⟩ **Helford** (Elford), **Thomas**; suppl. B.A. 7 Mar., adm. 13 Mar. 157$\frac{8}{9}$, det. 157$\frac{8}{9}$; suppl. M.A. (from Exet.) 1 July, lic. ('John') 7 July 1584, inc. 1584. [Hart H., ii. 55]
... **Doyer** (Boyer, Bowyer), **Robert**; suppl. B.A. 23 Feb., adm. 17 Mar. 157$\frac{8}{9}$, det. 157$\frac{8}{9}$.
⟨*Merton.*⟩ **Bentham** (Bentam), **Thomas**; suppl. B.A. 14 Mar., adm. 17 Mar. 157$\frac{8}{9}$, det. 157$\frac{8}{9}$; suppl. M.A. (from Mert.) 6 Dec., lic. 11 Dec. 1581, inc. 1582.
... **Farrington, Henry**; suppl. B.A. 14 Mar., adm. 19 Mar. 157$\frac{8}{9}$, det. 157$\frac{8}{9}$.
... **Jeames, Edmund**; suppl. B.A. 14 Mar., adm. 23 Mar. 157$\frac{8}{9}$, det. 157$\frac{8}{9}$.
⟨*S. Mary H.*⟩ **Gripheth** (Griffen, Griffin, Griffith), **Thomas**; suppl. B.A. 10 June 1578, adm. 23 Mar. 157$\frac{8}{9}$, det. 157$\frac{8}{9}$. [ii. 69]
... **Wray, George**; suppl. B.A. 14 Mar., adm. 24 Mar. 157$\frac{8}{9}$, det. 157$\frac{8}{9}$.
... **Sandes, Richard**; suppl. B.A. 14 Mar. 157$\frac{8}{9}$, adm. 11 Apr. 1579.
... **Sandes, Gilbert**; suppl. B.A. 14 Mar. 157$\frac{8}{9}$, adm. 11 Apr. 1579, det. 15$\frac{7.9}{9}$.
⟨*S. John's.*⟩ **Bennet, John**; suppl. B.A. 3 Apr., adm. 11 Apr. 1579. [ii. 78]
⟨*University.*⟩ **Kisbie** (Kysby, Gisbey, Gysbye), **Robert**; suppl. B.A. 21 Apr. 1578, adm. 13 Apr. 1579, det. 15$\frac{7.9}{9}$; suppl. M.A. (from Univ.) 18 May, lic. 28 May 1582, inc. 1582. [ii. 61]
... **Forte, Robert**; suppl. B.A. 13 Feb. 157$\frac{8}{9}$, adm. 13 Apr. 1579.

⟨*S. Mary H.*⟩ **Corbet, Thomas**; suppl. B.A. 4 May, adm. 8 May 1579 (see *infra*, p. 89).
⟨*Magd. H.*⟩ **Greves** (Greaves), **Edward**; suppl. B.A. 4 May, adm. 12 May 1579, det. 15$\frac{7.9}{8\cdot0}$; suppl. M.A. (from Magd. H.) 31 May, lic. 6 July 1582, inc. 1582.
⟨*All Souls.*⟩ **Kingesmill** (Kinesmell, Kingsmell), **Robert**; suppl. B.A. 13 Apr., adm. 12 May 1579, det. 15$\frac{7.9}{8\cdot0}$; suppl. M.A. 22 Jan., lic. 4 Feb. 158$\frac{2}{3}$, inc. 1583. [Jes., ii. 62] ⟨Fellow of All So. in 1578.⟩
⟨*All Souls.*⟩ **Vowel** (Fowell, Fouell), **John**; suppl. B.A. 13 Apr., adm. 12 May 1579, det. 15$\frac{7.9}{8\cdot0}$. ⟨Fellow of All So. in 1578.⟩
  . . . **Stanninaught** (Stanningnought, Staninought), **William**; suppl. B.A. 12 May, adm. 16 May 1579; lic. M.A. 3 July 1579, inc. 1579. (His lic. M.A. is wrongly registered as adm. B.A.)
  . . . **Lea** (Lee), **Richard**; suppl. B.A. 12 May, adm. 16 May 1579, det. 15$\frac{7.9}{8\cdot0}$.
⟨*Balliol.*⟩ **Abbott** (Abbots, Abbot, Abott), **Robert**; suppl. B.A. 12 May, adm. 16 May 1579, det. 15$\frac{7.9}{8\cdot0}$; suppl. M.A. (from Ball.) 4 Feb., lic. 7 Feb. 158$\frac{2}{3}$, inc. 1583; suppl. lic. to preach 21 Jan. 158$\frac{6}{7}$; suppl. B.D. 25 Feb., adm. 4 Mar. 159$\frac{3}{4}$; suppl. D.D. 20 Nov., lic. 22 Nov. 1596, inc. 1597. [ii. 73]
  . . . **Giest** (Geist, Gest), **Thomas**; suppl. B.A. 12 May, adm. 19 May 1579, det. 15$\frac{7.9}{8\cdot0}$.
⟨*S. Mary H.*⟩ **Phillips** (Philipps), **John**; suppl. B.A. 12 May, adm. 19 May 1579, det. 15$\frac{7.9}{8\cdot0}$; suppl. M.A. (from S. Mary H.) May, lic. 25 May 1584, inc. 1584.
  . . . **Pridiis** (Prides, Prydis), **Roger**; suppl. B.A. 19 May, adm. 22 May 1579, det. 15$\frac{7.9}{8\cdot0}$.
⟨*New Coll.*⟩ **Boxall, John**; adm. B.A. 22 May 1579. Clearly an error for 'Robert.' Robert Boxold, of New C., lic. M.A. 1 June 1583, inc. 1583. ⟨Robert Boxold, Scholar of New C. in 1575.⟩
  . . . **Darke** (Drake), **Walter**; suppl. B.A. 25 May, adm. 27 May 1579, det. 15$\frac{7.9}{8\cdot0}$.
⟨*S. Mary H.*⟩ **Flinte, Giles**; suppl. B.A. 25 May, adm. 27 May 1579, det. 15$\frac{7.9}{8\cdot0}$; suppl. M.A. (from S. Mary H.) 6 Feb., lic. 17 Feb. 158$\frac{1}{2}$, inc. 1582.
⟨*S. Mary H.*⟩ **Bellam** (Ballam, Bellans), **Edmund**; suppl. B.A. 25 May, adm. 27 May 1579; suppl. M.A. (from S. Mary H.) 6 Mar., lic. 22 Mar. 158$\frac{1}{2}$, inc. 1582. [Edward, ii. 78]
⟨*Magd. H.*⟩ **Lodington, William**; suppl. B.A. 25 May, adm. 27 May 1579, det. 15$\frac{7.9}{8\cdot0}$. [ii. 77]
⟨*Magd. C.*⟩ **Barnes** (Barns), **Emanuel**; suppl. B.A. 25 May, adm. 27 May 1579, det. 15$\frac{7.9}{8\cdot0}$; suppl. M.A. 27 May, lic. (from Magd. C.) 29 May 1581, inc. 1581. [ii. 76]
⟨*Lincoln.*⟩ **Sale, John**; suppl. B.A. 25 May, adm. 27 May 1579. [ii. 79]
  . . . **Digges** (Diges), **Richard**; suppl. B.A. 25 May, adm. 27 May 1579, det. 15$\frac{7.9}{8\cdot0}$.
⟨*Hart H.*⟩ **Sackevill, Robert**; suppl. B.A. 25 May, adm. 3 June 1579; suppl. M.A. 25 May, lic. 3 June 1579, inc. 1579. [ii. 71]
  . . . **Cooke, John**; suppl. B.A. 25 June, adm. 17 June 1579.
⟨*Queen's.*⟩ **Smith, Nicholas**; suppl. B.A. 6 May, adm. 20 June 1579, det. 158$\frac{1}{2}$; suppl. M.A. (from Queen's) 14 May, lic. 29 May 1582, inc. 1582. [ii. 72] ⟨Fellow of Queen's in 1582.⟩

⟨*Queen's.*⟩ **Hilton, William**; suppl. B.A. 14 Mar. 157$\frac{8}{9}$, adm. 20 June 1579, det. 158$\frac{1}{2}$; suppl. M.A. (from Queen's) 14 May, lic. 14 May 1582, inc. 1582. [ii. 61] ⟨Fellow of Queen's in 1582, 'Hulton.'⟩

⟨*Queen's.*⟩ **Robinson, Barnard** (Bernard); suppl. B.A. 25 May, adm. 20 June 1579, det. 158$\frac{1}{2}$; suppl. M.A. (from Queen's) 14 May, lic. 14 May 1582, inc. 1582; suppl. B.D. 12 Nov., adm. 13 Nov. 1591. ⟨Fellow of Queen's in 1582.⟩

⟨*Queen's.*⟩ **Middleton** (Medilton, Midelton), **Thomas**; suppl. B.A. 13 Apr., adm. 20 June 1579; suppl. M.A. (from Queen's) 14 May, lic. 29 May 1582, inc. 1582. ⟨Fellow of Queen's in 1582.⟩

⟨*Queen's.*⟩ **Harrison** (Haryson), **Richard**; suppl. B.A. 13 Apr., adm. 20 June 1579; suppl. M.A. (from Queen's) 14 May, lic. 29 May 1582, inc. 1582. ⟨Fellow of Queen's in 1582.⟩

⟨*S. John's.*⟩ **Denham** (Dennan), **Thomas**; suppl. B.A. 5 May, adm. 22 June 1579, det. 15$\frac{79}{80}$; suppl. M.A. 19 Feb. 158$\frac{2}{3}$, lic. 29 May 1583, inc. 1583. [ii. 68] ⟨Fellow of S. Jo. in 1575.⟩ (His lic. M.A. and that of Ravens, Pothecary, Dixon, Webb, are registered in error as from Ch. Ch.)

⟨*S. John's.*⟩ **Ravens, Ralph**; suppl. B.A. 5 May, adm. 22 June 1579, det. 15$\frac{79}{80}$; suppl. M.A. 19 Feb. 158$\frac{2}{3}$, lic. 29 May 1583, inc. 1583; suppl. B.D. 25 Oct., adm. 27 Oct. 1589; lic. D.D. 20 Jan. 159$\frac{5}{6}$, inc. 1596. [ii. 69] ⟨Fellow of S. Jo. in 1575.⟩

⟨*S. John's.*⟩ **Potikary** (Pothecary, Potecary, Potycarye), **Thomas**; suppl. B.A. 5 May, adm. 22 June 1579, det. 15$\frac{79}{80}$; suppl. M.A. 19 Feb. 158$\frac{2}{3}$, lic. 29 May 1583, inc. 1583; suppl. B.C.L. (from S. Jo.) 14 Oct., adm. 5 Nov. 1588. [ii. 69] ⟨Fellow of S. Jo. in 1575.⟩

⟨*S. John's.*⟩ **Perren** (Perrens, Perrin, Perine), **John**; suppl. B.A. 5 May, adm. 22 June 1579, det. 15$\frac{79}{80}$; suppl. M.A. (from S. Jo.) 19 Feb. 158$\frac{2}{3}$, lic. 29 May 1583, inc. 1583; suppl. B.D. 25 Oct., adm. 27 Oct. 1589; suppl. D.D. 8 July, lic. 9 July 1596, inc. 1596. [ii. 69] ⟨Fellow of S. Jo. in 1575.⟩

⟨*S. John's.*⟩ **Dixon** (Dikeson, Dyxon), **William**; suppl. B.A. 5 May, adm. 22 June 1579, det. 15$\frac{79}{80}$; suppl. M.A. (from S. Jo.) 19 Feb. 158$\frac{2}{3}$, lic. 29 May 1583, inc. 1583; suppl. B.D. (from S. Jo.) 25 Oct., adm. 27 Oct. 1589. ⟨Fellow of S. Jo. in 1575.⟩

⟨*S. John's.*⟩ **Webb, Roger**; suppl. B.A. 5 May, adm. 22 June 1579, det. 15$\frac{79}{80}$; suppl. M.A. (from S. Jo.) 19 Feb. 158$\frac{2}{3}$, lic. 29 May 1583, inc. 1583. [ii. 69] ⟨Fellow of S. Jo. in 1575.⟩

⟨*Magd. C.*⟩ **Morebred** (Morbred, Moorebread, Morebrede), **Anthony**; suppl. B.A. 19 May, adm. 3 July 1579, det. 15$\frac{79}{80}$; suppl. M.A. (from Magd. C.) 7 May and again 9 July, lic. 24 Oct. 1583, inc. 1584; suppl. B.D. (from Magd. C.) 17 Feb., adm. 14 Mar. 159$\frac{3}{4}$; suppl. lic. to preach (Magd. C.) 16 Mar. 160$\frac{6}{7}$; suppl. D.D. 7 July 1608. [ii. 51]

⟨*Magd. C.*⟩ **Hoper** (Hooper), **William**; suppl. B.A. 19 May, adm. 3 July 1579, det. 15$\frac{79}{80}$; suppl. M.A. (from Magd. C.) 7 May and again 9 July, lic. 24 Oct. 1583, inc. 1584; suppl. B.D. (from Magd C.) 13 June, adm. 22 Nov. 1600. [ii. 51]

⟨*Magd. C.*⟩ **Garnans, Anthony**; suppl. B.A. 19 May, adm. 3 July 1579, det. 15$\frac{79}{80}$; suppl. M.A. (from Magd. C.) May 1584, lic. 22 May 1584, inc. 1584. ⟨Demy of Magd. C. 1575–1578, Fellow 1578–1585; Blox. 4, p. 200.⟩

⟨*Magd.C.**⟩ **Broadbent** (Bradbent, Brodbent), **Laurence**; suppl. B.A. 13 Apr., adm. 3 July 1579, det. $15\frac{79}{80}$; suppl. M.A. 4 July, lic. (from Ball.) 5 July 1581, inc. 1581. ⟨Demy of Magd. C. 1575–1580; Blox. 4, p. 200.⟩

⟨*Lincoln.*⟩ **Hartley, Anthony**; adm. B.A. 3 July 1579. ⟨This is an error in the register for lic. M.A.; see above, p. 24.⟩

⟨*S. John's.*⟩ **Stones, Thomas**; adm. B.A. 3 July 1579. ⟨This is an error in the register for lic. M.A.; see above, p. 56.⟩

⟨*Magd. C.*⟩ **Smith, Robert**; suppl. B.A. 30 June, adm. 3 July 1579, det. $15\frac{79}{80}$; suppl. M.A. (from Magd. C.) 7 May, lic. 22 June 1583, inc. 1583. ⟨Demy of Magd. C. 1575–1580; Blox, 4, p. 199.⟩

⟨*Magd. C.*⟩ **Eston, Richard**; suppl. B.A. 30 June, adm. 3 July 1579, det. $15\frac{79}{80}$; suppl. M.A. (Magd. C.) 11 Apr. 1583 and again 9 July 1583, lic. 14 Jan. $158\frac{3}{4}$, inc. 1584. ⟨Demy of Magd. C. 1576–1578, Fellow 1578–1588; Blox. 4, p. 201.⟩

⟨*Magd. C.*⟩ **Balgay, Paul**; suppl. B.A. 30 June, adm. 3 July 1579, det. $15\frac{79}{80}$; suppl. M.A. (from Magd. C.) 7 May and again 9 July, lic. 24 Oct. 1583, inc. 1584. [ii. 71]

⟨*Magd. C.*⟩ **Sterrill, William**; suppl. B.A. 30 June, adm. 3 July 1579, det. $15\frac{79}{80}$; suppl. M.A. 9 Apr. 1582, lic. (Magd. C.) 11 Apr. 1584, inc. 1584. ⟨His lic. M.A. is also registered wrongly as adm. B.A.⟩ ⟨William Stirrell *alias* Kerby, Demy of Magd. C. 1578–1579, Fellow 1579–1581; Blox. 4, p. 207.⟩

⟨*Corpus.*⟩ **Hill, Ambrose**; adm. B.A. 9 July 1579. ⟨Scholar of Corp. in 1575.⟩

⟨*S. Alb. H.*⟩ **Brocke** (Brookes), **Francis**; suppl. B.A. 7 July, adm. 9 July 1579, det. $15\frac{79}{80}$. [ii. 78]

⟨*Queen's.*⟩ **Asgill** (Acsgill, Aisgill, Aysgill), **Henry**; suppl. B.A. 25 May, adm. 10 July 1579, det. $158\frac{3}{4}$; suppl. M.A. (from Queen's) 22 May, lic. 26 May 1584, inc. 1584. [ii. 72]

⟨*Exeter.*⟩ **Campion, William**; suppl. B.A. 30 June, adm. 10 July 1579, det. $15\frac{79}{80}$; suppl. M.A. (from Exeter) 3 July, lic. 6 July 1582, inc. 1582. [Trin., ii. 57]

⟨*University.*⟩ **Adams** (Addams), **James**; suppl. B.A. 7 July, adm. 11 July 1579, det. $15\frac{79}{80}$; suppl. M.A. (from Univ.) 2 July, lic. 6 July 1582, inc. 1582.

. . . **Bamforde, James**; adm. B.A. 30 July 1579. (See *infra*, p. 89.)

⟨*Corpus.*⟩ **Hooke** (Howke), **Henry**; suppl. B.A. 7 July, adm. 16 Oct. 1579, det. $15\frac{79}{80}$: suppl. M.A. (from Corp.) 6 Feb. $158\frac{2}{3}$, lic. 14 Jan. $158\frac{3}{4}$, inc. 1584. ⟨Scholar of Corp. in 1574, Fellow in 1580.⟩

⟨*Corpus.*⟩ **Braddocke** (Bradocke), **William**; suppl. B.A. 7 July, adm. 16 Oct. 1579, det. $15\frac{79}{80}$. ⟨Brodocke, Scholar of Corp. in 1575.⟩

⟨*Corpus.*⟩ **Burdon** (Burden), **Richard**; suppl. B.A. 7 July, adm. 16 Oct. 1579, det. $15\frac{79}{80}$; suppl. M.A. (from Corp.) 7 Apr., lic. 10 July 1584, inc. 1584. ⟨Scholar of Corp. in 1576.⟩

⟨*Corpus.*⟩ **Waterer, William**; suppl. B.A. 7 July, adm. 16 Oct. 1579, det. $15\frac{79}{80}$; suppl. M.A. (from Corp) 6 Feb. $158\frac{2}{3}$, lic. 14 Jan. $158\frac{3}{4}$, inc. 1584. ⟨Scholar of Corp. in 1576.⟩

⟨*Corpus.*⟩ **Lucas, John**; suppl. B.A. 7 July, adm. 16 Oct. 1579, det. $15\frac{79}{80}$; suppl. M.A. (from Corp.) 6 Feb., lic. 14 Jan. $158\frac{3}{4}$, inc. 1584. ⟨Scholar of Corp. in $157\frac{6}{7}$.⟩

⟨*Corpus.*⟩ **Sandes** (Sands), **Edwin**; suppl. B.A. 7 July, adm. 16 Oct. 1579, det. $15\frac{79}{80}$; suppl. (from Corp.) M.A. 2 July 1582, lic. 5 July 1583, inc. 1583; suppl. B.C.L. 23 Apr. 1589. ⟨Scholar of Corp. in 1577, Fellow in $15\frac{78}{79}$.⟩

⟨*New Coll.*⟩ **Tucker** (Tooker), **William**; adm. B.A. 16 Oct. 1579, det. $15\frac{79}{80}$; lic. M.A. (from New C.) 1 June 1583, inc. 1583; suppl. B.D. and D.D. 25 June, adm. B.D. and lic. D.D. 4 July 1594. [ii. 54] ⟨Scholar of New C. in 1575.⟩

⟨*New Coll.*⟩ **Hacket** (Haclet, Hacklet), **Roger**; adm. B.A. 16 Oct. 1579, det. $15\frac{79}{80}$; lic. M.A. (from New C.) 1 June 1583, inc. 1583; adm. B.D. 9 July 1590; suppl. D.D. 7 Nov., lic. 10 Nov. 1595, inc. 1596. ⟨Scholar of New C. in $157\frac{5}{6}$.⟩

⟨*Broadg. H.*⟩ **Philipps** (Phillips), **Edward**; suppl. B.A. 10 Oct., adm. 22 Oct. 1579, det. $15\frac{79}{80}$; suppl. M.A. (from Broadg. H.) 4 Feb., lic. 6 Feb. $158\frac{2}{3}$, inc. 1583.

⟨*S. Mary H.*⟩ **Jenens** (Jenings, Jenons), **John**; suppl. B.A. 10 Oct., adm. 23 Oct. 1579, det. $15\frac{79}{80}$; suppl. M.A. (from S. Mary H.) 19 Feb. $158\frac{2}{3}$, lic. 4 July 1583, inc. 1583.

⟨*Brasenose.*⟩ **Lloyde, Thomas**; suppl. B.A. 10 Oct., adm. ('John') 27 Oct. 1579, det. $15\frac{79}{80}$; suppl. M.A. 29 Mar. 1582, inc. 1583. [ii. 83.]

. . . **Vaghan** (Vaughan), **Michael**; suppl. B.A. 19 May, adm. 18 Dec. 1579, det. $15\frac{79}{80}$. [Magd. C., ii. 52; or Hart H., ii. 71]

⟨*Queen's.*⟩ **Porter, William**; adm. B.A. 18 Dec. 1579; suppl. M.A. (from Queen's) 13 June, lic. 30 June 1582, inc. 1582.

⟨*University.*⟩ **Jhonson** (Jhonsun), **Richard**; suppl. B.A. 10 Oct., adm. 18 Dec. 1579, det. $15\frac{79}{80}$; suppl. M.A. (from Univ.) 1 July 1584 and again 10 Oct. 1584, lic. 5 Nov. 1585, inc. 1585. [Mert., ii. 77]

⟨?*Balliol.*⟩ **Hauley** (Hawley, Hauldye), **William**; suppl. B.A. 10 Oct., adm. 18 Dec. 1579, det. $15\frac{79}{80}$. [?ii. 31]

⟨*Ch. Ch.*⟩ **Mountague, Edward**; suppl. B.A. 14 Mar. $157\frac{8}{9}$. [ii. 57]

⟨*S. Alb. H.*⟩ **Fones, William**; suppl. B.A. 13 Apr. 1579. [ii. 41]

⟨*S. John's.*⟩ **Harrys, David**; suppl. B.A. 5 May 1579. [ii. 68] ⟨Fellow of S. Jo. in 1575.⟩

⟨*S. John's.*⟩ **Scott, William**; suppl. B.A. 6 May 1579. [ii. 69]

. . . **Prichard, Henry**; suppl. B.A. 12 May 1579.

. . . **Rushton, John**; suppl. B.A. 19 May 1579.

. . . **Horte, Jerome**; suppl. B.A. 19 May 1579.

⟨*All Souls.*⟩ **Moyle, George**; suppl. B.A. 10 Oct 1579. ⟨Fellow of All So. in 1576.⟩

⟨*Broadg. H.*⟩ **Leedes, William**; det. B.A. $15\frac{79}{80}$; suppl. M.A. (from Broadg. H.) 2 July, lic. 4 July 1582, inc. 1582.

. . . **Milius(?), John**; det. B.A. $15\frac{79}{80}$. ⟨Possibly a mistake for 'John Williams,' and so would be the determination of John Williams, *infra*, p. 92, whose admission seems omitted.⟩

. . . **Noell** (Nowell), **John**; suppl. M.A. 12 May, lic. 15 May 1579, inc. 1579. ⟨?Broadg. H., ii. 83.⟩

⟨*Lincoln.*⟩ **Tovey** (Tovie), **Thomas**; suppl. M.A. 29 May, lic. 22 June 1579, inc. 1579. (*Reg.* I. 277.) ⟨Fellow of Lincoln, 1577–1587.⟩

All Souls. **Heathe, Thomas**; (B.A. All So., five years) suppl. M.A. 7 July, lic. 10 July 1579, inc. 1579.
. . . **Jeninges, John**; suppl. M.A. 7 July, lic. 10 July 1579, inc. 1579.

⟨*Jesus.*⟩ **Salisburie, Robert**; B.C.L. of four years' standing, suppl. D.C.L. 27 Jan., lic. 23 Feb. 157⅞, inc. 1579. (*Reg.* I. 257.)
⟨*Magd. C.*⟩ **Lyster, Robert**; adm. B.C.L. 8 May 1579. [ii. 16, 38]
⟨*Magd. C.*⟩ **Day, John**; after fifteen years in Law, adm. B.C.L. —May(?), 1579; suppl. D.C.L. 7 July, lic. — July(?) 1579. [ii. 16]
⟨*All Souls.*⟩ **Bevans, Francis**; suppl. B.C.L. 10 Oct., adm. 31 Oct. 1579; suppl. D.C.L. 7 May, lic. 9 July 1583, inc. 1583. [Broadg. H., ii. 32] ⟨Fellow of All So. in 1573.⟩
⟨*All Souls.*⟩ **Stuppené** (Stuppané, Stuphané, Stuppeney), **Richard**; suppl. B.C.L. 10 Oct. adm. 31 Oct. 1579. ⟨Fellow of All So. in 1574.⟩
⟨*Hart H.*⟩ ⟨ . . . . . (?),⟩ **Robert**
  Sackervill, Thomas; } adm. B.C.L. 24 Nov. 1579. ⟨In the register the Christian name 'Robert' is written in the line above 'Thomas.' It is not clear whether it is intended to be a correction of 'Thomas' or whether it is the Christian name of another person admitted B.C.L. on the same day whose surname the Registrar had failed to make out. A 'Thomas Sacheverill' was at Hart H. in 1572; see ii. 53. See a Robert Sackvill, *supra*, p. 82; a Thomas Sacheverell was Fellow of New C. in 1573.⟩
⟨*Oriel.*⟩ **Philipson, Thomas**; suppl. B.C.L. 14 Dec. 1579. [ii. 39] ⟨Fellow of Oriel in 1563.⟩

⟨*Brasenose.*⟩ **Brasgirdle, Roger**; suppl. M.D. 13 Feb. 157⅞. [ii. 7, 25]

⟨*Merton.*⟩ **Bunny, Edmund**; a B.D. of seven years' standing, suppl. lic. to preach 13 Feb. 157⅞. *Reg.* I. 243; Brod. p. 268.
. . . **Feelde, John**; lic. to preach 14 July 1579. [i. 149] ⟨See a John Feild in *Reg.* I. 281 and another at S. Alb. H., ii. 41.⟩
⟨*Trinity.*⟩ **Wilson, Roger**; suppl. B.D. 14 July 1579. [ii. 24] ⟨Scholar of Trin. in 1563, Fellow in 1569.⟩
. . . **Langworth, John**; B.D. Cambr., suppl. D.D. 30 June, lic. 3 July 1579, inc. 1579. [i. 348, 350]
⟨*Brasenose.*⟩ **Barnes, Richard**; suppl. D.D, 3 Apr. 1579, lic. 12 Feb. 15⁷⁹⁄₈₀. (*Reg.* I. 222.)

1580.

⟨*Gloc. H.*⟩ **Parrey** (Parrhye, Perrie), **Henry**; suppl. B.A. 24 Nov. 1579, adm. 14 Jan. 15⁷⁹⁄₈₀, det. 15⁷⁹⁄₈₀; suppl. M.A. (from Gloc. H.) 19 Feb., lic. 23 Mar. 158⅔, inc. 1583. [Ball., ii. 85]
⟨*Magd. C.*⟩ **Stanhope, Edward**; suppl. B.A. 10 Oct. 1579, adm. 26 Jan. 15⁷⁹⁄₈₀, det. 15⁷⁹⁄₈₀. [ii. 60]
⟨*Hart H.*⟩ **Smithe, Walter**; suppl. B.A. 20 Jan., adm. 26 Jan. 15⁷⁹⁄₈₀, det. 15⁷⁹⁄₈₀; suppl. M.A. (from Hart H.) 23 Apr., lic. 13 May 1588, inc. 1588.

. . . **Williames, George**; suppl. B.A. 18 Jan., adm. 26 Jan. 15$\frac{79}{80}$, det. 15$\frac{79}{80}$.

⟨*Ch. Ch.*⟩ **Denington** (Dedington, Dennington, Derington), **Thomas**; suppl. B.A. 25 Jan., adm. 26 Jan. 15$\frac{79}{80}$, det. 15$\frac{79}{80}$; suppl. M.A. (from Ch. Ch.) 6 Feb., lic. 15 Feb. 158$\frac{2}{3}$, inc. 1583. ⟨Student of Ch. Ch. in 1573.⟩

⟨*Ch. Ch.*⟩ **Kinge, John**; suppl. B.A. 25 Jan., adm. 26 Jan. 15$\frac{79}{80}$, det. 15$\frac{79}{80}$; lic. M.A. (from Ch. Ch.) 15 Feb. 158$\frac{2}{3}$, inc. 1583; suppl. lic. to preach (from Ch. Ch.) 13 Feb. 158$\frac{3}{4}$; suppl. B.D. 8 June, adm. 2 July 1591; suppl. D.D. 10 Dec., lic. 17 Dec. 1601, inc. 1602. ⟨Student of Ch. Ch. in 1577.⟩

⟨*Ch. Ch.*⟩ **Crane** (Crayne), **Thomas**; suppl. B.A. 25 Jan., adm. 26 Jan. 15$\frac{79}{80}$, det. 15$\frac{79}{80}$; suppl. M.A. (from Ch. Ch.) 6 Feb. 158$\frac{2}{3}$, inc. 1583. ⟨Student of Ch. Ch. in 1577.⟩

⟨*Ch. Ch.*⟩ **Aylwin** (Alwin, Allwin), **Thomas**; suppl. B.A. 25 Jan., adm. 26 Jan. 15$\frac{79}{80}$, det. 15$\frac{79}{80}$; suppl. M.A. (from Ch. Ch.) 6 Feb., lic. 15 Feb. 158$\frac{2}{3}$, inc. 1583. ⟨Student of Ch. Ch. in 1579.⟩

⟨*Ch. Ch.*⟩ **Bache, Thomas**; suppl. B.A. 16 Jan., adm. 26 Jan. 15$\frac{79}{80}$, det. 15$\frac{79}{80}$; suppl. M.A. (from Ch. Ch.) 6 Feb., lic. 15 Feb. 158$\frac{2}{3}$, inc. 1583. [Bras., ii. 70] ⟨Student of Ch. Ch. in 1579.⟩

. . . **Craddocke** (Cradocke), **Matthew**; suppl. B.A. 20 Jan., adm. 26 Jan. 15$\frac{79}{80}$, det. 15$\frac{79}{80}$.

⟨*Queen's.*⟩ **Paulmer** (Palmer, Palmar), **John**; suppl. B.A. 25 Jan., adm. 26 Jan. 15$\frac{79}{80}$, det. 15$\frac{79}{80}$; suppl. M.A. (from Queen's) 3 July 1582, lic. 14 June 1583, inc. 1583. [Magd. H., ii. 87]

⟨*Brasenose.*⟩ **Leye** (Lea), **Henry**; suppl. B.A. 25 Jan., adm. 26 Jan. 15$\frac{79}{80}$, det. 15$\frac{79}{80}$. A Henry Legh, S. Edm. H., suppl. M.A. 2 July, lic. 4 July 1582, inc. 1582. This may be the Henry Ley here, or the one incorp. from Cambr. 157$\frac{8}{9}$. [See ii. 44 n.; and a Henry Leigh of Bras., ii. 85]

⟨*Brasenose.*⟩ **Ravenscroft, William**; suppl. B.A. 25 Jan., adm. 29 Jan. 15$\frac{79}{80}$. [ii. 81]

. . . **Barnarde** (Bernard), **John**; suppl. B.A. 25 Jan., adm. 30 Jan. 15$\frac{79}{80}$.

⟨*Hart H.*⟩ **Doneman** (Downnam, Downeman), **Robert**; suppl. B.A. 17 Dec. 1579, adm. 4 Feb. 15$\frac{79}{80}$, det. 15$\frac{79}{80}$. ⟨If this be the same as Ds. Robert Downeman of the Hart H. matric. for 1576, see Part ii, p. 70, the 'Ds.' in the entry there must refer to his being beneficed, and not to his Academic status.⟩

. . . **Helowell** (Helliwell, Heliwell, Helitell), **Richard**; suppl. B.A. 18 Jan., adm. 4 Feb. 15$\frac{79}{80}$, det. 15$\frac{79}{80}$; suppl. M.A. 3 July, lic. 6 July 1582, inc. 1582.

⟨*Brasenose.*⟩ **Lawe** (Lowe), **Robert**; suppl. B.A. 2 June 1579, adm. 4 Feb. 15$\frac{79}{80}$, det. 15$\frac{79}{80}$; suppl. M.A. (from Bras.) 28 Nov., lic. 29 Nov. 1582, inc. 1583. [ii. 81] ⟨Fellow of Bras. in 158$\frac{0}{1}$.⟩

. . . **Harris** (Harics), **Edward**; suppl. B.A. 25 Jan., adm. 4 Feb. 15$\frac{79}{80}$, det. 15$\frac{79}{80}$.

⟨*Brasenose.*⟩ **Gethin, Roger**; suppl. B.A. 29 Jan., adm. 4 Feb. 15$\frac{79}{80}$, det. 15$\frac{79}{80}$. [ii. 81]

⟨*Broadg. H.*⟩ **Littleton** (Litelton), **Humphrey**; suppl. B.A. 29 Jan., adm. 9 Feb. 15$\frac{79}{80}$, det. 15$\frac{79}{80}$; suppl. M.A. (from Broadg. H.) 2 July, lic. 4 July 1582, inc. 1582. [Ch. Ch., ii. 57]

... **Eedes, William**; adm. B.A. 9 Feb. 15$\frac{78}{80}$.
⟨*Trinity.*⟩ **Wood, John**; suppl. B.A. 29 Jan., adm. 12 Feb. 15$\frac{79}{80}$, det.
15$\frac{79}{80}$; suppl. M.A. (from Trin.) 1 July, lic. 7 July 1584, inc. 1584.
⟨Fellow of Trin. in 1581.⟩
⟨*S.MaryH.*⟩ **Taunton** (Tanton), **Thomas**; suppl. B.A. 29 Jan., adm.
12 Feb. 15$\frac{79}{80}$, det. 15$\frac{79}{80}$. [ii. 79]
⟨*S.MaryH.*⟩ **Harriats** (Hariets), **Thomas**; suppl. B.A. 29 Jan., adm. 12
Feb. 15$\frac{79}{80}$, det. 15$\frac{79}{80}$. [ii. 79]
⟨*Merton.*⟩ **Carlton** (Carleton, Charelton), **George**; suppl. B.A. 9 Feb.,
adm. 12 Feb. 15$\frac{79}{80}$, det. 15$\frac{79}{80}$; suppl. M.A. (from Mert.) 5 Nov.
1584, and again 17 Dec. 1584, lic. 14 June 1585, inc. 1585; suppl.
B.D. (from Mert.) 4 May, adm. 16 May 1594; suppl. D.D. 2 Nov.
1611, lic. 1 Dec. 1613, inc. 1614. (Brod., p. 273.) [S. Edm. H.,
ii. 78]
⟨*Merton.*⟩ **Brisenden** (Brissenden), **Robert**; suppl. B.A. 6 Feb., adm.
12 Feb. 15$\frac{79}{80}$, det. 15$\frac{79}{80}$; suppl. M.A. (from Mert.) 5 Nov. 1584,
lic. 18 Jan. 158$\frac{4}{5}$, inc. 1585. (Brod., p. 273.)
⟨*New Coll.*⟩ **Hele** (Heale), **William**; suppl. B.A. 25 Jan., adm. 12 Feb.
15$\frac{79}{80}$, det. 15$\frac{79}{80}$; suppl. M.A. (from New C.) 2 July, lic. 4 July 1582,
inc. 1582. [Gloc. H., ii. 79]
⟨*Trinity.*⟩ **Walton, Thomas**; suppl. B.A. 18 Jan., adm. 12 Feb. 15$\frac{79}{80}$,
det. 15$\frac{79}{80}$. [ii. 79]
⟨*Trinity.*⟩ **Walton** (Welton), **Dunstan**; suppl. B.A. 18 Jan., adm. 12
Feb. 15$\frac{79}{80}$, det. 15$\frac{79}{80}$. [ii. 79] ⟨Elected Fellow of All So. in 1580,
but never adm.⟩
⟨*Balliol.*⟩ **Ince, Hugh**; suppl. B.A. 20 Jan., adm. 13 Feb. 15$\frac{79}{80}$, det.
15$\frac{79}{80}$. [ii. 65] ⟨Scholar of Ball. in 157$\frac{4}{5}$.⟩
... **Dagar** (Dager, Daker, Dachar, Dathar), **Roger**; suppl. B.A.
9 Feb., adm. 13 Feb. 15$\frac{79}{80}$, det. 15$\frac{79}{80}$; suppl. M.A. 7 May, lic. 4
July 1583, inc. 1583.
... **Feltham, James**; suppl. B.A. 9 Feb., adm. 23 Feb. 15$\frac{79}{80}$,
det. 15$\frac{79}{80}$.
... **Roulens** (Rowlines), **William**; suppl. B.A. 9 Feb., adm. 23
Feb. 15$\frac{79}{80}$.
⟨*Corpus.*⟩ **Steninges** (Steyninges), **Charles**; suppl. B.A. 10 Oct. 1579,
adm. 23 Feb. 15$\frac{79}{80}$. ⟨Charles Stainings, 'commensalis' at Corp.
in 1577.⟩
⟨*Broadg. H.*⟩ **Colf, Isaac**; suppl. B.A. 9 Feb., adm. 17 Feb. 15$\frac{79}{80}$, det.
15$\frac{79}{80}$; suppl. M.A. (from Broadg. H.) 2 July, lic. 4 July 1582, inc.
('James') 1582. [ii. 88]
... **Windel, Christopher**; adm. B.A. 17 Feb. 15$\frac{79}{80}$. ⟨See
next page.⟩
⟨*Magd. C.*⟩ **Browne, Paul**; suppl. B.A. 1 Mar., adm. 6 Mar. 15$\frac{79}{80}$, det.
15$\frac{79}{80}$; suppl. M.A. (from Magd. C.) 9 June 1585, lic. 22 June 1587,
inc. 1587. [ii. 76]
⟨*Merton.*⟩ **Litton, John**; suppl. B.A. 1 Mar., adm. 9 Mar. 15$\frac{79}{80}$, det.
15$\frac{79}{80}$; suppl. M.A. (from Mert.) 2 July, lic. 4 July 1582, inc. 1582.
⟨*Magd. H.*⟩ **Locke, Zachary**; suppl. B.A. 9 Feb., adm. Mar. 15$\frac{79}{80}$, det.
15$\frac{79}{80}$. [ii. 77]
... **Glover, Robert**; suppl. B.A. 9 Feb., adm. Mar. 15$\frac{79}{80}$, det.
15$\frac{79}{80}$.
⟨*Merton.*⟩ **Savell** (Savill), **Thomas**; suppl. B.A. 9 Feb., adm. 14 Mar.

15 7/8 9/0, det. 15 7/8 9/0; suppl. M.A. (from Mert.) 5 Nov. 1584, lic. 18 Jan. 1584/5, inc. 1585. (Fellow of Mert. in 1580, Brod., p. 273.)
⟨*Magd. H.*⟩ **Hide, Laurence**; suppl. B.A. 9 Feb., adm. Mar. 15 7/8 9/0, det. 15 7/8 9/0. [ii. 90]
⟨*Magd. C.*⟩ **Hazoll** (Hazell), **Thomas**; suppl. B.A. 9 Feb., adm. Mar. 15 7/8 9/0, det. 15 7/8 9/0. [ii. 84]
⟨*Hart H.*⟩ **Weller** (Webber), **Matthew**; suppl. B.A. 9 Mar., adm. Mar. 15 7/8 9/0, det. 15 7/8 9/0. [ii. 75]
⟨*Exeter.*⟩ **Saunders** (Sanders), **Anthony**; suppl. B.A. 9 Feb., adm. Mar. 15 7/8 9/0, det. 15 7/8 9/0; suppl. M.A. (from Exet.) 1 July, lic. 4 July 1583, inc. 1583.
  . . . **Windell** (Windle), **Christopher**; suppl. B.A. 20 Jan., adm. Mar. 15 7/8 9/0, det. 15 7/8 9/0. (A repetition from *supra*, p. 88.)
  . . . **Over, Richard**; suppl. B.A. 1 Mar., adm. Mar. 15 7/8 9/0, det. 15 7/8 9/0; suppl. M.A. 3 July 1582.
⟨*S. John's.*⟩ **Pudsey, Richard**; suppl. B.A. 9 Feb., adm. Mar. 15 7/8 9/0, det. 15 7/8 9/0; suppl. M.A. (S. Jo.) 1 July, lic. 5 July 1583, inc. 1583.
⟨*S. Alb. H.*⟩ **Claterworth** (Clatworth, Clatworthy, Cluterworth), **William**; suppl. B.A. 1 Mar., adm. Mar. 15 7/8 9/0, det. 15 7/8 9/0. [ii. 78]
  . . . **Pearce, Maurice**; suppl. B.A. 1 Mar., adm. Mar. 15 7/8 9/0, det. 15 7/8 9/0; suppl. M.A. 4 July, lic. 7 July 1581, inc. 1581.
⟨*New Coll.*⟩ **Whittel, Christopher**; adm. B.A. Mar. 15 7/8 9/0, det. 15 7/8 9/0. (See *supra*, p. 68; an error[1] in the register for lic. M.A. and inc.)
⟨*Brasenosc.*⟩ **Porter, Roger**; adm. B.A. Mar. 15 7/8 9/0, det 15 7/8 9/0. (See *supra*, p. 60; an error in the register for lic. M.A. and inc.)
⟨*Brasenose.*⟩ **Lasseles, Roger**; adm. B.A. — Mar. 15 7/8 9/0, det. 15 7/8 9/0. (See *supra*, p. 60; an error in the register for lic. M.A. and inc.)
  . . . **Arnold, Philip**; adm. B.A. — Mar. 15 7/8 9/0, det. 15 7/8 9/0. (See *supra*, p. 64; an error in the register for lic. M.A. and inc.)
⟨*S. Mary H.*⟩ **Corbet, Thomas**; adm. B.A. — Mar. 15 7/8 9/0, det. 15 7/8 9/0. (See *supra*, p. 82.) [ii. 78]
  . . . **Bamforde** (Banford), **James**; suppl. B.A. 7 July 1579, adm. Mar. 15 7/8 9/0, det. 15 7/8 9/0. (See *supra*, p. 84.)
  . . . **Liff** (Liffel), **Martin**; suppl. B.A. 1 Mar., adm. Mar. 15 7/8 9/0, det. 15 7/8 9/0.
  . . . **Billinges, Roger**; suppl. B.A. 1 Mar., adm. Mar. 15 7/8 9/0.
⟨*Brasenose.*⟩ **Hauton** (Haughton, Houghton), **Gilbert**; suppl. B.A. 1 Mar., adm. 24 Mar. 15 7/8 9/0. [ii. 81]
⟨*S. Edm. H.*⟩ **Story, William**; suppl. B.A. 25 Jan. 15 7/8 9/0, and again 1 Mar. 15 7/8 9/0, adm. 27 Mar. 1580, det. 158 0/1; suppl. M.A. 3 July, lic. (from S. Edm. H.) 6 July 1582, inc. 1582. [Queen's, ii. 72]
⟨*Magd. C.*⟩ **Brigges, George**; suppl. B.A. 15 Apr., adm. 25 Apr. 1580, det. 158 0/1; suppl. M.A. (from Magd. C.) 1 July, lic. 2 July 1583, inc. 1583. (Clerk of Magd. C. 1577–1585; Blox. 2, p. 43.)
⟨*Magd. C.*⟩ **Helden, Dericus**; suppl. B.A. 15 Apr., adm. 25 Apr. 1580, det. 158 0/1. (Clerk of Magd. C. 1580–1585; Blox. 2, p. 43.)
  . . . **Dromant, Henry**; suppl. B.A. 15 Apr., adm. 25 Apr. 1580.
⟨*New Coll.*⟩ **Walker, Augustine**; adm. B.A. 30 Apr. 1580; lic. M.A. 17 Jan. 158 3/4, inc. 1584. [ii. 72] (Scholar of New C. in 1576.)

---

[1] There are numerous errors in the degree registers in 1579, 1580, and 1581. The then Registrar was new to his office; see Part II, p. 249.

... Dixon (Dixson). Oliver: suppl. B.A. 26 Jan. 1573/4, and again 15 Apr. 1580. adm. 13 May 1580: suppl. M.A. 30 June, lic. 3 July 1582. inc. 1582.
(*Trin*.) Haynes. George; suppl. B.A. 29 Apr., adm. 16 May 1580.
Ξ 55.
(*Merton*.) Anthone (Antonie). Anthony: suppl. B.A. 20 May, adm. 4 June 1580. det. 1584: suppl. M.A. (from Merton.) 8 July, lic. 9 July 1585. inc. 1585. S. Alb. H. II. 95. Brod. p. 273.
(*Exon*.) Orford. William: suppl. B.A. 29 Apr., adm. 7 June 1580; suppl. M.A. (from Exon.) 11 Apr., lic. 3 May 1583. inc. 1583; suppl. lic. to preach 29 Mar., lic. 2 May 1595. Boase. p. 48.
Trin. Wright Robert: suppl. B.A. 20 June, adm. 23 June 1580, det. 1581; suppl. M.A. 28 Feb. 1583/4, and again 1 July 1584, lic. 7 July 1584, inc. 1584: suppl. B.D. 5 Apr., adm. 6 Apr. 1592: suppl. lic. to preach 15 Nov. 1593, lic. 9 July 1603: lic. D.D. 12 July 1597, inc. 1598. Ξ 37. (Scholar of Trin. in 1574: Fellow in 1581.)
Trin.[*] Marten (Merton). Richard: suppl. B.A. 20 June, adm. 23 June 1580, det. 1584: suppl. M.A. (from Broadg. H.) 4 Dec., lic. 12 Dec. 1583. inc. 1584. (Scholar of Trin. in 1576.)
Trin. Owen John: suppl. B.A. 20 June, adm. 23 June 1580, det. 1580. Ξ 56. (Scholar of Trin. in 1578: Fellow in 1582.)
Trin. Waynsford (Waynsford Wainford); Francis; suppl. B.A. 20 June, adm. 23 June 1580, det. 1584.
Trin. Reppington (Repington). John; suppl. B.A. 20 June, adm. 23 June 1580, det. 1583. Ξ 57.
Trin. Smert Smart. William: suppl. B.A. 20 June, adm. 23 June 1580, det. 1583; suppl. M.A. 1 July, lic. 7 July 1584, inc. 1584.
(*Broadg. H*.) Chambers Chamber. Sabinus; suppl. B.A. 20 May, adm. 23 June 1580: suppl. M.A. (from Broadg. H.) 11 Apr., lic. 30 Apr. 1583. inc. 1583.
(*Trin*.[*]) Cuffe. Henry: suppl. B.A. 20 June, adm. 23 June 1580, det. 1584; suppl. M.A. from Merton. Dec. 1588, lic. 20 Feb. 1588/9, inc. 1589. (Scholar of Trin. in 1578; Fellow in 1583.) Brod. p. 274.
(*S. Edm. H*.) Becke. Henry: suppl. B.A. 20 Apr., adm. 23 June 1580; suppl. M.A. from S. Edm. H. 7 May, lic. 20 June 1583, inc. 1583. Ξ 80.
Qu. Th. Amhurst. George: suppl. B.A. 29 Apr., adm. 23 June 1580, det. 1584. (Vicar of Yalding, Kent, from 1585 till his death there in 1590.)
(*Jes*.) Wood Woods. Owen; suppl. B.A. 11 June, adm. 29 June 1580: suppl. M.A. from Jes. 1 July, lic. 6 July 1584, inc. 1584.
(*Ball*.[*]) Wightwicke Whitwicke. Wighworth Whitweek. Richard; suppl. B.A. 27 June, adm. 2 July 1580, det. 1584; suppl. M.A. (from New C. 1 July, lic. 4 July 1583, inc. 1583; suppl. B.D. (from Ball) and adm. 31 May 1593.
Ball. Henshall Edward: suppl. B.A. 27 June, adm. 2 July 1580, det. 1584. Ξ 73.
... Hewes (Hughes), Henry; suppl. B.A. 4 July, adm. 4 July 1580. (See below, p. 95.)
(*Magd. C*.) Buckland Francis; suppl. B.A. 20 June, adm. 4 July 1580. Ξ 76. (See below, p. 95.)

⟨*Magd.H.*⟩ **Luff, William**: suppl. B.A. 27 June, adm. 4 July 1580; suppl. M.A. (from Magd. H.) 7 May, lic. 16 May 1583, inc. 1583.

Jesus. **Gwinnes** (Gwin), **Nicholas**; suppl. B.A. 4 July, adm. 7 July 1580, det. 158$\frac{0}{1}$.

Jesus. **Lloyde, Griffin** (Griffith): suppl. B.A. 1 July, adm. 7 July 1580, det. 158$\frac{0}{1}$; suppl. M.A. (from Jes.) 7 May, lic. 1 July 1583, inc. 1583.

Balliol. **Kerrey** (Kirrie), **Francis**: suppl. B.A. 9 July, adm. 15 July 1580, det. 158$\frac{0}{1}$; suppl. M.A. (from Ball.) 4 Feb., lic. 20 Mar. 158$\frac{2}{3}$, inc. 1583; suppl. B.D. 15 Feb., adm. 19 Feb. 159$\frac{4}{5}$; suppl. D.D. 11 June, lic. ('cumulatus') 13 June 1610, inc. 1610. [ii. 65.]

⟨*Magd.H.*⟩ **Daws** (Dawes), **William**: suppl. B.A. 9 July, adm. 15 July 1580; suppl. M.A. (from Magd. H.) 7 May, lic. 7 May 1583, inc. 1583. [ii. 76.] ⟨A 'William Dawes' was Scholar of Ball. in 1575.⟩

⟨*Broadg.H.*⟩ **Younge, John**: suppl. B.A. 5 July, adm. 15 July 1580; suppl. M.A. (from Broadg. H.) 4 Dec., lic. 12 Dec. 1583, inc. ('Thomas') 1584.

Brasenose. **Hore, Henry**: suppl. B.A. 16 July, adm. 16 July 1580. [ii. 81.] (See *infra*, p. 95.)

*Brasenose.** **Cade, William**: suppl. B.A. 1 July, adm. 16 July 1580, det. 158$\frac{0}{1}$; suppl. M.A. (from Corp.) 2 May, lic. 29 May 1583, inc. 1583. [ii. 80.] ⟨Chaplain of Corp. 15 Mar. 158$\frac{3}{4}$.⟩

⟨*Brasenose.*⟩ **Harpell, Christopher**: suppl. B.A. 27 June, adm. 16 July 1580, det. 158$\frac{0}{1}$. [Harpur, ii. 74.]

Brasenose. **Crowther** (Crouther), **John**: suppl. B.A. 27 June, adm. 16 July 1580, det. 158$\frac{0}{1}$; suppl. M.A. 11 Apr., lic. 6 May 1583, inc. 1583. [ii. 81.]

⟨*S. Edm. H.*⟩ **Scriven, Henry**: suppl. B.A. 13 July, adm. 16 July 1580; suppl. M.A. (from S. Edm. H.) 29 Jan., lic. 31 Jan. 1599/1600, inc. 1600.

S. John's. **Gittins** (Gettins, Gethins), **Anthony**: suppl. B.A. 6 July, adm. 15 Oct. 1580, det. 158$\frac{0}{1}$; suppl. M.A. 7 Apr., lic. 5 May 1584, inc. 1584; suppl. B.D. 15 Dec., adm. 17 Dec. 1590. [ii. 68.] ⟨Fellow of S. Jo. in 1576.⟩

S. John's. **Bellfeild** (Belfeld, Beelfelde), **Edward**: suppl. B.A. 6 July, adm. 15 Oct. 1580, det. 158$\frac{0}{1}$; suppl. M.A. 7 Apr., lic. 5 May 1584, inc. 1584; suppl. B.D. 15 Dec., adm. 17 Dec. 1590. [ii. 67.] ⟨Fellow of S. Jo. in 1576.⟩

Brasenose. **Wates** (Waites), **Edward**: suppl. B.A. 27 June, adm. 20 Oct. 1580, det. 158$\frac{0}{1}$. [ii. 81.]

⟨*All Souls.*⟩ **Reinoldes** (Reynoldes, Raynolds), **Edward**: suppl. B.A. 13 July, adm. — Nov. 1580; suppl. M.A. (from All So.) 22 May, lic. 13 Oct. 1584, inc. 1584. ⟨Fellow of All So. in 1582.⟩ (See p. 95.)

Lincoln. **Towse, Tristram**: suppl. B.A. Nov., adm. 14 Dec. 1580, det. 158$\frac{0}{1}$; suppl. M.A. 1 July, lic. 3 July 1583, inc. 1583.

Magd. C. **Brickenden, Edmund**: suppl. B.A. Nov., adm. 14 Dec. 1580, det. 158$\frac{0}{1}$; suppl. M.A. 4 Dec., lic. 12 Dec. 1583, inc. 1584. ⟨Clerk of Magd. C. 1580–1583, Chapl. 1583–1592: Blox. ii. p. 43.⟩

*Queen's.** **Wilkinson, John**: suppl. B.A. 12 Oct., adm. 14 Dec. 1580, det. 158$\frac{0}{1}$; suppl. M.A. May, lic. 7 July 1586, inc. 1586: John

Wilkinson, Princ. of Magd. H., suppl. lic. to preach 21 Feb. 160$\frac{4}{9}$; suppl. D.D. 23 July, lic. 1 Dec. 1613, inc. 1614.

   ...   **Killingsley, Henry**; suppl. B.A. 18 Jan. 15$\frac{79}{80}$.
⟨*S. Edm. H.*⟩ **Griffin, Edmund**; suppl. B.A. 22 Jan. 15$\frac{7.9}{80}$. [ii. 78]
   ...   **Hunt, Francis**; suppl. B.A. 25 Jan. 15$\frac{79}{80}$.
   ...   **Williams, John**; suppl. B.A. 6 Feb. 15$\frac{79}{80}$. ⟨See *supra*, p. 85.⟩
Brasenose. **Davis, Gerson**; suppl. B.A. 9 Feb. 15$\frac{79}{80}$, det 158$\frac{0}{1}$; suppl. M.A. 14 May, lic. 30 June 1582, inc. 1582. [ii. 81]
   ...   **Parker, John**; suppl. B.A. (?) 29 Apr. 1580.
Magd. C. **Freeman, William**; suppl. B.A. 20 May 1580, det. 158$\frac{0}{1}$.
   ...   **Leverocke (Laverocke), Richard**; suppl. B.A. 27 June 1580.

   ...   **Barcley (Barkley), Thomas**; suppl. M.A. 15 Apr., lic. 30 Apr. 1580, inc. 1580.
   ...   **Chambers, Leonard**; lic. M.A. 27 June (or 1 July) 1580. ⟨This entry is an error for M.A. Cambr. incorp.⟩
   ...   **Royden, Matthew**; suppl. M.A. 6 July, lic. 7 July 1580, inc. 1580.

   ...   **Soniburn, Henry**; suppl. B.C.L. 1 Mar. 15$\frac{79}{80}$.
⟨*New C.*⟩ **Whight, Walter**; adm. B.C.L. 16 May 1580. [ii. 74] ⟨Walter White, Scholar of New C. in 1572.⟩
⟨*Ch. Ch.*⟩ **Sutton, Robert**; S.C.L. for thirty years, suppl. B.C.L. 4 Nov., adm. 14 Dec. 1580. [ii 12] ⟨Student of Ch. Ch. before 1561.⟩

⟨*Magd. C.*⟩ **Bisse, Philip**; suppl. D.D. 20 May, lic. 8 July 1580. [ii. 16] ⟨He had been Fellow of Bras. in 1561.⟩

1581.

Magd. H. **Fox, Anthony**; suppl. B.A. Nov. 1580, adm. 23 Jan. 158$\frac{0}{1}$. [ii. 76]
Oriel. **Dent, Thomas**; suppl. B.A. 20 Jan., adm. 23 Jan. 158$\frac{0}{1}$, det. 158$\frac{0}{1}$; suppl. M.A. May, lic. 22 June 1584, inc. 1584. [S. Edm. H., ii. 82] ⟨Fellow of Oriel in 1581.⟩
Corpus. **Knowles, Thomas**; suppl. B.A. 12 Oct. 1580, adm. 23 Jan. 158$\frac{0}{1}$, det. 158$\frac{0}{1}$. ⟨'Commensalis' at Corpus in 1577.⟩
Ch. Ch. **Dunscom (Dunscombe), Thomas**; suppl. B.A. 14 Jan., adm. 23 Jan. 158$\frac{0}{1}$, det. 158$\frac{0}{1}$; suppl. M.A. 28 Feb., lic. 6 Mar. 158$\frac{3}{4}$, inc. 1584. ⟨Student of Ch. Ch. in 1577.⟩
Ch. Ch. **Godwin (Godwyn, Goodwin), Francis**; suppl. B.A. 20 Jan., adm. 23 Jan. 158$\frac{0}{1}$, det. 158$\frac{0}{1}$; suppl. M.A. 28 Feb., lic. 6 Mar. 158$\frac{3}{4}$, inc. 1584; suppl. B.D. 8 Feb., adm. 11 Feb. 159$\frac{3}{4}$; suppl. D.D. 29 Jan., lic. 30 Jan. 159$\frac{5}{6}$, inc. 1596. ⟨Student of Ch. Ch. in 1577.⟩

Ch. Ch.   **Bust, William** ; suppl. B.A. 20 Jan., adm. 23 Jan. 158⁰₁, det. 158⁰₁ ; suppl. M.A. 28 Feb., lic. 6 Mar. 158¾, inc. 1584. ⟨Student of Ch. Ch. in 1579.⟩

Ch. Ch.   **Sheppard** (Shepherd), **Griffin** ; suppl. B.A. 20 Jan., adm. 23 Jan. 158⁰₁, det. 158⁰₁ ; suppl. M.A. 28 Feb., lic. 6 Mar. 158¾, inc. 1584. ⟨Student of Ch. Ch. in 1579.⟩

Ch. Ch.   **Tapham, Christopher** ; suppl. B.A. 20 Jan., adm. 23 Jan. 158⁰₁, det. 158⁰₁ ; suppl. M.A. 28 Feb., lic. 6 Mar. 158¾, inc. 1584. ⟨Student of Ch. Ch. in 1579.⟩

Ch. Ch.   **Edmonds** (Edmunds), **John** ; adm. B.A. 23 Jan. 158⁰₁, det. 158⁰₁ ; suppl. M.A. 28 Feb., lic. 6 Mar. 158¾, inc. 1584. [ii. 57] ⟨Student of Ch. Ch. in 1579.⟩

University.   **Warren, Edward** ; suppl. B.A. 20 Jan., adm. 23 Jan. 158⁰₁, det. 158⁰₁ ; suppl. M.A. 30 June, lic. 3 July 1582, inc. 1582. [ii. 80]

University.   **Moore, John** ; suppl. B.A. 12 Oct. 1580, adm. 23 Jan. 158⁰₁, det. 158⁰ᴛ ; lic. M.A. 3 July 1583, inc. 1583; 'olim e Coll. Univ.' suppl. lic. to pract. med. 26 June, lic. 28 June 1596.

⟨*Merton.*⟩   **Edmonds, William** ; suppl. B.A. 23 Jan., adm. 26 Jan. 158⁰₁, det. 158⁰ᴛ ; suppl. M.A. 8 July, lic. 9 July 1585, inc. 1585. (Brod., p. 273.)

⟨*S. Alb. H.*⟩   **Marshall, Eustace** ; suppl. B.A. 23 Jan., adm. 26 Jan. 158⁰ᴛ ; suppl. M.A. (S. Alb. H.) 1 July, lic. 2 July 1583, inc. 1583. Boase, p. 49.

Balliol.   **Wickam** (Wicham, Wickham, Wicam, Wikam), **Edward** ; suppl. B.A. 25 Jan., adm. 26 Jan. 158⁰ᴛ, det. 158⁰ᴛ ; suppl. M.A. 4 Dec., lic. 13 Dec. 1583, inc. 1584; as Prebendary of Sarum, suppl. B.D. and D.D. 30 May, adm. B.D. ('cumulatus') and lic. D.D. ('cumulatus') 25 June 1608, inc. D.D. 1608. [ii. 74] ⟨Exhibitioner of Ball. in 1578.⟩

Balliol.   **Hill, William** ; suppl. B.A. 25 Jan., adm. 26 Jan. 158⁰₁, det. 158⁰ᴛ ; suppl. M.A. 4 Dec., lic. 13 Dec. 1583, inc. 1584; suppl. lic. to preach 1 Feb., lic. 8 Feb. 159⁰ᴛ ; suppl. B.D. 20 Apr., adm. 27 Apr. 1591; suppl. D.D. 3 June 1605. ⟨Exhibitioner of Ball. in 157⅞.⟩

Balliol.   **Rascall** (Rastall), **Thomas** ; suppl. B.A. 25 Jan., adm. 26 Jan. 158⁰ᴛ, det. 158⁰ᴛ ; suppl. M.A. 17 Dec., lic. 17 Jan. 158¾, inc. 1584. [Bras., ii. 81]

⟨*Broadg. H.*⟩   **Joseph, John** ; suppl. B.A. 14 Jan., adm. 31 Jan. 158⁰₁, det. 158⁰₁. [ii. 74]

⟨*Broadg. H.*⟩   **Drewe** (Dru, Drue, Drwe), **Thomas** ; suppl. B.A. 20 Jan., adm. 31 Jan. 158⁰₁, det. 158⁰ᴛ. [ii. 82]

Broadg. H.   **Squire, Roger** ; suppl. B.A. 1 Mar. 15⅞⁰, adm. 31 Jan. 158⁰₁, det. 158⁰ᴛ ; suppl. M.A. 22 May 1585, lic. 9 June 1585, inc. 1585. [ii. 73]

*Queen's.**   **Highley** (Highlie), **Robert** ; suppl. B.A. 20 May 1580, adm. 31 Jan. 158⁰₁, det. 158⁰ᴛ ; suppl. M.A. (from Oriel) 9 May 1585, lic. 6 (?) May 1585, inc. 1585. [ii. 72] ⟨Tabarder at Queen's in 1579; Fellow of Oriel in 1582.⟩

Broadg. H.   **Corbet, Reginald** (Reinold) ; suppl. B.A. 14 Jan., adm. 31 Jan. 158⁰₁, det. 158⁰₁ ; suppl. M.A. (from Broadg. H.) 1 July, lic. 6 July 1583, inc. 1583. [ii. 74]

Jesus. **Owens** (Owen), **Humphrey**; suppl. B.A. 26 Jan., adm. 31 Jan. $158\frac{0}{1}$, det. $158\frac{0}{1}$; suppl. M.A. (from Jesus) 1 July, lic. 5 July 1583, inc. 1583. [ii. 86]

Jesus. **Osbaston, George**; suppl. B.A. Nov. 1580, adm. 31 Jan. $158\frac{0}{1}$, det. (from Jesus) $158\frac{0}{1}$; suppl. M.A. May, lic. 22 June 1584, inc. 1584. [Trin., ii. 57]

Jesus. **Lewes, John**; suppl. B.A. 23 Jan., adm. 31 Jan. $158\frac{0}{1}$, det. $158\frac{0}{1}$.

Brasenose. **Heyney** (Heyné, Heney, Haney, Hiné, Hyné), **John**; suppl. B.A. 23 Jan., adm. 31 Jan. $158\frac{0}{1}$, det. $158\frac{0}{1}$; suppl. M.A. 23 May $158\frac{5}{6}$, lic. 2 July 1586, inc. 1586. [ii. 83]

All Souls. **Conney** (Conye, Connye), **Robert**; suppl. B.A. 12 Oct. 1580, adm. 31 Jan. $158\frac{0}{1}$, det. $158\frac{0}{1}$; suppl. M.A. (from All So.) 6 Feb. $158\frac{3}{4}$, lic. 13 Oct. 1584, inc. 1584. ⟨Fellow of All So. in 1579.⟩

Ch. Ch. **Lake** (Lacke), **Augustine**; suppl. B.A. 26 Jan., adm. 2 Feb. $158\frac{0}{1}$, det. $158\frac{0}{1}$; suppl. M.A. 7 May and again 9 July 1583, lic. 12 Dec. 1583, inc. 1584.

⟨*New Coll.*⟩ **Farrar, Jerome**; adm. B.A. 2 Feb. $158\frac{0}{1}$. [Jeremy, ii. 72] ⟨Scholar of New C. in 1576.⟩

⟨*New Coll.*⟩ **Brookes, Richard**; adm. B.A. 2 Feb. $158\frac{0}{1}$; lic. M.A. 4 Feb. $158\frac{4}{5}$, inc. ('Robert') 1585. [ii. 72] ⟨Scholar of New C. in 1576.⟩

Broadg. H. **Spurriar, John**; suppl. B.A. 31 Jan., adm. 2 Feb. $158\frac{0}{1}$, det. $158\frac{0}{1}$. [ii. 88]

*New Coll.** **Hill, Thomas**; suppl. B.A. 20 Jan., adm. 2 Feb. $158\frac{0}{1}$, det. $158\frac{0}{1}$; suppl. M.A. (from Oriel) 17 Dec. 1584, lic. 19 Jan. $158\frac{4}{5}$, inc. 1585; suppl. (from Oriel) lic. to pract. med. 18 June, lic. 23 June 1591. ⟨Fellow of Oriel in 1581.⟩

⟨*Magd. H.*⟩ **Tey** (Toy), **Richard**; suppl. B.A. 31 Jan., adm. 3 Feb. $158\frac{0}{1}$. [ii. 38]

Trinity. **Cooke, Richard**; suppl. B.A. 31 Jan., adm. 3 Feb. $158\frac{0}{1}$, det. $158\frac{0}{1}$; 'Edward' Cooke, Trin., suppl. M.A. May 1584 ⟨possibly a mistake for 'Richard,' but see at the end of the year 1584⟩.

Jesus. **Jenkens, William**; suppl. B.A. 31 Jan., adm. 3 Feb. $158\frac{0}{1}$, det. $158\frac{0}{1}$. (Is given as of Magd. C. in suppl. and det.; as of Jes. in adm.)

Jesus. **Ridar** (Ryder), **John**; suppl. B.A. 25 Jan., adm. 3 Feb. $158\frac{0}{1}$, det. $158\frac{0}{1}$; suppl. M.A. 1 July, lic. 5 July 1583, inc. 1583.

*Magd. C.** **Hooke, Christopher**; suppl. B.A. (from Magd. C.) 31 Jan., adm. 3 Feb. $158\frac{0}{1}$; suppl. M.A. (from Hart H.) 30 May, lic. 7 June 1584, inc. 1584; suppl. B.D. (from Corp.) 11 Mar., adm. 12 Mar. $160\frac{3}{4}$; suppl. lic. to preach, and lic. 14 May 1606; suppl. D.D. (from Magd. C.) 3 June, lic. 2 July 1611, inc. 1611.

Ch. Ch. **Kighley** (Keyghley), **Eustace**; suppl. B.A. ('e Collegio Christi,' i.e. Ch. Ch.) 25 Jan., adm. 3 Feb. $158\frac{0}{1}$, det. $158\frac{0}{1}$; suppl. M.A. 28 Feb., lic. 6 Mar. $158\frac{3}{4}$, inc. 1584. ⟨Student of Ch. Ch. in 1577.⟩

Jesus. **Bechfield** (Beachfeld, Bachfeld, Betchfeld, Bechfeeld), **Richard**; suppl. B.A. 31 Jan., adm. 3 Feb. $158\frac{0}{1}$, det. $158\frac{0}{1}$; suppl. M.A. 13 June, lic. 2 July 1585, inc. 1585. [ii. 84]

Brasenose. **Jones, Lewis**; suppl. B.A. 31 Jan., adm. 3 Feb. $158\frac{0}{1}$, det. $158\frac{0}{1}$.

. . .   **Price, Hugh**; suppl. B.A. 1 Mar. 15$\frac{79}{80}$, adm. 16 Feb. 158$\frac{0}{1}$.
. . .   **Simons, Thomas**; suppl. B.A. 20 Jan., adm. 16 Feb. 158$\frac{0}{1}$.
Magd. C.* **Hubbucke** (Hobucke, Hubboke), **William**; suppl. B.A. (from Magd. C.) 31 Jan., adm. 17 Feb. 158$\frac{0}{1}$; suppl. M.A. (from Corp.) 26 Feb. 158$\frac{3}{4}$, lic. 9 June 1585, inc. 1585. [Magd. H., ii. 91]
⟨*Magd. C.*⟩ **Buckland, Francis**; adm. B.A. 2 Mar. 158$\frac{0}{1}$. (See above, p. 90.)
Merton.   **Wilkes, John**; suppl. B.A. 3 Feb., adm. 2 Mar. 158$\frac{0}{1}$; suppl. M.A. 30 May, lic. 4 June 1584, inc. 1584.
Ch. Ch.   **Roberts, John**; suppl. B.A. 18 Oct. 1579, and again 26 Jan. 158$\frac{0}{1}$, adm. 2 Mar. 158$\frac{0}{1}$.
⟨*Lincoln.*⟩ **Silverwood, John**; suppl. B.A. 11 June 1580, adm. 2 Mar. 158$\frac{0}{1}$. [ii. 79]
Magd. C. **Caplin, George**; suppl. B.A. Nov. 1580, adm. 4 Mar. 158$\frac{0}{1}$. (This is the earliest case in which the college is stated in the B.A. suppl.) [Bras., ii. 74]
⟨*All Souls.*⟩ **Reinolds, Edward**; adm. B.A. 4 Mar. 158$\frac{0}{1}$. ⟨See *supra*, p. 91; apparently a repetition.⟩
Brasenose. **Hore, Henry**; adm. B.A. 4 Mar. 158$\frac{0}{1}$. ⟨See *supra*, p. 91; apparently a repetition.⟩
University. **Coliber, Oliver**; suppl. B.A. 13 Mar., adm. 4 Mar. 158$\frac{0}{1}$; suppl. M.A. 1 July, lic. 3 July 1583, inc. 1583.
. . .   **Merricke, Griffin**; suppl. B.A. 23 Feb., adm. 6 Mar. 158$\frac{0}{1}$.
Queen's.   **South** (Souch), **John**; suppl. B.A. 23 Feb., adm. 9 Mar. 158$\frac{0}{1}$. [ii. 61]
⟨*New Coll.*⟩ **Holcum** (Holcom, Holcomb), **Edward**; suppl. B.A. 23 Feb., adm. 14 Mar. 158$\frac{0}{1}$; suppl. M.A. (from New C.) 1 July, lic. 10 July 1584, inc. 1584. [Hart H., ii. 90; also Trin., ii. 57]
S. Edm. H. **Clever, Robert**; suppl. B.A. 23 Feb., adm. 14 Mar. 158$\frac{0}{1}$. [ii. 91]
Brasenose. **Vaghan** (Vaughan), **Robert**; suppl. B.A. 9 Feb. 15$\frac{79}{80}$, and again 14 Jan. 158$\frac{0}{1}$, adm. 14 Mar. 158$\frac{0}{1}$. [ii. 81]
⟨*S. Edm. H.*⟩ **Fowler, Francis**; suppl. B.A. 29 Apr. 1580, adm. 14 Mar. 158$\frac{0}{1}$. [ii. 82]
Magd. H.   **Blicke** (Blike, Blecke, Bleeke), **William**; suppl. B.A. 13 Mar., adm. 16 Mar. 158$\frac{0}{1}$, det. 158$\frac{1}{2}$; suppl. M.A. 22 May, lic. 2 June 1584, inc. 1584. [Blake, ii. 76]
Magd. C. **Fuller, Laurence**; suppl. B.A. 23 Feb., adm. 16 Mar. 158$\frac{0}{1}$.
. . .   **Hughes, Henry**; adm. B.A. 17 Mar. 158$\frac{0}{1}$. ⟨See *supra*, p. 90; apparently a repetition.⟩
. . .   **Wallis, Richard**; suppl. B.A. 13 Mar., adm. 20 Mar. 158$\frac{0}{1}$.
Magd. C.* **Jesope** (Jhesop, Jesoppe), **Bartholomew**; suppl. B.A. 28 Feb., adm. 20 Mar. 158$\frac{0}{1}$, det. 158$\frac{1}{2}$; suppl. B.C.L. (Gloc. H.) 10 Feb. 158$\frac{7}{8}$, adm. 6 July 1588; suppl. D.C.L. (Magd. C.) 10 May, lic. 23 June 1599, inc. 1599. ⟨Chorister of Magd. C. 1575-1581; Blox. 1, p. 20.⟩
New Coll. **Loyde** (Lloyd, Floyde), **John**; adm. B.A. 6 Apr. 1581, det. 158$\frac{1}{2}$; lic. M.A. 20 Jan. 158$\frac{4}{5}$, inc. 1585; adm. B.D. 5 July 1592: lic. D.D. 10 Nov. 1595, inc. 1595. [ii. 77] ⟨Scholar of New C. in 1577.⟩

New Coll. **Pinchon, John**; adm. B.A. 6 Apr. 1581. [ii. 77] ⟨Scholar of New C. in 1577.⟩

New Coll. **Bath, Isaac**; adm. B.A. 6 Apr. 1581, det. 158½. [ii. 77] ⟨Scholar of New C. in 1577.⟩

Ch. Ch. **Stenton** (Stanten), **John**; suppl. B.A. 31 Jan. 158⁰₁, adm. 12 Apr. 1581, det. 158¾.

S. Edm. H.* **Ironside, Rolph** (Raphael); suppl. B.A. (from S. Edm. H.) 13 Mar. 158⁰₁, adm. 17 Apr. 1581, det. 158½; suppl. M.A. (from Univ.) 9 May, lic. 14 June 1585, inc. 1585; adm. B.D. (from Univ.) 16 Nov. 1601. [ii. 78]

Brasenose. **Fletcher** (Flecher), **Laurence**; suppl. B.A. 5 Apr., adm. 18 Apr. 158⁰₁, det. 158¾; suppl. M.A. 30 Apr., lic. 8 May 1584, inc. 1584. [ii. 74]

S. Edm. H.* **Hope** (Hoope), **John**; suppl. B.A. (from S. Edm. H.) 13 Mar. 158⁰₁, adm. 13 May 1581, det. (from Queen's) 158½. [ii. 78]

Balliol. **Jux, Arthur**; suppl. B.A. 13 Mar. 158⁰₁, adm. 13 May 1581.

Trinity.* **Cooper** (Coper), **Edward**; suppl. B.A. (Trin.) 11 May, adm. 27 May 1581, det. 158½; suppl. M.A. (Trin.) May, lic. 8 May 1584, inc. 1584; suppl. B.D. (Magd. C.?) 23 June, adm. (Mert.) 7 July 1591; suppl. lic. to preach 15 Mar., lic. 16 Mar. 160⅓. (In 1591 he was tutor to the son of Henry Lord Barkley.)

New Coll. **Blunt, George**; adm. B.A. 27 May 1581, det. 158¼; lic. M.A. 25 Nov. 1585, inc. 1586. [ii. 77] ⟨Fellow of New C. in 1577.⟩

Broadg. H. **Clarke, John**; suppl. B.A. 23 May, adm. 31 May 1581, det. 158½; suppl. M.A. 22 May, lic. 9 June 1585, inc. 1585. [? ii. 32]

Queen's. **Slingesbye, Charles**; suppl. B.A. 29 May, adm. 5 June 1581, det. 158½; suppl. M.A. 20 June, lic. 27 June 1583, inc. 1583; suppl. B.D. 25 Jan. 159½. [S. Edm. H., ii. 78]

All Souls. **Dixon, Edward**; adm. B.A. 15 June 1581, det. 158½. [S. Jo., ii. 78] ⟨Fellow of All So. in 1580.⟩

All Souls. **Hargrave, Humphrey**; adm. B.A. 15 June 1581, det. 158½; suppl. M.A. 22 May, lic. 24 May 1585, inc. 1585. ⟨Fellow of All So. in 1580.⟩

S. Alb. H.* **Androsius** (Androse), **Richard**; suppl. B.A. (from S. Alb. H.) 18 Feb. 158⁰₁, adm. 21 June 1581, det. (from All So.) 158¼. [Queen's, ii. 72]

Merton.* **Sherrat** (Sherwood), **Richard**; suppl. B.A. (from Mert.) 11 May, adm. 21 June 1581, det. (from S. Alb. H.) 158½. [ii. 77]

S. John's. **Pope, John**; adm. B.A. 26 June 1581, det. 158½. (His adm. B.A. was entered as lic. M.A., then scored out, but not transferred to adm. B.A.) [Hart H., ii. 90]

Trinity. **Aluey** (Alvey), **Arthur**; suppl. B.A. 21 June, adm. 3 July 1581, det. 158½; suppl. M.A. 22 May, lic. 26 May 1585, inc. 1585. [ii. 79] ⟨Scholar of Trin. in 1577; Fellow in 1583.⟩

Trinity. **Tompson** (Thompson, Tomson), **Edward**; suppl. B.A. 21 June, adm. 3 July 1581, det. 158½; suppl. M.A. 22 May, lic. 26 May 1585, inc. 1585; suppl. B.D. 8 June, adm. 11 June 1594. [ii. 79] ⟨Scholar of Trin. in 1578; Fellow in 1583.⟩

Queen's.* **Cole, John**; suppl. B.A. (Queen's) 21 June, adm. 3 July 1581, det. (S. Edm. H.) 158½.

Hart H. **Hughes, Griffin**; adm. B.A. 5 July 1581, det. 158½. [ii. 75]

University. **Waterhouse, Stephen**; suppl. B.A. 4 July, adm. 5 July 1581, det. 158½; suppl. M.A. 20 June, lic. 27 June 1583, inc. 1583. [Magd. H., ii. 87]
Ch. Ch. **Thomas, Hugh**; adm. B.A. 5 July 1581, det. 158½.
S. Mary H. **Newton** (Nuton), **John**; suppl. B.A. 21 June, adm. 6 July 1581, det. 158½. [ii. 86]
S. Mary H. **Portington, George**; suppl. B.A. 21 June, adm. 6 July 1581. [Magd. H., ii. 77]
... **Cheney** (Cheyney), **Robert**; suppl. B.A. 4 July, adm. 7 July 1581.
Brasenose. **Carraden** (Caradin, Carwarden), **John**; suppl. B.A. 1 July, adm. 7 July 1581, det. 158½. [ii. 80]
S. Alb. H.* **Cordrey** (Corderoy, Corday, Cowdray, Cawdray), **Jerome** (Jeremy); suppl. B.A. 4 July, adm. 7 July 1581, det. 158½; suppl. M.A. (from Hart H.) 30 May, lic. 3 June 1584, inc. 1584. ('Jerome' in B.A. entries; 'Jeremy' in suppl. and lic. M.A., 'Jarvis' in inc.) [ii. 95]
Exeter. **Warren** (Waringe, Warringe), **Hugh**; suppl. B.A. 21 June, adm. 7 July 1581. [ii. 74]
Magd. H. **Cutler, John**; suppl. B.A. 21 June, adm. 7 July 1581, det. 158½; suppl. M.A. 3 June, lic. 27 June 1584, inc. 1584. ⟨Demy of Magd. C. 1575–1585; Blox. 4, p. 20.⟩
... **Paty** (Pati, Patye, Patie), **Robert**; suppl. B.A. 4 July, adm. 7 July 1581, det. 158½. (His adm. B.A. is wrongly registered as lic. M.A.) ⟨'Robert Pacie' was Fellow of S. Jo. in 1574; this may be his degree, since 'c' and 't' are hardly distinguishable in the writing of the period.⟩
Ch. Ch.* **Crooke** (Croke), **Edmund**; suppl. B.A. (from Ch. Ch.) 5 June, adm. 8 July 1581, det. (S. Alb. H.) 158½. [Mert., ii. 77]
Queen's. **Blackstone** (Blaxton, Blacstone), **Marmaduke**; suppl. B.A. 4 July, adm. 11 July 1581, det. 158½; suppl. M.A. 27 Apr. 1583, inc. 1583. [Trin., ii. 87]
Exeter. **Evelegh** (Evelegh), **John**; suppl. B.A. 8 July, adm. 11 July 1581, det. 158½; suppl. M.A. 30 May, lic. 4 June 1584, inc. 1584. (Boase, p. 47.) [ii. 63]
Exeter. **Toker** (Tucker, Toocker), **John**; suppl. B.A. 8 July, adm. 11 July 1581, det. 158½; suppl. M.A. 1 July, lic. 7 July 1584, inc. 1584. (Boase, p. 47.) [ii. 65]
Brasenose.* **Tompson** (Tomson, Tomsun), **Thomas**; suppl. B.A. 21 June, adm. 13 July 1581, det. 158½; suppl. M.A. (from Bras.) 18 June, lic. 9 July 1584, inc. 1584; suppl. B.D. (from Oriel) 27 Feb., adm. 2 Mar. 159$\frac{8}{7}$.
Corpus. **Parrey** (Parraye, Parry), **Henry**; suppl. B.A. 21 June, adm. 25 Oct. 1581, det. 158½; suppl. M.A. 10 Feb. 158$\frac{4}{5}$, lic. 3 Apr. 1585, inc. 1585; suppl. B.D. 14 Mar. 159½, adm. 6 Apr. 1592; suppl. D.D. 3 Feb., lic. 14 Feb. 159$\frac{5}{6}$, inc. 1596. ⟨Scholar of Corp. in 1576, Fellow in 1586.⟩
Corpus. **Touse**, (Towse, Towes), **Francis**; suppl. B.A. 21 June, adm. 25 Oct. 1581, det. 158½; suppl. M.A. 19 Feb. 158$\frac{4}{5}$, lic. 3 Apr. 1585, inc. 1585. ⟨Scholar of Corp. in 1579, Fellow in 158$\frac{6}{7}$.⟩
Corpus. **Fulbeacke** (Fulbeck), **William**; suppl. B.A. 21 June, adm.

25 Oct. 1581, det. 158$\frac{1}{2}$; suppl. M.A. 22 May, lic. 30 May 1584, inc. 1584. ⟨Scholar of Corp. (from co. Linc., aet. 18), 23 Jan. 15$\frac{80}{81}$; Fellow, 10 Oct. 1582.⟩

*Brasenose.** **Wilbraham** (Wilbram), **John**; suppl. B.A. (from Bras.) 4 July, adm. 25 Oct. 1581, det. 158$\frac{1}{2}$; suppl. M.A. (from Gloc. H.) 30 Apr., lic. 8 May 1584, inc. 1584. [ii. 84.]

Corpus. **Harrington** (Harington), **Francis**; suppl. B.A. 2 Nov., adm. 7 Nov. 1581, det. 158$\frac{1}{2}$.

S. John's. **Allen, Edmund**; suppl. B.A. 10 Nov., adm. 18 Nov. 1581, det. 158$\frac{1}{2}$. [ii. 78] ⟨Fellow of S. Jo. in 1577.⟩

S. John's. **Faucet, John**; suppl. B.A. 10 Nov., adm. 18 Nov. 1581, det. 158$\frac{1}{2}$. [ii. 78] ⟨Fellow of S. Jo. in 1577.⟩

S. John's. **Beareblocke** (Bearblock), **Henry**; suppl. B.A. 10 Nov., adm. 18 Nov. 1581, det. 158$\frac{1}{2}$. [ii. 78] ⟨Fellow of S. Jo. in 1577.⟩

S. John's. **Milward** (Millard, Millerd, Miller), **James**; suppl. B.A. 10 Nov., adm. 18 Nov. 1581, det. ('William') 158$\frac{1}{2}$; suppl. M.A. 25 May, lic. 10 June 1585, inc. 1585. ⟨Fellow of S. Jo. in 1577.⟩

S. John's. **Ouburne** (Oburne, Oborne, Owburne), **William**; suppl. B.A. 10 Nov., adm. 18 Nov. 1581, det. 158$\frac{1}{2}$; suppl. M.A. 9 May, lic. 10 June 1585, inc. 1585. [ii. 68] ⟨Fellow of S. Jo. in 1577.⟩

S. John's. **Shingleton** (Singleton), **William**; suppl. B.A. 10 Nov., adm. 18 Nov. 1581, det. 158$\frac{1}{2}$; suppl. M.A. Mar. 158$\frac{4}{5}$, lic. 10 June 1585, inc. 1585; suppl. B.D. 13 Nov. 1591, but the grace was denied. [ii. 69] ⟨Fellow of S. Jo. in 1577.⟩

S. John's. **Kight** (Kete, Kett, Keyt), **Jerome**; suppl. B.A. 10 Nov., adm. 18 Nov. 1581, det. ('Jarvis') 158$\frac{1}{2}$; suppl. M.A. Mar. 158$\frac{4}{5}$; suppl. B.C.L. 14 Oct., adm. 5 Nov. 1588. [ii. 68] ⟨Fellow of S. Jo. in 1577.⟩

S. John's. **Speene, Martin**; suppl. B.A. 10 Nov., adm. 18 Nov. 1581, det. 158$\frac{1}{2}$; suppl. B.C.L. 14 Oct., adm. 5 Nov. 1588. [ii. 69] ⟨Fellow of S. Jo. in 1577.⟩

S. John's. **Smith, John**; suppl. B.A. 10 Nov., adm. 18 Nov. 1581, det. 158$\frac{1}{2}$. Either this one or the next suppl. M.A. Mar. 158$\frac{4}{5}$, lic. 10 June 1585, inc. 1585; suppl. B.D. 12 Nov., adm. 15 Nov. 1591; suppl. lic. to preach 27 Oct. 1592. [ii. 78] ⟨Fellow of S. Jo. in 1577.⟩

S. John's. **Smith, John**; suppl. B.A. 10 Nov., adm. 18 Nov. 1581, det. 158$\frac{1}{2}$. (See the preceding.) [ii. 78]

*Magd. H.** **Feelde** (Felde, Field), **Richard**; suppl. B.A. 10 Nov., adm. 18 Nov. 1581, det. 158$\frac{1}{2}$; suppl. M.A. 22 May, lic. 2 June 1584, inc. 1584; suppl. B.D. (from Magd. H.) 25 Jan. 159$\frac{1}{2}$, adm. 14 July 1592; suppl. D.D. (from Queen's) 6 Dec., lic. 7 Dec. 1596, inc. 1597.

Exeter. **Fountaine, Stephen**; suppl. B.A. 18 Nov., adm. 22 Nov. 1581, det. 158$\frac{1}{2}$; suppl. M.A. 30 May, lic. 4 June 1584, inc. 1584. [ii. 99] (Boase, p. 47.)

Magd. C. **Hide** (Hyde), **Henry**; suppl. B.A. 10 Nov., adm. 22 Nov. 1581, det. 158$\frac{1}{2}$; suppl. M.A. 5 Nov., lic. 10 Dec. 1584, inc. 1585. [Magd. H., ii. 90]

Magd. C. **Farrant, Richard**; suppl. B.A. 18 Nov., adm. 22 Nov. 1581; his grace to det. was renewed 4 Feb. 158⅔. [ii. 89]
Corpus. **Porrage** (Porridge, Porredge), **Henry**; suppl. B.A. 18 Nov., adm. 22 Nov. 1581, det 158½. [Broadg. H., ii. 82] ⟨Fellow of Corp., 22 Dec. 1581.⟩
Brasenose. **Harvey, Christopher**; suppl. B.A. 10 Nov. adm. 22 Nov. 1581, det. 158½; suppl. M.A. 18 June 1584, and again 5 Nov. 1584, lic. 8 Feb. 158⅚, inc. 1585. [ii. 81]
Magd. C. **Newton** (Nwton), **Richard**; suppl. B.A. 2 Nov., adm. 24 Nov. 1581, det. 158½; suppl. M.A. May, lic. 3 June 1584, inc. 1584. [? i. 391.] ⟨Clerk of Magd. C. 1580–1585, Usher 1585–1589; Richard Newton, Clerk 1589–1594, Usher 1594–1606; (two distinct persons?); Blox. 2, p. 44 and 3, p. 133.⟩
Ch. Ch.* **Springet** (Sprint), **Ralph**; suppl. B.A. 1 July, adm. 28 Nov. 1581, det. 158½; suppl. M.A. (from N. I. H.) 13 May, lic. 5 July 1587. [He is entered as matriculating at N. I. H., ii. 159]
S. Mary H. **Aspinall, Miles**; adm. B.A. 28 Nov., det 158½; suppl. M.A. 18 June, lic. 27 June 1584, inc. 1584. [ii. 100]
S. Mary H. **Barker, William**; suppl. B.A. 28 Nov., adm. 29 Nov. 1581, det. 158½. [ii. 86] ⟨Fellow of Oriel in 1582.⟩
University. **Kinge, John**; suppl. B.A. 11 May, adm. 16 Dec. 1581, det. 158½.
Magd. H.* **Pilsworth, William**; suppl. B.A. (from Magd. C.?) 18 Nov., adm. (from Magd. H.) 16 Dec. 1581, det. 158½. [Magd. C., ii. 76]
Magd. H. **Hornebe** (Hornbé, Hornbee), **Henry**; suppl. B.A. 8 July 1580 and again 11 May 1581, adm. 16 Dec. 1581, det. 158½. [ii. 72]
Broadg. H. **Neale, Samuel**; suppl. B.A. 28 Nov., adm. 16 Dec. 1581, det. 158½. [ii. 82]

Ch. Ch. **Jones, Robert**; suppl. B.A. 31 Jan. 158⁰⁄₁.
S. Edm. H. **Gwin**, (Guyn). **Owen**; suppl. B.A. 23 Feb. 158⁰⁄₁. [ii. 91]
All Souls. **Wattsun, William**; suppl. B.A. 13 Mar. 158⁰⁄₁. [ii. 111]
Magd. H. **Webb, John**; suppl. B.A. 13 Mar. 158⁰⁄₁. [ii. 60]
Trinity. **Ivye, Leonard**; suppl. B.A. 11 May 1581.
Exeter. **Kight, Kenelm**; suppl. B.A. 4 July 1581.
... **Fitzharbard, Paul**; suppl. B.A. 8 July 1581. (See p. 102.)
Magd. H. **Powell, John**; det. 158½.
S. Mary H. **Baine** (?), **John**; det. 158½.

Jesus. **Lloyd, Matthew**; suppl. M.A. 1 July, lic. 3 July 1581, inc. 1581.

... **Prytherch** (Prythergh, Protherugh, Protherough), **William**; B.C.L., after fifteen years in Law, suppl. D.C.L. 13 Mar. 158⁰⁄₁, lic. —1581, inc. 1582. (*Reg.* I. 268.)
⟨*New C.*⟩ **Pinner, Charles**; adm. B.C.L. 6 Apr. 1581. [ii. 61] ⟨Scholar of New C. in 1573.⟩
⟨*S. John's.*⟩ **Russell**, ———; B.C.L. of three years' standing, suppl. D.C.L.

11 May, 1581. ⟨Possibly 'Henry Russell,' ii. 28, who, however, was adm. B.C.L. 18 Feb. $15\frac{69}{70}$, *Reg.* I. 346.⟩ ⟨Henry Russell, Fellow of S. Jo. in 1555.⟩

⟨*Oriel.*⟩ **Jackman, John**; suppl. M.B. 18 Feb. $158\frac{0}{1}$. [ii. 6.] ⟨Fellow of Oriel in 1562.⟩

1582.

*Ch. Ch.** **Milwarde** (Millwarde), **John**; suppl. B.A. (from Ch. Ch.) 15 Jan., adm. 19 Jan. $158\frac{1}{2}$, det. $158\frac{1}{2}$; suppl. M.A. (from Broadg. H.) 3 June, lic. 22 June 1584, inc. 1584. [ii. 105]

Corpus. **Burrows** (Burrous), **Francis**; suppl. B.A. 15 Jan., adm. 19 Jan. $158\frac{1}{2}$, det. $158\frac{1}{2}$. [ii. 111]

Exeter. **Brunning, Thomas**; suppl. B.A. 6 Dec. 1581, adm. 27 Jan. $158\frac{1}{2}$, det. $158\frac{1}{2}$; as B.A. Exet. of eight years' standing, suppl. lic. to pract. med. 15 Apr., lic. 16 Apr. 1602. (Boase, p. 47.) [ii. 99]

Oriel. **Smith, Robert**; suppl. B.A. 15 Jan., adm. 27 Jan. $158\frac{1}{2}$. det. $158\frac{1}{2}$; suppl. M.A. 9 May, lic. 6 May 1585, inc. 1585. [S. Mary H., ii. 86] ⟨Fellow of Oriel in 1582.⟩

Exeter. **Sargeant** (Sargent), **William**; suppl. B.A. 6 Dec. 1581, adm. 27 Jan. $158\frac{1}{2}$, det. $158\frac{1}{2}$. [ii. 64]

New Coll. **Burley** (Burleigh), **Edward**; adm. B.A. 29 Jan. $158\frac{1}{2}$, det. $158\frac{1}{2}$; lic. M.A. 27 Oct. 1585, inc. 1586. [ii. 85] ⟨Scholar of New C. in 1578.⟩

New Coll. **Waterhouse, John**; suppl. B.A. 25 Jan., adm. 29 Jan. $158\frac{1}{2}$, det. $158\frac{1}{2}$; suppl. M.A. 30 May, lic. 4 June 1584, inc. 1584. [Hart H., ii. 90]

. . . **Clement, Richard**; suppl. B.A. 18 Nov. 1581 and again 29 Mar. 1582, adm. 29 Jan. $158\frac{1}{2}$.

S. Alb. H. **Vaughan, Francis**; adm. B.A. 29 Jan. $158\frac{1}{2}$, det. $158\frac{1}{2}$; suppl. M.A. 15 Apr., lic 19 May 1586, inc. 1586.

Ch. Ch. **Thornton, Richard**; suppl. B.A. 25 Jan., adm. 30 Jan. $158\frac{1}{2}$, det. $158\frac{1}{2}$; suppl. M.A. 4 Feb., lic. 10 Feb. $158\frac{4}{5}$, inc. 1585; suppl. B.D. 11 Apr., adm. 14 Apr. 1600; suppl. lic. to preach 16 Jan., lic. 17 Jan $160\frac{4}{5}$; suppl. D.D. 18 Apr., lic. 1 June 1608, inc. 1608. [ii. 103] (Prebendary of Worcester, died 1615.) ⟨Student of Ch. Ch. in 1577.⟩

Ch. Ch. **Founs** (Fones, Fownes, Fawnes), **Richard**; suppl. B.A. 25 Jan., adm. 30 Jan. $158\frac{1}{2}$, det. $158\frac{1}{2}$; suppl. M.A. 10 Feb. $158\frac{4}{5}$, lic. 3 Apr. 1585, inc. 1585; suppl. B.D. 8 Dec. 1604 and again 14 May 1605, adm. 16 May 1605; suppl. D.D. 14 May 1605. [ii. 102] ⟨Student of Ch. Ch. in 1577.⟩

Ch. Ch. **Braunch** (Brainche, Branch), **Richard**; suppl. B.A. 15 Jan., adm. 30 Jan. $158\frac{1}{2}$, det. $158\frac{1}{2}$; suppl. M.A. 4 Feb., lic. 10 Feb. $158\frac{4}{5}$, inc. 1585. [ii. 102] ⟨Student of Ch. Ch. in 1579.⟩

Ch. Ch. **Sutton, William**; suppl. B.A. 25 Jan., adm. 30 Jan. $158\frac{1}{2}$, det. $158\frac{1}{2}$; suppl. M.A. 4 Feb., lic. 10 Feb. $158\frac{4}{5}$, inc. 1585; suppl. B.D. 14 Mar. $159\frac{1}{2}$, adm. 6 Apr. 1592. [ii. 103] ⟨Student of Ch. Ch. in 1579.⟩

Ch. Ch. **Lloyd** (Floide, Floyde), **Richard**; suppl. B.A. 15 Jan., adm.

30 Jan. 158½, det. ('William') 158½; suppl. M.A. 4 Feb., lic. 10 Feb. 158⅘, inc. 1585. [ii. 103] ⟨Student of Ch. Ch. in 1579.⟩

Ch. Ch. **Williamson, Gerard** (Garret); suppl. B.A. 25 Jan., adm. 30 Jan. 158½, det. 158½; suppl. M.A. 10 Feb. 158⅘, lic. 14 June 1585, inc. 1585; suppl. B.D. 18 Nov., adm. 26 Nov. 1595; suppl. D.D. 13 Mar., lic. 16 Mar. 160⁶⁄₇, inc. 1607. [ii. 103] ⟨Student of Ch. Ch. in 1579.⟩

Ch. Ch. **Ghest** (Gheaste, Gest), **Lionel**; suppl. B.A. 15 Jan., adm. 30 Jan. 158½, det. 158½. [ii. 102] ⟨Student of Ch. Ch. in 1579.⟩

Ch. Ch. **Riall** (Ryall), **George**; suppl. B.A. 15 Jan., adm. 30 Jan. 158½, det. 158½; suppl. M.A. 4 Feb., lic. 10 Feb. 158⅘, inc. 1585. (In the lic. M.A. his name is put as 'George Floyde' from dittography with 'Richard Floyde,' *supra.*) [ii. 103] ⟨Student of Ch. Ch. in 1579.⟩

Ch. Ch. **Horden, William**; suppl. B.A. 25 Jan., adm. 30 Jan. 158½, det. 158½. [ii. 103] ⟨Student of Ch. Ch. in 1579.⟩

Ch. Ch. **Heyden, John**; suppl. B.A. 25 Jan., adm. 30 Jan. 158½, det. 158½. [ii. 103] ⟨Student of Ch. Ch. in 1580.⟩

Ch. Ch. **Cox, William**; suppl. B.A. 25 Jan., adm. 30 Jan. 158½, det. 158½; suppl. M.A. 4 Feb., lic. 10 Feb., 158⅘, inc. 1585. [ii. 102] ⟨Student of Ch. Ch. in 1580.⟩

*Brasenose.** **Hix** (Hickes), **William**; suppl. B.A. (from Bras.) 4 July 1581, adm. 6 Feb. 158½, det. 158½; suppl. M.A. (from Magd. C.) 30 May, lic. 3 June 1584, inc. 1584. [ii. 83] ⟨Chapl. of Magd. C. 1585–1589; Blox. 2, p. 129.⟩ ⟨William Hickes, a different person, from co. Kent, aetat 20, Demy of Magd. C. 1585–1586; Blox. 4, p. 224.⟩

*Brasenose.** **Buckfold** (Bucfoulde, Buckfoulced), **John**; suppl. B.A. (Bras.) 25 Jan., adm. 6 Feb. 158½, det. 158½; suppl. M.A. (Bras.) 30 May, lic. 7 July 1584, inc. 1584; (Chaplain of All So.) suppl. lic. to preach 6 Dec., and lic. — Dec. 1593; suppl. B.D. 14 Dec., adm. 16 Dec. 1594. [ii. 80]

Hart H. **Sherley** (Shirley), **Anthony**; suppl. B.A. 12 Dec. 1581, adm. 8 Feb. 158½, det. 158½. [ii. 90]

Brasenose. **Howsman, John**; suppl. B.A. 6 Dec. 1581, adm. 8 Feb. 158½, det. 158½; suppl. M.A. 1 July, lic. 8 July 1584, inc. 1584. [ii. 81]

Brasenose. **Rilston, Edward**; suppl. B.A. 6 Feb., adm. 8 Feb. 158½, det. 158½; suppl. M.A. 13 June, lic. 8 July 1585, inc. 1585; suppl. B.D. 16 Jan. 1599/1600, adm. 14 Apr. 1600; suppl. lic. to preach 17 Dec. 1604, lic. 21 Jan. 161⅘. [ii. 81] ⟨Fellow of Bras. in 1586.⟩

Gloc. H. **Lorte** (Lorde), **Thomas**; suppl. B.A. 6 Feb., adm. 14 Feb. 158½, det. 158½; suppl. M.A. 30 May, lic. 3 June 1584. [ii. 82]

*Gloc. H.** **Voyall** (Voyell, Vowall), **William**; suppl. B.A. (from Gloc. H.) 6 Feb., adm. 14 Feb. 158½, det. 158½; suppl. M.A. (from Jes.) 17 Nov., lic. 6 Dec. 1585, inc. 1586; suppl. ('Voel' from Jes.) for lic. to pract. med., — July 1588. [ii. 83]

Trinity. **Snawdon** (Swaden), **William**; suppl. B.A. 6 Dec. 1581, adm. 14 Feb. 158½, det. 158¹. [ii. 79]

Merton. **Goldsmith** (Gooldsmith), **Christopher**; suppl. B.A. 21 June 1581, adm. 16 Feb. 158½, det. 158½; suppl. M.A. 18 June, lic. 27 June 1584, inc. 1584. [ii. 108]

*Merton.** **Style** (Stile), **William**; suppl. B.A. (from Magd. C.?) 16 Feb., adm. 16 Feb. 158½, det. (Mert.) 158½. [Queen's, ii. 73]

Lincoln. **Elmeston** (Elmstone, Elinstone), **John**; suppl. B.A. 6 Feb., adm. 16 Feb. 158½, det. 158½; suppl. M.A. 9 May, lic. 9 June 1585, inc. 1585. [ii. 89]

Queen's. **Darknall, Lamuel**; adm. B.A. 21 Feb. 158½, det. 158½; suppl. M.A. 22 May, lic. 3 July 1584, inc. 1584. [ii. 77]

Magd. H. **Allibond** (Allebon), **Peter**; suppl. B.A. 8 Feb., adm. 21 Feb. 158½, det. 158½; suppl. M.A. 2 July, lic. 6 July 1585, inc. 1585. [ii. 91]

University. **Woldrige** (Woldridge), **John**; suppl. B.A. 21 Feb., adm. 22 Feb. 158½, det. 158½; suppl. M.A. 5 Nov., lic. 10 Dec. 1584, inc. 1585. [ii. 115]

Brasenose. **Yearnold** (Yernold), **Francis**; suppl. B.A. 21 Feb., adm. 22 Feb. 158½, det. 158½; suppl. M.A. 17 Dec. 1584, lic. 8 Feb. 158⅘, inc. 1585. [ii. 84]

Brasenose. **Cooper** (Cupper), **William**; suppl. B.A. 21 Feb., adm. 22 Feb. 158½, det. 158½; suppl. M.A. 1 July, lic. 8 July 1584, inc. 1584. [ii. 88]

*New Inn H.** **Turner, Thomas**; suppl. B.A. (from N.I.H.) 22 Feb., adm. 22 Feb. 158½, det. 158½; suppl. M.A. (from Exet.) 1 July, lic. 10 July 1584, inc. 1584.

S. Edm. H. **Hodges, Alexander**; suppl. B.A. 21 Feb., adm. 22 Feb. 158½, det. 158½. [Queen's, ii. 83]

S. Edm. H. **Ferrall** (Farrell), **Toby**; suppl. B.A. 21 Feb., adm. ('Ferrar') 22 Feb. 158½, det. 158½; suppl. M.A. 30 May, lic. 2 June 1584, inc. ('John') 1584.

S. Edm. H. **Huges** (Hughs, Hughes, Hwes), **William**; suppl. B.A. 25 Jan., adm. 22 Feb. 158½, det. 158½; suppl. M.A. 1 July, lic. 6 July 1584, inc. 1584. [ii. 91]

S. Edm. H. **Fitz-Randall, Paul**; adm. B.A. 22 Feb. 158½, det. 158½. ⟨The suppl. B.A. is probably that given, *supra*, p. 99, as 'Paul Fitz-harbard.'⟩

*S. Edm. H.** **Snape, Edmund**; suppl. B.A. (from S. Edm. H.) 21 Feb., adm. 22 Feb. 158½, det. 158½; suppl. M.A. (from Mert.) 18 June, lic. 10 July 1584, inc. 1584.

S. Mary H. **Heney** (Hayné, Hainé, Haines), **John**; suppl. B.A. 6 Dec. 1581, adm. 22 Feb. 158½; suppl. M.A. 22 May, lic. 2 June 1584, inc. 1584. [ii. 93]

*S. Mary H.** **Colfe, Thomas**; suppl. B.A. (from S. Mary H.) 21 Feb., adm. 22 Feb. 158½, det. 158½; suppl. M.A. (from Broadg. H.) 30 May, lic. 2 June 1584, inc. 1584. [Broadg. H., ii. 88]

Merton. **Skinner, John**; suppl. B.A. 8 Feb., adm. 22 Feb. 158½, det. 158½. [ii. 109]

Ch. Ch. **Vaghan, Richard**; suppl. B.A. 21 Feb., adm. 22 Feb. 158½, det. 158½; suppl. M.A. 19 Feb. 158⅘, lic. 22 June 1585, inc. 1585. [ii. 103] ⟨Student of Ch. Ch. in 1580.⟩

Broadg. H. **Laurye, Edmund**; suppl. B.A. 28 Jan., adm. 22 Feb. 158½, det. ('Lane') 158½. [? Edward, ii. 73]

. . . **Still, John**; adm. B.A. 22 Feb. 158½.

University. **Roberts, Maurice**; adm. B.A. 23 Feb. 158½, det. 158½; suppl. M.A. 27 June, lic. 30 June 1585, inc. 1585. [ii. 95]

University. **Batt, John**; suppl. B.A. 23 Feb., adm. 23 Feb. 158$\frac{1}{2}$, det. 158$\frac{1}{2}$; suppl. M.A. 8 July, lic. 7 July 1585, inc. 1585.

Gloc. H. **Vaghan, David**; adm. B.A. 9 Mar. 158$\frac{1}{2}$, det. 158$\frac{2}{3}$; suppl. M.A. 30 May, lic. 4 June 1584, inc. 1584.

S. John's. **Lucas, Richard**; suppl. B.A. 22 Feb., adm. 9 Mar. 158$\frac{1}{2}$, det. 158$\frac{1}{2}$. ⟨See *infra.*⟩ [ii. 68]

Brasenose. **Barnsley, Walter**; suppl. B.A. 18 Nov. 1581, adm. 13 Mar. 158$\frac{1}{2}$. [ii. 80]

*S. Mary H.** **Bentley, Hugh**; suppl. B.A. (from S. Mary H.) 1 July 1581, and again 6 Mar. 158$\frac{1}{2}$, adm. (S. Mary H.) 13 Mar. 158$\frac{1}{2}$, det. 158$\frac{6}{7}$; suppl. M.A. (from Broadg. H.) 13 May, lic. 5 July 1587, inc. 1587. [Ch. Ch., ii. 57]

⟨*S. John's.*⟩ **Lucas, Richard**; adm. B.A. 13 Mar. 158$\frac{1}{2}$. ⟨See *supra*; apparently a repetition.⟩

Lincoln. **Ley** (Lea), **William**; adm. B.A. 26 Mar. 1582, det. 158$\frac{1}{2}$ [1]; suppl. M.A. 18 June, lic. 6 July 1584, inc. 1584.

New Coll. **Edwards, Thomas**; suppl. B.A. 29 Mar., adm. 26 Mar. 1582, det. 158$\frac{1}{2}$.

. . . **Pycmire** (Picmere), **John**; adm. B.A. 28 Mar. 1582, det. 158$\frac{1}{2}$.

Broadg. H. **Presse, Simon**; suppl. B.A. 29 Mar., adm. 28 Mar. 1582, det. 158$\frac{1}{2}$. [ii. 92]

Broadg. H. **Trivet, Christopher**; suppl. B.A. 29 Mar., adm. 28 Mar. 1582, det. ('William') 158$\frac{2}{3}$; suppl. M.A. 30 May, lic. 4 June 1584, inc. 1584. [ii. 104]

⟨*Lincoln.*⟩ **Bentley, Thomas**; suppl. B.A. 21 Feb. 158$\frac{1}{2}$, adm. 29 Mar. 1582, det. 158$\frac{1}{2}$. [ii. 85]

Lincoln. **Fouler** (Fowler), **William**; suppl. B.A. 29 Mar., adm. 29 Mar. 1582, det. 158$\frac{1}{2}$. [ii. 112]

*Merton.** **Starkey, Henry**; suppl. B.A. (from Mert.) 29 Mar., adm. 29 Mar. 1582, det. (from S. Alb. H.) 158$\frac{2}{3}$; suppl. M.A. (from S. Alb. H.) 18 June, lic. 3 July 1584; 'Thomas Sarkey' inc. 1584, probably an error for this man.

Magd. H. **Veale, Thomas**; suppl. B.A. 29 Mar., adm. 2 Apr. 1582; suppl. M.A. 1 July, lic. 11 July 1584, inc. 1584. [ii. 72]

Lincoln. **Bennet, William**; suppl. B.A. 1 Apr., adm. 2 Apr. 1582. [Gloc. H., ii. 82]

Magd. H. **Allen, David**; suppl. B.A. 1 Apr., adm. 5 Apr. 1582. [ii. 76]

Balliol. **Vaghan** (Vaughan), **William**; suppl. B.A. 2 Apr., adm. 5 Apr. 1582, det. 158$\frac{2}{3}$; suppl. M.A. 3 June, lic. 8 July 1584, inc. 1584; suppl. lic. to preach 4 Feb., lic. 8 Feb. 159$\frac{0}{1}$, (being then 'comminarius sive studens Coll. Ball.'); suppl. B.D. 20 Apr., adm. 27 Apr. 1591; suppl. D.D. 19 Apr., lic. 9 May 1597, inc. 1597.

S. Mary H. **Eliston, John**; suppl. B.A. 29 Mar., adm. 7 Apr. 1582. [ii. 102]

S. Edm. H. **Poulter** (Powlter), **Thomas**; suppl. B.A. 4 Apr., adm. 26 Apr. 1582, det. 158$\frac{3}{4}$; suppl. M.A. 18 June, lic. 27 June 1584, inc. 1584. [Broadg. H., ii. 82]

[1] In this and a few other entries here, there must be some error either in the admission entry or in the determination entry.

New Coll. **Bayley** (Bailey), **John**; adm. B.A. 26 Apr. 1582, det. 158$\frac{2}{3}$; lic. M.A. 14 Jan. 158$\frac{5}{6}$, inc. 1586; suppl. lic. to pract. med. 13 Dec., lic. 17 Dec. 1596. [ii. 85] ⟨Scholar of New C. in 1578.⟩

New Coll. **Crith** (Crich), **Samuel**; adm. B.A. 26 Apr. 1582, det. 158$\frac{2}{3}$. ⟨Samuel Cryche, Scholar of New C. in 1578.⟩

Brasenose. **Polhill** (Pollhill), **Richard**; suppl. B.A. 29 Mar., adm. 18 May 1582, det. 158$\frac{2}{3}$; suppl. M.A. 17 Dec. 1584, lic. 8 July 1585, inc. 1585. [ii. 81]

*Ch. Ch.** **Strangwidge** (Strangwich, Strangwayes, Strangwith), **Nicholas**; suppl. B.A. 28 Apr., adm. 18 May (from Ch. Ch.) 1582, det. (from Broadg. H.) 158$\frac{2}{3}$; suppl. M.A. (from Broadg. H.) 18 June, lic. 27 June 1584, inc. 1584.

Magd. H. **Chaloner** (Challiner, Chaliner), **Thomas**; suppl. B.A. 22 Feb. 158$\frac{1}{2}$, adm. 28 May 1582, det. 158$\frac{2}{3}$. [ii. 87]

Brasenose. **Brwerton** (Brereton), **Peter**; suppl. B.A. 29 Mar., adm. 28 May 1582.

Balliol. **Bayley, John**; suppl. B.A. 14 May, adm. 31 May 1582, det. 158$\frac{2}{3}$; suppl. M.A. 17 Dec. 1584, lic. 4 Feb. 158$\frac{4}{5}$, det. 1585. [ii. 84]

Balliol. **Abbat** (Abbott, Abbot, Abbotts), **George**; suppl. B.A. 14 May, adm. 31 May 1582, det. 158$\frac{2}{3}$; suppl. M.A. 17 Nov., lic. 17 Dec. 1585, inc. 1586; suppl. lic. to preach 2 Mar. 159$\frac{3}{4}$; suppl. B.D. 2 Mar. 159$\frac{3}{4}$, adm. 4 Mar. 159$\frac{3}{4}$; suppl. D.D. 26 Feb. 159$\frac{6}{7}$, lic. 9 May 1597, inc. 1597. [ii. 96]

Broadg. H. **Webb, Robert**; suppl. B.A. 28 Apr., adm. 23 June 1582, det. 158$\frac{2}{3}$; suppl. M.A. 13 Feb. 158$\frac{7}{8}$.

University. **Prichard, Robert**; suppl. B.A. 13 June, adm. 30 June 1582, det. 158$\frac{2}{3}$. [ii. 116]

S. John's. **Buckridge** (Buckridg, Buccaridge, Buckeridge), **John**; suppl. B.A. ('Bembridge') 2 May, adm. ('Buckridge') 4 July 1582, det. 158$\frac{2}{3}$; suppl. M.A. 23 Mar. 158$\frac{5}{6}$, lic. 20 Apr. 1586, inc. 1586; suppl. B.D. 18 Nov., adm. 20 Nov. 1592; suppl. lic. to preach 9 Dec. 1592; suppl. D.D. 3 Feb., lic. 5 Feb. 159$\frac{6}{7}$, inc. 1597. [ii. 44] ⟨Fellow of S. Jo. in 1578.⟩

S. John's. **Finmer** (Finmore, Finmoore), **William**; suppl. B.A. 28 May, adm. 4 July 1582, det. 158$\frac{2}{3}$; suppl. B.C.L. 14 Oct., adm. 5 Nov. 1588. [ii. 44] ⟨Fellow of S. Jo. in 1578.⟩

S. John's. **Blomer** (Blamor), **Henry**; suppl. B.A. 13 June, adm. 4 July 1582, det. 158$\frac{2}{3}$. [Trin., ii. 90]

S. John's. **Wight, Daniel**; suppl. B.A. 13 June, adm. ('Willet') 4 July 1582, det. 158$\frac{2}{3}$. [S. Alb. H., ii. 78]

*All Souls.** **Hodgson** (Hodshon, Hodgeson), **Miles**; suppl. B.A. 31 Jan. 158$\frac{0}{1}$ and 2 July 1582, adm. (All So.) 6 July 1582, det. (New C.) 158$\frac{2}{3}$; suppl. M.A. (New C.) 1 July, lic. 10 July 1584, inc. 1584; suppl. B.D. (New C.) 26 June, adm. 27 June 1594. [ii. 111]

S. Mary H. **Kitsen, John**; suppl. B.A. 2 July, adm. 6 July 1582, det. 158$\frac{2}{3}$. [ii. 86]

*Magd. C.** **Grene** (Green), **Thomas**; suppl. B.A. (Magd. C.) 2 July, adm. (Magd. C.) 6 July 1582, det. (Corp.) 158$\frac{2}{3}$; suppl. M.A. (Corp.) 9 May, lic. 9 June 1585, inc. 1585. [ii. 107]

Corpus. **Midleton** (Midelton, Medelton), **John**; suppl. B.A. 2 July, adm. 6 July 1582, det. 158$\frac{2}{3}$. [ii. 112]

Trinity. **Fixer, John**; suppl. B.A. 22 Feb. $158\frac{1}{2}$, adm. 7 July 1582. [ii. 86] ⟨Scholar of Trin. in 1579.⟩

Trinity. **Kettel** (Ketell, Kettell, Kettle, Kittle), **Ralph**; suppl. B.A. 22 Feb. $158\frac{1}{2}$, adm. 7 July 1582, det. $158\frac{2}{3}$; suppl. M.A. 23 Mar. $158\frac{5}{6}$, lic. 23 Apr. 1586, inc. 1586; suppl. B.D. 8 June, adm. 11 June 1594; suppl. D.D. 3 May, lic. 9 May 1597, inc. 1597; suppl. lic. to preach 28 Jan., lic. 29 Jan. $160\frac{1}{2}$, (being then Pres. of Trin.) [ii. 87] ⟨Scholar of Trin. in 1579, Fellow in 1583, President in $159\frac{8}{9}$.⟩

⟨*? Merton.*⟩ **Stevens, William**; adm. B.A. 7 July 1582. 'William Sthennes' (Mert.) suppl. B.A. 29 Mar. 1582.

Gloc. H. **Willis, Timothy**; suppl. B.A. 31 May, adm. 10 July 1582, det. $158\frac{2}{3}$. [S. Jo., ii. 44] ⟨Fellow of S. Jo. in 1578.⟩

Oriel. **Homes, George**; suppl. B.A. 8 Feb. $158\frac{1}{2}$, adm. 10 July 1582, det. $158\frac{2}{3}$. [ii. 110]

*Queen's.** **Tayler** (Tailer), **Richard**; suppl. B.A. 31 May, adm. 12 July 1582, det. $158\frac{2}{3}$; suppl. M.A. (Queen's) 4 July, lic. (Bras.) 7 July 1586, inc. (Bras.) 1586. [ii. 102]

Exeter. **Pawlye** (Paulie, Pawley), **Thomas**; suppl. B.A. 3 July, adm. 13 July 1582, det. $158\frac{2}{3}$; suppl. M.A. 1 July, lic. 10 July 1584, inc. 1584. [ii. 64] (Boase, p. 47.)

Exeter. **Huish** (Hueshe), **William**; suppl. B.A. 10 July, adm. 13 July 1582, det. $158\frac{2}{3}$; suppl. M.A. 18 June, lic. 27 June 1584, inc. 1584. [ii. 64] Boase, p. 48.

⟨*Magd. C.**⟩ **Sampson, Nathaniel**; suppl. B.A. (? Magd. C.) 12 July, adm. 13 July 1582; suppl. M.A. (Corp.) May, lic. 22 May 1584, inc. 1584. [ii. 113.]

New Coll. **Rives** (Ryves), **George**; adm. B.A. 12 Oct. 1582, det. $158\frac{2}{3}$; lic. M.A. 3 June 1586, inc. 1586; suppl. B.D. 6 Nov., adm. 7 Nov. 1594; suppl. D.D. 20 Mar. $159\frac{8}{9}$ (being then Chapl. to Bp. of Winchester), lic. 2 July 1599, inc. 1599; suppl. lic. to preach 25 Jan., lic. 28 Jan. $160\frac{1}{2}$ (being then Warden of New C.). [ii. 85] ⟨Scholar of New C. in $157\frac{8}{9}$.⟩

*Magd. C.** **Phines** (Fineis, Fines), **Richard**; suppl. B.A. (Magd. C.) 6 Dec. 1581 and 4 Apr. 1582, adm. 18 Oct. 1582, det. $158\frac{2}{3}$; suppl. M.A. (Ball.) 15 Apr., lic. 23 Apr. 1586, inc. 1586. [ii. 76]

Magd. C. **Wilton, George**; suppl. B.A. 6 Dec. 1581 and 4 Apr. 1582, adm. 18 Oct. 1582, det. $158\frac{2}{3}$; suppl. M.A. 2 July, lic. 6 July 1585, inc. 1585. [ii. 89]

*Merton.** **Whit** (White, Whyte), **Thomas**; suppl. B.A. (Mert.) 3 July, adm. 18 Oct. 1582, det. ('Wight,' S. Alb. H.) $158\frac{2}{3}$; suppl. M.A. (Mert.) 23 Apr., lic. 14 May 1588, inc. 1588. [ii. 90] Brod. p. 273.

*Gloc. H.** **Stone** (Stones), **Robert**; suppl. B.A. 4 Apr. (Gloc. H.), adm. 24 Oct. 1582, det. $158\frac{2}{3}$; suppl. M.A. 21 Jan. and again Mar. $158\frac{6}{7}$ (being then of Magd. H.), lic. (Robert 'Jone'), 28 June 1587, inc. 1587. [ii. 82]

Gloc. H. **Petipher** (Petiver), **Anthony**; suppl. B.A. 18 Oct., adm. 29 Oct. 1582, det. $158\frac{2}{3}$. [Magd. H., ii. 92]

*Broadg. H.** **Manton, Thomas**; suppl. B.A. (Broadg. H.) 18 Oct., adm. 31 Oct. 1582, det. $158\frac{2}{3}$; suppl. M.A. (Ch. Ch.) 1 July, lic. 9 July 1584, inc. 1584.

*Balliol.** **Ellis Clement**; suppl. B.A. (Ball.) 18 Oct., adm. 31 Oct.

1582, det. 158¾; suppl. M.A. (Linc.) 2 July, lic. 7 July 1585, inc. 1585. [ii. 85]

*Lincoln.** **Lodington** (Loddington), **Thomas**; suppl. B.A. (S. Mary H.) 18 Oct., adm. (S. Mary H.) 3 Nov. 1582, det. (Linc.) 158¾; suppl. M.A. (Linc.) 2 July, lic. 7 July 1585, inc. 1585; suppl. B.D. 7 Apr. 1592, adm. 4 Mar. 159³⁄₄; suppl. lic. to preach 26 Mar. 1595 and again 25 Feb. 159⁰⁄₇, lic. 12 Mar. 159⁰⁄₇. (Fellow of Lincoln from 8 Nov. 1582 to 1605.)

Magd. C. **Humfrey** (Humfreie), **John**; suppl. B.A. 18 Oct., adm. 3 Nov. 1582, det. 158¾. [ii. 88] (Fellow of Magd. C. in 1579.)

Magd. C. **Fox, Samuel**; suppl. B.A. 4 July 1581 and 29 Mar. 1582, adm. 3 Nov. 1582, det. 158¾; suppl. M.A. 13 May, lic. 22 June 1587, inc. 1587. [ii. 59]

Magd. C. **Gilbard** (Gilbert, Gillbert, Gibbert, Gibbard), **William**; suppl. B.A. 6 Dec. 1581 and again 4 Apr. 1582, adm. 3 Nov. 1582, det. 158¾; suppl. M.A. 11 Nov. 1585 and Jan. 158⁰⁄₇, lic. 22 June 1587, inc. 1587; suppl. lic. to preach 22 Apr. 1596, lic. 12 July 1603; suppl. B.D. 15 July, adm. 22 July 1607. [ii. 50]

Magd. C. **Smith, Paul**; suppl. B.A. 18 Oct., adm. 3 Nov. 1582. [ii. 76] (Fellow of Magd. C. in 1579.)

Magd. C. **Laurence, Thomas**; suppl. B.A. 18 Nov. 1581 and 28 Mar. 1582, adm. 3 Nov. 1582, det. 158¾; suppl. M.A. 13 May, lic. 22 June 1587, inc. 1587.

Magd. C. **Wood, William**; suppl. B.A. 6 Dec. 1581 and 4 Apr. 1582, adm. 3 Nov. 1582, det. 158¾; suppl. M.A. 11 Nov. 1585 and Jan. 158⁰⁄₇, lic. 22 June 1587, inc. 1587. [ii. 52]

Magd. C. **Greene, George**; suppl. B.A. 6 Dec. 1581 and 4 Apr. 1582, adm. 3 Nov. 1582, det. 158¾. [ii. 59]

Magd. C. **Cooke, William**; suppl. B.A. 6 Dec. 1581 and 4 Apr. 1582, adm. 3 Nov. 1582, det. 158¾; suppl. M.A. 8 July and 11 Nov. 1585 and Jan. 158⁰⁄₇, lic. 22 June 1587, inc. 1587; suppl. lic. to preach 9 Feb., lic. 10 Feb. 159⁴⁄₆.

Magd. C. **Godstowe, Thomas**; suppl. B.A. 29 Mar., adm. 3 Nov. 1582, det. 158¾; suppl. M.A. 17 Nov. 1585, May 1586, and Jan. 158⁰⁄₇, lic. 28 June 1587, inc. 1587. [ii. 107]

Magd. C. **Frencham, Henry**; suppl. B.A. 6 Dec. 1581 and 4 Apr. 1582, adm. 3 Nov. 1582, det. 158¾; suppl. M.A. 11 Nov. 1585 and Jan. 158⁰⁄₇, lic. 22 June 1587, inc. 1587. [ii. 107]

Magd. C. **Winwood** (Winhood), **Ralph**; suppl. B.A. 18 Nov. 1581 and 4 Apr. 1582, adm. 3 Nov. 1582, det. 158¾; suppl. M.A. 11 Nov. 1585 and Jan. 158⁰⁄₇, lic. 22 June 1587, inc. 1587; suppl. B.C.L. 3 Feb., adm. 5 Feb. 159⁰⁄₁; suppl. D.C.L. 6 July 1594. [S. Jo. ii. 78]

Magd. C. **Tinley, Robert**; suppl. B.A. 21 June 1581 and 18 Oct. 1582, adm. 3 Nov. 1582, det. 158¾; suppl. M.A. 13 May, lic. 22 June 1587, inc. 1587; suppl. lic. to preach 3 Mar., lic. 13 Mar. 159⅝; suppl. B.D. 7 Nov., adm. 15 Dec. 1597; suppl. D.D. 30 June, lic. 10 July 1600, inc. 1600. [ii. 108; matric. also at Magd. H., ii. 95] (Fellow of Magd. C. in 1582.)

Magd. C. **Parker, Robert**; suppl. B.A. 4 Apr., adm. 3 Nov. 1582, det. 158¾; suppl. M.A. 13 May, lic. 22 June 1587, inc. 1587. (Chor. of Magd. C. 1575, Demy 1580-1583, Fellow 1585-1593; Blox. 4, p. 222.)

Magd. C.   **Jenens** (Jenings, Genens), **Samuel**; suppl. B.A. 6 Dec. 1581 and 4 Apr. 1582, adm. 3 Nov. 1582, det. 158¾; suppl. M.A. 2 July, lic. 6 July 1585, inc. 1585. [Magd. H., ii. 38] ⟨Demy of Magd. C. 1576-1585; Blox. 4, p. 200.⟩
⟨*Magd. C.**⟩ **Saunderson, Thomas**; suppl. B.A. (Magd. C.) 6 Dec. 1581 and 4 Apr. 1582, adm. 3 Nov. 1582, det. (Ball.) 158¾; suppl. M.A. (Ball.) 22 May, lic. 25 May 1585, inc. 1585; suppl. lic. to preach 14 Dec. 1593; suppl. B.D. 1 Mar., lic. 4 Mar. 1593/4; suppl. D.D. 14 May 1605 (being then one of the translators of the Bible.) [ii. 76]
Magd. C.   **Greene, Peter**; suppl. B.A. 6 Dec. 1581 and 4 Apr. 1582, adm. 3 Nov. 1582, det. 158¾; suppl. M.A. 9 June, lic. 15 June 1585, inc. 1585. [ii. 51]
Magd. C.   **Webbe, Ambrose**; suppl. B.A. 6 Dec. 1581 and 4 Apr. 1582, adm. 3 Nov. 1582, det. 158¾; suppl. M.A. 11 Nov. 1585 and Jan. 158⁶⁄₇, lic. 22 June 1587, inc. 1587; suppl. lic. to preach 24 Sept. 1593. [ii. 108]
Magd. C.   **Stile, Robert**; suppl. B.A. ('William' Stile) 4 Apr., adm. ('Robert') 3 Nov. 1582; det. ('Robert') 158¾. [ii. 108]
Magd. C.   **Basden, Thomas**; suppl. B.A. 18 Oct., adm. 3 Nov. 1582, det. 158¾; suppl. M.A. 13 May, lic. 22 June 1587, inc. 1587. [?Magd. H., ii. 72] ⟨'Busden;' Demy of Magd. C. 1581-1586; Blox. 4, p. 223.⟩
Balliol.   **Blunt, Richard**; suppl. B.A. 28 Nov., adm. 29 Nov. 1582, det. 158¾. [ii. 96] ⟨Fellow of Trin. in 1583.⟩
*Brasenose.**   **Orson** (Orsun), **William**; suppl. B.A. (Bras.) 28 Nov., adm. 29 Nov. 1582, det. 158¾; suppl. M.A. (Corp.) 17 Nov. 1585, lic. 19 June 1588, inc. 1588; suppl. B.D. (Corp.) 17 July, adm. 11 Oct. 1596.
S. Mary H.   **Covert, Alexander**; suppl. B.A. 28 Nov., adm. 29 Nov. 1582, det. 158¾. [ii. 93]
Lincoln.   **Lewen** (Lwin), **Robert**; suppl. B.A. 28 Nov., adm. 29 Nov. 1582, det. 158¾; suppl. M.A. 2 July, lic. 9 July 1585, inc. 1585. [ii. 89] ⟨Fellow of Lincoln, 1583-1587.⟩
Oriel.   **Scott** (Scot), **Henry**; suppl. B.A. 28 Nov., adm. 3 Dec. 1582, det. 158¾; suppl. M.A. 22 May, lic. 25 May 1585, inc. 1585; suppl. B.C.L. 17 Oct. 1590. [S. Mary H., ii. 86] ⟨Fellow of Oriel in 1583.⟩
*Jesus.**   **Powell, Moses**; suppl. B.A. (Jesus) 29 Mar., adm. 3 Dec. 1582, det. 158¾; suppl. M.A. (S. Mary H.) 17 Nov. 1585, lic. 8 July 1586, inc. 1586.
S. Alb. H.   **Vallentin** (Valentine), **Thomas**; suppl. B.A. ('ex Aula Urbana') 1 Dec., adm. 7 Dec. 1582. det. 158¾. [ii. 113]
*Ch. Ch.**   **Lacey** (Lacy, Laycey), **Rouland**; suppl. B.A. (Broadg. H.) 1 Dec., adm. 7(?) Dec. 1582, det. (Ch. Ch.) 158¾. ⟨The Christian name in some of the degree entries is given also as 'Reginald.' He is probably the Richard Lasie of ii. 92.⟩

Jesus.   **Howell, Thomas**; suppl. B.A. 21 Feb. 158½; suppl. M.A. 18 June, lic. 6 July 1584, inc. 1584. [ii. 86]

Trinity. **Shafton, Christopher**; suppl. B.A. 22 Feb. $158\frac{1}{2}$. [ii. 87]
Broadg. H. **Tilley, John**; suppl. B.A. 22 Feb. $158\frac{1}{2}$, det. $158\frac{1}{2}$.
University. **Morris, Robert**; suppl. B.A. 1 Mar. $158\frac{1}{2}$.
S. Mary H. **Munford, Thomas**; suppl. B.A.(?) 6 Mar. $158\frac{1}{2}$. Probably the same as Thomas Munford or Mumforde (Chaplain to Ambrose, Earl of Warwick, and Parson of Tuing in Herefordshire) who suppl. B.D. 28 Feb. $158\frac{3}{4}$ [i. 150] and was adm. B.D. 11 Apr. 1584; lic. D.D. 4 July 1588, inc. 1588.
S. Mary H. **Tillson, John**; suppl. B.A. 29 Mar. 1582.
New Coll. **Millar, Richard**; suppl. 29 Mar. $158\frac{1}{2}$ (it is not clear whether he suppl. B.A. or B.C.L.). [ii. 60] ⟨Scholar of New C. in 1574.⟩
S. Edm. H. **Bentley, Edward**; suppl. B.A. 14 May 1582. [ii. 91]
*S. Alb. H.** **Crowther** (Crouther), **Anthony**; suppl. B.A. (S. Alb. H.) 14 May 1582, det. (Univ.) $158\frac{6}{7}$; suppl. M.A. (Univ.) 24 June, lic. 2 July 1588, inc. 1588. [ii. 78]
New Coll. **Hacluit, Edmund**; 'Clericus coll. Nov.' suppl. B.A. 13 June 1582. [Perhaps Edmund Hackluyt of S. Jo., ii. 68]
Lincoln. **Webb, John**; suppl. B.A. 2 July 1582. [ii. 85]
S. Edm. H. **Reisley, Francis**; suppl. B.A. 18 Oct. 1582. [ii. 82]
. . . **Barns, Walter**; det. $158\frac{2}{3}$.

⟨*New Coll.*⟩ **Blunt, William**; adm. B.C.L. 26 Apr. 1582 ⟨the entry is scored out⟩. ⟨William Blount was Fellow of New C. in 1576.⟩
⟨?*New Coll.*⟩ **Jones, Thomas**; suppl. B.C.L. 13 June, adm. 5 July 1582. ⟨A 'Thomas Jones' was Scholar of New C. in 1575.⟩

. . . **Goldsburrugh, Nicholas**; suppl. lic. to preach 22 Feb. $158\frac{1}{2}$. [i. 348, 351]
⟨*New Coll.*⟩ **Garbrand, John**; suppl. B.D. and D.D. 30 June 1582, adm. B.D. and lic. D.D. 5 July 1582, inc. D.D. 1582. [ii. 21] ⟨John Garbrand *alias* Herks, Scholar of New C. in 1560.⟩
⟨*New Coll.*⟩ **Coryat, George**; suppl. B.D. 12 July 1582. [ii. 21] ⟨Scholar of New C. in 1560.⟩
. . . **Longe, John**; suppl. B.D. (after four years in theology) 28 Nov., adm. 29 Nov. 1582. (*Reg.* I. 278.)
⟨*Ch. Ch.*⟩ **Spicer, John**; suppl. lic. to preach 1 Dec. 1582. [ii. 12] ⟨Student of Ch. Ch. in 1563.⟩

1583.

Ch. Ch. **Cheeke, Thomas**; suppl. B.A. 13 Jan., adm. 21 Jan. $158\frac{2}{3}$, det. $158\frac{2}{3}$.
Ch. Ch. **Shotherton** (Sotherton), **John**; suppl. B.A. 13 Jan., adm. 22 Jan. $158\frac{2}{3}$, det. $158\frac{2}{3}$; suppl. M.A. 23 Apr., lic. 28 Apr. 1586, inc. 1586. [ii. 103]
Ch. Ch. **Ingoldsbye** (Ingoldsbé, Ingolsbye), **Anthony**; suppl. B.A. 13 Jan., adm. 22 Jan. $158\frac{2}{3}$, det. $158\frac{2}{3}$; suppl. M.A. 15 Apr., lic. 4 June 1586, inc. 1586. [ii. 103]
Ch. Ch. **Colnet, James**; suppl. B.A. 13 Jan., adm. (called 'John')

22 Jan. $158\frac{2}{3}$, det. $158\frac{2}{3}$; suppl. M.A. 15 Apr., lic. 7 May 1586, inc. 1586. [ii. 102]

Ch. Ch. **Sanders** (Saunders), **Edward**; suppl. B.A. 13 Jan., adm. 22 Jan. $158\frac{2}{3}$, det. $158\frac{2}{3}$; suppl. M.A. 15 Apr., lic. 28 Apr. 1586, inc. 1586. [ii. 103]

Ch. Ch. **Aubrey** (Awbrey, Auberye, Auberrye), **William**; suppl. B.A. 13 Jan., adm. 22 Jan. $158\frac{2}{3}$, det. $158\frac{2}{3}$; lic. M.A. 20 May 1586, inc. 1586; suppl. B.C.L. 15 July 1591; suppl. B.C.L. and D.C.L. 30 June, adm. B.C.L. and lic. D.C.L. 9 July 1597, inc. D.C.L. 1597. [ii. 102]

Ch. Ch. **Kedden** (Kidden), **William**; suppl. B.A. 13 Jan., adm. 22 Jan. $158\frac{2}{3}$, det. $158\frac{2}{3}$; suppl. M.A. 15 Apr., lic. 28 Apr. 1586, inc. 1586. [ii. 103]

Ch. Ch. **Mason, Michael**; suppl. B.A. 13 Jan., adm. 22 Jan. $158\frac{2}{3}$, det. $158\frac{2}{3}$. [ii. 103]

*Ch. Ch.** **Rodway** (Rodwe, Radwaye), **Stephen**; suppl. B.A. (Ch. Ch.) 13 Jan., adm. 22 Jan. $158\frac{2}{3}$, det. $158\frac{2}{3}$; suppl. M.A. (Trin.) 17 June 1589, and was on that day 'creatus et institutus M.A.' by a dispensation from Convocation, in the presence of Martin Heiton (Vice-Chancellor), the proctors, and the regent Masters. He is entered in the inceptors' list as incepting in 1589. [ii. 103]

Ch. Ch. **Wyatt** (Wiat, Wiatt), **John**; suppl. B.A. 13 Jan., adm. 23 Jan. $158\frac{2}{3}$, det. $158\frac{2}{3}$. [ii. 103]

Ch. Ch. **Mason** (Masun), **Richard**; suppl. B.A. 13 Jan., adm. 23 Jan. $158\frac{2}{3}$, det. $158\frac{2}{3}$. [ii. 105]

Queen's. **Bason, Robert**; suppl. B.A. 13 Jan., adm. 23 Jan. $158\frac{2}{3}$, det. $158\frac{2}{3}$. [? Mason, ii. 102]

Brasenose. **Brooke** (Brocke), **Robert**; suppl. B.A. 13 Jan., adm. 30 Jan. $158\frac{2}{3}$, det. $158\frac{2}{3}$; suppl. M.A. 13 June, lic. 8 July 1585, inc. 1585. [ii. 88] ⟨Fellow of Bras. in 1582.⟩

Brasenose. **Helme** (Healme), **Nicholas**; suppl. B.A. 13 Jan., adm. 30 Jan. $158\frac{2}{3}$, det. $158\frac{2}{3}$; suppl. M.A. 2 July, lic. 8 July 1585, inc. 1585. [ii. 74]

Brasenose. **Phaier** (Phayre, Phaire, Phaer, Faer), **Miles**; suppl. B.A. 21 Mar. $158\frac{1}{2}$, adm. 30 Jan. $158\frac{2}{3}$, det. $158\frac{2}{3}$; suppl. M.A. 8 July, lic. 10 July 1585, inc. 1585. [ii. 81]

Brasenose **Robinsun, Thomas**; suppl. B.A. 13 Jan., adm. 30 Jan. $158\frac{2}{3}$, det. $158\frac{2}{3}$. [Magd. H., ii. 95]

Brasenose. **Vaghan, Richard**; suppl. B.A. (Bras.) 13 Jan., adm. 30 Jan. $158\frac{2}{3}$, det. $158\frac{2}{3}$. [ii. 85] A 'Richard Vaughan,' Ch. Ch., suppl. M.A. 29 Nov., lic. 2 Dec. 1592, inc. 1593 ⟨possibly this man.⟩

*Brasenose.** **Bradhill** (Bradel, Bradil, Braddyll), **Ralph**; suppl. B.A. (Bras.) 13 Jan., adm. 30 Jan. $158\frac{2}{3}$, det. $158\frac{2}{3}$; suppl. M.A. (Oriel) Mar. $157\frac{7}{8}$, lic. 6 May 1588, inc. 1588. [ii. 85] ⟨Fellow of Oriel in 1584.⟩

Brasenose. **Powlton, John**; suppl. B.A. 13 Jan., adm. 30 Jan. $158\frac{2}{3}$, det. $158\frac{2}{3}$. [ii. 88]

Brasenose. **Cheyney, Thomas**; suppl. B.A. 13 Jan., adm. 30 Jan. $158\frac{2}{3}$, det. $158\frac{2}{3}$; suppl. M.A. 2 July, lic. 8 July 1585, inc. 1585. [ii. 123]

Brasenose. **Perseval** (Persevall), **Jeffry**; suppl. B.A. 13 Jan., adm. 30 Jan. $158\frac{2}{3}$, det. $158\frac{2}{3}$; suppl. M.A. 13 June, lic. 8 July 1585, inc. 1585; suppl. B.D. 9 July 1595, adm. 30 Jan. $159\frac{5}{6}$. [Trin., ii. 100] ⟨Fellow of Bras. in 1583.⟩

S. Alb. H. **Rooke, William**; suppl. B.A. 1 Dec. 1582, adm. ('Brooke') 30 Jan. $158\frac{2}{3}$, det. $158\frac{2}{3}$; suppl. M.A. 15 Apr. lic. 9 May 1586, inc. 1586. [Bras., ii. 85]

University. **Jorden, William**; suppl. B.A. (when he is styled 'gen. fil.') 19 Jan., adm. 30 Jan. $158\frac{2}{3}$, det. $158\frac{2}{3}$. [? Mert., ii. 109]

University. **Edmunds, Thomas**; suppl. B.A. 13 Jan., adm. 30 Jan. $158\frac{2}{3}$, det. $158\frac{2}{3}$; suppl. M.A. 8 (?) July, lic. 7 July 1585, inc. 1585; suppl. B.D. 4 Apr., adm. 10 July 1601.

Broadg. H. **Plasted** (Playsted), **Edward**; suppl. B.A. 19 Jan., adm. 30 Jan. $158\frac{2}{3}$, det. $158\frac{2}{3}$; suppl. B.C.L. 6 June, adm. 4 July 1586. [ii. 99.]

University. **Welles** (Wells), **John**; suppl. B.A. 1 Dec. 1582, adm. 4 Feb. $158\frac{2}{3}$, det. $158\frac{2}{3}$.

University. **Welles, Francis**; suppl. B.A. 1 Dec. 1582, adm. 4 Feb. $158\frac{2}{3}$, det. $158\frac{2}{3}$. [ii. 114]

Queen's. **Mann, Abraham**; suppl. B.A. 4 Feb. (then in orders), adm. 5 Feb. $158\frac{2}{3}$, det. $158\frac{2}{3}$; suppl. and lic. M.A. 8 July 1585, inc. ('Ambrose') 1585. [Bras., ii. 97]

S. Edm. H. **Dixon** (Dicsun), **Martin**; suppl. B.A. 4 Feb., adm. 6 Feb. $158\frac{2}{3}$, det. $158\frac{2}{3}$.

Madg. H. **Heblethwat** (Hebblethwat), **William**; suppl. and adm. B.A. 6 Feb. $158\frac{2}{3}$, det. $158\frac{2}{3}$. [ii. 91]

Magd. H. **Priestley** (Preastley, Prystley, Percesley), **John**; suppl. and adm. B.A. 6 Feb. $158\frac{2}{3}$, det. $158\frac{2}{3}$. [ii. 92]

Magd. H. **Hale, George**; suppl. B.A. 4 Feb., adm. 6 Feb. $158\frac{2}{3}$, det. $158\frac{2}{3}$. [ii. 91]

Magd. H. **Lee, Richard**; suppl. B.A. 4 Feb., adm. 6 Feb. $158\frac{2}{3}$, det. $158\frac{2}{3}$. [ii. 92]

Brasenose. **Harlpooll** (Harpoll, Harpool, Hartepole), **Walter**; suppl. B.A. 4 Feb., adm. 6 Feb. $158\frac{2}{3}$, det. $158\frac{2}{3}$; suppl. M.A. 24 June, lic. 3 July 1588, inc. 1588. [ii. 74]

Brasenose. **Batt, Robert**; suppl. B.A. (Bras.) 4 Feb., adm. 6 Feb. $158\frac{2}{3}$, det. $158\frac{2}{3}$; suppl. M.A. (Univ.) 15 Apr., lic. 29 Apr. 1586, inc. 1586; suppl. B.D. (Univ.) 8 May, adm. 27 June 1594; suppl. lic. to preach 6 Dec. 1593, lic. 27 Oct. 1595. [ii. 88]

Brasenose. **Tempest, John**; suppl. B.A. ('John') 4 Feb., adm. ('Thomas') 6 Feb. $158\frac{2}{3}$, det. ('John') $158\frac{2}{3}$. [ii. 89]

Brasenose. **Sorrocold** (Sorrowcold, Sorrocoulde), **Thomas**; suppl. B.A. 4 Feb., adm. 6 Feb. $158\frac{2}{3}$, det. $158\frac{2}{3}$; suppl. M.A. 13 June, lic. 8 July 1585, inc. 1585. [ii. 94]

Brasenose. **Rilston, James**; suppl. B.A. 4 Feb., adm. 6 Feb. $158\frac{2}{3}$, det. $158\frac{2}{3}$; suppl. M.A. 2 July, lic. 8 July 1585, inc. 1585. [ii. 89]

Hart H. **Gibbs, John**; suppl. B.A. 4 Feb., adm. 7 Feb. $158\frac{2}{3}$, det. $158\frac{2}{3}$. [ii. 116]

Hart H. **Owen, Lewis**; suppl. B.A. 22 Jan., adm. 7 Feb. $158\frac{2}{3}$, det. $158\frac{2}{3}$. [S. Edm. H., ii. 91]

Ch. Ch. **Mansfield** (Mancfeld, Mansfild, Manfield), **Francis**; suppl. B.A. 3 July 1582, adm. 7 Feb. $158\frac{2}{3}$, det. $158\frac{2}{3}$; suppl. M.A. 15 Apr., lic. 2 July 1586, inc. 1586. [ii. 105]

Exeter. **Pope, Christopher**; suppl. B.A. 1 Dec. 1582, adm. 7 Feb. $158\frac{2}{3}$, det. $158\frac{2}{3}$; suppl. M.A. 1 July, lic. 7 July 1584, inc. 1584. [Jes., ii. 75] (Boase, p. 48.)

Exeter. **Smith, Thomas**; suppl. B.A. 6 Feb., adm. 7 Feb. $158\frac{2}{3}$, det. $158\frac{3}{4}$. [ii. 105]

Jesus. **Prise, William**; suppl. B.A. 4 Feb., adm. 7 Feb. $158\frac{2}{3}$, det. $158\frac{3}{4}$.

Jesus. **Bigg, Jeffry**; suppl. B.A. 4 Feb., adm. 7 Feb. $158\frac{2}{3}$, det. $158\frac{3}{4}$; suppl. M.A. 2 July, lic. 8 July 1585, inc. 1585. [ii. 106] ⟨Chaplain of Magd. C. 1589–1593; Blox. 2, p. 129.⟩

Merton. **Dethick, William**; suppl. B.A. 31 Jan., adm. 7 Feb. $158\frac{2}{3}$. det. $158\frac{3}{4}$. [Magd. H., ii. 91]

*Gloc. H.** **Withers, Thomas**; suppl. B.A. (Gloc. H.) 31 May 1582, adm. 7 Feb. $158\frac{2}{3}$, det. (Jes.) $158\frac{3}{4}$. [ii. 83]

Queen's. **Hallam** (Hallum, Hallan, Hallman), **Thomas**; suppl. B.A. 4 Feb., adm. 7 Feb. $158\frac{2}{3}$, det. $158\frac{3}{4}$; suppl. M.A. 6 June, lic. 15 June 1586, inc. 1586. [ii. 61]

Queen's. **Good, John**; suppl. B.A. 4 Feb., adm. 7 Feb. $158\frac{2}{3}$, det. $158\frac{3}{4}$; suppl. M.A. 27 June, lic. 1 July 1590, inc. 1590. [S. Edm. H., ii. 91]

*Queen's.** **Noble, Edward**; suppl. B.A. (Queen's) 4 Feb., adm. 7 Feb. $158\frac{2}{3}$, det. (Exet.) $158\frac{3}{4}$.

Queen's. **Telones, James**; suppl. B.A. 4 Feb., adm. 7 Feb. $158\frac{2}{3}$, det. $158\frac{3}{4}$.

Brasenose. **Percivall** (Persivill, Persevall), **William**; suppl. B.A. 6 Feb., adm. 8 Feb. $158\frac{2}{3}$, det. $158\frac{3}{4}$. [ii. 116]

S. Mary H. **Cave, John**; suppl. B.A. 4 Feb., adm. 8 Feb. $158\frac{2}{3}$, det. $158\frac{3}{4}$. [ii. 110]

S. Mary H. **Woodcoke** (Woodcock), **John**; suppl. B.A. 4 Feb., adm. 8 Feb. $158\frac{2}{3}$, det. $158\frac{3}{4}$; suppl. M.A. 2 July, lic. 3 July 1585, inc. 1585. [ii. 111]

S. Mary H. **West, Ambrose**; suppl. B.A. 6 Feb., adm. 8 Feb. $158\frac{2}{3}$, det. $158\frac{3}{4}$; suppl. M.A. 2 July, lic. 3 July 1585, inc. 1585. [ii. 93]

Ch. Ch. **Whitlocke, William**; adm. B.A. 8 Feb. $158\frac{2}{3}$, det. $158\frac{3}{4}$; suppl. M.A. 15 Apr., lic. 28 Apr. 1586. [ii. 103]

Broadg. H. **Hungerfoorde** (Hungerford), **George**; suppl. B.A. 6 Feb., adm. 8 Feb. $158\frac{2}{3}$, det. $158\frac{3}{4}$; suppl. M.A. 10 June 1585, inc. 1585. [ii. 99]

Broadg. H. **Webb, William**; suppl. B.A. 6 Feb., adm. 8 Feb. $158\frac{2}{3}$, det. $158\frac{3}{4}$. [Magd. H., ii. 92]

S. Mary H. **Gwin, David**; suppl. B.A. 19 Feb., adm. 23 Feb. $158\frac{2}{3}$, det. $158\frac{3}{4}$; suppl. M.A. June 1585, inc. 1585. [ii. 93]

S. Mary H. **Davis, Hugh**; suppl. B.A. 19 Feb., adm. 23 Feb. $158\frac{2}{3}$, det. $158\frac{3}{4}$. [ii. 93]

Magd. C. **Machin, Henry**; suppl. B.A. 19 Feb., adm. 1 Mar. $158\frac{2}{3}$. [ii. 71]

S. Edm. H. **Crooke, Thomas**; suppl. B.A. 19 Feb., adm. 5 Mar. $158\frac{2}{3}$, det. $158\frac{3}{4}$.

. . . **Williams, Richard**; suppl. B.A. 25 Jan. $15\frac{79}{80}$, adm. 5 Mar. $158\frac{2}{3}$.

Jesus. **Stokes, Richard**; suppl. B.A. 19 Feb., adm. 15 Mar. $158\frac{2}{3}$, det. $158\frac{5}{6}$; suppl. M.A. 4 July, lic. 8 July 1586, inc. 1586. [ii. 106]

Lincoln. **Nwbye** (Nubye, Nubie), **Thomas**; suppl. (Linc). B.A. 19 Feb., adm. 16 Mar. $158\frac{2}{3}$. det. (Bras., perhaps wrong entry) $158\frac{3}{4}$;

suppl. M.A. (Linc.) 2 July, lic. 7 July 1585, inc. 1585. [ii. 89] ⟨Fellow of Linc. 4 July 1582, died 6 Nov. 1587.⟩

*Corpus.** **Kircke, Samuel**; suppl. B.A. (Corp.) 19 Feb., adm. 18 Mar. 158$\frac{2}{3}$, det. 158$\frac{3}{4}$; suppl. M.A. (apparently from Magd. C.) 13 May, lic. 22 June 1587, inc. 1587. [Magd. C., ii. 76] ⟨Scholar of Corp. in 1579, Fellow in 158$\frac{2}{3}$.⟩

⟨*Ch. Ch.*⟩ **Jones, Philip**; suppl. B.A. 4 Feb., adm. 18 Mar. 158$\frac{2}{3}$. [ii. 105]

Ch. Ch. **Jones, Henry**; suppl. B.A. 4 Feb., adm. 18 Mar. 158$\frac{2}{3}$, det. 158$\frac{3}{4}$; suppl. M.A. 13 June, lic. 22 June 1585, inc. 1585. [ii. 105]

S. Mary H. **Randall, Richard**; suppl. B.A. 4 Feb., adm. 20 Mar. 158$\frac{2}{3}$, det. 158$\frac{3}{4}$. [ii. 111]

New Coll. **Pattenden** (Patinden, Battenden), **Henry**; suppl. B.A. 19 Feb., adm. 20 Mar. 158$\frac{2}{3}$, det. 158$\frac{4}{5}$; suppl. M.A. 2 July 1585 ('e Coll. S. Mary Winton'), lic. 3 July 1585, inc. (apparently from S. Mary H.) 1585. [Bras., ii. 83]

Oriel. **Forward, John**; suppl. B.A. 19 Feb., adm. 22 Mar. 158$\frac{2}{3}$, det. 158$\frac{3}{4}$. [ii. 110]

Broadg. H. **Turke, John**; suppl. B.A. 19 Feb., adm. 22 Mar. 158$\frac{2}{3}$, det. 158$\frac{3}{4}$; suppl. M.A. 13 June, lic. 17 June 1585, inc. 1585. [ii. 106]

Broadg. H. **Borough** (Borrough), **John**; suppl. B.A. 19 Feb., adm. 22 Mar. 158$\frac{2}{3}$, det. 158$\frac{3}{4}$.

Exeter. **Ducke** (Duke), **Thomas**; suppl. B.A. 1 Dec. 1582 and 19 Feb. 158$\frac{2}{3}$, adm. 23 Mar. 158$\frac{2}{3}$. [ii. 99] Boase, p. 48.

Gloc. H. **Evans, Lewis**; suppl. B.A. 19 Feb., adm. 23 Mar. 158$\frac{2}{3}$, det. 158$\frac{3}{4}$; suppl. and lic. M.A. 8 July 1585, inc. 1585. [ii. 115]

New Coll. **Yaden** (Yeaden, Yaiden, Yayden), **Thomas**; adm. B.A. 11 Apr. 1583, det. 158$\frac{3}{4}$; lic. M.A. 12 July 1587, inc. 1588. [ii. 110] ⟨Scholar of New C. in 1579.⟩

S. Mary H. **Hickes, Francis**; suppl. B.A. 19 Feb. 158$\frac{2}{3}$, adm. 30 Apr. 1583. [ii. 86]

S. Mary H. **Langley, Thomas**; suppl. B.A. 19 Feb. 158$\frac{2}{3}$ and 27 Apr. 1583, adm. 30 Apr. 1583, det. 158$\frac{3}{4}$. [ii. 100]

S. Mary H. **Ralegh** (Rauly, Rallegh, Rawleigh), **William**; suppl. B.A. 19 Feb. 158$\frac{2}{3}$, adm. 30 Apr. 1583, det. 158$\frac{3}{4}$. [ii. 111]

S. Alb. H. **Haull** (Haule, Hall), **John**; suppl. B.A. 11 Apr., adm. 30 Apr. 1583, det. 158$\frac{3}{4}$.

Jesus. **Ilsley** (Illsley, Illesley), **Thomas**; suppl. B.A. 11 Apr., adm. 30 Apr. 1583, det. 158$\frac{3}{4}$. [ii. 101]

S. Edm. H. **Dobsun, Robert**; suppl. B.A. 2 May, adm. 4 May 1583. [Queen's, ii. 119]

Brasenose. **Schofield, Edmund**; suppl. B.A. 2 May, adm. 6 May 1583.

Brasenose. **Smith, Giles**; suppl. B.A. 2 May, adm. 6 May 1583.

All Souls. **Lucas, Thomas**; suppl. B.A. 2 May, adm. 6 May 1583, det. 158$\frac{3}{4}$; lic. M.A. 8 July 1586, inc. 1586. [Queen's, ii. 113]

All Souls. **Metcalf** (Medcalf), **Zacchæus**; suppl. B.A. 2 May, adm. 6 May 1583, det. 158$\frac{3}{4}$; suppl. M.A. 13 Feb. 158$\frac{7}{8}$, lic. 3 July 1588, inc. 1588. [Magd. C., ii. 89]

Corpus. **Webb, Reginald**; suppl. B.A. 2 May, adm. 10 May 1583, det. 158$\frac{3}{4}$.

Balliol. **Franke, Thomas**; suppl. B.A. 19 Feb. 158$\frac{2}{3}$, adm. 11 May 1583, det. 158$\frac{3}{4}$.

Corpus. **Seller** (Sellar), **George**; suppl. B.A. 2 May, adm. 29 May 1583, det. $158\frac{3}{4}$; suppl. M.A. 21 Jan. $158\frac{6}{7}$, lic. 22 June 1587, inc. 1587; suppl. lic. to pract. med. 20 Apr., lic. 12 June 1602. ⟨Scholar of Corp. in 1577.⟩

Corpus. **Cranmer, George**; suppl. B.A. 2 May, adm. 29 May 1583, det. $158\frac{3}{4}$; suppl. M.A. 21 Jan. $158\frac{6}{7}$, lic. 11 July 1589, inc. 1589. ⟨Scholar of Corp. in $157\frac{7}{8}$, Fellow in 1583.⟩

Corpus. **Whitinge, Justinian**; suppl. B.A. 2 May, adm. 29 May 1583, det. $158\frac{3}{4}$; suppl. M.A. 21 Jan. $158\frac{6}{7}$. ⟨Scholar of Corp. in 1579.⟩

Corpus. **Evelegh** (Eveligh, Ively), **Nicholas**; suppl. B.A. 2 May, adm. 29 May 1583, det. $158\frac{3}{4}$; suppl. M.A. 21 Jan. $158\frac{6}{7}$, lic. 23 June 1587, inc. 1587. ⟨Scholar of Corp. in $15\frac{79}{80}$.⟩

Corpus. **Lacey** (Laycey), **Christopher**; suppl. B.A. 27 Apr., adm. 29 May 1583, det. $158\frac{3}{4}$; suppl. M.A. 21 Jan. $158\frac{6}{7}$, lic. 23 June 1587, inc. 1587. ⟨Scholar of Corp. in $15\frac{79}{80}$.⟩

Corpus. **Russell, Benjamin**; suppl. B.A. 2 May, adm. 29 May 1583, det. $158\frac{3}{4}$; suppl. M.A. 21 Jan. $158\frac{6}{7}$, lic. 23 June 1587, inc. 1587; suppl. B.D. 7 June, adm. 13 June 1594. ⟨Scholar of Corp. in $15\frac{79}{80}$.⟩

Corpus. **Hooker, Zachary**; suppl. B.A. 2 May, adm. 29 May 1583, det. ('Zacheus') $158\frac{3}{4}$; suppl. M.A. 21 Jan. $158\frac{6}{7}$, lic. 26 June 1587, inc. 1587; suppl. B.D. 16 May, adm. 9 July 1594. ⟨Scholar of Corp. in $15\frac{79}{80}$.⟩

Corpus. **Chenell** (Chennell, Channell), **John**; suppl. B.A. 2 May, adm. 29 May 1583, det. $158\frac{3}{4}$; suppl. M.A. 21 Jan. $158\frac{6}{7}$, lic. 26 June 1587, inc. 1587; suppl. for lic. to pract. med. 24 Nov., lic. 14 Dec. 1596; suppl. M.B. — Feb. $160\frac{0}{1}$, adm. 14 June 1601; suppl. M.D. 3 Aug., lic. 13 Aug. 1605. [i. 236; ii. 105.]

*Oriel.** **Lewes** (Lewys), **David**; suppl. B.A. (Hart H.) 19 Feb. $158\frac{2}{3}$, adm. (Oriel) 5 June 1583, det. (Oriel) $158\frac{3}{4}$. ⟨Fellow of Oriel in 1583.⟩

Oriel. **Walker, Robert**; suppl. B.A. 25 Jan. $15\frac{79}{80}$, adm. 14 June 1583, det. $158\frac{5}{6}$; suppl. M.A. 24 June, lic. 5 July 1588, inc. 1588. [ii. 110]

Brasenose. **Puleston** (Pulston), **Edward**; suppl B.A. 7 May, adm. 17 June 1583. [Pilson; ii. 94]

Brasenose. **Geffrys** (Gefferes, Geffreis, Greffreys, Jeffrys, Jefferis), **John**; suppl. B.A. 7 May, adm. 17 June 1583, det. $158\frac{3}{4}$; suppl. M.A. 15 Apr., lic. 2 July 1586, inc. 1586. [ii. 94]

Brasenose. **Clayton** (Cleton, Cleyton), **Edward**; suppl. B.A. 7 May, adm. 17 June 1583, det. $158\frac{3}{4}$; suppl. M.A. 6 June 1586 and 24 June 1588, lic. 2 July 1588, inc. 1588. [ii. 88]

Queen's. **Cleter** (Clether), **William**; suppl. B.A. 7 May, adm. 19 June 1583, det. $158\frac{5}{6}$; suppl. M.A. 5 Apr., lic. 15 June 1586, inc. 1586; suppl. lic. to pract. med. 16 Apr., lic. 10 July 1594. [S. Edm. H., ii. 78]

Queen's. **Airaie** (Ayery, Ayraie, Airay, Ayrey, Ayrie, Airie), **Henry**; suppl. B.A. 7 May, adm. 19 June 1583, det. $158\frac{5}{6}$; suppl. M.A. 5 Apr., lic. 15 June 1586, inc. 1586; suppl. B.D. 14 Dec., adm. 16 Dec. 1594; suppl. D.D. 7 Apr., lic. 17 June 1600, inc. 1600; suppl. lic. to preach and lic. 16 Mar. $160\frac{4}{5}$. Provost of Queen's. [S. Edm. H., ii. 91] ⟨Fellow of Queen's in 1586.⟩

Queen's. **Salkeld, Roger**; suppl. B.A. 7 May, adm. 19 June 1583, det. $158\frac{5}{6}$; suppl. M.A. 5 Apr., lic. 15 June 1586, inc. 1586. [ii. 102] ⟨Fellow of Queen's in 1586.⟩

Queen's. **Sisson, William**; suppl. B.A. 7 May, adm. 19 June 1583. [ii. 102]

*Queen's.** **Backster, Alan**; suppl. B.A. 7 May, adm. 19 June 1583, det. ('Adam'; S. Edm. H.) $158\frac{5}{6}$.

Queen's. **Addison** (Adison), **Henry**; suppl. B.A. 7 May, adm. 19 June 1583, det. $158\frac{3}{4}$. [ii. 102]

Balliol. **Higgs, George**; suppl. B.A. 7 May, adm. 22 June 1583, det. $158\frac{3}{4}$; suppl. M.A. 19 June, lic. 20 June 1599, inc. 1599. [ii. 97]

S. Alb. H. **Waters, James**; suppl. B.A. 7 May, adm. 22 June 1583, det. $158\frac{3}{4}$; suppl. M.A. 10 May, lic. 12 May 1597, inc. 1597. [ii. 113]

Exeter. **Crosley, Alexander**; suppl. B.A. 11 Apr., adm. 28 June 1583, det. $158\frac{3}{4}$; suppl. M.A. 15 Apr., lic. 16 May 1586, inc. 1586; suppl. B.D. 11 June 1586 (then being late Fellow of Exet.); suppl. B.D. again 13 Nov. 1611. [Jes., ii. 112] (Boase, p. 48.)

*Balliol.** **Dudson, Elias**; suppl. B.A. (Ball.) 7 May, adm. (Ball.) 1 July 1583, det. (S. Alb. H.) $158\frac{3}{4}$. [Magd. H., ii. 91]

Hart H. **Scudamore** (Scutamore, Skidmore), **John**; suppl. B.A. 20 June, adm. 1 July 1583, det. $158\frac{4}{5}$. [ii. 112]

. . . **Shaw, James**; suppl. B.A. 1 July, adm. 3 July 1583.

Hart H. **Price, Jasper**; suppl. B.A. 7 May, adm. 4 July 1583, det. $158\frac{3}{4}$; suppl. M.A. 13 May, lic. 6 July 1587, inc. 1587.

Jesus. **Weare** (Ware), **James**; adm. B.A. 5 July 1583, det. $158\frac{3}{4}$; suppl. M.A. 6 June, lic. 23 June 1586, inc. 1586. [ii. 93]

S. Alb. H. **Norman, Thomas**; suppl. ('ex aula Urbana,' i.e. S. Alban Hall) B.A. 7 May, adm. 6 July 1583, det. $158\frac{3}{4}$; suppl. M.A. 15 Apr., lic. 11 June 1586, inc. 1586. [ii. 113]

Trinity. **Feild** (Feelde), **Edward**; suppl. B.A. 7 May, adm. 19 Oct. 1583, det. $158\frac{3}{4}$; suppl. M.A. 6 June, lic. 30 June 1586, inc. 1586. [ii. 79]

S. John's. **Childerley, John**; suppl. B.A. 2 May, adm. 21 Oct. 1583, det. $158\frac{3}{4}$; suppl. M.A. Mar. $158\frac{6}{7}$, lic. 1 June 1587, inc. 1587; suppl. B.D. 8 Dec., adm. 10 Dec. 1593; suppl. D.D. 20 Nov. 1602 (then a preacher in London), lic. D.D. 20 May 1603. ⟨Childerley and the two following are put down as det. from Linc., but this is clearly a clerical error.⟩ [ii. 44] ⟨Fellow of S. Jo. in 1579.⟩

S. John's. **Adams** (Addams), **Thomas**; suppl. B.A. 2 May, adm. 21 Oct. 1583, det. $158\frac{3}{4}$; suppl. B.C.L. 14 Oct., adm. 5 Nov. 1588. [ii. 44] ⟨Fellow of S. Jo. in 1579.⟩

S. John's. **Rainsbey** (Rainsbee, Raynsbye, Rainsby), **George**; suppl. B.A. 2 May, adm. 21 Oct. 1583, det. $158\frac{3}{4}$; suppl. M.A. Mar. $158\frac{6}{7}$, lic. 1 June 1587, inc. 1587; suppl. B.D. 8 Dec., adm. 10 Dec. 1593. [ii. 44] ⟨Fellow of S. Jo. in 1579.⟩

Magd. H. **Smith, Ambrose**; suppl. B.A. 10 Oct., adm. 25 Oct. 1583, det. $158\frac{3}{4}$. [ii. 92]

*Magd. H.** **Baber, John**; suppl. B.A. (Magd. H.) 10 Oct., adm. 25 Oct. 1583, det. $158\frac{3}{4}$; suppl. M.A. (Linc.) Dec., lic. 10 Dec. 1586, inc. 1587; suppl. B.D. (Linc.) 8 Feb., adm. 11 Feb. $159\frac{3}{4}$; suppl. D.D. 29 Jan., lic. 30 Jan. $159\frac{5}{6}$, inc. 1596. [ii. 91]

Magd. H.* **Leonard** (Lennard), **William**; suppl. B.A. (Magd. H.) 10 Oct., adm. 25 Oct. 1583, det. 158¾; suppl. M.A. (Gloc. H.) 6 June, lic. 8 July 1586, inc. 1586; suppl. B.D., and for lic. to preach 5 Mar., adm. and lic. 7 Mar. 160⁶⁄₇; suppl. D.D. 8 July, lic. 12 July 1608, inc. 1608. [ii. 112]
Jesus. **Williams** (Gwilliams), **Griffin**; suppl. B.A. 12 Oct., adm. 25 Oct. 1583, det. 158¾.
Jesus. **Owen** (Owens), **Cadwallader**; suppl. B.A. (Jes.) 10 Oct., adm. 25 Oct. 1583, det. 158¾; suppl. M.A. (Oriel) 23 Apr., lic. 11 June 1588, inc. 1588; suppl. B.D. 23 June, adm. 7 July 1603. [ii. 106] ⟨Fellow of Oriel in 1585.⟩
Brasenose.* **Carwardin** (Carwarden), **Thomas**; suppl. B.A. (Bras.) 10 Oct., adm. 29 Oct. 1583, det. 158¾; suppl. M.A. (Oriel) Apr., lic. 2 May 1589, inc. 1589; suppl. B.D. (Bras.) 31 May, adm. 28 June 1598. [ii. 94]
Brasenose. **Willis, Robert**; suppl. B.A. 10 Oct., adm. 29 Oct. 1583, det. 158¾. [Magd. H., ii. 92] ⟨Fellow of Oriel in 1584.⟩
University. **Browne, Richard**; suppl. B.A. 9 July, adm. 31 Oct. 1583, det. 158¾; suppl. M.A. 21 Jan., lic. 28 Jan. 158⁶⁄₇, inc. 1587. [ii. 114]
University. **Wagstaff, Edward**; suppl. B.A. 10 Oct., adm. 31 Oct. 1583, det. 158¾. [ii. 114]
⟨*University.*⟩ **Wade, William**; adm. B.A. 31 Oct. 1583. [ii. 114]
Queen's. **Best, Michael**; suppl. B.A. 9 July, adm. 2 Nov. 1583. [S. Edm. H., ii. 91]
Magd. C. **Kirke, John**; suppl. B.A. 10 Oct., adm. 2 Nov. 1583, det. 158¾; suppl. M.A. 13 May, lic. 22 June 1587, inc. 1587. [ii. 76] ⟨Fellow of Magd. C. in 1585.⟩
Corpus. **Langley, Christopher**; suppl. B.A. 2 May, adm. 9 Dec. 1583, det. 158¾; suppl. M.A. 17 Oct. 1587. ⟨Scholar of Corp. in 1577.⟩
Jesus. **Lewes, Owen**; suppl. B.A. 4 Dec., adm. 12 Dec. 1583.
Trinity. **Browne, Thomas**; suppl. B.A. 4 Dec., adm. 12 Dec. 1583, det. 158¾. ⟨Scholar of Trin. in 1579, Fellow in 1586.⟩
Trinity. **Sellar** (Seller), **John**; suppl. B.A. 4 Dec., adm. 12 Dec. 1583, det. 158¾; lic. M.A. 31 May 1587, inc. 1587; suppl. B.D. 30 June, adm. 9 July 1596; suppl. lic. to preach 15 Feb., and lic. 16 Feb. 160¾ (then late Fellow of Trin.). ⟨Scholar of Trin. in 1579, Fellow in 1584.⟩
Trinity. **Huchens** (Hutchins), **George**; suppl. B.A. 4 Dec., adm. 12 Dec. 1583, det. 158¾; suppl. M.A. 22 Nov., lic. 24 Nov. 1601. [ii. 96] ⟨Scholar of Trin. in 1580, Fellow in 1584.⟩
Trinity. **Howe, William**; suppl. B.A. 4 Dec., adm. 12 Dec. 1583, det. 158¾. [ii. 96]
Lincoln. **Williams, John**; suppl. B.A. (Linc.) 10 Oct., adm. 12 Dec. 1583, det. 158¾. John Williams, Broadg. H., probably the same person, suppl. M.A. 4 July, lic. 8 July 1586, inc. 1586.
Magd. C. **Pearse** (Pearce), **James**; suppl. B.A. 4 Dec., adm. 13 Dec. 1583, det. 158¾.
Jesus. **Morgan** (Morgans), **Richard**; suppl. B.A. 4 Dec., adm. 16 Dec. 1583, det. 158¾. [ii. 106] A 'Richard Morgans,' of Oriel, suppl. M.A. 2 May, lic. 6 May 1592, inc. 1592 ⟨possibly the same person⟩.

Lincoln. **Benskins** (Benskin), **James**; suppl. B.A. 4 Dec., adm. 16 Dec. 1583, det. (called 'John') 158$\frac{4}{5}$; suppl. M.A. 28 Apr., lic. 23 May 1588, inc. 1588. [Bras., ii. 98]

Magd. C. **Pellinge** (Pollinge), **John**; suppl. B.A. 4 Dec., adm. 16 Dec. 1583, det. 158$\frac{3}{4}$; suppl. M.A. 13 May, lic. 22 June 1587, inc. 1587; suppl. lic. to preach 9 Feb., lic. 13 Mar. 159$\frac{5}{6}$; suppl. B.D. 3 Dec. 1597, adm. 13 Mar. 159$\frac{7}{8}$. [ii. 107]

Magd. C. **French, Thomas**; suppl. B.A. (Magd. C.) 4 Dec., adm. 16 Dec. 1583, det. 158$\frac{3}{4}$; suppl. M.A. (Mert.) 23 Apr., lic. 14 May 1588, inc. 1588. [S. Edm. H., ii. 91] (Brod., p. 273.)

Magd. C. **Spicer, William**; suppl. B.A. 22 Nov., adm. 16 Dec. 1583, det. 158$\frac{3}{4}$; suppl. M.A. 6 June, lic. 18 June 1586, inc. 1586. [ii. 89]

Balliol. **Keymis** (Kemis), **Laurence**; suppl. B.A. 4 Dec., adm. 16 Dec. 1583, det. 158$\frac{3}{4}$; suppl. M.A. 6 June, lic. 10 June 1586, inc. 1586. [ii. 97]

S. Mary H. **Jacob, Henry**; suppl. B.A. 4 Dec., adm. 16 Dec. 1583, det. 158$\frac{3}{4}$; suppl. M.A. 6 June, lic. 8 July 1586, inc. 1586. [ii. 111]

Merton. **Crumpton, Anthony**; suppl. B.A. 4 Feb. 158$\frac{2}{3}$. [ii. 108]

S. Mary H. **Belson, Thomas**; suppl. B.A. 4 Feb. 158$\frac{2}{3}$. [ii. 100]

S. Mary H. **Mitford, Thomas**; suppl. B.A. 19 Feb. 158$\frac{2}{3}$.

Ch. Ch. **Owen, Griffith**; suppl. B.A. 19 Feb. 158$\frac{2}{3}$. [Hart H., ii. 90]

Broadg. H. **Nwcum** (Nwecum), **Gabriel**; suppl. B.A. 11 Apr. 1583. [ii. 104]

Brasenose. **Lloyde, Walter**; suppl. B.A. 27 Apr. 1583. [ii. 94]

Magd. H. **Webb, Nathaniel**; suppl. B.A. 2 May 1583. [Magd. C., ii. 76]

Balliol. **Joye, Thomas**; suppl. B.A. 7 May 1583. [ii. 97]

Brasenose. **Wilde, Thomas**; suppl. B.A. 7 May 1583. [ii. 81]

Hart H. **Clark, Humphrey**; suppl. B.A. 9 July 1583. [ii. 70]

University. **Hodgkins** (Hotchkins), **William**; suppl. B.A. 10 Oct. 1583. [ii. 114]

*Magd. H.** **Ashley, Robert**; suppl. B.A. (Magd. H.) 10 Oct. 1583; suppl. M.A. (Magd. C.) 13 May, lic. 22 June 1587, inc. 1587. [Hart H., ii. 92] ⟨Fellow of Magd. C. in 1584.⟩

Magd. C. **Goffe, Stephen**; suppl. B.A. 4 Dec. 1583.

. . . **Jaques, Richard**; lic. M.A. 14 June 1583, inc. 1583.

⟨*New Coll.*⟩ **Mortimer, Andrew**; adm. B.C.L. 11 Apr. 1583. ⟨Scholar of New C. in 1575.⟩

All Souls. **Wood** (Woods), **William**; suppl. B.C.L. 12 Feb. 158$\frac{2}{3}$, adm. 29 May 1583; suppl. D.C.L. 18 Feb. 158$\frac{6}{7}$, lic. 17 June 1587, inc. 1587. ⟨Fellow of All So. in 1577.⟩

All Souls. **James, Francis**; suppl. B.C.L. 7 May, adm. 4 July 1583; suppl. D.C.L. 1 July 1587, lic. 13 Feb. 158$\frac{7}{8}$, inc. 1588. [ii. 111] ⟨Fellow of All So. in 1577.⟩

All Souls. **Manninge, Henry**; suppl. B.C.L. 7 May, adm. 4 July 1583; suppl. D.C.L. 23 Apr., lic. 30 Apr. 1589, inc. 1589. [ii. 111] ⟨Fellow of All So. in 1578.⟩

All Souls. **Birde, William**; suppl. B.C.L. 7 May, adm. 4 July 1583;

suppl. D.C.L. 1 July 1587, lic. 13 Feb. 158$\frac{7}{8}$, inc. 1588. [ii. 111] ⟨Fellow of All So. in 1578.⟩

⟨*New Coll.*⟩ **Phillips, William**; adm. B.C.L. 13 Oct. 1583. ⟨Scholar of New C. in 157$\frac{5}{6}$.⟩

⟨*New Coll.*⟩ **Gregory, Richard**; adm. B.C.L. 13 Oct. 1583. [ii. 72] ⟨Scholar of New C. in 1576.⟩

. . . **Powell, David**; after twenty years in Theology, suppl. B.D. and adm. B.D. 19 Feb. 158$\frac{2}{3}$; suppl. D.D. 10 Apr. 1583, lic. D.D. 11 Apr. 1584.

. . . **Barnardus, John**; M.A., suppl. B.D. 20 June, adm. 22 June 1583. [i. 380]

⟨*Ch. Ch.*⟩ **Dobbs, Robert**; suppl. lic. to preach 9 July 1583. [ii. 12] ⟨Student of Ch. Ch. in 1563.⟩

1584.

Corpus. **Standishe, James**; suppl. B.A. 2 May 1583, adm. 14 Jan. 158$\frac{3}{4}$, det. 158$\frac{3}{4}$.

Balliol. **Bright, Henry**; suppl. B.A. 12 Oct. 1583, adm. 17 Jan. 158$\frac{3}{4}$, det. 158$\frac{3}{4}$; suppl. M.A. 21 Jan., lic. 27 Jan. 158$\frac{6}{7}$, inc. 1587. [Bras., ii. 94]

Exeter. **Sandey** (Sandye), **Richard**; suppl. B.A. 17 Dec. 1583, adm. 21 Jan. 158$\frac{3}{4}$, det. 158$\frac{3}{4}$; suppl. M.A. 15 Apr., lic. 28 June 1586, inc. 1586. [ii. 99] Boase, p. 48.

Queen's. **Nwburghe** (Newbrough, Newberowgh, Newberough), **William**; suppl. B.A. 28 Jan., adm. 3 Feb. 158$\frac{3}{4}$, det. 158$\frac{3}{4}$; suppl. M.A. 30 June, lic. 1 July 1590, inc. 1590.

Queen's. **Fetherstone, Christopher**; suppl. B.A. 1 Feb., adm. 3 Feb. 158$\frac{3}{4}$.

Ch. Ch. **Dove, John**; suppl. B.A. 3 Feb., adm. 5 Feb. 158$\frac{3}{4}$, det. 158$\frac{3}{4}$; suppl. M.A. 21 Jan., lic. 16 Mar. 158$\frac{6}{7}$, inc. 1587. His M.A. lic. is also entered as a B.A. adm. He suppl. lic. to preach 14 June 1593; suppl. B.D. 14 Nov. and adm. 22 Nov. 1593; suppl. D.D. 5 July, lic. 7 July 1596, inc. 1596. [ii. 102]

Ch. Ch. **Nwbery** (Newbrye, Nuberye, Nwbrey), **Richard**; suppl. B.A. 3 Feb., adm. 5 Feb. 158$\frac{3}{4}$, det. 158$\frac{3}{4}$; suppl. M.A. 21 Jan. 158$\frac{6}{7}$, lic. 22 June 1587, inc. 1587. [ii. 103]

Ch. Ch. **Calphhill** (Caufild, Calfild, Calfhill, Calfielde, Calfeld), **James**; suppl. B.A. 3 Feb., adm. 5 Feb. 158$\frac{3}{4}$, det. 158$\frac{3}{4}$; suppl. M.A. 21 Jan. 158$\frac{6}{7}$, lic. 22 June 1587, inc. 1587. [ii. 102]

Ch. Ch. **Elmer, John**; suppl. B.A. 3 Feb., adm. 5 Feb. 158$\frac{3}{4}$, det. 158$\frac{3}{4}$. [ii. 102]

Ch. Ch. **Gwyn, Edmund**; suppl. B.A. 3 Feb., adm. 5 Feb. 158$\frac{3}{4}$, det. 158$\frac{3}{4}$; suppl. M.A. 21 Jan. 158$\frac{6}{7}$, lic. 27 June 1587, inc. ('Edward') 1587. [ii. 103]

Ch. Ch. **Parry** (Parray, Parrey), **Richard**; suppl. B.A. 3 Feb., adm. 5 Feb. 158$\frac{3}{4}$, det. 158$\frac{3}{4}$; suppl. M.A. 15 Apr., lic. 4 June 1586, inc. 1586; suppl. B.D. 25 Feb., adm. 4 Mar. 159$\frac{4}{5}$; suppl. D.D. 15 Nov., lic. 16 Nov. 1597, inc. 1598. [ii. 103]

Ch. Ch. **Brooke** (Brocke), **Richard**; suppl. B.A. 30 Jan, adm. 5 Feb.

$158\frac{3}{4}$, det. $158\frac{3}{4}$; suppl. M.A. 21 Jan., lic. 16 Mar. $158\frac{6}{7}$, inc. 1587; suppl. D.D. 2 July, lic. 7 July 1600, inc. 1600. ⟨His M.A. lic. is registered also as a B.A. adm.⟩ [ii. 102]

Ch. Ch. **Jackman, Reginald**; suppl. B.A. 3 Feb., adm. 5 Feb. $158\frac{3}{4}$, det. $158\frac{3}{4}$; suppl. M.A. 21 Jan. $158\frac{6}{7}$, lic. 22 June 1587, inc. 1587. [ii. 103]

Ch. Ch. **Limiter** (Lymiter), **George**; suppl. B.A. 3 Feb., adm. 5 Feb. $158\frac{3}{4}$, det. $158\frac{3}{4}$; suppl. M.A. 21 Jan. $158\frac{6}{7}$, lic. 6 July 1587, inc. 1587. [ii. 103]

Ch. Ch. **Willocke, Nicholas**; suppl. B.A. 28 Jan., adm. 5 Feb. $158\frac{3}{4}$, det. $158\frac{3}{4}$. [Broadg. H., ii. 99]

Ch. Ch. **Awbery** (Aubrey), **Thomas**; suppl. B.A. 3 Feb., adm. 5 Feb. $158\frac{3}{4}$, det. $158\frac{3}{4}$; suppl. M.A. 21 Jan., lic. 16 Mar. $158\frac{6}{7}$, inc. 1587. His M.A. lic. is also entered as a B.A. adm. He suppl. B.D. 19 July 1591 but the grace was refused; suppl. B.D. again 2 Mar. $159\frac{3}{4}$ and adm. B.D. 23 Mar. $159\frac{3}{4}$. He suppl. D.D. 19 Mar. and was lic. D.D. 23 Mar. $159\frac{3}{4}$ [Jes.? ii. 106]

Ch. Ch. **Bradshew** (Bradshaw), **Henry**; suppl. B.A. 3 Feb., adm. 5 Feb. $158\frac{3}{4}$, det. $158\frac{3}{4}$; suppl. M.A. 21 Jan., lic. 16 Mar. $158\frac{6}{7}$, inc. 1587. His M.A. lic. is entered also as a B.A. adm. [Jes., ii. 106]

Ch. Ch. **Hinde, Hugh**; suppl. B.A. 3 Feb., adm. 5 Feb. $158\frac{3}{4}$, det. $158\frac{3}{4}$.

Ch. Ch. **Stedman, William**; suppl. B.A. 3 Feb., adm. 5 Feb. $158\frac{3}{4}$, det. $158\frac{3}{4}$. [Jes., ii. 106]

Ch. Ch. **Torporley, Nathaniel**; suppl. B.A. 3 Feb., adm. 5 Feb. $158\frac{3}{4}$, det. $158\frac{3}{4}$; suppl. M.A. 3 July, lic. 8 July 1591, inc. 1591. ⟨The M.A. suppl. and lic. are put as from Bras. but this must be in error, as the inc. is from Ch. Ch. and also a dispensation in 1591.⟩ [ii. 100]

*Merton.** **Wilsun, Robert**; suppl. B.A. (Mert.) 3 Feb., adm. 5 Feb. $158\frac{3}{4}$, det. $158\frac{3}{4}$; suppl. M.A. (S. Alb. H.) 15 Apr., lic. 2 July 1586, inc. 1586. [ii. 109]

Ch. Ch. **Rider, Robert**; suppl. B.A. 28 Jan., adm. 6 Feb. $158\frac{3}{4}$, det. $158\frac{3}{4}$; lic. M.A. 6 July 1587, inc. 1587.

Ch. Ch. **Wendlowe** (Wenlowe, Winlowe), **Richard**; suppl. B.A. 3 Feb., adm. 6 Feb. $158\frac{3}{4}$, det. $158\frac{3}{4}$; suppl. M.A. 21 Jan. $158\frac{6}{7}$, lic. 27 June 1587, inc. 1587. [ii. 105]

University. **Mellington** (Millington, Melington, Milington), **Thomas**; suppl. B.A. 5 Feb., adm. 6 Feb. $158\frac{3}{4}$, det. $158\frac{3}{4}$; suppl. M.A. 4 July, lic. 6 July 1586, inc. 1586. [ii. 114]

*University.** **Powell, John**; suppl. B.A. (Univ.) 5 Feb., adm. 6 Feb. $158\frac{3}{4}$, det. $158\frac{3}{4}$; suppl. M.A. (All So.) 17 Oct., lic. 15 Nov. 1587, inc. 1588. [ii. 114]

Magd. C. **Letherburrough** (Letherborowe), **Nicholas**; suppl. B.A. 5 Feb., adm. 6 Feb. $158\frac{3}{4}$, det. $158\frac{3}{4}$; suppl. M.A. 24 June, lic. 3 July 1588, inc. 1588. [ii. 107]

Magd. C. **Joyner, Simon**; suppl. B.A. 5 Feb., adm. 6 Feb. $158\frac{3}{4}$, det. $158\frac{3}{4}$. ⟨Clerk of Magd. C. 1585–1589; Blox. 2, p. 45.⟩

*Magd. C.** **Bowman** (Boman), **Gabriel**; suppl. B.A. (Magd. C.) 5 Feb., adm. 6 Feb. $158\frac{3}{4}$, det. $158\frac{3}{4}$; suppl. M.A. (Magd. H.) 13 May, lic. 28 June 1587, inc. 1587. [Magd. H., ii. 108]

*Magd. H.** Butler, Charles; suppl. B.A. (Magd. H.) 4 Dec. 1583, adm. 6 Feb. 1583/4, det. 1583/4; suppl. and lic. M.A. (Magd. C.) 1 July 1587, inc. 1587. [Magd. C., ii. 106]
Oriel. Clavill (Clavell), William; suppl. B.A. 3 Feb., adm. 6 Feb. 1583/4, det. 1583/4; lic. M.A. 4 May 1587, inc. 1587. [ii. 110] ⟨Fellow of Oriel in 1583.⟩
Trinity. Jones (Joanes), Richard; suppl. B.A. 6 Feb., adm. 7 Feb. 1583/4, det. 1583/4. [ii. 96] ⟨Scholar of Trin. in 1580.⟩
S. Mary H. Kinaston, Ralph; suppl. B.A. 3 Feb., adm. 7 Feb. 1583/4, det. 1583/4; suppl. M.A. 13 May, lic. 5 July 1587, inc. 1587. [ii. 111]
*S. Mary H.** Hearne (Horne), Thomas; suppl. B.A. (from S. Mary H.) 3 Feb., adm. 7 Feb. 1583/4, det. 1583/4; suppl. M.A. (from Gloc. H.) (having been seven years a schoolmaster) 27 Apr., lic. 21 June 1592, inc. 1592. [ii. 111]
*S. Mary H.** Igmathorpe (Igmethorp), Thomas; suppl. B.A. (S. Mary H.) 3 Feb., adm. 7 Feb. 1583/4, det. 1583/4; suppl. M.A. (Bras.) 15 Apr., lic. 8 July 1586, inc. 1586. [Bras., ii. 97]
Magd. H. Stradlinge, John; suppl. B.A. 3 Feb., adm. 7 Feb. 1583/4, det. 1583/4. [Bras., ii. 94]
Magd. H. Catsbé, Humphrey; suppl. B.A. 10 Feb., adm. 7 (?) Feb. 1583/4, det. 1583/4. ⟨Blox. 1, p. 20, Chor. of Magd. C. 1575–1582.⟩
Magd. H. Horne, Robert; suppl. B.A. 10 Feb., adm. 7 (?) Feb. 1583/4, det. 1583/4; suppl. M.A. 10 Oct. 1586, lic. 6 July 1587, inc. 1587. [ii. 95] ⟨Chaplain of Magd. C. 1585–1595; Blox. 2, p. 129.⟩
Magd. C. Pearce (Perce, Pyerce), William; suppl. B.A. 22 Nov. 1583, adm. 7 Feb. 1583/4, det. 1583/4; suppl. and lic. M.A. 19 June 1594, inc. 1594. [ii. 107]
Balliol. Braxton (Brackeston, Brackston), John; suppl. B.A. 6 Feb., adm. 7 Feb. 1583/4, det. 1583/4; suppl. M.A. 15 Apr., lic. 22 June 1586, inc. 1586. [ii. 96]
Balliol. Pim (Pym), Edward; suppl. B.A. 6 Feb., adm. 7 Feb. 1583/4, det. 1583/4; suppl. M.A. 15 Apr., lic. 10 June 1586, inc. 1586. [ii. 97]
Balliol. Cliffe (Clife), Gabriel; suppl. B.A. 6 Feb., adm. 7 Feb. 1583/4, det. 1583/4; suppl. M.A. 13 May, lic. 6 July 1587, inc. 1587. [ii. 96]
Queen's. Wilsun (Wilson, Willson), Thomas; suppl. B.A. 6 Feb., adm. 7 Feb. 1583/4, det. 1583/4; suppl. M.A. 4 July, lic. 7 July 1586, inc. 1586. [ii. 102]
*S. Edm. H.** Ive (Ivie, Ivye), William; suppl. B.A. (S. Edm. H.) 5 Feb., adm. 7 Feb. 1583/4, det. (S. Alb. H.) 1583/4. [Queen's, ii. 102]
*S. Edm. H.** Coxe, Gilbert; suppl. B.A. (S. Edm. H.) 5 Feb., adm. 7 Feb. 1583/4, det. (S. Alb. H., prob. in error) 1583/4; suppl. M.A. (S. Edm. H.) 15 Apr., lic. 6 July 1586, inc. (wrongly called 'William') 1586. [ii. 113]
Exeter. Rice (Rise, Ryce), John; suppl. B.A. 10 Feb., adm. 13 Feb. 1583/4, det. 1583/4; suppl. M.A. 4 July, lic. 10 July 1590, inc. 1590.
Exeter. Cole, Thomas; suppl. B.A. 10 Feb., adm. 13 Feb. 1583/4, det. 1583/4; suppl. M.A. 13 May, lic. 26 June 1587, inc. 1587. Boase, p. 49.
*Exeter.** Whetcomb, William; suppl. B.A. (Exet.) 10 Feb., adm.

13 Feb. 158$\frac{3}{4}$, det. 158$\frac{3}{4}$; suppl. M.A. (Oriel) 14 Jan. 158$\frac{8}{9}$, lic. 5 May 1589, inc. 1589. ⟨Fellow of Oriel in 1585.⟩

Brasenose. **Walwin** (Wallen, Walwaine), **Gabriel**; suppl. B.A. 4 Dec. 1583, adm. 17 Feb. 158$\frac{3}{4}$, det. 158$\frac{3}{4}$; M.A. 15 Mar., lic. 16 Mar. 159$\frac{3}{4}$, inc. 1594. [ii. 85] ⟨Fellow of Bras. in 1583.⟩

Brasenose. **Foxcroft, Edward**; suppl. B.A. 5 Feb., adm. 17 Feb. 158$\frac{3}{4}$, det. 158$\frac{3}{4}$; suppl. M.A. 13 Feb. 158$\frac{7}{8}$, lic. 19 Apr. 1588; suppl. B.D. 8 Apr., and adm. 14 Apr. 1600. ⟨Fellow of Bras. in 1583.⟩

Brasenose. **Davye** (Davey, Davice, Davyd), **Thomas**; suppl. B.A. 10 Feb., adm. 17 Feb. 158$\frac{3}{4}$, det. 158$\frac{3}{4}$; suppl. M.A. 21 Jan., lic. 7 Feb. 158$\frac{6}{7}$, inc. 1587. [ii. 85]

Brasenose. **Foster, Henry**; suppl. B.A. 10 Dec. 1583, adm. 17 Feb. 158$\frac{3}{4}$, det. 158$\frac{3}{4}$; suppl. M.A. 4 July, lic. 8 July 1586, inc. 1586. [ii. 94] ⟨Fellow of Bras. before 1586.⟩

*Brasenose.** **Couth** (Cooth, Cowth, Coutt), **John**; suppl. B.A. (Bras.) 17 Dec. 1583, adm. 17 Feb. 158$\frac{3}{4}$, det. 158$\frac{3}{4}$; suppl. M.A. (S. Alb. H.) 15 Apr., lic. 2 July 1586, inc. 1586. [ii. 94]

Brasenose. **Gray, Richard**; suppl. B.A. 5 Feb., adm. 17 Feb. 158$\frac{3}{4}$, det. 158$\frac{3}{4}$. [ii. 94]

Brasenose. **Hibbotts** (Hybbotts), **Thomas**; suppl. B.A. 5 Feb., adm. 17 Feb. 158$\frac{3}{4}$, det. 158$\frac{3}{4}$; suppl. M.A. 15 Apr., lic. 2 July 1586, inc. 1586. [ii. 94]

Brasenose. **Thornley, John**; suppl. B.A. 5 Feb., adm. 17 Feb. 158$\frac{3}{4}$, det. 158$\frac{3}{4}$; suppl. M.A. 15 Apr., lic 2 July 1586, inc. 1586. [ii. 97]

Brasenose. **Constantine, Allan**; suppl. B.A. 17 Dec. 1583, adm. 17 Feb. 158$\frac{3}{4}$, det. 158$\frac{3}{4}$. [? William, ii. 94]

Brasenose. **Par** (Parr, Parrey), **William**; suppl. B.A. 6 Feb., adm. 17 Feb. 158$\frac{3}{4}$, det. 158$\frac{3}{4}$.

Brasenose. **Smith, Thomas**; suppl. B.A. 17 Dec. 1583, adm. 17 Feb. 158$\frac{3}{4}$, det. 158$\frac{3}{4}$.

Brasenose. **Millward** (Milward, Millwood), **Robert**; suppl. B.A. 4 Feb., adm. 17 Feb. 158$\frac{3}{4}$, det. 158$\frac{3}{4}$; suppl. M.A. (being then in orders) 18 Feb., lic. 22 Feb. 158$\frac{7}{8}$, inc. 1588. [i. 40, 369]

Jesus. **Parrye, Henry**; suppl. B.A. 3 Feb., adm. 17 Feb. 158$\frac{3}{4}$, det. 158$\frac{3}{4}$. Henry Parry, M.A. Jes., suppl. B.D. 2 June, adm. 6 June 1597.

Magd. H. **Grose** (Grosse, Crosse), **Richard**; suppl. B.A. 13 Feb., adm. 19 Feb. 158$\frac{3}{4}$, det. 158$\frac{3}{4}$; suppl. M.A. 10 Oct. 1586, lic. 6 July 1587, inc. 1587.

Magd. H. **White** (Whit), **Richard**; suppl. B.A. 19 Feb., adm. 19 Feb. 158$\frac{3}{4}$, det. 158$\frac{3}{4}$.

*S. Alb. H.** **Raynolds, Lionel**; suppl. B.A. (S. Alb. H.) 6 Feb., adm. 19 Feb. 158$\frac{3}{4}$, det. 158$\frac{3}{4}$; suppl. M.A. (Univ.) 2 July, lic. 5 July 1594, inc. 1594. [ii. 116]

Broadg. H. **Vickars** (Vicars, Viccars), **John**; suppl. B.A. 13 Feb., adm. 20 Feb. 158$\frac{3}{4}$, det. 158$\frac{3}{4}$; suppl. M.A. 1 July, lic. 5 July 1587, inc. 1587. [ii. 106.]

Hart H. **Hughes** (Hwes), **Owen**; suppl. B.A. 4 Feb., adm. 22 Feb. 158$\frac{3}{4}$, det. 158$\frac{3}{4}$. [ii. 90]

Hart H. **Estcourt, Edward**; suppl. B.A. 3 Feb., adm. ('Edmund') 22 Feb. 158$\frac{3}{4}$, det. 158$\frac{3}{4}$. [ii. 97]

Hart H. **Pounall** (Pownall, Pwnall), **Edmund**; suppl. B.A. 4 Feb., adm. 22 Feb. $158\frac{3}{4}$, det. $158\frac{3}{4}$. [Univ., ii. 114]
Hart H. **Stonehowse** (Stonhowse), **Walter**; suppl. B.A. 4 Feb., adm. 22 Feb. $158\frac{3}{4}$, det. $158\frac{3}{4}$. [S. Mary H., ii. 111]
Magd. C. **Honyman** (Honiman), **Robert**; suppl. and adm. B.A. 22 Feb. $158\frac{3}{4}$, det. $158\frac{3}{4}$; suppl. M.A. 13 May, lic. 28 June 1587, inc. 1587. [ii. 101]
Magd. C. **Bronde** (Brand), **Christopher**; suppl. and adm. B.A. 22 Feb. $158\frac{3}{4}$, det. $158\frac{3}{4}$; suppl. M.A. June 1588 and 30 June 1589. [Magd. H., ii. 76]
S. Edm. H. **Fowler** (Fewler), **William**; suppl. B.A. 30 Jan., adm. 26 Feb. $158\frac{3}{4}$. [ii. 113]
*Merton.** **Walker, John**; suppl. B.A. (Mert.) 6 Feb., adm. 26 Feb. $158\frac{3}{4}$, det. $158\frac{3}{4}$; suppl. M.A. (Oriel) 13 May, lic. 31 May 1587, inc. 1587. [ii. 109]
*Merton.** **Heathcott, John**; suppl. B.A. (Mert.) 13 Feb., adm. 26 Feb. $158\frac{3}{4}$, det. $158\frac{3}{4}$; suppl. M.A. (S. Alb. H.) 15 Apr., lic. 16 June 1586, inc. 1586; suppl. B.D. (Linc.) 24 May 1598. [ii. 108]
*Magd. C.** **Blake** (Blage), **Richard**; suppl. B.A. (from Magd. C.) 10 Feb., adm. 28 Feb. $158\frac{3}{4}$, det. $158\frac{3}{4}$; suppl. M.A. (from S. Mary H.) May, lic. 8 July 1586, inc. 1586.
Magd. C. **Wharton, Joel**; suppl. B.A. 24 Feb., adm. 28 Feb. $158\frac{3}{4}$, det. $158\frac{3}{4}$.
Magd. C. **Hunter, Robert**; suppl. B.A. 4 Dec. 1583, adm. 28 Feb. $158\frac{3}{4}$, det. $158\frac{3}{4}$. [i. 393]
Magd. H. **Hickman** (Hicman), **William**; suppl. B.A. 24 Feb., adm. 28 Feb. $158\frac{3}{4}$, det. $158\frac{3}{4}$. He is entered again in adm. B.A. on 15 Mar. $158\frac{3}{4}$. [ii. 91]
Magd. C. **Price, Jeffry**; suppl. B.A. 11 Apr. 1583, adm. 28 Feb. $158\frac{3}{4}$, det. $158\frac{3}{4}$.
*All Souls.** **Browne, Aaron**; suppl. B.A. (from All So.) 4 Dec. 1583, adm. 28 Feb. $158\frac{3}{4}$, det. $158\frac{3}{4}$, suppl. M.A. (from New C.) 4 July, lic. 7 July 1586, inc. 1586. [Trin., ii. 79]
*Lincoln.** **Wayte** (Waight), **Richard**; suppl. B.A. (from Linc.) 23 Nov. 1583, adm. (from Bras.) 28 Feb. $158\frac{3}{4}$, det. $158\frac{3}{4}$. [ii. 94]
Jesus. **Bedowe, Thomas**; adm. B.A. 28 Feb. $158\frac{3}{4}$, det. $158\frac{3}{4}$. [Bras., ii. 85]
Jesus. **Powell, Griffith** (Griffin); suppl. and adm. B.A. 28 Feb. $158\frac{3}{4}$, det. $158\frac{6}{7}$; lic. M.A. 21 June 1589, inc. 1589; suppl. B.C.L. 12 July 1593; suppl. D.C.L. 23 July 1599.
*Jesus.** **Thomas, Robert**; adm. B.A. (Jes.) 28 Feb. $158\frac{3}{4}$; lic. M.A. (Linc.) 7 July 1591, inc. (S. Edm. H.) 1591.
*Jesus.** **Griffith** (Griffin), **David**; suppl. B.A. (from Jes.) 6 Feb., adm. 28 Feb. $158\frac{3}{4}$, det. $158\frac{3}{4}$; suppl. M.A. (from Oriel) 13 May, lic. 20 June 1587, inc. 1587. [ii. 106] ⟨Fellow of Oriel in 1584.⟩
Jesus. **Gethin** (Getin), **Ellis**; suppl. B.A. 26 Feb., adm. 28 Feb. $158\frac{3}{4}$. [Gloc. H., ii. 83]
S. Mary H. **Owen, Fulke** (Foulke); suppl. B.A. 26 Feb., adm. 28 Feb. $158\frac{3}{4}$ ('Francis Owens'), det. $158\frac{3}{4}$. [ii. 111]
S. Mary H. **Parry, William**; suppl. B.A. 3 Feb., adm. 28 Feb. $158\frac{3}{4}$, det. $158\frac{3}{4}$. [? Jes., ii. 106]
S. Mary H. **Atton, George**; suppl. B.A. 6 Feb., adm. 28 Feb. $158\frac{3}{4}$, det. $158\frac{3}{4}$. [ii. 123]

S. Mary H. **Faune** (Fawne, Faunus), **John**; suppl. B.A. 6 Feb., adm. 28 Feb. $158\frac{3}{4}$, det. $158\frac{3}{4}$. [ii. 86]

S. Mary H. **Thelale** (Thelwall), **Simon**; suppl. B.A. 22 Feb., adm. 28 Feb. $158\frac{3}{4}$, det. $158\frac{3}{4}$.

S. Mary H. **Write** (Wright), **William**; suppl. B.A. 19 Feb., adm. 28 Feb. $158\frac{3}{4}$, det. $158\frac{3}{4}$.

University. **Watmoughe** (Watmouch, Wattmoughe), **Hugh**; suppl. B.A. 28 Feb., adm. 29 Feb. $158\frac{3}{4}$, det. $158\frac{3}{4}$; suppl. M.A. 15 Apr., lic. 6 July 1586, inc. 1586; suppl. B.D. 15 May and adm. 27 June 1594; suppl. lic. to preach 16 Apr. and lic. 18 Apr. 1597. [ii. 114]

S. Edm. H. **Gough, Thomas**; adm. B.A. 29 Feb. $158\frac{3}{4}$, det. $158\frac{3}{4}$.

S. Alb. H. **Porret** (Porrett), **William**; suppl. B.A. 28 Feb., adm. 29 Feb. $158\frac{3}{4}$, det. $158\frac{3}{4}$; suppl. M.A. 15 Apr., lic. 13 June 1586, inc. 1586. [ii. 125]

All Souls. **Coles, John**; suppl. B.A. 28 Feb., adm. 29 Feb. $158\frac{3}{4}$, det. $158\frac{3}{4}$; suppl. M.A. June, lic. 9 July 1589, inc. 1589. [ii. 111]

Jesus. **Gethin** (Getin), **Morris**; suppl. B.A. 28 Feb., adm. 29 Feb. $158\frac{3}{4}$. [Gloc. H., ii. 83]

Queen's. **Shaw, John**; suppl. B.A. 28 Feb., adm. 29 Feb. $158\frac{3}{4}$, det. $158\frac{3}{4}$. [ii. 102]

Queen's. **Keathe** (Keeth, Reath), **Robert**; suppl. B.A. 28 Feb., adm. 29 Feb. $158\frac{3}{4}$, det. $158\frac{3}{4}$. [ii. 119]

S. Mary H. **Yeate, William**; suppl. B.A. 19 Feb., adm. 15 Mar. $158\frac{3}{4}$. [ii. 86]

New Coll. **Alcoke** (Alcocke, Awcoke), **Laurence**; suppl. B.A. 13 Mar., adm. 15 Mar. $158\frac{3}{4}$, det. $158\frac{4}{5}$; suppl. M.A. 15 Apr., lic. 18 June 1586, inc. 1586. [S. Mary H., ii. 125]

S. Edm. H. **Broomhed, Christopher**; suppl. B.A. 4 Feb. $158\frac{3}{4}$, det. $158\frac{3}{4}$.

⟨Up to this point in the case of each degree the full number of entries (with the exception of the dispensations) has been recorded. For some years this fulness of statement has probably appeared superfluous. It serves, however, to show the old degree-system of the University in its actual working order. Before this period, it was hardly possible to give such a view of the system, because of the imperfection of the records; after this period it is hardly necessary to do so, because several of the steps were yearly becoming more and more mere forms. It serves also to provide a kind of index to the degree entries in the register up to the point where they become orderly. Information about the persons who took degrees, as regards, e.g., the number of terms they had kept, their father's condition, and the like, is sometimes found in the 'supplicat,' and in the absence of matriculation entries this information is of value. After this period the matriculation entries become more complete, and the 'supplicat' entries more formal; and it is therefore less necessary to refer to them. The registers, moreover, are better kept, and supplicats and dispensations can readily be found, if required, by looking through the entries prior to the date of admission to a degree. From this point therefore I omit the 'supplicat;' I have however read through all these 'supplicat' entries and the dispensations connected with them, and wherever they add anything to the other entries I have here noted it. E.g. The notes 'arm. fil. n. m.,' 'then in orders,' and the like; and in some cases the notices of the College, which are given hereafter, come from these dispensations and supplicats.⟩

Queen's. **Nwbridge** (Nwbro, Newburgh), **Richard**; adm. B.A. 11 Apr. 1584, det. 158$\frac{4}{5}$.
Lincoln. **Wintell** (Wintle, Winkle), **William**; adm. B.A. 2 May 1584. [Mert., ii. 109]
New Coll. **Savage** (Savidge), **Richard**; adm. B.A. 4 May 1584, det. 158$\frac{4}{5}$; lic. M.A. 16 Jan. 158$\frac{7}{8}$, inc. 1588. [ii. 109] ⟨Scholar of New C. in 1580.⟩
New Coll. **Brooke, Thomas**; adm. B.A. 4 May 1584. [ii. 109] ⟨Scholar of New C. in 1580.⟩
New Coll. **Swadden** (Swaden, Swaddon), **William**; adm. B.A. 4 May 1584, det. 158$\frac{4}{5}$; lic. M.A. 16 Jan. 158$\frac{7}{8}$, inc. 1588; adm. B.D. 3 July 1595; lic. D.D. 14 June 1602. [ii. 110] ⟨Scholar of New C. in 1580.⟩
*S. John's.** **Perrin, Thomas**; adm. B.A. (S. Jo.) 6 May 1584, det. (Gloc. H.) 158$\frac{4}{5}$. [ii. 103]
University. **Rods, Abraham**; adm. B.A. 23 May 1584. [ii. 114]
Exeter. **Goodrich, Thomas**; adm. B.A. 23 May 1584, det. 158$\frac{4}{5}$.
S. Alb. H. **Newman, William**; adm. B.A. 26 May 1584.
*Magd. H.** **Gellibrand** (Gelibrand), **Henry**; adm. B.A. (Magd. H.) 2 June 1584, det. (All So.) 158$\frac{4}{5}$; lic. M.A. (All So.) 3 July 1588, inc. 1588; suppl. lic. to pract. med. (All So.) 16 Dec. 1601, lic. 13 July 1602.
All Souls. **Hovenden, George**; adm. B.A. 2 June 1584, det. 158$\frac{4}{5}$; lic. M.A. 14 May 1588, inc. 1588. [ii. 111]
Trinity. **Masters** (Master), **Henry**; adm. B.A. 2 June 1584, det. 158$\frac{4}{5}$; lic. M.A. 12 July 1589, inc. 1589. [ii. 86]
Broadg. H. **Browne, Robert**; adm. B.A. 3 June 1584, det. 158$\frac{4}{5}$.
Broadg. H. **James, Richard**; adm. B.A. 4 June 1584, det. 158$\frac{4}{5}$; lic. M.A. 23 May 1587, inc. 1587. [ii. 104]
*S. Mary H.** **Biston, Richard**; adm. B.A. (S. Mary H.) 22 June 1584, disp. for not determining 1 July 1587; lic. M.A. (S. Edm. H.) 13 June 1588, inc. 1588. [S. Jo., ii. 103]
All Souls. **Draper, Thomas**; adm. B.A. 22 June 1584, det. 158$\frac{4}{5}$; lic. M.A. 2 May 1588, inc. 1588. [ii. 111]
Gloc. H. **Dermer** (Dormer), **William**; adm. B.A. 27 June 1584, det. 158$\frac{4}{5}$. [ii. 83]
Gloc. H. **Tayler** (Tailer), **Henry**; adm. B.A. 27 June 1584, det. 158$\frac{4}{5}$; lic. M.A. 1 July 1587, inc. 1587. [ii. 122]
Magd. C. **Evans, Griffith**; adm. B.A. 3 July 1584, det. 158$\frac{4}{5}$. [? Jes., ii. 106]
Exeter. **Pallawin** (Pellawin, Paulewin, Paulowin, Paulwin), **James**; adm. B.A. 7 July 1584, det. 158$\frac{4}{5}$; lic. M.A. 26 June 1587, inc. 1587; adm. B.D. 7 Dec. 1597. [ii. 101] Boase, p. 49.
Magd. C. **Sandey** (Sandye), **William**; adm. B.A. 7 July 1584, det. 158$\frac{4}{5}$.
*Gloc. H.** **Wilmot** (Wyllmott), **William**; adm. B.A. (Gloc. H.) 8 July 1584, det. (S. Jo.) 158$\frac{4}{5}$; lic. M.A. (Oriel) 26 Apr. 1589, inc. 1589. [Jes., ii. 113] ⟨Fellow of Oriel in 1585.⟩
Merton. **Potter, George**; adm. B.A. 8 July 1584, det. 158$\frac{4}{5}$. [ii. 109]

Merton. **Tomkins** (Tomkis, Tonkis), **John**; adm. B.A. 8 July 1584, det. $158\frac{4}{5}$; John Tonkes (Tonques) lic. M.A. 10 May 1589, inc. 1589. [ii. 109]

Magd. H. **Dreden** (Driden), **David**; adm. B.A. 9 July 1584, det. $158\frac{4}{5}$; lic. M.A. 28 June 1587, inc. 1587. [ii. 102]

Corpus. **Storie** (Storay, Stor, Storrus, Scorie, Scorr), **William**; adm. B.A. 9 July 1584, det. $158\frac{4}{5}$; lic. M.A. 23 May 1588, inc. 1588. [ii. 112]

Merton. **Dirkin** (Derkin), **John**; adm. B.A. 10 July 1584, det. $158\frac{4}{5}$. [Probably for 'Perkin,' ii. 109]

*University.** **Davye** (Davie, Davies), **Robert**; adm. B.A. (Univ.) 15 July 1584, det. (Mert.) $158\frac{4}{5}$; lic. M.A. (Mert.) 20 Feb. $158\frac{8}{9}$, inc. 1589. [ii. 118] Brod. p. 273.

*New Coll.** **Favor** (Favour), **Philip**; adm. B.A. (New C.) 14 Oct. 1584, det. $158\frac{4}{5}$; suppl. M.A. (Hart H.) 13 May 1587, inc. 1587. [ii. 110] ⟨Scholar of New C. in 1580.⟩

Brasenose. **Goddard, Robert**; adm. B.A. 9 Nov. 1584, det. $158\frac{4}{5}$; lic. M.A. 7 July 1592, inc. 1592. [ii. 98]

Magd. C. **Gelibrand** (Gelebrand, Gelybrande), **Edmund**; adm. B.A. 12 Nov. 1584, det. $158\frac{4}{5}$; lic. M.A. 10 July 1590, inc. 1590. [ii. 84]

Magd. C. **Pusey** (Pusi, Pusy), **John**; adm. B.A. 12 Nov. 1584, det. $158\frac{4}{5}$; lic. M.A. 10 July 1590, inc. 1590; adm. B.D. 12 July 1600; suppl. D.D. 7 July 1608. [Magd. H., ii. 87]

Magd. C. **Virtu** (Vertue), **Nathaniel**; adm. B.A. 12 Nov. 1584, det. $158\frac{4}{5}$; lic. M.A. 10 July 1590, inc. 1590; lic. to preach 20 Nov. 1596; adm. B.D. 10 July 1600. [ii. 89]

Magd. C. **Batt, Stephen**; adm. B.A. 12 Nov. 1584, det. $158\frac{4}{5}$; lic. M.A. 10 July 1590, inc. 1590. [ii. 89]

Magd. C. **Bradshew** (Bradshaw), **Francis**; adm. B.A. 12 Nov. 1584, det. $158\frac{4}{5}$; lic. M.A. 10 July 1590, inc. 1590; adm. B.D. 10 July 1600; lic. to preach 9 Mar. $160\frac{4}{5}$; lic. D.D. 8 July 1607 and inc. 1607. [ii. 89]

Magd. C. **Carpenter, Edmund**; adm. B.A. 12 Nov. 1584, det. $158\frac{4}{5}$; lic. M.A. 10 July 1590, inc. 1590 ('Edward'); adm. B.D. (Edmund) 10 July 1600; suppl. D.D. 7 July 1608. [ii. 106]

Magd. C. **Phips** (Phipps, Phippes, Fipps), **Thomas**; adm. B.A. 12 Nov. 1584, det. $158\frac{4}{5}$; lic. M.A. 10 July 1590, inc. 1590; adm. B.D. 10 July 1600; suppl. lic. to preach 17 Dec. 1605. [ii. 107]

Magd. C. **Wise** (Wisse), **Henry**; adm. B.A. 12 Nov. 1584, det. $158\frac{4}{5}$. [Magd. H., ii. 72] ⟨'Wysse,' Demy of Magd. C. 1583–1589; Blox. 4, p. 223.⟩

Magd. C. **Higgons, William**; adm. B.A. 12 Nov. 1584, det. $158\frac{4}{5}$. [? Magd. H., ii. 80] ⟨Demy of Magd. C. 1583–1586; Blox. 4, p. 223.⟩

Magd. C. **Parkhurst** (Parckhurst, Parkehurst), **John**; adm. B.A. 12 Nov. 1584, det. $158\frac{4}{5}$; lic. M.A. 10 July 1590, inc. 1590; adm. B.D. 22 Nov. 1600; lic. D.D. 6 July 1610 and inc. 1610. [Magd. H., ii. 95]

Magd. C. **Walker** (Waker), **Thomas**; adm. B.A. 12 Nov. 1584, det. ('Walkey') $158\frac{4}{5}$. [ii. 87]

Trinity. **Willington** (Wellington), **Thomas**; adm. B.A. 12 Nov. 1584, det. $158\frac{4}{5}$; lic. M.A. 6 July 1587, inc. 1587. [Queen's, ii. 102]

Lincoln. **Colman** (Coleman), **Thomas**; adm. B.A. 26 Nov. 1584, det. $158\frac{4}{5}$. [Gloc. H., ii. 104]

S. John's. **Withington, Edward**; adm. B.A. 28 Nov. 1584, det. $158\frac{4}{5}$; lic. M.A. 23 May 1588, inc. 1588. [ii. 44] ⟨Fellow of S. Jo. in 1580.⟩

S. John's. **Burgesse** (Burges), **Ellis**; adm. B.A. 28 Nov. 1584, det. $158\frac{4}{5}$; lic. M.A. 23 May 1588, inc. 1588; adm. B.D. 2 July 1594. [ii. 44] ⟨Fellow of S. Jo. in 1580.⟩

S. John's. **Latewar, Richard**; adm. B.A. 28 Nov. 1584, det. $158\frac{4}{5}$; lic. M.A. 23 May 1588, inc. 1588; adm. B.D. 2 July 1594; lic. D.D. 5 Feb. $159\frac{6}{7}$ and inc. 1597. [ii. 44] ⟨Fellow of S. Jo. in 1580.⟩

S. John's. **Cooke, Francis**; adm. B.A. 28 Nov. 1584, det. $158\frac{4}{5}$; lic. M.A. 23 May 1588, inc. 1588. [ii. 44] ⟨Fellow of S. Jo. in 1580.⟩

S. John's. **Wall, Richard**; adm. B.A. 28 Nov. 1584, det. $158\frac{4}{5}$. [ii. 44] ⟨Fellow of S. Jo. in 1580.⟩

S. John's. **Firmin, Peter**; adm. B.A. 28 Nov. 1584, det. $158\frac{4}{5}$; lic. M.A. 23 May 1588, inc. 1588; adm. B.D. 19 Feb. $159\frac{4}{5}$ (being then a theological lecturer in London). [ii. 44, 103] ⟨Fellow of S. Jo. in 1580.⟩

S. Alb. H. **Simons, Henry**; adm. B.A. 28 Nov. 1584, det. $158\frac{4}{5}$.

Corpus. **Martin, Anthony**; adm. B.A. 5 Dec. 1584, det. $158\frac{4}{5}$. [S. Mary H., ii. 93]

Merton. **Cowley** (Couley, Cooleus, Coleus), **Edward**; adm. B.A. 5 Dec. 1584, det. $158\frac{4}{5}$; 'Edmund' Cowley, lic. M.A. 22 June 1587, inc. 1587. [ii. 108]

*University.** **Horsman, Edward**; adm. B.A. (Univ.) 10 Dec. 1584, det. $158\frac{4}{5}$; lic. M.A. (New C.) 21 Mar. $158\frac{7}{8}$, inc. 1578.

S. John's. **Shakerley** (Shacarley), **George**; adm. B.A. 10 Dec. 1584, det. $158\frac{4}{5}$. [S. Mary H., ii. 93]

*New Inn H.** **Powell, Thomas**; adm. B.A. (N. I. H.) 10 Dec. 1584; a 'Thomas Powell,' Jes., det. $158\frac{6}{7}$; a 'Thomas Powell' inc. 1587.

Brasenose. **Hopwood, Arthur**; suppl. B.A. 5 Feb. $158\frac{3}{4}$. [ii. 97]

Balliol. **Robinson, Jaspar**; suppl. B.A. 7 Apr. 1584. [ii. 97]

Oriel. **Frank, Thomas**; suppl. B.A. 30 Apr. 1584, det. $158\frac{4}{5}$. [ii. 110]

S. Mary H. **Thompsun, David**; suppl. B.A. 30 Apr. 1584.

S. Mary H. **Gethin, John**; suppl. B.A. 18 June 1584. [ii. 111]

Broadg. H. **Massey, Michael**; suppl. B.A. 1 July 1584. [S. Mary H., ii. 111]

Magd. H. **Roots, Thomas**; suppl. B.A. 1 July 1584. [ii. 102]

Jesus. **Morris, David**; suppl. B.A. 1 July 1584.

Merton. **Myn, John**; suppl. B.A. 1 July 1584. [? ii. 67]

Broadg. H. **Barker, Thomas**; suppl. B.A. 5 Nov. 1584. [ii. 99]

Hart H. **Odell, John**; suppl. B.A. 5 Nov. 1584, det. $158\frac{4}{5}$; lic. M.A. 9 July 1596, inc. 1596. [ii. 97]

*Hart H.** **Penney** (Peny), **John**; suppl. B.A. (Hart H.) 5 Nov. 1584, det. $158\frac{4}{5}$; suppl. B.C.L. (New C.) 21 Mar. $15\frac{89}{90}$, adm. 2 May 1590. [New C., ii. 109] ⟨Scholar of New C. in 1581.⟩

*S. Alb. H.** **Traford** (Trafford), **Richard**; suppl. B.A. (S. Alb. H.) 17 Dec. 1584, det. $158\frac{4}{5}$; lic. M.A. (Mert.) 4 July 1590, inc. 1590; suppl. B.C.L. and D.C.L. 7 June 1603. [ii. 119] Brod., p. 274.

All Souls. **Williams, John**; suppl. M.A. (All So.) 6 Feb. 158$\frac{3}{4}$, lic. 13 Oct. 1584, inc. 1585; adm. B.D. (All So.) 27 June 1594; suppl. D.D. (Jes.?) 6 July, lic. (All So.) 12 July 1597, inc. (Jes.) 1598. Professor of Theology. ⟨'John Williams' is an exceedingly common name, and it is impossible to mark off the degree entries belonging to contemporaries of those names with certainty. The 'John Williams' of the above entries will, if the assumption about 'Milius' on p. 85 be correct, be the same person as 'John Williams,' *supra*, p. 92.⟩ ⟨John Williams, Fellow of All So. in 1579.⟩

Trinity. **Cooke, Edward**; suppl. M.A. May 1584. ⟨Probably an erroneous entry, either for Edward 'Cooper,' *supra*, p. 96; or for 'Richard' Cooke, *supra*, p. 94.⟩

New Coll. **Faver** (Favour), **John**; adm. B.C.L. 31 Apr. 1584; lic. D.C.L. 5 June 1592, inc. 1592. [ii. 72] ⟨Scholar of New C. in 1576.⟩

All Souls. **Morris** (Morrice), **Evan**; S.C.L., suppl. B.C.L. 18 June 1584; suppl. D.C.L. 12 Feb. 159$\frac{0}{1}$, lic. 11 July 1592. [?Jes., ii. 84] ⟨Fellow of All So. in 1577.⟩

New Coll. **Merideth, Richard**; suppl. (?) B.C.L. 1 July 1584. ⟨Scholar of New C. in 1576.⟩

. . . **Vaerheile** (Varahelius), **Peter**; ('Burgensis,' 'Belga;' who had been two years in Oxford University), suppl. B.C.L. 1 July, adm. 10 July 1584.

Broadg. H. **Pearde, Edward**; suppl. B.C.L. 1 July, adm. 10 July 1584. [ii. 99]

All Souls. **Edwards, Thomas**; suppl. B.C.L. 5 Nov., adm. 19 Nov. 1584; suppl. D.C.L. 6 Apr., lic. 17 Dec. 1590, inc. 1591. [ii. 111] ⟨Fellow of All So. in 1577.⟩

⟨*S. John's.**⟩ **Clarkeson, William**; ⟨of Broadg. H., according to À Wood⟩ suppl. M.B. 26 Feb. 158$\frac{3}{4}$; suppl. M.D. (from S. Jo.) 5 June, lic. 17 June 1590, inc. 1590.

Ch. Ch. **Walsall, John**; an M.A. of fourteen years' standing, suppl. B.D. 18 June, adm. 22 June 1584; suppl. D.D. 1 July, lic. 6 July 1584, inc. 1584. [ii. 12] ⟨Student of Ch. in 1563.⟩

1585.

Ch. Ch. **Rogers, John**; adm. B.A. (Ch. Ch.) 28 Jan. 158$\frac{4}{5}$, det. (Corp.?) 158$\frac{4}{5}$; lic. M.A. (Ch. Ch.) 22 May 1590, inc. 1590.

S. Alb. H. **Salusburye** (Salsbury), **Henry**; adm. B.A. 1 Feb. 158$\frac{4}{5}$, det. 158$\frac{4}{5}$; suppl. M.A. ('Henry') 24 June 1588, lic. ('Robert') 28 June, inc. ('Robert') 1588. [ii. 115]

Magd. H. **Betts, Richard**; adm. B.A. 4 Feb. 158$\frac{4}{5}$, det. 158$\frac{4}{5}$; lic. M.A. 5 July 1588, inc. 1588. [Magd. C., ii. 89]

Gloc. H. **Hurste, Nathaniel**; adm. B.A. 4 Feb. 158$\frac{4}{5}$, det. 158$\frac{4}{5}$. [ii. 59]

Merton. **Cardenas, Isaac**; adm. B.A. 5 Feb. 158$\frac{4}{5}$, det. 158$\frac{4}{5}$; lic. M.A. 20 Feb. 158$\frac{8}{9}$, inc. 1589. Brod., p. 273.

Brasenose. **Bird, William**; adm. B.A. 9 Feb. 158$\frac{4}{5}$, det. 158$\frac{4}{5}$. [Gloc. H., ii. 123]

*Trinity.** **Randall, John**; adm. B.A. (Trin.) 9 Feb. 158$\frac{4}{5}$, det. 158$\frac{4}{5}$; lic. M.A. (Linc.) 9 July 1589, inc. 1589; adm. B.D. (Linc.) 28 June 1598; suppl. lic. to preach 14 May 1599. [S. Mary H., ii. 111]

Balliol. **Smith, Richard**; adm. B.A. 9 Feb. 158$\frac{4}{5}$, det. 158$\frac{4}{5}$.

Balliol. **Browne, William**; adm. B.A. 9 Feb. 158$\frac{4}{5}$, det. 158$\frac{4}{5}$. [ii. 96]

*Balliol.** **Gower** (Goure), **Abel**; adm. B.A. (Ball.) 9 Feb. 158$\frac{4}{5}$, det. 158$\frac{4}{5}$; lic. M.A. (Oriel) 11 June 1588, inc. 1588. [ii. 96] ⟨Fellow of Oriel in 1585.⟩

Balliol. **Whitmore, Peter**; adm. B.A. 9 Feb. 158$\frac{4}{5}$, det. 158$\frac{4}{5}$. [ii. 98]

*Balliol.** **Becke, Thomas**; adm. B.A. (Ball.) 9 Feb. 158$\frac{4}{5}$, det. 158$\frac{4}{5}$; suppl. M.A. (from S. Mary Hall) 7 June 1592. [S. Mary H., ii. 78]

Balliol. **Browne, Francis**; adm. B.A. 9 Feb. 158$\frac{4}{5}$, det. 158$\frac{4}{5}$. [ii. 96]

Magd. H. **Deare, Ralph**; adm. B.A. 11 Feb. 158$\frac{4}{5}$, det. 158$\frac{4}{5}$. [ii. 119]

*Magd. H.** **Shortred, Richard**; adm. B.A. (Magd. H.) 11 Feb. 158$\frac{4}{5}$, det. 158$\frac{4}{5}$; lic. M.A. (Linc.) 28 Mar. 1588, inc. 1588. [Magd. C., ii. 84]

Magd. C. **Dye** (Die), **William**; adm. B.A. 11 Feb. 158$\frac{4}{5}$, det. 158$\frac{4}{5}$. [ii. 131]

Queen's. **Lunde** (Linde), **Henry**; adm. B.A. 11 Feb. 158$\frac{4}{5}$, det. 158$\frac{4}{5}$. [Mert., ii. 109]

Queen's. **Michell** (Mitchell), **William**; adm. B.A. 11 Feb. 158$\frac{4}{5}$, det. 158$\frac{4}{5}$; lic. M.A. 4 July 1588, inc. 1588; adm. B.D. 7 Dec. 1596. [ii. 102] ⟨Fellow of Queen's in 1588.⟩

Trinity. **Bedell, Richard**; adm. B.A. 11 Feb. 158$\frac{4}{5}$, det. 158$\frac{4}{5}$.

All Souls. **Woolton** (Wolton), **John**; adm. B.A. 16 Feb. 158$\frac{4}{5}$, det. 158$\frac{4}{5}$; lic. M.A. 19 Jan. 158$\frac{7}{8}$, inc. 1588; suppl. lic. to pract. med. 6 July, lic. 13 July 1593; suppl. M.B. and M.D. 16 July 1599. (À Wood says he was the son of John Wolton, Bishop of Exeter.)

*Oriel.** **Welsh** (Welch), **James**; adm. B.A. (Oriel) 17 Feb. 158$\frac{4}{5}$, det. 158$\frac{4}{5}$; lic. M.A. (S. Mary H.) 20 Nov. 1593, inc. 1594. [ii. 105]

Magd. C. **Smith, Roger**; adm. B.A. 17 Feb. 158$\frac{4}{5}$, det. 158$\frac{4}{5}$. [Magd. H., ii. 102] ⟨Chor. of Magd. C. 1575, Clerk 1585–1589, Master of the School 1586–1594, Blox. 2, p. 46.⟩

Broadg. H. **Dollinge** (Dolinge), **Michael**; adm. B.A. 17 Feb. 158$\frac{4}{5}$, det. 158$\frac{4}{5}$. [ii. 88]

Corpus. **Thomas, Robert**; adm. B.A. 17 Feb. 158$\frac{4}{5}$, det. 158$\frac{4}{5}$.

Hart H. **Sackvill, William**; adm. B.A. 18 Feb. 158$\frac{4}{5}$, det. 158$\frac{4}{5}$. [ii. 119]

Hart H. **Sackvill, Thomas**; adm. B.A. 18 Feb. 158$\frac{4}{5}$, det. 158$\frac{4}{5}$. [ii. 119]

Merton. **Grisley** (Gresley), **Charles**; adm. B.A. 18 Feb. 158$\frac{4}{5}$, det. 158$\frac{4}{5}$.

S. Alb. H. **Tonge, John**; adm. B.A. 18 Feb. 158$\frac{4}{5}$, det. 158$\frac{4}{5}$. [Mert., ii. 109]

*Magd. C.** **Harbard** (Harbart, Herbert), **George**; adm. B.A. (Magd. C.) 19 Feb. 158$\frac{4}{5}$, det. 158$\frac{4}{5}$; lic. M.A. (All So.) 5 Nov. 1588, inc. 1589. [ii. 118]

Ch. Ch. **Callice** (Callis), **Robert**; adm. B.A. 19 Feb. $158\frac{4}{5}$, det. $158\frac{4}{5}$. [ii. 104]

Jesus. **Morgans, Humphrey**; adm. B.A. 19 Feb. $158\frac{4}{5}$, det. $158\frac{4}{5}$; lic. M.A. (then in orders) 7 July 1592, inc. 1592. [ii. 106]

Queen's. **Nicolson** (Nicoleson, (Nicholeson), **John**; adm. B.A. 20 Feb. $158\frac{4}{5}$, det. $158\frac{4}{5}$. [ii. 119]

Magd. C. **Benion, Laurence**; adm. B.A. 11 Mar. $158\frac{4}{5}$. [ii. 106]

S. Edm. H. **Griffith, William**; adm. B.A. 13 Mar. $158\frac{4}{5}$; a 'William Griffin' (Magd. C.) det. $158\frac{7}{8}$. [ii. 91, 113, or 125]

Queen's. **Wasthill** (Wasthall, Wastel, Wastell), **Simon**; adm. B.A. 15 Mar. $158\frac{4}{5}$, det. $158\frac{5}{6}$.

Broadg. H. **Hinton, Francis**; adm. B.A. 18 Mar. $158\frac{4}{5}$, det. $158\frac{5}{6}$; lic. M.A. 2 July 1588, inc. 1588. [ii. 99]

⟨*Broadg. H.*⟩ **Rumbelow, John**; adm. B.A. 18 Mar. $158\frac{4}{5}$, det. $158\frac{5}{6}$. [ii. 99]

Cambr. **Webb, John**; adm. B.A. 27 Mar. 1585. [i. 369]

S. John's. **Smithe, Richard**; adm. B.A. 27 March 1585, det. $158\frac{5}{6}$.

All Souls. **Wybarne** (Wibarne, Wiborne, Wyburne, Oborne), **John**; adm. B.A. 27 March 1585, det. $158\frac{5}{6}$; lic. M.A. 9 Feb. $158\frac{7}{8}$, inc. 1588; adm. B.D. 3 Dec. 1597; lic. to preach 23 Oct. 1599. [Magd. C., ii. 89]

S. Alb. H. **Beck, Job**; adm. B.A. 29 Mar. 1585, det. $158\frac{5}{6}$; lic. M.A. 10 July 1589, inc. 1589. [S. Edm. H., ii. 117]

Trinity. **Beard, William**; adm. B.A. 29 Mar. 1585, det. $158\frac{5}{6}$; lic. M.A. 13 Feb. $158\frac{7}{8}$, inc. 1588. [ii. 116]

All Souls. **Franclin, John**; adm. B.A. 23 Apr. 1585, det. $158\frac{5}{6}$. [ii. 111]

S. Edm. H. **Smith, Theophilus**; adm. B.A. 24 Apr. 1585, det. $158\frac{5}{6}$; lic. M.A. 13 June 1588, inc. 1588. [Magd. C., ii. 107]

New C. **Hunt, John**; adm. B.A. 26 Apr. 1585, det. $158\frac{5}{6}$; [ii. 109] ⟨Scholar of New C. in 1581.⟩

New C. **Gregory, Thomas**; adm. B.A. 26 Apr. 1585, det. $158\frac{5}{6}$; lic. M.A. 2 May 1589, inc. 1589. [ii. 109] ⟨Scholar of New C. in 1581.⟩

*Magd. H.** **Marsh, Samuel**; suppl. B.A. (from Magd. C.) 19 Mar. $158\frac{4}{5}$, adm. 26 Apr. 1585, det. (from Magd. H.) $158\frac{5}{6}$; lic. M.A. (from Linc.) 28 Mar. 1588; adm. B.D. 28 June 1598 (when he had a cure at a distance from Oxford). [Magd. C., ii. 107]

All Souls. **Kisbye, Paul**; adm. B.A. 29 Apr. 1585, det. $158\frac{5}{6}$; lic. M.A. 25 Nov. 1588, inc. 1589. [ii. 111]

. . . **Collier, Joseph**; adm. B.A. 6 May 1585; lic. M.A. 5 July 1588, inc. 1588.

⟨*Magd. C.*⟩ **Tratt** (Trott), **Marmaduke**; adm. B.A. 7 May 1585. [ii. 141]

S. Edm. H. **Mathewe, Samuel**; adm. B.A. 13 May 1585, det. $158\frac{5}{6}$. [Magd. H., ii. 95]

Hart H. **Booth, John**; adm. B.A. (Hart H.) 14 May 1585, det. (Linc.) $158\frac{5}{6}$. [Univ., ii. 114; or Gloc. H., ii. 117]

*Hart H.** **Rixton, Ralph**; adm. B.A. 14 May 1585, det. $158\frac{5}{6}$. [Univ., ii. 114]

Oriel. **Meder, John**; adm. B.A. 17 May 1585.

Magd. C. **Fawconer** (Fauckner), **Gregory**; adm. B.A. 18 May 1585. [ii. 107]

*Merton.** **Paston, George**; suppl. B.A. (from Mert.) 9 May, adm. 18 May 1585, det. (from S. Mary H.) 158$\frac{5}{6}$; lic. M.A. (S. Mary H.) 13 Mar. 158$\frac{7}{8}$, inc. 1588.
Gloc. H. **Hurst, Henry**; adm. B.A. 21 May 1585, det. 158$\frac{5}{6}$. [Gloc. H., ii. 83; or All So., ii. 111]
Magd. C. **Marsh, Thomas**; adm. B.A. 25 May 1585. [ii. 107]
Magd. H. **Ebden, John**; adm. B.A. 26 May 1585, det. 158$\frac{5}{6}$; lic. M.A. 3 July 1592, inc. 1592.
Magd. H. **Vawse** (Vaus, Vauce), **Christopher**; adm. B.A. 26 May 1585, det. 158$\frac{5}{6}$; lic. M.A. 5 Dec. 1588, inc. 1589.
Magd. H. **Wilson** (Willson), **Robert**; adm. B.A. 26 May 1585, det. 158$\frac{5}{6}$.
Magd. H. **Bould, William**; adm. B.A. 26 May 1585.
*Magd. C.** **Ellis, Hillary**; adm. B.A. (Magd. C.) 26 May 1585, det. (Magd. H.) 158$\frac{5}{6}$. [ii. 107]
Broadg. H. **Snowe, Robert**; adm. B.A. 26 May 1585. [ii. 104]
N. I. H. **Feilde** (Feelde), **Richard**; adm. B.A. 28 May 1585, det. 158$\frac{5}{6}$.
Balliol. **Mason, Robert**; adm. B.A. 12 June 1585, det. 158$\frac{5}{6}$; lic. M.A. 3 July 1588, inc. 1588.
*Trinity.** **Jones** (Joanes), **Henry**; adm. B.A. (Trin.) 12 June 1585, det. 158$\frac{5}{6}$; lic. M.A. (S. Edm. H.) 3 July 1588, inc. 1588. [ii. 114]
Trinity. **Frauncis** (Francis), **William**; adm. B.A. 12 June 1585, det. 158$\frac{5}{6}$; lic. M.A. 3 Dec. 1589, inc. 1590. [ii. 114]
Ch. Ch. **Prichard, William**; adm. B.A. 14 June 1585, det. 158$\frac{5}{6}$; lic. M.A. 15 May 1588, inc. 1588.
Ch. Ch. **Lodington** (Loddington, Luddington), **Thomas**; adm. B.A. 14 June 1585, det. 158$\frac{5}{6}$; lic. M.A. 15 May 1588, inc. 1588. [ii. 135]
S. John's. **Batman, Robert**; adm. B.A. 14 June 1585, det. 158$\frac{5}{6}$. [Ball., ii. 118]
Ch. Ch. **Rise** (Rice), **Richard**; adm. B.A. 14 June 1585, det. 158$\frac{5}{6}$; lic. M.A. 7 July 1600, inc. 1600.
Ch. Ch. **Picover, Edward**; adm. B.A. 14 June 1585, det. 158$\frac{5}{6}$. [ii. 135]
*Balliol.** **Hughs** (Hughes, Hwes), **Cadwallader** (Kidwalader); adm. B.A. (Ball.) 14 June 1585, det. 158$\frac{5}{6}$; lic. M.A. (Ball.) 4 July 1588, inc. 1588; adm. B.D. (Jes.) 6 June 1597. [ii. 117]
Ch. Ch. **Austen, Thomas**; adm. B.A. 14 June 1585, det. 158$\frac{5}{6}$. [Magd. C., ii. 106]
Merton. **Worswicke** (Worsweeke), **Thomas**; adm. B.A. 15 June 1585, det. 158$\frac{5}{6}$. [S. Alb. H., ii. 113]
*Brasenose.** **Parkinson, Richard**; adm. B.A. (Bras.) 17 June 1585, det. ('Peter') 158$\frac{5}{6}$; lic. M.A. (Oriel) 15 Apr. 1592, inc. 1592. [ii. 89]
*Brasenose.** **Kitson** (Kidson), **Robert**; adm. B.A. (Bras.) 17 June 1585, det. 158$\frac{5}{6}$; lic. M.A. (Magd. C.) 10 July 1590, inc. 1590; adm. B.D. (Magd. C.) 22 Nov. 1600; suppl. lic. to preach 26 Nov. 1604. [ii. 98]
*Brasenose.** **Cooke, Alexander**; adm. B.A. (Bras.) 17 June 1585, det. 158$\frac{5}{6}$; lic. M.A. (Univ.) 2 July 1588, inc. 1588; adm. B.D. (Univ.) 26 May 1596. [ii. 98]

Brasenose. **Wade, Randall**; adm. B.A. 17 June 1585, det. $158\frac{5}{6}$; lic. M.A. 11 July 1589, inc. 1589 ('Ralph'). [ii. 98]

Brasenose. **Branston** (Barnston), **John**; adm. B.A. 17 June 1585, det. $158\frac{5}{6}$; lic. M.A. 11 July 1589, inc. 1589; adm. B.D. and lic. D.D. 17 June 1615, inc. D.D. 1615. [ii. 98]

Brasenose. **Griffith** (Griffin), **Thomas**; adm. B.A. 17 June 1585, det. $158\frac{5}{6}$; lic. M.A. 16 July 1589, inc. 1590. [ii. 115]

Brasenose. **Lawe, Richard**; adm. B.A. 17 June 1585, det. $158\frac{5}{6}$; lic. M.A. 9 July 1591, inc. 1591. [ii. 115]

Brasenose. **Lloyde, Charles**; adm. B.A. 17 June 1585. [Jes., ii. 101]

Balliol. **Prinne** (Prynn, Pryne, Prinn), **William**; adm. B.A. 17 June 1585, det. $158\frac{5}{6}$; lic. M.A. 7 May 1588, inc. 1588; adm. B.D. 7 June 1608. [ii. 98]

Ch. Ch. **Palmer, Thomas**; adm. B.A. 18 June 1585. [ii. 103]

Hart H. **Pasmer** (Pasmore), **Thomas**; adm. B.A. 19 June 1585, det. $158\frac{5}{6}$. [ii. 112]

Hart H. **Darbye, George**; adm. B.A. 19 June 1585, det. $158\frac{5}{6}$; lic. M.A. 16 Apr. 1600, inc. 1600.

Exeter. **Wallocomb** (Wallocom, Walcome), **Thomas**; adm. B.A. 21 June 1585, det. $158\frac{5}{6}$. [ii. 101]

Exeter. **Waye** (Wey), **Thomas**; adm. B.A. 21 June 1585, det. $158\frac{5}{6}$; lic. M.A. 9 July 1589, inc. 1589. [ii. 101]

Exeter. **Paine, Thomas**; adm. B.A. 21 June 1585, det. $158\frac{5}{6}$; lic. M.A. 5 July 1588, inc. 1588. [ii. 103]

Ch. Ch. **Price, Ellis**; adm. B.A. 22 June 1585, det. $158\frac{5}{6}$.

. . . **Jones, Robert**; adm. B.A. 22 June 1585.

Exeter. **Waye** (Waius), **John**; adm. B.A. 22 June 1585, det. $158\frac{5}{6}$. [ii. 101]

Lincoln. **Seburne** (Seiborne, Shabarne, Seaborne, Sheaburne, Shaborne), **William**; adm. B.A. 22 June, and (entered again) 28 June 1585; lic. M.A. 21 Nov. 1589, inc. 1590. [ii. 100]

S. Alb. H. **Fowler** (Fewler, Fwler, Fouler), **William**; adm. B.A. 25 June 1585, det. $158\frac{5}{6}$; lic. M.A. 19 June 1588, inc. 1588.

*S. Mary H.** **Eames** (Emes), **Daniel**; adm. B.A. (S. Mary H.) 26 June 1585, det. $158\frac{5}{6}$; lic. M.A. (S. Jo.) 23 Mar. 1588, inc. 1588.

Lincoln. **Gest, Edward**; adm. B.A. 28 June 1585, det. $158\frac{5}{6}$. His adm. B.A. is also entered as lic. M.A. as 'Edmund Geist' (but 'Edward' in an erasure.) [ii. 112]

S. John's. **Hardland** (Harlond), **Robert**; adm. B.A. 30 June 1585, det. $158\frac{5}{6}$. [Corp., ii. 112]

S. Edm. H. **Wilkinson, Christopher**; adm. B.A. 2 July 1585.

University. **Horsman** (Horseman), **Gilbert**; adm. B.A. 2 July 1585, det. $159\frac{0}{1}$; suppl. M.A. 13 Dec. 1591, inc. 1592; adm. B.D. 24 Apr. 1599. [ii. 114]

Magd. H. **Stockwell** (Stocwell), **William**; adm. B.A. 9 July 1585, det. $158\frac{5}{6}$. [ii. 117]

University. **Morgan, Thomas**; adm. B.A. 9 July 1585. [ii. 114]

Magd. C. **Reve** (Reeve), **John**; adm. B.A. 9 July 1585. [ii. 107]

⟨*Jesus.*⟩ **Musgrove, John**; adm. B.A. 10 July 1585. [ii. 113]

*Lincoln.** **Towse** (Toose, Touse), **Edward**; adm. B.A. (Linc.) 10 July 1585, det. $158\frac{5}{6}$; lic. M.A. (Exet.) 23 May 1590, inc. 1590; suppl. B.C.L. (Exet.) 27 Oct. 1595. [ii. 112] (Boase, p. 50.)

Exeter. **Merser** (Mercer), **Richard**; adm. B.A. 14 July 1585, det. $158\frac{5}{6}$; lic. M.A. 11 July 1588, inc. 1589; suppl. B.C.L. 24 May 1595. (Boase, p. 48.)
Exeter. **Wallis, Edward**; adm. B.A. 14 July 1585, det. $158\frac{5}{6}$.
Exeter. **Orford, Walter**; adm. B.A. 14 July 1585, det. $158\frac{5}{6}$.
Ch. Ch. **Joanes** (Jones), **Griffin**; adm. B.A. 14 July 1585, det. 1585. [? Linc., ii. 85]
Corpus. **Bonde, Matthew**; adm. B.A. 23 Oct. 1585, det. $158\frac{5}{6}$. [ii. 111] ⟨Scholar of Corp. in 1581.⟩
Corpus. **Acworth** (Ackworth), **Richard**; adm. B.A. 23 Oct. 1585, det. $158\frac{5}{6}$; lic. M.A. 21 Mar. $158\frac{8}{9}$, inc. 1589. ⟨Scholar of Corp. in 1579, Fellow in $158\frac{8}{9}$.⟩
Corpus. **Pottinger, Simon**; adm. B.A. 23 Oct. 1585, det. $158\frac{5}{6}$. [ii. 120]
Magd. C. **Richmond** (Richman), **John**; adm. B.A. 26 Oct. 1585. [ii. 107]
Balliol. **Higgons, Thomas**; adm. B.A. 26 Oct. 1585, det. $158\frac{5}{6}$; lic. M.A. 11 June 1588, inc. 1588; suppl. lic. to pract. med. 7 June, lic. 23 June 1591 ⟨probably an error for 'lic. to preach'⟩; adm. B.D. and lic. D.D. 25 June 1608, inc. D.D. 1608. [Bras., ii. 116]
. . . **Johnes, Francis**; adm. B.A. 26 Oct. 1585.
New Coll. **Mericke, Maurice**; adm. B.A. 27 Oct. 1585, det. $158\frac{5}{6}$; lic. M.A. 2 June 1589, inc. 1589. [ii. 118] ⟨Scholar of New C. in 1582.⟩
*Queen's.** **Wilkinson, Henry**; adm. B.A. (Queen's) 27 Oct. 1585, det. $158\frac{5}{6}$; lic. M.A. (Mert.) 4 July 1590, inc. 1590; adm. B.D. (Mert.) 7 July 1597; lic. to preach 16 Mar. $159\frac{8}{9}$. [ii. 116] (Brod., p. 274.)
University. **Chope, George**; adm. B.A. 29 Oct. 1585. [ii. 117]
Trinity. **Harper, Thomas**; adm. B.A. 30 Oct. 1585.
Magd. C. **Hepeye, Thomas**; adm. B.A. 5 Nov. 1585.
Corpus. **Brownsmithe** (Brownesmith), **William**; adm. B.A. 12 Nov. 1585, det. $158\frac{5}{6}$. [ii. 111]
Lincoln. **Jordan** (Jorden), **John**; adm. B.A. 22 Nov. 1585, det. $158\frac{5}{6}$; lic. M.A. 2 July 1588, inc. 1588. [Univ., ii. 114]
Broadg. H. **Courtland, John**; adm. B.A. 22 Nov. 1585, det. $158\frac{5}{6}$. [ii. 115]
Exeter. **Southholde** (Southol, Southoll), **George**; adm. B.A. 2 Dec. 1585, det. $158\frac{5}{6}$. [Broadg. H., ii. 129]
S. John's. **Gunter, Edward**; adm. B.A. 3 Dec. 1585, det. $158\frac{5}{6}$. [ii. 44, 103] ⟨Fellow of S. Jo. in 1581.⟩
S. John's. **Capell, Henry**; adm. B.A. 3 Dec. 1585, det. $158\frac{5}{6}$; lic. M.A. 6 May 1589, inc. 1589. [ii. 44, 103] ⟨Fellow of S. Jo. in 1581.⟩
S. John's. **Sprott** (Sprot), **John**; adm. B.A. 3 Dec. 1585 ('Pratt'), det. $158\frac{5}{6}$; lic. M.A. 6 May 1589, inc. 1589; adm. B.D. 4 Dec. 1596. [ii. 44] ⟨Fellow of S. Jo. in 1581.⟩
Broadg. H. **Midlehurste, Ralph**; adm. B.A. 10 Dec. 1585, det. $158\frac{5}{6}$. [Ch. Ch., ii. 106]
Queen's. **Maycocke** (Maycoake, Meycocke), **William**; adm. B.A. 10 Dec. 1585, det. $158\frac{5}{6}$; lic. M.A. 4 July 1588, inc. 1588. [S. Edm. H., ii. 82]

Lincoln. **Marshall, William**; adm. B.A. 14 Dec. 1585, det. $158\frac{5}{6}$; lic. M.A. 7 June 1592, inc. 1592. [ii. 115]
*Broadg. H.** **Clement, John**; adm. B.A. (Broadg. H.) 15 Dec. 1585, det. $158\frac{5}{6}$; lic. M.A. (Magd. H.) 27 June 1589, inc. 1589.
Magd. H. **Tynte** (Tinte, Teynte), **Thomas**; adm. B.A. 16 Dec. 1585, det. $158\frac{5}{6}$.
Magd. H. **Steevens, Edward**; adm. B.A. 16 Dec. 1585, det. $158\frac{5}{6}$; lic. M.A. 10 July 1589, inc. 1589. [? Jes., ii. 101]
Magd. H. **Clever, Randall**; adm. B.A. 16 Dec. 1585, det. $158\frac{5}{6}$. [ii. 121]
Jesus. **Humfrey, John**; adm. B.A. 16 Dec. 1585.

Magd. H. **Jones, David**; suppl. B.A. 19 Feb. $158\frac{4}{5}$, det. $158\frac{4}{5}$.
⟨*? Queen's.*⟩ **Minne, Richard**; suppl. B.A. 19 Mar. $158\frac{4}{5}$.
⟨*S. Mary H.*⟩ **Ashfeld, Michael**; suppl. B.A. 9 May 1585. [ii. 120]
Ch. Ch. **Humphrey, Thomas**; suppl. B.A. 10 June 1585. [ii. 103]
Ch. Ch. **Dolobell, John**; suppl. B.A. 10 June 1585. [ii. 104]
S. John's. **Gunter, William**; suppl. B.A. 27 June 1585. [ii. 103]
Brasenose. **Billingsley** (Billingley), **Richard**; suppl. B.A. 27 June 1585, det. $158\frac{5}{6}$; lic. M.A. 5 July 1592, inc. 1592. [ii. 98]
Brasenose. **Lewis, Evan**; suppl. B.A. 27 June 1585, det. $158\frac{5}{6}$. [ii. 115]
Balliol. **Ward, Humphrey**; suppl. B.A. 14 July 1585.
Balliol. **Evans, John**; suppl. B.A. 14 July 1585.
Brasenose. **Gibson, John**; suppl. B.A. 17 Nov. 1585, det. $158\frac{5}{6}$.
Jesus. **Wine, John**; suppl. B.A. 17 Nov. 1585.
Corpus. **Merrye, Gabriel**; suppl. B.A. 17 Nov. 1585, det. $158\frac{5}{6}$. [ii. 112]
S. Edm. H. **Denton, William**; suppl. B.A. 17 Nov. 1585. [Queen's, ii. 102]
S. Edm. H. **Haukenson, Samuel**; suppl. B.A. 17 Nov. 1585, det. $158\frac{5}{6}$. [Magd. H., ii. 123]

Brasenose. **Farrington, William**; det. $158\frac{5}{6}$. [? Broadg. H., ii. 124]
Jesus. **Lloyde, Thomas**; disp. 22 May 1585 for five Terms' absence in teaching, suppl. M.A. 13 June, lic. 2 July 1585, inc. ('Floyde') 1585.
Jesus. **Hildsley, Thomas**; suppl. M.A. ('Hildsley') 17 Nov., lic. ('Hildersley') 6 Dec. 1585, inc. ('Hildsley') 1586.
Balliol. **Fabian, John**; suppl. M.A. 17 Nov., lic. 17 Dec. 1585, inc. 1586.

⟨*New Coll.*⟩ **James, Walter**; adm. B.C.L. 26 Apr. 1585. ⟨Scholar of New C. in 1578.⟩
⟨*All Souls.*⟩ **Spurway** (Spurwaie, Spurrewaye), **Edward**; suppl. B.C.L. 5 Nov. 1584, adm. 11 Nov. 1585; suppl. D.C.L. (All So.) 16 May 1594, lic. 25 Jan. $159\frac{4}{5}$, dispensed from incepting. [? Magd. H., ii. 72] ⟨Fellow of All So. in 1578.⟩

⟨*Merton.*⟩ **Atkinson, Christopher**; M.A. after fourteen years in medicine, suppl. for M.B., for lic. to pract. med., and for M.D. 9 June 1585; adm. M.B., lic. to pract. med., lic. M.D. 8 July 1585; inc. M.D. 1585. (*Reg.* I. 258; Brod., p. 268.)

⟨*Ch. Ch.*⟩ **Chalfont, William**; suppl. lic. to preach 4 Feb. $158\frac{4}{5}$. [ii. 12] ⟨Student of Ch. Ch. in 1561.⟩

Merton. **Pye** (Pie, Pius), **Thomas**; suppl. B.D. 5 June, adm. 21 June 1585; suppl. D.D. 14 June, lic. 4 July 1588, inc. 1588.

. . . **Aldridge, Richard**; after twenty years in Theology, suppl. B.D. 9 June, adm. 22 June 1585.

⟨*Brasenose.*⟩ **Cundle** (Cundall, Cundole), **Robert**; adm. B.D. 22 June 1585; suppl. D.D. 29 June, lic. 14 July 1585, inc. 1585.

. . . **Pattensun, Robert**; adm. B.D. 6 July 1585.

. . . **Richards, Edward**; formerly of Oxford, now Prebendary of Chichester, a student of Theology for sixteen years, suppl. B.D. 15 Oct., adm. 17 Dec. 1585. [i. 150]

1586.

New Coll. **Hussey** (Husee, Husey, Hussee), **James**; adm. B.A. 14 Jan. $158\frac{5}{6}$, det. $158\frac{5}{6}$; lic. M.A. 11 July 1589, inc. 1589; adm. B.C.L. 17 Mar. $159\frac{8}{9}$; lic. D.C.L. 4 Feb. $160\frac{0}{1}$. [ii. 124] ⟨Scholar of New C. in 1582.⟩

Magd. H. **Court, Thomas**; adm. B.A. 18 Jan. $158\frac{5}{6}$, det. $158\frac{5}{6}$; lic. M.A. 2 May 1589, inc. 1589. [ii. 127]

Brasenose. **Barkley** (Barkeley, Bartley), **William**; adm. B.A. 19 Jan. $158\frac{5}{6}$, det. $158\frac{5}{6}$; lic. M.A. 2 July 1588, inc. 1588. [ii. 116]

Brasenose. **Phillpotts** (Philpot), **Roger**; adm. B.A. 19 Jan. $158\frac{5}{6}$, det. $158\frac{5}{6}$; lic. M.A. 11 July 1589, inc. 1589. [ii. 117]

Brasenose. **Emot** (Emmott, Emmote), **Alexander**; adm. B.A. 19 Jan. $158\frac{5}{6}$, det. $158\frac{5}{6}$; lic. M.A. 9 July 1591, inc. 1591. [ii. 117]

Brasenose. **Lougher** (Lowher), **Robert**; adm. B.A. 19 Jan. $158\frac{5}{6}$, det. $158\frac{5}{6}$. [S. Jo., ii. 44]

Queen's. **Pope, Edmund**; adm. B.A. 24 Jan. $158\frac{5}{6}$, det. $158\frac{5}{6}$; lic. M.A. 4 July 1588, inc. 1588. [Case, ii. 124]

*Ch. Ch.** **Locke, Peter**; adm. B.A. (Ch. Ch.) 24 Jan. $158\frac{5}{6}$, det. (Oriel) $158\frac{5}{6}$; lic. M.A. (Oriel) 3 July 1588, inc. 1588. [Broadg. H., ii. 99]

Merton. **Bentham, Benjamin**; adm. B.A. 24 Jan. $158\frac{5}{6}$, det. $158\frac{5}{6}$; lic. M.A. 15 May 1589, inc. 1589. [ii. 115]

Lincoln. **Burroughs** (Burus, Burrows, Burous, Borroughs), **Ismael**; adm. B.A. 29 Jan. $158\frac{5}{6}$, det. $158\frac{5}{6}$; lic. M.A. 18 June 1589, inc. ('John') 1589. [ii. 118]

Broadg. H. **Hockmer** (Hocmoor, Hockmoore), **Philip**; adm. B.A. 31 Jan. $158\frac{5}{6}$, det. $158\frac{5}{6}$; lic. M.A. 20 May 1590, inc. 1590. [ii. 119]

Broadg. H. **Smart, Humphrey**; adm. B.A. 31 Jan. $158\frac{5}{6}$, det. $158\frac{5}{6}$; lic. M.A. 12 July 1589, inc. 1589. [Trin., ii. 118]

Lincoln. **Eaton, Richard**; adm. B.A. 1 Feb. $158\frac{5}{6}$, det. $158\frac{5}{6}$; lic. M.A. 9 July 1589, inc. ('Hatton') 1589; adm. B.D. 5 July 1599. [Univ., ii. 116]

*Magd. C.** **Keelinge, Daniel**; adm. B.A. (Magd. C.) 1 Feb. $158\frac{5}{6}$, det. (Broadg. H.) $158\frac{5}{6}$. [Magd. H., ii. 122]
*Magd. C.** **Faye** (? Fayr), **Henry**; adm. B.A. (Magd. C.) 1 Feb. $158\frac{5}{6}$, det. (Broadg. H.) $158\frac{5}{6}$. [ii. 107]
Exeter. **Dell, Henry**; adm. B.A. 3 Feb. $158\frac{5}{6}$, det. $158\frac{5}{6}$. [i. 393]
S. John's. **Bachilor, Stephen**; adm. B.A. 3 Feb. $158\frac{5}{6}$, det. $158\frac{5}{6}$. [ii. 44]
Oriel. **Tootill** (Tootle, Toottill, Tottell, Tottle), **Christopher**; adm. B.A. 4 Feb. $158\frac{5}{6}$, det. $158\frac{5}{6}$; lic. M.A. 10 Feb. $158\frac{8}{9}$, inc. 1589. [ii. 120]
Oriel. **Wheatleay** (Whetley, Whitley, Whytley), **William**; adm. B.A. 4 Feb. $158\frac{5}{6}$, det. $158\frac{5}{6}$; lic. M.A. 6 July 1588, inc. 1588. [Linc., ii. 119]
Broadg. H. **Lord, Thomas**; adm. B.A. 7 Feb. $158\frac{5}{6}$.
Magd. C. **Coxon, Hammon**; adm. B.A. 9 Feb. $158\frac{5}{6}$, det. $158\frac{5}{6}$. [ii. 107]
S. Mary H. **Morris** (Maurice), **Thomas**; adm. B.A. 9 Feb. $158\frac{5}{6}$, det. $158\frac{5}{6}$; lic. M.A. 29 Apr. 1586, inc. 1586. [ii. 116]
*S. Mary H.** **Turbervell** (Turbervile), **Richard**; adm. B.A. (S. Mary H.) 9 Feb. $158\frac{5}{6}$, det. $158\frac{5}{6}$; lic. M.A. (Gloc. H.) 27 June 1589, inc. 1589. [Gloc. H., ii. 104]
Queen's. **Cayrus** (Charus, Chairus), **William**; adm. B.A. 10 Feb. $158\frac{5}{6}$, det. $158\frac{5}{6}$; lic. M.A. 9 June 1589, inc. 1589. [Mert., ii. 119] ⟨Fellow of Queen's in 1593.⟩
Gloc. H. **Grevill, John**; adm. B.A. 10 Feb. $158\frac{5}{6}$, det. $158\frac{5}{6}$.
Broadg. H. **Richardson** (Richarson), **William**; suppl. B.A. 17 Nov. 1585, adm. 12 Feb. $158\frac{5}{6}$ ('Richards'), det. $158\frac{5}{6}$. [ii. 120]
*Gloc. H.** **Evans, William**; adm. B.A. (Gloc. H.) 12 Feb. $158\frac{5}{6}$, det. (Jes.) $158\frac{6}{7}$; lic. M.A. (Jes.) 21 June 1589, inc. 1589.
Oriel. **Danson, Edward**; adm. B.A. 12 Feb. $158\frac{5}{6}$. [Perhaps Edward Dauson, Case, ii. 46]
*Jesus.** **Jones, Henry**; adm. B.A. 12 Feb. $158\frac{5}{6}$, det. (N. I. H.) $158\frac{5}{6}$.
N. I. H. **Jones, Humphrey**; suppl. B.A. 17 Nov. 1585, det. $158\frac{5}{6}$.
Jesus. **Pwe, Richard**; adm. B.A. 12 Feb. $158\frac{5}{6}$, det. $158\frac{5}{6}$.
Hart H. **Griffith** (Griffin, Griffit), **Robert**; adm. B.A. 12 Feb. $158\frac{5}{6}$, det. $158\frac{5}{6}$.
Gloc. H. **Twycross** (Tuicrosse), **William**; adm. B.A. 26 Mar. 1586.
Lincoln. **Deanson** (Danson, Denson), **William**; adm. B.A. 27 Apr. 1586, det. $158\frac{6}{7}$; lic. M.A. 2 July 1588, inc. 1588. [ii. 122]
Lincoln. **Gauler, Samuel**; adm. B.A. 27 Apr. 1586, det. $158\frac{6}{7}$; lic. M.A. 9 July 1589, inc. ('John') 1589. [Hart H., ii. 121]
Ch. Ch. **Curle, Thomas**; adm. B.A. 27 Apr. 1586, det. $158\frac{6}{7}$; lic. M.A. 21 Apr. 1589, inc. 1589.
Ch. Ch. **Hill, Matthew**; adm. B.A. 27 Apr. 1586, det. $158\frac{6}{7}$. [ii. 127]
Ch. Ch. **Chatfeild** (Chattfield), **Thomas**; adm. B.A. 27 Apr. 1586, det. $158\frac{6}{7}$; lic. M.A. 31 May 1589, inc. 1589; adm. B.D. 14 Apr. 1600 (being then beneficed in Yorkshire). [ii. 104]
S. Alb. H. **Perkins** (Parkens), **John**; adm. B.A. 27 Apr. 1586, det. $158\frac{6}{7}$; lic. M.A. 20 May 1591, inc. 1591. [ii. 113]
S. Alb. H. **Pinckney** (Pynkneis), **Henry**; adm. B.A. 27 Apr. 1586, det. $158\frac{6}{7}$; lic. M.A. 26 June 1594, inc. 1594. [Trin., ii. 90]

University. **Collins, Anthony**; adm. B.A. 29 Apr. 1586, det. 158⁶⁄₇. [Magd. C., ii. 107]
New Coll. **Dearinge** (Deeringe), **Alexander**; adm. B.A. 2 May 1586, det. 158⁶⁄₇; lic. M.A. 27 Jan. 15⁸⁹⁄₉₀, inc. 1590. [ii. 124] (Scholar of New C. in 1582.)
Ch. Ch. **Roberts, Hugh**; adm. B.A. 7 May 1586.
Brasenose. **Budgen, William**; adm. B.A. 7 May 1586, det. 158⁶⁄₇; lic. M.A. 4 Feb. 158⁹⁄₉₀. His name is not found in the list of inceptors for 1589, but 'John Budden' is found twice and perhaps one of these represents him. [ii. 121]
Jesus. **Evans, David**; adm. B.A. 9 May 1586, det. 158⁶⁄₇. [ii. 93]
Jesus.* **Davies** (Davis), **Evans**; adm. B.A. (Jes.) 9 May 1586, det. 158⁶⁄₇; lic. M.A. (S. Edm. H.) 8 July 1589, inc. 1589.
Magd. C. **Campion, Robert**; adm. B.A. 11 May 1586.
Merton.* **Boothe, Humphrey**; adm. B.A. (Mert.) 11 May 1586, det. (S. Mary H.) 158⁶⁄₇; lic. M.A. (Linc.) 2 July 1588, inc. 1588. [ii. 119]
N. I. H.* **Prichard, Thomas**; adm. B.A. (N. I. H.) 11 May 1586, det. 158⁶⁄₇; lic. M.A. (S. Mary H.) 9 July 1591, inc. (Oriel) 1591.
N. I. H. **Bever** (Bener, Beuer), **Oliver**; adm. B.A. 11 May 1586.
S. Alb. H. **Dickons** (Dicons, Diccons), **John**; adm. B.A. 11 May 1586. [Mert., ii. 108]
S. Edm. H. **Woolhouse, Nicholas**; adm. B.A. 14 May 1586, det. 158⁶⁄₇. [ii. 136]
Ch. Ch. **Sheppard, Baldwin**; adm. B.A. 16 May 1586.
S. John's. **Younge** (Yonge), **Thomas**; adm. B.A. 8 June 1586, det. 158⁶⁄₇; suppl. M.A. Dec. 1588.
Ch. Ch. **Dod** (Dodd, Dodde), **Nathaniel**; adm. B.A. 10 June 1586, det. 158⁶⁄₇; lic. M.A. 21 Apr. 1589, inc. 1589; adm. B.D. 14 Apr. 1600; lic. D.D. 17 July 1600 and inc. 1600. [ii. 124]
Ch. Ch. **Hicks, John**; adm. B.A. 10 June 1586, det. 158⁶⁄₇; lic. M.A. 21 Apr. 1589, inc. 1589; adm. B.D. 24 May 1596; lic. to preach 7 July 1597. [ii. 124]
Ch. Ch. **Sonibank** (Sonnibancke, Sunnibancke, Sunbank), **Charles**; adm. B.A. 10 June 1586, det. 158⁶⁄₇; lic. M.A. 21 Apr. 1589, inc. 1589; adm. B.D. 9 July 1596 (being then an official of the Archbp. of Canterbury; lic. D.D. 8 July 1607 and inc. 1607. [S. Mary H., ii. 111]
Ch. Ch. **Wavill** (Wavell), **Thomas**; adm. B.A. 10 June 1586, det. 158⁶⁄₇; lic. M.A. 21 Apr. 1589, inc. 1589.
S. Alb. H. **Minterne, Henry**; adm. B.A. 11 June 1586, det. 158⁶⁄₇.
S. Alb. H. **Hallet, John**; adm. B.A. 11 June 1586, det. 158⁶⁄₇; lic. M.A. 26 Mar. 1602, inc. 1602. [ii. 126]
Lincoln. **Carre, William**; adm. B.A. 13 June 1586, det. 158⁶⁄₇. [Bras., ii. 121]
Lincoln. **Payne** (Paine), **Robert**; adm. B.A. 13 June 1586, det. 158⁶⁄₇; lic. M.A. 3 Dec. 1589, inc. 1590. [ii. 125]
Brasenose. **Leech, John**; adm. B.A. 13 June 1586, det. 158⁶⁄₇; lic. M.A. 4 Nov. 1589, inc. 1590. [ii. 123] (Fellow of Bras. in 158¾.)
(*Brasenose.*) **Hartley, John**; adm. B.A. 13 June 1586. [ii. 122]
Brasenose. **Baylye, James**; adm. B.A. 13 June 1586, det. (' Baylife ') 158⁶⁄₇.

Brasenose. **Hargraves** (Hergraves), **Ambrose**; adm. B.A. 13 June 1586. [ii. 151]
⟨*Magd. H.*⟩ **Baker, Thomas**; adm. B.A. 15 June 1586. [ii. 127]
Queen's. **Jeaye** (Geye, Jaye), **Thomas**; adm. B.A. 22 June 1586, det. 158⁶⁄₇; lic. M.A. 28 June 1589, inc. 1589.
Merton. **Frier** (Freir), **John**; adm. B.A. 22 June 1586. [ii. 121]
Brasenose. **Hoane, Arthur**; adm. B.A. 22 June 1586. [ii. 121]
⟨*Brasenose.*⟩ **Fetiplace** (Phetiplace, Fetyplace), **Edward**; adm. B.A. 22 June 1586. [ii. 121]
University. **Bradshawe, William**; adm. B.A. 23 June 1586, det. 158⁶⁄₇; lic. M.A. 7 May 1589, inc. 1589; adm. B.D. 19 July 1598. [?Hart H., ii. 131]
S. Mary H. * **Prichard, John**; adm. B.A. (S. Mary H.) 23 June 1586, det. 158⁶⁄₇; lic. M.A. (Gloc. H.) 27 June 1589, inc. 1589. [ii. 121]
S. Edm. H. **Wolridge, Christopher**; adm. B.A. 2 July 1586, det. 158⁶⁄₇. [Queen's, ii. 127]
Trinity. **Ford** (Foorde), **William**; adm. B.A. 5 July 1586, det. 158⁶⁄₇. [ii. 122]
Exeter. **Barfeild** (Barfeld), **Lewis**; adm. B.A. 6 July 1586, det. 158⁶⁄₇; lic. M.A. 28 June 1589, inc. 1589. [Ball., ii. 96] Boase, p. 48.
Exeter. **Dennis** (Dennise, Denys), **Thomas**; adm. B.A. 6 July 1586, det. 158⁶⁄₇; lic. M.A. 28 June 1589, inc. 1589; adm. B.D. 10 July 1600. [ii. 122] Boase, p. 49.
Balliol. **Gilbert, Ambrose**; adm. B.A. 6 July 1586, det. 158⁶⁄₇; lic. M.A. 21 Apr. 1589, inc. 1589. [ii. 139]
Ch. Ch. **Stubbyng** (Stubbin), **Henry**; adm. B.A. 9 July 1586; lic. M.A. 9 July 1589, inc. 1589.
Jesus. **Midelton** (Midleton), **Richard**; adm. B.A. 13 July 1586, det. 158⁶⁄₇. [Bras., ii. 121]
. . . **Sande, Thomas**; adm. B.A. 13 July 1586.
Trinity. **Hall** (Haule), **Thomas**; adm. B.A. 19 Oct. 1586.
Trinity. **Feild** (Feeld), **Francis**; adm. B.A. 19 Oct. 1586, det. 158⁶⁄₇; lic. M.A. 21 Jan. 159⁰⁄₁, inc. 1591; adm. B.D. 9 July 1600. [ii. 125]
Trinity. * **Budden, John**; adm. B.A. (Trin.) 19 Oct. 1586, det. 158⁶⁄₇; lic. M.A. (Gloc. H.) 27 June 1589, inc. 1589; suppl. B.C.L. (Magd. C.) 17 July 1595; suppl. B.C.L. and D.C.L. (Magd. C.) 21 Nov. 1601, adm. B.C.L. and lic. D.C.L. 8 July 1602. [Mert., ii. 123]
Trinity. **Bowman** (Bomand), **John**; adm. B.A. 19 Oct. 1586, det. 158⁶⁄₇; lic. M.A. 21 Jan. 159⁰⁄₁, inc. 1591; adm. B.D. 9 July 1600. [ii. 125]
S. John's. **Walrond** (Waldrond), **Roger**; adm. B.A. 11 Oct. 1586, det. 158⁶⁄₇. [ii. 120] ⟨Fellow of S. Jo. in 1582.⟩
S. John's. **Aldworth, Thomas**; adm. B.A. 11 Oct. 1586, det. 158⁶⁄₇; lic. M.A. 2 June 1590, inc. 1590; adm. B.D. 5 July 1598. [ii. 103] ⟨Fellow of S. Jo. in 1582.⟩
S. John's. **Limbie** (Limbye, Lymbie, Lymbye), **Nicholas**; adm. B.A. ('Levins') 11 Oct. 1586, det. 158⁶⁄₇; lic. M.A. 2 June 1590, inc. 1590; adm. B.D. 4 Dec. 1596. [ii. 120] ⟨Fellow of S. Jo. in 1582.⟩
S. John's. **Searchfeilde** (Sercherfielde), **Rowlande**; adm. B.A. 11 Oct. 1586, det. 158⁶⁄₇; lic. M.A. 2 June 1590, inc. 1590; adm. B.D. 30

June 1597; lic. to preach 17 Feb. 160⁴⁄₅; suppl. D.D. 6 May 1605, lic. 1 June 1608 and inc. 1608. In 1605 he was in the service of the Archbp. of Canterbury. He married Anne, daughter of Ralph and Mary Hutchinson. [ii. 120] ⟨Fellow of S. Jo. in 1582.⟩

S. John's.   Horner, Thomas; adm. B.A. 11 Oct. 1586, det. 158⁶⁄₇. [ii. 128]

Lincoln.*   Gee, Edward; adm. B.A. (Linc.) 12 Oct. 1586, det. 158⁶⁄₇; lic. M.A. (Bras.) 23 June 1590, inc. 1590; adm. B.D. (Bras.) 14 Apr. 1600; suppl. lic. to preach 28 June 1605; lic. D.D. 9 July 1616 and inc. 1617. [Mert., ii. 125]

Lincoln.   Brett, Richard; adm. B.A. 12 Oct. 1586, det. 158⁶⁄₇; lic. M.A. 9 July 1589, inc. 1589; lic. to preach 16 July 1596; adm. B.D. 6 June 1597; suppl. D.D. 7 June 1605. [Hart H., ii. 124]

Lincoln.   Sutton, Christopher; adm. B.A. 12 Oct. 1586, det. 158⁶⁄₇; lic. M.A. 18 June 1589, inc. 1589; suppl. B.D. 29 May 1598; lic. D.D. 30 June 1608 and inc. 1608. [Hart H., ii. 125]

Corpus.   Airaie (Aerye, Aierye, Airaye), Evan; adm. B.A. 9 Nov. 1586, det. 158⁶⁄₇; lic. M.A. 1 June 1590, inc. 1590. [ii. 123]

Corpus.   Gill, Alexander; adm. B.A. 9 Nov. 1586, det. 158⁶⁄₇; lic. M.A. 5 Dec. 1589. [ii. 143]

Corpus.   Sherbourne (Sherborne), Austin; adm. B.A. 9 Nov. 1586, det. 158⁶⁄₇; lic. M.A. (Ch. Ch.?) 7 June 1589, inc. (Corp.) 1589. [ii. 143]

Corpus.   Collerd, Richard; adm. B.A. 9 Nov. 1586, det. 158⁶⁄₇; lic. M.A. 11 Dec. 1590, inc. 1591. ⟨See *infra*, p. 142.⟩

Exeter.   Uppam (Upham), Thomas; adm. B.A. 10 Nov. 1586, det. 158⁶⁄₇; lic. M.A. 30 June 1589, inc. 1589. [Magd. H., ii. 95] Boase, p. 48.

Exeter.   Jones (Joanes, Johnes), John; adm. B.A. 10 Nov. 1586, det. 158⁶⁄₇; lic. M.A. 23 May 1590, inc. 1590. Boase, p. 50.

Exeter.   Saier (Sayer, Sawer), William; adm. B.A. 10 Nov. 1586, det. 158⁶⁄₇; lic. M.A. (then in orders) 7 July 1598, inc. 1598. [ii. 125]

New Coll.   Tompkins (Tomkins), William; adm. B.A. 11 Nov. 1586, det. 158⁶⁄₇; lic. M.A. 5 June 1589, inc. 1589. [?Tomlins, ii. 110]

Brasenose.   Cope, Erasmus; adm. B.A. 12 Nov. 1586. [ii. 126]

Brasenose.   Garnans (Garnens, Garnance), Christopher; adm. B.A. 24 Nov. 1586, det. 158⁶⁄₇; lic. M.A. 8 July 1590 (then in orders), inc. 1590.

Brasenose.   Hunte, Thomas; adm. B.A. 24 Nov. 1586, det. 158⁶⁄₇. [ii. 125]

Gloc. H.   Tooker (Tucker), Charles; adm. B.A. 28 Nov. 1586. [Ball., ii. 124]

Gloc. H.   Hughes, Richard; adm. B.A. 28 Nov. 1586, det. 158⁶⁄₇. [?Ch. Ch., ii. 136]

Gloc. H.   Wilson, William; adm. B.A. 28 Nov. 1586, det. 158⁶⁄₇. [ii. 124]

All Souls.   Heylyn (Heylen, Heline, Helyne, Heylin), Thomas; adm. B.A. 29 Nov. 1586; lic. M.A. 5 June 1589 (then in orders), inc. 1589.

Broadg. H.   Cottell (Cottle, Cuttell), Christopher; adm. B.A. 1 Dec. 1586, det. 158⁶⁄₇; lic. M.A. 20 May 1590, inc. 1590. [ii. 125]

Queen's. **Robinson, Giles**; adm. B.A. 8 Dec. 1586, det. $158\frac{7}{8}$; lic. M.A. 9 June 1589, inc. 1589; adm. B.D. 7 Dec. 1596; lic. D.D. 6 July 1599 and inc. 1599. [ii. 119] ⟨Fellow of Queen's in 1588.⟩

Queen's. **Sibson** (Sybson), **Richard**; adm. B.A. 8 Dec. 1586, det. $158\frac{7}{8}$; lic. M.A. 9 June 1589, inc. 1589; adm. B.D. 5 July 1598. [ii. 123] ⟨Fellow of Queen's in 1593.⟩

Queen's. **Warwick, George**; adm. B.A. 8 Dec. 1586, det. $158\frac{7}{8}$; lic. M.A. 9 June 1589, inc. 1589. [ii. 119] ⟨Fellow of Queen's in 1593.⟩

Queen's. **Wilson** (Willson), **Robert**; adm. B.A. 8 Dec. 1586, det. $158\frac{7}{8}$; lic. M.A. 9 June 1589, inc. 1589. [ii. 116] ⟨Fellow of Queen's in 1593.⟩

Queen's. **Dauson, William**; adm. B.A. 8 Dec. 1586, det. $158\frac{7}{8}$. [ii. 116]

Queen's. **Collingeson, Thomas**; adm. B.A. 14 Dec. 1586, det. $158\frac{7}{8}$. [ii. 102]

Queen's. **Ogle, Cuthbert**; adm. B.A. 14 Dec. 1586. [ii. 123]

S. Mary H. **Payer** (Paire), **William**; adm. B.A. 14 Dec. 1586. [ii. 130]

Oriel. **Tyrer** (Tyrar), **Thomas**; adm. B.A. 14 Dec. 1586, det. $158\frac{6}{7}$. [Exet., ii. 126]

Magd. H. **Standishe, Stephen**; adm. B.A. 15 Dec. 1586, det. $158\frac{6}{7}$. [ii. 95]

Magd. C. **Kinge, Richard**; adm. B.A. 15 Dec. 1586. [ii. 107]

*Merton.** **Slade, Samuel**; adm. B.A. (Mert.) 15 Dec. 1586, det. (S. Alb. H.) $158\frac{6}{7}$; lic. M.A. (Mert.) 30 Jan. $159\frac{3}{4}$, inc. 1594. [ii. 121] Brod. p. 274.

Magd. C. **Sanford** (Samford), **John**; adm. B.A. 17 Dec. 1586; lic. M.A. 27 May 1595, inc. 1595. [Ball., ii. 98] ⟨Chaplain of Magd. C. 1593–1616; Blox. 2, p. 129.⟩

Ch. Ch. **Thomason, John**; suppl. B.A. 15 Apr. 1586, det. $158\frac{6}{7}$.

⟨*Ch. Ch.*⟩ **Thorius, John**; suppl. B.A. 15 Apr. 1586. [ii. 154]

Magd. C. **Sexten, Christopher**; suppl. B.A. 15 Apr. 1586.

Magd. C. **Ball, George**; suppl. B.A. 15 Apr. 1586. [ii. 106]

Jesus. **Evans, Thomas**; suppl. B.A. 15 Apr. 1586, det. $158\frac{6}{7}$. [ii. 135]

Lincoln. **Blinstone, Peter**; suppl. B.A. 15 Apr. 1586. [ii. 122]

Lincoln. **Withington, Richard**; suppl. B.A. 15 Apr. 1586. [ii. 112]

*Brasenose.** **Collins, Hugh**; suppl. B.A. (Bras.) 6 July 1586; lic. M.A. (Magd. H.) 10 July 1589, inc. 1589. [Magd. C., ii. 122]

S. Edm. H. **Woldridge, William**; det. $158\frac{6}{7}$.

Jesus. **Thomas, John**; det. $158\frac{6}{7}$.

All Souls. **Wood, Thomas**; det. $158\frac{6}{7}$.

Ch. Ch. **Thorley, Robert**; lic. M.A. 8 July 1586, inc. 1586.

Oriel. **Blincowe, Anthony**; suppl. B.C.L. and D.C.L. 28 Apr. 1586, lic. D.C.L. 4 July 1586, inc. D.C.L. 1586. [ii. 39] ⟨Fellow of Oriel in 1563.⟩

⟨*New Coll.*⟩ **White, Henry**; adm. B.C.L. 3 July 1586. [ii. 85] ⟨Scholar of New C. in 1578.⟩

All Souls. **Beaumont, Henry**; suppl. B.D. 6 June, adm. 4 July 1586; lic. D.D. ('cumulatus', Canon of Windsor) 7 Nov. 1616, inc. 1617. ⟨Fellow of All So. in 1571.⟩
S. John's. **Willis, Francis**; suppl. B.D. and D.D. 2 Mar. 158⅚, adm. B.D. and lic. D.D. 17 July 1587. [ii. 28] ⟨Fellow of S. Jo. in 1555.⟩
⟨*Magd. C.*⟩ **Balgay, Nicholas**; adm. B.D. and lic. D.D. 9 July 1586. [ii. 16]

1587.

Queen's. **Carvile, John**; adm. B.A. 26 Jan. 158⁶⁄₇, det. 158⁶⁄₇. [ii. 128]
Brasenose. **Key, John**; adm. B.A. 27 Jan. 158⁶⁄₇, det. 158⁶⁄₇. [Hart. H. ii. 140]
Brasenose.* **Mason, Francis**; adm. B.A. (Bras.) 27 Jan. 158⁶⁄₇, det. 158⁶⁄₇; lic. M.A. (Mert.) 4 July 1590, inc. 1590; lic. to preach (Mert.) 30 June 1597; adm. B.D. (Mert.) 7 July 1597. Brod., p. 274.
University. **Cheynye** (Cheney), **Walter**; adm. B.A. 28 Jan. 158⁶⁄₇, det. 158⁶⁄₇; lic. M.A. 21 May 1590. [ii. 126]
Hart H. **Hovenden, Giles**; adm. B.A. 30 Jan. 158⁶⁄₇, det. 158⁶⁄₇. [Gloc. H., ii. 123]
Hart H. **Browne, Reginald**; adm. B.A. 30 Jan. 158⁶⁄₇, det. 158⁶⁄₇. [ii. 127]
Hart H. **Palmer, Edward**; adm. B.A. 30 Jan. 158⁶⁄₇, det. 158⁶⁄₇; lic. M.A. 7 July 1592, inc. 1592.
Hart H. **Fuller, Nicholas**; adm. B.A. 30 Jan. 158⁶⁄₇, det. 158⁶⁄₇; lic. M.A 30 Mar. 1590, inc. 1590. [S. Jo. ii. 137]
Hart H. **Smith, Richard**; adm. B.A. 30 Jan. 158⁶⁄₇, det. 158⁶⁄₇.
Hart H.* **Lewis, Hugh**; suppl. B.A. (Hart H.) 10 Jan. 158⁶⁄₇, det. 158⁶⁄₇; lic. M.A. (S. Edm. H.) 3 June 1590, inc. 1590. [All S., ii. 120]
Balliol. **Hill, Richard**; adm. B.A. 10 Feb. 158⁶⁄₇, det. 158⁶⁄₇. [ii. 120]
Balliol.* **Hill, Edward**; adm. B.A. (Ball.) 10 Feb. 158⁶⁄₇, det. 158⁶⁄₇; lic. M.A. (Gloc. H.) 23 May 1590, inc. 1590. [ii. 127]
Hart H. **Boden** (Bodin, Bodyn), **Thomas**; adm. B.A. 10 Feb. 158⁶⁄₇, det. 158⁶⁄₇; lic. M.A. 29 Oct. 1589, inc. 1590. [ii. 129]
Magd. C. **Mabb, John**; adm. B.A. 15 Feb. 158⁶⁄₇, det. 158⁶⁄₇. [ii. 118]
Brasenose. **Wright** (Write), **Jerome**; adm. B.A. 15 Feb. 158⁶⁄₇, det. 158⁶⁄₇; lic. M.A. 9 July 1591, inc. 1591; adm. B.D. 14 Apr. 1600; lic. to preach 12 July 1603. [ii. 129]
Brasenose. **Evans, Lewis**; suppl. B.A. 21 Jan., adm. 15 Feb. 158⁶⁄₇, det. 158⁶⁄₇. In a dispens. on 21 Jan. and in his B.A. suppl. he is called 'Lewis Evans *alias* Thomas.'
Brasenose. **Thomas, Lewis**; suppl. B.A. 13 Feb., adm. 15 Feb. 158⁶⁄₇, det. 158⁶⁄₇.
Brasenose. **Tayler** (Tailor, Tailer, Taylor), **Richard**; adm. B.A. 15 Feb. 158⁶⁄₇, det. 158⁶⁄₇; lic. M.A. 9 July 1591, inc. 1591; adm. B.D. 14 Apr. 1600; lic. to preach 16 Mar. 160½. [ii. 129]
Brasenose. **Biddle** (Biddel, Bedul, Bedull), **William**; adm. B.A. 15 Feb. 158⁶⁄₇, det. 158⁶⁄₇; lic. M.A. 8 July 1590, inc. 1590.

Brasenose. **Rocke, Richard**; adm. B.A. 15 Feb. 158⁹⁄₇, det. 158⁹⁄₇; lic. M.A. 5 May 1590, inc. 1590. [ii. 155]
*Brasenose.** **Reiner** (Rayner, Reyner), **Richard**; adm. B.A. (Bras.) 15 Feb. 158⁹⁄₇, det. 158⁹⁄₇; suppl. M.A. (Bras.) 27 June, lic. (Univ.) 10 July 1590, inc. (Univ.) 1590; adm. B.D. (Queen's) 6 July 1599. [ii. 130]
Brasenose. **Brierwood** (Briarwoode, Brerewood), **Edward**; adm. B.A. 15 Feb. 158⁹⁄₇, det. 158⁹⁄₇; lic. M.A. 9 July 1590, inc. 1590.
Brasenose. **Pickeringe, John**; adm. B.A. 15 Feb. 158⁹⁄₇, det. 158⁹⁄₇; lic. M.A. 9 July 1591, inc. 1591; adm. B.D. 14 Apr. 1600; lic. to preach 16 Mar. 160⅓.
All Souls. **Lloyde** (Floyde), **Roderic**; adm. B.A. 15 Feb. 158⁹⁄₇; suppl. B.C.L. 20 Jan. 159⁰⁄₁, adm. 13 July 1591; suppl. D.C.L. 27 June 1599. [New C., ii. 109]
Jesus. **Powell, Hugh**; adm. B.A. 15 Feb. 158⁹⁄₇, det. 158⁹⁄₇. [ii. 135]
Jesus. **Walter, Thomas**; adm. B.A. 15 Feb. 158⁹⁄₇, det. 158⁹⁄₇.
*Jesus.** **Nicolas** (Nicholas), **John**; adm. B.A. (Jes.) 15 Feb. 158⁹⁄₇, det. 158⁹⁄₇; lic. M.A. (N. I. H.) 11 July 1590, inc. 1590. [Case, ii. 46, 127]
*S. Alb. H.** **Daye, John**; adm. B.A. (S. Alb. H.) 15 Feb. 158⁹⁄₇, det. 158⁹⁄₇; lic. M.A. (Oriel) 30 Nov. 1591, inc. 1592; (Fellow of Oriel) lic. to preach 16 Mar. 160⅓; adm. B.D. 27 June 1611. [ii. 130]
S. Alb. H. **Plumtree, Alban**; adm. B.A. 15 Feb. 158⁹⁄₇, det. 158⁹⁄₇. [ii. 141]
Broadg. H. **Chambers** (Chaumbers), **Robert**; adm. B.A. 16 Feb. 158⁹⁄₇, det. 158⁹⁄₇; lic. M.A. 7 July 1590, inc. 1590. [S. Mary H., ii. 122]
Balliol. **Turner** (Torner), **John**; adm. B.A. 16 Feb. 158⁹⁄₇, det. 158⁹⁄₇.
Broadg. H. **Benne** (Benge), **Anthony**; adm. B.A. 16 Feb. 158⁹⁄₇, det. 158⁹⁄₇. [ii. 133]
*Broadg. H.** **Godwin, Robert**; adm. B.A. (Broadg. H.) 16 Feb. 158⁹⁄₇, det. 158⁹⁄₇; lic. M.A. (Ch. Ch.) ('Goodwin') 1 July 1590, inc. 1590. [ii. 135]
Magd. H. **Howe, Thomas**; adm. B.A. 17 Feb. 158⁹⁄₇, det. 158⁹⁄₇; lic. M.A. 9 July 1590, inc. 1590. [ii. 130]
*Magd. H.** **Charlet, John**; adm. B.A. (Magd. H.) 17 Feb. 158⁹⁄₇, det. 158⁹⁄₇; lic. M.A. 29 Oct. 1590, inc. 1591; adm. B.D. (Oriel) 8 July 1602; lic. to preach 13 May 1605 (Oriel); lic. D.D. 5 July 1614, inc. (Oriel) 1614. [Ch. Ch., ii. 128]
Magd. H. **Bullocke, Toby**; adm. B.A. 17 Feb. 158⁹⁄₇, det. 158⁹⁄₇. [Magd. C., ii. 130]
Lincoln. **Chamberlayne** (Chamberlaine), **Thomas**; adm. B.A. 17 Feb. 158⁹⁄₇, det. 158⁹⁄₇; lic. M.A. 2 July 1596, inc. 1596. [ii. 128]
Lincoln. **Burton, Thomas**; adm. B.A. 17 Feb. 158⁹⁄₇, det. 158⁹⁄₇; on 21 Nov. 1589 he is said to have a school; lic. M.A. 15 May 1594, inc. 1594; adm. B.D. 8 July 1602; suppl. lic. to preach 30 Oct. 1602. [Exet., ii. 105]
Lincoln. **Fewkes** (Feukes, Fwkes), **Matthew**; adm. B.A. 17 Feb. 158⁹⁄₇, det. 158⁹⁄₇. [ii. 128]
Trinity. **Addams** (Adams), **Bernard**; adm. B.A. 17 Feb. 158⁹⁄₇, det. 158⁹⁄₇; lic. M.A. 21 Jan. 159⁰⁄₁, inc. 1591. [S. Alb. H., ii. 127]
Hart H. **Auberye** (Awbery), **Oliver**; adm. B.A. 17 Feb. 158⁹⁄₇, det. 158⁹⁄₇.

Corpus. **Kitchin** (Kichin), **William**; suppl. B.A. 7 Apr. 1584, adm. 17 Feb. 158⁰⁄₃, det. 158⁷⁄₆; lic. M.A. 7 July 1590, inc. 1590. ⟨Chaplain of Corp. 19 June 1580.⟩
Ch. Ch. **Hinde, John**; adm. B.A. 17 Feb. 158⁰⁄₇, det. 158⁰⁄₇. [ii. 156]
Brasenose. **Grismonde, John**; adm. B.A. 17 Feb. 158⁰⁄₇, det. 158⁰⁄₇. [ii. 139]
University. **Davyes** (Davis), **Thomas**; adm. B.A. 17 Feb. 158⁰⁄₇, det. 158⁰⁄₇. [ii. 131]
Magd. C.* **Madockes** (Madox, Maddoxe), **William**; adm. B.A. (Magd. C.) 21 Feb. 158⁰⁄₇, det. 158⁰⁄₇; lic. M.A. (S. Edm. H.) 3 June 1590, inc. 1590.
Exeter. **Tyracke** (Tiracke), **Henry**; adm. B.A. 21 Feb. 158⁰⁄₇, det. 158⁰⁄₇. [ii. 124]
Exeter. **Bosisto** (Bosusto), **Ralph**; adm. B.A. 21 Feb. 158⁰⁄₇, det. 158⁰⁄₇; lic. M.A. 29 Oct. 1589, inc. 1590. [ii. 129] Boase, p. 49.
Exeter. **Farrington** (Faringdon, Farringdon), **Ezay** (Isaiah); adm. B.A. 21 Feb. 158⁰⁄₇, det. 158⁰⁄₇; lic. M.A. 18 May 1591, inc. 1591; adm. B.D. 6 May 1602. [ii. 129] Boase, p. 50.
Exeter. **Heale, Narcissus**; adm. B.A. 21 Feb. 158⁰⁄₇, det. 158⁰⁄₇; lic. M.A. 4 Feb. 159⁰⁄₁, inc. 1591; adm. B.D. 10 July 1600. [ii. 132] Boase, p. 50.
Exeter. **Forward, Nicholas**; adm. B.A. 21 Feb. 158⁰⁄₇, det. 158⁰⁄₇. [ii. 133]
Exeter. **Biggs** (Bigg), **Ralph**; adm. B.A. 21 Feb. 158⁰⁄₇, det. 158⁰⁄₇; lic. M.A. 29 Oct. 1589, inc. 1590. [ii. 128]
University. **Bostocke, Edmund**; adm. B.A. 21 Feb. 158⁰⁄₇, det. 158⁰⁄₇. [ii. 114]
Merton. **Farmar, John**; adm. B.A. 21 Feb. 158⁰⁄₇, det. 158⁰⁄₇. [ii. 134]
S. Mary H. **Wood, Thomas**; adm. B.A. 21 Feb. 158⁰⁄₇, det. (S. Mary H.) 158⁰⁄₇. He suppl. B.A. 10 Jan. 158⁷⁄₆ 'e collegio S. Mariae;' prob. an error for 'aula.' [? ii. 111]
S. Mary H. **Cutt, Richard**; adm. B.A. 21 Feb. 158⁰⁄₇, det. 158⁰⁄₇; lic. M.A. 1 July 1590, inc. 1590. [ii. 130]
S. Mary H.* **Harris, Richard**; adm. B.A. (S. Mary H.) 21 Feb. 158⁰⁄₇, det. 158⁰⁄₇; lic. M.A. (Oriel) 30 Nov. 1591, inc. 1592.
S. Mary H. **Griffin, William**; adm. B.A. 21 Feb. 158⁰⁄₇, det. 158⁰⁄₇.
Magd H.* **Shingleton, John**; suppl. B.A. (Magd. H.) 17 Feb., adm. 21 Feb. 158⁰⁄₇, det. (Magd. C.) 158⁰⁄₇. [Ball., ii. 138]
Jesus. **Joanes, David**; adm. B.A. 21 Feb. 158⁰⁄₇.
S. John's. **Fowle, Anthony**; adm. B.A. 22 Feb. 158⁰⁄₇, det. 158⁰⁄₇. [ii. 132]
S. John's. **Mercer, Henry**; adm. B.A. 22 Feb. 158⁰⁄₇, det. 158⁰⁄₇. [ii. 118]
S. John's. **Ocley** (Okeley), **Richard**; adm. B.A. 22 Feb. 158⁰⁄₇, det. 158⁰⁄₇; suppl. M.A. 9 Dec. 1590, lic. 7 July 1593, inc. 1593. [ii. 145]
S. John's. **Hawkins** (Haukins), **John**; adm. B.A. 22 Feb. 158⁰⁄₇, det. 158⁰⁄₇. [ii. 103]
Trinity. **Dugdale, Thomas**; adm. B.A. 22 Feb. 158⁰⁄₇, det. 158⁰⁄₇. [?S. Alb. H., ii. 96]

University. **Nwman** (Newman), **John**; adm. B.A. 22 Feb. 158⁶⁄₇, det. 158⁶⁄₇; suppl. M.A. 18 May 1590. [ii. 132]
S. Mary H. **Nwman, Thomas**; adm. B.A. 22 Feb. 158⁶⁄₇, det. 158⁶⁄₇. [ii. 132]
S. Mary H. **Lewes, John**; adm. B.A. 22 Feb. 158⁶⁄₇, det. 158⁶⁄₇.
All Souls.* **Wood, George**; adm. B.A. (All So.) 23 Feb. 158⁶⁄₇, det. 158⁶⁄₇; lic. M.A. (S. Mary H.) 30 Apr. 1597.
Lincoln. **Watson, James**; suppl. B.A. 1 July 1584, adm. 23 Feb. 158⁶⁄₇, det. 158⁶⁄₇. [ii. 112]
Lincoln. **Clutterbooke, Richard**; adm. B.A. 23 Feb. 158⁶⁄₇, det. 158⁶⁄₇. [ii. 130]
Lincoln. **Wilkins, John**; adm. B.A. 23 Feb. 158⁶⁄₇, det. 158⁶⁄₇. [?Gloc. H., ii. 128]
Lincoln. **Kinde** (Kine), **Miles**; adm. B.A. 23 Feb. 158⁶⁄₇, det. 158⁶⁄₇. [ii. 134]
S. John's. **Bayleye, William**; adm. B.A. 23 Feb. 158⁶⁄₇, det. 158⁶⁄₇.
Broadg. H. **Clarke, Thomas**; adm. B.A. 23 Feb. 158⁶⁄₇, det. 158⁶⁄₇. [ii. 129]
Corpus. **Collard, Richard**; suppl. B.A. 14 Feb., adm. 25 Feb. 158⁶⁄₇. ⟨See *ante*, p. 137.⟩
Oriel. **Wicherley, John**; suppl. B.A. 9 May 1585, adm. 25 Feb. 158⁶⁄₇, det. 158⁶⁄₇. [?i. 392]
S. Mary H.* **Lewes** (Lewys), **William**; adm. B.A. 25 Feb. 158⁶⁄₇, det. 158⁶⁄₇; lic. M.A. (Gloc. H.) 17 Mar. 159⁷⁄₈, inc. 1593; suppl. B.C.L. (Gloc. H.) 19 Oct. 1596.
S. Alb. H. **Garlicke, Thomas**; adm. B.A. 25 Feb. 158⁶⁄₇, det. 158⁶⁄₇. [Queen's, ii. 132]
Magd. C. **Marcam** (Marcom), **John**; adm. B.A. 25 Feb. 158⁶⁄₇, det. 158⁶⁄₇.
Magd. C. **Peeterson, Peter**; adm. B.A. 25 Feb. 158⁶⁄₇, det. 158⁶. [Magd. H., ii. 127]
? *Magd. C.* **Dickins, Ralph**; adm. B.A. 25 Feb. 158⁶⁄₇.
Ch. Ch. **Rooe** (Rowe), **Henry**; adm. B.A. 25 Feb. 158⁶⁄₇, det. 158⁶⁄₇. [ii. 142]
S. Alb. H. **Widley** (Wigley), **George**; adm. B.A. 25 Feb. 158⁶⁄₇, det. 158⁶⁄₇; lic. M.A. 1 June 1590, inc. 1590. [ii. 141]
Brasenose.* **Morgan** (Morgans), **Rice**; adm. B.A. (Bras.) 29 Mar. 1587, det. 15⁸⁶⁄₈₇; lic. M.A. (Jes.) 14 July 1590, inc. 1591.
Brasenose. **Perrot** (Pirot), **John**; adm. B.A. 29 Mar. 1587. [ii. 138]
Magd. H. **Overton, Valentine**; adm. B.A. 30 Mar. 1587, det. 158⅞; lic. M.A. 9 July 1590, inc. 1590. [ii. 102]
Magd. H. **Rutter, John**; adm. B.A. 30 Mar. 1587, det. 158⅞. [Oriel, ii. 124]
S. Alb. H. **Lloyde** (Floyde, Floide), **Robert**; adm. B.A. 4 Apr. 1587, det. 158⅞; lic. M.A. 3 June 1590, inc. 1590. [ii. 126]
Ch. Ch. **Kinge. William**; adm. B.A. 8 Apr. 1587.
Exeter. **Gill, Nicholas**; adm. B.A. 8 Apr. 1587, det. 158⅞; lic. M.A. 29 Oct. 1589, inc. 1590. [ii. 102] Boase, p. 48.
New C. **Budde, Christopher**; adm. B.A. 29 Apr. 1587, det. 158⅞; lic. M.A. 15 Jan. 159⁰⁄₁, inc. 1591. [ii. 124] ⟨Scholar of New C. in 1582.⟩
New C. **Watson, William**: adm. B.A. 29 Apr. 1587. det. 158⅞; lic.

M.A. 15 Jan. $159\frac{0}{1}$, inc. 1591; lic. to pract. med. 22 June 1602. [ii. 139] ⟨Scholar of New C. in 1583.⟩

New C. **Barker, Thomas**; adm. B.A. 29 Apr. 1587, det. $158\frac{7}{8}$; lic. M.A. 15 Jan. $159\frac{0}{1}$, inc. 1591; lic. to preach (then late Fellow of New C.) 21 Oct. 1605. [ii. 131] ⟨Fellow of New C. in 1581.⟩

Ch. Ch. **Swifte** (Swyfte), **William**; adm. B.A. 29 Apr. 1587, det. $158\frac{7}{8}$; lic. M.A. 7 Feb. $15\frac{89}{90}$, inc. 1590. [ii 143]

Brasenose. **Hunt, John**; adm. B.A. 3 May 1587; lic. M.A. 15 Jan. $158\frac{8}{9}$, inc. 1589. [ii. 126]

Balliol. **Waynman** (Wayneman, Wainman, Wenman), **Thomas**; adm. B.A. 8 May 1587, det. $158\frac{7}{8}$; lic. M.A. 19 Feb. $159\frac{0}{1}$, inc. 1591; dispensed towards B.D. 20 Apr. 1597. [Trin., ii. 132]

S. Alb. H. **Lloyde** (Floyde), **Henry**; adm. B.A. 20 May 1587, det. $158\frac{7}{8}$. [All So., ii. 132]

*S. Alb. H.** **Pullen** (Pullyn, Pullyne), **Thomas**; adm. B.A. (S. Alb. H.) 20 May 1587, det. $158\frac{7}{8}$ (New C.); lic. M.A. (New C.) 7 Feb. $15\frac{89}{90}$, inc. 1590. [i. 369]

Brasenose. **Wodhull** (Woodhill, Woodhull, Odell, Odle), **Laurence**; adm. B.A. 22 May 1587, det. $158\frac{7}{8}$: lic. M.A. 20 Apr. 1591, inc. 1591; adm. B.D. 14 Apr. 1600. [ii. 98]

Magd. C. **Arnolde, Francis**; adm. B.A. 26 May 1587, det. $158\frac{7}{8}$.

Balliol. **Wellinge** (Willinge), **Humphrey**; adm. B.A. 26 May 1587, det. $158\frac{7}{8}$; lic. M.A. 6 July 1590, inc. 1590. [ii. 130]

Magd. H. **Haydocke** (Huddocke), **Anthony**; adm. B.A. 27 May 1587, det. $158\frac{7}{8}$; lic. M.A. 9 July 1590, inc. 1590.

Magd. H. **Osborne, William**; adm. B.A. 27 May 1587, det. $158\frac{7}{8}$. [ii. 130]

*Gloc. H.** **Westerman, William**; adm. B.A. (Gloc. H.) 31 May 1587, det. $15\frac{89}{90}$; lic. M.A. (Oriel) 20 May 1591, inc. 1591; adm. B.D. (Oriel) 8 July 1602; lic. D.D. 8 June 1614, and inc. 1614.

Brasenose. **Catsbé** (Catsbye), **Euseby**; adm. B.A. 20 June 1587. [ii. 130]

Ch. Ch. **Thornton, Henry**; adm. B.A. 22 June 1587, det. $158\frac{7}{8}$; lic. M.A. 20 May 1590, inc. 1590. [ii. 135]

Ch. Ch. **Tuer** (Ture, Teuer), **John**; adm. B.A. 22 June 1587, det. $158\frac{7}{8}$; lic. M.A. 20 May 1590, inc. 1590. [ii. 135]

Ch. Ch. **Hammond** (Hammon), **Thomas**; adm. B.A. 22 June 1587, det. $158\frac{7}{8}$; lic. M.A. 20 May 1590, inc. 1590. [ii. 135]

Ch. Ch. **Williams, John**; adm. B.A. 22 June 1587, det. $158\frac{7}{8}$; lic. M.A. 1 July 1590, inc. 1590; adm. B.D. 23 July 1597; lic. D.D. 8 July 1602, inc. 1602. [ii. 143]

Ch. Ch. **Barkesdall** (Barksdale), **John**; adm. B.A. 22 June 1587, det. $158\frac{7}{8}$; lic. M.A. 20 May 1590, inc. 1590.

Ch. Ch. **Stone, Richard**; adm. B.A. 22 June 1587, det. $158\frac{7}{8}$; lic. M.A. 6 July 1590. [ii. 143]

Ch. Ch. **Joliphe** (Jolyfe, Jollyfe), **William**; adm. B.A. 22 June 1587, det. $158\frac{7}{8}$; lic. M.A. 20 May 1590, inc. 1590; adm. B.D. 9 July 1596 (being then Chaplain to Sir John Fortescue, Knt.). [Bras., ii. 130]

*S. Mary H.** **Brett, Thomas**; adm. B.A. (S. Mary H.) 26 June 1587, det. $158\frac{7}{8}$ (All So.); lic. M.A. (All So.) 12 July 1592, inc. 1592.

Magd. C. **Davis, Thomas**; adm. B.A. 27 June 1587, det. $158\frac{7}{8}$. [ii. 76]

Magd. C. **Goslinge, John**; adm. B.A. 27 June 1587, det. $158\frac{7}{8}$; [ii. 101] ⟨Fellow of Magd. C. in 1584.⟩

Magd. C. **Machin** (Machen), **Thomas**; adm. B.A. 27 June 1587, det. $158\frac{7}{8}$; lic. M.A. 5 May 1592, inc. 1592. [ii. 144]

Magd. C. **Gatonbie** (Gattonby), **Nathaniel**; adm. B.A. 27 June 1587, det. $158\frac{7}{8}$; lic. M.A. 5 May 1592, inc. 1592; adm. B.D. 17 July 1602. [ii. 101]

Magd. C. **Harward, John**; adm. B.A. 27 June 1587, det. $158\frac{7}{8}$. [ii. 107]

Magd. C. **Tirar** (Tyrer), **John**; adm. B.A. 27 June 1587, det. $158\frac{7}{8}$; lic. M.A. 5 May 1592, inc. 1592.

Magd. C. **Wiatt, William**; adm. B.A. 27 June 1587, det. $158\frac{7}{8}$. [ii. 117]

Magd. C. **Fairburne** (Fayerborne), **Philip**; adm. B.A. 27 June 1587, det. $158\frac{7}{8}$. [S. Mary H., ii. 100] ⟨Demy of Magd. C. 1585–1589; Blox. 4, p. 224.⟩

Magd. C. **Pix, William**; adm. B.A. 27 June 1587, det. $158\frac{7}{8}$; lic. M.A. 9 July 1591, inc. 1591. ⟨Demy of Magd. C. 1585–1591; Blox. 4, p. 224.⟩

Magd. C. **Jefferay** (Jeffrye), **Richard**; adm. B.A. 27 June 1587, det. $158\frac{7}{8}$; lic. M.A. 10 July 1590, inc. 1590. [? Gloc. H., ii. 123] ⟨'Jeffries,' Demy of Magd. C. 1585–1587, Fellow 1587–1591; Blox. 4, p. 225.⟩

Magd. C. **Mills, Leonard**; adm. B.A. 27 June 1587, det. $158\frac{7}{8}$. [ii. 113]

Magd. C. **Merricke, Christopher**; adm. B.A. 27 June 1587, det. $158\frac{7}{8}$. ⟨Demy of Magd. C. 1585–1589; Blox. 4, p. 224.⟩

Magd. C. **Sutton, John**; adm. B.A. 27 June 1587, det. $158\frac{7}{8}$. [ii. 144]

Magd. C. **Kemis** (Kemishe, Keymish), **Nathaniel**; adm. B.A. 27 June 1587, det. $158\frac{7}{8}$; lic. M.A. 5 May 1592, inc. 1592; suppl. lic. to pract. med. ⟨probably an error for 'lic. to preach'⟩ 7 July, lic. 17 July 1598; adm. B.D. 14 Dec. 1600. [Ball., ii. 128] ⟨Demy of Magd. C. 1586–1589, Fellow 1589–1605; Blox. 4, p. 226.⟩

*Queen's.** **Aglionby** (Aglionbie, Aeglionby), **John**; adm. B.A. 28 June 1587, det. $158\frac{8}{9}$; lic. M.A. 1 July 1590, inc. 1590; adm. B.D. 12 July 1597; suppl. lic. to preach 5 July 1597, lic. to preach 6 Feb. $160\frac{4}{5}$; lic. D.D. 17 June 1600 and inc. 1600 (Princ. of S. Edm. H.) [ii. 132]

Queen's. **Harper, John**; adm. B.A. 28 June 1587, det. $158\frac{8}{9}$; lic. M.A. 1 July 1590, inc. 1590. [ii. 132]

Queen's. **Crakenthorpe** (Crakanthorpe), **Richard**; adm. B.A. 28 June 1587, det. $158\frac{8}{9}$; lic. M.A. 1 July 1590, inc. 1590; adm. B.D. 12 July 1597; suppl. lic. to preach 14 July 1597; lic. D.D. 17 July 1606 and inc. 1607. ('Scriptor celeberrimus,' A Wood, MS. note.) [ii. 132]

*Merton.** **Claveringe, Cuthbert**; adm. B.A. (Mert.) 30 June 1587, det. ('Gilbert') $158\frac{7}{8}$; lic. M.A. (Univ.) 21 May 1590, inc. 1590. [Queen's, ii. 131]

Queen's. **Willan** (Willaine, Willayne), **William**; adm. B.A. 5 July 1587, det. ('Williams') $15\frac{88}{89}$; lic. M.A. 1 July 1590, inc. 1590. [ii. 137]

Ch. Ch. **Owen, Griffin**; adm. B.A. 8 July 1587, det. $158\frac{7}{8}$; lic. M.A. 20 May 1590, inc. 1590.

Balliol. **Gambley** (Gamley, Gamblé), **John**; adm. B.A. 13 July 1587, det. $158\frac{7}{8}$.

New C. **Vincent, Simon**; adm. B.A. 17 Oct. 1587, det. $158\frac{7}{8}$; suppl. M.A. 15 July 1591, inc. 1591. [Jes., ii. 113]

Magd. C. **Russell, Richard**; adm. B.A. 7 Nov. 1587; lic. M.A. 10 July 1590, inc. 1590. [Broadg. H., ii. 133]

Magd. C. **White** (Whyte), **Richard**: adm. B.A. 7 Nov. 1587, det. (. . . White) $159\frac{3}{4}$; lic. M.A. 27 May 1595, inc. 1595. ⟨Clerk of Magd. C. 1589–1591, Chapl. 1591–99; Blox. 2, p. 46.⟩

Magd. C. **Vicars, John**; adm. B.A. 7 Nov. 1587, det. $158\frac{7}{8}$. [ii. 144]

All Souls. **Barnes, Thomas**; adm. B.A. 9 Nov. 1587, det. $158\frac{7}{8}$; lic. M.A. (then in orders) 5 July 1594, inc. 1594. [ii. 152]

Broadg. H. **Nelder, Henry**; adm. B.A. 9 Nov. 1587, det. $158\frac{7}{8}$; lic. M.A. 15 June 1591, inc. 1591. [ii. 129]

*S. John's.** **Cocke** (Coocke), **Elias**; adm. B.A. (S. Jo.) 27 Nov. 1587, det. $158\frac{7}{8}$; lic. M.A. (Exet.) 30 June 1591, inc. 1591. [ii. 145] Boase, p. 50.

S. John's. **Wall** (Wale, Wallde), **Robert**; adm. B.A. 29 Nov. 1587, det. $158\frac{7}{8}$; lic. M.A. 21 June 1591, inc. 1591. [ii. 146]

S. John's. **Lee** (Lea), **John**; adm. B.A. 29 Nov. 1587, det. $158\frac{7}{8}$; lic. M.A. 21 June 1591, inc. 1591; adm. B.D. 30 June 1597; suppl. D.D. 30 May 1608, lic. 1 June 1608. [ii. 131] (A Wood says 'of the family of the Leas of Dichley, Co. Oxon.')

S. John's. **Hutton, Thomas**; adm. B.A. 29 Nov. 1587, det. $158\frac{7}{8}$; lic. M.A. 21 June 1591, inc. 1591; adm. B.D. 30 June 1597. [ii. 143]

S. John's. **Price, Henry**; adm. B.A. 29 Nov. 1587, det. $158\frac{7}{8}$; lic. M.A. 21 June 1591, inc. 1591; adm. B.D. 30 June 1597. [ii. 145]

Exeter. **Wills** (Willis), **John**; adm. B.A. 4 Dec. 1587, det. $158\frac{7}{8}$; lic. M.A. 13 Apr. 1592, inc. 1592. Boase, p. 49.

S. Alb. H. **Warham, Edward**; adm. B.A. 4 Dec. 1587, det. $158\frac{7}{8}$; lic. M.A. 10 July 1590, inc. 1590. [ii. 130]

Magd. C. **Coxe, Anthony**; adm. B.A. 7 Dec. 1587. [ii. 101]

Queen's. **Richardson, George**; adm. B.A. 7 Dec. 1587, det. $158\frac{7}{8}$; lic. M.A. 1 July 1590, inc. 1590. [ii. 102]

Queen's. **Travis** (Travisse), **Thomas**; adm. B.A. 7 Dec. 1587, det. $158\frac{7}{8}$; lic. M.A. 1 July 1590, inc. 1590. [ii. 133]

N. I. H. **Floyde, Griffin**; adm. B.A. (N. I. H.) 9 Dec. 1587; adm. B.C.L. (N. I. H.) 25 June 1589.

Oriel. **Bayley** (Baylie), **Adrian**; adm. B.A. 9 Dec. 1587, det. $158\frac{7}{8}$; lic. M.A. (then in orders) 8 June 1605, inc. 1605.

S. Mary H. **Blundell, John**; adm. B.A. 9 Dec. 1587.

*Ch. Ch.** **Persons** (Parsons), **John**; adm. B.A. (Ch. Ch.) 13 Dec. 1587, det. (Broadg. H.) $158\frac{7}{8}$. [ii. 142]

S. John's. **Harvey, John**; adm. B.A. 13 Dec. 1587, det. $158\frac{7}{8}$. [ii. 103]

Merton. **Twe** (Tewe), **Richard**; adm. B.A. 13 Dec. 1587, det. $158\frac{7}{8}$. [ii. 133]

Trinity. **Ball, George**; adm. B.A. 13 Dec. 1587, det. $158\frac{7}{8}$.

S. Mary H. **Bartone, Robert**; adm. B.A. 15 Dec. 1587, det. $158\frac{7}{8}$; lic. M.A. 1 July 1590, inc. 1590. [Queen's, ii. 102]

Trinity. **Munne, Nicholas**; adm. B.A. 18 Dec. 1587, det. 158$\frac{7}{8}$; lic. M.A. 20 June 1592, inc. 1592. [ii. 114]

Trinity. **Humphrey, Richard**; adm. B.A. 18 Dec. 1587, det. 158$\frac{7}{8}$; lic. M.A. 6 July 1592, inc. 1592. [Corp., ii. 126]

Broadg. H. **Fletcher, William**; adm. B.A. 18 Dec. 1587, det. 158$\frac{7}{8}$; lic. M.A. 9 July 1590, inc. 1590. [i. 369]

Lincoln. **Cruth, Richard**; suppl. B.A. 18 Feb. 158$\frac{6}{7}$. [?Crouch, ii. 85]

S. Edm. H. **Jackman, William**; suppl. B.A. 18 Feb. 158$\frac{6}{7}$. [ii. 125]

Broadg. H. **Wood, Michael**; suppl. B.A. 18 Feb. 158$\frac{6}{7}$.

Magd. H. **Hedding, William**; suppl. B.A. 13 May 1587. [ii. 132]

Oriel. **Best, John**; suppl. B.A. 20 Oct. 1587.

University. **Jackman, Robert**; det. 158$\frac{7}{8}$. [Broadg. H., ii. 129]

Merton. **Pratt, Robert**; det. 158$\frac{7}{8}$. [S. Mary H., ii. 127]

Lincoln. **Smith, Thomas**; lic. M.A. 1 July 1587, inc. 1587.

⟨*New Coll.*⟩ **Betts, Francis**; adm. B.C.L. 1 Feb. 158$\frac{6}{7}$; lic. D.C.L. (New C.) 5 June 1592, inc. 1592. [ii. 109] ⟨Scholar of New C. in 1579.⟩

⟨*New Coll.*⟩ **Marten, Henry**; adm. B.C.L. 15 June 1587; lic. D.C.L. (New C.) 5 June 1592, inc. 1592. [ii. 109] ⟨Scholar of New C. in 1580.⟩

⟨*All Souls.*⟩ **Boyse, Thomas**; suppl. B.C.L. 13 May, adm. 22 June 1587. [?Hart H., ii. 75] ⟨Fellow of All So. in 1579.⟩

⟨*Ch. Ch.*⟩ **Harbard, John**; who had been twenty years in Civil Law had (on 23 June 1587) the grace for D.C.L. renewed which he had received some years ago but not used. [ii. 11] ⟨Student of Ch. Ch. in 155$\frac{4}{5}$.⟩

1588.

*Brasenose.** **Burhill** (Burghill), **Gregory**; adm. B.A. (Bras.) 23 Jan. 158$\frac{7}{8}$, det. 158$\frac{7}{8}$; lic. M.A. (Corp.) 7 July 1597, inc. 1597. (The Christian name is in some entries wrongly written 'George.')

Brasenose. **Jackman, Robert**; adm. B.A. 23 Jan. 158$\frac{7}{8}$, det. 158$\frac{7}{8}$.

Balliol. **Bradshew** (Bradshawe), **William**; adm. B.A. 23 Jan. 158$\frac{7}{8}$, det. 158$\frac{7}{8}$; lic. M.A. 19 Feb. 159$\frac{0}{1}$, det. 1591. [ii. 133]

Gloc. H. **Hodson** (Hodgson, Hudson), **Thomas**; adm. B.A. 23 Jan. 158$\frac{7}{8}$, det. 158$\frac{7}{8}$; lic. M.A. 5 Feb. 159$\frac{3}{4}$, inc. 1594; suppl. lic. to pract. med. 7 Feb., lic. 8 Feb. 159$\frac{6}{7}$. [ii. 104]

Exeter. **Matlocke, Richard**; adm. B.A. 29 Jan. 158$\frac{7}{8}$, det. 158$\frac{7}{8}$. [ii. 134]

Balliol. **Hooper, George**; adm. B.A. 31 Jan. 158$\frac{7}{8}$, det. 158$\frac{7}{8}$; lic. M.A. 24 June 1591, inc. 1591. [ii. 97]

Broadg. H. **Bennett, Thomas**; adm. B.A. 7 Feb. 158$\frac{7}{8}$, det. 158$\frac{7}{8}$.

Broadg. H. **Flavell, John**; adm. B.A. 7 Feb. 158$\frac{7}{8}$, det. 158$\frac{7}{8}$; lic. M.A. 8 July 1591, inc. 1591; suppl. B.D. 10 Dec. 1610; adm. B.D. and lic. D.D. ('cumulatus') 26 June 1616, inc. D.D. 1616. ⟨Rector of Tallaton, co. Devon; died 1623.⟩ [ii. 129]

Balliol. Gunn, William; adm. B.A. 9 Feb. 158⁷⁄₈, det. ('Gwyn') 158⁷⁄₈; lic. M.A. 24 June 1591, inc. 1591. [ii. 147]
New Coll. Woodgate (Woogate), Peter; adm. B.A. 9 Feb. 158⁷⁄₈, det. 158⁷⁄₈. [Queen's, ii. 149]
Hart H. Wallopp, Henry; adm. B.A. 12 Feb. 158⁷⁄₈, det. 158⁷⁄₈. [ii. 137]
Hart H. Wells (Welles), Anthony; adm. B.A. 12 Feb. 158⁷⁄₈, det. 158⁷⁄₈; lic. M.A. 7 July 1592, inc. 1592. [ii. 130]
Hart H. Stockbridge, John; adm. B.A. 12 Feb. 158⁷⁄₈, det. 158⁷⁄₈; lic. M.A. 7 July 1592, inc. 1592. [ii. 139]
Hart H. Stickley (Sticley, Styckley), William; adm. B.A. 12 Feb. 158⁷⁄₈, det. 158⁷⁄₈.
New Inn H.* Gibbons (Gibboons), John; adm. B.A. (N. I. H.) 12 Feb. 158⁷⁄₈, det. 158⁷⁄₈; lic. M.A. (All So.) 13 Dec. 1592, inc. (wrongly called 'William') 1593. [? Jes., ii. 136]
University. Lookar (Looker), John; adm. B.A. 12 Feb. 158⁷⁄₈, det. 158⁷⁄₈.
University. Swettman (Swetman, Swetnam, Swettnam), William; adm. B.A. 12 Feb. 158⁷⁄₈, det. 158⁷⁄₈; lic. M.A. 11 Dec. 1590, inc. 1591. [ii. 135]
University. Davies (Davis), Samuel; adm. B.A. 12 Feb. 158⁷⁄₈; lic. M.A. 28 June 1592, inc. 1592. [ii. 132]
Magd. C. Pococke, Edward; adm. B.A. 13 Feb. 158⁷, det. 158⁷⁄₈; lic. M.A. 5 May 1592, inc. 1592; adm. B.D. 17 July 1602. [ii. 144]
Magd. H.* Blackwell, Thomas; suppl. B.A. (Magd. H.) 8 Feb., adm. 13 Feb. 158⁷⁄₈, det. (Magd. C.) 158⁷⁄₈; lic. M.A. (S. Alb. H.) 8 July 1591, inc. 1591. [ii. 139]
Magd. C. George, Henry; adm. B.A. 13 Feb. 158⁷⁄₈, det. 158⁷⁄₈.
Magd. C. Grove, William; adm. B.A. 16 Feb. 158⁷⁄₈, det. 158⁷⁄₈; lic. M.A. 5 July 1594, inc. 1594. [ii. 144]
Magd. C. Jaxon (Jacson), William; adm. B.A. 16 Feb. 158⁷⁄₈, det. 158⁷⁄₈. [ii. 144]
Exeter. Earle (Erle), Richard; adm. B.A. 16 Feb. 158⁷⁄₈, det. 158⁷⁄₈. [ii. 121]
Merton.* Pollard, Arthur; adm. B.A. 16 Feb. 158⁷⁄₈, det. 158⁷⁄₈; lic. M.A. (Mert., then in orders) 11 July 1590, inc. (S. Alb. H.) 1590. [ii. 141]
Merton.* Hurt, Philip; adm. B.A. (Mert.) 16 Feb. 158⁷⁄₈, det. 158⁷⁄₈; lic. M.A. (S. Alb. H.) 8 May 1591, inc. (Mert.) 1591.
Jesus.* Price, Theodore; adm. B.A. (Jes.) 16 Feb. 158⁷⁄₈, det. 158⁷⁄₈; lic. M.A. (Jes.) 9 June 1591, inc. 1591; suppl. B.D. and D.D. (then Princ. of Hart H.) 25 June, adm. B.D. and lic. D.D. ('cumulatus') 5 July 1614, inc. D.D. (Hart H.) 1614.
Oriel. Heathwat (Hathwhat), Thomas; adm. B.A. 16 Feb. 158⁷⁄₈, det. 158⁷⁄₈; lic. M.A. 6 July 1593, inc. ('Hathaway') 1593.
S. Mary H. Morris, Evan; adm. B.A. 16 Feb. 158⁷⁄₈, det. ('Edward') 158⁷⁄₈; lic. M.A. 18 May 1591, inc. 1591. [Ball., ii. 135]
S. Mary H.* Hirst (Hurst), Edward; adm. B.A. (S. Mary H.) 16 Feb. 158⁷⁄₈, det. 158⁷⁄₈; lic. M.A. (Bras.) 5 July 1592, inc. 1592; adm. B.D. (Bras.) 14 Apr. 1600; lic. to preach 18 July 1606.
Gloc. H. Turbervill, William; adm. B.A. 16 Feb. 158⁷⁄₈, det. 158⁷⁄₈;

L 2

lic. M.A. 17 Mar. 159⅔, inc. 1593; suppl. B.C.L. 19 Oct. 1596. [ii. 158]
Magd. H. Laurence, Giles; adm. B.A. (Magd. H.) 16 Feb. 158⅞, det. (Magd. C.) 158⁷⌴.
University. Jamsey, Richard; adm. B.A. 16 Feb. 158⁷⌴, det. 158⁷⌴. (In the B.A. suppl. on 9 Feb. it is Richard 'Johnson.') [Jauncey, ii. 135]
*S. Mary H.** Hornsey (Horcey), Edmund; adm. B.A. (S. Mary H.) 22 Feb. 158⁷⌴, det. ('Gernsey') 158⁷⌴; lic. M.A. (Linc.) 17 May 1591, inc. 1591. [Edward, ii. 136]
*S. Mary H.** Dale, Christopher; adm. B.A. (S. Mary H.) 23 Feb. 158⁷⌴, det. 158ᵃᵤ; lic. M.A. (Mert.) 30 Jan. 159¹⌴, inc. 1594; adm. B.D. (S. Jo. ?) 6 July 1604; lic. to preach (Fellow of Mert.) 16 Mar. 160⅘. [ii. 135] Brod., p. 275.
Exeter. Bentley, Thomas; adm. B.A. 7 Mar. 158⁷⌴. [ii. 100]
⟨*Gloc. H.*⟩ Meredith, John; adm. B.A. 11 Mar. 158⁷⌴. [ii. 134]
Magd. H. Inkpen, Robert; adm. B.A. 11 Mar. 158⁷⌴.
New Coll. Butler, Christopher; adm. B.A. 26 Mar. 1588, det. 158ᵃᵤ. [Hart H., ii. 128]
Jesus. Evans, Edward; adm. B.A. 28 Mar. 1588. [? Ch. Ch., ii. 129]
S. Mary H. Davies, Humphrey; adm. B.A. 28 Mar. 1588.
... Hughes, ...; adm. B.A. 28 Mar. 1588.
Magd. C. Francombe, Thomas; adm. B.A. 30 Mar. 1588, det. 158ᵃᵤ. [Magd. H., ii. 128]
Brasenose. Ellis, Andrew; adm. B.A. 24 Apr. 1588. [ii. 98]
Brasenose. White, John; adm. B.A. 29 Apr. 1588. [ii. 142]
Queen's. Woodward, Henry; adm. B.A. 2 May 1588, det. 158ᵃᵤ; lic. M.A. 3 July 1592, inc. 1592; suppl. B.C.L. 7 July 1598. [ii. 134]
Brasenose. Knowsley (Knosley), Henry; adm. B.A. 2 May 1588, det. 158ᵃᵤ. [ii. 157]
New Coll. Hoskins, John; adm. B.A. 6 May 1588, det. 158ᵃᵤ; lic. M.A. 26 Feb. 159½, inc. 1592. [ii. 141] ⟨Scholar of New C. in 1584.⟩
Magd. H. Pellet, James; adm. B.A. 23 Apr. 1588, det. 158ᵃᵤ. [ii. 136]
New Coll. Cordell, Robert; adm. B.A. 7 May 1588. [ii. 137]
Queen's. Risley, Thomas; adm. B.A. 7 May 1588. [Hart H., ii. 147]
Jesus. Owens, Richard; adm. B.A. 9 May 1588, det. 158ᵃᵤ. [ii. 147] A 'Richard Owen (Owens),' New C., suppl. M.A. 2 May, lic. 4 July 1594, inc. 1594 ⟨possibly this man⟩.
Brasenose. Yewen, William; adm. B.A. 13 May 1588, det. 158ᵃᵤ. [? Euen, Broadg. H., ii. 92]
Brasenose. Guest (Gest, Gweste), Peter; adm. B.A. 13 May 1588, det. 158ᵃᵤ; lic. M.A. 9 July 1591, inc. 1591. [ii. 137]
Magd. C. Symons (Simons), Thomas; adm. B.A. 15 May 1588. [ii. 162]
Ch. Ch. Wilson (Willson), Thomas; adm. B.A. 12 June 1588, det. 158ᵃᵤ; lic. M.A. 15 June 1591, inc. 1591. [ii. 139]
Ch. Ch. Dunn (Done), Charles; adm. B.A. 12 June 1588, det 158ᵃᵤ; lic. M.A. 9 July 1591, inc. 1591.
Ch. Ch. Burton, Samuel; adm. B.A. 12 June 1588, det. 158ᵃᵤ ('George' in error); lic. M.A. 15 June 1591, inc. 1591. [ii. 150]

Ch. Ch. Aubery (Aubrie, Haubery, Hauberry), **Walter**; adm. B.A. 12 June 1588, det. 158¾; lic. M.A. 15 June 1591, inc. 1591.
Ch. Ch. Chaloner (Chaliner, Chalmer, Chalener, Challoner), **Jonas**; adm. B.A. 12 June 1588, det. 158¾; lic. M.A. 15 June 1591, inc. 1591. [S. Mary H., ii. 127]
Ch. Ch. Parkin (Parkens, Perkins), **Matthew**; adm. B.A. 12 June 1588, det. 158¾. [ii. 127]
Ch. Ch. Bisson (Besson, Biston, Beston), **John**; adm. B.A. 12 June 1588, det. 158¾. [ii. 147]
⟨The seven adm. B.A. preceding had been left out in their proper place; but were afterwards inserted after the adm. B.A. for 21 Mar. 158¾, with the note ' 12 Junii ⟨1588⟩ isti praesentati et eo ordine inscribendi.'⟩
S. Mary H. Blethin, **Morgan**; adm. B.A. 13 June 1588, det. 158¾; lic. M.A. 12 June 1591, inc. 1591.
Lincoln. Read, **Henry**; adm. B.A. 13 June 1588. [ii. 138]
Lincoln. Rotheram, **Thomas**; adm. B.A. 14 June 1588, det. 159₁⁰; lic. M.A. 17 May 1591, inc. 1591. [ii. 138]
New Coll. Bellingham, **Henry**; adm. B.A. 14 June 1588, det. 158⅞; lic. M.A. 7 Apr. 1592, inc. 1592. ⟨Scholar of New C. in 1584.⟩
New Coll. Gifford, **John**; adm. B.A. 14 June 1588, det. 158⅞; lic. M.A. 7 Apr. 1592, inc. 1592; suppl. for lic. to pract. med. 14 Dec., lic. 17 Dec. 1596; suppl. M.B. 30 Oct., adm. 7 Dec. 1598; suppl. M.D. 2 Dec., lic. 7 Dec. 1598, inc. 1599. [ii. 139] ⟨Scholar of New C. in 1584.⟩
New Coll. Ryves (Rives, Reves, Reyves), **Charles**; adm. B.A. 14 June 1588, det. 158¾; lic. M.A. 5 June 1592, inc. 1592; adm. B.D. 6 July 1599; lic. D.D. 15 Feb. 160½ and inc. 1602. [ii. 145] ⟨Scholar of New C. in 1584.⟩
New Coll. Atey, **Thomas**; adm. B.A. 14 June 1588, det. 158¾. [ii. 145] ⟨Scholar of New C. in 1584.⟩
New Coll. Beeley (Beelye), **Robert**; adm. B.A. 14 June 1588, det. 158⅞; lic. M.A. 7 Apr. 1592, inc. 1592. [ii. 137, 150] ⟨Scholar of New C. in 1584.⟩
Magd. H.* Short, **William**; adm. B.A. (Magd. H.) 14 June 1588; lic. M.A. (Oriel) 15 May 1594, inc. 1594.
S. Alb. H. Varnam, **James**; adm. B.A. 15 June 1588, det. 15⁸⁸⁄₉₀. [Magd. H., ii. 148]
S. Alb. H. Daye, **George**; adm. B.A. 15 June 1588, det. 159₁⁰; lic. M.A. 18 May 1591, inc. 1591. [Mert., ii. 137]
S. Alb. H. Harris (Herris), **Henry**; adm. B.A. 15 June 1588, det. 158¾; disp. towards M.A. 14 Mar. 15¹⁰⁄₉₀. [ii. 130]
S. Alb. H. Beariwe, **Richard**; adm. B.A. 15 June 1588. [ii. 145]
University. Bower (Bowre), **Ralph**; adm. B.A. 17 June 1588; lic. M.A. 5 July 1595, inc. 1595. [ii. 138]
Hart H. Wallop, **Richard**; adm. B.A. 25 June 1588. [Bras., ii. 137]
*S. Mary H.**Parry, **Robert**; adm. B.A. (S. Mary H.) 28 June 1588; lic. M.A. (Ch. Ch.) 2 Mar. 159¾. [Ball., ii. 122]
Balliol. Bayley, **William**; adm. B.A. 28 June 1588.
Brasenose. Caye (Kay, Cay), **John**; adm. B.A. 2 July 1588, det. 158¾. [ii. 152]

Brasenose. **Hyde** (Hide), **Robert**; adm. B.A. 2 July 1588, det. 158⁸⁄₉.
[ii. 116]
Brasenose. **Barton, George**; adm. B.A. 2 July 1588, det. 158⁸⁄₉; lic.
M.A. 5 July 1592, inc. 1592; adm. B.D. 14 Apr. 1600. (Sometimes
wrongly read 'Burton.') [ii. 136]
Brasenose. **Hichmuch** (Hichmogh), **Robert**; adm. B.A. 2 July 1588.
[ii. 136]
Brasenose. **Hutchins** (Huchens), **Randall** (Ranulph); adm. B.A. 2 July
1588, det. 158⁸⁄₉; lic. M.A. 5 July 1592, inc. 1592; adm. B.D. 14
Apr. 1600. [ii. 137]
Brasenose. **Asshawe, Leonard**; adm. B.A. 2 July 1588, det. 158⁸⁄₉. [ii.
138]
Brasenose. **Knight, John**; adm. B.A. 2 July 1588, det. 158⁸⁄₉; lic. M.A.
9 July 1591, inc. 1591. [ii. 138]
Broadg. H. **Smith, Leonard**; adm. B.A. 2 July 1588, det. 158⁸⁄₉. [Ball.,
ii. 138]
Balliol. **Bagnalde, Robert**; adm. B.A. 4 July 1588. [Magd. H., ii.
139]
Gloc. H.* **Price** (Prise), **Robert**; suppl. B.A. (Ch. Ch.) 14 June, adm.
(Gloc. H.) 4 July 1588, det. 158⁸⁄₉; suppl. M.A. (Ch. Ch.) 11 Mar.
159½, lic. 15 Apr. 1592. [Gloc. H., ii. 140]
Brasenose. **Richardson, William**; adm. B.A. 6 July 1588, det. 159½;
lic. M.A. 4 July 1592, inc. 1592. [ii. 142]
Magd. H.* **Geare** (Geer), **John**: adm. B.A. (Magd. H.) 6 July 1588,
det. (Magd. C.) 158⁸⁄₉; lic. M.A. (Queen's) 4 July 1594, inc. 1594.
[ii. 124]
Trinity.* **Lloyd** (Floyde), **Robert**; suppl. B.A. (Trin.) 4 June, adm.
(Trin.) 6 July 1588, det. (Ch. Ch.) 158⁸⁄₉; lic. M.A. (Ch. Ch.) 10 July
1591, inc. 1591. [Ch. Ch., ii. 147]
New Inn H. **Lloyde** (Floyde), **Robert**; suppl. B.A. (N. I. H.) 3 June,
adm. (N. I. H.) 10 July 1588; suppl. B.C.L. (N. I. H.) Apr. 1589,
adm. 25 June 1589.
Exeter.* **Osberne** (Osburne), **William**; adm. B.A. (Exeter) 11 July
1588, det. 158⁸⁄₉; lic. M.A. (Exet.) 18 May 1591, inc. 1591; suppl.
B.D. (All So.) 30 June, adm. 1 July 1606; suppl. D.D. (All So.) 29
May, lic. 6 July 1609, inc. 1609. [ii. 139]
All Souls.* **Elton, William**; adm. B.A. (All So.) 13 July 1588, det.
(Corp.) 15³⁰⁄₉₀. [ii. 135]
⟨*Brasenose.*⟩ **Ledsam, Thomas**; adm. B.A. 13 July 1588. [ii. 123]
S. Mary H.* **Daunton** (Danton), **William**; adm. B.A. (S. Mary H.) 15
Oct. 1588, det. 158⁸⁄₉; lic M.A. (Mert.) 5 July 1594, inc. 1594. [ii.
141] Brod., p. 275.
Merton.* **Durdant, Thomas**; adm. B.A. (Mert.) 15 Oct. 1588, det.
(S. Alb. H.) 158⁸⁄₉. [ii. 141] ⟨See *supra*, p. 68.⟩
Lincoln. **Vincent, Brian**; adm. B.A. 31 Oct. 1588, det. 158⁸⁄₉; lic.
M.A. 7 July 1591, inc. 1591; adm. B.D. 15 Nov. 1604. In the
B.D. suppl. 9 Nov. 1604 he says he has been 'over-sea.' [Corp., ii.
121]
Ch. Ch. **Foote, John**; adm. B.A. 12 Nov. 1588, det. 158⁸⁄₉; lic. M.A.
15 June 1591, inc. 1591; adm. B.D. 14 Apr. 1600. [ii. 142]
Balliol. **Holland, George**; adm. B.A. 12 Nov. 1588, det. 158⁸⁄₉; lic.
M.A. 8 June 1591, det. 1591. [ii. 133 or 142]

Brasenose. **Whittell, Henry**; adm. B.A. 16 Nov. 1588, det. 158$\frac{8}{9}$. [ii. 139]

Brasenose. **Saunderson** (Sanderson), **Ellis**; adm. B.A. 16 Nov. 1588, det. 158$\frac{8}{9}$; lic. M.A. 5 July 1592, inc. 1592. [ii. 140]

Brasenose. **Porter, John**; adm. B.A. 16 Nov. 1588. [ii. 140]

*Brasenose.** **Best, John**; suppl. B.A. (Bras.) 14 Oct., adm. 16 Nov. 1588, det. (Bras.) 158$\frac{8}{9}$; lic. M.A. (Ch. Ch.) 16 Apr. 1594, inc. 1594; adm. B.D. (Corp.) 18 Mar. 160$\frac{8}{9}$; as B.D. of Ch. Ch. suppl. D.D. 12 June, lic. D.D. (Ch. Ch., 'cumulatus') 13 June 1610, inc. 1610. [ii. 148]

University. **Flasket, Thomas**; adm. B.A. 27 Nov. 1588, det. 158$\frac{8}{9}$; lic. M.A. 28 Apr. 1592, inc. 1592. [ii. 139]

University. **Nweman** (Newman), **Henry**; adm. B.A. 27 Nov. 1588, det. 158$\frac{8}{9}$; lic. M.A. 6 Feb. 159$\frac{2}{3}$, inc. 1593. [ii. 139]

*University.** **Scofeilde** (Scholfeilde), **Arthur**; adm. B.A. (Univ.) 27 Nov. 1588, det. 158$\frac{8}{9}$; lic. M.A. (Bras.) 9 July 1591, inc. 1591. [ii. 139]

*Magd. H.** **Scott, Thomas**; adm. B.A. (Magd. C.) 28 Nov. 1588, det. (Magd. H.) 158$\frac{8}{9}$; lic. M.A. (Magd. H.) 3 July 1593, inc. 1593. [ii. 140]

Jesus. **Lloyd** (Floid, Floyde), **William**; adm. B.A. 7 Dec. 1588, det. 158$\frac{8}{9}$; lic. M.A. 9 June 1591, inc. 1591.

*Magd. H.** **Nash, Richard**; adm. B.A. (Magd. H.) 9 Dec. 1588, det. (Magd. C.) 158$\frac{8}{9}$. [ii. 152]

Ch. Ch. **Sidney, Francis**; adm. B.A. 10 Dec. 1588, det. 158$\frac{8}{9}$; lic. M.A. 15 June 1591, inc. 1591. [ii. 142]

Balliol. **Higges** (Higgs), **Nicholas**; adm. B.A. 12 Dec. 1588, det. 158$\frac{8}{9}$; lic. M.A. 8 June 1591, inc. 1591; adm. B.D. 14 Apr. 1600; lic. to preach 30 Apr. 1601; lic. D.D. 7 July 1603. [? Mert., ii. 108]

Balliol. **Davies, Hugh**; adm. B.A. 12 Dec. 1588, det. 158$\frac{8}{9}$. [? Gloc. H., ii. 137]

*Merton.** **Braye, Robert**; adm. B.A. (Mert.), 12 Dec. 1588 det. (S. Alb. H.) 158$\frac{8}{9}$; lic. M.A. (S. Alb. H.) 8 July 1591, inc. 1591. [ii. 134]

Magd. C. **Duell, Edward**; suppl. B.A. 10 Feb. 158$\frac{7}{8}$.

Oriel. **Robins, Richard**; suppl. B.A. 10 Feb. 158$\frac{7}{8}$. [ii. 134]

Hart H. **Strong, Christopher**; suppl. B.A. 23 Apr. 1588. [ii. 139]

Queen's. **Wootton, Henry**; suppl. B.A. 8 June 1588.

Magd. H. **Inkpen, William**; suppl. B.A. Dec. 1588.

Brasenose. **Kirbie, Thomas**; lic. M.A. 26 June 1588, inc. 1588. [? ii. 26]

Exeter. **Hughes, Owen**; suppl. B.C.L. 17 Oct. 1587, adm. 28 Mar. 1588.

New Coll. **Avelland, Thomas**; adm. B.C.L. 20 June 1588. [Havelland, ii. 109] ⟨Scholar of New C. in 1580.⟩

All Souls. **Carnesew, William**; suppl. B.C.L. 17 Apr., adm. 5 Nov. 1588. ⟨Fellow of All So. in 1579.⟩

S. John's. **Crumwell, Henry**; S.C.L., suppl. B.C.L. 14 Oct., adm. 5 Nov. 1588. [ii. 44, 103] ⟨Fellow of S. Jo. in 1581.⟩

S. John's. **Hawley, John**; S.C.L., suppl. B.C.L. 14 Oct., adm. 5 Nov. 1588; (Princ. of Gloc. H.) lic. D.C.L. 13 Oct. 1614. [? Ball. ii. 96] ⟨Fellow of S. Jo. in 1583.⟩

⟨*New Coll.*⟩ **Lloyd, Hugh**; lic. D.C.L. 9 July 1588, inc. 1588. [Floyd, ii. 21] ⟨Scholar of New C. in 156^{2}.⟩

Hart H. **Philpot, David**; a student in Theology for twelve years, suppl. B.D. 29 Feb., adm. 13 Mar. 158$\frac{7}{8}$. [ii. 75]

1589.

Ch. Ch. **Heywood** (Haywood, Heywod), **Raphael**; adm. B.A. 16 Jan. 158$\frac{8}{9}$, det. 158$\frac{8}{9}$; lic. M.A. 15 June 1591, inc. 1591; adm. B.D. 14 Dec. 1600. [ii. 150]

. . . **Wynter, Thomas**; adm. B.A. 29 Jan. 158$\frac{8}{9}$. 'William' Winter, Broadg. H., det. 158$\frac{8}{9}$. ⟨The two are probably the same, one or other Christian name being wrongly given.⟩

S. John's. **Collier, Thomas**; adm. B.A. 29 Jan. 158$\frac{8}{9}$, det. 158$\frac{8}{9}$. [ii. 145]

S. Alb. H. **Slade, Matthew**; adm. B.A. 13(?) Jan. 158$\frac{8}{9}$, det. 158$\frac{8}{9}$. [ii. 147]

Brasenose. **Smithe** (Smythe), **Roger**; adm. B.A. 4 Feb. 158$\frac{8}{9}$, det. ('Thomas') 15$\frac{89}{90}$; lic. M.A. 5 July 1592, inc. 1592. [ii. 142]

S. Mary H. **Rastell, Richard**; adm. B.A. 5 Feb. 158$\frac{8}{9}$, det. 158$\frac{8}{9}$; lic. M.A. 7 Apr. 1593, inc. 1593. [? Ch. Ch., ii. 150]

Magd. C. **Shortus** (Shorts, Shortes), **Robert**; adm. B.A. 5 Feb. 158$\frac{8}{9}$, det. 158$\frac{8}{9}$. ⟨The name may be for 'Shorthouse,' as I have seen 'Westus' for 'Westhouse,' and even 'Bacchus' for 'Backhouse.'⟩ [ii. 144]

Magd. C. **Cotterell** (Cotterill, Cotherell), **John**; adm. B.A. 5 Feb. 158$\frac{8}{9}$, det. 158$\frac{8}{9}$.

S. John's. **Dale, George**; adm. B.A. 7 Feb. 158$\frac{8}{9}$, det. 158$\frac{8}{9}$. [ii. 145]

Merton. **Powell, William**; adm. B.A. 7 Feb. 158$\frac{8}{9}$, det. 158$\frac{8}{9}$.

Merton. **White, John**; adm. B.A. 7 Feb. 158$\frac{8}{9}$, det. 158$\frac{8}{9}$.

*S. Alb. H.** **Wolfe** (Woolfe, Wolphe), **Robert**; adm. B.A. (S. Alb. H.) 7 Feb. 158$\frac{8}{9}$, det. 158$\frac{8}{9}$; lic. M.A. (Corp.) 6 Dec. 1593, inc. 1594. [ii. 141]

S. John's. **Wager, Thomas**; adm. B.A. 7 Feb. 158$\frac{8}{9}$, det. 158$\frac{8}{9}$; lic. M.A. 6 July 1592, inc. 1592. [ii. 146]

Ch. Ch. **Hughes** (Hues, Hughs), **Rice**; adm. B.A. 7 Feb. 158$\frac{8}{9}$, det. ('Richard') 158$\frac{8}{9}$; lic. M.A. ('Rice') 16 May 1594, inc. 1594. [? Richard, ii. 156]

Magd. C. **Barnsley, Thomas**; adm. B.A. 7 Feb. 158$\frac{8}{9}$, det. 158$\frac{8}{9}$. [Magd. H., ii. 137]

Ch. Ch. **Macey** (Masey, Macé), **George**; adm. B.A. 8 Feb. 158$\frac{8}{9}$, det. 158$\frac{8}{9}$. [ii. 142]

Ch. Ch. **Bangor, Edward**; adm. B.A. 8 Feb. 158$\frac{8}{9}$, det. 158$\frac{8}{9}$.

*S. Mary H.** **Elyse** (Elis, Ellis, Ellice, Ellyse), **David**; adm. B.A. (S. Mary H.) 8 Feb. 158$\frac{8}{9}$, det. 158$\frac{8}{9}$; lic. M.A. (S. Mary H.) 7 July 1591, inc. 1591; adm. B.D. (S. Mary H.) 14 Apr. 1600; lic. D.D. 'cumulatus' (Jes.) 14 Mar. 160$\frac{8}{9}$, inc. 1609. [ii. 142]

Balliol. **Tayler, Hugh**; adm. B.A. 8 Feb. 158$\frac{8}{9}$, det. 158$\frac{8}{9}$. [? Broadg. H., ii. 129]

Exeter. **Wolcom, Robert**; adm. B.A. 8 Feb. 158$\frac{8}{9}$. (A 'Robert ——'

det. from Exet. in $158\frac{8}{9}$; the omitted surname is possibly 'Wolcom.') [ii. 137]

*Exeter.** **Willughbie** (Willobigh, Willobye, Willoughby), **John**; adm. B.A. 8 Feb. $158\frac{8}{9}$, det. $158\frac{8}{9}$; suppl. M.A. (Broadg. H.) 30 June 1593, inc. (then called 'James' in error) 1593. [ii. 140]

(Brasenose.) **Moule, John**; adm. B.A. 10 Feb. $158\frac{8}{9}$. [ii. 140]

Jesus. **Best, Thomas**; adm. B.A. 17 Mar. $158\frac{8}{9}$.

All Souls. **Hendley** (Henley), **William**; adm. B.A. 17 Mar. $158\frac{8}{9}$, det. $15\frac{89}{90}$; lic. M.A. 7 July 1593, inc. 1593.

All Souls. **Powes** (Powys), **Thomas**; adm. B.A. 17 Mar. $158\frac{8}{9}$, det. $15\frac{89}{90}$; lic. M.A. 7 July 1593, inc. 1593.

Magd. H. **Eliot, Roger**; adm. B.A. 20 Mar. $158\frac{8}{9}$, det. $15\frac{89}{90}$; lic. M.A. 19 Nov. 1591, inc. 1592.

Magd. H. **Ellis, Richard**; adm. B.A. 20 Mar. $158\frac{8}{9}$, det. $15\frac{89}{90}$; lic. M.A. 19 Nov. 1591, inc. 1592. [ii. 141]

Magd. H. **Dickins, Richard**; adm. B.A. 20 Mar. $158\frac{8}{9}$, det. $15\frac{89}{90}$; lic. M.A. 7 July 1592, inc. 1592.

Magd. H. **Drwe, James**; adm. B.A. 20 Mar. $158\frac{8}{9}$. [Hart H., ii. 137]

*New Inn H.** **Williams, Edward**; adm. B.A. (N. I. H.) 21 Mar. $158\frac{8}{9}$, det. (Jes.) $159\frac{1}{2}$; lic. M.A. (Jes.) 23 Mar. $159\frac{3}{4}$, inc. 1594.

Ch. Ch. **Jefferaye** (Jefferys, Jeffreys), **John**; adm. B.A. 21 Mar. $158\frac{8}{9}$, det. $15\frac{89}{90}$; lic. M.A. 20 June 1592, inc. 1592. [ii. 104]

Ch. Ch. **Purefye** (Purify, Puriefie, Purphuri, Purfrye), **Richard**; adm. B.A. 21 Mar. $158\frac{8}{9}$, det. $15\frac{89}{90}$; lic. M.A. 7 July 1592, inc. 1592. [Corp., ii. 139]

Ch. Ch. **Vergis** (Vargis), **John**; adm. B.A. 21 Mar. $158\frac{8}{9}$, det. $15\frac{89}{90}$; lic. M.A. 24 Apr. 1592, inc. 1592. [ii. 156]

Ch. Ch. **Wight** (Weight), **John**; adm. B.A. 21 Mar. $158\frac{8}{9}$, det. $15\frac{89}{90}$; lic. M.A. 24 Apr. 1592, inc. 1592; adm. B.D. 17 Dec. 1601.

Ch. Ch. **Morgans, Hugh**; adm. B.A. 21 Mar. $158\frac{8}{9}$, det. $15\frac{89}{90}$; lic. M.A. 24 Apr. 1592, inc. 1592. [N. I. H., ii. 136]

Ch. Ch. **Bradye, Luke**; adm. B.A. 21 Mar. $158\frac{8}{9}$, det. $15\frac{89}{90}$; lic. M.A. 24 Apr. 1592, inc. 1592. [New C., ii. 135]

Ch. Ch. **Bisson, William**; adm. B.A. 21 Mar. $158\frac{8}{9}$, det. $15\frac{89}{90}$; lic. M.A. 9 June 1592, inc. 1592. [ii. 152]

Lincoln. **Bingley, Thomas**; suppl. B.A. 10 Dec. 1587 and 14 Jan. $158\frac{8}{9}$, det. $159\frac{0}{1}$; lic. M.A. 23 Feb. $159\frac{2}{3}$, inc. 1593. [Trin., ii. 132]

New Coll. **Davis** (Davies), **Matthew**; adm. B.A. 12 Apr. 1589, det. $15\frac{89}{90}$; lic. M.A. 18 Jan. $159\frac{2}{3}$, inc. 1593; adm. B.D. 16 July 1600; lic. D.D. 8 July 1607 and inc. 1607. [ii. 151]

New Coll. **Daniele, Richard**; adm. B.A. 12 Apr. 1589, det. $15\frac{89}{90}$; lic. M.A. 8 May 1593, inc. 1593. [ii. 151]

New Coll. **Hayden** (Heyden), **Benjamin**; adm. B.A. 12 Apr. 1589, det. $15\frac{89}{90}$; lic. M.A. 22 Jan. $159\frac{2}{3}$, inc. 1593; adm. B.D. ('cumulatus') 4 July 1605; suppl. for B.D. and D.D. 28 June 1605, being then Dean of Wells, and having been a Master at Winchester College. [ii. 150]

New Coll. **Humfrey** (Humphrey), **William**; adm. B.A. 12 Apr. 1589, det. $15\frac{89}{90}$; lic. M.A. 18 Jan. $159\frac{2}{3}$, inc. 1593. [ii. 149]

New Coll. **Thorne, William**; adm. B.A. 12 Apr. 1589, det. $15\frac{89}{90}$; lic. M.A. 18 Jan. $159\frac{2}{3}$, inc. 1593; lic. to preach 12 Mar. $159\frac{6}{7}$; adm.

B.D. 16 July 1600; lic. D.D. 8 July 1602 and inc. 1602. [ii. 150] ⟨Dean of Chichester.⟩

New Coll. **Button, William**; adm. B.A. 12 Apr. 1589, det. 15$\frac{89}{90}$. [ii. 149]

New Coll. **Kinge, Matthew**; adm. B.A. 12 Apr. 1589, det. 15$\frac{89}{90}$; lic. M.A. 18 Jan. 159$\frac{2}{3}$, inc. 1593; adm. B.D. 14 June 1602; (late Fellow of New C.) suppl. lic. to pract. med. 12 Apr., lic. 19 Apr. 1597. [ii. 156]

Broadg. H. **Maye, Timothy**; adm. B.A. 15 Apr. 1589. [ii. 140]

*Exeter.** **Fayerclough** (Fareclough, Faiercloughe), **Hugh**; adm. B.A. (S. Jo.) 19 Apr. 1589, det. (Exet.) 159$\frac{0}{1}$; lic. M.A. (Exet.) 27 June 1592, inc. 1592. [Exet., ii. 146]

Exeter. **Periam, Edward**; adm. B.A. 23 Apr. 1589. [ii. 139]

Trinity. **Kenricke** (Kendricke, Kennicke), **Laurence**; adm. B.A. 26 Apr. 1589, det. 15$\frac{89}{90}$; lic. M.A. 20 June 1592, inc. 1592. [Hart H., ii. 149]

*University.** **Cockes** (Coxe), **Peter**; adm. B.A. (Univ.) 28 Apr. 1589, det. 15$\frac{89}{90}$; lic. M.A. (Magd. C.) 28 Jan. 159$\frac{1}{2}$, inc. 1592. [S. Mary H., ii. 146]

Magd. H. **Cooke, William**; adm. B.A. 29 Apr. 1589. [Magd. C., ii. 144]

S. Mary H. **Griffith, Hugh**; adm. B.A. 9 May 1589. [? Case, ii. 146]

S. Mary H. **Thorpe, John**; adm. B.A. ('Tharpe,' sometimes mis-read 'Sharpe') 15 May 1589, det. 15$\frac{89}{90}$. [Queen's, ii. 126]

Trinity. **Ansley, John**; adm. B.A. 3 June 1589; det. 15$\frac{89}{90}$. [ii. 142]

Trinity. **Weston, Roger**; adm. B.A. 3 June 1589, det. 15$\frac{89}{90}$. [ii. 140]

Trinity. **Osborne** (Osburne), **Edward**; adm. B.A. 3 June 1589, det. 15$\frac{89}{90}$; lic. M.A. 20 June 1592, inc. 1592. [ii. 146]

Trinity. **Clement, Richard**; adm. B.A. 3 June 1589, det. 15$\frac{89}{90}$; lic. M.A. 6 July 1596, inc. 1596. [ii. 140]

Trinity. **Younge** (Yonge), **Francis**; adm. B.A. 3 June 1589, det. 15$\frac{89}{90}$; lic. M.A. 11 Feb. 159$\frac{3}{4}$, inc. 1594. [S. Mary H., ii. 146]

*S. Mary H.** **Williams, Rice** (Price); adm. B.A. (S. Mary H.) 3 June 1589, det. 15$\frac{89}{90}$; lic. M.A. (S. Edm. H.) 28 June 1593, inc. 1593. [ii. 152]

Ch. Ch. **Calfhil** (Calfeld, Calfeild), **John**; adm. B.A. 3 June 1589, det. 15$\frac{89}{90}$; lic. M.A. 24 Apr. 1592, inc. 1592. [ii. 150]

Ch. Ch. **Gunter, John**; adm. B.A. 3 June 1589, det. 15$\frac{89}{90}$; lic. M.A. 24 Apr. 1592, inc. 1592.

Ch. Ch. **Goodman** (Godman, Godwin), **James**; adm. B.A. 3 June 1589, det. 15$\frac{89}{90}$; lic. M.A. (Chaplain of Ch. Ch.) 30 May 1593, inc. 1593.

*Magd. H.** **Pope, George**; adm. B.A. (Magd. H.) 5 June 1589, det. (Gloc. H.) 15$\frac{89}{90}$; lic. M.A. (Gloc. H.) 21 June 1592, inc. 1592. [Magd. C., ii. 144]

Magd. H. **Ashley, Francis**; adm. B.A. 5 June 1589.

*Magd. H.** **Collop, Gibbs**; suppl. B.A. (Magd. H.) May 1589, ('Gibs Gallop') adm. 5 June 1589, ('Gilbert Gallop,') det. (Gloc. H.) 15$\frac{89}{90}$; ('Gibbes Gollop') lic. M.A. (Gloc. H.) 21 June 1592, inc. 1592. [Gloc. H., ii. 156]

Brasenose. **Tipton** (Typton), **John**; adm. B.A. 5 June 1589, det. 15$\frac{89}{90}$; lic. M.A. 5 July 1592, inc. 1592. [ii. 149]

*Brasenose.** **Ligh** (Leigh), **John**; adm. B.A. 5 June 1589; lic. M.A. 6 July 1593, inc. (S. Jo. 'John Lee') 1593. [ii. 150]

Brasenose. **Abraham, John**; adm. B.A. 5 June 1589, det. 15$\frac{89}{90}$; lic. M.A. 9 June 1592 (being then in orders), inc. 1592. [ii. 147]

Brasenose. **Raynolds** (Reinolds, Reynolds), **Thomas**; adm. B.A. 5 June 1589, det. 15$\frac{89}{90}$; lic. M.A. 4 July 1598, inc. 1598. [ii. 150]

Brasenose. **Haukins, Miles**; adm. B.A. 5 June 1589, det. 159$\frac{2}{3}$; lic. M.A. 6 July 1593, inc. 1593. [ii. 150]

Lincoln. **Bewett** (Bewitt), **Gabriel**; adm. B.A. 12 June 1589; lic. M.A. 3 July 1601, inc. 1601.

Jesus. **James, Edward**; adm. B.A. 16 June 1589, det. 15$\frac{89}{90}$; lic. M.A. 8 July 1592, inc. 1592. [? S. Edm. H., ii. 149]

Jesus. **Hickes, David**; adm. B.A. 16 June 1589, det. 15$\frac{89}{9}$. [ii. 153]

University. **Kitson, Richard**; adm. B.A. 17 June 1589, det. 15$\frac{89}{90}$; lic. M.A. 4 July 1593, inc. 1593. [ii. 148]

Corpus. **Cranmer** (Crenmer), **Thomas**; adm. B.A. 25 June 1589, det. 15$\frac{89}{90}$; lic. M.A. 3 Apr. 1593, inc. 1593; adm. B.C.L. 15 May, 1599. [ii. 143]

Corpus. **Membrey** (Membray, Membré, Membrie, Membrye), **Christopher**; adm. B.A. 25 June 1589, det 15$\frac{89}{90}$; lic. M.A. 3 Apr. 1593, inc. 1593; adm. B.D. 14 Dec. 1600; lic. to preach 31 Jan. 161$\frac{1}{2}$.

Corpus. **Westbrooke, Mark**; adm. B.A. 25 June 1589, det. 15$\frac{89}{90}$; lic. M.A. 15 Jan. 159$\frac{3}{4}$, inc. 1594. [ii. 139]

Corpus. **Hore** (Hoare), **John**; adm. B.A. 25 June 1589, det. ('Pore') 15$\frac{89}{90}$; lic. M.A. 3 Apr. 1593, inc. 1593. [ii. 143]

Corpus. **Benfeilde** (Benefield), **Sebastian**; adm. B.A. 25 June 1589, det. 15$\frac{89}{90}$; lic. M.A. 3 Apr. 1593, inc. 1593; lic. to preach 23 Feb. 159$\frac{8}{9}$; adm. B.D. 14 Dec. 1600; lic. D.D. 12 May 1608 and inc. 1608. [ii. 153]

Corpus. **Austin** (Astin), **James**; adm. B.A. 25 June 1589, det. 15$\frac{89}{90}$; lic. M.A. 3 Apr. 1593, inc. 1593. [S. Mary H., ii. 147]

Corpus. **Farbrace** (Fairebrasse), **Edward**; adm. B.A. 25 June 1589, det. 15$\frac{89}{90}$; lic. M.A. 2 July 1593, inc. 1593. [S. Mary H., ii. 132]

Corpus. **Browne, Henry**; adm. B.A. 25 June 1589, det. 15$\frac{89}{90}$. [ii. 120]

*Magd. H.** **Smith, James**; adm. B.A. (Magd. H.) 27 June 1589; lic. M.A. (Magd. C.) 1 June 1592, inc. 1592. [Magd. C., ii. 141]

Trinity. **Barrett, Adam**; adm. B.A. 1 July 1589.

Jesus. **Jones** (Joanes, Jhones), **Morgan**; adm. B.A. 8 July 1589 (called also in a dispens. 'Morgan Evans'); lic. M.A. ('Jones') 7 July 1593, inc. 1593; adm. B.D. and lic. D.D. ('Jones') 7 June 1624, inc. D.D. 1624.

Lincoln. **Yarrow** (Yearrow), **Robert**; adm. B.A. 9 July 1589, det. 15$\frac{89}{90}$; lic. M.A. 3 July 1594, inc. 1594. [Magd. C., ii. 145]

Broadg. H. **Hale** (Heale), **Richard**; adm. B.A. 9 July 1589, det. 15$\frac{89}{90}$. [ii. 129]

Queen's. **Benson, George**; adm. B.A. 12 July 1589, det. 159$\frac{1}{2}$; lic.

M.A. 7 July 1592, inc. 1592; adm. B.D. and lic. D.D. 8 July 1607, inc. D.D. 1607. [ii. 148]

Ch. Ch.*   **Sleyman** (Slyman, Sleman, Slaiman), **Henry**; suppl. B.A. (Scholaris Mri Case) July 1589 (the first notice in the suppl. B.A. of Case's students), adm. 16 July 1589, det. (Ch. Ch.) $15\frac{89}{90}$; lic. M.A. (S. Edm. H.) 13 Feb. $159\frac{4}{5}$, inc. 1595.

S. John's.   **Evans, David**; adm. B.A. 21 Oct. 1589. [ii. 157]

Queen's.   **Ravens, John**; adm. B.A. 25 Oct. 1589, det. $15\frac{89}{90}$; lic. M.A. 7 July 1595, inc. 1595. [ii. 145]

S. Alb. H.   **Baker, William**; adm. B.A. 27 Oct. 1589, det. $15\frac{89}{90}$; lic. M.A. 4 July 1592, inc. 1592. [Mert., ii. 150]

Magd. H.   **Davys** (Davis), **William**; adm. B.A. 29 Oct. 1589, det. $15\frac{89}{90}$.

Magd. H.   **Travel, Robert**; adm. B.A. 27 Oct. 1589, det. $15\frac{89}{90}$; lic. M.A. 7 July 1582. [ii. 151]

Exeter.   **Kelly, Anthony**; adm. B.A. 29 Oct. 1589, det. $15\frac{89}{90}$; lic. M.A. 23 June 1592, inc. 1592. [ii. 149]

All Souls.   **Randall, Henry**; adm. B.A. 29 Oct. 1589. [S. Mary H., ii. 135]

Exeter.   **Mercer, Thomas**; adm. B.A. 29 Oct. 1589, det. $15\frac{89}{90}$; lic. M.A. 23 June 1592, inc. 1592. [ii. 129] Boase, p. 49.

Lincoln.   **Onyons, William**; adm. B.A. 31 Oct. 1589, det. $15\frac{89}{90}$.

Balliol.   **Rastingam, Dennis**; adm. B.A. 5 Nov. 1589, det. $15\frac{89}{90}$.

All Souls.   **Edmunds, Clement**; adm. B.A. 5 Nov. 1589, det. $15\frac{89}{90}$; lic. M.A. July 1593, inc. 1594.

S. John's.   **Smith, Henry**; adm. B.A. 11 Nov. 1589, det. $15\frac{89}{90}$; lic. M.A. 19 June 1593, inc. 1593. [ii. 145]

S. John's.   **Tayler, William**; adm. B.A. 11 Nov. 1589, det. $15\frac{89}{90}$; lic. M.A. 19 June 1593, inc. 1593; adm. B.D. 13 Nov. 1599. [ii. 145]

S. Mary H.   **Pierson** (Person, Pearson), **Thomas**; adm. B.A. 14 Nov. 1589, det. $15\frac{89}{90}$; lic. M.A. 3 June 1592, inc. 1592. [ii. 154]

S. Mary H.*   **Greene, James**; adm. B.A. (S. Mary H.) 14 Nov. 1589, det. $15\frac{89}{90}$; lic. M.A. (Oriel) 9 July 1592, inc. 1592.

S. Mary H.*   **Vaughan, Owen**; adm. B.A. (S. Mary H.) 19 Nov. 1589, det. $15\frac{89}{90}$; lic. M.A. (S. Edm. H.) 28 June 1593, inc. 1593.

Lincoln.   **Lewes** (Lewis), **John**; adm. B.A. 21 Nov. 1589, det. $15\frac{89}{90}$; lic. M.A. 7 July 1592, inc. 1592. [ii. 138]

Brasenose.   **Woodde, John**; adm. B.A. 24 Nov. 1589, det. $15\frac{89}{90}$; lic. M.A. (then beneficed) 4 July 1594, inc. 1594. [ii. 149]

Brasenose.   **Davenport, John**; adm. B.A. 24 Nov. 1589.

Brasenose.   **Simcocks, Dier**; adm. B.A. 24 Nov. 1589. [ii. 150]

Lincoln.   **Rogers, Walter**; adm. B.A. 24 Nov. 1589. [ii. 112]

Jesus.   **Kyffin, Lewis**; adm. B.A. 28 Nov. 1589, det. $15\frac{89}{90}$. [ii. 153]

Magd. H.   **Tuttle, Theophilus**; adm. B.A. 28 Nov. 1589, det. $15\frac{89}{90}$. [ii. 147, 148]

Magd. H.   **Tirrell** (Terrell), **Humphrey**; adm. B.A. 1 Dec. 1589, det. $15\frac{89}{90}$. [Bras., ii. 150]

Magd. H.*   **Frith** (Frieth, Fryth), **Thomas**; adm. B.A. (Magd. H.) 1 Dec. 1589, det. $15\frac{89}{90}$; lic. M.A. (All So.) 10 Apr. 1594, inc. 1594; adm. B.D. (All So.) 12 Nov. 1605. [ii. 141]

Oriel.   **Butler, Richard**; adm. B.A. 2 Dec. 1589, det. $15\frac{89}{90}$; lic. M.A. 20 Nov. 1593, inc. 1594. [Magd. H., ii. 145]

Magd. C.   **Newton** (Neuton), **Sampson**; adm. B.A. 3 Dec. 1589, det. 15⁸⁹/₉₀; lic. M.A. 3 July 1593, inc. 1593. [ii. 144]
Magd. C.   **Bradshew** (Brodeshew), **John**; adm. B.A. 3 Dec. 1589, det. 15⁸⁹/₉₀; lic. M.A. 9 July 1595, inc. 1595. [ii. 143]
Magd. C.   **Holton, Thomas**; adm. B.A. 3 Dec. 1589, det. 15⁸⁹/₉₀; lic. M.A. 22 June 1594, inc. 1594. [Halton, ii. 144]
Ch. Ch.   **Willis, Caleb**; adm. B.A. 10 Dec. 1589, det. 15⁸⁹/₉₀; lic. M.A. 9 June 1592, inc. 1592. [ii. 150]
Queen's.   **Salkeld** (Salkell), **William**; adm. B.A. 10 Dec. 1589, det. 159⁰/₁; lic. M.A. 7 July 1592, inc. 1592. [ii. 141]
Oriel.   **Morrells, John**; adm. B.A. 16 Dec. 1589, det. 15⁸⁹/₉₀. [ii. 153]
Lincoln.   **Greene, William**; adm. B.A. 16 Dec. 1589. His grace for B.A. (forfeited by not determining) was renewed on 27 Feb. 15⁹²/₃. [S. Alb. H., ii. 147]
Broadg. H. **Ailworth, Humphrey**; adm. B.A. 16 Dec. 1589, det. 15⁸⁹/₉₀. [Magd. H., ii. 151]
Hart H.   **Gauler, Christopher**; adm. B.A. 17 Dec. 1589. [ii. 148]
Brasenose. **Griffith** (Griffites), **Edmund**; adm. B.A. 17 Dec. 1589, det. 15⁸⁹/₉₀; lic. M.A. 5 July 1592, inc. 1592; adm. B.D. 14 June 1599.

Balliol.   **Warren, Edward**; suppl. B.A. May 1589, det. 15⁸⁹/₉₀; lic. M.A. 7 July 1592, inc. 1592. [ii. 149]
Brasenose. **Case, Richard**; suppl. B.A. May 1589. [ii. 167]

⟨*New Coll.*⟩**Bucher** (Butcher), **Richard**; adm. B.C.L. 2 June 1589. [ii. 115] ⟨The same as Richard Butter, Scholar of New C. in 1581.⟩
⟨*New Coll.*⟩**Pistor, Thomas**; adm. B.C.L. 2 June 1589. [ii. 119] ⟨Scholar of New C. in 1582.⟩
⟨*New Coll.*⟩**Keckwich, Peter**; adm. B.C.L. 2 June 1589. ⟨Scholar of New C. in 1582.⟩
⟨*Broadg.H.*⟩**Dennis, Henry**; suppl. B.C.L. 30 June, adm. 9 July 1589. [ii. 99]
⟨*Broadg.H.*⟩**Baker, John**; suppl. B.C.L. 30 June, adm. 9 July 1589. [ii. 121]

. . .   **Cottsforde, Henry**; adm. B.D. 6 July 1589.

1590.

*Hart H.**   **Ley** (Lea), **Francis**; adm. B.A. (Hart H.) 4 Feb. 15⁸⁹/₉₀, det. 15⁸⁹/₉₀; lic. M.A. (Gloc. H.) 23 June 1598, inc. 1598. [ii. 149]
*Jesus.**   **Voel** (Voylle), **George**; adm. B.A. (Jes.) 4 Feb. 15⁸⁹/₉₀, det. 15⁸⁹/₉₀; lic. M.A. (All So.) 10 Apr. 1594, inc. 1594. [ii. 153]
S.Edm.H.   **Prichard, Robert**; adm. B.A. 6 Feb. 15⁸⁹/₉₀, det. 15⁸⁹/₉₀; lic. M.A. 28 June 1593, inc. 1593.
*Merton.**   **Johnson, Humphrey**; adm. B.A. (Mert.) 6 Feb. 15⁸⁹/₉₀, det. (S. Alb. H.) 15⁸⁹/₉₀. [ii. 157]
Balliol.   **Barker, John**; adm. B.A. 6 Feb. 15⁸⁹/₉₀, det. 15⁸⁹/₉₀; lic. M.A. 3 Mar. 159⅔, inc. 1593. [Gloc. H., ii. 151]

⟨Ch. Ch.⟩ **Griffin, Lewis**; suppl. B.A. 4 Feb., adm. (then called 'Humphrey Griffin') 6 Feb. 15 89/90, det. ('Lewis Griffith') 15 89/90.
S. Mary H. **Harris, Thomas**; adm. B.A. 7 Feb. 15 89/90, det. 15 89/90. [Oriel, ii. 152]
S. Mary H. **Woode, John**; adm. B.A. 7 Feb. 15 89/90, det. 15 89/90.
Magd. H. **Clotterbooke**, (Clutterbooke, Clotterbucke, Clotterbucket), **Toby**; adm. B.A. 10 Feb. 15 89/90, det. 15 89/90; lic. M.A. 4 July 1594, inc. 1594. [ii. 140]
*Trinity.** **Tapsell, John**; adm. B.A. (Trin.) 11 Feb. 15 89/90; lic. M.A. (Mert.) 2 July 1597, inc. 1597; adm. B.D. and lic. D.D. (Mert.) 7 July 1617, inc. D.D. 1617. [ii. 146.] Brod. p. 275.
Queen's. **Twysden, Thomas**; adm. B.A. 11 Feb. 15 89/90, det. 15 89/90. [i. 369]
S. John's. **Bell, John**; adm. B.A. 12 Feb. 15 89/90, det. 15 89/90. [ii. 145]
*S. John's.** **Rowliffe** (Rowleif, Rowlyfe), **John**; adm. B.A. (S. Jo.) 12 Feb. 15 89/90, det. (All So.) 159 0/1; lic. M.A. 10 Apr. 1594, inc. 1594. [Magd. C., ii. 144]
S. John's. **Walbanke, William**; adm. B.A. 12 Feb. 15 89/90, det. 15 89/90; lic. M.A. 19 June 1593, inc. 1593. [ii. 156]
Merton. **Morrice** (Morris), **Adam**; adm. B.A. 12 Feb. 15 89/90, det. 15 89/90. [S. Jo., ii. 154, 157]
Magd. H. **Wilder, Nicholas**; adm. B.A. 20 Feb. 15 89/90, det. 15 89/90; lic. M.A. 7 July 1592, inc. 1592. [ii. 137]
Merton. **Taylor** (Tayler), **Richard**; suppl. B.A. 4 Feb., adm. (registered in error among lic. M.A.) 20 Feb. 15 89/90, det. 15 89/90; lic. M.A. 22 Mar. 159 3/4, inc. 1594. [ii. 153]. Brod., p. 275.
Merton. **Wilcocke** (Wilcocks), **Thomas**; suppl. B.A. 4 Feb., adm. 20 Feb. 15 89/90 (registered in error among lic. M.A.), det. 15 89/90. [S. Alb. H., ii. 147]
Hart H. **Jenkins, Hugh**; adm. B.A. 24 Feb. 15 89/90, det. 15 89/90; lic. M.A. 8 July 1595, inc. 1595. [ii. 151]
Magd. H. **Frencham, Edward**; adm. B.A. 24 Feb. 15 89/90, det. 15 89/90; lic. M.A. 3 July 1592, inc. 1592. [Magd. C., ii. 144]
Corpus. **Mosan, James**; adm. B.A. 24 Feb. 15 89/90, det. 15 89/90. [Ch. Ch., ii. 164]
Corpus. **Prethergh** (Prether, Pretherough, Prethar), **William**; adm. B.A. 24 Feb. 15 89/90, det. 15 89/90; lic. M.A. 30 June 1593, inc. 1593. [? All So., ii. 111]
Ch. Ch. **Paget, William**; adm. B.A. 25 Feb. 15 89/90, det. 15 89/90. (In the suppl. B.A. he is styled 'fil. nobilis.') [ii. 160]
Ch. Ch. **Thomas, William**; adm. B.A. 25 Feb. 15 89/90, det. 15 89/90; lic. M.A. 30 May 1593, inc. 1593. [? Bras., ii. 158]
Gloc. H. **Griffith, Evan**; adm. B.A. 25 Feb. 15 89/90, det. 15 89/90. [ii. 163]
Magd. H. **Parsons** (Persons), **Robert**; adm. B.A. 26 Feb. 15 89/90, det. 15 89/90; lic. M.A. 7 July 1592, inc. 1592. [ii. 152]
Magd. C. **Rogers, Thomas**; adm. B.A. 26 Feb. 15 89/90, det. 15 89/90. [? Gloc. H., ii. 137]
Magd. C. **Johns** (Jones), **William**; adm. B.A. 26 Feb. 15 89/90, det. 15 89/90. [Magd. H., ii. 152] A 'William Jones' (Johns) (N.I.H.) suppl. M.A. 5 July, lic. 6 July 1593, inc. 1593. A 'William Jones,' Jes., suppl. M.A. 2 July 1593.

Magd. H. Johns, Lewis; adm. B.A. 26 Feb. 15$\frac{8\cdot9}{8\cdot0}$, det. 15$\frac{8\cdot9}{9\cdot0}$.
Magd. C. Phell (Fell), Richard; adm. B.A. 26 Feb. 15$\frac{8\cdot9}{9\cdot0}$, det. 15$\frac{8\cdot9}{9\cdot0}$.
Magd. H. Hanstead (Hanseed, Hansteede), Richard; adm. B.A. 26 Feb. 15$\frac{8\cdot9}{9\cdot0}$, det. 15$\frac{8\cdot9}{9\cdot0}$.
Magd. H.* Storar, George; adm. B.A. (Magd. H.) 26 Feb. 15$\frac{8\cdot9}{9\cdot0}$, det. 15$\frac{8\cdot9}{9\cdot0}$; lic. M.A. (Oriel) 7 July 1596. inc. 1596.
Lincoln. Holden, Alexander; adm. B.A. 26 Feb. 15$\frac{8\cdot9}{9\cdot0}$, det. 15$\frac{8\cdot9}{9\cdot0}$. [ii. 153]
Magd. H. Brasier, William; adm. B.A. 27 Feb. 15$\frac{8\cdot9}{9\cdot0}$, det. 15$\frac{8\cdot9}{9\cdot0}$. [ii. 141]
Broadg. H. Davies, Evan; adm. B.A. 27 Feb. 15$\frac{8\cdot9}{9\cdot0}$. [Ch. Ch., ii. 126]
Trinity. Potter, Robert; adm. B.A. 27 Feb. 15$\frac{8\cdot9}{9\cdot0}$, det. 15$\frac{8\cdot9}{9\cdot0}$.
University. Flathers, Maior; adm. B.A. 27 Feb. 15$\frac{8\cdot9}{9\cdot0}$. [ii. 146]
Ch. Ch. Powell, Thomas; adm. B.A. 27 Feb. 15$\frac{8\cdot9}{9\cdot0}$, det. 15$\frac{8\cdot9}{9\cdot0}$; lic. M.A. 10 July 1601, inc. 1601.
Corpus.* Hall, Stephen; suppl. B.A. 21 Mar. 15$\frac{8\cdot9}{9\cdot0}$ and adm. 2 Apr. 1590. His name is entered in the det. list for 15$\frac{8\cdot9}{9\cdot0}$, but this must be in error. He det. (from Queen's) 159½.
Corpus. Seridge (Serridge, Serrage), Edward; adm. B.A. 8 Apr. 1590, det. 159$\frac{0}{1}$; lic. M.A. 3 Apr. 1593, inc. 1593. [ii. 155]
Magd. C. Scotte, Francis; adm. B.A. 8 Apr. 1590, det. (. . . Scote) 159½.
New C. Ravenscrofte, Roger; adm. B.A. 14 May 1590, det. 159$\frac{0}{1}$; lic. M.A. 15 Feb. 159$\frac{3}{4}$, inc. 1594 [ii. 155]
New C. Laurence, William; adm. B.A. 14 May 1590. [Hart H., ii. 141]
New C. Bastarde, Thomas; adm. B.A. 14 May 1590; suppl. and lic. M.A. (New C., then in orders) 10 Apr. 1606, inc. 1606. [ii. 156]
Jesus.* Williams, John; adm. B.A. (Jes.) 14 May 1590, det. (All So.) 159$\frac{0}{1}$; lic. M.A. (All So.) 10 Apr. 1594. inc. 1594.
Ch. Ch. Ewer, Roger; adm. B.A. 20 May 1590, det. 159$\frac{0}{1}$; lic. M.A. 30 May 1593. inc. 1593. [ii. 156]
Ch. Ch. Sanders, Anthony; adm. B.A. 20 May 1590, det. 159$\frac{0}{1}$. [? Broadg. H., ii. 134]
Ch. Ch. Langforde, Nicholas; adm. B.A. 20 May 1590, det 159$\frac{0}{1}$; lic. M.A. 30 May 1593, inc. 1593. [Ball., ii. 142]
Balliol. Michell, Edward; adm. B.A. 27 May 1590, det. 159$\frac{0}{1}$. [ii. 152]
Exeter. Wade, Edward; adm. B.A. 29 May 1590; lic. M.A. 27 May 1595, inc. 1595. [ii. 155]
All Souls. Goche (Googe), Robert; adm. B.A. 4 June 1590, det. 159$\frac{0}{1}$.
S. Edm. H. Fawne (Faune), William; adm. B.A. 4 June 1590.
New C. Walter, James; adm. B.A. 4 June 1590. [Magd. H., ii. 139]
Queen's. Emerson, Thomas; adm. B.A. 1 July 1590, det. 159$\frac{0}{1}$; lic. M.A. 12 Apr. 1595, inc. 1595. [ii. 155]
Queen's. Searle (Seale), John; adm. B.A. 1 July 1590, det. 159$\frac{0}{1}$. [ii. 149]
Queen's. Johnson, Robert; adm. B.A. 1 July 1590. [ii. 155]
Ch. Ch. Gibbins, William; adm. B.A. 1 July 1590, det. 159$\frac{0}{1}$; lic. M.A. 30 May 1593, inc. 1593; adm. B.D. 14 Apr. 1600. [ii. 156]

Ch. Ch. **Pownoll** (Pownall, Punnall), **Ezechiel**; adm. B.A. 1 July 1590, det. 159¹⁰; lic. M.A. 7 Mar. 160½, inc. 1602. [i. 395]
Ch. Ch. **Potter, Thomas**; adm. B.A. 1 July 1590.
Oriel. **Engham** (Engeham), **Henry**; adm. B.A. 1 July 1590, det. 159¹⁰. [ii. 155]
⟨?*Jesus.*⟩ **Korder, John**; adm. B.A. 1 July 1590. (Perhaps an error for 'John Porter,' see *infra*, p. 162).
University. **Brooke** (Broke, Brokes, Brooks), **John**; adm. B.A. 1 July 1590, det. 159¹⁰; lic. M.A. 8 May 1593, inc. 1593; adm. B.D. 17 May 1602; suppl. lic. to preach 3 Nov. 1604; lic. D.D. 16 July 1612 and inc. 1612. [ii. 156]
Merton. **Newton, Robert**; adm. B.A. 4 July 1590. [Magd. H., ii. 155]
Broadg. H. **Clifford, Simon**; adm. B.A. 4 July 1590, det. 159¹⁰. [Bras., ii. 155]
Gloc. H. **Weare, Nicholas**; adm. B.A. 6 July 1590, det. 159¹⁰. [Trin., ii. 156]
Trinity. **Boswell, Laurence**; adm. B.A. 8 July 1590. [ii. 127]
Oriel. **Fetherstonhalgh, Ralph**; adm. B.A. 9 July 1590, det. 159¹⁰. [ii. 156]
Exeter. **Evelighe, James**; adm. B.A. 9 July 1590, det. 159¹⁰; lic. M.A. 10 May 1593, inc. 1593. [ii. 140] Boase, p. 49.
Exeter. **Helme, William**; adm. B.A. 9 July 1590, det. 159¹⁰; lic. M.A. 10 May 1593, inc. 1593; adm. B.D. 23 Mar. 160⅔. [S. Alb. H., ii. 136] Boase, p. 49.
Exeter. **Carewe** (Carowe), **George**; adm. B.A. 9 July 1590, det. 159¹⁰. [ii. 140]
⟨*Magd. C.*⟩ **Davis, John**; suppl. B.A. (Magd. C.) 8 July, adm. 9 July 1590. [ii. 144] John Davis, Corp., det. 159⅘.
Exeter. **Rawlighe** (Rolye, Rawley), **George**; adm. B.A. 9 July 1590, det. 159¹⁰. [ii. 154]
Exeter. **Beard, Nathaniel**; adm. B.A. 9 July 1590, det. 159¹⁰; lic. M.A. 10 May 1593, inc. 1593. [ii. 155]
Exeter. **Richards, Richard**; adm. B.A. 9 July 1590, det. 159¹⁰; lic. M.A. 19 June 1593, inc. 1593. [ii. 155]
Brasenose. **Kinsaie** (Kinsaye), **William**; adm. B.A. 9 July 1590, det. 159¹⁰. [ii. 154]
Brasenose. **Hiron** (Hairon), **Robert**; adm. B.A. 9 July 1590, det. 159¹⁰; lic. M.A. 4 July 1594, inc. 1594. [S. Alb. H., ii. 155]
Brasenose. **Gee** (Gie), **John**; adm. B.A. 9 July 1590, det. 159¹⁰; lic. M.A. 6 July 1593, inc. 1593.
Brasenose. **Kinge, John**; adm. B.A. 9 July 1590, det. 159¹⁰.
S. Mary H. **Ascham** (Ascam), **Humphrey**; adm. B.A. 10 July 1590, det. 159¹⁰.
Lincoln. **Mariot** (Marriot), **Richard**; adm. B.A. 11 July 1590, det. 159¹⁰; lic. M.A. 10 May 1594, inc. 1594. [ii. 138]
Brasenose. **Leigh** (Lee), **William**; adm. B.A. 15 July 1590, det. 159¹⁰; lic. M.A. 15 Nov. 1594, inc. 1594. [ii. 161]
Brasenose. **Horne, John**; adm. B.A. 15 July 1590, det. 159¹⁰; lic. M.A. 4 July 1594, inc. ('William') 1594. [S. Mary H., ii. 154]
Trinity. **Spencer** (Spenser), **William**; adm. B.A. 15 July 1590, det. 159¹⁰; lic. M.A. 3 July 1593, inc. 1593; adm. B.D. 16 Feb. 160¾; lic. to preach 4 Feb. 160⅘. [ii. 146]

Merton.   **Debancke, John** ; adm. B.A. 15 July 1590, det. 159¹⁰. [Linc., ii. 141]
S. John's.   **Sone** (Soane), **John** ; adm. B.A. 10 Oct. 1590, det. 159¹⁰ ; lic. M.A. 2 May 1594, inc. ('Soome') 1594 ; adm. B.D. 17 Dec. 1600. [ii. 154]
S. John's.   **Okin** (Okins, Okines), **Martin** ; adm. B.A. 10 Oct. 1590, det. 159¹⁰ ; lic. M.A. 2 May 1594, inc. 1594 ; adm. B.D. 17 Dec. 1600 ; lic. to preach 3 Feb. 160⅜. [ii. 145]
S. Alb. H.   **Sturdie, Ralph** ; adm. B.A. 16 Oct. 1590, det. ('Raphael') 159¹⁰. [ii. 155]
Brasenose.   **Potter, Andrew** ; adm. B.A. 16 Oct. 1590, det. 159⅝ ; lic. M.A. 21 June 1596, inc. 1596. [ii. 158]
Jesus.   **Thomas, Robert** ; adm. B.A. 20 Oct. 1590, det. 159½ ; lic. M.A. (then in orders) 7 July 1603, inc. 1603. [Bras., ii. 157]
Brasenose.   **Wirrall, John** ; adm. B.A. 23 Oct. 1590, det. 159¹⁰ ; lic. M.A. 23 Jan. 159¾, inc. 1594. [ii. 156]
University.   **Woodde, William** ; adm. B.A. 23 Oct. 1590. [? Linc., ii. 151]
*New Coll.**   **Loffielde** (Loefield, Lofeild, Lowfild, Lophill), **William** ; adm. B.A. 25 Oct. 1590, det. 159¹⁰ ; lic. M.A. (Chaplain of New C.) 3 July 1593, inc. 1593 ; lic. to preach (from All So.) 23 Jan. 160⅓ ; suppl. B.D. (from All So.) 5 Dec. 1606.
S. Alb. H.   **Clowes** (Clowse), **William** ; adm. B.A. 25 Oct. 1590 ; lic. M.A. 30 June 1595, inc. 1595. [ii. 158]
Ch. Ch.   **Banne** (Band), **Roger** ; adm. B.A. 29 Oct. 1590, det. 159¹⁰.
Lincoln.   **Underhill, Edmund** ; adm. B.A. 31 Oct. 1590, det. 159¹⁰ ; lic. M.A. ('Edward') 15 May 1594, inc. ('Edmund') 1594. [Bras., ii. 150]
Queen's.   **Minne, Richard** ; adm. B.A. 31 Oct. 1590, det. 159¾. (See *supra*, p. 132.)
Jesus.   **Evans, John** ; adm. B.A. 31 Oct. 1590, det. 159¹⁰ ; lic. M.A. 7 July 1593, inc. 1593. [ii. 135]
Magd. C.   **Williams, Thomas** ; adm. B.A. 31 Oct. 1590, det. 159¹⁰.
Magd. C.   **Paddy, John** ; adm. B.A. 21 Nov. 1590, det. 159¹⁰. [ii. 144]
All Souls.   **Blainey** (Blaney), **David** ; adm. B.A. 21 Nov. 1590. [Magd. C., ii. 144]
Exeter.   **Smith, Roger** ; adm. B.A. 3 Dec. 1590. [Hart H., ii. 143]
*S. Mary H.**   **Tuer** (Tewer), **Abdias** ; adm. B.A. (S. Mary H.) 9 Dec. 1590, det. 159¹⁰ ; lic. M.A. (Ch. Ch.) 6 July 1593, inc. 1593.
Balliol.   **Chalfonte** (Chalfounte), **Christopher** ; adm. B.A. 14 Dec. 1590, det. 159¹⁰ ; lic. M.A. 15 May 1594, inc. 1594 ; adm. B.D. 7 July 1603 ; lic. to preach 28 Jan. 160⅓. [ii. 142]
*Balliol.**   **Cuddington** (Codington), **John** ; adm. B.A. (Ball.) 14 Dec. 1590, det. (All So.) 159¹⁰ ; lic. M.A. (Ball.) 5 July 1594, inc. 1594. [ii. 120]
Merton.   **Wilkenson** (Wilkinson), **Gregory** ; adm. B.A. 14 Dec. 1590, det. ('George') 159¹⁰ ; lic. M.A. 6 July 1593, inc. 1593. [ii. 149]
Ch. Ch.   **Cooper** (Cowper), **Thomas** ; adm. B.A. 14 Dec. 1590, det. 159¹⁰ ; lic. M.A. 19 June 1593, inc. 1593 ; adm. B.D. 14 Apr. 1600. [ii. 156]
Ch. Ch.   **Alnwicke** (Anewicke, Anwick, Alwick), **Amon** ; adm. B.A.

14 Dec. 1590, det. 159¾; lic. M.A. 13 May 1594, inc. 1594. [ii. 156]
Oriel. **Chauntler** (Chantler, Chaunter), **John**; adm. B.A. 14 Dec. 1590, det. 159¾; lic. M.A. (then in orders) 30 June 1593, inc. 1593. [Hart H., ii. 134]
Queen's. **Foster, Abraham**; adm. B.A. 15 Dec. 1590, det. 159½; lic. M.A. 3 July 1593, inc. 1593. [Mert., ii. 131]
Queen's. **Briskoe** (Bristowe), **William**; adm. B.A. 15 Dec. 1590, det. 159½; lic. M.A. 16 June 1593, inc. 1593. [ii. 155]
Queen's. **Todhunter, Thomas**; adm. B.A. 15 Dec. 1590, det. 159½; lic. M.A. 3 July 1593, inc. 1593; adm. B.D. 27 June 1600; suppl. lic. to preach 11 July 1605. [ii. 147]
Magd. C. **Ford** (Foorde), **Henry**; adm. B.A. 15 Dec. 1590. [ii. 101]
Trinity. **Thackam** (Thakam), **Henry**; adm. B.A. 16 Dec. 1590, det. 159¾. [ii. 155]
Trinity. **Lea, Walter**; adm. B.A. 16 Dec. 1590, det. ('William') 159¾. [ii. 167]
Magd. C. **Milling** (Milinge), **John**; adm. B.A. 16 Dec. 1590, det. 159¾. [ii. 144]
Exeter. **Symons** (Simons), **William**; adm. B.A. 17 Dec. 1590, det. 159¾. [ii. 157]

Hart H. **Walloppe, William**; suppl. B.A. 10 Feb. 15⁸⁹⁄₉₀. [S. Jo., ii. 137]
Jesus. **Porter, John**; suppl. B.A. 27 June 1590, det. 159¾. (See *supra*, p. 160.) [ii. 157]
Magd. H. **Huggins, Robert**; suppl. B.A. 6 July 1590. [ii. 150]
All Souls. **Marris, Hugh**; suppl. B.A. 8 July 1590.
Brasenose. **Nowell, John**; suppl. B.A. 21 Nov. 1590, and again 20 May 1591. [ii. 150]
University. **Smith, ——**; det. 159¾. (This is probably the same as John Smith, who suppl. M.A. (from Univ.) 5 Feb., was lic. 6 Feb. 159⅔, inc. 1593. Perhaps this is the same John Smith (of Univ. and in orders) who had a dispensation towards M.A. on 13 Feb. 158⁷⁄₈.)

University. **Cheny** (Cheyney), **John**; lic. M.A. 21 May 1590, inc. 1590.
Balliol. **Griffith, William**; lic. M.A. ('Griffin') 27 June 1590, inc. 1590. [? ii. 129]
Ch. Ch. **Griffith** (Gryffith), **William**; lic. M.A. ('Griffin') 1 July 1590, inc. 1590. ⟨It is not clear to which B.A. degrees the two preceding are to be attached; see *supra*, p. 128, and p. 141.⟩
Broadg. H. **Colleat**(?), **Richard**; disp. towards M.A. 16 Mar. 15⁸⁹⁄₉₀ ⟨perhaps Richard Collard, *supra*, p. 137.⟩

New Coll. **Bowyer, John**; adm. B.C.L. 2 May 1590. ⟨Scholar of New C. in 1582.⟩ [? Queen's, ii. 116]
New Coll. **Owen, John**; adm. B.C.L. 2 May 1590. [ii. 126] ⟨Scholar of New C. in 1582; 'the epigrammatist,' A Wood's MS. note.⟩
New Coll. **Risley, George**; adm. B.C.L. 2 May 1590. [ii. 131] ⟨Scholar of New C. in 1583.⟩
Lincoln. **Griffin, Maurice**; suppl. B.C.L. 9 May, adm. 6 July 1590. [? Bras., ii. 98; or Univ., ii. 114]

All Souls. **Master** (Masters), **Robert**; suppl. B.C.L. 9 May, adm. 14 July 1590; suppl. D.C.L. 6 July, lic. 10 Dec. 1594. [? Trin., ii. 86]

⟨*Broadg. H.*⟩ **Dromant, Roger**; suppl. for lic. to pract. med. 21 Mar 15$\frac{89}{90}$, lic. 3 June 1590. [ii. 156]

⟨*Magd. C.*⟩ **Edmundes, Thomas**; suppl. B.D. 20 Mar., adm. 21 Mar. 15$\frac{89}{90}$.
⟨*Brasenose.*⟩ **Sharpe, Peter**; suppl. B.D. 30 June 1590. [? i. 351]
⟨*S. John's.*⟩ **Hutchinson, William**; suppl. and adm. B.D. 17 Dec. 1590.

1591.

Magd. C. **Humphrey** (Humphery, Humfrey), **Laurence**; adm. B.A. 20 Jan. 159$^0_1$, det. 159$^0_1$; lic. M.A. 4 July 1594, inc. 1594; adm. B.D. 20 July 1604. [ii. 153]
Magd. C. **Love, Richard**; adm. B.A. 20 Jan. 159$^0_1$, det. 159$^0_1$; lic. M.A. 4 July 1594, inc. 1594; adm. B.D. 20 July 1604; suppl. lic. to preach 12 June 1605, lic. 1 Dec. 1613. [Magd. H., ii. 127]
Magd. C. **Perye** (Peerye, Perry), **Daniel**; adm. B.A. 20 Jan. 159$^0_1$, det. 159$^0_1$; lic. M.A. 4 July 1594, inc. 1594. [Queen's, ii. 148]
Magd. C. **Hearst** (Herst, Hirst, Hurst), **Christopher**; adm. B.A. 20 Jan. 159$^0_1$, det. 159$^0_1$; lic. M.A. 4 July 1594, inc. 1594; adm. B.D. 20 July 1604; lic. to preach 10 Apr. 1606. [ii. 147]
Magd. C. **Ball, Richard**; adm. B.A. 20 Jan. 159$^0_1$, det. 159$^0_1$; lic. M.A. 4 July 1594 inc. 1594; adm. B.D. 20 July 1602; lic. to preach 5 Mar. 160$\frac{3}{4}$. In 1604 he was Gresham Professor of Rhetoric, London. ⟨Demy of Magd. C. 1588–1590, Fellow 1590–1608; Blox. 4, p. 228.⟩
Magd. C. **Davis** (Davies), **William**; adm. B.A. 20 Jan. 159$^0_1$, det. 159$^0_1$; lic. M.A. 4 July 1594, inc. 1594.
Broadg. H. **Sanderson** (Saunderson), **Thomas**; adm. B.A. 21 Jan. 159$^0_1$, det. 159$^0_1$. [ii. 158]
Brasenose. **Blundell, Richard**; adm. B.A. 26 Jan. 159$^0_1$, det. 159$^0_1$; lic. M.A. 21 June 1596, inc. 1596; adm. B.D. 24 July 1606. [ii. 158]
Balliol. **Malet** (Mallat), **John**; adm. B.A. 28 Jan. 159$^0_1$, det. 159^0. [ii. 163]
Balliol.* **Gittins** (Gyttyns), **Champion**; adm. B.A. (Ball.) 28 Jan. 159$^0_1$, det. (All So.) 159$^0_1$; lic. M.A. (Ball.) 6 Feb. 159$^3_4$, inc. 1594; lic. to preach 21 Mar. 160$\frac{2}{3}$; adm. B.D. (then Fellow of Ball.) 7 July 1603. [ii. 160]
Brasenose. **Goodwin, John**; adm. B.A. 28 Jan. 159$^0_1$, det. 159$^0_1$; lic. M.A. 6 May 1594, inc. 1594. [ii. 160]
Trinity. **Blunte, Edward**; adm. B.A. 4 Feb. 159$^0_1$, det. 159$^0_1$. [ii. 159]
Exeter. **Ridgewaye** (Rygeway), **Nicholas**; adm. B.A. 4 Feb. 159$^0_1$, det. 159$^0_1$. [ii. 143]

Broadg. H. **Hoyle, Roger**; adm. B.A. 4 Feb. 159¹⁰, det. 159⁰₁. [ii. 147]
Exeter. **Petre (Peter), William**; adm. B.A. 4 Feb. 159⁰₁. det. 159⁰₁. [ii. 165]
Corpus. **Page, Samuel**; adm. B.A. 5 Feb. 159⁰₁, det. 159⁰₁; suppl. M.A. 15 Mar. 159³⁄₄; adm. B.D. 12 Mar. 160³⁄₄; lic. D.D. 6 June 1611, inc. 1611. [ii. 159]
Corpus. **Darrell (Dorrell), Robert**; adm. B.A. 5 Feb. 159⁰₁, det. 159⁰₁; suppl. M.A. 1 Feb. 159³⁄₁.
Corpus. **Cole, Thomas**; adm. B.A. 5 Feb. 159⁰₁, det. 159⁰₁; lic. M.A. 12 Dec. 1594, inc. 1595. [ii. 143]
Corpus. **Higgs, Edward**; adm. B.A. 5 Feb. 159⁰₁, det. 159⁰₁; lic. M.A. 22 Mar. 159³⁄₁, inc. 1594. [ii. 155]
Corpus. **Hooker, Peter**; adm. B.A. 5 Feb. 159⁰₁, det. 159⁰₁; lic. M.A. 12 Dec. 1594, inc. 1595; adm. B.D. 7 July 1603.
Corpus. **Burghil (Burhill, Burrill), Robert**; adm. B.A. 5 Feb. 159⁰₁, det. 159⁰₁; lic. M.A. 12 Dec. 1594, inc. 1595; adm. B.D. 7 July 1603; lic. to preach 5 Dec. 1605; lic. D.D. 2 June 1632, inc. 1632.
Corpus. **Barcombe (Barcumbe, Barcham), John**; adm. B.A. 5 Feb. 159⁰₁, det. 159⁰₁; lic. M.A. 12 Dec. 1594, inc. 1595; adm. B.D. 7 July 1603; lic. D.D. 14 Mar. 161⅝, inc. (from Ch. Ch.?) 1617. [Exet., ii. 161]
Corpus. **Hindle (Hyndle), Henry**; adm. B.A. 5 Feb. 159⁰₁, det. 159⁰₁; lic. M.A. 12 Dec. 1594, inc. 1595; adm. B.D. 7 July 1603; lic. to preach 14 Jan. 160⁰₁. [S. Jo., ii. 164]
Corpus. **Allin (Allen, Allayn, Alleyne), Richard**; adm. B.A. 5 Feb. 159⁰₁, det. 159⁰₁; lic. M.A. 12 Dec. 1594, inc. 1595; adm. B.D. 7 July 1603; lic. D.D. 30 June 1608, inc. 1608. [ii. 162]
Oriel. **Lister (Lyster), Matthew**; adm. B.A. 5 Feb. 159⁰₁, det. 159⁰₁; lic. M.A. 2 July 1595, inc. 1595. [ii. 162]
Oriel.* **Daye, Lionel**; adm. B.A. (Oriel) 5 Feb. 159⁰₁, det. 159⁰₁; lic. M.A. (Ball.) 6 Feb. 159³⁄₁, inc. 1594; adm. B.D. 1 June 1608; lic. to preach 26 Oct. 1609. [S. Alb. H., ii. 161]
Oriel. **Berriar, Gregory**; adm. B.A. 5 Feb. 159⁰₁, det. 159⁰₁. [ii. 148]
Balliol. **Willson, Robert**; adm. B.A. 6 Feb. 159⁰₁, det. 159⁰₁; lic. M.A. 15 May 1599, inc. 1599. [ii. 164]
Brasenose. **Cromwell, Richard**; adm. B.A. 6 Feb. 159⁰₁, det. 159⁰₁. [ii. 160]
Brasenose. **Leech, Edward**; (Doctoris in jure civili fil. n. m.) adm. B.A. 6 Feb. 159⁰₁, det. 159⁰₁. [ii. 163]
Brasenose. **Harvie, Nicholas**; adm. B.A. 6 Feb. 159⁰₁. [ii. 168]
Oriel. **Peake (Peate), Simon**; adm. B.A. 10 Feb. 159⁰₁, det. 159⁰₁. [Broadg. H., ii. 158]
Brasenose.* **Bulkley (Buckley), Lancelot**; (eq. aur. fil.) adm. B.A. (Bras.) 10 Feb. 159⁰₁, det. 159⁰₁; lic. M.A. (S. Edm. H.) 28 June 1593, inc. 1593. [ii. 160]
Lincoln. **Baulme (Bawlme, Balme, Baume), Robert**; adm. B.A. 10 Feb. 159⁰₁, det. 159⁰₁; lic. M.A. 17 May 1595, inc. 1595. [ii. 161]
Hart H. **Rudhall, Richard**; (arm. fil. n. m.) adm. B.A. 11 Feb. 159⁰₁, det. 159⁰₁. [ii. 159]

Hart H. **Sywarde** (Stiward), **Simeon**; (arm. fil. unicus) adm. B.A. 11 Feb. 159$^0_1$, det. 159$^0_1$. [ii. 162]
Magd. C. **Branch** (Braunche), **Lionel**; adm. B.A. 11 Feb. 159$^0_1$, det. 159$^0_1$. [ii. 144]
Magd. C. **Bisse** (Bis), **Samuel**; adm. B.A. 11 Feb. 159$^0_1$, det. 159$^0_1$; lic. M.A. 4 July 1594, inc. 1594. [ii. 128]
Magd. C. **Perier** (Perior), **Henry**; adm. B.A. 11 Feb. 159$^0_1$, det. 159$^0_1$; lic. M.A. 4 July 1594, inc. 1594; adm. B.D. ('Prior') 20 July 1604. [ii. 147]
Magd. C. **Coxed, Humphrey**; adm. B.A. 11 Feb. 159$^0_1$, det. 159$^0_1$. [Queen's, ii. 147]
Magd. C. **Good, Thomas**; adm. B.A. 11 Feb. 159$^0_1$, det. 159$^0_1$; lic. M.A. 8 Feb. 159$^6_7$, inc. 1597. [ii. 107]
Magd. C. **Whitbye, Thomas**; adm. B.A. 11 Feb. 159$^0_1$, det. 159$^0_1$; lic. M.A. 8 July 1595, inc. 1595. [ii. 145]
Magd. C. **Bradshew, Thomas**; adm. B.A. 11 Feb. 159$^0_1$, det. 159$^0_1$. [ii. 144]
All Souls.* **Powell, Richard**; suppl. B.A. (Ball.) 29 May 1590, adm. (All So.) 11 Feb. 159$^0_1$, det. 159$^0_1$; lic. M.A. (Ball.) 28 May 1593, inc. 1593. [Ball., ii. 147]
Ch. Ch.* **Vaughan, Maurice** (Morris); adm. B.A. (Ch. Ch.) 11 Feb. 159$^0_1$, det. 159$^0_1$; lic. M.A. (S. Edm. H.) 28 June 1593, inc. 1593.
Magd. H.* **Jones** (Johnes), **Thomas**; suppl. B.A. (Ch. Ch.) 27 June 1590, adm. (Magd. H.) 11 Feb. 159$^0_1$, det. 159$^0_1$.
Brasenose. **Standishe, Edward**; adm. B.A. 12 Feb. 159$^0_1$, det. 159$^0_1$. [ii. 161]
Brasenose. **Batson, Thomas**; adm. B.A. 12 Feb. 159$^0_1$, det. 159$^0_1$.
New Inn H. **Robertes, Evan**; adm. B.A. 13 Feb. 159$^0_1$, det. 159$^0_1$.
S. John's. **Feilde** (Feylde, Fyelde), **John**; adm. B.A. 13 Feb. 159$^0_1$, det. 159$^0_1$.
S. Edm. H.* **Wynne** (Gwin, Wyn), **Robert**; adm. B.A. (S. Edm. H.) 13 Feb. 159$^0_1$, det. 159$^0_1$; lic. M.A. (Oriel) 9 July 1596, inc. 1596. [Hart H., ii. 161]
Trinity. **Clarke, James**; adm. B.A. 13 Feb. 159$^0_1$, det. 159$^0_1$; lic. M.A. 8 July 1595, inc. 1595.
Brasenose. **Burch, Henry**; adm. B.A. 19 Feb. 159$^0_1$; lic. M.A. 5 July 1595, inc. 1595.
Queen's. **Sutton, John**; adm. B.A. 20 Feb. 159$^0_1$, det. 159$^1_3$.
Corpus. **Goddarde, Edward**; (arm. fil. n. m.) adm. B.A. 18 Mar. 159$^0_1$. [ii. 168]
Magd. C. **Craftes, Robert**; adm. B.A. 20 Mar. 159$^0_1$.
Oriel. **Snooke** (Snouke), **Ellis**; adm. B.A. 20 Mar. 159$^0_1$, det. 159$^1_2$; lic. M.A. 21 Apr. 1594, inc. 1594.
S. Mary H. **Sadler, Edward**; adm. B.A. 26 Mar. 1591.
S. Mary H. **Hodgekinson, Thomas**; adm. B.A. 26 Mar. 1591, det. 159$^1_2$.
Ch. Ch. **Storer, Thomas**; adm. B.A. 27 Mar. 1591, det. 159$^1_2$; lic. M.A. 13 May 1594, inc. 1594.
New Coll. **Moore** (More), **Robert**; adm. B.A. 16 Apr. 1591, det. 159$^1_2$; lic. M.A. 15 Jan. 159$^4_5$, inc. 1595; suppl. B.D. and D.D. (then Canon of Winchester) 2 July, adm. B.D. and lic. D.D. 5 July 1614, inc. D.D. (New C.) 1614. [ii. 165]

New Coll. **Langforde, John**; adm. B.A. 16 Apr. 1591, det. 159½; lic. M.A. 15 Jan. 159⅘, inc. 1595.

New Coll. **Chaundler, Edmund**; adm. B.A. 16 Apr. 1591, det. 159½; lic. M.A. 15 Jan. 159⅘, inc. 1595. [ii. 164]

Ch. Ch. **Woddinge** (Woodding), **John**; adm. B.A. 16 Apr. 1591, det. 159½. [ii. 105]

Magd. H. **Wrighte, Edward**; adm. B.A. 16 Apr. 1591, det. 159½; lic. M.A. 4 July 1595, inc. 1595. [ii. 161]

*Exeter.** **Sherwood, John**; adm. B.A. (Exet.) 17 May 1591, det. 159½; lic. M.A. (Broadg. H.) 17 June 1594, inc. 1594. [ii. 159]

*Exeter.** **Trigge** (Trigges, Triggs), **Thomas**; adm. B.A. 17 May 1591, det. 159⅕; lic. M.A. (Exet.) 27 May 1595, inc. (Broadg. H.) 1595.

S. John's. **Barne, Richard**; (eq. aur. fil.) adm. B.A. 18 May 1591. [ii. 165]

S. Edm. H. **Williams, Richard**; adm. B.A. 18 May 1591.

. . . **Powell, John**; adm. B.A. 20 May 1591. [? Mert., ii. 145]

New Coll. **Lakes** (Lake, Lacks), **Arthur**; adm. B.A. 4 June 1591, det. 159½; lic. M.A. 3 May 1595, inc. 1595; adm. B.D. 16 May 1605. In 1606 he was Master of the Hospital of S. Cross, Winchester. [ii. 165]

Oriel. **Parkins, Abel**; adm. B.A. 8 June 1591, det. 159½. [ii. 160]

Brasenose. **Ratclife** (Ratclyfe), **Alexander**; adm. B.A. 8 June 1591, det. 159½. [ii. 161]

Balliol. **Windham** (Windam), **Thomas**; (arm. fil. et haeres) adm. B.A. 8 June 1591, det. 159½.

Trinity. **Povey** (Povie), **James**; adm. B.A. 8 June 1591, det. 159½; lic. M.A. 1 Apr. 1595, inc. 1595. [S. Mary H., ii. 159]

Ch. Ch. **Weekes, Thomas**; adm. B.A. 9 June 1591, det. 159½; lic. M.A. 13 May 1594, inc. 1594. [ii. 161]

Ch. Ch. **Christian, Robert**; adm. B.A. 9 June 1591, det. 159½; lic. M.A. 13 May 1594, inc. 1594. [ii. 167]

Ch. Ch. **James, Edward**; adm. B.A. 9 June 1591, det. 159½; lic. M.A. 11 May 1594, inc. 1594; suppl. B.D. 9 July 1607; suppl. D.D. 6 Oct. 1613; adm. B.D. and lic. D.D. 16 May 1614, inc. D.D. 1614. [ii. 161]

Ch. Ch. **Ireland, Richard**; adm. B.A. 9 June 1591, det. 159½; lic. M.A. 13 May 1594, inc. 1594. [ii. 162]

Ch. Ch. **Keale** (Keel), **Joseph**; adm. B.A. 9 June 1591, det. 159½; lic. M.A. 13 May 1594, inc. 1594. [ii. 162]

Ch. Ch. **Ballow, William**; adm. B.A. 9 June 1591, det. 159½; lic. M.A. 13 May 1594, inc. 1594; adm. B.D. 26 June 1605; lic. to preach 18 July 1606; lic. D.D. 29 Nov. 1613, and inc. 1614. In 1605 he was 'in the service of the Lord High Chancellor of England.' [ii. 162]

Ch. Ch. **Kinge, Thomas**; adm. B.A. 9 June 1591, det. 159½; lic. M.A. 13 May 1594, inc. 1594.

Ch. Ch. **Saywell** (Sawell), **William**; adm. B.A. 9 June 1591, det. 159½; lic. M.A. 26 June 1594, inc. 1594. [Gloc. H., ii. 155]

Brasenose. **Ingle, George**; adm. B.A. 9 June 1591, det. 159⁶⁄₇; lic. M.A. 8 July 1598, inc. 1598. [ii. 161]

1591]   DEGREES.   167

Trinity.   **Rake, John**; adm. B.A. 21 June 1591, det. 159½. [ii. 177]
Broadg. H. **Culme, Jeffry**; adm. B.A. 24 June 1591. [Corp., ii. 153]
Magd. H.   **Willowbie** (Willughbye, Willoughbie, Willoby), **George**;
              adm. B.A. 2 July 1591, det. 159½; lic. M.A. 4 July 1594, inc. 1594.
              [ii. 158]
Queen's.   **Dodding, William**; adm. B.A. 2 July 1591, det. 159⅔; lic.
              M.A. 2 July 1594, inc. 1594. [ii. 156]
Queen's.   **Hynde** (Hinde), **William**; adm. B.A. ('Hindle') 2 July
              1591, det. 159¾; lic. M.A. 2 July 1594, inc. 1594. [ii. 156]
Magd. C.   **Rotherham, Thomas**; adm. B.A. 3 July 1591.
Jesus.*   **Parrye, Henry**; adm. B.A. (Jes.) 3 July 1591, det. 159½;
              lic. M.A. (S. Edm. H.) 10 May 1594, inc. 1594. [ii. 159]
Brasenose. **Spencer, Richard**; adm. B.A. 9 July 1591.
Brasenose. **Mounsell** (Mountsell), **Peter**; adm. B.A. 9 July 1591, det.
              159½; lic. M.A. 4 July 1594, inc. 1594. [ii. 160]
Brasenose. **Hickes, George**; adm. B.A. 9 July 1591, det. 159½.
Exeter.   **Hockins** (Hocken, Hockyns), **George**; adm. B.A. 9 July
              1591, det. 159½; lic. M.A. 6 May 1594, inc. 1594; adm. B.D. 20
              Apr. 1602. [ii. 153] Boase, p. 49.
Exeter.   **Syms** (Symms), **John**; adm. B.A. 9 July 1591. [ii. 162]
Exeter.   **Symms, Henry**; adm. B.A. 9 July 1591. [ii. 162]
Exeter.*   **Luscombe** (Luscumbe, Luscum), **Henry**; adm. B.A. 9 July
              1591, det. 159½; lic. M.A. 15 May 1594, inc. 1594. [ii. 160]
Exeter.*   **Wilshman** (Wilsman, Wilesman), **Walter**; adm. B.A.
              (Exet.) 9 July 1591, det. 159½; lic. M.A. (Broadg. H.) 3 July 1594,
              inc. 1594. [ii. 160]
Exeter.*   **Lenne, Andrew**; adm. B.A. (Exet.) 9 July 1591, det.
              159½; lic. M.A. (S. Edm. H.) 7 Dec. 1597, inc. 1598. [ii. 160]
Ch. Ch.   **Price, Thomas**; adm. B.A. 30 Oct. 1591.
Magd. C.   **Cooper, John**; adm. B.A. 30 Oct. 1591.
Ch. Ch.   **Moseley, John**; adm. B.A. 30 Oct. 1591, det. 159½. [ii.
              167]
Jesus.*   **Williams, John**; adm. B.A. (Jes.) 30 Oct. 1591, det. 159½;
              lic. M.A. (Broadg. H.) 3 July 1593.
Brasenose. **Force, Edward**; adm. B.A. 30 Oct. 1591. [ii. 168]
Queen's.   **Weste, Robert**; adm. B.A. 9 Nov. 1591, det. 159½. [ii. 163]
Jesus.*   **Bevans, John**; adm. B.A. (Jes.) 9 Nov. 1591, det. 159½;
              lic. M.A. (Ball., then in orders) 5 July 1594, inc. 1594.
Exeter.   **Bowden, George**; suppl. B.A. ('John') 29 Oct., adm.
              ('George') 9 Nov. 1591, det. ('George') 159½. [ii. 163]
Queen's.   **Fowler, Henry**; adm. B.A. 10 Nov. 1591, det. 159½. [ii.
              161]
Queen's.   **Owen, Thomas**; adm. B.A. 10 Nov. 1591, det. 159½. [ii.
              163]
Queen's.   **Richards, Robert**; adm. B.A. 10 Nov. 1591. [Case, ii.
              161]
S. John's. **Dyer** (Dier, Diar), **Thomas**; adm. B.A. 11 Nov. 1591, det.
              159½. [ii. 154]
S. John's. **Lodge, Miles**; adm. B.A. 11 Nov. 1591, det. 159½.
S. Edm. H. **Bustede** (Busted), **William**; adm. B.A. 13 Nov. 1591, det.
              159½; lic. M.A. 21 Nov. 1595, inc. 1596; adm. B.D. 18 Jan. 16¹⁰⁄₁₆.
              [Magd. H., ii. 91]

Exeter. Tanner, John; adm. B.A. 13 Nov. 1591, det. 159½; lic. M.A. 5 July 1595, inc. 1595. [ii. 164]
Queen's. Gamwell (Gamell), Thomas; adm. B.A. 13 Nov. 1591, det. 159½. [Bras., ii. 160]
Trinity. Fisher, Henry; adm. B.A. 16 Nov. 1591, det. 159½; lic. M.A. 9 July 1596, inc. 1596. [ii. 163]
Ch. Ch. Hatton, Robert; adm. B.A. 20 Nov. 1591. [ii. 154]
All Souls. Morrice (Morris), Hugh; adm. B.A. 2 Dec. 1591, det. 159½; lic. M.A. (then in orders) 7 July 1601, inc. 1601. (In some entries wrongly written 'Noris.')
Brasenose. Lechmore (Lechemore, Leechmere), Richard; adm. B.A. 2 Dec. 1591, det. 159½; lic. M.A. 19 July 1595, inc. 1596. [ii. 162]
Brasenose. Swetnam, John; adm. B.A. 2 Dec. 1591, det. 159½; lic. M.A. 13 Feb. 159⅘, inc. 1595. [ii. 168]
Brasenose. Elton, Ambrose; adm. B.A. 2 Dec. 1591, det. 159½. [ii. 166]
Brasenose. Todde, Richard; adm. B.A. 2 Dec. 1591, det. 159½; lic. M.A. 8 July 1595, inc. 1595.
Exeter.* Thomas, Hugh; (eq. aur. fil.) suppl. B.A. (N. I. H.) 19 Nov., adm. (Exet.) 4 Dec. 1591.
Exeter. Denys, Arthur; (mil. fil.) adm. B.A. 4 Dec. 1591. [ii. 181]
Oriel. Clavell, Alexander; adm. B.A. 4 Dec. 1591. [S. Edm. H., ii. 164]
Merton. Lindley (Lynly), William; suppl. B.A. 5 May 1591, adm. probably on 15 Dec. when he was dispensed pro circuitu, det. 159½; lic. M.A. 7 June 1594, inc. 1594. [ii. 157]
Corpus. Browne, Robert; (arm. fil. n. m.) adm. B.A. 17 Dec. 1591, det. 159½. [ii. 169]
Ch. Ch. Robertes, Edmund; suppl. B.A. 13 May 1587, adm. 17 Dec. 1591. [ii. 146]

All Souls. Lane, Richard; suppl. B.A. 23 Mar. 159⁰/₁.
S. Edm. H. Collins, William; suppl. B.A. 24 Mar. 159⁰/₁. [Bras., ii. 156]
Magd. H.* Latimer (Lattimer), Robert; suppl. B.A. (Magd. H.) 12 Nov. 1591, det. 159½; lic. M.A. (Magd. C.) 8 July 1595, inc. 1595.
Gloc. H. Price, John; suppl. B.A. 13 Dec. 1591, det. 159½.
University. Copleston, Humphrey; (arm. fil. n. m.) suppl. B.A. 13 Dec. 1591. [ii. 166]
Brasenose. Crosbye, Adam; suppl. B.A. 13 Dec. 1591. [ii. 180]
S. Mary H. Price, John; det. 159½.

. . . Madocks, Richard; adm. B.C.L. 2 Feb. 159⁰/₁.
Queen's. Menninge, Daniel; suppl. B.C.L. 3 Feb., adm. 5 Feb. 159⁰/₁. [i. 379]
S. John's. Leeche, Ralph: suppl. B.C.L. 8 Dec. 1590, adm. 1 Mar 159⁰/₁. [? Jes., ii. 112] ⟨Fellow of S. Jo. in 1583.⟩

New Coll. **Haydocke** (Heydocke), **Richard**; adm. B.A. 16 Jan. 159½, det. 159½; lic. M.A. 31 Oct. 1595, inc. 1596; adm. M.B. 14 June 1601. [ii. 165]

*Balliol.** **Collarde** (Collerd), **Robert**; adm. B.A. (Ball.) 26 Jan. 159½, det. 159½; lic. M.A. (Linc.) 3 Apr. 1596, inc. 1596; adm. B.D. 12 Apr. 1605. [ii. 164]

Balliol. **Keene** (Kine, Kyne), **William**; adm. B.A. 26 Jan. 159½. [ii. 159]

Brasenose. **Dalton, James**; adm. B.A. 27 Jan. 159½, det. 159½; lic. M.A. 17 June 1597, inc. 1597; adm. B.D. 24 Feb. 160$\frac{8}{9}$. [ii. 160]

Brasenose. **Edwardes, Dennis**; adm. B.A. 27 Jan. 159½, det. 159½. [ii. 140]

Ch. Ch. **Thomas, William**; adm. B.A. 28 Jan. 159½, det. 159½. [ii. 164]

*Brasenose.** **Simons** (Symons), **Philip**; adm. B.A. (Bras.) 28 Jan. 159½, det. (Jes.) 159½; lic. M.A. (Jes., then in orders) 5 July 1594, inc. 1594.

*S. Edm. H.** **Platte, David**; adm. B.A. 29 Jan. 159½, det. (S. Jo., . . . Plotte) 159¾; lic. M.A. (S. Jo.) 25 June 1594, inc. 1594. [Ch. Ch., ii. 147]

Magd. C. **Finch** (Fynch), **Theophilus**; adm. B.A. 1 Feb. 159½, det. 159½. [ii. 166]

Magd. C. **Antram, John**; adm. B.A. 1 Feb. 159½, det. 159½; lic. M.A. 7 July 1598, inc. 1598. [ii. 172]

*All Souls.** **Williams, John**; adm. B.A. (All So.) 1 Feb. 159½; lic. M.A. (All So.) 13 July 1596, inc. 1597; adm. B.D. (All So.) 5 Dec. 1608; suppl. lic. to preach (Princ. of Jes.) 6 Feb. 161½.

*Broadg. H.** **Scory** (Scorius), **John**; adm. B.A. (Broadg. H.) 1 Feb. 159½, det. (S. Alb. H.) 159½. [? Story, Ball., ii. 180]

Hart H. **Philpott, William**; adm. B.A. 3 Feb. 159½, det. 159½. [ii. 159]

Oriel. **Araye** (Ayré, Arey), **Anthony**; adm. B.A. 3 Feb. 15½9, det. 159½. [ii. 165]

Oriel. **Robinson, George**; adm. B.A. 3 Feb. 159½, det. 159½; lic. M.A. 18 Nov. 1594, inc. 1595. [ii. 165]

Merton. **Wilkenson** (Wilkinson), **John**; adm. B.A. 3 Feb. 159½, det. 159½; lic. M.A. 30 June 1595, inc. 1595; adm. B.D. 4 July 1605. [ii. 165]

Exeter. **Clarke, Roger**; adm. B.A. 3 Feb. 159½, det. 159½. [ii. 164]

Exeter. **Came** (Caine, Canne), **Thomas**; adm. B.A. 3 Feb. 159½, det. 159½; lic. M.A. 12 Nov. 1594, inc. 1595. [ii. 164] Boase, p. 50.

S. Mary H. **Dodington** (Doddington), **Morrice** (Maurice); adm. B.A. 4 Feb. 159½, det. 159½ ('Dorington'). [ii. 180]

S. Mary H. **Yate, James**; adm. B.A. 4 Feb. 159½, det. 159½; lic. M.A. 12 Apr. 1595, inc. 1595.

S. Mary H. **Edmundes** (Edmunde, Edmunds), **Richard**; adm. B.A. 4 Feb. 159½, det. 159½.

Hart H. **Floyde, Robert**; adm. B.A. 4 Feb. 159½.

Magd. C. **Chippingdale** (Chippindale), **Toby**; adm. B.A. 4 Feb. 159½, det. 159½. ⟨Demy of Magd. C. 1589–1592; Blox. 4, p. 230.⟩

Magd. C. **Price** (Prise), **Anthony**; adm. B.A. 4 Feb. $159\frac{1}{2}$, det. $159\frac{1}{2}$.

Lincoln. **Swetnam** (Sweatnam), **Thomas**; adm. B.A. 4 Feb. $159\frac{1}{2}$, det. $159\frac{1}{2}$. [ii. 153]

New Coll. **Wright, Richard**; adm. B.A. 5 Feb. $159\frac{1}{2}$, det. $159\frac{1}{2}$. [Magd. C., ii. 166]

*New Coll.** **Phillips, Lewis**; adm. B.A. (New C.) 5 Feb. $159\frac{1}{2}$, det. (New C., called 'Theophilus') $159\frac{1}{2}$; lic. M.A. (Jes. 'Lewis,' then in orders) 5 July 1594, inc. 1594.

*S. Mary H.** **Humphrey** (Humfrey, Humferris), **Peter**; adm. B.A. (S. Mary H.) 5 Feb. $159\frac{1}{2}$, det. $159\frac{1}{2}$; lic. M.A. (Oriel) 6 July 1598, inc. 1598; adm. B.D. (Linc.) 18 Mar. $160\frac{5}{6}$; suppl. lic. to preach (Linc.) 10 July 1607. [ii. 165]

Merton. **Earbury** (Erbury, Erburie), **Anthony**; adm. B.A. 5 Feb. $159\frac{1}{2}$, det. $159\frac{1}{2}$; lic. M.A. 12 Nov. 1594, inc. 1595. [Magd. H., ii. 171]

Ch. Ch. **Owen, Roger**; adm. B.A. 5 Feb. $159\frac{1}{2}$, det. $159\frac{1}{2}$. [ii. 180]

New Coll. **Pounde** (Pownde), **William**; adm. B.A. 5 Feb. $159\frac{1}{2}$, det. $159\frac{1}{2}$; lic. M.A. 3 July 1595, inc. 1595.

Trinity. **Thompson** (Thomsson, Tomson), **William**; adm. B.A. 5 Feb. $159\frac{1}{2}$, det. $159\frac{1}{2}$; lic. M.A. (then beneficed) 9 July 1596, inc. 1596.

S. Edm. H. **Smith, Richard**; adm. B.A. 5 Feb. $159\frac{1}{2}$, det. $159\frac{1}{2}$.

S. Edm. H. **Harpur, Thomas**; adm. B.A. 5 Feb. $159\frac{1}{2}$, det. $159\frac{1}{2}$. [Bras., ii. 172]

Brasenose. **Hunte, George**; adm. B.A. 5 Feb. $159\frac{1}{2}$, det. $159\frac{1}{2}$. [ii. 159]

S. John's. **Hathaway, Richard**; adm. B.A. 5 Feb. $159\frac{1}{2}$, det. $159\frac{1}{2}$.

*Jesus.** **Harris, James**; adm. B.A. (Jes.) 5 Feb. $159\frac{1}{2}$, det. $159\frac{1}{2}$; lic. M.A. ('Harries,' New C.) 19 Mar. $160\frac{0}{1}$, inc. 1601.

*All Souls.** **Robertes, Hugh**; adm. B.A. (All So.) 5 Feb. $159\frac{1}{2}$, det. $159\frac{1}{2}$; lic. M.A. (Jes.) 5 July 1594, inc. 1594.

Brasenose. **Massy** (Massi, Massie, Massye), **Gerard**; adm. B.A. 5 Feb. $159\frac{1}{2}$, det. $159\frac{1}{2}$; lic. M.A. 17 May 1595, inc. 1595; adm. B.D. 10 July 1604; lic. D.D. 11 Mar. $160\frac{8}{9}$ ('cumulatus'), and inc. 1609. [ii. 167]

Brasenose. **Barnfielde** (Barrfield), **Richard**; adm. B.A. 5 Feb. $159\frac{1}{2}$, det. $159\frac{1}{2}$. [ii. 174]

Ch. Ch. **Gould, Benjamin**; adm. B.A. 5 Feb. $159\frac{1}{2}$, det. $159\frac{1}{2}$. [ii. 172]

Oriel. **Beriman** (Bereman), **Samuel**; adm. B.A. 5 Feb. $159\frac{1}{2}$, det. $159\frac{1}{2}$. [ii. 162]

*Brasenose.** **Hodges, John**; adm. B.A. (Bras.) 19 Feb. $159\frac{1}{2}$, det. $159\frac{1}{2}$; lic. M.A. (Bras.) 8 July 1595, inc. 1595. [ii. 168] ⟨Fellow of Lincoln for the diocese of Wells from 10 May 1599 till his resignation on 6 Apr. 1604.⟩ John Hodges, Linc. ⟨probably this man⟩ suppl. B.D. 11 May and D.D. 26 May 1631, adm. B.D. and lic. D.D. 26 May 1631, inc. D.D. 1631.

S. John's. **May, Humphrey**; adm. B.A. 3 Mar. $159\frac{1}{2}$. [ii. 166]

Queen's. **Lamplugh, George**; adm. B.A. 15 Mar. $159\frac{1}{2}$, det. $159\frac{2}{3}$; lic. M.A. 7 July 1595, inc. 1595. [ii. 164]

Ch. Ch. **Westphalyng, Herbert**; adm. B.A. 16 Mar. $159\frac{1}{2}$, det. $159\frac{2}{3}$. [ii. 110]

New Coll. **Bennet, Walter**; adm. B.A. 7 Apr. 1592, det. $159\frac{2}{3}$; lic.

M.A. 16 Jan. 159$\frac{5}{6}$, inc. 1596; adm. B.D. 13 July 1608; lic. D.D. July 1609 ('cumulatus'), and inc. 1610. [ii. 167]

New Coll. **Love, Nicholas**; adm. B.A. 7 Apr. 1592, det. 159$\frac{2}{3}$; lic. M.A. 16 Jan. 159$\frac{5}{6}$, inc. 1596; suppl. B.D. and D.D. (then Warden of Winchester Coll.) 2 July, adm. B.D. and lic. D.D. ('cumulatus') 5 July 1614, inc. D.D. (New C.) 1614. [ii. 167]

Balliol. **Wenman, Ferdinando**; adm. B.A. 10 Apr. 1592. [Case, ii. 161]

S. Alb. H. **Diglen, Gilbert**; adm. B.A. 10 Apr. 1592, det. 159$\frac{2}{3}$. [S. Edm. H., ii. 185]

Lincoln. **Lodington, Marmaduke**; adm. B.A. 24 Apr. 1592, det. 159$\frac{2}{3}$; suppl. M.A. 10 Feb. 159$\frac{4}{5}$. [ii. 163]

Magd. C. **Lewes, Gilbert**; adm. B.A. 20 Apr. 1592.

S. John's. **Buck, Ely**; adm. B.A. 20 Apr. 1592. [ii. 165]

Balliol. **Yorke, William**; adm. B.A. 2 May 1592. [ii. 165]

Magd. H. **Andrewe, George**; adm. B.A. 5 May 1592, det. 159$\frac{2}{3}$; lic. M.A. (then in orders) 5 July 1599, inc. 1599. [Magd. C., ii. 168]

All Souls. **Woods** (Woode), **John**; adm. B.A. 5 May 1592.

S. John's. **Hill, Nicholas**; adm. B.A. 27 May 1592. (Probably the same as Nicholas Hill, Gloc. H., who suppl. B.A. 3 Feb. 159$\frac{0}{1}$.) [S. Jo., ii. 160]

*Merton.** **Savill** (Savile, Savell), **Henry**; adm. B.A. (Mert.) 30 May 1592, det. (S. Alb. H.) 159$\frac{2}{3}$; lic. M.A. (S. Alb. H.) 30 June 1595, inc. 1595; lic. to pract. med. (S. Alb. H.) 28 Nov. 1601. [ii. 165]

Broadg. H. **Hill, Richard**; adm. B.A. 30 May 1592, det. 159$\frac{2}{3}$; lic. M.A. 6 July 1596, inc. 1596. [ii. 166]

University. **Noyes** (Noise), **William**; adm. B.A. 31 May 1592. [ii. 166]

S. Alb. H. **Henninge, John**; adm. B.A. 31 May 1592. [Magd. H., ii. 172]

Brasenose. **Skinner, Edward**; adm. B.A. (then in orders) 31 May 1592, det. 159$\frac{2}{3}$. [ii. 166]

S. Edm. H. **Waters, Thomas**; adm. B.A. 1 June 1592, det. 159$\frac{2}{3}$. [ii. 169]

Balliol. **Moore** (More), **Eustace**; adm. B.A. 1 June 1592, det. 159$\frac{2}{3}$; lic. M.A. 26 June 1595, inc. 1595; lic. to preach 21 Nov. 1601; adm. B.D. 22 Feb. 160$\frac{1}{2}$. [ii. 168]

New Coll. **Mucklestone, Richard**; (pauper scholaris), adm. B.A. 3 June 1592. [Jes., ii. 181]

New Coll. **Urrey** (Urrie), **John**; adm. B.A. 5 June 1592, det. 159$\frac{2}{3}$; lic. M.A. 3 Apr. 1596, inc. 1596. [ii. 167]

Brasenose. **Egerton, Thomas**; (arm. fil. et haeres), adm. B.A. 5 June 1592, det. 159$\frac{2}{3}$. [ii. 172]

Magd. H. **Hall, Thomas**; adm. B.A. 5 June 1592, det. 159$\frac{2}{3}$; lic. M.A. 7 July 1596, inc. 1596.

Merton. **Grove, John**; adm. B.A. 14 June 1592. [Univ., ii. 166]

Ch. Ch. **Childe, Henry**; adm. B.A. 26 June 1592, det. 159$\frac{2}{3}$; lic. M.A. 9 July 1595, inc. 1595. [ii. 167]

Ch. Ch. **Smarte, Peter**; adm. B.A. 26 June 1592, det. 159$\frac{2}{3}$; lic. M.A. 9 July 1595, inc. 1595. [Broadg. H., ii. 165]

Ch. Ch. **Pratte, Charles**; adm. B.A. 26 June 1592. [ii. 167]

Magd. C. **Ferebie** (Ferebey, Ferribie), **George**; adm. B.A. 26 June 1592, det. 159$\frac{2}{3}$; lic. M.A. 9 July 1595, inc. 1595. [ii. 172]

Broadg. H. **Williams, Thomas**; (arm. fil. n. m.), adm. B.A. 3 July 1592. [ii. 176]

Queen's. **Dudley, John**; adm. B.A. 3 July 1592. [ii. 157]

*Queen's.** **Postlethwait** (Postlewhait, Postlethwart, Postletherot), **John**; adm. B.A. (Queen's) 3 July 1592, det. 159$\frac{4}{5}$; lic. M.A. (S. Alb. H.; then in orders) 12 July 1600, inc. 1600. [ii. 161]

Queen's. **Matou** (Maton, Matton), **Francis**; adm. B.A. 3 July 1592, det. 159$\frac{4}{5}$. [ii. 167]

Hart H. **Philpott** (Filpot), **William**; adm. B.A. 3 July 1592, det. 159$\frac{2}{3}$.

Lincoln. **Parker, Robert**; adm. B.A. 3 July 1592, det. 159$\frac{2}{3}$; lic. M.A. (then in orders) 31 Jan. 159$\frac{5}{6}$, inc. 1596 [ii. 169]

*Queen's.** **Bownde** (Bounde), **Stephen**; adm. B.A. 4 July 1592, det. 159$\frac{2}{3}$; lic. M.A. (S. Alb. H.; then in orders) 14 May 1602, inc. 1602. [ii. 166]

*Brasenose.** **Blackleech, Nicholas**; adm. B.A. (Bras.) 5 July 1592, det. 159$\frac{2}{3}$; lic. M.A. (S. Mary H.) 17 May 1595, inc. 1595. [ii. 160]

S. Alb. H. **Greene, Francis**; adm. B.A. 6 July 1592. [ii. 163]

Balliol. **Fetherston, Robert**; adm. B.A. 7 July 1592.

Ch. Ch. **Maddocks, Theophilus**; adm. B.A. 7 July 1592.

*S. Edm. H.** **Jones** (Johns) **David**; adm. B.A. (S. Edm. H.) 9 July 1592, det. (Jes.) 159$\frac{2}{3}$.

Corpus. **Salwey** (Sallaway), **Giles**; adm. B.A. 9 July 1592, det. 159$\frac{2}{3}$.

S. John's. **Parkinson, John**; adm. B.A. 11 July 1592, det. 159$\frac{2}{3}$. [ii. 161]

*S. John's.** **Bales** (Bayles), **Richard**; adm. B.A. (S. Jo.) 11 July 1592, det. 159$\frac{2}{3}$; lic. M.A. (S. Jo.) 9 July 1596, inc. 1596. He was disp. 23 Oct. 1596, because teaching the choristers at New C.

Magd. H. **Craye, Abraham**; adm. B.A. 13 July 1592, det. 159$\frac{2}{3}$; lic. M.A. 7 July 1596, inc. 1596. [Magd. C., ii. 169.]

Trinity. **Waller, Thomas**; adm. B.A. 15 July 1592, det. 159$\frac{2}{3}$. [ii. 164]

Trinity. **Jackson** (Jacson), **Hugh**; adm. B.A. 15 July 1592, det. 159$\frac{2}{3}$. [ii. 162]

Trinity. **Gurganey** (Gurganye, Gurgeiney, Gurgoiné), **Hugh**; adm. B.A. 15 July 1592, det. 159$\frac{2}{3}$; lic. M.A. 7 July 1597, inc. 1597. [ii. 159]

Balliol. **Leveson, Richard**; adm. B.A. 10 Oct. 1592, det. 159$\frac{2}{3}$.

*Merton.** **Clay** (Cley), **Henry**; adm. B.A. (Mert.) 13 Oct. 1592, det. (S. Alb. H.) 159$\frac{2}{3}$. [ii. 165]

S. Alb. H. **Deane, Richard**; adm. B.A. 25 Oct. 1592, det. 159$\frac{2}{3}$; lic. M.A. 30 June 1595, inc. 1595. [Mert., ii. 168]

*S. Alb. H.** **Lapworth, Edward**; adm. B.A. (S. Alb. H.) 25 Oct. 1592, det. 159$\frac{2}{3}$; lic. M.A. (S. Alb. H.) 30 June 1595, inc. 1595; suppl. (Magd. C.) lic. to pract. med. 1 Mar. 160$\frac{2}{3}$, lic. 3 June 1605; suppl. M.B. 1 Mar. 160$\frac{2}{3}$, adm. 20 June 1611; lic. M.D. (Magd. C.) 20 June 1611, inc. 1611. [Exet., ii. 168]

Ch. Ch. **Bagnold, Robert**; adm. B.A. 27 Oct. 1592, det. 159$\frac{2}{3}$. [ii. 170]

Lincoln. **Dawson, Francis**; adm. B.A. 27 Oct. 1592, det. 159$\frac{2}{3}$; lic. M.A. 8 July 1595, inc. 1595.

*Exeter.** **Petre** (Peeter), **George**; (arm. fil. n. m.) adm. B.A. (Exet.) 31 Oct. 1592, det. 159$\frac{2}{3}$; suppl. M.A. (from Magd. C.) 26 June 1598. [ii. 176]

Exeter. **Heicroft, Thomas**; adm. B.A. 31 Oct. 1592, det. 159$\frac{2}{3}$.
S. Mary H. **Browne, Thomas**; suppl. B.A. ('Broome') and adm. ('Browne') 31 Oct. 1592 [ii. 154]
*Balliol.** **More** (Moore), **Henry**; adm. B.A. (Ball.) 31 Oct. 1592, det. 159$\frac{2}{3}$; lic. M.A. (Hart H.; then in orders) 22 June 1597.
University. **Smith, Reginald** (Renould); adm. B.A. 6 Nov. 1592, det. 159$\frac{2}{3}$. [ii. 164]
Broadg. H. **Risdon, Stephen**; adm. B.A. 8 Nov. 1592, det. 159$\frac{2}{3}$; lic. M.A. 6 July 1596, inc. 1596. [ii. 168]
Broadg. H. **Cogan, William**; adm. B.A. 8 Nov. 1592, det. 159$\frac{2}{3}$. [ii. 168]
S. Edm. H. **Eynon** (Aenon), **John**; adm. B.A. 8 Nov. 1592, det. 159$\frac{2}{3}$. [Jes., ii. 179]
Magd. H. **Hunt, Robert**; adm. B.A. 23 Nov. 1592, det. ('Richard') 159$\frac{2}{3}$; lic. M.A. ('Robert') 4 July 1595, inc. 1595. [ii. 168]
S. Mary H. **Orgen, Richard**; adm. B.A. 27 Nov. 1592, det. 159$\frac{2}{3}$; [ii. 169]
Queen's. **Fallowfeild, Richard**; adm. B.A. 1 Dec. 1592, det. 159$\frac{2}{3}$; lic. M.A. 7 July 1595, inc. 1595. [ii. 167]
*S. Mary H.** **Gwyn, Humphrey**; adm. B.A. (S. Mary H.) 1 Dec. 1592, det. (Jes.) 159$\frac{2}{3}$.
All Souls. **Scott, Charles**; adm. B.A. 2 Dec. 1592, det. 159$\frac{3}{4}$. [New C., ii. 166]
Magd. H. **Arden** (Ardyn, Ardin), **William**; adm. B.A. 4 Dec. 1592, det. 159$\frac{2}{3}$; lic. M.A. 4 July 1595, inc. 1595. [ii. 175]
Lincoln. **Hartley, Anthony**; adm. B.A. 4 Dec. 1592, det. 159$\frac{2}{3}$; lic. M.A. 1 July 1600, inc. 1600. [ii. 179]
Magd. H. **Hughes** (Hewes), **John**; adm. B.A. 4 Dec. 1592.
Magd. H. **Tomlinson, Francis**; adm. B.A. 4 Dec. 1592, det. 159$\frac{2}{3}$; lic. M.A. 5 July 1599, inc. 1599. [Magd. C., ii. 159]
*S. Edm. H.** **Towty, William**; suppl. B.A. (Magd. C.) 7 Dec., adm. (S. Edm. H.) 13 Dec. 1592, det. 159$\frac{2}{3}$.
Lincoln. **Burbage, William**; adm. B.A. 15 Dec. 1592, det. 159$\frac{2}{3}$; lic. M.A. 6 July 1598, inc. 1598. (In 1598 he describes himself as engaged 'in pueris erudiendis longe ab Academia.') [ii. 167]
Lincoln. **Burbage, John**; adm. B.A. 15 Dec. 1592, det. 159$\frac{2}{3}$; lic. M.A. 3 Apr. 1596, inc. 1596; adm. B.D. 18 Jan. 160$\frac{4}{5}$; lic. to preach 19 Nov. 1605. [ii. 158]
Brasenose. **Allen, Thomas**; adm. B.A. 16 Dec. 1592, det. 159$\frac{2}{3}$. [ii. 173]
Brasenose. **Harrison, John**; adm. B.A. 16 Dec. 1592, det. 159$\frac{2}{3}$; dispensed towards M.A. 30 Apr. 1605. [ii. 168]
Brasenose. **Browne, John**; adm. B.A. 16 Dec. 1592, det. 159$\frac{2}{3}$; lic. M.A. 7 July 1597, inc. 1597. [ii. 170]
Brasenose. **Peacocke** (Pecock), **Thomas**; adm. B.A. 16 Dec. 1592, det. 159$\frac{2}{3}$; lic. M.A. 27 Feb. 159$\frac{5}{6}$, inc. 1596; adm. B.D. 7 July 1608; lic. to preach 8 Feb. 161$\frac{0}{1}$. [ii. 168]
Brasenose. **Smith, George**; adm. B.A. 16 Dec. 1592, det. 159$\frac{2}{3}$; lic. M.A. 27 Feb. 159$\frac{5}{6}$, inc. 1596. [ii. 187]

Exeter. **Dolphin, James**; suppl. B.A. 1 Feb. 159$\frac{1}{2}$. [ii. 163]

S. John's. **Wright, George**; suppl. B.A. 13 Apr. 1592. [ii. 165]
All Souls. **Hughis, William**; suppl. B.A. 13 Apr. 1592.
S. Alb. H. **By, William**; suppl. B.A. 30 Oct. 1592.
*Brasenose.** **Leighe, William**; det. B.A. (from Bras.) $159\frac{2}{3}$; suppl. M.A. (from S. Alb. H.) 13 June, lic. (S. Alb. H.) 14 June 1600, inc. 1600.

⟨*New Coll.*⟩ **Barker, Hugh**; suppl. B.C.L. 18 Feb., adm. 19 Feb. $159\frac{1}{2}$; suppl. D.C.L. (being then practising law at Chichester) 12 June 1604 and again 5 May 1605, inc. D.C.L. 17 June 1605. [ii. 149] ⟨Fellow of New C. in 1585.⟩
⟨*New Coll.*⟩ **Holloway** (Halloway), **John**; adm. B.C.L. 5 June 1592. [ii. 141] ⟨Scholar of New C. in 1584.⟩
New Coll. **Hussee, Sampson**; adm. B.C.L. 5 June 1592; suppl. D.C.L. 8 Feb., lic. 15 Feb. $160\frac{1}{2}$. [Hart H., ii. 133] ⟨Scholar of New C. in 1584.⟩
All Souls. **Franklin, John**; suppl. B.C.L. 12 Dec., adm. 15 Dec. 1592.
All Souls. **Raleigh, William**; suppl. B.C.L. 12 Dec., adm. 15 Dec. 1592.

Magd. C. **Clarke, George**; suppl. B.D. 28 Apr. 1592; suppl. D.D. 13 July 1592; adm. B.D. and lic. D.D. 14 July 1592.

1593.

Hart H. **Strangwaies** (Stranguage), **Giles**; (arm. fil. n. m.) adm. B.A. 24 Jan. $159\frac{2}{3}$, det. $159\frac{2}{3}$. [Queen's, ii. 173]
*Lincoln.** **Allen, Thomas**; adm. B.A. (Linc.) 3 Feb. $159\frac{2}{3}$, det. $159\frac{2}{3}$; dispensed towards M.A. (Linc.) 6 Mar. $159\frac{5}{6}$, suppl. M.A. (Mert.) 28 June, lic. (Mert.) 2 July 1597, inc. 1597. [ii. 169] Brod., p. 275.
Lincoln. **Hurrel, Thomas**; adm. B.A. 3 Feb. $159\frac{2}{3}$, det. $159\frac{2}{3}$. [ii. 171]
*Lincoln.** **Astley** (Ashley, Ashlaie), **Richard**; adm. B.A. (Linc.) 3 Feb. $159\frac{2}{3}$, det. $159\frac{2}{3}$; lic. M.A. (All So.) 9 Nov. 1596, inc. 1597; adm. B.D. (All So.) 19 Nov. 1606; suppl. D.D. (All So.) 25 Feb., lic. . . . Mar. $161\frac{8}{9}$, inc. 1619.
S. Alb. H. **Shellay** (Shelly), **John**; adm. B.A. 5 Feb. $159\frac{2}{3}$, det. $159\frac{2}{3}$. [Mert., ii. 171]
S. Alb. H. **Shellay** (Shelley), **Anthony**; adm. B.A. 5 Feb. $159\frac{2}{3}$, det. $159\frac{2}{3}$; lic. M.A. 2 July 1597, inc. 1597. [Mert., ii. 171]
University. **Scott, Christopher**; adm. B.A. 6 Feb. $159\frac{2}{3}$, det. $159\frac{7}{8}$; lic. M.A. 5 Dec. 1598, inc. 1599. [ii. 179]
Exeter. **Collins, Richard**; adm. B.A. 8 Feb. $159\frac{2}{3}$, det. $159\frac{6}{7}$; lic. M.A. (then in orders) 28 June 1597, inc. 1597.
Exeter. **Rolle** (Rolles), **John**; adm. B.A. 8 Feb. $159\frac{2}{3}$, det. $159\frac{2}{3}$; lic. M.A. 25 May 1596, inc. 1596. [ii. 170]
Merton. **Yate, Leonard**; adm. B.A. 8 Feb. $159\frac{2}{3}$, det. $159\frac{2}{3}$; lic. M.A. 2 July 1597, inc. 1597; adm. B.D. 28 June 1608. [S. Mary H., ii. 149] Brod., p. 275.
Magd. H. **Hardinge, Abraham**; adm. B.A. 9 Feb. $159\frac{2}{3}$, det. $159\frac{2}{3}$; lic. M.A. 6 Mar. $159\frac{6}{7}$, inc. 1597. [Magd. C., ii. 144]

Magd. H. **Silvester, Henry**; adm. B.A. 9 Feb. $159\frac{2}{3}$, det. $159\frac{2}{3}$. [ii. 148]

Jesus. **Jenkins** (Jenkings, Jenings), **David**; adm. B.A. 9 Feb. $159\frac{2}{3}$.

*New Inn H.** **Lloyde** (Floid, Floyd), **Thomas**; adm. B.A. (N.I.H.) 9 Feb. $159\frac{2}{3}$, det. $159\frac{2}{3}$; lic. M.A. (Jes.) 5 Feb. $159\frac{5}{6}$, inc. 1596; suppl. B.C.L. (Jes.) 18 July 1599.

S. Alb. H. **Cooper, Adam**; adm. B.A. 9 Feb. $159\frac{2}{3}$, det. $159\frac{2}{3}$. [Queen's, ii. 192]

Magd. C. **Martin** (Marten), **Alexander**; adm. B.A. 13 Feb. $159\frac{2}{3}$, det. $159\frac{2}{3}$; lic. M.A. 8 Feb. $159\frac{6}{7}$, inc. 1597; lic. to preach 18 Jan. $160\frac{5}{6}$; adm. B.D. 18 Mar. $160\frac{5}{6}$. [Magd. H., ii. 163]

Magd. C. **Willoughby** (Willowby), **Robert**; adm. B.A. 13 Feb. $159\frac{2}{3}$, det. $159\frac{2}{3}$; lic. M.A. 8 Feb. $159\frac{6}{7}$, inc. 1597; suppl. lic. to pract. med. and M.B. 1 Mar. $160\frac{2}{3}$. [Magd. H., ii. 158]

Magd. C. **Langton** (Lanton), **William**; adm. B.A. 13 Feb. $159\frac{2}{3}$, det. $159\frac{2}{3}$; lic. M.A. 8 Feb. $159\frac{6}{7}$, inc. 1597; (Langhton, Laughton?, fellow of Magd. C.) suppl. lic. to preach 18 Nov., lic. 5 Dec. 1605; suppl. B.D. 18 Nov. 1605, adm. 18 Mar. $160\frac{5}{6}$; suppl. D.D. 2 July, lic. 6 July 1610, inc. 1610. [Magd. H., ii. 169]

*New Inn H.** **Fauckner** (Fawconer, Faukner, Fawkener), **Ralph**; adm. B.A. (N.I.H.) 13 Feb. $159\frac{2}{3}$, det. $159\frac{2}{3}$; lic. M.A. (Oriel) 12 Nov. 1601, inc. 1601; adm. B.D. (Oriel) 9 July 1612. [ii. 179]

University. **Flathers, Marmaduke**; suppl. B.A. 15 Apr. 1586, disp. 13 Feb. $159\frac{2}{3}$, adm. 13 Feb. $159\frac{2}{3}$. [ii. 114]

Queen's. **Barkley**, (Barkeley), **Maurice**; (mil. fil. n. m.) adm. B.A. 14 Feb. $159\frac{2}{3}$, det. $159\frac{2}{3}$. [ii. 175]

Brasenose. **Faierclough** (Farcloughe, Fertlough), **James**; adm. B.A. 14 Feb. $159\frac{2}{3}$, det. $159\frac{2}{3}$. [ii. 170]

Brasenose. **Standish, Nicholas**; adm. B.A. 14 Feb. $159\frac{2}{3}$, det. $159\frac{2}{3}$; lic. M.A. 8 July 1602, inc. 1602. [ii. 170]

Brasenose. **Scott, Maneus** (Manu); adm. B.A. 14 Feb. $159\frac{2}{3}$, det. $159\frac{2}{3}$; lic. M.A. 4 July 1598, inc. 1598. [Queen's, ii. 163]

Magd. C. **Thomas, Rice**; adm. B.A. 15 Feb. $159\frac{2}{3}$.

Broadg. H. **Lee** (Leigh), **John**; adm. B.A. 15 Feb. $159\frac{2}{3}$, det. $159\frac{2}{3}$. [? Ch. Ch., ii. 181]

Corpus. **Stotusburie** (Stotusbery), **John**; adm. B.A. 15 Feb. $159\frac{2}{3}$, det. $159\frac{2}{3}$.

Brasenose. **Clarke, Edward**; adm. B.A. 16 Feb. $159\frac{2}{3}$, det. $159\frac{2}{3}$. [ii. 170]

Brasenose. **Salway, Humphrey**; (arm. fil. n. m.) adm. B.A. 16 Feb. $159\frac{2}{3}$, det. $159\frac{2}{3}$. [ii. 181]

*S. Mary H.** **Sterre** (Starre, Steare, Steer), **George**; adm. B.A. (S. Mary H.) 16 Feb. $159\frac{2}{3}$, det. $159\frac{2}{3}$; lic. M.A. (Bras.) 8 July 1595, inc. 1595. [ii. 170]

Magd. C. **Flexney, William**; adm. B.A. 19 Feb. $159\frac{2}{3}$, det. $159\frac{2}{3}$.

Merton. **Millett, John**; adm. B.A. 20 Feb. $159\frac{2}{3}$. [ii. 173]

Merton. **Dann** (Dane, Dand), **William**; adm. B.A. 20 Feb. $159\frac{2}{3}$, det. $159\frac{2}{3}$. [Univ., ii. 166]

Trinity. **Orpwood, John**; adm. B.A. 20 Feb. $159\frac{2}{3}$, det. $159\frac{2}{3}$; lic. M.A. 21 Nov. 1595, inc. 1596. [ii. 167, 174]

Oriel. **Hilton, Sirach**; adm. B.A. 21 Feb. $159\frac{2}{3}$, det. $159\frac{2}{3}$. ['Filius Domini Gulielmi Baronis de Hilton' à Wood MS. note.]

Queen's. **Warcopp** (Warcop, Warcoope), **Thomas**; adm. B.A. 21 Feb. $159\frac{2}{3}$. det. $159\frac{2}{3}$; lic. M.A. 7 July 1596, inc. 1596. [ii. 164]

Magd. C. **Browne, Richard**; adm. B.A. 23 Feb. $159\frac{2}{3}$, det. $159\frac{2}{3}$. [ii. 163]

Exeter. **Williams, Edward**; adm. B.A. 23 Feb. $159\frac{2}{3}$, det. $159\frac{2}{3}$. [ii. 169]

Hart H. **Wallis, Robert**; adm. B.A. 23 Feb. $159\frac{2}{3}$, det. $159\frac{2}{3}$.

Corpus. **Marston, John**; adm. B.A. 23 Feb. $159\frac{2}{3}$.

Brasenose. **Shipton** (Shepton, Shippton), **Edward**; adm. B.A. 23 Feb. $159\frac{2}{3}$, det. $159\frac{2}{3}$; lic. M.A. 5 July 1599, inc. 1599. [ii. 182]

Hart H. **Whatman, Thomas**; adm. B.A. 23 Feb. $159\frac{2}{3}$, det. $159\frac{2}{3}$.

Ch. Ch. **Jones** (Johnes, Johns), **David**; adm. B.A. 23 Feb. $159\frac{2}{3}$, det. $159\frac{2}{3}$.

Exeter. **Simons** (Symons), **Richard**; adm. B.A. 9 Mar. $159\frac{2}{3}$, det. $159\frac{3}{4}$; lic. M.A. 25 May 1596, inc. 1596. [ii. 169]

S. Edm. H. **Morgans, David**; adm. B.A. 17 Mar. $159\frac{2}{3}$.

S. Mary H. **Pursloe** (Purslewe), **Thomas**; adm. B.A. 28 Mar. 1593, det. $159\frac{3}{4}$. [ii. 162]

S. Mary H. **Crosse, Walter**; adm. B.A. 28 Mar. 1593, det. $159\frac{3}{4}$; lic. M.A. 14 July 1597, inc. 1598.

S. Mary H. **Washburne** (Washbourne), **John**; (arm. fil. n. m.) adm. B.A. 28 Mar. 1593, det. $159\frac{3}{4}$. [All So., ii. 173]

S. Mary H. **Welden, George**; (arm. fil. n. m.) adm. B.A. 7 Apr. 1593.

Ch. Ch. **Wolmar** (Woolmar, Wolner), **Thomas**; adm. B.A. 7 Apr. 1593, det. $159\frac{3}{4}$.

Broadg. H. **Evans, William**; adm. B.A. 7 Apr. 1593. (In a dispensation the name is 'Bevans'; in the suppl. B.A. 'Bevans' cor. to 'Evans.')

Broadg. H. **Joliffe** (Jollyffe), **William**; adm. B.A. 8 May 1593, det. $159\frac{3}{4}$. [ii. 170]

S. Edm. H. **Williams, Robert**; adm. B.A. 8 May 1593.

Magd. C. **Bold, John**; adm. B.A. 8 May 1593. [ii. 171]

Ch. Ch. **Newton, Walter**; adm. B.A. 9 May 1593, det. $159\frac{3}{4}$; lic. M.A. 30 June 1596. [ii. 180]

Ch. Ch. **Oxenbridge, Daniel**; adm. B.A. 9 May 1593, det. $159\frac{3}{4}$; lic. M.A. 30 June 1596, inc. 1596; suppl. M.B. 5 Mar. $161\frac{2}{3}$, adm. 23 May 1620; lic. M.D. 23 May 1620, inc. 1620. [ii. 180]

Ch. Ch. **Buckley** (Bucley), **Abraham**; adm. B.A. 9 May 1593, det. $159\frac{3}{4}$; lic. M.A. 30 June 1596, inc. 1596. [ii. 174]

Gloc. H. **Panton, Henry**; adm. B.A. 10 May 1593. [ii. 138]

Broadg. H. **Noyes** (Noye, Naye), **Adam**; adm. B.A. 10 May 1593, det. $159\frac{3}{4}$. [ii. 159]

Corpus. **Hauthorne** (Hawthorne), **Gilbert**; adm. B.A. 21 May 1593, det. $159\frac{3}{4}$; lic. M.A. 5 Mar. $159\frac{6}{7}$, inc. 1597; adm. B.D. 16 May 1605; suppl. lic. to preach ('Heythorne') 22 Feb. $160\frac{4}{5}$, and lic. to preach 16 May 1605. [ii. 168]

Corpus. **Brown, Richard**; adm. B.A. 21 May 1593, det. $159\frac{3}{4}$; lic. M.A. 5 Mar. $159\frac{6}{7}$, inc. 1597. [ii. 169]

Corpus. **Bowne, Peter**; adm. B.A. 21 May 1593, det. $159\frac{3}{4}$; lic. M.A. 5 Mar. $159\frac{6}{7}$, inc. 1597; suppl. M.B. 30 Mar. 1614, and M.D. 6 July 1614, lic. M.D. 12 July 1614, inc. M.D. 1615.

Merton. **Evans, Philip**; adm. B.A. (Mert.) 30 May 1593, det. (S. Alb. H., — 'Evance') $159\frac{3}{4}$. [Trin., ii. 135]

S. Edm. H. Turbridge, Robert; (arm. fil. n. m.) adm. B.A. 15 June 1593.
Ch. Ch. Owen, Thomas; suppl. B.A. (Ch. Ch.) 16 June, adm. (S. Edm. H.?) 19 June 1593, det. (Ch. Ch.) 159¾. [ii. 180]
Ch. Ch. Bird (Byrde), Thomas; suppl. B.A. (Ch. Ch.) 7 May, adm. (S. Edm. H.?) 19 June 1593, det. (Ch. Ch.) 159¾. [ii. 152]
Broadg. H. Trefusis (Trefucis), Nicholas; adm. B.A. 19 June 1593, det. 159¾; lic. M.A. 6 July 1596, inc. 1596. [ii. 174]
Balliol. Cutler, Henry; adm. B.A. 19 June 1593, det. 159¾. [ii. 171]
Balliol.* Lapthorne, Anthony; adm. B.A. (Ball.) 19 June 1593, det. (Exet.) 159¾; lic. M.A. (Exet.) 8 July 1596, inc. 1596. Boase, p. 51.
Lincoln. Watts (Wats, Wattes), Samuel; adm. B.A. 19 June 1593, det. 159¾; lic. M.A. 2 July 1596, inc. 1596. [ii. 174]
Merton. Brent, Nathaniel; adm. B.A. 20 June 1593, det. 159¾; lic. M.A. 31 Oct. 1598, inc. 1599; suppl. B.C.L. 26 June 1609, adm. 11 Oct. 1623; lic. D.C.L. 11 Oct. 1623, inc. 1624. [ii. 181] Brod., p. 276.
Merton. Lee (Lea), Edward; adm. B.A. 20 June 1593, det. 159¾; lic. M.A. 31 Oct. 1598, inc. 1599 [S. Mary H., ii. 174] Brod., p. 276.
Magd. H. Cheeke (Checus, Cheke), Robert; adm. B.A. 22 June 1593, det. 159¾; lic. M.A. 7 July 1598, inc. 1598.
Brasenose. Bradshaw (Bradshall), Robert; adm. B.A. 22 June 1593, det. 159¾; lic. M.A. 7 July 1597, inc. 1597. [ii. 173]
Lincoln. Freeman (Freman), William; adm. B.A. 25 June 1593, det. 159¾; lic. M.A. 6 July 1598, inc. 1598. [ii. 174]
Balliol.* Norris, William; adm. B.A. (Ball.) 28 June 1593, det. (Linc.) 159¾; suppl. M.A. (Linc.) 5 July 1596, 20 Apr. 1597, and 10 Oct. 1600; lic. M.A. (Linc.) 19 June 1601, inc. 1601. [Ball., ii. 173]
Balliol. Bemytt (Bennytt), Edward; adm. B.A. 28 June 1593, det. 159¾. [ii. 173]
Balliol.* Hauxhurst, Sampson; adm. B.A. (Ball.) 28 June 1593; suppl. B.D. (Magd. H.) 8 July, adm. 9 July 1607. [ii. 180]
Balliol. Tayler, John; adm. B.A. 28 June 1593. [ii. 142]
Lincoln. Downinge (Donning, Dunninge, Donning), Richard; adm. B.A. 30 June 1593, det. 159¾; lic. M.A. 4 July 1600, inc. 1600. [ii. 179]
Gloc. H. Hancocke, Richard; adm. B.A. 2 July 1593, det. 159¾. [ii. 172]
Gloc. H. Avenon, Alexander; adm. B.A. 2 July 1593, det. 159¾. [S. Jo., ii. 181]
Queen's. Sherwood, John; adm. B.A. 3 July 1593, det. 159¾; lic. M.A. 7 July 1596, inc. 1596. [ii. 170]
Queen's.* Kinge, John; adm. B.A. (Queen's) 3 July 1593, det. (Mert.) 159¾; lic. M.A. (Mert.) 31 Oct. 1598, inc. 1599; adm. B.D. (Mert.) 28 June 1608; lic. D.D. (Mert.) 6 July 1615, inc. 1615. [ii. 172] (He was Tutor of Robert, Earl of Essex, who died in 1645.) Brod., p. 276.
Queen's. Horne, Samuel; adm. B.A. 3 July 1593, det. 159¾; lic. M.A. 7 July 1596, inc. 1596. [ii. 172]

Corpus. **Samwayes** (Samwaie), **Richard**; adm. B.A. 3 July 1593, det. $159\frac{3}{4}$; lic. M.A. 5 Mar. $159\frac{6}{7}$, inc. 1597.

Ch. Ch. **Penson, Silvanus**; adm. B.A. 4 July 1593, det. $159\frac{3}{4}$; lic. M.A. 30 June 1596, inc. 1596. [ii. 180]

*University.** **Bostocke, Thomas**; adm. B.A. (Univ.) 4 July 1593, det. (New C.) $159\frac{3}{4}$; lic. M.A. (Chapl. of New C.) 3 Apr. 1596, inc. 1596. [? ii. 114]

Corpus. **Browne, Christopher**; adm. B.A. 6 July 1593, det. $159\frac{3}{4}$. [ii. 169]

Corpus. **Sonybanke** (Sunnibancke), **John**; adm. B.A. 6 July 1593.

Corpus. **Norton, William**; adm. B.A. 6 July 1593, det. $159\frac{3}{4}$; lic. M.A. 6 July 1599, inc. 1599.

Brasenose. **Billingsley, William**; adm. B.A. 6 July 1593. [ii. 162]

Brasenose. **Hamer** (Hamur), **Samuel**; adm. B.A. 12 July 1593, det. $159\frac{3}{4}$; lic. M.A. 5 July 1596, inc. 1596. [ii. 180]

University. **Davies, Toby**; adm. B.A. 15 Nov. 1593, det. $159\frac{3}{4}$; lic. M.A. 10 June 1596, inc. 1596. [ii. 166]

University. **Butler, Samuel**; adm. B.A. 15 Nov. 1593, det. $159\frac{3}{4}$; lic. M.A. 28 June 1596, inc. 1596. [? Magd. H., ii. 158]

University. **Burdet, William**; adm. B.A. 15 Nov. 1593, det. $159\frac{3}{4}$. [ii. 186]

Gloc. H. **Dounvill** (Dounsbell, Downbell, Downvill), **Nicholas**; adm. B.A. 15 Nov. 1593, det. $159\frac{3}{4}$; lic. M.A. 21 June 1597, inc. 1597. [Magd. H., ii. 176]

S. Alb. H. **Squire** (Squyer), **John**; adm. B.A. 15 Nov. 1593.

Oriel. **Tolson** (Tollson), **John**; adm. B.A. 6 Dec. 1593, det. $159\frac{3}{4}$; lic. M.A. 23 Feb. $159\frac{8}{9}$, inc. 1599; adm. B.D. 25 June 1611; lic. D.D. 21 Mar. $162\frac{1}{2}$, inc. 1622. [ii. 174]

Broadg. H. **Yeman, Thomas**; adm. B.A. 6 Dec. 1593, det. $159\frac{3}{4}$. [ii. 178]

Broadg. H. **Iremonger** (Ironmunger), **John**; adm. B.A. 6 Dec. 1593, det. $159\frac{3}{4}$; lic. M.A. 6 July 1598, inc. 1598. [ii. 176]

Broadg. H. **Stonell, Roger**; adm. B.A. 6 Dec. 1593, det. $159\frac{3}{4}$. [ii. 176]

Magd. H. **Keye** (Keie, Caius), **Abraham**; adm. B.A. 8 Dec. 1593, det. $159\frac{3}{4}$. [ii. 173]

Ch. Ch. **Lewes** (Lewis), **Walter**; adm. B.A. 8 Dec. 1593, det. $159\frac{3}{4}$; lic. M.A. 6 July 1596, inc. 1596.

S. Edm. H. **Foulkes** (Fowkes), **John**; adm. B.A. 11 Dec. 1593, det. $159\frac{3}{4}$; lic. M.A. 27 Feb. $159\frac{7}{8}$, inc. 1598. [S. Mary H., ii. 175]

Lincoln. **Pickard** (Pickerd), **Laurence**; adm. B.A. 12 Dec. 1593, det. $159\frac{3}{4}$; lic. M.A. 6 July 1598, inc. 1598. (In some entries the name is wrongly given as 'Prickerd,' 'Prikard.') [ii. 179]

S. Mary H. **Grevil** (Grivell), **Peter**; adm. B.A. 12 Dec. 1593, det. $159\frac{3}{4}$. [? Gloc. H., ii. 133]

*Queen's.** **Hathwait** (Harthwait, Hathwate), **Alexander**; adm. B.A. (Queen's) 13 Dec. 1593, det. $159\frac{3}{4}$; lic. M.A. (Queen's) 14 June 1596, inc. 1596; suppl. B.D. (New C.) 23 Mar. $161\frac{7}{8}$, adm. (New C.) 26 Mar. 1618. [ii. 171]

Ch. Ch. **Dewye** (Dewey), **William**; adm. B.A. 13 Dec. 1593, det. $159\frac{3}{4}$; lic. M.A. 30 June 1596, inc. 1596. [Broadg. H., ii. 162]

*S. Mary H.** **Kiffin** (Kyffin), **John**; suppl. B.A. (S. Mary H.) 4 July 1593, det. (All So.) $159\frac{3}{4}$; lic. M.A. (All So.) 5 July 1597, inc. 1597. [ii. 178]

Brasenose. **Harrison, John**; suppl. B.A. 5 July 1593, det. $159\frac{3}{4}$. [ii. 171]

Brasenose. **Smith, William**; suppl. B.A. 17 Feb. $159\frac{3}{4}$. [ii. 170]

S. John's. **Williames**, . . .; det. $159\frac{3}{4}$.

Ch. Ch. **Aubrey, William**; suppl. B.A. 7 May 1593. [Bras., ii. 161]

Ch. Ch. **Avery, Thomas**; suppl. B.A. 30 June 1593. [Broadg. H., ii. 173]

New Coll. **Jones, Roger**; adm. B.C.L. 15 June 1593. ⟨Scholar of New C. in 1585.⟩ [ii. 150]

New Coll. **Harris, Nathaniel**; adm. B.C.L. 15 June 1593; suppl. D.C.L. 7 May, lic. 30 June 1612, inc. 1612. [ii. 155] ⟨Died in 1625.⟩

---

*Balliol.** **Caesar, Henry**; suppl. and adm. B.D. (Ball.) 13 July 1593; suppl. D.D. (S. Edm. H.) 30 Oct. 1595, lic. 6 Nov. 1595, inc. 1596. ⟨The grace for D.C.L. of Henry Caesar, B.C.L. Ball., was refused 15 Oct. 1594 [i. 228]; but these entries are probably in error for D.D. and B.D.⟩

1594.

S. John's. **Fludd, John**; (eq. aur. fil.) adm. B.A. 15 Jan. $159\frac{3}{4}$, det. $159\frac{3}{4}$. [ii. 178]

New Coll. **Elmes, John**; adm. B.A. 21 Jan. $159\frac{3}{4}$.

S. Mary H. **Lougher, John**; (Doct. fil. n. m.) adm. B.A. 23 Jan. $159\frac{3}{4}$, det. $159\frac{3}{4}$.

S. John's. **Sharrock, Nathaniel**; adm. B.A. 24 Jan. $159\frac{3}{4}$, det. $159\frac{3}{4}$. [ii. 177]

*S. Mary H.** **Everton, Francis**; adm. B.A. (S. Mary H.) 30 Jan. $159\frac{3}{4}$, det. $159\frac{3}{4}$; lic. M.A. (Magd. C.) 7 July 1598, inc. 1598; adm. B.D. (Magd. C.) 6 July 1610; lic. to preach (Magd. C.) 31 Jan. $161\frac{0}{1}$. [ii. 159]

Brasenose. **Colmore, William**; adm. B.A. 5 Feb. $159\frac{3}{4}$. [ii. 187].

Brasenose. **Colton** (Coulton), **Ralph**; adm. B.A. 6 Feb. $159\frac{3}{4}$, det. $159\frac{3}{4}$; lic. M.A. 7 July 1598, inc. 1598; suppl. B.D. and for lic. to preach 21 Feb. $160\frac{8}{9}$. [ii. 180]

Brasenose. **Elton, Thomas**; adm. B.A. 6 Feb. $159\frac{3}{4}$, det. $159\frac{3}{4}$; lic. M.A. 23 Feb. $159\frac{6}{7}$, inc. 1597. [ii. 173]

Brasenose. **Tottie** (Totty), **Henry**; adm. B.A. 6 Feb. $159\frac{3}{4}$, det. $159\frac{3}{4}$. [ii. 181]

Brasenose. **Marston** (Merston), **John**; (arm. fil. n. m.) adm. B.A. 6 Feb. $159\frac{3}{4}$, det. $159\frac{3}{4}$. [ii. 187]

Brasenose. **Snead** (Snede), **John**; adm. B.A. 6 Feb. $159\frac{3}{4}$, det. $159\frac{3}{4}$; lic. M.A. 11 July 1600, inc. 1600. [ii. 178]

S. Edm. H. **Newport, Charles**; adm. B.A. 6 Feb $159\frac{3}{4}$, det. $159\frac{3}{4}$. [N.I. H., ii. 173]

Merton. **Wright, Richard**; adm. B.A. 6 Feb. $159\frac{3}{4}$, det. $159\frac{3}{4}$; lic. M.A. (then a master at 'Eaton College') 31 Oct. 1598, inc. 1599. [ii. 109] Brod., p. 276.

*S. Mary H.** **Alan** (Allen, Allin), **John**; adm. B.A. (S. Mary H.) 6 Feb. $159\frac{3}{4}$, det. $159\frac{3}{4}$; suppl. M.A. (New C.) 6 July 1596, inc. (New C.) 1596. [ii. 175]

S. Mary H. **Barker, Robert**; adm. B.A. 6 Feb. $159\frac{3}{4}$, det. $159\frac{3}{4}$. [ii. 172]

Balliol. **Fisher, Edward**; (arm. fil. n.m.) adm. B.A. 6 Feb. $159\frac{3}{4}$, det. $159\frac{3}{4}$. [ii. 184]

Balliol. **Wakeman, Robert**; adm. B.A. 6 Feb. $159\frac{3}{4}$, det. $159\frac{3}{4}$; lic. M.A. 6 July 1597, inc. 1597; adm. B.D. 22 Feb. $160\frac{1}{2}$; suppl. lic. to preach 3 Dec. 1606; suppl. D.D. 6 July 1607, lic. 1 June 1608, inc. 1608. [ii. 178]

Balliol. **Alwaye** (Aylway, Ayleway, Aleway), **Hugh**; adm. B.A. 6 Feb. $159\frac{3}{4}$, det. $159\frac{3}{4}$, lic. M.A. 6 July 1597, inc. 1597. [Hart H., ii. 182]

Balliol. **Hawkins** (Haukyns), **Samuel**; adm. B.A. 6 Feb. $159\frac{3}{4}$, det. $159\frac{3}{4}$; lic. M.A. 7 July 1598, inc. 1598. [ii. 193]

*Brasenose.** **Smale** (Smalle), **William**; adm. B.A. (Bras.) 6 Feb. $159\frac{3}{4}$, det. $159\frac{4}{5}$; lic. M.A. (Corp.) 5 Mar. $159\frac{6}{7}$, inc. 1597. [ii. 187]

Magd. H. **Earle, Thomas**; adm. B.A. 7 Feb. $159\frac{3}{4}$, det. $159\frac{5}{6}$; lic. M.A. 10 June 1597, inc. 1597.

New Coll. **Blether** (Bleather), **James**; (Chapl. of New C.) adm. B.A. 7 Feb. $159\frac{3}{4}$, det. $159\frac{3}{4}$; lic. M.A. 8 July 1596, inc. 1596.

Magd. C. **Machon** (Machan), **John**; adm. B.A. 7 Feb. $159\frac{3}{4}$, det. $159\frac{3}{4}$. [Magd. H., ii. 182]

*Exeter.** **Cutler, Thomas**; adm. B.A. 7 Feb. $159\frac{3}{4}$, det. (S. Edm. H.) $159\frac{3}{4}$. [Ball., ii. 175]

*Ch. Ch.** **Prithero** (Pretheragh, Prethergh), **Richard**; adm. B.A. (Ch. Ch.) 7 Feb. $159\frac{3}{4}$, det. $159\frac{3}{4}$. [S. Edm. H., ii. 185]

Balliol. **Denison** (Dennison, Denyson), **John**; adm. B.A. 8 Feb. $159\frac{3}{4}$, det. $159\frac{3}{4}$; lic. M.A. (then in orders) 4 July 1600, inc. 1600; lic. to preach 22 Jan. $160\frac{5}{6}$; adm. B.D. 23 Apr. 1607; lic. D.D. 20 June 1611, inc. 1611. [Magd. H., ii. 176]

Trinity. **Greaves** (Greves, Greeves), **John**; adm. B.A. 8 Feb. $159\frac{3}{4}$, det. $159\frac{3}{4}$. [ii. 177]

*Trinity.** **Appeltre** (Appletree), **Anthony**; adm. B.A. (Trin.) 8 Feb. $159\frac{3}{4}$, det. $159\frac{3}{4}$; lic. M.A. (Jes.) 6 July 1598, inc. 1598. [ii. 176]

Trinity. **Slymaker** (Slimaker, Slaymaker, Sleymaker), **Henry**; adm. B.A. 8 Feb. $159\frac{3}{4}$, det. $159\frac{3}{4}$; lic. M.A. 16 Nov. 1597, inc. 1598; lic. to preach 12 Dec. 1604; adm. B.D. (Fellow of Trin.) 18 Mar. $160\frac{5}{6}$.

Trinity. **Potter, Edward**; adm. B.A. 8 Feb. $159\frac{3}{4}$.

Magd. C. **Mabbe** (Mab), **James**; adm. B.A. 8 Feb. $159\frac{3}{4}$, det. $159\frac{3}{4}$; lic. M.A. 17 Oct. 1598, inc. 1599; suppl. B.C.L. 4 July 1609. [ii. 162]

Magd. C. **Broune** (Browne), **Robert**; adm. B.A. 8 Feb. $159\frac{3}{4}$, det. $159\frac{3}{4}$; lic. M.A. 7 July 1598, inc. 1598. [ii. 173]

Magd. C. **Mattingsley** (Mattinglé), **Humphrey**; adm. B.A. 8 Feb. $159\frac{3}{4}$, det. $159\frac{3}{4}$. [Univ., ii. 166]

Magd. C. **Loftus** (Loftis, Loffits, Loftys), **Thomas**; adm. B.A. 8 Feb. $159\frac{3}{4}$, det. $159\frac{3}{4}$; lic. M.A. 17 Oct. 1598, inc. 1599; adm. B.D. 27 Oct. 1608. [Magd. H., ii. 169]

Brasenose. **Cowlye** (Cowley), **Anthony**; adm. B.A. 8 Feb. 159$\frac{3}{4}$, det. 159$\frac{3}{4}$. [ii. 180]
Magd. C. **Abbey** (Abbie), **George**; adm. B.A. 8 Feb. 159$\frac{3}{4}$, det. 159$\frac{3}{4}$. George Abbey (Abbay), Broadg. H. ⟨apparently the same person⟩, suppl. M.A. 30 Apr., lic. 4 May 1619, inc. 1619.
Queen's. **Potter, Thomas**; adm. B.A. 8 Feb. 159$\frac{3}{4}$, det. 159$\frac{3}{4}$; lic. M.A. 5 July 1597, inc. 1597; adm. B.D. 22 Feb. 16$\frac{09}{10}$. [ii. 177]
S. Mary H. **Chalcroft, Richard**; adm. B.A. 9 Feb. 159$\frac{3}{4}$. [ii. 173]
*Jesus.** **Jones, Hugh**; adm. B.A. (Jes.) 9 Feb. 159$\frac{3}{4}$, det. 159$\frac{3}{4}$; lic. M.A. (S. Edm. H.) 17 May 1598, inc. 1598.
Jesus. **Evans** (Evance), **Jenkin**; adm. B.A. 9 Feb. 159$\frac{3}{4}$, det. 159$\frac{3}{4}$; dispensed towards M.A. (then in orders) 9 Nov. 1605. [ii. 188]
*Ch. Ch.** **Rice, John**; adm. B.A. (Ch. Ch.) 9 Feb. 159$\frac{3}{4}$, det. 159$\frac{3}{4}$; lic. M.A. (All So.) 18 Jan. 159$\frac{7}{8}$, inc. 1598. [S. Alb. H., ii. 179]
Oriel. **Brewer** (Bruer), **Anthony**; adm. B.A. 9 Feb. 159$\frac{3}{4}$, det. 159$\frac{3}{4}$; lic. M.A. 6 July 1598, inc. 1598. [ii. 169]
Merton. **Bradford** (Brodford), **Henry**; adm. B.A. 9 Feb. 159$\frac{3}{4}$, det. 159$\frac{3}{4}$; lic. M.A. 7 July 1598, inc. 1598.
Trinity. **Tyrer, Maurice**; adm. B.A. 9 Feb. 159$\frac{3}{4}$, det. 159$\frac{3}{4}$.
Jesus. **Evans, Thomas**; adm. B.A. 2 Mar. 159$\frac{3}{4}$.
Magd. H. **Warrock** (Wharrock, Warrake), **Abraham**; adm. B.A. 8 Mar. 159$\frac{3}{4}$, det. 159$\frac{4}{5}$. [Magd. C., ii. 176]
Magd. H. **Webbe, Richard**; adm. B.A. 8 Mar. 159$\frac{3}{4}$, det. 159$\frac{4}{5}$; lic. M.A. 8 July 1600, inc. 1600.
Ch. Ch. **Morecroft** (Morecraft), **George**; adm. B.A. 16 Mar. 159$\frac{3}{4}$, det. 159$\frac{4}{5}$; lic. M.A. 5 July 1597, inc. 1597. [ii. 179]
Ch. Ch. **Roberts, Thomas**; adm. B.A. 16 Mar. 159$\frac{3}{4}$. [? S. Mary H., ii. 175] 'Evan Roberts,' S. Edm. H., det. 159$\frac{4}{5}$, probably an error for this man. Thomas Roberts, S. Edm. H., suppl. M.A. (then in orders) 16 May, lic. 20 May 1598, inc. 1598.
Jesus. **Davis** (Davys), **John**; adm. B.A. 16 Mar. 159$\frac{3}{4}$. (A 'John Davis,' Corp., det. 159$\frac{4}{5}$; but see p. 185). [ii. 188]
Jesus. **Edwards, Richard**; adm. B.A. 16 Mar. 159$\frac{3}{4}$, det. 159$\frac{4}{5}$.
Queen's. **Ducket, William**; adm. B.A. 20 Mar. 159$\frac{3}{4}$. [ii. 173]
*N. I. H.** **George, Robert**; suppl. B.A. (from Jes.) 16 Mar., adm. B.A. (from N. I. H.) 20 Mar. 159$\frac{3}{4}$. [Ch. Ch., ii. 189]
New C. **Johnson, George**; adm. B.A. 12 Apr. 1594, det. 159$\frac{4}{5}$; lic. M.A. 20 Mar. 159$\frac{7}{8}$, inc. 1598. [ii. 179]
New C. **Bailie** (Bayly), **Ralph**; adm. B.A. 12 Apr. 1594, det. 159$\frac{4}{5}$; lic. M.A. 20 Mar. 159$\frac{7}{8}$, inc. 1598; suppl. M.B. and M.D. June 1617, received the Regius Professor's certificate for M.B. and lic. to pract. med. 11 July 1617, adm. M.B. and lic. M.D. 16 July 1617, inc. 1618. [? ii. 109]
New C. **Harris, William**; adm. B.A. 12 Apr. 1594, det. 159$\frac{4}{5}$. [ii. 179]
Hart H. **Collin** (Collins), **Edward**; adm. B.A. 20 Apr. 1594. [Exet., ii. 178]
Gloc. H. **Phillips** (Philipps), **Walter**; adm. B.A. 20 Apr. 1594, det. ('Matthew') 159$\frac{4}{5}$. [ii. 187]
Balliol. **Bradshew, Nicholas**; adm. B.A. 21 Apr. 1594, det. 159$\frac{4}{5}$; lic. M.A. 31 Mar. 1599, inc. 1599; adm. B.D. 29 Nov. 1605. [ii. 180]

Oriel. **Watts, Edward**; (arm. fil. n. m.) adm. B.A. 30 Apr. 1594. [ii. 189]

Ch. Ch. **Chisnall** (Chesnel), **Oliver**; adm. B.A. 2 May 1594, det. 159$\frac{4}{5}$.

All Souls. **Darrel** (Darel, Dorrell), **George**; adm. B.A. 6 May 1594, det. 159$\frac{4}{5}$; lic. M.A. 18 Jan. 159$\frac{7}{8}$, inc. 1598; adm. B.D. 14 Dec. 1605; lic. to preach 1 July 1606; lic. D.D. 14 Jan. 160$\frac{7}{8}$, inc. 1608; (Prebendary of Westminster). [New Coll., ii. 173]

Magd. C. **Boughton** (Bowton), **Stephen**; adm. B.A. 13 May 1594, det. 159$\frac{4}{5}$; lic. M.A. 8 July 1607, inc. 1607. [ii. 143]

*Ch. Ch.** **Evans, Walter**; adm. B.A. (Ch. Ch.) 13 May 1594, det. 159$\frac{4}{5}$; lic. M.A. (Ch. Ch.) 15 May 1599, inc. (New C.) 1599. [ii. 189]

Magd. C. **Duppa, Humphrey**; suppl. B.A. 6 Apr. 1590, adm. B.A. 15 May 1594. [ii. 107]

S. Mary H. **Wincote** (Wincotte, Wincot), **William**; adm. B.A. 15 May 1594, det. 159$\frac{4}{5}$; lic. M.A. 21 June 1598, inc. 1598. [ii. 180]

*Oriel.** **Lorimer** (Lorrimer), **Peter**; adm. B.A. (Oriel) 16 May 1594, det. (Linc.) 159$\frac{7}{8}$; lic. M.A. (Oriel) 6 July 1599, inc. 1599.

University. **Coldcoole** (Couldcoole, Coulcoole, Coldcole), **Arthur**; adm. B.A. 4 June 1594, det. 159$\frac{4}{5}$; lic. M.A. 22 Apr. 1597, inc. (then called 'Arthur Cole') 1597; lic. to preach 9 July 1606 (then called 'Arthur Cold'). [ii. 189]

University. **Rogers, Rufus**; adm. B.A. 4 June 1594, det. 159$\frac{4}{5}$; lic. M.A. 7 July 1597, inc. 1597. [ii. 180]

University. **Burnande** (Burnard), **Edward**; adm. B.A. 4 June 1594, det. 159$\frac{4}{5}$. [ii. 178]

University. **Allen, Walter**; adm. B.A. 4 June 1594, det. 159$\frac{4}{5}$; lic. M.A. 7 July 1597, inc. 1597. [ii. 178]

University. **Downe, John**; adm. B.A. 4 June 1594, det. 159$\frac{4}{5}$. ('John' in suppl. and det., 'Thomas' in adm. in error.) [ii. 180]

Brasenose. **Broye, Thomas**; adm. B.A. 4 June 1594, det. 159$\frac{7}{8}$; lic. M.A. 17 May 1598, inc. 1598. [ii. 187]

S. Mary H. **Charlton** (Carlton), **Walter**; adm. B.A. 4 June 1594, det. 159$\frac{4}{5}$; lic. M.A. 20 Apr. 1597; suppl. (from S. Mary H.) lic. to preach 29 Apr. 1600, and again 21 Jan. 160$\frac{1}{2}$, lic. 12 Feb. 160$\frac{1}{2}$. [Magd. H., ii. 181]

Ch. Ch. **Mathewe, Toby**; adm. B.A. 5 June 1594, det 159$\frac{4}{5}$; lic. M.A. 5 July 1597. [ii. 175]

Ch. Ch. **Swift** (Swyft), **Jasper**; adm. B.A. 5 June 1594, det 159$\frac{4}{5}$; lic. M.A. 26 Jan. $\frac{1599}{1600}$, inc. 1600; adm. B.D. and lic. D.D. 26 Feb. 161$\frac{5}{6}$, inc. D.D. 1616. [ii. 181]

Ch. Ch. **Nubery, Francis**; adm. B.A. 5 June 1594. [ii. 181]

Ch. Ch. **Spicer, Christopher**; adm. B.A. 5 June 1594, det. 159$\frac{4}{5}$; lic. M.A. 26 June 1598, inc. 1598. [Broadg. H., ii. 181]

Ch. Ch. **James, Thomas**; adm. B.A. 5 June 1594, det. 159$\frac{4}{5}$; lic. M.A. 26 June 1598, inc. 1598. [S. Mary H., ii. 180]

Ch. Ch. **Jones, William**; adm. B.A. 5 June 1594, det. 159$\frac{4}{5}$. [?S. Mary H., ii. 180]

Ch. Ch. **Turner, Edmund**; adm. B.A. 5 June 1594, det. 159$\frac{4}{5}$. [ii. 183]

*Ch. Ch.** **Jaunsey, Christopher**; adm. B.A. (Ch. Ch.) 5 June 1594, det. ('Christopher Johnson,' Oriel) 159$\frac{4}{5}$. [Oriel, ii. 179]

*Ch. Ch.** **Andrewes** (Androes, Andros), **James**; adm. B.A. (Ch. Ch.) 5 June 1594, det. 159$\frac{4}{5}$; lic. M.A. (Oriel) 8 July 1597, inc. 1597. [Oriel, ii. 191]

*S. Edm. H.** **Gwynne** (Gwin, Gwinne, Gwyne, Gwyn), **Thomas**; adm. B.A. (S. Edm. H.) 5 June 1594, det. 159$\frac{4}{5}$; lic. M.A. (All So.) 11 July 1598, inc. 1599; suppl. B.C.L. (All So.) 23 June 1601, adm. 13 July 1602; suppl. D.C.L. (All So.) 19 Apr. 1606, lic. 14 Jan. 160$\frac{7}{8}$, inc. 1608.

Exeter. **Crocker, Richard**; adm. B.A. 5 June 1594, det. 159$\frac{6}{7}$.

S. John's. **Lane, Walter**; adm. B.A. ('Land') 6 June 1594, det. ('Lane') 159$\frac{4}{5}$.

*Merton.** **Woode, John**; adm. B.A. (Merton) 7 June 1594, det. 159$\frac{4}{5}$; lic. M.A. (S. Mary H.) 25 June 1600, inc. 1600. [? S. Alb. H., ii. 202]

Trinity. **Reade** (Rheade), **John**; adm. B.A. 8 June 1594. [ii. 152]

Ch. Ch. **Lawson** (Lauson), **George**; adm. B.A. 10 June 1594, det. 159$\frac{4}{5}$; suppl. M.A. 7 July 1597. [ii. 180]

Ch. Ch. **Meredith, Thomas**; adm. B.A. 10 June 1594. [ii. 189]

Brasenose. **Fouldes**, (Foulds, Foules), **William**; adm. B.A. 13 June 1594. [ii. 180]

S. Alb. H. **Hatton, Hugh**; adm. B.A. 13 June 1594, det. 159$\frac{4}{5}$. (In some places the name is written 'Hutton.') [ii. 202]

*Magd. H.** **Hungerford, Henry**; adm. B.A. (Magd. H.) 17 June 1594, det. (Magd. C.) 159$\frac{4}{5}$; lic. M.A. (Magd. C.) 17 Oct. 1598, inc. 1599. [ii. 179]

Lincoln. **Wirdnam, John**; adm. B.A. 17 June 1594, det. 159$\frac{4}{5}$. [Bras., ii. 181]

Exeter. **Smith, Nicholas**; adm. B.A. 20 June 1594, det. 159$\frac{4}{5}$. [ii. 181]

S. Alb. H. **Elks** (Elkes), **William**; adm. B.A. 20 June 1594, det. 159$\frac{4}{5}$; lic. M.A. 16 Apr. 1597. [ii. 183]

Brasenose. **Burton, William**; (arm. fil. n. m.) adm. B.A. 22 June 1594. [ii. 185]

Gloc. H. **Collins, John**; adm. B.A. 22 June 1594. [? ii. 104]

S. John's. **Nixon** (Nyxon), **Joseph**; adm. B.A. 26 June 1594, det. 159$\frac{4}{5}$; lic. M.A. 26 June 1598, inc. 1598; adm. B.D. 24 Apr. 1610. [ii. 177]

S. John's. **Laude** (Lawde), **William**; adm. B.A. 1 July 1594, det. 159$\frac{4}{5}$; lic. M.A. 26 June 1598, inc. 1598; suppl. and adm. B.D. 6 July 1604; suppl. lic. to preach 27 Jan., lic. 29 Jan. 160$\frac{5}{6}$ (see M. 11, p. 235 a); suppl. D.D. 30 May, lic. 1 June 1608, inc. 1608. [ii. 172]

S. John's. **Pilkington** (Pilkenton), **William**; adm. B.A. 1 July 1594, det. 159$\frac{4}{5}$; lic. M.A. 7 July 1598, inc. 1598. [ii. 180]

S. John's. **Manwaring** (Manering, Mannering), **Robert**; adm. B.A. 1 July 1594, det 159$\frac{4}{5}$. [Ball., ii. 180]

University. **Agarde, Stephen**; (arm. fil. n. m.) adm. B.A. 3 July 1594. [ii. 184]

Brasenose. **Egerton, John**; adm. B.A. 4 July 1594. [ii. 172]

Brasenose. **Holt** (Hoult), **George**; adm. B.A. 4 July 1594, det. 159$\frac{4}{5}$; lic. M.A. 4 July 1598, inc. 1598. [ii. 177]

Brasenose. **Cotton, Andrew**; adm. B.A. 4 July 1594, det. 159$\frac{4}{5}$. [ii. 180]

Brasenose. **Gee, George**; adm. B.A. 4 July 1594, det. 159?; lic. M.A. 4 July 1598, inc. 1598. [ii. 187]

Brasenose. **Whittington** (Whitington, Withington), **Thomas**; adm. B.A. 4 July 1594, det. 159$\frac{4}{5}$; lic. M.A. 7 July 1597, inc. 1597. [ii. 182]

*Magd. H.** **Rowe, John**; suppl. B.A. (from Exet.) 15 June, adm. B.A. (from Magd. H.) 4 July 1594. One ... 'Rooe,' det. (from Magd. C.) 159$\frac{4}{5}$. [ii. 181]

Magd. H. **Shuttleworth, Henry**; adm. B.A. 4 July 1594, det. 159$\frac{4}{5}$. [ii. 166]

Exeter. **Elye** (Elly, Elley), **John**; adm. B.A. 5 July 1594, det. 159$\frac{4}{5}$; lic. M.A. (then 'in domo Episcopi Wigorn. literis incumbens') 4 July 1598, inc. 1598. [ii. 177]

Jesus. **Jones** (Johnes), **Philip**; adm. B.A. 6 July 1594. [ii. 186]

Jesus. **Williams, William**; (arm. fil. n. m.) suppl. B.A. 3 June 1594, adm. 6 July 1594. [ii. 186]

Oriel. **Harrison, Joseph**; adm. B.A. 6 July 1594, det. 159$\frac{4}{5}$. [ii. 171]

S. Edm. H. **Richards, Griffin**; adm. B.A. 10 July 1594, det. 159$\frac{4}{5}$. (The name is written 'Prichard' in B.A. suppl. on 6 July.) Griffin Prichard, S. Edm. H. (then in orders) lic. M.A. 23 June 1597.

S. Edm. H. **Williams, Owen**; adm. B.A. 10 July 1594, det. 159$\frac{4}{5}$; lic. M.A. 16 Apr. 1597. [ii. 186]

Lincoln. **Underhil, Thomas**; adm. B.A. 11 July 1594, det. 159$\frac{4}{5}$; lic. M.A. 20 Oct. 1597, inc. 1598.

Corpus. **Browne, George**; adm. B.A. 11 July 1594, det. 159$\frac{4}{5}$. [ii. 187]

Corpus. **Saunders** (Sanders, Sawnders), **George**; adm. B.A. 13 July 1594, det. 159$\frac{4}{5}$; lic. M.A. 8 July 1597, inc. 1597.

S. Edm. H. **Price, Robert**; adm. B.A. 17 Oct. 1594, det. 159$\frac{4}{5}$.

Balliol. **Curson, John**; (arm. fil. n. m.) adm. B.A. 17 Oct. 1594, det. 159$\frac{4}{5}$. [? N. I. H., ii. 164]

*Balliol.** **Ingram** (Ingraham), **Richard**; adm. B.A. (Ball.) 17 Oct. 1594, det. 159$\frac{4}{5}$; lic. M.A. (All So.) 6 July 1599, inc. 1599. [ii. 184]

*Balliol.** **Clayton** (Cleiton), **Thomas**; adm. B.A. (Ball.) 17 Oct. 1594, det. 159$\frac{4}{5}$; lic. M.A. (Gloc. H.) 31 Mar. 1599, inc. 1599; suppl. (Ball.) for M.B. and for lic. to pract. med. 27 Mar. 1610; suppl. M.D. 6 June 1611, adm. M.B. and lic. M.D. 20 June 1611, inc. M.D. 1611. [ii. 184]

Balliol. **Hill, Henry**; adm. B.A. 17 Oct. 1594, det. 159$\frac{4}{5}$; lic. M.A. 6 July 1597, inc. 1597.

Oriel. **Bodvell, John**; adm. B.A. 17 Oct. 1594, det. 159$\frac{4}{5}$; lic. M.A. 30 May 1597, inc. 1597.

Queen's. **Hutton, John**; adm. B.A. 19 Oct. 1594, det. 159$\frac{4}{5}$; lic. M.A. 4 July 1598, inc. 1598. (In 1598 he is in orders and is described as working under 'venerabilis vir' Dr. Chaloner). [ii. 174]

Queen's. **Moore, Henry**; adm. B.A. 19 Oct. 1594, det. 159$\frac{4}{5}$. [ii. 185] Henry More, Queen's ⟨perhaps this man⟩ suppl. B.D. 10 July, adm. 11 July 1617. [ii. 185]

Magd. H. **Gayden** (Gaydon), **Peter**; adm. B.A. 19 Oct. 1594, det. 159$\frac{4}{5}$; lic. M.A. 10 June 1597, inc. 1597. [ii. 179]

Magd. H. **Love, William**; adm. B.A. 19 Oct. 1594, det. 159$\frac{4}{5}$; lic.

M.A. 5 July 1603, inc. 1603. ⟨Chor. of Magd. C. 1586, Demy 1589–1594; Blox. 1, p. 22, and 4, p. 230.⟩

Magd. H. **Chilcote, Richard**; adm. B.A. 19 Oct. 1594, det. $159\frac{4}{5}$. [ii. 179]

*Magd. H.** **Horne, Thomas**; adm. B.A. (Magd. H.) 19 Oct. 1594, det. $159\frac{4}{5}$; lic. M.A. (Mert.) 4 July 1601, inc. 1601; adm. B.D. 4 June 1616; lic. D.D. ('cumulatus') 8 July 1625, inc. 1625. Brod., p. 276. [ii. 182]

Magd. H. **Harvile** (Harvyle), **Edward**; adm. B.A. 19 Oct. 1594, det. $159\frac{4}{5}$; lic. M.A. 10 June 1597, inc. 1597.

Oriel. **Greezbrooke** (Chresbrook, Cresbrooke, Gresbrook, Greesbrooke), **Richard**; adm. B.A. 30 Oct. 1594, det. $159\frac{4}{5}$; lic. M.A. (then in orders) 6 July 1598, inc. 1598. [ii. 179] (The name is given as 'Richard' in the B.A. suppl. and in a dispens. and in the M.A. entries, but as 'George' in the B.A. adm.)

Brasenose. **Williams, John**; adm. B.A. 7 Nov. 1594.

*Exeter.** **Pollexfen, Thomas**; adm. B.A. (Exet.) 13 Nov. 1594, det. $159\frac{4}{5}$; lic. M.A. (Oriel) 23 Feb. $159\frac{8}{9}$, inc. 1599. [ii. 191]

Lincoln. **Ainsworth** (Answorth, Aynsworth, Amisworth), **John**; adm. B.A. 18 Nov. 1594, det. $159\frac{4}{5}$.

S. Mary H. **Devenish** (Devonishe), **John**; adm. B.A. 23 Nov. 1594, det. $159\frac{4}{5}$. [ii. 183] 'Thomas Devenishe,' Magd. H., suppl. M.A. 4 July, lic. 6 July 1601, inc. 1601 ⟨possibly the same person⟩.

Brasenose. **Higden** (Higdon), **Peter**; adm. B.A. 23 Nov. 1594, det. $159\frac{4}{5}$. [S. Mary H., ii. 183]

*Merton.** **Deane, Edmund**; adm. B.A. (Mert.) 11 Dec. 1594, det. (S. Alb. H.) $159\frac{4}{5}$; suppl. M.A. (from S. Alb. H.) 1 June 1597; lic. to pract. med. (B.A., S. Alb. H.) 28 Nov. 1601; suppl. M.B. and M.D. (S. Alb. H.) 25 June, adm. M.B. and lic. M.D. 28 June 1608, inc. M.D. 1609. [ii. 183]

Corpus. **Davies, David**; adm. B.A. 12 Dec. 1594. (A 'John Davis,' Corp., det. $159\frac{4}{5}$, perhaps a mistake for 'David,' but see p. 181.) David Davies (Corp.), lic. M.A., 7 July 1597, inc. 1597. [ii. 206]

Jesus. **Powell, Samuel**; adm. B.A. 12 Dec. 1594, det. $159\frac{4}{5}$; lic. M.A. (then in orders) 8 July 1597. [S. Mary H., ii. 191]

Merton. **Clay, George**; adm. B.A. 13 Dec. 1594, det. $159\frac{4}{5}$. [ii. 183]

S. Edm. H. **Griffeth, Thomas**; adm. B.A. 13 Dec. 1594. [Exet., ii. 178]

Hart H. **Ludlow** (Ludloe), **Henry**; (arm. fil. n. m.) adm. B.A. 17 Dec. 1594, det. $159\frac{4}{5}$. [ii. 185]

Merton. **Gifford, Charles**; suppl. B.A. 28 Jan. $159\frac{3}{4}$. [ii. 174]

Trinity. **Banbury, Edward**; (arm. fil. n. m.) suppl. B.A. 7 Feb. $159\frac{3}{4}$, det. $159\frac{3}{4}$; lic. M.A. 9 July 1596, inc. 1596. [ii. 184]

Ch. Ch. **Staple** (Staples), **Anthony**; suppl. B.A. 7 Feb. $159\frac{3}{4}$, det. $159\frac{3}{4}$.

Magd. C. **Williams, William**; suppl. B.A. 4 Mar. $159\frac{3}{4}$.

S. Alb. H. **Hawkins, John**; suppl. B.A. 16 Mar. $159\frac{3}{4}$. [ii. 181]

S. Alb. H. **Robins, William**; suppl. B.A. 30 Apr. 1594.

Jesus. **Price, David**; suppl. B.A. 30 Apr. 1594.

Corpus. **Gualter, Samuel**; suppl. B.A. 15 June 1594.

Exeter. **Godman, Thomas**; suppl. B.A. 11 Nov. 1594 [ii. 190]

S. Edm. H. **Roberts, Evan**; det. $159\frac{4}{5}$. ⟨Probably an error for 'Thomas,' *supra*, p. 181.⟩

All Souls. **Clutterbooke** (Clitterbooke, Clutterbrooke), **Robert**; suppl. M.A. 15 Mar. $159\frac{3}{4}$, lic. 10 Apr. 1594, inc. 1594.
Brasenose. **Pownall, Richard**; suppl. M.A. (?) 15 June 1594, being then 'promotus ad beneficium litigiosum.'

S. John's. **May, Thomas**; suppl. B.C.L. 15 Jan., adm. 17 Jan. $159\frac{3}{4}$. [ii. 254]
S. John's. **Whitlocke, James**; suppl. B.C.L. 7 June, adm. 1 July 1594. [ii. 165]
All Souls. **Woode, Nicholas**; suppl. B.C.L. 7 June, adm. 9 July 1594; suppl. D.C.L. 16 Dec. 1598.
All Souls. **Bayly, James**; suppl. B.C.L. 3 July, adm. 9 July 1594; supp. D.C.L. 5 July, lic. 6 July 1599, inc. 1599.
. . . **Clerk, Francis**; after forty years in Civil Law, suppl. B.C.L. 12 July 1594. [i. 114]
Gloc. H. **Milles, John**; suppl. B.C.L. 13 Dec., adm. 14 Dec. 1594.

Balliol. **Stevens, George**; a student of medicine of twenty-two years' standing, suppl. lic. to pract. med. 28 Jan., lic. 29 Jan. $159\frac{3}{4}$.

Exeter. **Vaux, Robert**; suppl. B.D. 22 June, adm. 25 June 1594. [i. 354]
Exeter. **Pigbone** (Pighbone, Pickbone, Piecburne, Picburne), **John**; suppl. B.D. 22 June, adm. 25 June 1594.
University. **Browne, John**; suppl. B.D. 8 May, adm. 27 June 1594; suppl. D.D. 27 June, lic. 30 June 1608, inc. 1608.

1595.

New. Coll. **Fitzharbert** (Fitzherbert), **Richard**; adm. B.A. 15 Jan. $159\frac{4}{5}$, det. $159\frac{4}{5}$; lic. M.A. 20 Oct. 1598, inc. 1599. [ii. 183]
Balliol. **Smith, Richard**; adm. B.A. 16 Jan. $159\frac{4}{5}$, det. $159\frac{4}{5}$; lic. M.A. 31 Mar. 1599, inc. 1599; (Fellow of Ball.) adm. B.D. 7 June 1608; lic. to preach 26 Nov. 1608; suppl. D.D. 11 Nov. 1611. [ii. 187]
*Balliol.** **Clavel, Giles**; adm. B.A. (Ball.) 16 Jan. $159\frac{4}{5}$, det. $159\frac{4}{5}$; lic. M.A. (Gloc. H.) 23 June 1598, inc. 1598. [ii. 184]
*Balliol.** **Cornish, Nicholas**; adm. B.A. (Ball.) 16 Jan. $159\frac{4}{5}$, det. $159\frac{4}{5}$; lic. M.A. (S. Edm. H.) 7 Dec. 1597, inc. 1598. [Exet., ii. 190]
S. John's. **Price, John**; adm. B.A. (S. Jo.) 16 Jan. $159\frac{4}{5}$. (In the suppl. on 15 Jan., he is put as of Ball.)
S. John's. **Hemerford, James**; adm. B.A. 16 Jan. $159\frac{4}{5}$.
Corpus. **Gardner, John**; (arm. fil. n. m.) adm. B.A. 24 Jan. $159\frac{4}{5}$. [ii. 193]
Oriel. **Keepe** (Kepe), **William**; adm. B.A. 25 Jan. $159\frac{4}{5}$, det. $159\frac{4}{5}$.

Queen's. **Harper, William**; adm. B.A. 27 Jan. 159$\frac{4}{5}$, det. 159$\frac{6}{7}$; lic. M.A. 4 July 1598, inc. 1598. [ii. 166]

Queen's. **Edmondson** (Edmundson), **William**; adm. B.A. 27 Jan. 159$\frac{4}{5}$, det. 159$\frac{6}{7}$; lic. M.A. 4 July 1598, inc. 1598; adm. B.D. 5 July 1610. [ii. 174]

Queen's. **Tompson** (Thompson, Tomson), **Thomas**; adm. B.A. 27 Jan. 159$\frac{4}{5}$, det. 159$\frac{6}{7}$; lic. M.A. 4 July 1598, inc. 1598; adm. B.D. 22 Feb. 16$\frac{09}{10}$; suppl. lic. to preach 27 Feb. 161$\frac{0}{1}$. [ii. 172]

Queen's. **Bowman, Robert**; adm. B.A. 27 Jan. 159$\frac{4}{5}$, det. 159$\frac{6}{7}$; lic. M.A. 4 July 1598, inc. 1598. [ii. 176]

Queen's. **Aiery** (Airaie), **Richard**; adm. B.A. 27 Jan. 159$\frac{4}{5}$. [ii. 171]

Corpus. **Boate** (Bote, Boote, Boat), **John**; adm. B.A. 1 Feb. 159$\frac{4}{5}$, det. 159$\frac{4}{5}$; lic. M.A. 27 Apr. 1598, inc. 1598; adm. B.D. 9 July 1605, lic. to preach 3 July 1608. [ii. 176]

Corpus. **Bradford, John**; adm. B.A. 1 Feb. 159$\frac{4}{5}$, det. 159$\frac{4}{5}$; lic. M.A. (then in orders) 7 July 1598, inc. 1598. [Mert., ii. 173]

Corpus. **Unwine** (Unwyn), **Thomas**; adm. B.A. 1 Feb. 159$\frac{4}{5}$, det. 159$\frac{4}{5}$. [ii. 178]

Corpus. **Parker, Daniel**; adm. B.A. 1 Feb. 159$\frac{4}{5}$, det. 159$\frac{4}{5}$; lic. M.A. 27 Apr. 1598, inc. 1598; suppl. B.D. 3 July, adm. 9 July 1605; suppl. lic. to preach 4 July, lic. 9 July 1605. [Queen's, ii. 183]

Corpus. **Browne, Walter**; adm. B.A. 1 Feb. 159$\frac{4}{5}$, det. 159$\frac{4}{5}$; suppl. M.A. 23 Feb. 159$\frac{7}{8}$, inc. 1598; adm. B.D. 8 Apr. 1606; suppl. for lic. to preach 16 May 1606. [ii. 178]

Corpus. **Orson, Edmund**; adm. B.A. 1 Feb. 159$\frac{4}{5}$, det. ('Edward') 159$\frac{4}{5}$; lic. M.A. 26 June 1598, inc. 1598. [ii. 197]

Broadg. H. **Shilston** (Shelstone, Shelton), **Stephen**; adm. B.A. 6 Feb. 159$\frac{4}{5}$, det. 159$\frac{4}{5}$; lic. M.A. 4 July 1600, inc. 1600. [ii. 181]

Broadg. H. **Adams, Nicholas**; adm. B.A. 6 Feb. 159$\frac{4}{5}$, det. 159$\frac{4}{5}$. [ii. 190]

Broadg. H. **Angram** (Angrome, Angrum), **Marmaduke**; adm. B.A. 6 Feb. 159$\frac{4}{5}$, det. 159$\frac{4}{5}$; lic. M.A. 7 July 1598, inc. 1598. [ii. 183]

S. Alb. H. **Astill** (Astell), **William**; adm. B.A. 12 Feb. 159$\frac{4}{5}$, det. 159$\frac{4}{5}$; lic. M.A. 20 May 1598, inc. 1598. [ii. 183]

Brasenose. **Hiron** (Hyron, Heron), **Thomas**; adm. B.A. 15 Feb. 159$\frac{4}{5}$, det. 159$\frac{4}{5}$; lic. M.A. 4 July 1598, inc. 1598.

*S. John's.** **Seaman, Peter**; adm. B.A. (S. Jo.) 17 Feb. 159$\frac{4}{5}$, det. 159$\frac{4}{5}$; lic. M.A. (Ch. Ch.) 4 July 1604, inc. 1604. Apparently Chaplain of Ch. Ch., for, on 10 Oct. 1604, he was excused attendance from Congregation, because he had to be at 'preces' in Ch. Ch. [New C., ii. 182]

S. John's. **Smith, Jeffrey**; adm. B.A. 17 Feb. 159$\frac{4}{5}$, det. 159$\frac{4}{5}$. [ii. 175]

S. Mary H. **Spicer, James**; adm. B.A. (then in orders) 19 Feb. 159$\frac{4}{5}$, det. 159$\frac{4}{5}$.

S. Mary H. **Wargeant, Thomas**; adm. B.A. 19 Feb. 159$\frac{4}{5}$, det. 159$\frac{4}{5}$. [Bras., ii. 178]

*Balliol.** **Abbotte** (Abbotts, Abbot), **Edward**; adm. B.A. (Ball.) 19 Feb. 159$\frac{4}{5}$, det. 159$\frac{4}{5}$; lic. M.A. (Univ., then in orders) 16 Dec. 1605, inc. 1606.

University. **Radclyffe** (Ratcliffe). **Jonas**; (arm. fil. n. m.) adm. B.A. 22

Feb. $159\frac{4}{5}$, det. $159\frac{4}{5}$; suppl. M.A. 6 July 1598, inc. 1598; adm. B.D. 22 Mar. $161\frac{1}{2}$. [ii. 193]

University. **Beale, William**; adm. B.A. 22 Feb. $159\frac{4}{5}$, det. $159\frac{4}{5}$. [? New C., ii. 109]

Brasenose. **Tilliarde, Christopher**; adm. B.A. 22 Feb. $159\frac{4}{5}$, det. $159\frac{4}{5}$. [Ch. Ch., ii. 189]

S. Mary H. **Townshend, Hayward**; (arm. fil. n. m.) adm. B.A. 22 Feb. $159\frac{4}{5}$, det. $159\frac{4}{5}$.

Corpus. **Tilley** (Tylley), **Thomas**; adm. B.A. 22 Feb. $159\frac{4}{5}$, det. $159\frac{4}{5}$; lic. M.A. 11 Nov. 1597, inc. 1598.

Oriel. **Washington, Christopher**; adm. B.A. 22 Feb. $159\frac{4}{5}$, det. $159\frac{4}{5}$. [ii. 167]

Magd. H. **Graylé** (Grailie), **Edmund**; adm. B.A. 22 Feb. $159\frac{4}{5}$, det. $159\frac{4}{5}$; lic. M.A. 8 July 1600, inc. 1600. [Magd. C., ii. 194]

Magd. H. **Walloppe, Oliver**; (eq. fil.) adm. B.A. 22 Feb. $159\frac{4}{5}$, det. $159\frac{4}{5}$.

Magd. H. **Staune** (Stawne), **Francis**; adm. B.A. 22 Feb. $159\frac{4}{5}$, det. $159\frac{4}{5}$; lic. M.A. (then in orders) 5 July 1599, inc. 1599. [ii. 179]

Magd. C. **Frances, Clare**; adm. B.A. 22 Feb. $159\frac{4}{5}$, det. $159\frac{4}{5}$. [ii. 183]

Magd. C. **Parret** (Parrott), **Peter**; adm. B.A. 22 Feb. $159\frac{4}{5}$, det. $159\frac{4}{5}$; lic. M.A. 5 July 1599, inc. 1599.

*Magd. C.** **Withington, Oliver**, adm. B.A. (Magd. C.) 22 Feb. $159\frac{4}{5}$, det. $159\frac{4}{5}$; lic. M.A. (S. Edm. H.) 7 Dec. 1597, inc. 1598.

*Magd. C.** **Ball** (Baal), **Gregory**; adm. B.A. (Magd. C.) 22 Feb. $159\frac{4}{5}$, det. $159\frac{4}{5}$; lic. M.A. (Exet.) 30 June 1599. (The name is sometimes given as 'George.') [Exet., ii. 190]

Ch. Ch. **Bell, Henry**; adm. B.A. 22 Feb. $159\frac{4}{5}$, det. $159\frac{4}{5}$.

Merton. **Bates, Richard**; adm. B.A. 25 Feb. $159\frac{4}{5}$, det. $159\frac{4}{5}$. [ii. 184]

Lincoln. **Lodington** (Luddington), **Henry**; adm. B.A. 26 Feb. $159\frac{4}{5}$, det. $159\frac{4}{5}$.

*Lincoln.** **Lewis** (Lewes), **Hugh**; adm. B.A. 26 Feb. $159\frac{4}{5}$, det. $159\frac{4}{5}$. (In the suppl. on 19 Feb., he is put as of Magd. H.) [? Bras., ii. 196]

Lincoln. **Dine** (Dyne, Dive), **Thomas**; adm. B.A. 26 Feb. $159\frac{4}{5}$, det. $159\frac{4}{5}$; lic. M.A. 20 Oct. 1597, inc. 1598. [ii. 182]

Lincoln. **Deabanke** (Deobanck), **Hugh**; adm. B.A. 26 Feb. $159\frac{4}{5}$, det. $159\frac{4}{5}$. On 6 Mar. $159\frac{5}{6}$ he and Thomas Allen, *supra*, p. 174, were dispensed to read their 'lectiones solemnes' for M.A. at 10 A.M., the afternoon being occupied with the disputations of the determinants. [ii. 186]

Lincoln. **Ireland, Thomas**; adm. B.A. 26 Feb. $159\frac{4}{5}$, det. $159\frac{4}{5}$; lic. M.A. 20 Oct. 1597, inc. 1598; adm. B.D. 13 June 1605; lic. D.D. 10 Apr. 1611, inc. 1611. [ii. 190]

Lincoln. **Hunt, John**; adm. B.A. 26 Feb. $159\frac{4}{5}$, det. $159\frac{4}{5}$; lic. M.A. 6 July 1598, inc. 1598. [ii. 194]

Lincoln. **Field** (Feild), **Robert**; adm. B.A. 26 Feb. $159\frac{4}{5}$, det. $159\frac{4}{5}$.

Lincoln. **Brumbie** (Brombé), **Matthew**; adm. B.A. 26 Feb. $159\frac{4}{5}$, det. $159\frac{4}{5}$.

Lincoln. **Moores, John**; adm. B.A. 26 Feb. $159\frac{4}{5}$, det. $159\frac{4}{5}$.

⟨*Brasenose.*⟩ **Penny** (Penie), **Giles**; adm. B.A. 26 Feb. $159\frac{4}{5}$, det. $159\frac{4}{5}$. [ii. 185]

S. Edm. H. **Lloyd, John**; (arm. fil. n. m.) adm. B.A. 26 Feb. 159⅚, det. 159⅚. [Linc., ii. 188]
Brasenose. **Shenton, John**; adm. B.A. 26 Feb. 159⅚, det. 159⅚; lic. M.A. 11 July 1600, inc. 1600. [ii. 181]
Brasenose. **Betson, Thomas**; adm. B.A. 26 Feb. 159⅚, det. 159⅚. [ii. 184]
Brasenose. **Tomkinson, Philip**; adm. B.A. 26 Feb. 159⅚, det. 159⅚. [ii. 179]
Brasenose. **Jones, Jasper**; adm. B.A. 26 Feb. 159⅚, det. 159⅚. [Magd. C., ii. 177]
Oriel. **Tyler (Tiler), Henry**; adm. B.A. 27 Feb. 159⅚, det. 159⅚. [ii. 184]
Merton. **Birde (Byrd), Andrew**; adm. B.A. 27 Feb. 159⅚, det. 159⅚; lic. M.A. 23 June 1599, inc. 1599; adm. M.B. 10 July 1615; lic. to pract. med. 11 July 1615; lic. M.D. 25 June 1618, inc. 1618. [ii. 184]
Merton. **Woodde (Wood), Bartholomew**; adm. B.A. 27 Feb. 159⅚, det. 159⅚; lic. M.A. 5 June 1602, inc. 1602. [ii. 190]
Merton. **Heginbotham (Higgenbotten), John**; adm. B.A. 27 Feb. 159⅚, det. 159⅚. [ii. 190]
Brasenose. **Pulford, Ralph**; adm. B.A. 27 Feb. 159⅚, det. 159⅚. [Randall, ii. 181]
Brasenose. **Morton (Moreton), Adam**; adm. B.A. 27 Feb. 159⅚, det. 159⅚; lic. M.A. 4 July 1598, inc. 1598. [ii. 187]
Brasenose. **Simcockes, Humphrey**; adm. B.A. 27 Feb. 159⅚, det. 159⅚.
Brasenose. **Smethers (Smetherst, Smithers), Richard**; adm. B.A. 27 Feb. 159⅚, det. 159⅚. [ii. 187]
Brasenose. **Buerdsel (Beardsall), Thomas**; adm. B.A. 27 Feb. 159⅚, det. 159⅚. [ii. 187]
Brasenose. **Holloway, Randall**; adm. B.A. 27 Feb. 159⅚, det. 159⅚. [ii. 187]
Brasenose. **Moore (More), Robert**; adm. B.A. 27 Feb. 159⅚, det. 159⅚. [ii. 197]
Magd. H. **Manning, Samuel**; adm. B.A. 28 Feb. 159⅚, det. 159⅚. [ii. 184]
Magd. H. **Manning, Philip**; adm. B.A. 28 Feb. 159⅚, det. 159⅚. [Magd. C., ii. 173]
Magd. H. **Wilkins, Gerard**; adm. B.A. 28 Feb. 159⅚, det. 159⅚. [ii. 188]
S. Alb. H. **Kenythorpe (Kennethorp), Thomas**; adm. B.A. 28 Feb. 159⅚, det. 159⅚. [Univ., ii. 184]
University. **Fradisham, Edward**; adm. B.A. 28 Feb. 159⅚, det. 159⅚. [ii. 186]
Merton. **Sutton, Robert**; adm. B.A. 28 Feb. 159⅚, det. 159⅚; lic. M.A. 21 June 1599, inc. 1599.
Exeter. **Mervin (Marven, Marvyn), William**; adm. B.A. 28 Feb. 159⅚, det. 159⅚; lic. M.A. 5 Nov. 1597, inc. 1598. [ii. 186]
Exeter. **Willoughbie, Henry**; adm. B.A. 28 Feb. 159⅚, det. 159⅚. [ii. 187]
Exeter. **Spicer, Alexander**; adm. B.A. 28 Feb. 159⅚, det. 159⅚; lic. M.A. 5 Nov. 1597, inc. 1598. [ii. 184] Boase, p. 53.

Exeter. **Fenne, William**; adm. B.A. 28 Feb. $159\frac{4}{5}$, det. $159\frac{4}{5}$. [ii. 190]

Exeter. **Knoles, William**; adm. B.A. 28 Feb. $159\frac{4}{5}$. [ii. 190]

Exeter. **Lee** (Leighe), **George**; adm. B.A. 28 Feb. $159\frac{4}{5}$, det. $159\frac{4}{5}$. [ii. 190]

Balliol. **Tovey, John**; adm. B.A. 28 Feb. $159\frac{4}{5}$, det. $159\frac{4}{5}$; lic. M.A. 13 June 1599, inc. 1599. (In the inc. he is wrongly called 'Towley.')

Balliol. **Skinner, Richard**; (arm. fil.) adm. B.A. 28 Feb. $159\frac{4}{5}$, det. $159\frac{4}{5}$. [Mert., ii. 163]

*Balliol.** **Milward** (Millward, Millard), **Thomas**; adm. B.A. (Ball.) 28 Feb. $159\frac{4}{5}$, det. $159\frac{4}{5}$; dispensed (S. Edm. H.) 14 Mar. $159\frac{8}{9}$; suppl. M.A. (from S. Mary H.) 14 July 1599, lic. (from Ball.) 12 July 1600, inc. (Ball.) 1600. [ii. 184]

Balliol. **Greenhill** (Greendell), **Henry**; adm. B.A. 28 Feb. $159\frac{4}{5}$, det. $159\frac{4}{5}$.

Balliol. **Pole** (Poole), **Edward**; adm. B.A. 28 Feb. $159\frac{4}{5}$, det. $159\frac{4}{5}$. [ii. 186]

Balliol. **Pole** (Poole), **Henry**; adm. B.A. 28 Feb. $159\frac{4}{5}$, det. $159\frac{4}{5}$. [ii. 186]

Balliol. **Mundy** (Mundaie), **Thomas**; adm. B.A. 28 Feb. $159\frac{4}{5}$, det. $159\frac{4}{5}$; suppl. M.A. 19 July 1600. [ii. 184]

*Balliol.** **Halle** (Haule), **John**; adm. B.A. (Ball.) 28 Feb. $159\frac{4}{5}$, det. $159\frac{4}{5}$; lic. M.A. (S. Edm. H.) 11 Nov. 1597, inc. 1598. [ii. 187]

Balliol. **Rogers, Thomas**; adm. B.A. 28 Feb. $159\frac{4}{5}$, det. $159\frac{4}{5}$; lic. M.A. 12 June 1599, inc. 1599.

Balliol. **Cumminge, Charles**; adm. B.A. 28 Feb. $159\frac{4}{5}$, det. $159\frac{4}{5}$.

Ch. Ch. **Gwinne, Matthew**; adm. B.A. 1 Mar. $159\frac{4}{5}$, det. $159\frac{4}{5}$.

Ch. Ch. **Foxe, Humphrey**; adm. B.A. 1 Mar. $159\frac{4}{5}$, det. $159\frac{4}{5}$.

Ch. Ch. **Davys** (Davies), **John**; adm. B.A. 1 Mar. $159\frac{4}{5}$, det. $159\frac{4}{5}$.

All Souls. **Francklin, William**; adm. B.A. 1 Mar. $159\frac{4}{5}$, det. $159\frac{4}{5}$.

*Queen's.** **Longe, Thomas**; adm. B.A. (Queen's) 1 Mar. $159\frac{4}{5}$, det. $159\frac{4}{5}$; lic. M.A. (All So.) 17 June 1600, inc. 1600. [ii. 169]

Jesus. **Vaughan, William**; adm. B.A. 1 Mar. $159\frac{4}{5}$, det. $159\frac{4}{5}$; lic. M.A. 16 Nov. 1597, inc. 1598; suppl. B.C.L. 3 Dec. 1600. [ii. 188]

*Jesus.** **Jones** (Johnes), **Toby**; adm. B.A. (Jes.) 1 Mar. $159\frac{4}{5}$, det. $159\frac{4}{5}$; suppl. M.A. (S. Edm. H.) 5 Dec., lic. M.A. 7 Dec. 1597 (but the entry is scored out). [ii. 207]

S. Edm. H. **Jones, Owen**; adm. B.A. 1 Mar. $159\frac{4}{5}$, det. $159\frac{4}{5}$; lic. M.A. (then in orders) 28 June 1598, inc. 1598. [ii. 185]

Jesus. **Humphreis** (Humphrey), **Edward**; adm. B.A. 1 Mar. $159\frac{4}{5}$, det. $159\frac{4}{5}$. [Oriel, ii. 189]

Jesus. **Lloyde** (Floyd), **John**; adm. B.A. 1 Mar. $159\frac{4}{5}$, det. $159\frac{4}{5}$; dispensed towards M.A. 30 Apr. 1597. [S. Jo., ii. 192]

Brasenose. **Woodward** (Wodward), **Peter**; adm. B.A. 7 Mar. $159\frac{4}{5}$, det. $159\frac{4}{5}$. [ii. 185]

*Oriel.** **Chest** (Cheast), **Thomas**; adm. B.A. (Oriel) 7 Mar. $159\frac{4}{5}$, det. $159\frac{5}{6}$; suppl. M.A. (Oriel) 6 July, lic. (S. Mary H.) 8 July 1598, inc. (S. Mary H.) 1598.

*S. John's.** **Goodman** (Godman), **John**; adm. B.A. (S. Jo.) 5 Apr. 1595, det. $159\frac{5}{6}$; lic. M.A. (Ball.) 19 Oct. 1598, inc. 1598. [? ii. 117]

Magd. H. **Levet** (Levit), **Thomas**; adm. B.A. 12 Apr. 1595. [Magd. C., ii. 176]

New Coll. **James, Thomas**; adm. B.A. 3 May 1595, det. 159$\frac{5}{6}$; lic. M.A. 5 Feb. 159$\frac{8}{9}$, inc. 1599; suppl. B.D. 18 July 1607; suppl. D.D. 6 Oct. 1613, adm. B.D. and lic. D.D. 16 May 1614, inc. D.D. 1614. [ii. 187]

New Coll. **Lidyate** (Lydiate), **Thomas**; adm. B.A. 3 May 1595, det. 159$\frac{5}{6}$; lic. M.A. 5 Feb. 159$\frac{8}{9}$, inc. 1599. [ii. 187]

New Coll. **Combe, Anthony**; adm. B.A. 3 May 1595, det. 159$\frac{5}{6}$; lic. M.A. 5 Feb. 159$\frac{8}{9}$, inc. 1599. [ii. 182]

New Coll. **Hopper, Thomas**; adm. B.A. 3 May 1595, det. 159$\frac{5}{6}$; lic. M.A. 5 Feb. 159$\frac{8}{9}$, inc. 1599; lic. to pract. med. 22 June 1602. [ii. 187]

Magd. C. **Hall, Henry**; adm. B.A. 3 May 1595, det. 159$\frac{5}{6}$; lic. M.A. 5 July 1599, inc. 1599. [ii. 171]

Magd. C. **Jefferay, Anthony**; adm. B.A. 17 May 1595, det. 159$\frac{5}{6}$; lic. M.A. 19 Apr. 1600, inc. 1600. ('Anthony' in suppl. B.A. and det., and in M.A. entries; but 'Arthur' in adm. B.A.) [ii. 172]

Magd. C. **Harford** (Hartford), **Richard**; adm. B.A. 17 May 1595, det. 159$\frac{5}{6}$; lic. M.A. 11 July 1600, inc. 1600. [ii. 159]

Magd. C. **Lee** (Leighe), **Christopher**; adm. B.A. 17 May 1595, det. 159$\frac{5}{6}$; suppl. M.A. 5 June 1600. ⟨Clerk of Magd. C. 1595–1602; Blox. 2, p. 46.⟩

Ch. Ch. **Warmstrey** (Warmstrie), **William**; adm. B.A. 17 May 1595, det. 159$\frac{5}{6}$; lic. M.A. 7 July 1598, inc. 1598. [ii. 181]

Ch. Ch. **Griffith** (Griffithes), **Silvanus**; adm. B.A. 17 May 1595, det. 159$\frac{5}{6}$; lic. M.A. 7 July 1600, inc. 1600; suppl. B.D. 15 June, suppl. D.D. 28 June, adm. B.D. and lic. D.D. ('cumulatus') 5 July 1610, inc. D.D. 1610. Archdeacon of Hereford. [Bras., ii. 175]

New Coll. **Milles** (? Willes), **Anthony**; adm. B.A. 17 May 1595. [? S. Alb. H., ii. 157]

*Ch. Ch.** **Evans, Richard**; adm. B.A. (Ch. Ch.) 24 May 1595; lic. M.A. (S. Edm. H.) 28 June 1598, inc. 1598. [ii. 189]

Exeter. **Pill, Francis**; adm. B.A. 27 May 1595.

S. Edm. H. **Stone, John**; adm. B.A. 27 May 1595, det. 159$\frac{7}{8}$. [? Mert., ii. 141]

Ch. Ch. **Ireland, John**; adm. B.A. 2 July 1595, det. 159$\frac{5}{6}$; lic. M.A. 7 Dec. 1599, inc. 1600. In 1599 he calls himself head of a school. A Wood says this was the Free School at Croydon in Surrey, which he left in 1606. [ii. 194]

Ch. Ch. **Carleton, Dudley**; adm. B.A. 2 July 1595, det. 159$\frac{6}{7}$; lic. M.A. 12 July 1600, inc. 1600 (on 11 July 1600 he was dispensed for five terms' absence, having been over sea on public business of the realm.) [ii. 189]

Oriel. **Hutton, Peter**; adm. B.A. 3 July 1595.

*Magd. H.** **Myles** (Milles, Mills), **Richard**; suppl. B.A. (Broadg. H.) 28 June, adm. ('Millar,' Magd. H.) 4 July 1595, det. 159$\frac{5}{6}$; lic. M.A. (Magd. H.) 7 July 1598, inc. 1598. [ii. 185]

Balliol. **Marler, Toby**; adm. B.A. 5 July 1595, det. 159$\frac{5}{6}$. [ii. 193]

S. John's. **Rawlinson** (Raulingson, Raulinson, Ralinson), **John**; adm. B.A. 5 July 1595, det. 159$\frac{5}{6}$; lic. M.A. 21 May 1599, inc. 1599;

suppl. B.D. 12 Nov., adm. ('Raulings') 12 Nov. 1605; lic. to preach 26 Feb. $160\frac{5}{6}$; lic. D.D. 1 June 1608, inc. 1608. [ii. 185]

S. John's. **Androes** (Androse, Andros, Androwes, Andrews), **Richard** (Rice); adm. B.A. 5 July 1595, det. $159\frac{5}{6}$; lic. M.A. 21 May 1599, inc. 1599; suppl. M.B. 4 Feb. $160\frac{4}{5}$, adm. 1 June 1608; suppl. M.D. 30 May, lic. 1 June 1608, inc. 1608. [ii. 185]

*All Souls.** **Evans, John**; adm. B.A. 8 July 1595. (suppl. from S. Edm. H. on 5 July.)

Brasenose. **Jones** (Joanes), **William**; adm. B.A. 8 July 1595, det. $159\frac{5}{6}$; lic. M.A. 23 June 1599, inc. 1599; adm. B.D. 24 Feb. $160\frac{8}{9}$; lic. to preach June (?) 1609. [ii. 187]

Lincoln. **Webb, Thomas**; adm. B.A. 8 July 1595. [ii. 188]

S. Mary H. **Brownet, Thomas**; adm. B.A. 10 July 1595, det. $159\frac{5}{6}$. [ii. 183]

New Coll. **Tomlins, Robert**; adm. B.A. 15 July 1595, det. $159\frac{5}{6}$; lic. M.A. 4 July 1599, inc. 1599.

Queen's. **Trowtbeck** (Towntbeck, Troughtbecke), **Robert**; adm. B.A. 15 July 1595, det. $159\frac{6}{7}$; lic. M.A. 4 July 1598, inc. 1598. [ii. 186]

S. Mary H. **Parrie** (Parry), Charles; adm. B.A. 17 July 1595, det. $159\frac{5}{6}$; lic. M.A. 21 June 1598, inc. 1598; lic. to pract. med. 23 Oct. 1601. [ii. 189]

Oriel. **Eales, William**; adm. B.A. 22 Oct. 1595, det. $159\frac{5}{6}$; lic. M.A. 21 June 1599, inc. 1599. [ii. 179]

*S. Edm. H.** **Whelpsdale** (Whelpdale, Whelpdall), **William**; adm. B.A. (S. Edm. H.) 27 Oct. 1595, det. $159\frac{5}{6}$; lic. M.A. (Queen's) 4 July 1598, inc. 1598. [Queen's, ii. 187]

Magd. C. **Humfrey, Richard**; adm. B.A. 27 Oct. 1595, det. $159\frac{5}{6}$; lic. M.A. 11 Dec. 1599, inc. 1600; adm. B.D. 12 July 1609. [ii. 172]

Magd. C. **Castillion** (Castilion), **Douglas**; adm. B.A. 3 Nov. 1595, det. $159\frac{5}{6}$; lic. M.A. 11 Dec. 1599, inc. 1600. [ii. 188]

Magd. C. **Underhill, Edward**; adm. B.A. 3 Nov. 1595, det. $159\frac{5}{6}$; lic. M.A. 11 Dec. 1599, inc. 1600. [ii. 159]

Magd. C. **Pococke, Isaac**; adm. B.A. 3 Nov. 1595, det. $159\frac{5}{6}$; lic. M.A. 11 Dec. 1599, inc. 1600. [ii. 169]

Magd. C. **Underhill, John**; adm. B.A. 3 Nov. 1595, det. $159\frac{5}{6}$. [Magd. H., ii. 166]

Magd. C. **Godwin** (Godwyn, Goodwin), **Paul**; adm. B.A. 3 Nov. 1595, det. $159\frac{5}{6}$; lic. M.A. 5 July 1598, inc. 1598; adm. B.D. and lic. D.D. ('cumulatus') 2 July 1621, inc. D.D. 1621. [? Ch. Ch., ii. 171]

Magd. C. **Castle** (Castell), **Thomas**; adm. B.A. 3 Nov. 1595, det. $159\frac{5}{6}$. [ii. 177]

Magd. C. **Goffe** (Gough), **Stephen**; adm. B.A. 3 Nov. 1595, det. $159\frac{5}{6}$; lic. M.A. 11 Dec. 1599, inc. 1600. [Magd. H., ii. 185]

Jesus. **Sherrie** (Shary), **Cadoc**; adm. B.A. 3 Nov. 1595. [ii. 188]

Magd. C. **Bird, John**; adm. B.A. 6 Nov. 1595, det. $159\frac{5}{6}$. [ii. 172]

Balliol. **Seagar, Thomas**; adm. B.A. 6 Nov. 1595.

Magd. H. **Follet, Richard**; adm. B.A. 10 Nov. 1595, det. $159\frac{5}{6}$. [ii. 168]

Magd. H. **Fountayne, Richard**; adm. B.A. 10 Nov. 1595, det. $159\frac{5}{6}$. [ii. 184]

Magd. H. **Jones, William**; adm. B.A. 25 Nov. 1595, det. $159\frac{5}{6}$. [ii. 185]

S. Edm. H. **White, William**; adm. B.A. 25 Nov. 1595, det. $159\frac{5}{6}$; lic. M.A. 28 June 1598, inc. 1598.

Balliol. **Clinton, Guy**; adm. B.A. 28 Nov. 1595, det. $159\frac{5}{6}$; lic. M.A. 6 July 1599, inc. 1599. [ii. 193]

Balliol. **King, Richard**; adm. B.A. 28 Nov. 1595, det. $159\frac{5}{6}$; lic. M.A. (then in orders) 9 July 1601, inc. 1601; adm. B.D. and lic. D.D. 20 June 1611, inc. D.D. 1611. [ii. 193]

Brasenose. **Sutton, William**; adm. B.A. 28 Nov. 1595, det. $159\frac{5}{6}$; lic. M.A. 20 Oct. 1598, inc. 1599. [ii. 184]

Brasenose. **Philips** (Phillipps), **Henry**; adm. B.A. 28 Nov. 1595, det. $159\frac{5}{6}$; lic. M.A. 5 July 1599, inc. 1599. [ii. 185]

Brasenose. **Dorrell** (Darell), **Thomas**; adm. B.A. 28 Nov. 1595, det. $159\frac{5}{6}$. [ii. 186]

S. Alb. H. **Bridges, Richard**; adm. B.A. 13 Dec. 1595, det. $159\frac{7}{8}$; lic. M.A. 22 Mar. $159\frac{8}{9}$, inc. 1599. [ii. 190]

*Hart H.** **Shenton, John**; adm. B.A. (Hart H.) 15 Dec. 1595, det. (Bras.) $159\frac{8}{9}$.

Magd. H. **Robotham, Oliver**; adm. B.A. 16 Dec. 1595, det. $159\frac{5}{6}$. [ii. 192]

Magd. H. **Nurth, John**; adm. B.A. 16 Dec. 1595, det. $159\frac{5}{6}$. [ii. 192]

*Oriel.** **Lloyde** (Floyde), **Richard**; adm. B.A. (Oriel) 16 Dec. 1595, det. $159\frac{5}{6}$; lic. M.A. (Linc.) 6 July 1598, inc. 1598. [ii. 189]

*Queen's.** **Wilkes, Thomas**; adm. B.A. (Queen's) 16 Dec. 1595, det. $159\frac{5}{6}$; lic. M.A. (S. Edm. H.) 21 June 1599, inc. 1599. [ii. 185]

All Souls. **Baylie** (Bayly, Bailie), **Richard**; adm. B.A. 16 Dec. 1595, det. $159\frac{5}{6}$; lic. M.A. 6 July 1599, inc. 1599.

S. Mary H. **Leech, Timothy**; suppl. B.A. 26 Feb. $159\frac{4}{5}$.

S. John's. **Williamson, Edmund**; suppl. B.A. 16 May 1595. [ii. 192]

S. John's. **Williamson, Francis**; suppl. B.A. 16 May 1595. [ii. 192]

New Coll. **Price, Richard**; suppl. B.A. 14 June 1595, det. $159\frac{6}{7}$; lic. M.A. 24 May 1599, inc. 1599.

*Merton.** **Clay** (Cley), **Robert**; suppl. B.A. (Mert.) 18 Nov. 1595, det. $159\frac{5}{6}$; lic. M.A. (Mert.) 5 July 1598, inc. 1598; adm. B.D. (Mert.) 9 July 1607; suppl. D.D. (Mert.) 29 May 1609, lic. (Magd. H.) 19 Jan. $16\frac{09}{10}$, inc. (Magd. H.) 1610. Died 1628. [ii. 190]

Merton. **Booth, Thomas**; suppl. B.A. 18 Nov. 1595.

Jesus. **Ellys, John**; suppl. and adm. B.C.L. 5 Apr. 1595. [? Magd. C., ii. 172]

New Coll. **Barker, Robert**; adm. B.C.L. 3 May 1595. [ii. 167]

*All Souls.** **Pope, Edmund**; suppl. B.C.L. (Gloc. H.) 13 Feb. $159\frac{4}{5}$, adm. (All So.) 15 July 1595; suppl. D.C.L. (then Chancellor of Rochester) 9 June, lic. 6 July 1599, inc. 1599.

1596.

S. Alb. H. **Rashley, Thomas**; adm. B.A. 19 Jan. $159\frac{5}{6}$, det. $159\frac{5}{6}$. [ii. 191]

S. Alb. H. **Peters** (Peeters), **Matthew**; adm. B.A. 19 Jan. $159\frac{5}{6}$, det. $159\frac{5}{6}$. [Mert., ii. 194]

S. Alb. H. **Oliver, Robert**; adm. B.A. 19 Jan. $159\frac{5}{6}$. [ii. 192]

Lincoln. **Accranley** (Acranlie), **William**; adm. B.A. 20 Jan. $159\frac{5}{6}$, det. $159\frac{5}{6}$. [ii. 194]

Lincoln. **Veale, Walter**; adm. B.A. 20 Jan. $159\frac{5}{6}$, det. $159\frac{5}{6}$; lic. M.A. (then in orders) 10 June 1607, inc. 1607. [ii. 204]

*Brasenose.** **Mason, Henry**; adm. B.A. (Bras.) 22 Jan. $159\frac{5}{6}$, det. $159\frac{5}{6}$; lic. M.A. (Corp.) 11 May 1603, inc. 1603; adm. B.D. (Corp.) 25 June 1610. [ii. 198]

*S. John's.** **Flud** (Fludde), **Robert**; adm. B.A. (S. Jo.) 3 Feb. $159\frac{5}{6}$, det. $159\frac{5}{6}$; lic. M.A. (S. Jo.) 8 July 1598, inc. 1598. In the M.A. suppl. he describes himself as 'eq. aur. fil.' and says he is going over sea. [ii. 193] Robert Fludd, Ch. Ch. ⟨probably the same person⟩, suppl. lic. to pract. med., M.B., and M.D. 14 May, lic. to pract., adm. M.B., and lic. M.D. 16 May 1605. (His adm. M.B. is entered also in error as an adm. B.C.L., 'Robert Floyd.')

Oriel. **Mucleston** (Muklestone), **Edward**; adm. B.A. 5 Feb. $159\frac{5}{6}$, det. $159\frac{5}{6}$. [S. Mary H., ii. 191]

Merton. **Cole, Giles**; adm. B.A. 12 Feb. $159\frac{5}{6}$, det. $159\frac{5}{6}$. [ii. 184] Brod., p. 276.

*Jesus.** **Powell, Gabriel**; adm. B.A. (Jes.) 13 Feb. $159\frac{5}{6}$, det. $159\frac{5}{6}$; suppl. B.D. (from S. Mary H., having been some time in Universities over sea) 2 Mar. $160\frac{4}{5}$.

Oriel. **Wagstaff, Timothy**; adm. B.A. 13 Feb. $159\frac{5}{6}$, det. $159\frac{5}{6}$.

*Oriel.** **Morgans** (Morgan), **Evan**; adm. B.A. (Oriel) 13 Feb. $159\frac{5}{6}$, det. $159\frac{5}{6}$; lic. M.A. (Linc.) 3 Nov. 1598, inc. 1599; adm. B.D. (Linc., 'cumulatus') 21 Mar. $161\frac{6}{7}$. [ii. 200]

Oriel. **Varleigh** (Varly, Vacly), **William**; adm. B.A. 13 Feb. $159\frac{5}{6}$, det. $159\frac{5}{6}$.

*Queen's.** **Sonier** (Senior), **Richard**; adm. B.A. (Queen's) 13 Feb. $159\frac{5}{6}$, det. $159\frac{5}{6}$; lic. M.A. (Univ.) 3 Nov. 1598, inc. 1599. [ii. 192]

All Souls. **Bisse, Thomas**; adm. B.A. 13 Feb. $159\frac{5}{6}$, det. $159\frac{5}{6}$; lic. M.A. 19 Oct. 1599, inc. 1600.

*Magd. H.** **Talbot** (Talbott), **John**; adm. B.A. (Magd. H.) 14 Feb. $159\frac{5}{6}$, det. $159\frac{5}{6}$; lic. M.A. (Mert.) 8 July 1600, inc. 1600; suppl. M.B. (Mert.) 25 June 1608. [ii. 184] Brod., p. 276.

Magd. H. **Nicolson, Thomas**; adm. B.A. 14 Feb. $159\frac{5}{6}$, det. $159\frac{5}{6}$; lic. M.A. (then in orders) 30 Oct. 1598, inc. 1599. [ii. 186]

Magd. H. **Cheeke, William**; adm. B.A. 14 Feb. $159\frac{5}{6}$, det. $159\frac{5}{6}$.

Magd. H. **Empson** (Emson), **John**; adm. B.A. 14 Feb. $159\frac{5}{6}$, det. $159\frac{5}{6}$; lic. M.A. 5 July 1599, inc. 1599.

Trinity. **Eaton, John**; adm. B.A. 16 Feb. $159\frac{5}{6}$, det. $159\frac{5}{6}$; lic. M.A. (then in orders) 7 July 1603, inc. 1603. [ii. 177]

*Trinity.** **Atkins** (Atginns), **Edward**; adm. B.A. (Trin.) 16 Feb. $159\frac{5}{6}$, det. $159\frac{5}{6}$; lic. M.A. (Jes.) 2 May 1599, inc. 1599. [Jes., ii. 187]

Trinity. **Roberts, Thomas**; adm. B.A. 16 Feb. $159\frac{5}{6}$, det. $159\frac{5}{6}$; lic. M.A. 4 July 1599, inc. 1599. [ii. 200]

Brasenose. **Davis** (Davies), **John**; adm. B.A. 16 Feb. $159\frac{5}{6}$, det. $159\frac{5}{6}$. [ii. 193]

*Brasenose.** **Mocket** (Moket), **Richard**; adm. B.A. (Bras.) 16 Feb. $159\frac{5}{6}$, det. $159\frac{5}{6}$; lic. M.A. (Bras.) 5 Apr. 1600, inc. 1600; lic. B.D. (All So.) 23 Apr. 1607; lic. D.D. (All So.) 6 July 1609, inc. 1609.

Brasenose. **Pecstones** (Pexton), **Thomas**; adm. B.A. 16 Feb. $159\frac{5}{6}$, det. $159\frac{5}{6}$. [ii. 191]

Brasenose. **Caradine** (Carwardine), **Thomas**; adm. B.A. 16 Feb. $159\frac{5}{6}$, det. $159\frac{5}{6}$; lic. M.A. 22 May 1599, inc. ('William') 1599; adm. B.D. 24 Feb. $160\frac{8}{9}$. [ii. 195]

Brasenose. **Price, Thomas**; adm. B.A. 16 Feb. $159\frac{5}{6}$, det. $159\frac{5}{6}$; [ii. 191]

University. **Robinson, Humphrey**; adm. B.A. 16 Feb. $159\frac{5}{6}$, det. $159\frac{5}{6}$; lic. M.A. 5 Dec. 1598, inc. 1599. [Hart H., ii. 190]

University. **Chambers, Humphrey**; adm. B.A. 16 Feb. $159\frac{5}{6}$, det. $159\frac{5}{6}$. [ii. 191]

University. **Greenwood** (Greenewood), **Charles**; adm. B.A. 16 Feb. $159\frac{5}{6}$, det. $159\frac{5}{6}$; lic. M.A. 5 Dec. 1598, inc. 1599. [ii. 191]

Magd. C. **Freind** (Frend, Frinde), **William**; adm. B.A. 16 Feb. $159\frac{5}{6}$, det. $159\frac{5}{6}$; lic. M.A. 5 July 1599, inc. 1599. [ii. 197]

Magd. C. **Chibball** (Chiball), **William**; adm. B.A. 16 Feb. $159\frac{5}{6}$, det. $159\frac{5}{6}$; lic. M.A. 19 Feb. $159\frac{8}{9}$, inc. 1599. [ii. 172]

S. Mary H. **Blackleech, William**; adm. B.A. 16 Feb. $159\frac{5}{6}$, det. $159\frac{5}{6}$. [Bras., ii. 160]

Gloc. H. **Kemys** (Kemis), **Thomas**; adm. B.A. 17 Feb. $159\frac{5}{6}$, det. $159\frac{5}{6}$. [ii. 191]

Oriel. **Coxe, William**; adm. B.A. 17 Feb. $159\frac{5}{6}$, det. $159\frac{5}{6}$; lic. M.A. 6 July 1599, inc. 1599.

*Ch. Ch.** **Wroth, William**; adm. B.A. (Ch. Ch.) 18 Feb. $159\frac{5}{6}$; lic. M.A. (Jes.) 26 June 1605, inc. 1605. [N. I. H., ii. 181]

Balliol. **Dunch, William**; (arm. fil. n. m.) adm. B.A. 19 Feb. $159\frac{5}{6}$, det. $159\frac{5}{6}$.

Balliol. **Coles** (Cooles), **Thomas**; adm. B.A. 19 Feb. $159\frac{5}{6}$, det. $159\frac{5}{6}$. [ii. 193]

Queen's. **Hill, Hugh**; adm. B.A. 19 Feb. $159\frac{5}{6}$, det. $159\frac{5}{6}$. [ii. 187]

Lincoln. **Debancke** (Deabanck, Deobank), **Robert**; adm. B.A. 19 Feb. $159\frac{5}{6}$, det. $159\frac{5}{6}$. [Exet., ii. 140]

Exeter. **Chetwind** (Chestwin, Chetwine, Chettwine), **Edward**; adm. B.A. 19 Feb. $159\frac{5}{6}$, det. $159\frac{5}{6}$; lic. M.A. 7 Nov. 1598, inc. 1599; suppl. B.D. 21 Nov., adm. 15 Dec. 1606; suppl. lic. to preach 9 Dec., lic. 15 Dec. 1606; suppl. and lic. D.D. 15 July 1616, inc. 1617. [ii. 195]

Exeter. **Carpenter, Richard**; adm. B.A. 19 Feb. $159\frac{5}{6}$, det. $159\frac{5}{6}$; lic. M.A. 7 Nov. 1598, inc. 1599; adm. B.D. 25 June 1611; lic. D.D. 10 Feb. $161\frac{6}{7}$, inc. 1617. [ii. 191] (Boase, p. 52.)

Exeter. **Lane, Valentine**; adm. B.A. 19 Feb. $159\frac{5}{6}$, det. $159\frac{5}{6}$; lic. M.A. 8 May 1599, inc. 1599; adm. B.D. 19 Nov. 1612. [ii. 192]

Exeter. **Lye** (Lyghe), **John**; adm. B.A. 19 Feb. $159\frac{5}{6}$, det. $159\frac{5}{6}$. [ii. 196] (See *infra*, p. 212.)

Magd. H. **Silver, John**; adm. B.A. 20 Feb. $159\frac{5}{6}$. [ii. 184]

Balliol. **Bainham** (Benham), **Edmund**; (arm. fil. unicus) adm. B.A. 20 Feb. $159\frac{5}{6}$, det. $159\frac{5}{6}$. [ii. 199]

*S. John's.** **Cater, George**; adm. B.A. (S. Jo.) 20 Feb. $159\frac{5}{6}$, det. $159\frac{5}{6}$; lic. M.A. (S. Edm. H., then in orders) 17 Dec. 1613, inc. 1614. [ii. 196]

Magd. H. **Bigge** (Big), **Edmund**; adm. B.A. 20 Feb. $159\frac{5}{6}$, det. $159\frac{5}{6}$; lic. M.A. 5 July 1599, inc. 1599.

Magd. H. **Samborne, James**; adm. B.A. 20 Feb. $159\frac{5}{6}$, det. $159\frac{5}{6}$. [ii. 193]

Oriel. **Prichard, William**; adm. B.A. 21 Feb. $159\frac{5}{6}$, det. $159\frac{5}{6}$. [Jes., ii. 194]

Jesus. **Owens** (Owen), **John**; adm. B.A. 21 Feb. $159\frac{5}{6}$, det. $159\frac{5}{6}$; lic. M.A. 23 June 1599, inc. 1599. [ii. 206]

Jesus. **Miles** (Mills), **Rimbron**; adm. B.A. 21 Feb. $159\frac{5}{6}$, det. $159\frac{5}{6}$. [ii. 188]

Jesus. **Davies** (Davis), **John**; adm. B.A. 21 Feb. $159\frac{5}{6}$, det. $159\frac{5}{6}$.

Balliol. **Atkins, John**; adm. B.A. 21 Feb. $159\frac{5}{6}$, det. $159\frac{5}{6}$. [ii. 195]

Balliol. **Price, John**; adm. B.A. 21 Feb. $159\frac{5}{6}$, det. $159\frac{5}{6}$.

*Balliol.** **Poyer, Richard**; adm. B.A. (Ball.) 21 Feb. $159\frac{5}{6}$, det. $159\frac{5}{6}$; lic. M.A. (S. Edm. H., then in orders) 4 July 1601, inc. 1601. [ii. 193]

S. Mary H. **Owen, Richard**; (fil. Thomae Owen, judicis) adm. B.A. 21 Feb. $159\frac{5}{6}$, det. $159\frac{5}{6}$.

*Corpus.** **Haberley** (Habberley, Haberlie), **Thomas**; adm. B.A. (Corp.) 21 Feb. $159\frac{5}{6}$, det. $159\frac{5}{6}$; lic. M.A. (New C.) 14 Oct. 1598, inc. 1599.

*Gloc. H.** **Prichard, Edward**; adm. B.A. (Gloc. H.) 21 Feb. $159\frac{5}{6}$, det. $159\frac{5}{6}$; lic. M.A. (S. Edm. H.) 4 July 1600, inc. 1600. [Jes., ii. 194]

Gloc. H. **Price, Richard**; adm. B.A. 21 Feb. $159\frac{5}{6}$, det. $159\frac{5}{6}$. [ii. 201]

S. Mary H. **Leigh, Edward**; adm. B.A. 21 Feb. $159\frac{5}{6}$, det. $159\frac{5}{6}$. [ii. 180]

University. **Parmiter, Richard**; adm. B.A. 21 Feb. $159\frac{5}{6}$, det. $159\frac{5}{6}$; lic. M.A. 5 July 1599, inc. 1599. [ii. 192]

Magd. C. **Oates** (Otes), **Thomas**; adm. B.A. 21 Feb. $159\frac{5}{6}$, det. $159\frac{5}{6}$; lic. M.A. 11 Dec. 1599, inc. 1600; adm. B.D. 12 July 1609; lic. to preach 1 Dec. 1613; lic. D.D. 10 July 1618, inc. 1618. (In 1608 he was Domestic Chaplain of the Earl of Pembroke.)

University. **Jones** (Johnes), **William**; adm. B.A. 21 Feb. $159\frac{5}{6}$, det. $159\frac{5}{6}$. [ii. 193]

University. **Leighe** (Lygh), **Christopher**; adm. B.A. 21 Feb. $159\frac{5}{6}$, det. $159\frac{5}{6}$. [ii. 191]

Ch. Ch. **James, William**; (D.D. fil. n. m.) adm. B.A. 6 Mar. $159\frac{5}{6}$, det. $159\frac{6}{7}$; lic. M.A. 21 May 1599, inc. 1599. [ii. 194]

Ch. Ch. **Sprint, John**; (D.D. fil.) adm. B.A. 6 Mar. $159\frac{5}{6}$, det. $159\frac{6}{7}$; lic. M.A. 21 May 1599, inc. 1599.

S. Edm. H. **Lewes** (Lews), **John**; adm. B.A. 15 Mar. $159\frac{5}{6}$; lic. M.A. 14 June 1599, inc. 1599.

S. Mary H. **Holdippe, Simon**; adm. B.A. 24 Mar. $159\frac{5}{6}$.

Exeter. **Smalman, John**; adm. B.A. 26 Mar. 1596. [Ch. Ch., ii. 175]

S. Edm. H. **Herne, Edmund**; adm. B.A. 26 Mar. 1596. [ii. 212]

S. Edm. H. **Evans, Henry**; adm. B.A. 26 Mar. 1596, det. $159\frac{6}{7}$.

1596]   DEGREES.   197

Jesus.   **Powell, John**; adm. B.A. 3 Apr. 1596. [ii. 167]
Jesus.   **Williams, John**; adm. B.A. 3 Apr. 1596. (See p. 240.)
New Coll.   **Boling, Henry**; adm. B.A. 8 May 1596, det. 159⁰⁄₇; lic. M.A. 14 Jan. 1⁵⁹⁹⁄₆₀₀, inc. 1600. [ii. 192]
New Coll.   **Smith, John**; adm. B.A. 8 May 1596, det. 159⁰⁄₇. [ii. 192] (See *infra*, p. 218.)
New Coll.   **White, Josias**; adm. B.A. 8 May 1596, det. 159⁰⁄₇; lic. M.A. 14 Jan. 1⁵⁹⁹⁄₆₀₀, inc. 1600; suppl. for lic. to preach 29 Jan. 160⁰⁄₇; adm. B.D. 21 June 1610. [ii. 194]
Merton.   **Redferne, Thomas**; adm. B.A. 11 May 1596. [ii. 173]
S. Edm. H. **Price, Richard**; adm. B.A. 14 May 1596, det. 159⁷⁄₈. [? Linc., ii. 199]
Ch. Ch.   **Ridley (Ridgley), Cuthbert**; adm. B.A. 15 May 1596, det. 159⁰⁄₇; lic. M.A. 21 May 1599, inc. 1599; lic. to preach 17 Dec. 1604. [ii. 194]
Magd. C.   **Good, Osmund**; adm. B.A. 17 May 1596, det. 159⁰⁄₇. [ii. 172]
Ch. Ch.*   **Gorges, Francis**; adm. B.A. (Ch. Ch.) 24 May 1596, det. (Broadg. H.) 159⁰⁄₇. (On 21 May 1596 he was dispensed with two years' residence, being the son of the Marchioness of Northampton.) [ii. 205]
Exeter.   **Reade, Nicholas**; adm. B.A. 25 May 1596, det. 159⁰⁄₇. [ii. 196]
Exeter.   **Eaton, Christopher**; adm. B.A. 25 May 1596, det. 159⁰⁄₇. [ii. 196]
New Coll.   **Harris (Harrys), Edmund**; (Clerk of New C.) adm. B.A. 25 May 1596. [ii. 189]
S. Mary H. **Dakers, Andrew**; adm. B.A. 26 May 1596, det. 159⁰⁄₇. [ii. 147]
University. **Batte, Thomas**; adm. B.A. 10 June 1596, det. 159⁸⁄₉. [ii. 186]
New Coll.* **Barlow, Ralph**; (Chaplain of New C.) adm. B.A. 12 June 1596, det. 159⁰⁄₇; lic. M.A. (New C.) 28 Apr. 1599, inc. 1599; adm. B.D. (Corp.) 19 June 1606; lic. to preach (Corp.) 29 Oct. 1606; as B.D. (Exet.?), suppl. D.D. 7 June, lic. (Corp., 'cumulatus') 11 June 1610, inc. (Corp.) 1610. Dean of Wells. [Oriel, ii. 201]
Ch. Ch.   **Bancroft, John**; adm. B.A. 16 June 1596, det. 159⁰⁄₇; lic. M.A. 21 May 1599, inc. 1599; adm. B.D. 9 July 1607; lic. D.D. ('cumulatus') 24 Jan. 16⁰⁹⁄₁₀, inc. 1610. [ii. 194]
Ch. Ch.   **Digby (Digbigh), Thomas**; adm. B.A. 16 June 1596, det. 159⁰⁄₇; lic. M.A. 21 May 1599, inc. 1599. [ii. 193]
Ch. Ch.   **Theloal (Thelwall), Herbert**; adm. B.A. 16 June 1596, det. 159⁰⁄₇; lic. M.A. 10 July 1601, inc. 1601. [ii. 194]
Ch. Ch.   **Wake, Abraham**; adm. B.A. 16 June 1596, det. 159⁰⁄₇. [ii. 194]
N. I. H.   **Prichard, Morgan**; adm. B.A. 23 June 1596. One ... 'Prichard' det. from Ch. Ch. in 159⁰⁄₇, probably this man.
S. Edm. H. **Lewes, Evan**; (arm. fil. n. m.) adm. B.A. 26 June 1596, det. 159⁰⁄₇. [One of those matric., Bras., ii. 196]
Exeter.   **Potter, Simon**; adm. B.A. 28 June 1596, det. 159⁰⁄₇; lic. M.A. 24 Apr. 1599, inc. 1599. [ii. 196]
Exeter.   **Luscombe, Hugh**; adm. B.A. 28 June 1596, det. 159⁰⁄₇. [ii. 192]

S. Edm. H. **Thomas, John**; adm. B.A. 1 July 1596, det. 159⁶⁄₇; lic. M.A. 22 May 1599, inc. 1599.
Brasenose. **Boote, Michael**; adm. B.A. 5 July 1596, det. 159⁶⁄₇.
Oriel. **Jones, John**; adm. B.A. 6 July 1596 (then a student of Common law). [ii. 200]
S. Edm. H. **Price, Owen**; adm. B.A. 6 July 1596, det. 159⁶⁄₇. [Jes., ii. 188]
*Queen's.** **Warwick, Thomas**; adm. B.A. (Queen's) 8 July 1596; lic. M.A. (S. Edm. H.) 4 July 1599, inc. 1599. [ii. 192]
*Queen's.** **Morland, Thomas**; adm. B.A. (Queen's) 8 July 1596, det. 159⁶⁄₇; dispensed (S. Edm. H.) 5 June 1605; suppl. and lic. M.A. (Queen's, then in orders) 28 June 1605, inc. 1605. [ii. 181]
Queen's. **Plumbe, Francis**; (arm. fil. n. m.) adm. B.A. 8 July 1596, det. 159⁶⁄₇. [ii. 198]
Exeter. **Baskerville** (Bascorvile), **Simon**; adm. B.A. 8 July 1596, det. 159⁶⁄₇; lic. M.A. 24 Apr. 1599, inc. 1599; suppl. lic. to pract. med. and M.B. 29 Nov. 1605, adm. M.B. 20 June 1611; suppl. M.D. 19 June 1611, lic. 20 June 1611, inc. 1611. [ii. 190] (Boase, p. 51)
Exeter. **Gover, Christopher**; adm. B.A. 8 July 1596, det. 159⁶⁄₇. [ii. 190] (Boase, p. 51.)
Exeter. **Peter** (Peeter), **Richard**; adm. B.A. 8 July 1596, det. 159⁶⁄₇. [ii. 191]
Exeter. **Symmes** (Simmes, Sims), **Robert**; adm. B.A. 8 July 1596, det. 159⁶⁄₇; lic. M.A. 24 Apr. 1599, inc. 1599. [ii. 196]
Exeter. **Hayman, Robert**; adm. B.A. 8 July 1596. (In the suppl. B.A. he says he is going abroad.) [ii. 178]
Exeter. **Carpenter, Richard**; adm. B.A. 8 July 1596. (In the B.A. suppl. he says he is teaching boys in Cornwall.) [ii. 190]
*Exeter.** **Glover, Hugh**; adm. B.A. (Exct.) 8 July 1596, det. (S. Edm. H.) 159⁷⁄₈; lic. M.A. (S. Edm. H.) 22 May 1599, inc. 1599. [ii. 194]
Magd. H. **Skipwith, Charles**; adm. B.A. 9 July 1596.
Magd. H. **Walton, Toby**; adm. B.A. 9 July 1596. [ii. 192]
Magd. H. **Palmer, Robert**; adm. B.A. 9 July 1596, det. 159⁶⁄₇. [ii. 192]
*Magd. H.** **Lambert** (Lamert), **Thomas**; adm. B.A. (Magd. H.) 9 July 1596, det. 159⁶⁄₇; (in the B.A. suppl. he is put as of Magd. C.); lic. M.A. (Magd. H.) 6 July 1601, inc. 1601. [Magd. C., ii. 206]
Trinity. **Thatcher, Robert**; adm. B.A. 9 July 1596, det. 159⁶⁄₇. [ii. 189]
*Trinity.** **Blikard** (Blickard), **Stukely** (Stuckley); adm. B.A. (Trin.) 9 July 1596, det. 159⁶⁄₇; lic. M.A. (Mert.) 4 July 1601, inc. 1601; suppl. B.D. (Mert.) 4 May 1612. [ii. 196] Brod., p. 276.
All Souls. **Hanmer** (Hamner, Hanmar), **John**; adm. B.A. ('Hamer') 14 July 1596, det. (Hanmer) 159⁶⁄₇; lic. M.A. 5 Apr. 1600, inc. 1600; lic. to preach 23 Jan. 161⁰⁄₁; adm. B.D. 1 Dec. 1615. There is some confusion about his D.D. for he is entered as lic. D.D. 1 Dec. 1615, inc. 1616; and also as 'creatus D.D. in domo Congregationis' on 13 Nov. 1616. [Oriel, ii. 191]
All Souls. **Evans, Thomas**; adm. B.A. 14 July 1596.
All Souls. **Elgar, Christopher**; suppl. B.A. 15 Mar. 159½ and again 14 July 1596, adm. 14 July 1596, det. 159⁶⁄₇; lic. M.A. 9 July 1602, inc. 1602. [ii. 163]

University. **Shrewsbury** (Shrowsbury), **Thomas**; adm. B.A. 15 July 1596; lic. M.A. 5 July 1609, inc. 1609. [ii. 179]
University. **Cooke, Brian**; adm. B.A. 15 July 1596. [i. 370]
Ch. Ch. **Chowne** (Chune), **Francis**; adm. B.A. 19 July 1596, det. 159⁰⁷; lic. M.A. 21 May 1599, inc. 1599.
New Coll. **Bayly** (Baylie), **Samuel**; adm. B.A. 14 Oct. 1596, det. 159⁰⁷; lic. M.A. 25 June 1600, inc. 1600. [ii. 194]
S. John's. **Leech, Robert**; adm. B.A. 21 Oct. 1596, det. 159⁰⁷; lic. M.A. 2 June 1600, inc. 1600. [ii. 192]
S. John's. **White, Thomas**; adm. B.A. 21 Oct. 1596, det. 159⁰⁷; lic. M.A. 2 June 1600, inc. 1600. [ii. 201]
S. John's. **Cliffe** (Clyffe), **Nicholas**; adm. B.A. 21 Oct. 1596, det. 159⁰⁷; lic. M.A. 2 June 1600, inc. 1600; adm. B.D. 19 June 1606; lic. to preach 11 Nov. 1611. [ii. 192]
Jesus.* **Bowen, Lewis**; adm. B.A. (Jes.) 21 Oct. 1596; lic. M.A. (Magd. H.) 7 July 1602, inc. 1602; adm. B.D. (Magd. H.) 5 May 1614. [ii. 179]
Oriel. **Johnson** (Jhonson), **Thomas**; adm. B.A. 23 Oct. 1596, det. 159⁰⁷; lic. M.A. 12 Nov. 1601, inc. 1602; suppl. lic. to pract. med. and M.B. 13 June 1608, adm. M.B. 26 June 1609; suppl. and lic. M.D. 26 June 1609, inc. 1609. ⟨Buried in S. Mary's Oxon, 16 Nov. 1621.⟩ [S. Alb. H., ii. 202]
S. Mary H. **Bourne** (Borne), **William**; adm. B.A. 23 Oct. 1596, det. 159⁰⁷.
Broadg. H. **Kelly, George**; adm. B.A. 25 Oct. 1596, det. 159⁰⁷; lic. M.A. 4 July 1600, inc. 1600. [ii. 195]
Jesus. **Lloyde, Hugh**; adm. B.A. 24 Nov. 1596, det. 159⁰⁷; lic. M.A. 7 July 1603, inc. 1603; adm. B.D. ('Floyd') 9 July 1612. [ii. 207]
Jesus. **Powell, William**; adm. B.A. 24 Nov. 1596. [? Gloc. H., ii. 185]
Jesus. **Jenkins, Evan**; adm. B.A. 24 Nov. 1596, det. 159⁰⁷; lic. M.A. 16 July 1600, inc. 1601.
Merton. **Steare** (Stere), **Ralph**; adm. B.A. 26 Nov. 1596, det. 159⁰⁷. [S. Alb. H., ii. 183]
Magd. H. **King, Daniel**; adm. B.A. 2 Dec. 1596, det. 159⁰⁷. [ii. 198]
Brasenose. **Bolton** (Boulton), **Robert**; adm. B.A. 2 Dec. 1596, det. 159⁰⁷; lic. M.A. 8 July 1602, inc. 1602; adm. B.D. 14 Dec. 1609; lic. to preach 22 June 1610.
Broadg. H. **Moore, Richard**; adm. B.A. 2 Dec. 1596, det. 159⁰⁷; lic. M.A. 4 July 1600, inc. 1600; adm. B.D. 4 Apr. 1612. [ii. 195]
Oriel. **Pretherough** (Prutherough, Predderouh, Predderch), **Hugh**; adm. B.A. 4 Dec. 1596, det. 159⁰⁷.
Exeter. **Bonner, John**; adm. B.A. 4 Dec. 1596. [? Ball., ii. 171] Boase, p. 51.
Exeter. **Browne, Thomas**; adm. B.A. 4 Dec. 1596, det. 159⁰⁷. [ii. 195]
Trinity. **White, William**; (arm. fil. n. m.) adm. B.A. 8 Dec. 1596, det. 159⁰⁷; lic. M.A. 14 May 1601, inc. 1601; adm. B.D. 7 June 1608; lic. D.D. 2 July 1612, inc. 1612; suppl. lic. to preach 14 Mar. 161⅞, lic. 13 Apr. 1619. [ii. 196]
Trinity. **Moore, Walter**; adm. B.A. (Trin.) 8 Dec. 1596, det. 159⁰⁷; lic. M.A. (Trin.) 10 Apr. 1600, inc. 1600; suppl. lic. to preach

(Trin.) 30 Oct., lic. (Ball., in error) 10 Nov. 1606; suppl. B.D.
(Trin.) 14 July 1607, adm. (Trin.) 11 May 1608. [ii. 191]
Trinity.   **Smith, Edward**; adm. B.A. 8 Dec. 1596, det. 159⁶⁄₇. [? Ball., ii. 187]
Merton.   **Chubbe, Thomas**; adm. B.A. 10 Dec. 1596. [S. Mary H., ii. 193]
Brasenose.   **Collinson, Thurston**; adm. B.A. 14 Dec. 1596, det. 159⁶⁄₇; lic. M.A. 6 July 1604, inc. 1604.
Merton.   **Gale, William**; adm. B.A. 14 Dec. 1596, det. 159⁶⁄₇; lic. M.A. 22 Feb. 160⅖, inc. 1603. [ii. 195] Brod., p. 277.

Balliol.   **Harrison, Thomas**; suppl. B.A. 17 July 1596, det. 159⁶⁄₇; lic. M.A. (then in orders) 9 July 1601, inc. 1601. [ii. 169]
S. Mary H.   **Leversage, Hugh**; dispensed 25 Nov. 1596. [Bras., ii. 193]

New Coll.   **Mortimer, William**; adm. B.C.L. 12 Apr. 1596. [ii. 109]
New Coll.   **Sacheverill, Ambrose**; adm. B.C.L. 12 Apr. 1596. [ii. 109]
New Coll.   **Southworth, Edward**; adm. B.C.L. 12 Apr. 1596. [ii. 183]
S. John's.   **Haite, John**; suppl. B.C.L. 9 June, adm. 28 June 1596. [? See i. 228; and ii. 135]

All Souls.   **Clapham, Thomas**; B.A., after 20 years in medicine, suppl. lic. to pract. med. 29 Jan. and lic. 30 Jan. 159⅝.
Magd. Coll.   **Balsam, Scipio**; suppl. lic. to pract. med. 13 Dec., lic. 17 Dec. 1596. [i. 378]

1597.

Ch. Ch.   **Hodges, Roger**; adm. B.A. 23 Jan. 159⁶⁄₇.
Merton.   **Powel** (Powell), **Charles**; adm. B.A. 24 Jan. 159⁶⁄₇, det. 159⁶⁄₇; lic. M.A. 1 July 1600, inc. 1600. [ii. 185]
Ch. Ch.   **Bust, John**; adm. B.A. 28 Jan. 159⁶⁄₇, det. 159⁶⁄₇; lic. M.A. 14 June 1600, inc. 1600.
Queen's.   **Hechestetter** (Hechstetter, Hetchstetter, Exeter), **David**; adm. B.A. 28 Jan. 159⁶⁄₇, det. 159⁶⁄₇; lic. M.A. 17 June 1600, inc. 1600; adm. B.D. 3 June 1611. [ii. 203]
Queen's.*   **Haule** (Hall), **Nicholas**; adm. B.A. (Queen's) 28 Jan. 159⁶⁄₇, det. 159⁶⁄₇; lic. M.A. (S. Edm. H.) 11 Feb. 160½, inc. 1602. [ii. 186]
Oriel.   **Cockeram** (Cockram), **Martin**; adm. B.A. 29 Jan. 159⁶⁄₇, det. 159⁶⁄₇; lic. M.A. 10 July 1601, inc. 1601. [ii. 189]
Balliol.   **Hungerford, Thomas**; (arm. fil. n. m.), adm. B.A. 29 Jan. 159⁶⁄₇, det. 159⁶⁄₇. [ii. 202]
Balliol.*   **Tilson** (Tillson, Tillsonne), **Henry**; adm. B.A. (Ball.) 29 Jan. 159⁶⁄₇, det. 159⁶⁄₇; lic. M.A. (Univ.) 1 July 1601, inc. 1601.
Balliol.   **Warner, Thomas**; adm. B.A. 29 Jan. 159⁶⁄₇, det. 159⁶⁄₇.
Ch. Ch.   **Alford, Robert**; adm. B.A. 29 Jan. 159⁶⁄₇, det. 159⁶⁄₇; lic. M.A. 18 June 1607, inc. 1607. [ii. 213]
Magd. C.   **Wilcockes** (Willcocks), **William**; adm. B.A. 29 Jan. 159⁶⁄₇, det. 159⁶⁄₇. [Magd. H., ii. 206]
Broadg. H.   **Rous, Richard**; adm. B.A. 31 Jan. 159⁶⁄₇, det. 159⁶⁄₇. [ii. 197]
Broadg. H.   **Rous, Francis**; adm. B.A. 31 Jan. 159⁶⁄₇, det. 159⁶⁄₇. [ii. 197]

Broadg. H. **Fitzgeffry** (Fitzgeffreis, Fitzjeffry, Fitzgefferey), **Charles**; adm. B.A. 31 Jan. 159⁹⁄₇, det. 159⁴⁄₇; lic. M.A. 4 July 1600, inc. 1600. [ii. 197]
Magd. C. **Pack, John**; adm. B.A. 31 Jan. 159⁹⁄₇, det. 159⁹⁄₇.
S. Mary H.* **Aldworth, Nathaniel**; adm. B.A. (S. Mary H.) 1 Feb. 159⁹⁄₇, det. 159⁹⁄₇; lic. M.A. (S. Alb. H.) 9 July 1601, inc. 1601. [ii. 210]
Balliol. **Hollingworth, Hugh**; adm. B.A. 3 Feb. 159⁹⁄₇, det. 159⁹⁄₇.
Brasenose. **Sefton (Seston), Thomas**; adm. B.A. 3 Feb. 159⁹⁄₇, det. 159⁹⁄₇; lic. M.A. 7 June 1600, inc. 1600. [ii. 197]
Brasenose. **Marrow, Edmund**; adm. B.A. 3 Feb. 159⁹⁄₇, det. 159⁹⁄₇. [ii. 214]
Brasenose.* **Bruen (Brewen, Brwen), Robert**; adm. B.A. (Bras.) 3 Feb. 159⁹⁄₇, det. 159⁹⁄₇; lic. M.A. (S. Mary H.) 18 May 1602, inc. 1602. [ii. 205]
Brasenose.* **Wiat (Wyatt), Thomas**; adm. B.A. (Bras.) 3 Feb. 159⁹⁄₇, det. 159⁹⁄₇; lic. M.A. (Oriel) 11 Mar. 160³⁄₄, inc. 1603; lic. to preach (Oriel) 17 Dec. 1610; suppl. B.D. (Oriel) 15 Dec. 1610, adm. 27 June 1611; suppl. D.D. (Oriel) 4 July 1613, lic. 5 July 1614, inc. 1614.
Brasenose. **Greenhough (Greenhall), Robert**; (arm. fil. n. m.), adm. B.A. 3 Feb. 159⁹⁄₇, det. 159⁹⁄₇. [ii. 202]
Brasenose. **Hulme, Thomas**; adm. B.A. 3 Feb. 159⁹⁄₇, det. 159⁹⁄₇; lic. M.A. 12 July 1600, inc. 1600. [i. 370]
Brasenose. **Coles, Henry**; adm. B.A. 3 Feb. 159⁹⁄₇, det. 159⁹⁄₇.
Magd. H. **Baxter, Thomas**; adm. B.A. 4 Feb. 159⁹⁄₇, det. 159⁹⁄₇; lic. M.A. 8 July 1600, inc. 1600.
Oriel.* **Price, Hugh**; adm. B.A. (Oriel) 4 Feb. 159⁹⁄₇; lic. M.A. (S. Edm. H.) 8 July 1600, inc. 1600.
Queen's. **Airay, Richard**; adm. B.A. 4 Feb. 159⁹⁄₇, det. 159⁹⁄₇. [ii. 196]
Balliol. **Frenche, Mathew**; adm. B.A. 4 Feb. 159⁹⁄₇, det. 159⁹⁄₇. [ii. 199]
Brasenose. **Leech, Thomas**; adm. B.A. 4 Feb. 159⁹⁄₇, det. 159⁹⁄₇; lic. M.A. 5 July 1611, inc. 1611. [ii. 175]
Brasenose. **Little, John**; adm. B.A. 4 Feb. 159⁹⁄₇, det. 159⁹⁄₇; lic. M.A. (then in orders) 20 May 1612, inc. 1612. [ii. 198]
S. John's. **Stapleton, William**; adm. B.A. 5 Feb. 159⁹⁄₇, det. 159⁹⁄₇. [ii. 195]
S. John's. **Bell, Robert**; adm. B.A. 5 Feb. 159⁹⁄₇, det. 159⁹⁄₇.
Magd. C. **Stevens (Steevens), Humphrey**; adm. B.A. 5 Feb. 159⁹⁄₇, det. 159⁹⁄₇; lic. M.A. 10 July 1600, inc. 1600.
All Souls. **Smith, John**; adm. B.A. 5 Feb. 159⁹⁄₇, det. 159⁹⁄₇. (See p. 218.) [? Univ., ii. 197; or Ball., ii. 201]
All Souls. **Crosse, John**; adm. B.A. 5 Feb. 159⁹⁄₇, det. 159⁹⁄₇; suppl. M.A. 15 July 1600, lic. 12 Apr. 1605, inc. 1605.
Ch. Ch. **Wood, Richard**; adm. B.A. 5 Feb. 159⁹⁄₇, det. 159⁹⁄₇. [? Univ., ii. 189]
Ch. Ch. **Lewes, John**; adm. B.A. 5 Feb. 159⁹⁄₇, det. 159⁹⁄₇.
Broadg. H. **Holmes, Thomas**; adm. B.A. 5 Feb. 159⁹⁄₇, det. 159⁹⁄₇; lic. M.A. (then in orders) 3 July 1601, inc. 1601.
Broadg. H. **Whare (Wheare, Weare), Diagory**; adm. B.A. 5 Feb. 159⁹⁄₇, det. 159⁹⁄₇; lic. M.A. 16 June 1600, inc. 1600. [ii. 197] Boase, p. 55.
S. Edm. H.* **Hughes, Owen**; suppl. B.A. (from New C.) 14 June 1595 and (from S. Edm. H.) 14 June 1596, adm. B.A. (S. Edm. H.)

5 Feb. 159⁸⁄₇, det. 159⁰⁄₇; lic. M.A. (S. Edm. H.) 28 Nov. 1600, inc. 1601.
S. Edm. H. **Morrice** (Morice, Maurice), **Robert**; adm. B.A. 5 Feb. 159⁶⁄₇, det. 159⁰⁄₇.
S. Edm. H. **Jones** (Joanes, Johnes), **William**; adm. B.A. 5 Feb. 159⁶⁄₇, det. 159⁰⁄₇; lic. M.A. (then in orders) 2 May 1599, inc. 1599. [? Trin., ii. 203]
Trinity.* **Winter, Nathaniel**; adm. B.A. (Trin.) 5 Feb. 159⁶⁄₇, det. 159⁰⁄₇; lic. M.A. (Gloc. H.) 10 July 1601, inc. 1601. [Ball., ii. 201]
Trinity. **Davis, Humphrey**; adm. B.A. 5 Feb. 159⁶⁄₇, det. 159⁰⁄₇.
Jesus. **Lace, Richard**; adm. B.A. 5 Feb. 159⁶⁄₇, det. 159⁰⁄₇.
S. Edm. H. **Parrie, Henry**; adm. B.A. 5 Feb. 159⁶⁄₇, det. 159⁰⁄₇.
Ch. Ch. **Balam, John**; adm. B.A. 5 Feb. 159⁶⁄₇, det. 159⁰⁄₇.
S. John's. **Tredway, Richard**; (a student of law) adm. B.A. 21 Feb. 159⁶⁄₇, det. 159⁰⁄₇; lic. M.A. 13 June 1599, inc. 1599. [ii. 198]
Lincoln. **Rotherfoord** (Rotherforth), **Robert**; adm. B.A. 21 Feb. 159⁶⁄₇, det. 159⁷⁄₈. [ii. 199]
Lincoln. **Rotherfoord, John**; adm. B.A. 21 Feb. 159⁶⁄₇, det. 159⁷⁄₈. [ii. 199]
Oriel. **Floyd** (Lloyd), **Lewis**; adm. B.A. 23 Feb. 159⁶⁄₇, det. 159⁰⁄₇; lic. M.A. 2 July 1608, inc. 1608.
University.* **Gates** (Gate), **Timothy**; adm. B.A. (Univ.) 23 Feb. 159⁶⁄₇, det. 159⁷⁄₈; lic. M.A. (Ball.) 2 Dec. 1601, inc. 1602; adm. B.D. (Ball.) 24 Oct. 1611. [ii. 189]
University. **Baldwin, John**; adm. B.A. 23 Feb. 159⁶⁄₇, det. 159⁷⁄₈. [ii. 210]
University. **Gryme** (Grime), **Lancelot**; adm. B.A. 23 Feb. 159⁶⁄₇, det. 159⁷⁄₈; lic. M.A. 16 June 1600, inc. 1600. [ii. 193]
University. **Harrison, James**; adm. B.A. 23 Feb. 159⁶⁄₇, det. 159⁷⁄₈; lic. M.A. 16 June 1600, inc. 1600. [ii. 193]
University. **Rider** (Ryder), **William**; adm. B.A. 23 Feb. 159⁶⁄₇, det. 159⁷⁄₈. [ii. 214]
University. **Stockdale** (Stocdale), **Gregory**; adm. B.A. 25 Feb. 159⁶⁄₇. [ii. 197]
Trinity. **Calvert** (Calvart), **George**; (gen. fil. n. m., a student of municipal law) adm. B.A. 23 Feb. 159⁶⁄₇. [i. 237, ii. 203]
S. Mary H. **Mansell, Richard**; adm. B.A. 25 Feb. 159⁶⁄₇, det. ¹⁵⁹⁹⁄₁₆₀₀; lic. M.A. 17 June 1600, inc. 1600. [ii. 180]
S. Mary H. **Barker** (Backer), **William**; adm. B.A. 25 Feb. 159⁶⁄₇, det. 159⁷⁄₈; lic. M.A. 5 July 1599, inc. 1599; lic. to pract. med. 14 July 1601; suppl. M.B. 3 Dec. 1605, and again 29 June 1607, adm. 14 July 1607; suppl. M.D. 11 July 1607, lic. 14 July 1607, inc. 1608.
Magd. C. **Ashwood, Bartholomew**; adm. B.A. 4 Mar. 159⁶⁄₇; lic. M.A. 3 July 1601, inc. 1601. [ii. 188]
Ch. Ch.* **Roberts, John**; adm. B.A. (Ch. Ch.) 4 Mar. 159⁶⁄₇, det. 159⁷⁄₈; lic. M.A. (S. Mary H.) 1 Feb. 160½, inc. 1602. [? S. Jo., ii. 212]
Ch. Ch. **Gwyn** (Gwinn), **Ellis**; adm. B.A. 4 Mar. 159⁶⁄₇, det. 159⁷⁄₈.
S. Edm. H. **Jones, Henry**; adm. B.A. 9 Apr. 1597.
New Coll. **White, John**; adm. B.A. 12 Apr. 1597, det. 159⁷⁄₈; lic. M.A. 16 Jan. 160⁰⁄₁, inc. 1601. [? Wyght, Bras., ii. 198]
New Coll. **Gray** (Grey), **Edmund**; adm. B.A. 12 Apr. 1597, det. 159⁷⁄₈; lic. M.A. 16 Jan. 160⁰⁄₁, inc. 1601. [ii. 207]

New Coll. **Hall, William**; adm. B.A. 12 Apr. 1597, det. 159$\frac{7}{8}$; lic. M.A. 16 Jan. 160$\frac{0}{1}$, inc. 1601. [ii. 198]
Lincoln. **Hartley, Edward**; adm. B.A. 15 Apr. 1597, det. 159$\frac{7}{8}$. [ii. 199]
Balliol. **Parkes** (Parks), **William**; adm. B.A. 15 Apr. 1597, det. 159$\frac{7}{8}$; lic. M.A. 12 July 1600, inc. 1600. [ii. 199]
*Corpus.** **Hill, Joseph**; adm. B.A. (Corp.) 18 Apr. 1597, det. 159$\frac{7}{8}$; lic. M.A. (Corp.) 6 July 1599, inc. 1599; adm. B.D. (Hart H.) 10 July 1606; lic. to preach (Hart H.) 10 Dec. 1616. [ii. 194]
Corpus. **Morgan, Henry**; adm. B.A. 18 Apr. 1597, det. 159$\frac{7}{8}$. [ii. 197]
Corpus. **Elkes, Timothy**; adm. B.A. 18 Apr. 1597, det. 159$\frac{7}{8}$; lic. M.A. 11 July 1600, inc. 1600. [ii. 212]
Corpus. **Honifold** (Honnifolde), **Gabriel**; adm. B.A. 18 Apr. 1597, det. 159$\frac{7}{8}$; lic. M.A. 13 Dec. 1602, inc. 1603; adm. B.D. 27 Mar. 1610. [ii. 187]
Corpus. **Allin, Walter**; adm. B.A. 18 Apr. 1597.
Brasenose. **Norris, William**; adm. B.A. 22 Apr. 1597, det. 159$\frac{7}{8}$; lic. M.A. 15 Feb. $\frac{1599}{1600}$, inc. 1600. [ii. 197] William Norris (Norrice), All So., suppl. lic. to preach 4 Nov., lic. 10 Nov. 1608; suppl. B.D. 13 Apr. 1611. ⟨He may be either this William Norris, or the other, *supra*, p. 177.⟩
*Jesus.** **Meredith, Thomas**; adm. B.A. 29 Apr. 1597. On 29 Jan. $\frac{1599}{1600}$ he had his grace renewed, being then of Magd. C., and det. (from Magd. C.) $\frac{1599}{1600}$. [Magd. C., ii. 206]
Queen's. **Askew, Aegeon**; adm. B.A. 30 Apr. 1597, det. 159$\frac{7}{8}$; lic. M.A. 17 June 1600, inc. 1600. [ii. 198]
Exeter. **Vilvaine** (Vilvayne), **Robert**; adm. B.A. 9 May 1597, det. 159$\frac{7}{8}$; lic. M.A. 11 July 1600, inc. 1600; suppl. M.B. 25 June 1608, adm. 20 June 1611; suppl. M.D. 19 June, lic. 20 June 1611, inc. 1611. Boase, p. 54. [ii. 200]
New Coll. **Proctor, William**; (a master at Winchester College) adm. B.A. 10 May 1597. [ii. 198]
Queen's. **Mathew, Roger**; adm. B.A. 12 May 1597, det. 159$\frac{7}{8}$; lic. M.A. 17 June 1600, inc. 1600. [ii. 198]
Gloc. H. **Bradley, William**; adm. B.A. 12 May 1597.
Jesus. **Praulfe, Evan**; adm. B.A. 12 May 1597. ('John' in the B.A. suppl.)
Magd. C. **Walker** (Wauker), **Robert**; adm. B.A. 27 May 1597, det. 159$\frac{7}{8}$; lic. M.A. 3 July 1601, inc. 1601; adm. B.D. 6 July 1610; lic. to preach 6 July 1610. [ii. 173]
Magd. C. **Barnes, Robert**; adm. B.A. 27 May 1597, det. 159$\frac{7}{8}$; lic. M.A. 3 July 1601, inc. 1601; adm. B.D. 6 July 1610; lic. to preach 6 July 1610. [ii. 175]
Magd. C. **Paddy** (Paddie), **Samuel**; adm. B.A. 27 May 1597, det. 159$\frac{7}{8}$. [ii. 178]
Magd. C. **Humphrey** (Humfrey), **Matthew**; adm. B.A. 27 May 1597, det. 159$\frac{7}{8}$; lic. M.A. 3 July 1601, inc. 1601. ⟨Demy of Magd. C. 1590–1597, Fellow 1597–1602; Blox. 4, p. 230.⟩
Magd. C. **Withington, Richard**; adm. B.A. 27 May 1597. [ii. 188]
Magd. C. **Taylor, William**; adm. B.A. 27 May 1597, det. 159$\frac{7}{8}$. [ii. 188]
Magd. C. **Holled, Brian**; adm. B.A. 27 May 1597, det. 159$\frac{7}{8}$; lic. M.A. 3 July 1601, inc. 1601. [ii. 188]

Magd. C. **Lussher, Thomas**; adm. B.A. 27 May 1597, det. $159\frac{7}{8}$; lic. M.A. 10 July 1600, inc. 1600. [ii. 194]

*Magd. C.** **Messenger** (Massinger), **John**; adm. B.A. (Magd. C.) 27 May 1597, det. (All So.) $159\frac{7}{8}$; lic. M.A. (All So.) 27 Nov. 1600, inc. 1601. ⟨Demy of Magd. C. 1593–1598; Blox. 4, p. 234.⟩

Magd. C. **Robotham** (Robertham), **Robert**; adm. B.A. 27 May 1597, det. $159\frac{7}{8}$; lic. M.A. 14 Nov. 1600, inc. 1601; adm. B.D. and lic. D.D. ('cumulatus') 2 July 1621, inc. 1621. [Magd. H., ii. 192]

Magd. C. **Burrowes** (Burrowe, Borrowes, Burroughes, Burrough), **John**; adm. B.A. 27 May 1597, det. $159\frac{7}{8}$; lic. M.A. 3 July 1601, inc. 1601; adm. B.D. 6 July 1610; lic. to preach 17 Dec. 1610. ⟨Demy of Magd. C. 1594–1602, Fellow 1602–1611; Blox. 4, p. 235.⟩

Corpus. **Becher** (Beecher), **William**; (arm. fil. n. m.) adm. B.A. 4 June 1597. [ii. 204]

Exeter. **Trelaunye** (Trelawny), **John**; adm. B.A. 8 June 1597, det. $159\frac{7}{8}$; lic. M.A. 11 July 1600, inc. 1600. [ii. 200] Boase, p. 54.

Exeter. **Coffin, Edmund**; adm. B.A. 8 June 1597, det. $159\frac{7}{8}$.

Balliol. **Abbot** (Abbats), **John**; adm. B.A. 17 June 1597, det. $159\frac{7}{8}$; lic. M.A. 26 Mar. 1601, inc. 1601; lic. to preach 1 Feb. $160\frac{7}{8}$; adm. B.D. 25 June 1608; lic. D.D. 27 Jan. $161\frac{2}{3}$, inc. 1613. [ii. 198]

Balliol. **Stoughton, Thomas**; adm. B.A. 17 June 1597. [ii. 199]

Oriel. **Lewis, Edward**; adm. B.A. 20 June 1597, det. $159\frac{7}{8}$; lic. M.A. 23 June 1605, inc. 1605.

Merton. **Franklen** (Francklyn), **James**; adm. B.A. 21 June 1597. [S. Alb. H., ii. 198]

S. Alb. H. **Audley, Richard**; (arm. fil. n. m.) adm. B.A. 2 July 1597. [ii. 198]

*Jesus.** **Thomas, Lewis**; adm. B.A. (Jes.) 2 July 1597, det. $159\frac{7}{8}$; lic. M.A. (S. Edm. H., then in orders) 4 July 1601, inc. 1601.

Magd. H. **Bosse, John**; adm. B.A. 4 July 1597, det. $159\frac{7}{8}$; lic. M.A. 6 May 1602, inc. 1602. [ii. 197]

Magd. H. **Chibnal, Thomas**; adm. B.A. 4 July 1597, det. $159\frac{7}{8}$; lic. M.A. 6 May 1602, inc. 1602. [ii. 198]

Lincoln. **Hough, Daniel**; adm. B.A. 4 July 1597, det. $159\frac{7}{8}$; lic. M.A. 10 July 1601, inc. 1601; adm. B.D. 2 July 1610.

Lincoln. **Mayne** (Maine), **Simon**; adm. B.A. 4 July 1597, det. $159\frac{7}{8}$; lic. M.A. 1 July 1600, inc. 1600. [ii. 204]

Ch. Ch. **Davies, Richard**; adm. B.A. 6 July 1597, det. $159\frac{7}{8}$; lic. M.A. 8 July 1600, inc. 1600.

Balliol. **Smith, William**; adm. B.A. 6 July 1597, det. $159\frac{7}{8}$; lic. M.A. 3 July 1607, inc. 1607.

Exeter. **Peter** (Peeter), **Thomas**; adm. B.A. 12 July 1597, det. $\frac{1598}{1600}$; lic. M.A. (then in orders) 10 July 1601, inc. 1601. [ii. 203]

S. Edm. H. **Pierce** (Peerce, Peerse), **Edward**; adm. B.A. 15 July 1597. ('Edward' in suppl., 'Edmund' in adm.) [? Magd. H., ii. 174]

*Ch. Ch.** **Wake, Isaac**; adm. B.A. (Ch. Ch.) 23 July 1597, det. $159\frac{7}{8}$; lic. M.A. (Mert.) 22 Feb. $160\frac{2}{3}$, inc. 1603. [ii. 196] Brod., p. 277.

*Merton.** **Dixwell, Edward**; adm. B.A. (Mert.) 17 Oct. 1597, det. $159\frac{7}{8}$; lic. M.A. (S. Alb. H.) 16 July 1600, inc. 1601. [Bras., ii. 198]

S. Alb. H. **Prewe** (Prue), **William**; adm. B.A. 17 Oct. 1597, det. 159$\frac{7}{8}$; lic. M.A. (then in orders) 15 June 1602, inc. 1602.

*Merton.** **Rogers, Edward**; suppl. B.A. (Broadg. H.) 17 Oct., adm. (Mert.) 19 Oct. 1597, det. 159$\frac{7}{8}$; lic. M.A. (Mert.) 22 Feb. 160$\frac{2}{3}$, inc. 1603. Brod., p. 277.

*Merton.** **Garrard, George**; suppl. B.A. (Broadg. H.) 17 Oct., adm. (Mert.) 19 Oct. 1597, det. 159$\frac{7}{8}$; lic. M.A. (Mert.) 22 Feb. 160$\frac{2}{3}$, inc. 1603. [ii. 206] Brod., p. 277.

Ch. Ch. **Lute, William**; adm. B.A. 20 Oct. 1597, det. 159$\frac{7}{8}$; lic. M.A. 4 June 1600, inc. 1600.

Ch. Ch. **Langley, William**; adm. B.A. 20 Oct. 1597, det. 159$\frac{7}{8}$; lic. M.A. 7 July 1600, inc. 1600.

Ch. Ch. **Higgons, Theophilus**; adm. B.A. 20 Oct. 1597, det. 159$\frac{7}{8}$; lic. M.A. 4 June 1600, inc. 1600. [ii. 206]

Ch. Ch. **Slocombe** (Slocumbe), **Gilbert**; adm. B.A. 20 Oct. 1597, det. 159$\frac{7}{8}$; lic. M.A. 4 June 1600, inc. 1600. [ii. 216]

Ch. Ch. **Etkins, Richard**; adm. B.A. 20 Oct. 1597, det. ('Atkins') 159$\frac{7}{8}$; lic. M.A. 4 June 1600, inc. 1600; adm. B.D. 8 Apr. 1609; lic. to preach 30 Mar. 1610; lic. D.D. 25 June 1618, inc. 1618. [ii. 195]

Ch. Ch. **Baldwin** (Baldin), **Thomas**; adm. B.A. 20 Oct. 1597, det. 159$\frac{7}{8}$; lic. M.A. 4 June 1600, inc. 1600. [S. Mary H., ii. 180]

*Balliol.** **Worthe, John**; adm. B.A. (Ball.) 21 Oct. 1597, det. 159$\frac{7}{8}$; lic. M.A. (Gloc. H.) 31 May 1600, inc. 1600. [ii. 199]

Queen's. **Jackson, Thomas**; adm. B.A. 21 Oct. 1597. [ii 183]

Brasenose. **Arundel, Daniel**; adm. B.A. 26 Oct. 1597, det. 159$\frac{7}{8}$; lic. M.A. 4 July 1600, inc. 1600. [ii. 201]

S. Mary H. **Pinsente, Robert**; suppl. B.A. ('Vinsent') 3 Nov., adm. 5 Nov. 1597, det. 159$\frac{7}{8}$.

*S. Alb. H.** **Loe** (Lowe), **William**; adm. B.A. (S. Alb. H.) 5 Nov. 1597, det. 159$\frac{7}{8}$; suppl. B.D. (S. Alb. H.) 23 May 1609, adm. (Mert., 'cumulatus') 8 June 1618; suppl. D.D. (Mert.) 22 Nov. 1617, lic. ('cumulatus') 8 July 1618, inc. 1618.

Brasenose. **Richards, Robert**; adm. B.A. 10 Nov. 1597, det. 159$\frac{7}{8}$. [ii. 201]

Brasenose. **Vernon** (Vernan), **Edward**; adm. B.A. 10 Nov. 1597, det. 159$\frac{7}{8}$; lic. M.A. 21 June 1600, inc. 1600; adm. B.D. 24 Feb. 160$\frac{8}{9}$; suppl. lic. to preach 26 Nov. 1610. [ii. 198]

Lincoln. **Fewkes, Richard**; adm. B.A. 12 Nov. 1597, det. 159$\frac{7}{8}$. [ii. 204]

*S. Mary H.** **Aldworth, John**; adm. B.A. (S. Mary H.) 15 Nov. 1597, det. 159$\frac{7}{8}$; lic. M.A. (S. Alb. H.) 9 July 1601, inc. 1601. ⟨Called 'John Alder' in a dispens.⟩ [ii. 216]

*S. Mary H.** **Broade** (Broode, Brode, Bread), **Samuel**; adm. B.A. (S. Mary H.) 15 Nov. 1597, det. 159$\frac{7}{8}$; lic. M.A. (S. Alb. H.) 20 Mar. 160$\frac{0}{1}$, inc. 1601. [ii. 210]

Trinity. **Drewe, Thomas**; (arm. fil. n. m.) adm. B.A. 16 Nov. 1597, det. 159$\frac{7}{8}$. [Univ., ii. 205]

Magd. H. **Withers** (Wythers), **Ralph**; adm. B.A. 16 Nov. 1597, det. 159$\frac{7}{8}$; lic. M.A. 8 July 1600, inc. 1600. [ii. 198]

Magd. C. **Grayle, John**; adm. B.A. 16 Nov. 1597, det. 159$\frac{7}{8}$; lic. M.A. 8 July 1600, inc. 1600. [ii. 194]

Merton. **Morlye** (Morley), **Edward**; adm. B.A. 1 Dec. 1597, det. 159⅞.
Merton. **Wilkinson, Gabriel**; adm. B.A. 1 Dec. 1597, det. 159⅞; lic. M.A. 7 July 1603, inc. 1603. [ii. 198]
S. Mary H. **Dodd, Richard**; adm. B.A. 3 Dec. 1597, det. 159⅞. [ii. 221]
S. John's. **Meades** (Meade), **John**; adm. B.A. 5 Dec. 1597, det. 159⅞. [Bras., ii. 191]
S. John's. **Boyle, Michael**; adm. B.A. 5 Dec. 1597, det. 159⅞; lic. M.A. 25 June 1601, inc. 1601; adm. B.D. 9 July 1607; lic. D.D. 2 July 1611, inc. 1611. [ii. 197]
S. John's. **Sandsbury** (Sansbury), **John**; adm. B.A. 5 Dec. 1597, det. 159⅞; lic. M.A. 25 June 1601, inc. 1601; adm. B.D. 13 July 1608. [ii. 197]
Ch. Ch. **Newman, John**; adm. B.A. 5 Dec. 1597, det. 159⅞. [Univ., ii. 193]
S. Edm. H. **Williams, Lewis**; adm. B.A. 7 Dec. 1597, det. 159⅞.
S. Edm. H.* **Morgans, Hugh**; adm. B.A. (S. Edm. H.) 7 Dec. 1597, det. 159⅞; lic. M.A. (Jes.) 4 July 1605, inc. 1605. [Jes., ii. 207]
S. Edm. H. **Davies, William**; adm. B.A. 7 Dec. 1597, det. 159⅞. ⟨Suppl. and det. from S. Edm. H.; the adm. wrongly puts him of Exet.⟩
Trinity. **Sharpe, James**; adm. B.A. 7 Dec. 1597, det. 159⅞; lic. M.A. 11 July 1600, inc. 1600. [Oriel, ii. 194]
Trinity. **Hollins, William**; adm. B.A. 7 Dec. 1597, det. 159⅞; lic. M.A. ('Holland') 14 May 1601, inc. 1601; adm. B.D. ('Hollins') 7 June 1608; lic. to preach 13 Dec. 1608. [Broadg. H., ii. 197]
Trinity. **Knight, Richard**; adm. B.A. 7 Dec. 1597, det. 159⅞; lic. M.A. 14 May 1601, inc. 1601. [Mert., ii. 185]
University. **Mountforte, Edward**; (arm. fil. n. m.) adm. B.A. 10 Dec. 1597. [ii. 205]
University. **Boys** (Boyce), **John**; adm. B.A. 10 Dec. 1597, det. 159⅞; lic. M.A. 16 June 1600, inc. 1600. [ii. 206]
University. **Berker** (Barker), **John**; (arm. fil. n. m.) adm. B.A. 10 Dec. 1597, det. 159⅞; dispensed 9 June 1599. [ii. 214]
Trinity.* **Edmundes, John**; adm. B.A. (Trin.) 15 Dec. 1597, det. 159⅞; lic. M.A. (Magd. H.) 8 July 1602, inc. 1602. [ii. 196]
Magd. C. **Lyforde** (Leyford), **John**; adm. B.A. 16 Dec. 1597, det. 159⅞; lic. M.A. 26 June 1602, inc. 1602.
Gloc. H. **Rudyerde** (Ruddiard), **John**; adm. B.A. 17 Dec. 1597, det. 159⅞. [? S. Jo., ii. 161]
Gloc. H. **Hodson** (Hudson), **Samuel**; adm. B.A. 17 Dec. 1597. [ii. 175]
Gloc. H. **Twisse, Thomas**; adm. B.A. 17 Dec. 1597, det. 159⅞; lic. M.A. 9 July 1602, inc. 1602. [ii. 201]
Queen's.* **Lane, Thomas**; adm. B.A. (Queen's) 17 Dec. 1597, det. 159⅞; suppl. M.A. (Queen's) 4 July, lic. M.A. (Magd. C.) 10 July 1600, inc. 1600. [ii. 200]
Queen's.* **Garth, Thomas**; adm. B.A. (Queen's) 17 Dec. 1597, det. 159⅞; lic. M.A. (Hart H.) 8 July 1600, inc. 1600. [ii. 201]

Jesus. **Lloyd, Griffin**; suppl. B.A. 7 Feb. 159$\frac{6}{7}$. [? Oriel, ii. 203]
Balliol. **Greisley, Henry**; (arm. fil. n. m.) suppl. B.A. 27 May 1597. [ii. 207]
Merton. **Simonson** (Symonson, Simson), **William**; suppl. B.A. 2 June 1597, det. 159$\frac{7}{8}$; lic. M.A. 22 Feb. 160$\frac{2}{3}$, inc. 1603. [ii. 202] Brod., p. 276.
Magd. H. **Hochkenis, John**; suppl. B.A. 3 June 1597.
Jesus. **Prichard, David**; suppl. B.A. 14 Nov. 1597, det. 159$\frac{7}{8}$. [ii. 208]
Brasenose. **Wake, . . .**; det. 159$\frac{7}{8}$ ⟨probably a mistake for Isaac Wake, Ch. Ch., *supra*, p. 204.⟩
Ch. Ch. **Ecton, . . .**; det. 159$\frac{7}{8}$. ⟨See 'Etkins,' *supra*, p. 205.⟩
Magd. C. **Smith, . . .**; det. 159$\frac{7}{8}$.

New Coll. **Cooke, James**; adm. B.C.L. 29 Oct. 1597; lic. D.C.L. 16 Apr. 1608, inc. 1608. [ii. 183]
All Souls. **Loyde** (Floyd), **Oliver**; suppl. B.C.L. 19 Nov., adm. 22 Nov. 1597; suppl. D.C.L. (then Chancellor of Hereford) 15 June, lic. 8 July 1602. [S. Mary H., ii. 168]

1598.

*University.** **Beely** (Beelie), **William**; adm. B.A. (Univ.) 8 Feb. 159$\frac{7}{8}$; det. 159$\frac{7}{8}$; lic. M.A. (Corp.) 13 Dec. 1602, inc. 1603; adm. B.D. (Corp.) 27 Mar. 1610. [ii. 202]
Lincoln. **Moore** (More), **Richard**; adm. B.A. 9 Feb. 159$\frac{7}{8}$, det. 159$\frac{7}{8}$. [ii. 206]
Ch. Ch. **Bust, Henry**; adm. B.A. 10 Feb. 159$\frac{7}{8}$, det. 159$\frac{7}{8}$; lic. M.A. (then wrongly called 'John') 28 Nov. 1600, inc. ('Henry') 1601.
Gloc. H. **Ewens** (Euens), **John**; (arm. haeres) adm. B.A. 10 Feb. 159$\frac{7}{8}$, det. 159$\frac{7}{8}$. [Univ., ii. 205]
*Merton.** **Blithman** (Blythman), **John**; adm. B.A. (Mert.) 11 Feb. 159$\frac{7}{8}$, det. 159$\frac{7}{8}$; lic. M.A. (Trin.) 14 May 1601, inc. 1601; adm. B.D. (Trin.) 7 June 1608; lic. to preach (Trin.) 13 Dec. 1608. [ii. 204]
Merton. **Mudley** (Mudle, Muddall), **Edward**; adm. B.A. 11 Feb. 159$\frac{7}{8}$, det. 159$\frac{7}{8}$; lic. M.A. 22 Feb. 160$\frac{2}{3}$, inc. 1603. [ii. 203]
Magd. C. **Smith, Thomas**; adm. B.A. 21 Feb. 159$\frac{7}{8}$, det. 159$\frac{8}{9}$. [Magd. H., ii. 200]
Magd. H. **Maunsell, Samuel**; adm. B.A. 23 Feb. 159$\frac{7}{8}$, det. 159$\frac{7}{8}$. [ii. 198]
Magd. H. **Folliot, Thomas**; adm. B.A. 23 Feb. 159$\frac{7}{8}$, det. 159$\frac{7}{8}$. [ii. 200]
Magd. H. **Dous** (Dowse), **Gabriel**; adm. B.A. 23 Feb. 159$\frac{7}{8}$, det. 159$\frac{7}{8}$. [i. 237]
Magd. H. **Dous, John**; adm. B.A. 23 Feb. 159$\frac{7}{8}$, det. 159$\frac{7}{8}$.
Oriel. **Loftus** (Loftis), **William**; adm. B.A. 23 Feb. 159$\frac{7}{8}$, det. 159$\frac{7}{8}$. [ii. 200]
Oriel. **Hughes** (Heughes), **Nicholas**; adm. B.A. 23 Feb. 159$\frac{7}{8}$, det. 159$\frac{7}{8}$; lic. M.A. (then in orders) 10 July 1601, inc. 1601. [ii. 200]
S. John's. **Damon** (Daman), **James**; adm. B.A. 25 Feb. 159$\frac{7}{8}$, det. 159$\frac{7}{8}$. [ii. 186]
S. John's **Dauncy, John**; adm. B.A. 25 Feb. 159$\frac{7}{8}$, det. 159$\frac{7}{8}$

⟨'Daunce' in suppl., 'Dauncy' in adm., 'Dauner' in det.⟩ [?Oriel, ii. 179]

S. John's. **Baron** (Barron), **James**; adm. B.A. 25 Feb. 159$\frac{7}{8}$, det. 159$\frac{7}{8}$. [ii. 202]

S. John's. **Lane, George**; adm. B.A. 25 Feb. 159$\frac{7}{8}$, det. 159$\frac{7}{8}$.

Lincoln. **Stevenage, John**; adm. B.A. 25 Feb. 159$\frac{7}{8}$, det. 159$\frac{7}{8}$.

Magd. C. **Taverner, Richard**; (arm. fil. n. m.) adm. B.A. 25 Feb. 159$\frac{7}{8}$, det. 159$\frac{7}{8}$. [Univ., ii. 193]

Magd. C. **Smith, Basil**; adm. B.A. 25 Feb. 159$\frac{7}{8}$, det. 159$\frac{7}{8}$. [Bras., ii. 198]

Balliol. **Carter, John**; adm. B.A. 25 Feb. 159$\frac{7}{8}$, det. 159$\frac{7}{8}$. [Broadg. H., ii. 203]

Trinity. **Allen, James**; adm. B.A. 25 Feb. 159$\frac{7}{8}$, det. 159$\frac{7}{8}$. [ii. 203]

Trinity. **Roberts, Evan**; adm. B.A. 25 Feb. 159$\frac{7}{8}$, det. 159$\frac{7}{8}$.

S. Edm. H. **Hughes** (Hues), **Owen**; adm. B.A. 25 Feb. 159$\frac{7}{8}$, det. 159$\frac{7}{8}$; lic. M.A. (then in orders) 7 July 1602, inc. 1602.

Brasenose. **Charman, Richard**; adm. B.A. 25 Feb. 159$\frac{7}{8}$, det. 159$\frac{7}{8}$. [ii. 199]

University. **Taylor, Richard**; adm. B.A. 25 Feb. 159$\frac{7}{8}$, det. 159$\frac{7}{8}$; lic. M.A. 8 Nov. 1600, inc. 1601. [? Magd. C., ii. 196]

Brasenose. **Wall** (Wale, Walle), **George**; adm. B.A. 25 Feb. 159$\frac{7}{8}$; adm. B.D. 10 July 1616. [ii. 198]

Brasenose. **Tompkins, Elias**; adm. B.A. 25 Feb. 159$\frac{7}{8}$, det. 159$\frac{7}{8}$. [ii. 199]

Brasenose. **Knowles** (Knowell, Knowells), **William**; adm. B.A. 25 Feb. 159$\frac{7}{8}$, det. 159$\frac{7}{8}$; lic. M.A. 8 July 1602, inc. 1602. [ii. 202]

Exeter. **Collier, Christopher**; adm. B.A. 28 Feb. 159$\frac{7}{8}$, det. 159$\frac{7}{8}$; lic. M.A. 17 May 1601, inc. 1601. [ii. 200] Boase, p. 54.

S. Edm. H. **Hues** (Hughes), **John**; adm. B.A. 28 Feb. 159$\frac{7}{8}$, det. 159$\frac{7}{8}$; lic. M.A. (then in orders) 3 July 1604, inc. 1604.

Exeter. **Francis, Thomas**; adm. B.A. 5 Mar. 159$\frac{7}{8}$, det. 159$\frac{7}{8}$.

Ch. Ch. **Maddox** (Madocks), **Robert**; adm. B.A. 5 Mar. 159$\frac{7}{8}$, det. 159$\frac{7}{8}$. [Jes., ii. 198]

New Coll. **Barker, Anthony**; adm. B.A. 20 Mar. 159$\frac{7}{8}$, det. 159$\frac{8}{9}$; lic. M.A. 15 Oct. 1601, inc. 1602. [ii. 202]

New Coll. **Bate, George**; (a master at Winchester College) adm. B.A. 24 Mar. 159$\frac{7}{8}$, det. 159$\frac{7}{8}$; lic. M.A. (a master at Winchester College) 1 Dec. 1600, inc. 1601; adm. B.D. 27 Feb. 162$\frac{1}{2}$. [ii. 135]

Jesus. **Davies, Thomas**; adm. B.A. 29 Mar. 1598.

All Souls. **Butcher** (Boucher, Bowcher), **Henry**; adm. B.A. 29 Mar. 1598, det. 159$\frac{8}{9}$; lic. M.A. 29 Oct. 1601, inc. 1602.

*Corpus.** **Sympson** (Simpson), **John**; adm. B.A. (Corp.) 29 Mar. 1598 (—Simson, of Linc., det. 159$\frac{8}{9}$, perhaps this man); John Sympson (Corp.) lic. M.A. 6 July 1603, inc. 1603; adm. B.D. (Linc.) 5 May 1610; lic. D.D. (Corp.) 30 May 1614, inc. (Corp.) 1614. [ii. 212]

All Souls. **Preston, John**; adm. B.A. 1 Apr. 1598, det. 159$\frac{8}{9}$.

Magd. C. **Lewis, Thomas**; adm. B.A. 1 Apr. 1598. Thomas Lewis, Ch. Ch., lic. M.A. 24 Oct. 1601, inc. 1602 ⟨possibly the same person⟩ [ii. 189] ⟨Chor. of Magd. C. 1591, Clerk 1597–1598; Blox. 1, p. 26⟩

New Coll. **Pinke** (Pincke), **Robert**; adm. B.A. 27 Apr. 1598, det.

159$^a_{\frac{a}{9}}$; lic. M.A. 21 Jan. 160$\frac{1}{2}$, inc. 1602; suppl. for lic. to pract. med. 19 Nov. 1612 and adm. M.B. 19 Nov. 1612 (these entries are probably erroneous); adm. B.D. and lic. D.D. 26 June 1619, inc. D.D. 1619. [ii. 202]

New Coll. Evans, Edward; adm. B.A. 27 Apr. 1598, det. 159$^a_9$; lic. M.A. 21 Jan. 160$\frac{1}{2}$, inc. 1602. [ii. 204]

New Coll. Aden (Adyn), Robert; adm. B.A. 27 Apr. 1598, det. 159$^a_9$. [? S. Alb. H., ii. 141]

Magd. C. Greeves (Greves, Greaves), John; adm. B.A. 28 Apr. 1598, det. 159$^a_9$; lic. M.A. (then in orders) 9 July 1601, inc. 1601. [Magd. H., ii. 203]

Brasenose. Sheward (Seward), Henry; adm. B.A. 2 May 1598, det. 159$^a_9$; lic. M.A. 14 Mar. 160$^0_1$, inc. 1601; adm. B.D. 24 Feb. 160$^a_9$; lic. D.D. ('cumulatus') 4 July 1616, inc. 1616. [ii. 204]

Balliol. Ashford, Thomas; adm. B.A. 4 May 1598. [ii. 208]

Balliol. Colston, George; adm. B.A. 4 May 1598. [ii. 210]

Balliol.* Yemans (Yeomans, Yeaman), William; adm. B.A. (Ball.) 4 May 1598, det. (Gloc. H.) 159$^a_9$; lic. M.A (Gloc. H.) 10 July 1601, inc. 1601. [ii. 205]

Magd. H. Richardson, Augustus; adm. B.A. 4 May 1598. [ii. 206]

Broadg. H. Hill, Philip; adm. B.A. (then in orders) 16 May 1598, det. 159$^a_9$; lic. M.A. 4 Feb 160$^0_1$, inc. 1601; adm. B.D. 19 Nov. 1612. [ii. 203]

Balliol. Powell, Merideth; adm. B.A. 17 May 1598, det. 159$^a_9$.

S. John's. Cox, George; adm. B.A. 24 May 1598, det. 159$^a_9$; lic. M.A. 19 May 1601, inc. 1601. [Univ., ii. 205]

S. John's. Huntley, John; adm. B.A. 24 May 1598, det. 159$^a_9$; lic. M.A. 3 Feb 160$^0_1$, inc. 1601. [S. Jo., ii. 154? or Queen's, ii. 208]

Trinity. Tuer, Daniel; adm. B.A. 30 May 1598, det. 159$^a_9$. [ii. 203]

Corpus.* Knowlis, Robert; adm. B.A. (Corp.) 20 June 1598, det. (S. Alb. H.) 159$^a_9$. [Ch. Ch., ii. 208]

Lincoln. Farewell, George; (arm. fil. n. m.) adm. B.A. 21 June 1598. [ii. 215]

Lincoln. Hippisley, Thomas; adm. B.A. 21 June 1598, det. 159$^a_9$. [ii. 204]

Lincoln. Morton (Moorton), John; adm. B.A. 21 June 1598, det. 159$^a_9$; lic. M.A. 17 May 1601, inc. 1601; adm. B.D. 2 July 1610. [ii. 206]

Brasenose. Wood, Richard; adm. B.A. (then in orders) 22 June 1598.

S. Edm. H. Parrey, Roger; adm. B.A. 22 June 1598. [Gloc. H., ii. 201]

S. Edm. H. Williamson, William; adm. B.A. 22 June 1598.

S. Edm. H.* Price, Evan; adm. B.A. (S. Edm. H.) 22 June 1598; lic. M.A. (All So.) 16 Apr. 1602, inc. 1602; adm. B.D. (All So.) 31 Jan. 161$^0_1$; lic. to preach (All So.) 1 Feb. 161$^0_9$. [Jes., ii. 206]

S. Edm. H. Bennet, Edward; adm. B.A. 22 June 1598, det. 159$^a_9$.

Balliol. Jones (Johnes), William; adm. B.A. 23 June 1598, det. 159$^a_9$; lic. M.A. (then in orders) 7 July 1608, inc. 1608.

S. Edm. H. Evans, Zachary; adm. B.A. (then in orders) 28 June 1598, det. 159$^a_9$; lic. M.A. 11 May 1601, inc. 1601. [S. Mary H., ii. 168]

Magd. C. Digbie, Robert; (eq. fil. n. m.) adm. B.A. 3 July 1598, det. 159$^a_9$.

Merton. **Langton, Peter**; adm. B.A. 4 July 1598, det. $159\frac{8}{9}$; lic. M.A. 3 July 1601, inc. 1601. [S. Mary H., ii. 206]

Jesus. **Morgan, George**; adm. B.A. 4 July 1598. [? Case, ii. 171]

Queen's. **Andrews** (Androes), **Toby**; adm. B.A. 5 July 1598, det. $159\frac{8}{9}$. (In the B.A. suppl. the name is written 'Thomas.') [? ii. 207]

Oriel. **Gwin, Owen**; adm. B.A. 6 July 1598, det. $159\frac{8}{9}$; lic. M.A. 10 July 1607, inc. 1607. [Gloc. H., ii. 193]

University. **Moore**, (More), **Robert**; (eq. fil. n. m.) adm. B.A. 7 July 1598, det. $159\frac{8}{9}$. [? Corp., ii. 211]

Brasenose. **Mannering** (Manewaring, Mainwaringe), **Arthur**; (eq. fil. n.m.) adm. B.A. 7 July 1598, det. $159\frac{8}{9}$; lic. M.A. 15 June 1601, inc. 1601.

Brasenose. **Lloyd, Thomas**; adm. B.A. 7 July 1598, det. $\frac{1599}{1600}$. [ii. 204]

Brasenose. **Berch, William**; adm. B.A. 7 July 1598. [ii. 207]

Magd. C. **Smalwood, Gabriel**; adm. B.A. 8 July 1598.

Magd. C. **Johnson** (Jhonson), **Robert**; adm. B.A. 8 July 1598; lic. M.A. 10 July 1601, inc. 1601; suppl. B.D. 22 Nov. 1613, adm. 8 Dec. 1619. [ii. 211]

Exeter. **Chambers, Everard**; adm. B.A. ('Edward') 12 July 1598, det. $159\frac{8}{9}$; lic. M.A. ('Edward') 17 May 1601, inc. 1601; adm. B.D. ('Everard') 14 Nov. 1611. ⟨Boase, p. 51.⟩

Exeter. **Flemming** (Fleming), **John**; adm. B.A. 12 July 1598, det. $159\frac{8}{9}$; lic. M.A. 17 May 1601, inc. 1601; adm. B.D. 14 Nov. 1611; lic. D.D. 9 Nov. 1613, inc. 1614. ⟨Boase, p. 52.⟩ [ii. 200]

Exeter. **Wynniff** (Winife, Winnife, Winnyffe), **Thomas**; adm. B.A. 12 July 1598, det. $159\frac{8}{9}$; lic. M.A. 17 May 1601, inc. 1601; adm. B.D. 27 Mar. 1610; lic. D.D. 5 July 1619, inc. 1619. Boase, p. 52. [ii. 200]

Exeter. **Elford, John**; adm. B.A. 12 July 1598, disp. ('Alford') 26 May 1600, det. $160\frac{0}{1}$; lic. M.A. 17 May 1601, inc. 1601. [ii. 208]

Exeter. **French, Thomas**; adm. B.A. 12 July 1598. [ii. 203]

Oriel. **Ayray** (Arey), **Thomas**; adm. B.A. 17 Oct. 1598. [ii. 190]

*Magd. H.** **Charlett, Francis**; adm. B.A. (Magd. H.) 21 Oct. 1598, det. (All So.) $159\frac{8}{9}$; lic. M.A. (All So.; then in orders) 8 July 1602, inc. 1602. [ii. 214]

*All Souls.** **Raughlie** (Rauleigh, Raughly, Rawlie, Rawley, Raleighe), **George**; adm. B.A. (All So.) 27 Oct. 1598, det. (S. Alb. H.) $160\frac{0}{1}$; lic. M.A. (S. Alb. H.) 1 July 1601, inc. 1601; suppl. lic. to pract. med. 16 Oct. 1602, and again 16 Mar. $160\frac{4}{5}$; suppl. M.B. and M.D. (from N. I. H.) 17 June 1618, adm. M.B. and lic. M.D. 25 June 1618, inc. M.D. (N. I. H.) 1618.

Ch. Ch. **Juxe** (Jucks, Jux, Juckes), **Simon**; adm. B.A. 30 Oct. 1598, det. $159\frac{8}{9}$; lic. M.A. 20 June 1601, inc. 1601; adm. B.D. 22 June 1609; lic. to preach 12 July 1610; lic. D.D. 25 June 1618, inc. 1618. [ii. 205]

Ch. Ch. **Baughe, Thomas**; adm. B.A. 30 Oct. 1598, det. $159\frac{8}{9}$; lic. M.A. 20 June 1601, inc. 1601. [ii. 213]

Ch. Ch. **Smyth** (Smith), **John**; adm. B.A. 30 Oct. 1598, det. $159\frac{8}{9}$; lic. M.A. 20 June 1601, inc. 1601. [ii. 213]

Ch. Ch. **Hyde** (Hide), **William**; adm. B.A. 30 Oct. 1598, det. $159\frac{8}{9}$; lic. M.A. 20 June 1601, inc. 1601. [ii. 213]

Ch. Ch.   **Moorcrafte** (Morecroft), **Ferdinando**; adm. B.A. 30 Oct.
    1598, det. 159$\frac{u}{9}$; lic. M.A. 20 June 1601, inc. 1601. [ii. 207]
Ch. Ch.*   **Cooper, Thomas**; adm. B.A. (Ch. Ch.) 30 Oct. 1598, det.
    159$\frac{a}{9}$; lic. M.A. (S. Mary H.) 3 July 1602, inc. 1602. [Gloc. H.,
    ii. 201]
Ch. Ch.   **Edwards, John**; adm. B.A. 30 Oct. 1598, det. 159$\frac{a}{9}$; lic.
    M.A. 20 June 1601, inc. 1601.
S. Alb. H.   **Treffry** (Trephie, Trefry), **Abel**; adm. B.A. 30 Oct. 1598,
    det. 160$\frac{0}{1}$; lic. M.A. 1 July 1601, inc. 1601.
Magd. C.   **Wilkenson, William**; adm. B.A. 30 Oct. 1598, det. 159$\frac{a}{9}$;
    lic. M.A. 10 July 1601, inc. 1601. [ii. 208]
Magd. H.   **Barns, Thomas**; adm. B.A. 30 Oct. 1598, det. 159$\frac{a}{9}$. [ii.
    209]
Merton.   **Feilden** (Fielden, Fyelden), **John**; adm. B.A. 31 Oct. 1598,
    det. 159$\frac{a}{9}$; lic. M.A. 7 July 1601, inc. 1601.
Magd. H.   **Bennet** (Benett), **Roger**; adm. B.A. 31 Oct. 1598, det.
    159$\frac{a}{9}$; lic. M.A. 10 July 1601, inc. 1601. [ii. 217]
University.   **Cole, William**; adm. B.A. 3 Nov. 1598, det. 159$\frac{a}{9}$; lic.
    M.A. 7 July 1601, inc. 1601.
Magd. H.   **Robartes, Thomas**; adm. B.A. (Magd. H.) 7 Nov. 1598.
    (He suppl. from S. Mary H.)
Exeter.   **Brian** (Briant, Bryan), **John**; adm. B.A. 7 Nov. 1598, det.
    159$\frac{a}{9}$; lic. M.A. 10 July 1601, inc. 1601; adm. B.D. 14 Nov. 1611.
    [ii. 208]
Exeter.   **Wilcockes, Peter**; adm. B.A. 7 Nov. 1598. [ii. 210]
Exeter.   **Kirkland, Job**; adm. B.A. 7 Nov. 1598, his grace was
    renewed ('James') 31 Jan. $\frac{1598}{1600}$, det. $\frac{1598}{1600}$; lic. M.A. 10 July 1601,
    inc. 1601.
Merton.*   **Caldwell, William**; adm. B.A. (Mert.) 13 Nov. 1598, det.
    (S. Alb. H.) 159$\frac{a}{9}$. [Univ., ii. 215]
Queen's.   **Overbury, Thomas**; (arm. fil. n. m.) adm. B.A. 15 Nov.
    1598, det. 159$\frac{a}{9}$. [ii. 213]
S. Mary H.   **Birch, John**; adm. B.A. 18 Nov. 1598.
Corpus.   **White, Thomas**; adm. B.A. 18 Nov. 1598, det. 159$\frac{a}{9}$. [ii. 212]
Brasenose.* **Manwaringe** (Manwayringe, Manwaryng), **Edmund**; (arm.
    fil. n. m.) adm. (Bras.) 27 Nov. 1598, det. 159$\frac{a}{9}$; lic. M.A. (All So.)
    8 July 1602, inc. 1602; adm. B.C.L. (All So.) 14 Dec. 1605;
    suppl. D.C.L. (All So.) 24 Nov. 1610. [ii. 208]
Brasenose.   **Manwaringe** (Manwayring, Manuayring), **Thomas**; (arm.
    fil.) adm. B.A. 27 Nov. 1598, det. 159$\frac{a}{9}$; lic. M.A. 18 Mar. 160$\frac{1}{2}$,
    inc. 1602; adm. B.D. 24 Feb. 160$\frac{a}{9}$. [ii. 208]
S. Alb. H.   **Butler, Nathaniel**; adm. B.A. 1 Dec. 1598, det. 159$\frac{a}{9}$.
    [S. Mary H., ii. 210]
Balliol.   **Byby** (Bibby, Bibbey, Bibie), **Thomas**; adm. B.A. 7 Dec.
    1598, det. 159$\frac{a}{9}$; lic. M.A. 9 July 1601, inc. 1601. [ii. 211]
Merton.   **Woolley** (Wolley), **Francis**; (eq. fil. n. m.) adm. B.A.
    11 Dec. 1598, det. 159$\frac{a}{9}$. [ii. 213]
Brasenose.   **Warburton** (Warbarton, Warberton), **George**; adm. B.A.
    14 Dec. 1598, det. 159$\frac{a}{9}$; lic. M.A. 30 June 1603, inc. 1603. [ii.
    208]
Merton.   **Hodgkinson, John**; adm. B.A. 15 Dec. 1598, det. 159$\frac{a}{9}$.
Merton.*   **Maunde** (Mande, Maude), **James**; adm. B.A. (Mert.) 15

Dec. 1598, det. (S. Alb. H.) 159$^a_{\overline{v}}$; lic. M.A. (Mert.) 8 July 1602, inc. 1602. [Mawde, ii. 208]

Merton. **Marret, Philip**; suppl. B.A. 14 Jan. 159$^7_8$, det. 159$^7_8$.
Merton. **Gregson** (Grigson), **Ralph**; suppl. B.A. 6 Feb. 159$^7_8$, det. 160$^0_1$.
Oriel. **Teylor, Rowland**; suppl. B.A. 24 Mar. 159$^7_8$.
All Souls. **Blandy, Thomas**; suppl. B.A. 1 Apr. 1598, det. 159$^a_{\overline{v}}$.
Magd. C. **Forde, Richard**; suppl. B.A. 13 May 1598, det. 159$^a_{\overline{v}}$. [ii. 172]
S. Edm. H. **Johnes, Hugh**; suppl. B.A. 15 May 1598. (In error for suppl. M.A., see p. 181.)
Lincoln. **Northan** (Northam), **William**; suppl. B.A. 24 May 1598, probably adm. on the same day for he was then dispensed pro circuitu, det. 159$^a_{\overline{v}}$; lic. M.A. 9 July 1601, inc. 1601. [ii. 204]
Broadg. H. **Pilkington, Abraham**; suppl. B.A. 15 Nov. 1598. [ii. 201]
Queen's.* **Braine** (Brayne), **Christopher**; suppl. B.A. (Queen's) 4 Dec. 1598, det. 159$^u_{\overline{v}}$; lic. M.A. (S. Edm. H.) 10 July 1601, inc. 1601. [ii. 209]
Magd. H. **Dabridgcourt** (Daubridgcourt), **William**; suppl. B.A. 15 Dec. 1598, det. 159$^a_{\overline{v}}$; lic. M.A. 26 June 1601, inc. 1601. [ii. 216]

All Souls. **Lee, John**; lic. M.A. 2 May 1598, inc. 1598; adm. B.D. (All So.) 10 June 1611. (Either John Lee, Broadg. H., *supra*, p. 175; or John Lye, Exet., *supra*, p. 195.)

New Coll. **Clarke, Richard**; adm. B.C.L. ('Richard') 15 May 1598; lic. D.C.L. ('Rice') 28 Apr. 1619, inc. ('Richard') 1619. [ii. 187]
All Souls. **Davis, Anthony**; suppl. B.C.L. 7 July, adm. 11 July 1598; suppl. D.C.L. 31 Mar. 1609 [? Univ., ii. 156]

1599.

Oriel. **Kiffin** (Kyffin), **Thomas**; adm. B.A. 15 Jan. 159$^a_{\overline{v}}$, det. 159$^a_{\overline{v}}$; lic. M.A. 29 Oct. 1601, inc. 1602. [ii. 211]
Hart H. **Astell** (Austell), **Edward**; adm. B.A. 30 Jan. 159$^a_{\overline{v}}$, det. 159$^u_{\overline{v}}$. [ii. 220]
Balliol.* **Russ** (Rushe), **John**; adm. B.A. (Ball.) 31 Jan. 159$^a_{\overline{v}}$, det. 159$^a_{\overline{v}}$; lic. M.A. (Oriel) 27 Mar. 1604, inc. 1604. [ii. 212]
S. Alb. H. **Vanner** (Venner), **Toby**; adm. B.A. 1 Feb. 159$^a_{\overline{v}}$, det. 159$^a_{\overline{v}}$; lic. M.A. 7 July 1603, inc. 1603; suppl. M.B. 10 Mar., and M.D. 12 Mar. 161$^3_4$, adm. M.B. and lic. M.D. ... Mar. 1613; inc. M.D. 1613. [ii. 209]
S. Alb. H. **Fogge, George**; adm. B.A. 1 Feb. 159$^a_{\overline{v}}$, det. 159$^a_{\overline{v}}$; lic. M.A. 10 Nov. 1601, inc. 1602; suppl. lic. to pract. med., and lic. 16 Oct. 1602. [ii. 209]
Magd. C. **Paret** (Parrett), **Richard**; adm. B.A. 1 Feb. 159$^a_{\overline{v}}$, det. 159$^a_{\overline{v}}$. [ii. 197]
S. Mary H. **Griffin, Bartholomew**; adm. B.A. 5 Feb. 159$^a_{\overline{v}}$.
Brasenose. **Barton, Edmund**; adm. B.A. 6 Feb. 159$^a_{\overline{v}}$, det. 159$^a_{\overline{v}}$. [ii. 202]
Brasenose. **Buckley, Richard**; adm. B.A. 6 Feb. 159$^a_{\overline{v}}$, det. 159$^a_{\overline{v}}$. [ii. 209]

*Brasenose.** **Ayris** (Aris), **Thomas**; suppl. B.A. (from Magd. H.) 20 Oct. 1598, adm. B.A. (from Bras.) 11 Feb. $159\frac{a}{8}$, det. (from Magd C.) $159\frac{a}{9}$. [Magd. H., ii. 215]

Brasenose. **Large** (Lardge), **Thomas**; adm. B.A. 11 Feb. $159\frac{a}{9}$, det. $159\frac{a}{9}$; lic. M.A. (then in orders) 8 July 1602, inc. 1602. [ii. 210]

Brasenose. **Harper, Henry**; adm. B.A. 11 Feb. $159\frac{a}{9}$, det. $159\frac{a}{9}$. (He was dispensed as the grandson of a benefactor of Bras. He was a student of law.) [ii. 212]

Brasenose. **Freake** (Freke), **Richard**; adm. B.A. 13 Feb. $159\frac{a}{9}$, det. $159\frac{a}{9}$; lic. M.A. 18 Mar. 160$\frac{1}{2}$, inc. 1602. [ii. 210]

Brasenose. **Twisse, John**; adm. B.A. 13 Feb. $159\frac{a}{9}$, det. $159\frac{a}{9}$. [ii. 218]

S. Edm. H. **Rowland, Morris**; adm. B.A. 15 Feb. $159\frac{a}{9}$, det. $159\frac{a}{9}$.

Corpus. **Hichford** (Hitchford), **William**; (arm. fil. n. m.) adm. B.A. 16 Feb. $159\frac{a}{9}$, det. $159\frac{a}{9}$. [Higford, Oriel, ii. 218]

Ch. Ch. **Stamp, Edward**; adm. B.A. 16 Feb. $159\frac{a}{9}$, det. $159\frac{a}{9}$; lic. M.A. 4 July 1604, inc. 1604. Apparently chaplain of Ch. Ch., for on 10 Oct. 1604 he was excused from attendance at congregations because of 'preces' in Ch. Ch.

Merton. **Mountague, Henry**; adm. B.A. 16 Feb. $159\frac{a}{9}$, det. $159\frac{a}{9}$. [ii. 200]

Broadg. H. **Foord** (Ford), **Christopher**; adm. B.A. 16 Feb. $159\frac{a}{9}$, det. $159\frac{a}{9}$. [Ch. Ch., ii. 206]

Exeter. **Sterley, Henry**; adm. B.A. 16 Feb. $159\frac{a}{9}$, det. $159\frac{a}{9}$. [ii. 208]

Oriel. **Glyn** (Glin), **Morris**; adm. B.A. 17 Feb. $159\frac{a}{9}$, det. $159\frac{a}{9}$.

Jesus. **Lews** (Lewis), **John**; adm. B.A. 17 Feb. $159\frac{a}{9}$, det. $159\frac{a}{9}$. [ii. 223]

Gloc. H. **Cowper, Richard**; adm. B.A. 17 Feb. $159\frac{a}{9}$, det. $159\frac{a}{9}$; [Ball., ii. 202]

University. **Hooke, Richard**; adm. B.A. 17 Feb. $159\frac{a}{9}$, det. $159\frac{a}{9}$. [ii. 208]

S. Mary H. **Williams, Edward**; adm. B.A. 17 Feb. $159\frac{a}{9}$, det. $159\frac{a}{9}$.

Magd. C. **Thatcher** (Thacher), **William**; adm. B.A. 17 Feb. $159\frac{a}{9}$, det. $159\frac{a}{9}$. [ii. 199]

Magd. C. **Guy** (Gwy), **Richard**; adm. B.A. 17 Feb. $159\frac{a}{9}$, det. $159\frac{a}{9}$.

Magd. C. **Osmotherley, John**; adm. B.A. 17 Feb. $159\frac{a}{9}$, det. $159\frac{a}{9}$.

Broadg. H. **Sprye** (Sprie, Prie), **George**; adm. B.A. 2 March $159\frac{a}{9}$. [ii. 201]

Gloc. H. **Nicholas, Thomas**; adm. B.A. 2 Mar. $159\frac{a}{9}$. [Jes., ii. 206]

Broadg. H. **Goodwynne** (Goodwin), **Edward**; adm. B.A. 1 Mar. $159\frac{a}{9}$, det. $159\frac{a}{9}$. [ii. 211]

Balliol. **Diston, Giles**; adm. B.A. 7 Mar. $159\frac{a}{9}$, det. $159\frac{a}{9}$; lic. M.A. 7 July 1603, inc. 1603. [New C., ii. 204]

Oriel. **Wargeant, John**; adm. B.A. 22 Mar. $159\frac{a}{9}$, det. ('Wagent') $\frac{1599}{1600}$. [ii. 213]

Ch. Ch. **Ellis, John**; adm. B.A. 29 March, 1599, det. $\frac{1599}{1600}$.

New Coll. **Saye, Robert**; adm. B.A. 20 Apr. 1599, det. $\frac{1599}{1600}$; lic. M.A. 14 Feb. 160$\frac{3}{4}$, inc. 1603; adm. B.D. and lic. D.D. 5 July 1614, inc. D.D. 1614. [ii. 209]

Magd. H. **Rookes, Jonas**; adm. B.A. 24 Apr. 1599, det. $\frac{1599}{1600}$; lic. M.A. 11 Feb. 160$\frac{1}{2}$, inc. 1602.

Queen's.   Sewell, John; adm. B.A. 24 Apr. 1599, det. 160⁰⁄₁; lic. M.A. 30 June 1602, inc. 1602; adm. B.D. 3 June 1611. [ii. 195]
Queen's.   Warwicke, John; adm. B.A. 24 Apr. 1599, det. 160⁰⁄₁; lic. M.A. 30 June 1602, inc. 1602. [ii. 209]
Queen's.   Burton, Thomas; adm. B.A. 24 Apr. 1599, det. 160⁰⁄₁; lic. M.A. 30 June 1602, inc. 1602. [ii. 195]
Queen's.   Wilson (Willson), William; adm. B.A. 24 Apr. 1599, det. 160½; lic. M.A. 30 June 1602, inc. 1602. [ii. 202]
Queen's.   Potter, Barnaby; adm. B.A. 24 Apr. 1599, det. 160⁰⁄₁; lic. M.A. 30 June 1602, inc. 1602; adm. B.D. 5 July 1610; lic. to preach 6 July 1610; lic. D.D. 27 June 1615, inc. 1615. Bishop of Carlisle. [ii. 202]
Queen's.   Moore, John; adm. B.A. 24 Apr. 1599. [ii. 202]
Queen's.   Birkhead (Brickhead, Brickhedd), George; adm. B.A. 24 Apr. 1599, det. 160⁰⁄₁; lic. M.A. 30 June 1602, inc. 1602; adm. B.D. 5 July 1610; lic. to preach 6 July 1610. [ii. 201]
Queen's.   Potter, Robert; adm. B.A. 24 Apr. 1599. [ii. 202]
Queen's.   Cape (Caipe), William; adm. B.A. 24 Apr. 1599, det. 160⁰⁄₁; lic. M.A. 7 July 1602, inc. 1602; adm. B.D. 3 June 1611; lic. to preach 10 Dec. 1617. [ii. 209]
Queen's.*   Methwin, Anthony; adm. B.A. (Queen's) 24 Apr. 1599, det. ¹⁵⁹⁹⁄₁₆₀₀; lic. M.A. (S. Edm. H.) 21 Jan. 160½, inc. 1602; adm. B.D. (S. Edm. H.) 31 May 1609. [Trin., ii. 210] Anthony Methwin was Vicar of Frome from 1607 till his death 6 July 1640, aetat. 66. He is buried there in the Vestry. On the tomb he and his wife kneel in effigy with this inscription:—

> Hoc tegitur cippo decus aevi, gloria cleri,
> Dum vixit; nunc fit lucida stella poli.
> Vita, voce, manu, populum pascebat Iesu,
> Qui nunc caelesti pascitur ipse cibo.

Magd. C.   Lynold (Linold), Edmund; adm. B.A. 24 Apr. 1599, det. ¹⁵⁹⁹⁄₁₆₀₀; lic. M.A. (then in orders) 7 July 1603, inc. 1603.
Magd. C.   Smith, Francis; adm. B.A. 28 Apr. 1599.
Lincoln.   Morgan, Curteis; adm. B.A. 2 May 1599, det. ¹⁵⁹⁹⁄₁₆₀₀. [Ball., ii. 199]
Merton.*   Powell, Edward; (arm. haeres) adm. B.A. (Mert.) 8 May 1599, det. (S. Alb. H.) ¹⁵⁹⁹⁄₁₆₀₀; lic. M.A. (Mert.) 7 July 1602, inc. 1602. [ii. 215]
Jesus.   Powell, Hugh; adm. B.A. 8 May 1599, det. 160⁰⁄₁; lic. M.A. (then in orders) 6 July 1608, inc. 1608.
Queen's.   Hunt, Thomas; adm. B.A. 10 May 1599, det. ¹⁵⁹⁹⁄₁₆₀₀; lic. M.A. 30 June 1602, inc. 1602. [ii. 209]
Broadg. H.   Knight, Richard; adm. B.A. 15 May 1599, det. ¹⁵⁹⁹⁄₁₆₀₀.
Gloc. H.*   Prichard, Thomas; suppl. B.A. (S. Edm. H.), adm. (Gloc. H.) 22 May 1599; grace renewed, 10 Feb. 160½; det. (Gloc. H.) 160¾. [Gloc. H., ii. 213]
New Coll.   Taylor, Thomas; adm. B.A. 22 May 1599, det. ¹⁵⁹⁹⁄₁₆₀₀; lic. M.A. 21 Jan. 160½, inc. 1602. [i. 370]
New Coll.   Bosworth, Alexander; adm. B.A. 24 May 1599, det. ¹⁵⁹⁹⁄₁₆₀₀; lic. M.A. 7 Mar. 160¾. [ii. 213]
Queen's.   Fetiplace, John; (arm. fil. n. m.) adm. B.A. 24 May 1599, det. ¹⁵⁹⁹⁄₁₆₀₀. [ii. 198 or 200]

Queen's.*   Walter, Morgan; (arm. fil. n. m.) adm. B.A. (Queen's) 24 May 1599, det. $\frac{1599}{1600}$; lic. M.A. (All So.) 5 Mar. 160$\frac{2}{3}$, inc. 1603. [ii. 214]
Magd. H.   Roche, Robert; suppl. B.A. 2 May 1597, adm. B.A. 9 June 1599. [ii. 206]
Balliol.   Paultock (Poltocke), John; adm. B.A. 12 June 1599, det. $\frac{1599}{1600}$. [ii. 210]
Magd. H.   Grimes (Grymes), Walter; adm. B.A. 13 June 1599, det. $\frac{1599}{1600}$ [ii. 211]
Magd. H.   Emiote, Robert; adm. B.A. 15 June 1599, det. $\frac{1599}{1600}$. ('Richard' in suppl.) [Richard, ii. 216]
Jesus.   Griffith, William; adm. B.A. 18 June 1599. One... 'Griffiths' det. from Oriel, $\frac{1599}{1600}$, perhaps this man.
Exeter.*   Southcote (Suthcote), John; adm. B.A. (Exet.) 18 June 1599, det. (Hart H.) $\frac{1599}{1600}$. [ii. 210]
Exeter.*   Southcote, Fitzwilliams; adm. B.A. (Exet.) 18 June 1599, det. (Hart H.) $\frac{1599}{1600}$. [ii. 210]
Exeter.*   Southcote, Otho; adm. B.A. (Exet.) 18 June 1599, det. (Hart H.) $\frac{1599}{1600}$. [ii. 210]
Exeter.   Prediaux, Christopher; adm. B.A. 18 June 1599, det. $\frac{1599}{1600}$. [ii. 210]
Exeter.   Leeche, John; adm. B.A. 18 June 1599, det. 160$\frac{0}{1}$. [ii. 212]
Exeter.*   Ducke, Arthur; adm. B.A. (Exet.) 18 June 1599, det. $\frac{1599}{1600}$; lic. M.A. (Hart H.) 18 May 1602, inc. 1602; adm. B.C.L. (All So.) 16 Dec. 1607; lic. D.C.L. (All So.) 9 July 1612, inc. 1612. [ii. 210]
Exeter.   Woodward (Woodard), Richard; adm. B.A. 18 June 1599. [? Ball., ii. 214]
Exeter.   Wall, Thomas; adm. B.A. 18 June 1599. [ii. 218]
Exeter.   Smith, Abraham; adm. B.A. 18 June 1599. [ii. 208]
Exeter.   Greedy, Nicholas; adm. B.A. 18 June 1599.
Queen's.   Throgmorton (Throckmorton), Clement; (arm. fil. n. m.) adm. B.A. 20 June 1599, det. $\frac{1599}{1600}$. [i. 371]
Queen's.   Johnson, Robert; adm. B.A. 20 June 1599, det. $\frac{1599}{1600}$. [Magd. C., ii. 217]
All Souls.*   Johnes (Jones), Evan; adm. B.A. (All So.) 22 June 1599, det. (New C.) $\frac{1599}{1600}$; lic. M.A. (New C.) 14 June 1602, inc. 1602. [? Ch. Ch., ii. 192]
S. John's.   Amhurst (Amherst), Jeffry; adm. B.A. 25 June 1599, det. $\frac{1599}{1600}$; lic. M.A. 28 June 1606, inc. 1606. [ii. 209]
Lincoln.   Luttrell (Lutterell, Lutrell), Thomas; (arm. fil. n. m.) adm. B.A. 3 July 1599, det. $\frac{1599}{1600}$; lic. M.A. 8 July 1602, inc. 1602. [ii. 223]
Trinity.   Umpton (Unton), Thomas; (arm. fil. n. m.) adm. B.A. 4 July 1599, det. $\frac{1599}{1600}$. [ii. 218]
Hart H.*   Wrench, James; adm. B.A. (Hart H.) 4 July 1599, det. $\frac{1599}{1600}$; lic. M.A. (Magd. C.) 8 July 1602, inc. 1602.
Hart H.   Guise (Guyse), William; adm. B.A. 4 July 1599, det. $\frac{1599}{1600}$; lic. M.A. 7 July 1602, inc. 1602. [Bras., ii. 209]
Brasenose.*   Grevill, Francis; adm. B.A. (Bras.) 4 July 1599, det. $\frac{1599}{1600}$; lic. M.A. (Mert.) 10 Feb. 160$\frac{6}{7}$, inc. 1607. [ii. 213]   Brod., p. 277.
S. Mary H.   Smith, William; adm. B.A. 4 July 1599, det. $\frac{1599}{1600}$; lic. M.A. 18 May 1602, inc. 1602.

Exeter. **Hakewell** (Hackwell, Hackwill, Hacwell, Hakewill), **George**; adm. B.A. 6 July 1599, det. $\tfrac{1599}{1600}$; lic. M.A. 29 Apr. 1602, inc. 1602; adm. B.D. 27 Mar. 1610; lic. D.D. 2 July 1611, inc. 1611. Boase, p. 53.
Exeter. **Maverick, John**; adm. B.A. 6 July 1599, det. 160⅔; lic. M.A. (then in orders) 7 July 1603, inc. 1603. [ii. 210]
Magd. C. **Chamberlaine** (Chamberlin), **Richard**; adm. B.A. 6 July 1599, det. $\tfrac{1599}{1600}$.
Oriel.* **Whetcombe, John**; adm. B.A. (Oriel) 11 July 1599, det. $\tfrac{1599}{1600}$; lic. M.A. (Exet.) 17 Dec. 1602, inc. 1603; adm. B.D. (Exet.) 27 Mar. 1610; lic. D.D. (Exet.) 30 June 1612, inc. 1612. [ii. 223] Boase, p. 55.
Exeter. **Arundell, Alexander**; adm. B.A. 12 July 1599, det. $\tfrac{1599}{1600}$; [Broadg. H., ii. 213]
Oriel. **Harley, Robert**; (arm. fil. n. m. and a student of the common law) adm. B.A. 12 July 1599. [ii. 219]
Magd. H. **Stone, William**; adm. B.A. 20 July 1599, det. $\tfrac{1599}{1600}$; lic. M.A. 7 July 1603, inc. 1603.
Corpus. **Mason, John**; adm. B.A. 23 July 1599, det. $\tfrac{1599}{1600}$; lic. M.A. 9 July 1603, inc. 1603; adm. B.D. 25 June 1610; lic. to preach 12 May 1612.
Corpus. **Twyne** (Twine), **Brian**; adm. B.A. 23 July 1599, det. $\tfrac{1599}{1600}$; lic. M.A. 9 July 1603, inc. 1603; adm. B.D. 25 June 1610. [ii. 212] 16 May 1607, 'supplicat venerabili congregationi Bryanus Twynus A.M. e Coll. Corp. Xti quatenus omnia illa diplomata suo usui necessaria quae in hujusce domus Archivis continentur vestra bona cum venia gratiose sibi ad certum tempus pervolvenda concedantur. Causa est quia de Oxoniensium rebus scripturus, diplomata illa magno sibi adjumento fore existimat. Conceditur simpliciter.'
Corpus. **Green, Christopher**; adm. B.A. 23 July 1599, det. $\tfrac{1599}{1600}$; lic. M.A. 9 July 1603, inc. 1603; adm. B.D. 25 June 1610; lic. to preach 11 June 1611; lic. D.D. 1 July 1622, inc. 1622. [ii. 212]
Corpus. **Bayly** (Baylie), **George**; adm. B.A. 23 July 1599, det. $\tfrac{1599}{1600}$; lic. M.A. 9 July 1603, inc. 1603; lic. to preach 9 Mar. 16$\tfrac{09}{10}$; adm. B.D. 25 June 1610. [Queen's, ii. 209]
Corpus. **Allein** (Allen), **Richard**; adm. B.A. 23 July 1599, det. $\tfrac{1599}{1600}$; lic. M.A. 9 July 1603, inc. 1603. [ii. 214]
Corpus. **Jackson, Thomas**; adm. B.A. 23 July 1599, det. $\tfrac{1599}{1600}$; lic. M.A. 9 July 1603, inc. 1603; adm. B.D. 25 June 1610; lic. to preach 11 June 1611; lic. D.D. 27 June 1622, inc. 1622. [Queen's, ii. 214]
Corpus. **Barkesdale** (Parksdale), **John**; adm. B.A. 23 July 1599, det. $\tfrac{1599}{1600}$. [ii. 212]
S. Mary H. **Hearing, Richard**; adm. B.A. 25 Oct. 1599, det. $\tfrac{1599}{1600}$; lic. M.A. 26 June 1602, inc. 1602. [ii. 217]
S. Mary H. **Hughes, Richard**; adm. B.A. 25 Oct. 1599, det. $\tfrac{1599}{1600}$. ('Robert' in suppl.) [Robert, ii. 217]
S. Alb. H. **Broad, Thomas**; adm. B.A. 25 Oct. 1599, det. $\tfrac{1599}{1600}$; lic. M.A. 7 July 1602, inc. 1602. [S. Mary H., ii. 210]
S. Alb. H.* **Dumaresq, Elias**; adm. B.A. (S. Alb. H.) 25 Oct. 1599, det. (Broadg. H.) $\tfrac{1599}{1600}$. [Priv., i. 397]

Ch. Ch. Season, Richard; adm. B.A. 25 Oct. 1599, det. $\frac{1599}{1600}$. [ii. 216]
Ch. Ch. Colfe, Abraham; adm. B.A. 25 Oct. 1599, det. $\frac{1599}{1600}$. [ii. 206]
Ch. Ch. Hamden, John; adm. B.A. 25 Oct. 1599, det. $\frac{1599}{1600}$; lic. M.A. 8 June 1602, inc. 1602; adm. B.D. 18 May 1609; lic. D.D. 11 May 1616, inc. 1616. [ii. 213]
Ch. Ch. Fixer, Anthony; adm. B.A. 25 Oct. 1599, det. $\frac{1599}{1600}$. [ii. 213]
Ch. Ch. Thornton, Thomas; adm. B.A. 25 Oct. 1599, det. $\frac{1599}{1600}$; lic. M.A. 8 June 1602, inc. 1602. [ii. 213]
Ch. Ch. Watkins, Edward; adm. B.A. 25 Oct. 1599, det. $\frac{1599}{1600}$; lic. M.A. 8 June 1602, inc. 1602. [ii. 204]
Ch. Ch. Bickerton, Thomas; adm. B.A. 25 Oct. 1599, det. $\frac{1599}{1600}$; lic. M.A. 8 June 1602, inc. 1602. [Bras., ii. 193]
Ch. Ch. Adams, Andrew; adm. B.A. 25 Oct. 1599, det. $\frac{1599}{1600}$; lic. M.A. 8 June 1602, inc. 1602.
Ch. Ch. Spackman, Norwich; adm. B.A. 25 Oct. 1599, det. $\frac{1599}{1600}$; lic. M.A. 8 June 1602, inc. 1602. [ii. 208]
University. Gillingham, Richard; adm. B.A. 25 Oct. 1599, det. $\frac{1599}{1600}$. [ii. 213]
Lincoln. Hartley, William; adm. B.A. 30 Oct. 1599, det. $\frac{1599}{1600}$.
Brasenose. Whitbey, Edward; adm. B.A. 3 Dec. 1599, det. $\frac{1599}{1600}$. [ii. 218]
Brasenose.* Benion (Bennyon), William; adm. B.A. (Bras.) 3 Dec. 1599, det. $\frac{1599}{1600}$; lic. M.A. (All So.) 2 July 1603, inc. 1603. [ii. 214]
Brasenose.* Lawley, George; adm. B.A. (Bras.) 3 Dec. 1599, det. $\frac{1599}{1600}$; lic. M.A. (Bras.) 13 Dec. 1602, inc. (All So.) 1603; adm. B.C.L. (All So.) 17 Dec. 1608. [ii. 213]
Brasenose. Griffith (Griffyths, Griffetts), Robert; adm. B.A. 3 Dec. 1599, det. $\frac{1599}{1600}$; suppl. M.A. (wrongly registered as suppl. B.A.) 23 June 1604, and again 12 June 1605, lic. 17 June 1605, grace to incept renewed 30 June 1606, inc. 1606. [ii. 214]
New Coll. Gardiner, Richard; adm. B.A. 3 Dec. 1599, det. $\frac{1599}{1600}$. [All So., ii. 201]
Queen's.* Wood, Walkeden; adm. B.A. (Queen's) 3 Dec. 1599, det. $\frac{1599}{1600}$; lic. M.A. (S. Edm. H.) 26 June 1602, inc. ('Walter') 1602. [ii. 217]
S. Edm. H. Arthure, John; adm. B.A. 3 Dec. 1599, det. $\frac{1599}{1600}$.
S. Edm. H. Osbourne (Osborne), John; adm. B.A. 10 Dec. 1599, det. $\frac{1599}{1600}$. [Univ., ii. 208]
Jesus. Lloyd, David; adm. B.A. 12 Dec. 1599, det. $\frac{1599}{1600}$. [ii. 194] (See *infra*, p. 222.)
Magd. H.* Kingsley (Kindesley, Kinsley, Kinsgley), William; adm. B.A. (Magd. H.) 13 Dec. 1599, det. $\frac{1599}{1600}$; lic. M.A. (All So.) 2 July 1603, inc. 1603; adm. B.D. (All So.) 21 June 1613; lic. D.D. (All So., 'cumulatus') 25 June 1616, inc. 1616. [ii. 220]
Magd. H. Rumney, John; adm. B.A. 13 Dec. 1599. [ii. 213]
Magd. H.* Winter, Thomas; adm. B.A. (Magd. H.) 13 Dec. 1599, det. $\frac{1599}{1600}$; lic. M.A. (Magd. C.) 8 July 1602, inc. 1602. [Magd. C., ii. 220]

S. John's. **Bernard** (Barnard), **Benjamin**; adm. B.A. 13 Dec. 1599, det. $\frac{1599}{1600}$; lic. M.A. 3 June 1603, inc. 1603. [ii. 210]
S. Mary H. **Keeling, John**; adm. B.A. 14 Dec. 1599, det. $\frac{1599}{1600}$. [Bras., ii. 198]
S. Mary H. **Haughton, George**; adm. B.A. 14 Dec. 1599, det. $\frac{1599}{1600}$; dispensed 29 Feb. $\frac{1599}{1600}$. [Bras., ii. 210]
S. Edm. H. **Parker, John**; adm. B.A. 14 Dec. 1599, det. $\frac{1599}{1600}$; lic. M.A. (then in orders) 7 July 1602, inc. 1602. [Magd. C., ii. 203]

S. Edm. H. **Bennet, Matthew**; suppl. B.A. 27 Mar. 1599.
Jesus. **Lloyd, Roderic**; suppl. B.A. 28 Mar. 1599 and probably adm. that day, det. $\frac{1599}{1600}$; lic. M.A. 26 June 1602, inc. 1602. [ii. 199]
Ch. Ch. **Morgan** (Morgans), **Evan**; suppl. B.A. 11 June 1599, det. $\frac{1599}{1600}$; lic. M.A. 5 July 1602, inc. 1602.
Exeter. **Rymer** (Reynar, Rynar), **Anthony**; suppl. B.A. 16 June 1599. [ii. 192]
S. Mary H. **Mainwaring, William**; dispensed towards B.A. 14 Dec. 1599. [Bras., ii. 204]
Brasenose. **Whetcomb**, ...; det. $\frac{1599}{1600}$ (probably a mistake for John Whetcomb, *supra*, p. 216.)

Lincoln. **Smith, John**; lic. M.A. 6 July 1599, inc. 1599 (either John Smith of New C., *supra*, p. 197, or John Smith of All So., *supra*, p. 201.)

New Coll. **Aylmer, Zachary**; adm. B.C.L. 5 Feb. 159⅞. [ii. 187]
New Coll. **Craddock, John**; adm. B.C.L. 30 Apr. 1599; lic. D.C.L. ('cumulatus') 11 July 1615, inc. 1617. [ii. 182]
S. John's. **Russell, George**; suppl. B.C.L. 16 June, adm. 2 July 1599. [ii. 197]
S. John's. **Cromwell, Philip**; suppl. B.C.L. 16 June, adm. 2 July 1599. [Bras., ii. 191]
S. John's. **Lydall, Richard**; suppl. B.C.L. 16 June, adm. 2 July 1599. [Magd. C., ii. 197]
New Coll. **Langdon, Thomas**; suppl. B.C.L. 25 June, adm. 2 July 1599.

S. Edm. H. **Gunson, Roger**; adm. B.D. 10 July 1598. On 10 July 1598 Roger Gunson, of Finsham, co. Norfolk, produced letters testimonial (dated 8 July) that he had paid the fees for B.D. to the bedells and officers in 1593; and he was thereupon presented to the degree of B.D. On 5 July 1599, Roger Gunson, B.D., S. Edm. H., was dispensed towards D.D.

1600.

New Coll. **Young, John**; adm. B.A. 17 Jan. $\frac{1599}{1600}$, det. $\frac{1599}{1600}$; lic. M.A. 10 Dec. 1603, inc. 1604. [ii. 217]

Ch. Ch. **Richardson, Robert**; adm. B.A. 19 Jan. 1599/1600, det. 1599/1600; lic. M.A. 4 July 1604, inc. 1604. [ii. 214]
Lincoln. **Coward, Edward**; adm. B.A. 24 Jan. 1599/1600, det. 1599/1600; lic. M.A. 10 June 1602, inc. 1602; adm. B.D. 31 May 1609. [ii. 215]
S. Alb. II. **Wilson, Matthew**; adm. B.A. 24 Jan. 1599/1600, det. 1599/1600. [ii. 219]
S. Alb. H. **Stubbs, William**; adm. B.A. 24 Jan. 1599/1600, det. 1599/1600. [i. 371]
*Queen's.** **Laughorne, Thomas**; adm. B.A. (Queen's) 25 Jan. 1599/1600, det. 1599/1600; lic. M.A. (S. Edm. H., then in orders) 6 July 1603, inc. 1603. [ii. 209]
Ch. Ch. **James, John**; adm. B.A. 25 Jan. 1599/1600, det. 1599/1600; suppl. M.A. 28 June 1602, inc. ('John Jonnes') 1602. [ii. 213]
University. **Russel, John**; adm. B.A. 25 Jan. 1599/1600, det. 1599/1600. [Mert., ii. 212]
Magd. H. **Bowen, Lewis**; adm. B.A. 25 Jan. 1599/1600, det. 1599/1600.
Corpus. **Pinder, Michael**; adm. B.A. 25 Jan. 1599/1600, det. 1599/1600. [ii. 214]
Broadg. H. **Sweete, Richard**; adm. B.A. 28 Jan. 1599/1600, det. 1599/1600; lic. M.A. 7 July 1602, inc. 1602. [ii. 213]
Broadg. H. **Barley** (Barly), **Richard**; adm. B.A. 28 Jan. 1599/1600, det. 1599/1600. [ii. 215]
Broadg. H. **Wickham** (Wickam), **William**; adm. B.A. 28 Jan. 1599/1600, det. 1599/1600; lic. M.A. 7 July 1602, inc. 1602. [ii. 210]
*Broadg. H.** **Githens** (Gethin), **Absalom**; adm. B.A. (Broadg. II.) 28 Jan. 1599/1600, det. 1599/1600; lic. M.A. (Gloc. H.) 6 July 1603, inc. 1603. [ii. 221]
Oriel. **Cluat** (Cluett, Clewet), **Richard**; adm. B.A. 28 Jan. 1599/1600, det. 1599/1600; lic. M.A. 30 Oct. 1606, inc. 1607; adm. B.D. and lic. D.D. 25 June 1619, inc. D.D. 1619. [ii. 208]
Oriel. **Parsons, Bartholomew**; adm. B.A. 29 Jan. 1599/1600, det. 1599/1600; lic. M.A. 9 July 1603, inc. 1603; adm. B.D. 28 May 1611 (then Chaplain to Bishop of Salisbury).
Oriel. **Davids, Griffin**; adm. B.A 29 Jan. 1599/1600. [ii. 207]
Oriel. **Hatton, Christopher**; adm. B.A. 29 Jan. 1599/1600. [ii. 222]
Magd. C. **Johnson, Richard**; adm. B.A. 29 Jan. 1599/1600, det. 1599/1600.
Hart H. **Fettiplace** (Feteplace), **John**; adm. B.A. 29 Jan. 1599/1600, det. 1599/1600. [Queen's, ii. 198; or Gloc. H. ii. 200]
Gloc. H. **Clarke, Josias**; adm. B.A. 31 Jan. 1599/1600, det. 1599/1600; lic. M.A. 6 July 1603, inc. 1603. [ii. 218]
Gloc. H. **Lane, Samuel**; adm. B.A. 31 Jan. 1599/1600, det. 1599/1600.
Gloc. H. **Raybould** (Raibould), **Edward**; adm. B.A. 31 Jan. 1599/1600, det. 1599/1600.
S. Mary H. **Harrison** (Harison), **Thomas**; (arm. fil. n. m.) adm. B.A. 31 Jan. 1599/1600, det. 1599/1600; dispensed towards M.A. 1 July 1600.
S. Mary H. **Tounsend** (Townshend), **Warren**; adm. B.A. 31 Jan. 1599/1600, det. 1599/1600. [ii. 220]
Exeter. **Arscott, Edmund**; (arm. fil. n. m.) adm. B.A. 31 Jan. 1599/1600, det. 1599/1600. [ii. 234]
Exeter. **Pridiaux** (Pridiox, Prydies), **John**; adm. B.A. 31 Jan. 1599/1600, det. 1599/1600; lic. M.A. 11 May 1603, inc. 1603; adm. B.D. 6 May 1611; lic. D.D. 30 June 1612, inc. 1612. Boase, p. 54. [ii. 216]

Exeter. **French, William**; adm. B.A. 31 Jan. $\frac{1599}{1600}$, det. $\frac{1599}{1600}$; lic. M.A. 11 Mar. 160$\frac{2}{3}$, inc. 1603. [ii. 216]
Brasenose. **Whitbey, William**; adm. B.A. (then a Student of Law in London) 31 Jan. $\frac{1599}{1600}$. [ii. 217]
S. Mary H. **Meredeth, John**; (arm. fil. n. m.) adm. B.A. 1 Feb. $\frac{1599}{1600}$, det. $\frac{1599}{1600}$. [Oriel, ii. 223]
New Coll. **Chocke, Matthew**; adm. B.A. 1 Feb. $\frac{1599}{1600}$, det. $\frac{1599}{1600}$. [ii. 217]
Corpus. **Todkill, Richard**; adm. B.A. 1 Feb. $\frac{1599}{1600}$, det. $\frac{1599}{1600}$. [ii. 216]
S. John's. **Gering** (Geering), **William**; adm. B.A. 1 Feb. $\frac{1599}{1600}$, det. $\frac{1599}{1600}$; lic. M.A. 12 May 1603, inc. 1603. [ii. 204]
S. John's. **Linke, William**; adm. B.A. 1 Feb. $\frac{1599}{1600}$, det. $\frac{1599}{1600}$; lic. M.A. (then in orders) 6 July 1605, inc. 1605. [ii. 202]
New Coll. **Bradsell, Francis**; adm. B.A. 8 Apr. 1600, det. 160$\frac{1}{2}$; lic. M.A. 5 Mar. 160$\frac{2}{3}$, inc. 1603; adm. B.D. 17 June 1611. [ii. 217]
New Coll. **Bellingham, John**; adm. B.A. 8 Apr. 1600, det. 160$\frac{0}{1}$; lic. M.A. 18 Jan. 160$\frac{3}{4}$, inc. 1604.
Merton. **Parsons, Thomas**; adm. B.A. 10 Apr. 1600, det. 160$\frac{0}{1}$. [Gloc. H., ii. 201]
Trinity. **Sellar** (Seller), **Thomas**; adm. B.A. 10 Apr. 1600, det. 160$\frac{0}{1}$; lic. M.A. 8 May 1604, inc. 1604.
Merton. **Gressam** (Gressonn), **Ralph**; adm. B.A. 19 Apr. 1600.
Broadg. H. **Bonithon** (Bonython), **Robert**; adm. B.A. 19 Apr. 1600, det. 160$\frac{0}{1}$; lic. M.A. 11 Mar. 160$\frac{2}{3}$, inc. 1603. [ii. 215]
S. Edm. H. **Serle, Samuel**; adm. B.A. 19 Apr. 1600. [Ch. Ch., ii. 192]
S. Mary H. **Griffithes**, (Griffes), **Griffith**; adm. B.A. 31 May 1600.
S. Mary H. **Williams, Hugh**; adm. B.A. 31 May 1600. [? Ball., ii. 219]
Balliol. **Cratford** (Crayford), **Charles**; adm. B.A. 31 May 1600, det. 160$\frac{0}{1}$. [ii. 216]
Balliol. **Blanchard, Thomas**; adm. B.A. 31 May 1600, det. 160$\frac{0}{1}$; lic. M.A. . . . Apr. 1604, inc. 1604; adm. B.D. 7 June 1613. [ii. 218]
Exeter. **Hore, Francis**; adm. B.A. 2 June 1600, det. 160$\frac{0}{1}$; lic. M.A. 11 May 1603, inc. 1603. [ii. 225] Boase, p. 53.
Exeter. **Windham, Zachary**; adm. B.A. 2 June 1600, det. 160$\frac{0}{1}$; lic. M.A. 11 May 1603, inc. 1603. [ii. 217]
Exeter. **Coles** (Colles), **Richard**; adm. B.A. 2 June 1600, det. 160$\frac{1}{2}$. Richard Coles, B.A., Exet., is mentioned as being in orders in 1618. Richard Coles, Exeter, adm. B.D. 15 Dec. 1618. [ii. 216]
Merton.* **Powltney** (Poultney), **Gabriel**; adm. B.A. (Mert.) 2 June 1600, det. (S. Alb. H.) 160$\frac{0}{1}$; lic. M.A. (S. Alb. H.) 6 June 1603, inc. 1603. ⟨In his transcript of the M.A. licences (Wood, MS. E. 29, fol. 25) A Wood has this note about Poultney, 'demersus in aquis vulgo vocatis Patten's Pleasure infra libertates de Halywell secus Oxon, 21 Aug. 1607; sepultus in ecclesia Coll. Mert.'—referring no doubt to our modern 'Parson's Pleasure' bathing-place.⟩
Magd. C. **Bradshew** (Brodshewe), **Richard**; adm. B.A. 2 June 1600, det. 160$\frac{0}{1}$; lic. M.A. 15 Feb. 160$\frac{2}{3}$, inc. 1603. [ii. 223]
Magd. H. **Fulcis** (Fulcys), **William**; adm. B.A. 5 June 1600, det. 160$\frac{0}{1}$. [ii. 220]
Magd. H. **Harries** (Harris), **Robert**; adm. B.A. 5 June 1600, det.

160$^0_1$; suppl. B.D. (then called 'James,' and described as for ten years a student of theology) 22 Nov. 1613, adm. B.D. ('Robert') 5 May 1614. [ii. 220]
Magd. H. **Ablard** (Ablerd), **William**; adm. B.A. 5 June 1600, det. 160$^0_1$.
S. Mary H. **Daniel, John**; adm. B.A. 5 June 1600, det. 160$^0_1$. [ii. 217]
Oriel. **Marshall, Hugh**; adm. B.A. 7 June 1600, det. 160$^0_1$; lic. M.A. 6 July 1603, inc. 1603.
Broadg. H. **Tyre** (Tier, Tyer), **John**; adm. B.A. 12 June 1600, det. 160$^0_1$. [Magd. H., ii. 174]
S. Edm. H.* **Hall, John**; adm. B.A. (S. Edm. H.) 12 June 1600, det. 160$^0_1$; suppl. M.A. (All So.) 28 Apr., lic. 2 May 1604, inc. 1604. [Broadg. H., ii. 216]
Magd. H. **Marston, Richard**; adm. B.A. 14 June 1600. [Oriel, ii. 215]
Queen's.* **Mandevill** (Mandavile), **Robert**; adm. B.A. (Queen's) 17 June 1600, det. 160$^0_1$; lic. M.A. (S. Edm. H.) 6 July 1603, inc. 1603. [ii. 214]
Queen's. **Hilton, George**; (arm. fil. n. m.) adm. B.A. 17 June 1600.
Queen's. **Scott, Robert**; (eq. aur. fil.) adm. B.A. 17 June 1600. [ii. 222]
Merton. **Sheene, William**; adm. B.A. 21 June 1600, det. 160$^0_1$. [ii. 211]
Broadg. H. **Thorpe, Robert**; adm. B.A. 21 June 1600, det. 160$^0_1$. [ii. 218]
Hart H. **Osberne, Hugh**; adm. B.A. 26 June 1600. [Broadg. H., ii. 212]
S. Edm. H. **Bankes** (Bancks), **Simon**; adm. B.A. (S. Edm. H.) 1 July 1600, det. (Queen's) 160$^0_1$; lic. M.A. (S. Edm. H.) 6 July 1603, inc. 1603. [ii. 218]
Balliol. **Pim, Richard**; adm. B.A. 2 July 1600, det. 160$^0_1$. [Broadg. H., ii. 217]
Magd. H. **Trenchard** (Trencher), **Francis**; (arm. fil. n. m.) adm. B.A. 3 July 1600, det. 160$^0_1$. [Magd. C., ii. 223]
Magd. H. **Young, William**; adm. B.A. 3 July 1600. [i. 371]
S. Edm. H. **Jenkins, David**; adm. B.A. 4 July 1600, det. 160$^0_1$.
S. Edm. H. **Emerson, John**; adm. B.A. 4 July 1600, det. 160$^0_1$. [Bras., ii. 231]
Ch. Ch. **Beaumont, Henry**; (arm. fil. n. m.) adm. B.A. 7 July 1600. [Broadg. H., ii. 218]
Ch. Ch. **Blundevill** (Blundell, Blandivill), **Francis**; adm. B.A. 7 July 1600, det. 160$^0_1$; lic. M.A. 28 June 1603, inc. 1603. [Broadg. H., ii. 216]
Ch. Ch. **Stubbes, Richard**; adm. B.A. 7 July 1600, det. 160$^0_1$. [ii. 225]
Ch. Ch. **Lynde** (Linde, Line), **Humphrey**; adm. B.A. 7 July 1600, det. 160$^0_1$. [ii. 218]
Ch. Ch. **Hercy, John**; adm. B.A. 7 July 1600. [ii. 225]
Ch. Ch. **Leach** (Leech), **Thomas**; adm. B.A. 7 July 1600, det. 160$^0_1$; lic. M.A. 28 June 1603, inc. 1603. [Hart H., ii. 212]
Ch. Ch. **Pearce** (Perce, Peirs, Perse, Peirce, Peirse, Pearse), **William**; adm. B.A. 7 July 1600, det. 160$^0_1$; lic. M.A. 7 July 1603, inc. 1603;

adm. B.D. 5 July 1610; lic. to preach 31 Jan. 161½; lic. D.D. 27 June 1614, inc. 1614. [ii. 234]
Jesus. Nanney, Richard; adm. B.A. 8 July 1600, det. 160$^0_1$; lic. M.A. 1 July 1603, inc. 1603. [ii. 218]
Hart H. Edwards, Elias; adm. B.A. 9 July 1600, det. 160$^0_1$.
Hart H. Dewell, Henry; (arm. fil. n. m.) adm. B.A. 9 July 1600. [ii. 221]
Magd. C.* Hall, John; adm. B.A. (Magd. C.) 9 July 1600, det. (. . . Hale, Corp.) 160$^0_1$; suppl. M.A. (John Hall, Corp.) 28 May, lic. 21 June 1604, inc. 1604; suppl. B.D. (Corp.) 1 July, adm. 8 July 1613. [Magd. H., ii. 216]
Ch. Ch. Marshall, John; adm. B.A. 9 July 1600. [i. 371]
Trinity. Marler, Thomas; adm. B.A. 9 July 1600, det. 160$^0_1$; lic. M.A. 20 May 1605, inc. 1605; adm. B.D. 6 July 1618.
Magd. C. Hearne (Herne), John; adm. B.A. 10 July 1600, det. 160$^0_1$; lic. M.A. 27 May 1604, inc. 1604; suppl. B.D. 11 Dec. 1611. [ii. 194]
Magd. C.* Harries, (Harris), Richard; adm. B.A. (Magd. C.) 10 July 1600, det. 160$^0_1$; lic. M.A. (Oriel) 6 July 1604, inc. 1604. [ii. 220, note]
Magd. C. Otthen (Othen), Edward; adm. B.A. 10 July 1600, det. 160$^0_1$; lic. M.A. 27 Mar. 1604, inc. 1604. ⟨Demy of Magd. C. 1595–1606; Blox. 4, pp. 235 and 238.⟩
Magd. C. Joyner, Richard; adm. B.A. 10 July 1600, det. 160$^0_1$; lic. M.A. 27 Mar. 1604, inc. 1604. ⟨Demy of Magd. C. 1596–1605; Blox. 4, p. 239.⟩
Magd. C. Wrigglesworth, Richard; adm. B.A. 10 July 1600, det. 160$^0_1$; lic. M.A. 3 July 1605, inc. 1605. ⟨Demy of Magd. C. 1596–1602; Blox. 4, p. 240.⟩
Magd. C. Leach (Leech), Nathaniel; adm. B.A. 10 July 1600, det. 160$^0_1$; lic. M.A. 27 Mar. 1604, inc. 1604. [Hart H., ii. 212]
Magd. C. Dunster, (Dinster, Dunstare), John; adm. B.A. 10 July 1600, det. 160$^0_1$; lic. M.A. 27 Mar. 1604, inc. 1604. [ii. 210]
Magd. C. Fulcy (Fulye, Fulcis, Fulsey), Anthony; adm. B.A. 10 July 1600, det. 160$^0_1$; lic. M.A. 27 Mar. 1604, inc. 1604; suppl. B.D. 16 Dec., adm. 17 Dec. 1612; suppl. lic. to preach 11 Dec., lic. 19 Dec. 1612. [Magd. H., ii. 220]
Lincoln. Baradale (Baradell, Barradell), John; adm. B.A. 10 July 1600, det. 160$^0_1$; lic. M.A. 9 July 1612, inc. 1612. [ii. 217]
⟨'John Jones' is entered among adm. B.A. on 10 July, and 'Robert Nowell' on 11 July; but both are scored out.⟩
Balliol. Keene (Kene), Robert; adm. B.A. 11 July 1600, det. 160$^0_1$; lic. M.A. 5 July 1605, inc. 1605. [ii. 221]
Balliol. Taylor, Thomas; adm. B.A. 11 July 1600, det. 160$^0_1$. [ii. 224]
. . . Rogers, Francis; adm. B.A. 11 July 1600.
. . . Hutton, Samuel; adm. B.A. 11 July 1600.
. . . Flud, David; adm. B.A. 11 July 1600. David Lloyd, Oriel, suppl. M.A. 17 Oct., lic. 23 Oct. 1605, inc. 1606; suppl. B.D. 10 Feb. 161¾, adm. . . . 161¾. ⟨He may be this 'David Flud' or the same as 'David Lloyd' of Jes., *supra*, p. 217.⟩
All Souls. Fish, John; adm. B.A. 29 July 1600. [Mert., ii. 213]

New Coll. **Twist** (Twisse), **William**; adm. B.A. 14 Oct. 1600, det. 160⁰₁; lic. M.A. 12 June 1604, inc. 1604; adm. B.D. 8 July 1612; suppl. D.D. 30 June, lic. 5 July 1614, inc. 1614; suppl. lic. to preach 28 Nov. 1616, lic. 18 June 1617. [? Magd. H., ii. 181]
New Coll. **Bridges, William**; adm. B.A. 14 Oct. 1600, det. 160¹₁; lic. M.A. 12 June 1604, inc. 1604; suppl. B.D. 10 June, adm. 8 July 1612. [ii. 219]
Corpus. **Clarke, John**; adm. B.A. (Corp.) 20 Oct. 1600, det. 160⁰₁; lic. M.A. (S. Alb. H.) 5 July 1606, inc. 1606. [? Magd. H., ii. 220]
Exeter. **Prowse** (Prouse), **William**; adm. B.A. 22 Oct. 1600, det. 160⁰₁; lic. M.A. 30 June 1603, inc. 1603. [ii. 219] Boase, p. 54.
Exeter. **Vivian** (Vyvian), **John**; adm. B.A. 22 Oct. 1600; lic. M.A. 30 June 1603, inc. 1603; (Fellow of Exet.) suppl. B.D. 27 May, adm. 6 June 1614; suppl. lic. to preach 21 June, lic. 1 July 1617. Boase, p. 56. [ii. 218]
Exeter. **Edwards, John**; adm. B.A. 22 Oct. 1600, det. 160⁰₁. [ii. 216]
Exeter. **Buckland, Thomas**; adm. B.A. 22 Oct. 1600, det. 160⁰₁; lic. M.A. 7 July 1603, inc. 1603. [ii. 220]
Lincoln. **Heathcot** (Hethcott), **William**; adm. B.A. 31 Oct. 1600, det. 160⁰₁.
Lincoln. **Predgeon** (Prigeon), **Philip**; adm. B.A. 31 Oct. 1600, det. 160⁰; lic. M.A. 6 Dec. 1604, inc. 1605. [ii. 218]
Brasenose. **Ashe, Richard**; adm. B.A. 31 Oct. 1600, det. 160½. [ii. 209]
New Coll. **Bucket, Matthew**; adm. B.A. 10 Nov. 1600, det. 160⁰₁. [ii. 190]
Balliol. **Maio** (Maye), **Henry**; adm. B.A. 14 Nov. 1600, det. 160⁰₁. [ii. 187]
Balliol. **Horton, Christopher**; (arm. fil. n. m.) adm. B.A. 14 Nov. 1600, det. 160⁰₁. [ii. 224]
Magd. C.* **Mariott, Richard**; adm. B.A. (Magd. C.) 27 Nov. 1600, det. (Magd. H.) 160⁰₁. [Magd. H., ii. 218]
Brasenose. **Dicus** (Dicas), **Hugh**; adm. B.A. 4 Dec. 1600, det. 160⁰₁; lic. M.A. 7 July 1608, inc. 1608; suppl. B.D. 19 Nov. 1616, adm. 8 July 1619; suppl. lic. to preach and lic. 18 May 1621. [ii. 214]
Brasenose. **Parrie, Morgan**; adm. B.A. 4 Dec. 1600, det. 160½; lic. M.A. 5 July 1605, inc. 1605. [ii. 218]
Brasenose.* **Singleton** (Syngleton), **Isaac**; adm. B.A. (Bras.) 4 Dec. 1600, det. 160⁰₁; lic. M.A. (All So.) 1 May 1604, inc. 1604. [ii. 222]
Brasenose. **Bannester** (Banister), **Nicholas**; adm. B.A. 4 Dec. 1600, det. 160½; lic. M.A. 20 May 1605, inc. 1605. [ii. 222]
S. Mary H. **Shien** (Sheene, Sheyne, Cheyne), **William**; adm. B.A. 8 Dec. 1600, det. 160⁰₁. [ii. 244]
Queen's. **Huntley, Thomas**; (arm. fil. n. m.) adm. B.A. 8 Dec. 1600, det. 160⁰₁. [ii. 223]
S. John's. **Redfearne, Richard**; adm. B.A. 11 Dec. 1600, det. 160⁰₁. [ii. 215]
S. John's. **Browne, George**; adm. B.A. 11 Dec. 1600, det. 160⁰₁. [ii. 216]

Balliol. Atkyns, John; adm. B.A. 17 Dec. 1600.
S. Edm. H. Gyles (Giles), Hugh; adm. B.A. 17 Dec. 1600, det. 160⁰₁.
Gloc. H. Meade, Edmund; adm. B.A. 11 Dec. 1600, det. 160⁰₁. [ii. 219]
S. Alb. H. Bricker, Samuel; adm. B.A. 11 Dec. 1600, det. 160⁰₁. [ii. 219]
Oriel. Crips (Cripps), Ralph; adm. B.A. 11 Dec. 1600, det. 160⁰₁. [ii. 219]

S. John's. May, Hugh; suppl. B.A. 16 Apr. 1600, det. 160⁰₁. [ii. 205]
Brasenose. Deane, John; (arm. fil. n. m.) dispensed towards B.A. 8 Nov. 1600. [ii. 209]
Exeter. Vinton, ...; det. 160⁰₁.

Ch. Ch. Attwoode, Richard; lic. M.A. 8 July 1600, inc. 1600.
Merton. Gulson, Theodore; lic. M.A. 8 July 1600, inc. 1600; suppl. lic. to pract. med. and M.B. 27 Mar. 1610, adm. M.B. 30 Apr. 1610; suppl. M.D. 31 Mar. 1610, lic. 30 Apr. 1610, inc. 1610. Brod., p. 276.

New Coll. Halsall, John; adm. B.C.L. 8 Apr. 1600.
*All Souls.** Twisden, Charles; suppl. B.C.L. (All So.) 7 July, adm. 15 July 1600; lic. D.C.L. (N.I.H.) 25 June 1618, inc. 1618.
S. John's Jones, John; suppl. B.C.L. 2 July, adm. 16 July 1600. [ii. 185] (See p. 222.)

Ch. Ch. Hochekis, John; suppl. B.D. 8 Apr., adm. 14 Apr. 1600; he was tutor to the son of Lord Cumpton.
Queen's. Pilkington, Richard; dispensed 16 Jan. $\frac{1599}{1600}$; suppl. B.D. 17 Apr., adm. 27 June 1600; suppl. D.D. 23 June, lic. 8 July 1607, inc. 1607. [i. 355]
Queen's. Drewrie, William; suppl. B.D. 17 Apr., adm. 27 June 1600. [i. 353]

1601.

Magd. H. Ball, Hugh; adm. B.A. 3 Feb. 160⁰₁, det. 160⁰₁. [Magd. C., ii. 221]
University. Savile, George; (eq. fil. n. m.) adm. B.A. 8 Feb. 160⁰₁, det. 160⁰₁. [ii. 229]
Oriel. Vaughan (Vachan), Hoel; adm. B.A. 8 Feb. 160⁰₁, det. 160⁰₁.
Ch. Ch. Belcher (Belser), Dabridgcourt; (arm. fil. n. m.) adm. B.A. 8 Feb. 160⁰₁, det. 160⁰₁. [i. 371]
S. Edm. H. Dutton, William; adm. B.A. 10 Feb. 160⁰₁, det. 160⁰₁; lic. M.A. 10 July 1607, inc. 1607.
Merton. Sheppard (Shepperd), Thomas; adm. B.A. 10 Feb. 160⁰₁, det. 160⁰₁; lic. M.A. ('Shefford') 4 July 1604, inc. 1604. [ii. 219]
Magd. C. Hoare (Hore), John; adm. B.A. 16 Feb. 160⁰₁, det. 160⁰₁; lic. M.A. ('How') 7 July 1604, inc. ('Hore') 1604.
S. John's. Clare, Ralph; adm. B.A. ('Care') 17 Feb. 160⁰₁, det. ('Clare') 160⁰₁. [Hart H., ii. 220]

*Magd. H.** **Davis, William**; adm. B.A. (Magd. H.) 17 Feb. 160⁰₁, det. 160⁰₁; lic. M.A. (Ch. Ch.) 27 June 1607, inc. 1607.
Queen's. **Reynolds** (Raynoldes), **Roger**; adm. B.A. 17 Feb. 160⁰₁, det. 160⁰₁. [ii. 223]
Trinity. **Whistler, John**; adm. B.A. 17 Feb. 160⁰₁, det. 160⁰₁, [ii. 222]
*Trinity.** **Lane, Samuel**; adm. B.A. (Trin.) 17 Feb. 160⁰₁, det. 160⁰₁; lic. M.A. (Mert.) 10 Feb. 160⁰₂, inc. 1607; adm. B.D. (Mert.) 4 May 1615. Brod., p. 277. [? Magd. C., ii. 223] (See p. 219).
Brasenose. **Colmer** (Colemore), **Thomas**; (D.C.L. fil. n. m.) adm. B.A. 19 Feb. 160⁰₁, det. 160⁰₁; lic. M.A. 30 June 1603, inc. 1603. [Mert., ii. 225]
*Oriel.** **Jackman, William**; adm. B.A. (Oriel) 20 Feb. 160⁰₁, det. 160⁰₁; suppl. M.A. (Exet., 'Thomas') 28 June, lic. (Exet., 'William') 28 June 1609, inc. (' William ') 1609. [ii. 206]
All Souls. **Tristram** (Tristan), **Thomas**; adm. B.A. 20 Feb. 160⁰₁, det. 160⁰₁. [S. Mary H., ii. 212]
New Coll. **Edwards, Hugh**; suppl. B.A. 14 Nov. 1598, and had his grace renewed 19 Feb. 160⁰₁, adm. B.A. 20 Feb. 160⁰. [ii. 212]
Exeter. **Hatch, Nicholas**; adm. B.A. 21 Feb. 160⁰₁, det. 160⁰₁. [ii. 212]
*University.** **Allanson** (Allenson, Allonson, Allinson, Alonson, Alanson), **Stephen**; adm. B.A. (Univ.) 21 Feb. 160⁰₁, det. 160⁰₁; lic. M.A. (Bras.) 7 July 1608, inc. 1608; suppl. B.D. (Bras.) 18 June, adm. 8 July 1619; suppl. lic. to preach 14 Dec. 1620. [ii. 224]
Magd. H. **Simpson** (Simson), **Henry**; adm. B.A. 21 Feb. 160⁰₁, det. 160⁰₁; lic. M.A. 6 July 1609, inc. 1609. [ii. 216]
Brasenose. **Rose, Matthew**; adm. B.A. 21 Feb. 160⁰₁, det. 160⁰₁.
Balliol. **Higgs, William**; adm. B.A 21 Feb. 160⁰₁, det. 160⁰₁. [ii. 224]
Jesus. **Evans, William**; adm. B.A. 21 Feb. 160⁰₁, det. 160⁰₁. [? ii. 188]
Ch. Ch. **Balam, Richard**; adm. B.A. 27 Feb. 160⁰₁.
New Coll. **Garret, William**; adm. B.A. 7 Mar. 160⁰₁.
Oriel. **Kyffin** (Kiffyn), **Edward**; adm. B.A. 19 Mar. 160⁰₁, det. 160½; dispensed towards M.A. 27 Mar. 1602.
Balliol. **Sturley, Richard**; adm. B.A. 23 Mar. 160⁰. [ii. 219]
Oriel. **Jones** (Joanes), **William**; adm. B.A. 27 Mar. 1601. His grace was renewed 3 Mar. 160¾. [? S. Mary H., ii. 224]
*Exeter.** **Michell** (Mitchell), **John**; adm. B.A. (Exet., then a Student of Law in London) 4 Apr. 1601; lic. M.A. (Hart H.) 8 May 1604, inc. 1604. [ii. 223]
Broadg. H. **Alford, John**; adm. B.A. 4 Apr. 1601. ⟨This entry is scored out; if not a mistake for the record of a dispensation to 'John Elford,' *supra*, p. 210; it must refer to 'John Alford' of Exet., ii. 216.⟩
New Coll. **Polden** (Poleden), **Robert**; adm. B.A. 24 Apr. 1601, det. 160½; lic. M.A. 17 Jan. 160⅚, inc. 1605; suppl. B.D. 1 July, adm. — July 1612. [ii. 221]
New Coll. **Wescombe** (Westcome), **Clement**; adm. B.A. 24 Apr. 1601, det. 160½; lic. M.A. 12 Apr. 1605, inc. 1605; lic. to pract. med., adm. M.B. and lic. M.D. ('cumulatus') 3 July 1615, inc. M.D. 1615. [ii. 218]

New Coll. **Hichcock** (Hitchcock), **Thomas**; adm. B.A. 24 Apr. 1601, det. 160½; lic. M.A. 17 Jan. 160⅘, inc. 1605. (In 1605 he was 'publicus Graecae linguae praelector' in New C.) [ii. 221]

Magd. C. **Stevens** (Steevens), **Richard**; adm. B.A. 30 Apr. 1601, det. 160½; lic. M.A. 3 July 1604, inc. 1604. [ii. 219]

Hart H. **Dowse** (Douse), **Edward**; adm. B.A. 8 May 1601, det. 160½; lic. M.A. 8 May 1604, inc. 1604. [ii. 223]

S. Mary H. **Scull, John**; adm. B.A. (Hart H., in error) 8 May 1601, det. (S. Mary H.) 160½; lic. M.A. (S. Mary H.) 4 July 1605, inc. 1605. [ii. 224]

S. Mary H. **Jauncy** (Jonsey, Joncie, Jansay), **Thomas**; adm. B.A. 8 May 1601, det. 160½; lic. M.A. 30 June 1604, inc. 1604. [ii. 224]

S. Mary H. **Jones** (Joanes), **William**; adm. B.A. 8 May 1601, det. 160½; lic. M.A. 5 July 1606. [ii. 239]

Exeter. **Rainolds** (Reynolds, Raynoldes), **Richard**; adm. B.A. 8 May 1601, det. 160½; lic. M.A. (Chapl. of Exet. C.) 30 June 1603, inc. 1603. [ii. 212] Boase, p. 54.

All Souls. **Edwardes, Roger**; adm. B.A. 8 May 1601, det. 160½. [ii. 231]

Brasenose. **Slocombe, John**; adm. B.A. 8 May 1601, det. 160½.

Brasenose. **Radcliffe** (Ratliffe, Ratcliff), **Samuel**; adm. B.A. 8 May 1601, det. 160½; lic. M.A. 21 May 1604, inc. 1604; adm. B.D. 6 June 1611; lic. D.D. 27 Mar. 1615, inc. 1615. [ii. 222]

*Lincoln.** **Jacson, Christopher**; adm. B.A. (Linc.) 17 May 1601, det. 160½; lic. M.A. (Bras.) 17 Apr. 1605, inc. 1605.

Merton. **Hill, Nicholas**; adm. B.A. 19 May 1601, det. 160½. [Magd. H., ii. 221]

Oriel. **Standley, Rowland**; adm. B.A. 19 May 1601, det. 160½. [ii. 222]

Magd. H. **Everton, John**; adm. B.A. 27 May 1601, det. 160½. [Corp., ii. 212]

Magd. C. **Hindes, Robert**; adm. B.A. 27 May 1601, det. 160½; lic. M.A. (then master of a public school) 7 Feb. 160⅘, inc. 1605. [ii. 229]

Hart H. **Bankes** (Banckes), **William**; adm. B.A. 28 May 1601. [Queen's, ii. 224]

All Souls. **Vaughan, Jenkin**; adm. B.A. 28 May 1601, det. 160½; lic. M.A. 11 July 1605, inc. 1606.

Broadg. H. **Rith** (Rich), **James**; adm. B.A. 30 May 1601. [ii. 221]

New Coll. **Gardiner** (Gardner), **Daniel**; adm. B.A. 12 June 1601, det. 160½; lic. M.A. 12 Apr. 1605, inc. 1605. [ii. 223]

Broadg. H. **Browne, John**; adm. B.A. ('John') 18 June 1601, grace renewed ('John') because he was ill last Lent, 15 Feb. 160⅔, det. ('George') 160⅔; lic. M.A. ('John') 23 June 1605, inc. 1605. [ii. 224]

Lincoln. **Mayos** (Maios), **Jenkin**; adm. B.A. 19 June 1601, det. 160½; lic. M.A. 26 June 1605, inc. 1605. [S. Edm. H., ii. 223]

S. Alb. H. **Crispe** (Cripse), **Henry**; (arm. fil. n. m.) adm. B.A. 19 June 1601, det. 160½. [Mert., ii. 229]

S. Alb. H. **Amias, Peter**; (arm. fil. n. m.) adm. B.A. 19 June 1601. [Mert., ii. 231]

S. Alb. H. **Carteret, Philip**; (arm. fil. n. m.) adm. B.A. 19 June 1601. [Priv., i. 397]

S. Alb. H.   **Ely** (Eely), **Nicholas**; adm. B.A. 19 June 1601, det. 160½;
lic. M.A. 27 June 1604, inc. 1604. [Gloc. H., ii. 225]
S. Alb. H.   **Wisdome, Simon**; adm. B.A. 19 June 1601. [Queen's, ii. 223]
Jesus.   **Rogers, Thomas**; adm. B.A. 19 June 1601, det. 160½. [ii. 221]
S. Edm. H.   **Hughes, John**; adm. B.A. 20 June 1601, grace renewed, 26 June 1602, det. 160⅔; lic. M.A. (then in orders) 3 July 1604, inc. 1604. [ii. 238]
Balliol.   **Smith, George**; adm. B.A. 23 June 1601, det. 160½. [ii. 218]
Balliol.   **Hodges, John**; adm. B.A. 23 June 1601, det. 160½; dispensed towards M.A. 6 July 1602. [Queen's, ii. 219; or Gloc. H., ii. 220]
Jesus.   **Vaughan, Evan**; adm. B.A. 30 June 1601, det. 160½; lic. M.A. 10 May 1604, inc. 1604; adm. B.D. 9 July 1612; lic. D.D. 14 July 1618, inc. 1619.
Jesus.   **Bowen, Hugh**; adm. B.A. 30 June 1601. [ii. 223]
Jesus.   **Lloyd** (Floyd), **Thomas**; adm. B.A. 30 June 1601, det. 160½. [ii. 223]
Jesus.   **Davies** (Davis), **Griffin**; adm. B.A. 30 June 1601, det. 160½. [ii. 223]
Jesus.   **Lewis, Thomas**; adm. B.A. 30 June 1601, det. 160½. [ii. 207]
Merton.*   **Tayler, Edward**; adm. B.A. (Mert.) 30 June 1601, det. 160½; lic. M.A. (S. Alb. H.) 27 June 1604, inc. 1604. [i. 371]
University.   **Digges, Dudley**; (arm. fil. n. m.) adm. B.A. 1 July 1601, det. 160½. [ii. 241]
University.   **Bridgman, Simon**; adm. B.A. 1 July 1601, det. 160½. [ii. 224]
Balliol.   **Boswell, William**; adm. B.A. 1 July 1601, det. 160½; lic. M.A. 16 Dec. 1605, inc. 1606; adm. B.D. 7 July 1618. [ii. 221]
Balliol.   **Edwards, Christopher**; adm. B.A. 1 July 1601, det. 160½; lic. M.A. 16 May 1605, inc. 1605. [ii. 224]
Magd. C.*   **Windham, Henry**; (arm. fil. n. m.) adm. B.A. (Magd. C.) 3 July 1601, det. (Magd. H.) 160½. [Linc., ii. 233]
Hart H.   **Tutte, Robert**; adm. B.A. 4 July 1601, det. 160½.
Hart H.   **Browne, William**; adm. B.A. 4 July 1601, det. 160½. [ii. 233]
Magd. H.*   **Kirkman** (Kyrkman), **Charles**; adm. B.A. (Magd. H.) 6 July 1601, det. (Magd. C.) 160½; lic. M.A. (Magd. C.) 12 Dec. 1604, inc. 1605. (On 20 July 1605 he is described as 'publicus dialectices informator in Collegio suo,' and presiding over disputations from 9 to 11). [ii. 224]
Magd. H.   **Feribey** (Ferebie, Ferribie), **John**; adm. B.A. 6 July 1601, det. 160½; lic. M.A. 5 July 1606, inc. 1606. [Magd. C., ii. 188]
All Souls.   **Bedlowe** (Beddowe), **Thomas**; adm. B.A. 6 July 1601, det. 160½.
Brasenose.   **Yate, Basil**; adm. B.A. 6 July 1601, det. 160½. [ii. 222]
Brasenose.   **Buckley, Anthony**; adm. B.A. 6 July 1601, det. 160½; lic. M.A. 6 July 1604, inc. 1604. [ii. 222]
Brasenose.   **Wright, Ralph**; adm. B.A. 6 July 1601; lic. M.A. 8 July 1606, inc. 1606. [ii. 207]

Queen's. **Leveson (Luson), John**; (mil. fil. n. m.) adm. B.A. 6 July 1601. [ii. 226]
Queen's. **Bridge, William**; (arm. fil. n. m.) adm. B.A. 6 July 1601, det. 160⅜. [ii. 230]
S. John's. **Jackson (Jacson), Henry**; adm. B.A. 6 July 1601, det. 160½; lic. M.A. 21 May 1604, inc. 1604. [ii. 226]
Magd. C. **Prince (Prinse, Prynce), John**; adm. B.A. 6 July 1601, det. 160½.
University. **Morgan, Cadwallader**; adm. B.A. 10 July 1601, det. 160½. [ii. 229]
Exeter. **Price, Daniel**; adm. B.A. 10 July 1601, det. ('Prince') 160½; lic. M.A. 22 May 1604, inc. 1604; suppl. lic. to preach 23 Jan. 16$\frac{09}{10}$; adm. B.D. 6 May 1611; lic. D.D. 21 June 1613, inc. 1613. [S. Mary H., ii. 224]
S. Edm. H. **Price, John**; adm. B.A. 10 July 1601, det. 160½; lic. M.A. 12 Dec. 1605, inc. 1606. [See Ch. Ch., ii. 213; but see one, *infra*, of S. Mary H.]
Exeter. **Browning, Benedict**; adm. B.A. 17 July 1601, det. 160½; lic. M.A. 2 July 1611, inc. 1611.
All Souls.* **Floyd (Lloyd), Robert**; adm. B.A. (All So.) 17 July 1601, det. (Jes.) 160½; dispensed towards M.A. 19 June 1604; suppl. M.A. (Chaplain of New C.) 17 Apr., lic. 29 May 1605, inc. 1605. [? Oriel, ii. 222] (See *infra*, p. 239).
Oriel. **Prichard, Humphrey**; adm. B.A. 10 Oct. 1601, det. 160½. [ii. 236]
Queen's.* **Wilson, Adam**; adm. B.A. (Queen's) 20 Oct. 1601, det. 160½; lic. M.A. (Oriel) 17 Apr. 1605, inc. 1605; adm. B.D. (Queen's) 9 July 1612; lic. D.D. (Queen's) 8 June 1614, inc. 1614. (In 1613 he was chaplain to the Master of the Rolls.) [ii. 232]
Queen's. **Sanford (Sandford), James**; adm. B.A. 20 Oct. 1601, det. 160½; lic. M.A. 14 June 1604, inc. 1604. [ii. 228]
Queen's. **Barret, Walter**; adm. B.A. 20 Oct. 1601. [ii. 226]
Queen's. **Vaughan, Charles**; adm. B.A. (arm. fil. n. m.) 20 Oct. 1601, det. 160½. [ii. 232]
S. Mary H. **Manning (Maninge), James**; adm. B.A. 23 Oct. 1601, det. 160½; lic. M.A. 30 June 1604, inc. 1604. [ii. 226]
S. Mary H. **Canon, Nathaniel**; adm. B.A. 23 Oct. 1601, det. 160½; suppl. B.D. 16 Nov. 1618, adm. 5 Feb. 161⅞. [ii. 244]
S. Mary H. **Astley (Asteley, Ashley), William**; adm. B.A. 23 Oct. 1601, det. 160½.
S. Mary H. **Price, John**; adm. B.A. 23 Oct. 1601, det. 160½. [See *supra*]
Ch. Ch. **Osbolston (Orsboston, Olboston, Osbaston, Osboston), William**; adm. B.A. 24 Oct. 1601, det. 160½; lic. M.A. 4 July 1604, inc. 1604; adm. B.D. 19 June 1611; lic. to preach 12 May 1612; lic. D.D. — May 1617, inc. 1617. [ii. 225]
Ch. Ch. **Kyrkham (Kyrham), Robert**; adm. B.A. 24 Oct. 1601. [ii. 225]
Ch. Ch. **Babington, Adrian**; adm. B.A. 24 Oct. 1601, det. 160½; lic. M.A. 4 July 1604, inc. 1604. [ii. 225]
Ch. Ch. **Garbett, Francis**; adm. B.A. 24 Oct. 1601, det. 160½; lic. M.A. 4 July 1604, inc. 1604. [ii. 225]
Ch. Ch. **Maxey (Maxé), Edward**; adm. B.A. 24 Oct. 1601, det. 160½; lic. M.A. 4 July 1604, inc. 1604. [ii. 225]

1601]   DEGREES.   229

Ch. Ch.   Clarke, Richard; adm. B.A. 24 Oct. 1601, det. 160½; lic.
 M.A. 4 July 1604, inc. 1604. [ii. 225]
Ch. Ch.   Negose (Negoose), William; adm. B.A. 24 Oct. 1601, det.
 160½; lic. M.A. 4 July 1604, inc. 1604. [ii. 229]
Ch. Ch.   Garnons, Henry; adm. B.A. 24 Oct. 1601, det. 160½; lic.
 M.A. 4 July 1604, inc. 1604; suppl. lic. to preach 29 Nov. 1613.
 [Oriel, ii. 213]
Ch. Ch.   Whitehall (Whithall), James; adm. B.A. 24 Oct. 1601, det.
 160½; lic. M.A. 4 July 1604, inc. 1604. [Broadg. H., ii. 219]
Ch. Ch.   Breinton (Brainton), Roger; adm. B.A. 24 Oct. 1601, det.
 160½; lic. M.A. 4 July 1604, inc. 1604. [Oriel, ii. 219]
S. Edm. H. Young, Thomas; adm. B.A. 27 Oct. 1601, det. 160½.
 [Queen's, ii. 237]
S. Edm. H. Drake, John; adm. B.A. 27 Oct. 1601, det. 160½; lic. M.A.
 26 June 1604, inc. 1604. [Exet., ii. 227]
Jesus.   Miles (Myles), William; adm. B.A. 29 Oct. 1601, det. 160½;
 lic. M.A. 26 June 1604, inc. 1604. [S. Jo., ii. 228]
Exeter.   Jeffrey (Jeffery), Thomas; adm. B.A. 29 Oct. 1601, det.
 160½. [ii. 223]
Exeter.   Shepard (Shepherd), Nicholas; adm. B.A. 29 Oct. 1601,
 det. 160½; lic. M.A. 14 June 1604, inc. 1604. [ii. 226]
Exeter.   Bettenson (Bettinson), Thomas; adm. B.A. 29 Oct. 1601,
 det. 160½; lic. M.A. 14 June 1604, inc. 1604 (the name is given as
 'Brettson' in M.A. suppl.). [ii. 227]
Exeter.   Hole, Richard; adm. B.A. 29 Oct. 1601.
All Souls. Browne, Samuel; adm. B.A. 3 Nov. 1601, det. 160½; lic.
 M.A. 3 July 1605, inc. 1605. [ii. 211]
Oriel.   Jones (Joanes), Thomas; adm. B.A. 12 Nov. 1601, det.
 160½; lic. M.A. 7 July 1604, inc. 1604. [ii. 236]
Exeter.   Peter (Peters), Thomas; (eq. aur. fil.) adm. B.A. 12 Nov.
 1601, det. 160½. [Queen's, ii. 232]
S. Edm. H. Price, Hugh; adm. B.A. 12 Nov. 1601. [? Ch. Ch., ii.
 230]
Magd. C.   Erdall (Eardall), John; adm. B.A. 16 Nov. 1601, det.
 160½.
Broadg. H. Powell (Poyell), Thomas; adm. B.A. 19 Nov. 1601, det.
 160½. [? Bras., ii. 222, or Exet., ii. 223]
*Broadg. H.** Martin, George; adm. B.A. 19 Nov. 1601, det. 160½;
 suppl. M.A. (Broadg. H.) 30 June, lic. (Hart H.) 3 July 1604, inc.
 1604. [ii. 226]
New Coll. White, John; adm. B.A. 21 Nov. 1601.
Magd. H.   Yate (Yeate), Robert; adm. B.A. 24 Nov. 1601, det.
 160½.
University. Repington (Repincton), Edward; adm. B.A. 24 Nov. 1601,
 det. 160½. [ii. 227]
*University.** Galton, John; adm. B.A. (Univ.) 24 Nov. 1601, det. 160½;
 lic. M.A. (Chaplain of New C.) 31 Jan. 160¾, inc. 1606. [ii. 227]
S. Mary H. Collins, Sampson; (in orders) adm. B.A. 1 Dec. 1601.
 [Bras., ii. 222]
Magd. H.   Stanrod, William; adm. B.A. 1 Dec. 1601, det. 160½.
Queen's.   Haythway (Hathway), James; adm. B.A. 4 Dec. 1601, det.
 160¾. [ii. 221]

S. John's. Lawson, Peter; adm. B.A. 14 Dec. 1601, det. 160½; lic. M.A. 23 June 1605, inc. 1605. [ii. 222]
S. John's. West, Sampson; adm. B.A. 14 Dec. 1601, det. 160½. [ii. 221]
Exeter. Bayly, John; adm. B.A. 14 Dec. 1601, det. 160½; lic. M.A. (then in orders) 11 July 1606, inc. 1606. [ii. 226]
Merton. Holdsworth, Henry; adm. B.A. 16 Dec. 1601, det. 160¹. [Univ., ii. 215]
Merton.* Lee, Joseph; adm. B.A. (Mert.) 16 Dec. 1601, det. 160¹; lic. M.A. (S. Alb. H.) 4 July 1604, inc. 1604. [Univ., ii. 227]
Merton. Seward, John; adm. B.A. 16 Dec. 1601, det. 160½; lic. M.A. 27 June 1604, inc. 1604. [ii. 216]
Lincoln. Smith, Barnabas; adm. B.A. 17 Dec. 1601, det. 160½; lic. M.A. 7 July 1604, inc. 1604. [ii. 223]
Queen's.* Moorton (Marton, Morton), Thomas; adm. B.A. (Queen's) 17 Dec. 1601, det. 160½; lic. M.A. (S. Edm. H.) 26 June 1604, inc. 1604. [ii. 226]
Exeter. Leighton (Layton, Leyton), Thomas; adm. B.A. 17 Dec. 1601, det. 160½; lic. M.A. 5 July 1605, inc. 1605. [ii. 226]
Corpus. Greenalgh (Greenhaulghe), Edward; adm. B.A. 17 Dec. 1601. [ii. 205]
Ch. Ch. Evans, Thomas; adm. B.A. 17 Dec. 1601, det. 160½. [? S. Edm. H., ii. 228]

Balliol. Litleworth, Edmund; suppl. B.A. 27 Feb. 160⁰⁄₁. [ii. 187]
Balliol. Selicke, Henry; suppl. B.A. 20 Mar. 160⁰⁄₁.

New Coll. Banger, Bernard; adm. B.C.L. 16 June 1601. [ii. 116]
All Souls. Sonnibanke, John; suppl. B.C.L. 6 June, adm. 22 Nov. 1601. (? Whether the same person as *supra*, p. 178.)

1602.

Brasenose. Carter, Thomas; adm. B.A. 18 Jan. 160½. [ii. 225]
Oriel. Morgan (Morgans), Robert; adm. B.A. 26 Jan. 160½, det. 160¹. [ii. 229]
S. Edm. H. Huggins, Jasper; adm. B.A. 26 Jan. 160½, det. 160½.
S. John's. Stephnoth, Philip; adm. B.A. 26 Jan. 160½, det. 160½. [ii. 231]
S. John's. Windebancke, Francis; (arm. fil. n. m.) adm. B.A. 26 Jan. 160½, det. 160½. [ii. 234]
Trinity. Palmes, Thomas; (eq. fil.) adm. B.A. 26 Jan. 160½, det. 160½; lic. M.A. 12 Dec. 1604; dispensed from incepting. [ii. 228]
Trinity. Potter, Simon; adm. B.A. 26 Jan. 160½, det. 160½. [ii. 228]
Trinity. Walkeden, Matthew; adm. B.A. 26 Jan. 160½, det. 160½; lic. M.A. (then in orders) 20 June 1605, inc. 1605. [ii. 228]
Trinity. Thorne, Giles; adm. B.A. 26 Jan. 160½, det. 160½; dispensed towards M.A. 22 Feb. 160⅘. [Magd. H., ii. 230]

Trinity. **Bates, Roger**; adm. B.A. 26 Jan. 160½, det. 160½; lic. M.A. 20 June 1605, inc. 1605; adm. B.D. 2 July 1612; suppl. lic. to preach 21 June 1617, lic. 16 July 1618; suppl. D.D. 11 July, lic. ('cumulatus') 16 July 1618, inc. 1618. [Magd. C., ii. 219]

Trinity. **Holliwell, John**; adm. B.A. 26 Jan. 160½, det. 160½. [ii. 241]

Trinity. **Band** (Bond, Bound), **Richard**; adm. B.A. 26 Jan. 160½, det. 160½; lic. M.A. (then in orders) 10 July 1607, inc. 1607. [ii. 222]

Broadg. H. **Treneman** (Triniman), **John**; adm. B.A. 26 Jan. 160½, det. 160½. [ii. 217]

Balliol. **Newark, John**; adm. B.A. 27 Jan. 160½, det. 160½.

Merton. **Elley** (Ellee, Ellie), **John**; adm. B.A. 27 Jan. 160½, det. 160½; lic. M.A. 10 Feb. 160⁶⁄₇, inc. 1607; adm. B.D. and lic. D.D. 19 July 1633, inc. D.D. 1634. [Exet., ii. 228] Brod., p. 277.

Exeter. **Burton** (Bourton), **John**; adm. B.A. 28 Jan. 160½, det. 160½.

S. Alb. H. **Highmore** (Highmar, Highman), **Edward**; adm. B.A. 29 Jan. 160½, det. 160½; lic. M.A. (then in orders) 6 July 1605, inc. 1605. [ii. 228]

S. Alb. H. **Smith, William**; adm. B.A. 29 Jan. 160½, det. 160½.

Exeter. **Vigors, Lewis**; adm. B.A. 29 Jan. 160½, det. 160½. [ii. 227]

Magd. C. **Edwards, George**; adm. B.A. 29 Jan. 160½.

S. Mary H. **Cardiff, Roger**; (arm. fil. n. m.) adm. B.A. ('cumulatus') 1 Feb. 160½, det. 160½.

Brasenose. **Baldwin, Henry**; adm. B.A. 9 Feb. 160½, det. 160½. [ii. 224]

Brasenose. **Whitbie, Robert**; adm. B.A. 9 Feb. 160½, det. 160½; lic. M.A. 17 June 1605, inc. ('Ralph') 1605. [ii. 227]

Brasenose. **Warrington** (Warington), **Thomas**; adm. B.A. 9 Feb. 160½, det. 160½. [ii. 227]

Brasenose. **Richardson, Edward**; adm. B.A. 9 Feb. 160½, det. 160½. [ii. 229]

Magd. H. **Grey** (Gray), **Thomas**; adm. B.A. 9 Feb. 160½, det. 160½. [ii. 216]

New Coll. **Willett, Ralph**; adm. B.A. 9 Feb. 160½, det. 160½; lic. M.A. (Chapl. of New C.) 16 May 1605, inc. 1605. [ii. 225]

S. John's. **Linke, Robert**; adm. B.A. 11 Feb. 160½, det. 160½; lic. M.A. 6 July 1605, inc. 1605.

Hart H. **Tomkins, Thomas**; adm. B.A. 11 Feb. 160½, det. 160½. [Oriel, ii. 232]

Hart H. **Ladd, Owen**; (in orders) adm. B.A. 11 Feb. 160½, det. 160½. [ii. 221]

*S. Mary H.** **Turner, Samuel**; (arm. fil. n. m.) adm. B.A. (S. Mary H.) 11 Feb. 160½, det. 160½; lic. M.A. (S. Alb. H.) 22 Oct. 1604, inc. 1605.

S. Mary H. **Ellis, Andrew**; adm. B.A. 11 Feb. 160½. [ii. 207]

Exeter. **Dolber** (Dolbean), **John**; adm. B.A. 11 Feb. 160½, det. 160½. [ii. 227]

*Exeter.** **Culverwell, Richard**; adm. B.A. (Exet.) 11 Feb. 160½, det. 160½; lic. M.A. (Gloc. H.) 27 June 1607, inc. 1607; adm. B.D. (Exet.) 13 Dec. 1617. [ii. 227]

New Coll. **Fosbrooke, Eleazer**; adm. B.A. 11 Feb. 160½, det. 160½; lic. M.A. 6 July 1605, inc. 1605. [i. 371]

Lincoln. **Bruer** (Brewer), **Peter**; (doctoris fil. n. m.) adm. B.A. 11 Feb. 160½, det. ('Brune') 160½; lic. M.A. 6 Dec. 1604, inc. 1605.

S. Edm. H. **Philips** (Phillippes), **Richard**; adm. B.A. 11 Feb. 160½, det. 160½. [ii. 236]

S. Edm. H. **Evans, Morgan**; adm. B.A. 11 Feb. 160½, det. 160½. [ii. 238]

S. Edm. H. **Robson, John**; adm. B.A. 11 Feb. 160½; lic. M.A. 23 June 1605, inc. 1605. [Queen's, ii. 230]

S. Edm. H. **Wood, Hatill**; adm. B.A. 11 Feb. 160½, det. 160½; lic. M.A. 25 Jan. 160⅘, inc. 1605. [Queen's, ii. 221]

S. Edm. H. **Salisburie** (Salesburie), **Paul**; adm. B.A. 11 Feb. 160½, det. 160½. [Univ., ii. 229]

Oriel. **Saunders** (Sanders), **John**; adm. B.A. 11 Feb. 160½, det. 160½; lic. M.A. 23 Oct. 1605, inc. 1606; (Fellow of Oriel) suppl. lic. to pract. med. and M.B. 13 July 1611, and again 7 May 1628, adm. M.B. and lic. to pract. med. 20 June 1628; lic. M.D. 20 June 1628, inc. 1628. [ii. 232]

Oriel. **Turbervyle, Arundell**; adm. B.A. 11 Feb. 160½, det. 160½. [ii. 236]

*Oriel.** **Morris** (Morice, Maurice), **Andrew**; adm. B.A. (Oriel) 11 Feb. 160½, det. 160½; lic. M.A. (S. Edm. H.) 23 Oct. 1604, inc. 1605. [ii. 236] Andrew Maurice ⟨college not stated; but possibly this man⟩ was lic. to preach in 1633.

Brasenose. **Hurst** (Hirst), **James**; adm. B.A. 12 Feb. 160½, det. 160½; lic. M.A. 13 Feb. 160⁶⁄₇, inc. 1607.

Lincoln. **Warton** (Wharton), **Anthony**; adm. B.A. 12 Feb. 160½, det. 160½. [ii. 217]

Lincoln. **Stringar, Walter**; adm. B.A. 12 Feb. 160½, det. 160½. [ii. 229]

Jesus. **Prichard, Robert**; adm. B.A. 12 Feb. 160½, det. 160½. [? Ch. Ch., ii. 226]

Magd. H. **Pilsworth, William**; adm. B.A. 13 Feb. 160½, det. 160½. [ii. 232]

Merton. **Jackson, Henry**; adm. B.A. 13 Feb. 160½, det. 160½. [ii. 193]

Merton. **Freeman, Roger**; adm. B.A. 13 Feb. 160½, det. 160½.

Corpus. **Fayreclough** (Faerclough, Fearclough, Faireclough), **Daniel**; adm. B.A. 13 Feb. 160½, det. 160½; lic. M.A. 17 Apr. 1605, inc. 1605; adm. B.D. 8 July 1613; suppl. D.D. ('Faireclough') 22 May 1616, lic. ('Featly') 12 July 1617, inc. ('Featley') 1617. [Magd. C., ii. 177]

*Corpus.** **Berry** (Bery), **John**; adm. B.A. (Corp.) 13 Feb. 160½, det. 160½; lic. M.A. (Ball.) 16 May 1605, inc. 1605. [ii. 216]

Corpus. **Webb, George**; adm. B.A. 13 Feb. 160½, det. 160½; lic. M.A. (then in orders) 23 June 1605, inc. 1605; adm. B.D. 11 July 1618; lic. D.D. 17 Dec. 1623, inc. 1624. [Univ., ii. 227]

Corpus. **Atwood** (Attwoode), **Edmund**; adm. B.A. 13 Feb. 160½, det. 160½; lic. M.A. 17 Apr. 1605, inc. 1605. [Oriel, ii. 217]

*Balliol.** **Goodridge, John**; adm. B.A. (Ball.) 13 Feb. 160½, det.

160$\frac{1}{2}$; lic. M.A. (Gloc. H.) 30 June 1606, inc. 1606; certified by Prof. of Med. to be qualified for M.B. and for lic. to pract. med. (Wadh.) 19 Oct. 1618; adm. M.B. (Wadh.) 30 Jan. 161$\frac{8}{9}$; lic. to pract. med. 4 Feb. 161$\frac{8}{9}$. [ii. 224]

Ch. Ch. **Thomas, William**; adm. B.A. 15 Feb. 160$\frac{1}{2}$, det. 160$\frac{1}{2}$.

Ch. Ch. **Hamond, John**; adm. B.A. 15 Feb. 160$\frac{1}{2}$, det. 160$\frac{1}{2}$. [ii. 220]

S. Mary H. **Wood** (Woodes), **Richard**; adm. B.A. 26 Feb. 160$\frac{1}{2}$, det. 160$\frac{2}{3}$; lic. M.A. (then in orders) 30 Apr. 1605, inc. 1605; suppl. B.D. 14 Dec. 1616, adm. 24 Jan. 161$\frac{6}{7}$. [ii. 224]

*Ch. Ch.** **Sandford** (Sanford), **Francis**; adm. B.A. (Ch. Ch.) 27 Feb. 160$\frac{1}{2}$, det. 160$\frac{2}{3}$; lic. M.A. (Broadg. H.) 11 May 1618, inc. 1618.

S. Alb. H. **Hawker, Henry**; adm. B.A. 5 Mar. 160$\frac{1}{2}$. [Corp., ii. 229]

Balliol. **Lenthrope, Peter**; adm. B.A. 4 May 160$\frac{1}{2}$, det. 160$\frac{2}{3}$. [ii. 224]

Hart H. **Phillippes** (Philipes), **Thomas**; adm. B.A. 18 Mar. 160$\frac{1}{2}$, det. 160$\frac{2}{3}$. [Bras., ii. 222]

Corpus. **Maunsell** (Mansell), **Richard**; (in orders) adm. B.A. 19 Mar. 160$\frac{1}{2}$.

S. Edm. H. **Haukins, John**; (then in orders) adm. B.A. 19 Mar. 160$\frac{1}{2}$.

Corpus. **Yate** (Yates, Yeates), **Edward**; adm. B.A. 26 Mar. 1602, det. 160$\frac{2}{3}$; lic. M.A. 2 May 1606, inc. 1606.

Corpus. **Sydenham** (Sidnam), **Alexander**; adm. B.A. 26 Mar. 1602. [ii. 224]

*Balliol.** **Taverner, Richard**; adm. B.A. (Ball.) 27 Mar. 1602, det. 160$\frac{2}{3}$; lic. M.A. (Gloc. H.) 30 June 1606, inc. 1606.

New Coll. **Braunce** (Braunche), **William**; adm. B.A. 15 Apr. 1602, det. 160$\frac{2}{3}$; lic. M.A. 31 Jan. 160$\frac{5}{6}$, inc. 1606. [ii. 230]

New Coll. **Watkins, Thomas**; adm. B.A. 15 Apr. 1602, det. 160$\frac{2}{3}$; lic. M.A. 31 Jan. 160$\frac{5}{6}$, inc. 1606. [ii. 230]

New Coll. **Borne** (Bowrne, Bourne), **Richard**; adm. B.A. 15 Apr. 1602, det. 160$\frac{2}{3}$; lic. M.A. 31 Jan. 160$\frac{5}{6}$, inc. 1606. [? ii. 160]

New Coll. **Estmonde, John**; adm. B.A. 15 Apr. 1602, det. 160$\frac{2}{3}$; lic. M.A. 31 Jan. 160$\frac{5}{6}$, inc. 1606; adm. B.D. 19 Nov. 1612; suppl. lic. to preach 27 Nov., lic. 29 Nov. 1613. [ii. 230]

S. Alb. H. **Trenchard, Thomas**; (mil. fil.) adm. B.A. 16 Apr. 1602, det. 160$\frac{2}{3}$. [ii. 234.]

Magd. H. **Cox, Richard**; adm. B.A. 16 Apr. 1602, det. 160$\frac{2}{3}$. [ii. 232]

*S. Mary H.** **Davis, Roger**; adm. B.A. (S. Mary H.) 29 Apr. 1602, det. (Oriel) 160$\frac{2}{3}$. [ii. 212]

Magd. C. **Wats, Jerome**; adm. B.A. 29 Apr. 1602, det. 160$\frac{2}{3}$.

Oriel. **Bodvel, John**; adm. B.A. 29 Apr. 1602. [ii. 222]

Oriel. **Morgan** (Morgans), **William**; adm. B.A. 29 Apr. 1602, det. 160$\frac{2}{3}$; lic. M.A. 30 Apr. 1605, inc. 1605. [ii. 229]

*Oriel.** **Cornwall** (Cornwayll), **Richard**; adm. B.A. (Oriel) 29 Apr. 1602, det. 160$\frac{2}{3}$; lic. M.A. (Broadg. H.) 2 May 1605, inc. 1605. [Hart H., ii. 228]

*Oriel.** **Salsbury** (Salisbury), **John**; adm. B.A. (Oriel) 29 Apr. 1602, det. 160$\frac{2}{3}$; lic. M.A. (Oriel; then in orders) 25 May 1606, inc. 1606; adm. B.D. (Wadh.) 12 Dec. 1615. [ii. 236]

*Exeter.** **Gouldsbrough** (Goldisbroughe, Gouldisbrough), **William**;

adm. B.A. (Exet.) 29 Apr. 1602; his grace was renewed 25 Feb. 160$\frac{5}{6}$ (then of Broadg. H.). [ii. 225]

*Gloc. H.** **Joannes, Lewis**; adm. B.A. (Gloc. H.) 30 Apr. 1602, det. (Oriel) 160$\frac{2}{3}$; dispensed towards M.A. (S. Mary H.) 31 Oct. 1605. [ii. 244]

Gloc. H. **Monday, Thomas**; adm. B.A. 30 Apr. 1602.

S. Edm. H. **Askew, Thomas**; adm. B.A. 30 Apr. 1602. [Queen's, ii. 232]

S. Mary H. **Tegge, William**; adm. B.A. 6 May 1602, det. 160$\frac{2}{3}$. [Corp., ii. 230]

University. **Boron** (Borron, Biron, Baron), **Angel**; adm. B.A. 12 May 1602, det. 160$\frac{2}{3}$; lic. M.A. (then in orders) 6 July 1605, inc. 1605. [ii. 230]

*University.** **Browne, George**; adm. B.A. (Univ.) 12 May 1602, det. (Magd. C.) 160$\frac{2}{3}$. [Magd. C., ii. 229]

S. Edm. H. **Owen, Thomas**; adm. B.A. 17 May 1602, det. 160$\frac{2}{3}$; suppl. M.A. 7 July 1607. [ii. 230]

S. Edm. H. **Inman, Henry**; adm. B.A. 17 May 1602. [Queen's, ii. 226]

Ch. Ch. **Davies, Robert**; (a master at Westminster), adm. B.A. 18 May 1602, det. 160$\frac{2}{3}$. [ii. 226]

S. Mary H. **Russell, Thomas**; adm. B.A. 7 June[1] 1602, det. 160$\frac{2}{3}$. [ii. 231]

*Oriel.** **Zanchy, Samuel**; adm. B.A. 7 June 1602, det. 160$\frac{2}{3}$; lic. M.A. (S. Edm. H.) 6 June 1605, inc. 1605. [Sankie, ii. 230]

*Oriel.** **Zanchy, Richard**; adm. B.A. (Oriel) 7 June 1602, det. 160$\frac{2}{3}$; lic. M.A. (S. Edm. H.) 14 May 1605, inc. 1605. [ii. 230]

*Oriel.** **Barcley** (Barkley), **John**; adm. B.A. (Oriel) 7 June 1602, det. (S. Edm. H.) 160$\frac{2}{3}$; lic. M.A. (S. Edm. H.) 14 May 1605, inc. 1605; adm. B.D. (S. Edm. H.) 13 May 1618. [ii. 236]

Corpus. **Howe, Alexander**; adm. B.A. 7 June 1602, det. 160$\frac{2}{3}$; lic. M.A. 2 May 1606, inc. 1606; adm. B.D. 25 May 1615. [Exet., ii. 225]

Corpus. **Anyan, Thomas**; adm. B.A. 7 June 1602, det. 160$\frac{2}{3}$; lic. M.A. 2 May 1606, inc. 1606; adm. B.D. 10 Dec. 1612; lic. D.D. ('cumulatus') 6 July 1614, inc. 1614. [Linc., ii. 223]

*S. Alb. H.** **Culme** (Cullam), **Benjamin**; adm. B.A. (S. Alb. H.) 8 June 1602, det. 160$\frac{2}{3}$; lic. M.A. (Linc.) 24 Apr. 1605, inc. 1605. [ii. 231]

S. Edm. H. **Flemyng, Edward**; adm. B.A. 9 June 1602. [ii. 230]

Lincoln. **Blower, Robert**; adm. B.A. 10 June 1602, det. 160$\frac{2}{3}$; lic. M.A. 24 Apr. 1605, inc. 1605. [ii. 233]

Lincoln. **Reade, John**; adm. B.A. 10 June 1602, det. 160$\frac{2}{3}$; lic. M.A. 24 Apr. 1605, inc. 1605; adm. B.D. 6 July 1614. [ii. 231]

*New Coll.** **Howmer** (Homer, Homar), **Edward**; adm. B.A. (New C.) 14 June 1602, det. (S. Jo.) 160$\frac{2}{3}$; lic. M.A. (then of S. Jo.) 31 May 1606, inc. 1606. [S. Jo., ii. 232]

Oriel. **Garland, Euseby**; adm. B.A. 14 June 1602, det. 160$\frac{2}{3}$.

Brasenose. **Terrill** (Terrell), **Timothy**; adm. B.A. 18 June 1602. [ii. 222]

[1] The entries for '7 June' are wrongly given in the reg. as '7 May.'

Brasenose. **Pettie, Maximilian**; adm. B.A. 18 June 1602, det. 160$\frac{2}{3}$. [ii. 229]
*Brasenose.** **Pettie, Christopher**; adm. B.A. (Bras.) 18 June 1602, det. 160$\frac{2}{3}$; adm. B.C.L. (All So.) 15 Dec. 1608. [ii. 229]
*Brasenose.** **Pettie, George**; adm. B.A. (Bras.) 18 June 1602, det. 160$\frac{2}{3}$; lic. M.A. (Mert.) 13 Dec. 1610, inc. 1611. [ii. 229] Brod., p. 278.
Brasenose. **Benett, William**; adm. B.A. 18 June 1602, det. 160$\frac{2}{3}$; lic. M.A. 17 June 1605, inc. 1605. [ii. 229]
Brasenose. **Spenser, Thomas**; (mil. fil. n. m.) adm. B.A. 18 June 1602, det. 160$\frac{2}{3}$. [ii. 234]
Brasenose. **Aston, Thomas**; adm. B.A. 18 June 1602. [ii. 233]
Brasenose. **Emot, Bernard**; adm. B.A. 18 June 1602, det. 160$\frac{2}{3}$; lic. M.A. 17 June 1605, inc. 1605. [ii. 231]
Brasenose. **Shackleton, William**; adm. B.A. 18 June 1602, inc. 160$\frac{2}{3}$. [ii. 231]
Brasenose. **Hill, John**; adm. B.A. 18 June 1602. [ii. 228]
Brasenose. **Dakins, Humphrey**; adm. B.A. 18 June 1602. [ii. 229]
Ch. Ch. **Shuttleworth, William**; adm. B.A. 18 June 1602, det. 160$\frac{2}{3}$. [ii. 237]
*Balliol.** **Callfield** (Calfield, Caufild), **Thomas**; adm. B.A. (Ball.) 23 June 1602, det. 160$\frac{2}{3}$; lic. M.A. (Gloc. H.) 30 June 1606, inc. 1606. [ii. 258]
Ch. Ch. **James, Francis**; adm. B.A. 25 June 1602, det. 160$\frac{2}{3}$; lic. M.A. 9 June 1605, inc. 1605; adm. B.D. 9 July 1612; lic. D.D. 16 May 1614, inc. 1614. [ii. 231]
*Magd. H.** **Smith, Leonard**; adm. B.A. (Magd. H.) 26 June 1602, det. 160$\frac{2}{3}$; lic. M.A. (Broadg. H.) 23 June 1605, inc. 1605. [ii. 212]
Jesus. **Prichard, Rice**; adm. B.A. 26 June 1602, det. 160$\frac{2}{3}$.
Queen's. **Rowlandson, James**; adm. B.A. 30 June 1602, det. 160$\frac{3}{4}$; lic. M.A. 6 June 1605, inc. 1605; adm. B.D. 8 June 1614. [ii. 214]
Queen's. **Richardson, Anthony**; adm. B.A. 30 June 1602, det. 160$\frac{3}{4}$; lic. M.A. 6 June 1605, inc. 1605; adm. B.D. 30 June 1614. [ii. 218]
Queen's. **Teasdell** (Teasdall, Tisdale), **John**; adm. B.A. 30 June 1602, det. 160$\frac{3}{4}$; lic. M.A. 6 June 1605, inc. 1605. [ii. 219]
Queen's. **Dawes, Launcelot**; adm. B.A. 30 June 1602, det. 160$\frac{3}{4}$; lic. M.A. 6 June 1605, inc. 1605. [ii. 223]
Queen's. **Atkinson, James**; adm. B.A. 30 June 1602. [ii. 226]
Queen's. **Williams, William**; adm. B.A. 30 June 1602, det. 160$\frac{3}{4}$. [ii. 215]
*Queen's.** **Philipson** (Phillipson), **John**; adm. B.A. (Queen's) 30 June 1602, det. 160$\frac{2}{3}$; lic. M.A. (Mert.) 16 May 1607, inc. 1607. Brod., p. 277.
Queen's. **Grosvenor** (Grosevenor), **Richard**; (arm. fil. n. m.) adm. B.A. 30 June 1602. [ii. 237]
Ch. Ch. **Coton** (Cotton), **William**; adm. B.A. 30 June 1602, det. 160$\frac{2}{3}$; lic. M.A. 9 June 1605, inc. 1605. [ii. 224]
Ch. Ch. **Aylesbury** (Ailsbury, Alesbury), **Thomas**; adm. B.A. 30 June 1602, det. 160$\frac{2}{3}$; lic. M.A. 9 June 1605, inc. 1605. [ii. 231]

Ch. Ch. **Hamden, George**; adm. B.A. 30 June 1602, det. $160\frac{2}{3}$; lic. M.A. 9 June 1605, inc. 1605; adm. B.D. and lic. D.D. 8 May 1617, inc. D.D. 1617. [ii. 231]

Ch. Ch. **Corbett, Richard**; adm. B.A. 30 June 1602, det. $160\frac{2}{3}$; lic. M.A. 9 June 1605, inc. 1605; adm. B.D. and lic. D.D. 8 May 1617, inc. D.D. 1617. [Broadg. H., ii. 226]

Ch. Ch. **Colmore** (Colemer), **Joseph**; adm. B.A. 30 June 1602, det. $160\frac{2}{3}$. [ii. 232]

Ch. Ch. **Minchin, Richard**; adm. B.A. 30 June 1602, det. $160\frac{2}{3}$; lic. M.A. 9 June 1605, inc. 1605. [Bras., ii. 230]

Ch. Ch. **Burton, Robert**; adm. B.A. 30 June 1602, det. $160\frac{2}{3}$; lic. M.A. 9 June 1605, inc. 1605; suppl. B.D. 11 Feb. $161\frac{3}{4}$, adm. 16 May 1614; suppl. lic. to preach 24 Nov., lic. 3 Dec. 1618.

Ch. Ch. **Biam** (Byam), **Henry**; adm. B.A. 30 June 1602, det. $160\frac{2}{3}$; lic. M.A. 9 June 1605, inc. 1605; adm. B.D. 9 July 1612. [ii. 225]

*Ch. Ch.** **Vaughan, Owen**; adm. B.A. (Ch. Ch.) 30 June 1602, det. (S. Mary H.) $160\frac{2}{3}$; lic. M.A. (Ch. Ch.) 14 May 1605, inc. 1605.

Balliol. **Baxter** (Baxeter), **George**; adm. B.A. 3 July 1602, det. $160\frac{2}{3}$; lic. M.A. 6 July 1605, inc. 1605. [ii. 231] ⟨In the lic. M.A. and inc. entries, the name is given as 'Edward;' but in all the B.A. entries it is 'George;' as also in dispensations on 6 May and 18 June 1605, and in the suppl. M.A. on 22 June 1605.⟩

Ch. Ch. **Ellis, Thomas**; (arm. fil. n. m.) adm. B.A. 5 July 1602, det. $160\frac{2}{3}$. [ii. 232]

*Oriel.** **Brinkyre** (Brinker), **William**; adm. B.A. (Oriel) 7 July 1602, det. $160\frac{2}{3}$; lic. M.A. (All So.) 2 June 1606, inc. 1606. [ii. 236]

Oriel. **Harris, Thomas**; (in orders) adm. B.A. 7 July 1602, det. $160\frac{2}{3}$. [S. Mary H., ii. 234]

S. Edm. H. **Floyd** (Lloyd), **William**; suppl. B.A. on 3 July 1599, had his grace renewed 30 June 1600, and again 5 July 1602, adm. B.A. 7 July 1602, det. $160\frac{2}{3}$; lic. M.A. (then in orders) 30 June 1607, inc. 1607. [? Bras. or Linc., ii. 204]

S. Edm. H. **Floyd** (Lloyd), **Hugh**; adm. B.A. 7 July 1602, det. $160\frac{2}{3}$; lic. M.A. (then in orders) 10 June 1607, inc. 1607. [ii. 236]

Broadg. H. **Chapman, John**; adm. B.A. 7 July 1602, det. $160\frac{2}{3}$; lic. M.A. 23 June 1605, inc. 1605. [ii. 230]

Exeter. **Lambert, Thomas**; adm. B.A. 8 July 1602, det. $160\frac{2}{3}$. [ii. 237]

Exeter. **Randall, William**; (a student of Law in London) adm. B.A. 8 July 1602.

Ch. Ch. **Meade** (Medes), **John**; adm. B.A. 9 July 1602, det. $160\frac{2}{3}$. [Hart H., ii. 219]

All Souls. **Watkins, William**; adm. B.A. 9 July 1602, det. $160\frac{2}{3}$. [Bras., ii. 222]

All Souls. **Jones, Edward**; adm. B.A. 9 July 1602, det. $160\frac{2}{3}$. [Bras., ii. 227]

Balliol. **Knight, George**; adm. B.A. 14 July 1602, det. $160\frac{2}{3}$; lic. M.A. 12 June 1605, inc. 1605. [ii. 231]

Balliol. **Chadwell, John**; adm. B.A. 14 July 1602, det. $160\frac{2}{3}$. [ii. 235]

Brasenose. **Manwaryng** (Manwayring), **Henry**; adm. B.A. 15 July 1602, det. 160⅔. [ii. 233]
Brasenose. **Barkley** (Barckley, Bartley), **Francis**; adm. B.A. 15 July 1602, det. 160⅔. [ii. 232]
Brasenose. **Mason, Richard**; adm. B.A. 15 July 1602, det. 160⅔; lic. M.A. 12 May 1608, inc. 1608. [ii. 247]
Brasenose. **Johnson, Richard**; adm. B.A. 15 July 1602, det. 160⅔; lic. M.A. 17 June 1605, inc. 1605.
Exeter. **Amye** (Amy), **Richard**; adm. B.A. 17 July 1602, det. 160⅔; lic. M.A. 17 Dec. 1605, inc. 1606; adm. B.D. 17 Dec. 1618; lic. to preach 7 July 1618. [ii. 230] Boase, p. 55.
Exeter. **Smith, William**; adm. B.A. 17 July 1602, det. 160⅔; lic. M.A. 8 July 1606, inc. 1606. [ii. 233]
Oriel.* **Floyd** (Loide, Lloyd), **Henry**; adm. B.A. (Oriel) 16 Oct. 1602, det. 160⅔; lic. M.A. (Hart H.) 26 June 1605, inc. 1605. [Jes., ii. 235]
S. Alb. H. **Turpin, Thomas**; adm. B.A. 22 Oct. 1602.
Oriel. **Southworth, Thomas**; adm. B.A. 22 Oct. 1602, det. 160⅔.
Oriel.* **Price, John**; (arm. fil. n. m.) adm. B.A. (Oriel) 22 Oct. 1602, det. 160⅔; suppl. M.A. (Hart H., arm. fil. n. m.) 12 May 1604, lic. (Hart H.) 26 June 1605, inc. 1605. [ii. 258] (His suppl. M.A. is wrongly entered as suppl. B.A.)
Queen's. **Shereman** (Sherman), **Thomas**; adm. B.A. 25 Oct. 1602, det. 160¾; lic. M.A. 6 June 1605, inc. 1605. [ii. 217]
Queen's. **Sowerby** (Surby, Sourby), **Thomas**; adm. B.A. 25 Oct. 1602, det. 160¾; lic. M.A. 21 June 1605, inc. 1605. [ii. 221]
Brasenose. **Sharpe, William**; adm. B.A. 26 Oct. 1602, det. 160⅔.
Brasenose. **Martin, Robert**; adm. B.A. 26 Oct. 1602. [ii. 233]
Brasenose. **Cottam, William**; adm. B.A. 26 Oct. 1602, det. 160⅔.
Brasenose.* **Clarke, Thomas**; adm. B.A. (Bras.) 26 Oct. 1602, det. 160⅔; lic. M.A. (All So.) 9 Dec. 1607, inc. 1608; adm. B.D. (All So.) 28 Nov. 1618. [ii. 233]
Brasenose. **Whitaker, Richard**; adm. B.A. 26 Oct. 1602, det. 160⅔; lic. M.A. 6 May 1607, inc. 1607. [ii. 233]
Brasenose. **Kingswell** (Kinswell), **Edward**; adm. B.A. 26 Oct. 1602, det. 160⅔. [ii. 256]
Brasenose. **Anderton, Matthew**; adm. B.A. (Bras.) 26 Oct. 1602, det. 160⅔; adm. B.C.L. (All So.) 14 Dec. 1609. [ii. 256]
All Souls.* **Hodges, Emmanuel**; adm. B.A. (All So.) 26 Oct. 1602, det. (Bras.) 160⅔. [ii. 258]
Magd. C. **Hancock** (Hanckocks), **Joseph**; adm. B.A. 26 Oct. 1602, det. 160⅔; lic. M.A. 11 July 1606, inc. 1606. [ii. 236]
Magd. C.* **Smart, William**; adm. B.A. (Magd. C.) 3 Nov. 1602, det. (Magd. H.) 160⅔. [Magd. H., ii. 233]
Magd. C.* **Finssed** (Finseed, Finsted, Finchseed, Finshed), **Edmund**; adm. B.A. (Magd. C.) 3 Nov. 1602, det. (Magd. H.) 160⅔; lic. M.A. (Magd. C.) 3 July 1605, inc. 1605. [Magd. H., ii. 235]
Exeter. **Polewheele, Thomas**; adm. B.A. 4 Nov. 1602. [ii. 243]
S. Mary H. **Skinner** (Skynner), **Edward**; adm. B.A. 24 Nov. 1602, det. 160⅔; lic. M.A. 4 July 1605, inc. 1605. [ii. 234]
Magd. C. **Throckmorton** (Throgmorton), **Henry**; adm. B.A. 13 Dec. 1602, det. 160⅔; lic. M.A. 12 June 1605, inc. 1605. [ii. 230]

Magd. C. Garbrand, Toby; adm. B.A. 13 Dec. 1602, det. 160⅔; lic. M.A. 12 June 1605, inc. 1605; adm. B.D. 1 Dec. 1613; lic. to preach 10 Dec. 1617. (Demy of Magd. C. 1591-1605, Fellow 1605-1619; Blox. 4, p. 232.)

Magd. C. **Mosely** (Mosley), **John**; adm. B.A. 13 Dec. 1602, det. 160⅔; lic. M.A. 12 June 1605, inc. 1605; adm. B.D. 1 Dec. 1613; lic. to preach 11 July 1615; lic. D.D. 22 Oct. 1616, inc. 1617. [ii. 219]

Magd. C. **Mason, Thomas**; adm. B.A. 13 Dec. 1602, det. 160⅔; lic. M.A. 12 June 1605, inc. 1605; adm. B.D. 1 Dec. 1613; lic. D.D. 18 May 1631, inc. 1631. [ii. 208]

Magd. C. **Greenfeld** (Grenefeild), **Thomas**; adm. B.A. 13 Dec. 1602, det. 160⅔; lic. M.A. 3 July 1605, inc. 1605. (Chor. of Magd. C. 1596, Demy 1595-1605; Blox. 1, p. 27 and 4, p. 243.) [Magd. H., ii. 213]

Magd. C. **Price, Arthur**; adm. B.A. 13 Dec. 1602, det. 160⅔; lic. M.A. 3 July 1605, inc. 1605. (Demy of Magd. C. 1598-1604; Blox. 4, p. 243.)

Magd. C. **Greenhill** (Grenhill), **Nicholas**; adm. B.A. 13 Dec. 1602, det. 160⅔; lic. M.A. 12 June 1605, inc. 1605. [ii. 230]

Magd. C. **Warner, John**; adm. B.A. 13 Dec. 1602, det. 160⅔; lic. M.A. 12 June 1605, inc. 1605: lic. to preach 27 Nov. 1613; adm. B.D. 1 Dec. 1613; lic. D.D. 18 Apr. 1616, inc. 1617. [Magd. H., ii. 230]

Magd. C. **Tomkins, Nathaniel**; adm. B.A. 13 Dec. 1602, det. 160⅔; lic. M.A. (Chapl. of Magd. C.) 12 June 1605, inc. 1605. [ii. 226]

*Merton.** **Chaundler, Walter**; adm. B.A. (Mert.) 15 Dec. 1602, det. 160⅔; lic. M.A. (S. Alb. H.) 5 July 1606, inc. 1606. [Magd. H., ii. 232]

Balliol. **Nowell, Edward**; adm. B.A. 16 Dec. 1602, det. 160⅔.

Ch. Ch. **Jones, Maurice**; adm. B.A. 16 Dec. 1602, det. 160⅔. [?Univ., ii. 202]

Ch. Ch. **Man, Thomas**; adm. B.A. 16 Dec. 1602, det. 160⅔; lic. M.A. 2 June 1606, inc. 1606; adm. B.D. 26 July 1617; lic. to preach 14 May 1622. [ii. 229]

S. John's. **Jackson** (Jacson), **Edmund**; adm. B.A. 17 Dec. 1602, det. 160⅔; lic. M.A. 31 May 1606, inc. 1606; adm. B.D. 17 Nov. 1612; lic. to preach 13 July 1615; lic. D.D. 25 June 1618, inc. 1618. [ii. 232]

S. John's. **Tuer, Theophilus**; adm. B.A. 17 Dec. 1602, det. 160⅔; lic. M.A. 31 May 1606, inc. 1606; lic. to preach 11 Nov. 1611; adm. B.D. 17 Nov. 1612. [ii. 230]

S. John's. **Groome, Edward**; adm. B.A. 17 Dec. 1602, det. 160⅔; lic. M.A. 31 May 1606, inc. 1606. [ii. 232]

*Merton.** **Spurret** (Spurratt), **George**; adm. B.A. (Mert.) 17 Dec. 1602, det. 160⅔; lic. M.A. (S. Alb. H.) 6 June 1605, inc. 1605. [ii. 231]

Gloc. H. **Marmyon** (Marmion), **Edmund**; adm. B.A. 17 Dec. 1602, det. 160⅔; lic. M.A. 30 June 1606, inc. 1606. [ii. 233]

Hart H. **Clarke, James**; (arm. fil. n. m.) suppl. B.A. 10 Feb. 160½.
Corpus. **Taverner, Nathaniel**; suppl. B.A. 26 Mar. 1602. [ii. 230]

All Souls. **Wood, Basil**; suppl. B.A. 26 Mar. 1602; suppl. B.C.L. 18 June, adm. 13 July 1608; suppl. D.C.L. 4 May, lic. 30 June 1612, inc. 1612.

Brasenose. **Dove** (Done), **Thomas**; dispensed towards B.A. 16 Apr. 1602. [ii. 256]

Magd. C. **Mansell, Reginald**; suppl. B.A. 7 June 1602. [ii. 188]

. . . **Loggins, John**; (arm. fil. n. m.) dispensed towards B.A. 15 July 1602. ⟨Possibly the same as John Higgins, *infra*, p. 241.⟩

Exeter. **Greenville, George**; (arm. fil. n. m.) suppl. B.A. 22 Oct. 1602. [ii. 243]

S. Edm. H. **Jones, Richard**; det. 160$\frac{2}{3}$. ⟨Perhaps a repetition of Richard Jones, *infra*, p. 240.⟩

---

*S. John's.** **Blagrove, George**; suppl. B.C.L. (S. Jo.) 11 Dec. 1601, adm. (S. Jo.) 26 Jan. 160$\frac{1}{2}$; suppl. D.C.L. (All So.) 28 June 1605. [ii. 205]

S. John's. **Salterne, Thomas**; suppl. B.C.L. 16 Dec., adm. 17 Dec. 1602. [ii. 210]

S. John's. **Smale, Peter**; suppl. B.C.L. 16 Dec., adm. 17 Dec. 1602. [ii. 218]

Jesus. **Bradshawe** (Brodsheawe), **Ralph**; 'capellanus regiae majestatis,' suppl. B.D. and D.D. 16 Apr., adm. B.D. and lic. D.D. 8 June 1602, inc. D.D. 1602.

S. Mary H. **Lhuude** (Floyd), **Robert**; suppl. B.D. 5 June, adm. 9 June 1602. ⟨Probably the Robert Lloyd, *supra*, p. 228.⟩

1603.

Brasenose. **Harrison** (Harison), **Thomas**; adm. B.A. 14 Feb. 160$\frac{2}{3}$, det. 160$\frac{2}{3}$; lic. M.A. 6 July 1610, inc. 1610. [ii. 233]

Balliol. **Merry** (Meery), **Richard**; adm. B.A. 19 Feb. 160$\frac{2}{3}$, det. 160$\frac{2}{3}$; lic. M.A. 8 Dec. 1605, inc. 1606. [ii. 234]

Balliol. **Catcher, Edward**; adm. B.A. 19 Feb. 160$\frac{2}{3}$, det. 160$\frac{2}{3}$. [Oriel, ii. 219]

Hart H. **Leachmore** (Leichmer), **Roger**; adm. B.A. 21 Feb. 160$\frac{2}{3}$, det. 160$\frac{2}{3}$. [Bras., ii. 233]

Hart H. **Leachmore, Edmund**; adm. B.A. 21 Feb. 160$\frac{2}{3}$, det. 160$\frac{2}{3}$. (In the suppl. B.A. 'Edward.') [Bras., ii. 233]

Hart H. **Couper** (Cooper), **Thomas**; adm. B.A. 21 Feb. 160$\frac{2}{3}$, det. 160$\frac{2}{3}$; lic. M.A. 23 Oct. 1605, inc. 1606. [Ch. Ch., ii. 230]

*S. John's.** **Williams, Richard**; adm. B.A. (S. Jo.) 21 Feb. 160$\frac{2}{3}$, det. 160$\frac{2}{3}$; lic. M.A. (All So.) 4 Feb. 160$\frac{6}{7}$, inc. 1607. [ii. 244]

Merton. **Gardener, Francis**; adm. B.A. 22 Feb. 160$\frac{2}{3}$, det. 160$\frac{2}{3}$.

Gloc. H. **Clarke, Thomas**; adm. B.A. 1 Mar. 160$\frac{2}{3}$, det. 160$\frac{2}{3}$; lic. M.A. 4 July 1608, inc. 1608. [ii. 234]

*Oriel.** **Davies, Hugh**; adm. B.A. (Oriel) 1 Mar. 160$\frac{2}{3}$, det. 160$\frac{2}{3}$; lic. M.A. (Broadg. H.) 17 June 1608, inc. 1608 [ii. 237]

Magd. C. Brafield (Brayfield), **Richard**; adm. B.A. 2 Mar. 160⅔, det. 160⅔; lic. M.A. 7 July 1608, inc. 1608.
Magd. C. **Tineley, Charles**; adm. B.A. 2 Mar. 160⅔, det. 160⅔.
Magd. C. **Good, John**; adm. B.A. 2 Mar. 160⅔, det. 160¾.
Ch. Ch. **Lewis, Owen**; adm. B.A. 3 Mar. 160⅔, det. 160⅔.
All Souls. **Jones, Evan**; adm. B.A. 3 Mar. 160⅔, det. 160⅔. [? S. Alb. H., ii. 235; or S. Mary H., ii. 236]
All Souls. **Bithell** (Bethel), **Richard**; adm. B.A. 3 Mar. 160⅔, det. 160⅔.
Exeter. **Windeat** (Windett, Windatt), **John**; adm. B.A. 3 Mar. 160⅔, det. 160⅔; lic. M.A. 23 Feb. 160⅚, inc. 1609. [ii. 229]
University. **Woodbridge, John**; adm. B.A. 4 Mar. 160⅔, det. 160⅔; lic. M.A. 11 July 1606, inc. 1606. [ii. 215]
Merton. **Cordwell, William**; adm. B.A. 4 Mar. 160⅔, det. 160⅔. (William Cordall, New C., suppl. B.A. 28 May 1601, probably the same person.)
Merton. **Jones, Daniel**; adm. B.A. 4 Mar. 160⅔, det. 160⅔; lic. M.A. 8 Dec. 1605, inc. 1606. [ii. 237]
Merton. **Doe, Thomas**; adm. B.A. (Mert.) 4 Mar. 160⅔, det. 160⅔; lic. M.A. (Mert.) 10 July 1607, inc. 1607. In a dispens. 2 July 1606 he is said to be of S. Alb. H. [Queen's, ii. 262]
S. Mary H. **Turner, Roger**; adm. B.A. 5 Mar. 160⅔, det. 160⅔. [Trin., ii. 235]
*All Souls.** **Buckley** (Bulkley, Bulckley), **Gabriel**; adm. B.A. (All So.) 5 Mar. 160⅔, det. 160⅔; lic. M.A. (Univ.; his father then dead) 11 July 1606, inc. 1606. [Univ., ii. 224]
All Souls. **Jones, Richard**; adm. B.A. 5 Mar. 160⅔, det. 160⅔. [? Mert., ii. 223]
Magd. H. **Benett, William**; adm. B.A. 5 Mar. 160⅔, det. 160⅔; lic. M.A. 5 July 1611, inc. 1611. [ii. 245]
S. Mary H. **Adney, Andrew**; adm. B.A. 5 Mar. 160⅔, det. 160⅔. [ii. 236]
Balliol. **Briton** (Britton), **Thomas**; adm. B.A. 5 Mar. 160⅔, det. 160⅔. [ii. 229]
Balliol. **Stonebanck, Ralph**; adm. B.A. 5 Mar. 160⅔, det. 160⅔. [ii. 224]
Oriel. **Williams, John**; adm. B.A. 11 Mar. 160⅔. [ii. 236] John Williams, Jes., was dispensed towards M.A. 3 July 1604 and John Williams, All So., ⟨probably the same person⟩ suppl. and lic. M.A. 7 July 1604, inc. 1604. ⟨This M.A. may be this John Williams of Oriel or John Williams of Jes., *supra*, p. 197.⟩ John Williams, All So., suppl. B.D. 10 July, adm. 11 July 1611.
Magd. C. **James** (Jaemes), **John**; adm. B.A. 5 May 1603, det. 160¾; lic. M.A. 11 July 1606, inc. 1606.
Magd. C. **Doylie, Norys** (Norrice); adm. B.A. 6 May 1603, det. 160⅚. ⟨On 5 May 1603 he is styled 'arm. fil. n. m.,' and said to be proving his father's will.⟩ ⟨Demy of Magd. C. 1591–1601; Blox. 4, p. 233.⟩
Hart H. **Laurance, Elisha**; adm. B.A. 6 May 1603, det. 160¾. [? Ball., ii. 237]
Magd. C. **Moseley, Thomas**; adm. B.A. 9 May 1603, det. 160¾; lic. M.A. 5 July 1606, inc. 1606. [ii. 254]
Magd. C. **Feriby** (Ferribie, Ferebie), **Thomas**; adm. B.A. 9 May 1603, det. 160¾; lic. M.A. 30 May 1606, inc. 1606.

Magd. C. **Westley, William**; adm. B.A. 9 May 1603, det. 160$\frac{3}{4}$. [ii. 235]

Lincoln. **Tookey, Thomas**; adm. B.A. 9 May 1603, det. 160$\frac{3}{4}$; lic. M.A. 28 Jan. 160$\frac{7}{8}$, inc. 1606. [ii. 236]

Oriel. **Stone, Simon**; adm. B.A. 9 May 1603. [ii. 236]

Oriel. **Morgan, Henry**; adm. B.A. 9 May 1603, det. 160$\frac{3}{4}$; lic. M.A. 9 July 1613, inc. 1613. [ii. 236]

Oriel. **Bone, Ambrose**; adm. B.A. 9 May 1603, det. 160$\frac{3}{4}$; lic. M.A. (then in orders) 25 May 1606, inc. 1606. [ii. 236]

*Oriel.** **Robins, William**; adm. B.A. (Oriel) 9 May 1603, det. 160$\frac{3}{4}$; lic. M.A. (New C., then in orders) 6 June 1607, inc. 1607. [ii. 236]

Magd. H. **Richardson, John**; adm. B.A. 9 May 1603, det. 160$\frac{3}{4}$. [ii. 248]

Magd. H. **Nicholson, Christopher**; adm. B.A. 9 May 1603, det. 160$\frac{3}{4}$. ⟨Clerk of Magd. C. 1602–1609; Blox. 2, p. 47.⟩

Broadg. H. **Gamon, Hannibal** (Anniball); adm. B.A. 12 May 1603, det. 160$\frac{3}{4}$; lic. M.A. 27 Feb. 160$\frac{5}{6}$, inc. 1606. [ii. 234]

Corpus. **Alleyn** (Allen), **Abraham**; adm. B.A. 18 May 1603, det. 160$\frac{3}{4}$.

Balliol. **Foster** (Forster), **Simon**; adm. B.A. 18 May 1603, det. 160$\frac{3}{4}$; lic. M.A. 7 July 1608, inc. 1608.

Exeter. **Petre** (Peters), **William**; adm. B.A. 23 May 1603, det. 160$\frac{3}{4}$; lic. M.A. 28 June 1606, inc. 1606. [ii. 237]

Magd. C. **Normecote, William**; suppl. and adm. B.A. 23 May 1603.

New Coll. **Smith, John**; suppl. B.A. 13 Apr., adm. 23 May 1603. [? i. 398] John Smith, New C. ⟨possibly the same person⟩, suppl. B.C.L. (being then in the household of the Bishop of Lincoln) 5 Feb., adm. 7 Feb. 160$\frac{4}{5}$.

Magd. H. **Higgins, John**; suppl. B.A. 23 May, adm. 24 May 1603.

S. John's. **Washebourne, Daniel**; adm. B.A. 26 May 1603, det. 160$\frac{3}{4}$; lic. M.A. ('Ashborne') 31 May 1606, inc. 1606. [Queen's, ii. 237]

Magd. C. **Baker, Henry**; (arm. fil. n. m.) adm. B.A. ('cumulatus') 31 May 1603, det. 160$\frac{3}{4}$. [ii. 240]

*Magd. H.** **Garner** (Gardiner, Gardner), **Thomas**; adm. B.A. (Magd. H.) 1 June 1603, det. 160$\frac{3}{4}$; lic. M.A. (Magd. C.) 6 June 1608, inc. 1608.

University. **De la Vale, Claudius**; adm. B.A. 8 June 1603, det. 160$\frac{3}{4}$. [ii. 237]

University. **Smith, John**; adm. B.A. 8 June 1603, det. 160$\frac{3}{4}$; lic. M.A. 11 July 1606, inc. 1606. [ii. 241]

Merton. **Nevill, Henry**; (mil. fil. n. m.) adm. B.A. 26 June 1603, det. 160$\frac{3}{4}$. [ii. 242]

Oriel. **Lloyd** (Floyd), **Marmaduke**; adm. B.A. 28 June 1603. [ii. 236]

Oriel. **Griffin** (Griffith), **Henry**; adm. B.A. 28 June 1603, det. 160$\frac{3}{4}$. [ii. 236]

S. Edm. H. **Coldwell** (Couldwell), **George**; adm. B.A. 28 June 1603, det. 160$\frac{3}{4}$; lic. M.A. 16 May 1606, inc. 1606. [Queen's, ii. 238]

Ch. Ch. **Marson, John**; adm. B.A. 28 June 1603, det. 160$\frac{3}{4}$; lic. M.A. (Chapl. of Ch. Ch.) 17 May 1606, inc. 1606. [New C., ii. 253]

Ch. Ch. **Lloyd, John**; adm. B.A. (Ch. Ch.) 28 June 1603, det. 160$\frac{3}{4}$.

[ii. 235] John Lloyd, Oriel ⟨perhaps this man⟩, suppl. M.A. 28 June, lic. 2 July 1608, inc. 1608.

*Ch. Ch.** **Jones, Henry**; adm. B.A. (Ch. Ch.) 28 June 1603, det. $160\frac{3}{4}$; suppl. and lic. M.A. (New C.) 8 July 1606, inc. 1606. [? Jes., ii. 227; or Queen's, ii. 228]

Exeter. **Standard, John**; adm. B.A. 30 June 1603, det. $160\frac{3}{4}$; lic. M.A. 25 May 1606, inc. 1606; adm. B.D. and lic. D.D. 10 Feb. $161\frac{6}{7}$, inc. D.D. 1617. Boase, p. 54.

Exeter. **Carter, James**; adm. B.A. 30 June 1603. [ii. 232]

Exeter. **Crosse, John**; adm. B.A. 30 June 1603. [ii. 239]

Exeter. **Byam** (Biam), **John**; adm. B.A. 30 June 1603, det. $160\frac{3}{4}$; lic. M.A. 25 May 1606, inc. 1606. [ii. 235]

Exeter. **Tooker** (Tucker), **Nicholas**; adm. B.A. 30 June 1603, det. $160\frac{3}{4}$; lic. M.A. 7 May 1607, inc. 1607. [ii. 235]

S. Mary H. **Edgsbury** (Edgberie), **Richard**; adm. B.A. 30 June 1603, det. $160\frac{3}{4}$. [ii. 236]

Trinity. **Coventree** (Coventrie, Coventrey), **Vincent**; adm. B.A. 30 June 1603, det. $160\frac{3}{4}$; lic. M.A. 12 May 1608, inc. 1608. [ii. 230]

Trinity. **Gulson** (Gulston), **Nathaniel**; adm. B.A. 30 June 1603, det. $160\frac{3}{4}$; lic. M.A. 10 July 1607, inc. 1607; lic. D.D. 8 July 1637, inc. 1637. [S. Alb. H., ii. 231]

Trinity. **Votier, Daniel**; adm. B.A. 30 June 1603, det. $160\frac{3}{4}$; suppl. M.A. 17 June 1607, inc. 1607. [ii. 235]

Trinity. **Turner, Richard**; adm. B.A. 30 June 1603, det. $160\frac{3}{4}$. [? Bras., ii. 234; or Exet., ii. 235; or 'Roger,' ii. 235]

Trinity. **Trockmorton** (Throtmorton), **George**; (arm. fil. n. m.) adm. B.A. 30 June 1603, det. $160\frac{3}{4}$. [ii. 242]

*Jesus.** **Gentilis, Robert**; adm. B.A. (Jes.) 1 July 1603, det. (S. Jo.) $160\frac{3}{4}$; suppl. B.C.L. (All So.) 8 Mar. $160\frac{8}{9}$, adm. (All So.) 16 Nov. 1612. [Ch. Ch., ii. 233]

Jesus. **Edmonds, Thomas**; adm. B.A. 1 July 1603, det. $160\frac{3}{4}$. [ii. 235]

Jesus. **Lewis, Toby**; adm. B.A. 1 July 1603. [ii. 235]

Jesus. **Kinvin** (Kinvyn), **Philip**; adm. B.A. 1 July 1603, det. $160\frac{3}{4}$; lic. M.A. 5 July 1606, inc. 1606. [ii. 239]

Jesus. **Hybbart** (Hybbards, Hubbards, Hibbards), **Hugh**; adm. B.A. 1 July 1603, det. $160\frac{3}{4}$; lic. M.A. (then in orders) 28 June 1609, inc. 1609. [ii. 249]

*Magd. C.** **Abell** (Abel), **Richard**; adm. B.A. (Magd. C.) 2 July 1603, det. (Magd. H.) $160\frac{3}{4}$; lic. M.A. (Magd. H., then in orders) 30 May 1606, inc. 1606. [ii. 237]

Lincoln. **Sutton, Gilbert**; adm. B.A. 4 July 1603, det. $160\frac{3}{4}$; lic. M.A. 2 July 1606, inc. 1606. [ii. 236]

S. John's. **Tillesley** (Tilsley), **Richard**; adm. B.A. 5 July 1603, det. $160\frac{3}{4}$; lic. M.A. 26 June 1607, inc. 1607; adm. B.D. 22 Nov. 1613; lic. to preach 25 Nov. 1613; lic. D.D. 7 July 1617, inc. 1617. [Ball., ii. 224]

Magd. H. **Hort, Anthony**; adm. B.A. 5 July 1603, det. $160\frac{3}{4}$. [ii. 237]

Magd. H. **Neale, Samuel**; adm. B.A. 5 July 1603, det. $160\frac{3}{4}$. [ii. 237]

Magd. H. **Thurston, Richard**; adm. B.A. 5 July 1603, det. $160\frac{3}{4}$. [Magd. C., ii. 240]

Brasenose. **Hawarden, Francis**; adm. B.A. 5 July 1603. [ii. 237]

Brasenose. **Makepeace, Laurence**; adm. B.A. 5 July 1603. [ii. 247]

S. Edm. H. **Thomas, Hugh**; adm. B.A. 6 July 1603, det. 160¾; lic. M.A. 22 Nov. 1606, inc. 1607. [ii. 238]
*S. Edm. H.** **Jones (Johns), Nicholas**; adm. B.A. (S. Edm. H.., perhaps in error for Broadg. H.) 6 July 1603, det. (Broadg. H.) 160¾; lic. M.A. (Broadg. H.) 12 July 1606, inc. 1606.
Trinity. **Spencer (Spenser), Abraham**; adm. B.A. 7 July 1603, det. 160¾; lic. M.A. 10 July 1607, inc. 1607. [ii. 235]
Magd. C. **Cooke, Lambert**; adm. B.A. 8 July 1603, det. 160¾. ('Magd. H.' in the suppl.) [ii. 229]
Magd. C. **Crockford (Crackford), Thomas**; adm. B.A. 8 July 1603, det. 160¾.
Balliol. **Brunsell, Oliver**; adm. B.A. 8 July 1603, det. 160¾. [ii. 224]
Magd. C. **Lloyd, Evan**; adm. B.A. 9 July 1603. ('Magd. H.' in the suppl.) [? Oriel, ii. 262]
*Corpus.** **Hales, John**; adm. B.A. (Corp.) 9 July 1603, det. 160¾; lic. M.A. (Mert.) 20 June 1609, inc. 1609. [? Univ., ii. 246] Brod., p. 277.
Corpus. **Slatter (Sclater), Christopher**; adm. B.A. 9 July 1603, det. 160¾; lic. M.A. 1 Apr. 1607, inc. 1607. [ii. 224]
Corpus. **Gulliford (Gullyford), Brent**; adm. B.A. 9 July 1603, det. 160¾; lic. M.A. 1 Apr. 1607, inc. 1607. [Ball., ii. 234]
Corpus. **Nevill, Gervas**; adm. B.A. 9 July 1603, det. 160¾; lic. M.A. 1 Apr. 1607, inc. 1607; adm. B.D. 6 July 1614. [ii. 238]
Corpus. **Todd, William**; adm. B.A. 9 July 1603, det. 160¾; lic. M.A. 1 Apr. 1607, inc. 1607.
Broadg. H. **Arundell, Gregory**; adm. B.A. 15 July 1603, det. ('George') 160¾; lic. M.A. 3 July 1606, inc. 1606. [Exet., ii. 239]
Broadg. H. **Owens, Evan**; adm. B.A. 15 July 1603.
Broadg. H. **Denham, John**; adm. B.A. 15 July 1603, det. 160¾. [Trin., ii. 249]
Oriel. **Maunsell, Walter**; (arm. fil. n. m.) adm. B.A. 15 July 1603, det. 160¾. [ii. 249]
Brasenose. **Antrobus, Thomas**; adm. B.A. 15 July 1603. [ii. 246]
New Coll. **Selly (Sellie), Edward**; adm. B.A. 12 Dec. 1603, det. 160¾; lic. M.A. (Chaplain of New C.) 28 June 1606, inc. 1606. [? Selbie, Exet., ii. 239]
Ch. Ch. **Gunter, Edmund**; adm. B.A. 12 Dec. 1603, det. 160¾; lic. M.A. 2 July 1606, inc. 1606; adm. B.D. and lic. to preach 23 Nov. 1615. [ii. 239]
*Exeter.** **Hele (Heale), William**; adm. B.A. (Exet.) 13 Dec. 1603, det. 160¾; lic. M.A. (Broadg. H.) 3 July 1606, inc. 1606. [ii. 239] Boase, p. 56.
Exeter. **Winston, John**; adm. B.A. 13 Dec. 1603, det. 160¾. [ii. 239]
Exeter. **Bownsell, Roger**; adm. B.A. 13 Dec. 1603, det. 160¾. [ii. 239]
Hart H. **Webb, William**; adm. B.A. 13 Dec. 1603, det. 160¾. [ii. 265]
Trinity. **Annesley (Ansley), Ralph**; adm. B.A. 15 Dec. 1603, det. 160¾; lic. M.A. 10 July 1607, inc. 1607. [ii. 239]
Oriel. **Wall, Richard**; suppl. B.A. (Oriel) 12 Dec.; adm. (Magd. H., in error) 15 Dec. 1603. [ii. 258]
Magd. H. **Clark, Samuel**; suppl. B.A. (Magd. H.) 15 Dec., adm. (Oriel,

in error) 15 Dec. 1603, det. (Magd. H.) 160¾; lic. M.A. (Magd. H.) 29 Jan. 160⁰⁴⁄₅, inc. 1607; adm. B.D. (Magd. H. 'cumulatus') and lic. D.D. ('cumulatus') 13 June 1616; inc. D.D. 1616. [ii. 240]

Balliol. **Holloway, Thomas**; suppl. B.A. ('Thomas') 11 Dec., adm. ('John') 17 Dec. 1603, det. ('John') 160¾; lic. M.A. ('Thomas') 5 July 1606, inc. 1606; adm. B.D. ('Thomas') 7 June 1613; suppl. lic. to preach 14 Feb. 161¾; lic. D.D. 15 May 1616, inc. 1616. [ii. 240]

Ch. Ch. **Maxey (Maxie), William**; adm. B.A. 17 Dec. 1603, det. 160¾; lic. M.A. 2 July 1606, inc. 1606; suppl. B.D. 22 Feb. 161⁶⁄₇, adm. 8 May 1617; lic. to preach 13 May 1626. [ii. 239]

Ch. Ch. **Pickover (Pickhaver), Timothy**; adm. B.A. 17 Dec. 1603, det. 160¾; lic. M.A. 2 July 1606, inc. 1606. [ii. 241]

Ch. Ch. **Pickover, John**; adm. B.A. 17 Dec. 1603, det. 160¾; lic. M.A. 2 July 1606, inc. 1606. [ii. 241]

Ch. Ch. **Wright, Thomas**; adm. B.A. 17 Dec. 1603, det. 160¾; lic. M.A. 2 July 1606, inc. 1606.

Ch. Ch. **Harlowe, Thomas**; adm. B.A. 17 Dec. 1603, det. 160¾; lic. M.A. 2 July 1606, inc. 1606. [ii. 239]

Ch. Ch. **Shawe, Edward**; adm. B.A. 17 Dec. 1603, det. 160¾; lic. M.A. (then in orders) 2 July 1606, inc. 1606. [ii. 239]

Queen's. **Davidge, John**; adm. B.A. 17 Dec. 1603, det. 160¾. [ii. 239]

Queen's.* **Davidge, Hugh**; adm. B.A. (Queen's) 17 Dec. 1603, det. 160¾; lic. M.A. (S. Edm. H.) 27 June 1607, inc. 1607; adm. B.D. (Queen's) 19 July 1620. [ii. 239]

Brasenose. **Hollway, Francis**; suppl. B.A. 2 July 1603.
Queen's. **Cartwright, John**; (arm. fil. n. m.) suppl. B.A. 6 July 1603.
S. Edm. H. **Raulings, James**; dispensed towards B.A. 7 Dec. 1603.

Magd. C. **Leill (Lelius), Tancred**; (a Dane, who had studied in the Universities of Germany and France) suppl. and lic. M.A. 7 July 1603, inc. 1603. [i. 264]

. . . **Basire (Brasire), John**; ('Gallus') adm. B.C.L. 29 May 1603. [i. 263]
⟨*S. John's.*⟩ **Wicksted (Weeksted), John**; adm. B.C.L. 5 July 1603. [ii. 257]
⟨*S. John's.*⟩ **Juxon (Juckston, Juxson), William**: adm. B.C.L. 5 July 1603; lic. D.C.L. 12 Dec. 1621, inc. 1622. [ii. 257]
. . . **Lloyd (Floyd), Thomas**; adm. B.C.L. 14 July 1603.
. . . **Lewys, Richard**; adm. B.C.L. 14 July 1603.

Brasenose. **Burcher, Hugh**; suppl. lic. to pract. med. 22 June, adm. 22 July 1603.

⟨?*S. Mary H.*⟩ **Hichcock, Robert**; after 15 years in theology, suppl. B.D. 5 July 1602, adm. 7 July 1603. [? ii. 127]
Lincoln. **Mason, William**; suppl. B.D. 4 July, adm. 7 July 1603.

Magd. C. **Reyner, Edward**; adm. B.A. 19 Jan. $160\frac{3}{4}$, det. $160\frac{3}{4}$. [ii. 248]

Ch. Ch. **Woodford, John**; adm. B.A. 19 Jan. $160\frac{3}{4}$, det. $160\frac{3}{4}$; lic. M.A. 30 Oct. 1606, inc. 1607. [ii. 240]

University. **Rayner**, (Reyner, Reiner), **John**; adm. B.A. 21 Jan. $160\frac{3}{4}$, det. $160\frac{3}{4}$; lic. M.A. 18 Nov. 1606, inc. 1607. (His father was dead in Jan. $160\frac{3}{4}$.) [ii. 240]

Brasenose. **Greenald, Robert**; adm. B.A. 24 Jan. $160\frac{3}{4}$, det. $160\frac{3}{4}$. [ii. 238]

Brasenose. **Ball, John**; adm. B.A. 24 Jan. $160\frac{3}{4}$, det. $160\frac{3}{4}$. [ii. 242]

*Exeter.** **Eedes** (Edes, Aedes), **John**; adm. B.A. (Exet.) 5 Feb. $160\frac{3}{4}$, det. $160\frac{3}{4}$; lic. M.A. (Broadg. H.) 31 Oct. 1606, inc. 1607; adm. B.D. 14 Apr. 1614. [ii. 240]

Exeter. **Harvey, William**; adm. B.A. 5 Feb. $160\frac{3}{4}$, det. $160\frac{3}{4}$; lic. M.A. 7 May 1607, inc. 1607. [ii. 240]

Exeter. **Warmstrey** (Warmestre), **John**; adm. B.A. 5 Feb. $160\frac{3}{4}$, det. $160\frac{3}{4}$; lic. M.A. 31 Oct. 1606, inc. 1607. [ii. 243] Boase, p. 55.

Exeter. **Morice** (Morrice, Morris), **George**; adm. B.A. 5 Feb. $160\frac{3}{4}$, det. $160\frac{3}{4}$. [Hart H., ii. 240]

S. Mary H. **Risdon, William**; adm. B.A. 5 Feb. $160\frac{3}{4}$, det. $160\frac{3}{4}$; lic. M.A. (then in orders) 25 June 1608, inc. 1608. [Bras., ii. 232]

Ch. Ch. **Hughes, Thomas**; adm. B.A. 7 Feb. $160\frac{3}{4}$, det. $160\frac{3}{4}$; lic. M.A. 30 May 1608, inc. 1608. [ii. 235]

Ch. Ch. **Thackwell, Thomas**; adm. B.A. 7 Feb. $160\frac{3}{4}$, det. $160\frac{3}{4}$. [ii. 239]

Brasenose. **Barrell** (Burrell), **Robert**; adm. B.A. 15 Feb. $160\frac{3}{4}$, det. $160\frac{3}{4}$; lic. M.A. 10 July 1607, inc. 1607. [ii. 242]

Brasenose. **Moore, William**; adm. B.A. 15 Feb. $160\frac{3}{4}$, det. $160\frac{3}{4}$. [ii. 247]

Brasenose. **Anderson, Richard**; adm. B.A. 15 Feb. $160\frac{3}{4}$, det. $160\frac{3}{4}$. [ii. 249]

Brasenose. **Merton** (Martin, Marton), **Thomas**; adm. B.A. 15 Feb. $160\frac{3}{4}$, det. $160\frac{3}{4}$; lic. M.A. 7 July 1608, inc. 1608. [? Queen's, ii. 237]

Brasenose. **Evans, Nicholas**; adm. B.A. 15 Feb. $160\frac{3}{4}$, det. $160\frac{3}{4}$. [Jes., ii. 249]

*S. John's.** **Travers, Robert**; adm. B.A. (S. Jo.) 15 Feb. $160\frac{3}{4}$, det. $160\frac{3}{4}$; lic. M.A. ('Tavers'; then of Broadg. H.) 21 May 1607, inc. 1607. [Broadg. H., ii. 244]

Ch. Ch. **Evans, Edward**; suppl. B.A. 7 July 1603, adm. 15 Feb. $160\frac{3}{4}$, det. $160\frac{3}{4}$; lic. M.A. 13 Mar. $160\frac{6}{7}$, inc. 1607. [ii. 227]

Oriel. **Herbert** (Harbert), **Humphrey**; adm. B.A. 15 Feb. $160\frac{3}{4}$, det. $160\frac{3}{4}$; lic. M.A. 11 July 1607, inc. 1607. [Linc., ii. 239]

S. Mary H. **Wilcox** (Willcox), **Ralph**; adm. B.A. 16 Feb. $160\frac{3}{4}$, det. $160\frac{3}{4}$. ⟨Probably an error for 'Hugh' Wilcox, ii. 239.⟩ Hugh Wilcox, S. Mary H., suppl. and lic. M.A. 5 Feb. $160\frac{7}{8}$, inc. 1608 suppl. M.B. 19 Nov. 1612.

Gloc. H. **Greenfield** (Grenefield), **Joseph**; adm. B.A. 16 Feb. $160\frac{3}{4}$ det. $160\frac{3}{4}$; lic. M.A. 4 July 1608, inc. 1608. [ii. 244]

Queen's. **Ward, Francis**; adm. B.A. 16 Feb. $160\frac{3}{4}$, det. $160\frac{3}{4}$. [ii. 236]

*Queen's.** **Hamlyn** (Hamling), **Francis**; adm. B.A. (Queen's) 16 Feb. $160\frac{3}{4}$, det. $160\frac{3}{4}$; disp. towards M.A. 3 June 1606, then of Broadg. H. [Gloc. H., ii. 235]

Queen's. **Winge, John**; adm. B.A. 16 Feb. $160\frac{3}{4}$, det. $160\frac{3}{4}$. [? S. Alb. H., ii. 235]

Oriel. **Vaughan, Roger**; adm. B.A. 16 Feb. $160\frac{3}{4}$, det. $160\frac{3}{4}$. [ii. 239]

Balliol. **Orgell** (Orghill), **Richard**; adm. B.A. 16 Feb. $160\frac{3}{4}$, det. $160\frac{3}{4}$; lic. M.A. 23 Apr. 1607, inc. 1607. [ii. 232]

Lincoln. **Lea, John**; adm. B.A. 17 Feb. $160\frac{3}{4}$, det. $160\frac{3}{4}$. [ii. 231]

Magd. C. **Jaemes, Edward**; adm. B.A. 17 Feb. $160\frac{3}{4}$, det. $160\frac{3}{4}$.

*Merton.** **Bonnett, John**; adm. B.A. (Mert.) 17 Feb. $160\frac{3}{4}$, det. $160\frac{3}{4}$; lic. M.A. (S. Alb. H., 'Bennett') 15 Dec. 1606, inc. (Bonnett) 1607. [Linc., ii. 238]

Merton. **Dudifatt, Nathaniel**; adm. B.A. 17 Feb. $160\frac{3}{4}$, det. $160\frac{3}{4}$. [Pudyfatt, ii. 242]

Merton. **Hauksworth** (Hawshworth, Hawkesworth), **Timothy**; adm. B.A. 17 Feb. $160\frac{3}{4}$, det. $160\frac{3}{4}$; lic. M.A. 13 Dec. 1610, inc. 1611. Brod., p. 278.

*Brasenose.** **Ashfield, William**; adm. B.A. (Bras.) 10 Mar. $160\frac{3}{4}$, disp. (Bras.) 14 May 1605, det. (S. Mary H.) $160\frac{7}{8}$; lic. M.A. (S. Mary H.) 4 May 1608, inc. 1608. [ii. 240]

Brasenose. **Bussye** (Bussie), **Raleigh**; adm. B.A. 10 Mar. $160\frac{3}{4}$. [ii. 246]

University. **Deeble, Nicholas**; adm. B.A. 15 Mar. $160\frac{3}{4}$, det. $160\frac{4}{5}$; lic. M.A. 31 Oct. 1606, inc. 1607.

*Corpus.** **Woodd** (Woodes), **Thomas**; adm. B.A. (Corp.) 15 Mar. $160\frac{3}{4}$, det. $160\frac{4}{5}$; lic. M.A. (S. Mary H.) 9 July 1613, inc. 1613. [? Broadg. H., ii. 240]

Queen's. **Holme** (Homes), **George**; adm. B.A. 27 Mar. 1604, det. $160\frac{5}{6}$; lic. M.A. 12 June 1607, inc. 1607. [ii. 226]

Queen's. **Richardson, William**; adm. B.A. 27 Mar. 1604, det. $160\frac{5}{6}$; lic. M.A. 12 June 1607, inc. 1607; adm. B.D. 30 June 1614; lic. to preach 4 Feb. $161\frac{4}{5}$. [ii. 237]

Queen's. **Benson, George**; adm. B.A. 27 Mar. 1604, det. $160\frac{5}{6}$; lic. M.A. 12 June 1607, inc. 1607; adm. B.D. 15 May 1616.

New Coll. **Howell** (Houell, Hovell), **Thomas**; adm. B.A. 20 Apr. 1604, det. $160\frac{4}{5}$; lic. M.A. 19 Jan. $160\frac{7}{8}$, inc. 1608. [ii. 243]

New Coll. **Shelley, Henry**; adm. B.A. 20 Apr. 1604, det. $160\frac{4}{5}$; lic. M.A. 19 Jan. $160\frac{7}{8}$, inc. 1608. [ii. 240]

New Coll. **Addams** (Adams), **Robert**; adm. B.A. 20 Apr. 1604, det. $160\frac{4}{5}$; lic. M.A. 19 Jan. $160\frac{7}{8}$, inc. 1608; adm. B.D. and lic. D.D. 7 July 1628, inc. D.D. 1628. [ii. 244]

New Coll. **Sparke** (Sparcke), **Thomas**; adm. B.A. 20 Apr. 1604, det. $160\frac{4}{5}$; lic. M.A. 19 Jan. $160\frac{7}{8}$, inc. 1608. [ii. 243]

S. Mary H. **Trippett, Edward**; adm. B.A. 2 May 1604.

Magd. H. **Bruer** (Brewer), **Thomas**; adm. B.A. 2 May 1604, det. $160\frac{4}{5}$. [ii. 216]

Magd. H. **Heley, Stephen**; adm. B.A. 2 May 1604, det. $160\frac{4}{5}$. [ii. 240]

Magd. H. **Tirret** (Tyrrete, Tirrel), **Henry**; adm. B.A. 2 May 1604, det. $160\frac{4}{5}$. [Tirrell, ii. 245]

Magd. H. **Rogers, Robert**; adm. B.A. 2 May 1604, det. $160\frac{4}{5}$; lic. M.A. 4 Feb. $160\frac{7}{8}$, inc. 1608. [ii. 245]

Oriel. **Piggot, Thomas**; adm. B.A. 5 May 1604, det. 160$\frac{4}{5}$. [ii. 243]
Oriel. **Prichard, John**; adm. B.A. 5 May 1604, det. 160$\frac{4}{5}$, lic. M.A. 13 Mar. 160$\frac{6}{7}$, inc. 1607.
Trinity. **Tully** (Tullie), **William**; adm. B.A. 8 May 1604, det. 160$\frac{4}{5}$; lic. M.A. 12 May 1608, inc. 1608. [Queen's, ii. 230]
Trinity. **Whistler, Henry**; adm. B.A. 8 May 1604, det. 160$\frac{4}{5}$; lic. M.A. 12 May 1608, inc. 1608; suppl. B.D. 20 Nov., adm. 23 Nov. 1615; suppl. lic. to preach 22 Nov., lic. 23 Nov. 1615. [ii. 228]
Trinity. **Biker** (Byker), **John**; adm. B.A. 8 May 1604, det. 160$\frac{4}{5}$; lic. M.A. 17 June 1607, inc. 1607. [ii. 241]
Trinity. **Newman, Richard**; adm. B.A. 8 May 1604, det. 160$\frac{4}{5}$. [ii. 241]
Trinity. **Pratte, Francis**; adm. B.A. 8 May 1604, det. 160$\frac{4}{5}$. [ii. 244]
Brasenose. **Spencer** (Spenser), **George**; adm. B.A. 10 May 1604, det. 160$\frac{4}{5}$. [ii. 234]
Brasenose. **Holloway** (Hollway), **Gamaliel**; adm. B.A. 10 May 1604, det. 160$\frac{4}{5}$; lic. M.A. 10 July 1607, inc. 1607. [ii. 247]
Balliol. **Blackwell** (Blackwall, Blackwale), **Richard**; adm. B.A. 10 May 1604, det. 160$\frac{4}{5}$; lic. M.A. 3 July 1607, inc. 1607. [ii. 237]
Jesus. **Lloyd, Robert**; adm. B.A. 10 May 1604, det. 160$\frac{4}{5}$; lic. M.A. 10 Feb. 160$\frac{6}{7}$, inc. 1607. [? Exet., ii. 243]
*Brasenose.** **Thornton, William**; adm. B.A. (Bras.) 12 May 1604, det. 160$\frac{4}{5}$; lic. M.A. (S. Mary H.) 7 July 1607, inc. 1607. [ii. 243]
Oriel. **Pargiter, Walter**; adm. B.A. 18 May 1604, det. 160$\frac{4}{5}$; lic. M.A. 21 Nov. 1608, inc. 1609. [Magd. H., ii. 245]
S. Alb. H. **Greene, Richard**; adm. B.A. 18 May 1604, det. 160$\frac{4}{5}$; lic. M.A. 30 Jan. 160$\frac{6}{7}$, inc. 1607. [ii. 245]
Hart H. **Muncke** (Munke, Monke), **Richard**; adm. B.A. 14 June 1604, det. 160$\frac{4}{5}$; lic. M.A. 10 June 1607, inc. 1607. [ii. 242]
Hart H. **Hassard** (Hazard), **John**; adm. B.A. 14 June 1604, det. 160$\frac{4}{5}$; lic. M.A. 10 July 1607, inc. 1607. [ii. 245]
S. Mary H. **Kinaston, Francis**; (eq. fil.) adm. B.A. 14 June 1604. [Oriel, ii. 254]
S. Mary H. **Jackman, John**; adm. B.A. 14 June 1604, det. 160$\frac{4}{5}$; lic. M.A. 17 June 1613, inc. 1613. [Oriel, ii. 258]
*Exeter.** **Forde, William**; adm. B.A. (Exet.) 14 June 1604, det. 160$\frac{4}{5}$; lic. M.A. (Corp.) 23 Apr. 1607, inc. 1607; adm. B.D. (Exet.) 12 Dec. 1615. [ii. 242]
Exeter. **Martin, Bartholomew**; adm. B.A. 14 June 1604, det. 160$\frac{4}{5}$; lic. M.A. 7 May 1607, inc. 1607. [ii. 246]
Exeter. **Gewen** (Guen), **Thomas**; adm. B.A. 14 June 1604. [? Gueane, Queen's, ii. 263]
*Exeter.** **Skinner, Alexander**; adm. B.A. (Exet.) 14 June 1604, det. (Jes.) 160$\frac{4}{5}$. [ii. 247]
*Queen's.** **Craddock** (Cradocke), **Samuel**; adm. B.A. (Queen's) 14 June 1604, det. 160$\frac{4}{5}$; lic. M.A. (S. Mary H., then in orders) 27 June 1607, inc. 1607. [ii. 243]
Queen's. **Cholmondelie, Hatton**; (eq. fil.) adm. B.A. 14 June 1604. [ii. 243]
*Queen's.** **Blincoe** (Blincow, Blencoe), **Robert**; adm. B.A. (Queen's) 14 June 1604, det. 160$\frac{4}{5}$; lic. M.A. (Oriel, then in orders) 21 May 1607, inc. 1607. [Oriel, ii. 243]

Magd. H. **Waterford, John**; adm. B.A. 14 June 1604, det. ('Waterfield') 160$\frac{4}{5}$. [ii. 245]

S. Alb. H. **Rogers, George**; adm. B.A. 15 June 1604, det. 160$\frac{4}{5}$; lic. M.A. 13 May 1607, inc. 1607. [ii. 245]

S. Alb. H. **Parker, Richard**; adm. B.A. 15 June 1604, det. 160$\frac{4}{5}$. [ii. 245]

Broadg. H. **Slader, Josias**; adm. B.A. 15 June 1604, det. 160$\frac{4}{5}$; lic. M.A. 27 June 1607, inc. 1607. [ii. 244]

Exeter. **Yeo, George**; adm. B.A. 20 June 1604, det. 160$\frac{4}{5}$; lic. M.A. 10 July 1607, inc. 1607. [ii. 242]

Exeter. **Hext** (Hyxt), **Solomon**; adm. B.A. 20 June 1604, det. 160$\frac{4}{5}$. [ii. 242] Boase, p. 56.

Exeter. **Thrythwall** (Trithwall), **Thomas**; adm. B.A. 20 June 1604. [ii. 235]

Hart H. **Caryll** (Carill), **Thomas**; (arm. fil. n. m.) adm. B.A. 21 June 1604, det. 160$\frac{4}{5}$; lic. M.A. 2 May 1607, inc. 1607.

Oriel. **Burges, Walter**; adm. B.A. 23 June 1604, det. 160$\frac{4}{5}$; lic. M.A. 22 June 1608, inc. 1608. [ii. 245]

*Corpus.** **Cheriton, Charles**; adm. B.A. (Corp.) 28 June 1604; lic. M.A. (Gloc. H.) 27 June 1607, inc. 1607. [Gloc. H., ii. 229]

Lincoln. **Robinson, Josias**; adm. B.A. 30 June 1604, det. 160$\frac{4}{5}$; lic. M.A. 22 Apr. 1607, inc. 1607. [ii. 241]

Magd. C. **Boxald** (Boxall, Boxwell), **Thomas**; adm. B.A. 3 July 1604, det. 160$\frac{4}{5}$.

Hart H. **Davies, Gilbert**; (arm. fil. n. m.) adm. B.A. (Hart H.) 3 July 1604, ('Broadg. H.' in suppl. and disp.) [Broadg. H., ii. 250]

Merton. **Atye, Robert**; (mil. fil. n. m.) adm. B.A. 5 July 1604. [ii. 251]

Jesus. **Williams, David**; adm. B.A. 5 July 1604, det. 160$\frac{4}{5}$; lic. M.A. 28 Apr. 1607, inc. 1607. [ii. 244]

Jesus. **Toy, Griffith** (Griffin); adm. B.A. 5 July 1604, det. 160$\frac{4}{5}$. [ii. 244]

Jesus. **Rice, Edward**; adm. B.A. 5 July 1604, det. 160$\frac{5}{6}$; lic. M.A. 10 July 1607, inc. 1607. [ii. 249]

Jesus. **Powell, Morgan**; adm. B.A. 5 July 1604, det. 160$\frac{4}{5}$; suppl. M.A. 10 July 1617, lic. 4 July 1618, inc. 1618. [ii. 249]

University. **Paulett, Amos**; (eq. fil.) adm. B.A. 5 July 1604. [Trin., ii. 241]

University. **Cardrowe, Henry**; adm. B.A. 5 July 1604, det. 160$\frac{4}{5}$. (His parents were dead before Mar. 160$\frac{3}{4}$.) [Trin., ii. 253]

University. **Snellinge, Laurence**; adm. B.A. 5 July 1604, det. 160$\frac{4}{5}$; lic. M.A. 10 July 1607, inc. 1607. [ii. 246]

Broadg. H. **Allen** (Allin), **George**; adm. B.A. 5 July 1604, det. 160$\frac{4}{5}$. [? Queen's, ii. 214]

Queen's. **Lytler** (Litler), **Thomas**; adm. B.A. 7 July 1604, det. 160$\frac{4}{5}$.

Magd. C. **Morebread** (Morbred, Moorebred), **Robert**; suppl. B.A. 5 July 1602, adm. 7 July 1604, det. 160$\frac{5}{6}$. ⟨Chor. of Magd. C. 1591–1604; Blox. 1, p. 26.⟩

Brasenose. **Warburton, Peter**; (arm. fil. n. m.) adm. B.A. 10 July 1604. [ii. 252]

Brasenose. **Syddall** (Siddall), **John**; adm. B.A. 10 July 1604, det. 160$\frac{4}{5}$. [Syvedall, ii. 242]

S. Edm. H. **Taylor, Ralph**; adm. B.A. 11 July 1604, det. 160$\frac{5}{6}$. [ii. 243]

S. John's. **Keete** (Kete), **Leonard**; adm. B.A. 13 July 1604, det. (Keetle) 160$\frac{4}{5}$. [ii. 245]
S. John's. **Mercer, Ralph**; adm. B.A. 13 July 1604, det. 160$\frac{4}{5}$. [ii. 245]
Brasenose. **Acson, William**; adm. B.A. 20 July 1604, det. 160$\frac{4}{5}$. [ii. 256]
Brasenose. **Hargreves** (Hargreve, Hargraves), **Robert**; adm. B.A. 20 July 1604, det. 160$\frac{4}{5}$. [ii. 241]
Brasenose. **Holland, Henry**; adm. B.A. 20 July 1604, det. 160$\frac{4}{5}$. [ii. 242]
Brasenose. **Leigh, Edmund**; adm. B.A. 20 July 1604, det. 160$\frac{4}{5}$; lic. M.A. 5 July 1611, inc. 1611; adm. B.D. 8 July 1619. [ii. 242]
Brasenose. **Richardson, Gabriel**; adm. B.A. 20 July 1604, det. 160$\frac{4}{5}$; lic. M.A. 7 July 1608, inc. 1608; adm. B.D. 8 July 1619.
Brasenose. **Richardson, Ralph**; adm. B.A. 20 July 1604, det. 160$\frac{4}{5}$; lic. M.A. 7 July 1608, inc. 1608; adm. B.D. 8 July 1619. [ii. 246]
*Brasenose.** **Braydley** (Bradly), **Henry**; adm. B.A. (Bras.) 20 July 1604, det. (Queen's) 160$\frac{4}{5}$; lic. M.A. (Oriel) 18 June 1607, inc. 1607. [Queen's, ii. 243]
Ch. Ch. **Dugdale** (Dugdall), **Christopher**; adm. B.A. 17 Oct. 1604, det. 160$\frac{4}{5}$; lic. M.A. 18 June 1607, inc. 1607. [Bras., ii. 229]
Oriel. **Collins, Roger**; adm. B.A. 17 Oct. 1604, det. 160$\frac{4}{5}$; lic. M.A. 6 June 1607, inc. 1607.
Hart H. **Swayne** (Swaine), **Elizaeus** (Ellis); adm. B.A. 22 Oct. 1604, det. 160$\frac{4}{5}$; lic. M.A. 10 July 1607, inc. 1607. [ii. 246]
Hart H. **Lockett, Giles**; adm. B.A. 22 Oct. 1604, det. 160$\frac{4}{5}$; lic. M.A. 10 June 1607, inc. 1607. [Ch. Ch., ii. 252]
Hart H. **Lockett, Samuel**; adm. B.A. 22 Oct. 1604, det. 160$\frac{4}{5}$; lic. M.A. 10 June 1607, inc. 1607. [Ch. Ch., ii. 252]
*Broadg. H.** **Allen, Thomas**; adm. B.A. (Broadg. H.) 22 Oct. 1604, det. 160$\frac{4}{5}$; lic. M.A. (Mert.) 13 Dec. 1610, inc. 1611. [ii. 252] Brod., p. 278.
Ch. Ch. **Coventry** (Coventrie), **Car** (Carr); adm. B.A. 23 Oct. 1604, det. 160$\frac{4}{5}$; lic. M.A. 18 June 1607, inc. 1607. [Hart H., ii. 238]
Ch. Ch. **Benson, Thomas**; adm. B.A. 23 Oct. 1604, det. 160$\frac{4}{5}$; lic. M.A. 18 June 1607, inc. 1607; adm. B.D. 13 May 1618; lic. D.D. 1 July 1622, inc. 1622. [Gloc. H., ii. 253]
Ch. Ch. **Webbe, John**; adm. B.A. 23 Oct. 1604, det. 160$\frac{4}{5}$; lic. M.A. 18 June 1607, inc. 1607.
Ch. Ch. **Williams, Thomas**; adm. B.A. 23 Oct. 1604, det. 160$\frac{4}{5}$; lic. M.A. 18 June 1607, inc. 1607. [ii. 245]
Ch. Ch. **Nedham** (Needham), **George**; adm. B.A. 23 Oct. 1604, det. 160$\frac{4}{5}$; lic. M.A. 18 June 1607, inc. 1607. [ii. 241]
Ch. Ch. **Hyde** (Hide), **Edward**; adm. B.A. 23 Oct. 1604, det. 160$\frac{4}{5}$; lic. M.A. 9 July 1607, inc. 1607; adm. B.D. 23 Jan. 162$\frac{3}{4}$. [ii. 250]
Ch. Ch. **Holloway, Barnabas**; adm. B.A. 23 Oct. 1604, det. 160$\frac{4}{5}$; lic. M.A. 18 June 1607, inc. 1607. [ii. 266]
Ch. Ch. **Pownell, Nathaniel**; adm. B.A. 23 Oct. 1604, det. 160$\frac{4}{5}$; lic. M.A. 18 June 1607, inc. 1607. [Broadg. H., ii. 235]
Ch. Ch. **Birde, John**; adm. B.A. 23 Oct. 1604, det. 160$\frac{4}{5}$; lic. M.A. 18 June 1607, inc. 1607; adm. B.D. 24 Nov. 1615. [Exet., ii. 246]
Ch. Ch. **Dell, John**; adm. B.A. 23 Oct. 1604, det. 160$\frac{4}{5}$; lic. M.A. 18 June 1607, inc. 1607. [Trin., ii. 241]

Ch. Ch. **Bickles** (Bickleys), **John**; adm. B.A. 23 Oct. 1604, det. 160$\frac{4}{5}$ (his name is repeated in the det. of 160$\frac{5}{6}$); lic. M.A. 18 June 1607, inc. 1607.

Ch. Ch. **Oseley** (Osley), **Richard**; adm. B.A. 23 Oct. 1604, det. 160$\frac{4}{5}$.

S. Edm. H. **Muckleston, Richard**; adm. B.A. 23 Oct. 1604, det. 160$\frac{4}{5}$. [ii. 247]

All Souls. **Gammadge** (Gamage), **John**; adm. B.A. 23 Oct. 1604, det. 160$\frac{4}{5}$. [S. Edm. H., ii. 248]

*Oriel.** **Price, Edward**; adm. B.A. (Oriel) 26 Oct. 1604, det. (Hart H.) 160$\frac{4}{5}$. [ii. 249]

Queen's. **Birkbeck** (Birckbecke, Burbecke), **Simon**; adm. B.A. 26 Oct. 1604, det. ('Becke') 160$\frac{4}{5}$; lic. M.A. 12 June 1607, inc. 1607; adm. B.D. 15 May 1616.

Queen's. **Newman, Humphrey**; adm. B.A. 26 Oct. 1604, det. 160$\frac{4}{5}$. [Everod *alias* Newman, ii. 247]

Oriel. **Burhill** (Burghill), **Rowland**; adm. B.A. 29 Oct. 1604, det. 160$\frac{4}{5}$; lic. M.A. 17 June 1608, inc. 1608. [ii. 251]

*Oriel.** **Laurence, John**; suppl. B.A. (Hart H.) 25 Oct., adm. (Oriel) 29 Oct. 1604, det. (Hart H.?) 160$\frac{4}{5}$; suppl. M.A. (S. Edm. H.) 6 July, lic. 7 July 1615, inc. 1615. [? S. Jo., ii. 265]

Magd. H. **Wilkins, Richard**; adm. B.A. 31 Oct. 1604, det. 160$\frac{4}{5}$; lic. M.A. 8 July 1607, inc. 1607. [ii. 256]

Ch. Ch. **Wrenford, John**; adm. B.A. 31 Oct. 1604. [Broadg. H., ii. 235]

Merton. **Gerrard** (Jarret, Garrard), **Nicholas**; adm. B.A. 3 Nov. 1604, det. 160$\frac{4}{5}$; lic. M.A. 13 Dec. 1610. inc. 1611.

Ch. Ch. **Davies, Robert**; adm. B.A. 3 Nov. 1604, det. 160$\frac{4}{5}$. [ii. 241]

Brasenose. **Parker, Francis**; adm. B.A. 9 Nov. 1604, det. 160$\frac{4}{5}$. [ii. 246]

*Merton.** **Heighmore** (Highmore, Hemer), **Nathaniel**; adm. B.A. (Mert.) 27 Nov. 1604, det. 160$\frac{4}{5}$; lic. M.A. (Queen's) 17 June 1607, inc. 1607. [S. Alb. H., ii. 251]

Balliol. **Hall, Richard**; adm. B.A. 27 Nov. 1604, det. 160$\frac{4}{5}$; lic. M.A. 3 July 1607, inc. 1607. [ii. 258]

Jesus. **Fortune, Morus** (Morris); adm. B.A. 29 Nov. 1604, det. 160$\frac{4}{5}$; lic. M.A. 2 July 1610, inc. 1610; adm. B.D. 18 July 1621. [ii. 249]

S. John's. **Fletcher** (Flecher), **Joseph**; adm. B.A. 29 Nov. 1604, det. 160$\frac{4}{5}$; lic. M.A. 6 June 1608, inc. 1608. [ii. 245]

S. John's. **Downer, Thomas**; adm. B.A. 29 Nov. 1604, det. 160$\frac{4}{5}$; lic. M.A. 6 June 1608, inc. 1608; adm. B.D. and lic. to preach 6 June 1614. [ii. 248]

S. John's. **Smith, John**; adm. B.A. 29 Nov. 1604, det. 160$\frac{4}{5}$; lic. M.A. 27 June 1609, inc. 1609. [ii. 243]

S. John's. **Juxon** (Juxson), **Rowland**; adm. B.A. 29 Nov. 1604, det. 160$\frac{4}{5}$; lic. M.A. 6 June 1608, inc. 1608. [ii. 258]

*Oriel.** **Roberts, Theodore**; adm. B.A. (Oriel) 6 Dec. 1604, det. 160$\frac{4}{5}$; lic. M.A. (S. Edm. H.) 28 May 1611, inc. 1611. [ii. 258]

Merton. **Castell** (Castle), **John**; adm. B.A. 6 Dec. 1604, det. 160$\frac{4}{5}$. [ii. 243]

New Coll. **Cooper, John**; adm. B.A. 6 Dec. 1604, det. 160$\frac{4}{5}$; lic. M.A. 6 June 1607, inc. 1607. [? Linc., ii. 238]

Trinity. **Swayne, Philip**; adm. B.A. 12 Dec. 1604. [ii. 246]

Magd. C. **Stoyt** (Stoit), **Toby**; adm. B.A. 12 Dec. 1604, det. 160$\frac{4}{5}$; lic. M.A. ('Hoit') 8 July 1607, inc. 1607. [Magd. H., ii. 224]

Magd. C. **Tinley** (Tynly), **Cornelius**; adm. B.A. 12 Dec. 1604, det. 160$\frac{4}{5}$; lic. M.A. 8 July 1607, inc. 1607. [ii. 273]

Magd. C. **Powell, Ambrose**; adm. B.A. 12 Dec. 1604, det. 160$\frac{4}{5}$; lic. M.A. 8 July 1607, inc. 1607; adm. B.D. 26 July 1617; lic. to preach 8 Feb. 162$\frac{0}{1}$. [ii. 273]

Magd. C. **Powell, Edward**; adm. B.A. 12 Dec. 1604, det. 160$\frac{4}{5}$; lic. M.A. 8 July 1607, inc. 1607. [ii. 239]

Magd. C. **Fen, Humphrey**; adm. B.A. 12 Dec. 1604, det. ('Hen') 160$\frac{4}{5}$; lic. M.A. 8 July 1607, inc. 1607. [Trin., ii. 239]

Magd. C. **Biam** (Byam), **Edward**; adm. B.A. 12 Dec. 1604, det. 160$\frac{4}{5}$; lic. M.A. 8 July 1607, inc. 1607. [Exet., ii. 243]

Magd. C. **Goddard, Vincent**; adm. B.A. 12 Dec. 1604, det. 160$\frac{4}{5}$; lic. M.A. 8 July 1607, inc. 1607. [Ball., ii. 247]

Magd. C. **Baylie** (Bayley), **Thomas**; adm. B.A. 12 Dec. 1604, det. 160$\frac{4}{5}$; lic. M.A. 8 July 1607, inc. 1607; adm. B.D. 11 May 1621; lic. to preach 18 May 1621. [S. Alb. H., ii. 244]

Magd. C. **Savadge, John**; adm. B.A. 12 Dec. 1604, det. 160$\frac{4}{5}$; lic. M.A. 8 July 1607, inc. 1607. [ii. 241]

Brasenose. **Egerton, Thomas**; adm. B.A. 13 Dec. 1604, det. 160$\frac{4}{5}$. [ii. 242]

Brasenose. **Chamberlayne, Robert**; adm. B.A. 13 Dec. 1604, det. 160$\frac{4}{5}$. [ii. 246]

Brasenose. **Emott** (Emote), **Laurence**; adm. B.A. 13 Dec. 1604, det. 160$\frac{4}{5}$. [ii. 247]

*Brasenose.** **Freake, Robert**; adm. B.A. (Bras.) 13 Dec. 1604, det. 160$\frac{4}{5}$; lic. M.A. (Hart H.) 10 June 1607, inc. 1607. [ii. 247]

Ch. Ch. **Owen, Thomas**; adm. B.A. 13 Dec. 1604.

*S. Mary H.** **Morley** (Morlie, Morly), **John**; adm. B.A. (S. Mary H.) 17 Dec. 1604, det. 160$\frac{4}{5}$; lic. M.A. (Mert.) 20 June 1609, inc. 1609; adm. B.D. ('cumulatus') 4 June 1616. [ii. 242] Brod., p. 276.

All Souls. **Beaumont** (Beomund, Beamont), **Glidd**; adm. B.A. 17 Dec. 1604, det. 160$\frac{4}{5}$; lic. M.A. 8 July 1608, inc. 1608. [ii. 231]

Jesus. **Lewes, John**; dispens. towards B.A. 8 June 1604. [? ii. 227]

S. Edm. H. **Morris, Hugh**; suppl. B.A. 21 Nov. 1604, grace renewed 16 Dec. 1605, det. 160$\frac{5}{6}$; lic. M.A. (then in orders) 7 July 1607, inc. 1607. [ii. 247]

Brasenose. **Blight**, ——; det. 160$\frac{4}{5}$.

Gloc. H. **Chew**, ——; det. 160$\frac{4}{5}$.

Balliol. **Turner, William**; suppl. lic. to pract. med. and M.B. 6 July, lic. to pract. med. and adm. M.B. 13 July 1604; suppl. M.D. 30 May, lic. 1 June 1608, inc. 1608. [i. 355; on i. 380 for 30 Apr. 1602, read 6 July 1604.]

Queen's. **Huntley, Edward**; (eq. fil.) adm. B.A. 16 Jan. 160$\frac{4}{5}$, det. 160$\frac{4}{5}$. [ii. 252]

Balliol. **Wight, Thomas**; adm. B.A. (his father was then dead) 16 Jan. 160$\frac{4}{5}$, det. 160$\frac{4}{5}$; lic. M.A. 20 June 1609, inc. 1609. [? Broadg. H., ii. 246]

Exeter. **Edwards, William**; adm. B.A. 18 Jan. 160$\frac{4}{5}$, det. 160$\frac{4}{5}$. [ii. 250]

Exeter. **Cape, John**; adm. B.A. 18 Jan. 160$\frac{4}{5}$, det. 160$\frac{4}{5}$. [ii. 249]

S. Alb. H. **Trenchard, John**; (eq. fil.) adm. B.A. 18 Jan. 160$\frac{4}{5}$, det. 160$\frac{4}{5}$. [ii. 260]

Lincoln. **Thimble, John**; adm. B.A. ('cumulatus') 23 Jan. 160$\frac{4}{5}$, det. 160$\frac{4}{5}$. [ii. 251]

Lincoln. **Richardson, William**; adm. B.A. 23 Jan. 160$\frac{4}{5}$, det. 160$\frac{4}{5}$. [ii. 249]

Lincoln. **Fisher, Thomas**; adm. B.A. 23 Jan. 160$\frac{4}{5}$, det. 160$\frac{4}{5}$. [ii. 249]

Lincoln. **Sanderson** (Saunderson), **Robert**; adm. B.A. 23 Jan. 160$\frac{4}{5}$, det. 160$\frac{4}{5}$; lic. M.A. 20 Oct. 1607, inc. 1608; adm. B.D. 19 May 1617; lic. to preach 1 July 1617; created D.D. in 1636. [ii. 266]

Lincoln. **Tookey, Job**; adm. B.A. 23 Jan. 160$\frac{4}{5}$, det. 160$\frac{4}{5}$; lic. M.A. 20 Oct. 1607, inc. 1607. [ii. 273]

Lincoln. **Heane** (Heynes, Heyne, Hayne, Heines, Haynes), **Thomas**; adm. B.A. 23 Jan. 160$\frac{4}{5}$, det. 160$\frac{4}{5}$; lic. M.A. 9 July 1612, inc. 1612. [ii. 236]

Lincoln. **Burton, Thomas**; adm. B.A. 23 Jan. 160$\frac{4}{5}$, det. 160$\frac{4}{5}$; lic. M.A. 2 July 1608, inc. 1608. [ii. 244]

Broadg. H. **Hare, Anthony**; adm. B.A. 23 Jan. 160$\frac{4}{5}$, det. 160$\frac{4}{5}$. [Trin., ii. 248]

*Oriel.** **Ashworth, Edward**; adm. B.A. (Oriel) 23 Jan. 160$\frac{4}{5}$, det. 160$\frac{4}{5}$; lic. M.A. (All So.) 20 Oct. 1608, inc. 1609; suppl. M.B. (All So.) 27 June 1615, adm. 10 July 1615. [ii. 253]

Oriel. **Swett, Giles**; adm. B.A. 23 Jan. 160$\frac{4}{5}$, det. 160$\frac{4}{5}$; lic. M.A. 30 Apr. 1611, inc. 1611. [S. Jo., ii. 262]

Magd. H. **Moore, John**; adm. B.A. 29 Jan. 160$\frac{4}{5}$. [? Magd. C., ii. 213]

Jesus. **Owens** (Owen), **Thomas**; adm. B.A. 29 Jan. 160$\frac{4}{5}$, det. 160$\frac{4}{5}$; lic. M.A. 6 July 1608, inc. 1608.

Jesus. **Powell, Thomas**; adm. B.A. 29 Jan. 160$\frac{4}{5}$, det. 160$\frac{4}{5}$. [? Oriel, ii. 254]

*Brasenose.** **Parker, William**; adm. B.A. (Bras.) 30 Jan. 160$\frac{4}{5}$, det. 160$\frac{4}{5}$; lic. M.A. (S. Mary H.) 4 July 1608, inc. 1608. [ii. 247]

Brasenose. **Webb, Francis**; adm. B.A. 30 Jan. 160$\frac{4}{5}$, det. 160$\frac{4}{5}$; lic. M.A. 7 July 1608, inc. 1608. [ii. 247]

Brasenose. **Wilson, Samuel**; adm. B.A. 30 Jan. 160$\frac{4}{5}$, det. 160$\frac{4}{5}$; lic. M.A. 13 Nov. 1611, inc. 1611. [Oriel, ii. 243]

University. **Simonds, Robert**; (arm. fil. n. m.) adm. B.A. 30 Jan. 160$\frac{4}{5}$, det. 160$\frac{4}{5}$. [ii. 255]

University. **Salsbury** (Salsberie), **John**; adm. B.A. 30 Jan. 160$\frac{4}{5}$, det. 160$\frac{4}{5}$; lic. M.A. 6 July 1610, inc. 1610. [ii. 247]

*Trinity.** **Greenwood, Thomas**; adm. B.A. (Trin.) 31 Jan. 160$\frac{4}{5}$, det. 160$\frac{4}{5}$; lic. M.A. (S. Edm. H.) 31 May 1609, inc. 1609. [ii. 252]

Magd. C. **Mooddy** (Moody, Mody), **Robert**; adm. B.A. 31 Jan. 160$\frac{4}{5}$, det. 160$\frac{4}{5}$; lic. M.A. 7 July 1608, inc. 1608.

Magd. C. **Capell** (Caple), **Richard**; adm. B.A. 4 Feb. 160$\frac{4}{5}$, det. 160$\frac{4}{5}$; lic. M.A. 14 Dec. 1607, inc. 1608. [S. Alb. H., ii. 250]

S. Alb. H. **Norden, Samuel**; adm. B.A. 4 Feb. 160$\frac{4}{5}$, det. 160$\frac{4}{5}$; lic. M.A. 12 May 1608, inc. 1608. [ii. 251]

S. Alb. H. **Jackson, Robert**; adm. B.A. 4 Feb. 160$\frac{4}{5}$, det. 160$\frac{4}{5}$; lic. M.A. 20 Jan. 160$\frac{7}{8}$, inc. 1608. [ii. 250]

S. Alb. H. **Maunder** (Mander), **John**; adm. B.A. 4 Feb. 160$\frac{4}{5}$, det. 160$\frac{4}{5}$. [Oriel, ii. 247]

S. Mary H. **Harrison, George**; adm. B.A. 4 Feb. 160$\frac{4}{5}$, det. 160$\frac{4}{5}$. [ii. 251]

Queen's. **Jeffrey, George**; (eq. fil. n. m.) adm. B.A. 4 Feb. 160$\frac{4}{5}$, det. 160$\frac{4}{5}$. [ii. 258]

Hart H. **Jenkine** (Jenkyns), **Henry**; adm. B.A. 7 Feb. 160$\frac{4}{5}$, det. 160$\frac{4}{5}$. [Jes., ii. 249 or 251]

Balliol. **Maddox** (Maddacks), **Richard**; adm. B.A. 7 Feb. 160$\frac{4}{5}$, det. 160$\frac{4}{5}$; lic. M.A. 11 Dec. 1607, inc. 1608. [ii. 250]

Magd. C. **Morrell** (Morell), **Gabriel**; adm. B.A. 7 Feb. 160$\frac{4}{5}$, det. 160$\frac{4}{5}$. [? Jeremy Marrell, ii. 246]

Balliol. **Bissaker** (Bysaker, Bisaker), **Eustachius**; adm. B.A. 7 Feb. 160$\frac{4}{5}$, det. 160$\frac{4}{5}$. [S. Jo., ii. 240]

Oriel. **Selwine, Edward**; adm. B.A. 7 Feb. 160$\frac{4}{5}$, det. 160$\frac{4}{5}$.

S. Alb. H. **Byshopp, Alban**; adm. B.A. 7 Feb. 160$\frac{4}{5}$, det. 160$\frac{4}{5}$. [Allen Bishopp, ii. 246]

*Magd. H.** **Jones, William**; suppl. B.A. (Magd. C.) 4 Feb., adm. B.A. (Magd. H., probably in error for Magd. C.) 8 Feb. 160$\frac{4}{5}$, det. (Magd. C.) 160$\frac{4}{5}$. [Magd. H., ii. 245]

All Souls. **Meredith, David**; ('scholaris pauperior') adm. B.A. 8 Feb. 160$\frac{4}{5}$, det. 160$\frac{4}{5}$.

All Souls. **Edmonds, Robert**; adm. B.A. 8 Feb. 160$\frac{4}{5}$, det. 160$\frac{4}{5}$. [ii. 271]

Gloc. H. **Newings, Thomas**; adm. B.A. 8 Feb. 160$\frac{4}{5}$, det. 160$\frac{4}{5}$. [ii. 274]

Exeter. **Slowman, Robert**; adm. B.A. 8 Feb. 160$\frac{4}{5}$, det. 160$\frac{4}{5}$. [ii. 250]

Exeter. **James** (Jaemes), **Gerentius** (Geraint); adm. B.A. 8 Feb. 160$\frac{4}{5}$, det. 160$\frac{4}{5}$; lic. M.A. (then in orders) 8 July 1608, inc. 1608.

S. Mary H. **Southworth, Thomas**; adm. B.A. 9 Feb. 160$\frac{4}{5}$, det. 160$\frac{4}{5}$; lic. M.A. 15 Mar. 160$\frac{7}{8}$, inc. 1608. [ii. 252]

Ch. Ch. **Shakston** (Shaxton), **Francis**; adm. B.A. 9 Feb. 160$\frac{4}{5}$, det. 160$\frac{4}{5}$; lic. M.A. (then in orders) 4 July 1608, inc. 1608. [Bras., ii. 256]

Brasenose. **Aspinall, Alexander**; adm. B.A. 9 Feb. 160$\frac{4}{5}$, det. 160$\frac{4}{5}$. [ii. 246]

Queen's. **Hadley, Richard**; adm. B.A. (Queen's) 9 Feb. 160$\frac{4}{5}$, det. 160$\frac{4}{5}$; lic. M.A. (S. Edm. H., then in orders) 31 May 1609, inc. 1609. [ii. 243]

Queen's. **Lowther** (Lother), **Richard**; (eq. fil.) adm. B.A. 22 Feb. 160$\frac{4}{5}$, det. 160$\frac{4}{5}$. [ii. 257]

Exeter. **Furse, Arthur**; adm. B.A. 2 Mar. 160$\frac{4}{5}$. [ii. 247]

Hart H. **Jenings** (Jennings), **William**; adm. B.A. 16 Mar. 160$\frac{4}{5}$, det. 160$\frac{5}{6}$. [ii. 247]

New Coll. **Smith, Thomas**; adm. B.A. 12 Apr. 1605, det. 160$\frac{5}{6}$; lic. M.A. 20 Jan. 160$\frac{8}{9}$, inc. 1609. [ii. 252]

Oriel. **Cave, Richard**; (eq. fil. n. m.) adm. B.A. 16 Apr. 1605. [ii. 260]

Balliol. **Mosse, John**; adm. B.A. 16 Apr. 1605, det. 160$\frac{5}{6}$; lic. M.A. 14 Oct. 1608, inc. 1609. [ii. 253]

Balliol. **Kennel** (Keynell), **Richard**; adm. B.A. 16 Apr. 1605, det. 160$\frac{5}{6}$. [ii. 247]

Exeter. **Hole, George**; (mil. fil.) adm. B.A. 16 Apr. 1605, det. 160$\frac{5}{6}$; lic. M.A. 16 Apr. 1608, inc. 1608. [ii. 262]

Exeter. **Bonner, Anthony**; adm. B.A. 16 Apr. 1605, det. 160$\frac{5}{6}$; lic. M.A. 8 July 1608, inc. 1608. [ii. 250]

Exeter. **Sampson, Robert**; adm. B.A. 16 Apr. 1605, det. 160$\frac{5}{6}$. [ii. 250]

Magd. H. **Fowler, Henry**; adm. B.A. 17 Apr. 1605, det. 160$\frac{5}{6}$; lic. M.A. 4 Feb. 160$\frac{7}{8}$, inc. 1608. [ii. 257]

Magd. H. **Weston, William**; adm. B.A. 17 Apr. 1605, det. 160$\frac{5}{6}$; lic. M.A. 28 June 1608, inc. 1608. [ii. 267]

Magd. H. **Pinkney** (Pinckney, Pynkney), **Philip**; adm. B.A. 17 Apr. 1605, det. 160$\frac{5}{6}$; lic. M.A. (then in orders) 16 Apr. 1608, inc. 1608. [Ch. Ch., ii. 250]

S. Alb. H. **Forde** (Foord), **James**; adm. B.A. 17 Apr. 1605, det. 160$\frac{5}{6}$; lic. M.A. 20 Jan. 160$\frac{7}{8}$, inc. 1608. [ii. 251]

Brasenose. **May, Joseph**; adm. B.A. 17 Apr. 1605, det. 160$\frac{5}{6}$; lic. M.A. (then in orders) 7 July 1608, inc. 1608. [ii. 260]

*Queen's.** **Egelsfield** (Eglefield, Eglesfield, Egglesfeild), **John**; adm. B.A. (Queen's) 22 Apr. 1605, det. 160$\frac{5}{6}$; lic. M.A. (All So.) 7 Feb. 160$\frac{8}{9}$, inc. 1609; suppl. B.D. (All So.) 12 Mar. 161$\frac{5}{6}$, adm. 12 Feb. 161$\frac{7}{8}$. [ii. 251]

Broadg. H. **Terrey, Michael**; adm. B.A. 22 Apr. 1605, det. 160$\frac{5}{6}$. [ii. 252]

Magd. C. **Browne, Robert**; (mil. fil.) adm. B.A. 24 Apr. 1605, det. 160$\frac{5}{6}$. [ii. 257]

*Magd. C.** **Caesar, Charles**; (eq. fil.) adm. B.A. (Magd. C.) 24 Apr. 1605, det. (All So.) 160$\frac{5}{6}$; lic. M.A. (All So.) 20 Jan. 160$\frac{7}{8}$, inc. 1608; adm. B.C.L. (All So.) 4 Nov. 1608; suppl. D.C.L. (All So.) 24 Jan. 161$\frac{1}{2}$, lic. 10 Dec. 1612, inc. 1613. [ii. 255]

*Queen's.** **Amias, Thomas**; adm. B.A. (Queen's) 29 Apr. 1605, det. (Gloc. H.) 160$\frac{5}{6}$; lic. M.A. (All So.) 13 July 1609, inc. 1609. [ii. 251]

Magd. C. **Freemantell** (Fremantle), **John**; adm. B.A. 30 Apr. 1605, det. 160$\frac{5}{6}$; lic. M.A. 4 May 1608, inc. 1608. [ii. 253]

Oriel. **Reese, Edward**; adm. B.A. 8 May 1605, det. 160$\frac{5}{6}$. [ii. 250]

Oriel. **Kensey** (Kinsey), **John**; adm. B.A. 8 May 1605. [ii. 258]

*Jesus.** **Griffin** (Griffithes, Griffyns), **John**; adm. B.A. (Jes.) 16 May 1605, det. (S. Edm. H.) 160$\frac{5}{6}$. John Griffin, Jes. ⟨perhaps this man⟩, suppl. B.D. 5 Apr., adm. 10 Apr. 1617, but see *infra*.

*New Coll.** **Bray, Oliver**; adm. B.A. (Chapl. of New C.) 29 May 1605, det. (Ch. Ch.) 160$\frac{5}{6}$; lic. M.A. (Ch. Ch.) 30 May 1608, inc. 1608. [ii. 253]

Magd. C. **Ward, Abel**; adm. B.A. 4 June 1605, det. $160\frac{5}{6}$.
*Magd. C.** **Pope, Thomas**; adm. B.A. (Magd. C.) 4 June 1605, det. $160\frac{5}{6}$; lic. M.A. (Magd. H.) 7 July 1612, inc. 1612. [Magd. H., ii. 240]
Jesus. **Jones, William**; adm. B.A. 4 June 1605, det. $160\frac{5}{6}$; lic. M.A. 19 Apr. 1608, inc. 1608. [ii. 249]
S. Edm. H. **Haswell** (Halswell), **Robert**; (mil. fil. n. m.) adm. B.A. 4 June 1605, det. $160\frac{5}{6}$. [Ch. Ch., ii. 259]
*S. Edm. H.** **Haswell** (Halswell) **Henry**; (mil. fil.) adm. B.A. 4 June 1605, det. $160\frac{5}{6}$; (eq. aur. fil.) lic. M.A. (All So.) 24 Oct. 1609, inc. 1610. [Ch. Ch., ii. 259]
S. Mary H. **Moore, John**; adm. B.A. 6 June 1605, det. $160\frac{5}{6}$. [Oriel, ii. 236]
Balliol. **Hooper, Thomas**; adm. B.A. 6 June 1605, det. $160\frac{5}{6}$. [ii. 253]
Queen's. **Mathyson** (Mathison), **Robert**; adm. B.A. 6 June 1605, det. $160\frac{5}{6}$; lic. M.A. 22 June 1608, inc. 1608. [ii. 251]
Queen's. **Stoughton, Anthony**; (arm. fil. n. m.) adm. B.A. 6 June 1605. [ii. 259]
S. Alb. H. **Gore** (Goore), **Thomas**; adm. B.A. 8 June 1605. [ii. 251]
S. Alb. H. **Petie** (Petty), **William**; adm. B.A. 8 June 1605, det. $160\frac{5}{6}$; lic. M.A. 19 Apr. 1608, inc. 1608; adm. B.D. 10 Mar. $162\frac{0}{1}$. [ii. 257]
S. Alb. H. **Wood, John**; adm. B.A. 8 June 1605, det. $160\frac{5}{6}$. John Wood, Magd C. ⟨perhaps this man⟩, suppl. M.A. 28 May, lic. 8 June 1608, inc. 1608. [ii. 251]
S. Alb. H. **Hewes** (Hughes), **Stephen**; (arm. fil. n. m.) adm. B.A. 8 June 1605, det. $160\frac{5}{6}$. [ii. 260]
New Coll. **Phillips, John**; (chaplain of New C.) adm. B.A. 8 June 1605, det. $160\frac{5}{6}$; lic. M.A. 16 Apr. 1608, inc. 1608. [S. Mary H., ii. 253]
Oriel. **Sandford, Francis**; (arm. fil. n. m.) adm. B.A. 8 June 1605. [ii. 262]
Oriel. **Cockram, George**; adm. B.A. 8 June 1605, det. $160\frac{5}{6}$; lic. M.A. 2 July 1612, inc. 1612. [ii. 257]
University. **Beale, Jethro**; adm. B.A. 9 June 1605, det. $160\frac{5}{6}$; lic. M.A. 9 Dec. 1608, inc. 1609.
*University.** **Hanson, Robert**; adm. B.A. (Univ.) 9 June 1605, det. $160\frac{5}{6}$; lic. M.A. (Magd. C.) 7 May 1611, inc. 1611. [ii. 252]
University. **Meller, Giles**; adm. B.A. 9 June 1605, det. $160\frac{5}{6}$; lic. M.A. 2 July 1608, inc. 1608. [Magd. H., ii. 251]
University. **Taylor, John**; adm. B.A. 9 June 1605, det. $160\frac{5}{6}$. [ii. 255]
Magd. C. **Raleighe** (Rawlei, Raugleigh), **Walter**; adm. B.A. 11 June 1605, det. $160\frac{5}{6}$; lic. M.A. 2 June 1608, inc. 1608. [ii. 261]
Broadg. H. **Trobridge** (Strobridge, Turbridge), **Humphrey**; adm. B.A. 11 June 1605, det. $160\frac{5}{6}$; lic. M.A. 6 June 1608, inc. 1608. [ii. 255]
Broadg. H. **Shert** (Shurte), **Richard**; adm. B.A. 11 June 1605, det. $160\frac{5}{6}$; lic. M.A. 15 June 1608, inc. 1608. [Ch. Ch., ii. 254]
Broadg. H. **Hall** (Hale), **Ralph**; adm. B.A. 11 June 1605, det. $160\frac{5}{6}$. [Ch. Ch., ii. 259]
Broadg. H. **Jeffryes** (Geffries), **Francis**; (arm. fil. n. m.) adm. B.A. 11 June 1605, det. $160\frac{5}{6}$.

Broadg. H. **Barker, John**; adm. B.A. 11 June 1605, det. $160\frac{5}{6}$. [ii. 278]

Lincoln. **Odber, Robert**; adm. B.A. 13 June 1605. [ii. 255]

Queen's. **Parker, Anthony**; adm. B.A. 15 June 1605, det. $160\frac{5}{6}$. [ii. 246]

S. Mary H. **Berde** (Bearde), **Edward**; adm. B.A. 17 June 1605; lic. M.A. 23 June 1609, inc. 1609. [S. Alb. H., ii. 251]

Corpus. **Holt, John**; adm. B.A. 20 June 1605, det. $160\frac{5}{6}$; lic. M.A. 18 Mar. $160\frac{8}{9}$, inc. 1609; lic. to preach 10 Feb. $161\frac{3}{4}$; adm. B.D. and lic. D.D. 9 July 1617, inc. D.D. 1617.

Corpus. **Barcrofte, Robert**; adm. B.A. 20 June 1605, det. $160\frac{5}{6}$; lic. M.A. 18 Mar. $160\frac{8}{9}$, inc. 1609; adm. B.D. 18 June 1617; lic. D.D. 18 July 1623, inc. 1624. [Univ., ii. 252]

Corpus. **Hampton, John**; adm. B.A. 20 June 1605, det. $160\frac{5}{6}$; lic. M.A. 18 Mar. $160\frac{8}{9}$, inc. 1609; adm. B.D. 18 June 1617. [ii. 254]

Corpus. **Jackson, Henry**; adm. B.A. 20 June 1605, det. $160\frac{5}{6}$; lic. M.A. 18 Mar. $160\frac{8}{9}$, inc. 1609; adm. B.D. 18 June 1617.

Corpus. **Barcham** (Barkam, Barcam), **Francis**; adm. B.A. 20 June 1605, det. $160\frac{5}{6}$; lic. M.A. 18 Mar. $160\frac{8}{9}$, inc. 1609. [S. Alb. H., ii. 251]

*Exeter.** **Dillworth** (Dilworth), **Thomas**; adm. B.A. (Exet.) 20 June 1605, det. $160\frac{5}{6}$; lic. M.A. (Ch. Ch.) 7 July 1608, inc. 1608. [Hart H., ii. 252]

Trinity. **Hoare, John**; adm. B.A. 20 June 1605, det. $160\frac{5}{6}$. ⟨Found also as 'Goare' and 'Soare'.⟩ [Goare, ii. 254]

S. Edm. H. **Percivall, James**; (arm. fil.) adm. B.A. 26 June 1605, det. $160\frac{5}{6}$. [Ch. Ch., ii. 259]

Merton. **Vaughan, Maurice**; adm. B.A. 26 June 1605, det. $160\frac{5}{6}$; lic. M.A. 10 July 1612, inc. 1612.

Ch. Ch. **Rudhall** (Ruddall), **John**; (arm. fil. n. m.) adm. B.A. 26 June 1605, det. $160\frac{5}{6}$. [ii. 259]

S. Edm. H. **Davies** (Davis), **Edward**; adm. B.A. 26 June 1605, det. $160\frac{5}{6}$; lic. M.A. 7 Feb. $160\frac{8}{9}$, inc. 1609. [Oriel. ii. 254]

Ch. Ch. **Barlow, William**; adm. B.A. 27 June 1605, det. $160\frac{5}{6}$; lic. M.A. 30 May 1608, inc. 1608. [ii. 253]

Ch. Ch. **Fell, Samuel**; adm. B.A. 27 June 1605, det. $160\frac{5}{6}$; lic. M.A. 30 May 1608, inc. 1608; adm. B.D. 23 Nov. 1615; lic. D.D. ('cumulatus') 23 June 1619, inc. 1619. [ii. 253]

Ch. Ch. **Vachell, Thomas**; adm. B.A. 27 June 1605, det. $160\frac{5}{6}$. [Gloc. H., ii. 244]

*Ch. Ch.** **Turner, Peter**; adm. B.A. (Ch. Ch.) 27 June 1605, det. $160\frac{5}{6}$; lic. M.A. (Mert.) 9 Mar. $161\frac{1}{2}$, inc. 1612; created M.D. in 1636. Brod., p. 278. [S. Mary H., ii. 244]

Ch. Ch. **Percy, Robert**; (arm. fil. n. m.) adm. B.A. 27 June 1605, det. $160\frac{5}{6}$. [ii. 266]

Ch. Ch. **Knyvett** (Knevett), **Thomas**; (arm. fil. n. m.) adm. B.A. 27 June 1605, det. $160\frac{5}{6}$; lic. M.A. 30 May 1608. [ii. 262]

Exeter. **Harris, Richard**; adm. B.A. 28 June 1605, det. $160\frac{5}{6}$. [ii. 251]

S. John's. **Tucker, Thomas**; adm. B.A. 3 July 1605, det. $160\frac{5}{6}$; lic. M.A. 27 June 1609, inc. 1609; adm. B.D. 18 July 1616; lic. to preach 28 Nov. 1618. [ii. 250]

S. John's. **Bayley** (Baylie, Balye, Bayly), **Richard**; adm. B.A. 3 July

1605, det. $160\frac{5}{6}$; lic. M.A. 27 June 1609, inc. 1609; adm. B.D. 18 July 1616; lic. D.D. 16 July 1633, inc. 1634. [ii. 250]

S. John's. **Huckstepp, John**; adm. B.A. 3 July 1605, det. $160\frac{5}{6}$. [ii. 250]

*S. John's.** **Gallimore** (Gallemore), **John**; adm. B.A. (S. Jo.) 3 July 1605, det. $160\frac{5}{6}$; lic. M.A. (Chapl. of New C.) 19 Apr. 1608, inc. 1608.

*S. John's.** **Shipman, William**; adm. B.A. (S. Jo.) 3 July 1605, det. $160\frac{5}{6}$; lic. M.A. (Broadg. H.) 17 May 1609, inc. 1609. [ii. 257]

Gloc. H. **Huntley, George**; adm. B.A. 3 July 1605, det. $160\frac{5}{6}$; lic. M.A. 4 July 1608, inc. 1608. [ii. 250]

Gloc. H. **Prichard, Roderick**; adm. B.A. 3 July 1605, det. ('Roderic Richard') $160\frac{5}{6}$. [ii. 274]

Magd. H. **Cheife** (Chiefe), **William**; adm. B.A. 3 July 1605, det. $160\frac{6}{7}$. [Magd. H., ii. 252; S. Alb. H., ii. 252]

Ch. Ch. **Thomas, Hugh**; adm. B.A. 3 July 1605, det. $160\frac{5}{6}$.

Ch. Ch. **Hart, Thomas**; adm. B.A. 3 July 1605, det. $160\frac{5}{6}$; lic. M.A. 10 July 1613, inc. 1613.

Ch. Ch. **Maurice** (Moris, Morris, Morrice), **William**; adm. B.A. 3 July 1605, det. $160\frac{5}{6}$; lic. M.A. (then in orders) 6 July 1608, inc. 1608. [ii. 254]

*New Coll.** **Craker** (Crayker), **Timothy**; adm. B.A. (Chapl. of New C.) 4 July 1605, det. $160\frac{5}{6}$; lic. M.A. (Exet.) 20 June 1609, inc. 1609. [Exet., ii. 250]

Jesus. **James** (Jeames), **John**; adm. B.A. 4 July 1605, det. $160\frac{5}{6}$. [ii. 251]

Jesus. **Davies, David**; adm. B.A. 4 July 1605.

Jesus. **Jones, Thomas**; adm. B.A. 4 July 1605, det. $160\frac{5}{6}$. [ii. 251]

Jesus. **Hopkins, Morgan**; adm. B.A. 4 July 1605, det. $160\frac{5}{6}$; lic. M.A. (then in orders) 6 July 1608, inc. 1608 [ii. 251]

Magd. C. **Lewis, Rice**; adm. B.A. 5 July 1605, det. $160\frac{5}{6}$.

Lincoln. **Plummer** (Plumer), **Nicholas**; adm. B.A. 5 July 1605, det. $160\frac{5}{6}$; lic. M.A. 7 July 1608, inc. 1608. [ii. 251]

Hart H. **Price, Hugh**; adm. B.A. 5 July 1605, det. $160\frac{5}{6}$.

Brasenose. **Case, William**; adm. B.A. 5 July 1605, det. $160\frac{7}{8}$; lic. M.A. 2 Apr. 1612, inc. 1612. [ii. 256]

Brasenose. **Primrose** (Primerose), **William**; adm. B.A. 5 July 1605, det. $160\frac{5}{6}$; lic. M.A. 5 July 1609, inc. 1609. [ii. 252]

Brasenose. **Cockshott, John**; adm. B.A. (Bras.) 5 July 1605, det. (Bras.) $160\frac{5}{6}$; lic. M.A. (Linc., probably in error for Bras.) 8 July 1609, inc. (Bras.) 1609. [ii. 256)

Brasenose. **Bostock, George**; (arm. fil. n. m.) adm. B.A. 5 July 1605. [ii. 263]

Ch. Ch. **Sympson, Luke**; adm. B.A. 11 July 1605, det. $160\frac{5}{6}$.

Queen's. **Peile** (Peele), **Edward**; adm. B.A. 11 July 1605, det. $160\frac{5}{6}$. [ii. 246]

Magd. C. **Brush, Richard**; adm. B.A. 15 July 1605, det. $160\frac{5}{6}$.

Magd. C. **Tiringham** (Tyryngham, Terringham), **Anthony**; adm. B.A. 12 Oct. 1605, det. $160\frac{5}{6}$; lic. M.A. 7 July 1608, inc. 1608. [ii. 238]

Magd. C. **Penington** (Pennington), **John**; adm. B.A. 12 Oct. 1605, det. $160\frac{5}{6}$; lic. M.A. 6 June 1608, inc. 1608. [ii. 248]

Magd. C. **Almond, Edward**; adm. B.A. 12 Oct. 1605, det. 160$\frac{5}{6}$. [ii. 248]

New Coll. **Mathew, Samuel**; ('clericus' of New C.) adm. B.A. 12 Oct. 1605, det. 160$\frac{5}{6}$; (chapl. of New C.) lic. M.A. 25 June 1608, inc. 1608. [ii. 274]

Lincoln. **Slugge, Stephen**; adm. B.A. 21 Oct. 1605, det. 160$\frac{5}{6}$. [Jes., ii. 263]

Magd. C. **Thornborough, Giles**; adm. B.A. 21 Oct. 1605, det. 160$\frac{5}{6}$; lic. M.A. 31 May 1608, inc. 1608. [Magd. H., ii. 262]

Magd. C. **Emlie** (Emelye, Emyly), **Theophilus**; adm. B.A. 21 Oct. 1605, det. 160$\frac{5}{6}$.

Oriel. **Blackway, John**; adm. B.A. 21 Oct. 1605, det. 160$\frac{5}{6}$; lic. M.A. 17 June 1608, inc. 1608. [ii. 256]

Jesus. **Rogers, Henry**; adm. B.A. 21 Oct. 1605, det. 160$\frac{5}{6}$; lic. M.A. (then in orders) 30 May 1608, inc. 1608; adm. B.D. 13 Dec. 1616; suppl. D.D. in Michaelmas Term 1631, lic. 22 Nov. 1637, inc. 1638. [ii. 259]

*Jesus.** **Dedicot, William**; adm. B.A. (Jes.) 21 Oct. 1605, det. (S. Edm. H.) 160$\frac{5}{6}$; lic. M.A. (Queen's) 22 June 1608, inc. 1608. [S. Edm. H., ii. 256]

*Jesus.** **Underwood, Nathaniel**; adm. B.A. (Jes.) 21 Oct. 1605, det. (S. Jo.) 160$\frac{5}{6}$. [S. Jo., ii. 256]

Ch. Ch. **Browne, John**; adm. B.A. 23 Oct. 1605, det. 160$\frac{5}{6}$; lic. M.A. 30 May 1608, inc. 1608. [ii. 254]

Ch. Ch. **Ley** (Lei), **John**; adm. B.A. 23 Oct. 1605, det. 160$\frac{5}{6}$; lic. M.A. 30 May 1608, inc. 1608. [ii. 254]

Exeter. **Fortesque** (Foscue), **Read**; adm. B.A. 23 Oct. 1605, det. 160$\frac{5}{6}$. [ii. 255]

Exeter. **Williams, George**; adm. B.A. 23 Oct. 1605, det. 160$\frac{5}{6}$. [ii. 258]

Exeter. **Briggs, Moorton**; (arm. fil. n. m.) adm. B.A. 23 Oct. 1605. [ii. 263]

Exeter. **Cowlyn** (Cowling, Coulin), **Walter**; adm. B.A. 23 Oct. 1605, det. 160$\frac{5}{6}$; lic. M.A. (then in orders) 4 June 1611, inc. 1611. [ii. 255]

Hart H. **Strase** (Scrase, Strace), **John**; adm. B.A. 23 Oct. 1605, det. 160$\frac{5}{6}$. [ii. 255]

Balliol. **Barefoot** (Barfoot), **John**; (med. doct. fil.) adm. B.A. 26 Oct. 1605, det. 160$\frac{5}{6}$; lic. M.A. 26 Oct. 1609. [Bras., ii. 265; i. 237]

Balliol. **Tidmarsh, John**; adm. B.A. 26 Oct. 1605, det. 160$\frac{5}{6}$; lic. M.A. 25 June 1608, inc. 1608. [ii. 258]

Balliol. **Morley, Caleb**; adm. B.A. 26 Oct. 1605, det. 160$\frac{5}{6}$; lic. M.A. 20 June 1611, inc. 1611. [ii. 255]

Magd. C. **Bright, Edward**; adm. B.A. 30 Oct. 1605, det. 160$\frac{5}{6}$. [ii. 273]

S. Edm. H. **Steere, George**; adm. B.A. 30 Oct. 1605, det. 160$\frac{6}{7}$. [ii. 254]

Brasenose. **Cooke** (Cooks), **Edward**; adm. B.A. 31 Oct. 1605, det. 160$\frac{5}{6}$. [ii. 256]

Brasenose. **Baldwyn, Richard**; adm. B.A. 31 Oct. 1605, det. 160$\frac{6}{7}$. [ii. 256]

*Brasenose.** **Davies, Grange**; adm. B.A. (Bras.) 31 Oct. 1605, det. $160\frac{5}{6}$; lic. M.A. (S. Mary H.) 18 May 1609, inc. (Bras.) 1609. [Hart H., ii. 255]

Magd. H. **Emilye** (Emelye), **Edward**; adm. B.A. 13 Nov. 1605, det. $160\frac{5}{6}$. [ii. 267]

Queen's. **Puttocke, William**; adm. B.A. 23 Nov. 1605, det. $160\frac{5}{6}$; lic. M.A. 30 June 1608, inc. 1608. [ii. 251]

Ch. Ch. **Lewys, Hugh**; adm. B.A. 23 Nov. 1605, det. ('Rice' Lewis) $160\frac{5}{6}$. [? S. Edm. H., ii. 247]

Ch. Ch. **Jones, Roderick**; adm. B.A. 23 Nov. 1605, det. $160\frac{5}{6}$; lic. M.A. 14 June 1611, inc. 1611.

*Merton.** **James, Daniel**; adm. B.A. (Mert.) 23 Nov. 1605, det. (S. Alb. H.) $160\frac{5}{6}$; lic. M.A. (Mert.) 13 Dec. 1610, inc. 1611. Brod., p. 278.

S. Mary H. **Hearing** (Hering), **James**; adm. B.A. 26 Nov. 1605, det. $160\frac{5}{6}$; lic. M.A. (then in orders) 9 July 1613, inc. 1613. [ii. 267]

Magd. C. **Clarke, Thomas**; adm. B.A. 26 Nov. 1605.

Broadg. H. **Eaton** (Aeton), **Samuel**; adm. B.A. 29 Nov. 1605, det. $160\frac{5}{6}$; lic. M.A. 6 June 1608, inc. 1608. [ii. 255]

*Queen's.** **Manfall** (Manfell), **Thomas**; adm. B.A. 3 Dec. 1605, det. $160\frac{5}{6}$; ('Manfield,' then of S. Edm. H.) lic. M.A. 7 July 1608, inc. 1608. [Mansell, ii. 254]

Merton. **Colman, Thomas**; adm. B.A. 8 Dec. 1605, det. $160\frac{5}{6}$.

Jesus. **Blethin, Philemon**; adm. B.A. 11 Dec. 1605, det. $160\frac{5}{6}$; lic. M.A. 30 May 1608, inc. 1608. [S. Mary H., ii. 255]

Jesus. **Danvers, John**; adm. B.A. 11 Dec. 1605, det. $160\frac{5}{6}$. [S. Alb. H., ii. 239]

Jesus. **Phillipps, Thomas**; adm. B.A. 11 Dec. 1605, det. $160\frac{5}{6}$; lic. M.A. 6 July 1608, inc. 1608. [S. Mary H., ii. 258]

Queen's. **Lickbarrow** (Ledborow), **William**; adm. B.A. 14 Dec. 1605, det. $160\frac{6}{7}$; lic. M.A. 30 June 1608, inc. 1608. [ii. 253]

Oriel. **Huntley, Henry**; adm. B.A. 14 Dec. 1605, det. $160\frac{5}{6}$. [ii. 254]

Oriel. **Thomas, Oliver**; adm. B.A. 14 Dec. 1605, det. $160\frac{5}{6}$. [ii. 267]

Magd. C. **Goodaker, Nathaniel**; adm. B.A. 14 Dec. 1605, det. $160\frac{5}{6}$. [Mert., ii. 262]

Balliol. **Cartwright, Nicholas**; adm. B.A. 16 Dec. 1605, det. $160\frac{5}{6}$; lic. M.A. 25 June 1608, inc. 1608. [ii. 258]

Trinity. **Percy, Thomas**; adm. B.A. 17 Dec. 1605, det. $160\frac{5}{6}$; lic. M.A. ('Pery') 8 July 1608, inc. ('Perry') 1608. [ii. 250]

Trinity. **Kinge, John**; adm. B.A. 17 Dec. 1605, det. $160\frac{5}{6}$. [ii. 257]

Trinity. **Andrewes, John**; adm. B.A. 17 Dec. 1605, det. $160\frac{5}{6}$. [ii. 259]

Exeter. **Gould** (Goold), **George**; adm. B.A. 17 Dec. 1605, det. $160\frac{5}{6}$. [ii. 247]

Jesus. **Williams, Walter**; suppl. B.A. 9 Mar. $160\frac{4}{5}$, det. $160\frac{5}{6}$. [? Ch. Ch., ii. 225]

Jesus. **Williams, Hugh**; suppl. B.A. 16 Mar. $160\frac{4}{5}$, det. $160\frac{5}{6}$. Hugh Williams, Jes.; suppl. B.D. 15 Nov., adm. 24 Nov. 1628; suppl. D.D. in Hilary Term $163\frac{3}{4}$, lic. ('cumulatus') 27 Feb. $163\frac{3}{4}$, inc. 1634. ⟨He is more probably one of those who inc. M.A. in 1621, than one of those who det. in 160$\frac{5}{6}$ or in 161$\frac{2}{3}$.⟩ [ii. 249]

Brasenose. **Mainwaring, George**; dispensed towards B.A. 14 May 1605. [ii. 261]

Brasenose. **Glasbrook, Peter**; dispensed towards B.A. 14 May 1605. [ii. 256]

All Souls. **Smith, John**; suppl. B.A. 22 June 1605.

S. Alb. H. **Powell, Richard**; suppl. B.A. 3 Dec. 1605, det. 160$\frac{5}{6}$. [ii. 255]

S. Alb. H. **Nevenson** (Neveson), **Richard**; suppl. B.A. 3 Dec. 1605, det. 160$\frac{5}{6}$.

S. Edm. H. **Madryn, William**; suppl. B.A. 3 Dec. 1605.

New Coll. **Rives** (Ryves), **Thomas**; adm. B.C.L. 7 Feb. 160$\frac{4}{5}$; lic. D.C.L. 21 June 1610, inc. 1610. [He is the Thomas Rivers of i. 380]

New Coll. **Betts, Edward**; adm. B.C.L. 7 Feb. 160$\frac{4}{5}$. [ii. 219]

New Coll. **Alexander, Francis**; adm. B.C.L. 12 Apr. 1605; suppl. and lic. D.C.L. 30 Apr. 1610, inc. 1610. [ii. 223]

New Coll. **Atslowe, Ambrose**; adm. B.C.L. 12 Apr. 1605; suppl. D.C.L. 28 May 1614. [ii. 223]

. . . **Bevington, John**; suppl. B.C.L. 1 July 1605.

All Souls. **Warmstry, Thomas**; suppl. B.C.L. (his father then dead) 5 Dec., adm. 11 Dec. 1605. [Ch. Ch., ii. 206]

Exeter. **Bagwell, John**; after 14 years in theology, suppl. B.D. 22 June, adm. 26 June 1605; suppl. lic. to preach 27 June, lic. 28 June 1606. [ii. 146]

1606.

New. Coll. **Kingesmill, William**; adm. B.A. 15 Jan. 160$\frac{5}{6}$, det. 160$\frac{5}{6}$; lic. M.A. 26 Oct. 1609, inc. 1610; adm. B.D. 28 June 1618. [ii. 258]

Magd. C. **Lake** (Lakes), **Robert**; adm. B.A. 22 Jan. 160$\frac{5}{6}$, det. 160$\frac{5}{6}$. [ii. 248]

Oriel. **Iles, Thomas**; adm. B.A. 24 Jan. 160$\frac{5}{6}$, det. 160$\frac{5}{6}$; lic. M.A. 2 July 1608, inc. 1608.

*Oriel.** **Hughes, John**; adm. B.A. (Oriel) 24 Jan. 160$\frac{5}{6}$, det. 160$\frac{5}{6}$; adm. B.D. (Oriel) 26 Nov. 1611; lic. D.D. (Corp.) 2 July 1621, inc. 1621. [ii. 258]

Exeter. **Eliot, Edward**; adm. B.A. 31 Jan. 160$\frac{5}{6}$, det. 160$\frac{5}{6}$.

Jesus. **Jones, Matthew**; adm. B.A. 31 Jan. 160$\frac{5}{6}$, det. 160$\frac{5}{6}$. [ii. 272]

Ch. Ch. **Bartlet, William**; adm. B.A. 31 Jan. 160$\frac{5}{6}$, det. 160$\frac{5}{6}$.

Brasenose. **Samon, John**; adm. B.A. 31 Jan. 160$\frac{5}{6}$, det. 160$\frac{5}{6}$; lic. M.A. 22 May 1612, inc. 1612. [Trin., ii. 261]

Queen's. **Bishe** (Bysse, Byssh, Bische), **John**; adm. B.A. 4 Feb. 160$\frac{5}{6}$, det. 160$\frac{5}{6}$; lic. M.A. 9 Dec. 1608, inc. 1609. [ii. 255]

Queen's. **Carter, William**; adm. B.A. 4 Feb. 160$\frac{5}{6}$, det. 160$\frac{5}{6}$. [ii. 257]

Oriel. **Herbert** (Harbert), **Edward**; adm. B.A. 13 Feb. 160$\frac{5}{6}$, det. 160$\frac{5}{6}$. [ii. 228]

*Magd. H.** **Edwards, Richard**; dispensed towards B.A. (then of S. Jo.) 16 Mar. 160$\frac{4}{5}$, suppl. B.A. (Magd. H.) 13 Feb., adm. (Magd. H.) 17 Feb. 160$\frac{5}{6}$, det. 160$\frac{5}{6}$. [? i. 399] Richard Edwards, Ch. Ch. ⟨possibly this man⟩ suppl. M.A. 25 June 1617, inc. 1617.

S. Alb. H. **Fadis, John**; adm. B.A. 21 Feb. 160$\frac{5}{6}$, det. 160$\frac{5}{6}$. [ii. 260]

Corpus. **Urricke, John**; adm. B.A. 21 Feb. 160$\frac{5}{6}$, det. 160$\frac{5}{6}$; lic. M.A. 7 July 1610, inc. 1610.

S. John's. **Chamberlayn, Anthony**; adm. B.A. 25 Feb. 160$\frac{5}{6}$, det. 160$\frac{5}{6}$.

Ch. Ch. **Steward, Francis**; (son of the Earl of Murrei, also styled 'nobilis regiae majestatis sanguine propinquus') adm. B.A. 26 Feb. 160$\frac{5}{6}$, det. 160$\frac{6}{7}$. [i. 238]

Ch. Ch. **Drusius, John**; adm. B.A. 26 Feb. 160$\frac{5}{6}$, det. 160$\frac{5}{6}$.

*University.** **Simonds** (Symonds, Symmons), **Edward**; adm. B.A. (Univ.) 26 Feb. 160$\frac{5}{6}$, det. 160$\frac{5}{6}$; lic. M.A. (Oriel) 2 July 1608, inc. 1608. [ii. 255]

Magd. C. **Nicolson, Francis**; adm. B.A. 26 Feb. 160$\frac{5}{6}$, det. 160$\frac{5}{6}$.

Magd. C. **Spratt, Thomas**, adm. B.A. 26 Feb. 160$\frac{5}{6}$, det. 160$\frac{5}{6}$.

*New Coll.** **Fawne, Robert**; (a master at Winton College) adm. B.A. (New Coll.) 27 Feb. 160$\frac{5}{6}$, det. 160$\frac{5}{6}$; lic. M.A. (S. Edm. H.) 4 July 1609, inc. 1609. [ii. 254]

*All Souls.** **Martin, John**; adm. B.A. (All So.) 27 Feb. 160$\frac{5}{6}$, det. 160$\frac{5}{6}$; lic. M.A. (Broadg. H.) 18 May 1609, inc. (S. Mary H.) 1609.

S. Mary H. **Humphreys, Edward**; adm. B.A. 28 Feb. 160$\frac{5}{6}$, det. ('Edmund') 160$\frac{5}{6}$. [ii. 242]

Hart H. **Yerworth** (Yarworth), **Edward**; adm. B.A. 28 Feb. 160$\frac{5}{6}$, det. 160$\frac{5}{6}$; lic. M.A. (then in orders) 6 July 1609, inc. 1609. [Bras., ii. 256]

*Hart H.** **Price, Sampson**; adm. B.A. (Hart H., 'Sampson') 28 Feb. 160$\frac{5}{6}$, det. ('Samuel') 160$\frac{5}{6}$; lic. M.A. (Hart H., 'Sampson') 6 June 1608, inc. 1608; adm. B.D. (Exet., 'Sampson') 13 June 1615; lic. to preach (Exet., 'Samuel') 13 July 1615; lic. D.D. (Exet., 'Sampson') 30 June 1617, inc. 1617. [Exet., ii. 256]

Magd. C. **Chard, Walter**; adm. B.A. 28 Feb. 160$\frac{5}{6}$.

Magd. C. **Sturges, Roger**; adm. B.A. 28 Feb. 160$\frac{5}{6}$, det. 160$\frac{5}{6}$.

Lincoln. **Chipingdall** (Chippingdale), **John**; adm. B.A. 28 Feb. 160$\frac{5}{6}$, det. 160$\frac{5}{6}$; lic. M.A. 7 July 1608, inc. 1608. [ii. 228 or 266]

Lincoln. **Balden, John**; adm. B.A. 28 Feb. 160$\frac{5}{6}$, det. 160$\frac{5}{6}$; lic. M.A. ('Baldwin') 7 July 1614, inc. 1614. [ii. 255]

Lincoln. **Fry, Henry**; adm. B.A. ('Henry') 28 Feb. 160$\frac{5}{6}$, det. ('John') 160$\frac{5}{6}$. [ii. 255]

Magd. H. **Hannington, Henry**, adm. B.A. 28 Feb. 160$\frac{5}{6}$, det. 160$\frac{5}{6}$. [Univ., ii. 250]

*New Coll.** **Osburne, Matthew**; adm. B.A. (New C.) 28 Feb. 160$\frac{5}{6}$, det. 160$\frac{5}{6}$; lic. M.A. (Oriel) 21 June 1610, inc. 1610; adm. B.D. (Wadh.) 1 Dec. 1627. [ii. 233]

New Coll. **Grey** (Gray), **Roger**; adm. B.A. 28 Feb. 160$\frac{5}{6}$, det. 160$\frac{5}{6}$. [ii. 252]

New Coll. **Hooke, John**; adm. B.A. 28 Feb. 160$\frac{5}{6}$, det. 160$\frac{5}{6}$. [Trin., ii. 239]

*Queen's.** **Seward, John**; adm. B.A. (Queen's) 28 Feb. $160\frac{5}{6}$, det. $160\frac{5}{6}$; lic. M.A. (Oriel) 9 July 1608, inc. 1608. [ii. 271]

Ch. Ch. **Williams, Henry**; suppl. B.A. 7 July 1603 and again 28 Feb. $160\frac{5}{6}$, adm. 28 Feb. $160\frac{5}{6}$, det. $160\frac{5}{6}$. [ii. 235]

Ch. Ch. **Perye** (Perry), **Robert**; adm. B.A. 28 Feb. $160\frac{5}{6}$, det. $160\frac{5}{6}$; lic. M.A. 6 July 1609, inc. 1609. [ii. 256]

Jesus. **Hughes, William**; adm. B.A. 1 Mar. $160\frac{5}{6}$, det. $160\frac{5}{6}$. [ii. 272]

Jesus. **Saunders, Leoline**; adm. B.A. 1 Mar. $160\frac{5}{6}$, det. $160\frac{5}{6}$.

*Merton.** **Caldwell** (Caldwall, Coldwal), **Richard**; adm. B.A. (Mert.) 1 Mar. $160\frac{5}{6}$. det. $160\frac{5}{6}$; lic. M.A. (Ball., then in orders) 4 July 1610, inc. 1610. [ii. 243]

All Souls. **Kerley** (Kerby, Kerbye), **John**; adm. B.A. 1 Mar. $160\frac{5}{6}$, det. $160\frac{5}{6}$.

Balliol. **Gough** (Gouge), **Robert**; adm. B.A. 1 Mar. $160\frac{5}{6}$, det. $160\frac{5}{6}$. [ii. 264]

Ch. Ch. **Jones, Ryce**; adm. B.A. 1 Mar. $160\frac{5}{6}$. det. $160\frac{5}{6}$. [ii. 261]

Ch. Ch. **Hollyday** (Holliday), **William**; adm. B.A. 1 Mar. $160\frac{5}{6}$, det. $160\frac{5}{6}$.

Ch. Ch. **Cocknedge, George**; adm. B.A. 1 Mar. $160\frac{5}{6}$, det. $160\frac{5}{6}$; lic. M.A. 6 July 1609, inc. 1609.

Queen's **Sutton, Thomas**; adm. B.A. 20 May 1606, det. $160\frac{7}{8}$; lic. M.A. 6 July 1609, inc. 1609; adm. B.D. 15 May 1616; lic. D.D. 12 May 1620, inc. 1620. [ii. 259]

Queen's. **Browning** (Brownridge, Brownrigge, Bromerigge), **Christopher**; adm. B.A. 20 May 1606, det. $160\frac{7}{8}$; lic. M.A. 6 July 1609, inc. 1609. [ii. 257]

Queen's. **Bownes** (Bonas, Bounes), **Miles**; adm. B.A. 20 May 1606, det. $160\frac{7}{8}$; lic. M.A. 6 July 1609, inc. 1609; adm. B.D. 9 Mar. $162\frac{9}{0}$. [ii. 260]

Magd. H. **Nicols, Richard**; adm. B.A. 20 May 1606, det. $160\frac{6}{7}$. [ii. 261]

Magd. H. **Willowbie** (Willobye), **Christopher**; adm. B.A. 20 May 1606, det. $160\frac{6}{7}$. [ii. 256]

Magd. C. **Badcock, John**; adm. B.A. 20 May 1606, det. $160\frac{6}{7}$; lic. M.A. 18 Apr. 1611, inc. 1611.

Balliol. **Hooper, Edward**; adm. B.A. 20 May 1606, det. $160\frac{6}{7}$. [ii. 264]

*Balliol.** **Cheney** (Cheyney, Cheiney), **William**; adm. B.A. (Ball.) 20 May 1606, det. $160\frac{6}{7}$; lic. M.A. (Broadg. H.) 8 July 1612, inc. 1612.

Balliol. **West, Christopher**; adm. B.A. 20 May 1606, det. $160\frac{6}{7}$; lic. M.A. 20 June 1609, inc. 1609. [ii. 260]

Brasenose. **Mason, John**; adm. B.A. 22 May 1606, det. $160\frac{6}{7}$; lic. M.A. 3 May 1609, inc. 1609. [Magd. C., ii. 258]

Oriel. **Plummer, Robert**; adm. B.A. 22 May 1606, det. $160\frac{6}{7}$. [ii. 259]

Ch. Ch. **Astall** (Astell), **John**; adm. B.A. 22 May 1606, det. $160\frac{6}{7}$. [ii. 246]

Magd. C. **Gardner** (Garner), **Arthur**; adm. B.A. 30 May 1606, det. $160\frac{6}{7}$. [Magd. H., ii. 245]

Hart H. **Jones, William**; adm. B.A. 30 May 1606, det. $160\frac{6}{7}$.

Magd. H. Pitts, John; adm. B.A. 31 May 1606, det. 160⁶⁄₇. [ii. 267]
Magd. H. Ashborne, John; adm. B.A. 31 May 1606.
Brasenose. Sampson, Thomas; adm. B.A. 2 June 1606, det. 160⁶⁄₇; lic. M.A. 5 July 1609, inc. 1609. [ii. 260]
S. John's. Willes (Willis, Willies), Thomas; adm. B.A. 3 June 1606, det. 160⁶⁄₇; lic. M.A. 21 June 1609, inc. 1609. [ii. 258]
Exeter. Bonnithon (Bonython), Hannibal; (arm. fil. n. m.) adm. B.A. 28 June 1606. [ii. 265]
Exeter. Denham, John; adm. B.A. 28 June 1606. [ii. 270]
Exeter. Dorchester, Leonard; adm. B.A. 28 June 1606, det. 160⁶⁄₇; lic. M.A. 18 Nov. 1609. [ii. 261]
Exeter. Trevicke, William; adm. B.A. 28 June 1606, det. 160⁷⁄₈. [ii. 261]
Exeter. Jermyn, Alexander; adm. B.A. 28 June 1606, det. 160⁶⁄₇; lic. M.A. 21 June 1609, inc. 1609. [ii. 252] Boase, p. 57.
Exeter.* Durant, Arthur; adm. B.A. (Exet.) 28 June 1606, det. (Broadg. H.) 160⁶⁄₇. [ii. 269]
Exeter. Coosens (Cosens, Coosyns, Cozens), Samuel; adm. B.A. 28 June 1606, det. 160⁶⁄₇; lic. M.A. 4 June 1611, inc. 1611; adm. B.D. 16 Feb. 162½. Boase, p. 58.
Exeter. Warren (Waring), Christopher; adm. B.A. 28 June 1606, det. 160⁶⁄₇; lic. M.A. (then in orders) 4 June 1611, inc. 1611. [ii. 260]
Exeter. Horspoole (Horsepole), Francis; adm. B.A. 28 June 1606, det. 160⁶⁄₇; lic. M.A. 20 May 1609, inc. 1609; adm. B.D. 19 June 1619. [ii. 269]
Exeter. Wakeman (Walkam), John; adm. B.A. 28 June 1606. [Wakeham, ii. 265]
Exeter.* Colemer (Colmer, Collmere), Richard; adm. B.A. (Exet.) 28 June 1606, det. 160⁷⁄₈; lic. M.A. (Broadg. H., then in orders) 23 June 1609, inc. 1609. [ii. 265]
Ch. Ch. Gibbons (Gibbon), Francis; adm. B.A. 28 June 1606, det. 160⁶⁄₇; lic. M.A. 18 May 1609, inc. 1609; adm. B.D. 15 May 1616; lic. D.D. 16 Dec. 1617, inc. 1618. [ii. 258]
Gloc. H. Durston (Dunston), William; adm. B.A. 30 June 1606, det. 160⁶⁄₇. [Exet., ii. 258]
Magd. H. Presgrave, John; adm. B.A. 30 June 1606, det. 160⁶⁄₇; lic. M.A. 6 May 1609, inc. 1609. [ii. 261]
Magd. H. *Wigmore, Michael; adm. B.A. (Magd. H.) 30 June 1606, det. 160⁶⁄₇; lic. M.A. (Oriel) 28 Nov. 1611, inc. 1612. [ii. 262]
Magd. H. Pinchard, Robert; adm. B.A. 30 June 1606, det. 160⁶⁄₇. [ii. 267]
University. Blundell (Blundle), Richard; adm. B.A. 30 June 1606, det. 160⁶⁄₇. [ii. 269]
S. Alb. H. Ashbourneham (Ashburnham), Charles; adm. B.A. (S. Alb. H.) 1 July 1606, det. 160⁶⁄₇; adm. B.C.L. (All So.) 21 Jan. 161¾. [ii. 261]
S. Alb. H. Ashbourneham, Edward; adm. B.A. 1 July 1606, det. 160⁶⁄₇; lic. M.A. 13 July 1611, inc. 1611. [ii. 261]
S. Alb. H. Greene, George; adm. B.A. 1 July 1606. [ii. 262]
S. Edm. H. Brounker, William; adm. B.A. 1 July 1606. [ii. 268]

S. Edm. H. **Brounker** (Brunker, Broncker, Brunckard, Bronkard), **Edward**; adm. B.A. 1 July 1606, det. 160⁶⁄₇; lic. M.A. 3 May 1609, inc. 1609; suppl. B.D. 23 Mar. 161⁷⁄₈, adm. 14 Dec. 1618; lic. D.D. 23 May 1620, inc. 1620. [ii. 268]

All Souls. **Jenkins, Michael**; adm. B.A. 1 July 1606, det. 160⁶⁄₇; lic. M.A. 5 July 1614, inc. 1614. [Ch. Ch., ii. 237]

Lincoln. **Berry** (Berrie), **Richard**; adm. B.A. 2 July 1606, det. 160⁶⁄₇; lic. M.A. 8 May 1609, inc. 1609; suppl. M.B. 28 June 1614. [S. Alb. H., ii. 260]

Lincoln. **Toone, Thrustan** (Thurston, Thristan, Tristram); adm. B.A. 2 July 1606, det. 160⁶⁄₇; lic. M.A. 1 June 1609, inc. 1609. [ii. 260]

Magd. C. **Wolfe** (Woulfe), **William**; adm. B.A. 2 July 1606. [? Broadg. H., ii. 216]

Ch. Ch. **White** (Whyte), **Richard**; adm. B.A. 2 July 1606, det. 160⁶⁄₇; lic. M.A. 18 May 1609, inc. 1609. [ii. 254]

Ch. Ch. **Whithall** (Whitall, Whytehall), **James**; adm. B.A. 2 July 1606, det. 160⁶⁄₇; lic. M.A. 18 May 1609, inc. 1609. [ii. 261]

Ch. Ch. **Wilson, John**; adm. B.A. 2 July 1606, det. 160⁶⁄₇; lic. M.A. 18 May 1609, inc. 1609; adm. B.D. and lic. D.D. 15 June 1619, inc. 1619. [ii. 261]

Ch. Ch. **Colmore** (Colmer), **Richard**; adm. B.A. 2 July 1606, det. 160⁶⁄₇; lic. M.A. 5 July 1609, inc. 1609. [ii. 261]

Ch. Ch. **Pey, Laurence**; adm. B.A. 2 July 1606, det. 160⁶⁄₇; lic. M.A. 18 May 1609, inc. 1609. [ii. 262]

Ch. Ch. **Tovey, Lancelot**; adm. B.A. 2 July 1606, det. 160⁶⁄₇. [ii. 263]

Ch. Ch. **Trulock** (Trewlock), **Edmund**; adm. B.A. 2 July 1606, det. 160⁶⁄₇; lic. M.A. 18 May 1609, inc. 1609. [Bras., ii. 256]

Ch. Ch. **Watkins, Henry**; adm. B.A. 2 July 1606, det. 160⁶⁄₇; lic. M.A. 18 May 1609, inc. 1609; adm. B.D. 17 Feb. 161⁶⁄₇; lic. D.D. 15 June 1619, inc. 1619. [ii. 263]

Ch. Ch. **Maycocke** (Meacocke, Meycocke, Meicocke), **William**; adm. B.A. 2 July 1606, det. 160⁶⁄₇; lic. M.A. 18 May 1609, inc. 1609. [ii. 261]

Ch. Ch. **Bursey, John**; adm. B.A. 2 July 1606, det. 160⁶⁄₇; lic. M.A. 18 May 1609, inc. 1609. [ii. 269]

Ch. Ch. **Knight, John**; adm. B.A. 2 July 1606, det. 160⁶⁄₇. [Magd. H., ii. 261]

Broadg. H. **Trout, John**; adm. B.A. ('Twat') 3 July 1606, det. ('Troute') 160⁶⁄₇. [Ch. Ch., ii. 263]

Broadg. H. **Davys** (Davies), **James**; adm. B.A. 3 July 1606, det. 160⁶⁄₇; lic. M.A. 23 June 1609, inc. 1609. [ii. 265]

Broadg. H. **Pellett, Thomas**; adm. B.A. 3 July 1606, det. 160⁶⁄₇; lic. M.A. (then in orders) 20 Apr. 1611, inc. 1611. [Ball., ii. 264]

Exeter. **Voysey, James**; adm. B.A. 3 July 1606, det. 160⁶⁄₇. [ii. 269]

S. John's. **Holbrooke** (Holbrocke), **Richard**; adm. B.A. 3 July 1606, det. 160⁶⁄₇; lic. M.A. 5 May 1610, inc. 1610; adm. B.D. 4 June 1617. [ii. 280]

S. John's. **Berblocke** (Bearblock), **James**; adm. B.A. 3 July 1606, det. 160⁶⁄₇. [ii. 260]

S. John's.* **Duncon** (Duncombe, Duncanne, Duncam, Duncum), **Henry**; adm. B.A. (S. Jo.) 3 July 1606, det. 160⁶⁄₇; lic. M.A. (Broadg. H.) 17 May 1609, inc. 1609. [ii. 260]

S. John's. Stephneth, Thomas; adm. B.A. 3 July 1606, det. 160⁶⁄₇. [ii. 261]
S. John's. Burges, Richard; adm. B.A. 3 July 1606, det. 160⁶⁄₇; lic. M.A. 22 Nov. 1610, inc. 1611. [ii. 261]
S. John's. Swift, John; adm. B.A. 3 July 1606, det. 160⁶⁄₇. [ii. 263]
Merton.* Wake, Benjamin; adm. B.A. (Mert.) 5 July 1606, det. 160⁶⁄₇; lic. M.A. (S. Alb. H.) 3 July 1610, inc. 1610.
Merton. Marks, Robert; adm. B.A. 5 July 1606, det. ('Markell') 160⁶⁄₇; lic. M.A. (Markes) 23 June 1609, inc. 1609.
Merton. Berry (Berie), Daniel; adm. B.A. 5 July 1606, det. 160⁶⁄₇; lic. M.A. 6 July 1609, inc. 1609. [ii. 262]
Balliol. Wilkinson, Thomas; adm. B.A. 5 July 1606, det. 160⁶⁄₇; lic. M.A. 8 Dec. 1609, inc. 1610. [ii. 262]
Oriel. Evans, Daniel; adm. B.A. (his father then dead) 5 July 1606, det. 160⁶⁄₇; lic. M.A. 18 May 1609, inc. 1609. [ii. 262]
Trinity. Tipping, John; (eq. fil. n. m.) adm. B.A. 8 July 1606, det. 160⁶⁄₇. [ii. 269]
Queen's. Cole, William; adm. B.A. 9 July 1606. [ii. 259]
Queen's.* Stockbridge, Christopher; adm. B.A. (Queen's) 1606, det. 160⁶⁄₇; lic. M.A. (S. Edm. H.) 6 July 1609, inc. 1609. [ii. 259]
Queen's. Moore, William; (eq. fil.) adm. B.A. 9 July 1606. [S. Edm. H., ii. 268]
Jesus. Rogers, William; adm. B.A. 11 July 1606, det. 160⁶⁄₇; lic. M.A. 2 July 1610, inc. 1610. [ii. 259]
University. Partridge, John; adm. B.A. 11 July 1606, det. 160⁶⁄₇; lic. M.A. 7 July 1609, inc. 1609. [ii. 260]
University. Harris, Hugh; adm. B.A. 11 July 1606, det. 160⁶⁄₇; lic. M.A. 27 June 1609, inc. 1609. [ii. 264]
University. Tingle (Tyngle, Dingle), Thomas; adm. B.A. 11 July 1606, det. 160⁶⁄₇; lic. M.A. 6 July 1610, inc. 1610. [ii. 269]
Magd. H. Troughton, William; adm. B.A. 11 July 1606. [Queen's, ii. 259]
Brasenose. Maddocks, George; adm. B.A. 11 July 1606. [ii. 262]
Corpus. Evans, Richard; adm. B.A. 15 July 1606, det. 160⁶⁄₇; lic. M.A. (then in orders) 7 July 1609, inc. 1609. [?ii. 215]
Magd. C. Owen, Morgan; adm. B.A. 16 July 1606.
Ch. Ch. Higson (Hickson), Nicholas; adm. B.A. 22 July 1606.
Magd. C. Welford, Andrew; adm. B.A. 30 Oct. 1606, det. 160⁶⁄₇.
University. Diggs, Leonard; adm. B.A. 31 Oct. 1606, det. 160⁶⁄₇; suppl. M.A. 16 Nov. 1626, when he says that he has been 'in Academiis transmarinis bonarum artium studiis diu versatus;' created M.A. in congregation 20 Nov. 1626. [ii. 266]
University.* Cocks (Cockes, Cox), Thomas; adm. B.A. (Univ.) 31 Oct. 1606, det. 160⁶⁄₇; lic. M.A. (S. Edm. H.) 20 June 1609, inc. 1609. [ii. 263]
University. Batty, John; adm. B.A. 31 Oct. 1606, det. 160⁶⁄₇; lic. M.A. 27 June 1609, inc. 1609. [ii. 264]
University. Hopkinson, Thomas; adm. B.A. 31 Oct. 1606, det. 160⁶⁄₇; lic. M.A. 27 June 1609, inc. 1609. [ii. 264]
University. Wilbe (Wilbee), Thomas; adm. B.A. 31 Oct. 1606, det. 160⁶⁄₇; lic. M.A. 3 July 1609, inc. 1609. [ii. 264]
Magd. H.* Batty (Battie), James; adm. B.A. (Magd. H.) 31 Oct. 1606,

det. 160⁰⁄₇; lic. M.A. (Oriel) 12 Nov. 1611, inc. 1611; adm. B.D. (Oriel) 23 Feb. 162⁸⁄₉. [ii. 266]
Magd. H. **Bartlet, John**; adm. B.A. 31 Oct. 1606, det. 160⁰⁄₇. [ii. 266]
Magd. H. **Ringe** (Wringe), **John**; adm. B.A. 31 Oct. 1606, det. 160⁰⁄₇; lic. M.A. 6 July 1609, inc. 1609. [ii. 267]
Oriel. **Meeche, Percival**; adm. B.A. 31 Oct. 1606, det. 160⁰⁄₇; lic. M.A. 20 June 1609, inc. 1609. [ii. 267]
Exeter. **Torre** (Tore), **Philip**; adm. B.A. 31 Oct. 1606, det. 160⁰⁄₇. [ii. 263]
Balliol. **Harper, Robert**; adm. B.A. 31 Oct. 1606, det. 160⁰⁄₇. [ii. 264]
Balliol.* **Hood, Paul**; adm. B.A. (Ball.) 31 Oct. 1606, det. 160⁰⁄₇; lic. M.A. (Ball.) 8 Dec. 1609, inc. 1610; adm. B.D. (Linc.) 13 Dec. 1617; suppl. for lic. to preach (Linc.) 7 Feb. 161⁷⁄₈, lic. 20 July 1619; lic. D.D. (Linc.) 14 Oct. 1623, inc. 1624. [ii. 261]
Balliol. **Vernon, Edward**; adm. B.A. 31 Oct. 1606, det. 160⁰⁄₇; lic. M.A. 20 June 1609, inc. 1609. [ii. 261]
Balliol. **Wennington, Thomas**; adm. B.A. 31 Oct. 1606, det. 160⁰⁄₇; lic. M.A. 26 Oct. 1609, inc. 1610. [ii. 264]
S. Mary H.* **Marsh, Nicholas**; adm. B.A. (S. Mary H.) 7 Nov. 1606, det. 160⁰⁄₇; lic. M.A. (Mert.) 9 Mar. 161½. His name appears in the list of inceptors for 1612, with this note: 'mortuus ante finita comitia.' [ii. 271] Brod., p. 278.
Trinity. **Egerton, Thomas**; adm. B.A. 10 Nov. 1606, det. 160⁰⁄₇; lic. M.A. 29 Nov. 1609, inc. 1610. [ii. 263]
Trinity. **Glover, Edward**; adm. B.A. 10 Nov. 1606, det. 160⁰⁄₇; lic. M.A. 27 June 1609, inc. 1609. [ii. 264]
Trinity.* **Willcox** (Wilkockes), **Abel**; adm. B.A. (Trin.) 10 Nov. 1606, det. 160⁰⁄₇; lic. M.A. (S. Edm. H.) 20 June 1609, inc. 1609. [ii. 264]
Broadg. H. **Clench** (Clinch), **John**; adm. B.A. 10 Nov. 1606, det. 160⁷⁄₈; lic. M.A. 4 July 1609, inc. 1609. [Exet., ii. 264]
Broadg. H. **Greaves** (Greeves, Graves, Greives), **Samuel**; adm. B.A. 18 Nov. 1606, det. 160⁰⁄₇; lic. M.A. 23 June 1609, inc. 1609. [ii. 264]
Broadg. H. **Keisell** (Keysell), **Nicholas**; adm. B.A. 18 Nov. 1606, det. 160⁰⁄₇. [ii. 264]
Magd. C. **Tutt, Alexander**; (eq. fil. n. m.) adm. B.A. 21 Nov. 1606. [ii. 273]
Exeter. **Jackman, Walter**; adm. B.A. 21 Nov. 1606, det. 160⁰⁄₇. [ii. 265]
Brasenose. **Warburton, Peter**; adm. B.A. 22 Nov. 1606. [ii. 271]
Magd. C.* **Davis, Edmund**; adm. B.A. (Magd. C.) 22 Nov. 1606, det. (Magd. H.) 160⁰⁄₇.
Merton. **Bell, George**; adm. B.A. 24 Nov. 1606, det. 160⁰⁄₇. [ii. 265]
Merton. **Dickinson** (Dickenson), **William**; adm. B.A. 24 Nov. 1606, det. 160⁰⁄₇; lic. M.A. 9 Mar. 161½, inc. 1612; adm. B.D. 24 Nov. 1619; lic. to preach 21 July 1625. Brod., p. 278. [S. Alb. H., ii. 264]
Balliol. **Barwell, Adam**; adm. B.A. 24 Nov. 1606, det. 160⁰⁄₇; lic. M.A. 20 June 1609, inc. 1609. [ii. 264]
Balliol. **Stapleton, Brian**; (eq. fil.) adm. B.A. 24 Nov. 1606, det. 160⁰⁄₇. [ii. 270]
Hart H. **Lewkenor, Richard**; adm. B.A. 24 Nov. 1606, det. 160⁰⁄₇. [ii. 269]

Hart H. Jones, Thomas; adm. B.A. 24 Nov. 1606, det. 160⁷ⁿ.
Hart H. Willet, Rowland; adm. B.A. 24 Nov. 1606, det. 160⁷ⁿ; lic. M.A. 28 June 1615, inc. 1615. [New C., ii. 274]
S. Alb. H. Dauntesey, Thomas; adm. B.A. 26 Nov. 1606, det. 160⁷ⁿ. [ii. 269]
Gloc. H. Clarke, Roger; adm. B.A. 27 Nov. 1606, det. 160⁷ⁿ. [ii. 253]
Merton. Blagrove, John; adm. B.A. 3 Dec. 1606, det. 160⁷ⁿ; lic. M.A. 6 July 1612, inc. 1612. [ii. 261]
Merton. Bentley, John; adm. B.A. 3 Dec. 1606, det. 160⁷ⁿ. [S. Alb. H., ii. 260]
Jesus. Parkes (Perks), Richard; adm. B.A. 10 Dec. 1606, det. ('Birkes') 160⁷ⁿ.
Jesus.* Atho, Henry; adm. B.A. 10 Dec. 1606, det. 160⁷ⁿ; lic. M.A. (then in orders) 1 Feb. 161⁰⁹, inc. 1611. [ii. 266]
S. John's. Wearinge, John; adm. B.A. 10 Dec. 1606, det. 160⁷ⁿ. [ii. 262]
Brasenose. Hollingprist (Hollinpreist), William; adm. B.A. 11 Dec. 1606, det. 160⁹ⁿ. [ii. 262]
Brasenose. Okell, John; adm. B.A. 11 Dec. 1606, det. 160⁷ⁿ; lic. M.A. (then in orders) 15 May 1610, inc. 1610. [ii. 265]
Brasenose. White, John; adm. B.A. 11 Dec. 1606, det. 160⁷ⁿ. [ii. 266]
Brasenose. Hutchins, William; adm. B.A. 11 Dec. 1606, det. 160⁷ⁿ; lic. M.A. 5 July 1609, inc. 1609; adm. B.D. 8 July 1619. [ii. 265]
Brasenose.* Withington (Whithington, Wythington), Francis; adm. B.A. (Bras.) 11 Dec. 1606, det. 160⁷ⁿ; lic. M.A. (S. Mary H.) 13 Dec. 1611, inc. 1611. [ii. 266]
Brasenose. Penington (Pennington), Robert: adm. B.A. 11 Dec. 1606, det. 160⁹ⁿ. [ii. 265]
Brasenose. French, Hugh; adm. B.A. 11 Dec. 1606, det. 160⁷ⁿ; lic. M.A. (then in orders) 26 June 1610, inc. 1610. [ii. 265]
Brasenose.* Battridge (Batteridge, Batterich), John; adm. B.A. (Bras.) 11 Dec. 1606, det. 160⁷ⁿ; lic. M.A. (S. Mary H.) 7 July 1610, inc. 1610. [ii. 265]
Brasenose.* Kettleby (Kettelbie), Thomas; adm. B.A. (Bras.) 11 Dec. 1606, det. (S. Mary H.) 160⁷ⁿ. [ii. 271]
Merton. Carew (Carue), George; adm. B.A. 16 Dec. 1606, det. 160⁷ⁿ. [ii. 272]
Oriel. Humphreys (Humfreyes), Roderic; adm. B.A. 11 Dec. 1606, det. 160⁷ⁿ.
Exeter. Farmer, John; adm. B.A. 15 Dec. 1606. [ii. 251]

Exeter. Nortley, Robert; suppl. B.A. 27 Jan. 160⅝. [Northleighe, ii. 257]
Ch. Ch. Lymer (Limer), Cornelius; suppl. B.A. 14 May 1606, det. 160⁷ⁿ; lic. M.A. 7 Feb. 160⅔, inc. 1609. [ii. 263]
Magd. C. Fido, Thomas; suppl. B.A. 27 May 1606.
New Coll. Horden, Edward; det. B.A. 160⁷ⁿ; lic. M.A. 30 Jan. 161⁰⁹, inc. 1610. [Hart H., ii. 252]
Magd. H. Wright, Edward; suppl. B.A. 30 June 1606. [ii. 280]

New Coll. **Hoskins, John**; adm. B.C.L. 27 Jan. 160⅚; lic. D.C.L. 28 Apr. 1613, inc. 1613. [ii. 237, or 246]
New Coll. **Hall, Thomas**; adm. B.C.L. 27 Jan. 160⅝. [ii. 243]
S. John's. **Lourden** (Loveden), **Thomas**; suppl. B.C.L. 2 July, adm. 8 July 1606. [? ii. 154]

Merton. **Norrey** (Norreys, Norris), **John**; suppl. lic. to pract. med. and lic. 11 July 1606.

Lincoln. **Lloyd** (Llwyd), **Richard**; suppl. B.D. 17 Mar., adm. 18 Mar. 160⅚; suppl. D.D. 4 June 1616, lic. 30 June 1617, inc. 1617.
New Coll. **Meredith, Richard**; King's chaplain, after fifteen years in Theology suppl. and adm. B.D. 19 Nov. 1606.

1607.

Magd. H. **Kilpin, Robert**; adm. B.A. 23 Jan. 160⁶⁄₇, det. 160⁶⁄₇; lic. M.A. 25 Oct. 1609, inc. 1610. Robert Gilpin (Gillpin), Magd. H. ⟨the same person⟩ adm. B.D. 27 May 1617; lic. to preach 3 July 1617. [Magd. C., ii. 267]
Magd. H. **Norice** (Norris, Norrice), **Edward**; adm. B.A. 23 Jan. 160⁶⁄₇, det. 160⁶⁄₇; lic. M.A. 25 Oct. 1609, inc. 1610. [Ball., ii. 233]
Balliol. **Voysie** (Veysey, Veisey, Voysey), **Walter**; adm. B.A. 23 Jan. 160⁶⁄₇, det. 160⁶⁄₇; lic. M.A. 14 Oct. 1609, inc. 1610. [ii. 266]
Balliol. **Sweets** (Sweete), **Israel**; adm. B.A. 23 Jan. 160⁶⁄₇, det. 160⁶⁄₇. [ii. 266]
Queen's. **Oldisworth, Edward**; (arm. fil. n. m.) adm. B.A. 23 Jan. 160⁶⁄₇, det. 160⁶⁄₇. [ii. 268]
Queen's. **Knollis** (Knowles), **Francis**: (eq. fil.) adm. B.A. 23 Jan. 160⁶⁄₇, det. 160⁶⁄₇. [ii. 270]
Queen's. **Knollis** (Knowles), **Robert**; (eq. fil. n. m.) adm. B.A. 23 Jan. 160⁶⁄₇, det. 160⁶⁄₇. [ii. 270]
Queen's. **Hoblin, Edward**; (arm. fil. n. m.) adm. B.A. 23 Jan. 160⁶⁄₇, det. 160⁶⁄₇. [ii. 271]
Magd. C. **Sparke** (Sparks), **William**; adm. B.A. 24 Jan. 160⁶⁄₇, det. 160⁶⁄₇; lic. M.A. 9 Nov. 1609, inc. 1610; adm. B.D. 30 July 1629. [Magd. H., ii. 264]
Magd. C. **Fowkes** (Fookes, Foukes), **John**; adm. B.A. 24 Jan. 160⁶⁄₇, det. 160⁶⁄₇; lic. M.A. 9 Nov. 1609, inc. 1610. [ii. 240]
Magd. C. **Hunt, John**; adm. B.A. 24 Jan. 160⁶⁄₇, det. 160⁶⁄₇; lic. M.A. 9 Nov. 1609, inc. 1610. [ii. 232]
Magd. C. **Brickenden** (Brigandine), **John**; adm. B.A. 24 Jan. 160⁶⁄₇, det. 160⁶⁄₇; lic. M.A. 9 Nov. 1609, inc. 1610; suppl. lic. to preach 8 July, lic. 18 July 1618; suppl. B.D. 10 July, adm. 18 July 1618; lic. D.D. ('cumulatus') 23 June 1619, inc. 1619. [ii. 263]
Magd. C. **German, Samuel**; adm. B.A. 24 Jan. 160⁶⁄₇, det. 160⁶⁄₇; lic. M.A. 9 Nov. 1609, inc. 1610. [ii. 260]
Magd. C. **Godwyn** (Godwin), **Thomas**; adm. B.A. 24 Jan. 160⁶⁄₇, det. 160⁶⁄₇; lic. M.A. 11 Oct. 1609, inc. 1610; adm. B.D. 11 June 1616;

lic. to preach 8 May 1618; lic. D.D. 18 Nov. 1637, inc. 1638. [Magd. H., ii. 256]
Magd. C.   Mansell, John; adm. B.A. 24 Jan. 160⁰⁄₇, det. 160⁰⁄₇; [Magd. H., ii. 245]
Magd. C.   Hunnis, Marchadin; adm. B.A. 24 Jan. 160⁰⁄₇, det. 160⁰⁄₇; lic. M.A. 9 Nov. 1609, inc. 1610. [ii. 267]
Magd. C.   Quennell, (Quinnell, Quinell), Robert; adm. B.A. 24 Jan. 160⁰⁄₇, det. 160⁰⁄₇; lic. M.A. 9 Nov. 1609, inc. 1610. [Magd. H., ii. 262]
Oriel.   Francklin, Richard; adm. B.A. 24 Jan. 160⁰⁄₇, det. 160⁰⁄₇. [ii. 267]
Oriel.   Jones, Richard; adm. B.A. 24 Jan. 160⁰⁄₇, det. 160⁰⁄₇; lic. M.A. 13 Dec. 1609, inc. 1610.
Oriel.   Fisher, William; adm. B.A. 24 Jan. 160⁰⁄₇, det. 160⁰⁄₇, [ii. 279]
Oriel.   Hunt, William; adm. B.A. 24 Jan. 160⁰⁄₇, det. 160⁰⁄₇. [ii. 232]
Oriel.*   Lloid (Floyde), Thomas; adm. B.A. 24 Jan. 160⁰⁄₇, det. 160⁰⁄₇; lic. M.A. (Oriel) 11 July 1610, inc. (All So.) 1611.
S. Alb. H.   Lydham, John; adm. B.A. 26 Jan. 160⁰⁄₇, det. 160⁰⁄₇.
Exeter.   Perrett, William; adm. B.A. 29 Jan. 160⁰⁄₇, det. 160⁰⁄₇. [ii. 265]
Exeter.   Benson, Richard; adm. B.A. 29 Jan. 160⁰⁄₇, det. 160⁰⁄₇. [ii. 265]
University.   Baker, William; adm. B.A. 3 Feb. 160⁰⁄₇, det. 160⁰⁄₇; lic. M.A. 24 Oct. 1609, inc. 1610. [ii. 268]
University.   Dicson (Dickson), Robert; adm. B.A. 3 Feb. 160⁰⁄₇, det. 160⁰⁄₇; lic. M.A. 24 Oct. 1609, inc. 1610; adm. B.D. 3 Apr. 1633. [ii. 267]
Magd. C.*   Ashwood, Henry; suppl. B.A. (Magd. C.) 19 June 1604, adm. (Magd. C.) 6 Feb. 160⁰⁄₇, det. 160⁰⁄₇; suppl. M.A. (Ch. Ch.) 4 July, lic. (Ch. Ch.) 10 July 1618. ⟨Chorister of Magd. C. 1597–1604; Blox. 1, p. 28.⟩
Queen's.   Boys, John; adm. B.A. 7 Feb. 160⁰⁄₇, det. 160⁰⁄₇. [S. Edm. H., ii. 268]
All Souls.   Bennyon (Bennion), Thomas; adm. B.A. 10 Feb. 160⁰⁄₇, det. 160⁰⁄₇.
Brasenose.   Bannester, George; adm. B.A. 10 Feb. 160⁰⁄₇, det. 160⁰⁄₇. [ii. 209]
Corpus.   White (Whyte), Thomas; adm. B.A. 10 Feb. 160⁰⁄₇, det. 160⁰⁄₇; lic. M.A. 9 May 1610, inc. 1610.
Magd. C.   Somerset (Summerset), Charles; (son of Earl of Worcester) adm. B.A. 10 Feb. 160⁰⁄₇, det. 160⁰⁄₇. [ii. 282]
Magd. C.   Gardner, William; adm. B.A. 11 Feb. 160⁰⁄₇, det. 160⁰⁄₇.
Magd. C.   Box, Richard; adm. B.A. 11 Feb. 160⁰⁄₇, det. 160⁰⁄₇.
Magd. C.   Bowen, John; adm. B.A. 11 Feb. 160⁰⁄₇, det. 160⁰⁄₇. [ii. 254]
Magd. C.   Hackney (Hacney), Christopher; adm. B.A. 11 Feb. 160⁰⁄₇, det. 160⁰⁄₇; lic. M.A. 4 June 1611, inc. 1611.
Magd. C.   Adams, George; adm. B.A. 11 Feb. 160⁰⁄₇, det. 160⁰⁄₇.
Hart H.   Hardyng, Andrew; adm. B.A. 11 Feb. 160⁰⁄₇, det. 160⁰⁄₇. [Oriel, ii. 267]

Hart H. Lloyd, William; adm. B.A. 11 Feb. 160⁶⁄₇, det. 160⁶⁄₇. [Oriel, ii. 267]
Balliol. Fortescue (Forscue), Arthur; 12 Feb. 160⁶⁄₇, det. 160⁶⁄₇. [ii. 266]
Ch. Ch. Greene, Thomas; adm. B.A. 12 Feb. 160⁶⁄₇, det. 160⁶⁄₇. [ii. 264]
Ch. Ch. Gwyn (Gwinne), Hugh; adm. B.A. 13 Feb. 160⁶⁄₇, det. 160⁶⁄₇; lic. M.A. 5 July 1610, inc. 1610.
Ch. Ch. Owen, John; adm. B.A. 13 Feb. 160⁶⁄₇, det. 160⁶⁄₇.
Oriel. Lloyd (Floyd), Hugh; adm. B.A. 13 Feb. 160⁶⁄₇, det. 160⁶⁄₇. [S. Mary H., ii. 271]
Corpus.* Lodington, Robert; adm. B.A. (Corp.) 13 Feb. 160⁶⁄₇, det. 160⁶⁄₇; lic. M.A. (Bras.) 6 Feb. 16¹⁰⁄₁₁, inc. 1610. [Linc., ii. 273]
Corpus.* Bell, John; adm. B.A. (Corp.) 13 Feb. 160⁶⁄₇, det. (Queen's) 160⁶⁄₇. [Queen's, ii. 266]
Lincoln. Prichard, John; adm. B.A. 13 Feb. 160⁶⁄₇, det. 160⁶⁄₇.
Exeter. Vaudrey (Vaudré, Vauderie), Thomas; adm. B.A. 13 Feb. 160⁶⁄₇, det. 160⁶⁄₇; lic. M.A. 23 June 1610, inc. 1610.
Exeter. Jewell (Juell), William; adm. B.A. 13 Feb. 160⁶⁄₇, det. 160⁶⁄₇; lic. M.A. 17 Nov. 1609, inc. 1610. [ii. 265]
Exeter. Lyer (Leir, Leiar), Richard; adm. B.A. 13 Feb. 160⁶⁄₇, det. 160⁶⁄₇; lic. M.A. 4 June 1611, inc. 1611.
Exeter. Buckland, Robert; adm. B.A. 13 Feb. 160⁶⁄₇, det. 160⁶⁄₇; lic. M.A. 23 June 1610, inc. 1610. [ii. 268]
Merton. Wilkinson, John; adm. B.A. 13 Feb. 160⁶⁄₇, det. 160⁶⁄₇. [ii. 272]
New Coll. Husey (Hussey), George; adm. B.A. 21 Apr. 1607, det. 160⁷⁄₈. [ii. 268]
New Coll. Nevill, Richard; adm. B.A. 21 Apr. 1607, det. 160⁷⁄₈. [ii. 268]
New Coll. Robinson, Hugh; adm. B.A. 21 Apr. 1607, det. 160⁷⁄₈; lic. M.A. 23 Jan. 161⁰⁄₁, inc. 1611; adm. B.D. and lic. D.D. ('cumulatus') 21 June 1627, inc. D.D. 1627. [ii. 268]
New Coll. Fryers (Friers), Samuel; adm. B.A. 21 Apr. 1607, det. 160⁷⁄₈; lic. M.A. 23 Jan. 161⁰⁄₁, inc. 1611; adm. B.D. 3 Nov. 1618; lic. to preach 12 Nov. 1623. [ii. 268]
University. Martin, John; adm. B.A. 23 Apr. 1607, det. 160⁷⁄₈; lic. M.A. 18 Jan. 161⁰⁄₁, inc. 1611. [ii. 269]
University. Wilson, John; adm. B.A. 23 Apr. 1607, det. 160⁷⁄₈; lic. M.A. 10 July 1612, inc. 1612.
Exeter. Rouse (Rowse), Oliver; adm. B.A. 23 Apr. 1607, det. 160⁷⁄₈; lic. M.A. 27 Mar. 1610, inc. 1610. [ii. 270]
Broadg. H. Prior, Thomas; adm. B.A. 23 Apr. 1607, det. 160⁷⁄₈; lic. M.A. 12 Feb. 161½, inc. 1612. [ii. 268]
Oriel. Sellar, John; adm. B.A. 23 Apr. 1607, det. 160⁷⁄₈; lic. M.A. 5 July 1610, inc. 1610. [S. Mary H., ii. 267]
Oriel. Rutter, William; adm. B.A. 23 Apr. 1607. ('Michael' in suppl. B.A. 22 Apr.) [Michael, S. Mary H., ii. 267]
Queen's. Harrison, Richard; adm. B.A. 23 Apr. 1607, det. 160⁷⁄₈. [ii. 264]
Queen's. Rowlandson (Rawlinson, Roulandson, Rolandson), John; adm. B.A. 23 Apr. 1607, det. 160⁷⁄₈; lic. M.A. (then in orders) 5 July 1610, inc. 1610. [ii. 268]

Balliol. **Willoughby, Rotheram**; (eq. fil. n. m.) adm. B.A. 23 Apr. 1607. [ii. 257]

Balliol. **Fleetwood, Francis**; adm. B.A. 23 Apr. 1607, det. $160\frac{7}{8}$. [ii. 274]

Magd. H. **Antrobus, John**; adm. B.A. 28 Apr. 1607, det. $160\frac{7}{8}$; lic. M.A. (then in orders) 16 Feb. $16\frac{09}{10}$, inc. 1610. [Magd. C., ii. 268]

*Hart H.** **Say, Edward**; adm. B.A. (Hart. H.) 2 May 1607, det. (All So.) $160\frac{7}{8}$; lic. M.A. (All So.) 26 Oct. 1610, inc. 1611. [ii. 269]

*Trinity.** **Bradshaw, William**; adm. B.A. (Trin.) 5 May 1607, det. $160\frac{7}{8}$; lic. M.A. (Ball.) 6 July 1610, inc. 1610. [ii. 264]

Trinity. **Brooke** (Brookes), **Richard**; adm. B.A. 5 May 1607, det. $160\frac{7}{8}$; lic. M.A. 18 Apr. 1611, inc. 1611; adm. B.D. 10 May 1619. [ii. 269]

Trinity. **Campian** (Campion), **George**; adm. B.A. 5 May 1607, det. $160\frac{7}{8}$; lic. M.A. 18 Apr. 1611, inc. 1611. [ii. 257]

*Trinity.** **Carpmell** (Cartmell), **Nicholas**; adm. B.A. (Trin.) 5 May 1607, det. $160\frac{7}{8}$; suppl. M.A. (Trin.) 4 July 1610; lic. M.A. (Ball.) 6 July 1610, inc. 1610. [ii. 264]

*Ch. Ch.** **Price** (Prise), **Philip**; adm. B.A. (Ch. Ch.) 5 May 1607, det. $160\frac{7}{8}$; lic. M.A. (Bras.) 5 July 1611, inc. 1611. [ii. 271]

S. Alb. H. **Lloyd** (Lloid, Floyde), **Thomas**; adm. B.A. 6 May 1607, det. $160\frac{7}{8}$; lic. M.A. (then in orders) 3 July 1610, inc. 1610. [ii. 269]

Magd. H. **Roswell** (Russwell, Rosewel), **John**; adm. B.A. 16 May 1607, det. $160\frac{7}{8}$; lic. M.A. 22 June 1610, inc. 1610. [ii. 237]

University. **Cornish, Michael**; adm. B.A. 16 May 1607, det. $160\frac{7}{8}$. [ii. 284]

Jesus. **Andrew** (Andrewes), **Edward**; adm. B.A. 20 May 1607, det. $160\frac{7}{8}$. [S. Mary H., ii. 264]

Jesus. **Parry, Hugh**; adm. B.A. 20 May 1607, det. $160\frac{7}{8}$; lic. M.A. 12 June 1616, inc. 1616. [ii. 272]

Brasenose. **Harwood** (Harward), **William**; adm. B.A. 21 May 1607, det. $160\frac{7}{8}$. [ii. 274]

Jesus. **Evans, Griffin**; adm. B.A. 6 June 1607.

*Ch. Ch.** **Dolben** (Dolbin), **William**; adm. B.A. (Ch. Ch.) 6 June 1607, det. (All So.) $160\frac{7}{8}$; lic. M.A. (All So.) 18 June 1610, inc. 1610; adm. B.D. (All So.) 13 Dec. 1617; lic. D.D (All So.) 15 June 1619, inc. 1619. [ii. 269]

Oriel. **Pembridge, Anthony**; (arm. fil. n. m.) adm. B.A. 10 June 1607, det. $160\frac{7}{8}$. [ii. 276]

Brasenose. **Newport, Richard**; (eq. fil. n. m.) adm. B.A. 12 June 1607. [ii. 276]

Queen's. **Gresham, Edward**; (eq. fil.) adm. B.A. 12 June 1607, det. $160\frac{7}{8}$. [ii. 275]

Ch. Ch. **Wilton, William**; adm. B.A. 18 June 1607, det. $160\frac{7}{8}$. [Hart H., ii. 266]

Ch. Ch. **Lloyd** (Lloid), **John**; adm. B.A. 18 June 1607, det. $160\frac{7}{8}$; lic. M.A. 21 June 1610, inc. 1610. [ii. 269]

Ch. Ch. **Starre, Samuel**; adm. B.A. 18 June 1607, det. $160\frac{7}{8}$; lic. M.A. 6 July 1610, inc. 1610. [S. Alb. H., ii. 261]

Ch. Ch. **Whithall** (Whitehall, Whytehall), **Robert**; adm. B.A. 18

June 1607, det. 160⁷ₙ; lic. M.A. 21 June 1610, inc. 1610; adm. B.D. 24 Nov. 1618. [Broadg. II., ii. 268]
Magd. C. **Kempe, William**; adm. B.A. 23 June 1607, det. 160⁷₈; lic. M.A. 26 June 1610, inc. 1610. [ii. 264]
Exeter. **Webb, Thomas**; adm. B.A. 26 June 1607. [ii. 268]
Broadg. II. **Higgins, John**; adm. B.A. 27 June 1607. [Gloc. H., ii. 274]
University. **Woodward, William**; adm. B.A. 27 June 1607, det. 160⁷₈; lic. M.A. 6 July 1610, inc. 1610. [ii. 269]
S. John's. **Towse, John**; adm. B.A. 30 June 1607, det. 160⁷ₙ; lic. M.A. 15 Apr. 1611, inc. 1611; suppl. B.D. 25 May 1620, adm. — June 1620. [ii. 269]
S. John's. **Cooke, Jonas**; adm. B.A. 30 June 1607, det. 160⁷₈; lic. M.A. (then in orders) 17 Jan. 161⁰₁, inc. 1611. [ii. 269]
Magd. C. **Chaloner** (Challener, Challenor), **William**; (eq. fil.) adm. B.A. 8 July 1607, det. 160⁷ₙ. [ii. 279]
Magd. C.* **Chaloner** (Challoner), **Edward**; (eq. fil.) adm. B.A. (Magd. C.) 8 July 1607, det. 160⁷ₙ; lic. M.A. (Magd. C.) 15 May 1610, inc. 1610; adm. B.D. (college not stated) 30 May 1617; lic. D.D. (All So.) 6 Nov. 1619, inc. (All So.) 1620; lic. to preach 4 Nov. 1622. [ii. 279]
Lincoln. **Hawker, Silas**; adm. B.A. 9 July 1607, det. 160⁷₈; lic. M.A. 2 July 1610, inc. 1610. [ii. 273]
Brasenose. **Harrison, Humphrey**; adm. B.A. 10 July 1607, det. 160⁷₈. [ii. 278]
Merton. **Pigott** (Piggot, Pygot), **Leonard**; adm. B.A. 10 July 1607, det. 160⁷ₙ. [ii. 269]
Magd. C. **Good, Henry**; adm. B.A. 10 July 1607, det. 160⁷₈; lic. M.A. 5 July 1611, inc. 1611.
Brasenose. **Rydings?** (Readinges), **Thomas**; adm. B.A. 10 July 1607. [ii. 271]
Exeter. **Collier, Richard**; adm. B.A. 15 July 1607, det. 160⁷₈; lic. M.A. 23 June 1610, inc. 1610. [ii. 268] Boase, p. 56.
Exeter. **Ward, John**; adm. B.A. 15 July 1607, det. 160⁷₈; lic. M.A. 23 June 1610, inc. 1610. [ii. 265]
Ch. Ch. **Woodward, Leonard**; adm. B.A. 14 Oct. 1607, det. 160⁷₈. [Lionel, ii. 272]
All Souls. **Owen, Robert**; adm. B.A. 14 Oct. 1607, det. 160⁷ₙ.
All Souls. **Prichard, Robert**; adm. B.A. 16 Oct. 1607, det. 160⁷₈; lic. M.A. 25 June 1610, inc. 1610.
Queen's.* **Dawley** (Dowlie, Dowley), **Robert**; adm. B.A. (Queen's) 17 Oct. 1607, det. 160⁷₈; lic. M.A. (S. Mary H.) 6 July 1610, inc. 1610. [ii. 270]
Magd. H.* **Reading, John**; adm. B.A. (Magd. H.) 17 Oct. 1607, det. 160⁷ₙ; lic. M.A. (S. Mary H.) 22 June 1610, inc. (S. Alb. H.) 1610. [ii. 271]
Magd. H. **Albright, William**; adm B.A. 17 Oct. 1607, det. 160⁷₈; lic. M.A. 5 July 1610, inc. 1610.
S. Mary H. **Sybley** (Sibly), **Henry**; adm. B.A. 20 Oct. 1607, det. 160⁷₈. [Magd. H., ii. 273]
S. Mary H. **Jefford, Edmund**; adm. B.A. 20 Oct. 1607, det. 160⁷ₙ. [ii. 281]
S. Alb. H. **Harbert** (Herbert), **John**; adm. B.A. 20 Oct. 1607, det. 160⁷ₙ; lic. M.A. 6 July 1612, inc. 1612. [ii. 260]

S. Alb. H. **Whitfield, Robert**; adm. B.A. 20 Oct. 1607, det. 160⅞; lic. M.A. 9 May 1611, inc. 1611. [ii. 272]
S. Alb. H. **Colthurst, Richard**; adm. B.A. 20 Oct. 1607, det. 160⅞. [ii. 272]
Lincoln. **Hopton, Arthur**; (equitis ordinis Balnei fil.) adm. B.A. 20 Oct. 1607, det. 160⅞. [ii. 281]
Balliol. **Wyld** (Wilde), **John**; (arm. fil. n. m.) adm. B.A. 20 Oct. 1607, det. 160⅞; lic. M.A. 4 July 1610, inc. 1610. [ii. 278]
Balliol. **Holland, Richard**; adm. B.A. 20 Oct. 1607, det. 160⅞; lic. M.A. 16 Apr. 1610, inc. 1610. [ii. 274]
Balliol. **Barker, Thomas**; adm. B.A. 20 Oct. 1607, det. 160⅞. [ii. 253]
Exeter. **Polwheele** (Poolewheele, Polewhele), **John**; adm. B.A. 21 Oct. 1607, det. 160⅞; lic. M.A. 23 June 1610, inc. 1610; adm. B.D. 25 Apr. 1621. [ii. 243] Boase, p. 56.
Exeter. **Wyott** (Wiott), **Philip**; adm. B.A. 21 Oct. 1607, det. 160⅞. [ii. 281]
Exeter. **Chafe, Thomas**; adm. B.A. 21 Oct. 1607, det. 160⅞; lic. M.A. 23 June 1610, inc. 1610. [ii. 270]
Exeter. **Saunder, John**; adm. B.A. 21 Oct. 1607, det. 160⅞; lic. M.A. 23 June 1610, inc. 1610. [ii. 270]
*Exeter.** **Stokes, Thomas**; adm. B.A. (Exet.) 29 Oct. 1607, det. 160⅞; lic. M.A. (Gloc. H.) 28 June 1610, inc. 1610. [Ball., ii. 261; *or* Broadg. H., ii. 270]
Hart H. **Morgan, Josias**; adm. B.A. 3 Nov. 1607, det. 160⅞; lic. M.A. (then in orders) 15 June 1610, inc. 1610. [ii. 271]
Exeter. **Cumminge** (Cuming), **John**; adm. B.A. 6 Nov. 1607, det. 160⅞; lic. M.A. (then in orders) 6 July 1612, inc. 1612. [ii. 269]
Exeter. **Marwood, Thomas**; adm. B.A. 6 Nov. 1607. [ii. 278]
Trinity. **Fleetwood, Arthur**; (eq. fil. n. m.) adm. B.A. 9 Nov. 1607, det. 160⅞. [ii. 283]
Trinity. **Daston, Anthony**; adm. B.A. 9 Nov. 1607, det. 160⅞.
*Trinity.** **Addridg** (Adridge, Aldridge), **Robert**; adm. B.A. (Trin.) 9 Nov. 1607, det. 160⅞; lic. M.A. (S. Edm. H.) 15 Apr. 1611, inc. 1611. [ii. 272]
Trinity. **Breeden, Zacheus**; adm. B.A. 9 Nov. 1607, det. 160⅞; adm. B.D. 1 July 1619. [ii. 270]
Merton. **Moores** (Moory), **John**; adm. B.A. 10 Nov. 1607, det. 160⅞. [? More, Gloc. H., ii. 278]
*Merton.** **Dike** (Dikes, Dyke), **Joseph**; adm. B.A. (Mert.) 10 Nov. 1607, det. 160⅞; lic. M.A. (Magd. H.) 6 July 1610, inc. 1610. [ii. 272]
S. Alb. H. **Michell** (Michaell, Mitchell), **William**; adm. B.A. 12 Nov. 1607, det. 160⅞; lic. M.A. 6 July 1612, inc. 1612. [? Bras. ii. 271; *or* New Coll., ii. 274]
Hart H. **Eyton, John**; (arm. fil. n. m.) adm. B.A. 12 Nov. 1607, det. 160⅞.
New Coll. **Prickett, William**; adm. B.A. 12 Nov. 1607, det. 160⅞; (Chapl. of New C.) lic. M.A. 21 June 1610, inc. 1610. [Magd. C., ii. 248]
Hart H. **Barnard, John**; adm. B.A. 12 Nov. 1607, det. 160⅞; lic. M.A. 7 July 1610, inc. 1610. [ii. 270]
Broadg. H. **Hatch, John**; adm. B.A. 12 Nov. 1607. [ii. 269]

Broadg. H. **Atkins, William**; adm. B.A. 19 Nov. 1607, det. $160\frac{7}{8}$. [ii. 270]

Brasenose. **Gallop** (Gollopp), **William**; adm. B.A. 19 Nov. 1607, det. $160\frac{7}{8}$; lic. M.A. 26 June 1610, inc. 1610. [ii. 271]

Brasenose. **Aldersey, Hugh**; adm. B.A. 19 Nov. 1607, det. $160\frac{7}{8}$. [ii. 270]

Brasenose. **Grills, Francis**; adm. B.A. 19 Nov. 1607, det. $160\frac{7}{8}$; lic. M.A. 26 June 1610, inc. 1610. [ii. 271]

Broadg. H. **Clotworthy** (Clotworth), **Nathaniel**; (arm. fil. n. m.) adm. B.A. 3 Dec. 1607, det. $160\frac{7}{8}$; lic. M.A. 12 June 1610, inc. 1610. [ii. 276]

Oriel. **Jones, Robert**; adm. B.A. 3 Dec. 1607, det. $160\frac{7}{8}$. [Ch. Ch., ii. 266]

S. Mary H. **Parker, Richard**; adm. B.A. 4 Dec. 1607, det. $160\frac{7}{8}$; lic. M.A. 13 June 1610, inc. 1610; suppl. B.D. ('Richard') 12 May, adm. ('Henry') 25 June 1617; lic. D.D. ('Richard') 12 May 1619, inc. 1619. [ii. 272]

S. Mary H. **Symes** (Symms), **Thomas**; adm. B.A. 4 Dec. 1607, det. $160\frac{7}{8}$. [ii. 277]

Magd. C. **Seymaur** (Seymore), **Edward**; (son of Lord Beauchamp and grandson of the Earl of Hertford) adm. B.A. 9 Dec. 1607, det. $160\frac{7}{8}$. [ii. 282]

Magd. C. **Seymaur** (Seimore), **William**; adm. B.A. 9 Dec. 1607, det. $160\frac{7}{8}$. [ii. 282]

Magd. C. **Clipsam, Francis**; adm. B.A. 9 Dec. 1607, det. $160\frac{7}{8}$. [ii. 273]

Corpus. **Dyott, Richard**; adm. B.A. 9 Dec. 1607, det. $160\frac{7}{8}$. [S. Mary H., ii. 275]

S. Mary H. **Parker, John**; adm. B.A. 10 Dec. 1607, det. $160\frac{7}{8}$. [Queen's, ii. 263]

Exeter. **Trevelion** (Trevillion), **Christopher**; adm. B.A. 10 Dec. 1607, det. $160\frac{7}{8}$; lic. M.A. 23 June 1610, inc. 1610. [ii. 270]

Exeter. **Gunston, Henry**; adm. B.A. 11 Dec. 1607. [ii. 265]

Ch. Ch. **Johnes, Humphrey**; adm. B.A. 11 Dec. 1607, det. $160\frac{7}{8}$.

*Merton.** **Thornburgh, Edward**; (episcopi fil.) adm. B.A. (Mert.) 17 Dec. 1607, det. $160\frac{7}{8}$; lic. M.A. (S. Alb. H.) 21 June 1610, inc. 1610. [S. Alb. H., ii. 281]

S. John's. **Everden, Humphrey**; adm. B.A. 17 Dec. 1607, det. $160\frac{7}{8}$. [i. 371]

Jesus. **Rice, Henry**; (eq. fil. n. m.) adm. B.A. 17 Dec. 1607, det. $160\frac{7}{8}$. [ii. 299]

Jesus. **Rice, Thomas**; (eq. fil.) adm. B.A. 17 Dec. 1607, det. $160\frac{7}{8}$. [ii. 299]

Jesus. **Roblins** (Roblin), **Henry**; adm. B.A. 17 Dec. 1607, det. $160\frac{7}{8}$. [ii. 299]

Jesus. **Harris, Rowland**; adm. B.A. 17 Dec. 1607, det. $160\frac{7}{8}$; lic. M.A. 2 July 1610, inc. 1610. [ii. 270]

Jesus. **Gamadg** (Gamedg), **William**; adm. B.A. 17 Dec. 1607, det. $160\frac{7}{8}$. [ii. 272]

Magd. H. **Figg, Henry**; adm. B.A. 17 Dec. 1607, det. $160\frac{7}{8}$; lic. M.A. 22 June 1611, inc. 1611. [ii. 299]

Jesus. **Griffith** (Griffin), **Henry**; suppl. M.A. (then in orders) 18 May, lic. 20 May 1607, inc. 1607.

[1608]   DEGREES.   275

New Coll.   Poure, George ; adm. B.C.L. 26 Jan. 160$\frac{7}{8}$. [ii. 244]
S. John's. Billinge (Billings), Joseph; adm. B.C.L. 26 Jan. 160$\frac{7}{8}$.
[ii. 243]
New Coll.   Hele, Nicholas; adm. B.C.L. 21 Apr. 1607. [ii. 249]
New Coll.   Reynolds, John ; adm. B.C.L. 21 Apr. 1607. [ii. 254]

1608.

Merton.   Thornell, Israel ; adm. B.A. 16 Jan. 160$\frac{7}{8}$, det. 160$\frac{7}{8}$.
Balliol. Cooke, Francis; adm. B.A. 16 Jan. 160$\frac{7}{8}$, det. 160$\frac{7}{8}$. [ii. 274]
Balliol.   Millington (Mellington), Thomas ; adm. B.A. 20 Jan. 160$\frac{7}{8}$,
det. 160$\frac{7}{8}$; suppl. M.B. 18 Nov., adm. 19 Nov. 1612 ; suppl. lic. to
pract. med. 19 Nov. 1612. [ii. 288]
University.* Remmington (Remington, Remynton), Henry; adm. B.A.
(Univ.) 21 Jan. 160$\frac{7}{8}$, det. 160$\frac{7}{8}$; lic. M.A. (S. Alb. H.) 10 Dec.
1612, inc. 1613. [ii. 291]
Exeter.   Holditch (Holdich), Richard ; adm. B.A. 26 Jan. 160$\frac{7}{8}$, det.
160$\frac{7}{8}$; lic. M.A. 4 June 1611, inc. 1611. [ii. 271]
Exeter.   Frinde, Thomas; adm. B.A. 26 Jan. 160$\frac{7}{8}$, det. 160$\frac{7}{8}$.
[ii. 269]
University. Saunders, John ; adm. B.A. 28 Jan. 160$\frac{7}{8}$, det. 160$\frac{7}{8}$.
[ii. 249]
Balliol. Wallis (Wallys), Robert; adm. B.A. 28 Jan. 160$\frac{7}{8}$, det.
160$\frac{7}{8}$; lic. M.A. 5 July 1611, inc. 1611. [ii. 263]
Balliol. Alford, George ; adm. B.A. 28 Jan. 160$\frac{7}{8}$, det. 160$\frac{7}{8}$.
[ii. 266]
Brasenose. Wright, Richard; adm. B.A. 30 Jan. 160$\frac{7}{8}$, det. 160$\frac{7}{8}$; lic.
M.A. 26 June 1611, inc. 1611. [ii. 279]
Magd. C. Gorge, Robert ; (mil. fil.) adm. B.A. 1 Feb. 160$\frac{7}{8}$, det. 160$\frac{7}{8}$.
[ii. 279]
Magd. C. Collins, Nicholas; adm. B.A. 1 Feb. 160$\frac{7}{8}$, det. 160$\frac{7}{8}$.
Magd. C. Warner, William ; adm. B.A. 1 Feb. 160$\frac{7}{8}$, det. 160$\frac{7}{8}$; lic.
M.A. 4 June 1611, inc. 1611. [ii. 280]
All Souls. Widdowes, John ; adm. B.A. 1 Feb. 160$\frac{7}{8}$, det. 160$\frac{7}{8}$.
S. Mary H.* Bisshopp (Byshopp), John ; adm. B.A. (S. Mary H.) 1 Feb.
160$\frac{7}{8}$, det. 160$\frac{7}{8}$; lic. M.A. (Corp.) 8 July 1612, inc. 1612. [Corp.,
ii. 273]
All Souls. Powell, Richard ; adm. B.A. 1 Feb. 160$\frac{7}{8}$, det. 160$\frac{7}{8}$.
All Souls. Morrys (Morrice), Griffith; adm. B.A. 1 Feb. 160$\frac{7}{8}$, det.
160$\frac{7}{8}$.
All Souls. Manwaryng, Roger; adm. B.A. 1 Feb. 160$\frac{7}{8}$, det. 160$\frac{7}{8}$;
lic. M.A. 5 July 1611, inc. 1611 ; adm. B.D. and lic. D.D. 2 July
1625, inc. D.D. 1625.
All Souls.* Jenkinson, William ; suppl. B.A. (Magd. C.) 5 May 1607,
adm. (All So.) 1 Feb. 160$\frac{7}{8}$, det. (Magd. C.) 160$\frac{7}{8}$.
Hart H.   Earle, Daniel ; adm. B.A. 1 Feb. 160$\frac{7}{8}$, det. 160$\frac{7}{8}$. [ii. 260]
Hart H.   Price (Prise), David ; adm. B.A. 1 Feb. 160$\frac{7}{8}$, det. 160$\frac{7}{8}$;
lic. M.A. (then in orders) 30 May 1611, inc. 1611. [ii. 271]
Exeter.   Larimer (Larrimer, Larmier), Henry ; adm. B.A. (Exet.) 3
T 2

Feb. 160⁷⁄₄, det. 160⁷⁄₈; lic. M.A. (then in orders, Bras.?) 5 July 1611, inc. (Exet.) 1611. [ii. 276]
Oriel.   **Edwards, John**; adm. B.A. 4 Feb. 160⁷⁄₈, det. 160⁷⁄₈. [?Trin., ii. 258]
Oriel.   **Springett, Thomas**; adm. B.A. 4 Feb. 160⁷⁄₈, det. 160⁷⁄₈. [ii. 279]
Oriel.*   **Williams, David**; adm. B.A. (Oriel) 4 Feb. 160⁷⁄₈, det. 160⁷⁄₄; lic. M.A. (Magd. H.) 7 July 1612, inc. 1612 (where this note is added, 'mortuus post comitia').
Magd. C. **Hawes, Richard**; adm. B.A. 4 Feb. 160⁷⁄₈, det. 160⁷⁄₈; lic. M.A. 8 July 1613, inc. 1613.
Magd. C. **Pococke, Laurence**; adm. B.A. 4 Feb. 160⁷⁄₈, det. 160⁷⁄₈; lic. M.A. 4 June 1611, inc. 1611.
Magd. C. **Bautree, Hamon**; adm B.A. 4 Feb. 160⁷⁄₈, det. 160⁷⁄₈; lic. M.A. 4 June 1611, inc. 1611. [ii. 280]
S. Edm. H. **Crakanthorpe, George**; adm. B.A. 4 Feb. 160⁷⁄₈, det. 160⁷⁄₈. [Queen's, ii. 272]
Corpus.   **Thacher** (Thatcher), **Peter**; adm. B.A. 4 Feb. 160⁷⁄₈, det. 160⁷⁄₈; lic. M.A. 14 Mar. 161⁰⁄₁, inc. 1611. [Queen's, ii. 264]
Corpus.   **Drew** (Drue), **Henry**; adm. B.A. 4 Feb. 160⁷⁄₄, det. 160⁷⁄₄.
Corpus.* **Aisgill, Joshua**; adm. B.A. 4 Feb. 160⁷⁄₄, det. 160⁷⁄₈; lic. M.A. 14 Mar. 161⁰⁄₁, inc. 1611; adm. B.D. (Bras.) 8 July 1619; lic. D.D. (Corp.) 14 Oct. 1623, inc. (Corp.) 1624; lic. to preach (Corp.) 7 Feb. 162¾. [Queen's, ii. 268]
Corpus.   **Nicholls** (Nicols), **Sureton** (Serton, Certon); adm. B.A. 4 Feb. 160⁷⁄₄, det. 160⁷⁄₈. [S. Alb. H., ii. 251]
Brasenose. **Cotton** (Coton), **Henry**; (fil. episcopi Sarum) adm. B.A. 5 Feb. 160⁷⁄₈, det. 160⁷⁄₈; lic. M.A. ('cumulatus') 26 June 1610, inc. 1610. [ii. 283]
Magd. H. **Kellway** (Callawaye), **Ralph**; adm. B.A. 5 Feb. 160⁷⁄₈, det. 160⁷⁄₄; lic. M.A. 8 July 1613, inc. 1613. [ii. 274]
Magd. H. **Hobbs, Thomas**; adm. B.A. 5 Feb. 160⁷⁄₈, det. 160⁷⁄₈.
Broadg. H. **Davis, Francis**; adm. B.A. 5 Feb. 160⁷⁄₄, det. 160⁷⁄₄.
Ch. Ch.   **Griffith** (Griffin), **Robert**; adm. B.A. 5 Feb. 160⁷⁄₈, det. 160⁷⁄₈; lic. M.A. 14 June 1611, inc. 1611.
Magd. C. **Westley, John**; adm. B.A. 6 Feb. 160⁷⁄₄, det. 160⁷⁄₈; adm. B.D. 26 July 1617. [Magd. H., ii. 263]
Jesus.   **Vaughan, John**; adm. B.A. 6 Feb. 160⁷⁄₄, det. 160⁷⁄₈; lic. M.A. (then in orders) 9 July 1612, inc. 1612. [ii. 272]
Exeter.   **Bayly, Jerome**; adm. B.A. 6 Feb. 160⁷⁄₈, det. 160⁷⁄₈. [Broadg. H., ii. 270]
Magd. C. **Atkinson, Abraham**; adm. B.A. 19 Feb. 160⁷⁄₄.
Oriel.   **Widdowes, Giles**; adm. B.A. 25 Feb. 160⁷⁄₈, det. 160⁷⁄₈; lic. M.A. 27 Jan. 161¾, inc. 1614.
Lincoln. **Orme, John**; adm. B.A. 15 Mar. 160⁷⁄₈, det. 160⁸⁄₉. [ii. 273]
Jesus.   **Jones, Richard**; adm. B.A. 8 Apr. 1608, det. 160⁸⁄₉; lic. M.A. 12 June 1616, inc. 1616. [ii. 282]
New Coll. **Trussell, William**; adm. B.A. 13 Apr. 1608, det. 160⁸⁄₉; lic. M.A. 24 Apr. 1611, inc. 1611. [ii. 276]
New Coll. **Adams, Richard**; adm. B.A. 13 Apr. 1608, det. 160⁸⁄₉; lic. M.A. 23 Jan. 161½, inc. 1612. [ii. 276]

New Coll. **Hoskins, Charles**; adm. B.A. 13 Apr. 1608, det. 160$\frac{8}{9}$. [ii. 276]

New Coll. **Harrys, John**; adm. B.A. 13 Apr. 1608, det. 160$\frac{8}{9}$; lic. M.A. 23 Jan. 161$\frac{1}{2}$, inc. 1612; adm. B.D. 17 July 1619; lic. D.D. 1 July 1622, inc. 1622. [ii. 276]

Ch. Ch. **Garrard, John**; (eq. fil. n. m.) adm. B.A. 13 Apr. 1608. [ii. 285]

*Brasenose.** **Parsons, Robert**; adm. B.A. (Bras.) 13 Apr. 1608, det. (Hart H.) 160$\frac{8}{9}$. [Hart H., ii. 278]

*Ch. Ch.** **Shelley** (Shellie), **Walter**; adm. B.A. (Ch. Ch.) 16 Apr. 1608, det. 160$\frac{8}{9}$; lic. M.A. (S. Mary H.) 10 June 1613, inc. 1613. [ii. 266]

Ch. Ch. **Crooke, Charles**; adm. B.A. 16 Apr. 1608, det. 160$\frac{8}{9}$; lic. M.A. 18 Apr. 1611, inc. 1611; suppl. lic. to preach 26 Mar., lic. 16 Apr. 1618; adm. B.D. ('cumulatus') 20 June 1625; lic. D.D. ('cumulatus') 20 June 1625, inc. 1625. [ii. 272]

Magd. H. **Stoit** (Stoyte), **Nicholas**; adm. B.A. 16 Apr. 1608, det. 160$\frac{8}{9}$.

Magd. H. **Spicer, William**; adm. B.A. 16 Apr. 1608, det. 160$\frac{8}{9}$; lic. M.A. 22 Feb. 161$\frac{0}{1}$, inc. 1611. [? Jes. ii. 282]

Hart H. **Chaundler, Richard**; adm. B.A. 16 Apr. 1608, det. 160$\frac{8}{9}$; lic. M.A. 8 July 1612, inc. 1612. [ii. 277]

S. Alb. H. **Juell, Gregory**; adm. B.A. 19 Apr. 1608.

*Merton.** **Bradshaw, James**; adm. B.A. (Mert.) 19 Apr. 1608, det. 160$\frac{8}{9}$; lic. M.A. (Oriel, then in orders) 5 June 1611, inc. 1611. [Oriel, ii. 263]

Ch. Ch. **Addams** (Adams), **William**; adm. B.A. 19 Apr. 1608, det. 160$\frac{8}{9}$. [New C., ii. 281]

Balliol. **Lilly, John**; adm. B.A. 20 Apr. 1608, det. 160$\frac{8}{9}$.

Balliol. **Abbott** (Abbotts), **John**; adm. B.A. 20 Apr. 1608, det. 160$\frac{8}{9}$. [ii. 277]

Balliol. **Feriman** (Ferriman), **Thomas**; adm. B.A. 20 Apr. 1608, det. 160$\frac{8}{9}$; lic. M.A. 8 Feb. 161$\frac{0}{1}$, inc. 1611. [ii. 278]

*Hart H.** **Lewis, William**; adm. B.A. (Hart H.) 20 Apr. 1608, det. 160$\frac{8}{9}$; lic. M.A. (Oriel) 2 July 1612, inc. 1612. 〈Afterwards Provost of Oriel, Master of the Hospital of S. Cross and Canon of Winchester.〉

Hart H. **Harrington, James**; (eq. aur. fil.) adm. B.A. 23 Apr. 1608, det. 160$\frac{8}{9}$; lic. M.A. 1 Feb. 161$\frac{0}{1}$, inc. 1611. [ii. 285]

Brasenose. **Hurdman, George**; adm. B.A. 2 May 1608, det. 160$\frac{8}{9}$; lic. M.A. 9 July 1612, inc. 1612. [ii. 270]

Brasenose. **Whittaker** (Whiteakers, Whitakers, Whitaker), **James**; adm. B.A. 2 May 1608, det. 160$\frac{8}{9}$; lic. M.A. 20 June 1611, inc. 1611; adm. B.D. 10 July 1618. [ii. 279]

Brasenose. **Dillworth** (Dilworth), **John**; adm. B.A. 2 May 1608, det. 160$\frac{8}{9}$; lic. M.A. 29 Apr. 1611, inc. 1611. [S. Mary H., ii. 276]

Brasenose. **Prigg, Richard**; adm. B.A. 2 May 1608, det. 160$\frac{8}{9}$; lic. M.A. 24 Jan. 161$\frac{0}{1}$, inc. 1611. [S. Alb. H., ii. 276]

Trinity. **Careill** (Carill), **Richard**; (eq. fil.) adm. B.A. 11 May 1608. [ii. 285]

Broadg. H. **Haycrofte** (Heycroft), **Tristram**; adm. B.A. 11 May 1608, det. 160$\frac{8}{9}$; lic. M.A. 27 June 1611, inc. 1611. [ii. 278]

S. Mary H.* **Taynton** (Teinton, Teynton), **Richard**; adm. B.A (S. Mary H.) 30 May 1608, det. 160^a_y; lic. M.A. (Ch. Ch.) 10 July 1612, inc. 1612. [ii. 287]
Magd. C. **Cottington, John**; adm. B.A. 30 May 1608, det. 160^a_y; lic. M.A. 5 July 1611, inc. 1611.
S. Edm. H. **Rea, Edmund**; adm. B.A. 30 May 1608, det. 160^a_y. [Broadg. H., ii. 278]
S. Edm. H. **Singleton, Thomas**; adm. B.A. 30 May 1608. [Queen's, ii. 276]
Corpus. **Vaughan, Edward**; adm. B.A. 30 May 1608, det. 160^a_y. [ii. 279]
Hart H. **Bragg, John**; adm. B.A. 30 May 1608, det. 160^a_y; lic. M.A. 15 Apr. 1611, inc. 1611. [ii. 278]
Hart H. **Dillan** (Dillon, Dillham, Dillam), **Israel**; adm. B.A. 30 May 1608, det. 160^a_y; lic. M.A. 5 July 1611, inc. 1611. [Magd. H., ii. 277]
Hart H. **Gwyn** (Gwin), **Owen**; adm. B.A. 30 May 1608, det. 160^a_y; lic. M.A. 4 July 1615, inc. 1615. [ii. 278]
Hart H. **Parsons, George**; adm. B.A. 30 May 1608, det. 160^a_y.
Magd. H. **Budden, John**; adm. B.A. 31 May 1608, det. 160^a_y. [ii. 280]
Magd. H. **Gove, Richard**; adm. B.A. 31 May 1608, det. 160^a_y; lic. M.A. 4 July 1611, inc. 1611. [ii. 280]
Ch. Ch.* **Penrie** (Penry), **Hugh**; adm. B.A. (Ch. Ch.) 31 May 1608, det. 160^a_y; lic. M.A. (Jes.) 15 Apr. 1611, inc. 1611. [Jes., ii. 276]
Magd. C. **Copley, Godfrey**; (arm. fil. n. m.) adm. B.A. 1 June 1608, det. 160^a_y. [ii. 290]
Trinity. **Browne, Thomas**; adm. B.A. 2 June 1608, det. 160^a_y; lic. M.A. 5 May 1612, inc. 1612. [ii. 270]
Trinity. **Ironside, Gilbert**; adm. B.A. 2 June 1608, det. 160^a_y; lic. M.A. 5 May 1612, inc. 1612; adm. B.D. 1 July 1619. [ii. 274]
Trinity. **Rands** (Ranes), **Richard**; adm. B.A. 2 June 1608, det. 160^a_y; lic. M.A. 29 Apr. 1612, inc. 1612; adm. B.D. 1 July 1619; lic. to preach 2 July 1622. [ii. 278]
Trinity. **Bishopp** (Bisshoppe), **Thomas**; adm. B.A. 2 June 1608, det. 160^a_y; lic. M.A. 5 May 1612, inc. 1612. [? Exet., ii. 277]
Broadg. H. **Gardener** (Gardiner, Gardner), **Richard**; adm. B.A., 2 June 1608, det. 160^a_y; lic. M.A. 28 Apr. 1611, inc. 1611; lic. to pract. med. 17 Dec. 1621. [ii. 276]
Broadg. H. **Driver** (Dryver), **John**; adm. B.A. 2 June 1608, det. 160^a_y; lic. M.A. 10 July 1612, inc. 1612. [ii. 277]
Broadg. H. **Martin, James**; adm. B.A. 2 June 1608, det. 160^a_y; lic. M.A. 28 Apr. 1611, inc. 1611. [Ch. Ch., ii. 276]
S. Alb. H. **Pole, John**; adm. B.A. 6 June 1608, det. 160^a_y.
S. John's. **Wall, John**; adm. B.A. 6 June 1608. [Queen's, ii. 277]
S. John's.* **Dingley, Thomas**; adm. B.A. (S. Jo.) 6 June 1608, det. 160^a_y; adm. B.C.L. (All So.) 12 July 1614. [ii. 280]
S. John's. **Wall, George**; adm. B.A. 6 June 1608. [Queen's, ii. 276]
Broadg. H.* **Traiton** (Trayton), **Thomas**; adm. B.A. (Broadg. H.) 6 June 1608, det. (Gloc. H.) 160^a_y. [Ch. Ch., ii. 276]
Lincoln. **Upton, John**; (arm. fil. n. m.) adm. B.A. 9 June 1608. [ii. 286]
Ch. Ch. **Wall, John**; adm. B.A. 9 June 1608, det. 160^a_y; lic. M.A.

18 Apr. 1611, inc. 1611; adm. B.D. 24 Nov. 1618; lic. to preach 3 Dec. 1618; lic. D.D. 14 Oct. 1623, inc. 1624. [Ch. Ch., ii. 277]
Ch. Ch. Iles, Thomas; adm. B.A. 9 June 1608, det. 160^a_u; lic. M.A. 18 Apr. 1611, inc. 1611; adm. B.D. and lic. D.D. ('cumulatus') 23 June 1619, inc. D.D. 1619. [ii. 277]
Ch. Ch. Godwyn (Godwin), Thomas; (fil. n. m. episcopi Landav.) adm. B.A. 9 June 1608, det. 160^a_u; lic. M.A. 3 July 1611, inc. 1611; adm. B.D. and lic. D.D. ('cumulatus') 2 July 1621, inc. D.D. 1621. [ii. 277]
Ch. Ch. Vawer, John; adm. B.A. 9 June 1608, det. 160^a_u; lic. M.A. 18 Apr. 1611, inc. 1611. [Hart H., ii. 278]
Ch. Ch. Frethern, James; adm. B.A. 9 June 1608, det. 160^a_u; lic. M.A. 18 Apr. 1611, inc. 1611. [Broadg. H., ii. 270]
Gloc. H. Cheriton, Matthew; adm. B.A. 10 June 1608, det. 160^a_u; lic. M.A. 9 May 1611, inc. 1611. [ii. 252]
Gloc. H.* Hauley (Hawley), Richard; adm. B.A. (Gloc. H.) 10 June 1608, det. 160^a_u; lic. M.A. (Mert.) 27 June 1615, inc. 1615; incorp. as M.D. from Leyden 11 July 1627. Brod., p. 279.
Gloc. H. Wall, Richard; adm. B.A. 10 June 1608. [Queen's, ii. 277]
Gloc. H. Wall, Humphrey; adm. B.A. 10 June 1608. [Queen's, ii. 276]
Magd. H. Morison, Josias; adm. B.A. 11 June 1608, det. 16$^{9a}_{1U}$. [ii. 280]
New C. Harks (Herks) alias Garbrand, John; adm. B.A. 15 June 1608, det. 160^a_u. [ii. 269]
Exeter. Drake, William; adm. B.A. 17 June 1608, det. 160^a_u. [ii. 277]
Oriel. Philpott (Phillpotts), Thomas; adm. B.A. 21 June 1608, det. 160^a_u; lic. M.A. 15 Apr. 1611, inc. 1611. [ii. 277]
Queen's. Elliot (Eliot), Joshua; adm. B.A. 22 June 1608, det. 160^a_u; lic. M.A. 30 June 1614, inc. 1614. [ii. 276]
Queen's. Grubb, John; (arm. fil. n. m.) adm. B.A. 22 June 1608, det. 160^a_u. [ii. 284]
Queen's. Coles, Richard; adm. B.A. ('cumulatus') 23 June 1608, det. 160^a_u. [ii. 278]
Merton.* Winder (Windar), Samuel; adm. B.A. (Mert.) 25 June 1608, det. 160^a_u; lic. M.A. (S. Mary H., then in orders) 27 June 1611, inc. 1611. [Trin., ii. 278]
Merton.* Fawkner (Falkner, Fawlkner, Falkener), Kenelm; adm. B.A. (Mert.) 25 June 1608, det. 160^a_u; lic. M.A. (S. Alb. H.) 6 July 1612, inc. 1612.
S. John's. Vertue, Owen; adm. B.A. 27 June 1608, det. 160^a_u; lic. M.A. 9 May 1612, inc. 1612. [ii. 275]
S. John's. Clarke, Thomas; adm. B.A. 27 June 1608, det. 160^a_u; lic. M.A. 4 July 1612, inc. 1612. [ii. 275]
S. John's. Alder, John; adm. B.A. 27 June 1608. [ii. 275]
Queen's. Ingoll, Daniel; adm. B.A. 1 July 1608, det. 161$^o_1$; lic. M.A. 5 July 1611, inc. 1611; adm. B.D. 16 June 1619. [ii. 271]
Queen's. Laughorne, John; adm. B.A. 1 July 1608, det. 161$^o_1$; lic. M.A. 5 July 1611, inc. 1611; adm. B.D. 17 Dec. 1619. [ii. 268]
Oriel. Hanmer (Hamner), John; (eq. fil. n. m.) adm. B.A. 2 July 1608, det. 160^a_u. [ii. 293]

S. Mary H. **Brayn** (Braine), **Richard**; adm. B.A. 4 July 1608, det. 160$\frac{8}{9}$. [ii. 281]

*S. Mary H.** **West, Samuel**; adm. B.A. (S. Mary H.) 6 July 1608, det. (Hart H.) 160$\frac{8}{9}$. [Ball., ii. 282]

Queen's. **Smith, Walter**; (arm. fil. n. m.) adm. B.A. ('cumulatus') 7 July 1608. [ii. 287]

Exeter. **Mohune, William**; (eq. fil. n. m.) adm. B.A. 7 July 1608. [ii. 286]

Exeter. **Mohune, John**; (eq. fil.) adm. B.A. 7 July 1608. [ii. 286]

Exeter. **Harris** (Harries), **Christopher**; (arm. fil. n. m.) adm. B.A. 7 July 1608, det. 160$\frac{8}{9}$; lic. M.A. 2 July 1611, inc. 1611. [ii. 286]

Exeter. **Bartlet, Thomas**; adm. B.A. 7 July 1608.

Exeter. **Page, Thomas**; adm. B.A. 7 July 1608.

Ch. Ch. **Jones, John**; adm. B.A. 7 July 1608, det. 160$\frac{8}{9}$. [? Bras., ii. 275]

Brasenose. **Gallimore** (Gallamore), **Gilbert**; suppl. B.A. 1 July 1606, adm. 7 July 1608, det. 160$\frac{8}{9}$; lic. M.A. 6 July 1615, inc. 1615. [ii. 265]

⟨*Brasenose.*⟩* **Smith, Ralph**; adm. B.A. 7 July 1608, det. (Bras.) 160$\frac{8}{9}$; lic. M.A. (Bras.) 16 Dec. 1611, inc. (Mert.) 1612. [ii. 270]

Brasenose. **Knollis** (Knoles, Knowles, Knowllis), **Robert**; adm. B.A. 7 July 1608, det. 160$\frac{8}{9}$; lic. M.A. 5 July 1611, inc. 1611; adm. B.D. 9 July 1618. [ii. 279]

Brasenose. **Bagshewe, Edward**; adm. B.A. 7 July 1608, det. 160$\frac{8}{9}$. [ii. 278]

*Brasenose.** **Mockett, Abraham**; adm. B.A. (Bras.) 7 July 1608, det. 160$\frac{8}{9}$; lic. M.A. (All So.) 15 Jan. 161$\frac{1}{2}$, inc. 1612. [ii. 279]

Magd. C. **Browne, Henry**; adm. B.A. 7 July 1608, det. 160$\frac{8}{9}$.

Corpus. **Prichard, Richard**; adm. B.A. 8 July 1608, det. 160$\frac{8}{9}$; lic. M.A. 29 Apr. 1611, inc. 1611.

Hart H. **Jones, Herbert**; (eq. fil.) adm. B.A. 9 July 1608, det. 160$\frac{8}{9}$; lic. M.A. 15 Apr. 1611, inc. 1611.

Hart H. **Barlow, John**; adm. B.A. 9 July 1608. [ii. 244]

Gloc. H. **Whorwood** (Whoorehoode), **William**; adm. B.A. 13 July 1608, det. 160$\frac{8}{9}$. [ii. 250]

Lincoln. **Lea, William**; adm. B.A. 15 July 1608, det. 160$\frac{8}{9}$; lic. M.A. 22 May 1611, inc. 1611. [ii. 281]

Magd. H. **Shepherd** (Sheppard), **John**; adm. B.A. 15 July 1608. [ii. 267]

University. **Steede, John**; (mil. fil. n. m.) adm. B.A. 14 Oct. 1608, det. 160$\frac{8}{9}$. [ii. 289]

Ch. Ch. **Colfe** (Calfe, Caulfe), **Isaac**; adm. B.A. 14 Oct. 1608, det. 160$\frac{8}{9}$; lic. M.A. 4 June 1611, inc. 1611. [ii. 282]

Ch. Ch. **Williams, George**; adm. B.A. 14 Oct. 1608, det. 160$\frac{8}{9}$. [ii. 287]

Balliol. **Hellings, Nathaniel**; adm. B.A. 14 Oct. 1608, det. 16$\frac{09}{10}$. [ii. 282]

S. Edm. H. **Deacon, Samuel**; adm. B.A. 14 Oct. 1608, det. 160$\frac{8}{9}$; lic. M.A. 27 May 1611, inc. 1611. [ii. 278]

*Hart H.** **Studley, Andrew**; adm. B.A. (Hart H.) 16 Oct. 1608, det. 160$\frac{8}{9}$; lic. M.A. (Gloc. H.) 28 May 1611, inc. 1611. [ii. 278]

Corpus. **Deuhurst** (Duhirst, Duerst, Dewhirst), **John**; adm. B.A. 16 Oct. 1608, det. 160$\frac{8}{9}$; lic. M.A. 28 May 1611, inc. 1611.

*Brasenose.** **Farrington, Laurence**; adm. B.A. (Bras.) 16 Oct. 1608, det. (Univ.) 160$\frac{8}{9}$; lic. M.A. (Univ.) 9 July 1619, inc. 1619. [S. Mary H., ii. 281]

All Souls. **Robins, Maurice**; adm. B.A. 19 Oct. 1608, det. 160$\frac{8}{9}$.

Lincoln. **Read, Michael**; adm. B.A. 20 Oct. 1608, det. 160$\frac{8}{9}$; lic. M.A. 12 June 1611, inc. 1611. [ii. 281]

Lincoln. **Kilby** (Kilbee), **Richard**; adm. B.A. 20 Oct. 1608, det. 160$\frac{8}{9}$; lic. M.A. 6 July 1613, inc. 1613; adm. B.D. 9 Apr. 1622. [ii. 281]

S. John's. **Higgyns** (Higgons), **Richard**; adm. B.A. 20 Oct. 1608, det. 160$\frac{8}{9}$; lic. M.A. 4 June 1611, inc. 1611. [ii. 281]

*S. John's.** **Brigden, Richard**; adm. B.A. (S. Jo.) 20 Oct. 1608, det. (Gloc. H.) 160$\frac{8}{9}$.

Ch. Ch. **Marsh** (Mershe), **Robert**; adm. B.A. 21 Oct. 1608, det. 160$\frac{8}{9}$; lic. M.A. 9 July 1617, inc. 1617. [ii. 283]

Ch. Ch. **Houghton, William**; adm. B.A. 21 Oct. 1608, det. 160$\frac{8}{9}$.

*Queen's.** **Airaye** (Ayrey, Aray, Airey, Aiery, Ayray), **Adam**; adm. B.A. 21 Oct. 1608, det. 161$\frac{0}{1}$; lic. M.A. 5 July 1611, inc. 1611; adm. B.D. (Queen's) 17 Dec. 1619; lic. to preach (Queen's) 18 May 1621; lic. D.D. (S. Edm. H.) 6 July 1637, inc. 1637. [ii. 281]

Oriel. **Humphreys, Robert**; adm. B.A. 24 Oct. 1608, det. 160$\frac{8}{9}$; suppl. M.A. 26 June 1611, inc. 1611. [ii. 279]

Oriel. **Ashworth, John**; adm. B.A. 24 Oct. 1608, det. 160$\frac{8}{9}$.

Oriel. **Daniel, Barton**; adm. B.A. 24 Oct. 1608, det. 160$\frac{8}{9}$; lic. M.A. 27 Jan. 161$\frac{3}{4}$, inc. 1614.

Oriel. **Paine, John**; adm. B.A. 24 Oct. 1608, det. 160$\frac{8}{9}$; lic. M.A. 1 June 1611, inc. 1611. [ii. 282]

Exeter. **Fitz Jeames** (Fitz-James), **John**; adm. B.A. 26 Oct. 1608, det. 160$\frac{8}{9}$. [ii. 285]

Exeter. **Seymour** (Seymer, Seamor), **Walter**; adm. B.A. 26 Oct. 1608, det. 160$\frac{8}{9}$; lic. M.A. 4 June 1611, inc. 1611.

Exeter. **Harry** (Harrie), **Alexander**; adm. B.A. 26 Oct. 1608, det. 160$\frac{8}{9}$; lic. M.A. 4 June 1611, inc. 1611; adm. B.D. 25 Apr. 1621; lic. to preach 4 July 1622. [ii. 277] Boase, p. 59.

Exeter. **Martin, Thomas**; adm. B.A. 26 Oct. 1608, det. 160$\frac{8}{9}$; lic. M.A. 4 June 1611, inc. 1611. [ii. 278]

Exeter. **Petre** (Peeter), **George**; adm. B.A. 26 Oct. 1608, det. 160$\frac{8}{9}$; lic. M.A. 4 June 1611, inc. 1611. [ii. 280] Boase, p. 57.

Jesus. **Jones** (Johnes), **Daniel**; adm. B.A. 31 Oct. 1608, det. 160$\frac{8}{9}$. [S. Mary H., ii. 284]

Jesus. **Quarrell, John**; adm. B.A. 31 Oct. 1608, det. 160$\frac{8}{9}$; lic. M.A. 9 July 1612, inc. 1612. [ii. 282]

Ch. Ch. **Orton, William**; adm. B.A. 3 Nov. 1608, det. 160$\frac{8}{9}$. [ii. 279]

Ch. Ch. **Bennet, John**; (eq. fil. n. m.) adm. B.A. 4 Nov. 1608. [ii. 285]

Merton. **Whyte, Robert**; adm. B.A. ('Robert') 4 Nov. 1608, det. ('William') 160$\frac{8}{9}$.

Hart H. **Compton, James**; adm. B.A. 15 Nov. 1608, det. 160$\frac{8}{9}$. [ii. 270]

Lincoln. **Warde, John**; adm. B.A. 17 Nov. 1608, det. 160$\frac{8}{9}$. [ii. 286]

*Hart H.** **Stookes** (Stokes, Stoakes), **Gilbert**; adm. B.A. (Hart H.) 19 Nov. 1608, det. $160\frac{8}{9}$; lic. M.A. (Hart H.) 28 May 1611, inc. 1611; lic. to preach (Wadh.) 12 Dec. 1621; adm. B.D. (Wadh.) 23 June 1646. [ii. 286]

*Trinity.** **Reinolds, Rice**; adm. B.A. (Trin.) 19 Nov. 1608, det. (Hart H.) $160\frac{8}{9}$. [ii. 287]

Brasenose. **Leicester** (Leycester, Lester, Leister), **Thomas**; adm. B.A. 23 Nov. 1608, det. $160\frac{8}{9}$; lic. M.A. 5 July 1611, inc. 1611. [ii. 279]

*Brasenose.** **Salway** (Salloway), **Thomas**; adm. B.A. (Bras.) 23 Nov. 1608, det. $160\frac{8}{9}$; adm. B.C.L. (All So.) 22 Nov. 1615. [ii. 279]

Brasenose. **Turner, Thomas**; adm. B.A. 23 Nov. 1608, det. $160\frac{8}{9}$. [ii. 281]

Brasenose. **Peart, George**; adm. B.A. 23 Nov. 1608. [ii. 289]

Brasenose. **Coles, John**; (arm. fil. n. m.) adm. B.A. 23 Nov. 1608, det. $160\frac{8}{9}$. [ii. 288]

S. Edm. H. **Underwood, Joseph**; adm. B.A. 29 Nov. 1608, det. $160\frac{8}{9}$. [S. Jo., ii. 280]

Queen's. **Sharrock** (Sarrocke), **Theophilus**; adm. B.A. 9 Dec. 1608, det. $160\frac{8}{9}$; lic. M.A. 30 June 1614, inc. 1614. [ii. 279]

S. Edm. H. **Roberts, Evan**; adm. B.A. 9 Dec. 1608, det. $160\frac{8}{9}$. [ii. 282]

S. Alb. H. **Longe, John**; adm. B.A. 15 Dec. 1608, det. $160\frac{8}{9}$. [ii. 280]

S. Alb. H. **Ascott** (Arscott), **Ezeckiel**; adm. B.A. 15 Dec. 1608, det. $160\frac{8}{9}$; lic. M.A. 7 July 1615, inc. 1615. [ii. 284]

Queen's. **Draper, Peter**; adm. B.A. 15 Dec. 1608, det. $160\frac{8}{9}$. [ii. 277]

Queen's. **Adamson, John**; adm. B.A. 15 Dec. 1608, det. $161\frac{0}{1}$. [ii. 279]

Balliol. **Knight, William**; adm. B.A. 16 Dec. 1608, det. $160\frac{8}{9}$.

Gloc. H. **More, John**; (eq. aur. fil.) adm. B.A. 17 Dec. 1608, det. $160\frac{8}{9}$. [ii. 278]

Gloc. H. **Potman, Richard**; (eq. aur. fil.) adm. B.A. 17 Dec. 1608, det. $160\frac{8}{9}$; lic. M.A. 28 May 1611, inc. 1611. [ii. 285]

Exeter. **Cair** (Care, Carr), **Thomas**; adm. B.A. 18 Dec. 1608, det. $160\frac{8}{9}$; lic. M.A. 28 June 1615, inc. 1615. [ii. 281]

*Broadg. H.** **Kelly** (Kelley), **Roger**; adm. B.A. (Broadg. H.) 18 Dec. 1608, det. $160\frac{8}{9}$; lic. M.A. (Linc.) 12 June 1611, inc. 1611. [ii. 281]

Queen's. **Lotier** (Lokier), **William**; suppl. B.A. 25 June 1608, det. $160\frac{8}{9}$. [ii. 276]

Magd. C. **Poulett, William**; (arm. fil. n. m.) suppl. B.A. 25 June 1608.

Oriel. **Ireland, George**; (arm. fil. n. m.) suppl. B.A. 4 Nov. 1608. [? Bras., ii. 287]

Oriel. **Duncombe, Thomas**; (arm. fil. n. m.) suppl. B.A. 4 Nov. 1608. [ii. 287]

New Coll. **Pinck, Roger**; adm. B.C.L. 16 Apr. 1608. [ii. 254]

New Coll. **Capp, Francis**; adm. B.C.L. 16 Apr. 1608. [ii. 258]

New Coll. Jones, John ; adm. B.C.L. 16 Apr. 1608. [ii. 262]
S. John's. Englishe (Englisse), John ; adm. B.C.L. 26 Nov. 1608. [ii. 260]

Lincoln. Davies (Davis), John ; suppl. B.D. 27 June, adm. 30 June 1608 ; lic. D.D. 14 Mar. 161⅝, inc. 1616.

1609.

S. Mary H. Pollard, Roger ; adm. B.A. 21 Jan. 160$\frac{8}{9}$, det. 160$\frac{8}{9}$. [ii. 281]
Magd. C. Johnson, Edward ; (eq. aur. fil., *or* eq. aur. fil. n. m.) adm. B.A. 21 Jan. 160$\frac{8}{9}$, det. 160$\frac{8}{9}$. [ii. 293]
Magd. C. Mason, Allen ; adm. B.A. 21 Jan. 160$\frac{8}{9}$, det. 160$\frac{8}{9}$. [ii. 273]
Magd. C. Droope (Drope), John ; adm. B.A. 25 Jan. 160$\frac{8}{9}$, det. 160$\frac{8}{9}$; lic. M.A. 23 May 1612, inc. 1612 ; adm. B.D. 8 July 1619 ; suppl. lic. to preach 7 Nov. 1622, lic. 26 Apr. 1623. [ii. 248]
Magd. C. Smith (Smythe), Samuel ; adm. B.A. 25 Jan. 160$\frac{8}{9}$, det. 160$\frac{8}{9}$; lic. M.A. 23 May 1612, inc. 1612 ; certified by the Professor of Medicine to be qualified for M.B. and for lic. to pract. med. 29 Mar. 1620, suppl. for both 3 Apr. 1620, lic. to pract. med. 15 Apr. 1620, adm. M.B. 25 Apr. 1620. [Magd. H., ii. 276]
Magd. C. Pellham, John ; adm. B.A. 25 Jan. 160$\frac{8}{9}$, det. 160$\frac{8}{9}$.
Magd. C. Greenehill, William ; adm. B.A. 25 Jan. 160$\frac{8}{9}$, det. 160$\frac{8}{9}$; lic. M.A. 9 July 1612, inc. 1612. [ii. 273]
Magd. C. Frewen, Accepted ; adm. B.A. 25 Jan. 160$\frac{8}{9}$, det. 160$\frac{8}{9}$; lic. M.A. 23 May 1612, inc. 1612 ; adm. B.D. 8 July 1619 ; suppl. lic. to preach 14 Nov. 1620 ; lic. D.D. ('cumulatus') 16 Dec. 1626, inc. 1627. [ii. 273]
Magd. C. Peto, Joshua ; adm. B.A. 25 Jan. 160$\frac{8}{9}$, det. 160$\frac{8}{9}$. ⟨Demy of Magd. C. 1604-1610 ; Blox. 5, p. 20.⟩
Magd. C. Hull (Hall), John ; adm. B.A. 25 Jan. 160$\frac{8}{9}$, det. 160$\frac{8}{9}$; lic. M.A. 23 May 1612, inc. 1612 ; adm. B.D. 8 July 1619 ; suppl. lic. to preach 20 Apr. 1624. [ii. 290]
Magd. C. Savage (Savadge), Josias ; adm. B.A. 25 Jan. 160$\frac{8}{9}$, det. 160$\frac{8}{9}$. [Magd. H., ii. 278]
Magd. C. Baker, Daniel ; adm. B.A. 25 Jan. 160$\frac{8}{9}$, det. 160$\frac{8}{9}$; lic. M.A. 26 Feb. 161$\frac{3}{4}$, inc. ('Anthony') 1613. [ii. 269]
Magd. C. Cottington, George ; adm. B.A. 25 Jan. 160$\frac{8}{9}$, det. 160$\frac{8}{9}$; lic. M.A. 23 May 1612, inc. 1612. [ii. 273]
Magd. C. Hitchcocke, Robert ; adm. B.A. 25 Jan. 160$\frac{8}{9}$, det. 160$\frac{8}{9}$; lic. M.A. 23 May 1612, inc. 1612 ; adm. B.D. 10 May 1620. [Bras., ii. 282]
Magd. C. Hart, Humphrey ; suppl. B.A. 30 June 1606, adm. 25 Jan. 160$\frac{8}{9}$, det. 160$\frac{8}{9}$. [ii. 273]
Queen's. Darknell (Darknoll, Darcknall), Phineas ; adm. B.A. 27 Jan. 160$\frac{8}{9}$, det. 160$\frac{8}{9}$; lic. M.A. 6 July 1612, inc. 1612.
Exeter. Dyer, William ; adm. B.A. 31 Jan. 160$\frac{8}{9}$, det. 160$\frac{8}{9}$. [ii. 284]
S. Edm. H. Stradling, Richard ; adm. B.A. 31 Jan. 160$\frac{8}{9}$, det. 160$\frac{8}{9}$; lic. M.A. 14 June 1613, inc. 1613. [Magd. H., ii. 284]

S. Mary H. **Evans, William**; adm. B.A. 7 Feb. $160\frac{8}{9}$, det. $160\frac{8}{9}$; lic. M.A. 4 July 1611, inc. 1611. [ii. 271]

Ch. Ch. (*Lord*) **Clifford, Henry**; adm. B.A. 16 Feb. $160\frac{8}{9}$, det. $160\frac{8}{9}$ ⟨eldest son of the fourth earl of Cumberland.⟩ [ii. 292]

*Hart H.** **Hall, Richard**; adm. B.A. (Hart H.) 16 Feb. $160\frac{8}{9}$, det. $160\frac{8}{9}$; lic. M.A. (Linc.) 30 June 1612, inc. 1612. [ii. 266] Richard Hall, All So., adm. B.D. 19 May 1617; lic. D.D. 18 Dec. 1620, inc. 1621. ⟨Perhaps this man, but see Richard Hall, Ball., *supra*, p. 250.⟩

Hart H. **Guy, Nicholas**; adm. B.A. 16 Feb. $160\frac{8}{9}$, det. $160\frac{8}{9}$; lic. M.A. 1 July 1611, inc. 1611. [ii. 283]

Merton. **Ruffin, Francis**; adm. B.A. 16 Feb. $160\frac{8}{9}$, det. $160\frac{8}{9}$; lic. M.A. 9 Mar. $161\frac{1}{2}$, inc. 1612. [ii. 278]

Merton. **Seller** (Sellar), **William**; adm. B.A. 16 Feb. $160\frac{8}{9}$, det. $160\frac{8}{9}$; lic. M.A. 27 June 1615, inc. 1615. [Magd. H., ii. 267] Brod., p. 279.

*S. Mary H.** **Scampton, Matthias**; adm. B.A. (S. Mary H.) 17 Feb. $160\frac{8}{9}$, det. $160\frac{8}{9}$; lic. M.A. (Linc.) 6 July 1613, inc. 1613. [Linc., ii. 281]

S. Mary H. **Limberie** (Lymberie), **John**; adm. B.A. 17 Feb. $160\frac{8}{9}$, det. $160\frac{8}{9}$. [ii. 284]

S. Mary H. **Ball, John**; adm. B.A. 17 Feb. $160\frac{8}{9}$, det. $160\frac{8}{9}$; lic. M.A. 3 July 1616, inc. 1616. [ii. 284]

Ch. Ch. **Hickman, Alexander**; adm. B.A. 17 Feb. $160\frac{8}{9}$, det. $160\frac{8}{9}$; lic. M.A. 14 May 1612, inc. 1612. [ii. 282]

Broadg. H. **Flye** (Fleye), **Hugh**; adm. B.A. 17 Feb. $160\frac{8}{9}$, det. $160\frac{8}{9}$. [ii. 283]

S. Edm. H. **Masters, Adrian**; adm. B.A. 18 Feb. $160\frac{8}{9}$, det. $160\frac{8}{9}$; lic. M.A. (then in orders) 8 July 1613, inc. 1613. [Hart H., ii. 277]

S. Edm. H. **Arney, William**; adm. B.A. 18 Feb. $160\frac{8}{9}$, det. $160\frac{8}{9}$; lic. M.A. 4 July 1611, inc. 1611.

Trinity. **Bidulph** (Biddulph), **Walter**; adm. B.A. 18 Feb. $160\frac{8}{9}$, det. $160\frac{8}{9}$; lic. M.A. 26 June 1611, inc. 1611; adm. B.D. 14 Dec. 1620. [ii. 283]

Trinity. **Foxe, John**; adm. B.A. 18 Feb. $160\frac{8}{9}$, det. $160\frac{8}{9}$. [ii. 261]

Trinity. **Reason** (Reasonne), **John**; adm. B.A. 18 Feb. $160\frac{8}{9}$, det. $160\frac{8}{9}$; lic. M.A. 5 May 1612, inc. 1612. [ii. 287]

Brasenose. **Burnley, John**; adm. B.A. 18 Feb. $160\frac{8}{9}$, det. $160\frac{8}{9}$.

Brasenose. **Johnson, Thomas**; adm. B.A. 18 Feb. $160\frac{8}{9}$, det. $160\frac{8}{9}$.

Brasenose. **Edes, Richard**; adm. B.A. 18 Feb. $160\frac{8}{9}$, det. $160\frac{8}{9}$. [ii. 283]

S. Alb. H. **Locksmith, William**; adm. B.A. 20 Feb. $160\frac{8}{9}$, det. $160\frac{8}{9}$; lic. M.A. 6 July 1612, inc. 1612. [ii. 287]

S. Alb. H. **Bates, Thomas**; adm. B.A. 20 Feb. $160\frac{8}{9}$, det. $160\frac{8}{9}$. [ii. 281]

S. Alb. H. **Harding, William**; adm. B.A. 20 Feb. $160\frac{8}{9}$, det. $160\frac{8}{9}$. [Bras., ii. 262]

University. **Bunny, George**; adm. B.A. 20 Feb. $160\frac{8}{9}$, det. $160\frac{8}{9}$; lic. M.A. 6 July 1611, inc. 1611. [ii. 285]

S. Edm. H. **Wood, Thomas**; adm. B.A. 20 Feb. $160\frac{8}{9}$, det. $160\frac{8}{9}$; lic. M.A. 9 July 1612, inc. 1612. [Oriel, ii. 281]

Jesus. **Morgans, David**; adm. B.A. 20 Feb. $160\frac{8}{9}$, det. $160\frac{8}{9}$. [ii. 282]

Jesus. Howell, Thomas; adm. B.A. 20 Feb. 160⁹⁄₉, det. 160⁸⁄₉; lic. M.A. 9 July 1612, inc. 1612; adm. B.D. and lic. D.D. 5 (or 8) July 1630, inc. D.D. 1630. ⟨His suppl. B.D. is registered also in error as suppl. M.A.⟩ [ii. 298]
Jesus. Maunsell (Mansell), Francis; (arm. fil.) adm. B.A. (Jes.) 20 Feb. 160⁹⁄₉, det. 160⁸⁄₉; lic. M.A. (Jes.) 5 July 1611, inc. 1611; adm. B.D. and lic. D.D. (All So.) 3 July 1624, inc. D.D. 1624. ⟨Prebendary of S. David's and Treasurer of Llandaff.⟩ [ii. 298]
Jesus. Wornoe, Henry; adm. B.A. 20 Feb. 160⁹⁄₉, det. 160⁸⁄₉. [Oriel, ii. 288]
Jesus. Owens, Morgan; adm. B.A. 20 Feb. 160⁹⁄₉, det. 160⁸⁄₉. [ii. 303]
Magd. C. Simons, Josias; adm. B.A. 20 Feb. 160⁸⁄₉, det. 160⁸⁄₉.
Magd. C. Clayton (Cleyton), James; adm. B.A. 20 Feb. 160⁸⁄₉, det. 160⁸⁄₉; lic. M.A. 28 Nov. 1611, inc. 1612.
New Coll. Rooke, William; adm. B.A. 21 Feb. 160⁸⁄₉, det. 160⁸⁄₉; (Chapl. of New C.) lic. M.A. 16 Dec. 1611, inc. 1612. [ii. 284]
New Coll. Taylor, Philip; adm. B.A. 21 Feb. 160⁹⁄₉, det. 160⁸⁄₉. [ii. 281]
Balliol. Sylvester (Silvester), Edward; adm. B.A. 21 Feb. 160⁸⁄₉, det. 160⁸⁄₉; lic. M.A. 10 June 1619, inc. 1619. [ii. 278]
Brasenose. Capper (Cappar, Cappur), Philip; adm. B.A. 23 Feb. 160⁸⁄₉, det. 160⁸⁄₉; lic. M.A. 16 Dec. 1611, inc. 1612; adm. B.D. 8 July 1619; presented to S. Clement's, Hastings, dio. Chichester 18 Apr. 1629. [ii. 278]
Brasenose. Long, Ellis; adm. B.A. 23 Feb. 160⁹⁄₉, det. 160⁸⁄₉. [ii. 279] Elias Longe, B.A., Bras., was certified by the Prof. of Med. to be qualified for M.B. and for lic. to pract. med. 26 May 1631; suppl. M.B. 15 June 1631.
Brasenose. Morgell, Ralph; adm. B.A. 23 Feb. 160⁹⁄₉, det. 160⁸⁄₉. [ii. 282]
Exeter. Painter, Henry; adm. B.A. 23 Feb. 160⁸⁄₉, det. 160⁸⁄₉; in orders before 1609; adm. B.D. 15 Dec. 1618. [ii. 265]
Queen's. Fettiplace, Edmund; adm. B.A. 23 Feb. 160⁹⁄₉, det. 160⁸⁄₉; lic. M.A. 9 July 1612, inc. 1612. [ii. 286]
S. John's. Smith, Henry; adm. B.A. 23 Feb. 160⁹⁄₉, det. 160⁸⁄₉.
Brasenose. Jackson, William; adm B.A. 23 Feb. 160⁹⁄₉, det. 160⁸⁄₉; lic. M.A. 7 July 1614, inc. 1614. [ii. 273]
Brasenose. Tetlowe (Tetloe), Robert; adm. B.A. 23 Feb. 160⁹⁄₉, det. 160⁸⁄₉; lic. M.A. 21 June 1615, inc. 1615. [ii. 272]
Brasenose. Slatter (Slatyer, Slater), William; adm. B.A. 23 Feb. 160⁸⁄₉, det. 160⁸⁄₉; lic. M.A. 13 Nov. 1611, inc. 1611; adm. B.D. ('cumulatus') 7 Dec. 1623; lic. D.D. ('cumulatus') 17 Dec. 1623, inc. 1624. [? S. Mary H., ii. 246]
Exeter. Gardner, George; adm. B.A. 23 Feb. 160⁸⁄₉, det. 160⁸⁄₉. [? S. Edm. H., ii. 268]
Magd. H. Ingland (Inglane, England), John; adm. B.A. 23 Feb. 160⁹⁄₉, det. 160⁸⁄₉. [ii. 299]
Brasenose. Grange, Thomas; adm. B.A. 25 Feb. 1609, det. 160⁸⁄₉; lic. M.A. 9 July 1612, inc. 1612. [ii. 298]
Ch. Ch. Edes (Eedes), Herbert; (D.D. fil.) adm. B.A. 4 Mar. 160⁹⁄₉, det. 16⁰⁹⁄₁₀; lic. M.A. 14 May 1612, inc. 1612. [ii. 291]
Magd. H. Flower, Roger; adm. B.A. 8 Apr. 1609. [ii. 280]

Ch. Ch.   **Littleton, Edward**; (arm. fil. n. m.) adm. B.A. 28 Apr. 1609. [ii. 291]
New Coll.   **Brimeld** (Brimell), **Israel**; adm. B.A. 2 May 1609, det. 16⁰⁹⁄₁₀. [ii. 275]
New Coll.   **Gray** (Grey), **Anthony**; adm. B.A. 2 May 1609, det. 16⁰⁹⁄₁₀; lic. M.A. 17 Dec. 1612. [ii. 276]
New Coll.   **Wood, Thomas**; adm. B.A. 2 May 1609, det. 16⁰⁹⁄₁₀; lic. M.A. 16 Jan. 161⅜, inc. 1613; suppl. B.D. 3 Nov., adm. ('cumulatus') 4 Nov. 1619. [ii. 285]
New Coll.   **Chaundler, Thomas**; adm. B.A. 2 May 1609, det. 16⁰⁹⁄₁₀; lic. M.A. 16 Jan. 161⅔, inc. 1613. [ii. 285]
New Coll.   **Stone, Benjamin**; adm. B.A. 2 May 1609, det. 16⁰⁹⁄₁₀. [ii. 285]
New Coll.   **Heath** (Heth), **John**; adm. B.A. 2 May 1609, det. 16⁰⁹⁄₁₀; lic. M.A. 16 Jan. 161⅔, inc. 1613. [ii. 285]
New Coll.   **Grent, Thomas**; adm. B.A. 2 May 1609, det. 16⁰⁹⁄₁₀; lic. M.A. 16 Jan. 161⅔, inc. 1613; suppl. M.B. 18 June 1619, suppl. M.D. 14 July 1619; adm. M.B. and lic. M.D. 15 July 1619. ⟨See i. 238.⟩ [ii. 287]
New Coll.   **More** (Moore), **William**; adm. B.A. 2 May 1609, det. 16⁰⁹⁄₁₀; lic. M.A. 26 June 1613, inc. 1613. [ii. 288]
New Coll.   **Pitt, Christopher**; ('clericus' of New C.) adm. B.A. 2 May 1609, det. 16⁰⁹⁄₁₀; (Chapl. of New C.) lic. M.A. 30 June 1612, inc. 1612. [ii. 286]
Ch. Ch.   **May, Thomas**; adm. B.A. 5 May 1609. [ii. 285]
Exeter.   **Gale** (Gaile), **Theophilus**; adm. B.A. 5 May 1609, det. 16⁰⁹⁄₁₀; lic. M.A. 29 Jan. 161½, inc. 1612; adm. B.D. 19 June 1619; lic. D.D. 7 May 1624, inc. 1624. [ii. 285] Boase, p. 58.
Exeter.   **Prideaux, Nathaniel**; adm. B.A. 5 May 1609, det. 161⅔. [ii. 285]
Exeter.   **Isaack, Thomas**; adm. B.A. 5 May 1609, det. 16⁰⁹⁄₁₀; lic. M.A. 29 Jan. 161½, inc. 1612.
Exeter.   **Conant, John**; adm. B.A. 5 May 1609, det. 16⁰⁹⁄₁₀; lic. M.A. 29 Jan. 161½, inc. 1612; adm. B.D. 2 Dec. 1619; lic. to preach 27 June 1620; his adm. B.D. is registered again at 28 June 1620. Boase, p. 58. [ii. 286]
Lincoln.   **Underhill, William**; adm. B.A. 5 May 1609. [ii. 293]
Ch. Ch.   **Taylor, Bernard**; adm. B.A. 6 May 1609, det. 161⁹⁄₁. [ii. 291]
*Ch. Ch.**   **Duppa, Brian**; adm. B.A. (Ch. Ch.) 22 June[1] 1609, det. 16⁰⁹⁄₁₀; lic. M.A. (All So.) 28 May 1614, inc. 1614; adm. B.D. and lic. D.D. (All So.) 1 July 1625, inc. D.D. 1625. [ii. 284]
Ch. Ch.   **Borghen** (Boughen, Bohen), **Edward**; adm. B.A. 22 June 1609, det. 16⁰⁹⁄₁₀; lic. M.A. 14 May 1612, inc. 1612. [ii. 287]
Ch. Ch.   **Clarke, Gabriel**; adm. B.A. 22 June 1609, det. 16⁰⁹⁄₁₀; lic. M.A. 14 May 1612, inc. 1612. [ii. 288]
Ch. Ch.   **Souch** (Zouche), **William**; adm. B.A. 22 June 1609, det. 16⁰⁹⁄₁₀; lic. M.A. 14 May 1612, inc. 1612. [ii. 285]
Magd. C.   **Dyer, Gawen**; adm. B.A. 6 May 1609, det. 16⁰⁹⁄₁₀. [ii. 304]

---

[1] In the degree register there appears this displacement in the order of the entries. Duppa and Souch suppl. B.A. on 19 June.

Queen's. Osgood, Tristram; adm. B.A. 6 May 1609, det. 16$^{09}_{10}$; lic. M.A. 9 July 1612, inc. 1612. [ii. 286]
Merton.* Randall, George; adm. B.A. (Mert.) 11 May 1609, det. 16$^{09}_{10}$; lic. M.A. (S. Alb. H.) 18 June 1613, inc. 1613. [S. Alb. H., ii. 284]
S. John's. Horne, Richard; adm. B.A. 11 May 1609.
S. John's. Winchester, William; adm. B.A. 11 May 1609, det. 16$^{09}_{10}$.
S. John's. Paule, Richard; adm. B.A. 11 May 1609, det. 16$^{09}_{10}$.
S. Alb. H. Colepeper, William; adm. B.A. 11 May 1609. [ii. 291]
S. Edm. H. Bower, Walter; adm. B.A. 11 May 1609, det. 16$^{09}_{10}$. [Vower, Queen's, ii. 284]
Exeter. Beley, Samuel; adm. B.A. 13 May 1609. [Hart H., ii. 270] Samuel Beely, (Hart H.) suppl. B.D. 15 Nov., lic. 16 Nov. 1620.
Broadg. H. Pember, Francis; adm. B.A. 17 May 1609, det. 16$^{09}_{10}$. [ii. 288]
S. Mary H. Smith, Richard; adm. B.A. 18 May 1609. [Bras., ii. 283]
S. Mary H. Wall (Wale), William; adm. B.A. 18 May 1609, det. 16$^{09}_{10}$; lic. M.A. 9 July 1613, inc. 1613.
Magd. C.[1] Giles (Gyles), Nathaniel; adm. B.A. (Magd. H.) 20 May 1609, det. (Magd. C.) 16$^{09}_{10}$; lic. M.A. (Magd. C.) 23 May 1612, inc. 1612; adm. B.D. (Magd. C.) 6 Dec. 1622; lic. D.D. ('cumulatus') 8 July 1625, inc. 1625. [ii. 303]
Magd. C.[1] Wilton, Deliverance; adm. B.A. (Magd. H.) 20 May 1609, det. (Magd. C.) 16$^{09}_{10}$; lic. M.A. (Magd. C.) 23 May 1612, inc. 1612; adm. B.D. (Magd. C.) 8 July 1619. ⟨Demy of Magd. C. 1605–1610, Fellow 1610–1627; Blox. 5, p. 27.⟩
Magd. C.[1] Phipps, William; adm. B.A. (Magd. H.) 20 May 1609, det. (Magd. C.) 16$^{09}_{10}$; lic. M.A. (Magd. C.) 1 July 1620, inc. 1620. ⟨Demy of Magd. C. 1604–1610; Blox. 5, p. 20.⟩
Magd. H. Gardner, Edward; adm. B.A. 20 May 1609. [ii. 283]
Exeter.* Woodyates, (Woodycat), Thomas; adm. B.A. (Exet.) 23 May 1609, det. (New C., 'Woodgate') 161$^3_4$; lic. M.A. (New C.) 28 June 1615, inc. 1615. Boase, p. 60.
All Souls.* Denner, Hugh; adm. B.A. (All So.) 30 May 1609, det. (Gloc. H.) 161$\frac{1}{2}$; lic. M.A. (Gloc. H.) 30 June 1612, inc. 1612.
S. Edm. H. Greene, Thomas; adm. B.A. 30 May 1609, det. 16$^{09}_{10}$.
Brasenose. Rawlins, Thomas; adm. B.A. 31 May 1609, det. 16$^{09}_{10}$. [ii. 287]
Brasenose. Whitney, Thomas; adm. B.A. 31 May 1609. [ii. 285]
Trinity. Tilly (Tillie), Samuel; adm. B.A. 31 May 1609, det. 16$^{09}_{10}$; lic. M.A. 8 July 1612, inc. 1612. [S. Edm. H., ii. 274]
Magd. C. Blunt, Edward; adm. B.A. 1 June 1609, det. 16$^{09}_{10}$; lic. M.A. 23 May 1612, inc. 1612. [ii. 289]
Magd. C.* Hornbie (Horneby), Kenelm; adm. B.A. (Magd. C.) 1 June 1609, det. 16$^{09}_{10}$; lic. M.A. (S. Alb. H.) 6 July 1612, inc. 1612.
Magd. C. Stevens (Stephens), David; adm. B.A. 19 June 1609, det. 16$^{09}_{10}$; lic. M.A. 8 July 1613, inc. 1613. [New C., ii. 274]
Exeter. Prideaux, Francis; adm. B.A. 19 June 1609, det. 16$^{09}_{10}$.
Exeter. Waddon (Widdon), John; adm. B.A. 19 June 1609, det. 16$^{09}_{10}$; lic. M.A. 4 May 1612, inc. 1612. [ii. 286]
Exeter. More (Moore), Nathaniel; adm. B.A. 19 June 1609, det. 16$^{09}_{10}$; lic. M.A. 10 July 1612, inc. 1612. [ii. 287]

---
[1] The adm. B.A. from Magd. H. is clearly in error for Magd. C.

Exeter. **More (Moore), George**; adm. B.A. 19 June 1609, det. 16⁰⁹⁄₁₀; lic. M.A. 10 July 1612, inc. 1612. [ii. 287]
Exeter. **Wrothe, John**; adm. B.A. 19 June 1609. det. 16⁰⁹⁄₁₀. [ii. 286]
Exeter. **Vivyan, Anniball** (Hannibal); adm. B.A. 19 June 1609, det. 16⁰⁹⁄₁₀. [ii. 286]
University. **Anktill (Ancketill), Henry**; adm. B.A. 19 June 1609, det. 16⁰⁹⁄₁₀; lic. M.A. 10 July 1612, inc. 1612. [ii. 286]
Magd. H.* **Morgan, Anthony**; adm. B.A. (Magd. H.) 19 June 1609, det. 16⁰⁹⁄₁₀; lic. M.A. (Magd. C.) 23 May 1612, inc. 1612; adm. B.D. and lic. D.D. (S. Alb. H.) 26 June 1620, inc. 1620.
Magd. H. **Pitt, George**; adm. B.A. 19 June 1609, det. 16⁰⁹⁄₁₀; lic. M.A. 5 May 1612, inc. 1612; adm. B.D. 9 Apr. 1622. [ii. 285]
Magd. H. **Wilson, John**; adm. B.A. 19 June 1609, det. 16⁰⁹⁄₁₀; lic. M.A. 16 May 1612, inc. 1612.
Magd. H. **Knight, Peter**; adm. B.A. 19 June 1609, det. 16⁰⁹⁄₁₀; lic. M.A. 16 May 1612, inc. 1612. [ii. 283]
Magd. H. **Warbrock, Edward**; adm. B.A. 19 June 1609, det. 16⁰⁹⁄₁₀. ['Edmund,' ii. 289]
Ch. Ch. **Dugard, Thomas**; adm. B.A. 22 June 1609, det. 16⁰⁹⁄₁₀; lic. M.A. 14 May 1612, inc. 1612. [Ball., ii. 291]
Ch. Ch. **Couchman (Coachman), William**; adm. B.A. 22 June 1609, det. 16⁰⁹⁄₁₀; lic. M.A. 14 May 1612, inc. 1612. [ii. 304]
Ch. Ch.* **Wilson, Edward**; adm. B.A. (Ch. Ch.) 22 June 1609, det. (Broadg. H.) 16⁰⁹⁄₁₀; lic. M.A. (Ch. Ch.) 10 July 1612, inc. 1612. [ii. 272]
Queen's. **Bellet, Renatus**; adm. B.A. 22 June 1609, det. 16⁰⁹⁄₁₀. [ii. 286]
Lincoln. **Gowen (Gouen), Henry**; adm. B.A. 23 June 1609. [ii. 286]
University. **Washington, Philip**; adm. B.A. 23 June 1609, det. 16⁰⁹⁄₁₀; lic. M.A. 10 July 1612, inc. 1612. [ii. 287]
University.* **Winne** (Wynne, Win, Winn), **Morgan**; adm. B.A. (Univ.) 23 June 1609, det. 16⁰⁹⁄₁₀; lic. M.A. (All So.) 23 Feb. 161⅔, inc. 1613; adm. B.D. (All So.) 14 July 1620; lic. D.D. (All So., 'cumulatus') 26 Mar. 1634, inc. 1634. [ii. 285]
University. **Judd, John**; adm. B.A. 23 June 1609, det. 16⁰⁹⁄₁₀. [Magd. H., ii. 285]
Broadg. H. **Powell, Walter**; adm. B.A. 23 June 1609, det. 16⁰⁹⁄₁₀; lic. M.A. ('cumulatus') 6 July 1622, inc. 1622. [ii. 284]
Broadg. H. **Richards, John**; adm. B.A. 23 June 1609, det. 16⁰⁹⁄₁₀. [ii. 287]
S. John's. **Williamson, John**; adm. B.A. 26 June 1609, det. 16⁰⁹⁄₁₀.
S. John's. **Wrenne (Ren, Wren), Christopher**; adm. B.A. 26 June 1609, det. 16⁰⁹⁄₁₀; lic. M.A. 27 Apr. 1613, inc. 1613; adm. B.D. 21 June 1620; lic. to preach 28 June 1620. [ii. 302]
S. John's. **Grice (Grycc, Grise), Thomas**; adm. B.A. 26 June 1609, det. 16⁰⁹⁄₁₀; lic. M.A. 27 Apr. 1613, inc. 1613. [ii. 286]
S. John's.* **Shilston (Shilton), John**; adm. B.A. (S. Jo.) 26 June 1609, det. (Broadg. H.) 16⁰⁹⁄₁₀; lic. M.A. (Broadg. H.) 30 June 1612, inc. 1612.
Exeter. **Dutton, Thomas**; (arm. fil. n. m.) adm. B.A. 27 June 1609. [ii. 292]

Magd. C. Blackwell, Robert; adm. B.A. 28 June 1609, det. 16$^{09}_{10}$; lic. M.A. 9 July 1612, inc. 1612. [ii. 273]
Ch. Ch. Finch, Richard; adm. B.A. 4 July 1609, det. 16$^{09}_{10}$. [ii. 289]
Lincoln. Wyatt (Wiat), Robert; adm. B.A. 4 July 1609, det. 16$^{09}_{10}$; lic. M.A. 17 Dec. 1612, inc. 1613.
*All Souls.** Ashley (Asteley, Astley), Richard; adm. B.A. (All So.) 5 July 1609, det. 16$^{09}_{10}$; lic. M.A. (S. Mary H.) 9 July 1613, inc. 1613.
S. John's. Swinarton (Swinnerton), Henry; (mil. fil. n. m.) adm. B.A. 5 July 1609. [ii. 305]
Brasenose. Lewis, Richard; adm. B.A. 5 July 1609, det. 16$^{09}_{10}$; lic. M.A. 9 July 1612, inc. 1612. [ii. 283]
Brasenose. Griffith, John; (arm. fil. n. m.) adm. B.A. 5 July 1609. [ii. 290]
Oriel. Perle (Pearle, Perte), Richard; adm. B.A. 5 July 1609, det. 16$^{09}_{10}$. [ii. 286]
Jesus. Harbert (Herbert), Stephen; adm. B.A. 6 July 1609, det. 16$^{09}_{10}$; lic. M.A. 9 July 1612, inc. 1612.
Jesus. Hughes, William; adm. B.A. 6 July 1609. [ii. 282]
Magd. H. Raper, George; adm. B.A. 6 July 1609, det. 16$^{09}_{10}$.
*Gloc. H.** Parre, William; adm. B.A. (Gloc. H.) 6 July 1609, det. 16$^{09}_{10}$; lic. M.A. (N. I. H.) 8 July 1612, inc. 1612.
Corpus. Tangley (Tanglé), Thomas; adm. B.A. 6 July 1609, det. 16$^{09}_{10}$; lic. M.A. 8 July 1612, inc. 1612.
Magd. C. Clarke, Samuel; adm. B.A. 6 July 1609.
Magd. C. Greatrakes (Greathrax), Stephen; adm. B.A. 7 July 1609.
Exeter. Stevens (Steevens, Stephens), Lewis; adm. B.A. 7 July 1609, det. 16$^{09}_{10}$; lic. M.A. 28 Apr. 1613, inc. 1613. [ii. 287]
*S. Edm. H.** Greenfield (Greenefeild), Nathaniel; adm. B.A. (S. Edm. H.) 7 July 1609, det. (Gloc. H.) 16$^{09}_{10}$; lic. M.A. (S. Edm. H.) 5 Mar. 161$\frac{2}{3}$, inc. 1613. [Gloc. H., ii. 289]
Magd. C. Shawe, John; adm. B.A. 12 July 1609. [ii. 291]
Exeter. Battishill (Batshill, Battesill), William; adm. B.A. 14 July 1609, det. 16$^{09}_{10}$; lic. M.A. 4 May 1612, inc. 1612. [ii. 270] Boase, p. 56.
S. Edm. H. Tomson (Thompson, Tompson), Michael; adm. B.A. 13 Oct. 1609, det. 16$^{09}_{10}$; lic. M.A. 10 Oct. 1612, inc. 1613. [ii. 287]
Balliol. Barcroft, Philip; adm. B.A. 14 Oct. 1609, det. 16$^{09}_{10}$.
*Balliol.** Wightwick (Whitwicke), Henry; adm. B.A. (Ball.) 14 Oct. 1609, det. 1609; lic. M.A. (Gloc. H.) 6 July 1613, inc. 1613; adm. B.D. (Pembr.) 24 July 1626. [ii. 287]
*Balliol.** Stapleton, Robert; (eq. aur. fil.) adm. B.A. (Ball.) 14 Oct. 1609, det. 16$^{09}_{10}$; suppl. M.A. (Gloc. H.) 13 Dec. 1614, lic. (Gloc. H.) 6 July 1615, inc. 1615. [ii. 295]
*Ch. Ch.** Ceton, Edward; (episcopi Exon. fil.) adm. B.A. (Ch. Ch.) 14 Oct. 1609, det. 16$^{09}_{10}$; lic. M.A. (Exet., 'cumulatus') 2 July 1612, inc. 1612. [ii. 294] Boase, p. 57.
Ch. Ch. Burrell, Percival; adm. B.A. 14 Oct. 1609, det. 16$^{09}_{10}$; lic. M.A. 30 June 1612, inc. 1612. [ii. 291]

Ch. Ch.   **Lownds** (Lounds, Lownes), **Robert**; adm. B.A. 14 Oct. 1609, det. 16¹⁰⁄₁₀; lic. M.A. 30 June 1612, inc. 1612.
Hart H.   **Holland, John**; adm. B.A. 14 Oct. 1609, det. 16¹⁰⁄₁₀; suppl. M.A. (Hart H.) 27 Nov., lic. 2 Dec. 1613, inc. 1614. [ii. 289] ⟨On 16 Oct. 1613 he is spoken of as B.A., All So., and in orders.⟩
Jesus.   **Battin, Simon**; (arm. fil. n. m.) adm. B.A. 25 Oct. 1609. [ii. 298]
*All Souls.**   **Smith** (Smyth), **John**; adm. B.A. (All So.) 3 Nov. 1609, det. 161⁰⁄₁; lic. M.A. (Gloc. H.) 30 June 1612, inc. 1612.
Queen's.   **Robinson, John**; adm. B.A. 3 Nov. 1609, det. 161¾; lic. M.A. 8 July 1613, inc. 1613. [ii. 282]
*University.**   **Steede, William**; (eq. aur. fil.) adm. B.A. (Univ.) 6 Nov. 1609, det. 16¹⁰⁄₁₀; adm. B.C.L. (All So.) 22 Nov. 1615; lic. D.C.L. (All So.) 27 Nov. 1621, inc. 1622. [ii. 289]
Brasenose.   **Elcocke, Richard**; adm. B.A. 9 Nov. 1609, det. 16¹⁰⁄₁₀; lic. M.A. 9 July 1612, inc. 1612. [ii. 306]
Brasenose.   **Smith, Miles**; adm. B.A. 9 Nov. 1609, det. 16¹⁰⁄₁₀; lic. M.A. 9 July 1612, inc. 1612. [ii. 288]
*Brasenose.**   **Ratcliff** (Radclyffe, Radcliffe), **Jonathan**; adm. B.A. (Bras.) 9 Nov. 1609, det. 16¹⁰⁄₁₀; lic. M.A. (Ball.) 20 Mar. 161⅔. [ii. 302]
Merton.   **Harris, John**; adm. B.A. 15 Nov. 1609, det. 16¹⁰⁄₁₀; lic. M.A. 27 June 1615, inc. 1615. [?Queen's, ii. 278 or S. Edm. H., ii. 281]
Merton.   **Marshall** (Martiall), **John**; adm. B.A. 15 Nov. 1609, det. 16¹⁰⁄₁₀; lic. M.A. 10 July 1612, inc. 1612.
*Ch. Ch.**   **Allen, Peter**; adm. B.A. (Ch. Ch.) 18 Nov. 1609, det. (Broadg. H.) 16¹⁰⁄₁₀; lic. M.A. (Broadg. H.) 30 June 1612, inc. 1612. [ii. 285]
*N. I. H.**   **Antrobus, Richard**; suppl. B.A. (from Bras.) 6 May, adm. (N. I. H.) 27 Nov. 1609, det. (N. I. H.) 16¹⁰⁄₁₀.
Exeter.   **Whitaker, John**; adm. B.A. 28 Nov. 1609, det. 16¹⁰⁄₁₀.
Oriel.   **Pollard, Anthony**; adm. B.A. 28 Nov. 1609, det. 16¹⁰⁄₁₀; lic. M.A. 9 July 1612, inc. 1612. [ii. 289]
Oriel.   **Taylor, John**; adm. B.A. 28 Nov. 1609, det. 16¹⁰⁄₁₀; lic. M.A. 30 June 1614, inc. 1614; adm. B.D. 27 Apr. 1629. [ii. 289]
Oriel.   **Starre, Thomas**; adm. B.A. 28 Nov. 1609, det. 16¹⁰⁄₁₀. [ii. 285]
Oriel.   **Oborne** (Owburne), **Maurice**; adm. B.A. 28 Nov. 1609, det. 16¹⁰⁄₁₀. [ii. 287]
Brasenose.   **Ashworth, Nathaniel** (Nathan); adm. B.A. 29 Nov. 1609, det. 16¹⁰⁄₁₀. [ii. 288]
S. Edm. H.   **Fisher, Thomas**; adm. B.A. 2 Dec. 1609, det. 16¹⁰⁄₁₀. [Queen's, ii. 279]
Broadg. H.   **Davies, Thomas**; adm. B.A. 2 Dec. 1609, det. 16¹⁰⁄₁₀. [Magd. H., ii. 298]
Magd. H.   **Holdsworth, Michael**; adm. B.A. 7 Dec. 1609, det. 16¹⁰⁄₁₀. [ii. 271]
All Souls.   **Dotchin** (Dotchen, Dochen), **Nicholas**; (med. doct. fil.) adm. B.A. 12 Dec. 1609, det. 16¹⁰⁄₁₀; lic. M.A. 8 June 1613, inc. 1613.
S. John's.   **Steede, Robert**; adm. B.A. 14 Dec. 1609, det. 16¹⁰⁄₁₀; lic. M.A. 8 July 1613, inc. ('Edward') 1613.

1610]   DEGREES.   291

S. John's.   **Colburne** (Coleburne), **William**; adm. B.A. 14 Dec. 1609, det. $16\frac{09}{10}$.
Magd. C.   **Warter** (Waters, Walters), **Anthony**; adm. B.A. 18 Dec. 1609, det. $16\frac{09}{10}$; lic. M.A. 9 July 1612, inc. 1612.
Magd. C.   **Godwin, Edward**; adm. B.A. 18 Dec. 1609.

Brasenose.   **Lever, Thomas**; suppl. B.A. 29 May 1609. ⟨Thomas Lever, Bras., has been entered among the lic. M.A. for 29 May 1609, and then scored out. This might be a mistake for adm. B.A., but it has not been transferred to that list.⟩
S. Edm. H.   **Penniston, Thomas**; (arm. fil. n. m.) suppl. B.A. 15 June 1609. [Queen's, ii. 293]
Magd. H.   **Cooper, Edmund**; suppl. B.A. 19 June 1609. [ii. 266]
Oriel.   **Southbie, John**; suppl. B.A. 23 June 1609.

New Coll.   **Souch, Francis**; adm. B.C.L. 2 May 1609. [ii. 260]
New Coll.   **Darell** (Dorrell), **Nicholas**; adm. B.C.L. 2 May 1609; suppl. D.C.L. 16 Dec. 1614, lic. 23 Mar. $161\frac{4}{5}$, inc. 1615. [ii. 267]
S. John's.   **Stephens, Anthony**; adm. B.C.L. 4 July 1609. [ii. 242]
All Souls.   **Boys, John**; adm. B.C.L. 14 Dec. 1609. ⟨There are two of these names *supra*, p. 206 and p. 269; this is probably one or other of them.⟩
Jesus.   **Sheppard, Alexander**; B.C.L., suppl. D.C.L. 28 June, lic. . . . June 1609, inc. 1609.

1610.

Corpus.   **Hurd, Edward**; adm. B.A. 23 Jan. $16\frac{09}{10}$, det. $16\frac{09}{10}$; lic. M.A. 10 Mar. $161\frac{2}{3}$, inc. 1613; adm. B.D. 26 June 1622. [Gloc. H., ii. 285]
Corpus.   **Colmer** (Colmore), **Matthew**; (doctoris fil.) adm. B.A. 23 Jan. $16\frac{09}{10}$, det. $16\frac{09}{10}$; lic. M.A. 10 Mar. $161\frac{2}{3}$, inc. ('Matthias') 1613. [ii. 290]
Corpus.   **Baylie, Nicholas**; adm. B.A. 23 Jan. $16\frac{09}{10}$, det. $16\frac{09}{10}$; lic. M.A. 10 Mar. $161\frac{2}{3}$, inc. 1613.
Corpus.   **Parrie, Henry**; (fil. n. m. Episcopi Gloc.) adm. B.A. 23 Jan. $16\frac{09}{10}$, det. $16\frac{09}{10}$; (fil. n. m. Episcopi Wigorn.) lic. M.A. 10 Mar. $161\frac{2}{3}$, inc. 1613; adm. B.D. 1 July 1622. [ii. 294]
Corpus.*   **Chennell, John**; adm. B.A. (Corp.) 23 Jan. $16\frac{09}{10}$, det. $16\frac{09}{10}$; lic. M.A. (Ball.) 7 Dec. 1613, inc. 1613.
Lincoln.   **Manwood, Roger**; (equitis Balnei fil.) adm. B.A. 25 Jan. $16\frac{09}{10}$, det. $16\frac{09}{10}$. [ii. 297]
Exeter.   **Stile** (Stiles), **Matthias**; adm. B.A. 27 Jan. $16\frac{09}{10}$, det. ('Matthew') $16\frac{09}{10}$; lic. M.A. ('Matthias') 26 Oct. 1612, inc. 1613; adm. B.D. 18 July 1623; lic. D.D. 6 July 1638, inc. 1638. Boase, p. 58. [ii. 289]
Lincoln.   **Wilkins, Roger**; adm. B.A. 30 Jan. $16\frac{09}{10}$, det. $16\frac{09}{10}$. [ii. 297]
Lincoln.   **Reade** (Reede), **Thomas**; adm. B.A. 30 Jan. $16\frac{09}{10}$, det. $16\frac{09}{10}$; lic. M.A. 6 July 1613, inc. 1613; adm. B.D. 9 Apr. 1622. [ii. 292]

Lincoln. Baradell (Barradell), **Thomas**; adm. B.A. 30 Jan. 16$^{09}_{10}$, det. 16$^{09}_{10}$; lic. M.A. 6 July 1613, inc. 1613. [ii. 289]
Lincoln. **Bunning, Anthony**; adm. B.A. 30 Jan. 16$^{09}_{10}$, det. 16$^{09}_{10}$; lic. M.A. 6 July 1613, inc. 1613. [ii. 289]
Lincoln. **Kilbye, Robert**; adm. B.A. 30 Jan. 16$^{09}_{10}$, det. 16$^{09}_{10}$.
Queen's. **Shorland, Christopher**; (arm. fil. n. m.) adm. B.A. 31 Jan. 16$^{09}_{10}$, det. 16$^{09}_{10}$. [ii. 294]
Queen's. **Dorrell, Sampson**; (eq. aur. fil.) adm. B.A. 31 Jan. 16$^{09}_{10}$, det. 16$^{09}_{10}$. [ii. 294]
S. Edm. H. **Bromeley** (Bromly), **John**; (eq. fil.) adm. B.A. 1 Feb. 16$^{09}_{10}$, det. 16$^{09}_{10}$. [Queen's, ii. 295]
Merton. **Elson, Thomas**; adm. B.A. 3 Feb. 16$^{09}_{10}$, det. 16$^{09}_{10}$. [ii. 288]
S. Edm. H. **Boughton, John**; adm. B.A. 5 Feb. 16$^{09}_{10}$, det. 16$^{09}_{10}$.
Hart H. **Jones, Lewis**; adm. B.A. 6 Feb. 16$^{09}_{10}$, det. 16$^{09}_{10}$. [? Ch. Ch., ii. 261]
Hart H. **Lewis, Richard**; adm. B.A. 6 Feb. 16$^{09}_{10}$, det. 16$^{09}_{10}$. [? Jes., ii. 298]
Brasenose. **Wirrall** (Wyrrall, Worrall), **Thomas**; adm. B.A. 6 Feb. 16$^{09}_{10}$, det. 16$^{09}_{10}$; lic. M.A. 26 Oct. 1612, inc. 1613; adm. B.D. 8 July 1619; suppl. lic. to preach 29 Mar. 1620; lic. D.D. 18 July 1623, inc. 1624. [ii. 290]
Brasenose. **Bunnell** (Bonell), **Thomas**; adm. B.A. 6 Feb. 16$^{09}_{10}$, det. 16$^{09}_{10}$; lic. M.A. 9 July 1612, inc. 1612. [Ch. Ch., ii. 300]
Brasenose. **Halliday, Jeremias**; adm. B.A. 6 Feb. 16$^{09}_{10}$, det. 16$^{09}_{10}$. [ii. 289]
Brasenose. **Grome, Thomas**; adm. B.A. 6 Feb. 16$^{09}_{10}$, det. 16$^{09}_{10}$; lic. M.A. 2 July 1613, inc. 1613. [ii. 290]
Brasenose. **Ludlowe, Henry**; (eq. aur. fil.; 'nobili prosapia oriundus') adm. B.A. 6 Feb. 16$^{09}_{10}$, det. 16$^{09}_{10}$. [ii. 296; i. 268]
Brasenose. **Wilbraham** (Wilbram), **Roger**; adm. B.A. 6 Feb. 16$^{09}_{10}$, det. 16$^{09}_{10}$.
Brasenose. **Kinwin, William**; adm. B.A. 10 Feb. 16$^{09}_{10}$, det. 16$^{09}_{10}$. [ii. 276]
Ch. Ch. **Carlton, John**; (arm. fil. n. m.) adm. B.A. 10 Feb. 16$^{09}_{10}$, det. 16$^{09}_{10}$.
Ch. Ch.* **Whyte** (White), **Anthony**; adm. B.A. (Ch. Ch.) 10 Feb. 16$^{09}_{10}$, det. 16$^{09}_{10}$; lic. M.A. (Corp.) 10 Mar. 161$\frac{2}{3}$, inc. 1613. [ii. 291]
Ch. Ch. **Hughes, Erasmus**; adm. B.A. 10 Feb. 16$^{09}_{10}$, det. 16$^{09}_{10}$.
Ch. Ch. **Lawson, William**; adm. B.A. 10 Feb. 16$^{09}_{10}$, det. 16$^{09}_{10}$. [ii. 289]
Trinity. **Lambert, William**; adm. B.A. 13 Feb. 16$^{09}_{10}$, det. 16$^{09}_{10}$; lic. M.A. 26 June 1613, inc. 1613.
Jesus. **Vaughan, William**; adm. B.A. 13 Feb. 16$^{09}_{10}$, det. 16$^{09}_{10}$; lic. M.A. 6 July 1613, inc. 1613.
Broadg. H. **Dingley, John**; adm. B.A. 13 Feb. 16$^{09}_{10}$, det. 16$^{09}_{10}$. [ii. 281]
Broadg. H. **Pownall, Israel**; adm. B.A. 13 Feb. 16$^{09}_{10}$. [ii. 291]
Trinity. **Jones, Hugh**; adm. B.A. 13 Feb. 16$^{09}_{10}$, det. 16$^{09}_{10}$.
Lincoln. **Robinson, Ralph**; adm. B.A. 13 Feb. 16$^{09}_{10}$, det. 16$^{09}_{10}$; lic. M.A. 6 July 1613, inc. 1613. ('Robert' in M.A. suppl.) [ii. 289]
S. Mary H. **Pim** (Pimme, Pym), **Edward**; adm. B.A. 13 Feb. 16$^{09}_{10}$, det. 16$^{09}_{10}$. (suppl. from Mert. on 27 Jan.)
All Souls. **Preston, Samuel**; adm. B.A. 13 Feb. 16$^{09}_{10}$, det. 16$^{09}_{10}$.

Merton. Debancke, William; suppl. B.A. 12 May 1603, adm. 14 Feb. 16^{09}_{10}. [ii. 215]
Brasenose. Gifford (Gyfford), Samuel; adm. B.A. 14 Feb. 16^{09}_{10}, det. 16^{09}_{10}; lic. M.A. 8 July 1613, inc. 1613. [ii. 286]
All Souls. Lewis, Thomas; adm. B.A. 15 Feb. 16^{09}_{10}, det. 16^{09}_{10}; lic. M.A. 6 July 1615, inc. 1615. [? S. Mary H., ii. 248]
S. Alb. H. Newton, Edward; (arm. fil. n. m.) adm. B.A. 15 Feb. 16^{09}_{10}, det. 16^{09}_{10}. [ii. 292]
S. Edm. H. Rogers, Henry; adm. B.A. 15 Feb. 16^{09}_{10}, det. 16^{09}_{10}. [? Queen's, ii. 262]
Exeter. Anthram, Richard; adm. B.A. 15 Feb. 16^{09}_{10}, det. 16^{09}_{10}. [ii. 289]
Brasenose. Gey, John; adm. B.A. 15 Feb. 16^{09}_{10}, det. 16^{09}_{10}; lic. M.A. (then in orders) 15 June 1613, inc. 1613. [ii. 288]
Lincoln. Grantham, Nathaniel; adm. B.A. 15 Feb. 16^{09}_{10}, det. 16^{09}_{10}.
University. Musgrave, Richard; adm. B.A. 15 Feb. 16^{09}_{10}, det. ('Robert') 16^{09}_{10}. [ii. 291]
Broadg. H. Griffith (Griffiths), Adam; adm. B.A. 15 Feb. 16^{09}_{10}, det. 16^{09}_{10}; lic. M.A. 17 June 1613, inc. 1613. [ii. 277]
Queen's. Clarke, John; adm. B.A. 16 Feb. 16^{09}_{10}, det. 16^{09}_{10}. [Magd. H., ii. 298]
Corpus. Fawkner, Peter; adm. B.A. 16 Feb. 16^{09}_{10}, det. 16^{09}_{10}; lic. M.A. 21 June 1613, inc. 1613.
All Souls. Chater, John; adm. B.A. 17 Feb. 16^{09}_{10}, det. 16^{09}_{10}.
Gloc. H. Brunsden, Richard; adm. B.A. 17 Feb. 16^{09}_{10}, det. 16^{09}_{10}. ('Brownson' in suppl.)
Brasenose. Stedman (Steedman), Thomas; adm. B.A. 22 Feb. 16^{09}_{10}, det. 161^{0}_{1}. [ii. 288]
Queen's.* Lowther, Christopher; (eq. aur. fil.) adm. B.A. 21 Mar. 16^{09}_{10}. ... Lother, Oriel, det. $161\frac{1}{2}$, ⟨perhaps this man.⟩ [ii. 289]
University. Radcliffe (Radcliffe, Ratcliffe), Thomas; adm. B.A. 23 Mar. 16^{09}_{10}, det. 161^{0}_{1}; lic. M.A. 10 July 1612, inc. 1612. [ii. 289]
New Coll. Mompesson (Mumpesson), John; adm. B.A. (New C.) 24 Apr. 1610, det. 161^{0}_{1}; lic. M.A. (Wadh.) 5 July 1614, inc. 1614. [ii. 290]
New Coll. Cole, John; adm. B.A. 24 Apr. 1610, det. 161^{0}_{1}; lic. M.A. 22 Jan. 161^{3}_{4}, inc. 1614; suppl. B.D. 13 Feb., adm. 14 Feb. $162\frac{1}{2}$. [ii. 290]
Exeter. Bradford, John; adm. B.A. 26 Apr. 1610, det. 161^{0}_{1}; lic. M.A. (then in orders) 9 July 1618, inc. 1618.
Balliol.* Page, William; adm. B.A. (Ball.) 26 Apr. 1610, det. 161^{0}_{1}; lic. M.A. (Ball.) 2 July 1614, inc. 1614; adm. B.D. (All So.) 12 July 1621; lic. D.D. (All So.) 5 July 1634, inc. 1634. [ii. 291]
Balliol. Ward, John; adm. B.A. 26 Apr. 1610, det. 161^{0}_{1}.
Balliol. Deane, Thomas; adm. B.A. 26 Apr. 1610. [ii. 291]
Brasenose. Farroll (Farrall), George; adm. B.A. 26 Apr. 1610, det. 161^{0}_{1}; lic. M.A. 23 June 1613, inc. 1613. [Oriel, ii. 305]
Brasenose. Willard, John; adm. B.A. 26 Apr. 1610, det. 161^{0}_{1}; lic. M.A. 4 June 1614, inc. 1614. [ii. 292]
Brasenose. Mervin, William; adm. B.A. 26 Apr. 1610, det. 161^{0}_{1}. [ii. 294]
Brasenose. Smith, Francis; adm. B.A. 26 Apr. 1610, det. 161^{0}_{1}; lic. M.A. 23 June 1613, inc. 1613; suppl. M.B. 21 Mar. $162\frac{3}{4}$. [Magd. H., ii. 290]

Broadg. H.* **Welsteed, Henry**; adm. B.A. (Broadg. H.) 27 Apr. 1610, det. 161⁰₁; lic. M.A. (Chapl. of New C.) 16 Jan. 161¾, inc. 1613. [ii. 291]
University. **Brownelow** (Brownloe), **John**; adm. B.A. 28 Apr. 1610, det. 161⁰₁. [S. Mary H., ii. 296]
Magd. H. **Page, Edmund**; adm. B.A. 28 Apr. 1610, det. 161⁰₁. ('Edward' in suppl. B.A.) [ii. 292]
Magd. H. **Lacon, Thomas**; adm. B.A. 28 Apr. 1610, det. 161⁰₁; lic. M.A. 10 Feb. 161⅔, inc. 1613. [ii. 292]
Queen's. **Potter, Christopher**; adm. B.A. 30 Apr. 1610, det. 161½; lic. M.A. 8 July 1613, inc. 1613; suppl. lic. to preach 28 Nov. 1620, lic. 9 Mar. 162⁰₁; suppl. B.D. 1 Mar., adm. 9 Mar. 162⁰₁; lic. D.D. 17 Feb. 162⁰₇, inc. 1627. [ii. 290]
Queen's. **Nicholson** (Nicolson), **Edward**; adm. B.A. 30 Apr. 1610, det. 161½; lic. M.A. 8 July 1613, inc. 1613. [ii. 286]
Queen's. **Jefferson, Thomas**; adm. B.A. 30 Apr. 1610, det. 161⁰₁; lic. M.A. (then in orders) 8 July 1613, inc. 1613. [ii. 289]
Ch. Ch. **Lloyd** (Lloid), **Robert**; adm. B.A. 30 Apr. 1610, det. 161⁰₁. [ii. 295] Robert Lloyde, Hart H. ⟨probably the same person⟩, suppl. M.A. 20 June, lic. 26 June 1616, inc. 1616.
Ch. Ch. **Gilder** (Gildard, Gilderd), **Thomas**; adm. B.A. 8 May 1610, det. 161⁰₁; lic. M.A. 10 June 1613, inc. 1613. [ii. 291]
S. Mary H. **Crosse, William**; adm. B.A. 14 May 1610, det. 161⁰₁; lic. M.A. 9 July 1613, inc. 1613. [ii. 292]
Balliol. **Williams, Matthew**; adm. B.A. 11 June 1610, det. 161⁰₁; lic. M.A. 7 Dec. 1613, inc. 1614.
Balliol. **Wilson, Edward**; adm. B.A. 11 June 1610, det. 161⁰₁; lic. M.A. 7 Dec. 1613, inc. 1614; adm. B.D. 15 June 1620; lic. to preach 11 July 1623. ⟨Buried in S. Mary Magdalen, Oxford, 4 Aug. 1644.⟩ [ii. 292]
Balliol. **Alderne, Francis**; adm. B.A. 11 June 1610, det. 161⁰₁.
Trinity. **Chitwood** (Chetwood), **Robert**; (eq. aur. fil.) adm. B.A. 14 June 1610, det. 161⁰₁. [ii. 294]
Trinity. **Borne** (Bourne), **Gilbert**; (D.D. fil. n. m.) adm. B.A. 14 June 1610, det. 161⁰₁; lic. M.A. 8 July 1613, inc. 1613. [ii. 293]
Trinity. **Skinner, Robert**; adm. B.A. 14 June 1610, det. 161⁰₁; lic. M.A. 25 June 1614, inc. 1614; adm. B.D. 19 Apr. 1621; lic. to preach 14 Jan. 162½. [ii. 290]
Trinity. **May, Edward**; adm. B.A. 14 June 1610, det. 161⁰₁; lic. M.A. 3 July 1613, inc. 1613.
Trinity.* **Harward, John**; John Harwood, Trin., suppl. B.A. 12 June; John Harward, Trin., adm. B.A. 14 June 1610; Richard ⟨probably an error in the Christian name⟩ Harward, Hart H., det. 161⁰₁; John Harward, Hart H., lic. M.A. 28 Apr. 1613, John Harwood, Hart H., inc. 1613. [ii. 294]
Hart H. **Gwin, Jenkyn**; (arm. fil. n. m.) adm. B.A. 15 June 1610.
Hart H. **Jones, Thomas**; adm. B.A. 15 June 1610, det. 161⁰₁; lic. M.A. 18 June 1613, inc. 1613.
Broadg. H. **Dackam, Robert**; adm. B.A. 18 June 1610, det. 161⁰₁.
Broadg. H.* **Quelch, William**; adm. B.A. (Broadg. H.) 18 June 16:0, det. 161⁰₁; lic. M.A. (Broadg. H.) 8 July 1613, inc. 1613; suppl. B.D. (Ch. Ch.) 10 Mar. 162⁰₁, adm. 10 July 1621.

Broadg. II. Chauner, Thomas; adm. B.A. 18 June 1610, det. 161⁰⁄₁.
Corpus. Ralegh (Rawleigh), Walter; (eq. aur. fil.) adm. B.A. 21 June 1610, det. 161⁰⁄₁. [ii. 297]
Corpus. Lucie, George; (eq. aur. fil.) adm. B.A. 21 June 1610, det. 161⁰⁄₁. [ii. 297]
Ch. Ch. Lancaster, Francis; adm. B.A. 21 June 1610, det. 161⁰⁄₁; lic. M.A. 10 June 1613, inc. 1613. [ii. 292]
Ch. Ch. Gray (Grey), Nicholas; adm. B.A. 21 June 1610, det. 161⁰⁄₁; lic. M.A. 10 June 1613, inc. 1613. [ii. 292]
Ch. Ch. Metkerke (Metkirke, Methkirke, Meetkerk, à Metkerke), Edward; adm. B.A. 21 June 1610, det. 161⁰⁄₁; lic. M.A. 10 June 1613, inc. 1613; adm. B.D. and lic. to preach 19 June 1620; lic. D.D. 26 May 1625, inc. 1625. [ii. 292]
Ch. Ch. Browne, John; adm. B.A. 21 June 1610, det. 161⁰⁄₁; lic. M.A. 8 May 1613, inc. 1613. [ii. 291]
Ch. Ch. James, William; adm. B.A. 21 June 1610, det. 161⁰⁄₁; lic. M.A. 10 June 1613, inc. 1613. [ii. 304]
Ch. Ch. Harwar, Thomas; adm. B.A. 21 June 1610, det. 161⁰⁄₁. [ii. 309]
Ch. Ch. Ryce (Rice), John; adm. B.A. 21 June 1610, det. 161⁰⁄₁; lic. M.A. 4 Feb. 161⅔, inc. 1613. [ii. 312]
Queen's. Arundell, Ellis; adm. B.A. 22 June 1610, det. 161⁰⁄₁; lic. M.A. 8 July 1613, inc. 1613. [ii. 292]
Merton. Turner, Elye; adm. B.A. 23 June 1610, det. 161⁰⁄₁.
Merton.* Hunt, Edmund; adm. B.A. (Mert.) 23 June 1610; lic. M.A. (S. Alb.) 28 Apr. 1613, inc. 1613. [? Edward, ii. 294]
Brasenose. Cappur, John; adm. B.A. 26 June 1610, det. 161⁰⁄₁. [ii. 290]
Brasenose. Mortimer, John; adm. B.A. 26 June 1610, det. 161⁰⁄₁. [ii. 295]
Brasenose. Piper, Edward; adm. B.A. 26 June 1610, det. 161⁰⁄₁; lic. M.A. 23 June 1613, inc. 1613. [ii. 292]
Brasenose. Porter, John; adm. B.A. 26 June 1610, det. 161⁰⁄₁; lic. M.A. 23 June 1613, inc. 1613. [? Ch. Ch., ii. 291]
Brasenose. Harris, Thomas; adm. B.A. 26 June 1610, det. 161⁰⁄₁; lic. M.A. ('cumulatus') 23 June 1613, inc. 1613. [ii. 307]
Brasenose. Andrew (Andrewes), Edward; adm. B.A. 26 June 1610, det. 161⁰⁄₁; lic. M.A. 23 June 1613, inc. 1613.
Brasenose.* Brereton (Brierton), Randall; adm. B.A. (Bras.) 26 June 1610, det. 161⁰⁄₁; lic. M.A. (S. Mary H.) 18 June 1613, inc. 1613. [ii. 305]
Brasenose. Yates (Yate), Thomas; adm. B.A. 26 June 1610, det. 161⁰⁄₁. [ii. 290]
Ch. Ch. Carter, Thomas; adm. B.A. 26 June 1610. [Bras., ii. 290]
Exeter. Coningsbey, John; (eq. aur. fil.) adm. B.A. 27 June 1610, det. 161⁰⁄₁. [ii. 296]
Exeter. Coningsbey (Koningsbey), Walter; (eq. aur. fil.) adm. B.A. 27 June 1610, det. 161⁰⁄₁; lic. M.A. 28 Apr. 1613, inc. 1613; adm. B.D. and lic. D.D. 14 Dec. 1626, inc. D.D. 1627. [ii. 296]
Exeter. Searle (Serle), Walter; adm. B.A. 27 June 1610, det. 161⁰⁄₁; lic. M.A. 28 Apr. 1613, inc. 1613. [ii. 291]
Exeter. Bishoppe, John; adm. B.A. 27 June 1610. [ii. 290]

Exeter. Burt (Birte), **Bezaliell**; adm. B.A. 27 June 1610, det. 161⁰₁; lic. M.A. (then in orders) 18 June 1613, inc. 1613.
S. John's.* **Higgs, Griffin**; adm. B.A. (S. Jo.) 28 June 1610, det. 161⁰₁; lic. M.A. (Mert.) 27 June 1615, inc. 1615; adm. B.D. (Mert.) 7 Apr. 1625; lic. to preach (Mert.) 8 Feb. 162⅜; he took D.D. at Leyden on 12 Feb. 16⅔⁰₀, and suppl. to incorp. at Oxford as D.D. on 27 Feb. 16⅔⁰₀. [ii. 305] Brod., p. 279.
S. John's. **Coles** (Cole), **Christopher**; adm. B.A. 28 June 1610, det. 161⅔; lic. M.A. 8 July 1613, inc. 1613. [ii. 314]
S. John's. **Price, John**; adm. B.A. 28 June 1610, inc. 161⁰₁; lic. M.A. 8 July 1613, inc. 1613. [? Exet., ii. 294]
New Coll. **Searle** (Serle), **James**; adm. B.A. 4 July 1610, det. 161⁰₁; lic. M.A. 8 July 1613, inc. 1613. [ii. 293]
S. Edm. H.* **Carpenter, Nathaniel**; adm. B.A. (S. Edm. H.) 5 July 1610, det. (Exet.) 161⁰₁; lic. M.A. (Exet.) 28 Apr. 1613, inc. 1613; adm. B.D. (Exet.) 11 May 1620. [ii. 283] Boase, p. 56.
S. Edm. H.* **Bryan** (Bryant), **Henry**; adm. B.A. (S. Edm. H.) 5 July 1610, det. (Exet.) 161⁰₁.
All Souls.* **Spenser, William**; adm. B.A. (All So.) 5 July 1610, det. 161⁰₁; lic. M.A. (S. Mary H.) 3 June 1614, inc. 1614. [ii. 291]
Magd. H. **Pike** (Picke, Peike), **Hugh**; adm. B.A. 5 July 1610, det. 161⁰₁; lic. M.A. 8 June 1613, inc. 1613. [ii. 291]
New Coll. **Bull, Nathaniel**; adm. B.A. 6 July 1610, det. 161⁰₁; lic. M.A. (Chaplain of New C.) 18 June 1613, inc. 1613. [Hart. H., ii. 290]
Magd. C.* **Brookes** (Brooke), **Nicholas**; adm. B.A. (Magd. C.) 6 July 1610, det. 161⁰₁; lic. M.A. (Oriel) 17 Jan. 161⅜, inc. 1616. [Magd. H., ii. 290]
Magd. C. **Chaundler, William**; adm. B.A. 6 July 1610, det. 161⁰₁. [ii. 312]
Magd. C. **Vere, Thomas**; adm. B.A. 6 July 1610, det. 161⁰₁.
Magd. H. **Dod, Henry**; adm. B.A. 6 July 1610. [Corp., ii. 290]
Jesus. **Powell, William**; adm. B.A. 12 July 1610, det. 161⁰₁; lic. M.A. 30 June 1614, inc. 1614. [? Hart H., ii. 290]
Jesus. **Watkins, John**; adm. B.A. 12 July 1610, det. 161⁰₁; lic. M.A. 30 June 1614, inc. 1614.
S. Mary H. **Cave, Michael**; adm. B.A. 14 July 1610.
S. Mary H. **Worsley, Richard**; adm. B.A. 23 Oct. 1610, det. 161⁰₁. [Magd. C., ii. 283 or 296]
Magd. C. **Guinton, William**; adm. B.A. 23 Oct. 1610, det. 161⁰₁. [Quinton, ii. 296]
Brasenose. **Marsden, Ralph**; adm. B.A. 24 Oct. 1610. [ii. 293]
Lincoln. **Brookesbie, Matthew**; adm. B.A. 25 Oct. 1610, det. 161⁰₁. [ii. 293]
Magd. C. **Smith, Edward**; adm. B.A. 25 Oct. 1610, det. 161⁰₁. [ii. 319]
Magd. C. **Barnard** (Bernard), **Samuel**; adm. B.A. 25 Oct. 1610, det. 161⁰₁; lic. M.A. 5 June 1613, inc. 1613; adm. B.D. 8 Feb. 162⁰₉; lic. to preach 6 July 1621; lic. D.D. 15 Mar. 163⅞, inc. 1639. [ii. 296]
Magd. C. **Brookes** (Brooke), **William**; adm. B.A. 25 Oct. 1610; lic. M.A. 3 July 1616, inc. 1616.
N. I. H.* **Suckley, Edward**; (arm. fil. n. m.) adm. B.A. (N. I. H.) 25 Oct. 1610, det. (S. Mary H.) 161⁰₁.

Ch. Ch.   Sonnibancke (Sunnibanke, Sunnybancke, Sunnebanck), **Andrew**; adm. B.A. 26 Oct. 1610, det. 1611⁰; lic. M.A. 14 June 1613, inc. 1613. [ii. 303]

Exeter.   **Phillips, Gregory**; adm. B.A. 27 Oct. 1610, det. 1611⁰; lic. M.A. ('cumulatus,' and then in orders) 12 Mar. 161⅝, inc. 1619. [ii. 296]

Exeter.   **Phippen** (Phippin), **George**; adm. B.A. 27 Oct. 1610, det. 1611⁰; lic. M.A. 28 May 1614, inc. 1614. [ii. 293]

Magd. H.   **Tanzey** (Tansey), **Samuel**; adm. B.A. 27 Oct. 1610, det. 1611⁰; lic. M.A. 1 July 1613, inc. 1613. [ii. 294]

Brasenose.   **Brandwood, John**; adm. B.A. 30 Oct. 1610, det. 1611⁰; lic. M.A. 7 July 1614, inc. 1614.

Brasenose.   **Aldersey, Richard**; adm. B.A. 30 Oct. 1610.

Brasenose.   **Hancocke, Richard**; adm. B.A. 30 Oct. 1610, det. 1611⁰; lic. M.A. 23 June 1613, inc. 1613. [ii. 297]

Trinity.   **Ashe, Robert**; adm. B.A. 3 Nov. 1610, det. 1611⁰; lic. M.A. 10 June 1613, inc. 1613. [ii. 293]

Broadg. H.   **Prestwood, Thomas**; (arm. fil. n. m.) adm. B.A. 6 Nov. 1610, det. 1611⁰. [ii. 300]

Broadg. H.   **Roope, Nicholas**; adm. B.A. 6 Nov. 1610, det. 1611⁰. [ii. 293]

Broadg. H.   **Snelling, Thomas**; adm. B.A. 6 Nov. 1610, det. 1611⁰; lic. M.A. 21 June 1615, inc. 1615. [ii. 297]

Broadg. H.   **Strode** (Strood, Strowd), **William**; adm. B.A. 6 Nov. 1610, det. 1611⁰. [ii. 297]

Broadg. H.   **Wrednall, Richard**; adm. B.A. 6 Nov. 1610, det. 1611⁰; lic. M.A. 17 June 1619, inc. 1619.

Broadg. H.   **Cooke, Gerard**; adm. B.A. 6 Nov. 1610.   ⟨See *infra*, p. 298.⟩

Jesus.   **Lewis, John**; adm. B.A. 17 Nov. 1610, det. 1611⁰. [ii. 299]

Jesus.   **Davis, Roger**; adm. B.A. 17 Nov. 1610, det. 1611⁰; lic. M.A. (then in orders) 30 June 1614, inc. 1614. [ii. 298]

Magd. H.   **Mohune** (Mone), **Walter**; adm. B.A. 17 Nov. 1610, det. 1611⁰; lic. M.A. 1 July 1613, inc. 1613. [ii. 292]

University.   **Holmes** (Holme, Houlmes), **Christopher**; adm. B.A. 22 Nov. 1610, det. 1611⁰; lic. M.A. 9 July 1613, inc. 1613. [ii. 295]

S. John's.   **Phillipps, Samuel**; (episcopi Sodorensis fil.) adm. B.A. 22 Nov. 1610, det. 1611⁰; lic. M.A. 6 July 1617, inc. 1617. [ii. 320]

Ch. Ch.   **Williams, Simon**; adm. B.A. 22 Nov. 1610, det. 1611⁰. [ii. 298]

Queen's.   **Gibson, Laurence**; adm. B.A. 24 Nov. 1610, det. 1611⁰. [ii. 293]

Oriel.   **Knightley, Francis**; (eq. aur. fil.) adm. B.A. 26 Nov. 1610, det. 1611⁰; suppl. M.A. 2 July 1613, lic. M.A. 9 July 1616. [i. 238]

Oriel.*   **Gibs** (Gibbes), **John**; adm. B.A. (Oriel) 26 Nov. 1610, det. 1611⁰; suppl. M.A. (Oriel) 1 July 1613, lic. (Mert.) 12 July 1617, inc. (Mert.) 1617. [ii. 294]   Brod., p. 279.

Oriel.   **Lloyd** (Floyde), **Rice**; adm. B.A. 26 Nov. 1610, det. 1611⁰. [ii. 316]   Richard Lloyd, Oriel ⟨perhaps a different person⟩, was adm. B.D. 7 May 1628, and lic. to preach 19 Feb. 162¾.

Oriel. Topp (Top), Henry: adm. B.A. 26 Nov. 1610, det. 161¾;
lic. M.A. 5 May 1620, inc. 1620. [ii. 294]
*Trinity.** Vaghan, Benjamin; adm. B.A. (Trin.) 28 Nov. 1610, det.
161¾; lic. M.A. (Broadg. H.) 17 June 1613, inc. 1613. [ii. 294]
Brasenose. Leigh (Lee), Francis; (eq. aur. fil.) adm. B.A. 29 Nov.
1610, det. 161⅜. [ii. 307]
Brasenose. Leigh (Legh, Lee), Thomas; (eq. aur. fil.) adm. B.A. 29
Nov. 1610, det. 161¾; lic. M.A. 7 July 1614, inc. 1614; adm. B.D.
10 June 1624; lic. D.D. ('cumulatus') 1 July 1634, inc. 1634. [ii.
307]
Trinity. Nevill, Thomas; (fil. n. m. Henrici Nevill, militis et haeredis
Baronis de Abergavenny) adm. B.A. 13 Dec. 1610, det. 161¾.
Merton. Cooke (Cookes), Henry; adm. B.A. 13 Dec. 1610, det.
161¾; lic. M.A. 15 Jan. 161¾, inc. 1614. [Bras., ii. 292]
*Corpus.** Allen, Francis; adm. B.A. (Corp.) 13 Dec. 1610, det.
(Linc.) 161¾; lic. M.A. (Linc.) 6 July 1613, inc. 1613; adm. B.D.
(Linc.) 10 July 1623; suppl. lic. to preach 16 Dec. 1634, lic. (Linc.)
8 Apr. 1635.
Ch. Ch. Bennet, Thomas; (eq. aur. fil.) adm. B.A. 15 Dec. 1610.
*Hart H.** Carter, Peter; adm. B.A. (Hart H.) 17 Dec. 1610, det.
161¾; lic. M.A. (Bras.) 17 May 1614, inc. 1614. [All So., ii.
293]
Magd. C. Heines (Heynes), Francis; adm. B.A. 17 Dec. 1610, det.
161¾. [ii. 288]
Ch. Ch. Whyte (White), Christopher; adm. B.A. 17 Dec. 1610, det.
161¾; suppl. M.A. 18 June 1613 ⟨his name is entered in the lic.
M.A. at 23 June and again at 1 July 1613, but is scored out in both
places⟩; adm. B.D. 19 July 1620, lic. to preach 6 July 1621.

Queen's. Cooke, ...; det. 161¾. ⟨Perhaps Gerard Cooke of Broadg.
H., *supra*, p. 297.⟩
University. Diston, William; suppl. B.A. 8 Mar. 16⁹⁄₁₀. [ii. 260]
Exeter. Stavelie, William; suppl. B.A. 24 Apr. 1610.
Queen's. Bromlei, John; (arm. fil. n. m.) suppl. B.A. 28 Apr. 1610.

S. Mary H. Gifford (Gyfford), Edmund; suppl. M.A. 9 June, lic. 12
June 1610, inc. 1610.

New Coll. Jones, Richard; adm. B.C.L. 21 June 1610.
New Coll. Rogers, John; adm. B.C.L. 3 Nov. 1610. [ii. 268]
S. John's. Hudson, Francis; adm. B.C.L. 22 Nov. 1610. [ii. 275]
S. John's. Blagrove, William; adm. B.C.L. 19 Dec. 1610. [? Magd. H.,
ii. 245]

1611.

S. Mary H. Dobynes (Dobbins, Dobbynes), Philip; (arm. fil. n. m.)
adm. B.A. 18 Jan. 161¾, det. 161¾. [ii. 300]
University. Waddington, Matthew; adm. B.A. 18 Jan. 161¾, det. 161¾;
lic. M.A. 8 July 1614, inc. 1614. [ii. 315]

Ch. Ch. **Fissher, Robert**; adm. B.A. 18 Jan. 1611, det. 1611.
[ii. 297]
*Oriel.** **Flexney, Ralph**; adm. B.A. (Oriel) 21 Jan. 1611, det.
1611; lic. M.A. (Wadh.) 3 Dec. 1613, inc. 1614. [ii. 297] ⟨Ralph
Flexney, Humphrey Sidenham, and Richard Pulestone, *infra*, were
the first to take M.A. from Wadh.⟩
Oriel.   **Wells (Welles), William**; adm. B.A. 21 Jan. 1611, det.
1611; lic. M.A. 9 July 1613, inc. 1613. [S. Mary H., ii. 297]
Magd. C. **Dobson, Gerard**; adm. B.A. 22 Jan. 1611, det. 1611; lic.
M.A. 25 Oct. 1613, inc. 1614. [ii. 312]
S. Mary H. **Rogers, William**; adm. B.A. 22 Jan. 1611, det. 1611; lic.
M.A. 9 July 1613, inc. 1613. [ii. 295]
Balliol. **Wylde, George**; adm. B.A. 24 Jan. 1611, det. 1611.
[ii. 300]
Balliol. **Osburne, George**; adm. B.A. 24 Jan. 1611, det. 1611; lic.
M.A. 8 July 1613, inc. 1613. [ii. 296]
Balliol. **Bell, Robert**; adm. B.A. 24 Jan. 1611, det. 1611; lic. M.A.
5 July 1616, inc. 1616. [ii. 295]
Balliol. **Chapman (Chepman), Robert**; adm. B.A. 24 Jan. 1611,
det. 1611; lic. M.A. 28 June 1615, inc. 1615. [ii. 310]
S. Edm. H. **Taylour (Tailor), Richard**; adm. B.A. 24 Jan. 1611, det.
1611; lic. M.A. (then in orders) 23 June 1614, inc. 1614. [ii.
294]
*Exeter.** **Sydenham (Sidenham), Humphrey**; adm. B.A. (Exet.) 24
Jan. 1611, det. 1611; lic. M.A. (Wadh.) 3 Dec. 1613. inc. 1614.
*Exeter.** **Pitts (Pits, Pytt), John**; adm. B.A. (Exet.) 24 Jan. 1611,
det. 1611; lic. M.A. (Exet.) 26 June 1615, inc. 1615; adm. B.D.
(Wadh.) 5 Apr. 1620; lic. to preach (Wadh.) 2 July 1628; lic.
D.D. (Wadh.) 24 Mar. 164½. [ii. 297]
Exeter. **Cole, Anthony**; adm. B.A. 24 Jan. 1611, det. 1611.
[ii. 295]
Exeter. **Snowe, Edmund**; adm. B.A. 24 Jan. 1611, det. 1611.
Exeter. **Saintlowe, Edward**; (arm. fil. n. m.) adm. B.A. 24 Jan.
1611, det 1611. [ii. 303]
*Exeter.** **Kent, John**; adm. B.A. (Exet.) 24 Jan. 1611, det. 1611;
lic. M.A. (S. Alb. H.) 7 July 1619, inc. 1619. [ii. 295]
Broadg. H. **Drake, Matthew**; adm. B.A. 25 Jan. 1611, det. 1611.
Broadg. H. **Dennis, Thomas**; (gen. fil.) adm. B.A. 25 Jan. 1611, det.
1611; lic. M.A. 8 July 1613, inc. 1613. [Ch. Ch., ii. 295]
Broadg. H. **Warren (Waren), Edward**; adm. B.A. 25 Jan. 1611, det.
1611; lic. M.A. 8 July 1613, inc. 1613. [Ball., ii. 296]
Broadg. H. **Trehaine, Richard**; adm. B.A. 25 Jan. 1611, det. 1611;
lic. M.A. 5 July 1616, inc. 1616. [ii. 297]
*Broadg. H.** **Strode (Stroode, Strowde, Stroud), Francis**; adm. B.A.
(Broadg. H.) 25 Jan. 1611, det. 1611; lic. M.A. (Wadh.) 5 July
1614, inc. 1614. [ii. 297]
Jesus.   **Roberts, Griffin**; adm. B.A. 28 Jan. 1611, det. 1611.
[ii. 282]
Jesus.   **Gwinne (Gwin), Thomas**; adm. B.A. 28 Jan. 1611, det.
1611.
Lincoln. **Burnsell (Burnesill), William**; adm. B.A. 28 Jan. 1611,
det. 1611; lic. M.A. 6 July 1613. inc. 1613. [i. 371]

Lincoln. **Watts** (Wats), **Gilbert**; adm. B.A. 28 Jan. 161⁰⁄₁, det. 161⁰⁄₁; lic. M.A. 7 July 1614, inc. 1614; adm. B.D. 10 July 1623. [i. 371]
Lincoln. **Lambe, Henry**; adm. B.A. 28 Jan. 161⁰⁄₁, det. 161⁰⁄₁.
University. **Browneloe, William**; adm. B.A. 28 Jan. 161⁰⁄₁, det. 161⁰⁄₁. [S. Mary H., ii. 296]
Trinity. **Chetwoode, Thomas**; (eq. aur. fil.) adm. B.A. 28 Jan. 161⁰⁄₁, det. 161⁰⁄₁. [ii. 294]
Trini'y. **Potter, Hannibal**; adm. B.A. 28 Jan. 161⁰⁄₁, det. 161⁰⁄₁; lic. M.A. 25 June 1614, inc. 1614; adm. B.D. 19 Apr. 1621; lic. to preach 29 Oct. 1622; lic. D.D. 22 June 1630, inc. 1630. [ii. 295]
Trinity. **Moyle, John**; (gen. fil. n. m.) adm. B.A. 28 Jan. 161⁰⁄₁, det. 161⁰⁄₁. [S. Mary H., ii. 296]
Trinity. **Atkins, Henry**; (M.D. fil. n. m.) adm. B.A. 28 Jan. 161⁰⁄₁, det. 161⁰⁄₁. [ii. 305]
Trinity. **Spiller, Robert**; (arm. fil. n. m.) adm. B.A. 28 Jan. 161⁰⁄₁, det. 161⁰⁄₁.
Trinity. **Rivett** (Ryvett), **Jonas**; adm. B.A. 28 Jan. 161⁰⁄₁, det. 161⁰⁄₁; lic. M.A. 8 July 1614, inc. 1614. [ii. 301]
Corpus. **Wilkes, Richard**; adm. B.A. 28 Jan. 161⁰⁄₁, det. 161⁰⁄₁.
Gloc. H. **Earle, Robert**; adm. B.A. 28 Jan. 161⁰⁄₁, det. 161⁰⁄₁. [ii. 315]
Gloc. H. **Kerchell** (Kirchell, Cherchell), **Daniel**; adm. B.A. 28 Jan. 161⁰⁄₁, det. 161⁰⁄₁.
New Coll. **Galping** (Galpin), **Henry**; (clericus Coll. Novi) adm. B.A. 28 Jan 161⁰⁄₁, det. 161⁰⁄₁; lic. M.A. (then in orders) 8 July 1613, inc. 1613. [Trin., ii. 295]
Magd. C. **Yate** (Yeates, Yates), **Michael**; adm. B.A. 28 Jan. 161⁰⁄₁, det. 161⁰⁄₁; lic. M.A. 10 July 1618, inc. 1618. [ii. 280]
Magd. C. **Mason, Valentine**; adm. B.A. 28 Jan. 161⁰⁄₁, det. 161⁰⁄₁; lic. M.A. 5 July 1614, inc. 1614. [ii. 317]
Magd. C. **Harrolde, Richard**; adm. B.A. 28 Jan. 161⁰⁄₁, det. 161⁰⁄₁. [ii. 288]
Magd. C. **Ratliffe, William**; adm. B.A. 28 Jan. 161⁰⁄₁.
Hart H.* **Puleston** (Pulistone), **Richard**; (gen. fil.) adm. B.A. (Hart H.) 28 Jan. 161⁰⁄₁, det. 161⁰⁄₁; lic. M.A. (Wadh.) 3 Dec. 1613, inc. 1614; adm. B.D. (Wadh.) 28 Nov. 1620; lic. D.D. (Wadh.) 4 July 1627, inc. 1627. [ii. 296]
Brasenose. **Kington, John**; adm. B.A. 28 Jan. 161⁰⁄₁, det. 161⁰⁄₁. [ii. 298]
Brasenose. **Hill, Richard**; adm. B.A. 28 Jan. 161⁰⁄₁, det. 161⁰⁄₁; lic. M.A. 3 May 1615, inc. 1615; adm. B.D. 10 June 1624. [ii. 298]
Magd. H. **Fisher** (Fischer), **Jasper**; adm. B.A. (Magd. H.) 28 Jan. 161⁰⁄₁, det. 161⁰⁄₁; lic. M.A. (Magd. H.) 27 Jan. 161³⁄₄, inc. 1614; adm. B.D. and lic. D.D. (Magd. C.) 4 Dec. 1638, inc. 1639. [ii. 298]
Magd. C. **Yalden, Robert**; adm. B.A. 30 Jan. 161⁰⁄₁, det. 161⁰⁄₁. ('Thomas' in suppl. B.A.) [ii. 295]
Merton. **Claridg, John**; adm. B.A. 30 Jan. 161⁰⁄₁, det. 161⁰⁄₁.
Merton. **Bagley** (Bagly), **Henry**; (Magistri Artium fil. et Theologi) adm. B.A. 30 Jan. 161⁰⁄₁, det. 161⁰⁄₁; lic. M.A. 3 Feb. 161⁴⁄₅, inc. 1615.

S. Alb. H. **Pettie, Harecourt** (Harcourt); (arm. fil. n. m.) adm. B.A. 31 Jan. $161\frac{0}{1}$, det. $161\frac{0}{1}$; lic. M.A. 3 May 1613, inc. 1615. [Corp., ii. 297]

S. Alb. H. **Pettie, Francis**; (arm. fil.) adm. B.A. 31 Jan. $161\frac{0}{1}$, det. $161\frac{0}{1}$. [Corp., ii. 297]

Merton. **Carew, Thomas**; (eq. aur. fil.) adm. B.A. 31 Jan. $161\frac{0}{1}$, det. $161\frac{0}{1}$. [ii. 301]

S. John's. **Cheyney** (Cheiney), **William**; adm. B.A. 31 Jan. $161\frac{0}{1}$. [ii. 319]

*Queen's.** **Powell, William**; adm. B.A. (Queen's) 31 Jan. $161\frac{0}{1}$, det. $161\frac{0}{1}$; lic. M.A. (S. Edm. H.) 8 July 1613, inc. 1613. [ii. 298]

Queen's. **Dover, James**; adm. B.A. 31 Jan. $161\frac{0}{1}$, det. $161\frac{0}{1}$; lic. M.A. 6 July 1615, inc. 1615. [ii. 291]

Brasenose. **Gardner, William**; adm. B.A. 31 Jan. $161\frac{0}{1}$, det. $161\frac{0}{1}$. [ii. 311]

*Magd. H.** **Ramsden, Hugh**; (gen. fil.) adm. B.A. (Magd. H.) 31 Jan. $161\frac{0}{1}$, det. $161\frac{0}{1}$; lic. M.A. (Mert.) 27 June 1615, inc. 1615; adm. B.D. (Mert.) 10 July 1623. [ii. 298] Brod., p. 279.

S. Edm. H. **Dolphen, Rowland**; adm. B.A. 31 Jan. $161\frac{0}{1}$, det. $161\frac{0}{1}$. [ii. 273]

Ch. Ch. **Clarke, Sabaoth**; adm. B.A. 1 Feb. $161\frac{0}{1}$, det. $161\frac{0}{1}$. [ii. 300]

Merton. **Master, Edward**; suppl. B.A. ('Masters') 30 June 1610, adm. ('Maser') 1 Feb. $161\frac{0}{1}$, det. ('Master') $161\frac{0}{1}$. [ii. 275]

S. Mary H. **Evans, Thomas**; adm. B.A. 27 Feb. $161\frac{0}{1}$. [? Bras., ii. 293]

*All Souls.** **Bowen, Jenkyn**; suppl. B.A. (from All So.) 4 July 1609, adm. (All So.) 9 Mar. $161\frac{0}{1}$, det. (Hart H.) $161\frac{1}{2}$; lic. M.A. (Hart H.) 6 July 1613, inc. 1613.

Magd. C. **Prichard, Christopher**; adm. B.A. 14 Mar. $161\frac{0}{1}$. [ii. 318]

University. **Duffeild, Cornelius**; adm. B.A. 15 Mar. $161\frac{0}{1}$. [ii. 249]

University. **Hilton, Francis**; adm. B.A. 15 Apr. 1611, det. $161\frac{1}{2}$; lic. M.A. 8 July 1614, inc. 1614. [ii. 292]

University. **Thomas, Michael**; adm. B.A. 15 Apr. 1611.

University. **Howgill, Thomas**; adm. B.A. 15 Apr. 1611, det. $161\frac{1}{2}$; lic. M.A. 8 July 1614, inc. 1614. [ii. 316]

*S. John's.** **Gardner, William**; (arm. fil. n. m.) adm. B.A. (S. Jo.) 16 Apr. 1611, det. (Ch. Ch.) $161\frac{1}{2}$; lic. M.A. 21 Jan. $161\frac{3}{4}$, inc. 1614. [ii. 321]

Magd. H. **Hore, John**; adm. B.A. 18 Apr. 1611, det. $161\frac{1}{2}$; lic. M.A. 27 Jan. $161\frac{3}{4}$, inc. 1614. [ii. 313]

Magd. H. **Poulton, William**; adm. B.A. 18 Apr. 1611. [S. Mary H., ii. 285]

All Souls. **Woolmer, Edward**; adm. B.A. 20 Apr. 1611, det. $161\frac{1}{2}$. [Oriel, ii. 287]

Exeter. **Inkersall, John**; adm. B.A. 22 Apr. 1611, det. $161\frac{1}{2}$. [ii. 295]

Jesus. **Progers, Charles**; adm. B.A. 22 Apr. 1611, det. $161\frac{1}{2}$. [ii. 299]

New Coll. **Willis, John**; adm. B.A. 29 Apr. 1611, det. $161\frac{1}{2}$; lic. M.A. 20 Jan. $161\frac{4}{5}$, inc. 1615. [ii. 292]

New Coll. **Philpott, Thomas**; adm. B.A. 29 Apr. 1611, det. 161½; lic. M.A. 20 Jan. 161⅘, inc. 1615. [ii. 297]
Merton. **Bostock, Robert**; adm. B.A. 30 Apr. 1611, det. 161½; lic. M.A. 1 July 1614, inc. 1614. [Trin., ii. 296] Robert Bostock took his D.D. at S. Andrews on 10 July 1633, and incorp. as D.D. at Oxford 5 June 1634. ⟨Perhaps the same person.⟩
Balliol. **Smith, William**; adm. B.A. 9 May 1611. [ii. 301]
Balliol. **Lathorpe, Christopher**; adm. B.A. 9 May 1611, det. 161½. [ii. 295]
Lincoln. **Baber, John**; adm. B.A. 22 May 1611, det. 161½. [ii. 300]
S. Alb. H. **Workman, John**; adm. B.A. 27 May 1611, det. 161½; lic. M.A. 8 July 1614, inc. 1614. [ii. 301]
S. Alb. H. **Williams, Robert**; adm. B.A. 27 May 1611, det. 161½; lic. M.A. (then in orders) 3 Feb. 161⅘, inc. 1615.
S. Edm. H. **Bird, William**; adm. B.A. (S. Edm. H.) 27 May 1611, det. 161½; lic. M.A. (All So.) 20 Apr. 1615, inc. 1615; adm. B.C.L. (All So.) 2 May 1617; lic. D.C.L. (All So.) 4 July 1622. [ii. 300]
S. Edm. H. **Maudesly, Thomas**; adm. B.A. 27 May 1611. [Bras., ii. 283 or 300]
Magd. C. **Barlowe, Richard**; adm. B.A. 27 May 1611, det. 161½. [Magd. H., ii. 266]
Magd. H. **Bisse, Walter**; adm. B.A. 28 May 1611, det. 161½. [ii. 299]
Ch. Ch. **Heath, John**; adm. B.A. 28 May 1611, det. 161½; lic. M.A. 7 July 1614, inc. 1614. [ii. 285]
Oriel. **Wright, Laurence**; adm. B.A. 1 June 1611, det. 161½. [ii. 299]
Queen's. **Wilbram, Thomas**; (arm. fil.) adm. B.A. ('cumulatus') 3 June 1611, det. 161½. [ii. 297]
Queen's. **Hungerford, Edward**; (eq. aur. fil.) adm. B.A. ('cumulatus') 3 June 1611, det. 161½. [ii. 301]
Broadg. H. **Thornton, Jerome**; adm. B.A. 3 June 1611. [Ch. Ch., ii. 304]
Queen's. **Vaughan, George**; (eq. aur. fil.) adm. B.A. 3 June 1611. [ii. 303]
Queen's. **Wingate, Roger**; (arm. fil. n. m.) adm. B.A. 3 June 1611, det. 161½. [ii. 302]
Queen's. **Vaughan, George**; (arm. fil. n. m.) adm. B.A. 3 June 1611, det. 161½.
Hart H.* **Locket, Henry**; adm. B.A. (Hart H.) 3 June 1611, det. 161½; lic. M.A. (Linc.) 8 July 1614, inc. 1614; adm. B.D. (Linc.) 26 June 1630; lic. D.D. (Linc.) 5 July 1630, inc. 1630. [Trin., ii. 298]
Exeter. **Tinckombe** (Tinkcomb, Tinckcomb, Tingcombe), **Philip**; adm. B.A. 4 June 1611, det. 161½; lic. M.A. 28 May 1614, inc. 1614. [ii. 286]
Exeter. **Norrington, Nathaniel**; adm. B.A. 4 June 1611, det. 161½; lic. M.A. 5 July 1614, inc. 1614; adm. B.D. 3 July 1624. [ii. 300] Boase, p. 59.
Exeter. **Gregorie** (Gregory), **William**; adm. B.A. 4 June 1611, det. 161½; lic. M.A. 4 May 1615, inc. 1615. [ii. 296]

1611] DEGREES. 303

Exeter.* Jackson, Abraham; adm. B.A. (Exet.) 4 June 1611, det. 161½; lic. M.A. (Ch. Ch.) 20 June 1616, inc. 1616. [ii. 299]
University. Winter, Thomas; adm. B.A. 4 June 1611, det. 161½.
Merton. Farrar, Humphrey; adm. B.A. 4 June 1611, det. 161½; lic. M.A. 2 June 1617, inc. 1617. Brod., p. 279.
All Souls.* Colfe, James; adm. B.A. (All So.) 4 June 1611, det. 161½; lic. M.A. (S. Mary H.) 3 June 1614, inc. 1614. [ii. 318]
Lincoln. Manwood, Thomas; adm. B.A. 5 June 1611.
Corpus. Giles (Gyles), Toby; adm. B.A. 5 June 1611, det. 161½. [All So., ii. 310]
S. Edm. H. Pauling, William; adm. B.A. 6 June 1611, det. 161½; lic. M.A. (then in orders) 3 June 1614, inc. 1614. [ii. 299]
Magd. C. Man, Abraham; adm. B.A. 10 June 1611, det. 161½; lic. M.A. 9 July 1614, inc. 1614. [ii. 313]
Magd. C. Shaw, Toby; adm. B.A. 10 June 1611, det. 161½; lic. M.A. 5 July 1614, inc. 1614. [Queen's, ii. 275]
Magd. C. Dochin (Dotchin, Dochen, Dotchen), Thomas; adm. B.A. 10 June 1611, det. 161½; lic. M.A. 5 July 1614, inc. 1614. [ii. 312]
Magd. C. Oldesworth (Holsworth, Oldisworth, Ouldsworth), Michael; adm. B.A. 10 June 1611, det. 161½; lic. M.A. 5 July 1614, inc. 1614. [Queen's, ii. 291]
Magd. C. Fox, Thomas; adm. B.A. 10 June 1611, det. 161½; lic. M.A. 5 July 1614, inc. 1614. [Magd. H., ii. 295]
Magd. C. Smith, John; adm. B.A. 10 June 1611, det. 161½; lic. M.A. 5 July 1614, inc. 1614; adm. B.D. 26 July 1624. [Magd. H., ii. 295]
Magd. C. Eles (Ecles), John; adm. B.A. 10 June 1611, det. 161½; lic. M.A. 5 July 1614, inc. 1614. [S. Alb. H., ii. 295]
Magd. C. Bowker (Bocker), Nicholas; adm. B.A. 10 June 1611, det. 161½. [Magd. H., ii. 299]
Magd. C. Whyte, Francis; adm. B.A. 10 June 1611, det. 161½; lic. M.A. 5 July 1614, inc. 1614. [ii. 298] (? Demy of Magd. C. 1594–1598; Blox. 4, p. 235.)
Magd. C. Mason, William; adm. B.A. 10 June 1611, det. 161½; lic. M.A. 5 July 1614, inc. 1614. [Magd. H., ii. 289]
Magd. C. Freeman, Thomas; adm. B.A. 10 June 1611, det. 161½. [ii. 318]
Magd. C. Richardson, Nicholas; adm. B.A. 10 June 1611, det. 161½; lic. M.A. 5 July 1614, inc. 1614; adm. B.D. 26 July 1624; suppl. lic. to preach ('Nicholas') 4 July; lic. ('Richard') 6 July 1635. [Corp., ii. 301]
Brasenose. Sowerby (Sourbie), Francis; adm. B.A. 12 June 1611, det. 161½. [ii. 307]
Brasenose. Shawe, Walter; adm. B.A. 12 June 1611, det. 161½.
Brasenose.* Richardson, William; adm. B.A. (Bras.) 12 June 1611, det. 161½; lic. M.A. (S. Mary H.) 23 June 1617, inc. 1617. [ii. 305]
Brasenose. Ney (Nye), Henry; adm. B.A. 12 June 1611, det. 161½. [ii. 307]
Brasenose. Eatonne (Eaton, Eton), Richard; adm. B.A. 12 June 1611, det. 161½; lic. M.A. 7 July 1614, inc. 1614.

Gloc. H. Colliford, Richard; adm. B.A. 17 June 1611. [Trin., ii. 298]
Hart H. Pitt, Edward; (arm. fil. n. m.) adm. B.A. 18 June 1611, det. 161½. [ii. 303]
Ch. Ch. Crofte, William; (eq. aur. fil. n. m.) adm. B.A. 19 June 1611, det. 161½. [ii. 305]
Ch. Ch.* Wilson, Thomas; adm. B.A. (Ch. Ch.) 19 June 1611, det. 161½; lic. M.A. (Ch. Ch.) 7 July 1614, inc. 1614; adm. B.D. (Mert., 'cumulatus') 8 Mar. 162½. [ii. 301]
Ch. Ch. Weltham (Waltham), Melchizedic; adm. B.A. 19 June 1611, det. 161½; lic. M.A. 7 July 1614, inc. 1614. [ii. 301]
Ch. Ch. King, Henry; (fil. Johannis, episcopi Londin. electi) adm. B.A. 19 June 1611, det. 161½; lic. M.A. 7 July 1614, inc. 1614; adm. B.D. and lic. D.D. ('cumulatus') 19 May 1625, inc. D.D. 1625. ⟨Prebendary of Ch. Ch., and Archdeacon of Colchester.⟩ [ii. 304]
Ch. Ch. King, John; (fil. Johannis, episcopi Londin. electi) adm. B.A. 19 June 1611, det. 161½; lic. M.A. 7 July 1614, inc. 1614; adm. B.D. and lic. D.D. ('cumulatus') 19 May 1625, inc. D.D. 1625. [ii. 304]
Ch. Ch. Gardner, Richard; adm. B.A. 19 June 1611, det. 161½; lic. M.A. 7 July 1614, inc. 1614; suppl. lic. to preach 29 May, lic. — June 1627; adm. B.D. and lic. D.D. 22 June 1630, inc. D.D. 1630. [? Exet., ii. 291]
Oriel. Waterhouse, John; adm. B.A. 20 June 1611.
Lincoln. Foster, Thomas; adm. B.A. 25 June 1611, det. 161½; lic. M.A. 7 July 1614, inc. 1614. [Oriel, ii. 305]
Corpus. Finch, Robert; (eq. aur. fil.) adm. B.A. 27 June 1611, det. 161½.
Magd. H. Calis (Callis), Samuel; adm. B.A. 27 June 1611, det. 161½; lic. M.A. 8 May 1618, inc. 1618. [ii. 299]
S. John's. Rylay (Ryley, Ryly, Raylie), Christopher; adm. B.A. 28 June 1611, det. 161½; lic. M.A. 23 May 1615, inc. 1615; adm. B.D. 25 Apr. 1621. [ii. 315]
S. John's. Harris, William; adm. B.A. 28 June 1611, det. 161½; lic. M.A. 23 May 1615, inc. 1615; adm. B.D. 7 May 1621; lic. to preach 4 May 1625. [ii. 318]
S. John's. Ripping (Rippin, Rippon), William; adm. B.A. 28 June 1611, det. 161½; lic. M.A. 23 May 1615, inc. 1615. [ii. 319]
Exeter. Tomlinson, Robert; adm. B.A. 2 July 1611, det. 161¾. [ii. 299]
S. John's. Lyon (Lyons), William; (fil. n. m. Gul. Lyon, Episcopi Corcagensis in Hibernia) adm. B.A. 2 July 1611, det. 161¾. [ii. 314]
S. John's. Langley, Adam; adm. B.A. 2 July 1611, det. 161½; lic. M.A. 23 May 1615, inc. 1615; adm. B.D. 20 June 1622. [ii. 319]
University. Eyre, Robert; (eq. aur. fil.) adm. B.A. 4 July 1611, det. 161½.
Lincoln. Edlin, Michael; adm. B.A. 4 July 1611, det. 161½; lic. M.A. 7 July 1614, inc. 1614. [ii. 299]
Exeter. Lucé, Richard; adm. B.A. 4 July 1611. [Lucey, Magd. C., ii. 295]

Balliol. **Whitney** (Witney), **Henry**; adm. B.A. 5 July 1611, det. 161½. [ii. 275]
Queen's. **Knowles** (Knowelles, Knoles, Knollis), **William**; (eq. aur. fil.) adm. B.A. 5 July 1611, det. 161½; lic. M.A. 2 May 1617, inc. 1617. [ii. 302]
All Souls. **Kebbye, Gaspar**; adm. B.A. 5 July 1611. [S. Edm. H., ii. 288]
Hart H. **Williams, Rice**; adm. B.A. 5 July 1611.
University. **Denison** (Dennison), **Thomas**; adm. B.A. 6 July 1611, det. 161½; lic. M.A. 8 July 1614, inc. 1614.
Magd. C. **Lodge, Thomas**; adm. B.A. 6 July 1611, det. 161½; lic. M.A. 16 May 1614, inc. 1614. [ii. 318]
Corpus.* **Greene, Anthony**; adm. B.A. 6 July 1611. ... Greene, Magd. H. (probably the same person), det. 161½.
Merton. **Waters, Adam**; adm. B.A. 11 July 1611, det. 161½. [S. Alb. H., ii. 299]
Lincoln. **Tompson, John**; adm. B.A. 10 Oct. 1611.
Corpus. **Holt, Thomas**; adm. B.A. 12 Oct. 1611, det. 161½; lic. M.A. 24 Jan. 161⅘, inc. 1615; adm. B.D. 7 July 1624. [? Mert., ii. 265]
Corpus. **Clapton** (Clopton), **Anthony**; adm. B.A. 12 Oct. 1611, det. 161½; lic. M.A. 24 Jan. 161⅘, inc. 1615; adm. B.D. 7 July 1624; lic. D.D. ('cumulatus') 14 May 1634, inc. 1634. [ii. 291]
Corpus. **Germin** (Jermin), **Michael**; adm. B.A. 12 Oct. 1611, det. 161½; lic. M.A. 24 Jan. 161⅘, inc. 1615. [Exet., ii. 289] Boase, p. 56. Michael Jermin incorp. as D.D. from Leyden 27 July 1624 (perhaps the same person.)
Corpus. **James, Richard**; adm. B.A. 12 Oct. 1611, det. 161½; lic. M.A. 24 Jan. 161⅘, inc. 1615; adm. B.D. 7 July 1624. [Exet., ii. 300]
Corpus. **Andrewes** (Androwes), **Thomas**; adm. B.A. 12 Oct. 1611, det. 161½; lic. M.A. 24 Jan. 161⅘, inc. 1615. [Oriel, ii. 299]
Corpus. **Bridges, Gabriel**; adm. B.A. 12 Oct. 1611, det. 161½; lic. M.A. 24 Jan. 161⅘, inc. 1615; adm. B.D. 7 July 1624. [S. Edm. H., ii. 277]
Gloc. H. **Belsher** (Belcher), **John**; adm. B.A. 21 Oct. 1611, det. 161½. [Ball., ii. 274]
Magd. H. **Langley, Edward**; adm. B.A. 23 Oct. 1611, det. 161½. [Magd. C., ii. 300]
Queen's. **Swann** (Swan), **John**; adm. B.A. 23 Oct. 1611, det. 161½; lic. M.A. 6 July 1615, inc. 1615. [Ch. Ch., ii. 298]
Queen's. **Smyth, Thomas**; (arm. fil. n. m.) adm. B.A. 23 Oct. 1611, det. 161½. [ii. 304]
Queen's. **Peirce** (Perse), **Robert**; adm. B.A. 23 Oct. 1611, det. 161½; lic. M.A. 30 June 1614, inc. 1614; adm. B.D. 22 Feb. 163⁰⁄₁. [ii. 322]
Merton. **Eunning, Zachæus**; adm. B.A. 23 Oct. 1611, det. 161½; lic. M.A. 23 June 1617, inc. 1617.
S. Edm. H. **Evans, Humphrey**; adm. B.A. 2 Nov. 1611, det. 161½; lic. M.A. 30 June 1614, inc. 1614. [ii. 314]
S. Edm. H. **Barnard, Henry**; adm. B.A. 2 Nov. 1611, det. 161½; lic. M.A. 30 June 1614, inc. 1614. [Queen's, ii. 300]
Magd. C. **Nicolson** (Nicholson), **William**; adm. B.A. 4 Nov. 1611, det. 161½; lic. M.A. 20 May 1615, inc. 1615. [ii. 313]

Magd. C. Hale (Haile, Hayle), **Alexander**; adm. B.A. 4 Nov. 1611, det. 161½. [ii. 313]
Magd. C. Cole (Coale, Coles), **Andrew**; adm. B.A. 4 Nov. 1611, det. 161½; lic. M.A. (then in orders) 5 July 1614, inc. 1614. [ii. 318]
Magd. C. Burton, **Samuel**; adm. B.A. 4 Nov. 1611, det. ('Barton') 161½. [ii. 318]
Exeter. Escott (Escot, Eascott), **Daniel**; adm. B.A. 4 Nov. 1611, det. 161½; lic. M.A. 5 July 1614, inc. 1614. [ii. 302]
University. Gray (Grey), **William**; (eq. aur. fil.) adm. B.A. 11 Nov. 1611, det. 161½.
University. Whytehorne (Whitehorne), **Thomas**; adm. B.A. 11 Nov. 1611, det. 161½; lic. M.A. 8 July 1614, inc. 1614. [ii. 315]
Oriel.* Seward (Sewer), **Samuel**; adm. B.A. (Oriel) 12 Nov. 1611, det. 161½; lic. M.A. (Oriel) 30 June 1614, inc. 1614; adm. B.D. (Linc.) 14 Apr. 1621; lic. D.D. (Linc.) 25 June 1632, inc. 1632.
Oriel. Mathew, **Charles**; adm. B.A. 12 Nov. 1611. [ii. 300]
Oriel. Lloyd (Lloid), **Hugh**; adm. B.A. 12 Nov. 1611, det. 161½; lic. M.A. (then in orders) 30 June 1614, inc. 1614. [? ii. 283]
Oriel. Yearewerth (Yarworth), **Samuel**; adm. B.A. 12 Nov. 1611, det. 161¾. [ii. 319]
S. Mary H. Pitterd, **John**; adm. B.A. 14 Nov. 1611, det. 161½. [Queen's, ii. 301]
Exeter. Wills, **John**; adm. B.A. 14 Nov. 1611, det. 161½. [ii. 300]
Trinity. Holmes (Homes), **Richard**; adm. B.A. 14 Nov. 1611, det. 161¾; lic. M.A. 8 July 1614, inc. 1614. [ii. 300]
All Souls. Davies, **David**; adm. B.A. 21 Nov. 1611, det. 161¾; lic. M.A. 6 July 1615, inc. 1615.
Trinity. Hunt, **Daniel**; adm. B.A. 21 Nov. 1611.
Ch. Ch. Johnson (Jhonson), **William**; adm. B.A. 26 Nov. 1611, det. 161½; lic. M.A. 28 June 1615, inc. 1615. [ii. 279]
Ch. Ch. Jaye (Jay, Gey), **George**; adm. B.A. 26 Nov. 1611, det. 161½; lic. M.A. 7 July 1614, inc. 1614. [ii. 301]
Ch. Ch. Terrey, **Edward**; adm. B.A. 26 Nov. 1611, det. 161½; lic. M.A. 6 July 1614, inc. 1614. [ii. 302]
N. I. H. Robinson, **Edward**; adm. B.A. 28 Nov. 1611.
Queen's. Nichols (Nicholls, Nicolas), **Thomas**; adm. B.A. (Queen's) 4 Dec. 1611, det. 161½; lic. M.A. (Broadg. H.) 29 Dec. 1614, inc. 1614. [ii. 314]
Queen's. Whitton, **William**; adm. B.A. 4 Dec. 1611, det. 161½; lic. M.A. 30 June 1614, inc. 1614. [ii. 300]
Jesus. Jones, **Christopher**; suppl. B.A. 28 June 1610, adm. 5 Dec. 1611, det. 161½; lic. M.A. 30 June 1614, inc. 1614. [ii. 298]
Jesus. Griffins (Griffin), **John**; adm. B.A. 5 Dec. 1611, det. 161½; lic. M.A. 4 July 1617, inc. 1617.
Jesus. Morgans (Morgan), **William**; adm. B.A. 5 Dec. 1611, det. 161½; lic. M.A. 30 June 1614, inc. 1614. [ii. 299]
Jesus. Wilcocks (Wilkoks), **John**; adm. B.A. 5 Dec. 1611, det. 161½. [ii. 317]
Broadg. H. Littleton, **Thomas**; adm. B.A. 5 Dec. 1611, det. 161½; lic. M.A. 6 July 1614, inc. 1614. [Ch. Ch., ii. 304]
Brasenose. Brock, **William**; (arm. fil. n. m.), adm. B.A. ('cumulatus') 11 Dec. 1611. [ii. 311]

Brasenose. **Smyth** (Smith), **Gervas**; adm. B.A. 11 Dec. 1611, det. 161½;
lic. M.A. 7 July 1614, inc. 1614. [ii. 311]
Brasenose. **Ludlow, Edmund**; (eq. aur. fil.) adm. B.A. 11 Dec. 1611.
[ii. 316]
Magd. C. **Marriatt** (Marriot, Mariott), **Ephraim**; adm. B.A. 13 Dec.
1611, det. 161½; lic. M.A. 30 June 1614, inc. (Abraham) 1614.
[ii. 300]
Hart H. **Price, Ellice** (Ellis); adm. B.A. 13 Dec. 1611, det. 161½;
lic. M.A. 7 July 1615, inc. 1615. [ii. 299]
Hart H. **Wilkes, Thomas**; adm. B.A. 13 Dec. 1611, det. 161¼.
S. John's. **Wheeler, Richard**; adm. B.A. 16 Dec. 1611. [ii. 315]
Merton.* **Locket, William**; adm. B.A. (Mert.) 16 Dec. 1611, det.
161½; lic. M.A. (Linc.) 7 July 1614, inc. 1614.
Queen's. **Lancaster, William**; adm. B.A. 16 Dec. 1611, det. 161¾;
lic. M.A. 17 June 1615, inc. 1615. [ii. 289]
Queen's. **Vicars** (Vickars), **Thomas**; adm. B.A. 16 Dec. 1611, det.
161¾; lic. M.A. 17 June 1615, inc. 1615; adm. B.D. and lic. to
preach 10 May 1622. [ii. 295]
Queen's. **Williamson, John**; adm. B.A. 16 Dec. 1611, det. 161¾;
lic. M.A. 6 July 1615, inc. 1615; suppl. B.D. ('John') 21 June
1626, adm. ('Henry') 1 Dec. 1626; lic. to preach ('John') 21 Nov.
1628. [ii. 294]
Queen's. **Pickering, William**; adm. B.A. 16 Dec. 1611. [ii. 279]
Queen's. **Atkinson, Thomas**; adm. B.A. 16 Dec. 1611, det. 161½;
lic. M.A. 30 June 1614, inc. 1614. [ii. 294]
Queen's. **Wilson, Aaron**; adm. B.A. 16 Dec. 1611, det. 161½; lic.
M.A. 6 July 1615, inc. 1615; adm. B.D. 25 June 1627; lic. D.D.
17 May 1639, inc. 1639. ⟨Archdeacon of Exeter; Vicar of Ply-
mouth.⟩ [ii. 297]
Queen's. **Fuller, Thomas**; adm. B.A. 16 Dec. 1611, det. 161½. [ii.
314]
Magd. H. **Clarke** (Clerke), **John**; adm. B.A. 16 Dec. 1611. [ii. 307]
Magd. H. **Wentworthe** (Waintworth), **Peter**; (arm. fil. n. m.) adm.
B.A. 16 Dec. 1611, det. 161½. [Magd. H., ii. 313]
S. Alb. H. **Dauntesey** (Dauntsey), **William**; (eq. aur. fil.) adm. B.A.
17 Dec. 1611, det. 161½; lic. M.A. 8 July 1614, inc. 1614. [ii. 316]
S. Mary H. **Stevens, John**; adm. B.A. 17 Dec. 1611, det. 161½. [ii. 300]
Brasenose. **Rodes** (Rhodes, Roades), **John**; adm. B.A. 17 Dec. 1611,
det. 161½; lic. M.A (then in orders) 6 July 1615, inc. 1615. [ii. 301]

University. **Routh, Henry**; suppl. B.A. 17 Jan. 161⁰/₁.
All Souls. **Beament, Thomas**; suppl. B.A. 22 Apr. 1611. [? Beau-
mont, New C., ii. 317]
Brasenose. **Harloe. James**; suppl. B.A. 10 July 1611.
S. Edm. H. **Woodward, Robert**; det. 161½.

Exeter. **Bayley, Lewis**; suppl. B.D. 19 June, adm. 25 June 1611;
suppl. D.D. 19 June, lic. 21 June 1613, inc. 1613. (Boase, p. 58.)
Balliol. **Glanville, John**; suppl. B.D. 11 Nov., adm. 14 Nov. 1611.

1612.

Magd. H. **Clotterbuck** (Clutterbucke), **Samuel**; adm. B.A. 18 Jan. 161½, det. 161½; lic. M.A. 3 July 1616, inc. 1616. [ii. 313]
Hart H. **Jones, Edward**; adm. B.A. 23 Jan. 161½, det. 161½; lic. M.A. 5 July 1614, inc. 1614. [ii. 317]
Magd. C. **Dunch** (Duns), **Samuel**; adm. B.A. 23 Jan. 161½, det. 161½. [ii. 303]
Ch. Ch. **Presse, Francis**; adm. B.A. 25 Jan. 161½, det. 161½; lic. M.A. 17 Dec. 1616, inc. 1619. [ii. 306]
Exeter. **Fox, Laurence**; adm. B.A. 25 Jan. 161½, det. 161½. [ii. 303]
Hart H.* **Newburgh** (Newburge, Neuburgh), **Walter**; adm. B.A. (Hart H.) 29 Jan. 161½, det. 161½; lic. M.A. (Hart H.) 5 July 1614, inc. 1614; lic. to preach (Bras.) 7 May 1623; adm. B.D. (Bras., 'cumulatus') 24 May 1623. [ii. 309]
Ch. Ch. **Lewys** (Lewis), **Edward**; adm. B.A. 29 Jan. 161½, det. 161½. [ii. 316]
Ch. Ch. **Bourne, Emanuel** (Immanuel); adm. B.A. 29 Jan. 161½, det. 161½; lic. M.A. 12 June 1616, inc. 1616 [ii. 300]
Corpus. **Ouldam** (Oldam), **John**; adm. B.A. 29 Jan. 161½, det. 161½. [? All So., ii. 310; or Magd. H., ii. 313]
Broadg. H. **Wills, Thomas**; adm. B.A. 6 Feb. 161½, det. 161½. [ii. 300]
University. **Jackson, Philip**; adm. B.A. 6 Feb. 161½, det. 161½. [ii. 316]
University. **Alanson** (Allanson), **Thomas**; adm. B.A. 6 Feb. 161½, det. 161½; lic. M.A. 7 July 1615, inc. 1615.
University. **Waddington, Nicholas**; adm. B.A. 6 Feb. 161½, det. 161½; lic. M.A. 7 July 1615, inc. 1615. [ii. 315]
Exeter. **Morton, Oliver**; adm. B.A. 6 Feb. 161½, det. 161½; lic. M.A. 5 July 1614, inc. 1614. [ii. 301]
S. Edm. H. **Bower** (Bowre), **Robert**; adm. B.A. 6 Feb. 161½; lic. M.A. 8 July 1614, inc. 1614. [Queen's, ii. 302]
Hart H. **Powell, William**; adm. B.A. 7 Feb. 161½, det. 161½. [ii. 312]
Hart H. **Morrice, Richard**; adm. B.A. 7 Feb. 161½, det. 161½; lic. M.A. 5 July 1614, inc. 1614. [ii. 316]
Hart H. **Simons** (Simonds), **William**; adm. B.A. 7 Feb. 161½, det. 161½; lic. M.A. 5 July 1614, inc. 1614. [ii. 303]
Hart H. **Salsburie, Cadwalader**; adm. B.A. 7 Feb. 161½, det. 161½; lic. M.A. 8 July 1614, inc. 1614. [ii. 316]
S. Mary H. **Holker** (Halker), **Richard**; adm. B.A. 7 Feb. 161½. [Jes., ii. 310]
Brasenose. **Dicus, John**; adm. B.A. 7 Feb. 161½, det. 161½; suppl. M.A. ('Thomas') 15 June 1615. [ii. 316]
Magd. C. **Wright, Christopher**; (arm. fil. n. m.) adm. B.A. 7 Feb. 161½, det. 161½. [ii. 313]
Exeter. **Wall, Moses**; adm. B.A. 13 Feb. 161½, det. 161½.
Lincoln. **Bent, Nicholas**; adm. B.A. 13 Feb. 161½, det. 161½. [ii. 299]
Lincoln. **Feild, William**; adm. B.A. 13 Feb. 161½, det. 161½; suppl. M.A. 26 Apr. 1615; as B.A., adm. M.B. and lic. to pract. med. 28 Mar. 1626.

Balliol. Scovell (Schovell, Shovell), Charles; adm. B.A. 15 Feb. 161½, det. 161½; lic. M.A. 2 July 1614, inc. 1614. [ii. 311]
Balliol. Woodward, Ezechias; adm. B.A. 15 Feb. 161½, det. 161½. [ii. 311]
Brasenose. Alcock, Thomas; adm. B.A. 15 Feb. 161½, det. 161½; lic. M.A. 7 July 1614, inc. 1614. [ii. 307]
Brasenose. Rillston (Rilston, Rylston), John; adm. B.A. 15 Feb. 161½, det. 161½; lic. M.A. 7 July 1614, inc. 1614.
Brasenose. Whitehead, Richard; (arm. fil. n. m.) adm. B.A. 15 Feb. 161½. [ii. 311]
Ch. Ch. Wallington, Nicholas; adm. B.A. 15 Feb. 161½, det. 161½; lic. M.A. 7 July 1614, inc. 1614.
Ch. Ch. Webb, Sondes; adm. B.A. 15 Feb. 161½, det. 161½.
Ch. Ch. Billiald, Thomas; adm. B.A. 15 Feb. 161½, det. 161½. [i. 400.]
Queen's. Troughton, James; adm. B.A. 15 Feb. 161½, det. 161½. [ii. 297]
Queen's. Rumney, Richard; adm. B.A. 15 Feb. 161½, det. 161½. [ii. 296]
Magd. C.* Goddard, Thomas; adm. B.A. (Magd. C.) 17 Feb. 161½, det. 161½; lic. M.A. (Magd. H.) 29 Oct. 1614, inc. (All So.) 1615.
Trinity. Pate (Paty), Henry; adm. B.A. 17 Feb. 161½, det. 161½; lic. M.A. 6 July 1615, inc. 1615. [ii. 303]
Trinity. Alcocke (Alcoke), Laurence; adm. B.A. 17 Feb. 161½, det. 161½; lic. M.A. 6 July 1615, inc. 1615; adm. B.D. 3 July 1623. [Bras., ii. 307]
Trinity. Parsons, Richard; adm. B.A. 17 Feb. 161½, det. 161½; lic. M.A. 8 July 1614, inc. 1614. [ii. 300]
Trinity. Phelpe, Henry; adm. B.A. 17 Feb. 161½, det. 161½. [ii. 300]
Trinity.* Payton (Paiton), William; adm. B.A. (Trin.) 17 Feb. 161½, det. 161½; lic. M.A. (Wadh.) 5 July 1614, inc. 1614; adm. B.D. 2 June 1627. [ii. 297]
Trinity.* Potter, Robert; adm. B.A. (Trin.) 17 Feb. 161½, det. 161½; lic. M.A. (S. Alb. H.) 5 July 1616, inc. ('John') 1616. [ii. 300]
Trinity. Cotton, Nathaniel; adm. B.A. 17 Feb. 161½, det. 161½.
Corpus. Spencer (Spenser), Richard; (baronis fil.) adm. B.A. 18 Feb. 161½, det. 161½; lic. M.A. 5 May 1614. [ii. 306, i. 238]
Corpus. Spencer, Edward; (baronis fil.) adm. B.A. 18 Feb. 161½, det. 161½ [ii. 306]
Corpus. Storre, John; adm. B.A. 18 Feb. 161½, det. 161½. [ii. 317]
Corpus. Sellar, John; adm. B.A. 18 Feb. 161½, det. 161½; lic. M.A. 2 July 1614, inc. 1614. [ii. 304]
Corpus. Diet (Dyet, Diott), Robert; adm. B.A. 18 Feb. 161½, det. 161½; lic. M.A. 2 July 1614, inc. 1614. [ii. 306]
Corpus.* Whittingham, Thomas; adm. B.A. (Corp.) 18 Feb. 161½, det. 161½; lic. M.A. (Bras.) 7 July 1614, inc. 1614. [ii. 304]
All Souls. Gregorie, Robert; adm. B.A. 18 Feb. 161½, det. 161½; lic. M.A. (then in orders) 20 June 1615, inc. 1615. [ii. 308]
Magd. C. Sedley, John; (eq. aur. fil.) adm. B.A. 19 Feb. 161½, det. 161½; (baronetti fil. n. m.) lic. M.A. 8 July 1613, inc. 1613. [ii. 304]

Gloc. H. **Nedham** (Needam), **Marchaumont**; 19 Feb. 161$\frac{1}{2}$, det. 161$\frac{1}{2}$. [S. Jo., ii. 314]

Gloc. H. **Cantrell, Thomas**; adm. B.A. 19 Feb. 161$\frac{1}{2}$, det. 161$\frac{1}{2}$; lic. M.A. 5 July 1614, inc. 1614.

Magd. H. **Welch, James**; adm. B.A. 19 Feb. 161$\frac{1}{2}$, det. 161$\frac{1}{2}$. [ii. 290]

Oriel. **Hartivell** (Hartwell), **Henry**; adm. B.A. 20 Feb. 161$\frac{1}{2}$, det. 161$\frac{1}{2}$. [ii. 314]

Oriel. **Forward, Robert**; adm. B.A. 20 Feb. 161$\frac{1}{2}$, det. 161$\frac{1}{2}$; lic. M.A. 21 Jan. 161$\frac{6}{7}$, inc. 1617; adm. B.D. 15 May 1628.

Hart H. **Evans, Richard**; adm. B.A. 20 Feb. 161$\frac{1}{2}$, det. 161$\frac{1}{2}$; lic. M.A. (then in orders) 4 May 1619, inc. 1619. [? Linc., ii. 292]

Exeter. **Collins, Edward**; adm. B.A. 20 Feb. 161$\frac{1}{2}$, det. 161$\frac{1}{2}$. [ii. 299]

Exeter. **Stanckombe, George**; adm. B.A. 20 Feb. 161$\frac{1}{2}$, det. 161$\frac{1}{2}$. [ii. 312]

*Exeter.** **Grute** (Gruite), **George**; suppl. B.A. (Linc.) 16 Dec. 1611, adm. (Exet.) 20 Feb. 161$\frac{1}{2}$, det. (Exet.) 161$\frac{1}{2}$.

Ch. Ch. **Hill, William**; adm. B.A. 20 Feb. 161$\frac{1}{2}$, det. 161$\frac{1}{2}$.

Balliol. **Lewis, William**; adm. B.A. 21 Feb. 161$\frac{1}{2}$, det. 161$\frac{1}{2}$. [ii. 295]

Magd. C. **Clarke, Henry**; adm. B.A. 21 Feb. 161$\frac{1}{2}$, det. 161$\frac{1}{2}$; lic. M.A. 7 July 1615, inc. 1615. [ii. 312]

Magd. C. **Overburie, Walter**; adm. B.A. 21 Feb. 161$\frac{1}{2}$, det. 161$\frac{1}{2}$. [ii. 313]

Magd. C. **Bradshew, James**; adm. B.A. 21 Feb. 161$\frac{1}{2}$, det. 161$\frac{1}{2}$; lic. M.A. 7 July 1615, inc. 1615; adm. B.D. 14 Nov. 1629. [Ball., ii. 296]

Magd. C. **Otes** (Oates), **George**; adm. B.A. 21 Feb. 161$\frac{1}{2}$, det. 161$\frac{1}{2}$. [ii. 313]

Brasenose. **Trigge, Richard**; adm. B.A. 21 Feb. 161$\frac{1}{2}$, det. 161$\frac{1}{2}$.

Magd. H. **Jordan, David**; suppl. B.A. (Magd. C.) May 1610, adm. (Magd. H.) 21 Feb. 161$\frac{1}{2}$, det. (Magd. H.) 161$\frac{1}{2}$.

S. Mary H. **Mills, Hugh**; adm. B.A. 22 Feb. 161$\frac{1}{2}$, det. 161$\frac{1}{2}$. [ii. 300]

All Souls. **Wilcocks, Guy**; adm. B.A. 9 Mar. 161$\frac{1}{2}$.

New Coll. **Merriot, Robert**; adm. B.A. 29 Apr. 1612, det. 161$\frac{2}{3}$; lic. M.A. 25 Jan. 161$\frac{5}{6}$, inc. 1616. [ii. 302]

New Coll. **Richards, John**; adm. B.A. 29 Apr. 1612, det. 161$\frac{2}{3}$; lic. M.A. 25 Jan. 161$\frac{5}{6}$, inc. 1616. [ii. 302]

New Coll. **Martin, Thomas**; adm. B.A. 29 Apr. 1612, det. 161$\frac{2}{3}$; lic. M.A. 25 Jan. 161$\frac{5}{6}$, inc. 1616. [ii. 302]

Exeter. **Evington, James**; adm. B.A. 4 May 1612, det. 161$\frac{2}{3}$. [ii. 303]

Exeter. **Hele, Thomas**; adm. B.A. 4 May 1612, det. 161$\frac{2}{3}$; lic. M.A. 4 May 1615, inc. 1615. [ii. 302]

Exeter. **Petiphor** (Petifar, Petifer), **Robert**; adm. B.A. 4 May 1612, det. 161$\frac{2}{3}$; lic. M.A. 16 Feb. 161$\frac{4}{5}$, inc. 1615. [S. Alb. H., ii. 304]

Exeter. **Harris, Thomas**; adm. B.A. 4 May 1612, det. 161$\frac{2}{3}$. [ii. 321]

Broadg. H. **Colmer, Thomas**; adm. B.A. 4 May 1612. [ii. 303]

*Balliol.** **Jones, John**; adm. B.A. (Ball.) 4 May 1612, det. ('James Jones') 161$\frac{2}{3}$; lic. M.A. (Hart H.) 28 June 1620, inc. 1620. [ii. 311]

*Magd. H.** **Steward** (Stewart), **Richard**; adm. B.A. (Magd. H.) 4 May 1612; lic. M.A. (All So.) 24 Jan. 161$\frac{4}{5}$, inc. 1615; adm. B.C.L. (All So.) 10 Dec. 1617; lic. D.C.L. 3 July 1624, inc. 1624. [ii. 307]

Magd. H. **Kinglake, William**; adm. B.A. 5 May 1612, det. 161$\frac{2}{3}$. [ii. 302]

Magd. C. **Midlam** (Meidlam), **Purefoy**; adm. B.A. 12 May 1612. [ii. 318]

Ch. Ch. **Mountague, Abraham**; adm. B.A. 12 May 1612, det. 161$\frac{2}{3}$; lic. M.A. 20 June 1616, inc. 1616. [ii. 302]

Ch. Ch. **Gerard** (Garard, Garrard), **James**; adm. B.A. 14 May 1612, det. 161$\frac{2}{3}$; lic. M.A. 15 June 1615, inc. 1615. [ii. 301]

Ch. Ch. **Weldon** (Welden), **Robert**; adm. B.A. 14 May 1612, det. 161$\frac{2}{3}$; lic. M.A. 15 June 1615, inc. 1615.

Ch. Ch. **Gerard, John**; adm. B.A. 14 May 1612, det. 161$\frac{2}{3}$; lic. M.A. 15 June 1615, inc. 1615. [ii. 301]

Ch. Ch. **Halliday** (Holliday), **Barten**; adm. B.A. 14 May 1612, det. 161$\frac{2}{3}$; lic. M.A. 15 June 1615, inc. 1615. [ii. 287]

Ch. Ch. **Wharton, Timothy**; adm. B.A. 14 May 1612, det. 161$\frac{2}{3}$. [i. 400]

S. Alb. H. **Alford, John**; adm. B.A. 14 May 1612, det. 161$\frac{2}{3}$. [Mert., ii. 303]

*Magd. H.** **Clapham** (Slapham, Chapham, Clappam), **Paul**; adm. B.A. (Magd. H.) 16 May 1612, det. 161$\frac{2}{3}$; lic. M.A. (S. Jo.) 6 July 1615, inc. 1615.

*S. John's.** **Hereford, Henry**; adm. B.A. (S. Jo.) 23 May 1612, det. 161$\frac{2}{3}$; lic. M.A. (Ball.) 24 Apr. 1616, inc. 1616.

*S. John's.** **Hayne** (Haine, Haines), **John**; adm. B.A. (S. Jo.) 23 May 1612, det. 161$\frac{2}{3}$; lic. M.A. (Ball.) 24 Apr. 1616, inc. 1616. [ii. 303]

*S. John's.** **Ridge, John**; adm. B.A. (S. Jo.) 23 May 1612, det. (New C.) 161$\frac{2}{3}$. [ii. 315]

S. John's. **Brabourne** (Brabone), **Robert**; adm. B.A. 23 May 1612, det. 161$\frac{2}{3}$. [ii. 302]

University. **Radcliff** (Ratcliffe), **George**; adm. B.A. 24 May 1612. [ii. 306]

Exeter. **Pyne** (Pine), **John**; adm. B.A. 28 May 1612. [ii. 305]

Hart H. **Roberts, Ellice**; adm. B.A. 28 May 1612, det. 161$\frac{2}{3}$.

Exeter. **Drake, Thomas**; adm. B.A. 30 June 1612, det. 161$\frac{2}{3}$. [ii. 312]

Exeter. **Bastin** (Bastian), **William**; adm. B.A. 30 June 1612, det. 161$\frac{2}{3}$.

Exeter. **Moyle** (Moile, Moyles), **Samuel**; adm. B.A. 30 June 1612, det. 161$\frac{2}{3}$; lic. M.A. 25 June 1617, inc. 1617. [ii. 301]

Exeter. **Parre, Bartholomew**; adm. B.A. 30 June 1612, det. 161$\frac{2}{3}$; lic. M.A. 27 Apr. 1615, inc. 1615. [ii. 308]

Lincoln. **Osbern** (Osburne), **William**; adm. B.A. 30 June 1612, det. 161$\frac{2}{3}$; lic. M.A. 20 May 1615, inc. 1615. William Osborne, All So. ⟨perhaps the same person⟩, suppl. B.D. 29 May 1627.

Lincoln. **Staresmore** (Stasemore, Tasemore, Staresman), **John**; adm. B.A. 30 June 1612, det. 161$\frac{2}{3}$; lic. M.A. 27 Apr. 1615, inc. 1615. [ii. 304]

Lincoln. Musson (Mussin), John; adm. B.A. 30 June 1612, det. 161⅔; lic. M.A. 20 May 1615, inc. 1615.
Ch. Ch. Felton, Nicholas; (doctoris fil. n. m.) adm. B.A. 30 June 1612, det. 161⅔; lic. M.A. 3 May 1615, inc. 1615. [i. 371]
Ch. Ch. Williams, Hugh; adm. B.A. 30 June 1612, det. 161⅔. [ii. 317]
Ch. Ch. Edmunds, John; adm. B.A. 30 June 1612, det. 161⅔. [ii. 315]
Magd. C.* Smyth, John; adm. B.A. (Magd. C.) 1 July 1612, det. (S. Mary H.) 161⅔; lic. M.A. (S. Mary H.) 20 May 1615, inc. 1615. [ii. 317]
Brasenose. How, Robert; adm. B.A. 1 July 1612. [ii. 303]
Brasenose. Clements (Clement), John; adm. B.A. 1 July 1612, det. 161⅔; lic. M.A. 3 May 1615, inc. 1615. [ii. 305]
Brasenose. Scriven, Philip; adm. B.A. 1 July 1612, det. 161⅔. [ii. 311]
Brasenose.* Stephens (Steven, Stevens), Jeremy; adm. B.A. (Bras.) 1 July 1612, det. 161⅔; lic. M.A. (Bras.) 3 May 1615, inc. 1615; adm. B.D. (All So.) 11 Nov. 1628; lic. to preach (All So.) 17 Dec. 1628. [ii. 316]
Brasenose. Griffin, Richard; (arm. fil. n. m.) adm. B.A. 1 July 1612. [ii. 307]
Brasenose. Molineux (Mulleneaux), Vivian; (equitis baronetti fil. n. m.) adm. B.A. 1 July 1612, det. 161⅔. [ii. 307]
Magd. H. Wilks (Wilkes), Simon; adm. B.A. 1 July 1612, det. 161⅔; lic. M.A. 5 May 1615, inc. 1615. [ii. 303]
Magd. H. Dilke (Dilkes), Fisher; (eq. aur. fil.) adm. B.A. 1 July 1612, det. 161⅔; suppl. M.A. 31 May 1615. [ii. 309]
Magd. H. Wilson, John; adm. B.A. 1 July 1612, det. 161⅔; lic. M.A. 7 July 1615, inc. 1615. [ii. 292]
Trinity. Ashby, Francis; (eq. aur. fil. n. m.) adm. B.A. ('cumulatus') 2 July 1612, det. 161⅔. [Corp., ii. 308]
S. Mary H.* Marsh, James; adm. B.A. (S. Mary H.) 2 July 1612, det. 161⅔; lic. M.A. (Mert.) 2 June 1617, inc. 1617; adm. B.D. and lic. D.D. (Mert.) 22 June 1630, inc. D.D. 1630; lic. to preach (Mert.) 16 July 1635. [ii. 316] Brod., p. 279.
Broadg. H. Knight, John; adm. B.A. 6 July 1612; lic. M.A. 4 May 1619, inc. 1619. [Ch. Ch., ii. 304]
Broadg. H. Pullein (Pullen, Pullin), John; adm. B.A. 6 July 1612, det. 161⅘; lic. M.A. 21 June 1615, inc. 1615. [Ch. Ch., ii. 302]
Broadg. H. Selby (Selbie), Thomas; adm. B.A. 6 July 1612; lic. M.A. 6 July 1615, inc. 1615. [ii. 303]
S. Alb. H. Payne (Paine), Thomas; adm. B.A. 6 July 1612, det. 161⅔. [ii. 304]
S. Alb. H. Rookes, John; adm. B.A. 6 July 1612, det. 161⅔.
S. Mary H. Gawler (Galler, Gauler), William; adm. B.A. 7 July 1612, det. 161⅔; lic. M.A. 4 May 1615, inc. 1615. [Bras., ii. 308]
Broadg. H. Nurse, Walter; adm. B.A. 8 July 1612. [S. Alb. H., ii. 295]
New Coll. Horwood (Harward), Thomas; adm. B.A. 8 July 1612, det. 161⅔; lic. M.A. 9 July 1617, inc. 1617. [ii. 303]
Brasenose. Marbury, William; (arm. fil. n. m.) adm. B.A. 9 July 1612, det. 161⅔. [ii. 318]

Queen's. **Davies, John**; adm. B.A. 9 July 1612. [ii. 302]
Queen's. **Hull, Paul**; adm. B.A. 9 July 1612, det. 161$\frac{2}{3}$; lic. M.A. 20 May 1615, inc. 1615. [ii. 301]
Queen's. **Colmore, Timothy**; (D.C.L. fil. n. m.) adm. B.A. 9 July 1612, det. 161$\frac{2}{3}$. [ii. 314]
Exeter. **Collins, John**; adm. B.A. 9 July 1612. [? ii. 286] Boase, p. 57.
Exeter. **Chaufin** (Chafin), **Thomas**; adm. B.A. 9 July 1612, det. 161$\frac{2}{3}$; lic. M.A. 27 Apr. 1615, inc. 1615; adm. B.D. and lic. D.D. 9 July 1628, inc. D.D. 1628. Boase, p. 57.
Magd. C. **Drope** (Droape), **Thomas**; adm. B.A. 9 July 1612, det. 161$\frac{2}{3}$; lic. M.A. 20 May 1615, inc. 1615; adm. B.D. 17 Dec. 1629; suppl. lic. to preach 4 July 1633, lic. in 1633. [ii. 273]
S. John's. **Atkyns** (Atkins), **Robert**; adm. B.A. 9 July 1612; lic. M.A. (then in orders) 17 June 1615, inc. 1615. [ii. 314]
Ch. Ch. **Crooke, Alexander**; (arm. fil. n. m.) adm. B.A. 9 July 1612. [ii. 306]
Corpus. **Tangley, Obadiah**; adm. B.A. 9 July 1612, det. 161$\frac{2}{3}$.
Ch. Ch. **Ricas** (Richas), **Arthur**; adm. B.A. 10 July 1612, det. 161$\frac{2}{3}$. [ii. 311]
Ch. Ch. **Roberts, John**; adm. B.A. 10 July 1612.
Brasenose. **Mason, James**; adm. B.A. 16 July 1612, det. 161$\frac{2}{3}$; lic. M.A. 3 May 1615, inc. 1615; adm. B.D. 10 June 1624. [ii. 311]
*All Souls.** **Roberts** (Robberts), **Richard**; adm. B.A. (All So.) 16 July 1612, det. 161$\frac{2}{3}$; lic. M.A. (Hart H.) 20 June 1615, inc. (Hart H., 'John') 1615.
Lincoln. **Rogers, Christopher**; adm. B.A. 17 July 1612, det. 161$\frac{2}{3}$; lic. M.A. 28 June 1615, inc. 1615.
*Balliol.** **Abbot, Thomas**; (son of Robert Abbot, Reg. Prof. Divin.) adm. B.A. (Ball.) 19 July 1612, det. 161$\frac{2}{3}$; lic. M.A. (All So.) 30 May 1616, inc. 1616. [ii. 307]
Balliol. **Deaves, John**; adm. B.A. 19 Oct. 1612, det. 161$\frac{2}{3}$; lic. M.A. 13 May 1617, inc. 1617. [ii. 311]
Balliol. **Churchar** (Churcher), **John**; adm. B.A. 19 Oct. 1612, det. 161$\frac{2}{3}$; lic. M.A. 15 May 1616, inc. 1616. [S. Edm. H., ii. 304]
Balliol. **Godfrey** (Godfrei), **Robert**; adm. B.A. 19 Oct. 1612, det. 161$\frac{2}{3}$; lic. M.A. 28 June 1615, inc. 1615. [ii. 318]
Balliol. **Higford** (Hickford), **Charles**; adm. B.A. 19 Oct. 1612, det. 161$\frac{2}{3}$. [ii. 311]
Balliol. **Richmond** (Richmund), **John**; adm. B.A. 19 Oct. 1612, det. 161$\frac{2}{3}$; lic. M.A. 28 June 1615, inc. 1615. [ii. 311]
Balliol. **Englishe, John**; adm. B.A. 19 Oct. 1612, det. 161$\frac{2}{3}$; lic. M.A. 28 June 1615, inc. 1615; suppl. B.D. 20 Nov. 1623, adm. 13 May 1624; lic. D.D. 22 June 1630, inc. 1630. [ii. 311]
Balliol. **Hancox, John**; adm. B.A. 19 Oct. 1612.
Balliol. **Page, Adam**; adm. B.A. 19 Oct. 1612, det. 161$\frac{2}{3}$; lic. M.A. (then in orders) 6 July 1615, inc. 1615. [ii. 311]
Balliol. **Wheeler, Luke**; adm. B.A. 19 Oct. 1612, det. 161$\frac{2}{3}$.
Magd. H. **Sloper, John**; adm. B.A. 19 Oct. 1612, det. 161$\frac{2}{3}$; lic. M.A. 4 July 1615, inc. 1615. [ii. 313]
Magd. H. **Dugdale, James**; adm. B.A. 19 Oct. 1612, det. 161$\frac{2}{3}$; lic. M.A. 4 July 1615, inc. 1615. [ii. 313]

Magd. H. **Hide** (Hyde), **Laurence**; (arm. fil. n. m.) adm. B.A. 19 Oct. 1612, det. 161$\frac{2}{3}$. [ii. 309]

Magd. H. **Stevenson, Robert**; adm. B.A. 19 Oct. 1612, det. 161$\frac{2}{3}$. [ii. 304]

Magd. C. **London, John**; adm. B.A. 21 Oct. 1612, det. 161$\frac{2}{3}$; lic. M.A. 10 July 1618, inc. 1618.

Queen's. **Hitchcock, John**; adm. B.A. 21 Oct. 1612, det. 161$\frac{2}{3}$. [ii. 305]

Queen's. **French, Richard**; adm. B.A. 21 Oct. 1612, det. 161$\frac{2}{3}$. [ii. 317]

Broadg. H. **Havilland** (Haviland), **Anthony**; adm. B.A. 21 Oct. 1612. [Ch. Ch., ii. 304]

Brasenose. **Ringwood, Hugh**; adm. B.A. 21 Oct. 1612, det. 161$\frac{2}{3}$; lic. M.A. 19 Apr. 1616, inc. 1616. [ii. 308]

Brasenose. **Wright, Randolph**; adm. B.A. (Ralph) 21 Oct. 1612, det. (Randolph) 161$\frac{2}{3}$; lic. M.A. 29 Apr. 1619, inc. 1619.

*Brasenose.** **Skinner, William**; adm. B.A. (Bras.) 21 Oct. 1612. [ii. 308] William Skinner, B.A. (All So.); suppl. B.C.L. 9 Dec., adm. 10 Dec. 1617; lic. D.C.L. 31 Mar. 1625, inc. 1625.

Brasenose. **Chaldecot** (Caldecott), **Andrew**; adm. B.A. 21 Oct. 1612, det. 161$\frac{2}{3}$. [ii. 311]

Brasenose. **Taylor** (Taylour), **Ferdinando**; adm. B.A. 21 Oct. 1612, det. 161$\frac{2}{3}$; lic. M.A. 17 June 1615, inc. 1615. [ii. 307]

Brasenose. **Wells, John**; adm. B.A. 21 Oct. 1612, det. 161$\frac{2}{3}$; lic. M.A. 17 June 1615, inc. 1615. [ii. 304]

Brasenose. **Fettiplace, William**; (eq. fil.) adm. B.A. 21 Oct. 1612, det. 161$\frac{2}{3}$. [ii. 309] See p. 315.

Ch. Ch. **Stansall, Thomas**; adm. B.A. 21 Oct. 1612, det. 161$\frac{2}{3}$. [ii. 317]

S. John's. **Glover, Joseph**; adm. B.A. 22 Oct. 1612, det. 161$\frac{2}{3}$; lic. M.A. 13 June 1615, inc. 1615. [ii. 305]

S. John's. **Marshall, Manasses**; adm. B.A. 22 Oct. 1612, det. 161$\frac{2}{3}$. [ii. 314]

Exeter. **Dutton, John**; (arm. fil. n. m.) adm. B.A. 26 Oct. 1612, det. 161$\frac{2}{3}$. [ii. 306]

*Exeter.** **Flemming, John**; (fil. Thomae Fleming, capitalis justiciarii Angliae) adm. B.A. (Exet.) 26 Oct. 1612, det. 161$\frac{2}{3}$; lic. M.A. (Magd. C.) 7 July 1615, inc. 1615; suppl. B.D. (Magd. C.) 2 Mar. 162$\frac{5}{6}$, adm. (Magd. C.) — Mar. 1626. [ii. 309]

Exeter. **Northcott** (Norcott), **Anthony**; adm. B.A. 26 Oct. 1612, det. 161$\frac{2}{3}$. [ii. 325]

Exeter. **Dowriche** (Dourishe), **John**; (arm. fil. n. m.) adm. B.A. 26 Oct. 1612. [ii. 325]

Exeter. **Roleston** (Rolston), **William**; adm. B.A. 26 Oct. 1612, det. 161$\frac{3}{4}$. [ii. 309]

Exeter. **Palmer, Joshua**; adm. B.A. 26 Oct. 1612, det. 161$\frac{2}{3}$; lic. M.A. 5 July 1616, inc. 1616. [ii. 304]

Exeter. **Marten** (Martin), **Gregory**; adm. B.A. 26 Oct. 1612, det. 161$\frac{2}{3}$; lic. M.A. 26 June 1615, inc. 1615.

S. Alb. H. **Nosse, Thomas**; adm. B.A. 3 Nov. 1612, det. 161$\frac{2}{3}$. [ii. 308]

Oriel. **Poole, William**; (eq. aur. fil.) adm. B.A. 3 Nov. 1612, det. 161$\frac{2}{3}$. [ii. 309]

*Oriel.** **Poole** (Pole), **Francis**; (eq. aur. fil.) adm. B.A. (Oriel) 3 Nov. 1612, det. $161\frac{2}{3}$; lic. M.A. (Hart H.) 12 June 1616, inc. 1616. [ii. 309]

University. **Fettiplace** (Fetiplace), **William**; adm. B.A. 3 Nov. 1612, det. $161\frac{2}{3}$. [ii. 305] William Fettiplace was Fellow of Mert. in 1613, Brod., p. 280; but there seems nothing to shew whether he was this one or the one, *supra*, p. 314.

University. **Steede, Thomas**; (eq. aur. fil.) adm. B.A. 3 Nov. 1612, det. $161\frac{2}{3}$. [ii. 315]

University. **Hulet** (Hulett, Howlett), **John**; adm. B.A. 3 Nov. 1612, det. $161\frac{2}{3}$; lic. M.A. 7 July 1615, inc. 1615. [ii. 315]

Ch. Ch. **Lloyd** (Lloid), **Humphrey**; adm. B.A. 3 Nov. 1612, det. $161\frac{2}{3}$; lic. M.A. 15 June 1615, inc. 1615.

Jesus. **Hawkins, Nicholas**; adm. B.A. 4 Nov. 1612, det. $161\frac{2}{3}$. [ii. 327]

Jesus. **Prichard, Thomas**; adm. B.A. 4 Nov. 1612, det. $161\frac{2}{3}$; lic. M.A. 4 July 1615, inc. 1615; adm. B.D. and lic. D.D. ('cumulatus') 9 July 1628, inc. D.D. 1628. [ii. 317]

Gloc. H. **Tyler, William**; adm. B.A. 9 Nov. 1612, det. $161\frac{2}{3}$; lic. M.A. 4 June 1616, inc. 1616. [ii. 315]

Corpus. **Cadbury** (Gaberie), **Simon**; adm. B.A. 11 Nov. 1612, det. $161\frac{2}{3}$; lic. M.A. 6 July 1615, inc. 1615. [All So., ii. 310]

Corpus. **Harding, William**; adm. B.A. 11 Nov. 1612, det. $161\frac{2}{3}$. [ii. 317]

Hart H. **Bodurda, William**; adm. B.A. 16 Nov. 1612, det. $161\frac{2}{3}$. [ii. 304]

Hart H. **Pyne** (Pine), **John**; (arm. fil. n. m.) adm. B.A. 16 Nov. 1612, det. $161\frac{2}{3}$; lic. M.A. 15 June 1615, inc. 1615. [ii. 309]

Ch. Ch. **Evans, Lewis**; adm. B.A. 19 Nov. 1612, det. $161\frac{2}{3}$. [ii. 316]

Ch. Ch. **Brodhead** (Broadhead), **Richard**; adm. B.A. 19 Nov. 1612, det. $161\frac{2}{3}$. [Magd. C., ii. 316]

Magd. H. **Ball, Gabriel**; adm. B.A. 19 Nov. 1612, det. $161\frac{2}{3}$. [ii. 273]

Merton. **Brooks, Matthew**; adm. B.A. 3 Dec. 1612, det. $161\frac{2}{3}$.

S. Mary H. **Freake, William**; (arm. fil. n. m.) adm. B.A. 10 Dec. 1612, det. $161\frac{2}{3}$. [Bras., ii. 316]

All Souls. **Cicheley** (Chichly), **Henry**; adm. B.A. ('Henry') 10 Dec. 1612, det. ('John') $161\frac{2}{3}$. [John Chichly, S. Mary H., ii. 316]

Trinity. **Beale, George**; adm. B.A. 11 Dec. 1612, det. $161\frac{2}{3}$; lic. M.A. 6 July 1615, inc. 1615. [ii. 305]

Magd. C. **Wright, Francis**; adm. B.A. 11 Dec. 1612, det. $161\frac{2}{3}$. [ii. 304]

Magd. C. **Clifford, William**; adm. B.A. 11 Dec. 1612, det. $161\frac{2}{3}$; lic. M.A. 10 July 1618, inc. 1618. [Trin., ii. 299]

Balliol. **Wolley** (Wolly), **Edward**; adm. B.A. 11 Dec. 1612, det. $161\frac{2}{3}$.

Balliol. **Willoughbey, John**; adm. B.A. 11 Dec. 1612, det. $161\frac{2}{3}$. [ii. 307]

Balliol. **Willoughbey, William**; adm. B.A. 11 Dec. 1612, det. $161\frac{2}{3}$. [ii. 307]

*Magd. C.** **Hutchins, Edward**; adm. B.A. (Magd. C.) 17 Dec. 1612, det. $161\frac{2}{3}$; lic. M.A. (Magd. H.) 6 Dec. 1621, inc. 1622. [ii. 306]

*Merton.** **Davies** (Davis), **Richard**; adm. B.A. (Queen's) 17 Dec.

1612, det. (S. Alb. H.) 161⅔. ⟨The adm. B.A. is registered as from Queen's, probably in error; he suppl. B.A. from Mert. on 30 June 1612.⟩ [Magd. H., ii. 303]

Queen's. **Marshall, John**; adm. B.A. (Mert.) 17 Dec. 1612, det. (Queen's) 161⅔; lic. M.A. (Queen's, then in orders) 2 July 1616, inc. 1616. ⟨The adm. B.A. is registered as from Mert.; probably this is in error, as the suppl. B.A. on 20 Oct., and the det. are from Queen's.⟩ [ii. 303]

Magd. H. **Clarke, Daniel**; adm. B.A. (Magd. C.) 17 Dec. 1612, det. (Magd. H.) 161⅔. ⟨The adm. B.A. is registered as from Magd. C.; probably this is in error as the suppl. B.A. on 15 Dec., and the det. are from Magd. H.⟩ [Magd. C., ii. 318]

Gloc. H. **Stoforde, Richard**; suppl. B.A. 10 Feb. 161½. [? Stafford, Corp., ii. 275]
S. Alb. H. **Parrott, Edward**; (arm. fil. n. m.) suppl. B.A. 20 Feb. 161½. [ii. 309]
Merton. **Cox, Nathaniel**; suppl. B.A. 5 Mar. 161⅔.

Lincoln. **Watson, Matthias**; lic. M.A. 6 July 1613, inc. 1613; adm. B.D. 26 June 1622. [i. 367]

S. John's. **Naylor, Brian**; adm. B.C.L. 14 May 1612.
S. John's. **Cowper, Robert**; adm. B.C.L. 14 May 1612.

N. I. H. **Stockton, John**; suppl. B.D. 6 Apr., adm. 7 Apr. 1612. ⟨See a John Stocton, ii. 212; and another, *supra*, p. 40.⟩
New Coll. **Crosse, Richard**; suppl. B.D. 17 June, adm. 8 July 1612; suppl. lic. to preach 27 July 1614, adm. 13 May 1617. [ii. 223]
Merton. **Warberton, William**; suppl. B.D. 30 June, adm. 9 July 1612. [i. 357]

1613.

Balliol. **Hill, William**; adm. B.A. 16 Jan. 161⅔, det. 161⅔; lic. M.A. 28 June 1615, inc. 1615. [ii. 311]
Oriel. **Simons** (Simonds), **John**; adm. B.A. 21 Jan. 161⅔, det. 161⅔.
Broadg. H. **Cleeves, Swithin**; adm. B.A. 21 Jan. 161⅔; lic. M.A. 21 June 1615, inc. 1615. [Hart H., ii. 306].
Broadg. H. **Stone, Humphrey**; adm. B.A. 21 Jan. 161⅔. [ii. 310]
Broadg. H. **Napkin, Thomas**; adm. B.A. 21 Jan. 161⅔. [Gloc. H., ii. 296]
Broadg. H. **Pistell** (Pistle), **William**; adm. B.A. 21 Jan. 161⅔; lic. M.A. 6 July 1615, inc. 1615. [Magd. H., ii. 307]
Broadg. H. **Abell, Laurence**; adm. B.A. 21 Jan. 161⅔; lic. M.A. 21 June 1616, inc. 1616. [Exet., ii. 312]
Exeter. **Fley** (Flea), **John**; adm. B.A. 21 Jan. 161⅔, det. 161⅔; lic. M.A. 26 June 1615, inc. 1615. [ii. 306]

Exeter. **Viguers, Christopher**; adm. B.A. 21 Jan. 161$\frac{2}{3}$, det. 161$\frac{2}{3}$; lic. M.A. 26 June 1615, inc. 1615. [ii. 304]

Lincoln. **Coningsby, Fitz-Williams**; (eq. aur. fil. n. m.) adm. B.A. 28 Jan. 161$\frac{2}{3}$, det. 161$\frac{2}{3}$.

S. Alb. H. **Newland, John**; adm. B.A. 4 Feb. 161$\frac{2}{3}$, det. 161$\frac{2}{3}$; lic. M.A. 7 July 1615, inc. 1615. [ii. 306]

Balliol. **Armeston, William**; adm. B.A. 4 Feb. 161$\frac{2}{3}$, det. 161$\frac{2}{3}$; lic. M.A. 15 May 1616, inc. 1616. [ii. 307]

Magd. H. **Hais** (Hayes), **John**; adm. B.A. 4 Feb. 161$\frac{2}{3}$, det. 161$\frac{2}{3}$; lic. M.A. 6 July 1615, inc. 1615. [ii. 308]

Magd. H. **Webb, Thomas**; (arm. fil. n. m.) adm. B.A. 4 Feb. 161$\frac{2}{3}$, det. 161$\frac{2}{3}$.

*Magd. H.** **Castle** (Castell), **William**; adm. B.A. (Magd. H.) 4 Feb. 161$\frac{2}{3}$, det. 161$\frac{2}{3}$; lic. M.A. (Linc.) 28 June 1615, inc. 1615.

Broadg. H. **Phillipps, William**; adm. B.A. 4 Feb. 161$\frac{2}{3}$.

S. Edm. H. **Greenewood, Robert**; adm. B.A. 4 Feb. 161$\frac{2}{3}$, det. 161$\frac{2}{3}$; lic. M.A. 20 June 1615, inc. 1615. [ii. 306]

Corpus. **Prouz, John**; adm. B.A. 6 Feb. 161$\frac{2}{3}$, det. 161$\frac{2}{3}$. [S. Mary H., ii. 284]

N. I. H. **Wyat, John**; adm. B.A. 6 Feb. 161$\frac{2}{3}$, det. 161$\frac{2}{3}$. [? Bras., ii. 311]

*All Souls.** **Burrage, Henry**; suppl. B.A. ('Burrage' from All So.) 4 Feb., adm. ('Burradell,' from All So.) 6 Feb. 161$\frac{2}{3}$, det. ('Burradg,' from Hart H.) 161$\frac{7}{8}$; lic. M.A. ('Burrage,' Hart H.) 8 May 1618, inc. ('Burage,' Hart H.) 1618.

*N. I. H.** **Mullins** (Molens), **William**; adm. B.A. (N. I. H.) 6 Feb. 161$\frac{2}{3}$, det. 161$\frac{2}{3}$; lic. M.A. (Broadg. H.) 6 July 1615, inc. 1615. [Hart H., ii. 306]

Lincoln. **Levett, Thomas**; adm. B.A. 8 Feb. 161$\frac{2}{3}$, det. 161$\frac{2}{3}$. [ii. 318]

Lincoln. **Whistler, Hugh**; adm. B.A. 8 Feb. 161$\frac{2}{3}$, det. 161$\frac{2}{3}$; lic. M.A. 28 June 1615, inc. 1615. [Trin., ii. 300]

Lincoln. **Clarke, Henry**; adm. B.A. 8 Feb. 161$\frac{2}{3}$, det. 161$\frac{2}{3}$; lic. M.A. 7 July 1617, inc. 1617.

Lincoln. **Hill, William**; adm. B.A. 8 Feb. 161$\frac{2}{3}$, det. 161$\frac{2}{3}$; lic. M.A. 4 July 1616, inc. 1616.

Hart H. **Lake** (Lakes), **Thomas**; (eq. aur. fil. n. m.) adm. B.A. 8 Feb. 161$\frac{2}{3}$, det. 161$\frac{2}{3}$. [New C., ii. 320]

Hart H. **Lake** (Lakes), **Arthur**; (eq. aur. fil. natu minor) adm. B.A. 8 Feb. 161$\frac{2}{3}$, det. 161$\frac{2}{3}$. [New C., ii. 320]

Merton. **Tonge** (Toung), **George**; adm. B.A. 8 Feb. 161$\frac{2}{3}$, det. 161$\frac{2}{3}$; lic. M.A. 11 July 1617, inc. 1617. [Ch. Ch., ii. 259]

University. **Hulett, Roger**; adm. B.A. 8 Feb. 161$\frac{2}{3}$, det. 161$\frac{2}{3}$. [ii. 315]

Brasenose. **Manwayryng, Robert**; adm. B.A. 8 Feb. 161$\frac{2}{3}$, det. 161$\frac{2}{3}$. [ii. 308]

Brasenose. **Crompleholme** (Crumplehorne), **Richard**; adm. B.A. 8 Feb. 161$\frac{2}{3}$, det. 161$\frac{2}{3}$.

Brasenose. **Thomas, William**; adm. B.A. 8 Feb. 161$\frac{2}{3}$, det. 161$\frac{2}{3}$; lic. M.A. 17 June 1615, inc. 1615. [ii. 307]

Brasenose. **Morgell, William**; adm. B.A. 8 Feb. 161$\frac{2}{3}$, det. 161$\frac{2}{3}$. [ii. 307]

Brasenose. **Smith, Thomas**; (arm. fil. n. m.) adm. B.A. 8 Feb. 161$\frac{2}{3}$, det. 161$\frac{2}{3}$.

Brasenose. **Manwayring, Philip**; (eq. aur. fil. n. m.) adm. B.A. 8 Feb. $161\frac{2}{3}$, det. $161\frac{2}{3}$. [ii. 320]

Oriel. **Mathews, William**; adm. B.A. 9 Feb. $161\frac{2}{3}$, det. $161\frac{2}{3}$; lic. M.A. 5 Feb. $161\frac{5}{6}$, inc. 1616 (called also 'William Mathew *alias* Proctor.') [ii. 306]

*S. Edm. H.** **Colly, Thomas**; adm. B.A. (S. Edm. H.) 9 Feb. $161\frac{2}{3}$, det. (S. Mary H.) $161\frac{2}{3}$. [S. Mary H., ii. 303]

S. Edm. H. **Bowen, Evan**; adm. B.A. 9 Feb. $161\frac{2}{3}$, det. $161\frac{2}{3}$. [? New C., ii. 274]

Merton. **Minterne, Robert**; adm. B.A. 9 Feb. $161\frac{2}{3}$, det. $161\frac{2}{3}$. [ii. 314]

Exeter. **Smaleman, Francis**; adm. B.A. 9 Feb. $161\frac{2}{3}$, det. $161\frac{2}{3}$. [ii. 312]

S. John's. **Cooling** (Coling), **Gabriel**; adm. B.A. 10 Feb. $161\frac{2}{3}$, det. $161\frac{2}{3}$; lic. M.A. 17 June 1615, inc. 1615. [ii. 305]

Trinity. **Dunton, John**; adm. B.A. 10 Feb. $161\frac{2}{3}$, det. $161\frac{2}{3}$; lic. M.A. 26 June 1616, inc. 1616. [ii. 298]

Gloc. H. **Kerckham** (Kirkham), **Anthony**; adm. B.A. 10 Feb. $161\frac{2}{3}$, det. $161\frac{2}{3}$; suppl. M.A. 22 Nov. 1617. [ii. 315]

Magd. C. **Sidnam** (Sydenham, Siddenham, Sidenham), **Hopton**; adm. B.A. 11 Feb. $161\frac{2}{3}$, det. $161\frac{2}{3}$; lic. M.A. 3 July 1616, inc. 1616; suppl. B.D. 23 Apr. 1627, adm. in Easter Term 1627; suppl. D.D. 29 Oct. 1634 and again 23 Jan. $163\frac{8}{9}$, lic. 26 Jan. $163\frac{8}{9}$, inc. 1639. [Magd. H., ii. 304]

Magd. C. **Bowld** (Boulde, Bold), **Edward**; adm. B.A. 11 Feb. $161\frac{2}{3}$, det. $161\frac{2}{3}$; lic. M.A. 3 July 1616, inc. 1616. [ii. 312]

Magd. C. **Darby** (Darbie), **John**; suppl. B.A. 2 Nov. 1611, and again 17 June 1612, adm. 11 Feb. $161\frac{2}{3}$, det. $161\frac{2}{3}$; lic. M.A. 15 Jan. $161\frac{6}{7}$, inc. 1617. [Exet., ii. 312]

Magd. C. **Fowkes** (Fookes), **Robert**; adm. B.A. 11 Feb. $161\frac{2}{3}$, det. $161\frac{2}{3}$; lic. M.A. 3 July 1616, inc. 1616. [ii. 312]

Magd. C. **Dobs** (Dobse, Dobbs), **Thomas**; adm. B.A. 11 Feb. $161\frac{2}{3}$, det. $161\frac{2}{3}$; lic. M.A. 3 July 1616, inc. 1616. [ii. 312]

Balliol. **Huggins, James**; adm. B.A. 11 Feb. $161\frac{2}{3}$, det. $161\frac{2}{3}$. [? i. 402]

Balliol. **Combe, William**; adm. B.A. 11 Feb. $161\frac{2}{3}$, det. $161\frac{2}{3}$; lic. M.A. 5 July 1616, inc. 1616. [ii. 310]

Queen's. **Saltonstall, Richard**; (eq. aur. fil. n. m.) adm. B.A. 11 Feb. $161\frac{2}{3}$, det. $161\frac{2}{3}$. [ii. 314]

Queen's. **Pickering, John**; adm. B.A. 11 Feb. $161\frac{2}{3}$, det. $161\frac{2}{3}$. [ii. 306]

Brasenose. **Taylor, Thomas**; adm. B.A. 11 Feb. $161\frac{2}{3}$, det. $161\frac{2}{3}$. [ii. 307]

S. Edm. H. **Hawkes, Anthony**; adm. B.A. 12 Feb. $161\frac{2}{3}$, det. $161\frac{2}{3}$; lic. M.A. 16 May 1616, inc. 1616. [New C., ii. 303]

*Lincoln.** **Whitworth, Henry**; suppl. B.A. (S. Alb. H.) 18 Nov. 1612, adm. (Linc.) 12 Feb. $161\frac{2}{3}$, det. (Linc.) $161\frac{2}{3}$.

Hart H. **Owen** (Adowenus), **John**; adm. B.A. 12 Feb. $161\frac{2}{3}$, det. $161\frac{2}{3}$. [ii. 316]

Oriel. **Clarke, John**; adm. B.A. 12 Feb. $161\frac{2}{3}$, det. $161\frac{2}{3}$. [ii. 328]

Oriel. **Wilson, William**; adm. B.A. 12 Feb. $161\frac{2}{3}$, det. $161\frac{2}{3}$. [ii. 316]

Hart H. **Gallimore, William**; adm. B.A. 13 Feb. 161$\frac{2}{3}$, det. 161$\frac{2}{3}$.
Brasenose. **Dowglas** (Dowglasse), **Henry**; adm. B.A. 13 Feb. 161$\frac{2}{3}$, det. 161$\frac{2}{3}$.
Magd. C. **Lambold** (Lamboulde), **John**; adm. B.A. 23 Feb. 161$\frac{2}{3}$, det. 161$\frac{2}{3}$. [ii. 317]
S. John's. **Reade, James**; adm. B.A. 10 Mar. 161$\frac{2}{3}$. [ii. 314]
S. John's. **Boyer, Thomas**; adm. B.A. 27 Mar. 1613, det. 161$\frac{3}{4}$; suppl. and lic. M.A. ('Bowyer') 9 May 1626, when he stated that most of the time since his B.A. had been spent 'in Academiis transmarinis in studio philosophiae et bonarum artium.'
New Coll. **Payne, Richard**; adm. B.A. 22 Apr. 1613, det. 161$\frac{3}{4}$; lic. M.A. 14 Mar. 161$\frac{6}{7}$, inc. 1617. [ii. 303]
*Queen's.** **Garnett** (Garnet), **William**; adm. B.A. (Queen's) 24 Apr. 1613, det. 161$\frac{3}{4}$; lic. M.A. (S. Edm. H.) 27 June 1616, inc. 1616. [ii. 301]
Balliol. **Muschame** (Muschampe), **William**; adm. B.A. 26 Apr. 1613.
Balliol. **Wood, John**; adm. B.A. 26 Apr. 1613, det. 161$\frac{3}{4}$; lic. M.A. 9 Dec. 1618. [ii. 310]
Gloc. H. **Handman** (Hanman), **John**; adm. B.A. 12 May 1613, det. ('Hardiman') 161$\frac{3}{4}$; lic. M.A. (Handman) 4 June 1616, inc. 1616. [ii. 306]
Corpus. **Sedley, John**; (eq. aur. fil. n. m.) adm. B.A. 17 May 1613.
Corpus. **Brockman, William**; (arm. fil. n. m.) adm. B.A. 17 May 1613. [S. Mary H., ii. 319]
S. John's. **Hutchinson, William**; adm. B.A. 17 May 1613, det. 161$\frac{3}{4}$; lic. M.A. 13 May 1617, inc. 1617. [ii. 305]
S. John's. **Partridge, Martin**; adm. B.A. 17 May 1613, det. 161$\frac{3}{4}$; lic. M.A. 13 May 1617, inc. 1617; adm. B.D. 24 Nov. 1623. [ii. 305]
S. John's. **Philkins** (Filkins), **John**; adm. B.A. 17 May 1613, det. 161$\frac{3}{4}$; lic. M.A. 13 May 1617, inc. 1617; adm. B.D. 12 May 1624. [ii. 305]
Exeter. **Bury** (Burie, Berry), **Thomas**; adm. B.A. 17 May 1613, det. 161$\frac{3}{4}$; lic. M.A. 28 Jan. 16$\frac{19}{20}$, inc. 1620. [ii. 312]
Queen's. **Hawkesworth, Nathaniel**; adm. B.A. 17 May 1613, det. 161$\frac{3}{4}$.
Queen's. **Nicolas** (Nicholas), **Robert**; adm. B.A. 17 May 1613. [ii. 310]
*Merton.** **Scull, John**; adm. B.A. (Mert.) 17 May 1613, det. 161$\frac{3}{4}$; lic. M.A. (Linc.) 21 June 1616, inc. 1616.
Broadg. H. **Wotton, Edward**; adm. B.A. 20 May 1613, det. 161$\frac{3}{4}$. [ii. 309]
*Ch. Ch.** **Morris** (Morrice), **John**; adm. B.A. (Ch. Ch.) 20 May 1613, det. 161$\frac{3}{4}$; lic. M.A. (All So.) 6 July 1615, inc. 1615; adm. B.D. (All So.) 6 May 1626; lic. D.D. (Ch. Ch.) 10 May 1634, inc. 1634; lic. to preach (Ch. Ch.) 4 June 1635. [ii. 306]
New Coll. **Grent, John**; adm. B.A. 4 June 1613, det. 161$\frac{3}{4}$; lic. M.A. 2 May 1617, inc. 1617. [ii. 306]
New Coll. **Ball, John**; adm. B.A. 4 June 1613, det. 161$\frac{3}{4}$; lic. M.A. 2 May 1617, inc. 1617. [ii. 306]

Magd. C. **Mortimer, David**; adm. B.A. 8 June 1613, det. 161¾; lic. M.A. 4 July 1617, inc. 1617. [ii. 307]
Merton.* **Spicer, Alexander**; adm. B.A. (Mert.) 8 June 1613, det. (Magd. H.) 161¾. [ii. 314]
S. Alb. H.* **Ainscombe, Henry**; adm. B.A. (S. Alb. H.) 8 June 1613, det. (Mert.) 161¾; lic. M.A. (Mert.) 19 June 1618, inc. 1618. [ii. 308] Brod., p. 280.
Ch. Ch. **Stubbing** (Stubbins), **John**; adm. B.A. 10 June 1613, det. 161¾; lic. M.A. 20 June 1616, inc. 1616; adm. B.D. and lic. D.D. 22 June 1630, inc. 1630. ⟨In some entries the name is erroneously given as 'James.'⟩ [ii. 306]
Magd. H. **Filkin** (Filkins), **Richard**; adm. B.A. 10 June 1613, det. 161¾.
Magd. H. **Dudley, Robert**; adm. B.A. 10 June 1613, det. 161¾; lic. M.A. 5 July 1616, inc. 1616. [N. I. H., ii. 309]
Oriel. **Sanford, John**; adm. B.A. 17 June 1613, det. 161¾. [ii. 307]
Oriel. **Voyle, William**; adm. B.A. 17 June 1613, det. 161¾. [ii. 308]
Ch. Ch. **Goffe, Thomas**; adm. B.A. 17 June 1613, det. 161¾; lic. M.A. 20 June 1616, inc. 1616; adm. B.D. 3 July 1623; lic. to preach 11 July 1623. [ii. 306]
Ch. Ch. **Prowde** (Pronde), **Thomas**; adm. B.A. 17 June 1613, det. 161¾; lic. M.A. 20 June 1616, inc. 1616. [ii. 306]
Ch. Ch. **Gower, George**; adm. B.A. 17 June 1613, det. 161¾; lic. M.A. 20 June 1616, inc. 1616. [Oriel, ii. 308]
Ch. Ch. **Gifford, John**; adm. B.A. 17 June 1613, det. 161¾; lic. M.A. 20 June 1616, inc. 1616. [ii. 310]
Ch. Ch. **Gualter** (Gwalter), **William**; adm. B.A. 17 June 1613, det. 161¾. [ii. 311]
Ch. Ch. **Hurlocke, John**; adm. B.A. 17 June 1613, det. 161¾; lic. M.A. 20 June 1616, inc. 1616.
Ch. Ch. **Wright, John**; adm. B.A. 17 June 1613, det. 161¾; lic. M.A. 20 June 1616, inc. 1616. [ii. 312]
Ch. Ch. **Eedes** (Edes), **Toby**; adm. B.A. 17 June 1613, det. 161¾; lic. M.A. 20 June 1616, inc. 1616.
Ch. Ch. **Secoll** (Seacoll), **Thomas**; adm. B.A. 17 June 1613, det. 161¾; lic. M.A. 26 June 1616, inc. 1616. [ii. 317]
Ch. Ch. **Sutton, Robert**; adm. B.A. 17 June 1613, det. 161¾; lic. M.A. 29 Oct. 1617, inc. 1618. [ii. 317]
Ch. Ch.* **Fowkes, Robert**; adm. B.A. (Ch. Ch.) 17 June 1613, det. (Hart H.) 161¾; lic. M.A. (Hart H.) 4 June 1616, inc. 1616. [ii. 315]
Broadg. H. **Marwell, Richard**; suppl. B.A. ('Thomas') 8 June, adm. ('Richard') 17 June 1613, det. 161¾; lic. M.A. 21 June 1616, inc. 1616. [ii. 307]
Broadg. H. **Wykes** (Weckes), **Edward**; adm. B.A. 17 June 1613, det. 161¾.
Broadg. H. **Willis** (Willies), **Toby**; adm. B.A. 17 June 1613, det. 161¾; lic. M.A. 21 June 1616, inc. 1616. [Magd. C., ii. 307]
Broadg. H. **Challenor** (Chaliner), **William**; adm. B.A. 17 June 1613, det. 161¾; lic. M.A. 17 June 1619, inc. 1619. [ii. 315]

Broadg. H. **Cox, Benjamin**; adm. B.A. 17 June 1613, det. $161\frac{3}{4}$; lic. M.A. 30 June 1617, inc. 1617. [Ch. Ch., ii. 305]

Broadg. H. **Laurey** (Lawrie), **Edmund**; adm. B.A. 17 June 1613, det. $161\frac{3}{4}$. [ii. 310]

Magd. H. **Ward, William**; adm. B.A. 17 June 1613, det. $161\frac{3}{4}$; lic. M.A. 19 Apr. 1616, inc. 1616. [ii. 308]

Hart H. **Anwill** (Amvill), **John**; adm. B.A. 17 June 1613, det. $161\frac{3}{4}$; lic. M.A. 4 June 1616, inc. 1616. [ii. 312]

*Hart H.** **Web** (Webb), **Francis**; adm. B.A. (Hart H.) 17 June 1613, det. $161\frac{3}{4}$; lic. M.A. (All So.) 1 July 1616, inc. 1616. [ii. 305]

Queen's. **Bowet, William**; adm. B.A. 17 June 1613. [ii. 303]

Brasenose. **Parre, Richard**; adm. B.A. 17 June 1613, det. $161\frac{3}{4}$; lic. M.A. 19 Apr. 1616, inc. ('John') 1616; suppl. B.D. 10 Dec. 1623, adm. 10 June 1624; lic. to preach 26 Apr. 1626; lic. D.D. 1 July 1634, inc. 1634. [ii. 307]

Brasenose. **Pellett, William**; adm. B.A. 17 June 1613. [ii. 307]

Brasenose. **Lewis, Richard**; adm. B.A. 17 June 1613, det. $161\frac{3}{4}$. [ii. 319]

Brasenose. **Trafford** (Traford), **John**; adm. B.A. 17 June 1613, det. $161\frac{3}{4}$; lic. M.A. 19 Apr. 1616, inc. 1616; suppl. B.D. 10 Dec. 1631, adm. 27 Feb. $163\frac{2}{3}$; suppl. lic. to preach 3 Apr. 1633, lic. in 1633. [New C., ii. 317]

Exeter. **Mannington, Anthony**; adm. B.A. 21 June 1613, det. $161\frac{3}{4}$; lic. M.A. 12 June 1616, inc. 1616.

Exeter. **Berry** (Bury), **John**; adm. B.A. 21 June 1613, det. $161\frac{3}{4}$; lic. M.A. 12 June 1616, inc. 1616. [ii. 306 or 312]

Trinity. **Lloid** (Lloyd), **Robert**; adm. B.A. 21 June 1613, det. $161\frac{3}{4}$.

S. Mary H. **Littlejohn, Hugh**; adm. B.A. 23 June 1613. [ii. 300]

Queen's. **Cracanthorp, William**; adm. B.A. 7 July 1613. [ii. 282]

University. **Ogle, Thomas**; adm. B.A. 8 July 1613, det. $161\frac{3}{4}$.

University. **Paine, Philip**; adm. B.A. 8 July 1613, det. $161\frac{3}{4}$; lic. M.A. 7 May 1616, inc. 1616. [S. Jo., ii. 318]

New Coll. **Morgan** (Morgans), **Owen**; suppl. B.A. 5 July, adm. 8 July 1613. Possibly the same person as 'Morgan Owin,' Hart. H., lic. M.A. (then in orders) 4 June 1616, inc. 1616; but see 'Morgan Owens,' p. 285.

*Queen's.** **Woodward, George**; adm. B.A. (Queen's) 8 July 1613, det. $161\frac{3}{4}$; lic. M.A. (S. Edm. H.) 12 June 1616, inc. 1616. [ii. 307]

Queen's. **Berrie, William**; adm. B.A. 8 July 1613, det. $161\frac{3}{4}$. [ii. 308]

S. John's. **Foster, William**; adm. B.A. 8 July 1613, det. $161\frac{4}{5}$; lic. M.A. 6 July 1617, inc. 1617. [ii. 308]

Ch. Ch. **Coleclough, William**; adm. B.A. 8 July 1613. [ii. 306]

Ch. Ch. **Lewis, John**; adm. B.A. 8 July 1613, det. $161\frac{3}{4}$. [Jes. ii., 317]

Merton. **Cole, Basset**, adm. B.A. 8 July 1613.

Trinity. **Potter, Francis**; adm. B.A. 8 July 1613, det. $161\frac{3}{4}$; lic. M.A. 26 June 1616, inc. 1616; adm. B.D. 8 July 1625.

Oriel. **Rowlands, Morgan**; adm. B.A. 9 July 1613, det. $161\frac{3}{4}$; lic. M.A. 21 June 1616, inc. 1616. [ii. 319]

Oriel. **Rowlands** (Roulands), **David**; adm. B.A. 9 July 1613, det. $161\frac{3}{4}$; lic. M.A. (then in orders) 24 Apr. 1616, inc. 1616. [ii. 319]

Magd. C. **Aris** (Ayris, Ares), **John**; adm. B.A. 9 July 1613, det. $161\frac{3}{4}$; lic. M.A 3 July 1616, inc. 1616.

Merton. **Austen** (Austin), **Richard**; adm. B.A. 9 July 1613, det. $161\frac{3}{4}$.

S. Mary H. **Hurlocke, William**; adm. B.A. 9 July 1613, det. $161\frac{3}{4}$. [ii. 316]

S. Mary H. **Spenser, Thomas**; adm. B.A. 9 July 1613, det $161\frac{3}{4}$. [ii. 316]

Magd. C. **Cottesford, Samuel**; adm. B.A. 17 July 1613.

Balliol. **Butler, John**; adm. B.A. 21 July 1613, det. $161\frac{3}{4}$; lic. M.A. 23 June 1617, inc. 1617. [? Magd. C., ii. 308]

S. Mary H. **Pinckney, John**; suppl. B.A. ('George') 21 July, adm. ('John') 21 July 1613, det. $161\frac{3}{4}$; George Pinckney (S. Mary H.), lic. M.A. 3 May 1616, inc. 1616. [ii. 313]

Corpus. **Ives, Richard**; adm. B.A. 24 July 1613, det. $161\frac{3}{4}$.

Hart H. **Pinne** (Pimme), **Edward**; adm. B.A. 20 Oct. 1613, det. $161\frac{3}{4}$; lic. M.A. (then in orders) 4 June 1616, inc. 1616. [ii. 316]

Oriel. **Powell, John**; adm. B.A. 21 Oct. 1613, det. $161\frac{3}{4}$; lic. M.A. (then in orders) 4 July 1618, inc. 1618. [ii. 314]

Oriel. **Coppleston, Christopher**; (arm. fil. n. m.) adm. B.A. 21 Oct. 1613, det. $161\frac{3}{4}$. [ii. 322]

Oriel. **Baylie** (Bailie, Bayley), **Robert**; adm. B.A. 21 Oct. 1613, det. $161\frac{3}{4}$. [ii. 319]

Balliol. **Singe, George**; adm. B.A. 21 Oct. 1613, det. $161\frac{3}{4}$; lic. M.A. 12 June 1616, inc. 1616. [ii. 308]

Balliol. **Cookes, Thomas**; adm. B.A. 21 Oct. 1613, det. $161\frac{3}{4}$.

Balliol. **Besbiche** (Bisbiche, Besbithe, Bestpitche, Bestpith), **John**; adm. B.A. 21 Oct. 1613, det. $161\frac{3}{4}$; lic. M.A. 12 June 1616, inc. 1616. [ii. 310]

Ch. Ch. **Pickering, Mark**; adm. B.A. 21 Oct. 1613, det. $161\frac{3}{4}$; lic. M.A. 20 June 1616, inc. 1616. [ii. 311]

Ch. Ch. **Paxton, Thomas**; adm. B.A. 21 Oct. 1613, det. $161\frac{3}{4}$; lic. M.A. 20 June 1616, inc. 1616. [Bras., ii. 311]

Ch. Ch. **Fletcher, Thomas**; adm. B.A. 21 Oct. 1613, det. $161\frac{3}{4}$. [ii. 320]

*Ch. Ch.** **Prichard** (Pritchard), **Thomas**; adm. B.A. (Ch. Ch.) 21 Oct. 1613, det. $161\frac{3}{4}$; lic. M.A. (Hart H.) 4 June 1616, inc. 1616. [ii. 315]

Brasenose. **Bartlit** (Bartlett), **Francis**; adm. B.A. 21 Oct. 1613, det. $161\frac{3}{4}$. [ii. 309]

Queen's. **Thompson** (Tomson), **Avereus** (Averrois, Averroes, Avery, Alvericus, Alberic); adm. B.A. 25 Oct. 1613, det. $161\frac{5}{6}$; lic. M.A. 2 July 1616, inc. 1616; adm. B.D. 21 July 1627; suppl. lic. to preach 30 May 1632, lic. in 1632. [ii. 301]

Queen's. **Richardson, Thomas**; adm. B.A. 25 Oct. 1613, det. $161\frac{5}{6}$; lic. M.A. 2 July 1616, inc. 1616. [ii. 309]

Queen's. **Smith, Richard**; adm. B.A. 25 Oct. 1613; lic. M.A. 23 June 1617, inc. 1617; adm. B.D. 21 July 1627; lic. to preach 18 Dec. 1634. [ii. 301]

*Queen's.** **Elmes, Thomas**; adm. B.A. (Queen's) 25 Oct. 1613, det. $161\frac{3}{4}$; lic. M.A. (Magd. C.) 28 June 1617, inc. 1617. [ii. 306]

Queen's. **Panton, Henry**; adm. B.A. 25 Oct. 1613, det. $161\frac{3}{4}$; lic. M.A. (then in orders) 18 Jan. $161\frac{6}{7}$, inc. 1617. [ii. 327]

Queen's. **Mortimer, Anthony**; adm. B.A. 25 Oct. 1613, det. $161\frac{3}{4}$; lic. M.A. 2 July 1616, inc. 1616. [ii. 310]

Queen's. **Laurence, William**; adm. B.A. 25 Oct. 1613. [ii. 309]

Queen's. **Bellmaine** (Belmaine), **Richard**; (arm. fil. n. m.) adm. B.A. 25 Oct. 1613. [ii. 322]
*Magd. C.** **Lee, Samuel**; adm. B.A. (Magd. C.) 25 Oct. 1613, det. (Magd. H.) 161¾; lic. M.A. (Magd. H.) 5 July 1616, inc. 1616. [S. Edm. H., ii. 309]
*Magd. C.** **Lee, Nathaniel**; adm. B.A. (Magd. C.) 25 Oct. 1613, det. (Magd. H.) 161¾; lic. M.A. (Magd. H.) 13 June 1616, inc. 1616. [S. Edm. H., ii. 309]
Hart H. **Watkins, Richard**; adm. B.A. 25 Oct. 1613, det. 161¾. (Suppl. B.A. from Magd. C., probably an error.) [ii. 312]
Brasenose. **Smith, John**; adm. B.A. 26 Oct. 1613, det. 161¾. [ii. 307]
Brasenose. **Holme** (Helme), **Robert**; adm. B.A. 26 Oct. 1613, det. ('Christopher Helme') 161¾; lic. M.A. ('Robert') 18 June 1616, inc. 1616. [ii. 311]
Brasenose. **Rondall** (Randol, Randall), **John**; adm. B.A. 26 Oct. 1613, det. 161¾; lic. M.A. 18 June 1616, inc. 1616; adm. B.D. 7 July 1624; suppl. for lic. to preach 23 Apr. 1627. [ii. 309]
Brasenose. **Rosterne, John**; adm. B.A. 26 Oct. 1613, det. 161¾; lic. M.A. 18 June 1616, inc. 1616. [ii. 311]
Gloc. H. **Francke, William**; adm. B.A. 26 Oct. 1613, det. 161¾; lic. M.A. 4 June 1616, inc. 1616. [ii. 315]
All Souls. **Tench, Richard**; adm. B.A. 30 Oct. 1613. [ii. 318]
Magd. H. **Binnes, John**; adm. B.A. 30 Oct. 1613, det. 161¾. [i. 372]
S. Edm. H. **Evans, Polydor**; adm. B.A. 12 Nov. 1613, det. 161¾. [Magd. C., ii. 317]
S. Edm. H. **Younge, Charles**; (arm. fil. n. m.) adm. B.A. 12 Nov. 1613.
S. Edm. H. **Kendall, Thomas**; adm. B.A. 12 Nov. 1613, det. 161¾. [S. Jo., ii. 318]
S. Edm. H. **Davies** (Davis), **John**; adm. B.A. 12 Nov. 1613, det. 161¾; lic. M.A. 4 July 1616, inc. 1616. [ii. 316]
Exeter. **Baker, John**; adm. B.A. 15 Nov. 1613, det. 161¾; lic. M.A. 12 June 1616, inc. 1616; adm. B.D. 9 July 1623. [ii. 312]
Exeter. **Stafford, Thomas**; adm. B.A. 15 Nov. 1613, det. 161¾. [ii. 310] Thomas Stafford, N. I. H. (possibly the same person), suppl. B.C.L. 6 June, adm. 25 June 1618.
Exeter. **Prideaux, James**; adm. B.A. 15 Nov. 1613, det. 161¾; lic. M.A. 25 Feb. 161⁶⁄₇, inc. 1617. [ii. 312]
Trinity. **Lucy, William**; (eq. aur. fil.) adm. B.A. 18 Nov. 1613, det. 161¾.
*Trinity.** **Evared** (Evered, Everard), **Stephen**; adm. B.A. (Trin.) 18 Nov. 1613, det. 161¾; lic. M.A. (S. Alb. H.) 11 July 1618, inc. 1618. [ii. 321]
Brasenose. **Phipp** (Phip, Phipps), **Christopher**; adm. B.A. 26 Nov. 1613, det. 161¾; lic. M.A. 18 June 1616, inc. 1616. [ii. 316]
All Souls. **Mills, Henry**; adm. B.A. 26 Nov. 1613, det. 161¾.
Magd. C. **West, John**; (baronis fil.) adm. B.A. 1 Dec. 1613, det. 161¾. [ii. 304]
Magd. C. **Halswell** (Haswell), **Nicholas**; (eq. aur. fil.) adm. B.A. 1 Dec. 1613, det. 161¾; lic. M.A. 15 Jan. 161⁶⁄₇, inc. 1617. [ii. 302]

Magd. H. **Hills (Hill), Edmund**; adm. B.A. 1 Dec. 1613, det. 161¾;
lic. M.A. 13 June 1616, inc. 1616. [ii. 313]
Magd. H. **Accroyd (Acred, Acroid), John**; adm. B.A. 1 Dec. 1613,
det. 161¾; lic. M.A. 5 July 1616, inc. 1616. [ii. 328]
Merton. **Maultus, Zorobabel**; adm. B.A. 7 Dec. 1613, det. 161¾;
lic. M.A. 12 June 1616, inc. 1616.
Broadg. H. **Rawlins, Thomas**; adm. B.A. 17 Dec. 1613, det. 161¾;
lic. M.A. 6 July 1622, inc. 1622. [ii. 310]
Lincoln.* **Harding, George**; adm. B.A. (Linc.) 17 Dec. 1613, det.
161⅓; suppl. M.A. (Linc.) 1 June, lic. M.A. (New C.) 4 June 1616,
inc. 1616. (His suppl. M.A. is registered in error as a suppl. B.A.)
Jesus. **Howell, James**; adm. B.A. 17 Dec. 1613. [ii. 312]
Jesus. **Parry, William**; adm. B.A. 17 Dec. 1613, det. 161¾.

Gloc. H. **Blanck, Thomas**; suppl. B.A. 21 Oct. 1613.
Magd. C. **Goodwin (Godwin), Edward**; suppl. B.A. 22 Oct. 1613,
det. 161⅓. [ii. 317]

Exeter. **Helme, William**; adm. B.C.L. 9 July 1613. [ii. 285]
New Coll. **South, Warner**; adm. B.C.L. 19 Oct. 1613. [ii. 291]
S. John's. **Justice, Humphrey**; adm. B.C.L. 25 Nov. 1613. [Ch. Ch.,
ii. 289]

Ch. Ch. **Bodley, Laurence**; (M.A., Ch. Ch., Canon of Wells) suppl.
D.D. 30 Mar. 1613, lic. 30 May 1613. (Student of Ch. Ch. in
1561.) [ii. 12]
Brasenose. **Powell, Thomas**; suppl. B.D. 5 June, adm. 17 June 1613.
[ii. 222] (Perhaps the same as Thomas Powell, Broadg. H., *supra*,
p. 229.)
Magd. C.* **Halke (Halkes), William**; suppl. B.D. (Magd. H.) 18 May,
adm. (Magd. C.) 8 July 1613. [i. 373]

1614.

University. **Bray, Henry**; adm. B.A. 7 Feb. 161¾; lic. M.A. 10 July
1618, inc. 1618. [ii. 315]
All Souls. **Stockman, William**; adm. B.A. 17 Jan. 161¾, det. 161¾.
[Bras., ii. 306]
Oriel. **Sweete, Samuel**; adm. B.A. 27 Jan. 161¾, det. 161¾. [Ball.,
ii. 311]
Balliol. **Smith, Samuel**; adm. B.A. 27 Jan. 161¾, det. 161¾; lic.
M.A. 26 June 1616, inc. ('Emanuel') 1616. [ii. 318]
Jesus. **Williams, Daniel**; adm. B.A. 27 Jan. 161¾, det. 161¾.
S. Edm. H. **Reason, Robert**; adm. B.A. 31 Jan. 161¾, det. 161¾; lic.
M.A. 29 Oct. 1617, inc. 1618. [ii. 331]
S. Edm. H. **Allen, Richard**; adm. B.A. 31 Jan. 161¾, det. 161¾. [ii.
303]
Brasenose. **Heape, Theodore**; adm. B.A. 3 Feb. 161¾, det. 161¾; lic.
M.A. 21 June 1616, inc. 1616. [ii. 316]
Brasenose. **Ormerode, George**; adm. B.A. 3 Feb. 161¾, det. 161¾; lic.
M.A. 5 July 1616, inc. 1616. [ii. 311]

Magd. H. **Flower, Thomas**; adm. B.A. 9 Feb. 161$\frac{3}{4}$, det. 161$\frac{3}{4}$.
Magd. H. **Hulbert** (Hubbert), **Henry**; adm. B.A. 9 Feb. 161$\frac{3}{4}$, det. 161$\frac{3}{4}$; lic. M.A. 5 July 1616, inc. 1616.
Magd. H. **Angell, John**; adm. B.A. 9 Feb. 161$\frac{3}{4}$, det. 161$\frac{3}{4}$; lic. M.A. 5 July 1616, inc. 1616. [? ii. 330]
Magd. H. **Woddam** (Wodham), **John**; adm. B.A. 9 Feb. 161$\frac{3}{4}$, det. 161$\frac{3}{4}$. [ii. 330]
Magd. H. **Pinchester, Edward**; adm. B.A. 9 Feb. 161$\frac{3}{4}$, det. 161$\frac{3}{4}$.
Magd. H. **Scrimish** (Scrimshe, Chrimsey), **John**; adm. B.A. 9 Feb. 161$\frac{3}{4}$, det. 161$\frac{3}{4}$. [ii. 313]
Wadham. **Huish, Alexander**; adm. B.A. 10 Feb. 161$\frac{3}{4}$, det. 161$\frac{3}{4}$; lic. M.A. 17 Dec. 1616, inc. 1617; adm. B.D. 2 June 1627; lic. to preach 11 Dec. 1627. [ii. 330]
Magd. C. **Goodwin, Arthur**; (called in one place 'eq. aur. fil.' in another 'gen. fil. n. m.') adm. B.A. 10 Feb. 161$\frac{3}{4}$, det. 161$\frac{3}{4}$.
Magd. C. **Davenport, Laurence**; adm. B.A. 10 Feb. 161$\frac{3}{4}$, det. 161$\frac{3}{4}$; lic. M.A. 15 Jan. 161$\frac{6}{7}$, inc. 1617. [ii. 312]
Magd. C. **Clarke, Walter**; adm. B.A. 10 Feb. 161$\frac{3}{4}$, det. 161$\frac{3}{4}$; lic. M.A. 15 Jan. 161$\frac{6}{7}$, inc. 1617; suppl. B.D. 23 Apr. 1637, adm. in Easter Term 1637; lic. to preach 29 Oct. 1634; lic. D.D. 5 July 1639, inc. 1639. [Magd. H., ii. 309]
Magd. C. **Hawes, William**; adm. B.A. 10 Feb. 161$\frac{3}{4}$, det. 161$\frac{3}{4}$. [ii. 318]
*Ch. Ch.** **Crooke, Henry**; (arm. fil. n. m.) adm. B.A. (Ch. Ch.) 10 Feb. 161$\frac{3}{4}$, det. 161$\frac{3}{4}$; lic. M.A. (Ch. Ch.) 20 June 1616, inc. 1616; lic. to preach (Bras.) 30 Oct. 1628; adm. B.D. (Bras.) 7 Apr. 1635. [ii. 325]
Broadg. H. **Stubbs, Henry**; adm. B.A. 14 Feb. 161$\frac{3}{4}$, det. 161$\frac{3}{4}$; lic. M.A. 21 June 1616, inc. 1616. [ii. 309]
Broadg. H. **Horsey, Edmund**; adm. B.A. 14 Feb. 161$\frac{3}{4}$, det. 161$\frac{3}{4}$. [ii. 310]
Merton. **Nevill** (Nevile), **William**; (eq. fil.) adm. B.A. 16 Feb. 161$\frac{3}{4}$, det. 161$\frac{3}{4}$; lic. M.A. 19 June 1618, inc. 1618; adm. B.C.L. 26 Apr. 1626; lic. D.C.L. (then Chancellor of Chichester) 3 June 1633, inc. 1633. [ii. 308] Brod., p. 280.
Merton. **Cox, William**; adm. B.A. 16 Feb. 161$\frac{3}{4}$, det. 161$\frac{3}{4}$; lic. M.A. 19 June 1618, inc. 1618. [? Ball., ii. 296] Brod., p. 280.
*Merton.** **Pour** (Power), **Henry**; adm. B.A. (Mert.) 16 Feb. 161$\frac{3}{4}$, det. 161$\frac{3}{4}$; lic. M.A. (S. Edm. H.) 20 June 1616, inc. 1616. [ii. 314]
Exeter. **Bolney, John**; (arm. fil. n. m.) adm. B.A. 17 Feb. 161$\frac{3}{4}$, det. 161$\frac{3}{4}$. [ii. 320]
Exeter. **Greenefeild, Bevill**; (eq. aur. fil. n. m.) adm. B.A. 17 Feb. 161$\frac{3}{4}$, det. 161$\frac{3}{4}$. [ii. 323]
Exeter. **Carey, Henry**; (eq. aur. fil. n. m.) adm. B.A. 17 Feb. 161$\frac{3}{4}$, det. 161$\frac{3}{4}$. [ii. 323]
Exeter. **Carey, Thomas**; (frater Henrici) adm. B.A. 17 Feb. 161$\frac{3}{4}$, det. 161$\frac{3}{4}$. [ii. 323]
Exeter. **Rondall, Samuel**; adm. B.A. 17 Feb. 161$\frac{3}{4}$, det. 161$\frac{3}{4}$. [ii. 325]
Magd. C. **Davies, Edward**; adm. B.A. 26 Feb. 161$\frac{3}{4}$, det. 161$\frac{3}{4}$. [? S. Edm. H., ii. 326]
Ch. Ch. **Wells, John**; adm. B.A. 26 Feb. 161$\frac{3}{4}$, det. 161$\frac{3}{4}$. [ii. 317]

Merton. **Duncombe, John**; adm. B.A. 1 Mar. 161¾, det. 161¾. [S. Alb. H., ii. 316]
Queen's. **Blacker, Edward**; adm. B.A. 1 Mar. 161¾, det. 161¾. [ii. 314]
Queen's. **Grubb, Thomas**; adm. B.A. (Queen's) 1 Mar. 161¾, det. 161¾; lic. M.A. (S. Edm. H.) 20 June 1616, inc. 1616. [ii. 314]
S. Edm. H. **Owins, Ellis**; adm. B.A. 1 Mar. 161¾, det. 161¾. [ii. 314]
Exeter. **Hull, Richard**; adm. B.A. 3 Mar. 161¾, det. 161¾.
Exeter. **Dun** (Dunne), **Francis**; suppl. B.A. 9 July 1612, adm. 3 Mar. 161¾, det. 161¾.
Magd. C. **Pemble** (Pimble), **William**; adm. B.A. 3 Mar. 161¾, det. 161¾; lic. M.A. 9 June 1618, inc. 1618. [ii. 317]
Lincoln. **Davis, Robert**; adm. B.A. 3 Mar. 161¾, det. 161¾; lic. M.A. 4 July 1616, inc. 1616. [ii. 318]
Lincoln. **Sainthill** (Senthill, Seinthill), **Humphrey**; adm. B.A. 3 Mar. 161¾, det. 161¾; lic. M.A. 4 July 1616, inc. 1616. [Oriel, ii. 310]
Lincoln. **Johnson, Zachary**; adm. B.A. 3 Mar. 161¾, det. 161¾; lic. M.A. (then in orders) 11 July 1617, inc. 1617.
Lincoln. **Mason, Humphrey**; adm. B.A. 3 Mar. 161¾, det. 161¾; lic. M.A. 21 June 1616, inc. 1616.
S. Alb. H. **Ely, John**; adm. B.A. 3 Mar. 161¾, det. 161¾.
S. Mary H. **James, Richard**; adm. B.A. 3 Mar. 161¾, det. 161¾; lic. M.A. 8 July 1618, inc. 1618. [ii. 316]
S. Mary H. **Wilcocks** (Wilcox), **Samuel**; adm. B.A. 3 Mar. 161¾, det. 161¾.
University. **Goddard, William**; adm. B.A. 4 Mar. 161¾, det. 161¾. [N. I. H., ii. 316]
University. **Faber, Stephen**; adm. B.A. 4 Mar. 161¾, det. 161¾. [ii. 315]
Trinity. **Draper, John**; adm. B.A. 4 Mar. 161¾, det. 161¾.
Trinity. **Fleetwood, Edward**; adm. B.A. 4 Mar. 161¾, det. 161¾; lic. M.A. 17 Dec. 1616, inc. 1617. [ii. 310]
Trinity.* **Houghton, John**; adm. B.A. (Trin.) 4 Mar. 161¾, det. 161¾; lic. M.A. (S. Alb. H.) 5 July 1616, inc. 1616. (The name is given as ' Holton ' in suppl. B.A.) [ii. 305]
Brasenose. **Dodgson, John**; adm. B.A. 4 Mar. 161¾, det. 161¾ [ii. 307]
S. Edm. H. **Marshall, Nicholas**; adm. B.A. 4 Mar. 161¾, det. 161¾; lic. M.A. 23 June 1617, inc. 1617.
Exeter. **Knapnam, John**; adm. B.A. 4 Mar. 161¾, det. 161¾. [ii. 300]
Magd. C. **Winchcombe, Henry**; adm. B.A. 4 Mar. 161¾, det. 161¾. [ii. 313]
Magd. C. **Taylor, Thomas**; adm. B.A. 4 Mar. 161¾, det. 161¾. [? Exet., ii. 306]
Magd. H. **Brookes** (Brooke), **John**; adm. B.A. 4 Mar. 161¾, det. 161¾; lic. M.A. 27 May 1617, inc. 1617.
Magd. H. **Hall, Thomas**; adm. B.A. 4 Mar. 161¾, det. 161¾. [ii. 322; i. 372]
S. John's. **Langford, Richard**; adm. B.A. 5 Mar. 161¾, det. 161¾. [ii. 314]
University. **Browne, Richard**; adm. B.A. 5 Mar. 161¾, det. 161¾. [ii. 315]
Brasenose. **Bullock, Richard**; adm. B.A. 5 Mar. 161¾, det. 161¾. [ii. 309]

New Coll. **Savidge** (Savadge, Savage), **John**; adm. B.A. 9 May 1614, det. 161$\frac{4}{5}$; lic. M.A. 17 Jan. 161$\frac{7}{8}$, inc. 1618. [ii. 320]

New Coll. **Oldis, William**; adm. B.A. 9 May 1614, det. 161$\frac{4}{5}$; lic. M.A. 17 Jan. 161$\frac{7}{8}$, inc. 1618; adm. B.D. 28 June 1626; lic. to preach 14 Nov. 1635. [ii. 320]

New Coll. **Crane, Thomas**; adm. B.A. 9 May 1614, det. 161$\frac{4}{5}$; lic. M.A. 17 Jan. 161$\frac{7}{8}$, inc. 1618; adm. B.D. 26 July 1628. [ii. 320]

New Coll. **Laurence, Charles**; adm. B.A. 9 May 1614. [ii. 320]

New Coll. **Harmar, Robert**; adm. B.A. 9 May 1614, det. 161$\frac{4}{5}$; lic. M.A. 17 Jan. 161$\frac{7}{8}$, inc. 1618. [ii. 320]

New Coll. **Oviat, John**; adm. B.A. 9 May 1614, det. 161$\frac{4}{5}$. [ii. 320]

Oriel. **Louther, Lancelot**; (eq. aur. fil.), adm. B.A. 14 May 1614, det. 161$\frac{4}{5}$; lic. M.A. 21 Jan. 161$\frac{6}{7}$, inc. 1617.

Oriel. **Brockhurst, Edmund**; adm. B.A. 14 May 1614, det. 161$\frac{4}{5}$; 'Edward' Brockhurst, lic. M.A. (Oriel) 5 May 1620, inc. 1620. [Edmund, ii. 321]

*Oriel.** **Norton, John**; adm. B.A. (Oriel) 14 May 1614, det. 161$\frac{4}{5}$; lic. M.A. (Univ.) 11 July 1617, inc. 1617. [ii. 322]

*Hart H.** **Collins, Edward**; adm. B.A. (Hart H.) 14 May 1614, det. 161$\frac{4}{5}$; suppl. M.A. (Ch. Ch.) 15 May 1617, inc. 1617. [ii. 310]

Hart H. **Williams, John**; adm. B.A. 14 May 1614, det. 161$\frac{4}{5}$; lic. M.A. (then in orders) 10 Mar. 161$\frac{6}{7}$, inc. 1617; suppl. B.D. 31 Oct. 1623.

New Coll. **Wood, John**; adm. B.A. 16 May 1614, det. 161$\frac{4}{5}$; lic. M.A. 14 Mar. 161$\frac{6}{7}$, inc. 1617; adm. B.D. 30 June 1632.

*Queen's.** **Northey** (Northie), **John**; adm. B.A. (Queen's) 16 May 1614, det. 161$\frac{4}{5}$; lic. M.A. (S. Mary H.) 23 June 1617, inc. 1617.

Balliol. **Crane, Thomas**; adm. B.A. 17 May 1614, det. 161$\frac{4}{5}$; lic. M.A. 10 June 1619, inc. 1619; adm. B.D. 22 June 1630. [ii. 331]

Balliol. **Price, David**; adm. B.A. 17 May 1614, det. 161$\frac{4}{5}$. [ii. 311]

Brasenose. **Ridgway, Robert**; adm. B.A. 23 May 1614, det. 161$\frac{4}{5}$; lic. M.A. 10 July 1617, inc. 1617.

Brasenose. **Goodwin** (Godwin), **Robert**; adm. B.A. 23 May 1614, det. 161$\frac{4}{5}$. ⟨See *infra*, p. 333.⟩

Brasenose. **Day, William**; adm. B.A. 23 May 1614, det. 161$\frac{4}{5}$. [ii. 331]

*Magd. C.** **Jemmet** (Jemmett), **William**; adm. B.A. (Magd. C.) 23 May 1614, det. 161$\frac{4}{5}$; lic. M.A. (Magd. H.) 7 Mar. 161$\frac{6}{7}$, inc. 1617.

*Magd. H.** **Norman, William**; adm. B.A. (Magd. H.) 23 May 1614, det. 161$\frac{4}{5}$; lic. M.A. (S. Alb. H.) 18 Jan. 161$\frac{6}{7}$, inc. 1617. [ii. 313]

Magd. H. **Wroth, William**; adm. B.A. ('Worth') 23 May 1614, det. 161$\frac{4}{5}$; lic. M.A. 21 Feb. 161$\frac{7}{8}$, inc. 1618.

Exeter. **Blake, Martin**; adm. B.A. 24 May 1614, det. 161$\frac{4}{5}$; lic. M.A. 25 Feb. 161$\frac{6}{7}$, inc. 1617; adm. B.D. 14 Dec. 1626. [ii. 323]

Exeter. **Carpenter, Ferdinando**; adm. B.A. 24 May 1614, det. 161$\frac{4}{5}$; lic. M.A. 10 May 1617, inc. 1617. [ii. 320]

Ch. Ch. **Collyns** (Collins), **Richard**; adm. B.A. 24 May 1614, det. 161$\frac{4}{5}$; lic. M.A. 11 July 1617, inc. 1617. [ii. 311]

Balliol. **Badger, Henry**; adm. B.A. 27 May 1614, det. 161$\frac{4}{5}$. [ii. 331]

Magd. H. **Davenport, Christopher**; adm. B.A. 28 May 1614, det. 161$\frac{4}{5}$.

Magd. C. **Maddocks** (Madox), **Cosmey** (Cosmé, Cosmy); adm. B.A.

30 May 1614, det. 161$\frac{4}{5}$; suppl. M.A. (Cosmeius Rice *alias* Maddocks) 10 June, lic. 10 July 1618, inc. 1618.

S. Mary H. **Bere** (Beare), **Robert**; adm. B.A. 30 May 1614.

S. John's. **Warner, Henry**; adm. B.A. 6 June 1614, det. 161$\frac{4}{5}$; lic. M.A. 9 May 1618, inc. 1618; adm. B.D. 5 June 1624. [ii. 319]

S. John's. **Harrison, Thomas**; adm. B.A. 6 June 1614, det. 161$\frac{4}{5}$; lic. M.A. 9 May 1618, inc. 1618; adm. B.D. 20 July 1624. [ii. 319]

S. John's. **Parsons** (Parson), **Philip**; adm. B.A. 6 June 1614, det. 161$\frac{4}{5}$; lic. M.A. 9 May 1618, inc. 1618. [ii. 319] Philip Parsons incorp. as M.D. from Padua, 20 June 1628.

S. John's. **Stevens** (Stephens), **Thomas**; adm. B.A. 6 June 1614, det. 161$\frac{4}{5}$; lic. M.A. 9 May 1618, inc. 1618. [ii. 319]

S. John's. **Turner, Thomas**; adm. B.A. 6 June 1614, det. 161$\frac{4}{5}$; lic. M.A. 9 May 1618, inc. 1618; adm. B.D. 20 July 1624. [ii. 319]

S. John's. **Remington, Thomas**; adm. B.A. 6 June 1614, det. 161$\frac{4}{5}$. [ii. 319]

S. John's. **Efford** (Effard), **John**; adm. B.A. 6 June 1614, det. 161$\frac{4}{5}$. [ii. 328]

*S. John's.** **Stone** (Stones), **John**; adm. B.A. (S. Jo., 'Starre,' in error) 6 June 1614, det. ('Stone') 161$\frac{4}{5}$; lic. M.A. (S. Mary H.) 8 July 1618, inc. 1618. [ii. 315]

S. John's. **Hayle, Gabriel**; adm. B.A. 6 June 1614.

Trinity. **Hollins, John**; adm. B.A. 25 June 1614, det. 161$\frac{4}{5}$; lic. M.A. 18 May 1618, inc. 1618. [ii. 310]

Trinity. **Alvey, Yeldard**; adm. B.A. 25 June 1614, det. 161$\frac{4}{5}$; lic. M.A. 18 May 1618, inc. 1618; adm. B.D. 8 July 1625. [ii. 310]

Trinity. **Everard** (Evered), **Daniel**; adm. B.A. 25 June 1614, det. 161$\frac{4}{5}$. [ii. 308]

Wadham. **Flavell, John**; adm. B.A. 28 June 1614, det. 161$\frac{4}{5}$; lic. M.A. 23 June 1617, inc. 1617. [Trin., ii. 321]

Wadham. **Tapper, Richard**; adm. B.A. 28 June 1614, det. 161$\frac{4}{5}$; lic. M.A. 23 June 1617, inc. 1617. [ii. 333]

Exeter. **Gatehouse, Matthew**; adm. B.A. 28 June 1614, det. 161$\frac{4}{5}$. [ii. 323]

Oriel. **Cokeram** (Cockram), **Bruen**; adm. B.A. 30 June 1614, det. 161$\frac{4}{5}$; lic. M.A. 23 June 1617, inc. 1617. [ii. 324]

Oriel. **Towne, Robert**; adm. B.A. 30 June 1614. [ii. 328]

Oriel. **Jones, Gilbert**; adm. B.A. 30 June 1614, det. 161$\frac{4}{5}$; lic. M.A. 23 June 1617, inc. 1617. [ii. 328]

Balliol. **Pollexfen** (Pollexen), **John**; (arm. fil. n. m.) adm. B.A. 30 June 1614. [ii. 332]

Gloc. H. **Studley, Peter**; adm. B.A. 30 June 1614, det. 161$\frac{4}{5}$; suppl. M.A. 2 May 1617, inc. 1617. [ii. 321]

Brasenose. **Peeters** (Peters), **Thomas**; adm. B.A. 30 June 1614, det. 161$\frac{4}{5}$; lic. M.A. 6 Apr. 1625, inc. 1625.

Brasenose. **Smith, William**; adm. B.A. 30 June 1614, det. 161$\frac{4}{5}$. [ii. 330]

Brasenose. **Sharpe, Richard**; adm. B.A. 30 June 1614, det. 161$\frac{4}{5}$.

Queen's. **Swan, William**; adm. B.A. 30 June 1614, det. 161$\frac{4}{5}$; lic. M.A. 23 June 1617, inc. 1617. [ii. 320]

Queen's. **Reay** (Reave, Ray), **Anthony**; adm. B.A. 30 June 1614, det. 161$\frac{4}{5}$; lic. M.A. 7 July 1619, inc. 1619. [ii. 320]

Queen's. **Wingate, Edmund**; adm. B.A. 30 June 1614. [ii. 320]

*Queen's.** **Arundell, Thomas**; adm. B.A. (Queen's) 30 June 1614, det. $161\frac{4}{5}$; lic. M.A. (Broadg. H., then in orders) 30 June 1617, inc. 1617. [ii. 322]

*Queen's.** **Parker, Francis**; adm. B.A. (Queen's) 30 June 1614, det. $161\frac{4}{5}$; suppl. M.A. ('Francis Clarke,' S. Mary H.) 10 Dec., lic. ('Parker,' S. Mary H.) 12 Dec. 1616, inc. 1617.

*Queen's.** **Speede. George**; adm. B.A. (Queen's) 30 June 1614, det. $161\frac{4}{5}$; suppl. M.A. (New C.) 22 May 1617, inc. 1617. [ii. 325]

Broadg. H. **Scott** (Scot), **Robert**; adm. B.A. 30 June 1614, det. $161\frac{4}{5}$. [ii. 293]

Jesus. **Atkins, Thomas**; adm. B.A. 30 June 1614, det. $161\frac{4}{5}$.

Jesus. **Owen, Richard**; adm. B.A. 30 June 1614, det. $161\frac{4}{5}$; lic. M.A. 10 July 1618, inc. 1618. [ii. 324]

Merton. **Corbett, Edward**; adm. B.A. 1 July 1614, det. $161\frac{5}{6}$; suppl. M.A. 5 May 1617, inc. 1617. [ii. 314]

Magd. H. **Stappe** (Stoppe, Stop), **William**; adm. B.A. 2 July 1614. det. $161\frac{4}{5}$; lic. M.A. 27 May 1617, inc. 1617. [ii. 309]

*Magd. H.** **Stoughton, John**; adm. B.A. (Magd. H.) 2 July 1614, det. (Magd. C.) $161\frac{4}{5}$; lic. M.A. (Magd. C.) 28 June 1617, inc. 1617. [ii. 324]

Magd. H. **Windam, George** (senior); (eq. aur. fil.) adm. B.A. 2 July 1614, det. $161\frac{4}{5}$. This one or the next was lic. M.A. 9 July 1617, inc. 1617.

Magd. H. **Windam, George** (junior); adm. B.A. 2 July 1614, det. $161\frac{4}{5}$. See the preceding name.

Ch. Ch. **Morgan, Thomas**; (eq. aur. fil. n. m.) adm. B.A. ('cumulatus') 4 July 1614. [ii. 327]

Trinity. **Feild, John**; (doctoris fil.) adm. B.A. 4 July 1614, det. $161\frac{4}{5}$; lic. M.A. 4 July 1617, inc. 1617. Brod., p. 280.

Ch. Ch. **Watson, Richard**; adm. B.A. 4 July 1614, det. $161\frac{4}{5}$; lic. M.A. 4 July 1617, inc. 1617.

Ch. Ch. **Hodsdon** (Hodson), **John**; adm. B.A. 4 July 1614, det. $161\frac{4}{5}$; lic. M.A. 8 July 1617. [ii. 333]

Ch. Ch. **Stafford, William**; adm. B.A. 4 July 1614, det. $161\frac{4}{5}$; lic. M.A. 11 July 1617; he failed to appear in the Comitia of 1617; but on 2 Mar. $161\frac{7}{8}$ Convocation dispensed him to be 'created' M.A. in Congregation; this was done on 5 Mar. $161\frac{7}{8}$. [i. 238; ii. 324]

Ch. Ch. **Lawton, John**; adm. B.A. 4 July 1614.

Ch. Ch. **Baker, John**; adm. B.A. 4 July 1614, det. $161\frac{4}{5}$; lic. M.A. 4 July 1617, inc. 1617.

Ch. Ch. **Paine** (Payne), **Robert**; adm. B.A. 4 July 1614, det. ('Parne') $161\frac{4}{5}$; lic. M.A. 4 July 1617, inc. 1617. [ii. 323]

Ch. Ch. **Awdeley** (Audley), **John**; adm. B.A. 4 July 1614, det. $161\frac{4}{5}$; lic. M.A. 25 June 1617, inc. 1617. [ii. 326]

Ch. Ch. **Evans, Robert**; adm. B.A. 4 July 1614, det. $161\frac{6}{7}$; suppl. M.A. 25 June 1617, inc. 1617. [ii. 320]

Magd. H. **George, John**; (arm. fil. n. m.) adm. B.A. 6 July 1614, det. $161\frac{4}{5}$.

Broadg. H. **Browne. Jerome**; adm. B.A. 6 July 1614, det. $161\frac{4}{5}$; lic. M.A. 22 May 1617, inc. 1617. [ii. 320]

Broadg. H. **Gillingham, George**; adm. B.A. 6 July 1614, det. $161\frac{4}{5}$; lic. M.A. 22 May 1617, inc. 1617. [ii. 329]

Magd. C. **Wise, Richard**; adm. B.A. 6 July 1614, det. $161\frac{4}{5}$. [ii. 332]

*Exeter.** **Rowse** (Rouse), **James**; adm. B.A. (Exet.) 6 July 1614, det. $161\frac{6}{7}$; lic. M.A. (N. I. H., then in orders) 8 July 1619, inc. 1619.

Lincoln. **Thornton, Richard**; adm. B.A. 7 July 1614, det. $161\frac{4}{5}$; lic. M.A. 23 June 1617, inc. 1617.

Lincoln. **Robins** (Robbins), **James**; adm. B.A. 7 July 1614, det. $161\frac{4}{5}$; lic. M.A. 7 July 1617, inc. 1617.

Lincoln. **Byddell** (Biddle, Beedle), **John**; adm. B.A. 7 July 1614, det. $161\frac{5}{6}$; lic. M.A. 4 July 1622, inc. 1622. ⟨His lic. M.A. is given as from Ball., but this is in error, since the suppl. on 26 June and the inc. are from Linc.⟩

S. John's. **Reynolds** (Reinolds), **Richard**; adm. B.A. 7 July 1614, det. $161\frac{4}{5}$; lic. M.A. 4 June 1617, inc. 1617. [ii. 328]

Merton. **Hartwell, Richard**; adm. B.A. 8 July 1614, det. $161\frac{4}{5}$; lic. M.A. 25 June 1617, inc. 1617.

Queen's. **Scott, John**; adm. B.A. 8 July 1614, det. $161\frac{6}{7}$; lic. M.A. 3 July 1618, inc. 1618. [ii. 322]

S. Mary H. **Mawditt** (Maudit), **Arthur**; adm. B.A. 9 July 1614, det. $161\frac{4}{5}$. [ii. 329]

Hart H. **Tutt, Gilbert**; adm. B.A. 13 Oct. 1614, det. $161\frac{4}{5}$; lic. M.A. 8 July 1619, inc. 1619. [ii. 323]

*Exeter.** **Watkins, John**; adm. B.A. (Exet.) 19 Oct. 1614, det. $161\frac{4}{5}$; suppl. M.A. (All So.) 11 July 1618; suppl. B.D. (All So.) 1 June, adm. 19 June 1630; suppl. lic. to preach (All So.) 26 Nov. 1634, lic. 8 Apr. 1635. [? Broadg. H., ii. 307]

Exeter. **Bodley, Laurence**; adm. B.A. 19 Oct. 1614, det. $161\frac{4}{5}$; lic. M.A. 25 June 1617, inc. 1617; adm. B.D. 14 Dec. 1626. Boase, p. 60.

Exeter. **Bradford, Thomas**; adm. B.A. 19 Oct. 1614, det. $161\frac{4}{5}$. [ii. 323]

*Exeter.** **Spicer, Richard**; adm. B.A. (Exet.) 19 Oct. 1614, det. $161\frac{4}{5}$; lic. M.A. (S. Mary H.) 23 June 1617, inc. 1617; suppl. for lic. to pract. med. (S. Mary H.) 13 May and lic. 15 May 1620; adm. M.B. (Exet.) 27 May 1620; lic. M.D. (Exet.) 27 May 1622, inc. (Exet.) 1622. [ii. 321]

Exeter. **Jope** (Jobe, Job, Jove), **Roger**; adm. B.A. 19 Oct. 1614, det. $161\frac{4}{5}$; lic. M.A. 25 June 1617, inc. 1617.

Exeter. **Edwards, John**; adm. B.A. 19 Oct. 1614, det. $161\frac{4}{5}$; lic. M.A. 5 May 1620, inc. 1620. [ii. 312]

Oriel. **Williams, Richard**; adm. B.A. 19 Oct. 1614, det. $161\frac{4}{5}$; lic. M.A. 23 June 1621, inc. 1621. [ii. 328]

S. Mary H. **Morgan, John**; adm. B.A. 19 Oct. 1614, det. $161\frac{4}{5}$; lic. M.A. (then in orders) in 1617 ⟨but the entry is omitted in the register, which is defective for that year⟩ inc. 1617.

Queen's. **Denton, Phatnell** (Fatnell); adm. B.A. 19 Oct. 1614, det. $161\frac{4}{5}$; lic. M.A. 4 July 1617, inc. 1617. [S. Edm. H., ii. 321]

Merton. **Wilton, John**; adm. B.A. 19 Oct. 1614, det. $161\frac{4}{5}$; lic. M.A. 25 June 1617, inc. 1617; suppl. B.D. 23 Apr. 1627, adm. in Easter Term 1627; lic. to preach 19 June 1628.

*Merton.** **Hollingworth** (Hollingsworth), **Ralph**; adm. B.A. (Mert.)

19 Oct. 1614, det. $161\frac{4}{5}$; lic. M.A. (Linc.) 23 June 1617, inc. 1617; adm. B.D. (Magd. H.) 21 May 1625; suppl. lic. to preach (Magd. H.) 27 Feb. $163\frac{2}{3}$, lic. in 1633.

Magd. H. **Cragge, William**; adm. B.A. 19 Oct. 1614, det. $161\frac{4}{5}$; lic. M.A. 28 June 1617, inc. 1617. [ii. 330]

Magd. H. **Grove, William**; adm. B.A. 19 Oct. 1614, det. $161\frac{4}{5}$.

Magd. H. **Paine, John**; adm. B.A. 19 Oct. 1614, det. $161\frac{4}{5}$. [ii. 330]

Brasenose. **Ordway, William**; adm. B.A. 19 Oct. 1614, det. $161\frac{4}{5}$. [ii. 331]

Brasenose. **Ashton** (Aston), **Richard**; adm. B.A. 19 Oct. 1614, det. $161\frac{4}{5}$; lic. M.A. 23 June 1617, inc. 1617. [ii. 330]

New Coll. **Tesdale, Christopher**; adm. B.A. 29 Oct. 1614, det. $161\frac{4}{5}$; lic. M.A. 10 June 1618, inc. 1618. [ii. 321]

New Coll. **Osgood, John**; (Chapl. of New C.) adm. B.A. 29 Oct. 1614, det. $161\frac{4}{5}$; lic. M.A. 25 June 1617, inc. 1617. [ii. 334]

S. Alb. H. **Ansell, William**; adm. B.A. 29 Oct. 1614, det. $161\frac{4}{5}$. [ii. 321]

New Coll. **Millet, John**; adm. B.A. 3 Nov. 1614, det. $161\frac{4}{5}$. [ii. 322]

*Balliol.** **Woodroofe** (Woodroffe), **Timothy**; adm. B.A. (Ball.) 4 Nov. 1614, det. $161\frac{4}{5}$; lic. M.A. (S. Alb. H.) 23 June 1617, inc. 1617; adm. B.D. (Ball.) 23 July 1636. [ii. 324]

Balliol. **Jones, William**; adm. B.A. 4 Nov. 1614, det. $161\frac{4}{5}$. [ii. 324]

Balliol. **Baylie, Thomas**; adm. B.A. 4 Nov. 1614, det. $161\frac{4}{5}$; lic. M.A. 23 Mar. $161\frac{7}{8}$, inc. 1618. [Broadg. H., ii. 321]

Ch. Ch. **Bradhericke** (Bradericke), **Thomas**; (arm. fil. n. m.) adm. B.A. 4 Nov. 1614, det. $161\frac{4}{5}$.

Wadham. **Arnold, Robert**; adm. B.A. 10 Nov. 1614, det. $161\frac{4}{5}$; lic. M.A. 23 June 1617, inc. 1617. [New C., ii. 319]

Lincoln. **Rotheram** (Roderam), **George**; (arm. fil. n. m.) adm. B.A. 10 Nov. 1614, det. $161\frac{4}{5}$. [ii. 335]

Lincoln. **Primmit** (Primet, Primat), **Richard**; adm. B.A. 10 Nov. 1614, det. $161\frac{4}{5}$; lic. M.A. 23 June 1617, inc. 1617. [Magd. H., ii. 323]

S. Mary H. **Warham** (Waram, Warram), **John**; adm. B.A. 14 Nov. 1614, det. $161\frac{4}{5}$; lic. M.A. 18 May 1618, inc. 1618.

S. Mary H. **Hull, Joseph**; adm. B.A. 14 Nov. 1614, det. $161\frac{4}{5}$. [ii. 326]

S. Edm. H. **Kaye** (Caye), **Richard**; adm. B.A. 25 Nov. 1614, det. $161\frac{4}{5}$. [ii. 321; i. 270]

Ch. Ch. **Bucks, Creswell**; (eq. aur. fil.) adm. B.A. 7 Dec. 1614. [ii. 326]

Queen's. **Vaughan, Frederick**; (in one place 'eq. aur. fil. n. m.' in another 'arm. fil. n. m.') adm. B.A. 14 Dec. 1614, det. $161\frac{4}{5}$; lic. M.A. 11 July 1618, inc. 1618.

Lincoln. **Streeting**, (Streating), **John**; adm. B.A. 14 Dec. 1614, det. $161\frac{4}{5}$; lic. M.A. 7 July 1617, inc. 1617. [ii. 289]

Magd. C. **Sargent** (Sarjeant, Sariant), **Anthony**; adm. B.A. 15 Dec. 1614, det. $161\frac{4}{5}$. ⟨Demy of Magd. C. 1610–1616; Blox. 5, p. 34.⟩

Magd. C. **Harmar, John**; adm. B.A. 15 Dec. 1614, det. $161\frac{4}{5}$; lic. M.A. 28 June 1617, inc. 1617; suppl. M.B. 4 July 1632. ⟨Demy of Magd. C. 1610–1617, Usher 1617–1626; Blox. 5, p. 36, and 3, p. 151.⟩

Magd. C. **Buckner, Thomas**; adm. B.A. 15 Dec. 1614, det. 161$\frac{4}{5}$; lic. M.A. 28 June 1617, inc. 1617; adm. B.D. 7 July 1627; lic. D.D. 15 Mar. 163$\frac{8}{9}$, inc. 1639. ⟨Demy of Magd. C. 1610–1618, Fellow 1618–1631; Blox. 5, p. 41.⟩

Magd. C. **Collard, Christopher**; adm. B.A. 15 Dec. 1614, det. 161$\frac{4}{5}$; lic. M.A. 28 June 1617, inc. 1617. [Magd. H., ii. 323]

Magd. C. **Holt, Thomas**; adm. B.A. 15 Dec. 1614, det. 161$\frac{4}{5}$; lic. M.A. 28 June 1617, inc. 1617; adm. B.D. 7 July 1627. [ii. 325]

Magd. C. **Byde** (Bide), **Peter** (Delvus); suppl. B.A. ('Peter') 27 June, adm. ('Peter') 15 Dec. 1614, det. ('Peter') 161$\frac{4}{5}$; suppl. M.A. ('Peter') 21 June, lic. ('Delvus') 28 June 1617, inc. ('Delvus' corrected to 'Petrus') 1617. ⟨Peter Bide or Delves, Demy of Magd. C. 1612–1616, Fellow 1616–1618; Blox. 5, p. 43.⟩

Magd. C. **Smith, Ralph**; adm. B.A. 15 Dec. 1614. det. 161$\frac{4}{5}$; lic. M.A. 28 June 1617, inc. 1617; adm. B.D. 7 July 1627. ⟨Demy of Magd. C. 1613–1616, Fellow 1616–1629; Blox. 5, p. 43.⟩

Magd. C. **Gregory, Alexander**; adm. B.A. 15 Dec. 1614, det. 161$\frac{4}{5}$; lic. M.A. 23 June 1617, inc. 1617. [ii. 313]

*Magd. C.** **Prior, Timothy**; adm. B.A. (Magd. C.) 15 Dec. 1614, det. 161$\frac{4}{5}$; lic. M.A. (Magd. H.) 31 May 1620, inc. (Magd. C.) 1620. [ii. 313]

Magd. C. **Hynd** (Hinde), **Percival**; adm. B.A. 15 Dec. 1614, det. 161$\frac{4}{5}$; lic. M.A. 25 June 1617, inc. 1617.

Broadg. H. **Tickle** (Tickell, Ticle), **George**; adm. B.A. 15 Dec. 1614, det. 161$\frac{4}{5}$; lic. M.A. 7 July 1617, inc. 1617. [ii. 321]

Broadg. H. **Brattle, Daniel**; adm. B.A. 15 Dec. 1614. [ii. 321]

Merton. **Gaylard** (Gaylord), **Robert**; suppl. B.A. 2 July 1613, adm. 15 Dec. 1614, det. 161$\frac{6}{7}$; lic. M.A. 25 June 1617, inc. 1617.

S. John's. **Rondall** (Randall), **Toby**; adm. B.A. 15 Dec. 1614, det. 161$\frac{4}{5}$. [ii. 330]

S. John's. **Hutton, William**; adm. B.A. 15 Dec. 1614. [ii. 332] William Hutton, S. Jo. ⟨perhaps a different person⟩, suppl. B.C.L. 1 June, adm. 5 June 1630.

*Trinity.** **Tooker** (Tucker), **Robert**; (doctoris fil. n. m.) adm. B.A. (Trin.) 16 Dec. 1614, det. 161$\frac{4}{5}$; lic. M.A. (Oriel) 14 Oct. 1620, inc. 1621. [Exet. ii. 323]

Corpus. **Seller, Henry**; adm. B.A. 16 Dec. 1614, det. 161$\frac{4}{5}$; lic. M.A. 19 Apr. 1618, inc. 1618. [ii. 322]

Corpus. **Gering** (Geering, Gearing), **Henry**; adm. B.A. 16 Dec. 1614, det. 161$\frac{4}{5}$; lic. M.A. 19 Apr. 1618, inc. 1618; suppl. B.D. ('Henry') 2 May, adm. ('John') 13 May 1626; lic. to preach ('Henry') 23 Apr. 1627. [ii. 323]

Corpus. **Hollyday** (Holliday, Holiday), **Daniel**; adm. B.A. 16 Dec. 1614, det. 161$\frac{4}{5}$; lic. M.A. 19 Apr. 1618, inc. 1618. [ii. 335]

Corpus. **Chase** (Chace), **Gamaliel**; adm. B.A. 16 Dec. 1614, det. 161$\frac{4}{5}$; lic. M.A. 19 Apr. 1618, inc. 1618; adm. B.D. 15 July 1625. [S. Mary H., ii. 308]

Corpus. **Bacheler, Christopher**, adm. B.A. 16 Dec. 1614, det. 161$\frac{4}{5}$; lic. M.A. 11 July 1617, inc. 1617. [ii. 322]

Corpus. **Rogers, William**; adm. B.A. 16 Dec. 1614, det. 161$\frac{4}{5}$. [ii. 335]

Corpus. **Goodwin, Robert**; adm. B.A. 16 Dec. 1614, det. 161⅚.
Robert Godwin, S. Mary H., suppl. M.A. 16 Jan., lic. 24 Jan.
161⁶⁄₇, inc. 1617. ⟨He may be either this one at Corp., or the one
at Bras., *supra*, p. 327. A 'Robert Godwyn' matric. at Magd. H.
in 160⅚, see ii. 280⟩
Ch. Ch. **Beiaert** (Baiert, Bayert), **William**; adm. B.A. 17 Dec. 1614,
det. 161⅘; lic. M.A. 15 May 1617, inc. 1617. [ii. 334]
Merton. **York, John**; adm. B.A. 17 Dec. 1614, det. 161⅚. [Exet.,
ii. 323]
Magd. H.* **Noble, William**; adm. B.A. (Magd. H.) 17 Dec. 1614, det.
161⅘; lic. M.A. (Ch. Ch.) 15 May 1617, inc. 1617. [ii. 325]
Magd. H. **Harridge** (Horridge), **Anthony**; adm. B.A. 17 Dec. 1614,
det. 161⅘. [ii. 330]
Magd. H. **Ramsden, Henry**; adm. B.A. 17 Dec. 1614, det. 161⅘; lic.
M.A. 21 Jan. 161⅞, inc. 1618. [ii. 330]

Balliol. **Powse, Henry**; suppl. B.A. 22 Jan. 161¾.
Magd. C. **Hore, John**; suppl. B.A. 10 Feb. 161¾.
S. John's. **Hayes, William**; suppl. B.A. 26 May 1614. [Hayle, ii. 314]
Corpus. **Hooker, John**; suppl. B.A. 27 June 1614. [ii. 322]
Broadg. H. **Littleton, Thomas**; suppl. B.A. 2 July 1614. [Ball., ii. 318]

Wadham. **Masy, Henry**; lic. M.A. (then in orders) 5 July 1614, inc.
1614. [? Broadg. H., ii. 289]

New Coll. **Nichols, Matthias**; adm. B.C.L. 5 May 1614; lic. to
preach 9 Nov. 1619; adm. B.D. 11 July 1621. [ii. 291]
New Coll. **Zouch, Richard**; adm. B.C.L. 30 June 1614; lic. D.C.L.
8 Apr. 1619, inc. 1619. [ii. 296]
New Coll. **Matkin, Francis**; adm. B.C.L. 30 June 1614. [ii. 297]
New Coll. **Warneford, Lancelot**; adm. B.C.L. 30 June 1614. [S. Edm.
H., ii. 293.]

Gloc. H. **Olevianus, Franciscus Antonius**; (a German from the
Rhenish Palatinate, who has studied medicine for 10 years at Heidelberg, Montpellier, Paris, Oxford), suppl. M.B. 7 Feb. 161¾. In his
suppl. for lic. to pract. med. he says he has been five years in
Oxford; adm. M.B. and lic. to pract. med. 4 Dec. 1615.

Corpus. **Taylor, John**; suppl. B.D. 12 Apr., adm. 14 Apr. 1614.

1615.

Magd. C. **Cooque** (Cooke, Cookes, Cooge), **Robert**; (eq. aur. fil.)
adm. B.A. 20 Jan. 161⅘, det. 161⅘.
Merton. **Goldsmith, John**; adm. B.A. 24 Jan. 161⅘, det. 161⅘; lic.
M.A. 11 May 1621, inc. 1621. [ii. 322] Brod., p. 280.

Balliol. **Treble, Francis**; adm. B.A. 27 Jan. 161$\frac{4}{5}$, det. 161$\frac{4}{5}$; lic. M.A. 23 Mar. 161$\frac{7}{8}$, inc. 1618. [ii. 332]

Queen's. **Gering** (Geering), **Samuel**; adm. B.A. 1 Feb. 161$\frac{4}{5}$, det. 161$\frac{4}{5}$. [ii. 322]

Corpus. **Gundrey, James**; adm. B.A. 1 Feb. 161$\frac{4}{5}$, det. 161$\frac{4}{5}$. [ii. 322]

Oriel. **Toogood** (Towgood), **Richard**; adm. B.A. 1 Feb. 161$\frac{4}{5}$, det. 161$\frac{4}{5}$; lic. M.A. 4 Feb. 161$\frac{7}{8}$, inc. 1618; adm. B.D. 7 Nov. 1633. [ii. 322]

Oriel. **Allen, Robert**; adm. B.A. 1 Feb. 161$\frac{4}{5}$, det. 161$\frac{4}{5}$; lic. M.A. (then in orders) 12 June 1618, inc. 1618. [ii. 328]

Brasenose. **Peere, Benjamin**; adm. B.A. 1 Feb. 161$\frac{4}{5}$, det. 161$\frac{4}{5}$. [ii. 311]

Brasenose. **Cappur, Christopher**; adm. B.A. 1 Feb. 161$\frac{4}{5}$, det. 161$\frac{4}{5}$; lic. M.A. 11 Dec. 1619, inc. 1620. ('John' in lic. M.A., but 'Christopher' in suppl. M.A. and inc.)

Brasenose. **Whitney, James**; adm. B.A. 1 Feb. 161$\frac{4}{5}$, det. 161$\frac{4}{5}$; lic. M.A. 4 Dec. 1617, inc. 1618; adm. B.D. 5 July 1627. [S. Mary H., ii. 322]

Merton. **Maycott, Richard**; (eq. aur. fil.) adm. B.A. 9 Feb. 161$\frac{4}{5}$, det. 161$\frac{4}{5}$. [ii. 335] Brod., p. 280.

Merton. **Newton, William**; (arm. fil. n. m.) adm. B.A. 9 Feb. 161$\frac{4}{5}$, det. 161$\frac{4}{5}$. [ii. 335]

Merton. **Huckell** (Huckle), **Edmund**; adm. B.A. 9 Feb. 161$\frac{4}{5}$, det. 161$\frac{4}{5}$; lic. M.A. 9 July 1619, inc. 1619. [Queen's, ii. 320]

*Merton.** **Jones, Owen**; adm. B.A. (Mert.) 9 Feb. 161$\frac{4}{5}$, det. 161$\frac{4}{5}$; lic. M.A. (Hart H., then in orders) 8 July 1619, inc. 1619. [S. Alb. H., ii. 323]

Wadham. **Dawes, William**; adm. B.A. 10 Feb. 161$\frac{4}{5}$, det. ('Davies') 161$\frac{4}{5}$.

Exeter. **Slidson** (Slidston), **Robert**; adm. B.A. 10 Feb. 161$\frac{4}{5}$, det. 161$\frac{4}{5}$. [ii. 323]

Exeter. **Vaudrey, Richard**; adm. B.A. 10 Feb. 161$\frac{4}{5}$, det. 161$\frac{4}{5}$; lic. M.A. 5 May 1620, inc. 1620. [ii. 331]

Exeter. **Heely, Thomas**; adm. B.A. 10 Feb. 161$\frac{4}{5}$, det. 161$\frac{4}{5}$.

S. Mary H. **Clarke, Thomas**; adm. B.A. 15 Feb. 161$\frac{4}{5}$, det. 161$\frac{4}{5}$. [ii. 326]

*Magd. C.** **Richardson, John**; adm. B.A. (Magd. C. 'James') 15 Feb. 161$\frac{4}{5}$, det. (Magd. C.) 161$\frac{4}{5}$; lic. M.A. (Magd. H.) 9 July 1619, inc. 1619. [ii. 331]

Magd. C. **Bedford, William**; adm. B.A. 15 Feb. 161$\frac{4}{5}$, det. 161$\frac{4}{5}$; lic. M.A. 12 July 1617, inc. 1617. [ii. 318]

Lincoln. **Phillips** (Phillipps), **Ambrose**; adm. B.A. 15 Feb. 161$\frac{4}{5}$, det. 161$\frac{4}{5}$; lic. M.A. 17 June 1619, inc. 1619. [ii. 322]

*Magd. H.** **Egleton, Nicholas**; adm. B.A. (Magd. H.) 15 Feb. 161$\frac{4}{5}$, det. 161$\frac{4}{5}$; lic. M.A. (S. Alb. H.) 21 Feb. 161$\frac{7}{8}$, inc. 1618. [ii. 299]

Hart H. **Hughes, John**; adm. B.A. 16 Feb. 161$\frac{4}{5}$, det. 161$\frac{4}{5}$; lic. M.A. 12 July 1617, inc. 1617.

Merton. **Gall** (Gaule), **Thomas**; adm. B.A. 16 Feb. 161$\frac{4}{5}$, det. 161$\frac{4}{5}$; lic. M.A. 11 May 1621, inc. 1621. [ii. 335] Brod., p. 280.

Magd. C. **Phipps, Francis**; adm. B.A. 16 Feb. 161$\frac{4}{5}$, det 161$\frac{4}{5}$. ⟨Demy of Magd. C. 1613–1617; Blox. 5, p. 43.⟩

Ch. Ch. **Morgan, Randolph** (Rondell); adm. B.A. 16 Feb. 161$\frac{4}{5}$, det. 161$\frac{4}{5}$; Robert (?) Morgan, Ch. Ch., suppl. M.A. 9 July 1618.

S. Edm. H. **Chaffe** (Chaffie), **William**; adm. B.A. 16 Feb. 161$\frac{4}{5}$, det. 161$\frac{4}{5}$. [? S. Mary H., ii. 316]

Exeter. **Greenefeild** (Greenvile), **Bernard**; adm. B.A. 16 Feb. 161$\frac{4}{5}$, det. 161$\frac{4}{5}$; lic. M.A. 24 July 1619, inc. 1620.

Trinity. **Bostock, Michael**; adm. B.A. 16 Feb. 161$\frac{4}{5}$, det. 161$\frac{4}{5}$; lic. M.A. 18 Nov. 1619, inc. 1620.

University. **Forman, Abraham**; adm. B.A. 17 Feb. 161$\frac{4}{5}$, det. 161$\frac{4}{5}$; lic. M.A. 20 Apr. 1618, inc. 1618; adm. B.D. 7 July 1627; suppl. D.D. 2 May 1644. [ii. 324]

University. **Nutter** (Nutton), **William**; adm. B.A. 17 Feb. 161$\frac{4}{5}$, det. 161$\frac{4}{5}$; lic. M.A. 20 Apr. 1618, inc. 1618. [ii. 324]

Magd. H. **Brerton** (Breton), **Gerald**; adm. B.A. 17 Feb. 161$\frac{4}{5}$, det. 161$\frac{4}{5}$. [ii. 323]

S. Mary H. **Dolinge** (Dollinge, Delinge), **Thomas**; adm. B.A. 18 Feb. 161$\frac{4}{5}$, det. 161$\frac{4}{5}$. [ii. 322]

Magd. C. **Gray, William**; adm. B.A. 18 Feb. 161$\frac{4}{5}$, det. 161$\frac{4}{5}$. [ii. 318]

Ch. Ch. **Lewis, Joshua**; adm. B.A. 18 Feb. 161$\frac{4}{5}$, det. 161$\frac{4}{5}$.

Jesus. **Price, Thomas**; adm. B.A. 18 Feb. 161$\frac{4}{5}$, det. 161$\frac{4}{5}$. [ii. 317]

S. Edm. H. **Trent, Thomas**; adm. B.A. 18 Feb. 161$\frac{4}{5}$, det. 161$\frac{4}{5}$. [? i. 402]

All Souls. **Yates** (Yeate, Yate), **John**; adm. B.A. 26 Apr. 1615, det. 161$\frac{5}{6}$; lic. M.A. 8 May 1618, inc. 1618. [ii. 330]

Exeter. **Browne, Thomas**; adm. B.A. 27 Apr. 1615, det. 161$\frac{5}{6}$; lic. M.A. 21 Jan. 161$\frac{7}{8}$, inc. 1618. [ii. 326]

Exeter. **Herris** (Harris), **Guy**; adm. B.A. 27 Apr. 1615, det. 161$\frac{5}{6}$. [ii. 336]

Gloc. H. **Simpson, Martin**; adm. B.A. 27 Apr. 1615, det. 161$\frac{5}{6}$. [ii. 336]

Lincoln. **Bedford, Henry**; adm. B.A. 3 May 1615, det. 161$\frac{5}{6}$. [S. Jo., ii. 328]

Lincoln. **Shukburg** (Shugborowe, Shuckbrough), **Richard**; (arm. fil. n. m.) adm. B.A. 3 May 1615, det. 161$\frac{5}{6}$. [ii. 336]

*Lincoln.** **Jennings, Hugh**; adm. B.A. (Linc.) 3 May 1615, det. 161$\frac{5}{6}$; lic. M.A. (Trin.) 10 July 1618, inc. 1618. [Trin., ii. 325]

Exeter. **Baylie** (Bayly), **John**; adm. B.A. 4 May 1615, det. 161$\frac{5}{6}$; lic. M.A. 25 June 1617, inc. 1617; adm. B.D. and lic. D.D. 7 Dec. 1630, inc. D.D. 1631. [ii. 329] Boase, p. 58.

Balliol. **Chambers, Thomas**; adm. B.A. 4 May 1615, det. 161$\frac{5}{6}$; lic. M.A. 10 June 1619, inc. 1619. [ii. 331]

*Balliol.** **Highemore** (Heymore, Heighmore), **Robert**; adm. B.A. (Ball.) 4 May 1615, det. (S. Alb. H.) 161$\frac{5}{6}$; lic. M.A. (Ball.) 10 June 1619, inc. 1619. [ii. 325]

*Balliol.** **More, Stephen**; adm. B.A. (Ball.) 4 May 1615, det. 161$\frac{5}{6}$; lic. M.A. (Linc.) 11 May 1618, inc. 1618. [ii. 332]

Balliol. **Walker, William**; adm. B.A. 4 May 1615, det. 161$\frac{5}{6}$. [ii. 325]

Magd. H. **Gerie** (Geery), **Stephen**; adm. B.A. 5 May 1615, det. 161$\frac{5}{6}$. [ii. 325]

*Magd. H.** **Pattenden** (Pattington), **John**; adm. B.A. (Magd. H.) 5 May 1615, det. $161\frac{5}{6}$; lic. M.A. (Oriel) 24 Apr. 1618, inc. 1618.

Magd. H. **Hussee** (Hussey), **William**; adm. B.A. 5 May 1615, det. $161\frac{5}{6}$; lic. M.A. 21 Jan. $161\frac{7}{8}$, inc. 1618. [Queen's, ii. 321]

University. **Rodes, Ralph**; adm. B.A. 13 May 1615. [ii. 326]

Ch. Ch. **King, Robert**; (episcopi Londin. fil.) adm. B.A. 15 May 1615, det. $161\frac{5}{6}$; lic. M.A. 18 June 1618, inc. 1618. [ii. 327]

Oriel. **Bucket, Edward**; adm. B.A. 15 May 1615, det. $161\frac{5}{6}$. [ii. 324]

Magd. C. **Bryers** (Briers, Briars), **John**; adm. B.A. 20 May 1615, det. $161\frac{5}{6}$; lic. M.A. 21 Jan. $161\frac{7}{8}$, inc. 1618.

S. Edm. H. **Verey** (Verie, Verrie, Verrey), **Robert**; adm. B.A. 20 May 1615, det. $161\frac{5}{6}$; lic. M.A. 7 July 1619, inc. 1619. [ii. 331]

Oriel. **Davidge** (David, Davadge), **John**; adm. B.A. 19 June 1615, det. $161\frac{5}{6}$; lic. M.A. 18 Dec. 1618, inc. 1619. [ii. 328]

Oriel. **Watson, Thomas**; adm. B.A. 19 June 1615, det. $161\frac{5}{6}$; lic. M.A. 18 May 1618, inc. 1618.

Oriel. **Batten, Henry**; adm. B.A. 19 June 1615. [ii. 326]

Oriel. **Jones, Gervase**; adm. B.A. 19 June 1615. [Jes., ii. 324]

Hart H. **Phillipps, Robert**; adm. B.A. 22 June 1615, det. $161\frac{5}{6}$; lic. M.A. 24 Apr. 1618, inc. 1619. [ii. 330]

Hart H. **Freke** (Freeke, Freake), **Ralph**; (eq. aur. fil.) adm. B.A. 22 June 1615, det. $161\frac{5}{6}$; lic. M.A. 8 Apr. 1619, inc. 1619. [ii. 328]

Hart H. **Toppe, John**; (arm. fil. n. m.) adm. B.A. 22 June 1615. [ii. 328]

*Hart H.** **Lloyd, David**; (arm. fil. n. m.) adm. B.A. (Hart H.) 22 June 1615, det. $161\frac{5}{6}$; lic. M.A. (All So.) 9 May 1618, inc. 1618; adm. B.C.L. (All So.) May (?) 1622; lic. D.C.L. 26 Mar. 1628. [ii. 327]

Broadg. H. **Strode** (Strowd, Stroude), **John**; adm. B.A. 21 June 1615, det. $161\frac{5}{6}$; lic. M.A. 30 June 1617, inc. 1617. [ii. 324]

Broadg. H. **Wise, Richard**; adm. B.A. 21 June 1615, det. $161\frac{5}{6}$. [ii. 324]

Broadg. H. **Pownall** (Punnall, Ponnall), **Samuel**; adm. B.A. 21 June 1615, det. $161\frac{5}{6}$. [ii. 329]

Broadg. H. **Pridham** (Pridiam), **Richard**; adm. B.A. 21 June 1615, det. $161\frac{5}{6}$; lic. M.A. 11 May 1618, inc. 1618. [ii. 339]

Ch. Ch. **Billingsley, Henry**; (eq. aur. fil.) adm. B.A. 21 June 1615. [ii. 329]

Ch. Ch. **Maddoxes** (Maddoox, Maddocks), **Richard**; adm. B.A. 21 June 1615, det. $161\frac{5}{6}$; lic. M.A. 18 June 1618, inc. 1618.

Brasenose. **Young** (Yonge), **Jerome**; adm. B.A. 21 June 1615, det. $161\frac{5}{6}$; lic. M.A. 7 July 1618, inc. 1618.

Brasenose. **Edwards, Francis**; adm. B.A. 21 June 1615, det. $161\frac{5}{6}$; lic. M.A. 7 July 1618, inc. 1618. [ii. 336]

Brasenose. **Duckworth** (Ducworth), **Charles**; adm. B.A. 21 June 1615, det. $161\frac{5}{6}$; lic. M.A. 9 July 1618, inc. 1618.

Brasenose. **Holford, Thomas**; adm. B.A. 21 June 1615, det. $161\frac{5}{6}$; lic. M.A. 8 July 1619, inc. 1619. [ii. 331]

Brasenose. **Pate, John**; adm. B.A. 21 June 1615, det. $161\frac{5}{6}$; lic. M.A. 7 July 1618, inc. 1618.

Brasenose. **Wright, Richard**; adm. B.A. 21 June 1615, det. 161$\frac{5}{6}$. [ii. 327]

Brasenose. **Clement, Thomas**; adm. B.A. 21 June 1615, det. 161$\frac{5}{6}$; lic. M.A. 3 June 1618, inc. 1618. [ii. 326]

Ch. Ch. **Orme, Richard**; adm. B.A. 21 June 1615, det. 161$\frac{5}{6}$; lic. M.A. 10 July 1618, inc. 1618.

Ch. Ch. **Bennett** (Bennet), **William**; adm. B.A. 21 June 1615, det. 161$\frac{5}{6}$; lic. M.A. 18 June 1618, inc. 1618. [ii. 324]

Ch. Ch. **Glidd, Michael**; adm. B.A. 21 June 1615, det. 161$\frac{5}{6}$; lic. M.A. 18 June 1618, inc. 1618; adm. B.D. 8 July 1626. [ii. 323]

Ch. Ch. **Owen, William**; adm. B.A. 21 June 1615, det. 161$\frac{5}{6}$; lic. M.A. 10 July 1618, inc. 1618.

*Ch. Ch.** **Foulkes** (Fulkes, Fowkes), **Rice**; adm. B.A. (Ch. Ch.) 21 June 1615, det. 161$\frac{5}{6}$; lic. M.A. (N. I. H., 'Richard') 9 July 1618, inc. ('Rice') 1618.

Merton. **Culpepper** (Culpeper), **Henry**; adm. B.A. 21 June 1615, det. 162$\frac{0}{1}$; lic. M.A. 11 May 1621, inc. 1621.

*Merton.** **Hill, John**; adm. B.A. (Mert.) 21 June 1615, det. (Hart H.) 161$\frac{5}{6}$; lic. M.A. (Hart H.) 24 Apr. 1618, inc. 1618.

Ch. Ch. **Chester, Anthony**; adm. B.A. 21 June 1615.

Ch. Ch. **Crofts** (Crofte), **James**; adm. B.A. 21 June 1615, det. 161$\frac{5}{6}$. [ii. 329]

Ch. Ch. **Morris** (Morrice), **Anthony**; adm. B.A. 21 June 1615.

S. Mary H. **Smith, Thomas**; adm. B.A. 21 June 1615, det. 161$\frac{5}{6}$.

*Lincoln.** **Palmer, George**; adm. B.A. (Linc.) 21 June 1615, det. 161$\frac{5}{6}$; lic. M.A. (Magd. C.) 10 July 1618, inc. 1618; suppl. B.D. (Linc.) 11 Dec., adm. (Exet.) 14 Dec. 1626; suppl. lic. to preach (Linc.) 17 Dec. 1630. ⟨The entries from Magd. C. and Exet. must be in error, since he was Fellow of Linc. from 1621–1631.⟩ [ii. 337]

*Brasenose.** **Yale, Hugh**; (doctoris fil.) adm. B.A. (Bras.) 21 June 1615, det. 161$\frac{5}{6}$; lic. M.A. (Oriel) 16 June 1620, inc. 1620.

Jesus. **Maddocks, John**; adm. B.A. 4 July 1615, det. 161$\frac{5}{6}$; lic. M.A. 9 July 1619, inc. 1619. [ii. 324]

Magd. H. **Basket** (Bassett), **Thomas**; adm. B.A. 4 July 1615, det. 161$\frac{5}{6}$; lic. M.A. 10 July 1618, inc. 1618. [ii. 326]

Magd. H. **Jackson, John**; (eq. aur. fil.) adm. B.A. 4 July 1615, det. 161$\frac{5}{6}$. [ii. 327]

Lincoln. **Norrise** (Norrice), **John**; adm. B.A. 5 July 1615. ⟨His adm. B.A. is also entered in error as a lic. M.A. on 6 July 1615.⟩

*Wadham.** **Burgesse** (Burgis), **Cornelius**; adm. B.A. (Wadh.) 5 July 1615, det. 161$\frac{5}{6}$; lic. M.A. (Linc.) 20 Apr. 1618, inc. 1618; suppl. B.D. (Linc.) 5 Mar. 162$\frac{6}{7}$, and D.D. 11 June 1627, adm. B.D. and lic. D.D. (Linc. 'cumulatus') 16 June 1627, inc. D.D. 1627.

S. John's. **Burgis** (Burgesse), **Ellis**; adm. B.A. 6 July 1615, det. 161$\frac{5}{6}$; lic. M.A. 4 May 1619, inc. 1619; adm. B.D. 7 Apr. 1624. [ii. 328]

S. John's. **Sherburne, William**; adm. B.A. 6 July 1615, det. 161$\frac{5}{6}$; lic. M.A. 11 May 1619, inc. 1619; adm. B.D. 5 July 1625; created D.D. 24 Mar. 164$\frac{2}{3}$. [ii. 328]

S. John's. **Smith, John**; adm. B.A. 6 July 1615, det. 161$\frac{5}{6}$; lic. M.A. 11 May 1619, inc. 1619; adm. B.D. 5 July 1625. [ii. 328]

*S. John's.** **Walker** (Wakler), **Thomas**; adm. B.A. (S. Jo.) 6 July 1615, det. $161\frac{5}{6}$; lic. M.A. (S. Jo.) 11 May 1619, inc. 1619; adm. B.D. (college not given, but probably S. Jo.) 5 July 1625; lic. D.D. (Univ.) 20 July 1633, inc. (Univ.) 1634. [ii. 332]

S. John's. **Ballard, Ralph**; adm. B.A. 6 July 1615. [ii. 339]

Trinity. **Fisher, Samuel**; adm. B.A. 6 July 1615, det. $161\frac{5}{6}$; suppl. M.A. ('Samuel') 24 Apr., lic. ('James') 4 May 1619, inc. ('Samuel') 1619; adm. B.D. ('Samuel') 17 Dec. 1628. [ii. 328] ⟨His suppl. M.A. is wrongly registered as suppl. B.A.⟩

Trinity. **Coombes** (Coomes, Comes, Chombes, Combe), **Richard**; adm. B.A. 6 July 1615, det. $161\frac{5}{6}$; lic. M.A. 4 May 1619, inc. 1619. [ii. 334]

Trinity. **Wollaston** (Wolreston, Willestrue, Wolcston), **Samuel**; adm. B.A. 6 July 1615, det. $161\frac{5}{6}$; lic. M.A. 18 May 1618, inc. 1618. [ii. 325]

*Queen's.** **Normansell, John**; adm. B.A. (Queen's) 6 July 1615, det. $161\frac{5}{6}$; lic. M.A. (Magd. C.) 10 July 1618, inc. 1618. [ii. 323]

*Queen's.** **Wiat** (Wyat), **Henry**; adm. B.A. (Queen's) 6 July 1615, det. (All So.) $161\frac{5}{6}$; lic. M.A. (All So.) 9 Apr. 1622, inc. 1622. [ii. 324]

Ch. Ch. **Little, Francis**; adm. B.A. 7 July 1615, det. $161\frac{5}{6}$; suppl. M.A. 19 May 1618, inc. 1618. [ii. 325]

*S. Alb. H.** **Warre** (Warr), **Amias**; adm. B.A. (S. Alb. H.) 7 July 1615, det. $161\frac{5}{6}$; suppl. M.A. (S. Mary H., 'Ambrose') 9 June 1621, lic. (Bras., 'Amias') 5 July 1621, inc. 1621. [ii. 325]

S. Alb. H. **Duncombe, Michael**; (arm. fil. n. m.) adm. B.A. 7 July 1615.

S. Alb. H. **Parker, John**; adm. B.A. 7 July 1615, det. $161\frac{5}{6}$. [ii. 325]

All Souls. **Davis, Rowland**; suppl. B.A. 1 July 1614, adm. 7 July 1615.

Magd. C. **Broke** (Brookes, Brook), **Edward**; adm. B.A. 7 July 1615, det. $161\frac{5}{6}$; lic. M.A. 22 Nov. 1619, inc. 1620.

Exeter. **Herle, Charles**; adm. B.A. 7 July 1615, det. $161\frac{5}{6}$; lic. M.A. 10 June 1618, inc. 1618. [ii. 327]

Exeter. **Tacker** (Packer), **John**; adm. B.A. 7 July 1615, det. $161\frac{5}{6}$.

Hart H. **Kisby, William**; adm. B.A. 11 July 1615, det. $161\frac{5}{6}$.

University. **Francklin, Philip**; adm. B.A. 11 July 1615, det. $161\frac{5}{6}$; lic. M.A. 10 July 1618, inc. 1618. [ii. 326]

Exeter. **Connock, John**; (arm. fil. n. m.) adm. B.A. 13 July 1615, det. $161\frac{5}{6}$. [ii. 335]

Magd. C. **Chitty** (Chickin), **Joseph**; adm. B.A. 11 Oct. 1615, det. $161\frac{5}{6}$; lic. M.A. 9 July 1619, inc. 1619.

*Magd. C.** **Cheyny** (Cheiney), **Richard**; adm. B.A. (Magd. C.?) 11 Oct. 1615, det. (Magd. H.) $161\frac{5}{6}$; lic. M.A. (Magd. H.) 10 July 1618, inc. 1618. [ii. 330] ⟨The adm. B.A. is from Magd. C., probably in error, as the suppl. B.A. on 15 June is from Magd. H.⟩

S. John's. **Hazard, William**; adm. B.A. 23 Oct. 1615, det. $161\frac{5}{6}$; lic. M.A. 9 June 1618, inc. 1618. [ii. 340]

Oriel. **Davyes** (Davies, Davis), **Thomas**; adm. B.A. 23 Oct. 1615, det. $161\frac{5}{6}$; lic. M.A. 10 June 1618, inc. 1618. [ii. 326]

Oriel. **Jones, Owen**; adm. B.A. 23 Oct. 1615, det. $161\frac{5}{6}$; lic. M.A. 10 July 1618, inc. 1618. [? Ch. Ch., ii. 315]

Oriel. **Taylor, Thomas**; adm. B.A. 23 Oct. 1615, det. $161\frac{5}{6}$. [ii. 328]

Oriel. **Hunt, Richard**; adm. B.A. 23 Oct. 1615, det. $161\frac{5}{6}$; lic. M.A. 10 July 1618, inc. 1618. [ii. 328]

Broadg. H. **James, Jeremy**; adm. B.A. 21 Oct. 1615, det. $161\frac{5}{6}$. [ii. 332]

S. John's. **Jaques, Richard**; adm. B.A. 21 Oct. 1615. [ii. 339]

Lincoln. **Soley, Henry**; adm. B.A. 26 Oct. 1615, det. $161\frac{5}{6}$. [ii. 341]

Exeter. **Rumblowe** (Rumbloe, Rumbeloe, Rumbelowe), **John**; adm. B.A. 26 Oct. 1615, det. $161\frac{5}{6}$; lic. M.A. 10 June 1618, inc. 1618. [ii. 326]

Exeter. **Battersbie, Nicholas**; (arm. fil. n. m.) adm. B.A. 26 Oct. 1615, det. $161\frac{5}{6}$. [ii. 331]

Exeter. **Buckland, William**; adm. B.A. 26 Oct. 1615, det. $161\frac{5}{6}$; lic. M.A. 10 June 1618, inc. 1618. [ii. 336]

Exeter. **Taylor, Robert**; adm. B.A. 26 Oct. 1615, det. $161\frac{5}{6}$; lic. M.A. 10 June 1618, inc. 1618.

*Exeter.** **Cowlyn** (Cooling, Cowling), **John**; adm. B.A. (Exet.) 26 Oct. 1615, det. $161\frac{5}{6}$; lic. M.A. (Oriel) 5 May 1620, inc. 1620; adm. B.D. (Oriel) 15 May 1628; lic. to preach (Oriel) 13 Dec. 1628. [ii. 326]

Exeter. **Harry, Matthew**; adm. B.A. 26 Oct. 1615, det. $161\frac{5}{6}$; lic. M.A. 10 June 1618, inc. 1618.

Exeter. **Collier, Henry**; adm. B.A. 26 Oct. 1615, det. $161\frac{5}{6}$; lic. M.A. 26 June 1619.

Exeter. **Jenkins, Humphrey**; adm. B.A. 26 Oct. 1615, det. $161\frac{5}{6}$; lic. M.A. 10 June 1618, inc. 1618. [ii. 337]

Exeter. **Leigh, John**; adm. B.A. 26 Oct. 1615. [ii. 326]

*Exeter.** **Code** (Coade, Coode), **John**; adm. B.A. (Exet.) 26 Oct. 1615, det. $161\frac{5}{6}$; lic. M.A. (Gloc. H.) 10 June 1618, inc. 1618. [ii. 327]

*Magd. H.** **Parre, Henry**; adm. B.A. (Magd. H.) 26 Oct. 1615, det. (Magd. C.) $161\frac{5}{6}$. ⟨The adm. B.A. is from Magd. H.; probably in error, as the suppl. B.A. on 28 June is from Magd. C.⟩

Oriel. **Dun, Cesar**; (eq. aur. fil.) adm. B.A. 26 Oct. 1615. [ii. 328]

New Coll. **Serle** (Searle), **Edward**; (Chapl. of New C.) adm. B.A. 26 Oct. 1615, det. $161\frac{6}{7}$; lic. M.A. 10 June 1618, inc. 1618. [Exet., ii. 326]

New Coll. **Adams, Richard**; adm. B.A. 26 Oct. 1615, det. $161\frac{5}{6}$. [Hart H., ii. 328]

Hart H. **Hall, Bartholomew**; adm. B.A. 7 Nov. 1615. [ii. 323]

Queen's. **Saunderson, Thomas**; adm. B.A. 7 Nov. 1615, det. $161\frac{7}{8}$; lic. M.A. 9 July 1618, inc. 1618; adm. B.D. 20 May 1628; lic. to preach 16 July 1635. [ii. 321]

*Queen's.** **Potter, Toby**; adm. B.A. (Queen's) 7 Nov. 1615, det. (S. Edm. H.) $161\frac{7}{8}$; lic. M.A. (Queen's) 9 July 1618, inc. 1618; adm. B.D. (Queen's) 21 July 1627. [ii. 332]

Queen's. **Hudson, Thomas**; adm. B.A. 7 Nov. 1615. [ii. 325]

Queen's. **Dowly** (Doulie, Dowling), **John**; adm. B.A. 7 Nov. 1615, det. $161\frac{5}{6}$. [ii. 331]

Queen's. **Chafie** (Chaffey), **Thomas**; adm. B.A. 7 Nov. 1615, det. $161\frac{5}{6}$. [ii. 332]

Queen's. **Nicolson** (Nicholson), **John**; adm. B.A. 7 Nov. 1615, det. $161\frac{5}{6}$; lic. M.A. 3 Feb. $16\frac{19}{20}$, inc. 1620. [ii. 341]

Queen's. **Fowke** (Fowkes), **Anthony**; adm. B.A. 7 Nov. 1615, det. $161\frac{5}{6}$; lic. M.A. 9 July 1618, inc. 1618. (The name is given as 'Cooge' in suppl. M.A.) [ii. 326]

Queen's. **Masters** (Master), **George**; adm. B.A. 7 Nov. 1615, det. $161\frac{5}{6}$; lic. M.A. 9 July 1618, inc. 1618. [ii. 335]

University. **Steade** (Steede), **Thomas**; adm. B.A. 9 Nov. 1615, det. $161\frac{5}{6}$; lic. M.A. 10 July 1618, inc. 1618. [ii. 326]

University. **Collinson, John**; adm. B.A. 9 Nov. 1615, det. $161\frac{5}{6}$. [ii. 331]

*New Coll.** **Goughe** (Gogh), **Francis**; (clericus Coll. Nov.) adm. B.A. 9 Nov. 1615, det. $161\frac{5}{6}$; lic. M.A. (S. Edm. H.) 27 June 1618, inc. 1618. [ii. 329]

S. Edm. H. **Goughe** (Goph), **Edward**; adm. B.A. 9 Nov. 1615, det. $161\frac{5}{6}$; lic. M.A. 9 June 1618, inc. 1618. [ii. 329]

S. Mary H. **Balam, Richard**; adm. B.A. 14 Nov. 1615, det. $161\frac{5}{6}$; lic. M.A. 8 July 1618, inc. 1618. [ii. 329]

Magd. H. **Hull, Thomas**; adm. B.A. 18 Nov. 1615, det. $161\frac{5}{6}$; lic. M.A. 3 July 1618, inc. 1618. [ii. 331]

Hart H. **George, William**; adm. B.A. 24 Nov. 1615, det. $161\frac{5}{6}$; lic. M.A. 12 June 1618, inc. 1618. [ii. 345]

Ch. Ch. **Dykes** (Dikes), **Thomas**; adm. B.A. 24 Nov. 1615, det. $161\frac{5}{6}$. [ii. 341]

Gloc. H. **Poole, Richard**; adm. B.A. 24 Nov. 1615, det. $161\frac{5}{6}$; lic. M.A. 3 July 1618, inc. 1618. [ii. 325]

Gloc. H. **Cheriton, Clement**; adm. B.A. 24 Nov. 1615, det. $161\frac{5}{6}$; lic. M.A. 10 June 1618, inc. 1618. [ii. 330]

Jesus. **Turburville** (Turbervill), **John**; adm. B.A. 29 Nov. 1615, det. $161\frac{5}{6}$. [ii. 345]

Jesus. **Penrin** (Penry), **Humphrey**; adm. B.A. 29 Nov. 1615, det. $161\frac{5}{6}$; lic. M.A. (then in orders) 9 July 1619, inc. 1619. [ii. 338]

Jesus. **Davis, John**; adm. B.A. 29 Nov. 1615, det. $161\frac{5}{6}$. [? ii. 340]

*Corpus.** **Anian** (Anion), **Richard**; suppl. B.A. (Magd. C.) 15 June, adm. (Corp.) 1 Dec. 1615, det. $161\frac{5}{6}$; lic. M.A. (Corp.) 6 Nov. 1619, inc. 1620; adm. B.D. 26 July 1628. ⟨Demy of Magd. C. 1612–1615; Blox. 5, p. 43.⟩ Brod., p. 280.

*Queen's.** **Crosbie, Thomas**; adm. B.A. (Queen's) 4 Dec. 1615, det. $161\frac{5}{6}$; lic. M.A. (S. Edm. H.) 4 July 1618, inc. 1618. [ii. 327]

Queen's. **Holme, George**; adm. B.A. 4 Dec. 1615, det. $161\frac{5}{6}$; lic. M.A. 9 July 1618, inc. 1618. [ii. 322]

Magd. C. **Langton, Charles**; (eq. aur. fil.) adm. B.A. 9 Dec. 1615. [Magd. H., ii. 323]

Magd. C. **Tomkins, Benjamin**; adm. B.A. 9 Dec. 1615, det. $161\frac{5}{6}$; lic. M.A. 12 June 1618, inc. 1618. [ii. 319]

Magd. C. **Savage** (Savadge), **Thomas**; adm. B.A. 9 Dec. 1615, det. $161\frac{5}{6}$; lic. M.A. 10 July 1618, inc. 1618. [ii. 313]

Ch. Ch. **Haselwood** (Hasselwood), **Robert**; adm. B.A. 12 Dec. 1615, det. $161\frac{5}{6}$; lic. M.A. 18 June 1618, inc. 1618. [ii. 345]

Ch. Ch. **Verier** (Verrier, Verere), **Gerard**; adm. B.A. 12 Dec. 1615, det. $161\frac{5}{6}$; lic. M.A. 18 June 1618, inc. 1618. [ii. 335]

Ch. Ch. **Curtisse, Thomas**; adm. B.A. 12 Dec. 1615, det. $161\frac{5}{6}$; lic. M.A. 18 June 1618, inc. 1618. [ii. 325]

Ch. Ch. **Page, George**; adm. B.A. 12 Dec. 1615, det. $161\frac{5}{6}$; lic. M.A. 18 June 1618, inc. 1618. [ii. 343]

Ch. Ch. **Thurman, Edward**; adm. B.A. 12 Dec. 1615, det. $161\frac{5}{6}$; lic. M.A. 10 July 1618, inc. 1618. [ii. 326]

Brasenose. **Lambe, James**; adm. B.A. 13 Dec. 1615, det. $161\frac{5}{6}$; lic. M.A. 11 Dec. 1619, inc. 1620. [ii. 331]

Brasenose. **Whyte** (White), **Thomas**; adm. B.A. 13 Dec. 1615, det. $161\frac{5}{6}$; lic. M.A. 17 Oct. 1618, inc. 1619. [ii. 331]

Brasenose. **Wilcocks, Richard**; adm. B.A. 13 Dec. 1615, det. $161\frac{5}{6}$; lic. M.A. 7 July 1618, inc. 1618. [ii. 331]

Brasenose. **Rausterne** (Raustorne, Rosterne), **Richard**; adm. B.A. 13 Dec. 1615, det. $161\frac{5}{6}$; lic. M.A. 9 June 1618, inc. 1618. [ii. 341]

Brasenose. **Stone, Thomas**; adm. B.A. 13 Dec. 1615, det. $161\frac{5}{6}$; lic. M.A. 6 July 1618, inc. 1618. [ii. 341]

Brasenose. **Dobins** (Dobbins), **Richard**; adm. B.A. 13 Dec. 1615, det. $161\frac{5}{6}$. [ii. 339]

*Corpus.** **Facy** (Facie), **Richard**; adm. B.A. (Corp.) 13 Dec. 1615, det. $161\frac{5}{6}$; lic. M.A. (Wadh.) 25 June 1621, inc. 1621. [ii. 342]

Corpus. **Ball, John**; adm. B.A. 13 Dec. 1615. [ii. 345]

Lincoln. **Mason, Thomas**; adm. B.A. 13 Dec. 1615, det. $161\frac{5}{6}$; lic. M.A. 1 July 1618, inc. 1618. [ii. 337]

*Brasenose.** **Barksdale, Nathaniel**; adm. B.A. (Bras.) 13 Dec. 1615, det. (S. Mary H.) $161\frac{5}{6}$; lic. M.A. (S. Mary H.) 8 July 1618, inc. 1618. [ii. 331]

S. Alb. H. **Turland, Thomas**; adm. B.A. 13 Dec. 1615, det. $161\frac{5}{6}$. [John, ii. 334]

S. Alb. H. **Mason, Emanuel**; adm. B.A. 13 Dec. 1615, det. $161\frac{5}{6}$. [ii. 334]

Balliol. **Perse** (Peirce), **Thomas**; adm. B.A. 15 Dec. 1615, det. $161\frac{5}{6}$. [ii. 332]

Balliol. **Hooper, William**; adm. B.A. 15 Dec. 1615. [ii. 341]

Magd. H. **Walker, Richard**; adm. B.A. 15 Dec. 1615, det. $161\frac{5}{6}$; lic. M.A. (then in orders) 1 July 1618, inc. 1618.

---

*Lincoln.** **Lusshington** (Lusshinton, Lusshingham, Lussington), **Thomas**; det. (Linc.) $161\frac{5}{6}$; lic. M.A. (Linc.) 11 May 1618, inc. 1618; adm. B.D. (Pembr.) 6 July 1627; lic. D.D. (Pembr.) 22 June 1632, inc. 1632. [Broadg. H., ii. 293]

University. **Powell, John**; det. $161\frac{5}{6}$. [ii. 331] ⟨A John Powell, Jes., is entered among the adm. B.A. at 6 July 1615, but the entry is scored out.⟩

University. **Paine, William**; det. $161\frac{5}{6}$.

Magd. H. **Poole, William**; suppl. B.A. 15 June 1615, ⟨William Poole, Magd. H., is entered among the adm. B.A. at 6 July 1615, but the entry is scored out; probably in error⟩; det. $161\frac{5}{6}$; lic. M.A. (Magd. H.) 16 May 1618, inc. 1618. [ii. 330]

. . . **Morgan**, . . . ; suppl. B.A. 17 June 1615.

. . . **Fowle, John**; suppl. B.A. 20 June 1615.

Magd. C. Walter, Thomas; suppl. B.A. 28 June 1615.

N. I. H. Archpoole, Nicholas (Richard); Nicholas Archpoole, suppl. B.C.L. 4 July 1615, Richard Archbole, adm. B.C.L. 21 Nov. 1615.
New Coll. Haswell, John; adm. B.C.L. 22 Nov. 1615. [Halswell, ii. 301]
New Coll. Merriott, Thomas; adm. B.C.L. 22 Nov. 1615. [ii. 302]
New Coll. South, John; adm. B.C.L. 22 Nov. 1615. [ii. 302]
All Souls. Aylworth, Martin; adm. B.C.L. 22 Nov. 1615; lic. D.C.L. 27 Nov. 1621, inc. 1622. [Hart H., ii. 312]
All Souls. Bennet (Bennett), Thomas; adm. B.C.L. 22 Nov. 1615; lic. D.C.L. 3 July 1624, inc. 1624. [ii. 332]
New Coll. Brickendine, Erasmus; (late Fellow of New C.) suppl. B.C.L. 26 Apr. 1615. [ii. 302]

1616.

University. Rigbie, John; adm. B.A. 26 Jan. 161$\frac{5}{6}$, det. 161$\frac{5}{6}$. [ii. 329]
Oriel. Norman, Walter; adm. B.A. 26 Jan. 161$\frac{5}{6}$, det. 161$\frac{5}{6}$; lic. M.A. 6 July 1620, inc. 1620. [ii. 328]
Oriel. Greene, Wilgentius; adm. B.A. 26 Jan. 161$\frac{5}{6}$, det. 161$\frac{5}{6}$. [ii. 342]
Oriel. Foscott (Foskct), John; adm. B.A. 26 Jan. 161$\frac{5}{6}$, det. 161$\frac{5}{6}$. [ii. 342]
Oriel. Coleman, George; adm. B.A. 26 Jan. 161$\frac{5}{6}$, det. 161$\frac{5}{6}$. [ii. 323]
Brasenose. Wright, Joseph; adm. B.A. 26 Jan. 161$\frac{5}{6}$, det. 161$\frac{5}{6}$; lic. M.A. 17 Oct. 1618, inc. 1619. [ii. 331]
Brasenose. Hayworth (Haworth), Richard; adm. B.A. 29 Jan. 161$\frac{5}{6}$. [ii. 331]
Brasenose. Delves, Henry; (eq. aur. fil. n. m.) adm. B.A. 29 Jan. 161$\frac{5}{6}$, det. 161$\frac{5}{6}$. [ii. 331]
Lincoln. Quarme, Walter; adm. B.A. 31 Jan. 161$\frac{5}{6}$, det. 161$\frac{5}{6}$; lic. M.A. 1 July 1618, inc. 1618. [ii. 329]
Lincoln. Boylson (Bolson, Boilson), Edward; adm. B.A. 31 Jan. 161$\frac{5}{6}$, det. 161$\frac{5}{6}$. [ii. 337]
Lincoln. Harrison, Richard; adm. B.A. 31 Jan. 161$\frac{5}{6}$, det. 161$\frac{5}{6}$. [ii. 329]
Lincoln. West, Matthew; adm. B.A. 31 Jan. 161$\frac{5}{6}$, det. 161$\frac{5}{6}$; lic. M.A. 4 Nov. 1618, inc. 1619. [ii. 318]
Ch. Ch. Trosse, Roger; adm. B.A. 1 Feb. 161$\frac{5}{6}$, det. 161$\frac{5}{6}$; lic. M.A. 27 Apr. 1619, inc. 1619. [ii. 326]
Ch. Ch. Dockrey (Dockerey), Robert; adm. B.A. 1 Feb. 161$\frac{5}{6}$, det. 161$\frac{5}{6}$; lic. M.A. 7 July 1619, inc. 1619. [ii. 341]
Ch. Ch. Beddoe, Richard; adm. B.A. 1 Feb. 161$\frac{5}{6}$, det. 161$\frac{5}{6}$. [ii. 347]
Lincoln. Hill, Robert; adm. B.A. 1 Feb. 161$\frac{5}{6}$, det. 161$\frac{5}{6}$. [ii. 347]
Balliol. Jones, Richard; adm. B.A. 5 Feb. 161$\frac{5}{6}$, det. 161$\frac{5}{6}$. [ii. 332]
Oriel. Twittie (Twittey), Thomas; adm. B.A. 5 Feb. 161$\frac{5}{6}$, det. 161$\frac{5}{6}$; lic. M.A. 12 June 1618, inc. 1618; adm. B.D. 3 July 1633; suppl. lic. to preach 10 July 1633. [ii. 328]

*S. Mary H.** **Poole, Peter**; adm. B.A. (S. Mary H.) 5 Feb. $161\frac{5}{6}$; lic. M.A. (Wadh.) 7 July 1619, inc. 1619. [ii. 202]

Merton. **Goode, Richard**; adm. B.A. 6 Feb. $161\frac{5}{6}$, det. $161\frac{5}{6}$. [ii. 347]

Merton. **Paybody, Thomas**; adm. B.A. 6 Feb. $161\frac{5}{6}$, det. $161\frac{5}{6}$; lic. M.A. 8 May 1624, inc. 1624. [ii. 347]

Magd. C. **Williamson, Robert**; adm. B.A. 6 Feb. $161\frac{5}{6}$, det. $161\frac{5}{6}$; lic. M.A. 15 Dec. 1618, inc. 1619; adm. B.D. 16 Apr. 1629. [ii. 347]

Magd. C. **Wardrowe, Henry**; adm. B.A. 6 Feb. $161\frac{5}{6}$, det. ('Wardoure') $161\frac{5}{6}$.

*Magd. H.** **Poole, John**; adm. B.A. (Magd. H.) 6 Feb. $161\frac{5}{6}$, det. (Magd. C.) $161\frac{5}{6}$. [ii. 341]

Hart H. **Aldey** (Alvey), **Edward**; adm. B.A. 6 Feb. $161\frac{5}{6}$, det. $161\frac{5}{6}$; lic. M.A. 8 July 1619, inc. 1619. [ii. 334]

Hart H. **Vaughan, Hugh**; adm. B.A. 6 Feb. $161\frac{5}{6}$, det. $161\frac{5}{6}$; lic. M.A. 30 Apr. 1619, inc. 1619. [ii. 330]

*Hart H.** **Price, Richard**; adm. B.A. (Hart H.) 6 Feb. $161\frac{5}{6}$, det. $161\frac{5}{6}$; lic. M.A. (All So.) 9 July 1619, inc. 1619.

Queen's. **Sheaphard** (Shepard, Shephard), **Edmund**; adm. B.A. 7 Feb. $161\frac{5}{6}$, det. $161\frac{5}{6}$; lic. M.A. 21 June 1619, inc. 1619. [ii. 327]

Queen's. **Harrison, Samuel**; adm. B.A. 7 Feb. $161\frac{5}{6}$, det. $161\frac{5}{6}$. [ii. 336]

Queen's. **Bryan** (Brian), **John**; adm. B.A. 7 Feb. $161\frac{5}{6}$, det. $161\frac{5}{6}$; (?) inc. M.A. 1619. [ii. 344]

*Queen's.** **Allen, Isaac**; adm. B.A. (Queen's) 7 Feb. $161\frac{5}{6}$, det. $161\frac{5}{6}$; lic. M.A. (Oriel) 27 Nov. 1618, inc. 1619.

Exeter. **Bassett, Arthur**; (eq. aur. fil.) adm. B.A. 8 Feb. $161\frac{5}{6}$, det. $161\frac{5}{6}$. [ii. 331]

Exeter. **Hunt, John**; adm. B.A. 8 Feb. $161\frac{5}{6}$, det. $161\frac{5}{6}$; lic. M.A. 19 Oct. 1618, inc. 1619; suppl. B.D. 25 Nov. 1626. [ii. 326] Boase, p. 60.

*Ch. Ch.** **Davies** (Davis), **Edward**; adm. B.A. (Ch. Ch.) 8 Feb. $161\frac{5}{6}$, det. $161\frac{5}{6}$; lic. M.A. (Hart H.) 8 July 1619, inc. 1619.

Wadham. **Walker, Richard**; adm. B.A. 8 Feb. $161\frac{5}{6}$, det. $161\frac{5}{6}$.

Gloc. H. **Boswell, George**; suppl. B.A. 5 Mar. $161\frac{3}{4}$, his grace was renewed 8 Feb. $161\frac{5}{6}$, adm. B.A. 8 Feb. $161\frac{5}{6}$, det. $161\frac{5}{6}$. [Ball., ii. 310]

Hart H. **Davis, Rice**; adm. B.A. 8 Feb. $161\frac{5}{6}$.

Hart H. **Mullett, William**; adm. B.A. 8 Feb. $161\frac{5}{6}$, det. $161\frac{5}{6}$. [New C., ii. 324]

Broadg. H. **Hargett, Edward**; adm. B.A. 9 Feb. $161\frac{5}{6}$, det. $161\frac{5}{6}$. [? Edmund, ii. 329]

Trinity. **Coker, Roger**; adm. B.A. 9 Feb. $161\frac{5}{6}$, det. $161\frac{5}{6}$. [ii. 327]

Trinity. **Lewkner** (Lewkenor), **George**; adm. B.A. 9 Feb. $161\frac{5}{6}$, det. $161\frac{5}{6}$. [ii. 334]

S. Edm. H. **Fowler, Lamuell**; adm. B.A. 9 Feb. $161\frac{5}{6}$, det. $161\frac{5}{6}$. [Mert., ii. 314]

*S. Mary H.** **Parsons, Walter**; adm. B.A. (S. Mary H.) 10 Feb. $161\frac{5}{6}$, det. $161\frac{5}{6}$; lic. M.A. (All So.) 4 Dec. 1621, inc. 1622.

Magd. H. **Eaton** (Eton), **Richard**; adm. B.A. 10 Feb. $161\frac{5}{6}$, det. $161\frac{5}{6}$. [ii. 330]

Oriel. **Gardner, Richard**; adm. B.A. 10 Feb. 161$\frac{5}{6}$, det. 161$\frac{5}{6}$. [ii. 328]

Oriel. **Lloyd, William**; adm. B.A. 10 Feb. 161$\frac{5}{6}$, det. 161$\frac{5}{6}$; lic. M.A. (then in orders) 17 Oct. 1618, inc. 1619. [ii. 326]

Exeter. **Tooker** (Tucker), **John**; adm. B.A. 10 Feb. 161$\frac{5}{6}$, det. 161$\frac{5}{6}$. [ii. 337]

All Souls. **Angell, Edward**; adm. B.A. 21 Feb. 161$\frac{5}{6}$.

*Wadham.** **Gill** (Gil), **Alexander**; adm. B.A. (Wadh.) 26 Feb. 161$\frac{5}{6}$, det. 161$\frac{5}{6}$; lic. M.A. (Wadh.) 9 Nov. 1619, inc. 1620; adm. B.D. (Trin.) 27 June 1627; lic. D.D. (Trin.) 9 Mar. 163$\frac{6}{7}$, inc. 1637; lic. to preach (Trin.) 15 July 1637. [Trin., ii. 326]

Balliol. **Tooker, Robert**; adm. B.A. 27 Feb. 161$\frac{5}{6}$, det. 161$\frac{5}{6}$. [ii. 332]

S. John's. **Bristowe, Richard**; adm. B.A. 27 Feb. 161$\frac{5}{6}$, det. 161$\frac{6}{7}$; lic. M.A. 8 July 1619, inc. 1619. [ii. 314]

New Coll. **Cooth** (Coothe), **John**; adm. B.A. 11 Apr. 1616, det. 161$\frac{6}{7}$; lic. M.A. 19 Jan. 16$\frac{19}{20}$, inc. 1620. [ii. 328]

New Coll. **Harward** (Harwood), **William**; adm. B.A. 11 Apr. 1616, det. 161$\frac{6}{7}$; lic. M.A. 19 Jan. 16$\frac{19}{20}$, inc. 1620. [ii. 327]

New Coll. **Reve** (Reeve, Reive, Reyve), **Gabriel**; adm. B.A. 11 Apr. 1616, det. 161$\frac{6}{7}$; lic. M.A. 21 Jan. 161$\frac{8}{9}$, inc. 1619. [ii. 327]

New Coll. **Knight, Michael**; adm. B.A. 11 Apr. 1616. [ii. 328]

New Coll. **Haye** (Hays), **Robert**; adm. B.A. 11 Apr. 1616. [ii. 327]

New Coll. **More** (Moore), **John**; adm. B.A. 11 Apr. 1616, det. 161$\frac{6}{7}$; lic. M.A. 19 Jan. 16$\frac{19}{20}$, inc. 1620; adm. B.D. 29 Mar. 1631; lic. to preach 18 Feb. 163$\frac{6}{7}$. [ii. 332]

New Coll. **French, Philip**; adm. B.A. 11 Apr. 1616, det. 161$\frac{6}{7}$; lic. M.A. 19 Jan. 16$\frac{19}{20}$, inc. 1620. [ii. 327]

Balliol. **Durston, John**; adm. B.A. 19 Apr. 1616. [ii. 331]

Balliol. **Thorne, Giles**; adm. B.A. 19 Apr. 1616, det. 161$\frac{6}{7}$; lic. M.A. 10 June 1619, inc. 1619; adm. B.D. 22 June 1630. [ii. 332]

New Coll. **Hopper, Robert**; ('chorista coll. Nov.') adm. B.A. 19 Apr. 1616, det. 161$\frac{6}{7}$; lic. M.A. 24 Apr. 1619, inc. 1619. [ii. 331]

Exeter. **Bishoppe, Robert**; adm. B.A. 19 Apr. 1616.

Exeter. **Hunt, Nicholas**; adm. B.A. 19 Apr. 1616, det. 161$\frac{6}{7}$. [ii. 348] See *infra*, p. 350.

Oriel. **Wells, Francis**; adm. B.A. 24 Apr. 1616, det. 161$\frac{6}{7}$; lic. M.A. 11 May 1621, inc. 1621. [ii. 328]

Lincoln. **Godfrey, William**; adm. B.A. 24 Apr. 1616, det. 161$\frac{6}{7}$; lic. M.A. 28 Jan. 161$\frac{8}{9}$, inc. 1619. [ii. 337]

Lincoln. **Cave, John**; adm. B.A. 24 Apr. 1616, det. 161$\frac{6}{7}$; lic. M.A. 28 Jan. 161$\frac{8}{9}$, inc. 1619. [ii. 330]

Lincoln. **Arderne, Gabriel**; adm. B.A. 24 Apr. 1616, det. 161$\frac{6}{7}$. [ii. 340]

Trinity. **Hodgson, Edward**; adm. B.A. 29 Apr. 1616, det. 161$\frac{6}{7}$. [ii. 329]

Merton. **French, John**; adm. B.A. 29 Apr. 1616, det. 161$\frac{6}{7}$; lic. M.A. 8 May 1622, inc. 1622; suppl. B.C.L. 28 June 1632, adm. 11 Apr. 1635. Brod., p. 280.

S. Alb. H. **Clagge** (Clack), **John**; adm. B.A. 22 Apr. 1616, det. 161$\frac{6}{7}$; lic. M.A. 4 Feb. 161$\frac{8}{9}$, inc. 1619. [Clegge, ii. 330]

S. Alb. H. **Kynaston** (Kymaston, Kimaston), **Humphrey**; adm. B.A. 22 Apr. 1616, det. 161⁶⁄₇; lic. M.A. 4 Feb. 161⁸⁄₉, inc. 1619. [ii. 334]
S. Alb. H.* **Jackson, Thomas**; (doctoris fil.) adm. B.A. (S. Alb. H.) 22 Apr. 1616, det. 161⁶⁄₇; lic. M.A. 4 Feb. 161⁸⁄₉, inc. (Corp.) 1619. [ii. 347]
Trinity. **Baber, Edward**; (arm. fil. n. m.) adm. B.A. 2 May 1616, det. 161⁶⁄₇. [ii. 334]
Ch. Ch. **Roberts, Griffin**; adm. B.A. 2 May 1616, det. 161⁶⁄₇; lic. M.A. 10 June 1619, inc. 1619. [ii. 347]
Merton. **Jolliffe** (Jollyffe), **Richard**; suppl. B.A. 7 Feb. 160⁸⁄₉, adm. 3 May 1616, det. 161⁶⁄₇; lic. M.A. 13 June 1621, inc. 1621. [ii. 298]
Oriel. **Duncumbe** (Duncomb), **Francis**; adm. B.A. 11 May 1616, det. 161⁶⁄₇; lic. M.A. 16 June 1620, inc. 1620. [ii. 328]
Exeter. **Upcott, William**, adm. B.A. 12 May 1616, det. ('Hopcott') 161⁶⁄₇. [ii. 348]
Wadham.* **Burton, Edward**; (eq. aur. fil.) suppl. B.A. (from Magd. H.) 17 Apr., adm. (Wadh.) 14 May 1616, det. (Magd. C.) 161⁶⁄₇; lic. M.A. (Magd. C.) 4 Feb. 161⁸⁄₉, inc. 1619; adm. B.D. and lic. D.D. (Magd. C., then King's Chaplain) 9 July 1629, inc. 1629. [Magd. H., ii. 348] (The adm. B.A. from Wadh. is probably an error for Magd. H.)
Magd. H. **Sloper, Simon**; adm. B.A. 14 May 1616, det. 161⁶⁄₇; lic. M.A. 27 Jan. 161⁸⁄₉, inc. 1619. [ii. 341]
Magd. H. **Farmer, Thomas**; adm. B.A. 14 May 1616, det. 161⁶⁄₇; lic. M.A. 27 Jan. 161⁸⁄₉, inc. 1619. [ii. 348]
Magd. H. **Holme** (Holmes), **James**; adm. B.A. 14 May 1616, det. 161⁴⁄₇. [ii. 330]
S. Mary H. **Parry, James**; adm. B.A. 6 June 1616, det. 161⁶⁄₇; lic. M.A. 11 May 1619, inc. 1619.
Brasenose. **Mainewaring, Thomas**; (eq. aur. fil.) adm. B.A. 6 June 1616. [ii. 350]
Brasenose.* **Norbury, Thomas**; adm. B.A. (Bras.) 6 June 1616, det. 161⁶⁄₇; lic. M.A. (Bras.) 8 July 1619, inc. ('Northberie,' Hart H.) 1619. [ii. 350]
Brasenose. **Merbury** (Marbury), **Erasmus**; adm. B.A. 6 June 1616, det. 161⁶⁄₇; lic. M.A. 9 July 1619, inc. 1619. [ii. 348]
Hart H. **Beresford, Michael**; adm. B.A. 6 June 1616, det. 161⁶⁄₇; lic. M.A. 27 Apr. 1619, inc. 1619. [ii. 327]
Magd. H.* **Spicer, William**; adm. B.A. (Magd. H.) 6 June 1616, det. 161⁶⁄₇; lic. M.A. (Broadg. H.) 28 Mar. 1620, inc. 1620. [ii. 330]
Magd. H. **Atkinson, Richard**; adm. B.A. 6 June 1616, det. 161⁶⁄₇. [ii. 330]
Magd. H. **Beeding, William**; adm. B.A. 6 June 1616, det. 161⁶⁄₇; lic. M.A. 10 July 1619, inc. 1619. [ii. 329]
Brasenose. **Gregson** (Grigson), **John**; adm. B.A. 11 June 1616, det. 161⁷⁄₈. [ii. 331]
Hart H. **Evans, Griffin**; adm. B.A. 11 June 1616. [ii. 329]
Hart H. **Davis, Humphrey**; adm. B.A. 11 June 1616, det. 161⁶⁄₇. [ii. 349]
Lincoln. **Evans, Matthew**; adm. B.A. 11 June 1616, det. 161⁶⁄₇; lic. M.A. ('Matthias') 24 Apr. 1619, inc. 1619. [ii. 337]

S. Alb. H. **Avery, Robert**; adm. B.A. 12 June 1616.
Exeter. **Edwards, Thomas**; adm. B.A. 13 June 1616. [ii. 351]
Exeter. **Straung** (Straunge), **Anthony**; adm. B.A. 13 June 1616. [ii. 329]
Exeter. **Maynard, John**; adm. B.A. ('John') 13 June 1616, det. ('Francis') 161⁶⁄₇; lic. M.A. ('John') 26 June 1619, inc. 1619. Boase, p. 61.
Exeter. **Blackwell** (Blacwell), **John**; adm. B.A. 13 June 1616, det. 161⁶⁄₇; lic. M.A. 1 July 1620, inc. 1620. [ii. 346]
Exeter. **Illedge, James**; adm. B.A. 13 June 1616, det. 161⁶⁄₇. [ii. 351]
Exeter. **Browne, Joseph**; adm. B.A. 13 June 1616, det. 161⁶⁄₇.
Exeter. **Conny** (Cony, Cunny), **John**; adm. B.A. 13 June 1616, det. 161⁶⁄₇; lic. M.A. 1 July 1620, inc. 1620. [ii. 351]
Exeter. **Braddon, John**; adm. B.A. 13 June 1616, det. 161⁶⁄₇. [ii. 337]
Exeter. **Corsly, Nicholas**; adm. B.A. 13 June 1616, det. 161⁶⁄₇. [ii. 329]
Ch. Ch. **Browne, Joseph**; adm. B.A. 13 June 1616, det. 161⁶⁄₇; lic. M.A. 14 May 1619, inc. 1619.
Ch. Ch. **Osboston, Lambert**; adm. B.A. 13 June 1616, det. 161⁶⁄₇; lic. M.A. 27 Apr. 1619, inc. 1619. [ii. 341]
Ch. Ch. **Stockwell, Carr**; adm. B.A. 13 June 1616, det. 161⁶⁄₇; lic. M.A. 14 May 1619, inc. 1619; adm. B.D. 5 Mar. 162⁶⁄₇. (Rector of Stoke-Golding, Bucks.) [ii. 351]
Ch. Ch. **Holden, William**; adm. B.A. 13 June 1616, det. 161⁶⁄₇; lic. M.A. 5 June 1619, inc. 1619. [ii. 335]
Ch. Ch. **Fortie, Robert**; adm. B.A. 13 June 1616, det. 161⁶⁄₇. [ii. 351]
Ch. Ch. **Ballow, John**; adm. B.A. 13 June 1616, det. 161⁶⁄₇. [ii. 348]
Ch. Ch. **Bennett, Matthew**; (eq. aur. fil.) adm. B.A. 13 June 1616, det. 161⁶⁄₇. [ii. 343]
Ch. Ch. **Taylor, William**; adm. B.A. 13 June 1616, det. 161⁶⁄₇; lic. M.A. 7 July 1619, inc. 1619. [ii. 333]
Ch. Ch.* **Johnson, William**; adm. B.A. (Ch. Ch.) 13 June 1616, det. 161⁶⁄₇; lic. M.A. (Wadh.) 8 May 1618, inc. 1618. [ii. 331]
S. John's. **Staples** (Staple), **William**; adm. B.A. 19 June 1616, det. 161⁶⁄₇; lic. M.A. 5 May 1620, inc. 1620. [ii. 328]
S. John's. **Speede, John**; adm. B.A. 19 June 1616, det. 161⁶⁄₇; lic. M.A. 5 May 1620, inc. 1620; suppl. M.B. and lic. to pract. med. 18 Nov. 1626; adm. M.B. and lic. to pract. med. 20 June 1628; lic. M.D. 20 June 1628, inc. 1628. [ii. 328]
S. John's. **Rancklin** (Ranclin, Rankin, Ranckins), **Giles**; adm. B.A. 19 June 1616, det. 161⁶⁄₇; lic. M.A. 5 May 1620, inc. 1620; adm. B.D. 24 July 1626. [ii. 328]
S. John's. **Wheatly, Edmund**; adm. B.A. 19 June 1616, det. 161⁶⁄₇; lic. M.A. 11 May 1619, inc. 1619. [? Edward, ii. 341]
S. Edm. H. **Hastings, William**; adm. B.A. ('nobili genere oriundus') 20 June 1616, det. 161⅞; lic. M.A. ('nobili familia oriundus') 14 Apr. 1619, inc. 1619. [ii. 352]
Broadg. H. **Barber, John**; adm. B.A. 20 June 1616. [ii. 330]

Broadg. H. **Powell, Thomas**; adm. B.A. 20 June 1616. [Ch. Ch., ii. 329]
Broadg. H. **Luffington** (Luffingham), **Richard**; adm. B.A. 20 June 1616, det. 161⁹/₇. [ii. 329]
Broadg. H. **George, Thomas**; adm. B.A. 20 June 1616, det. 161⁹/₇. [ii. 329]
Trinity. **Bray, Charles**; adm. B.A. 26 June 1616, det. 161⁹/₇; lic. M.A. 28 Mar. 1620, inc. 1620; adm. B.D. 27 June 1627; lic. to preach 22 Feb. 162⁷/₈. [ii. 328]
Trinity. **Farndon** (Farden, Farenden), **Anthony**; adm. B.A. 26 June 1616, det. 161⁹/₇; suppl. M.A. ('Farmer') 23 Mar. 16½⁹/₀, lic. ('Farmer,' corr. to 'Farndon') 28 Mar. 1620, inc. 1620; adm. B.D. ('Farndon') 17 Dec. 1629. [ii. 328]
Trinity. **Marshe, Samuel**; adm. B.A. 26 June 1616, det. 161⁹/₇; lic. M.A. 28 Mar. 1620, inc. 1620; adm. B.D. 17 Dec. 1629. [ii. 329]
Trinity. **Reade, Andrew**; adm. B.A. 26 June 1616, det. 161⁹/₇; lic. M.A. 28 Mar. 1620, inc. 1620; adm. B.D. 17 Dec. 1629; suppl. for lic. to preach 30 Dec. 1630, lic. in 1631; lic. D.D. 7 July 1638, inc. 1638. [ii. 332]
Trinity. **Russell, Richard**; adm. B.A. 26 June 1616, det. 161⁹/₇; suppl. M.A. 30 Apr. 1619. [ii. 328]
Trinity.* **Potticary** (Poticary), **John**; adm. B.A. (Trin.) 26 June 1616, det. 161⁹/₇; lic. M.A. (Hart H.) 22 May 1622, inc. 1622. [ii. 328]
Trinity. **Lightfoote, William**; adm. B.A. 26 June 1616, det. 161⁹/₇. [ii. 334]
Jesus. **Jones, Walter**; adm. B.A. 1 July 1616, det. 161⁹/₇; lic. M.A. 9 July 1619, inc. 1619. [ii. 349]
Wadham. **Swaddell** (Swadell, Swaddle, Swadle), **John**; adm. B.A. 2 July 1616, det. 161⁹/₇; lic. M.A. 24 Apr. 1619, inc. 1619.
Wadham. **Bruin** (Bruen), **Nicholas**; adm. B.A. 2 July 1616, det. 161⁹/₇; lic. M.A. ('Richard') 4 May 1619, inc. 1619. [ii. 353]
Wadham. **Bisse, Upton**; adm. B.A. 2 July 1616, det. 161⁹/₇; lic. M.A. 29 Jan. 162⁰/₁, inc. 1621. [ii. 333]
Wadham. **Waterman, Peter**; adm. B.A. 2 July 1616, det. 161⁹/₇; lic. M.A. 1 July 1620, inc. 1620. [ii. 330]
Magd. H.* **Francklin, William**; adm. B.A. (Magd. H.) 2 July 1616, det. (Magd. C.) 161⁹/₇; lic. M.A. (Magd. C.) 9 July 1619, inc. 1619; suppl. B.D. (Magd. C.) 17 Dec. 1628, adm. (Magd. C.) 16 Apr. 1629. [ii. 331]
Magd. C. **Cooper, Matthew**; adm. B.A. 3 July 1616, det. 161⁹/₇. [ii. 347]
Magd. C. **Allibond, John**; adm. B.A. 3 July 1616, det. 161⁹/₇; lic. M.A. 9 June 1619, inc. 1619. [ii. 351]
University. **Saunders, Anthony**; adm. B.A. 4 July 1616, det. 161⁹/₇; lic. M.A. 9 July 1619, inc. 1619; adm. B.D. and lic. D.D. 21 Feb. 162⁷/₈, inc. D.D. 1628. [ii. 331]
University. **Lewis, William**; (arm. fil. n. m.) adm. B.A. 4 July 1616. [ii. 331]
University. **Woodrove** (Woodrooffe, Woodroofe), **Richard**; suppl. B.A. 1 June, adm. 4 July 1616. [ii. 327] ⟨His suppl. B.A. is also registered in error as suppl. M.A.⟩

Magd. H. Seabrook, Gilbert; adm. B.A. 4 July 1616, det. 161⁸⁄₇; lic. M.A. 17 June 1619, inc. 1619. [ii. 330]
S. Alb. H. Potter, John; adm. B.A. 5 July 1616, det. 161⁹⁄₇. [ii. 321]
Magd. H. Langley, John; adm. B.A. 5 July 1616, det. 161⁹⁄₇; lic. M.A. 24 Apr. 1619, inc. 1619. [ii. 330]
Queen's. Bradley, Robert; adm. B.A. 5 July 1616. [ii. 336]
Queen's.* Bourne, Hamlet; adm. B.A. (Queen's) 5 July 1616, det. 161⁹⁄₇; lic. M.A. (S. Edm. H.) 7 July 1619, inc. ('Humphrey') 1619. [ii. 326]
Hart H. Price (Pryce), Owen; adm. B.A. 5 July 1616, det. 161⁹⁄₇; lic. M.A. 30 Apr. 1619, inc. 1619. [ii. 330]
Magd. H. Malpas, Thomas; adm. B.A. 11 July 1616.
Brasenose. Orme, Jerome; adm. B.A. 15 July 1616. [ii. 331]
Lincoln. Silverwood, Martin; adm. B.A. 17 July 1616, det. 161⁷⁄₈. [ii. 337]
Exeter. Arderne (Arden), John; adm. B.A. 23 Oct. 1616, det. 161⁹⁄₇; lic. M.A. 26 June 1619, inc. 1619. [ii. 334]
Exeter. Vivian, Michael; adm. B.A. 23 Oct. 1616, det. 161⁹⁄₇. [ii. 353]
Broadg. H. Horsman, Andrew; adm. B.A. 24 Oct. 1616. [ii. 321]
Broadg. H. Cotton, Thomas; adm. B.A. 24 Oct. 1616, det. 161⁹⁄₇. [ii. 329]
Broadg. H. Sturt (Stert), Wemond (Waymonth); adm. B.A. 24 Oct. 1616, det. 161⁹⁄₇; lic. M.A. 17 June 1619, inc. 1619. [ii. 343]
Broadg. H. Hussey, John; adm. B.A. 24 Oct. 1616. [ii. 329]
S. Alb. H.* Highemore (Highmore, Heymore), Samuel; adm. B.A. (S. Alb. H.) 24 Oct. 1616, det. 161⁹⁄₇; lic. M.A. (Ball.) 10 June 1619, inc. 1619. [Ball., ii. 332]
Oriel. Horne, John; adm. B.A. 24 Oct. 1616, det. 161⁹⁄₇; lic. M.A. 14 Nov. 1620, inc. 1621; suppl. B.D. 10 Dec. 1639, adm. 6 Nov. 1640. [ii. 342]
Oriel.* Chaundler (Chaunler), Robert; adm. B.A. (Oriel) 24 Oct. 1616, det. 161⁹⁄₇; lic. M.A. (All So.) 21 June 1620, inc. 1620; adm. B.C.L. (All So.) 26 Apr. 1623. [ii. 354]
Oriel.* Smith, John; adm. B.A. (Oriel) 24 Oct. 1616, det. 161⁹⁄₇; lic. M.A. (S. Mary H.) 29 Nov. 1620, inc. 1621. [ii. 330]
Oriel. Miles (Myles), John; adm. B.A. 24 Oct. 1616, det. 161⁹⁄₇; lic. M.A. 26 June 1619, inc. 1619. [ii. 342]
Queen's. Robson, Charles; adm. B.A. 24 Oct. 1616, det. 161⁹⁄₈; lic. M.A. 21 June 1619, inc. 1619; adm. B.D. 10 July 1629. [ii. 337]
Queen's. Johnson, Thomas; adm. B.A. 24 Oct. 1616, det. 161⁹⁄₇; lic. M.A. 9 July 1619, inc. 1619. [ii. 343]
S. Mary H. Vizer (Vizers), Robert; adm. B.A. 24 Oct. 1616, det. 161⁹⁄₇. [ii. 354]
Merton.* Jacob, Robert; adm. B.A. (Mert.) 24 Oct. 1616, det. 161⁹⁄₇; lic. M.A. (S. Alb. H.) 10 June 1619, inc. 1619. [ii. 329]
Merton. Hodgson (Hodson, Hudson), William; adm. B.A. 24 Oct. 1616, det. 161⁹⁄₇. [ii. 346]
Oriel. Wells, Richard; adm. B.A. 25 Oct. 1616, det. 161⁹⁄₇. [ii. 352]
All Souls. Halswell (Haswell), Hugh; (eq. aur. fil.) adm. B.A. 25

Oct. 1616, det. 161⁰⁄₇; lic. M.A. 3 June 1619, inc. 1619. [Hart H., ii. 327]
Ch. Ch.   **Price, William**; adm. B.A. 26 Oct. 1616; lic. M.A. 21 June 1619, inc. 1619; adm. B.D. 14 June 1628. [ii. 354]
New Coll.*   **Ryves** (Rives, Reyves, Reyve, Reives), **Bruin** (Brunus); adm. B.A. (New C.) 26 Oct. 1616, det. 161⁰⁄₇; lic. M.A. (Magd. C.) 9 June 1619, inc. 1619; adm. B.D. (Magd. C.) 30 June 1632; lic. D.D. (Magd. C.) 25 June 1639, inc. 1639. [ii. 334]
Lincoln.   **Tomson** (Tompson), **John**; adm. B.A. 26 Oct. 1616, det. 161⁰⁄₇; lic. M.A. 17 June 1619, inc. 1619. [ii. 333]
Lincoln.   **Noyse, Nathaniel**; adm. B.A. 26 Oct. 1616, det. 161⁰⁄₇. [ii. 339]
Balliol.   **Abbott, John**; adm. B.A. 26 Oct. 1616. [ii. 329]
Balliol.   **Pitts** (Pitt), **John**; adm. B.A. 26 Oct. 1616, det. 161⁰⁄₇; lic. M.A. 10 June 1619, inc. 1619. [ii. 332]
Hart H.   **Lloyd, Edward**; adm. B.A. 26 Oct. 1616, det. 161⁰⁄₇. [ii. 336]
Hart H.   **Lloyd, Matthew**; adm. B.A. 26 Oct. 1616. [ii. 330]
S. John's.   **Burford, Henry**; adm. B.A. 29 Oct. 1616, det. 161⁰⁄₇; lic. M.A. 17 June 1619, inc. 1619.
S. John's.   **Carpenter, Edward**; adm. B.A. 29 Oct. 1616, det. 161⁰⁄₇. [ii. 341] (? Brod., p. 281.)
Corpus.   **Elyott** (Elliott), **Benjamin**; adm. B.A. 30 Oct. 1616, det. 161⁰⁄₇; lic. M.A. 28 May 1620, inc. 1620; adm. B.D. 18 June 1627. [ii. 354]
Corpus.   **Gostiloe** (Gostilowe, Gostelowe, Gorsteloe), **Thomas**; adm. B.A. 30 Oct. 1616, det. 161⁰⁄₇; lic. M.A. 28 May 1620, inc. 1620; adm. B.D. 26 July 1628. (Vicar of Farnborow, Warwickshire.) [ii. 354]
Corpus.   **Tomson** (Thomson), **Richard**; adm. B.A. 30 Oct. 1616, det. 161⁰⁄₇; lic. M.A. 28 May 1620, inc. 1620. [ii. 335]
Corpus.   **Reade, Edmund**; adm. B.A. 30 Oct. 1616, det. 161⁰⁄₇; lic. M.A. 28 May 1620, inc. 1620. [Trin., ii. 326]
Corpus.   **Clopton** (Clapton), **Rufus** (Rousus, Rous); adm. B.A. 30 Oct. 1616, det. 161⁰⁄₇; lic. M.A. 28 May 1620, inc. 1620; adm. B.D. 18 June 1627; lic. to preach 14 July 1638. [ii. 334]
Corpus.   **Kingman, Robert**; adm. B.A. 30 Oct. 1616, det. 161⁰⁄₇; lic. M.A. 28 May 1620, inc. 1620; adm. B.D. 18 June 1627. [Queen's, ii. 325]
Corpus.   **Newlin** (Nulin), **Robert**; adm. B.A. 30 Oct. 1616, det. 161⁰⁄₇; lic. M.A. 28 May 1620, inc. 1620; adm. B.D. 26 July 1628; lic. D.D. 28 Nov. 1640, inc. 1641. [ii. 335]
Corpus.   **Norwood** (Horwood), **Thomas**; adm. B.A. 30 Oct. 1616, det. 161⁰⁄₇; lic. M.A. 28 May 1620, inc. 1620. [ii. 322]
Corpus.   **Webb, Benedict**; adm. B.A. 30 Oct. 1616, det. 161⁰⁄₇; lic. M.A. 26 June 1620, inc. 1620; adm. B.D. 26 July 1628. [ii. 330]
Corpus.   **Evans, John**; adm. B.A. 30 Oct. 1616, det. 161⁰⁄₇. [ii. 342]
Magd. H.   **King, Peregrine**; adm. B.A. 30 Oct. 1616, det. 161⁰⁄₇; lic. M.A. 9 June 1619, inc. 1619. [Magd. C., ii. 343]
Magd. H.   **Edmunds, Henry**; adm. B.A. 30 Oct. 1616, det. 161⁰⁄₇; lic. M.A. 9 July 1619, inc. 1619.

Magd. H. **Billinghurst, Robert**; adm. B.A. 30 Oct. 1616, det. 161⁹⁄₇;
lic. M.A. 10 July 1619, inc. 1619. [Ball., ii. 331]
Magd. H. **Clayton, Moses**; adm. B.A. 30 Oct. 1616. [ii. 330]
Magd. H. **Robins, William**; adm. B.A. 30 Oct. 1616, det. 161⁹⁄₇; lic.
M.A. 9 June 1619, inc. 1619. [ii. 330]
Brasenose.* **Thorneley** (Thornlie), **John**; adm. B.A. (Bras.) 4 Nov.
1616, det. 161⁹⁄₇; suppl. M.A. (Hart H.) 29 May 1619, inc. 1619.
[ii. 354]
Brasenose. **Hacshaw** (Hackshew), **Ralph**; adm. B.A. 4 Nov. 1616, det.
161⁹⁄₇. [ii. 345]
Brasenose.* **Dowtie** (Douty), **John**; adm. B.A. (Bras.) 4 Nov. 1616, det.
161⁹⁄₇; lic. M.A. (Mert.) 11 July 1623, inc. 1623. [ii. 330] Brod.,
p. 281.
Brasenose. **Norrice, Alexander**; adm. B.A. 4 Nov. 1616. [ii. 353]
Corpus. **Bamfeild, Amias**; (eq. aur. fil.) adm. B.A. 9 Nov. 1616,
det. 161⁹⁄₇. [ii. 333]
Magd. C. **Hinde, Gilbert**; adm. B.A. 13 Nov. 1616, det. 161⁹⁄₇; lic.
M.A. 9 July 1619, inc. 1619.
Magd. H. **Dole, John**; adm. B.A. 13 Nov. 1616, det. 161⁹⁄₇; lic. M.A.
5 June 1619, inc. 1619. [? Doule, Magd. H., ii. 341]
Merton. **Guy, Henry**; adm. B.A. 19 Nov. 1616, det. 161⁹⁄₇. [ii. 354]
Brasenose. **Hopkins, John**; adm. B.A. 12 Dec. 1616, det. 161⁹⁄₇. [ii. 327]
Exeter. **Poole, Periam**; (eq. aur. fil.) adm. B.A. 12 Dec. 1616. [ii. 306]
Exeter. **Clarke, Edward**; adm. B.A. 12 Dec. 1616, det. 161⁹⁄₇; lic.
M.A. 26 June 1619, inc. 1619. [ii. 325]
Brasenose. **Reade, John**; (arm. fil. n. m.) adm. B.A. 14 Dec. 1616,
det. 161⁹⁄₇. [ii. 354]
New Coll. **Grebby** (Grebbie), **Robert**; adm. B.A. 14 Dec. 1616, det.
161⁹⁄₇; lic. M.A. 5 June 1619, inc. 1619. [ii. 330]
Trinity. **Carter, William**; adm. B.A. 14 Dec. 1616, det. 161⁹⁄₇; lic.
M.A. 17 June 1619, inc. 1619. [ii. 343]
Trinity. **Barringer, William**; adm. B.A. 17 Dec. 1616, det. 161⁹⁄₇;
lic. M.A. 28 Mar. 1620, inc. 1620. [ii. 334]
Trinity. **Short, Henry**; adm. B.A. 17 Dec. 1616, det. 161⁹⁄₇. [ii. 334]
New Inn H. **Moseley, Edward**; adm. B.A. 17 Dec. 1616, det. 161⁹⁄₇.
[ii. 331]
New Inn H. **Baynard, John**; adm. B.A. 17 Dec. 1616, det. 161⁹⁄₇.
Ch. Ch. **Benson, John**; adm. B.A. 17 Dec. 1616, det. 161⁹⁄₇; lic.
M.A. 10 June 1619, inc. 1619. [ii. 350]

Magd. H. **Mannington, Thomas**; suppl. B.A. 25 June 1616. [Magd.
C., ii. 337]
Ch. Ch. **Beaumont, Robert**; suppl. B.A. 3 July 1616. [ii. 352]
Brasenose. **Saunders, Robert**; suppl. B.A. 22 Oct. 1616. [ii. 354]
New Coll. **Earle, Richard**; suppl. B.A. 22 Oct. 1616. [ii. 354]
Queen's. **Hunt, ...** ; det. 161⁹⁄₇. ⟨? Whether a repetition of Nicholas
Hunt, *supra*, p. 344.⟩

S. Alb. H. **Holton, Robert**; suppl. M.A. (?) 4 July 1616. ⟨Possibly the
suppl. B.A. of ' Horton,' Ball., ii. 332.⟩

Jesus.   Owen, Randolph (Rondolph); adm. B.C.L. 11 Apr. 1616.
New Coll. Madgwicke, Henry; adm. B.C.L. 11 Apr. 1616. [ii. 306]

Wadham. Allan, Henry; adm. B.D. 4 Mar. 161$\frac{5}{6}$. [i. 360]
Exeter. Dorville, Frederick; adm. B.D. — Mar. 161$\frac{5}{6}$. Of Aachen and Heidelberg. ⟨See i. 278⟩

1617.

Balliol. Littleton, Gilbert; (eq. aur. fil.) adm. B.A. 18 Jan. 161$\frac{6}{7}$, det. 161$\frac{6}{7}$; lic. M.A. 8 July 1619, inc. 1619. [ii. 338]
Magd. C. Crew, John; (arm. fil. n. m.) adm. B.A. 18 Jan. 161$\frac{6}{7}$, det. 161$\frac{6}{7}$. [ii. 349]
S. Alb. H. Trevilian (Trevillian), George; adm. B.A. 18 Jan. 161$\frac{6}{7}$, det. 161$\frac{6}{7}$; lic. M.A. 22 Oct. 1619, inc. 1620. [ii. 330]
S. Alb. H. Bird, Joseph; adm. B.A. 18 Jan. 161$\frac{6}{7}$, det. 161$\frac{6}{7}$; lic. M.A. 22 Oct. 1619, inc. 1620. [ii. 334]
S. Mary H. Crosley, John; adm. B.A. 24 Jan. 161$\frac{6}{7}$, det. 161$\frac{6}{7}$. [ii. 334]
Exeter. Banton (Bampton), Hugh; adm. B.A. 27 Jan. 161$\frac{6}{7}$, det. 161$\frac{6}{7}$. [ii. 353]
Balliol. Stoughton, Benjamin; adm. B.A. 27 Jan. 161$\frac{6}{7}$, det. 161$\frac{6}{7}$. [ii. 332]
Balliol. Eburne, Samuel; adm. B.A. 27 Jan. 161$\frac{6}{7}$, det. 161$\frac{6}{7}$; lic. M.A. 7 July 1620, inc. 1620. [ii. 331]
Oriel. Proctor, John; adm. B.A. 29 Jan. 161$\frac{6}{7}$, det. 161$\frac{6}{7}$; lic. M.A. 26 June 1619, inc. 1619. [ii. 342]
S. Mary H. Chadwicke, James; adm. B.A. 29 Jan. 161$\frac{6}{7}$, det. 161$\frac{6}{7}$; lic. M.A. 22 Oct. 1619, inc. 1620. [ii. 331]
Magd. H. West, George; adm. B.A. 29 Jan. 161$\frac{6}{7}$, det. 161$\frac{6}{7}$. [ii. 330]
Magd. H. Venebles (Venables), Thomas; adm. B.A. 29 Jan. 161$\frac{6}{7}$, det. 161$\frac{6}{7}$; lic. M.A. 11 Dec. 1619, inc. 1620. [ii. 356]
Magd. H. Wilcoxson, George; adm. B.A. 29 Jan. 161$\frac{6}{7}$, det. 161$\frac{6}{7}$; suppl. M.A. ('Wilcockson') 15 Oct., lic. ('Wilcox' corrected from 'Wilcoxson') 17 Oct. 1621, inc. ('Wilcocks') 1622. [ii. 330]
Magd. H. Barnard, Joel; adm. B.A. 29 Jan. 161$\frac{6}{7}$, det. 161$\frac{6}{7}$; lic. M.A. 23 Nov. 1620, inc. 1621. [ii. 352]
Magd. H. Hais (Hays, Hayes, Haies), William; adm. B.A. 29 Jan. 161$\frac{6}{7}$, det. 161$\frac{6}{7}$; lic. M.A. 23 Oct. 1619, inc. 1620; adm. B.D. 5 July 1627. [ii. 355]
Magd. H. Walthall, Thomas; adm. B.A. 29 Jan. 161$\frac{6}{7}$, det. 161$\frac{6}{7}$; lic. M.A. 17 June 1619, inc. 1619. [ii. 356]
Brasenose.* Chapman, William; adm. B.A. (Bras.) 6 Feb. 161$\frac{6}{7}$, det. 161$\frac{6}{7}$; lic. M.A. (All So.) 21 June 1620, inc. 1620. [ii. 331]
Merton. Harris, Francis; (arm. fil. n. m.) adm. B.A. 6 Feb. 161$\frac{6}{7}$, det. 161$\frac{6}{7}$. [ii. 357]
Merton. Jacob, John; (arm. fil. n. m.) adm. B.A. 6 Feb. 161$\frac{6}{7}$, det. 161$\frac{6}{7}$. [ii. 357]
Merton. Harris, William; adm. B.A. 6 Feb. 161$\frac{6}{7}$, det. 161$\frac{6}{7}$. [ii. 357]
Exeter. Hunny, Nicholas; adm. B.A. 20 Feb. 161$\frac{6}{7}$, det. 161$\frac{6}{7}$. [ii. 351]
Exeter. Cootes (Cotes), John; adm. B.A. 20 Feb. 161$\frac{6}{7}$, det. 161$\frac{6}{7}$.
Wadham. Ellis, Robert; adm. B.A. 25 Feb. 161$\frac{6}{7}$, det. 161$\frac{6}{7}$.

Wadham. **Hext** (Hexte), **Amias**; adm. B.A. 25 Feb. 161⁶⁄₇, det. 161⁶⁄₇; lic. M.A. 7 July 1619, inc. 1619; adm. B.D. 26 Mar. 1628; lic. to preach 10 May 1630. [ii. 333]
Wadham.* **Woolly** (Wolly, Woolley), **John**; adm. B.A. (Wadh.) 25 Feb. 161⁶⁄₇, det. 161⁶⁄₇; lic. M.A. (S. Alb. H.) 11 Dec. 1619, inc. 1620. [ii. 334]
Wadham. **Arnold, William**; adm. B.A. 25 Feb. 161⁶⁄₇, det. 161⁶⁄₇; lic. M.A. 1 July 1620, inc. 1620. [ii. 333]
Wadham. **Arnold, Robert**; adm. B.A. 25 Feb. 161⁶⁄₇, det. 161⁶⁄₇; lic. M.A. 24 May 1620, inc. 1620. [ii. 333]
Wadham.* **Stonehouse, Walter**; adm. B.A. (Wadh.) 25 Feb. 161⁶⁄₇, det. 161⁶⁄₇; lic. M.A. (Magd. C.) 11 Dec. 1619, inc. 1620; lic. to preach 3 Dec. 1628; adm. B.D. 16 Apr. 1629. [ii. 333]
Wadham. **Boswell, William**; adm. B.A. 25 Feb. 161⁶⁄₇, det. 161⁶⁄₇; lic. M.A. 1 July 1620, inc. 1620; adm. B.C.L. and lic. D.C.L. 30 June 1630, inc. D.C.L. 1630. [ii. 334]
Wadham. **Willis, John**; adm. B.A. 25 Feb. 161⁶⁄₇, det. 161⁶⁄₇; lic. M.A. 7 July 1620, inc. 1620. [ii. 334]
Wadham.* **Wood, Thomas**; (eq. aur. fil.) adm. B.A. (Wadh.) 25 Feb. 161⁶⁄₇, det. 161⁶⁄₇; lic. M.A. (Wadh.) 9 Nov. 1619, inc. (Exet.) 1620. [ii. 334]
Wadham. **Potter, William**; adm. B.A. 25 Feb. 161⁶⁄₇, det. 161⁶⁄₇; lic. M.A. 1 July 1620, inc. 1620. [ii. 333]
Balliol. **Winter, Edmund**; adm. B.A. 25 Feb. 161⁶⁄₇, det. 161⁶⁄₇. [ii. 332] ('Edward' in suppl. B.A.)
Balliol. **Leyland, William**; adm. B.A. 25 Feb. 161⁶⁄₇, det. 161⁶⁄₇. [ii. 332]
Lincoln. **Poole, Thomas**; adm. B.A. 25 Feb. 161⁶⁄₇, det. 161⁶⁄₇. [ii. 337]
Lincoln. **Perse** (Pearse), **Thomas**; adm. B.A. 25 Feb. 161⁶⁄₇, det. 161⁶⁄₇. [Queen's, ii. 322]
Lincoln. **Winter, Francis**; adm. B.A. 25 Feb. 161⁶⁄₇, det. 161⁶⁄₇. [Ball., ii. 332]
Corpus. **Pontan** (Pontin), **Anthony**; adm. B.A. 25 Feb. 161⁶⁄₇, det. 161⁶⁄₇. [ii. 335]
S. Mary H. **Merricke, Simon**; adm. B.A. 25 Feb. 161⁶⁄₇, det. 161⁶⁄₇. [ii. 352]
S. John's.* **Wallis** (Walles), **William**; adm. B.A. (S. Jo.) 25 Feb. 161⁶⁄₇, det. 161⁶⁄₇; lic. M.A. (S. Jo.) 2 Dec. 1619, inc. (Oriel) 1620. [ii. 340]
Gloc. H. **Hanniford, Valentine**; adm. B.A. 27 Feb. 161⁶⁄₇, det. 161⁶⁄₇. [ii. 330]
Oriel. **Morris** (Morrice), **Thomas**; adm. B.A. 27 Feb. 161⁶⁄₇, det. 161⁶⁄₇. [ii. 357]
Magd. C. **Wilson, John**; adm. B.A. 27 Feb. 161⁶⁄₇, det. 161⁶⁄₇.
Hart H. **Lloyd, Hugh**; adm. B.A. 27 Feb. 161⁶⁄₇, det. 161⁶⁄₇. [ii. 330]
Exeter. **Chichester, John**; (arm. fil. n. m.) adm. B.A. ('cumulatus') 28 Feb. 161⁶⁄₇, det. 161⁶⁄₇. [ii. 335]
Magd. C. **Walworth, Samuel**; adm. B.A. 28 Feb. 161⁶⁄₇, det. 161⁶⁄₇; lic. M.A. 11 Dec. 1619, inc. 1620; adm. B.D. 13 June 1629. ⟨Demy of Magd. C. 1616–1620, Fell. 1620–1643; Blox. 5, p. 75.⟩ [ii. 330]
Magd. C. **Dye, William**; adm. B.A. 28 Feb. 161⁶⁄₇, det. 161⁶⁄₇. [ii. 357]
Magd. C. **Thory** (Thorie), **John**; adm. B.A. 28 Feb. 161⁶⁄₇, det. 161⁶⁄₇. [ii. 357]

Magd. C.   **Staples (Stapler), Robert**; adm. B.A. 28 Feb. 161⁶⁄₇, det. 161⁶⁄₇. [ii. 357]
Exeter.   **Prideaux, Dennis**; (eq. aur. fil.) adm. B.A. 28 Feb. 161⁶⁄₇, det. 161⁶⁄₇; lic. M.A. 26 June 1619, inc. 1619. Boase, p. 60. [ii. 335]
Exeter.   **Gee, John**; adm. B.A. 28 Feb. 161⁶⁄₇, det. 161⁶⁄₇; lic. M.A. 17 Oct. 1621, inc. 1622.
Exeter.   **Fortescue, Robert**; adm. B.A. 28 Feb. 161⁶⁄₇, det. 161⁶⁄₇; lic. M.A. 5 May 1620, inc. 1620. [ii. 331]
Ch. Ch.   **Russell, Edward**; adm. B.A. 28 Feb. 161⁶⁄₇, det. 161⁶⁄₇. [ii. 353]
Ch. Ch.*   **Prichard (Pritchard), Rice**; suppl. B.A. ('Maurice Pricherd,' Ch. Ch.) 24 Jan., adm. ('Rice') 28 Feb. 161⁶⁄₇, det. 161⁶⁄₇; suppl. M.A. ('Rice,' Hart H.) 25 June, lic. 8 July 1619, inc. ('Richard') 1619. [ii. 357]
Jesus.   **Marychurch (Marichurch), Thomas**; adm. B.A. 28 Feb. 161⁶⁄₇, det. 161⁶⁄₇; lic. M.A. 9 July 1619, inc. 1619. [ii. 330]
Queen's.   **Lyman (Liman, Lynam), Richard**; adm. B.A. 28 Feb. 161⁶⁄₇; lic. M.A. 3 Feb. 16¹⁹⁄₂₀, inc. 1620. [ii. 331]
Queen's.   **Rukin, Christopher**; adm. B.A. 28 Feb. 161⁶⁄₇, det. 161⁶⁄₇. [ii. 325]
Magd. C.   **Upcott, Nicholas**; adm. B.A. 1 Mar. 161⁶⁄₇, det. 161⁶⁄₇.
Magd. C.*   **German, Peter**; adm. B.A. (Magd. C.) 1 Mar. 161⁶⁄₇, det. (Magd. H.) 161⁶⁄₇. [ii. 352]
Ch. Ch.   **Grey, Robert**; adm. B.A. 1 Mar. 161⁶⁄₇, det. 161⁶⁄₇.
Ch. Ch.   **Whyte (White), William**; adm. B.A. (Ch. Ch.) 1 Mar. 161⁶⁄₇, det. 161⁶⁄₇; suppl. M.A. (Ch. Ch.) 22 Feb. 16¹⁹⁄₂₀, lic. (Corp.) 5 July 1620, inc. (Corp.) 1620.
Hart H.   **Roche, David**; adm. B.A. 1 Mar. 161⁶⁄₇, det. 161⁶⁄₇. [ii. 346]
Lincoln.   **Cornwall, Gilbert**; (eq. aur. fil.) adm. B.A. 21 Mar. 161⁶⁄₇. [ii. 337]
Ch. Ch.   **Ham, John**; adm. B.A. 21 Mar. 161⁶⁄₇, det. 161⁶⁄₇. [ii. 353]
S. Alb. H.   **Pen, Thomas**; adm. B.A. 21 Mar. 161⁶⁄₇, det. 161⁶⁄₇; lic. M.A. 22 Oct. 1619, inc. 1620. [ii. 334]
New Coll.   **Man, Thomas**; adm. B.A. 2 May 1617, det. 161⁷⁄₈; lic. M.A. 17 Jan. 162⁰⁄₁, inc. 1621; adm. B.D. 23 Mar. 163½.
Oriel.   **Barry, Vincent**; adm. B.A. 10 May 1617, det. 161⁷⁄₈. [ii. 342]
Oriel.   **Evans, Henry**; adm. B.A. 10 May 1617, det. 161⁷⁄₈; lic. M.A. 7 May 1620, inc. 1620. [ii. 333]
Oriel.   **Morgan (Morgans), Henry**; adm. B.A. 10 May 1617, det. 161⁷⁄₈; lic. M.A. 19 June 1620, inc. 1620. [ii. 334]
Balliol.*   **Tucker (Tooker), Charles**; adm. B.A. 10 May 1617, det. 161⁷⁄₈; lic. M.A. (Oriel) 27 June 1621, inc. 1621; adm. B.C.L. (Oriel) 18 Mar. 162⁶⁄₇; lic. D.C.L. 21 July 1627. [ii. 338]
Balliol.   **Rouleigh (Rowley, Rowleigh, Rawleigh), Benjamin**; adm. B.A. 10 May 1617, det. 161⁷⁄₈; lic. M.A. 11 May 1620, inc. 1620. [ii. 332]
Balliol.   **Hill, Henry**; adm. B.A. 10 May 1617, det. 161⁷⁄₈; lic. M.A. 11 May 1620, inc. 1620. [ii. 338]
Balliol.   **Nott, Charles**; adm. B.A. 10 May 1617, det. 161⁷⁄₈; lic. M.A. 11 May 1620, inc. 1620. [ii. 338]

Exeter. **Haymond** (Hayman, Haiman), **Gregory**; adm. B.A. 12 May 1617, det. 161$\frac{7}{8}$; lic. M.A. 17 Mar. 162$\frac{0}{1}$.

Exeter. **Wright, John**; adm. B.A. 12 May 1617, det. 161$\frac{7}{8}$.

Exeter. **Harris, Nathaniel**; adm. B.A. 12 May 1617, det. 161$\frac{7}{8}$; lic. M.A. 28 Jan. 16$\frac{19}{20}$, inc. 1620. [ii. 346]

Exeter. **More, Robert**; suppl. B.A. ('John') 10 May, adm. ('Robert') 12 May 1617, det. 161$\frac{7}{8}$.

S. Mary H. **Wood, Francis**; adm. B.A. 12 May 1617, det. 161$\frac{7}{8}$. [ii. 345]

S. Mary H. **Colier** (Collier), **John**; adm. B.A. 12 May 1617, det. 162$\frac{0}{1}$.

Magd. H. **Hill, John**; adm. B.A. 12 May 1617, det. 161$\frac{7}{8}$. [ii. 365] ⟨See *infra*, p. 360.⟩

*Queen's.** **Beck, Henry**; adm. B.A. (Queen's) 16 May 1617, det. 161$\frac{7}{8}$; lic. M.A. (Gloc. H.) 27 Nov. 1626, inc. 1627. [ii. 335]

*Queen's.** **Jacob, Caleb**; adm. B.A. (Queen's) 16 May 1617, det. 161$\frac{7}{8}$; lic. M.A. (Oriel) 2 Nov. 1621, inc. 1622. [ii. 332]

Broadg. H. **Pounall** (Pounnall, Pownall), **Robert**; adm. B.A. 19 May 1617, det. 161$\frac{7}{8}$; lic. M.A. 1 Feb. 16$\frac{19}{20}$, inc. 1620. [ii. 331]

Brasenose. **Harvey, Christopher**; adm. B.A. 19 May 1617, det. 161$\frac{7}{8}$; lic. M.A. 10 May 1620, inc. 1620. [ii. 331]

Brasenose. **Atkinson, William**; adm. B.A. 19 May 1617, det. 161$\frac{7}{8}$; lic. M.A. 6 July 1620, inc. 1620. [ii. 339]

*Brasenose.** **Acheley** (Achley, Achely), **Thomas**; adm. B.A. (Bras.) 19 May 1617, det. 161$\frac{7}{8}$; lic. M.A. (Broadg. H.) 1 Feb. 16$\frac{19}{20}$, inc. 1620. [ii. 353]

S. Alb. H. **Eyres** (Ayres), **Darius**; adm. B.A. 19 May 1617, det. 161$\frac{7}{8}$; lic. M.A. 26 Jan. 16$\frac{19}{20}$, inc. 1620. [ii. 343]

Wadham. **Hill, George**; adm. B.A. 23 May 1617, det. 161$\frac{7}{8}$. [ii. 333]

Wadham. **Smith, Isaac**; adm. B.A. 23 May 1617, det. 161$\frac{7}{8}$; lic. M.A. 6 July 1620, inc. 1620. [ii. 333]

Wadham. **Warren** (Waren), **John**; adm. B.A. 23 May 1617, det. 161$\frac{7}{8}$; lic. M.A. 1 July 1620, inc. 1620. [ii. 333]

*Wadham.** **Seager** (Segar), **John**; adm. B.A. (Wadh.) 23 May 1617, det. (S. Mary H.) 161$\frac{7}{8}$; lic. M.A. (S. Mary H.) 28 June 1620, inc. 1620. [ii. 333]

Wadham. **Gaye, Humphrey**; adm. B.A. 23 May 1617, det. 161$\frac{7}{8}$. [ii. 333]

Magd. H. **Clarke, Andrew**; adm. B.A. 27 May 1617, det. 161$\frac{7}{8}$; lic. M.A. 17 May 1620, inc. 1620.

*Magd. H.** **Fissher** (Fisher), **Alexander**; adm. B.A. (Magd. H.) 27 May 1617, det. 161$\frac{7}{8}$; lic. M.A. (Mert.) 11 July 1623, inc. 1623. [ii. 352] Brod.. p. 281.

Magd. H. **Pryor** (Prior), **John**; adm. B.A. 27 May 1617. 'John Price,' Magd. H., det. 161$\frac{7}{8}$. [ii. 330]

Merton. **Bridges, Edward**; adm. B.A. 27 May 1617, det. 161$\frac{7}{8}$; lic. M.A. 23 May 1620, inc. 1620.

Balliol. **Clent, Thomas**; adm. B.A. 23 June 1617, det. 161$\frac{7}{8}$; lic. M.A. 11 May 1620, inc. 1620. [ii. 338]

Balliol. **Ranger** (Rainger), **Adam**; adm. B.A. 23 June 1617, det. 161$\frac{7}{8}$; lic. M.A. 11 May 1620, inc. 1620. [ii. 338]

Balliol. **Sing, Joseph**; adm. B.A. 23 June 1617, det. 161$\frac{7}{8}$. [ii. 338]

Magd. C. **Huntington, Robert**; adm. B.A. 23 June 1617, det. 161$\frac{8}{9}$. [ii. 351]

Magd. C. Lewis, John; adm. B.A. 23 June 1617. [ii. 362]
New Coll. Woodhouse, William; adm. B.A. 23 June 1617, det. 16$\frac{19}{20}$; lic. M.A. 28 May 1620, inc. 1620. [Hart H., ii. 339]
Exeter. Horsone (Horsum, Horson, Horsom), John; adm. B.A. 25 June 1617, det. 161$\frac{7}{8}$; lic. M.A. 1 July 1620, inc. 1620. [ii. 339]
Exeter. Lane, Richard; adm. B.A. 25 June 1617, det. 161$\frac{7}{8}$; lic. M.A. 5 May 1620, inc. 1620. [? Hart H., ii. 312]
Exeter. Blacwell, Andrew; adm. B.A. 25 June 1617.
Exeter. Haukeshead (Hauxhead, Hauxey), Daniel; adm. B.A. 25 June 1617. [ii. 337]
Queen's.* Potter, Robert; suppl. B.A. (from S. Edm. H.), 21 June, adm. (Queen's) 25 June 1617, det. (Queen's) 161$\frac{7}{8}$. [ii. 336]
Ch. Ch. Westlye (Westley), Thomas; adm. B.A. (Ch. Ch.) 26 June 1617, det. 161$\frac{7}{8}$; lic. M.A. (Ch. Ch.) 15 May 1620, inc. 1620; lic. D.D. (Magd. C.) 18 May 1631, inc. 1631. [ii. 362]
Ch. Ch. Ingolsbye (Ingolsbie), Anthony; adm. B.A. 26 June 1617, det. 161$\frac{7}{8}$; lic. M.A. 1 June 1620, inc. 1620. [ii. 343]
Ch. Ch. Monger, William; adm. B.A. 26 June 1617. [ii. 357]
Ch. Ch. Goodwin, John; adm. B.A. 26 June 1617, det. 161$\frac{7}{8}$; lic. M.A. 1 June 1620, inc. 1620. [ii. 362]
Ch. Ch. Ramsey, William; adm. B.A. 26 June 1617, det. 161$\frac{7}{8}$; lic. M.A. 7 July 1620, inc. 1620. [ii. 341]
Ch. Ch. Paine (Payne), Edward; adm. B.A. 26 June 1617, det. 161$\frac{7}{8}$; lic. M.A. 1 June 1620, inc. 1620. [ii. 330]
Ch. Ch. Haywood (Heywood), Rowland; adm. B.A. 26 June 1617, det. 161$\frac{7}{8}$; lic. M.A. 1 June 1620, inc. 1620; adm. B.D. 20 June 1628. [ii. 339]
Ch. Ch.* Loddington (Ludington, Luddington), Robert; adm. B.A. (Ch. Ch.) 26 June 1617, det. 161$\frac{7}{8}$; lic. M.A. (Magd. H.) 6 July 1621, inc. 1621. [ii. 358]
Oriel.* Potts, Crofts; adm. B.A. (Oriel) 27 June 1617, det. (All So.) 161$\frac{7}{8}$; lic. M.A. (All So.) 8 May 1620, inc. 1620. [ii. 332]
Oriel. Potts, Sandys (Sandes); adm. B.A. 27 June 1617, det. 161$\frac{7}{8}$; lic. M.A. 7 July 1620, inc. 1620. [ii. 332]
Oriel.* Pope, Alexander; adm. B.A. (Oriel) 27 June 1617, det. 161$\frac{7}{8}$; lic. M.A. (Gloc. H.) 5 May 1620, inc. 1620. [ii. 360]
Magd. C.* Sherwood, Joseph; adm. B.A. (Magd. C.) 28 June 1617, det. 161$\frac{7}{8}$; lic. M.A. (Magd. H.) 31 May 1620, inc. (Magd. C.) 1620. [ii. 362]
Queen's. Tesdell, Robert; adm. B.A. 28 June 1617. [? Richard, ii. 340]
Queen's. Ingoll, Robert; adm. B.A. 28 June 1617, det. 16$\frac{19}{20}$; lic. M.A. 13 Dec. 1620, inc. 1621.
Queen's. Denton, William; adm. B.A. 28 June 1617, det. 161$\frac{7}{8}$.
Queen's.* Parkes (Parke, Parks), John; adm. B.A. (Queen's) 28 June 1617, det. 161$\frac{7}{8}$; lic. M.A. (New C.) 10 May 1620, inc. 1620. [ii. 336]
Hart H. Folliott, Francis; (eq. aur. fil.) adm. B.A. 28 June 1617, det. 161$\frac{7}{8}$; lic. M.A. 3 May 1620, inc. 1620. [ii. 338]
Broadg. H. Skinner, Ralph; adm. B.A. 30 June 1617. [ii. 350]
Broadg. H. Driver (Dryver), William; adm. B.A. 30 June 1617, det. 161$\frac{7}{8}$; lic. M.A. 10 May 1620, inc. 1620. [ii. 333]

Broadg. H. **Coke** (Coge), **John**; adm. B.A. 30 June 1617. [ii. 310]
Gloc. H. **Cantrell, Nicholas**; adm. B.A. 30 June 1617, det. 161⅞; lic. M.A. 5 May 1620, inc. 1620. [ii. 334]
Gloc. H. **Parker, Michael**; adm. B.A. 30 June 1617, det. 16¹⁹⁄₂₀; lic. M.A. 5 May 1620, inc. 1620. [Linc., ii. 337]
Magd. H. **Noyes** (Noye, Noyse), **William**; adm. B.A. 4 July 1617, det. 161⅞; lic. M.A. 17 May 1620, inc. 1620. [ii. 352]
Magd. H. **Quatormaine** (Quaterman), **Ralph**; adm. B.A. 4 July 1617, det. 161⅞. [ii. 336]
Magd. H. **Tutt, Robert**; (eq. aur. fil.) adm. B.A. 4 July 1617, det. 161⅞; lic. M.A. 17 May 1620, inc. 1620. [ii. 355]
Magd. H.* **Haskett, William**; adm. B.A. (Magd. H.) 4 July 1617; lic. M.A. (New C.) 28 May 1620, inc. 1620. [ii. 334]
Trinity. **Palmes, Richard**; adm. B.A. 4 July 1617, det. 161⅞. [ii. 334]
S. Mary H. **Rigbie, Nicholas**; adm. B.A. 4 July 1617. [ii. 346]
Exeter. **Harris, Arthur**; adm. B.A. 7 July 1617, det. 161⅞; lic. M.A. 5 May 1620, inc. 1620. Boase, p. 59.
Exeter. **Standard, Anthony**; adm. B.A. 7 July 1617, det. 161⅞; lic. M.A. 5 May 1620, inc. 1620. [ii. 339] Boase, p. 59.
Exeter. **Beard** (Bird), **George**; adm. B.A. 7 July 1617, det. 161⅞; lic. M.A. 5 May 1620, inc. 1620; adm. B.D. 22 Mar. 163⁰⁄₁; suppl. lic. to preach 9 May 1633, lic. in 1633. [ii. 339] Boase, p. 59.
Brasenose. **Cooper, William** (senior); adm. B.A. 10 July 1617, det. 161⅞; lic. M.A. 6 July 1620, inc. 1620. [ii. 350]
Brasenose. **Hancock, Nathaniel**; adm. B.A. 10 July 1617, det. 161⅞. [ii. 361] (See the next entry.)
Brasenose. **Hancocke, John**; adm. B.A. 10 July 1617, det. 161⅞. [ii. 362] (One or other (or possibly both) proceeded M.A. in 1622, but there is some confusion in the name. 'John' Hancock, lic. M.A. 6 July 1622, 'Nathaniel' Hancock, inc. 1622.)
Brasenose. **Duckenfeild, William**; adm. B.A. 10 July 1617, det. 161⅞; lic. M.A. 6 July 1620, inc. 1620. [ii. 343]
Brasenose. **Ireland, Francis**; (arm. fil. n. m.) adm. B.A. 10 July 1617. [ii. 348]
Jesus. **Walwin, Richard**; adm. B.A. 10 July 1617, det. 161⅞; lic. M.A. 1 June 1620, inc. ('George') 1620. [ii. 349]
S. John's. **Helis** (Helles), **William**; adm. B.A. 10 July 1617, det. 161⅞. [ii. 355]
S. John's. **Harris, Robert**; adm. B.A. 10 July 1617, det. 161⅞; lic. M.A. 3 July 1621, inc. 1621. [ii. 355]
Magd. C. **Lawe** (Laue *not* Lane), **Lancelot**; suppl. B.A. (wrongly registered as suppl. M.A.) 28 May, adm. 26 July 1617, det. 161⅞; lic. M.A. 1 July 1620, inc. 1620; adm. B.D. 13 June 1629. (Demy of Magd. C. 1614–1620, Fellow 1620–1625; Blox. 5, p. 46.)
Wadham. **James** (Jeames), **Henry**; adm. B.A. 26 July 1617, det. 161⅞; lic. M.A. 18 May 1620, inc. 1620. [ii. 335]
Wadham. **Fathers, John**; adm. B.A. 26 July 1617, det. 16¹⁹⁄₂₀; lic. M.A. 18 May 1620, inc. 1620. [ii. 345]
University. **Arderne, John**; adm. B.A. 26 July 1617, det. 161⅞; lic. M.A. 19 June 1620, inc. 1620. [ii. 335]
University. **Stock, Joseph**; adm. B.A. 26 July 1617, det. 161⅞; lic. M.A. 28 June 1620, inc. 1620. [ii. 331]

University. **Lloyd, Hugh**; adm. B.A. 26 July 1617. [ii. 335]
Wadham. **Basill (Bassell), Timothy**; adm. B.A. 16 July 1617, det. 161⅞; lic. M.A. 24 May 1620, inc. 1620. [ii. 334]
Trinity. **Carter, Samuel**; adm. B.A. 16 July 1617, det. 161⅞; lic. M.A. 28 June 1620, inc. 1620. [ii. 332]
Magd. C. **Austen, Ralph**; adm. B.A. 17 Oct. 1617, det. 161⅞; lic. M.A. ('Austell') 1 July 1620, inc. ('Austen') 1620; suppl. B.D. ('Austen') 9 May 1629, adm. 12 May 1631. [ii. 361]
Magd. C. **Heylyn (Heilin, Heylin), Peter**; adm. B.A. 17 Oct. 1617, det. 161⅞; lic. M.A. 1 July 1620, inc. 1620; adm. B.D. 13 June 1629; suppl. lic. to preach 16 May 1629 and again 3 Apr. 1633, lic. — 1633; lic. D.D. 13 Apr. 1633, inc. 1633. [ii. 347]
Trinity. **Wilde, Thomas**; adm. B.A. 17 Oct. 1617, det. 161⅞; lic. M.A. 11 July 1623, inc. 1623.
Exeter. **Shephard (Shepheard, Sheppard), John**; adm. B.A. 20 Oct. 1617, det. 161⅞; lic. M.A. 1 July 1620, inc. 1620. [ii. 335]
Exeter. **Smart, Daniel**; adm. B.A. 20 Oct. 1617, det. 161⅞. [ii. 346]
Exeter. **Prideaux (Pridiaux), Richard**; adm. B.A. 20 Oct. 1617, det. 161⅞; lic. M.A. 12 June 1621, inc. 1621. [ii. 356]
Exeter. **Davis, Henry**; adm. B.A. 20 Oct. 1617, det. 161⅞; lic. M.A. 1 July 1620, inc. 1620.
Hart H. **Jones, William**; adm. B.A. 20 Oct. 1617, det. 161⅞; lic. M.A. 19 June 1620, inc. 1620. [ii. 346]
Queen's.* **Cupper (Cooper), Vincent**; adm. B.A. (Queen's) 23 Oct. 1617, det. 161⅞; lic. M.A. (Oriel) 21 June 1622, inc. 1622. [ii. 336]
Queen's. **Price, John**; adm. B.A. 23 Oct. 1617, det. 161⅞. [ii. 336]
Queen's. **Slater (Slatter, Sclater), James**; adm. B.A. 23 Oct. 1617, det. 161⅞; lic. M.A. 6 July 1620, inc. 1620. [ii. 337]
Queen's.* **Lowman, John**; adm. B.A. (Queen's) 23 Oct. 1617, det. 161⅞; lic. M.A. (S. Edm. H.) 1 July 1620, inc. 1620. [ii. 336]
Queen's. **Walker, James**; adm. B.A. 23 Oct. 1617, det. 161⅞; lic. M.A. 6 July 1620, inc. 1620. [ii. 337]
Queen's. **Tipping, William**; (eq. aur. fil.) adm. B.A. 23 Oct. 1617. [ii. 340]
Queen's. **Tipping, Samuel**; (eq. aur. fil.) adm. B.A. 23 Oct. 1617. [ii. 340]
Gloc. H. **Dennis, Gideon**; adm. B.A. 23 Oct. 1617, det. 161⅞. [ii. 334]
Gloc. H. **Kiffin, John**; adm. B.A. 23 Oct. 1617, det. 161⅞. [Oriel, ii. 342] John Kiffin, Oriel, Prebendary of S. Asaph, of ten years' standing since M.A., suppl. B.D. 11 May, adm. 13 July 1630. ⟨Perhaps this man, the record of his M.A. having been lost.⟩
Magd. H. **Gardner, James**; adm. B.A. 23 Oct. 1617. James Gardner, Magd. H., was adm. B.D. 1 July 1628 ⟨possibly this man⟩.
Magd. H. **Croker, Simon**; adm. B.A. 23 Oct. 1617, det. 161⅞.
Ch. Ch. **Carleil, Edward**; adm. B.A. 25 Oct. 1617, det. 161⅞. [ii. 362]
Balliol. **Gorram, Robert**; adm. B.A. 25 Oct. 1617. [ii. 338]
Corpus. **Mason, John**; adm. B.A. 27 Oct. 1617, det. 161⅞; lic. M.A. 7 July 1620, inc. 1620. [ii. 342]
Hart H. **Thomas. Thomas**; adm. B.A. 27 Oct. 1617, det. 161⅞. [ii. 367]

Magd. H. **Taylor, Edward**; adm. B.A. 14 Nov. 1617, det. 161⅞; lic. M.A. 28 June 1620, inc. 1620. [ii. 336]
Magd. H. **Newman, Jerome**; adm. B.A. 14 Nov. 1617, det. 161⅞; lic. M.A. 28 June 1620, inc. 1620. [ii. 357]
Magd. H. **Fox, Richard**; adm. B.A. 14 Nov. 1617, det. 161⅞. [ii. 364]
S. Mary H. **Lacy, John**; adm. B.A. 24 Nov. 1617, det. 161⅞; lic. M.A. 26 June 1622, inc. 1622. [? Ch. Ch., ii. 305]
Broadg. H. **Bolt, Peter**; adm. B.A. 24 Nov. 1617, det. 161⅞. [Wadh., ii. 345]
Broadg. H. **Calcott, Thomas**; adm. B.A. 24 Nov. 1617, det. 161⅞. [ii. 362]
Gloc. H.* **Atherton** (Aderton), **John**; adm. B.A. (Gloc. H.) 27 Nov. 1617, det. 161⅞; lic. M.A. (Linc.) 11 June 1621, inc. 1621. [ii. 363]
Gloc. H. **Webber, William**; adm. B.A. 27 Nov. 1617. [ii. 334]
Wadham. **Porter, Thomas**; adm. B.A. 27 Nov. 1617, det. 161⅞; lic. M.A. 1 July 1620, inc. 1620. [ii. 333]
Wadham. **Bruton, John**; adm. B.A. 27 Nov. 1617, det. 161⅞. [ii. 333]
Trinity. **Osborne, Thomas**; adm. B.A. 27 Nov. 1617, det. 161⅞; lic. M.A. 28 June 1620, inc. 1620. [ii. 334]
Trinity.* **Noell** (Nowell), **Samuel**; adm. B.A. (Trin.) 27 Nov. 1617, det. 161⅞; lic. M.A. (Bras.) 27 June 1621, inc. 1621; adm. B.D. (Trin.) 10 May 1630. [ii. 330]
Trinity.* **Hobbs** (Hobs), **William**; adm. B.A. (Trin.) 27 Nov. 1617, det. 161⅞; lic. M.A. (Bras.) 27 June 1621, inc. 1621; adm. B.D. (Trin.) 10 May 1630; suppl. for lic. to preach 3 May 1633, lic. in 1633; lic. D.D. 29 Nov. 1639, inc. 1640. [ii. 334]
Trinity. **Sheldon, Gilbert**; adm. B.A. (Trin.) 27 Nov. 1617, det. 161⅞; lic. M.A. (Trin.) 28 June 1620, inc. 1620; adm. B.D. (All So.) 11 Nov. 1628; lic. D.D. (All So., 'cumulatus') 25 June 1634, inc. 1634. [ii. 334]
Trinity. **Barlowe** (Barloe), **John**; adm. B.A. 27 Nov. 1617, det. 161⅞; lic. M.A. 28 June 1620, inc. 1620. [ii. 334]
Trinity. **Hunter, Ralph**; adm. B.A. 27 Nov. 1617, det. 161⅞. [ii. 353]
Brasenose. **Duddell, Edmund**; adm. B.A. 4 Dec. 1617, det. 161⅞. [ii. 350]
Brasenose. **Cooper, William** (junior); adm. B.A. 4 Dec. 1617, det. 161⅞.
Brasenose. **Whittington** (Whitington), **Henry**; adm. B.A. 4 Dec. 1617, det. 161⅞; lic. M.A. 5 July 1621, inc. 1621. [ii. 345]
Brasenose. **Bruch, Atherton** (Adderton); adm. B.A. 4 Dec. 1617, det. 161⅞; lic. M.A. 5 July 1621, inc. 1621; adm. B.D. 27 Feb. 1633⅔; suppl. lic. to preach 3 Apr. 1633, lic. in 1633. [ii. 339]
Brasenose. **Todman** (Tudman, Studman), **Thomas**; adm. B.A. 4 Dec. 1617, det. 161⅞; lic. M.A. 6 July 1620, inc. 1620. [ii. 359]
Brasenose. **Bedford, William**; adm. B.A. 4 Dec. 1617, det. 161⅞; lic. M.A. 6 July 1620, inc. 1620. [ii. 345]
Brasenose. **Price, John**; adm. B.A. 4 Dec. 1617, det. 161⅞; lic. M.A. 6 July 1620, inc. 1620. [ii. 344]

Brasenose. Leigh (Lee), Peter ; (eq. aur. fil.) adm. B.A. 4 Dec. 1617, det. 161⁷⁄₈.
Brasenose. Prowse, Anthony ; adm. B.A. 9 Dec. 1617, det. 161⁷⁄₈ ; lic. M.A. 6 July 1620, inc. 1620. [ii. 364]
Jesus. Owin, Richard ; adm. B.A. 9 Dec. 1617. [ii. 350]
Jesus. Morgan, Lewis ; adm. B.A. 9 Dec. 1617, det. 161⁷⁄₈ ; lic. M.A. 19 June 1620, inc. 1620. [ii. 345]
Jesus. Dawkings (Dawkins), Evan ; adm. B.A. 9 Dec. 1617, det. 161⁷⁄₈. [ii. 338]
Jesus. Williams, Thomas ; adm. B.A. 9 Dec. 1617, det. 161⁷⁄₈ ; lic. M.A. 19 June 1620, inc. 1620. [ii. 338]
Jesus.* Jones, William ; adm. B.A. (Jes.) 9 Dec. 1617, det. 161⁷⁄₈ ; lic. M.A. (Ch. Ch.) 17 May 1620, inc. 1620. [ii. 344]
Queen's. Cookes (Cooke), Edward ; adm. B.A. 10 Dec. 1617, det. 161⅞ ; lic. M.A. 13 Dec. 1620, inc. 1621 ; adm. B.D. 28 Mar. 1629. [ii. 364]
Queen's. Sutton, John ; adm. B.A. 10 Dec. 1617. [ii. 340]
Wadham. Bretter (Bretten, Bretton), George ; adm. B.A. 10 Dec. 1617, det. 161⁷⁄₈ ; lic. M.A. 1 July 1620, inc. 1620. [ii. 333]
Wadham. Bruer, Andrew ; adm. B.A. 10 Dec. 1617, det. 161⁷⁄₈. [ii. 330]
Oriel. Lloyd, Robert ; adm. B.A. (Oriel) 13 Dec. 1617, det. 161⁷⁄₈. [ii. 342] Robert Lloyd, Jes. (possibly this man), suppl. M.A. 9 Feb. 162⁰⁄₁, lic. 18 Apr. 1621, inc. 1621.
Oriel. Edwards, William ; adm. B.A. 13 Dec. 1617, det. 161⁷⁄₈ ; lic. M.A. 6 July 1620, inc. 1620. [ii. 342]
Balliol. Leg (Legg, Legge, Leage), Joseph ; adm. B.A. 13 Dec. 1617, det. 161⁷⁄₈ ; lic. M.A. 8 July 1620, inc. 1620. [Univ., ii. 345]
Merton. Smith, Henry ; adm. B.A. 16 Dec. 1617, det. 161⁷⁄₈. [ii. 363]

Brasenose. Goddard, Edward ; suppl. B.A. 29 Jan. 161⁶⁄₇. [ii. 331]
New Coll. Chadwell, Edmund ; suppl. B.A. 2 May 1617, det. 161⁷⁄₈. [ii. 333]
New Coll. Bate, Anthony ; suppl. B.A. 2 May 1617, det. 161⁷⁄₈. [ii. 332]
Merton. Windar, George ; suppl. B.A. 27 May 1617. (This entry is scored out.)
Brasenose. Hutton, John ; suppl. B.A. 25 June 1617, det. 161⁷⁄₈.
S. Edm. H. Place, William ; suppl. B.A. 9 Dec. 1617.
Hart H. Alwin, Robert ; det. 161⁷⁄₈ ; lic. M.A. 16 June 1620, inc. 1620. [ii. 334]

New Coll. Both, Thomas ; adm. B.C.L. 2 May 1617. [ii. 306]

1618.

Balliol. Stanhope, Thomas ; (eq. aur. fil.) adm. B.A. 16 Jan. 161⁷⁄₈. [ii. 348]
New Coll. Stringer, Henry ; adm. B.A. 17 Jan. 161⁷⁄₈, det. 161⁷⁄₈ ; lic.

M.A. 11 Oct. 1621, inc. 1622; adm. B.D. 23 Mar. $163\frac{1}{2}$; lic. to preach 11 July 1636. [ii. 335]

Exeter. **Reynill, Carew**; (eq. aur. fil.) adm. B.A. 21 Jan. $161\frac{7}{8}$, det. $161\frac{7}{8}$.

Exeter. **Edgcombe** (Edgcomb, Edgecombe), **John**; adm. B.A. 21 Jan. $161\frac{7}{8}$, det. $161\frac{7}{8}$; lic. M.A. 9 Feb. $162\frac{0}{1}$, inc. 1621. [ii. 346]

Exeter. **Cottell, Richard**; adm. B.A. 21 Jan. $161\frac{7}{8}$, det. $161\frac{7}{8}$; lic. M.A. 17 Oct. 1620, inc. 1621. [ii. 346] Boase, p. 60.

S. Mary H. **Dotchin, John**; adm. B.A. 21 Jan. $161\frac{7}{8}$, det. $161\frac{7}{8}$; lic. M.A. 28 June 1620, inc. 1620.

Hart H. **Parry, John**; adm. B.A. 21 Jan. $161\frac{7}{8}$, det. $161\frac{7}{8}$; lic. M.A. 1 June 1621, inc. 1621. [ii. 349]

*Magd. H.** **Shephard** (Sheppard), **James**; adm. B.A. (Magd. H.) 21 Jan. $161\frac{7}{8}$, det. $161\frac{7}{8}$; lic. M.A. (Linc.) 5 July 1620, inc. 1620. [ii. 352]

*Magd. H.** **Hasselwood** (Haslewood, Hasslewood), **Robert**; adm. B.A. (Magd. H.) 21 Jan. $161\frac{7}{8}$, det. $161\frac{7}{8}$; lic. M.A. (Wadh.) 1 July 1620, inc. 1620. [ii. 336]

Magd. H. **Speede, William**; adm. B.A. 21 Jan. $161\frac{7}{8}$, det. $161\frac{7}{8}$; lic. M.A. 28 June 1620, inc. 1620. [ii. 333]

Magd. H. **Hill, John** (junior); adm. B.A. 21 Jan. $161\frac{7}{8}$, det. $161\frac{7}{8}$. A 'John Hill,' Magd. H., was lic. M.A. 28 June 1620, inc. 1620. Another 'John Hill,' Magd. H., was lic. M.A. 7 May 1625, inc. 1625. ⟨There is nothing to show which of these is to be assigned to the one here, and which to the one, *supra*, p. 354.⟩

S. Edm. H. **Williams, Hugh**; adm. B.A. 21 Jan. $161\frac{7}{8}$, det. $161\frac{7}{8}$; suppl. M.A. ⟨wrongly registered as suppl. B.A.⟩ 17 Oct., lic. 17 Oct. 1620, inc. 1621. [ii. 340]

Ch. Ch. **Arundell, Emanuel**; adm. B.A. 23 Jan. $161\frac{7}{8}$, det. $161\frac{7}{8}$; lic. M.A. 26 June 1620, inc. 1620. [ii. 335]

Gloc. H. **Crane** (Craine), **William**; adm. B.A. 23 Jan. $161\frac{7}{8}$, det. $161\frac{7}{8}$. [Oriel, ii. 342]

Oriel. **Westerman, Richard**; adm. B.A. 26 Jan. $161\frac{7}{8}$, det. $161\frac{7}{8}$; lic. M.A. 6 July 1620, inc. 1620. [ii. 342]

Oriel. **Smith, John**; adm. B.A. 26 Jan. $161\frac{7}{8}$, det. $161\frac{7}{8}$; lic. M.A. 3 May 1624, inc. 1624.

*Merton.** **Palmer, Robert**; adm. B.A. (Mert.) 26 Jan. $161\frac{7}{8}$, det. $161\frac{7}{8}$; lic. M.A. (Broadg. H.) 7 July 1621, inc. 1621. [ii. 335]

Brasenose. **Ashton, James**; adm. B.A. 28 Jan. $161\frac{7}{8}$, det. $161\frac{7}{8}$; suppl. M.A. ('Richard') 6 July, lic. ('James') 6 July 1622, inc. 1622. [ii. 343]

Brasenose. **Johnson** (Jhonson), **Thomas**; adm. B.A. 28 Jan. $161\frac{7}{8}$, det. $161\frac{7}{8}$. [ii. 345]

*Broadg. H.** **Littleton, James**; adm. B.A. (Broadg. H.) 3 Feb. $161\frac{7}{8}$, det. $161\frac{7}{8}$; suppl. M.A. ('Thomas,' All So.) 17 May, lic. ('James,' All So.) 7 July 1621, inc. 1622; adm. B.C.L. (All So.) 22 Jan. $162\frac{4}{5}$; lic. D.C.L. (All So.) 8 Dec. 1635, inc. 1636. [ii. 327]

Broadg. H. **Bavand, Thomas**; adm. B.A. 3 Feb. $161\frac{7}{8}$, det. $161\frac{7}{8}$. [ii. 333]

*Broadg. H.** **Lane, William**; adm. B.A. (Broadg. H.) 3 Feb. $161\frac{7}{8}$, det. $161\frac{7}{8}$; lic. M.A. (Broadg. H.) 29 Nov. 1620, inc. 1621; adm. B.D. (Pembr.) 6 Nov. 1637. [ii. 335]

Broadg. H. **Evered, Noah**; adm. B.A. 3 Feb. 161$\frac{7}{8}$, det. 161$\frac{7}{8}$; suppl. M.A. ⟨wrongly registered as suppl. B.A.⟩ 27 Oct., lic. 29 Nov. 1620, inc. 1621. [ii. 333]

Balliol. **Owin, Thomas**; adm. B.A. 4 Feb. 161$\frac{7}{8}$, det. 161$\frac{7}{8}$; lic. M.A. 9 July 1624, inc. 1624. [ii. 332]

*Queen's.** **Favor, John**; (D.D. fil.) adm. B.A. (Queen's) 6 Feb. 161$\frac{7}{8}$, det. 161$\frac{7}{8}$; lic. M.A. (Linc.) 5 July 1620, inc. 1620. [ii. 336]

Hart H. **Lloyd, Edward**; adm. B.A. 6 Feb. 161$\frac{7}{8}$, det. 161$\frac{7}{8}$. [ii. 366]

*S. John's.** **Heath, Thomas**; adm. B.A. (S. Jo.) 9 Feb. 161$\frac{7}{8}$, det. 161$\frac{7}{8}$; lic. M.A. (Mert.) 11 July 1623, inc. 1623; adm. B.C.L. (Mert.) 21 May 1629; lic. D.C.L. (Mert.) 23 July 1634, inc. 1635. [ii. 355] Brod., p. 281.

S. John's. **Leonard, Stephen**; suppl. B.A. 17 Oct. 1617, adm. 9 Feb. 161$\frac{7}{8}$. [ii. 345]

S. John's. **Dolphin, Richard**; adm. B.A. 9 Feb. 161$\frac{7}{8}$, det. 161$\frac{7}{8}$. [ii. 340]

Jesus. **Powell, Francis**; adm. B.A. 9 Feb. 161$\frac{7}{8}$, det. 161$\frac{7}{8}$. [ii. 334]

Jesus. **Coulton, James**; adm. B.A. 9 Feb. 161$\frac{7}{8}$, det. 161$\frac{7}{8}$. [ii. 364]

Jesus. **Wade, Richard**; adm. B.A. 9 Feb. 161$\frac{7}{8}$, det. 161$\frac{7}{8}$. [ii. 338]

Jesus. **Powell, Valentine**; adm. B.A. 9 Feb. 161$\frac{7}{8}$, det. 161$\frac{7}{8}$; lic. M.A. 6 July 1620, inc. 1620. [ii. 350]

Jesus. **Prichard, John**; adm. B.A. 9 Feb. 161$\frac{7}{8}$, det. 161$\frac{7}{8}$; lic. M.A. 29 June 1622, inc. 1622. [ii. 338]

Jesus. **Prichard, Roger**; adm. B.A. 9 Feb. 161$\frac{7}{8}$, det. 161$\frac{7}{8}$; lic. M.A. 29 June 1622, inc. 1622. [ii. 338]

Jesus. **Jenkins** (Jenkin), **Thomas**; adm. B.A. 9 Feb. 161$\frac{7}{8}$, det. 161$\frac{7}{8}$. [ii. 349]

*S. Alb. H.** **Hackit** (Hacket), **Henry**; adm. B.A. (S. Alb. H.) 10 Feb. 161$\frac{7}{8}$, det. 161$\frac{7}{8}$; lic. M.A. (Hart H.) 21 June 1621, inc. 1621. [ii. 347]

Wadham. **Reynolds** (Reinolds), **Thomas**; adm. B.A. 10 Feb. 161$\frac{7}{8}$, det. 161$\frac{7}{8}$; lic. M.A. 7 July 1621, inc. 1621. [ii. 333]

Wadham. **Sayer** (Sawier), **Francis**; adm. B.A. 10 Feb. 161$\frac{7}{8}$, det. 161$\frac{7}{8}$; lic. M.A. 1 July 1620, inc. 1620. [ii. 333]

Wadham. **Quick, Philip**; adm. B.A. 10 Feb. 161$\frac{7}{8}$, det. 161$\frac{7}{8}$; dispensed towards M.A. (then in orders) 162$\frac{1}{2}$. [ii. 330]

Wadham. **Blake, Robert**; adm. B.A. 10 Feb. 161$\frac{7}{8}$, det. 161$\frac{7}{8}$. [S. Alb. H., ii. 347]

Wadham. **Greene, Christopher**; adm. B.A. 10 Feb. 161$\frac{7}{8}$, det. 161$\frac{7}{8}$. [ii. 333]

Wadham. **Hobby, John**; adm. B.A. 10 Feb. 161$\frac{7}{8}$, det. 161$\frac{7}{8}$. [ii. 343]

Wadham. **Cussington, Henry**; adm. B.A. 10 Feb. 161$\frac{7}{8}$, det. 161$\frac{7}{8}$. [ii. 333]

Ch. Ch. **Buckley, Robert**; adm. B.A. 10 Feb. 161$\frac{7}{8}$, det. 161$\frac{7}{8}$. [Bulkley, ii. 354]

All Souls. **Meredith, William**; adm. B.A. 10 Feb. 161$\frac{7}{8}$, det. 161$\frac{7}{8}$; lic. M.A. 31 Oct. 1623, inc. 1624. [ii. 362]

Lincoln. **Adkins** (Atkins), **Thomas**; adm. B.A. 10 Feb. 161$\frac{7}{8}$, det. 161$\frac{7}{8}$. [ii. 337]

Lincoln. **Rixon** (Rickston, Rixton), **Ralph**; adm. B.A. 10 Feb. 161⅞, det. 161⅞; lic. M.A. 5 July 1620, inc. 1620. [ii. 333]
Lincoln. **Jucks** (Jux), **Francis**; adm. B.A. 10 Feb. 161⅞, det. 161⅞; lic. M.A. 10 July 1623, inc. 1623. [ii. 337]
Lincoln. **Fletcher, Henry**; adm. B.A. 10 Feb. 161⅞, det. 161⅞; lic. M.A. 2 Dec. 1620, inc. 1621. [ii. 337]
Magd. C. **Powell, John**; adm. B.A. 10 Feb. 161⅞, det. 161⅞. [ii. 362] ⟨Demy of Magd. C. 1614-1620; Blox. 5, p. 46.⟩
Broadg. H. **Rawson** (Rauson), **James**; adm. B.A. 11 Feb. 161⅞, det. 161⅞; lic. M.A. 28 June 1620, inc. 1620. [ii. 330]
Balliol. **Wilson, Richard**; adm. B.A. 11 Feb. 161⅞, det. 161⅞. [ii. 338]
Balliol. **Wise, William**; adm. B.A. 11 Feb. 161⅞, det. 161⅞. [ii. 365]
Balliol. **Sam, Nicholas**; adm. B.A. 11 Feb. 161⅞, det. 161⅞. [ii. 338]
Balliol. **Pickis** (Picks, Pickey), **Richard**; adm. B.A. 11 Feb. 161⅞, det. 161⅞; lic. M.A. 25 Apr. 1621, inc. 1621. [ii. 338]
Corpus. **Thriste, John**; adm. B.A. 12 Feb. 161⅞, det. 161⅞.
Corpus. **Scriven, Joseph**; adm. B.A. 12 Feb. 161⅞, det. 161⅞. [ii. 317]
Ch. Ch. **Blacman** (Blakeman, Blackman), **Adam**; adm. B.A. 12 Feb. 161⅞, det. 161⅞. [ii. 361]
Exeter. **Luscomb, Richard**; adm. B.A. 12 Feb. 161⅞. [ii. 335]
Exeter. **Childe, William**; adm. B.A. 12 Feb. 161⅞, det. 161⅞. [? ii. 300]
Exeter. **Golston, German**; adm. B.A. 12 Feb. 161⅞, det. 16$\frac{19}{20}$.
Hart H. **Lloyd, Humphrey**; adm. B.A. 12 Feb. 161⅞, det. 161⅞. [ii. 366]
Magd. C. **Phisicke, Nicholas**; adm. B.A. 12 Feb. 161⅞.
Corpus. **Hegg** (Hedg), **Robert**; adm. B.A. 13 Feb. 161⅞, det. 161⅞; lic. M.A. 17 Mar. 162$\frac{0}{1}$, inc. 1621. [ii. 335]
Corpus. **Spenser** (Spencer), **William**; adm. B.A. 13 Feb. 161⅞, det. 161⅞; lic. M.A. 17 Mar. 162$\frac{0}{1}$, inc. 1621; adm. B.D. 24 July 1630. [ii. 342]
Corpus. **Taylor, Isaac**; adm. B.A. 13 Feb. 161⅞, det. 161⅞; lic. M.A. 17 Mar. 162$\frac{0}{1}$, inc. 1621. [ii. 342]
Corpus. **Baylie, Christopher**; adm. B.A. 13 Feb. 161⅞, det. 161⅞; lic. M.A. 17 Mar. 162$\frac{0}{1}$, inc. 1621. [ii. 330]
Ch. Ch.* **Williams, William**; adm. B.A. (Ch. Ch.) 13 Feb. 161⅞, det. 161⅞; lic. M.A. (Hart H.) 30 Oct. 1620, inc. 1621. [ii. 356]
New Coll. **Goffe** (Goughe), **Hugh**; adm. B.A. 13 Feb. 161⅞, det. 161⅞; lic. M.A. 17 Oct. 1620, inc. 1621. [ii. 363]
Lincoln. **Reeve, John**; adm. B.A. 13 Feb. 161⅞, det. 161⅞; lic. M.A. 1 July 1623, inc. 1623. [ii. 337]
Magd. C.* **Chivers** (Chever, Chevers), **Oliver**; adm. B.A. (Magd. C.) 13 Feb. 161⅞, det. 161⅞; lic. M.A. (Magd. H.) 25 Apr. 1621, inc. 1621. [Magd. H., ii. 343]
Brasenose. **Hatton, Thomas**; adm. B.A. 14 Feb. 161⅞, det. 161⅞.
Brasenose. **Morris, John**; adm. B.A. 14 Feb. 161⅞, det. 161⅞. [ii. 353]
Gloc. H. **Cooke, Robert**; adm. B.A. 14 Feb. 161⅞, det. 161⅞; lic. M.A. 12 June 1621, inc. 1621.

Merton. **Mountague, Jonas**; adm. B.A. 22 Mar. 161$\frac{7}{8}$. [? ii. 278]

S. Mary H. **Tounesend, Henry**; (eq. aur. fil.) adm. B.A. 20 Apr. 1618, det. 161$\frac{8}{9}$. [ii. 351]

S. Mary H. **Hurd** (Hoard), **Samuel**; adm. B.A. 20 Apr. 1618, det. 161$\frac{8}{9}$; lic. M.A. 25 Jan. 162$\frac{0}{1}$, inc. 1621; adm. B.D. 15 June 1630. [All So., ii. 362]

*Queen's.** **Hutton, Lancelot**; (eq. aur. fil.) adm. B.A. (Queen's) 20 Apr. 1618, det. 161$\frac{8}{9}$; lic. M.A. (Oriel) 3 Apr. 1622, inc. 1622. [ii. 340]

Queen's. **Garton, Henry**; (eq. aur. fil.) adm. B.A. 20 Apr. 1618. [ii. 342]

Exeter. **Sherrock** (Sharrocke), **Robert**; adm. B.A. 22 Apr. 1618, det. 161$\frac{8}{9}$; lic. M.A. 22 Jan. 162$\frac{0}{1}$, inc. 1621. [ii. 335]

Exeter. **Dod, John**; adm. B.A. 22 Apr. 1618, det. 161$\frac{8}{9}$; lic. M.A. 22 Jan. 162$\frac{0}{1}$, inc. 1621; adm. B.D. 7 Dec. 1630. Boase, p. 60. [ii. 334]

Exeter. **Radford, John**; adm. B.A. 22 Apr. 1618, det. 161$\frac{8}{9}$; lic. M.A. 6 July 1621, inc. 1621. [ii. 335]

Exeter. **Atwill, Thomas**; adm. B.A. 22 Apr. 1618. [ii. 335]

Exeter. **Durant, Francis**; adm. B.A. 22 Apr. 1618, det. 161$\frac{8}{9}$; lic. M.A. 26 June 1622, inc. 1622. [ii. 335]

Jesus. **Williams, William**; adm. B.A. 22 Apr. 1618, det. 161$\frac{8}{9}$; lic. M.A. 22 Feb. 162$\frac{0}{1}$, inc. 1621.

S. Alb. H. **Lered** (Leyred), **John**; adm. B.A. 24 Apr. 1618, det. 161$\frac{8}{9}$; lic. M.A. 29 Jan. 162$\frac{0}{1}$, inc. 1621. [Queen's, ii. 356]

Oriel. **Hubbuck, William**; adm. B.A. 30 Apr. 1618, det. 161$\frac{8}{9}$; lic. M.A. 29 Jan. 162$\frac{0}{1}$, inc. ('John') 1621. [ii. 342]

New Coll. **Turpin, Andrew**; adm. B.A. 5 May 1618. [ii. 334]

New Coll. **Withers** (Wythers), **William**; adm. B.A. 5 May 1618, det. 161$\frac{8}{9}$; lic. M.A. 19 Jan. 162$\frac{1}{2}$, inc. 1622. [ii. 332]

New Coll. **Cole** (Coles), **John**; adm. B.A. 5 May 1618, det. 161$\frac{8}{9}$; lic. M.A. 8 May 1622, inc. 1622. [ii. 334]

Brasenose. **Cooke, Thomas**; adm. B.A. 8 May 1618, det. 161$\frac{8}{9}$; lic. M.A. 23 May 1622, inc. 1622; adm. B.D. 27 Feb. 163$\frac{2}{3}$; suppl. lic. to preach 3 Apr. 1633, lic. in 1633. [ii. 339]

Brasenose. **Boothe, John**; adm. B.A. 8 May 1618, det. 161$\frac{8}{9}$; lic. M.A. 23 May 1622, inc. 1622. [ii. 343] ⟨See another of both names, *infra*, p. 372.⟩

Brasenose. **Colbach** (Colebatch), **Thomas**; adm. B.A. 8 May 1618, det. 161$\frac{8}{9}$; lic. M.A. 19 Apr. 1621, inc. 1621. [ii. 353]

Ch. Ch. **Casaubon** (Causobon), **Meric**; adm. B.A. 8 May 1618, det. 161$\frac{8}{9}$; lic. M.A. 14 June 1621, inc. 1621; adm. B.D. 14 June 1628. [ii. 358]

Ch. Ch. **Vaughan, Richard**; adm. B.A. 8 May 1618, det. 161$\frac{8}{9}$; lic. M.A. 29 May 1622, inc. 1622. [ii. 358]

Wadham. **Crudge, Thomas**; adm. B.A. 8 May 1618. [ii. 333]

Wadham. **Hicks, William**; adm. B.A. 8 May 1618. [ii. 335]

Wadham. **Plant, Edward**; adm. B.A. 8 May 1618, det. 161$\frac{8}{9}$; lic. M.A. 25 June 1621, inc. 1621. [ii. 335]

*S. John's.** **Barnard, William**; adm. B.A. (S. Jo.) 9 May 1618, det. (Gloc. H.) 161$\frac{8}{9}$; lic. M.A. (Gloc. H.) 6 July 1621, inc. 1621. [ii. 340]

Lincoln. **Manwood** (Manhood), **Charles**; (eq. aur. fil.) adm. B.A. 11 May 1618. [ii. 341]

Merton. **Reyves** (Reives), **Edward**; adm. B.A. 13 May 1618. [ii. 332]

*Trinity.** **Houghton, William**; adm. B.A. (Trin.) 13 May 1618, det. $161\frac{8}{9}$; lic. M.A. (Bras.) 27 June 1621, inc. 1621. [ii. 334]

University. **Tildesley, Richard**; (eq. aur. fil.) adm. B.A. 20 May 1618, det. $161\frac{8}{9}$. [ii. 335]

University. **Tildesley, Edward**; (eq. aur. fil.) adm. B.A. 20 May 1618. [ii. 335]

Brasenose. **Gauler** (Gawler), **Thomas**; adm. B.A. 5 June 1618, det. $161\frac{8}{9}$; lic. M.A. 3 July 1621, inc. 1621. [ii. 359]

Broadg. H. **Selly** (Sellie), **Abel**; adm. B.A. 9 June 1618, det. $161\frac{8}{9}$; lic. M.A. 7 July 1621, inc. 1621. [ii. 343]

Brasenose. **Browne, Thomas**; adm. B.A. 9 June 1618. [? Trin., ii. 340]

All Souls. **Paule, William**; adm. B.A. 9 June 1618, det. $161\frac{8}{9}$; lic. M.A. 1 June 1621, inc. 1621; adm. B.D. 13 Mar. $162\frac{8}{9}$; lic. D.D. 10 Mar. $163\frac{1}{2}$, inc. 1632. [ii. 355]

All Souls. **Laurence, Thomas**; adm. B.A. 9 June 1618, det. $161\frac{8}{9}$; lic. M.A. 16 May 1621, inc. 1621; adm. B.D. 13 Mar. $162\frac{8}{9}$; lic. D.D. 16 July 1633, inc. 1633. [Ball., ii. 338]

Oriel. **Harris, Robert**; adm. B.A. 10 June 1618, det. $161\frac{8}{9}$.

Exeter. **Lutterell, John**; (arm. fil. n. m.) adm. B.A. 10 June 1618, det. $161\frac{8}{9}$. [ii. 346]

Exeter. **Gage** (Gadge), **Sampson**; adm. B.A. 10 June 1618, det. $161\frac{8}{9}$; lic. M.A. 28 Apr. 1626, inc. 1626. [ii. 337]

Exeter. **Beard, Richard**; adm. B.A. 10 June 1618, det. $161\frac{8}{9}$. [ii. 346]

S. Edm. H. **Hart, William**; adm. B.A. 10 June 1618, det. $161\frac{8}{9}$. [ii. 339]

*S. Edm. H.** **Toomer** (Toomar, Toumer), **Richard**; adm. B.A. (S. Edm. H.) 10 June 1618, det. $161\frac{8}{9}$; lic. M.A. (Broadg. H.) 20 Apr. 1621, inc. 1621. [Queen's, ii. 337]

S. Edm. H. **Warham, Edward**; adm. B.A. 10 June 1618. [ii. 340]

S. Edm. H. **Ayrey, William**; adm. B.A. 10 June 1618, det. $161\frac{8}{9}$. [ii. 332]

S. Edm. H. **Scarth, John**; adm. B.A. 10 June 1618, det. $161\frac{8}{9}$. [ii. 340] ('Carpe' in suppl. B.A.)

Magd. H. **Coleman, Thomas**; adm. B.A. 10 June 1618, det. $161\frac{8}{9}$; lic. M.A. 6 July 1621, inc. 1621. [ii. 336]

Gloc. H. **Saunders, Henry**; adm. B.A. 10 June 1618, det. $161\frac{8}{9}$; lic. M.A. 12 June 1621, inc. 1621. [ii. 335]

Gloc. H. **Isard** (Isord), **Henry**; adm. B.A. 10 June 1618, det. $161\frac{8}{9}$; lic. M.A. (Isod) 12 June 1621, inc. 1621. [Oriel, ii. 340]

Gloc. H. **Harvey, John**; adm. B.A. 10 June 1618. [ii. 361]

Gloc. H. **Dennis** (Denis), **Thomas**; adm. B.A. 10 June 1618, det. $161\frac{8}{9}$. [ii. 333]

Balliol. **Tulse, John**; adm. B.A. 12 June 1618, det. $161\frac{8}{9}$; lic. M.A. 3 Feb. $162\frac{1}{2}$, inc. 1622. [ii. 338]

Balliol. **Hart, Laurence**; adm. B.A. 12 June 1618, det. $161\frac{8}{9}$; lic. M.A. 7 July 1621, inc. 1621. [ii. 338]

*Hart H.** **Shackerly** (Shaccerley, Shakerley), **Francis**; adm. B.A. (Hart H.) 12 June 1618, det. $161\frac{8}{9}$; lic. M.A. (All So.) 23 Jan. $162\frac{1}{2}$, inc. 1622. [New C., ii. 344]

Hart H. **Griffith, Alexander**; adm. B.A. 12 June 1618, det. 161$\frac{8}{9}$; lic. M.A. 10 Dec. 1631, inc. 1632. [ii. 335]

Hart H. **Baylie, Andrew**; adm. B.A. 12 June 1618, det. 161$\frac{8}{9}$; lic. M.A. 6 July 1621, inc. 1621. [ii. 335]

S. Mary H. **Vagge, John**; adm. B.A. 12 June 1618, det. 161$\frac{8}{9}$; lic. M.A. 7 May 1621, inc. 1621.

Broadg. H. **Coode** (Code), **John**; adm. B.A. 18 June 1618, det. 161$\frac{8}{9}$; lic. M.A. 20 Apr. 1621, inc. 1621. [ii. 343]

*Broadg. H.** **Pember, John**; adm. B.A. (Broadg. H.) 18 June 1618, det. 161$\frac{8}{9}$; lic. M.A. (Broadg. H.) 20 Apr. 1621, inc. 1621; adm. B.D. (Pembr.) 14 Nov. 1629. [Ch. Ch., ii. 365]

Broadg. H. **Haling, John**; adm. B.A. 18 June 1618, det. 161$\frac{8}{9}$. [ii. 335]

Trinity. **Blunt, Henry**; (eq. aur. fil.) adm. B.A. 18 June 1618, det. 161$\frac{8}{9}$. [ii. 340]

University. **Wilson, Samuel**; adm. B.A. 23 June 1618, det. 161$\frac{8}{9}$; suppl. M.A. 16 Apr. 1621, inc. 1621. [Queen's, ii. 337]

University. **Waring, Thomas**; adm. B.A. 23 June 1618, det. 161$\frac{8}{9}$. [ii. 335]

University. **Poole, Thomas**; adm. B.A. 23 June 1618, det. 161$\frac{8}{9}$; suppl. M.A. 16 Apr. 1621, inc. 1621. [ii. 335]

*Queen's.** **Tyroe** (Tiroe), **Thomas**; adm. B.A. (Queen's) 25 June 1618, det. 161$\frac{8}{9}$; lic. M.A. (S. Edm. H.) 21 June 1621, inc. 1621. [ii. 337]

*Queen's.** **Carey, Richard**; adm. B.A. (Queen's) 25 June 1618, det. 161$\frac{8}{9}$; lic. M.A. ('Caley' S. Edm. H.) 19 Apr. 1621, inc. 1621. [ii. 334]

*Queen's.** **Hinton, Laurence**; adm. B.A. (Queen's) 25 June 1618, det. 161$\frac{8}{9}$; lic. M.A. (Mert.) 10 July 1624, inc. 1624; lic. D.D. (Mert.) 4 Mar. 164$\frac{2}{3}$. [ii. 349] Brod., p. 282.

Queen's. **Barklye** (Berkley, Barkeley), **Maurice**; (eq. aur. fil.) adm. B.A. 25 June 1618, det. 161$\frac{8}{9}$; lic. M.A. 5 May 1621, inc. 1621. [ii. 343]

*Merton.** **Hyte** (Hite), **William**; adm. B.A. (Mert.) 19 June 1618, det. 161$\frac{8}{9}$; lic. M.A. (Broadg. H.) 20 Apr. 1621, inc. 1621. [ii. 335]

Balliol. **Warman, John**; adm. B.A. 19 June 1618. [ii. 338]

*Corpus.** **Emplage** (Emptage), **Edward**; adm. B.A. (Corp.) 19 June 1618, det. 161$\frac{8}{9}$; lic. M.A. (S. Alb. H.) 14 June 1621, inc. 1621. [S. Alb. H., ii. 341]

Lincoln. **Gibbon** (Gibbons), **John**; adm. B.A. 1 July 1618, det. 161$\frac{8}{9}$; lic. M.A. 19 Apr. 1621, inc. 1621. [ii. 337]

Lincoln. **Nurse, Thomas**; adm. B.A. 1 July 1618, det. 161$\frac{8}{9}$; lic. M.A. 19 Apr. 1621, inc. 1621; lic. to pract. med. 20 Nov. 1636; lic. M.D. 3 July 1641, inc. 1641. [ii. 337]

Lincoln. **Saunderson, Nicholas**; adm. B.A. 1 July 1618, det. 161$\frac{8}{9}$; lic. M.A. 19 Apr. 1621, inc. 1621. [ii. 335]

Lincoln. **Caley** (Cayley, Caylie, Caly), **Matthew**; adm. B.A. 1 July 1618, det. 161$\frac{8}{9}$; lic. M.A. 20 Apr. 1621, inc. 1621. [ii. 337]

Lincoln. **Barrett, Michael**; adm. B.A. 1 July 1618, det. 161$\frac{8}{9}$. [Jes., ii. 338]

Brasenose. **Pointer** (Painter), **John**; adm. B.A. 2 July 1618, det. 161$\frac{8}{9}$. [ii. 359]

Brasenose. **Warden** (Werden), **Richard**; adm. B.A. 2 July 1618, det. 161$\frac{8}{9}$. [? Wardour, Magd. C., ii. 347]

Brasenose. **Latham, John**; adm. B.A. 2 July 1618, det. 161$\frac{8}{9}$. [ii. 353]

Brasenose. **Steward** (Stewart), **Silvester**; adm. B.A. 2 July 1618, det. 161⁸⁄ᵤ. [ii. 343]
Ch. Ch. **Smith, William**; adm. B.A. 2 July 1618, det. 161⁸⁄ᵤ; lic. M.A. 14 June 1621, inc. 1621. [ii. 369]
Corpus. **Sainthill, Thomas**; adm. B.A. 4 July 1618, det. 161⁸⁄ᵤ; lic. M.A. 1 Mar. 162½, inc. 1622; adm. B.D. 24 July 1630. [ii. 333]
Corpus.* **Weecksteed** (Wickstede), **Richard**; adm. B.A. (Corp.) 4 July 1618, det. 161⁸⁄ᵤ; lic. M.A. (S. Edm. H.) 19 Apr. 1621, inc. 1621. [ii. 335]
Corpus. **Berriman, Hugh**; adm. B.A. 4 July 1618, det. 161⁸⁄ᵤ; lic. M.A. 5 May 1621, inc. 1621. [ii. 341]
Corpus. **Coles, Edmund**; adm. B.A. 4 July 1618, det. 161⁸⁄ᵤ. [ii. 342]
Brasenose. **Kynge, Henry**; (arm. fil.) adm. B.A. 4 July 1618. One ... Kinge (All So.) det. 161⁸⁄ᵤ ⟨perhaps the same person.⟩ [ii. 364]
Broadg. H. **Davis** (Davy), **Richard**; adm. B.A. 8 July 1618, det. 161⁸⁄ᵤ. [? Queen's, ii. 339]
Merton. **Hollywell** (Hollowell, Holliwell), **John**; adm. B.A. 8 July 1618, det. 161⁸⁄ᵤ. Brod., p. 282. [Heliwell, ii. 347]
Queen's. **Scot** (Scott), **Christopher**; adm. B.A. 9 July 1618, det. 161⁸⁄ᵤ. [ii. 336]
Magd. H. **Pococke, Robert**; adm. B.A. 10 July 1618, det. 161⁸⁄ᵤ; lic. M.A. 12 June 1621, inc. 1621. [ii. 336]
S. Edm. H. **Avery** (Averie, Avering), **Joseph**; adm. B.A. 10 July 1618, det. 161⁸⁄ᵤ; lic. M.A. 19 Apr. 1621, inc. 1621. [Queen's, ii. 336]
Ch. Ch. **Persse** (Peirce), **Edward**; adm. B.A. 10 July 1618, det. 161⁸⁄ᵤ. [Exet., ii. 346]
New Coll.* **Hampton, William**; adm. B.A. (New C.) 10 July 1618, det. (Hart H.) 161⁸⁄ᵤ; lic. M.A. (Hart H.) 25 Apr. 1621, inc. 1621. [ii. 344]
Jesus. **Snelgrave, Thomas**; (eq. aur. fil.) adm. B.A. 14 July 1618, det. 161⁸⁄ᵤ. [ii. 350]
Jesus. **Jones, Nathaniel**; adm. B.A. 14 July 1618, det. 161⁸⁄ᵤ; lic. M.A. 11 May 1621, inc. 1621. [ii. 350]
Jesus. **Hughes, Lewis**; adm. B.A. 14 July 1618, det. 161⁸⁄ᵤ. [ii. 345]
Jesus. **Evans, Walter**; adm. B.A. 14 July 1618, det. 161⁸⁄ᵤ; lic. M.A. 5 July 1626, inc. 1626. [ii. 338]
Exeter. **Hyde** (Hide), **William**; adm. B.A. 16 July 1618, det. 161⁸⁄ᵤ; lic. M.A. 27 June 1621, inc. 1621. Boase, p. 60. ⟨The reference in Boase to William Hyde, Mert., *infra*, p. 371, is in error.⟩ [? Hyde, Magd. H., ii. 352]
Magd. C. **Collins, Thomas**; adm. B.A. 16 July 1618, det. 161⁸⁄ᵤ.
Queen's. **Caesar, Thomas**; (son of a Knight and Privy Counsellor) adm. B.A. (Queen's) 15 Oct. 1618, det. 161⁸⁄ᵤ; lic. M.A. (All So.) 1 June 1621, inc. 1621. [ii. 347]
Queen's.* **Caesar, Robert**; (brother of Thomas) adm. B.A. (Queen's) 15 Oct. 1618, det. (All So.) 161⁸⁄ᵤ. [ii. 347]
University. **Chambers, Humphrey**; (arm. fil. n. m.) adm. B.A. 15 Oct. 1618, det. 161⁸⁄ᵤ; lic. M.A. 6 July 1621, inc. 1621; adm. B.D. 22 Feb. 163⁰⁄₁. [ii. 344]
University. **Jemmat** (Jemmatt), **John**; adm. B.A. 15 Oct. 1618, det. 161⁸⁄ᵤ; lic. M.A. ('Jennett') 6 July 1621, inc. 1621. [ii. 344]

Merton. **Reynolds, Edward**; adm. B.A. 15 Oct. 1618, det. $161\frac{8}{9}$; lic. M.A. 10 July 1624, inc. 1624. [ii. 347] Brod., p. 282.

*Merton.** **Banger, Barnard**; adm. B.A. (Mert.) 15 Oct. 1618, det. $161\frac{8}{9}$; lic. M.A. (Magd. H.) 30 June 1625, inc. 1625. [Bras., ii. 336]

*Brasenose.** **Holloway** (Halloway), **Thomas**; adm. B.A. (Bras.) 17 Oct. 1618, det. $161\frac{8}{9}$; lic. M.A. (Bras.) 17 Oct. 1621, inc. (All So.) 1622. [ii. 343]

Brasenose. **Bullocke, John**; adm. B.A. 17 Oct. 1618, det. $161\frac{8}{9}$; lic. M.A. 5 July 1621, inc. 1621. [ii. 359]

Oriel. **Morton, Simon**; adm. B.A. 17 Oct. 1618, det. $161\frac{8}{9}$; lic. M.A. 7 June 1621, inc. 1621. [ii. 342]

Exeter. **Hill, John**; adm. B.A. 19 Oct. 1618, det. $161\frac{8}{9}$; lic. M.A. 12 June 1621, inc. 1621. [ii. 337]

Exeter. **Scobble, William**; adm. B.A. 19 Oct. 1618, det. $161\frac{8}{9}$; lic. M.A. 12 June 1621, inc. 1621. [ii. 339] Boase, p. 61.

Exeter. **Lichfield** (Litchfeild), **John**; adm. B.A. 19 Oct. 1618, det. $161\frac{8}{9}$; lic. M.A. 17 June 1624, inc. 1624. [ii. 331]

Exeter. **Johnson, John**; adm. B.A. 19 Oct. 1618, det. $161\frac{8}{9}$; lic. M.A. 12 June 1621, inc. 1621. [ii. 356]

Balliol. **Wilcockson** (Wilcoxson), **William**; adm. B.A. 23 Oct. 1618, det. $161\frac{8}{9}$; lic. M.A. 3 Feb. $162\frac{1}{2}$, inc. 1622. [ii. 338]

S. Edm. H. **Palmer, William**; adm. B.A. 23 Oct. 1618, det. $161\frac{8}{9}$. [ii. 335]

New Coll. **Phillipps, Samuel**; adm. B.A. 26 Oct. 1618, det. $161\frac{8}{9}$. [ii. 364]

Magd. H. **Squier, John**; adm. B.A. 26 Oct. 1618, det. $161\frac{8}{9}$. [ii. 344]

S. Alb. H. **Cookes, Richard**; adm. B.A. 29 Oct. 1618, det. $161\frac{8}{9}$.

*Magd. H.** **Fox, Michael**; adm. B.A. (Magd. H.) 29 Oct. 1618, det. $161\frac{8}{9}$; lic. M.A. (Broadg. H.) 6 July 1622, inc. 1622.

Magd. H. **Callis, Joel**; adm. B.A. 29 Oct. 1618, det. $161\frac{8}{9}$; lic. M.A. 20 Apr. 1624, inc. 1624. [ii. 336]

Gloc. H. **Falconer** (Fawkener, Fawkner), **Daniel**; adm. B.A. 29 Oct. 1618, det. $161\frac{8}{9}$; lic. M.A. 23 June 1621, inc. 1621. [Exet., ii. 337]

Hart H. **Rainsford, Francis**; (eq. aur. fil.) adm. B.A. 29 Oct. 1618, det. $161\frac{8}{9}$. [ii. 331]

Brasenose. **Griffith, Evan**; adm. B.A. 3 Nov. 1618, det. $161\frac{8}{9}$. [ii. 348]

Lincoln. **Slade, Francis**; adm. B.A. 4 Nov. 1618, det. $161\frac{8}{9}$; lic. M.A. 11 June 1621, inc. 1621. [ii. 337]

*Trinity.** **Paulin** (Pawling, Pawlin, Pawlett), **Richard**; adm. B.A. (Trin.) 4 Nov. 1618, det. $161\frac{8}{9}$; lic. M.A. (Bras.) 27 June 1621, inc. 1621. [ii. 334]

Trinity. **Forward** (Forwood), **Thomas**; adm. B.A. 4 Nov. 1618, det. $161\frac{8}{9}$; lic. M.A. 6 July 1621, inc. 1621. [ii. 339]

Queen's. **Ward, Anthony**; adm. B.A. 4 Nov. 1618.

S. Edm. H. **Place, John**; suppl. B.A. 26 May 1617, adm. 12 Nov. 1618, det. $161\frac{8}{9}$. [? S. Edm. H., ii. 280; or Queen's, ii. 314]

Balliol. **Edmunds, John**; adm. B.A. 19 Nov. 1618, det. $161\frac{8}{9}$; lic. M.A. 7 July 1621, inc. 1621. [ii. 338]

Balliol. **Kitchin, Abel**; (arm. fil. n. m.) adm. B.A. 19 Nov. 1618, det. $161\frac{8}{9}$. [ii. 356]

Merton. **Stinton, Reuben**; adm. B.A. 19 Nov. 1618, det. $161\frac{8}{9}$.

Ch. Ch. **Griffith, Maurice**; adm. B.A. 21 Nov. 1618, det. $161\frac{8}{9}$; lic. M.A. 17 June 1624, inc. 1624. [ii. 366]

Hart H. **Griffith, William**; adm. B.A. 24 Nov. 1618, det. $161\frac{8}{9}$.

Jesus. **Phillipps, Roger**; adm. B.A. 24 Nov. 1618, det. $161\frac{8}{9}$; lic. M.A. 6 June 1621, inc. 1621. [All So., ii. 346]

*Merton.** **Swarland, John**; adm. B.A. (Mert.) 1 Dec. 1618, det. $161\frac{8}{9}$; adm. B.C.L. (Gloc. H.) 3 Feb. $162\frac{4}{5}$.

Ch. Ch. **Berkley** (Bartley), **Michael**; (arm. fil. n. m.) adm. B.A. ('cumulatus') 3 Dec. 1618, det. $161\frac{8}{9}$. [ii. 347]

*Ch. Ch.** **Kinge, William**; (episcopi fil.) adm. B.A. (Ch. Ch.) 3 Dec. 1618, det. $161\frac{8}{9}$; lic. M.A. (All So.) 21 June 1622, inc. 1622. [ii. 349]

Ch. Ch. **Kinge, Philip**; (episcopi fil.) adm. B.A. 3 Dec. 1618, det. $161\frac{8}{9}$; lic. M.A. 7 July 1621, inc. 1622. [ii. 349] Boase, p. 62.

*Ch. Ch.** **Gorge, Timoleon**; (eq. aur. fil.) adm. B.A. (Ch. Ch.) 3 Dec. 1618, det. $161\frac{8}{9}$; lic. M.A. (All So.) 4 July 1622, inc. 1622. [ii. 348]

*Ch. Ch.** **Williams, Hugh**; adm. B.A. (Ch. Ch.) 3 Dec. 1618, det. $161\frac{8}{9}$; lic. M.A. (Hart H.) 6 July 1621, inc. 1621. [ii. 370]

Hart H. **Laurence, Tristram**; adm. B.A. 12 Dec. 1618, det. $161\frac{8}{9}$. [ii. 335]

Magd. C. **Nicholls, Ferdinando**; adm. B.A. 15 Dec. 1618, det. $161\frac{8}{9}$; lic. M.A. 14 June 1621, inc. 1621. [ii. 344]

Magd. C. **More, William**; adm. B.A. 15 Dec. 1618, det. $161\frac{8}{9}$; lic. M.A. 14 June 1621, inc. 1621. [ii. 354]

Magd. C. **Garbrand, Nicholas**; adm. B.A. 15 Dec. 1618, det. $161\frac{8}{9}$; lic. M.A. 14 June 1621, inc. 1621; adm. B.D. 12 May 1631; lic. to preach 8 Dec. 1635. [ii. 370]

Magd. C. **Whyte, Richard**; adm. B.A. 15 Dec. 1618, det. $161\frac{8}{9}$; lic. M.A. 14 June 1621, inc. 1621. [ii. 339]

Magd. C. **Hutchinson, Robert**; adm. B.A. 15 Dec. 1618, det. $161\frac{8}{9}$; lic. M.A. 14 June 1621, inc. 1621. [ii. 354]

Magd. C. **Doyley** (Doyly, Doylie, D'oiley), **Robert**; adm. B.A. 15 Dec. 1618, det. $161\frac{8}{9}$; lic. M.A. 14 June 1621, inc. 1621; adm. B.D. 20 June 1640. [ii. 368]

Magd. C. **Staynoe, Daniel**; adm. B.A. 15 Dec. 1618, det. $161\frac{8}{9}$; lic. M.A. ('Robert Steynoe') 14 June 1621, inc. 1621. [ii. 368]

Magd. C. **Lyford, William**; adm. B.A. 15 Dec. 1618, det. $161\frac{8}{9}$; lic. M.A. 14 June 1621, inc. 1621; adm. B.D. 12 May 1631; suppl. lic. to preach 5 July 1631. [ii. 336]

Magd. C. **Drope, Edward**; adm. B.A. 15 Dec. 1618, det. $161\frac{8}{9}$; lic. M.A. 14 June 1621, inc. 1621; adm. B.D. 12 May 1631. [ii. 318]

Magd. C. **Jenks** (Jencks), **Ambrose**; adm. B.A. 15 Dec. 1618, det. $161\frac{8}{9}$; lic. M.A. 14 June 1621, inc. 1621. ⟨Demy of Magd. C. 1618–1622; Blox. 5, p. 82.⟩ [Probably Jenkens, Trin., ii. 335]

Magd. C. **Stevens** (Steevens), **William**; adm. B.A. 15 Dec. 1618, det. $161\frac{8}{9}$; lic. M.A. 14 June 1621, inc. 1621. [Jes., ii. 338]

Magd. C. **Williams, Christopher**; adm. B.A. 15 Dec. 1618, det. $161\frac{8}{9}$.

Magd. C. **Stampe, Edmund**; adm. B.A. 15 Dec. 1618, det. $161\frac{8}{9}$; lic. M.A. 25 Oct. 1623, inc. 1624.

Gloc. H. **Weston, Anthony**; adm. B.A. 15 Dec. 1618, det. $161\frac{8}{9}$; lic. M.A. 12 June 1621, inc. 1621. [ii. 371]

Gloc. H. **Merton, Henry**; adm. B.A. 15 Dec. 1618, det. $161\frac{8}{9}$. [S. Alb. H., ii. 343]

Corpus.*   **Layghtonhouse** (Laigtonhouse, Lathmouse, Laightenhouse), **Richard**; adm. B.A. (Corp.) 15 Dec. 1618, det. 161$\frac{a}{9}$; lic. M.A. (S. Alb. H.) 6 July 1621, inc. 1621. [ii. 342]
Ch. Ch.   **Bedenfeild** (Bedingfeild, Beddingfeild), **Robert**; adm. B.A. 17 Dec. 1618, det. 161$\frac{a}{9}$; lic. M.A. 14 June 1621, inc. 1621; adm. B.D. 20 June 1628; lic. D.D. 21 Jan. 163$\frac{0}{1}$, inc. 1631. [ii. 364]
Ch. Ch.   **Spenser, John**; (D.D. fil.) adm. B.A. 17 Dec. 1618, det. 161$\frac{a}{9}$; lic. M.A. 14 June 1621, inc. 1621. [ii. 369]
Ch. Ch.   **Hyde, Francis**; (eq. aur. fil.) adm. B.A. 17 Dec. 1618, det. 161$\frac{a}{9}$; lic. M.A. 14 June 1621, inc. 1621. [ii. 351]
Ch. Ch.   **Hill, Thomas**; adm. B.A. 17 Dec. 1618, det. 161$\frac{a}{9}$; lic. M.A. 14 June 1621, inc. 1621. [ii. 358]
Ch. Ch.   **Southerton** (Sootherton, Sotherton), **Valentine**; (Baronis Scaccarii regii fil.) adm. B.A. 17 Dec. 1618, det. 161$\frac{a}{9}$; lic. M.A. 14 June 1621, inc. 1621; adm. B.D. 14 Nov. 1629, lic. to preach 16 Dec. 1636. [ii. 343]
Ch. Ch.   **Johnson, Richard**; adm. B.A. 17 Dec. 1618, det. 161$\frac{a}{9}$; lic. M.A. 14 June 1621, inc. 1621. [?Linc., ii. 339]
S. Alb. H. **Pinsent, John**; adm. B.A. 17 Dec. 1618, det. 161$\frac{a}{9}$; lic. M.A. 7 June 1621, inc. 1621. [Wadh., ii. 357]
Ch. Ch.   **Limiter** (Lymetaire, Lymiter), **Charles**; (arm. fil. n. m.) adm. B.A. 19 Dec. 1618, det. 161$\frac{a}{9}$; lic. M.A. 14 June 1621, inc. 1621. [ii. 350]
Ch. Ch.   **Morly** (Morley), **George**; adm. B.A. 19 Dec. 1618, det. 161$\frac{a}{9}$; lic. M.A. 14 June 1621, inc. 1621. [ii. 373]
Ch. Ch.   **Gomersaile** (Gomersall, Gummersall), **Robert**; adm. B.A. 19 Dec. 1618, det. 161$\frac{a}{9}$; lic. M.A. 14 June 1621, inc. 1621; adm. B.D. 11 Nov. 1628; lic. to preach in 1633. [ii. 348]
Ch. Ch.   **Townlie** (Tounley, Towneley), **Zouch**; adm. B.A. 22 Dec. 1618, det. 161$\frac{a}{9}$; lic. M.A. 14 June 1621, inc. 1621. [ii. 373]

S. John's.   **Leonard, William**; suppl. B.A. 4 Feb. 161$\frac{7}{8}$.
Brasenose. **Edward, Francis**; suppl. B.A. 6 June 1618. ⟨An error for suppl. M.A., see *supra*, p. 336.⟩
Magd. C.   **Holney** (Holné), **Thomas**; suppl. B.A. 8 June 1618.
Magd. C.   **Lambert, Samuel**; suppl. B.A. 15 Oct. 1618. [?Simon, ii. 347]
Oriel.   **Tanner, Benjamin**; suppl. B.A. 3 Nov. 1618. [ii. 342]

Magd. C. **Geering, John**; lic. M.A. ('Geering') 21 Jan. 161$\frac{7}{8}$, inc. ('Geary') 1618.
S. Edm. H. **Atkyns, John**; suppl. M.A. 12 Feb., lic. 13 Feb. 161$\frac{7}{8}$, inc. 1618. ⟨One of those at Ball., *supra*, p. 196 or 224.⟩
Ch. Ch.* **Pritchard, Robert**; suppl. M.A. (Ch. Ch.) 9 July, lic. (Ch. Ch.) 10 July 1618, inc. (Ch. Ch.) 1618; adm. B.D. (Jesus) 14 Nov. 1629. ⟨Possibly the same as the one *supra*, p. 232.⟩
Magd. H. **Darley, John**; suppl. M.A. 24 Nov. 1618, inc. 1619; adm. B.D. 5 July 1627. [ii. 330; i. 367]

New Coll. **Crookes, John**; adm. B.C.L. 5 May 1618. [ii. 320]
S. John's. **Dorwin, Leonard**; adm. B.C.L. 9 May 1618. [ii. 319]

All Souls. **Barkley, Henry**; suppl. B.C.L. ('Henry') 6 June, adm. ('Richard') 9 June 1618. [? Henry, Ball., ii. 331]

Queen's. **Blier (Belleire), Timothy**; dispensed ('Belleire') 25 May 1618; suppl. B.D. ('Blier') 6 July, adm. 7 July 1618.

1619.

Exeter. **Harford, John**; adm. B.A. 26 Jan. 161$\frac{8}{9}$, det. 161$\frac{8}{9}$; lic. M.A. 29 June 1623, inc. 1623. [ii. 373]
S. Mary H. **Pearson (Person), Thomas**; adm. B.A. 26 Jan. 161$\frac{8}{9}$, det. 161$\frac{8}{9}$. [ii. 346]
S. Mary H. **Palmer, William**; adm. B.A. 26 Jan. 161$\frac{8}{9}$, det. 161$\frac{8}{9}$. [ii. 346]
S. Mary H. **Burnard (Burnet), James**; adm. B.A. 27 Jan. 161$\frac{8}{9}$, det. 161$\frac{8}{9}$. [Barnard, ii. 343]
Magd. H. **Jacob, Charles**; adm. B.A. 27 Jan. 161$\frac{8}{9}$, det. 161$\frac{8}{9}$; lic. M.A. 12 June 1621, inc. 1621. [ii. 336]
Magd. H. **Frewin, John**; adm. B.A. 27 Jan. 161$\frac{8}{9}$, det. 161$\frac{8}{9}$; lic. M.A. 6 July 1621, inc. 1621. [ii. 352]
Magd. H. **Barton, Thomas**; adm. B.A. 27 Jan. 161$\frac{8}{9}$, det. 161$\frac{8}{9}$; lic. M.A. 12 June 1621. [ii. 352]
Magd. H. **Geerye (Gerey, Geeré, Gerie), John**; adm. B.A. 27 Jan. 161$\frac{8}{9}$, det. 161$\frac{8}{9}$; lic. M.A. 12 June 1621, inc. 1621. [ii. 352]
Lincoln. **Stockton (Stockden), John**; adm. B.A. 28 Jan. 161$\frac{8}{9}$, det. 161$\frac{8}{9}$; lic. M.A. 11 June 1621, inc. 1621. [ii. 339]
Lincoln. **Maunsfield, John**; adm. B.A. 28 Jan. 161$\frac{8}{9}$, det. 161$\frac{8}{9}$. [Bras., ii. 339]
Oriel. **Cole, Thomas**; adm. B.A. 28 Jan. 161$\frac{8}{9}$, det. 161$\frac{8}{9}$; lic. M.A. 17 June 1625, inc. 1625; suppl. B.C.L. 7 July 1632. [ii. 342]
Oriel. **Ringrose, John**; adm. B.A. 28 Jan. 161$\frac{8}{9}$, det. 161$\frac{8}{9}$; lic. M.A. 6 July 1622, inc. 1622. [ii. 342]
Oriel. **Morgans, William**; adm. B.A. 28 Jan. 161$\frac{8}{9}$, det. 161$\frac{8}{9}$; lic. M.A. 15 June 1630, inc. 1630. [ii. 342]
Oriel. **Haines, Thomas**; adm. B.A. 28 Jan. 161$\frac{8}{9}$, det. 161$\frac{8}{9}$; lic. M.A. 15 May 1623, inc. 1623. [ii. 342]
Oriel. **Harvey, John**; adm. B.A. 28 Jan. 161$\frac{8}{9}$, det. 161$\frac{8}{9}$; suppl. M.A. ('Richard') 22 June, lic. ('John') 23 June 1621, inc. 1621. [ii. 342]
Queen's. **Hechsteter (Hexeter, Heckstetter, Hexstetter), Jerome**; adm. B.A. 28 Jan. 161$\frac{8}{9}$, det. 162$\frac{0}{1}$; lic. M.A. 26 June 1622, inc. 1622. [ii. 373]
Queen's. **Harris, Thomas**; adm. B.A. 28 Jan. 161$\frac{8}{9}$, det. 161$\frac{8}{9}$. [ii. 343]
Ch. Ch. **Wells, James**; adm. B.A. 1 Feb. 161$\frac{8}{9}$, det. 161$\frac{8}{9}$. [ii. 341]
Ch. Ch. **Perry, William**; adm. B.A. 1 Feb. 161$\frac{8}{9}$, det. 161$\frac{8}{9}$. [ii. 355]
Ch. Ch. **Frauncis, Giles**; (arm. fil. n. m.) adm. B.A. ('cumulatus') 1 Feb. 161$\frac{8}{9}$, det. 161$\frac{8}{9}$; lic. M.A. 14 June 1621, inc. 1621.
*Balliol.** **Gerard (Gerrard), Francis**; adm. B.A. (Ball.) 3 Feb. 161$\frac{8}{9}$, det. 161$\frac{8}{9}$; lic. M.A. (All So.) 16 Feb. 162$\frac{1}{2}$, inc. 1622; adm. B.C.L.

1619] DEGREES. 371

(All So.) 4 July 1625; lic. D.C.L. (All So.) in Hilary Term 1633/2, inc. 1632.
Balliol. Williams, George; adm. B.A. 3 Feb. 161$\frac{a}{9}$, det. 161$\frac{a}{9}$. [S. Jo., ii. 341]
Balliol. Moule (Mole), Thomas; adm. B.A. 3 Feb. 161$\frac{a}{9}$, det. 161$\frac{a}{9}$. [ii. 338]
Balliol. Ellis, Thomas; adm. B.A. 3 Feb. 161$\frac{a}{9}$, det. 161$\frac{a}{9}$. [ii. 373]
Hart H. Foukes (Fulkes, Fowkes, Foulke), Lewis; adm. B.A. 3 Feb. 161$\frac{a}{9}$, det. 161$\frac{a}{9}$; lic. M.A. 6 July 1621, inc. 1621.
Hart H. Edwards, Thomas; adm. B.A. 3 Feb. 161$\frac{a}{9}$, det. 161$\frac{a}{9}$; lic. M.A. (then in orders) 6 July 1621, inc. 1621. [ii. 349]
Hart H. Pritchard (Prichard), Alexander; adm. B.A. 3 Feb. 161$\frac{a}{9}$, det. 161$\frac{a}{9}$. [S. Edm. H., ii. 326]
University. Powell, Robert; adm. B.A. 3 Feb. 161$\frac{a}{9}$, det. 161$\frac{a}{9}$; lic. M.A. 6 July 1621, inc. 1621. [ii. 330]
*Ch. Ch.** Kendricke, John; adm. B.A. (Ch. Ch.) 3 Feb. 161$\frac{a}{9}$, det. 161$\frac{a}{9}$; lic. M.A. (Jes.) 8 July 1625, inc. 1625. [ii. 373]
Ch. Ch. Sallocke, John; adm. B.A. 3 Feb. 161$\frac{a}{9}$, det. 161$\frac{a}{9}$. [ii. 355]
Gloc. H. Griffith, Matthias; adm. B.A. ('Matthew') 3 Feb. 161$\frac{a}{9}$, det. 161$\frac{a}{9}$.
Merton. Parry, William; (episcopi fil.) adm. B.A. 3 Feb. 161$\frac{a}{9}$, det. 161$\frac{a}{9}$. ('George' in suppl. B.A.) [? George, ii. 358]
Merton. Brayne, John; adm. B.A. 3 Feb. 161$\frac{a}{9}$, det. 161$\frac{a}{9}$. [ii. 333]
Merton. Hyde, William; (arm. fil. n. m.) adm. B.A. 3 Feb. 161$\frac{a}{9}$, det. 161$\frac{a}{9}$. [ii. 369]
Corpus. Hancock, William; adm. B.A. ('cumulatus') 4 Feb. 161$\frac{a}{9}$, det. 161$\frac{a}{9}$. [ii. 351]
Wadham. Dunkin (Dunchin), Robert; adm. B.A. 4 Feb. 161$\frac{a}{9}$, det. 161$\frac{a}{9}$; lic. M.A. 25 June 1621, inc. 1621. [ii. 339]
Wadham. Eveleigh, John; adm. B.A. 4 Feb. 161$\frac{a}{9}$, det. 161$\frac{a}{9}$.
Magd. C. Yates (Yate), John; adm. B.A. 4 Feb. 161$\frac{a}{9}$, det. 161$\frac{a}{9}$; suppl. M.A. 15 Oct. 1621, lic. 11 May 1622, inc. 1622. [Ch. Ch., ii. 349]
New Coll. Cogram, William; adm. B.A. 4 Feb. 161$\frac{a}{9}$, det. 161$\frac{a}{9}$. [Cockram, ii. 342]
Brasenose. Hayhurst, Henry; adm. B.A. 4 Feb. 161$\frac{a}{9}$, det. 161$\frac{a}{9}$. [ii. 353]
*Brasenose.** Powell, Richard; adm. B.A. (Bras.) 4 Feb. 161$\frac{a}{9}$, det. 161$\frac{a}{9}$; lic. M.A. (Hart H.) 21 June 1621, inc. 1621.
Brasenose. Tredcrofte, Edward; adm. B.A. 4 Feb. 161$\frac{a}{9}$, det. 161$\frac{a}{9}$. [ii. 348]
Brasenose. Fleetewoode, William; adm. B.A. 4 Feb. 161$\frac{a}{9}$, det. 161$\frac{a}{9}$. [ii. 348]
*Brasenose.** Harflitt (Harfleit, Harflett), John; (arm. fil. n. m.) adm. B.A. (Bras.) 4 Feb. 161$\frac{a}{9}$, det. 161$\frac{a}{9}$; lic. M.A. (Hart H.) 21 June 1621, inc. 1621. [ii. 359]
Brasenose. Seddon (Sedden), Laurence; adm. B.A. 4 Feb. 161$\frac{a}{9}$, det. 161$\frac{a}{9}$; lic. M.A. 23 May 1622, inc. 1622; adm. B.D. 27 Feb. 163$\frac{5}{6}$; suppl. lic. to preach 13 Mar. 163$\frac{2}{3}$, lic. in 1633. [Ball., ii. 348]
Brasenose. Turner, Anthony; adm. B.A. 4 Feb. 161$\frac{a}{9}$, det. 161$\frac{a}{9}$. [Wadh., ii. 339]
Brasenose. Barlowe (Barloe), Laurence; adm. B.A. 4 Feb. 161$\frac{a}{9}$, det. 161$\frac{a}{9}$; lic. M.A. 2 Nov. 1621, inc. 1622. [ii. 343]

Trinity. Jones, Thomas; adm. B.A. 4 Feb. 161$\frac{8}{9}$, det. 161$\frac{8}{9}$; lic. M.A. 26 June 1622, inc. 1622; adm. B.D. 30 Mar. 1631. [? New C., ii. 140]
Trinity. Loggins, Edward; adm. B.A. 4 Feb. 161$\frac{8}{9}$, det. 161$\frac{8}{9}$; lic. M.A. 26 May 1623, inc. 1623. [ii. 339]
Jesus. Claybrooke (Cleybrooke), John; adm. B.A. 4 Feb. 161$\frac{8}{9}$, det. 161$\frac{8}{9}$.
Jesus. Selbye (Selbie), John; suppl. B.A. (S. Jo.) 16 Feb. 161$\frac{7}{8}$, adm. (Jes.) 4 Feb. 161$\frac{8}{9}$, det. (Jes.) 161$\frac{8}{9}$. [ii. 350]
S. John's. Collingwood (Colingwood), William; adm. B.A. 4 Feb. 161$\frac{8}{9}$, det. 161$\frac{8}{9}$; lic. M.A. 3 July 1621, inc. 1621. [ii. 332]
S. John's. Swadling, Thomas; adm. B.A. 4 Feb. 161$\frac{8}{9}$, det. 161$\frac{8}{9}$. [ii. 356]
Magd. H. Carre, George; adm. B.A. 4 Feb. 161$\frac{8}{9}$, det. 161$\frac{8}{9}$. [ii. 351]
Magd. H. Stowe (Stoe), William; adm. B.A. 4 Feb. 161$\frac{8}{9}$, det. 161$\frac{8}{9}$. [ii. 335]
Oriel. Lloyd, James; adm. B.A. 5 Feb. 161$\frac{8}{9}$, det. 161$\frac{8}{9}$. [ii. 360]
All Souls. Butterfield, Henry; adm. B.A. (All So.) 5 Feb. 161$\frac{8}{9}$, det. 161$\frac{8}{9}$; lic. M.A. (Broadg. H.) 7 June 1621, inc. 1621.
Jesus. Cheddle (Chedell, Cheadle), Rowland; adm. B.A. 5 Feb. 161$\frac{8}{9}$, det. 161$\frac{8}{9}$; lic. M.A. 6 June 1621, inc. 1621; adm. B.D. and lic. D.D. 30 June 1632, inc. 1632. [ii. 345]
Gloc. H. Mills (Milles), Michael; adm. B.A. 5 Feb. 161$\frac{8}{9}$, det. 161$\frac{8}{9}$. [All So., ii. 341]
Oriel. Evans, Richard; adm. B.A. 19 Mar. 161$\frac{8}{9}$, det. 16$\frac{19}{20}$.
New Coll. Yeldinge (Yeelding), James; adm. B.A. 8 Apr. 1619, det. 16$\frac{19}{20}$; lic. M.A. 15 Jan. 162$\frac{2}{3}$, inc. 1623. [ii. 344]
New Coll. Miller, Thomas; adm. B.A. 8 Apr. 1619, det. 16$\frac{19}{20}$; lic. M.A. 15 Jan. 162$\frac{2}{3}$, inc. 1623; adm. B.D. 23 Mar. 163$\frac{1}{2}$. [ii. 344]
Magd. H.* Clarke, John; adm. B.A. (Magd. H.) 13 Apr. 1619, det. 16$\frac{19}{20}$; lic. M.A. (Magd. C.) 9 July 1624, inc. 1624.
All Souls.* Eason, Nathaniel; adm. B.A. (All So.) 13 Apr. 1619, det. (S. Mary H., 'Eston'), 16$\frac{19}{20}$. [ii. 335]
S. Edm. H. Eyres (Eyre), Rowland; (arm. fil. n. m.) adm. B.A. 14 Apr. 1619. [ii. 364]
Trinity. Kettle, Bartholomew; adm. B.A. 16 Apr. 1619, det. 16$\frac{19}{20}$. [ii. 345]
Queen's. Middleton, Thomas; adm. B.A. 16 Apr. 1619, det. 16$\frac{19}{20}$; lic. M.A. 18 Jan. 162$\frac{2}{3}$, inc. 1622. [ii. 340]
Queen's. Dolton, John; adm. B.A. 16 Apr. 1619. [? Dalton, ii. 374]
Queen's. Frevells (Frevill), Nicholas; adm. B.A. 16 Apr. 1619. [ii. 340]
Brasenose. Boothe, John; adm. B.A. 19 Apr. 1619, det. 16$\frac{19}{20}$. [ii. 348] ⟨See another of both names, *supra*, p. 363.⟩
Brasenose. Anderton, William; adm. B.A. 19 Apr. 1619, det. 16$\frac{19}{20}$. [ii. 374]
Brasenose.* Stringer, Richard; adm. B.A. (Bras.) 19 Apr. 1619, det. 16$\frac{19}{20}$; lic. M.A. (Hart H.) 4 June 1622, inc. 1622. [ii. 346]
Balliol. Mallet, Thomas; (eq. aur. fil.) adm. B.A. 20 Apr. 1619. [ii. 347]
Balliol. Snigge (Snig), Richard; (baronis fil.) adm. B.A. 20 Apr. 1619, det. 16$\frac{19}{20}$; lic. M.A. 6 June 1622, inc. 1622. [ii. 356]
Balliol. Waight (Waite, Wayte), Bernard; adm. B.A. 20 Apr. 1619, det. 16$\frac{19}{20}$; lic. M.A. 21 Oct. 1624, inc. 1625.

Balliol. Tilladan (Tiladam, Tilladam), William; adm. B.A. 20 Apr. 1619, det. 16$\frac{19}{20}$; lic. M.A. 12 July 1623, inc. 1623. [ii. 345]
Balliol. Tomkyns (Tomkins), Nathaniel; adm. B.A. 20 Apr. 1619, det. 16$\frac{19}{20}$; lic. M.A. 3 Feb. 162$\frac{1}{2}$, inc. 1622; adm. B.D. 13 Mar. 162$\frac{3}{8}$.
Balliol. Gunninge (Gunnell, Gemminge), William; adm. B.A. 20 Apr. 1619, det. 16$\frac{19}{20}$; lic. M.A. 3 Feb. 162$\frac{1}{2}$, inc. 1622. [Gonning, ii. 345]
Balliol. Sharpe, Henry; adm. B.A. 20 Apr. 1619, det. 16$\frac{19}{20}$. [ii. 343]
Balliol. Trimnill (Trimnell), Richard; adm. B.A. 20 Apr. 1619, det. 16$\frac{19}{20}$; lic. M.A. 4 July 1622, inc. 1622; adm. B.D. 22 June 1630. [ii. 348]
Balliol. Turner, Matthias; (doctoris fil.) adm. B.A. 20 Apr. 1619, det. 16$\frac{19}{20}$; lic. M.A. 11 Dec. 1622, inc. 1623; adm. B.D. 14 Nov. 1632. [ii. 374]
Balliol. Whiting (Whytinge), Thomas; adm. B.A. 20 Apr. 1619, det. 16$\frac{19}{20}$; lic. M.A. 3 Feb. 162$\frac{1}{2}$, inc. 1622. [ii. 348]
Oriel. Stanisbie (Stansby), Richard; (arm. fil. n. m.) adm. B.A. 20 Apr. 1619, det. 16$\frac{19}{20}$. [ii. 360]
Wadham. Roberts, John; adm. B.A. 24 Apr. 1619, det. 16$\frac{19}{20}$; lic. M.A. 1 Mar. 162$\frac{1}{2}$, inc. 1622. [ii. 343]
New Coll. Pope, Francis; adm. B.A. 24 Apr. 1619, det. 16$\frac{19}{20}$; lic. M.A. 19 Jan. 162$\frac{1}{2}$, inc. 1622. [ii. 341]
Wadham. Ball, Benjamin; adm. B.A. 24 Apr. 1619, det. 16$\frac{19}{20}$; lic. M.A. 28 May 1622, inc. 1622. [ii. 357]
Gloc. H. Tipton (Stipten), Edmund; adm. B.A. 24 Apr. 1619, det. 16$\frac{19}{20}$. [Broadg. H., ii. 350]
Magd. H. Elliott, Caleb; adm. B.A. 24 Apr. 1619, det. 16$\frac{19}{20}$; lic. M.A. 26 Jan. 162$\frac{1}{2}$, inc. 1622. [ii. 344]
Magd. H. Busshel, John; adm. B.A. 24 Apr. 1619, det. 16$\frac{19}{20}$. [ii. 344]
Magd. H. Busshell, Silas; adm. B.A. 24 Apr. 1619, det. 16$\frac{19}{20}$. [ii. 344]
Magd. H. Nye, Philip; adm. B.A. 24 Apr. 1619, det. 16$\frac{19}{20}$; lic. M.A. 9 May 1622, inc. 1622. [Bras., ii. 353]
Magd. C. Longe (Long), Richard; adm. B.A. 24 Apr. 1619, det. 16$\frac{19}{20}$; lic. M.A. 26 Jan. 162$\frac{1}{2}$, inc. 1622. [ii. 370]
Exeter. Downe, Richard; adm. B.A. 27 Apr. 1619, det. 16$\frac{19}{20}$; lic. M.A. 19 Jan. 162$\frac{1}{2}$, inc. 1622; adm. B.D. 7 Dec. 1630; suppl. D.D. 17 Oct. 1632, lic. — June 1633, inc. 1633. [ii. 346]
Hart H.* Mahat, Philip; adm. B.A. (Hart H.) 27 Apr. 1619, det. 16$\frac{19}{20}$; lic. M.A. (New C.) 6 May 1622, inc. 1622. [ii. 340]
Broadg. H. Dunford, Thomas; adm. B.A. 27 Apr. 1619. [ii. 341]
Oriel. Gardner. Richard; adm. B.A. 4 May 1619, det. 16$\frac{19}{20}$. [ii. 374] ('George' in suppl. B.A.)
Oriel. Odill, Robert; adm. B.A. 4 May 1619, det. 162$\frac{1}{2}$; lic. M.A. 3 Apr. 1622, inc. 1622. [ii. 370]
Trinity. Man (Mun, Muns), Richard; adm. B.A. 10 May 1619, det. 16$\frac{19}{20}$; lic. M.A. 26 June 1622, inc. 1622. [Ball., ii. 345]
Magd. H. Langley, William; adm. B.A. 10 May 1619, det. 16$\frac{19}{20}$; lic. M.A. 4 July 1622, inc. 1622.
Hart H. Stanton (Staunton), Francis; adm. B.A. 10 May 1619, det. 16$\frac{19}{20}$; lic. M.A. 21 Mar. 162$\frac{3}{4}$, inc. 1623. [Wadh., ii. 339]

Brasenose. Tracy, **Nathaniel**; (baronetti fil.) adm. B.A. 10 May 1619.
Lincoln. Dugdale, **Philip**; adm. B.A. 10 May 1619, det. 16$\frac{19}{20}$; lic. M.A. 26 June 1622, inc. 1622. [Magd. H., ii. 348]
Lincoln. Harbin, **John**; adm. B.A. 10 May 1619. [Bras., ii. 359]
Lincoln. Pitt, **Edward**; adm. B.A. 10 May 1619.
Lincoln. Clarke, **Richard**; adm. B.A. 10 May 1619, det. 16$\frac{19}{20}$; lic. M.A. 26 June 1622, inc. 1622; adm. B.D. 7 July 1629. [ii. 344]
S. John's. Vilet (Violet), **Nicholas**; adm. B.A. 12 May 1619, det. 16$\frac{19}{20}$; lic. M.A. 26 Apr. 1623, inc. 1623; adm. B.D. 12 May 1630. [ii. 341]
S. John's. Atkinson, **Thomas**; adm. B.A. 12 May 1619, det. 16$\frac{19}{20}$; lic. M.A. 26 Apr. 1623, inc. 1623; adm. B.D. 12 May 1630. [ii. 341]
S. John's. Glin, **Christopher**; adm. B.A. 12 May 1619, det. 16$\frac{19}{20}$; lic. M.A. 1 June 1622, inc. 1622. [ii. 341]
S. John's. Goffe, **Ferdinando**; adm. B.A. 12 May 1619. [ii. 355]
Gloc. H. Clarke, **Nicholas**; adm. B.A. 12 May 1619. [ii. 355]
S. Edm. H. Laughorne, **Maurice**; adm. B.A. 14 May 1619, det. 16$\frac{19}{20}$. [Queen's, ii. 366]
University. Daniel, **Edward**; adm. B.A. 14 May 1619, det. 16$\frac{19}{20}$. [ii. 344]
Exeter. Lloyd, **William**; adm. B.A. 27 May 1619, det. 16$\frac{19}{20}$.
Hart H. Thelwell, **Simon**; adm. B.A. 29 May 1619. [Linc., ii. 351]
Brasenose. Stedman (Steedman), **Francis**; adm. B.A. 3 June 1619, det. 16$\frac{19}{20}$; lic. M.A. 6 May 1622, inc. 1622. [ii. 357]
Queen's. Shenton (Shinton), **William**; (arm. fil. n. m.) adm. B.A. 3 June 1619, det. 16$\frac{19}{20}$; lic. M.A. (then in orders) 27 June 1623, inc. 1623. [ii. 367]
Queen's. Blackston, **Marmaduke**; adm. B.A. 3 June 1619. [ii. 346]
*Queen's.** Venner (Fenor), **Richard**; adm. B.A. (Queen's) 3 June 1619, det. 16$\frac{19}{20}$; lic. M.A. (Magd. H.) 9 May 1622. [ii. 344]
Queen's. Hedge, **Anthony**; adm. B.A. 3 June 1619. [ii. 356]
Queen's. Preston, **Thomas**; adm. B.A. 3 June 1619, det. 162$\frac{0}{1}$. [ii. 361]
Magd. H. Baylie, **William**; adm. B.A. 3 June 1619. [ii. 352]
S. Edm. H. Fowler, **William**; adm. B.A. 3 June 1619, det. 16$\frac{19}{20}$. [ii. 346]
S. Alb. H. Churchman, **William**; adm. B.A. 3 June 1619, det. 16$\frac{19}{20}$; lic. M.A. 3 July 1622, inc. 1622. [S. Jo., ii. 243]
*Exeter.** Jesop (Jesoppe), **Robert**; adm. B.A. (Exet.) 5 June 1619; lic. M.A. (Wadh.) 4 July 1622, inc. 1622. [ii. 346]
New Coll. Eveling (Evelyn, Evelin), **James**; adm. B.A. 5 June 1619 det. 16$\frac{19}{20}$; lic. M.A. 24 Apr. 1623, inc. 1623. [ii. 346]
Magd. H. Saunders, **Robert**; adm. B.A. 9 June 1619, det. 16$\frac{19}{20}$ (see p. 379); lic. M.A. 9 May 1622, inc. 1622. [ii. 344]
*Magd. H.** Cooke, **Robert**; adm. B.A. (Magd. H.) 9 June 1619, det. (Magd. C.) 16$\frac{19}{20}$; lic. M.A. (Magd. C.) 3 July 1622, inc. 1622; adm. B.D. (Magd. C.) 18 May 1631; lic. to preach 29 Mar. 1636. [ii. 344]
Magd. H. Birchman (Birchmore), **Thomas**; adm. B.A. 9 June 1619, det. 16$\frac{19}{20}$; lic. M.A. (Birchmore) 4 July 1622, inc. 1622. [Ch. Ch., ii. 345]

Magd. H. **Pincke, William**; adm. B.A. 9 June 1619, det. $16\frac{19}{20}$; lic. M.A. 9 May 1622, inc. 1622.

Magd. H. **Fletcher, Richard**; adm. B.A. 9 June 1619, det. $16\frac{19}{20}$; lic. M.A. 10 Feb. $162\frac{2}{3}$, inc. 1623. [ii. 344]

*Magd. H.** **Baines** (Banes, Baynes), **Edward**; adm. B.A. (Magd. H.) 9 June 1619, det. $16\frac{19}{20}$; lic. M.A. (Magd. H.) 9 May 1622, inc. 1622; adm. B.D. (Exet.) 30 June 1632. [ii. 366]

Balliol. **Mallet, Francis**; (eq. aur. fil.) adm. B.A. 11 June 1619. [ii. 346]

Balliol. **Rich, Robert**; adm. B.A. 11 June 1619, det. $16\frac{19}{20}$. [Ritch, ii. 348]

Balliol. **Cooper, Edward**; adm. B.A. 11 June 1619, det. $16\frac{19}{20}$; lic. M.A. 11 May 1622, inc. 1622; adm. B.D. 4 Nov. 1637; lic. to preach 30 May 1639. [ii. 347]

Balliol. **Fyler** (Filer), **George**; adm. B.A. 11 June 1619, det. $16\frac{19}{20}$; lic. M.A. 16 May 1622, inc. 1622. [ii. 345]

Balliol. **Penrice, Robert**; adm. B.A. 11 June 1619, det. $16\frac{19}{20}$; lic. M.A. 6 June 1622, inc. 1622. [ii. 348]

Broadg. H. **Yard, Thomas**; adm. B.A. 17 June 1619, det. $16\frac{19}{20}$; lic. M.A. 11 May 1622, inc. 1622. [Yeard, ii. 243]

Broadg. H. **Selly** (Selbie), **William**; adm. B.A. 17 June 1619, det. $16\frac{19}{20}$; lic. M.A. 11 May 1622, inc. 1622. [ii. 343]

Broadg. H. **Mayne, Thomas**; adm. B.A. 17 June 1619.

Broadg. H. **Tanner, Edward**; adm. B.A. 17 June 1619, det. $16\frac{19}{20}$.

Broadg. H. **Bright, Robert**; adm. B.A. 17 June 1619, det. $16\frac{19}{20}$. [ii. 369]

*S. Edm. H.** **Frere, Ambrose**; adm. B.A. (S. Edm. H.) 17 June 1619, det. $16\frac{19}{20}$; suppl. M.A. ('Frier,' Magd. H.) 22 June, lic. ('Frier,' Magd. H.) 4 July 1622, inc. ('Frere') 1622.

S. Edm. H. **Belcher, Thomas**; adm. B.A. 17 June 1619, det. $16\frac{19}{20}$. [ii. 375]

All Souls. **Merry, Thomas**; adm. B.A. 17 June 1619, det. $16\frac{19}{20}$; lic. M.A. 1 June 1622, inc. 1622. [ii. 366]

Corpus. **Arundell, Nathaniel**; adm. B.A. 12 June 1619. [ii. 345]

Exeter. **Stroode, William**; adm. B.A. 20 June 1619. [ii. 361]

Exeter. **Washbourne** (Washburne), **Richard**; adm. B.A. 20 June 1619, det. $16\frac{19}{20}$; lic. M.A. 16 May 1622, inc. 1622. [ii. 346]

Gloc. H. **Cake, William**; adm. B.A. 18 June 1619, det. $16\frac{19}{20}$; lic. M.A. 1 June 1622, inc. 1622. [Exet., ii. 346]

S. Alb. H. **Drewry** (Drewrie), **Robert**; (eq. aur. fil.) adm. B.A. 1 July 1619. [ii. 369]

Trinity. **Hatley, William**; adm. B.A. 1 July 1619, det. $16\frac{19}{20}$; lic. M.A. 26 June 1622, inc. 1622. [ii. 343]

Wadham. **Bisse, Philip**; adm. B.A. 5 July 1619, det. $16\frac{19}{20}$. [ii. 333]

Wadham. **Pie** (Pye), **Oatwell** (Otwell); adm. B.A. 5 July 1619, det. $16\frac{19}{20}$; lic. M.A. 28 May 1622, inc. 1622. [ii. 345]

Wadham. **Pitts** (Pitt, Pitte), **Joseph**; adm. B.A. 5 July 1619, det. $16\frac{19}{20}$; lic. M.A. 28 May 1622, inc. 1622. [ii. 347]

Wadham. **Martin, Thomas**; adm. B.A. 5 July 1619, det. $16\frac{19}{20}$; lic. M.A. ('cumulatus') 28 May 1622, inc. 1622. ⟨A Wood has a MS. note, 'obiit 10 Sept. 1627; sepultus in ecclesia S. Pet. apud Bathoniam, ubi hodie extat pulchre monumentum super tumulum ejus, cum inscriptione.'⟩ [ii. 357]

Wadham. Currey (Corey), Thomas; adm. B.A. 5 July 1619, det. 16¹⁹₂₀; lic. M.A. 28 May 1622, inc. 1622. [ii. 347]
Jesus. Lewis, William; adm. B.A. 7 July 1619, det. 16¹⁹₂₀; [ii. 350]
Jesus. Morgan, Edward; adm. B.A. 7 July 1619, det. 16¹⁹₂₀; [ii. 350]
Jesus. Williams, Howell; adm. B.A. 7 July 1619, det. 16¹⁹₂₀. [ii. 345]
Broadg. H. Rogers, Richard; adm. B.A. 8 July 1619.
Broadg. H. Jones, John; adm. B.A. 8 July 1619, det. 16¹⁹₂₀. [ii. 338]
Brasenose. Cooper, Peter; adm. B.A. 8 July 1619, det. 16¹⁹₂₀; lic. M.A. 11 May 1624, inc. 1624. [ii. 343]
Brasenose. Skinner, Edmund; adm. B.A. 8 July 1619, det. 16¹⁹₂₀; lic. M.A. 23 May 1622, inc. 1622. [ii. 349]
Brasenose. Holford, Richard; adm. B.A. 8 July 1619, det. 16¹⁹₂₀; suppl. M.A. 4 May 1622, lic. 10 July 1623, inc. 1623. [ii. 359]
Brasenose. Stocke, Thomas; adm. B.A. 8 July 1619, det. 16¹⁹₂₀; lic. M.A. 1 July 1625, inc. 1625. [ii. 346]
Ch. Ch. Nedham (Needham), John; adm. B.A. 8 July 1619, det. 16¹⁹₂₀; lic. M.A. 29 May 1622, inc. 1622.
Ch. Ch. Heylin (Heilin, Hylin), Richard; adm. B.A. 8 July 1619, det. 16¹⁹₂₀; lic. M.A. 11 May 1622, inc. 1622; adm. B.D. 6 Dec. 1633; suppl. for lic. to preach 13 Oct. 1636, and again 26 May 1638, lic. 26 May 1638. [ii. 348]
Ch. Ch.* Earle (Earles), John; adm. B.A. (Ch. Ch.) 8 July 1619, det. 16¹⁹₂₀; lic. M.A. (Mert.) 10 July 1624, inc. 1624. [ii. 375] Brod., p. 282.
Ch. Ch. Saunders, Humphrey; adm. B.A. 8 July 1619, det. 16¹⁹₂₀; lic. M.A. 26 June 1622, inc. 1622. [ii. 375]
All Souls. Lentale, Robert; adm. B.A. 8 July 1619. [Oriel, ii. 324]
Brasenose. Aston (Ashton), Thomas; (arm. fil. n. m.) adm. B.A. ('cumulatus') 8 July 1619, det. 16¹⁹₂₀. [ii. 359]
Ch. Ch.* Hurst, Richard; adm. B.A. (Ch. Ch.) 8 July 1619, det. 16¹⁹₂₀; lic. M.A. (Hart H.) 2 July 1622, inc. 1622. [Harst, ii. 341]
S. Edm. H. Hall, William; adm. B.A. 13 July 1619, det. 16¹⁹₂₀; lic. M.A. 3 July 1622, inc. 1622. [Queen's, ii. 343]
All Souls.* Rooke, John; adm. B.A. (All So.) 13 July 1619, det. (Bras.) 16¹⁹₂₀; lic. M.A. (Bras.) 3 July 1622, inc. 1622.
Queen's.* Potter, Edward; adm. B.A. (Queen's) 17 July 1619, det.. 16¹⁹₂₀; lic. M.A. (Broadg. H.) 26 June 1622, inc. 1622. [ii. 374]
University. Smith, William; adm. B.A. 14 July 1619, det. 16¹⁹₂₀. [ii. 341]
Corpus. Baker, Robert; adm. B.A. 19 July 1619, det. 16¹⁹₂₀. [ii. 369]
S. John's.* Williams, Maurice; adm. B.A. (S. Jo.) 19 Oct. 1619, det. 16¹⁹₂₀; lic. M.A. (Oriel) 18 Mar. 162¾, inc. 1624. Incorporated as Ph. D. and M.D. from Padua 11 May 1628. [ii. 356]
S. John's. Decrawe (Degrove, Docura), Valentine; (arm. fil. n. m.) adm. B.A. 19 Oct. 1619, det. 16¹⁹₂₀. [ii. 355]
S. John's. Herricke, Richard; (eq. aur. fil.) adm. B.A. 19 Oct. 1619, det. 16¹⁹₂₀; lic. M.A. 26 June 1622, inc. 1622. [ii. 362]

S. John's. Alkington (Alkinton), John; adm. B.A. 19 Oct. 1619, det. 16¹⁸⁄₂₀. [ii. 355]
S. John's. Bates, Nathaniel; adm. B.A. 19 Oct. 1619, det. 16¹⁸⁄₂₀; [ii. 355]
S. John's.* Williams, Daniel; adm. B.A. (S. Jo.) 19 Oct. 1619, det. 16¹⁸⁄₂₀; lic. M.A. (Gloc. H.) 7 July 1628, inc. 1628. [ii. 340]
Queen's. Byfield (Bifield), Richard; adm. B.A. 19 Oct. 1619, det. 16¹⁸⁄₂₀; lic. M.A. 29 Oct. 1622, inc. 1623. [ii. 349]
Balliol. Kerry (Kerrie), Richard; (D.D. fil.) adm. B.A. 21 Oct. 1619, det. 16¹⁸⁄₂₀; lic. M.A. 4 July 1622, inc. 1622. [ii. 354]
Balliol. Abbott, Nathaniel; adm. B.A. 21 Oct. 1619, det. 16¹⁸⁄₂₀. [ii. 372]
Balliol. Stinton (Shinton), George; (arm. fil. n. m.) adm. B.A. 21 Oct. 1619, det. 16¹⁸⁄₂₀; lic. M.A. 4 July 1622, inc. 1622. [ii. 365]
Gloc. H. Wells, Edmund; adm. B.A. 21 Oct. 1619, det. 16¹⁸⁄₂₀. [ii. 352]
Exeter. Foote, Richard; adm. B.A. 21 Oct. 1619, det. 16¹⁸⁄₂₀; lic. M.A. 6 July 1622, inc. 1622. [ii. 353]
Exeter. Dolling (Dollin), Michael; adm. B.A. 21 Oct. 1619, det. 16²⁰⁄₁; lic. M.A. 26 June 1622, inc. 1622. [ii. 352]
Exeter. Ascott, Richard; adm. B.A. 21 Oct. 1619, det. 16¹⁸⁄₂₀. [ii. 353]
Queen's.* Hyde (Hide), Richard; adm. B.A. (Queen's) 23 Oct. 1619, det. 16¹⁸⁄₂₀; lic. M.A. (Queen's) 26 June 1622, inc. (Oriel) 1622. [ii. 347]
Queen's.* Mapelett (Maplet), Henry; adm. B.A. (Queen's) 23 Oct. 1619, det. 16¹⁸⁄₂₀; lic. M.A. (Oriel) 26 June 1622, inc. 1622. [ii. 378]
Magd. H. Douse, Thomas; (eq. aur. fil.) adm. B.A. 23 Oct. 1619, det. 16¹⁸⁄₂₀. [ii. 377]
Magd. H. Douse, Francis; (eq. aur. fil.) adm. B.A. 23 Oct. 1619, det. 16¹⁸⁄₂₀. [ii. 377]
Magd. H. Coxeter, Nicholas; adm. B.A. 23 Oct. 1619, det. 16¹⁸⁄₂₀; lic. M.A. 26 June 1622, inc. 1622. [Broadg. H., ii. 343]
Magd. H. Hatton, John; adm. B.A. 23 Oct. 1619, det. 16¹⁸⁄₂₀. [ii. 352]
Magd. H. Hodgkins (Hodgkinson), Nathaniel; adm. B.A. 23 Oct. 1619, det. 16¹⁸⁄₂₀. [Magd. C., ii. 348]
Lincoln. Bennet, Thomas; adm. B.A. 25 Oct. 1619. [ii. 348]
Lincoln. Burbie (Burbey, Burbye), Edward; adm. B.A. 25 Oct. 1619, det. 16¹⁸⁄₂₀; lic. M.A. 26 June 1622, inc. 1622. [ii. 348]
Lincoln. Knoler (Knowler, Knoller), John; adm. B.A. 25 Oct. 1619, det. 16¹⁸⁄₂₀; lic. M.A. 26 June 1622, inc. 1622. [ii. 348]
S. Mary H.* Slatier (Slatter, Sleyter), Joshua; adm. B.A. (S. Mary H.) 3 Nov. 1619, det. 16¹⁸⁄₂₀; lic. M.A. (Oriel) 15 May 1623, inc. (S. Mary H.) 1623. [ii. 377]
S. Mary H. Alford, William; adm. B.A. 3 Nov. 1619, det. 16¹⁸⁄₂₀; lic. M.A. 26 June 1622, inc. 1622. [ii. 360]
S. Mary H.* Fowler, Richard; adm. B.A. (S. Mary H.) 3 Nov. 1619, det. 16¹⁸⁄₂₀; lic. M.A. (Oriel) 19 Jan. 162⅘, inc. 1625. [ii. 378]
S. Mary H. Evans, William; adm. B.A. 3 Nov. 1619, det. 16¹⁸⁄₂₀; lic.

M.A. 26 June 1622, inc. 1622; adm. B.D. 6 June 1635; suppl. lic. to preach 8 Dec. 1635. [ii. 367]
Oriel. Palmer, John; adm. B.A. 3 Nov. 1619, det. 16$\frac{19}{20}$; lic. M.A. 9 July 1629, inc. 1629. [ii. 358]
Oriel. Wells, George; adm. B.A. 3 Nov. 1619, det. 16$\frac{19}{20}$. [ii. 360]
Hart H. Wallis, Knightley; adm. B.A. 6 Nov. 1619, det. 16$\frac{19}{20}$; lic. M.A. 6 July 1622, inc. 1622. [ii. 354]
Corpus. Rivers, Potter; adm. B.A. 9 Nov. 1619, det. 16$\frac{19}{40}$. [ii. 357]
Exeter. Gouldeston (Colston), German; adm. B.A. 10 Nov., det. 16$\frac{19}{20}$. [ii. 351]
New Coll. Smith, Francis; adm. B.A. 18 Nov. 1619, det. 16$\frac{19}{20}$. [S. Jo., ii. 356]
Balliol. Keepe, Henry; adm. B.A. 22 Nov. 1619, det. 16$\frac{19}{20}$; lic. M.A. 6 July 1626, inc. 1626. [ii. 365]
Wadham. Huishe, Anthony; adm. B.A. 24 Nov. 1619, det. 16$\frac{19}{20}$; lic. M.A. 26 June 1622, inc. 1622. [ii. 348]
Trinity. Simpson (Simson, Sympson), Nathaniel; adm. B.A. 25 Nov. 1619, det. 16$\frac{19}{20}$; lic. M.A. 26 May 1623, inc. 1623; adm. B.D. 30 Mar. 1631. [ii. 350]
Trinity. Weekes, Henry; adm. B.A. 25 Nov. 1619, det. 16$\frac{19}{20}$; lic. M.A. 26 May 1623, inc. 1623. [Wickes, ii. 349]
Trinity. Mayle (Maile), Henry; adm. B.A. 25 Nov. 1619, det. 16$\frac{19}{20}$. [ii. 357]
Trinity. Lewgar (Lugar), John; adm. B.A. 25 Nov. 1619, det. ('Hugh') 16$\frac{19}{20}$; lic. M.A. 26 June 1622, inc. 1622; lic. to preach 30 May 1632; suppl. B.D. 5 July and adm. 6 July 1632. [ii. 357]
*Trinity.** Mayle, Robert; adm. B.A. (Trin.) 25 Nov. 1619, det. 16$\frac{19}{20}$; lic. M.A. (All So.) 20 June 1622, inc. 1622. [ii. 357]
Trinity. Stonehouse, Duke; adm. B.A. 25 Nov. 1619, det. 16$\frac{19}{20}$. [ii. 358]
Trinity. Gellibrand (Gellybrand), Henry; adm. B.A. 25 Nov. 1619, det. 16$\frac{19}{20}$; lic. M.A. 26 May 1623, inc. 1623. [Bras., ii. 348]
Brasenose. Worrall, Richard; adm. B.A. 26 Nov. 1619, det. 16$\frac{19}{20}$; lic. M.A. 2 July 1622, inc. 1622. [ii. 359]
Brasenose. Chessheire, Thomas; adm. B.A. 26 Nov. 1619, det. 16$\frac{19}{20}$. [ii. 353]
Brasenose. Evans, Evan; adm. B.A. 26 Nov. 1619, det. 16$\frac{19}{20}$. [ii. 349]
Brasenose. Goodale (Goodall), Wortley; adm. B.A. 26 Nov. 1619, det. 16$\frac{19}{20}$. [ii. 378]
*Merton.** Wilkinson, Samuel; adm. B.A. (Mert.) 2 Dec. 1619, det. 16$\frac{19}{20}$; lic. M.A. (Magd. H.) 26 June 1622, inc. 1622. [ii. 367]
Corpus. Holland, Edward; adm. B.A. ('Edmund') 2 Dec. 1619, det. ('Edward') 16$\frac{19}{20}$. ('Edward' also in suppl. B.A.) [ii. 342]
S. Mary H. Williams, Rice; adm. B.A. 8 Dec. 1619. [Hart. H., ii. 349]
Gloc. H. Nichols (Nicolls), Edward; adm. B.A. ('Edmund') 8 Dec. 1619, det. ('Edward') 16$\frac{19}{20}$; lic. M.A. ('Edward') 3 July 1622, inc. 1622. [Ball., ii. 345]
Jesus. Rumsey, Edward; adm. B.A. 8 Dec. 1619, det. 16$\frac{19}{20}$. [ii. 350]

Jesus. Thomas, William; adm. B.A. 8 Dec. 1619, det. 16$\frac{19}{20}$. [ii. 350]
Jesus. Lewis, Thomas; adm. B.A. 8 Dec. 1619, det. 16$\frac{19}{20}$; lic. M.A. 18 June 1623, inc. 1623. [ii. 350]
Jesus. Vaughan, Edward; adm. B.A. 8 Dec. 1619, det. 16$\frac{19}{20}$; lic. M.A. 29 June 1622, inc. 1622. [ii. 345]
Hart H. Williams, John; adm. B.A. 8 Dec. 1619, det. 16$\frac{19}{20}$. [ii. 354]
Magd. C. Wise (Wyse), Thomas; adm. B.A. 11 Dec. 1619, det. 16$\frac{19}{20}$; lic. M.A. 3 July 1622, inc. 1622. [Magd. H., ii. 352]
Magd. C. Love, Edward; adm. B.A. 11 Dec. 1619, det. 16$\frac{19}{20}$; suppl. M.A. ('Edmund') 3 July, lic. ('Edward') 3 July 1622, inc. 1622; adm. B.D. 24 July 1633. [ii. 352]
Magd. C. Oliver, John; adm. B.A. 11 Dec. 1619, det. 16$\frac{19}{20}$; lic. M.A. 3 July 1622, inc. 1622; adm. B.D. 18 May 1631; lic. D.D. 29 Apr. 1639, inc. 1639. [Mert., ii. 347]
Magd. C. Tomkins, Abraham; adm. B.A. 11 Dec. 1619, det. 16$\frac{19}{20}$. [ii. 375]
*Magd. C.** Trew, Charles; adm. B.A. (Magd. C.) 11 Dec. 1619, det. 16$\frac{19}{20}$; lic. M.A. (Magd. H.) 4 July 1622, inc. ('Thomas') 1622.
All Souls. Whitbatch (Whitlach), Richard; adm. B.A. 11 Dec. 1619, det. 16$\frac{19}{20}$; suppl. M.A. 22 Oct. 1622, lic. 11 July 1623, inc. 1623.
S. Alb. H. Messenger, William; adm. B.A. 15 Dec. 1619, det. 16$\frac{19}{20}$; [ii. 358]
Trinity. Knappe, John; adm. B.A. 15 Dec. 1619, det. 16$\frac{19}{20}$; lic. M.A. 26 June 1622, inc. 1622. [ii. 352]
Ch. Ch. Deuwicke (Deuick), Henry; adm. B.A. ('cumulatus') 17 Dec. 1619, det. 16$\frac{19}{20}$. [Devick, ii. 378]
Ch. Ch. Spencer (Spenser), Thomas; adm. B.A. 17 Dec. 1619, det. 16$\frac{19}{20}$; lic. M.A. 4 July 1622, inc. 1622. [ii. 369]
Ch. Ch. More, John; adm. B.A. 17 Dec. 1619, det. 16$\frac{19}{20}$; lic. M.A. 6 July 1622, inc. 1622. [? Univ., ii. 344]
Ch. Ch. Owen, Arthur; adm. B.A. 17 Dec. 1619, det. 16$\frac{19}{20}$.
Oriel. Williams, William; adm. B.A. 17 Dec. 1619, det. 16$\frac{19}{20}$; lic. M.A. 1 July 1623, inc. 1623. [ii. 358]
Queen's. Cragg, Christopher; adm. B.A. 17 Dec. 1619, det. 16$\frac{19}{20}$. [ii. 346.]

Merton. Lumsden, John; suppl. B.A. 1 Feb. 161$\frac{9}{9}$, det. (Lounsden) 161$\frac{9}{9}$. [ii. 358]
Exeter. Ashburnham, Richard; suppl. B.A. 26 May 1619.
Brasenose. Quipp, William; suppl. B.A. 29 May 1619. [S. Mary H., ii. 346]
Brasenose. Wright, Thomas; suppl. B.A. 3 June 1619. [ii. 339]
S. Edm. H. Talantire, Henry; suppl. B.A. 24 July 1619. [ii. 337]
Jesus. Jefferys, Hugh; suppl. B.A. 24 Nov. 1619. [ii. 350]
Broadg. H. Arundel, John; det. 16$\frac{19}{20}$.
Magd. H. ⟨A name which looks like 'Robert Wyders' is inserted in the det. list for 16$\frac{19}{20}$. I take it to be a rather illegible entry for 'Robert Saunders,' *supra*, p. 374.⟩

Ch. Ch. Becket, Richard; suppl. and lic. M.A. 26 June 1619, inc. 1619.

Exeter. Mitchill (Mitchell), Robert; suppl. B.C.L. 5 Mar., adm. 10 Mar. 161⅜; lic. D.C.L. 23 July 1624, inc. 1625. [? ii. 223]
Broadg. H. Wood, Thomas; adm. B.C.L. 10 Mar. (?) 161⅜. [? ii. 240]
New Coll. Gardner (Gardener), Samuel; adm. B.C.L. 8 Apr. 1619; lic. D.C.L. 31 May 1636, inc. 1636. [ii. 274]
New Coll. Reyves, John; adm. B.C.L. 8 Apr. 1619. [Rives, ii. 326]
S. John's. Ballard, Gregory; adm. B.C.L. 12 May 1619.

Queen's. Hooke, Henry; adm. B.D. and lic. D.D. ('cumulatus') 16 June 1619, inc. D.D. 1619. [? Magd. H., ii. 228]
Exeter. Clifford, Thomas; adm. B.D. and lic. D.D. 18 (or 19) June 1619, inc. D.D. 1619. [? Broadg. H., ii. 166]
Wadham. Smith, William; adm. B.D. and lic. D.D. 26 June 1619, inc. D.D. 1619. ⟨The same as William Smith, of Exet., *supra*, p. 237.⟩
Exeter. Balcanquol (Belcanquel), John; suppl. B.D. 4 Nov., adm. 2 Dec. 1619. [i. 374] Boase, p. 59.

1620.

New Coll. Stanley (Stanlye), Edward; adm. B.A. 19 Jan. 16¹⁹⁄₂₀, det. 16²⁰⁄₂₀; lic. M.A. 16 Oct. 1623, inc. 1624; adm. B.D. and lic. D.D. 8 June 1635, inc. D.D. 1635. [ii. 351]
University. Marten, Henry; (eq. aur. fil.) adm. B.A. 24 Jan. 16¹⁹⁄₂₀, det. 16²⁰⁄₂₀. [ii. 363]
Broadg. H. Peard (Perd), Hugh; adm. B.A. 1 Feb. 16¹⁹⁄₂₀, det. 16¹⁹⁄₂₀. [ii. 373]
Broadg. H. Hann, Henry; adm. B.A. 1 Feb. 16¹⁹⁄₂₀, det. ('Ham') 16¹⁹⁄₂₀. [Ham, ii. 369]
University. Randolph (Randall, Rondolphe, Rondall), Edmund; adm. B.A. 1 Feb. 16¹⁹⁄₂₀, det. 16²⁰⁄₂₀; lic. M.A. 6 July 1622, inc. 1622; adm. M.B. and lic. to pract. med. 28 Mar. 1626. He took M.D. at Padua and incorp. as M.D. in March 162⅜. [ii. 355]
Queen's.* Mainard (Maynard), John; adm. B.A. 3 Feb. 16¹⁹⁄₂₀ ('cumulatus,' Queen's), det. 16¹⁹⁄₂₀; lic. M.A. (Magd. H.) ('cumulatus') 26 June 1622, inc. 1622. [ii. 352]
Oriel. Leech, Walter; (arm. fil. n. m.) adm. B.A. 3 Feb. 16¹⁹⁄₂₀, det. 16¹⁹⁄₂₀. [ii. 362]
Queen's. Felton, David; adm. B.A. 3 Feb. 16¹⁹⁄₂₀, det. 16¹⁹⁄₂₀. [Feltham, ii. 379]
Queen's. Fetherston, Timothy; (arm. fil. n. m.) adm. B.A. 3 Feb. 16¹⁹⁄₂₀, det. 16¹⁹⁄₄₀ (called 'Thomas' in B.A. suppl.). [Fetherstonhaulgh, ii. 361]
Magd. H. Thraule, Thomas; adm. B.A. 3 Feb. 16¹⁹⁄₂₀, det. 16¹⁹⁄₂₀; lic. M.A. 2 July 1622, inc. 1622. [ii. 381]
Magd. H.* Vade, John; adm. B.A. (Magd. H.) 3 Feb. 16¹⁹⁄₂₀, det. 16¹⁹⁄₂₀; lic. M.A. (Magd. H.) 2 July 1622, inc. 1622; adm. B.D. 26 May 1631. [ii. 351]
Magd. H. Hare, John; adm. B.A. 3 Feb. 16¹⁹⁄₂₀, det. 16¹⁹⁄₂₀; lic. M.A. 26 June 1622, inc. 1622. [Magd. C., ii. 354]

Magd. H. **Hawkins, Robert**; adm. B.A., 3 Feb. 16$\frac{19}{20}$, det. 16$\frac{19}{20}$; lic. M.A. 9 July 1623, inc. 1623. [Broadg. H., ii. 356]
Magd. H. **Bulstrode, Thomas**; (arm. fil. n. m.) adm. B.A. 3 Feb. 16$\frac{19}{20}$, det. 16$\frac{19}{20}$. [S. Alb. H., ii. 365]
Magd. H. **Bateman, John**; adm. B.A. 3 Feb. 16$\frac{19}{20}$, det. 16$\frac{19}{20}$; lic. M.A. 4 July 1622, inc. 1622. [ii. 352]
Magd. H. **Cooke, Floricius**; adm. B.A. 3 Feb. 16$\frac{19}{20}$, det. 16$\frac{19}{20}$; lic. M.A. 9 July 1623, inc. 1623. [ii. 356]
Hart H. **Walker, Thomas**; adm. B.A. ('Walter') 7 Feb. 16$\frac{19}{20}$, det. ('Walker') 16$\frac{19}{20}$; lic. M.A. ('Walker') 21 Feb. 162$\frac{2}{3}$, inc. 1623. [ii. 352]
Hart H. **Culpepper, Cheyney**; (eq. aur. fil. n. m.) adm. B.A. 7 Feb. 16$\frac{19}{20}$, det. 16$\frac{19}{20}$. [ii. 371]
Hart H. **Humphreyes, Hugh**; adm. B.A. 7 Feb. 16$\frac{19}{20}$, det. 16$\frac{19}{20}$. [ii. 349]
Balliol. **Bradshew, John**; adm. B.A. 8 Feb. 16$\frac{19}{20}$, det. 16$\frac{19}{20}$. [ii. 365]
Corpus. **Staunton** (Stanton), **Edmund**; adm. B.A. 8 Feb. 16$\frac{19}{20}$, det. 16$\frac{19}{20}$; lic. M.A. 2 Apr. 1623, inc. 1623; adm. B.D. and lic. D.D. 26 June 1634, inc. D.D. 1634. [Wadh., ii. 339]
Corpus. **Billet, Raughley** (Rawghleighe); adm. B.A. 8 Feb. 16$\frac{19}{20}$, det. 16$\frac{19}{20}$; lic. M.A. 24 Apr. 1623, inc. 1623. [ii. 341]
Corpus. **Feild** (Field), **Richard**; adm. B.A. 8 Feb. 16$\frac{19}{20}$, det. 16$\frac{19}{20}$; lic. M.A. 24 Apr. 1623, inc. 1623; adm. B.D. 21 June 1632. [ii. 342]
Corpus. **Man, Bartholomew**; adm. B.A. 8 Feb. 16$\frac{19}{20}$, det. 16$\frac{19}{20}$; lic. M.A. 24 Apr. 1623, inc. 1623. [ii. 351]
University. **Bargrave, Robert**; (arm. fil. n. m.) suppl. B.A. (Hart H., 'Robert') 9 Nov. 1619, adm. (Univ., 'Henry') 11 Feb. 16$\frac{19}{20}$, det. ('Robert') 16$\frac{19}{20}$. [Univ., ii. 363]
University. **Halsey, Richard**; adm. B.A. 11 Feb. 16$\frac{19}{20}$, det. 16$\frac{19}{20}$; lic. M.A. 6 July 1622, inc. 1622. [ii. 355]
Exeter. **Hyde, Henry**; (arm. fil. n. m.) adm. B.A. 17 Feb. 16$\frac{19}{20}$, det. 16$\frac{19}{20}$; lic. M.A. 6 July 1622, inc. 1622. [ii. 374] Boase, p. 61.
Exeter. **Dier, Daniel**; adm. B.A. 17 Feb. 16$\frac{19}{20}$, det. 16$\frac{19}{20}$. [ii. 351]
Exeter. **Carue, Hugh**; suppl. B.A. ('Corue') 26 Jan., adm. ('Crue') 17 Feb. 16$\frac{19}{20}$, det. ('Carue') 16$\frac{14}{20}$; lic. M.A. ('Corue') 29 June 1623, inc. 1623. ['Corne' in error for 'Corue,' ii. 361]
Exeter. **Pomroy, George**; adm. B.A. 17 Feb. 16$\frac{19}{20}$, det. 16$\frac{19}{20}$. [Wadh., ii. 352]
Exeter. **Crooker** (Croker), **Humphrey**; adm. B.A. 17 Feb. 16$\frac{19}{20}$, det. 16$\frac{19}{20}$; lic. M.A. ('Cooker') 26 June 1622, inc. 1622. [S. Edm. H., ii. 353]
S. Mary H. **Rhodes, Theophilus**; adm. B.A. 17 Feb. 16$\frac{19}{20}$, det. 16$\frac{19}{20}$. [ii. 354]
Trinity. **Baber, Francis**; adm. B.A. 17 Feb. 16$\frac{19}{20}$, det. 16$\frac{19}{20}$; lic. M.A. 26 June 1622, inc. 1622; adm. B.C.L. 7 July 1624; lic. D.C.L. 8 July 1628. [ii. 357]
Trinity.* **Hart, Richard**; adm. B.A. (Trin.) 17 Feb. 16$\frac{19}{20}$, det. 16$\frac{19}{20}$; adm. B.C.L. (Trin.) 8 Apr. 1625; lic. D.C.L. (S. Alb. H.) 8 July 1628.
Trinity. **Rampayne** (Rampaine, Rampian), **Livewell**; adm. B.A. 17

Feb. 16$\frac{18}{20}$; lic. M.A. 7 July 1623, inc. 1623. ⟨His Christian name is Latinised 'Livellus.'⟩ [ii. 350]

Trinity.   **Kentishe, Thomas**; adm. B.A. 17 Feb. 16$\frac{18}{20}$, det. 16$\frac{19}{20}$; lic. M.A. 6 July 1622, inc. 1622. [ii. 357]

Trinity.   **Moselye, Thomas**; adm. B.A. 17 Feb. 16$\frac{19}{20}$, det. 16$\frac{19}{20}$; lic. M.A. 26 May 1623, inc. 1623. [ii. 352]

*All Souls.** **Jones, Maurice**; adm. B.A. (All So.) 17 Feb. 16$\frac{19}{20}$, det. 16$\frac{19}{20}$; lic. M.A. (Hart H.) 2 July 1622, inc. 1622. [ii. 382]

Magd. H.   **Skegnes, Moses**; adm. B.A. 21 Feb. 16$\frac{19}{20}$, det. 16$\frac{19}{20}$. [ii. 351]

*Jesus.**   **Price, William**; suppl. B.A. (All So.) 11 Feb., adm. (Jes.) 21 Feb. 16$\frac{19}{20}$, det. (Jes.) 16$\frac{19}{20}$. [ii. 349]

Jesus.   **Walwin, Peter**; adm. B.A. 21 Feb. 16$\frac{19}{20}$, det. 16$\frac{19}{20}$; lic. M.A. 29 June 1622, inc. 1622. [ii. 349]

Brasenose. **Perle, Henry**; adm. B.A. 22 Feb. 16$\frac{19}{20}$, det. 16$\frac{19}{20}$; lic. M.A. 6 July 1622, inc. 1622. [ii. 353]

Brasenose. **Hall, Thomas**; adm. B.A. 22 Feb. 16$\frac{19}{20}$, det. 16$\frac{19}{20}$. [ii. 351]

*Brasenose.** **Howell, James**; adm. B.A. (Bras.) 22 Feb. 16$\frac{19}{20}$, det. 16$\frac{19}{20}$; lic. M.A. (Jes.) 16 May 1623, inc. 1623. [ii. 359]

Queen's.   **Robinson, Laurence**; adm. B.A. 22 Feb. 16$\frac{19}{20}$, det. 162$\frac{1}{2}$; lic. M.A. 10 Feb. 162$\frac{5}{8}$, inc. 1623. [ii. 382]

Queen's.   **Bateman, Stephen**; adm. B.A. 22 Feb. 16$\frac{19}{20}$, det. 162$\frac{1}{2}$; lic. M.A. 11 July 1623, inc. 1623; adm. B.D. 9 May 1632. [ii. 361]

Balliol.   **Hall, John**; adm. B.A. 22 Feb. 16$\frac{19}{20}$, det. 16$\frac{19}{20}$; lic. M.A. 4 July 1622, inc. 1622. [ii. 356]

Magd. C.   **Pelling, Thomas**; adm. B.A. 23 Feb. 16$\frac{19}{20}$, det. 16$\frac{19}{20}$; lic. M.A. 11 July 1623, inc. 1623. [ii. 380]

Magd. C.   **Evans, Edward**; adm. B.A. 23 Feb. 16$\frac{19}{20}$, det. 16$\frac{19}{20}$.

S. Mary H. **Stock, Christopher**; adm. B.A. 23 Feb. 16$\frac{19}{20}$, det. 16$\frac{19}{20}$. [ii. 365]

University. **Elmehurst, John**; adm. B.A. 23 Feb. 16$\frac{19}{20}$, det. 16$\frac{19}{20}$; lic. M.A. 6 July 1622, inc. 1622. [ii. 355]

Broadg. H. **Hyat** (Hiat), **Richard**; adm. B.A. 24 Feb. 16$\frac{19}{20}$, det. 16$\frac{19}{20}$. [ii. 358]

Broadg. H. **Hyde, Hamlett**; adm. B.A. 24 Feb. 16$\frac{19}{20}$. [Hamnett, Magd. H., ii. 352]

*Broadg. H.** **Mannering** (Manwaryng), **George**; suppl. B.A. (from Mert.) 21 Oct. 1619, adm. (Broadg. H.?) 24 Feb. 16$\frac{19}{20}$, det. (Mert.) 16$\frac{19}{20}$; suppl. M.A. (Mert.) 21 Mar., lic. (Mert.) 24 Mar. 162$\frac{5}{8}$, inc. 1626.

All Souls. **Hendlie** (Henly), **Alexander**; adm. B.A. 24 Feb. 16$\frac{19}{20}$, det. 16$\frac{19}{20}$.

Corpus.   **Larke, Robert**; adm. B.A. 24 Feb. 16$\frac{19}{20}$, det. 16$\frac{19}{20}$; lic. M.A. 24 Apr. 1623, inc. 1623. [ii. 380]

S. Mary H. **Braddill** (Bradhill), **Anthony**; adm. B.A. 24 Feb. 16$\frac{19}{20}$, det. 16$\frac{19}{20}$.

Ch. Ch.   **Jones, Henry**; adm. B.A. 24 Feb. 16$\frac{19}{20}$, det. 16$\frac{19}{20}$; suppl. M.A. 21 June 1622. [ii. 358]

Ch. Ch.   **Kinge, Ezechias**; adm. B.A. 24 Feb. 16$\frac{19}{20}$, det. 16$\frac{19}{20}$; lic. M.A. 26 June 1622, inc. 1622. [ii. 357]

Ch. Ch.   **Glendale** (Glendall), **John**; adm. B.A. 24 Feb. 16$\frac{19}{20}$, det. ('Glendar') 16$\frac{19}{20}$; lic. M.A. 2 July 1625, inc. 1625. [ii. 373]

Ch. Ch. **Barker, Thomas**; adm. B.A. ('Barker') 24 Feb. 16$\frac{19}{20}$, det. ('Parker') 16$\frac{19}{20}$; lic. M.A. ('Barker') 6 July 1626, inc. 1626. [ii. 370]

Ch. Ch. **Pritchard** (Prichard), **Robert**; adm. B.A. 24 Feb. 16$\frac{19}{20}$, det. 16$\frac{19}{20}$. [ii. 382]

*Magd. H.** **Guillam** (Guilliam, Guillams, also Williams), **John**; adm. B.A. (Magd. H.) 24 Feb. 16$\frac{19}{20}$, det. 16$\frac{19}{20}$; lic. M.A. (then in orders and of Broadg. H.) 28 June 1622, inc. 1622. [ii. 352]

Trinity. **Fenton, Mattathias**; adm. B.A. 24 Feb. 16$\frac{19}{20}$, det. 16$\frac{19}{20}$. [ii. 357]

*Hart H.** **Parry** (Parrie), **Robert**; adm. B.A. (Hart H.) 24 Feb. 16$\frac{19}{20}$, det. 16$\frac{19}{20}$; lic. M.A. (Ball.) 4 July 1622, inc. 1622; adm. B.D. (Ball.) 22 June 1630; lic. to preach (Ball.) 8 Feb. 163$\frac{1}{2}$.

Balliol. **Bucke, Jervis**; adm. B.A. 24 Feb. 16$\frac{19}{20}$, det. 16$\frac{19}{20}$. [ii. 365]

All Souls. **Blayney, Richard**; adm. B.A. 26 Feb. 16$\frac{19}{20}$. [ii. 382]

Corpus. **Hatton, Robert**; adm. B.A. 3 Apr. 1620, det. 162$\frac{0}{1}$; lic. M.A. 3 July 1622, inc. 1622. [ii. 377]

Hart H. **Edwards, Thomas**; adm. B.A. 3 May 1620, det. 162$\frac{0}{1}$; lic. M.A. 25 June 1623, inc. 1623.

Ch. Ch. **Blake, Thomas**; adm. B.A. 5 May 1620, det. 162$\frac{0}{1}$; lic. M.A. 21 Feb. 162$\frac{2}{3}$, inc. 1623. [ii. 354]

*Oriel.** **Childe, Charles**; adm. B.A. (Oriel) 5 May 1620, det. 162$\frac{0}{1}$; lic. M.A. (Oriel) 4 Dec. 1622, inc. (All So.) 1623. [ii. 358]

Magd. H. **Brudnell, William**; adm. B.A. 5 May 1620, det. 162$\frac{0}{1}$; lic. M.A. 23 Jan. 162$\frac{2}{3}$, inc. 1623. [ii. 352]

Magd. H. **Sedgwicke, Obadiah**; adm. B.A. 5 May 1620, det. 162$\frac{0}{1}$; lic. M.A. 23 Jan. 162$\frac{2}{3}$, inc. 1623; suppl. B.D. 8 Dec. 1629, adm. in Hilary Term 16$\frac{39}{40}$. [Queen's, ii. 376]

Lincoln. **Rouse** (Rowse, Rouce, Rauce), **John**; adm. B.A. 10 May 1620, det. 162$\frac{0}{1}$; lic. M.A. 19 Feb. 162$\frac{2}{3}$, inc. 1623. [ii. 351]

Lincoln. **Jenks, Herbert**; (arm. fil. n. m.) adm. B.A. 10 May 1620, det. ('Robert') 162$\frac{0}{1}$. ('Herbert' in B.A. suppl.) [ii. 368]

Lincoln. **Madstard, William**; adm. B.A. 10 May 1620. [S. Mary H., ii. 367]

Lincoln. **Busbie, Robert**; adm. B.A. 10 May 1620.

Broadg. H. **Stringfellow, Thomas**; adm. B.A. 10 May 1620, det. 162$\frac{0}{1}$. [ii. 373]

Broadg. H. **Lloyd, Thomas**; adm. B.A. 10 May 1620, det. 162$\frac{0}{1}$; lic. M.A. 1 Feb. 162$\frac{2}{3}$, inc. 1623. [Floyde, ii. 378]

Broadg. H. **Langton, Robert**; (eq. aur. fil.) adm. B.A. 10 May 1620, det. 162$\frac{0}{1}$. [ii. 382]

Broadg. H. **Barfoote, John**; adm. B.A. 10 May 1620, det. 162$\frac{0}{1}$. [ii. 382]

Broadg. H. **Grace, Bennet** (Benedict); adm. B.A. 10 May 1620. [Oriel, ii. 342]

S. Mary H. **Ambler, John**; adm. B.A. 10 May 1620, det. 162$\frac{0}{1}$; lic. M.A. 8 July 1623, inc. 1623. [Magd. H., ii. 360]

New Coll. **Risley** (Riseley), **Thomas**; adm. B.A. 10 May 1620, det. 162$\frac{0}{1}$; lic. M.A. 15 Jan. 162$\frac{3}{4}$, inc. 1624. [ii. 353]

New Coll. **Langford, Robert**; adm. B.A. 10 May 1620, det. 162$\frac{0}{1}$; lic. M.A. 15 Jan. 162$\frac{3}{4}$, inc. 1624. [ii. 353]

New Coll. **Chalkhill, John**; adm. B.A. 10 May 1620, det. 162$^0_1$; lic. M.A. 15 Jan. 162$^3_4$, inc. 1624. [ii. 354]
New Coll. **Moore** (More), **Thomas**; adm. B.A. 10 May 1620, det. 162$^0_1$; lic. M.A. 15 Jan. 162$^3_4$, inc. 1624. [ii. 353]
New Coll. **Nevie** (Nevey), **John**; adm. B.A. 10 May 1620, det. 162$^0_1$; lic. M.A. 15 Jan. 162$^3_4$, inc. 1624. [ii. 353]
New Coll. **Suger** (Sugar), **Gregory**; adm. B.A. 10 May 1620, det. 162$^0_1$; lic. M.A. 1 Feb. 162$^2_3$, inc. 1623. [ii. 309]
Exeter. **Fulford, Thomas**; adm. B.A. 10 May 1620, det. 162$^0_1$. [ii. 360]
Exeter. **Hillersdon, Richard**; (arm. fil. n. m.) adm. B.A. 10 May 1620 ('Hillardson' in the B.A. suppl.). [ii. 379]
Exeter. **Sadbury, Christopher**; adm. B.A. 10 May 1620, det. 162$^0_1$; lic. M.A. 23 Jan. 162$^3_4$, inc. 1623. [ii. 353]
Exeter. **Venne** (Ven), **Richard**; adm. B.A. 10 May 1620, det. 162$^0_1$. [ii. 374]
Exeter.* **Lippiat** (Lippeat), **William**; adm. B.A. (Exet.) 10 May 1620, det. (S. Edm. H.) 162$^0_1$; lic. M.A. (S. Edm. H.) 18 June 1623, inc. 1623. [ii. 374]
S. John's. **Wingham** (Wingam), **Arthur**; suppl. B.A. ('Kingman') 4 May, adm. ('Wingham') 11 May 1620, det. ('Windgam') 162$^0_1$; lic. M.A. ('Wingham') 16 Apr. 1624, inc. 1624; adm. B.D. 12 May 1630; suppl. lic. to preach 8 Feb. 163$\frac{1}{2}$, and lic. in 1632; lic. D.D. 7 Oct. 1633, inc. 1634. [ii. 356]
S. John's. **Heywood** (Haywood, Hayward), **William**; adm. B.A. 11 May 1620, det. 162$^0_1$; lic. M.A. 16 Apr. 1624, inc. 1624; adm. B.D. 12 May 1630; lic. to preach 22 June 1646. [ii. 355]
S. John's. **Snape, John**; adm. B.A. (S. Jo.) 11 May 1620, det. 162$^0_1$; lic. M.A. (Broadg. H.) 1 Feb. 162$^2_3$, inc. 1623. [ii. 356]
Balliol. **Hicks** (Hycks), **Thomas**; adm. B.A. 11 May 1620, det. 162$^0_1$; lic. M.A. 23 Jan. 162$^3_4$, inc. 1623. [ii. 356]
Balliol. **Tilladam, John**; adm. B.A. 11 May 1620, det. 162$^0_1$; lic. M.A. 23 Jan. 162$^3_4$, inc. 1623. [ii. 365]
Balliol. **Hurditch, John**; adm. B.A. 11 May 1620, det. ('Huditch') 162$^0_1$. [ii. 365]
Balliol. **Killingworth, John**; adm. B.A. 11 May 1620, det. 162$^0_1$; lic. M.A. 23 Jan. 162$^3_4$, inc. 1623. [ii. 353]
Balliol. **Queny** (Queeny), **George**; adm. B.A. 11 May 1620, det. 162$^0_1$. [ii. 382]
Queen's. **Bullock, Edward**; adm. B.A. 12 May 1620, det. 162$^0_1$. [ii. 356]
New Coll. **Tutt, Edward**; adm. B.A. 17 May 1620, det. 162$^0_1$; lic. M.A. 15 Jan. 162$^3_4$, inc. 1624. [ii. 353]
Wadham. **Larder, John**; adm. B.A. 18 May 1620, det. 162$^0_1$; lic. M.A. 19 June 1623, inc. 1623. [ii. 357]
Wadham. **Tyrrell** (Terrill), **John**; (arm. fil. n. m.) adm. B.A. 18 May 1620, det. 162$^0_1$. [ii. 364]
Wadham.* **Abraham, John**; adm. B.A. (Wadh.) 18 May 1620, det. 162$^0_1$; lic. M.A. (S. Alb. H.) 1 July 1623, inc. 1623. [ii. 356]
Brasenose. **Sicksmith** (Sixesmith), **Thomas**; adm. B.A. 23 May 1620, det. 162$^0_1$; lic. M.A. 1 July 1625, inc. 1625; adm. B.D. 3 July 1634; lic. to preach 14 July 1636. [ii. 359]

Brasenose. **Browne, Thomas**; adm. B.A. 23 May 1620, det. 162$\frac{0}{1}$. [ii. 359]

Brasenose. **Golsey** (Goldsey), **William**; adm. B.A. 23 May 1620, det. 162$\frac{0}{1}$.

Brasenose. **Yates** (Yate), **Francis**; adm. B.A. 23 May 1620, det. 162$\frac{0}{1}$; lic. M.A. 10 July 1623, inc. 1623. [ii. 366]

Brasenose. **Key** (Kay), **Edmund**; adm. B.A. 23 May 1620, det. 162$\frac{0}{1}$; lic. M.A. 16 May 1623, inc. 1623. [ii. 359]

Brasenose. **Feild, Robert**; adm. B.A. 23 May 1620, det. 162$\frac{0}{1}$; lic. M.A. 30 Apr. 1623, inc. 1623. [ii. 359]

*Brasenose.** **Packington** (Packinton), **Bernard**; (arm. fil. n. m.) adm. B.A. (Bras.) 23 May 1620, det. 162$\frac{0}{1}$; lic. M.A. (Bras.) 30 Apr. 1623, inc. 1623; adm. B.C.L. (All So.) 17 Nov. 1630. [ii. 365]

Brasenose. **Jeffereys** (Gefferies, Jeffereis), **Nicholas**; adm. B.A. 23 May 1620, det. 162$\frac{0}{1}$; lic. M.A. 11 July 1623, inc. 1623. [ii. 384]

Balliol. **Whithill** (Whithell), **John**; adm. B.A. 28 May 1620, det. 162$\frac{0}{1}$. [ii. 348]

S. Edm. H. **Fox, John**; adm. B.A. 1 June 1620, det. 162$\frac{0}{1}$; lic. M.A. 12 May 1623, inc. 1623. [Wadh., ii. 357]

Jesus. **Watkins, George**; adm. B.A. — June 1620, det. 162$\frac{0}{1}$. [ii. 358]

Ch. Ch. **Simpson, Thomas**; adm. B.A. 15 June 1620, det. 162$\frac{0}{1}$; lic. M.A. 26 June 1623, inc. 1623; lic. to pract. med., adm. M.B., and lic. M.D. 4 July 1632, inc. M.D. 1632. [ii. 358]

Ch. Ch. **Case, Thomas**; adm. B.A. 15 June 1620, det. 162$\frac{0}{1}$; lic. M.A. 26 June 1623, inc. 1623. [ii. 382]

S. Mary H. **Brooker, John**; adm. B.A. ('Brooke') 18 June 1620, det. ('Brooker') 162$\frac{0}{1}$; lic. M.A. ('Brooker') 15 May 1623, inc. 1623. [ii. 373]

*S. Mary H.** **Miles, George**; adm. B.A. (S. Mary H.) 19 June 1620, det. 162$\frac{0}{1}$; lic. M.A. (S. Edm. H.) 26 Apr. 1623, inc. 1623. [ii. 360]

S. Mary H. **Wilcox** (Wilcocks), **Thomas**; adm. B.A. 19 June 1620, det. 162$\frac{0}{1}$; lic. M.A. 8 July 1623, inc. 1623. [Corp., ii. 339]

University. **Gruchy** (Grutchye), **Daniel**; adm. B.A. 19 June 1620, det. 162$\frac{2}{3}$; lic. M.A. 11 July 1623, inc. 1623. [ii. 364]

University. **Brewer, Robert**; adm. B.A. 19 June 1620, det. 162$\frac{0}{1}$. [ii. 355]

Broadg. H. **Wade, Samuel**; adm. B.A. 21 June 1620, det. 162$\frac{1}{2}$. [ii. 373]

Broadg. H. **Sparkes, Vincent**; adm. B.A. 21 June 1620, det. 162$\frac{0}{1}$. [ii. 356]

*Broadg. H.** **Terry** (Tarrey), **Alexander**; adm. B.A. (Broadg. H.) 21 June 1620, det. 162$\frac{0}{1}$; lic. M.A. (Pembr.) 13 June 1626, inc. 1626. [ii. 368]

Broadg. H. **Kinge, Thomas**; adm. B.A. 21 June 1620. [? Ball., ii. 347]

Gloc. H. **Perin** (Perrin), **Samuel**; adm. B.A. 21 June 1620. [ii. 352]

Exeter. **Kelly** (Kellie), **Arthur**; adm. B.A. 21 June 1620, det. 162$\frac{0}{1}$; lic. M.A. 7 May 1623, inc. 1623. [ii. 363]

Exeter. **Baylie** (Bayley), **Theophilus**; (Episcopi fil.) adm. B.A. 21 June 1620, det. 162$\frac{0}{1}$. [ii. 362]

Exeter. **Terry** (Terey, Terrie), **Nathaniel**; adm. B.A. 21 June 1620, det. 162$\frac{0}{1}$; suppl. M.A. ('Scridge') 29 Apr., lic. ('Terrie') 7 May

1623, inc. 1623; adm. B.D. 7 Dec. 1630; lic. to preach 6 July 1636. [ii. 361] Boase, p. 63.

Exeter. **Cane, John**; adm. B.A. 21 June 1620, det. 162$\frac{0}{1}$; lic. M.A. 7 May 1623, inc. 1623. [ii. 370] (The name in all places may be '*Cave.*')

Exeter. **Chamberlaine, Junius**; adm. B.A. 21 June 1620, det. 162$\frac{0}{1}$. [ii. 370]

Exeter. **Bradley, Thomas**; adm. B.A. 21 June 1620. [ii. 360]

Exeter. **Hibbert** (Hibberd), **Robert**; adm. B.A. 21 June 1620, det. 162$\frac{0}{1}$; suppl. M.A. ('Thomas'), lic. ('Robert') 2 May 1623, inc. 1623. [ii. 377]

*Balliol.** **Smith, Henry**; adm. B.A. (Ball.) 26 June 1620, det. 162$\frac{0}{1}$; lic. M.A. (Broadg. H.) 16 Apr. 1624, inc. 1624. [ii. 365]

Ch. Ch. **Parsons, John**; adm. B.A. 26 June 1620, det. 162$\frac{0}{1}$; lic. M.A. 7 July 1623, inc. 1623. [ii. 358]

Ch. Ch. **Mills, Richard**; adm. B.A. 26 June 1620, det. 162$\frac{0}{1}$; lic. M.A. ('Richard') 26 June 1623, inc. ('George') 1623. [ii. 369]

Ch. Ch. **Clutterbucke, John**; adm. B.A. 26 June 1620, det. 162$\frac{0}{1}$; lic. M.A. 26 June 1623, inc. 1623. [ii. 369]

Ch. Ch. **Dewy, Francis**; adm. B.A. 26 June 1620, det. 162$\frac{0}{1}$; lic. M.A. 26 June 1623, inc. 1623; adm. B.D. 13 May 1630; lic. to preach in 1630. [ii. 354]

Ch. Ch. **Fell, Henry**; adm. B.A. 26 June 1620, det. 162$\frac{0}{1}$. [ii. 369]

*Trinity.** **Collier, Edward**; suppl. B.A. (S. Mary H.) 27 June, adm. (Trin.) 28 June 1620; suppl. M.A. (Ball.) 16 June, lic. (Ball.) 18 June 1627, inc. 1627. [S. Alb. H., ii. 354]

Trinity. **Gill, George**; adm. B.A. 28 June 1620, det. 162$\frac{0}{1}$; lic. M.A. 16 Mar. 162$\frac{3}{4}$, inc. 1624. [ii. 357]

Trinity. **Cooper, Edward**; suppl. B.A. ('Cooke') 26 June, adm. ('Cooper') 28 June 1620, det. 162$\frac{0}{1}$; lic. M.A. ('Cooper') 16 Mar. 162$\frac{3}{4}$, inc. 1624. [ii. 352]

Trinity. **Chillingworth, William**; adm. B.A. 28 June 1620, det. 162$\frac{0}{1}$; lic. M.A. 16 Mar. 162$\frac{3}{4}$, inc. 1624. [ii. 377]

Trinity. **Hardye** (Harday, Hardey, Hardie), **John**; adm. B.A. 28 June 1620, det. 162$\frac{0}{1}$; lic. M.A. 26 May 1623, inc. 1623. [ii. 358]

Trinity. **Crooker, Giles**; suppl. B.A. ('Craker') 26 June, adm. ('Crooker') 28 June 1620, det. ('Crooker') 162$\frac{0}{1}$; lic. M.A. ('Craker') 26 May 1623, inc. 1623. [Crayker, ii. 358]

Trinity. **Hooke, William**; adm. B.A. 28 June 1620, det. 162$\frac{0}{1}$; lic. M.A. 26 May 1623, inc. 1623. [ii. 383]

*Magd. H.** **Gilbert, John**; adm. B.A. (Magd. H.) 28 June 1620, det. (Broadg. H.) 162$\frac{0}{1}$; lic. M.A. (Broadg. H.) 18 June 1623, inc. 1623. [ii. 383]

Magd. H. **Chepsey** (Chebsey, Cheapsie), **William**; adm. B.A. 28 June 1620, det. 162$\frac{0}{1}$. [ii. 383]

Magd. H. **Astell, Roger**; adm. B.A. 28 June 1620, det. 162$\frac{0}{1}$. [ii. 380]

Magd. H. **Littleton, George**; adm. B.A. 28 June 1620, det. 162$\frac{0}{1}$; lic. M.A. 15 June 1626, inc. 1626. [ii. 368]

Magd. H. **Clarke, William**; adm. B.A. 28 June 1620, det. 162$\frac{0}{1}$; lic. M.A. 21 May 1623, inc. 1623.

Magd. H. **Pococke, Thomas**; adm. B.A. (Magd. H.) 28 June 1620, det. 162$\frac{0}{1}$; suppl. M.A. (Magd. H.) 26 May, lic. ('Trin.' in error) 26 May 1623, inc. (Magd. H.) 1623. [ii. 366]

Hart H. **Thomas, Oliver**; adm. B.A. 28 June 1620, det. 162$\frac{0}{1}$; lic. M.A. 8 July 1628, inc. 1628. [ii. 355]

Hart H. **Bellingham, Francis**; adm. B.A. 28 June 1620, det. 162$\frac{0}{1}$. [ii. 354]

Hart H. **Evans, John**; adm. B.A. 28 June 1620, det. 162$\frac{0}{1}$.

Hart H. **Lloyd, Thomas**; adm. B.A. 28 June 1620, det. 162$\frac{0}{1}$; lic. M.A. 23 June 1623, inc. 1623.

Hart H. **Hall, John**; adm. B.A. 28 June 1620, det. 162$\frac{0}{1}$. [New C., ii. 363]

Corpus. **Rivers, James**; adm. B.A. 3 July 1620. [ii. 357]

Magd. C. **Nicolson, Christopher**; adm. B.A. 4 July 1620.

Wadham. **Brooke** (Brookes), **Robert**; adm. B.A. 6 July 1620, det. 162$\frac{0}{1}$; lic. M.A. 20 Apr. 1624, inc. 1624. [ii. 367]

S. Edm. H. **Sibson, Robert**; adm. B.A. 6 July 1620. [ii. 339]

Brasenose. **Garnons, John**; adm. B.A. 6 July 1620, det. 162$\frac{0}{1}$. [ii. 358]

Brasenose. **Bostock, Nathaniel**; adm. B.A. 6 July 1620, det. 162$\frac{0}{1}$; lic. M.A. 10 July 1623, inc. 1623; adm. B.D. 3 July 1634. [ii. 359]

Brasenose. **Powell, William**; adm. B.A. 6 July 1620. [ii. 383]

Brasenose. **Tomkyns, John**; suppl. B.A. ('John') 19 June, adm. ('John') 6 July 1620, det. ('William') 162$\frac{0}{1}$. [ii. 359]

Brasenose. **Baker, Thomas**; (eq. aur. fil.) adm. B.A. 6 July 1620. [ii. 365]

Brasenose. **Baker, Arthur**; (eq. aur. fil.) adm. B.A. 6 July 1620. [ii. 365]

Jesus. **Jones, William**; adm. B.A. 6 July 1620, det. 162$\frac{0}{1}$. [ii. 358]

Queen's. **Deane, Nicholas**; adm. B.A. 6 July 1620, det. 162$\frac{0}{1}$. [ii. 368]

*Queen's.** **Hodely** (Hodley), **Thomas**; adm. B.A. (Queen's) 6 July 1620, det. 162$\frac{0}{1}$; lic. M.A. (Magd. H.) 9 July 1623, inc. 1623. [ii. 356]

Queen's. **Davis, John**; adm. B.A. 6 July 1620, det. 162$\frac{0}{1}$; lic. M.A. 19 Feb. 162$\frac{3}{4}$, inc. 1624. [ii. 361]

*Lincoln.** **Gilbert, William**; adm. B.A. (Linc.) 5 July 1620, det. 162$\frac{0}{1}$; lic. M.A. (Gloc. H.) 18 June 1623, inc. 1623. [ii. 351]

Lincoln. **Roberts, John**; adm. B.A. 5 July 1620, det. 162$\frac{0}{1}$; lic. M.A. 30 June 1624, inc. 1624. [ii. 353]

Lincoln. **Wootton, Richard**; adm. B.A. 5 July 1620, det. 162$\frac{0}{1}$. [ii. 358]

S. Mary H. **Grigson, John**; adm. B.A. 5 July 1620, det. 162$\frac{0}{1}$. [ii. 360]

Magd. C. **Malcher, Richard**; adm. B.A. 7 July 1620, det. 162$\frac{0}{1}$. [Magd. H., ii. 357]

S. Mary H. **Tintemy, Thomas**; adm. B.A. 7 July 1620, det. 162$\frac{0}{1}$. [Wadh., ii. 363]

*Oriel.** **Browne, Robert**; adm. B.A. (Oriel) 7 July 1620, det. (S. Alb. H.) 162$\frac{0}{1}$. [? Wadh., ii. 357]

S. Alb. H. **Harford, Emanuel**; adm. B.A. 17 July 1620, det. 162$\frac{0}{1}$. [ii. 369]

S. Alb. H. **Syndercom, Gregory**; adm. B.A. 13 Oct. 1620, det. 162$\frac{0}{1}$. [ii. 356]

Magd. H. **Leigh** (Lee), **Edward**; adm. B.A. 17 Oct. 1620, det. 162$\frac{0}{1}$; lic. M.A. 18 June 1623, inc. 1623. [ii. 363]

Magd. H. **Faux, Edward**; adm. B.A. 17 Oct. 1620, det. 162$\frac{0}{1}$.

Magd. H. **Sclater** (Slater), **Samuel**; adm. B.A. 17 Oct. 1620, det. 162$\frac{0}{1}$. [ii. 367]

*S. Edm. H.** **Newman, Samuel**; adm. B.A. (S. Edm. H.) 17 Oct. 1620, det. (Magd. C.) 162$\frac{0}{1}$. [Magd. C., ii. 382]

S. Edm. H. **Cleaver, Simon**; adm. B.A. 17 Oct. 1620, det. 162$\frac{0}{1}$; lic. M.A. 18 June 1623, inc. 1623. [ii. 364]

S. Edm. H. **Tomes** (Toms), **John**; adm. B.A. 17 Oct. 1620, det. 162$\frac{0}{1}$; lic. M.A. 22 June 1624, inc. 1624. [ii. 362]

S. Edm. H. **Hughes, Jeremy**; adm. B.A. 17 Oct. 1620, det. 162$\frac{0}{1}$; lic. M.A. 18 June 1623, inc. 1623. [ii. 384]

*S. Edm. H.** **South, Anthony**; adm. B.A. (S. Edm. H.) 17 Oct. 1620, det. 162$\frac{0}{1}$; lic. M.A. (New C.) 25 June 1623, inc. 1623. [ii. 383]

Oriel. **Daniel, Ralph**; adm. B.A. 17 Oct. 1620, det. 162$\frac{0}{1}$; lic. M.A. 25 June 1623, inc. 1623. [ii. 369]

Oriel. **Phillipps, John**; adm. B.A. 17 Oct. 1620, det. 162$\frac{0}{1}$; lic. M.A. 25 June 1623, inc. 1623. [ii. 360]

Oriel. **Nuttall, James**; adm. B.A. 17 Oct. 1620, det. 162$\frac{0}{1}$; lic. M.A. 23 June 1623, inc. 1623. [ii. 360]

Exeter. **Ewin** (Ewins), **Hasting**; adm. B.A. 19 Oct. 1620, det. 162$\frac{0}{1}$. [Yewnes, ii. 363]

Exeter. **Standerd** (Standard), **Robert**; adm. B.A. 19 Oct. 1620, det. 162$\frac{0}{1}$. [ii. 361]

Exeter. **Boyer, John**; adm. B.A. 19 Oct. 1620, det. 162$\frac{0}{1}$; lic. M.A. 22 Apr. 1624, inc. 1624. [ii. 360]

*Exeter.** **Homes** (Holmes), **Nathaniel**; adm. B.A. (Exet.) 19 Oct. 1620, det. 162$\frac{0}{1}$; lic. M.A. (Magd. H.) 18 June 1623, inc. 1623; adm. B.D. 27 June 1633; lic. D.D. 28 June 1637, inc. 1637. [Magd. H., ii. 360]

Exeter. **Hart, Osmund**; adm. B.A. 19 Oct. 1620, det. 162$\frac{0}{1}$. [ii. 379]

Brasenose. **Ireland, Thomas**; adm. B.A. 19 Oct. 1620, det. 162$\frac{0}{1}$; lic. M.A. 10 July 1623, inc. 1623. [ii. 366]

Balliol. **Highmore** (Heighmore), **Richard**; adm. B.A. 19 Oct. 1620, det. 162$\frac{0}{1}$. [ii. 362]

Balliol. **Vernon, John**; adm. B.A. 19 Oct. 1620, det. 162$\frac{0}{1}$; lic. M.A. 18 June 1623, inc. 1623. [ii. 376]

Balliol. **Fisher, Thomas**; adm. B.A. 19 Oct. 1620, det. 162$\frac{0}{1}$; lic. M.A. 18 June 1623, inc. 1623. [ii. 382]

Hart H. **Mew, Walter**; adm. B.A. 19 Oct. 1620, det. 162$\frac{0}{1}$. [ii. 355]

Hart H. **Kiffin, Cadwalader**; adm. B.A. 19 Oct. 1620; lic. M.A. 23 June 1623, inc. 1623.

Hart H. **Davis, Meredith**; adm. B.A. 19 Oct. 1620, det. 162$\frac{0}{1}$.

*Corpus.** **Ring** (Wringe), **William**; adm. B.A. (Corp.) 23 Oct. 1620, det. 162$\frac{0}{1}$; lic. M.A. (S. Alb. H.) 9 July 1623, inc. 1623. [ii. 384]

S. Alb. H. **Norburne** (Norborne), **Henry**; adm. B.A. 23 Oct. 1620, det. 162$\frac{0}{1}$; lic. M.A. 1 July 1623, inc. 1623; adm. B.D. 10 Feb. 163$\frac{7}{8}$. [ii. 384]

S. Alb. H.* **Woodruffe, Thomas**; adm. B.A. (S. Alb. H.) 23 Oct. 1620, det. 162$^0_1$; lic. M.A. (Ball.) 25 June 1623, inc. 1623. [ii. 365]
New Coll.* **Flay** (Fley), **Walter**; adm. B.A. (New C.) 23 Oct. 1620, det. 162$^0_1$; lic. M.A. (S. Mary H.) 8 July 1623, inc. 1623. [ii. 363]
Balliol. **Boyer, Edward**; suppl. B.A. ('Edmund') 23 Oct., adm. ('Edward') 3 Nov. 1620.
S. Mary H. **Camplin, Richard**; adm. B.A. 3 Nov. 1620, det. 162$^0_1$; lic. M.A. 8 July 1623, inc. 1623. [ii. 384]
Brasenose. **Richardson, John**; adm. B.A. 9 Nov. 1620, det. 162$^0_1$; lic. M.A. 10 July 1623, inc. 1623. [ii. 359]
Brasenose. **Crumpton** (Crompton, Crampton), **William**; adm. B.A. 9 Nov. 1620, det. 162$^0_1$; lic. M.A. 10 July 1623, inc. 1623. [ii. 359]
Brasenose. **Wall, John**; adm. B.A. 9 Nov. 1620, det. 162$^0_1$; suppl. M.A. 17 June 1623, lic. 7 July 1625, inc. 1625. [ii. 368]
Magd. H. **Watts, Richard**; adm. B.A. 9 Nov. 1620, det. 162$^0_1$; lic. M.A. 11 July 1623, inc. 1623. [ii. 384]
All Souls. **Anderton, Thomas**; adm. B.A. 9 Nov. 1620, det. 162$^0_1$. [ii. 384]
All Souls.* **Billingsley, Nicholas**; adm. B.A. (All So.) 9 Nov. 1620, det. (S. Mary H.) 162$^0_1$; lic. M.A. (All So.) 31 Oct. 1623, inc. 1624. [ii. 384]
Hart H. **Cage, Toby**; (arm. fil. n. m.) adm. B.A. 16 Nov. 1620 ('cumulatus'), det. 162$^0_1$. [Cade, ii. 368]
Hart H.* **Puleston** (Puliston), **Roger**; adm. B.A. (Hart H.) 16 Nov. 1620, det. 162$^0_1$; adm. M.B. and lic. to pract. med. (Pembr.) 28 Mar. 1626; lic. M.D. (Magd. C.) 7 July 1642, inc. 1642. [ii. 366]
Hart H.* **Hacket, Robert**; adm. B.A. (Hart H.) 16 Nov. 1620, det. 162$^0_1$; lic. M.A. (Wadh.) 19 June 1623, inc. 1623. [S. Alb. H., ii. 365]
Hart H. **Gibbon** (Gibbons), **Anthony**; adm. B.A. 16 Nov. 1620, det. 162$^0_1$; lic. M.A. 23 June 1623, inc. 1623. [ii. 359]
Wadham.* **Fawkner, Anthony**; adm. B.A. (Wadh.) 28 Nov. 1620, det. 162$^0_1$; lic. M.A. (Jes.) 18 June 1623, inc. 1623. [ii. 367]
Wadham.* **Hiam** (Hyam), **Thomas**; adm. B.A. (Wadh.) 28 Nov. 1620, det. 162$^0_1$; lic. M.A. (S. Mary H.) 17 June 1623, inc. 1623.
Wadham. **Skeate** (Skete), **John**; adm. B.A. 28 Nov. 1620, det. 162$^0_1$; lic. M.A. 11 July 1623, inc. 1623. [ii. 357]
Wadham. **Tabor, Humphrey**; adm. B.A. 28 Nov. 1620, det. 162$^0_1$; lic. M.A. 17 June 1623, inc. 1623. [ii. 357]
Wadham. **Bastable, James**; adm. B.A. 28 Nov. 1620. [ii. 362]
S. Edm. H. **Haslupp, John**; adm. B.A. 28 Nov. 1620, det. 162$^0_1$. [i. 362]
Gloc. H. **Stersacher, Thomas**; adm. B.A. 28 Nov. 1620. [ii. 384]
Broadg. H. **Ivé** (Ivie, Ivy, Ivés), **George**; (eq. aur. fil.) adm. B.A. 29 Nov. 1620, det. 162$^0_1$; lic. M.A. 18 June 1623, inc. 1623. [Ch. Ch., ii. 367]
Broadg. H. **Ham, John**; adm. B.A. 29 Nov. 1620, det. 162$^0_1$; lic. M.A. 18 June 1623, inc. 1623. [ii. 384]
Broadg. H. **Miller, William**; suppl. B.A. ('Thomas') 5 July, adm. ('William') 29 Nov. 1620, det. 162$^0_1$; lic. M.A. ('William') 25 June 1623, inc. 1623.

Ch. Ch. **Lloyd, Richard**; adm. B.A. 29 Nov. 1620, det. 162$\frac{0}{1}$. [? Jes., ii. 350]

Magd. H. **Palmer, Thomas**; suppl. B.A. 9 Dec., adm. 12 Dec. 1620, det. 162$\frac{0}{1}$.

Magd. H. **Skinner, Francis**; adm. B.A. 12 Dec. 1620, det. 162$\frac{0}{1}$. [Bras., ii. 358]

Corpus. **White** (Whyte), **Thomas**; adm. B.A. 12 Dec. 1620, det. 162$\frac{0}{1}$; lic. M.A. 25 June 1623, inc. 1623. [ii. 342]

Corpus. **Okely** (Okelie), **William**; adm. B.A. 12 Dec. 1620, det. 162$\frac{0}{1}$; lic. M.A. 25 June 1623, inc. 1623. [ii. 342]

Corpus. **Evatts** (Evet), **Richard**; adm. B.A. 12 Dec. 1620, det. 162$\frac{0}{1}$. [ii. 384]

Corpus. **Dickinson** (Dickenson), **John**; adm. B.A. 12 Dec. 1620, det. 162$\frac{0}{1}$. [ii. 379]

Magd. C. **Carter, William**; adm. B.A. 12 Dec. 1620, det. 162$\frac{0}{1}$.

Queen's. **Edmundson** (Edmunson), **Richard**; adm. B.A. 13 Dec. 1620; lic. M.A. ('Edmunds') 5 July 1624, inc. ('Edmundson') 1624; adm. B.D. 9 May 1632; lic. to preach in 1633. [ii. 351]

Queen's. **Louson** (Lowsen, Lowson), **Henry**; adm. B.A. 13 Dec. 1620, det. 162$\frac{2}{3}$; lic. M.A. 5 July 1624, inc. 1624. [ii. 351]

Queen's. **Gibson, Thomas**; adm. B.A. 13 Dec. 1620. [ii. 361]

S. Edm. H. **Wright, Joseph**; adm. B.A. 13 Dec. 1620, det. 162$\frac{0}{1}$; lic. M.A. 2 June 1624, inc. 1624. [Univ., ii. 364]

Gloc. H. **Woulston** (Wolston, Wulston), **John**; adm. B.A. 13 Dec. 1620, det. 162$\frac{0}{1}$. [ii. 383]

Gloc. H. **Pochin** (Puchin), **John**; adm. B.A. 13 Dec. 1620, det. 162$\frac{0}{1}$, lic. M.A. 18 June 1623, inc. 1623. [ii. 359]

Hart H. **Langford, William**; adm. B.A. 13 Dec. 1620, det. 162$\frac{0}{1}$; lic. M.A. 26 June 1623, inc. 1623. [Bras., ii. 359]

Trinity. **Boyer, John**; (arm. fil. n. m.) adm. B.A. 14 Dec. 1620, det. 162$\frac{0}{1}$. [ii. 372]

Trinity. **Legat, Thomas**; adm. B.A. 14 Dec. 1620, det. 162$\frac{0}{1}$. [ii. 358]

Oriel. **Hawkins, Richard**; adm. B.A. 14 Dec. 1620, det. 162$\frac{0}{1}$. [ii. 360]

Magd. C. **Hardyng, John**; adm. B.A. 16 Dec. 1620, det. 162$\frac{0}{1}$; lic. M.A. 3 July 1623, inc. 1623. [ii. 354]

Magd. C. **Westley** (Westlie), **Edward**; adm. B.A. 16 Dec. 1620, det. 162$\frac{0}{1}$; lic. M.A. 3 July 1623, inc. 1623; adm. B.D. 24 July 1633. [ii. 354]

Magd. C. **Crompton** (Crumpton), **Richard**; adm. B.A. 16 Dec. 1620, det. 162$\frac{0}{1}$. [Magd. H., ii. 354]

*Ch. Ch.** **Allen** (Alleyne), **Ralph**; adm. B.A. (Ch. Ch.) 16 Dec. 1620, det. 162$\frac{0}{1}$; suppl. M.A. (Magd. H.) 10 May 1624, inc. (Magd. H.) 1624. [ii. 358]

Ch. Ch. **Portrey, Alexander**; (arm. fil. n. m.) 16 Dec. 1620, det. 162$\frac{0}{1}$.

*Merton.** **Powell, Thomas**; adm. B.A. (Mert.) 18 Dec. 1620, det. 162$\frac{0}{1}$; lic. M.A. (Broadg. H.) 7 July 1624, inc. 1624. [ii. 358]

S. John's. **Cletherowe, Henry**; adm. B.A. 18 Dec. 1620, det. 162$\frac{0}{1}$. [ii. 382]

1621]   DEGREES.   391

Magd. H.   Stoughton, Jonathan; suppl. B.A. 2 May 1620. [ii. 382]
Brasenose. German, Joseph; suppl. B.A. 14 June 1620, det. 162$\frac{0}{1}$. [ii. 383]
Magd. C.   Hilton, George; suppl. B.A. 19 June 1620.
Lincoln.   Jesopp, Renewed; suppl. B.A. 19 June 1620. [ii. 354]
Ch. Ch.   Trender, Michael; suppl. B.A. 26 June 1620. [Oriel, ii. 360]
Magd. H.   Pim, Hugh; suppl. B.A. 26 June 1620. [ii. 365]
Hart H.   Harburt, Edward; suppl. B.A. 13 Nov. 1620.
S. Alb. H. Hocombe, Samuel; det. 162$\frac{0}{1}$.

Magd. H.   Palmer, Thomas; suppl. M.A. 16 June, lic. 28 June 1620, inc. 1620. [i. 368]

New Coll.   Langley, John; adm. B.C.L. 10 May 1620. [? ii. 330]
S. John's. Buckeridge, Anthony; adm. B.C.L. 11 May 1620. [ii. 340]
New Coll.   Nicolas, Matthew; adm. B.C.L. 30 June 1620; suppl. D.C.L. ('Nichlis') 21 June, lic. 30 June 1627, inc. 1627. [ii. 333]
New Coll.   Flemming, Richard; adm. B.C.L. 9 Nov. 1620. [ii. 332]
S. John's. Lufton, John; adm. B.C.L. 9 Nov. 1620.

Trinity.   Banister, Francis; certified by the professor of Medicine to be qualified for M.B. and M.D. 22 May 1620; lic. to pract. med. and adm. M.B. and lic. M.D. 23 May 1620, inc. M.D. 1620.

Exeter.   Calandrinus, Caesar; adm. B.D. 18 July 1620. [i. 279]

1621.

Oriel.   Prin, William; adm. B.A. 22 Jan. 162$\frac{0}{1}$, det. 162$\frac{0}{1}$. ('Degradatus' in 1634.) [ii. 367]
Oriel.   Wall, Thomas; adm. B.A. 22 Jan. 162$\frac{0}{1}$, det. 162$\frac{0}{1}$. [ii. 367]
Oriel.   Sutton, Edward; adm. B.A. 22 Jan. 162$\frac{0}{1}$, det. 162$\frac{0}{1}$; lic. M.A. 1 July 1623, inc. 1623. [ii. 366]
Ch. Ch.   Sherly (Shearlye), William, adm. B.A. 22 Jan. 162$\frac{0}{1}$, det. 162$\frac{0}{1}$; lic. M.A. 26 June 1623, inc. 1623; suppl. B.D. 18 June 1631, adm. in Trinity Term 1631. [ii. 382]
Queen's.   Lancaster, Thomas; adm. B.A. 22 Jan. 162$\frac{0}{1}$, det. 162$\frac{2}{3}$; lic. M.A. 5 July 1624, inc. 1624; adm. B.D. 9 May 1632. [ii. 361]
Queen's.   Crosthwayte, John; adm. B.A. 22 Jan. 162$\frac{0}{1}$; lic. M.A. 21 Nov. 1623, inc. ('Crosthwart') 1624. [ii. 386]
Queen's.   Loughe, Thomas; adm. B.A. 22 Jan. 162$\frac{0}{1}$; lic. M.A. 5 July 1624, inc. 1624; suppl. B.D. ('Lough') 10 Mar. 163$\frac{1}{2}$, adm. ('Lloyd') 9 May 1632; lic. to preach ('Lough') in 1633. [ii. 360]
Queen's.   Tuthill, Roger; adm. B.A. 22 Jan. 162$\frac{0}{1}$, det. 162$\frac{0}{1}$; lic. M.A. 5 July 1624, inc. 1624. [ii. 362]

Queen's. **Frauncis, Edmund**; adm. B.A. 22 Jan. 162$\frac{0}{1}$, det. 162$\frac{0}{1}$; lic. M.A. 7 July 1625, inc. 1625. [ii. 361]
S. John's. **Grymes (Grimes), Samuel**; adm. B.A. (S. John's) 22 Jan. 162$\frac{0}{1}$, det. 162$\frac{0}{1}$; lic. M.A. (Broadg. H.) 7 July 1624, inc. 1624. [ii. 367] (Broadg. H. was erected into Pembr. Coll. in 1624. This Samuel Grimes and Thomas Powell (p. 390) were the last lic. M.A. from Broadg. H. The first lic. M.A. from Pembr. were Richard Knowler (p. 408) and Thomas Wilcocks (p. 411).) [ii. 367]
Corpus. **Kendrick, Robert**; adm. B.A. 22 Jan. 162$\frac{0}{1}$, det. 162$\frac{0}{1}$; lic. M.A. 20 Mar. 162$\frac{3}{4}$, inc. 1624. [Trin., ii. 357]
Magd. H. **Packwood, Josias**; adm. B.A. 25 Jan. 162$\frac{0}{1}$, det. 162$\frac{0}{1}$: lic. M.A. 17 June 1624, inc. 1624. [ii. 361]
S. Mary H. **Goddard, Philip**; adm. B.A. 25 Jan. 162$\frac{0}{1}$. [ii. 386]
S. Alb. H. **Nosse, Nathaniel**; adm. B.A. 27 Jan. 162$\frac{0}{1}$, det. 162$\frac{0}{1}$; lic. M.A. 1 July 1623, inc. 1623. [ii. 365]
Merton. **Deane, Charles**; adm. B.A. 31 Jan. 162$\frac{0}{1}$, det. 162$\frac{0}{1}$; lic. M.A. 27 June 1623, inc. 1623. [ii. 358]
Magd. H. **Dearing, Henry**; adm. B.A. 27 Jan. 162$\frac{0}{1}$, det. 162$\frac{0}{1}$. [ii. 386]
Magd. H. **Paston, Nicholas**; adm. B.A. 27 Jan. 162$\frac{0}{1}$, det. 162$\frac{0}{1}$; lic. M.A. 9 July 1623, inc. 1623. [ii. 370]
Magd. H. **Holden, John**; adm. B.A. 27 Jan. 162$\frac{0}{1}$, det. 162$\frac{0}{1}$. [ii. 381]
Magd. H. **Holden, Arthur**; adm. B.A. 27 Jan. 162$\frac{0}{1}$, det. 162$\frac{0}{1}$; lic. M.A. 7 July 1625, inc. 1625. [Broadg. H., ii. 386]
Magd. H.* **Pelham, Herbert**; (eq. aur. fil.) adm. B.A. (Magd. H.) 27 Jan. 162$\frac{0}{1}$, det. 162$\frac{0}{1}$; lic. M.A. (Magd. C.) 6 Dec. 1623, inc. 1624. [ii. 378]
Magd. H. **Nolson (Nalson), John**; adm. B.A. 27 Jan. 162$\frac{0}{1}$, det. 162$\frac{0}{1}$; lic. M.A. 7 July 1624, inc. 1624. [Mert., ii. 362]
Magd. H. **Nurth, Henry**; adm. B.A. 27 Jan. 162$\frac{0}{1}$, det. 162$\frac{0}{1}$. [ii. 375]
Magd. H. **Rhodes, Ralph**; adm. B.A. 27 Jan. 162$\frac{0}{1}$, det. 162$\frac{0}{1}$. [ii. 381]
Oriel. **Blake, John**; adm. B.A. 29 Jan. 162$\frac{0}{1}$, det. 162$\frac{0}{1}$; suppl. M.A. ('Richard') 23 June, adm. ('John') 25 June 1623, inc. 1623. [ii. 365]
Oriel. **Grover (Grove, Groves), Jonathan**; adm. B.A. 29 Jan. 162$\frac{0}{1}$, det. 162$\frac{0}{1}$; lic. M.A. 1 July 1623, inc. 1623. [ii. 368]
Lincoln. **Knightly, Thomas**; adm. B.A. 31 Jan. 162$\frac{0}{1}$, det. 162$\frac{0}{1}$; lic. M.A. 1 July 1623, inc. 1623; adm. B.D. 26 May 1631; suppl. lic. to preach 5 July 1631, and lic. in 1631. [ii. 364]
Lincoln.* **Collins, Walter**; adm. B.A. (Linc.) 31 Jan. 162$\frac{0}{1}$, det. 162$\frac{0}{1}$; lic. M.A. (Broadg. H.) 1 July 1623, inc. 1623. [ii. 362]
Lincoln. **Johnson, Richard**; adm. B.A. 31 Jan. 162$\frac{0}{1}$, det. 162$\frac{0}{1}$; [ii. 337 or 339]
Lincoln. **Butler, Henry**; adm. B.A. 31 Jan. 162$\frac{0}{1}$, det. 162$\frac{0}{1}$. [ii. 354]
Exeter. **Kerry, William**: adm. B.A. 31 Jan. 162$\frac{0}{1}$, det. 162$\frac{0}{1}$; lic. M.A. 29 June 1623, inc. 1623. [ii. 385]
Exeter. **Campion, Thomas**; adm. B.A. 31 Jan. 162$\frac{0}{1}$, det. 162$\frac{0}{1}$. [ii. 363]
Exeter. **Boyer, James**; (eq. aur. fil.) adm. B.A. 31 Jan. 162$\frac{0}{1}$, det. 162$\frac{0}{1}$. [ii. 385] Boase, p. 61.

Exeter. **Boyer, Richard**; (eq. aur. fil.) adm. B.A. 31 Jan. 162$^{0}_{1}$, det. 162$^{0}_{1}$. [ii. 385]
Exeter. **Hodgetts** (Hodgett, Hodggetts, Hoggetts), **John**; adm. B.A. 31 Jan. 162$^{0}_{1}$, det. 162$^{0}_{1}$; lic. M.A. 29 June 1623, inc. 1623. [ii. 363]
Exeter. **Griffin, Joseph**; adm. B.A. 31 Jan. 162$^{0}_{1}$, det. 162$^{0}_{1}$. [ii. 379]
Exeter. **Gubbin, Edward**; adm. B.A. 31 Jan. 162$^{0}_{1}$, det. 162$^{0}_{1}$; lic. M.A. 29 June 1623, inc. 1623. [ii. 382]
Wadham. **Darby, John**; suppl. B.A. ('John') 31 Jan., adm. ('John') 1 Feb. 162$^{0}_{1}$, det. ('Gilbert') 162$^{0}_{1}$. [ii. 363]
Magd. C. **Bowerman** (Boreman), **Andrew**; adm. B.A. 1 Feb. 162$^{0}_{1}$, det. 162$^{0}_{1}$; lic. M.A. 6 Dec. 1623, inc. 1624; adm. B.D. 10 Dec. 1632. (Demy of Magd. C. 1618–1621, Fellow 1621–1630; Blox. 5, p. 82.)
Balliol. **Farley, Elliott**; adm. B.A. 1 Feb. 162$^{0}_{1}$, det. 162$^{0}_{1}$. [ii. 365]
Balliol. **Bunbury, Thomas**; adm. B.A. 1 Feb. 162$^{0}_{1}$, det. 162$^{0}_{1}$; lic. M.A. 25 June 1623, inc. 1623; lic. D.D. 10 June 1644; lic. to preach 17 June 1646. [ii. 376]
Balliol. **Cooke, Thomas**; adm. B.A. 1 Feb. 162$^{0}_{1}$, det. 162$^{0}_{1}$. [ii. 376]
Balliol. **Gery** (Gerey), **George**; adm. B.A. 1 Feb. 162$^{0}_{1}$, det. 162$^{0}_{1}$. [ii. 365]
Broadg. H. **Wellin** (Wellen), **William**; adm. B.A. 1 Feb. 162$^{0}_{1}$, det. 162$^{0}_{1}$; lic. M.A. 18 June 1623, inc. 1623. [Magd. H., ii. 368]
Hart H. **Mussell, Nicholas**; adm. B.A. 3 Feb. 162$^{0}_{1}$, det. 162$^{0}_{1}$; lic. M.A. 23 June 1623, inc. 1623. [ii. 363]
Hart H. **Stranguage, Giles**; (arm. fil. n. m.) adm. B.A. 3 Feb. 162$^{0}_{1}$, det. 162$^{0}_{1}$. [ii. 368]
Gloc. H.* **Pleddall, Robert**; suppl. B.A. (Gloc. H. 'Pleddon') 3 Feb., adm. ('Pleddall') 5 Feb. 162$^{0}_{1}$, det. 162$^{0}_{1}$; lic. M.A. (Magd. H., 'Pledwell') 21 June 1626, inc. ('Pledwall') 1626. [S. Jo., ii. 369]
Gloc. H.* **Smith, Anthony**; adm. B.A. (Gloc. H.) 5 Feb. 162$^{0}_{1}$, det. 162$^{0}_{1}$; lic. M.A. (Gloc. H.) 23 June 1624, inc. 1624; adm. B.D. (S. Jo.) 23 Mar. 163$\frac{1}{2}$. [S. Jo., ii. 369]
Balliol. **Remnant, Samuel**; adm. B.A. 5 Feb. 162$^{0}_{1}$, det. 162$^{0}_{1}$. [Mert., ii. 364]
Magd. C. **Powell, Richard**; adm. B.A. 5 Feb. 162$^{0}_{1}$, det. 162$^{0}_{1}$; lic. M.A. 3 July 1623, inc. 1623. [ii. 344]
New Coll. **Twigden, Francis**; adm. B.A. 5 Feb. 162$^{0}_{1}$, det. 162$^{0}_{1}$. [ii. 363]
Jesus. **Lloyd, David**; adm. B.A. 5 Feb. 162$^{0}_{1}$, det. 162$^{0}_{1}$; lic. M.A. 1 July 1624, inc. 1624. [ii. 350]
Wadham. **Rainsford, Robert**; (arm. fil. n. m.) adm. B.A. 6 Feb. 162$^{0}_{1}$, det. 162$^{0}_{1}$; lic. M.A. 11 July 1623, inc. 1623; adm. B.D. 29 Mar. 1631; lic. D.D. 23 June 1637, inc. 1637. [ii. 371]
Wadham. **Abraham, Edward**; adm. B.A. 6 Feb. 162$^{0}_{1}$, det. 162$^{0}_{1}$; lic. M.A. 22 June 1624, inc. 1624. [ii. 357]
Wadham. **Drake, Gilbert**; adm. B.A. 6 Feb. 162$^{0}_{1}$, det. 162$^{0}_{1}$; lic. M.A. 20 Apr. 1624, inc. 1624. ('John' in B.A. suppl.). [ii. 357]
Ch. Ch. **Thomas, Hugh**; adm. B.A. 7 Feb. 162$^{0}_{1}$, det. 162$^{0}_{1}$. [? Linc., ii. 354]
Hart H. **Lloyd, Richard**; adm. B.A. 7 Feb. 162$^{0}_{1}$, det. 162$^{0}_{1}$.

Hart H. Prichard (Pritchard), Robert; adm. B.A. 7 Feb. 162⁰/₁, det. 162⁰/₁.
Magd. C. Berwick (Berricke), Michael; adm. B.A. 8 Feb. 162⁰/₁, det. 162⁰/₁; lic. M.A. 23 June 1625, inc. 1625. [ii. 354]
Magd. C. Norman, John; adm. B.A. 8 Feb. 162⁰/₁, det. 162⁰/₁. [ii. 383]
Magd. C. Pell, James; adm. B.A. 8 Feb. 162⁰/₁, det. 162⁰/₁; lic. M.A. 9 July 1624, inc. 1624. [ii. 383]
Magd. C. Sadler, John; adm. B.A. 8 Feb. 162⁰/₁, det. 162⁰/₁.
Trinity. Phillips, Edward; (arm. fil. n. m.) adm. B.A. 8 Feb. 162⁰/₁, det. 162⁰/₁.
Trinity.* Chitwood (Chetwood), John; (eq. aur. fil.) adm. B.A. (Trin.) 8 Feb. 162⁰/₁, det. 162⁰/₁; lic. M.A. (All So.) 15 Oct. 1624, inc. 1625. [ii. 377]
Trinity. Bun, Josias; adm. B.A. 8 Feb. 162⁰/₁, det. 162⁰/₁; lic. M.A. 7 July 1623, inc. 1623. [ii. 372]
Trinity. Gladman, Elkanah; suppl. B.A. ('Gladmore') 31 Jan., adm. B.A. ('Gladman') 8 Feb. 162⁰/₁, det. 162⁰/₁; lic. M.A. 7 July 1623, inc. 1623; adm. B.D. 30 Mar. 1631. [ii. 372]
Trinity.* Gun (Gunne), William; adm. B.A. (Trin.) 8 Feb. 162⁰/₁, det. 162⁰/₁; lic. M.A. (S. Edm. H.) 25 June 1627, inc. 1627. [ii. 358]
Trinity. Holbroke (Holbrooke), Edward; suppl. B.A. ('William') 31 Jan., adm. ('Edward') 8 Feb. 162⁰/₁, det. 162⁰/₁; lic. M.A. 7 July 1623, inc. 1623. [ii. 382]
Trinity. Pargiter, Edmund; adm. B.A. 8 Feb. 162⁰/₁, det. 162⁰/₁; lic. M.A. 4 May 1626, inc. 1626. [Oriel, ii. 366]
Oriel. Rutter, Feriman; adm. B.A. 8 Feb. 162⁰/₁, det. 162⁰/₁. [ii. 372]
University. Nettleton, Robert; adm. B.A. 8 Feb. 162⁰/₁, det. 162⁰/₁; lic. M.A. 11 July 1623, inc. 1623. [ii. 364]
University. Hawleys (Hawleis), Edmund; (arm. fil. n. m.) adm. B.A. 8 Feb. 162⁰/₁, det. ('Hollis') 162⁰/₁. [ii. 371]
University. Fawsitt, Richard; adm. B.A. 8 Feb. 162⁰/₁, det. 162⁰/₁. [ii. 363]
Brasenose. Pike (Pyke), Richard; suppl. B.A. ('John') 22 Jan., adm. ('Richard') 8 Feb. 162⁰/₁, det. 162⁰/₁. [ii. 359]
Brasenose.* Hoveden (Hovenden, Ovenden), Robert; adm. B.A. (Bras.) 8 Feb. 162⁰/₁, det. 162⁰/₁; lic. M.A. (All So.) 26 Jan. 162¾, inc. 1624. [ii. 362]
Brasenose. Pope (Poope), Anthony; adm. B.A. 8 Feb. 162⁰/₁, det. 162⁰/₁; lic. M.A. 10 July 1623, inc. 1624. [ii. 367]
Brasenose. Boothe, Edmund; adm. B.A. 8 Feb. 162⁰/₁, det. 162⁰/₁. [? Edward, ii. 364]
Brasenose. Garthwayte, Ephraim; adm. B.A. 8 Feb. 162⁰/₁, det. 162⁰/₁; lic. M.A. 25 June 1623, inc. 1623. [ii. 381]
Brasenose. Thomas, Samuel; adm. B.A. 8 Feb. 162⁰/₁, det. 162⁰/₁; lic. M.A. 18 July 1623. [ii. 370]
Magd. H. Nurth (Noarth), John; adm. B.A. 8 Feb. 162⁰/₁, det. 162⁰/₁. [ii. 375]
Jesus. Penry, Hugh; adm. B.A. 8 Feb. 162⁰/₁, det. 162⁰/₁; lic. M.A. 11 July 1623, inc. 1623.
Jesus. Evans, John; adm. B.A. 8 Feb. 162⁰/₁, det. 162⁰/₁. [ii. 384]

Balliol. **Bayly, John**; adm. B.A. 9 Feb. $162\frac{0}{1}$, det. $162\frac{0}{1}$; lic. M.A. 6 July 1626, inc. 1626. [ii. 365]

Magd. H. **Viner** (Vyner), **John**; adm. B.A. 9 Feb. $162\frac{0}{1}$, det. $162\frac{0}{1}$; lic. M.A. 7 July 1625, inc. 1625.

All Souls. **Gregorie, Richard**; adm. B.A. 9 Feb. $162\frac{0}{1}$, det. $162\frac{0}{1}$. [ii. 375]

All Souls. **Lee, John**; adm. B.A. 9 Feb. $162\frac{0}{1}$, det. $162\frac{0}{1}$. [? Ch. Ch., ii. 354]

S. Edm. H. **Warham** (Warram), **Edward**; suppl. B.A. ('Thomas') 9 Feb., adm. ('Edward') 9 Feb. $162\frac{0}{1}$, det. $162\frac{0}{1}$; lic. M.A. ('Thomas,' S. Edm. H.) 26 June 1623, inc. 1623. [Edward Warham, Wadh., ii. 368]

Exeter. **Harrison, Richard**; adm. B.A. — Feb. $162\frac{0}{1}$, det. $162\frac{0}{1}$. [ii. 370]

Hart H. **Grent, William**; adm. B.A. 20 Mar. $162\frac{0}{1}$.

Hart H. **Merricke, William**; adm. B.A. 20 Mar. $162\frac{0}{1}$. [ii. 386]

New Coll. **Grent, Henry**; adm. B.A. 18 Apr. 1621, det. $162\frac{1}{2}$; lic. M.A. 16 Jan. $162\frac{4}{5}$, inc. 1625. [ii. 363]

New Coll. **Gardner** (Gardener), **John**; adm. B.A. 18 Apr. 1621, det. $162\frac{1}{2}$; lic. M.A. 16 Jan. $162\frac{4}{5}$, inc. 1625; adm. B.D. 20 July 1636.

New Coll. **Hungerford, John**; adm. B.A. 18 Apr. 1621, det. $162\frac{1}{2}$; lic. M.A. 16 Jan. $162\frac{4}{5}$, inc. 1625; adm. B.D. 20 July 1636. [ii. 363]

New Coll. **Withers** (Wythers), **James**; adm. B.A. 18 Apr. 1621, det. $162\frac{1}{2}$; lic. M.A. 16 Jan. $162\frac{4}{5}$, inc. 1625. [ii. 363]

New Coll. **Biggs, Richard**; adm. B.A. 18 Apr. 1621, det. $162\frac{1}{2}$; lic. M.A. 16 Jan. $162\frac{4}{5}$, inc. 1625.

New Coll. **Feild, Nathaniel**; adm. B.A. 18 Apr. 1621, det. $162\frac{1}{2}$; lic. M.A. 16 Jan. $162\frac{4}{5}$, inc. 1625. [ii. 363]

Lincoln. **Ford, David**; adm. B.A. 19 Apr. 1621, det. $162\frac{1}{2}$. [ii. 364]

Queen's. **Bray, David**; suppl. B.A. ('David Prior') 18 Apr., adm. ('David Bray') 20 Apr. 1621. [ii. 368]

Queen's. **Fawsit** (Faussett, Fausit), **Samuel**; adm. B.A. 20 Apr. 1621, det. $162\frac{1}{2}$; lic. M.A. 9 July 1624, inc. 1624. [ii. 370]

Magd. H. **Waller** (Waler), **John**; adm. B.A. 21 Apr. 1621, det. $162\frac{1}{2}$; lic. M.A. 28 Jan. $162\frac{3}{4}$. [ii. 386]

Magd. H. **Meeke, John**; suppl. B.A. ('Weeke') 18 Apr., adm. ('Meeke') 21 Apr. 1621, det. $162\frac{1}{2}$; lic. M.A. ('Meeke') 16 Mar. $162\frac{3}{4}$, inc. 1624. ⟨A Wood calls him 'benefactor Aulae Magd.'⟩ [ii. 386]

Exeter. **Maynard, John**; (arm. fil. n. m.) adm. B.A. 25 Apr. 1621. [ii. 387] Boase, p. 61.

Exeter. **Kendall, John**; (arm. fil. n. m.) adm. B.A. 25 Apr. 1621. [ii. 380]

Exeter. **Stevens, Thomas**; adm. B.A. 25 Apr. 1621. [ii. 363]

Exeter. **Clarke, Nicholas**; adm. B.A. 25 Apr. 1621, det. $162\frac{1}{2}$; lic. M.A. 17 June 1624, inc. 1624. [ii. 387]

Exeter. **Clarke, Thomas**; adm. B.A. 25 Apr. 1621, det. $162\frac{1}{2}$. [ii. 387]

S. John's. **Edwards, John**; adm. B.A. 30 Apr. 1621, det. $162\frac{1}{2}$; lic. M.A. 4 May 1625, inc. 1625; adm. M.B. and lic. M.D. 13 (or 14) June 1639, inc. M.D. 1639. [ii. 367]

Brasenose. **Holmes** (Homes), **George**; adm. B.A. 3 May 1621, det. 162½. [ii. 364]
Brasenose. **Lloyd, George**; adm. B.A. 3 May 1621, det. 162½; lic. M.A. 6 July 1626, inc. 1626. [?Hart H., ii. 362]
Brasenose. **Harris, William**; adm. B.A. 3 May 1621, det. 162½; lic. M.A. 7 July 1624, inc. 1624. [?S. Alb. H., ii. 365]
S. Alb. H. **Golde, Benjamin**; adm. B.A. 9 May 1621, det. 162½; lic. M.A. 4 Feb. 162¾, inc. 1624. [ii. 365]
S. Alb. H. **Lawrence, Francis**; adm. B.A. 9 May 1621, det. 162½. [ii. 369]
S. Alb. H. **Saunders, Thomas**; (eq. aur. fil.) adm. B.A. 9 May 1621, det. 162½. [ii. 387]
S. Alb. H. **Bamfield** (Banfeild), **James**; (eq. aur. fil.) adm. B.A. 9 May 1621, det. 162½; lic. M.A. 4 Feb. 162¾, inc. 1624. [ii. 387] Boase, p. 62.
Magd. H.* **Pickering, William**; adm. B.A. (Magd. H.) 11 May 1621, det. (Magd. C.) 162½; lic. M.A. (Ch. Ch.) 17 June 1624, inc. 1624. [Magd. C., ii. 371]
Broadg. H. **Strout** (Stroude), **John**; adm. B.A. 11 May 1621. [Exet., ii. 363]
Broadg. H.* **Whicker** (Whickers, Whyckers), **Thomas**; adm. B.A. (Broadg. H.) 16 May 1621, det. (Ch. Ch.) 162½; lic. M.A. (Ch. Ch.) 17 June 1624, inc. 1624. [Ch. Ch., ii. 369]
S. Mary H. **Mills, William**; adm. B.A. 6 June 1621, det. 162½. [ii. 373]
S. Mary H.* **Harrington, Thomas**; (arm. fil. n. m.) adm. B.A. (S. Mary H.) 6 June 1621. det. (All So.) 162½; lic. M.A. (All So.) 1 June 1625, inc. 1625. [ii. 388]
S. Mary H. **Palmer, John**; adm. B.A. 6 June 1621, det. 162½. [ii. 366]
Gloc. H. **Pett, William**; adm. B.A. 6 June 1621. [ii. 384]
Queen's.* **Tireman, John**; adm. B.A. (Queen's) 7 June 1621, det. 162½; lic. M.A. (Linc.) 20 Apr. 1624, inc. 1624; suppl. B.D. (Linc.) 27 Nov. 1632, adm. 16 May 1633. [ii. 365]
Queen's. **Blackstone, Thomas**; adm. B.A. 7 June 1621, det. 162½; lic. M.A. ('cumulatus') 5 July 1624, inc. 1624. [ii. 365]
Queen's. **Hill, Robert**; adm. B.A. 7 June 1621, det. 162½; lic. M.A. 5 July 1624, inc. 1624. [ii. 366]
Queen's. **Calverley, John**; (eq. aur. fil.) adm. B.A. 7 June 1621, det. 162½. [ii. 372]
S. John's.* **Tucker, John**; adm. B.A. (S. Jo.) 7 June 1621, det. 162½; lic. M.A. (Oriel) 16 Apr. 1624, inc. 1624. [ii. 376]
Broadg. H. **Swayne** (Swaine), **William**; adm. B.A. 7 June 1621, det. 162½; lic. M.A. 16 Apr. 1624, inc. 1624. ('John' in B.A. suppl.) [ii. 371]
Broadg. H. **Shapley, Bartholomew**; adm. B.A. (Broadg. H.) 7 June 1621, det. 162½; lic. M.A. (Pembr.) 23 June 1625, inc. 1625. [ii. 388]
Broadg. H. **Jones, Rowland**; adm. B.A. 7 June 1621, det. 162¾; lic. M.A. 16 Apr. 1624, inc. 1624. [ii. 377]
Balliol. **Wentworth** (Waintworth, Wayntworth), **Peter**; adm. B.A. 8 June 1621, det. 162½; lic. M.A. 14 Dec. 1624, inc. 1625; suppl. B.D. 30 June, adm. in Trinity Term 1631; suppl. for lic. to preach

8 Feb. 163½, lic. in 1632; lic. D.D. 16 July 1633, inc. 1634. [Magd. H., ii. 366]
Balliol. **Hammersley** (Hamersley), **William**; adm. B.A. 8 June 1621, det. 162½; lic. M.A. 24 Apr. 1624, inc. 1624. [ii. 365]
Balliol. **Holland, Thomas**; adm. B.A. 8 June 1621, det. 162½; lic. M.A. 11 May 1624, inc. 1624. [ii. 375]
Balliol. **Pilkington, Abraham**; adm. B.A. 8 June 1621, det. 162½. [ii. 388]
S. John's. **Daniel, Thomas**; adm. B.A. 8 June 1621, det. 162½. [ii. 367]
Balliol.* **Loddington** (Luddington), **Walter**; adm. B.A. (Ball.) 8 June 1621, det. 162½; lic. M.A. (Broadg. H.) 16 Apr. 1624, inc. 1624. [ii. 365]
Lincoln. **Sacheverill, Clarence**; adm. B.A. 11 June 1621, det. 162½. [ii. 389]
Lincoln. **Weston, Robert**; adm. B.A. 11 June 1621, det. 162½. [ii. 360]
Lincoln. **Hobson, Hugh**; adm. B.A. 11 June 1621, det. 162½; lic. M.A. 30 June 1624, inc. 1624. ('Horsman' in B.A. suppl.) [ii. 363]
S. Alb. H. **Giles, Edward**; adm. B.A. 11 June 1621, det. 162½. [ii. 387]
Magd. H. **Joell, Christopher**; adm. B.A. 12 June 1621, det. 162½. [ii. 371]
Magd. H. **Serle, John**; adm. B.A. 12 June 1621, det. 162½. [ii. 382]
Magd. H. **Allen, Joseph**; adm. B.A. ('Joshua') 12 June 1621, det. ('Joseph') 162½; suppl. M.A. (registered in error as suppl. B.A.) ('Joseph') 27 Jan. 162¾ and again 14 Apr. 1624, lic. ('Joseph') 16 Apr. 1624, inc. 1624. [ii. 366]
Magd. H. **Duncumbe** (Duncombe), **Thomas**; adm. B.A. 12 June 1621, det. 162½; lic. M.A. 16 Apr. 1624, inc. 1624. [ii. 389]
Magd. H. **Wyer, Dositheus**; adm. B.A. 12 June 1621, det. 162½. [ii. 367]
Magd. H. **Carpenter, John**; adm. B.A. 12 June 1621, det. 162½; suppl. M.A. (registered in error as suppl. B.A.) 27 Jan. 162¾, and again 14 Apr. 1624, lic. 16 Apr. 1624, inc. 1624. [ii. 381]
Magd. H. **Robinson, James**; adm. B.A. 12 June 1621, det. 162½. [ii. 390]
Magd. H. **Toms** (Tombe, Tombes), **John**; adm. B.A. 12 June 1621, det. 162½; lic. M.A. 16 Apr. 1624, inc. 1624; suppl. B.D. 30 June 1631, and. adm. B.D. in Trinity Term 1631. [ii. 366]
University. **Stansfield, Aston**; (arm. fil. n. m.) adm. B.A. 14 June 1621, det. 162½. [ii. 374]
University. **Randall** (Randolphe, Randulphe), **Matthew**; suppl. B.A. ('Matthias') 6 June, adm. ('Matthew') 14 June 1621, det. 162½; lic. M.A. ('Matthew') 5 July 1624, inc. 1624. [ii. 368]
University. **Hooke, Thomas**; adm. B.A. 14 June 1621, det. 162½; lic. M.A. 5 July 1624, inc. 1624. [ii. 371]
Exeter. **Champernoune, Henry**; (arm. fil. n. m.) adm. B.A. 14 June 1621, det. 162½.
Exeter. **Clifford, Hugh**; (doctoris fil.) adm. B.A. 14 June 1621, det. 162½; lic. M.A. 22 Apr. 1624, inc. 1624. [ii. 387]

Exeter. Rose, Richard; adm. B.A. 14 June 1621, det 162½.
Exeter. Hygate (Heygate, Heigate), John; (arm. fil. n. m.) adm. B.A. 14 June 1621, det. 162½; lic. M.A. 22 Apr. 1624, inc. 1624. [ii. 379]
Exeter. Davy, John; (arm. fil. n. m.) adm. B.A. 14 June 1621. [ii. 379]
Exeter. Younge, John; (arm. fil. n. m.) adm. B.A. 14 June 1621, det. 162½; lic. M.A. 21 June 1625, inc. 1625. [ii. 380]
Exeter. Saverey (Saverie), Richard; (arm. fil. n. m.) adm. B.A. 14 June 1621, det. 162½. [ii. 380]
Exeter. Salter (Psalter), Anthony; suppl. B.A. ('Sadler') 4 June, adm. ('Salter') 14 June 1621, det. 162½; lic. M.A. 22 Apr. 1624, inc. 1624; lic. to pract. med., adm. M.B., and lic. M.D. 21 June 1633, inc. M.D. 1633. [ii. 363]
Exeter. Newton, George; adm. B.A. 14 June 1621, det. 162½; lic. M.A. 23 June 1624, inc. 1624. [ii. 380]
Exeter. Harris (Harrys), Reginald; adm. B.A. 14 June 1621, det. 162½; lic. M.A. 22 Apr. 1624, inc. 1624. [ii. 370]
Exeter. Lannard, Christopher; adm. B.A. 14 June 1621. [ii. 380]
Trinity.* Barker, Nathaniel; (eq. aur. fil.) adm. B.A. (Trin.) 14 June 1621; lic. M.A. (Hart H.) 17 Apr. 1624. inc. 1624. [ii. 371]
Trinity. Gleman (Gleiman, Gleyman, Glemham, Glenham), Henry; (eq. aur. fil.) adm. B.A. 14 June 1621; lic. M.A. 6 Feb. 162¾, inc. 1624; suppl. B.D. 15 June 1631, adm. in Trinity Term 1631; suppl. for lic. to preach 13 July 1632, lic. in 1632; lic. D.D. 3 Apr. 1633, inc. 1633. [ii. 377]
Ch. Ch. Godwin, Morgan; (Episc. Heref. fil.) adm. B.A. 14 June 1621, det. 162½. [ii. 389] Morgan Godwin, Pembr. (perhaps the same person) suppl. B.C.L. 3 July, adm. 6 July 1627.
Magd. H. Ladbrooke, Robert; adm. B.A. 14 June 1621, det. 162½; lic. M.A. 16 Apr. 1624, inc. 1624. [Magd. C., ii. 398]
Jesus. Mathew, Morgan; adm. B.A. 27 June 1621. [ii. 389]
Trinity. Alvey, Joseph; adm. B.A. 27 June 1621, det. 162½; lic. M.A. 28 May 1625, inc. 1625. [ii. 377]
Trinity. Westley (Westly), John; adm. B.A. 27 June 1621, det. 162½; lic. M.A. 28 May 1625. [ii. 377]
Trinity. Roberts, George; adm. B.A. 27 June 1621, det. 162½; lic. M.A. 28 May 1625, inc. 1625; suppl. lic. to preach 30 May 1632; suppl. B.D. 30 June, adm. 6 July 1632. [ii. 375]
Trinity. Lucas, John; adm. B.A. 27 June 1621, det. 162½; lic. M.A. 16 Apr. 1624, inc. 1624. [ii. 372]
Trinity. Gleason (Gleson, Glisson), Walter; adm. B.A. (Trin.) 27 June 1621, det. 162½; suppl. M.A. ('Walter,' Trin.) 21 Oct., lic. (Ball., in error) 21 Oct. 1624 and inc. ('William,' Trin.) 1625; adm. B.D. ('Walter,' Trin.) 1 July 1633. [ii. 372]
New Coll. Wilkinson, Nathaniel; adm. B.A. 27 June 1621, det. 162½; lic. M.A. 12 May 1624, inc. 1624. [ii. 382]
New Coll. Hardley, Peter; adm. B.A. 27 June 1621, det. 162½. [ii. 363]
Wadham. Turney (Turvey), William; adm. B.A. 30 June 1621, det. 162½. [ii. 367]
Lincoln. Churchman, Richard; suppl. B.A. 8 June 1618, adm. 3 July 1621, det. 162½. [ii. 337]

Brasenose. **Tomkins, Edward**; adm. B.A. ('cumulatus') 5 July 1621, det. 162½ ('Edmund' in B.A. suppl.). [Edmund, ii. 365]
Brasenose. **Huson, William**; adm. B.A. 5 July 1621. [ii. 364]
Brasenose. **Tyrer** (Tiror), **Richard**; adm. B.A. 5 July 1621. [ii. 364]
Brasenose. **Hargreeves, John**; adm. B.A. 5 July 1621, det. 162½. [ii. 364]
Brasenose. **Halsall** (Hassall), **Cuthbert**; adm. B.A. 5 July 1621, det. 162½; lic. M.A. 29 Oct. 1624, inc. 1625. [ii. 364]
Ch. Ch.* **Seise** (Sise), **David**; adm. B.A. (Ch. Ch.) 5 July 1621, det. (All So.) 162½; lic. M.A. (All So.) 9 Apr. 1624, inc. 1624; adm. B.C.L. (All So.) 30 Oct. 1626. [Jes., ii. 358]
S. Edm. H. **Lloyd, Oliver**; adm. B.A. 6 July 1621, det. 162½. Oliver Lloyd, All So. ⟨perhaps the same person⟩ suppl. B.C.L. ('David') 16 May, adm. ('Oliver') 30 June 1627; lic. D.C.L. ('Oliver') 8 Dec. 1635, inc. 1635.
Magd. H. **Angell, John**; adm. B.A. 6 July 1621, det. 162½; lic. M.A. 7 July 1625, inc. 1625. [Magd. C., ii. 389]
Magd. H. **Hodges, Robert**; adm. B.A. 6 July 1621, det. 162½; lic. M.A. 9 July 1624, inc. 1624. [ii. 366]
S. Mary H.* **Greaves** (Greeves), **John**; suppl. B.A. (S. Mary H., 'Robert') 4 July, adm. (S. Mary H., 'John') 6 July 1621, det. 162½; lic. M.A. (Mert., 'John') 25 June 1628, inc. 1628. [Ball., ii. 365] Brod., p. 282.
Magd. C. **Laude** (Lawde), **Erasmus**; adm. B.A. 6 July 1621, det. 162½; lic. M.A. 26 June 1624, inc. 1624. [ii. 386]
Magd. C. **Cherrie, Samuel**; adm. B.A. 6 July 1621, det. 162⅜; lic. M.A. 13 June 1629, inc. 1629.
Magd. C. **Rastall, Richard**; adm. B.A. 6 July 1621, det. 162½.
Oriel. **Parkins** (Perkins), **Isaac**; adm. B.A. 6 July 1621, det. 162½.
Magd. C. **Willoughbie, Percival**; (eq. aur. fil.) adm. B.A. 6 July 1621. [ii. 386]
Magd. H. **Grippe, William**; adm. B.A. 6 July 1621, det. 162½. [ii. 366]
S. Edm. H. **Plummer, Richard**; adm. B.A. 7 July 1621, det. 162½. [Univ., ii. 355]
Corpus. **Stevens, Enoch**; adm. B.A. (Corp.) 16 July 1621, det. (Bras.) 162½; lic. M.A. (S. Mary H.) 7 July 1624, inc. 1624. [ii. 370]
Magd. C. **Longworth** (Langworth), **John**; adm. B.A. 14 July 1621, det. 162½; lic. M.A. 26 June 1624, inc. 1624; adm. B.D. 24 July 1633. [ii. 391]
Magd. C. **Palmer, William**; adm. B.A. 14 July 1621, det. 162½; lic. M.A. 26 June 1624, inc. 1624. [ii. 391]
Magd. C. **Claver, Francis**; adm. B.A. 14 July 1621, det. 162½; lic. M.A. 26 June 1624, inc. 1624; adm. B.D. 24 July 1633. [ii. 391]
Magd. C. **Babington, William**; adm. B.A. 14 July 1621, det. 162½.
Exeter. **Meredith** (Merideth), **John**; adm. B.A. 17 Oct. 1621, det. 162½; lic. M.A. 19 Jan. 162⅘, inc. 1625; adm. B.D. 20 July 1636. [ii. 380]
Exeter. **Owins, Owen**; adm. B.A. 17 Oct. 1621. [ii. 387]
Exeter. **Evans, Samuel**; adm. B.A. 17 Oct. 1621, det. 162½. [ii. 376]

Magd. C. Sherwood, Nathaniel; adm. B.A. 17 Oct. 1621, det. 162½. [ii. 382]
Merton. Wilton, John; adm. B.A. 17 Oct. 1621, det. 162½; lic. M.A. 10 July 1624, inc. 1624. [ii. 362]
Merton.* Saunders, Simon; adm. B.A. (Mert.) 17 Oct. 1621, det. 162½; lic. M.A. (Broadg. H.) 23 June 1624, inc. 1624. [ii. 369]
Balliol. Whyte, Thomas; adm. B.A. 17 Oct. 1621, det. 162½; lic. M.A. 10 June 1624, inc. 1624. [ii. 371]
Balliol. Lancashire (Lancasheir, Lancesheire, Lancaster), James; adm. B.A. 17 Oct. 1621, det. 162½; lic. M.A. 10 June 1624, inc. 1624. [ii. 372]
Balliol. Cranford, James; adm. B.A. 17 Oct. 1621, det. 162½; lic. M.A. 10 June 1624, inc. 1624. [ii. 372]
Balliol. Morrice (Morris), Morgan; adm. B.A. 17 Oct. 1621, det. 162½. [ii. 376]
Balliol. Maule, Thomas; adm. B.A. 17 Oct. 1621, det. 162½. [ii. 376]
Magd. H. Hedges, Thomas; adm. B.A. 17 Oct. 1621, det. 162½; lic. M.A. 5 June 1624, inc. 1624. [ii. 389]
Magd. H. Bird, Richard; adm. B.A. 17 Oct. 1621, det. 162½. [ii. 375]
Magd. H. Woodward, George; adm. B.A. 17 Oct. 1621, det. 162½; lic. M.A. 5 June 1624, inc. 1624. [ii. 307]
Magd. H. Bruce (Bruse), William; adm. B.A. 17 Oct. 1621, det. 162½. [ii. 380]
Magd. H. Whitfeild, Samuel; adm. B.A. 17 Oct. 1621, det. 162½; lic. M.A. 5 June 1624, inc. 1624. [Queen's, ii. 368]
Magd. H. Cooper, John; adm. B.A. 17 Oct. 1621, det. 162½; lic. M.A. 9 July 1624, inc. 1624. [ii. 381]
S. Edm. H. Cleaver, John; adm. B.A. 17 Oct. 1621, det. 162½; lic. M.A. 2 June 1624, inc. 1624. [ii. 367]
S. Edm. H. Jones, Hugh; adm. B.A. 17 Oct. 1621, det. 162½. [ii. 372]
S. Edm. H. Suker, William; adm. B.A. 17 Oct. 1621, det. 162½; lic. M.A. ('Sucher') 19 May 1625, inc. 1625. [ii. 394]
S. Edm. H. Lewis (Lewys), Richard; adm. B.A. 17 Oct. 1621, det. 162½; lic. M.A. 2 June 1624, inc. 1624. [ii. 372]
S. Alb. H. Wookey, Nicholas; adm. B.A. 17 Oct. 1621, det. 162½. ('Oukey' in B.A. suppl.) [ii. 386]
Queen's.* Dodding, William; adm. B.A. 23 Oct. 1621, det. 162½; lic. M.A. 5 July 1624, inc. 1624. [ii. 368]
Queen's. Seaman, John; adm. B.A. (Queen's) 23 Oct. 1621, det. 162½; lic. M.A. (S. Edm. H.) 23 June 1624, inc. 1624. [ii. 368]
S. Alb. H. Cade, Thomas; adm. B.A. 25 Oct. 1621, det. 162½; lic. M.A. 2 June 1624, inc. 1624. [ii. 369]
S. Alb. H. Clea, Robert; adm. B.A. 25 Oct. 1621, det. ('Clay') 162½. [Ball., ii. 370]
S. Mary H. Webb, Thomas; adm. B.A. 25 Oct. 1621, det. 162½; lic. M.A. 2 June 1624, inc. 1624. [ii. 392]
S. Mary H. Baldwin, Richard; adm. B.A. 25 Oct. 1621, det. 162½; lic. M.A. 1 Feb. 162⅚, inc. 1626. [S. Jo., ii. 375]
Merton.* Catford (Catsford), John; adm. B.A. (Mert.) 31 Oct. 1621, det. 162½; suppl. M.A. ('Richard,' S. Mary H.) 1 June, lic. ('John,'

S. Mary H.) 2 June 1624, inc. 1624. [ii. 394]
Merton. Crockford, Raphael; adm. B.A. 31 Oct. 1621, det. 162½.
[Ralph, ii. 394]
New Inn H.* Pulton, Samuel; adm. B.A. 31 Oct. 1621, det. (Exet)
('Poulton') 162½. [ii. 361]
Corpus. Crosdale (Crosedale), Richard; adm. B.A. 13 Nov. 1621,
det. 162½. [ii. 380]
Corpus. Hawker, John; adm. B.A. 13 Nov. 1621, det. ('Hawter')
162½; lic. M.A. 7 July 1624, inc. 1624. [ii. 380]
Corpus. Rose, Stephen; adm. B.A. 13 Nov. 1621, det. 162½; lic.
M.A. 2 July 1625, inc. 1625. [ii. 380]
Broadg. H. Badcocke, Nathaniel; adm. B.A. 14 Nov. 1621, det. 162½;
lic. M.A. 10 June 1624, inc. 1624. [ii. 394]
Broadg. H. Day, John; adm. B.A. 14 Nov. 1621. [ii. 394]
Broadg. H.* Bolde, Henry; adm. B.A. (Broadg. H.) 14 Nov. 1621, det.
162½; lic. M.A. (Jes.) 1 July 1624, inc. 1624. [ii. 388]
Jesus. Price, Charles; adm. B.A. 19 Nov. 1621, det. 162½; lic.
M.A. 21 June 1625, inc. 1625. [ii. 397]
Jesus. Jefferies (Jefferey, Jeffereys), Richard; adm. B.A. 19 Nov.
1621, det. 162½; lic. M.A. 7 July 1625, inc. 1625. [ii. 394]
Ch. Ch. Gumbleton (Gumbledon), John; adm. B.A. 20 Nov. 1621,
det. 162½; suppl. M.A. ('Dumbleton') 7 June, lic. ('Gumbledon')
10 June 1624, inc. 1624; adm. B.D. 2 May 1632. [Broadg. H.,
ii. 369]
Brasenose. Burchell, John; adm. B.A. 22 Nov. 1621, det. 162½.
[Birchall, ii. 364]
Brasenose. Whittington (Whittingdon), John; adm. B.A. 22 Nov. 1621,
det. 162½; lic. M.A. 1 July 1625, inc. 1625. [ii. 396]
Brasenose. Watson, Ralph; adm. B.A. 22 Nov. 1621, det. 162½. [ii.
381]
Brasenose. Rutt (Rut), Thomas; adm. B.A. 22 Nov. 1621, det. 162½;
lic. M.A. 23 Oct. 1624, inc. 1625. [ii. 368]
Brasenose. Twambrooke (Twaimbroke), Thomas; adm. B.A. 22 Nov.
1621, det. 162½. [ii. 379]
Magd. H. Kingsmill, Philip; adm. B.A. 22 Nov. 1621, det. 162½;
suppl. M.A. ('Kingsman') 22 June, lic. ('Kingsmill') 30 June 1624,
inc. 1624. [ii. 366]
Oriel. Crosbie, John; suppl. B.A. ('Croslie') 20 Nov., adm.
('Crosdale') 22 Nov. 1621, det. ('Crosbie') 162½; lic. M.A.
('Crosbie') 20 Nov. 1624, inc. 1625. [Queen's, ii. 361]
Hart H. Horne, Richard; adm. B.A. 22 Nov. 1621, det. 162½; lic.
M.A. 2 June 1624, inc. 1624. [ii. 396]
S. John's. Wood, Richard; suppl. B.A. ('Richard') 20 Nov., adm.
('John') 24 Nov. 1621, det. ('Richard') 162½. [ii. 378]
University. Carew, Francis; (eq. aur. fil.) adm. B.A. 27 Nov. 1621,
det. 162½. [ii. 374]
University. Carew, Nicholas; (eq. aur. fil.) adm. B.A. 27 Nov. 1621,
det. 162½. [ii. 374]
Ch. Ch. Weston, John; (D.C.L. fil.) adm. B.A. 27 Nov. 1621, det.
162½; lic. M.A. 17 June 1624, inc. 1624. [ii. 394]
Gloc. H.* Brent, John; adm. B.A. (Gloc. H.) 27 Nov. 1621, det.
162½; lic. M.A. (Magd. H.) 7 July 1624. [S. Jo., ii. 378]

Gloc. H. Storre (Starre), **Francis**; adm. B.A. 27 Nov. 1621, det. 162½. [ii. 387]
Queen's. Gey (Jey), **William**; adm. B.A. ('Gey') 29 Nov. 1621, det. ('Lea') 162¼; suppl. M.A. ('Jey') 22 June 1624, lic. ('William Page') 22 June 1624, inc. 1624. [Jeaye, ii. 368]
Queen's. Vesey (Veisey, Vcysey), **Robert**; adm. B.A. 29 Nov. 1621, det. 162½; lic. M.A. 5 July 1624, inc. 1624. [ii. 368]
Queen's. Warwick, **Thomas**; adm. B.A. 29 Nov. 1621, det. 162½. [ii. 394]
Queen's. Methwin (Methvyn), **Anthony**; adm. B.A. 29 Nov. 1621, det. 162½; lic. M.A. 5 July 1624, inc. 1624. [ii. 368]
S. Edm. H. Win (Winn), **William**; adm. B.A. 3 Dec. 1621, det. 162½; suppl. M.A. 19 May 1625. [ii. 364]
S. Edm. H. Humfreys (Humfreis), **Richard**; adm. B.A. 3 Dec. 1621, det. 162½; lic. M.A. 5 July 1624, inc. 1624. [ii. 364]
Ch. Ch. Stroude (Strowde, Stroade, Strode); adm. B.A. 6 Dec. 1621, det. 162½; lic. M.A. 17 June 1624, inc. 1624; adm. B.D. 10 Dec. 1631; lic. D.D. 6 July 1638, inc. 1638. [ii. 388]
Ch. Ch. Crofts, **James**; adm. B.A. 6 Dec. 1621, det. 162½. [ii. 389]
Ch. Ch. Harris, **John**; adm. B.A. 6 Dec. 1621, det. 162½. [ii. 403]
Ch. Ch. Brian, **Isaiah**; adm. B.A. 6 Dec. 1621, det. 162½. [ii. 403]
Ch. Ch. Bush (Busshe), **Abraham**; adm. B.A. 6 Dec. 1621, det. 162½; lic. M.A. 17 June 1624, inc. 1624. [ii. 367]
Wadham. Cliffe, **Edward**; adm. B.A. 6 Dec. 1621, det. 162½; lic. M.A. 22 June 1624, inc. 1624. [ii. 369]
Wadham. Conduict, **Nathaniel**; adm. B.A. 6 Dec. 1621, det. 162½; lic. M.A. 7 July 1624, inc. 1624. [ii. 402]
Wadham. Smith, **John**; adm. B.A. 6 Dec. 1621. [ii. 367]
Broadg. H. Hurst, **Charles**; adm. B.A. 8 Dec. 1621. [ii. 377]
S. Alb. H. Martin, **Thomas**; adm. B.A. 10 Dec. 1621.
S. Alb. H. Hall, **Philip**; adm. B.A. 10 Dec. 1621, det. 162½; lic. M.A. 2 June 1624, inc. 1624. [ii. 362]
Hart H. Greene, **Thomas**; adm. B.A. 12 Dec. 1621, det. 162½. [ii. 371]
Magd. C. Greetam (Greetham), **Henry**; adm. B.A. 17 Dec. 1621, det. 162½; lic. M.A. 26 June 1624, inc. 1624.
Ch. Ch. Benson, **Thomas**; adm. B.A. 17 Dec. 1621, det. 162½; lic. M.A. 17 June 1624, inc. 1624. [ii. 393]
Corpus. Shute, **John**; adm. B.A. 17 Dec. 1621, det. 162½. [ii. 386]
Exeter. Holland, **Brian**; (doctoris fil.) adm. B.A. 17 Dec. 1621; lic. M.A. 6 July 1627, inc. 1627.

Magd. C. Westall, **Richard**; suppl. B.A. 18 Apr. 1621.
Ch. Ch. Roberts, **Robert**; suppl. B.A. 6 June 1621. [ii. 388]
Magd. H. Greene, **Thomas**; suppl. B.A. 6 June 1621, det. 162½. [ii. 352]
Ch. Ch. Dorwin, **Thomas**; suppl. B.A. 9 June 1621. [ii. 388]
S. Edm. H. Luddington, **William**; suppl. B.A. 2 July 1621. [Ball., ii. 365]
Exeter. More, **Robert**; det. 162½.

Exeter. Browne, John; suppl. M.A. 25 June, lic. 30 June 1621, inc. 1621. [? ii. 351]

New Coll. Merricke, William; adm. B.C.L. 18 Apr. 1621; suppl. D.C.L. 16 June, lic. 30 June 1627, inc. 1627. [ii. 334]
New Coll. Thorne, William; adm. B.C.L. 18 Apr. 1621. [ii. 333]
New Coll. Delamott, Philip; adm. B.C.L. 18 Apr. 1621. [ii. 334]
S. John's. Bancks, Henry; adm. B.C.L. 30 Apr. 1621. [ii. 341]

Exeter. Tracy (Tracie), Thomas; a student of medicine for ten years, is certified by the Professor of Medicine to be qualified for lic. ' to practise phisick ' 19 Jan. 162$\frac{0}{1}$; suppl. for lic. to pract. med. 19 Jan. 162$\frac{0}{1}$. [? ii. 133]
Lincoln. Dawson, Edward; (M.A. Linc.) certified by the Professor of Medicine to be qualified for lic. to pract. med. 27 Nov. 1621, suppl. lic. to pract. med. 4 Dec. and lic. 17 Dec. 1621.
Ch. Ch. Bave (Baro), Samuel; (Samuel ' Bave,' student of Physic) certified by the Professor of Medicine to be qualified for lic. to pract. med. 27 Nov. 1621. ('Bare') suppl. for lic. to pract. med. 4 Dec. 1621 (then described as for seven years a student of Medicine), (' Baro ') lic. to pract. med. 17 Dec. 1621; ('Bave,' 'Baue') adm. M.B. 26 June 1623; certified by the Professor of Medicine to be qualified for M.D. 25 Feb. 162$\frac{7}{8}$; lic. M.D. 27 Oct. 1628, inc. 1628. [Baro, ii. 385]

Magd. H. Gammon, Richard; adm. B.D. 18 July 1621.

1622.

S. Alb. H. Allard, Richard; adm. B.A. 23 Jan. 162½, det. 162½. [ii. 369]
S. Alb. H. Panton, John; adm. B.A. 23 Jan. 162½, det. 162½; adm. M.B. and lic. to pract. med. 20 Nov. 1626. [ii. 383]
Magd. H. Cotton, Daniel; adm. B.A. ('Daniel') 26 Jan. 162½, det. ('David') 162½. [David, ii. 375]
Magd. H. Burgh, Leonard; adm. B.A. 26 Jan. 162½, det. 162½; lic. M.A. 23 June 1624, inc. 1624. [ii. 370]
Magd. H.* Furth (Firth), Jeremy; adm. B.A. (Magd. H. ' Leonias ') 26 Jan. 162½, det. (' Jeremy ') 162½; lic. M.A. (S. Mary H. ' Jeremy ') 21 Oct. 1624, inc. 1625. [ii. 370]
Magd. H. Hull, John; adm. B.A. 26 Jan. 162½, det. 162½. [ii. 390]
Trinity. Deacon, Jeremy; adm. B.A. 26 Jan. 162½, det. 162½; lic. M.A. 6 Apr. 1625, inc. 1625. [ii. 377]
Gloc. H. Caesar, Augustine; adm. B.A. 30 Jan. 162½, det. 162½. [ii. 371]
Exeter. Streete, William; adm. B.A. 31 Jan. 162½, det. 162½; lic. M.A. 10 June 1624, inc. 1624. [ii. 388]
Exeter. Ware, Roger; (arm. fil. n. m.) adm. B.A. 31 Jan. 162½, det. 162½; lic. M.A. 10 June 1624, inc. 1624.
Exeter. Warre, John; adm. B.A. 31 Jan. 162½, det. 162½; lic. M.A. 23 June 1624, inc. 1624. [ii. 375]

Exeter. **Tise (Tyse), John**; adm. B.A. 31 Jan. 162½, det. ('Dice') 162½; lic. M.A. 10 June 1624, inc. 1624. [ii. 404]
Exeter. **Mervin, Richard**; adm. B.A. 31 Jan. 162½, det. ('Martin') 162½; lic. M.A. ('Mervin') 9 July 1624, inc. 1624; adm. B.D. 30 June 1632. [ii. 380]
Exeter. **Bache (Batche), Arthur**; adm. B.A. 31 Jan. 162½, det. 162½. [ii. 370]
Exeter. **Jackman, William**; adm. B.A. 31 Jan. 162½, det. 162½. [ii. 380]
Lincoln. **Walling (Walwin, Wallen), Herbert**; adm. B.A. 14 Feb. 162½, det. 162½; lic. M.A. 2 June 1624, inc. 1624. [ii. 368]
Lincoln. **Otely (Otley, Otelie), Richard**; adm. B.A. 14 Feb. 162½, det. 162½; lic. M.A. 2 June 1624, inc. 1624. [ii. 372]
Lincoln. **Borne (Bourne), Robert**; adm. B.A. 14 Feb. 162½, det. 162½; lic. M.A. 2 June 1624, inc. 1624. [ii. 370]
Gloc. H.* **Collier, George**; adm. B.A. (Gloc. H.) 14 Feb. 162½; det. 162½; lic. M.A. (Oriel), 3 July 1630, inc. 1630. [Ch. Ch., ii. 369]
Queen's. **Egglesfield, James**; adm. B.A. 22 Feb. 162½, det. 162½; suppl. M.A. ('Thomas') 30 June, lic. ('James') 7 July 1625, inc. 1625. [ii. 376]
Lincoln. **Pimm (Pim), John**; adm. B.A. 23 Feb. 162½, det. 162½. [ii. 401]
Lincoln. **Chauntler, William**; suppl. B.A. ('Chanton') 6 June 1621, adm. 23 Feb. 162½, det. 162½. [ii. 361]
Lincoln. **Fukes, Thomas**; adm. B.A. 23 Feb. 162½, det. 162½. [ii. 370]
Lincoln. **Matkin (Matkins), John**; adm. B.A. 23 Feb. 162½, det. 162½. [ii. 370]
Hart. H. **Thomas, George**; adm. B.A. 23 Feb. 162½, det. 162½. [ii. 404]
Hart H. **Crampe, Walter**; adm. B.A. 23 Feb. 162½, det. 162½. [ii. 404]
Hart H. **Vaughan, Hugh**; adm. B.A. 23 Feb. 162½, det. 162½. [ii. 399]
Hart H. **Watkins, Robert**; adm. B.A. 23 Feb. 162½, det. 162½; lic. M.A. 21 Oct. 1624, inc. 1625. [ii. 404]
Merton. **Hensley (Hinsley), Edmund**; adm. B.A. 25 Feb. 162½, det. 162½; 'Edward' Hinsley (Henslie), Mert., lic. M.A. 10 July 1624, inc. 1624. [S. Alb. H., ii. 367]
S. John's. **Smalewood, Humphrey**; (arm. fil. n. m.) adm. B.A. 25 Feb. 162½, det. 162½; suppl. M.A. ('Thomas') 27 Feb., lic. 13 Mar. 162⅔, inc. 1625. [ii. 378]
S. John's. **Borne, William**; (arm. fil. n. m.) adm. B.A. 25 Feb. 162½, det. 162½. [ii. 403]
Magd. H.* **Bennet, Matthew**; suppl. B.A. 16 Nov. 1620, adm. (Magd. H.) 26 Feb. 162½, det. 162½; lic. M.A. (Magd. H.) 10 June 1624, inc. 1624; adm. B.D. and lic. D.D. (S. Mary H.) 4 July 1637, inc. D.D. (S. Mary H.) 1637. [ii. 356]
New Coll. **Kent, Henry**; suppl. B.A. 4 Dec. 1621, adm. 26 Feb. 162½, det. 162½. [ii. 378]
Jesus. **Williams, Christopher**; adm. B.A. 26 Feb. 162½, det. 162½. [ii. 404]

Jesus. Madrin, Hugh; adm. B.A. 26 Feb. 162½, det. 162½; lic. M.A. 1 July 1624, inc. 1624. [ii. 403]
Jesus. Jones, Richard; adm. B.A. 26 Feb. 162½, det. 162½. [ii. 401]
Jesus. Powell, John; adm. B.A. 26 Feb. 162½, det. 162½. [ii. 404]
Exeter. Sadler, George; (D.D. fil.) adm. B.A. 27 Feb. 162½, det. 162½; lic. M.A. 10 June 1624, inc. 1624. [ii. 374]
Exeter. Meddus (Meddowes), Joseph; adm. B.A. 27 Feb. 162½, det. 162½; lic. M.A. 10 June 1624, inc. 1624. [ii. 380]
Magd. C. Thinne, John; (eq. aur. fil. e nobili familia natus) adm. B.A. 27 Feb. 162½, det. 162½. [ii. 383]
Magd. C. Thinne, James; (frater Johannis) adm. B.A. 27 Feb. 162½, det. 162½. [ii. 383]
Magd. C. Frethren, Robert; adm. B.A. 27 Feb. 162½, det. 162½. [ii. 382]
Magd. C. Cutler, Robert; suppl. B.A. ('Robert') 26 Feb., adm. ('Robert') 27 Feb. 162½, det. ('William') 162½. [William, ii. 391]
Hart H. Ellis, John; adm. B.A. 27 Feb. 162½, det. 162½; lic. M.A. 29 Apr. 1625, inc. 1625.
S. Edm. H. Barker, William; adm. B.A. 27 Feb. 162½, det. 162½. [ii. 372]
S. Edm. H. Claver, Thomas; adm. B.A. 27 Feb. 162½, det. 162½; lic. M.A. 2 June 1624, inc. 1624.
S. Edm. H. Arneway, John; adm. B.A. 27 Feb. 162½, det. 162½; lic. M.A. 2 June 1624, inc. 1624. [ii. 372]
S. Edm. H. More, Joseph; adm. B.A. 27 Feb. 162½, det. 162½; lic. M.A. 2 June 1624, inc. 1624. [i. 372]
University. Wassington (Wasshington, Washington), Richard; adm. B.A. 28 Feb. 162½, det. 162½; lic. M.A. 5 July 1624, inc. 1624; adm. B.D. 3 Apr. 1633; lic. to preach 20 Nov. 1635. [ii. 371]
University. Senior, Robert; adm. B.A. 28 Feb. 162½, det. 162½; lic. M.A. 5 July 1624, inc. 1624. [ii. 371]
University. Halsteede, Richard; adm. B.A. 28 Feb. 162½, det. 162½; lic. M.A. 5 July 1624, inc. 1624. [ii. 371]
University. Mather, Richard; adm. B.A. 28 Feb. 162½, det. 162½; lic. M.A. 5 July 1624, inc. 1624. [Mathew, ii. 371]
Exeter.* Radcliffe (Ratliffe), Edward; (arm. fil. n. m.) adm. B.A. (Exet.) 28 Feb. 162½, det. 162½; lic. M.A. (Univ.) 5 July 1624, inc. 1624. [Univ., ii. 391]
Exeter. Hichmoughe (Hichman, Hitchman), John; adm. B.A. 28 Feb. 162½, det. 162½. [ii. 398]
Exeter. Branker, Thomas; suppl. B.A. (Brincker) 16 Apr. 1621, and again (Brancher) 28 Feb. 162½, adm. (Bancher) 28 Feb. 162½, det. (Branker) 162½. [Oriel, ii. 366]
Balliol. Toldervey, John; adm. B.A. 28 Feb. 162½, det. 162½; lic. M.A. 5 July 1627, inc. 1627. [ii. 376]
Balliol. Ball, Robert; adm. B.A. 28 Feb. 162½, det. 162½; lic. M.A. 10 June 1624, inc. 1624. [Broadg. H., ii. 371]
Balliol.* Abbott, George; adm. B.A. (Ball.) 28 Feb. 162½, det. 162½; lic. M.A. (Mert.) 20 May 1625, inc. 1625; adm. B.C.L. (Mert.) 16 Nov. 1630. [ii. 376] Brod., p. 282.

All Souls. **Forwood** (Forward), **John**; adm. B.A. 28 Feb. 162½, det. 162½. [ii. 395]
All Souls. **Ridler, Walter**; adm. B.A. 28 Feb. 162½, det. 162½. [Ball., ii. 368]
All Souls. **Jones, Thomas**; adm. B.A. 28 Feb. 162½, det. 162½. [ii. 391]
Brasenose. **Leicester** (Lester), **John**; suppl. B.A. 6 June 1621, adm. 28 Feb. 162½, det. 162½. [ii. 381]
Brasenose. **Tomson** (Tompson), **William**; adm. B.A. 28 Feb. 162½, det. 162½. [ii. 381]
Brasenose. **Smith, Philip**; adm. B.A. 28 Feb. 162½, det. 162½; lic. M.A. 7 July 1624, inc. 1624. [ii. 368]
Brasenose. **Bennett, Hugh**; adm. B.A. 28 Feb. 162½, det. 162½; lic. M.A. 7 July 1624, inc. 1624. [ii. 381]
Brasenose. **Sprignoll** (Brignell), **Richard**; (arm. fil. n. m.) adm. B.A. 28 Feb. 162½, det. 162½. [ii. 381]
*Brasenose.** **Jervis** (Jarvis), **John**; (arm. fil. n. m.) adm. B.A. (Bras.) 28 Feb. 162½, det. 162½; lic. M.A. (All So.) 9 July 1625, inc. 1625; adm. B.C.L. 29 Nov. 1627; lic. D.C.L. in Hilary Term 163½, inc. 1632. [ii. 404]
Brasenose. **Bateman, Daniel**; (arm. fil. n. m.) adm. B.A. 28 Feb. 162½, det. 162½. [ii. 381]
Oriel. **Pete** (Peate), **George**; adm. B.A. 28 Feb. 162½, det. 162½. [ii. 370]
Oriel. **Bloxam, Nicholas**; adm. B.A. 28 Feb. 162½, det. 162½; lic. M.A. 27 June 1625, inc. 1625. [ii. 404]
Trinity. **Baylie, Edward**; adm. B.A. 28 Feb. 162½, det. 162½; lic. M.A. 10 June 1624, inc. 1624. [ii. 375]
*Trinity.** **Whitbey** (Whytbie), **Oliver**; adm. B.A. (Trin.) 28 Feb. 162½, det. 162½; lic. M.A. (Hart H.) 2 Dec. 1624, inc. 1625. [ii. 377]
S. Mary H. **Powford, Robert**; adm. B.A. 28 Feb. 162½, det. 162½. [ii. 404]
Ch. Ch. **Barrett, William**; suppl. B.A. 19 Nov. 1621, adm. 28 Feb. 162½, det. 162½. [ii. 404]
Ch. Ch. **Pickering, William**; adm. B.A. 28 Feb. 162½, det. 162½. [ii. 369]
Ch. Ch. **Trapp, John**; adm. B.A. 28 Feb. 162½, det. 162½; lic. M.A. 17 June 1624, inc. 1624. [ii. 376]
Gloc. H. **Bridges, William**; adm. B.A. 28 Feb. 162½, det. 162½. [ii. 387]
S. Edm. H. **Castle, George**; adm. B.A. 28 Feb. 162½, det. 162½.
Magd. H. **Beard** (Bird), **Jeffry**; adm. B.A. 28 Feb. 162½, det. 162½; lic. M.A. 5 June 1624, inc. 1624. [ii. 380]
Magd. H. **Gauntlet, Augustine**; adm. B.A. 28 Feb. 162½, det. 162½. [ii. 366]
Wadham. **Marmion, Shakerlie**; (arm. fil. n. m.) adm. B.A. 1 Mar. 162½, det. 162½; lic. M.A. 7 July 1624, inc. 1624. [ii. 386]
Wadham. **Bond, Walter**; adm. B.A. 1 Mar. 162½, det. 162½. [ii. 358]
Broadg. H. **Deeble** (Deoble, Deable), **John**; adm. B.A. 1 Mar. 162½, det. 162½. [Univ., ii. 371]
Broadg. H. **Smith, Henry**; adm. B.A. 1 Mar. 162½, det. 162½. [ii. 404]

*Broadg. H.** Clayton, Richard; adm. B.A. (Broadg. H.) 1 Mar. 162½, det. ('Clyfton') 162½; lic. M.A. (Broadg. H., 'Clayton') 10 June 1624, inc. 1624; adm. B.D. and lic. to preach (Univ.) 4 July 1639. [Univ., ii. 370]
Lincoln.   Macham, John; adm. B.A. 1 Mar. 162½, det. 162½. [ii. 375]
Exeter.   Payne (Paine), Thomas; adm. B.A. 1 Mar. 162½, det. 162½; lic. M.A. — Apr. 1627, inc. 1627. [ii. 380]
Balliol.   Bassett, Thomas; adm. B.A. 2 Mar. 162½, det. 162½; lic. M.A. 10 June 1624, inc. 1624. [ii. 372]
Balliol.   Rogers, Owen; adm. B.A. 2 Mar. 162½, det. 162½.
Balliol.   Williamson, George; adm. B.A. 2 Mar. 162½, det. 162½; lic. M.A. 6 July 1626, inc. 1626. [ii. 372]
Magd. H.   Williamot (Willimot, Wilmot, Willmott), Edward; adm. B.A. 2 Mar. 162½, det. 162½; lic. M.A. 16 Nov. 1624, inc. 1625; suppl. B.D. 3 July 1631; lic. D.D. ('cumulatus') 10 July 1634, inc. 1634. [ii. 381]
Magd. H.   Eston, Thomas; adm. B.A. 2 Mar. 162½, det. 162½; lic. M.A. 5 June 1624, inc. 1624. [ii. 375]
New Coll. Pelling, John; adm. B.A. 2 Mar. 162½, det. 162½. [ii. 404]
Merton.   Shereman (Sheareman), Abraham; adm. B.A. 2 Mar. 162½, det. 162½; suppl. M.A. ('John') 1 June, lic. ('Abraham' in a corr. from 'John') 2 June 1624, inc. ('John') 1624. [ii. 394]
Merton.   Bridges, Richard; adm. B.A. 2 Mar. 162½, det. 162½. [ii. 361]
Exeter.   Hayter (Heighter, Heyter), William; adm. B.A. 11 Mar. 162½; lic. M.A. 10 June 1624, inc. 1624. [ii. 404]
Queen's.   Troutbeck, Robert; adm. B.A. 29 Mar. 1622, det. 162⅔. [ii. 368]
All Souls. Ruddle, Ralph; suppl. B.A. 18 Apr. 1621, adm. 29 Mar. 1622, det. 162½; lic. M.A. 5 June 1624, inc. 1624. [ii. 354]
Gloc. H.   Dandridge, John; adm. B.A. — Apr. 1622.
New Coll. Lambert, Oliver; adm. B.A. 4 May 1622, det. 162⅔.
New Coll. Pottinger, John; adm. B.A. 4 May 1622, det. 162⅔; lic. M.A. 20 Jan. 162⅚, inc. 1626; adm. B.D. 9 Apr. 1636; lic. to preach 7 July 1636; lic. D.D. 13 Aug. 1646. [ii. 371]
New Coll. Boys, Oliver; adm. B.A. 4 May 1622, det. 162⅔; lic. M.A. ('Olifus') 20 Jan. 162⅚, inc. 1626. [ii. 371]
New Coll. Hackett, Thomas; adm. B.A. 4 May 1622, det. 162⅔; lic. M.A. 20 Jan. 162⅚, inc. 1626. [ii. 371]
S. John's. Davenant, Robert; adm. B.A. 9 May 1622, det. 162⅔; lic. M.A. 28 Apr. 1626, inc. 1626; adm. B.D. 23 Mar. 163½. [ii. 373]
S. John's. Weekes (Weeke, Wykes), Thomas; adm. B.A. 9 May 1622, det. 162⅔; lic. M.A. 28 Apr. 1626, inc. 1626; adm. B.D. 23 Mar. 163½; lic. D.D. 9 May 1639, inc. 1639. [ii. 373]
S. John's. Standishe, Francis; adm. B.A. 9 May 1622, det. 162⅔; lic. M.A. 28 Apr. 1626, inc. 1626. [ii. 373]
S. John's. Harflitt (Harfleet, Harflete), John; (arm. fil. n. m.) adm. B.A. 9 May 1622, det. 162⅔; adm. B.C.L. 26 Apr. 1626. [ii. 378]
S. John's. Bincks, Robert; adm. B.A. 9 May 1622, det. 162⅔; lic. M.A. 4 May 1625, inc. 1625. [ii. 378]
*Magd. C.** Markam (Markham), Francis; adm. B.A. (Magd. C.) 9

May 1622, det. (Magd. H., 'Marsham') 162⅔; lic. M.A. (Magd. H.) 9 July 1624, inc. 1624. [Magd. H., ii. 371]

Merton. **Ward, John**; adm. B.A. 9 May 1622, det. 162⅔; lic. M.A. 18 June 1625, inc. 1625. [? Linc., ii. 370]

Ch. Ch. **Lockie** (Lockey), **Thomas**; adm. B.A. 18 May 1622, det. 162⅔; lic. M.A. 20 June 1625, inc. 1625; adm. B.D. 12 June 1634. [ii. 386]

Balliol. **Stanniford, Thomas**; adm. B.A. 20 May 1622, det. 162⅔; lic. M.A. 2 June 1625, inc. 1625.

S. Mary H. **Welden, William**; (arm. fil. n. m.) adm. B.A. 20 May 1622. [ii. 400]

Brasenose. **Gregge** (Greegg, Crigge), **William**; adm. B.A. 23 May 1622, det. 162⅔. [ii. 399]

Brasenose. **Walkenden** (Walkeden), **Francis**; adm. B.A. 23 May 1622, det. 162⅔. [ii. 381]

Brasenose. **Hyte** (Highte), **John**; adm. B.A. 23 May 1622, det. 162⅔. [ii. 384] John Hyde, Ball. ⟨perhaps this man⟩, was lic. M.A. 6 June 1627, inc. 1627.

Queen's. **Garton, Peter**; (eq. aur. fil.) adm. B.A. 31 May 1622, det. 162⅔. [ii. 378]

Balliol. **Cornishe, John**; adm. B.A. 6 June 1622, det. 162⅔. [ii. 356] Ed. Cornishe, Ball., was lic. M.A. 7 June 1627, inc. ('Edward') 1627. ⟨Probably this man, by an error in the Christian name.⟩

Ch. Ch. **Neiren** (Neyren), **Jasper**; adm. B.A. 6 June 1622; lic. M.A. 20 June 1625, inc. 1625. [Broadg. H., ii. 374]

Ch. Ch. **Crooke, Edward**; adm. B.A. 20 June 1622, det. 162⅔; lic. M.A. 20 June 1625, inc. 1625. [ii. 393]

Ch. Ch. **Chaworth, Richard**; adm. B.A. 20 June 1622, det. 162⅔; lic. M.A. 20 June 1625, inc. 1625. [ii. 393]

New Coll. **Parsons, Richard**; adm. B.A. 20 June 1622, det. 162⅔; lic. M.A. 20 Apr. 1626, inc. 1626; suppl. lic. to preach 28 Nov. 1635, lic. 23 Feb. 163⅚; adm. B.D. 20 Feb. 163⅚. [ii. 373]

Lincoln. **Kilbee** (Kilbey), **Robert**; adm. B.A. 26 June 1622, det. 162⅔; lic. M.A. 3 May 1625, inc. 1625. [ii. 374]

Lincoln. **Basely, John**; adm. B.A. 26 June 1622, det. 162⅔; suppl. M.A. ('Basel,' 'Dasel') 29 Apr., lic. 3 May 1625, inc. 1625. [ii. 370]

Lincoln.* **Knowler** (Knoller), **Richard**; adm. B.A. (Linc.) 26 June 1622, det. (Broadg H.) 162⅔; lic. M.A. (Pembr.) 3 May 1625, inc. 1625. ⟨He is the first lic. M.A. from Pembroke College.⟩ [ii. 373]

Lincoln. **Westfaling** (Westfayling, Westphaling), **Herbert**; (arm. fil. n. m.) adm. B.A. 26 June 1622, det. 162⅔. [ii. 382] ⟨His det. is repeated in the list for 162¾.⟩

Lincoln. **Eyre, Richard**; adm. B.A. 26 June 1622, det. 162⅔. [ii. 370]

Oriel. **Hubbucke, John**; adm. B.A. 26 June 1622, det. 162⅔. [ii. 385]

Oriel.* **Evetts** (Evatts) **William**; adm. B.A. (Oriel) 26 June 1622, det. 162⅔; lic. M.A. (S. Mary H.) 30 June 1627, inc. (Oriel) 1627. [ii. 404]

Oriel.* **Potter, John**; adm. B.A. (Oriel) 26 June 1622, det. 162⅔; lic. M.A. (Ball.) 11 May 1625, inc. (Oriel) 1625. [ii. 373.]

Queen's. **Crew, Thomas**; adm. B.A. 26 June 1622, det. 162⅔; lic. M.A. 30 June 1625, inc. 1625. [ii. 373]

Queen's. Preston, Christopher; adm. B.A. 26 June 1622; lic. M.A. 30 June 1625, inc. 1625. [ii. 372]
University. Say, Edward; (arm. fil. n. m.) adm. B.A. 26 June 1622, det. 162⅔. [ii. 379]
University.* Smithson, William; adm. B.A. (Univ.) 26 June 1622, det. 162⅔; lic. M.A. (Magd. H.) 2 July 1625, inc. 1625. [ii. 371]
S. Mary H. Musgrove (Musgrave), John; adm. B.A. 26 June 1622, det. 162⅔. [ii. 384]
S. Mary H. Keele, Amos; adm. B.A. 26 June 1622, det. 162⅔; lic. M.A. 6 May 1625, inc. 1625. [ii. 372]
S. Mary H. Doble, Bartholomew, adm. B.A. 26 June 1622, det. 162⅔; lic. M.A. 6 May 1625, inc. 1625. [ii. 386]
Exeter. Morrice, William; (D.C.L. fil.) adm. B.A. 27 June 1622, det. 162⅔.
Exeter. Pollard, Hugh; (arm. fil. n. m.) adm. B.A. 27 June 1622, det. 162⅔. [ii. 388]
Exeter. Brawne (Braune), John; (eq. aur. fil.) adm. B.A. 27 June 1622, det. 162⅔; lic. M.A. ('Browne') 4 May 1625, inc. 1625. [ii. 387]
Exeter. Brock (Brooke), Nathaniel; adm. B.A. 27 June 1622, det. 162⅔. [ii. 379]
Exeter. Proctor (Prockter, Procter), John; adm. B.A. 27 June 1622, det. 162⅔; lic. M.A. 4 May 1625, inc. 1625; adm. B.D. 16 July 1636. [ii. 380] Boase, p. 62.
Exeter. Vachell (Vatchill), Tanfeild; adm. B.A. 27 June 1622, det. 162⅔. [ii. 380]
Exeter. Polewhele, Jonathan; adm. B.A. 27 June 1622, det. 162⅔; lic. M.A. 4 May 1625, inc. 1625. [ii. 376] (Boase, p. 61.)
Exeter. Croute, John; adm. B.A. 27 June 1622, det. 162⅔. [ii. 385]
Brasenose. Vachell (Vatchill, Vatechill), Thomas; adm. B.A. 27 June 1622, det. 162⅔. [ii. 396]
Brasenose. Hibbert (Hibberd), Henry; adm. B.A. 27 June 1622, det. 162⅔. [ii. 381]
Ch. Ch. Triplett (Trimplett), Thomas; adm. B.A. 27 June 1622, det. 162⅔; lic. M.A. 20 June 1625, inc. 1625. [ii. 386]
Ch. Ch. Fowler, Thomas; adm. B.A. 27 June 1622, det. 162⅔; lic. M.A. 20 June 1625, inc. 1625. [? Trin., ii. 357 *or* N. I. H., ii. 369]
Trinity. Humfrey, Calvin; adm. B.A. 27 June 1622, det. 162⅔. [ii. 377]
Trinity. Overton, William; adm. B.A. 27 June 1622, det. 162⅔; lic. M.A. 13 May 1625, inc. 1625. [ii. 374]
Trinity. Belgrave, John; (eq. aur. fil.) adm. B.A. 27 June 1622, det. 162⅔. [ii. 377]
Trinity. Whistler, Thomas; adm. B.A. 27 June 1622, det. 162⅔; lic. M.A. 28 May 1625, inc. 1625. [ii. 377]
Balliol. Cleabrooke (Claybrooke, Cleibrooke, Cleybrooke), William; adm. B.A. 28 June 1622, det. 162⅔; lic. M.A. 21 May 1625, inc. 1625. [ii. 376]
Balliol. Durant (Durand), George; adm. B.A. 28 June 1622, det. 162⅔; lic. M.A. 6 May 1625, inc. 1625. [ii. 395]
Balliol. Pearce, James; adm. B.A. 28 June 1622, det. 162⅔. ('John Peirce' in suppl. B.A.) [S. Jo., ii. 383]

Balliol. **Parkhurst, Robert**; (arm. fil. n. m.) adm. B.A. 28 June 1622, det. 162$\frac{2}{3}$. [ii. 376]

*S.Edm.H.** **Morrice** (Morris), **Oliver**; adm. B.A. (S. Edm. H.) 28 June 1622, det. 162$\frac{2}{3}$; lic. M.A. (S. Edm. H.) 16 May 1625, inc. (Jes.) 1625. [ii. 373]

S. Mary H. **Newman, John**; adm. B.A. 1 July 1622, det. 162$\frac{2}{3}$; lic. M.A. 6 May 1625, inc. 1625. [Univ., ii. 371]

Corpus. **Mason, Robert**; adm. B.A. 1 July 1622, det. 162$\frac{2}{3}$; lic. M.A. 2 July 1625, inc. 1625. [ii. 374]

Corpus. **Pewde, Henry**; adm. B.A. 1 July 1622.

Ch. Ch. **Taylor, Thomas**; adm. B.A. 1 July 1622, det. 162$\frac{2}{3}$; lic. M.A. 23 June 1625, inc. 1625. [ii. 376]

S. Edm. H. **Laurence, Daniel**; adm. B.A. 1 July 1622, det. 162$\frac{2}{3}$. [ii. 372]

S. John's. **Winnard** (Winward), **Richard**; adm. B.A. 2 July 1622; . . . 'Lennard' S. Jo., det. 162$\frac{2}{3}$, ⟨perhaps the same person.⟩ [ii. 378]

S. John's. **Hodges, John**; adm. B.A. 2 July 1622, det. 162$\frac{2}{3}$; lic. M.A. 6 July 1625, inc. 1625. [ii. 378]

*Hart H.** **Parry, William**; (episcopi fil.) adm. B.A. (Hart H.) 2 July 1622, det. (All So.) 162$\frac{2}{3}$; lic. M.A. (All So.) 20 Jan. 162$\frac{5}{6}$, inc. 1626. [ii. 379]

Hart H. **Merricke, Jasper**; adm. B.A. 2 July 1622, det. 162$\frac{2}{3}$.

S. Alb. H. **Baker, Edmund**; adm. B.A. 3 July 1622, det. 162$\frac{2}{3}$; lic. M.A. 23 June 1625, inc. 1625. [ii. 398]

S. Alb. H. **Woodhouse, John**; adm. B.A. 3 July 1622, det. 162$\frac{2}{3}$; lic. M.A. 23 June 1625, inc. 1625.

Magd. C. **Langton, Thomas**; adm. B.A. 3 July 1622, det. 162$\frac{2}{3}$; lic. M.A. 30 June 1625, inc. 1625; adm. B.D. 28 Jan. 163$\frac{3}{4}$. [ii. 391]

Magd. C. **Hause** (Hawes), **Owen**; adm. B.A. 3 July 1622, det. 162$\frac{2}{3}$; lic. M.A. 6 June 1627. [ii. 401]

*Ch. Ch.** **Pritchard, John**; adm. B.A. (Ch. Ch.) 4 July 1622, det. 162$\frac{2}{3}$; lic. M.A. (Jes.) 31 May 1625, inc. 1625. [ii. 387]

Oriel. **Hancock, Edward**; adm. B.A. 5 July 1622, det. 162$\frac{2}{3}$. [ii. 374]

Hart H. **Martin, Thomas**; suppl. B.A. ('William') 16 May, adm. ('Thomas') 5 July 1622, det. ('Thomas') 162$\frac{2}{3}$.

Exeter. **Lane, John**; adm. B.A. 6 July 1622, det. 162$\frac{2}{3}$. [ii. 363] (Boase, p. 60.)

*Magd. H.** **Whyte** (White), **Nathaniel**; adm. B.A. (Magd. H.) 6 July 1622, det. (Gloc. H.) 162$\frac{2}{3}$; suppl. M.A. (Magd. H.) 3 July 1627, lic. (Magd. H.) 3 July 1627 ⟨but the entry is scored out⟩, inc. ('William') 1627; adm. B.D. (Magd. H., 'Nathaniel') 29 Apr. 1634.

*All Souls.** **Lancaster, Nathaniel**; adm. B.A. (All So.) 13 July 1622; det. (. . . Lancaster, Bras.) 162$\frac{2}{3}$; adm. B.D. (Bras.) 3 July 1634. [ii. 405]

Exeter. **Alanson** (Allison), **Rice**; adm. B.A. 18 July 1622, det. 162$\frac{2}{3}$. [ii. 362] (Boase, p. 60.)

S. John's. **Allen, Thomas**; (arm. fil. n. m.) adm. B.A. 18 July 1622, det. 162$\frac{2}{3}$. [ii. 403]

Magd. C. **Gardner, John**; adm. B.A. 18 July 1622. [ii. 399]

Balliol. **Hider, Thomas**; adm. B.A. 19 Oct. 1622, det. 162⅔. [ii. 392]
Balliol. **Wrayford** (Raford, Wayford), **Thomas**; adm. B.A. 19 Oct. 1622, det. 162⅔; lic. M.A. 22 June 1625, inc. 1625. [ii. 393]
Balliol.* **Wilcocks, Thomas**; adm. B.A. (Ball.) 19 Oct. 1622, det. 162⅔; lic. M.A. ('cumulatus,' Pembr.) 18 June 1625, inc. 1625. [ii. 376]
Balliol. **Leigh** (Lee), **John**; adm. B.A. 19 Oct. 1622, det. 162⅔; lic. M.A. 2 July 1625, inc. 1625. [? Linc., ii. 366]
Balliol. **Maries** (Marishe), **Jasper**; adm. B.A. 19 Oct. 1622, det. 162⅔; lic. M.A. 5 July 1630, inc. 1630. [ii. 393]
Oriel. **Taylor, Humphrey**; adm. B.A. 19 Oct. 1622, det. 162⅔; lic. M.A. 11 Dec. 1626, inc. 1627. [ii. 382]
Oriel. **Lawford** (Lauford), **Daniel**; adm. B.A. 19 Oct. 1622, det. 162⅔; lic. M.A. 22 Jan. 162⅞, inc. 1628; lic. to preach 18 Nov. 1637; adm. B.D. 10 Oct. 1638. [Langforde, ii. 374]
Oriel. **Witherston, Edward**; adm. B.A. 19 Oct. 1622, det. 162⅔; lic. M.A. 15 Dec. 1627, inc. 1628. [ii. 381]
Exeter. **Darton** (Darten), **Nicholas**; adm. B.A. 22 Oct. 1622, det. ('Barton') 162⅔. [ii. 372]
Exeter. **Harding, John**; adm. B.A. 22 Oct. 1622, det. 162⅔.
Queen's. **Edmundson** (Edmunds), **John**; adm. B.A. 24 Oct. 1622. [ii. 368]
Magd. H. **Philly** (Fillie), **Henry**; adm. B.A. 24 Oct. 1622, det. 162⅔; lic. M.A. 6 July 1626, inc. 1626. [ii. 400]
Magd. H. **Maultus, Robert**; adm. B.A. 24 Oct. 1622, det. ('Mathews') 162⅔; lic. M.A. 7 July 1625, inc. 1625. [ii. 390]
Magd. H. **Poole, William**; adm. B.A. 24 Oct. 1622, det. 162⅔; lic. M.A. 7 July 1625, inc. 1625. [ii. 392]
Magd. H. **Adams, Blase**; adm. B.A. 24 Oct. 1622, det. 162⅔; lic. M.A. 7 July 1625, inc. 1625. [ii. 375]
Magd. H. **Wilkinson, John**; adm. B.A. 24 Oct. 1622, det. 162⅔. [ii. 381]
Magd. H. **Carter, John**; adm. B.A. 24 Oct. 1622, det. 162⅔; lic. M.A. 7 July 1625, inc. 1625; adm. M.B. ('cumulatus') 21 June 1631; lic. to pract. med. 28 June 1631; created M.D. in 1636. [ii. 375]
Magd. H. **Walker** (Walter), **Thomas**; adm. B.A. 24 Oct. 1622, det. 162⅔. [ii. 392]
Magd. H. **Wilkinson, Edward**; adm. B.A. 24 Oct. 1622, det. 162⅔; lic. M.A. 7 July 1625, inc. 1625. [ii. 381]
Magd. H. **King, William**; adm. B.A. 24 Oct. 1622, det. 162⅔. [ii. 392]
Brasenose. **Raulins, Giles**; adm. B.A. 29 Oct. 1622, det. 162⅔; lic. M.A. 7 July 1625, inc. 1625. [ii. 403]
S. Mary H. **Bolde, Henry**; adm. B.A. 29 Oct. 1622, det. 162⅔; lic. M.A. 22 June 1625, inc. 1625. [Magd. H., ii. 392]
Merton. **Newton, Sampson**; adm. B.A. 4 Nov. 1622, det. 162⅔; lic. M.A. 6 July 1625, inc. 1625. [ii. 394]
Trinity.* **James, Henry**; adm. B.A. (Trin.) 7 Nov. 1622, det. 162⅔; lic. M.A. (Hart H.) 7 May 1625, inc. 1625. [ii. 374]
Trinity.* **Pickering, William**; adm. B.A. (Trin.) 7 Nov. 1622, det. 162⅔; lic. M.A. (Hart H.) 7 May 1625, inc. 1625. [ii. 377]

*Trinity.** **Serjeant** (Sarjant), **William**; adm. B.A. (Trin.) 7 Nov. 1622, det. $162\frac{2}{3}$; lic. M.A. (Hart H.) 21 June 1625, inc. 1625. [ii. 377]

Lincoln. **Smith, Thomas**; suppl. B.A. ('Thomas Cliffe') 24 Oct., adm. ('Smith') 7 Nov. 1622, det. $162\frac{2}{3}$; lic. M.A. ('Smith') 27 June 1625, inc. 1625; adm. M.D. and lic. to pract. med. 24 July 1633. [ii. 374]

Magd. C. **Turner, John**; adm. B.A. 7 Nov. 1622, det. $162\frac{2}{3}$; lic. M.A. 21 June 1626, inc. 1626. [ii. 400]

All Souls. **Meredith, John**; adm. B.A. 7 Nov. 1622, det. $162\frac{2}{3}$; lic. M.A. 13 June 1626, inc. 1626. [ii. 395]

Jesus. **Owen** (Owens), **Evan**; adm. B.A. 9 Nov. 1622, det. $162\frac{2}{3}$; lic. M.A. 21 June 1625, inc. 1625.

Jesus. **Pettingall, Bartholomew**; adm. B.A. 9 Nov. 1622, det. $162\frac{2}{3}$; lic. M.A. 21 June 1625, inc. 1625.

Jesus. **Jones, John**; adm. B.A. 9 Nov. 1622, det. $162\frac{2}{3}$; lic. M.A. 21 June 1625, inc. 1625.

Jesus. **Bowen, David**; suppl. B.A. ('David Powell') 31 Oct., adm. ('David Bowen') 9 Nov. 1622, det. $162\frac{2}{3}$; lic. M.A. ('David Bowen') 21 June 1625, inc. ('Daniel Bowen') 1625. [ii. 403]

Jesus. **Hughes, Lewis**; adm. B.A. 9 Nov. 1622, det. $162\frac{2}{3}$. [All So., ii. 374]

Jesus. **Powell, Samuel**; adm. B.A. 9 Nov. 1622, det. $162\frac{2}{3}$; lic. M.A. 7 July 1625, inc. 1625. [ii. 397]

Magd. C. **Palmer, John**; adm. B.A. 14 Nov. 1622, det. $162\frac{2}{3}$; lic. M.A. 8 July 1625, inc. 1625. [ii. 401]

Balliol. **Peirce** (Perce, Pears, Peirs), **Raphael** (Ralph); adm. B.A. 14 Nov. 1622, det. $162\frac{2}{3}$; lic. M.A. 6 July 1626, inc. 1626. [ii. 372]

Merton. **Tarrant** (Tarant), **George**; adm. B.A. 14 Nov. 1622, det. $162\frac{2}{3}$; suppl. M.A. (Exet.?) ⟨registered in error as suppl. B.A.⟩ 18 June, lic. (Mert.) 6 July 1625, inc. 1625. [ii. 394]

Queen's. **Wetherall** (Wetherell, Wetherhell, Wethereld), **Thomas**; adm. B.A. 14 Nov. 1622, det. $162\frac{4}{5}$; lic. M.A. 25 June 1625, inc. 1625; adm. B.D. 9 May 1632; suppl. lic. to preach 30 May 1632, lic. in 1633. [ii. 362]

Queen's. **Stevenson, Thomas**; adm. B.A. 14 Nov. 1622, det. $162\frac{4}{5}$; lic. M.A. 25 June 1625, inc. 1625. [ii. 379]

Corpus. **Rouland, John**; adm. B.A. 28 Nov. 1622, det. $162\frac{2}{3}$; lic. M.A. 28 Mar. 1626, inc. 1626. [ii. 402]

Corpus. **Pocock, Edward**; adm. B.A. 28 Nov. 1622, det. $162\frac{2}{3}$; lic. M.A. 28 Mar. 1626, inc. 1626; adm. B.D. 8 July 1636. [Magd. H., ii. 375]

Corpus. **Bradshew, Nathaniel**; adm. B.A. 28 Nov. 1622, det. $162\frac{2}{3}$.

Merton. **Corbett, Edward**; adm. B.A. 4 Dec. 1622, det. $162\frac{2}{3}$; lic. M.A. 25 June 1628, inc. 1628. [ii. 402] Brod., p. 283.

Wadham. **Drake, William**; adm. B.A. 4 Dec. 1622, det. $162\frac{2}{3}$; lic. M.A. 7 July 1625, inc. 1625. [ii. 374]

Wadham. **Blake** (Blackie), **William**; adm. B.A. 4 Dec. 1622, det. $162\frac{2}{3}$; lic. M.A. 7 July 1625, inc. 1625. [ii. 385]

Ch. Ch. **Bandinell** (Bandonill) **James**; adm. B.A. 4 Dec. 1622, det. $162\frac{2}{3}$; lic. M.A. 20 June 1625, inc. 1625. [Broadg. H., ii. 374]

*All Souls.** **Knapp, Augustin**; adm. B.A. (All So.) 4 Dec. 1622; det. (S. Alb. H.) $162\frac{2}{3}$; lic. M.A. (S. Alb. H.) 23 June 1625, inc. (All So.) 1625. [ii. 395]

Balliol. **Turvey** (Turney, Turner), **Richard**; adm. B.A. 6 Dec. 1622; lic. M.A. 22 June 1625, inc. 1625. [ii. 393]

Balliol. **Coxe, William**; adm. B.A. 6 Dec. 1622, det. $162\frac{2}{3}$. [All So., ii. 379] 'Gilbert' Cox, Ball. ⟨perhaps the same person⟩, was lic. M.A. 8 July 1626, inc. 1626.

Magd. H. **Acroyd, Samuel**; adm. B.A. 6 Dec. 1622, det. $162\frac{2}{3}$. [ii. 380]

Magd. H. **Sedgwicke** (Sedgweeke), **John**; adm. B.A. 6 Dec. 1622, det. $162\frac{2}{3}$; lic. M.A. 7 July 1625, inc. 1625; adm. B.D. 9 Nov. 1633. [ii. 376]

Queen's. **Strickland, John**; adm. B.A. 9 Dec. 1622, det. $162\frac{4}{5}$; lic. M.A. 25 June 1625, inc. 1625; adm. B.D. 12 May 1632; suppl. lic. to preach ('Stockland') 30 May 1632, lic. ('Strickland') in 1633. [ii. 368]

Queen's. **Crostfeild** (Crosfeild), **Thomas**; adm. B.A. 9 Dec. 1622, det. $162\frac{4}{5}$; lic. M.A. ('Crosfield') 30 June 1625, inc. ('Crockfield') 1625; adm. B.D. ('Crosfield') 17 Dec. 1635; lic. to preach 23 Feb. $163\frac{5}{6}$. [ii. 368]

Queen's. **Willan** (Willon), **Christopher**; adm. B.A. 9 Dec. 1622, det. $162\frac{2}{3}$. [ii. 374]

Hart H. **Harvey, Richard**; adm. B.A. 10 Dec. 1622, det. $162\frac{2}{3}$; lic. M.A. 21 June 1625, inc. 1625. [ii. 371]

Hart H. **Dier** (Dyer), **Robert**; adm. B.A. 10 Dec. 1622, det. $162\frac{2}{3}$; lic. M.A. 30 June 1625, inc. 1625. [ii. 379]

Merton. **Wright, Robert**; adm. B.A. 11 Dec. 1622, det. $162\frac{2}{3}$. [ii. 384] Brod., p. 283.

Exeter. **Glanvill** (Glanvile), **John**; adm. B.A. 11 Dec. 1622, det. $162\frac{2}{3}$; lic. M.A. ('cumulatus') 21 Oct. 1623, inc. 1624.

Magd. C. **Hammon** (Hammond), **Henry**; adm. B.A. 11 Dec. 1622, det. $162\frac{2}{3}$; lic. M.A. 30 June 1625, inc. 1625; adm. B.D. 28 Jan. $163\frac{3}{4}$; lic. D.D. 7 Mar. $163\frac{8}{9}$, inc. 1639. [ii. 391]

Magd. C. **Wagstaff, John**; adm. B.A. 11 Dec. 1622, det. $162\frac{2}{3}$. [ii. 391]

Magd. C. **Chubnall** (Chibnall), **Anthony**; adm. B.A. 11 Dec. 1622, det. $162\frac{2}{3}$; lic. M.A. 30 June 1625, inc. 1625; adm. B.D. 28 Jan. $163\frac{3}{4}$. [ii. 391]

Magd. C. **Holden, Hugh**; adm. B.A. 11 Dec. 1622, det. $162\frac{2}{3}$; lic. M.A. 30 June 1625, inc. 1625; adm. B.D. 28 Jan. $163\frac{3}{4}$. ⟨Demy of Magd. C. 1621–1623, Fellow 1623–1628, when he was expelled by the Parl. Vis., restored in 1660 by the King's Commissioners, continued to be Fellow till 1665; Blox. 5, p. 106.⟩

Magd. C. **Johnson** (Jhonson), **Sampson**; adm. B.A. 11 Dec. 1622, det. $162\frac{2}{3}$; lic. M.A. 30 June 1625, inc. 1625; adm. B.D. 12 Dec. 1635. [Bras., ii. 381]

Corpus. **Williams, Robert**; (arm. fil. n. m.) adm. B.A. 16 Dec. 1622, det. $162\frac{2}{3}$. [ii. 380]

Ch. Ch. **Humberston** (Humbeston), **Henry**; adm. B.A. 17 Dec. 1622, det. $162\frac{2}{3}$; lic. M.A. 8 July 1625, inc. 1625.

Ch. Ch. **Dunt** (Daunt), **John**; adm. B.A. 17 Dec. 1622, det. $162\frac{2}{3}$. [ii. 401]

Oriel. **Rous** (Rouse, Rus), **William**; adm. B.A. 17 Dec. 1622, det. $162\frac{2}{3}$; lic. M.A. 2 July 1625, inc. 1625. [ii. 386]

Ch. Ch. **Williams, Walter**; suppl. B.A. 27 May 1622.
S. Alb. H. **Willis, Thomas**; suppl. B.A. 21 June 1622.
Broadg. H. **Cooke, Ellis**; suppl. B.A. 28 June 1622. [ii. 399]
Jesus. **Nicols, John**; suppl. B.A. 28 June 1622.
Wadham. **Duck, Richard**; (arm. fil. n. m.) suppl. B.A. 3 July 1622. [ii. 382]
Balliol. **Coster, John**; suppl. B.A. 16 Oct. 1622. [ii. 377]
Trinity. **Barnard, Nathaniel**; suppl. B.A. 19 Oct. 1622.
Magd. H. **Short, Thomas**; suppl. B.A. 22 Oct. 1622. [ii. 375.] ⟨A note is added to the record of the 'supplicat':—'mortuus est.'⟩
Broadg. H. **Wilcocks, . . .**; det. $162\frac{2}{3}$. ⟨A repetition of the det. of 'Thomas Wilcocks,' *supra*, p. 411.⟩
S. Edm. H. **Jones, . . .**; det. $162\frac{2}{3}$.

S. Edm. H. **Smith, William**; suppl. M.A. 8 May, lic. 9 May 1622, inc. 1622. ⟨See *supra*, p. 328, or p. 376.⟩
Trinity. **Turner, Thomas**; suppl. and lic. M.A. 26 June 1622, inc. 1622. [i. 368]

New Coll. **Phillips, William**; adm. B.C.L. 8 May 1622. [ii. 334]
All Souls. **Abbott, John**; adm. B.C.L. May (?) 1622. ⟨Perhaps the same person as *supra*, p. 349.⟩
S. Edm. H. **Ayleworth, Henry**; adm. B.C.L. 17 Dec. 1622. [? Allworth, Hart H., ii. 372]

S. John's. **Taylor, William**; adm. M.B. and lic. to pract. med. 24 Nov. 1623; certified by Prof. of Med. to be qualified for M.D. 22 Feb. $162\frac{7}{8}$, lic. M.D. 26 Mar. 1628, inc. 1628.

1623.

All Souls. **Blincowe, George**; adm. B.A. 17 Jan. $162\frac{2}{3}$, det. $162\frac{2}{3}$. [Magd. H., ii. 380]
Exeter. **Marbery** (Marbury), **Jeremoth**; adm. B.A. 23 Jan. $162\frac{2}{3}$, det. $162\frac{2}{3}$. [Bras., ii. 375]
Exeter. **Pye** (Pie), **Thomas**; (arm. fil. n. m.) adm. B.A. 23 Jan. $162\frac{2}{3}$, det. $162\frac{2}{3}$; lic. M.A. 21 June 1625, inc. 1625. [ii. 385]
Oriel. **Freeman, Thomas**; adm. B.A. 4 Feb. $162\frac{2}{3}$, det. $162\frac{2}{3}$; lic. M.A. 21 June 1625, inc. 1625. [ii. 382]
Oriel. **Yale, Samuel**; (doctoris fil.) adm. B.A. 4 Feb. $162\frac{2}{3}$, det. $162\frac{2}{3}$; lic. M.A. 21 June 1625, inc. 1625. [ii. 389]
Oriel. **Swayne** (Swaine), **Richard**; adm. B.A. 4 Feb. $162\frac{2}{3}$, det. $162\frac{2}{3}$; lic. M.A. 21 June 1625, inc. 1625. [ii. 381]
Oriel. **Osborne, Peter**; adm. B.A. 4 Feb. $162\frac{2}{3}$, det. $162\frac{2}{3}$. [ii. 374]
Wadham. **Hoskins, Peter**; adm. B.A. 10 Feb. $162\frac{2}{3}$, det. $162\frac{2}{3}$; lic. M.A. 7 July 1625, inc. 1625. [ii. 385]

Wadham. **Tounly** (Townely), **John**; adm. B.A. 10 Feb. 162⅔, det. 162⅔; lic. M.A. 7 July 1625, inc. 1625. [ii. 386]
All Souls. **Featly** (Feetly), **Daniel**; adm. B.A. 11 Feb. 162⅔, det. 162⅔; suppl. M.A. ('Fairclough') 21 June, lic. ('Featly') 7 July 1625, inc. 1625. [ii. 379]
Ch. Ch. **Edmunds, Henry**; (eq. aur. fil.) adm. B.A. 13 Feb. 162⅔, det. 162⅔. [ii. 385]
Ch. Ch. **Evans, John**; (eq. aur. fil.) adm. B.A. 13 Feb. 162⅔, det. 162⅔.
Ch. Ch. **Apsley** (Apsell), **Peter**; (eq. aur. fil.) adm. B.A. 13 Feb. 162⅔, det. 162⅔. [ii. 402]
Balliol. **Miller, Thomas**; adm. B.A. 13 Feb. 162⅔, det. 162⅔; lic. M.A. 5 July 1625, inc. 1625. [ii. 376]
Balliol. **Wood, Caleb**; adm. B.A. 13 Feb. 162⅔, det. 162⅔. [ii. 376]
Balliol. **Murrall** (Murrey, Murrill), **Richard**; adm. B.A. 13 Feb. 162⅔, det. 162⅔; lic. M.A. 2 July 1625, inc. 1625. [ii. 393]
Ch. Ch. **Rose, Christopher**; adm. B.A. 13 Feb. 162⅔, det. 162⅔.
S. Alb. H. **Hallet, William**; adm. B.A. 13 Feb. 162⅔, det. 162⅔. [ii. 398]
S. Alb. H. **Cotton, Samuel**; adm. B.A. 13 Feb. 162⅔, det. 162⅔; lic. M.A. 2 May 1626, inc. 1626; suppl. lic. to preach 2 Mar. 163⅔; suppl. B.D. 25 Feb. 163⅔, adm. 13 Apr. 1633. [ii. 398]
Jesus. **Owen** (Owin), **Francis**; adm. B.A. 13 Feb. 162⅔, det. 162⅔; lic. M.A. 21 June 1625.
Jesus. **Van, Robert**; adm. B.A. 13 Feb. 162⅔, det. 162⅔.
Jesus. **Lewis** (Lewys), **Lewis**; adm. B.A. 13 Feb. 162⅔, det. 162⅔; lic. M.A. 7 July 1625, inc. 1625. [ii. 397]
Jesus. **Wood, James**; adm. B.A. 13 Feb. 162⅔, det. 162⅔; lic. M.A. 21 June 1625, inc. 1625. [Jacob, ii. 403]
Jesus. **Lloyd, John**; adm. B.A. 13 Feb. 162⅔, det. 162⅔; lic. M.A. 21 June 1625, inc. 1625. [ii. 397]
Jesus. **Barret, Thomas**; adm. B.A. 13 Feb. 162⅔, det. 162⅔. [Univ., ii. 399]
Jesus. **Thomas, Lewis**; adm. B.A. 13 Feb. 162⅔, det. 162⅔. [ii. 399]
Brasenose. **Chaloner, Henry**; (eq. aur. fil.) adm. B.A. ('cumulatus') 15 Feb. 162⅔, det. 162⅔. [ii. 386]
Merton. **Tyler** (Tiler), **Robert**; adm. B.A. 17 Feb. 162⅔, det. 162⅔. [ii. 376]
Merton. **Fludd, William**; adm. B.A. 17 Feb. 162⅔, det. 162⅔; William Lloyd (Llud), Mert. ⟨the same person⟩, lic. M.A. 10 July 1629, inc. 1629. [ii. 398]
Brasenose. **Whitfeild, Richard**; suppl. B.A. 19 Oct. 1622, adm. 17 Feb. 162⅔, det. 162⅔. [ii. 390]
Brasenose. **Hunt, Edward**; adm. B.A. 17 Feb. 162⅔, det. 162⅔; lic. M.A. 7 July 1625, inc. 1625. [ii. 395]
Brasenose. **Johnson, Thomas**; adm. B.A. 17 Feb. 162⅔, det. 162⅔; lic. M.A. 7 July 1626, inc. 1626. [ii. 395]
Brasenose. **Wall, George**; adm. B.A. 17 Feb. 162⅔, det. 162⅔; lic. M.A. 1 July 1625, inc. 1625. [ii. 374]
Brasenose. **Yates, Thomas**; adm. B.A. 17 Feb. 162⅔, det. 162⅔; lic. M.A. 1 July 1625, inc. 1625.

Brasenose. **Worrall, Thomas**; adm. B.A. 17 Feb. 162$\frac{2}{3}$, det. 162$\frac{2}{3}$; lic. M.A. 1 July 1625, inc. 1625. [ii. 379]

*New Inn H.** **Carwardine, Daniel**; adm. B.A. (N. I. H.) 17 Feb. 162$\frac{2}{3}$, det. (Bras.) 162$\frac{2}{3}$; lic. M.A. (Bras.) 1 July 1625, inc. 1625. [Ch. Ch., ii. 379]

S. John's. **Knight, Thomas**; adm. B.A. 17 Feb. 162$\frac{2}{3}$, det. 162$\frac{2}{3}$. [ii. 378]

S. John's. **Hewes, Henry**; adm. B.A. 17 Feb. 162$\frac{2}{3}$, det. 162$\frac{2}{3}$.

S. John's. **Marsham, John**; adm. B.A. 17 Feb. 162$\frac{2}{3}$, det. 162$\frac{2}{3}$; lic. M.A. 5 July 1625, inc. 1625. [ii. 378]

S. John's. **Osney, George**; adm. B.A. 17 Feb. 162$\frac{2}{3}$, det. 162$\frac{2}{3}$; lic. M.A. 6 July 1626, inc. 1626. [ii. 378]

Magd. C. **Buccuppe** (Buckcupp), **Maurice**; adm. B.A. 18 Feb. 162$\frac{2}{3}$, det. 162$\frac{2}{3}$; lic. M.A. ('Norrice') 27 June 1626, inc. 1626. [ii. 375]

Magd. C. **Holder, Robert**; adm. B.A. 18 Feb. 162$\frac{2}{3}$, det. 162$\frac{2}{3}$; lic. M.A. ('Holden') 30 June 1625, inc. 1625. [ii. 391]

Magd. C. **Perrott** (Parrott), **Anthony**; adm. B.A. 18 Feb. 162$\frac{2}{3}$, det. 162$\frac{2}{3}$; lic. M.A. 4 July 1626, inc. 1626.

Magd. C. **Stone, James**; suppl. B.A. ('Thomas[1]') 11 Feb., adm. ('James') 18 Feb. 162$\frac{2}{3}$, det. 162$\frac{2}{3}$; lic. M.A. 27 June 1626, inc. 1626. [ii. 401]

Magd. C. **Codrington** (Coddrington), **Robert**; adm. B.A. 18 Feb. 162$\frac{2}{3}$, det. 162$\frac{2}{3}$; lic. M.A. 27 June 1626, inc. 1626. [ii. 391]

Trinity. **Ledsham, William**; adm. B.A. 18 Feb. 162$\frac{2}{3}$, det. 162$\frac{2}{3}$. [ii. 378]

*Trinity.** **Croft** (Croftes), **John**; adm. B.A. (Trin.) 18 Feb. 162$\frac{2}{3}$, det. ('Crosse') 162$\frac{2}{3}$; lic. M.A. (Hart H.) 21 June 1625, inc. 1625. [ii. 377]

Trinity. **Martin, John**; adm. B.A. 18 Feb. 162$\frac{2}{3}$, det. 162$\frac{2}{3}$. [ii. 384]

Trinity. **Baker, Edward**; adm. B.A. 18 Feb. 162$\frac{2}{3}$, det. 162$\frac{2}{3}$. [? Bras., ii. 379]

Trinity. **Nelson, Zachary**; adm. B.A. 18 Feb. 162$\frac{2}{3}$, det. 162$\frac{2}{3}$; lic. M.A. 2 July 1625, inc. 1625. [ii. 377]

Hart H. **Evered** (Everard), **Thomas**; adm. B.A. 18 Feb. 162$\frac{2}{3}$, det. 162$\frac{2}{3}$. [ii. 375]

Lincoln. **Binion** (Benion), **Richard**; adm. B.A. ('cumulatus') 19 Feb. 162$\frac{2}{3}$, det. 162$\frac{2}{3}$. [ii. 360]

*Lincoln.** **Uppington, John**; adm. B.A. (Linc.) 19 Feb. 162$\frac{2}{3}$, det. 162$\frac{2}{3}$; lic. M.A. (Pembr.) 23 June 1625, inc. 1625. [ii. 377]

Lincoln. **Starre, Thomas**; adm. B.A. 19 Feb. 162$\frac{2}{3}$, det. 162$\frac{2}{3}$; lic. M.A. 6 July 1625, inc. 1625. [ii. 370]

*Lincoln.** **Haines, Edward**; adm. B.A. (Linc.) 19 Feb. 162$\frac{2}{3}$, det. 162$\frac{2}{3}$; lic. M.A. (Pembr.) 23 June 1625, inc. 1625. [ii. 377]

Lincoln. **Moone** (Mone), **Anthony**; adm. B.A. 19 Feb. 162$\frac{2}{3}$, det. 162$\frac{2}{3}$.

Lincoln. **Watson, James**; adm. B.A. 19 Feb. 162$\frac{2}{3}$, det. 162$\frac{2}{3}$; lic. M.A. 27 June 1625, inc. 1625. [ii. 398]

Lincoln. **Findall** (Findeall), **William**; adm. B.A. 19 Feb. 162$\frac{2}{3}$, det. 162$\frac{2}{3}$; lic. M.A. 27 June 1625, inc. 1625. [ii. 397]

[1] The supplicats of this and the preceding year contain many errors both in the names of candidates and their colleges. See p. 6. A great many of these errors have been deliberately omitted in these pages.

1623]   DEGREES.   417

Lincoln.*   **Lovell, George**; adm. B.A. (Linc.) 19 Feb. 1622/3, det.
    1622/3; lic. M.A. (Hart H.) 21 June 1625, inc. 1625. [ii. 377]
Gloc. H.   **Drant** (Drent), **Thomas**; adm. B.A. 19 Feb. 1622/3, det.
    1622/3. [S. Jo., ii. 375]
Gloc. H.   **Adams, Thomas**; adm. B.A. 19 Feb. 1622/3, det. 1622/3.
Brasenose. **Richardson, Conon** (Conan); adm. B.A. 19 Feb. 1622/3, det.
    1622/3. [ii. 359]
Corpus.*   **Hewes** (Hughes), **George**; adm. B.A. (Corp.) 19 Feb. 1622/3,
    det. 1622/3; lic. M.A. (Pembr., 'Hewis') 23 June 1625, inc. ('Hewes')
    1625; adm. B.D. (Pembr., 'Hughes') 10 July 1633. [ii. 383]
Merton.   **Kyfte** (Kyste), **Edward**; adm. B.A. 19 Feb. 1622/3, det. 1622/3.
    [Magd. H., ii. 352]
Exeter.   **Blackmore, Anthony**; adm. B.A. 20 Feb. 1622/3, det. 1622/3.
    [ii. 379]
Exeter.   **Davis, Richard**; adm. B.A. 20 Feb. 1622/3, det. 1622/3; lic.
    M.A. 21 June 1625, inc. 1625. [ii. 379]
Exeter.   **Lewis, Morgan**; adm. B.A. 20 Feb. 1622/3, det. 1622/3; lic.
    M.A. 4 July 1626, inc. 1626. [Mert., ii. 374]
Exeter.   **Oliver, Samuel**; adm. B.A. 20 Feb. 1622/3, det. 1622/3; lic.
    M.A. 2 June 1627, inc. 1627. [ii. 376]
All Souls. **Jones, Rice**; adm. B.A. 20 Feb. 1622/3, det. 1622/3. [ii. 395]
All Souls.* **Collins, Francis**; adm. B.A. (All So.) 20 Feb. 1622/3, det.
    (S. Mary H.) 1622/3; lic. M.A. (All So.) 22 June 1625, inc. 1625.
    [S. Mary H., ii. 403]
Gloc. H.   **Stanton** (Staunton), **Henry**; adm. B.A. 20 Feb. 1622/3, det.
    1622/3. [Exet., ii. 380]
Balliol.   **Furnax** (Fornax), **Christopher**; adm. B.A. 20 Feb. 1622/3,
    det. 1622/3; lic. M.A. 22 June 1625, inc. 1625. [ii. 376]
Balliol.   **Crosman, Joseph**; adm. B.A. 20 Feb. 1622/3, det. 1622/3; lic.
    M.A. 5 July 1625, inc. 1625. [ii. 372]
Balliol.   **Lloyd, John**; adm. B.A. 20 Feb. 1622/3, det. 1622/3; lic. M.A.
    23 June 1625, inc. 1625. [ii. 376]
Queen's.   **Wharton, Anthony**; adm. B.A. 20 Feb. 1622/3, det. 1622/3.
    [ii. 373]
Queen's.   **Goswell, Edward**; adm. B.A. 20 Feb. 1622/3, det. 1622/3. [ii.
    400]
Queen's.   **Tomson** (Tompson), **Henry**; adm. B.A. 20 Feb. 1622/3, det.
    1622/3; lic. M.A. 7 July 1626, inc. 1626. [ii. 376]
Queen's.   **Jones, Peter**; (arm. fil. n. m.) adm. B.A. 20 Feb. 1622/3, det.
    1622/3. [ii. 382]
Magd. H.   **Fox, Edward**; suppl. B.A. ('Richard') 23 Jan., adm.
    ('Edward') 20 Feb. 1622/3, det. 1622/3. [ii. 375]
Magd. H.   **Chamberlaine, John**; suppl. B.A. ('Thomas') 15 Feb., adm.
    ('John') 20 Feb. 1622/3, det. 1622/3; lic. M.A. ('John') 7 July 1625,
    inc. 1625; lic. to pract. med. 22 Mar. 1630/?. [ii. 392]
Magd. H.* **Gibbs, Charles**; (eq. aur. fil.) adm. B.A. (Magd. H.) 20 Feb.
    1622/3, det. 1622/3; lic. M.A. (Mert.) 25 June 1628, inc. 1628. [ii.
    392] Brod., p. 283.
Magd. H   **Baskett** (Basket), **Robert**; adm. B.A. 20 Feb. 1622/3, det.
    1622/3; lic. M.A. 7 July 1625, inc. 1625. [ii. 391]

VOL. II. PART III.   E C

*Magd. H.** **Hastings, William**; adm. B.A. (Magd. H.) 20 Feb. $162\frac{2}{3}$, det. $162\frac{2}{3}$; lic. M.A. (N. I. H.) 16 June 1629, inc. 1629. [ii. 401]

S. Edm. H. **Blackwall, Ralph**; suppl. B.A. ('Blackman') 15 Feb., adm. ('Blackwall') 20 Feb. $162\frac{2}{3}$, det. $162\frac{2}{3}$. [ii. 392]

S. Edm. H. **Blackwall** (Blackwale, Blackwel), **John**; adm. B.A. 20 Feb. $162\frac{2}{3}$, det. $162\frac{2}{3}$; lic. M.A. 8 July 1625, inc. 1625; lic. to pract. med. 2 July 1628. [ii. 392]

S. Edm. H. **Davis, Andrew**; suppl. B.A. ('Andrew Edwards') 18 Feb., adm. ('Andrew Davis') 20 Feb. $162\frac{2}{3}$, det. $162\frac{2}{3}$. [New C., ii. 378]

Trinity. **Hennond** (Hannond), **Thomas**; adm. B.A. 20 Feb. $162\frac{2}{3}$, det. $162\frac{2}{3}$. [ii. 375]

S. Mary H. **Tod, Richard**; adm. B.A. 20 Feb. $162\frac{2}{3}$, det. $162\frac{2}{3}$; lic. M.A. 6 July 1626, inc. 1626.

S. Mary H. **Walmesley** (Walsmely), **Richard**; adm. B.A. 20 Feb. $162\frac{2}{3}$, det. $162\frac{2}{3}$; lic. M.A. 22 June 1625, inc. 1625. [ii. 384]

S. Mary H. **Gibson, Thomas**; adm. B.A. 20 Feb. $162\frac{2}{3}$, det. $162\frac{2}{3}$; lic. M.A. 17 Apr. 1627, inc. 1627. [S. Alb. H., ii. 402]

Exeter. **Barnard, Cananiel**, adm. B.A. 21 Feb. $162\frac{2}{3}$; lic. M.A. 1 July 1625, inc. 1625. [ii. 379]

Oriel. **Prin, William**; suppl. B.A. ('Thomas') 19 Feb., adm. ('William' in a correction from 'Thomas') 21 Feb. $162\frac{2}{3}$, det. $162\frac{2}{3}$. [? Thomas, ii. 367]

Oriel. **Plimpton, Thomas**; adm. B.A. 21 Feb. $162\frac{2}{3}$, det. 162^2. [ii. 385]

Oriel. **Topping, Richard**; adm. B.A. 21 Feb. $162\frac{2}{3}$, det. $162\frac{2}{3}$. [ii. 381]

Oriel. **Goodwin, William**; adm. B.A. 21 Feb. $162\frac{2}{3}$, det. $162\frac{2}{3}$.

Broadg. H. **Venner, John**; adm. B.A. 21 Feb. $162\frac{2}{3}$, det. $162\frac{2}{3}$.

*Broadg. H.** **Randall** (Rondell, Randell), **Robert**; adm. B.A. (Broadg. H.) 21 Feb. $162\frac{2}{3}$, det. $162\frac{2}{3}$; lic. M.A. (Pembr.) 13 June 1626, inc. 1626. [ii. 402]

Broadg. H. **Nicolls, Patrick**; adm. B.A. 21 Feb. $162\frac{2}{3}$, det. $162\frac{2}{3}$.

Broadg. H. **Higgons, Henry**; adm. B.A. 21 Feb. $162\frac{2}{3}$, det. $162\frac{2}{3}$. [ii. 378]

Hart H. **Evans, Rowland**; adm. B.A. 21 Feb. $162\frac{2}{3}$, det. $162\frac{2}{3}$. [ii. 397]

S. Alb. H. **Wilse, Thomas**; adm. B.A. 21 Feb. $162\frac{2}{3}$, det. ('Wilkes') $162\frac{2}{3}$.

Jesus. **Pritchard, Humphrey**; adm. B.A. 21 Feb. $162\frac{2}{3}$, det. $162\frac{2}{3}$.

S. John's. **Dell, William**; adm. B.A. 22 Feb. $162\frac{2}{3}$, det. $162\frac{2}{3}$; lic. M.A. 6 July 1626, inc. 1626. [ii. 378]

Ch. Ch. **Cragge, Richard**; adm. B.A. 22 Feb. $162\frac{2}{3}$, det. $162\frac{2}{3}$.

Merton. **Fordenham** (Fordnam), **John**; adm. B.A. 6 Mar. $162\frac{2}{3}$, det. $162\frac{2}{3}$; lic. M.A. 6 July 1625, inc. 1625. [ii. 398]

Exeter. **Lawrence, Jonathan**; adm. B.A. 22 Mar. $162\frac{2}{3}$. [ii. 388]

Brasenose. **Washington** (Wasshington), **Laurence**; adm. B.A. 16 May 1623, det. $162\frac{3}{4}$; lic. M.A. 1 Feb. $162\frac{5}{6}$, inc. 1626. [ii. 396]

Magd. H. **Mayton, Leonard**; suppl. B.A. ⟨registered as suppl. M.A.⟩ 15 May, adm. 16 May 1623.

*Magd. H.** Jaggard, Richard; adm. B.A. (Magd. H.) 16 May 1623, det. 162¾; lic. M.A. (S. Edm. H.) 26 Jan. 162⁶⁄₇, inc. 1627. [Magd. C., ii. 391]
Queen's. Taylor (Tailor), Vincent; adm. B.A. 21 May 1623, det. 162¾. [ii. 400]
*Trinity.** Stonehouse, William; adm. B.A. (Trin.) 26 May 1623, det. 162¾; lic. M.A. (Hart H.) 23 Jan. 162⅝, inc. 1626; adm. B.C.L. (Hart H.) 14 Jan. 163⁰⁄₁.
Broadg. H. Bourne (Borne), Nathaniel; adm. B.A. 12 May 1623. [ii. 386]
Broadg. H. Holmes, Thomas; adm. B.A. 12 May 1623, det. 162¾. [ii. 396]
University. Fell, Thomas; adm. B.A. 29 May 1623. [ii. 391]
*Ch. Ch.** Price, Francis; adm. B.A. (Ch. Ch.) 30 May 1623, det. 162¾; suppl. M.A. (Jes.) 20 June 1625, suppl. M.A. again (Ch. Ch.) 4 May 1626, lic. (Ch. Ch.) 9 May 1626, inc. 1626. [ii. 386]
*Queen's.** Pargiter, William; adm. B.A. (Queen's), 12 June 1623, det. 162¾; lic. M.A. (Pembr.) 28 Apr. 1626, inc. 1626. [ii. 378]
Queen's. Osbolston, Francis; suppl. B.A. ('Robinson') 12 June, adm. ('Osbolston' in a correction from 'Robinson') 12 June 1623, det. ('Osbolston') 162½. [ii. 385]
Queen's. Boole (Boule), George; adm. B.A. 12 June 1623, det. 162¾.
Oriel. Rackston (Racster, Rackster), John; adm. B.A. 14 June 1623, det. 162⅞; lic. M.A. 21 May 1629, inc. 1629. [Raister, ii. 378]
Oriel. Dobbins, John; adm. B.A. 14 June 1623, det. 162¾. [ii. 382]
Exeter. Carpenter, Edward; adm. B.A. 18 June 1623, det. 162¾; lic. M.A. 28 Apr. 1626, inc. 1626; adm. B.D. 16 July 1636. Boase, p. 62. [ii. 388]
Exeter. Tozer (Stoser, Toser), Henry; adm. B.A. 18 June 1623, det. 162¾; lic. M.A. 28 Apr. 1626, lic. 1626; lic. to preach in 1633; adm. B.D. 28 July 1636. Boase, p. 62. [ii. 388]
Magd. H. Potts, John; adm. B.A. 18 June 1623, det. 162¾; lic. M.A. 6 July 1626, inc. 1626. [ii. 392]
Magd. H. Clifford, Joseph; adm. B.A 18 June 1623, det. 162¾. [ii. 390]
Magd. H. Becke, Michael; adm. B.A. 18 June 1623, det. 162¾; lic. M.A. 4 May 1626, inc. 1626. [ii. 391]
Magd. H. Tipping, John; adm. B.A. 18 June 1623, det. 162¾; lic. M.A. 1 July 1626, inc. 1626. [ii. 381]
*Magd. H.** Pitt, John; adm. B.A. (Magd. H.) 18 June 1623, det. (Hart H.) 162¾. [ii. 390] (His adm. B.A. is also registered in error as lic. M.A.)
*Magd. H.** Callis (Collis), Nathaniel; adm. B.A. (Magd. H.) 18 June 1623, det. 162¾; lic. M.A. (Magd. C.) 27 June 1626, inc. 1626. [ii. 404]
Magd. H. Dudly (Dudley), John; adm. B.A. 18 June 1623, det. 162¾. [ii. 381]

*Broadg. H.** **Cliffe, William,** adm. B.A. (Broadg. H.) 18 June 1623, det. 162¾; lic. M.A. (Pembr.) 28 Apr. 1626, inc. 1626.
Magd. H. **Russell, Richard**; adm. B.A. 18 June 1623, det. 162¾; lic. M.A. 4 May 1626, inc. 1626. [ii. 382]
S. Mary. H. **Blighte, Thomas**; adm. B.A. 23 June 1623, det. 162T; lic. M.A. 22 June 1626, inc. 1626. [ii. 379]
Hart H. **Blayney, James**; adm. B.A. 23 June 1623, det. 162¾. [ii. 387]
Hart H. **Griffith** (Griffin), **William**; adm. B.A. 23 June 1623. [ii. 396]
Hart H. **Hughes, Gabriel**; adm. B.A. 23 June 1623, det. 162¾; inc. M.A. 21 June 1626, inc. 1626.
Jesus. **Brize** (Breise, Breese, Breize), **David**; adm. B.A. 23 June 1623, det. 162¾; lic. M.A. — Apr. 1627, inc. 1627. [ii. 396]
Jesus. **Holland, Timothy**; adm. B.A. 23 June 1623, det. 162¾; lic. M.A. — Apr. 1627, inc. 1627. [ii. 397]
Jesus. **Price, John**; adm. B.A. 23 June 1623, det. 162¾; lic. M.A. 4 May 1626, inc. ('Walter') 1626.
New Coll. **Galpin, John**; adm. B.A. 26 June 1623, det. 162¾. [ii. 377]
*S. Alb. H.** **Browne, Richard**; (arm. fil. n. m.) adm. B.A. (S. Alb. H.) 26 June 1623, det. 162¾; lic. M.A. (Mert.) 28 July 1628, inc. 1628. Brod., p. 283.
Ch. Ch. **Dawson** (Dason), **John**; suppl. B.A. ('Thomas'), adm. ('John') 26 June 1623, det. 162¾; lic. M.A. ('John') 25 May 1626, inc. 1626; adm. B.D. ('John') 20 May 1634; lic. to preach 10 Mar. 163⅝. [ii. 379]
Ch. Ch. **Griffith** (Griffeth), **George**; adm. B.A. 26 June 1623, det. 162¾; lic. M.A. 9 May 1626, inc. 1626; adm. B.D. 23 Oct. 1632; lic. to preach in 1633; lic. D.D. 4 Nov. 1634, inc. 1635. [ii. 378]
Ch. Ch. **Mottershed** (Mattershead, Mattershawe), **Thomas**; adm. B.A. 26 June 1623, det. 162¾; lic. M.A. 9 May 1626, inc. 1626; adm. B.D. 3 July 1633. [ii. 379]
Ch. Ch. **Aglionby** (Egglionby, Aeglionby, Eglionby, Aglanby, Eglonbye), **George**; adm. B.A. 26 June 1623, det. 162¾; lic. M.A. 9 May 1626, inc. 1626; adm. B.D. 3 Apr. 1633; lic. D.D. 26 July 1635, inc. 1635. ⟨Dean of Canterbury, buried in Ch. Ch. 11 Nov. 1643.⟩ [ii. 379]
Ch. Ch. **Goodwin, Matthew**; adm. B.A. 26 June 1623, det. 162¾; lic. M.A. 7 July 1626, inc. 1626. [ii. 387]
Ch. Ch. **Crosby** (Crosbie), **Rowland**; adm. B.A. 26 June 1623, det. 162¾; lic. M.A. 13 June 1626, inc. 1626. [ii. 383]
Ch. Ch. **Gwin, Matthew**; suppl. B.A. ('Matthew') 23 June, adm. ('Matthias') 26 June 1623, det. 162¾; lic. M.A. ('Matthew') 9 May 1626, inc. 1626. [ii. 394]
*Hart H.** **Lake, Thomas**; adm. B.A. (Hart H.) 26 June 1623, det. 162¾; lic. M.A. (New. C.) 14 Dec. 1626, inc. (Hart H.) 1627.
*Queen's.** **Ward, John**; adm. B.A. (Queen's) 27 June 1623, det. 162¾; lic. M.A. (Magd. H.) 6 July 1626, inc. 1626. [Magd. C., ii. 378]

*Queen's.** **Hill, Nathaniel**; adm. B.A. (Queen's) 27 June 1623, det. $162\frac{3}{4}$; lic. M.A. (Jes.) 5 May 1626, inc. 1626. [ii. 379]
University. **Say, William**; adm. B.A. 29 June 1623, det. $162\frac{3}{4}$. [ii. 379]
S. Alb. H. **Greene, William**; adm. B.A. 29 June 1623, det. $162\frac{3}{4}$.
*Lincoln.** **Cressey** (Cressie, Cressye), **Hugh**; adm. B.A. (Linc.) 29 June 1623, det. $162\frac{3}{4}$; lic. M.A. (Mert.) 10 July 1629, inc. 1629. [Magd. H., ii. 381] Brod., p. 284.
Magd. C. **Webly, John**; suppl. B.A. ⟨registered in error as suppl. M.A.⟩ 17 June, adm. 3 July 1623, det. $162\frac{3}{4}$. [ii. 401]
Magd. C. **Langton, John**; suppl. B.A. ⟨registered in error as suppl. M.A.⟩ 17 June, adm. 3 July 1623, det. $162\frac{3}{4}$; lic. M.A. 27 June 1626, inc. 1626. [ii. 400]
*Trinity.** **Fetherston, Thomas**; adm. B.A. (Trin.) 7 July 1623; lic. M.A. (Gloc. H.) 4 July 1626, inc. 1626. [ii. 383]
Trinity. **Samuel, Robert**; (eq. aur. fil.) adm. B.A. 7 July 1623, det. $162\frac{3}{4}$. [ii. 395]
Trinity. **Samuel, Anthony**; adm. B.A. 7 July 1623, det. $162\frac{3}{4}$. [ii. 395]
Trinity. **Wedgewood, John**; (arm. fil. n. m.) adm. B.A. 7 July 1623. [ii. 395]
*Trinity.** **Larder, Robert**; adm. B.A. (Trin.) 7 July 1623, det. $162\frac{3}{4}$; lic. M.A. (Hart H.) 21 June 1626, inc. 1626. [ii. 377]
Trinity. **Wortley** (Wortlie), **Thomas**; (eq. aur. fil.) adm. B.A. 7 July 1623. [i. 281, ii. 395]
*Trinity.** **Burnand** (Barnand), **Nathaniel**; adm. B.A. 7 July 1623, det. $162\frac{3}{4}$; lic. M.A. (Magd. H.) 1 July 1626, inc. 1626. [ii. 379]
*Trinity.** **Gethin** (Githin), **Toby**; adm. B.A. (Trin.) 7 July 1623, det. $162\frac{3}{4}$; lic. M.A. (Hart H.) 21 June 1626, inc. 1626. [ii. 394]
*Trinity.** **Derby** (Darby, Darbie), **John**; adm. B.A. (Trin.) 7 July 1623, det. (Linc.) $162\frac{4}{5}$; lic. M.A. (Linc.) 27 June 1626, inc. 1626. [ii. 394]
Trinity. **Wilson, Thomas**; adm. B.A. 7 July 1623. [ii. 400]
Brasenose. **Wilson, Thomas**; suppl. B.A. 18 Jan. $162\frac{2}{3}$, adm. 7 July 1623. [ii. 381]
Brasenose. **Carter, Edward**; suppl. B.A. ⟨registered in error as suppl. M.A.⟩ 18 June, lic. 7 July 1623, det. $162\frac{3}{4}$.
Brasenose. **Boardman** (Bourdnam, Bourdman, Bordman), **Samuel**; adm. B.A. 7 July 1623, det. $162\frac{3}{4}$; lic. M.A. 7 July 1626, inc. 1626; adm. B.D. 12 May 1635. [ii. 381]
Brasenose. **Ditchfield, John**; adm. B.A. 7 July 1623, det. $162\frac{3}{4}$. [ii. 381]
*Brasenose.** **Bartley** (Barkley), **Samuel**; adm. B.A. (Bras.) 7 July 1623, det. $162\frac{3}{4}$; lic. M.A. (New C.) 17 May 1626, inc. 1626. [ii. 395]
*Brasenose.** **Johnson, George**; adm. B.A. (Bras.) 7 July 1623, det. $162\frac{3}{4}$; lic. M.A. (Ch. Ch.) 25 May 1626, inc. 1626. [ii. 399]
Brasenose. **Dickins** (Dickons), **Thomas**; adm. B.A. 7 July 1623, det. $162\frac{3}{4}$; lic. M.A. 7 July 1626, inc. 1626. [ii. 399]
Merton. **Yeomans, Richard**; adm. B.A. 11 July 1623.
Gloc. H. **Stringer, Samuel**; adm. B.A. 16 July 1623, det. $162\frac{3}{4}$; lic. M.A. 21 May 1629, inc. 1629. [All So., ii. 395]

Lincoln. **Kilbey, Thomas**; adm. B.A. 16 July 1623.
New Coll. **Brancker (Branker), John**; adm. B.A. 18 July 1623, det. 162¾. [ii. 369]
*Brasenose.** **Vaughan, William**; adm. B.A. (Bras.) 18 July 1623, det. 162¾; suppl. and lic. M.A. (Jes.) 26 Oct. 1626. [ii. 381]
Exeter. **Webber, Nicholas**; adm. B.A. 16 Oct. 1623, det. 162¾. [ii. 388]
Exeter. **Whyte, William**; adm. B.A. 16 Oct 1623. [ii. 385]
Balliol. **Bwy (Buy, Bwye), Rice**; adm. B.A. 16 Oct. 1623, det. 162¾; lic. M.A. 6 June 1627, inc. 1627. [ii. 392]
Balliol. **Bentley, William**; adm. B.A. 16 Oct. 1623, det. 162¾.
Balliol. **Reade, William**; adm. B.A. 16 Oct. 1623, det. 162¾. [ii. 394]
Balliol. **Crabtre, John**; adm. B.A. 16 Oct. 1623, det. 162¾.
Balliol. **Harris, Walter**; adm. B.A. 16 Oct. 1623, det. 162¾; lic. M.A. 6 July 1626, inc. 1626. [ii. 392]
Exeter. **Webber, Matthew**; adm. B.A. ('Matthew' in a correction from 'Nathaniel') 21 Oct. 1623, det. ('Matthew') 162¾.
Exeter. **Bollen (Boulen), Daniel**; adm. B.A. 21 Oct. 1623, det. 162¾; lic. M.A. 22 June 1626, inc. 1626. [ii. 387]
*Queen's.** **Singleton, Francis**; adm. B.A. (Queen's) 21 Oct. 1623, det. 162¾; lic. M.A. (Jes.) 5 July 1626, inc. 1626. [ii. 404]
Ch. Ch. **Buckner, William**; adm. B.A. 21 Oct. 1623, det. 162¾; lic. M.A. 13 June 1626, inc. 1626. [ii. 393]
Ch. Ch. **Trapp, Simon**; adm. B.A. 21 Oct. 1623, det. 162¾; lic. M.A. 7 July 1626, inc. 1626.
Broadg. H. **Peirs (Peirce), Richard**; adm. B.A. 21 Oct. 1623, det. 162¾. [ii. 386]
Broadg. H. **Plummer, Stephen**; adm. B.A. 21 Oct. 1623, det. 162¾. [ii. 394]
*Broadg. H.** **Lewes, Meredith**; adm. B.A. (Broadg. H.) 21 Oct. 1623, det. 162¾; lic. M.A. (Pembr.) 13 June 1626, inc. 1626. [ii. 401]
Hart H. **Jones, Thomas**; suppl. B.A. ('Thomas Jones') 16 Oct., adm. ('Thomas Thomas' in a correction from 'Thomas Jones') 21 Oct. 1623, det. (... 'Jones') 162¾. [ii. 396]
Hart H. **Davis, William**; adm. B.A. 21 Oct. 1623, det. 162¾. [ii. 396]
Magd. H. **Pope, Edward**; adm. B.A. 23 Oct. 1623, det. 162¾; lic. M.A. 1 July 1626, inc. ('Edmund') 1626. [ii. 382]
*Magd. H.** **Gastrell, Joseph**; suppl. B.A. (Magd. H., 'Thomas') 21 Oct., adm. ('Joseph,' Magd. H.) 23 Oct. 1623, det. 162¾; suppl. M.A. ('George,' N. I. H.) 13 June, lic. ('Joseph,' N. I. H.) 1 July 1626, inc. 1626. [ii. 390]
Magd. H. **Atterbury, Francis**; adm. B.A. 23 Oct. 1623, det. 162¾; lic. M.A. 15 June 1626, inc. (S. Edm. H.?) 1626. [ii. 382]
Magd. H. **Keate, John**; adm. B.A. 23 Oct. 1623, det. 162¾; lic. M.A. 15 June 1626, inc. 1626. [ii. 383]
Magd. H. **Turner, John**; adm. B.A. 23 Oct. 1623, det. 162¾; lic. M.A. 15 June 1626, inc. 1626. [ii. 390]
Magd. H. **Woodford, John**; adm. B.A. 23 Oct. 1623, det. 162¾. [ii. 391]

*Magd. H.** Cleavely (Cleevely), John ; adm. B.A. (Magd. H.) 23 Oct. 1623, det. 162¾ ; lic. M.A. (Hart H.) 5 July 1627, inc. 1627. [Magd. C., ii. 401]
Oriel. Allen, Richard ; (doctoris filius) adm. B.A. 25 Oct. 1623, det. 162¾ ; suppl. M.A. ('Richard') 9 June, lic. ('Thomas') 13 June 1626, inc. ('Thomas') 1626. [Corp., ii. 397]
S. Edm. H. Williams, William ; (arm. fil. n. m.) adm. B.A. 25 Oct. 1623, det. 162¾. [ii. 403]
Brasenose. Thomas, Thomas ; adm. B.A. 29 Oct. 1623, det. 162¾ ; lic. M.A. 6 July 1626, inc. 1626. [ii. 396]
Brasenose. Erburie, William ; adm. B.A. 29 Oct. 1623, det. 162¾. [ii. 395]
Brasenose. Taylor, John ; adm. B.A. 29 Oct. 1623, det. 162¾ ; lic. M.A. 6 July 1626, inc. 1626.
Brasenose. Mannering, Thomas ; adm. B.A. 29 Oct. 1623, det. 162¾. [ii. 396]
Brasenose. Lench, John ; (arm. fil. n. m.) adm. B.A. 29 Oct. 1623, det. 162¾. [ii. 395]
Jesus. Harbert, Charles ; adm. B.A. 29 Oct. 1623, det. 162¾ ; lic. M.A. 5 July 1626, inc. 1626. [ii. 399]
Jesus. Pritchard, Samuel ; adm. B.A. 29 Oct. 1623, det. 162¾ ; lic. M.A. 5 July 1626, inc. 1626.
Jesus. Thomas, Lewis ; adm. B.A. 29 Oct. 1623. [ii. 404]
Jesus. Gamage, William ; (arm. fil. n. m.) adm. B.A. 29 Oct. 1623, det. 162¾. [ii. 399]
Magd. H. Rivers, Thomas ; adm. B.A. 31 Oct. 1623, det. 162¾ ; lic. M.A. 15 June 1626, inc. 1626. [ii. 390]
Magd. C. Quintin (Quintan), Samuel ; adm. B.A. 12 Nov. 1623, det. 162¾. [ii. 380]
Magd. C. Sharpe, John ; adm. B.A. 12 Nov. 1623, det. 162¾. [ii. 401]
Exeter. Saintloe, Laurence ; adm. B.A. 14 Nov. 1623, det. 162¾.
Magd. H. Perris, William ; adm. B.A. 14 Nov. 1623, det. 162¾. [ii. 390]
Magd. H. Gregory, Jerome ; adm. B.A. 14 Nov. 1623, det. 162¾ ; lic. M.A. 2 June 1627, inc. 1627. [ii. 394]
Trinity. Willett (Willit), John ; adm. B.A. 20 Nov. 1623, det. 162¾. [ii. 377]
Magd. C. Cox, Andrew ; adm. B.A. 24 Nov. 1623, det. 162¾. [ii. 401]
Magd. H. Cope, George ; adm. B.A. 3 Dec. 1623, det. 162¾. [ii. 390]
*S. Edm. H.** Watkins, Walter ; adm. B.A. (S. Edm. H.) 3 Dec. 1623, det. 162¾ ; lic. M.A. (Jes.) 5 July 1626, inc. 1626 ; adm. B.D. (Jes.) 15 June 1634. [ii. 383]
Magd. C. Hornesey (Hornesley, Hornsey), Thomas ; adm. B.A. 6 Dec. 1623, det. 162¾ ; lic. M.A. 27 June 1626, inc. 1626. [Linc., ii. 398]
Magd. C. Nubie (Newbie), John ; adm. B.A. 6 Dec. 1623, det. 162¾ ; lic. M.A. 27 June 1626, inc. 1626. [Magd. H., ii. 390]
Magd. C. Berwicke (Berricke, Berrye), Samuel ; adm. B.A. 6 Dec. 1623, det. 162¾ ; lic. M.A. 27 June 1626, inc. 1626. [ii. 398]
Ch. Ch. Kendricke (Kenricke), Samuel ; adm. B.A. 6 Dec. 1623,

det. 162$\frac{3}{4}$. ⟨Said to be of Corp. in adm. B.A.; probably in error, since both suppl. and det. are from Ch. Ch.⟩ [ii. 401]

Ch. Ch. **Ellery** (Ellarie), **Anthony**; adm. B.A. 10 Dec. 1623, det. 162$\frac{3}{4}$.

Ch. Ch. **Wilson, George**; adm. B.A. 10 Dec. 1623, det. 162$\frac{3}{4}$. [ii. 389]

S. Mary H. **Heath, Richard**; adm. B.A. 12 Dec. 1623, det. 162$\frac{3}{4}$; lic. M.A. 6 July 1626, inc. 1626. [Heth, ii. 400]

Brasenose. **Tookely, Ralph**; adm. B.A. 17 Dec. 1623. [ii. 396]

Queen's. **Kinge, James**; adm. B.A. 17 Dec. 1623, det. 162$\frac{3}{4}$; lic. M.A. 2 July 1627, inc. 1627. [ii. 400]

*S. John's.** **Hawkins, Adam**; adm. B.A. (S. Jo.) 17 Dec. 1623, det. 162$\frac{3}{4}$; lic. M.A. (? Jes.) 10 May 1627, inc. (S. Jo.) 1627. [ii. 385]

Magd. C. **Harding, Anthony**; adm. B.A. 17 Dec. 1623, det. 162$\frac{3}{4}$.

Ch. Ch. **Nicolls** (Nichols, Nicolas), **William**; adm. B.A. 17 Dec. 1623, det. 162$\frac{3}{4}$; lic. M.A. 13 June 1626, inc. 1626.

Ch. Ch. **Higgons, William**; adm. B.A. 17 Dec. 1623, det. 162$\frac{3}{4}$; lic. M.A. 20 June 1626, inc. 1626.

Exeter. **Davis, John**; suppl. B.A. 4 Feb. 162$\frac{2}{3}$.

Ch. Ch. **Finch, Edward**; (eq. aur. fil.) suppl. B.A. 21 Feb. 162$\frac{2}{3}$.

S. Edm. H. **Butler, George**; suppl. B.A. 30 Apr. 1623. [ii. 378]

Hart H. **Evans, Moses**; suppl. B.A. 30 Apr. 1623.

Merton. **Hore, Thomas**; suppl. B.A. 23 May 1623.

S. Mary H. **Goodwin, Richard**; suppl. B.A. 17 June 1623.

Magd. H. **Wood, Silvanus**; (arm. fil. n. m.) suppl. B.A. 23 June 1623.

N. I. H. **Coxe, Thomas**; suppl. B.A. 9 July 1623. [Trin., ii. 394]

Jesus. **Glin, Matthias**; suppl. B.A. 10 July 1623. [ii. 396]

⟨*Brasenose.*⟩ **Lewis, Walter**; suppl. B.A. 16 Oct. 1623. [ii. 395]

Ch. Ch. **Williams, Morgan**; suppl. B.A. 13 Dec. 1623.

Merton. **Booth, . . .**; det. 162$\frac{3}{4}$.

Ch. Ch. **Thorpe, Jervis**; suppl. and lic. M.A. 9 July 1623, inc. 1623.

New Coll. **Deane, John**; adm. B.C.L. 18 Jan. 162$\frac{2}{3}$. [ii. 344]

New Coll. **Griffith, William**; adm. B.C.L. 18 Jan. 162$\frac{2}{3}$; lic. D.C.L. (then Chancellor of the dioceses of S. Asaph and Bangor) 30 June 1627, inc. 1627. [ii. 344]

All Souls. **Jones, Gilbert**; adm. B.C.L. 10 Mar. 162$\frac{2}{3}$; lic. D.C.L. 14 Jan. 162$\frac{7}{8}$. ⟨Perhaps the same person as Gilbert Jones of Oriel, *supra*, p. 328.⟩

New Coll. **Hide** (Hyde), **Alexander**; adm. B.C.L. 24 Apr. 1623; lic. D.C.L. 4 July 1632, inc. 1632. [ii. 344]

Exeter. **Vignerius, Nicholas**; suppl. B.D. 24 Nov., adm. 13 Dec. 1623. ⟨Incorporated ('Vignierus') as M.A. from Saumur on 14 Oct. 1623.⟩

1624.

Wadham. Smith, Thomas; adm. B.A. 26 Jan. 162¾, det. 162¾; lic. M.A. 27 June 1626, inc. 1626. [? ii. 366]
S. Mary H. Millichamp (Millichappe, Millechappe), William; adm. B.A. 26 Jan. 162¾, det. 162¾; lic. M.A. 15 June 1626, inc. 1626. [ii. 383]
S. Mary H. Hunt, John; adm. B.A. 26 Jan. 162¾, det. 162¾. [ii. 399]
S. Mary H. Jane (Jeane, Jeanes), Thomas; adm. B.A. 26 Jan. 162¾, det. 162¾; lic. M.A. 6 July 1626, inc. 1626. [ii. 386]
Jesus. Williams, Richard; adm. B.A. 26 Jan. 162¾, det. 162¾; lic. M.A. 5 July 1626, inc. 1626; adm. B.D. 26 July 1634. [? S. Edm. H., ii. 383]
Jesus. Price, Evan; adm. B.A. 26 Jan. 162¾, det. 162¾. [Gloc. H., ii. 387]
Jesus. Edwards, Edward; adm. B.A. 26 Jan. 162¾, det. 162¾. [ii. 396]
Hart H. Coitmore (Cotmore), Arthur; adm. B.A. 26 Jan. 162¾, det. 162¾. [ii. 397]
Hart H. Wells, Thomas; adm. B.A. 26 Jan. 162¾, det. 162¾. [ii. 396]
Hart H.* Ryves, Charles; (eq. aur. fil.) adm. B.A. (Hart H.) 26 Jan. 162¾, det. 162¾; lic. M.A. (Hart H.) 26 Oct. 1626, inc. (All So.) 1627. [New C., ii. 396]
Hart H. Lee (Leigh), Robert; (eq. aur. fil.) adm. B.A. 26 Jan. 162¾, det. 162¾. [ii. 389]
Magd. H. Reeve, John; adm. B.A. 26 Jan. 162¾, det. 162¾; lic. M.A. 15 June 1626, inc. 1626. [ii. 392] John Reeve, Hart H., suppl. B.D. 25 May, adm. 26 May 1638. ⟨He may be this man or John Reeve, Linc., *supra*, p. 362.⟩
Magd. H. Thriste, Thomas; adm. B.A. 26 Jan. 162¾, det. 162¾.
S. Alb. H.* Harris, Simon; adm. B.A. (S. Alb. H.) 4 Feb. 162¾, det. 162¾; lic. M.A. (Oriel) 14 Nov. 1626, inc. ('Hawes') 1627. [ii. 403]
S. Alb. H. Ham, Thomas; adm. B.A. 4 Feb. 162¾, det. 162¾.
Corpus.* Vaughan, Richard; adm. B.A. (Corp.) 4 Feb. 162¾, det. 162¾; lic. M.A. (Jes.) 5 July 1626, inc. 1626. [ii. 397]
Corpus. Cole, Edward; adm. B.A. 4 Feb. 162¾, det. 162¾; lic. M.A. 4 July 1626, inc. 1626. [ii. 392]
Exeter. Tuckfield, Walter; adm. B.A. 5 Feb. 162¾, det. 162¾; lic. M.A. 22 June 1626. [ii. 388]
Exeter. Caswell, Solomon; adm. B.A. 5 Feb. 162¾, det. 162¾. [ii. 387]
Exeter. Potter, John; adm. B.A. 5 Feb. 162¾, det. 162¾. [ii. 387]
Exeter. Langford, George; adm. B.A. 5 Feb. 162¾, det. 162¾. [ii. 385]
Brasenose. Griffith, John; adm. B.A. 5 Feb. 162¾, det. 162¾.
Brasenose. Richards, Timothy; adm. B.A. 5 Feb. 162¾, det. 162¾; lic. M.A. 6 July 1626, inc. 1626. [ii. 383]
Balliol. Brookes (Brooke), John; adm. B.A. 5 Feb. 162¾, det. 162¾; lic. M.A. 6 July 1626, inc. 1626.

Balliol. Reade, Christopher; adm. B.A. 5 Feb. 162¾, det. 162¾. [ii. 393]
Balliol. Howell, Lewis; adm. B.A. 5 Feb. 162¾, det.162¾. [New C., ii. 398]
Trinity. Hasard (Hassard), Matthias (Matthew); adm. B.A. 5 Feb. 162¾, det. 162¾; lic. M.A. 5 July 1627, inc. 1627. [ii. 377]
Trinity. Henshawe (Hinshawe), Edward; adm. B.A. 5 Feb. 162¾, det. 162¾. [ii. 387]
Lincoln. Fleetewood, George; adm. B.A. 6 Feb. 162¾, det. 162¾. [ii. 397]
Lincoln. Ashton, William; (arm. fil. n. m.) adm. B.A. 6 Feb. 162¾, det. 162¾. [ii. 397]
Brasenose. Sallaway (Salaway), Arthur; adm. B.A. 6 Feb. 162¾, det. 162¾; lic. M.A. 6 July 1626, inc. 1626. [ii. 399]
Brasenose. Smith, George; adm. B.A. 6 Feb. 162¾, det. 162¾; lic. M.A. 6 July 1626, inc. 1626. [ii. 396]
Magd. C. Greenhill, Thomas; adm. B.A. 6 Feb. 162¾, det. 162¾. [ii. 399]
Magd. C. Gell, John; adm. B.A. 6 Feb. 162¾, det. 162¾. [ii. 383]
Magd. C. Roworth, Richard; adm. B.A. 6 Feb. 162¾, det. 162¾. [ii. 400]
S. Alb. H. Pavier, Tristram; adm. B.A. 6 Feb. 162¾, det. 162¾. [ii. 399]
Balliol. Dringe, Francis; adm. B.A. 6 Feb. 162¾, det. 162¾; lic. M.A. 6 July 1626, inc. 1626.
Ch. Ch. Terrent (Tarrant), Jeramiel (Jeremias), adm. B.A. 6 Feb. 162¾, det. 162¾; lic. M.A. 13 June 1626, inc. 1626. [ii. 394]
Ch. Ch. Milles, John; adm. B.A. 6 Feb. 162¾, det. 162¾; lic. M.A. 13 June 1626, inc. 1626; adm. B.C.L. 23 July 1631. [ii. 394]
Jesus. Edwards, William; adm. B.A. 6 Feb. 162¾, det. 162¾; lic. M.A. 2 June 1627.
Jesus. Prichard, Walter; adm. B.A. 6 Feb. 162¾, det. 162¾; lic. M.A. 5 July 1626, inc. 1626. [ii. 399]
Hart H. Price, William; adm. B.A. 6 Feb. 162¾, det. 162¾. [ii. 397]
Hart H. Glin, William (Gilminus); adm. B.A. 6 Feb. 162¾.
Hart H.* Lloyd, William; adm. B.A. (Hart H.) 6 Feb. 162¾, det. 162¾; lic. M.A. (Jes.) 2 June 1627, inc. 1627. [ii. 397]
S. Edm. H. Millington, Daniel; adm. B.A. 6 Feb. 162¾, det. 162¾; lic. to pract. med. 2 July 1628. [ii. 386]
Magd. H. Moody (Mody, Moodie), Henry; (eq. aur. fil.) adm. B.A. 7 Feb. 162¾, det. 162¾. [ii. 397]
Magd. H. Hammond, Luke; (M.D. fil.) adm. B.A. 7 Feb. 162¾, det. 162¾.
All Souls.* Woodcocke, John; adm. B.A. (All So.) 7 Feb. 162¾, det. 162¾; lic. M.A. (Mert.) 10 July 1629, inc. 1629. [ii. 395] Brod., p. 284.
University. Halswell (Haswell), George; adm. B.A. 7 Feb. 162¾, det. 162¾. [ii. 383]
Oriel. Holtman, Samuel; adm. B.A. 7 Feb. 162¾, det. 162¾. [ii. 398]

1624] DEGREES. 427

Magd. H.   Elliott, James; adm. B.A. 7 Feb. 162¾, det. 162¾; lic. M.A. 2 July 1627, inc. 1627. [ii. 392]
*Exeter.** Potter, Thomas; adm. B.A. (Exet.) 7 Feb. 162¾, det. (S. Jo.) 162¾; suppl. M.A. ('Potter,' S. Jo.) 17 June, lic. ('Podder,' S. Jo.) 6 July 1626, inc. ('Podder') 1626. [S. Jo., ii. 402]
Merton.   Nevill, Edward; adm. B.A. 7 Feb. 162¾, det. 162¾; lic. M.A. 10 July 1629, inc. 1629. [ii. 396] Brod., p. 284.
Magd. H.   Machon (Macham), John; adm. B.A. 7 Feb. 162¾, det. 162¾; lic. M.A. 15 June 1626, inc. 1626. [ii. 392]
Magd. H.   Burly, William; adm. B.A. 7 Feb. 162¾, det. 162¾; lic. M.A. 15 June 1626, inc. 1626.
Magd. H.   Spilsbury, John; adm. B.A. 7 Feb. 162¾, det. 162¾; lic. M.A. 15 June 1626, inc. 1626. [ii. 389]
Magd. H.   Latemore (Lattimere), William; adm. B.A. 7 Feb. 162¾, det. 162¾. [Latymer, ii. 390]
Merton.   Basford (Bassord), Samuel; adm. B.A. 7 Feb. 162¾, det. 162¾; lic. M.A. 4 July 1626, inc. 1626. [ii. 398]
*Magd. H.** Briggs, Morton; adm. B.A. (Magd. H.) 7 Feb. 162¾, det. 162¾; lic. M.A. (S. Mary H.) 1 June 1630, inc. 1630. [ii. 390]
Exeter.   Beare, William; adm. B.A. 7 Feb. 162¾, det. 162¾.
Queen's. Peele (Peale, Peile), John; adm. B.A. (Queen's) 7 Feb. 162¾; lic. M.A. (S. Edm. H.) 5 July 1628, inc. 1628. [ii. 382]
Exeter.   Clarke, Cuthbert; adm. B.A. 7 Feb. 162¾, det. 162¾. [ii. 379]
Queen's. Dodding, Samuel; adm. B.A. 7 Feb. 162¾; lic. M.A. 2 July 1627, inc. 1627. [ii. 386]
Magd. H. Jefferye (Jeffereis), Peter; adm. B.A. 7 Feb. 162¾, det. 162¾. [Geffry, ii. 392]
Merton.   Googe (Gouge, Goughe), Samuel; adm. B.A. 7 Feb. 162¾, det. 162¾.
Oriel.   Carpenter, Hector; suppl. B.A. ('Henry') 5 Feb., adm. ('Hector') 7 Feb. 162¾, det. 162¾.
Oriel.   Putnam, Edward; adm. B.A. 7 Feb. 162¾, det. 162¾; lic. M.A. 6 June 1627, inc. 1627. [ii. 403]
*Merton.** Robinson, Richard; adm. B.A. (Mert.) 7 Feb. 162¾, det. 162¾; lic. M.A. (Pembr.) 4 July 1626, inc. 1626. [Corp., ii. 383]
Exeter.   Cox, John; adm. B.A. 7 Feb. 162¾, det. ('Fox') 162¾. [ii. 388]
Exeter.   Hoffeman (Hoffman), John; suppl. B.A. (Jes., in error) 6 Feb., adm. (Exet.) 7 Feb. 162¾, det. 162¾; lic. M.A. 27 June 1626, inc. 1626; adm. B.D. 26 Mar. 1634.
S. Mary H. Robotham, Francis; adm. B.A. 7 Feb. 162¾, det. 162¾; lic. M.A. 6 July 1626, inc. 1626.
Wadham.   Chudley (Chidley), John; (eq. aur. fil.) adm. B.A. 7 Feb. 162¾, det. 162¾; 22 July 1626 supplicat ven. congreg. etc. Johannes Chudleigh, baronetti fil. n. m., A.B. e Coll. Wadh., ut bona vestra cum venia in Artibus Magister creetur. Causa est quod, burgensis existens in Parliamento, ibidem praesens esse teneatur adeo ut ad Academiam commode hoc termino venire non possit ut exercitia ad eundem gradum requisita possit praestare. [ii. 389]

Wadham. Alanson (Allanson), Christopher; suppl. B.A. ('John') 6 Feb., adm. ('Christopher') 7 Feb. 162¾, det. 162¾. [ii. 385]
Wadham. Lloyde, Richard; (arm. fil. n. m.) adm. B.A. 7 Feb. 162¾, det. 162¾.
Wadham. Drake, John; (arm. fil. n. m.) adm. B.A. 7 Feb. 162¾, det. 162¾; lic. M.A. 27 June 1626, inc. 1626. [ii. 402]
Wadham. Howe, Nicholas; adm. B.A. 7 Feb. 162¾, det. 162¾. [ii. 399]
Wadham. Osborne, Edward; adm. B.A. 7 Feb. 162¾, det. 162¾; lic. M.A. 27 June 1626, inc. 1626. [ii. 382]
Merton. Bird, John; adm. B.A. 7 Feb. 162¾, det. 162¾. [S. Edm. H., ii. 383]
Wadham. Tucker, James; adm. B.A. 7 Feb. 162¾, det. 162¾. [ii. 383]
Wadham. Ashford (Ashphord), Roger; adm. B.A. 7 Feb. 162¾, det. 162¾; lic. M.A. 26 Feb. 162⁶⁄₇, inc. 1627. [Ayshford. ii. 385]
University. Warberton, George; adm. B.A. 7 Feb. 162¾, det. 162¾.
University. Gamage, Thomas; adm. B.A. 7 Feb. 126¾, det. 162¾. [ii. 384]
Balliol. Seaman, William; adm. B.A. 7 Feb. 162¾, det. 162¾; lic. M.A. 6 July 1626, inc. 1626.
Balliol. Reade, John; adm. B.A. 7 Feb. 162¾, det. 162¾; lic. M.A. 6 July 1626, inc. 1626. [ii. 393]
Ch. Ch. Loe, Nathaniel; adm. B.A. 7 Feb. 162¾, det. 162¾.
Broadg. H. Hallett, Thomas; adm. B.A. 7 Feb. 162¾, det. 162¾. [ii. 396] John Hallett, Pembr., suppl. M.A. 5 July, lic. 7 July 1627, inc. ('William') 1627. ⟨Probably this man, by an error in the Christian name.⟩
Broadg. H. Jaques (Jacques), William; adm. B.A. 7 Feb. 162¾, det. 162¾. [ii. 401]
Broadg. H.* Strowdly, Peter; adm. B.A. (Broadg. H.) 7 Feb. 162¾, det. 162¾; lic. M.A. (Pembr., 'Studley') 7 July 1627, inc. 1627. [ii. 396]
S. Alb. H. Bab, Robert; adm. B.A. 7 Feb. 162¾, det. 162¾.
Jesus. Woncker (Wonnecer, Woolnexer), Paul; adm. B.A. 7 Feb. 162¾, det. 162¾; lic. M.A. 4 July 1629, inc. 1629.
Gloc. H. Siston (Seiston), Joshua; adm. B.A. 7 Feb. 162¾, det. 162¾. [ii. 388]
Gloc. H. Escridge (Esqrig), Christopher; adm. B.A. 7 Feb. 162¾, det. 162¾. [Queen's, ii. 400]
Gloc. H. Morgans, Hugh; adm. B.A. 7 Feb. 162¾, det. 162¾. [ii. 401]
Gloc. H. Huet, William; adm. B.A. 7 Feb. 162¾, det. 162¾. [S. Jo., ii. 382]
Magd. H. Bateman, Edward; adm. B.A. 7 Feb. 162¾, det. 162¾. [ii. 390]
S. John's. Antony, David; adm. B.A. 7 Feb. 162¾, det. 162¾. [ii. 402]
Exeter. Wyat, John; adm. B.A. 9 Mar. 162¾. [ii. 388]
Hart H. Craddock, Thomas; (doctoris fil.) adm. B.A. 12 Mar. 162¾. [ii. 394]

Magd. C. **Lello** (Lellowe), **James**; adm. B.A. 15 Mar. $162\frac{3}{4}$.
Brasenose. **Hurst, Henry**; adm. B.A. 15 Mar. $162\frac{3}{4}$.
Exeter. **Basset, James**; adm. B.A. 20 Mar. $162\frac{3}{4}$, det. $162\frac{4}{5}$. [ii. 379]
Exeter. **Snow, Nathaniel**; adm. B.A. 20 Mar. $162\frac{3}{4}$, det. $162\frac{4}{5}$. [ii. 380]
Exeter. **Riddiat** (Ridate), **Thomas**; adm. B.A. 20 Mar. $162\frac{3}{4}$; lic. M.A. 4 July 1626, inc. 1626.
Ch. Ch. **Coster, Thomas**; adm. B.A. 20 Mar. $162\frac{3}{4}$, det. $162\frac{4}{5}$; lic. M.A. 15 June 1626, inc. 1626.
New Coll. **Good, John**; adm. B.A. 13 Apr. 1624, det. $162\frac{4}{5}$; lic. M.A. 15 Jan. $162\frac{7}{8}$, inc. 1628; adm. B.D. 8 May 1638; suppl. lic. to preach ('Thomas') 31 Oct., lic. ('John') 26 Nov. 1639. [ii. 385]
New. Coll. **Hunt, William**; adm. B.A. 13 Apr. 1624, det. $162\frac{4}{5}$; lic. M.A. 15 Jan. $162\frac{7}{8}$, inc. 1628; adm. B.D. 16 Dec. 1636; lic. to preach 11 Oct. 1641.
Queen's. **Mayor, Richard**; adm. B.A. 15 Apr. 1624. [ii. 398]
Queen's. **Grinkin, William**; (arm. fil. n. m.) adm. B.A. 15 Apr. 1624, det. $162\frac{4}{5}$; lic. M.A. 8 Mar. $162\frac{6}{7}$, inc. 1627. [ii. 400]
S. John's. **Lafeild** (Leifeild, Layfield), **Edward**; adm. B.A. 20 Apr. 1624, det. $162\frac{4}{5}$; lic. M.A. 13 May 1628, inc. 1628. [ii. 383]
S. John's. **Mathewes** (Mathew), **John**; adm. B.A. 20 Apr. 1624, det. $162\frac{4}{5}$; lic. M.A. 13 May 1628, inc. 1628. [ii. 383]
S. John's. **Cuffe, Robert**; adm. B.A. 20 Apr. 1624, det. $162\frac{4}{5}$; lic. M.A. 13 May 1628, inc. 1628; adm. B.D. 18 Dec. 1637. [ii. 383]
Wadham. **Sands, Henry**; (eq. aur. fil.) adm. B.A. 5 May 1624. [ii. 388]
Wadham. **Talcott, William**; adm. B.A. 5 May 1624, det. $162\frac{4}{5}$. [ii. 399]
Ch. Ch. **Tooker** (Tucker), **Henry**; adm. B.A. 5 May 1624, det. $162\frac{4}{5}$. [ii. 401]
Ch. Ch. **Dawson, John**; adm. B.A. 11 May 1624, det. $162\frac{4}{5}$. [ii. 384]
University. **Ockam** (Ockham, Okam), **Herbert**; (arm. fil. n. m.) adm. B.A. 27 May 1624, det. $162\frac{4}{5}$. [ii. 389]
Lincoln. **Hastings, Charles**; adm. B.A. 2 June 1624, det. $162\frac{4}{5}$; lic. M.A. 17 Apr. 1627, inc. 1627. [ii. 397]
Lincoln. **Oxenbridge, Job**; (M.D. fil.) adm. B.A. 2 June 1624, det. $162\frac{4}{5}$; lic. M.A. 17 Apr. 1627, inc. 1627.
Lincoln. **Ramsden, William**; adm. B.A. 2 June 1624, det. $162\frac{4}{5}$; lic. M.A. 17 Apr. 1627, inc. 1627. [Magd. H., ii. 390]
Magd. H. **Singleton, William**; adm. B.A. 5 June 1624, det. $162\frac{4}{5}$. [ii. 392]
Magd. H. **Wood, William**; adm. B.A. 5 June 1624, det. $162\frac{4}{5}$; lic. M.A. — Apr. 1627, inc. ('Robert') 1627. [ii. 391]
Magd. H. **Jemmett** (Jemett), **Samuel**; adm. B.A. 5 June 1624, det. $162\frac{4}{5}$; lic. M.A. 1 June 1627, inc. 1627. [ii. 392]
Magd. H. **Bancks, Thomas**; adm. B.A. 5 June 1624, det. $162\frac{4}{5}$. [ii. 391]
Magd. H. **Denton, William**; (eq. aur. fil.) adm. B.A. 5 June 1624,

det. 162⅘; suppl. M.A. 19 Apr. 1627, inc. 1627 ; lic. to pract. med., adm. M.B., and lic. M.D. 10 Oct. 1634, inc. M.D. 1635. [ii. 403]
Magd. H. **Dowse** (Duse), **Giles**; (eq. aur. fil.) adm. B.A. 5 June 1624, det. 162⅘; lic. M.A. — Apr. 1627, inc. 1627 ; adm. B.D. ('cumulatus') 17 Dec. 1633.
Magd. C. **Stafford, Thomas**; adm. B.A. 7 June 1624, det. 162⅘. [ii. 397]
Exeter. **Moone, Reginald**; adm. B.A. 10 June 1624.
Exeter. **Warren, James**; adm. B.A. 10 June 1624, det. 162⅘; lic. M.A. 17 Apr. 1627, inc. (Ch. Ch.?) 1627. [ii. 388]
Exeter. **Drake, Thomas**; adm. B.A. 10 June 1624, det. 162⅘.
Exeter. **Collins, Thomas**; adm. B.A. 10 June 1624, det. 162⅘; lic. M.A. 13 May 1628, inc. 1628. [ii. 388]. ⟨The reference in Boase, p. 63, to Thomas Collins, *infra*, p. 441, ought perhaps to be attached to this one.⟩
Exeter. **Bradford, William**; adm. B.A. 10 June 1624, det. 162⅘; lic. M.A. 2 June 1627, inc. 1627. [ii. 388]
Exeter. **Whyte, William**; adm. B.A. 10 June 1624,; lic. M.A. — Apr. 1627, inc. 1627. [ii. 388]
Exeter **Younge, Francis**; adm. B.A. 10 June 1624, det. 162⅘. [ii. 388]
Exeter. **Way, John**; adm. B.A. 10 June 1624. [ii. 385]
Trinity. **Coombe** (Combe), **William**; adm. B.A. 10 June 1624, det. 162⅘; lic. M.A. 15 May 1628, inc. 1628. [ii. 394]
Trinity. **Pates, John**; adm. B.A. 10 June 1624, det. 162⅘; lic. M.A. 6 June 1627, inc. ('Patye') 1627. [ii. 395]
Ch. Ch. **Ward, Robert**; adm. B.A. 10 June 1624, det. 162⅘; lic. M.A. — Apr. 1627, inc. ('James') 1627. [ii. 394]
S. Mary H. **Jennings** (Jenings), **Edward**; adm. B.A. 10 June 1624, det. 162⅘; lic. M.A. 17 Apr. 1627, inc. 1627. [ii. 386]
*Broadg. H.** **Osborne, Gilbert**; suppl. B.A. (Broadg. H., 'Gilbert') 7 June, adm. ('William') 10 June 1624, det. (Pembr.¹) 162⅘; lic. M.A. (Pembr., 'Gilbert') — Apr. 1627, inc. ('Gilbert') 1627. [ii. 403]
*Broadg. H.** **Goldsmithe, William**; adm. B.A. (Broadg. H.) 10 June 1624, det. (Pembr.¹) 162⅘. [ii. 396]
*Broadg. H.** **Cruste, John**; adm. B.A. (Broadg. H.) 10 June 1624, det. (Pembr.¹) 162⅘. [Cruft, ii. 396]
Balliol. **Baber, Edward**; adm. B.A. 10 June 1624, det. 162⅘; lic. M.A. — Apr. 1627, inc. 1627. [ii. 392]
*Balliol.** **Allen, Richard**; adm. B.A. (Ball.) 10 June 1624, det. 162⅘; lic. M.A. (Pembr.) — Apr. 1627, inc. 1627. [ii. 392]
Balliol. **Samburne, William**; (eq. aur. fil.) adm. B.A. 10 June 1624, det. 162⅘.
Balliol. **Kinge, Emanuel**; adm. B.A. 10 June 1624. [ii. 393]
All Souls. **Hungerford, Walter**; suppl. B.A. ⟨registered in error as suppl. M.A.⟩ 2 June, adm. 10 June 1624, det. 162⅘; lic. M.A. 12 May 1628, inc. 1628; lic. D.D. 16 Nov. 1643. [Wadh., ii. 352]

¹ See p. 392. These were the first determinants from Pembroke College.

Exeter. **Laugherne** (Lauhorne, Langhorne), **Edward**; adm. B.A. 17 June 1624, det. $162\frac{4}{5}$; lic. M.A. 17 June 1629, inc. 1629. [ii. 387]

Oriel. **Gandie** (Gaudie, Gandy, Gaudy), **John**; adm. B.A. 17 June 1624, det. $162\frac{4}{5}$; lic. M.A. 15 Apr. 1630, inc. 1630. [ii. 384]

Oriel. **Mosely, John**; adm. B.A. 17 June 1624, det. $162\frac{4}{5}$. [ii. 398]

Oriel. **Champian** (Campian), **Richard**; adm. B.A. 17 June 1624, det. $162\frac{4}{5}$. [ii. 400]

Magd. C. **East, John**; adm. B.A. 17 June 1624, det. $162\frac{4}{5}$.

*Magd. C.** **Balgay, Thomas**; adm. B.A. (Magd. C.) 17 June 1624, det. (Magd. C.) $162\frac{8}{9}$; lic. M.A. (S. Mary H.) 16 June 1629, inc. 1629. [Magd. H., ii. 403.]

Ch. Ch. **Edwards, William**; adm. B.A. 17 June 1624, det. $162\frac{4}{5}$; lic. M.A. — Apr. 1627, inc. 1627. [ii. 401]

Ch. Ch. **Ballowe, Thomas**; adm. B.A. 17 June 1624, det. $162\frac{4}{5}$; lic. M.A. — Apr. 1627, inc. 1627. [ii. 393]

Ch. Ch. **James, Thomas**; adm. B.A. 17 June 1624. [ii. 396]

Wadham. **Turner, William**; adm. B.A. 22 June 1624, det. $162\frac{4}{5}$; lic. M.A. 11 June 1627, inc. 1627; suppl. B.C.L. 30 Apr. 1636. [ii. 385]

*Broadg. H.** **Borne** (Bourne), **Elisha** (Eliza); adm. B.A. (Broadg. H.) 22 June 1624, det. (Pembr.) $162\frac{4}{5}$; lic. M.A. (Pembr.) 7 July 1627, inc. 1627; adm. B.D. (Pembr.) 14 Apr. 1638. [ii. 386]

S. Edm. H. **Zouche, Henry**; (doctoris fil.) adm. B.A. 22 June 1624, det. $162\frac{4}{5}$; lic. M.A. 26 May 1627, inc. 1627.

Hart H. **Herne, Francis**; adm. B.A. 22 June 1624, det. $162\frac{4}{5}$; lic. M.A. 21 Feb. $162\frac{7}{8}$, inc. 1628. [ii. 397]

Magd. C. **Clarke, Henry**; adm. B.A. 26 June 1624, det. $162\frac{4}{5}$; lic. M.A. 12 July 1628, inc. 1628. [ii. 391]

Magd. C. **Aubray** (Auberey, Aubrey, Auberie, Aubry), **John**; adm. B.A. 26 June 1624, det. $162\frac{4}{5}$; lic. M.A. — Apr. 1627, inc. 1627; adm. M.B. and lic. to pract. med. 21 Oct. 1634; lic. M.D. 5 July 1639, inc. 1639. [ii. 391]

Magd. C. **Broadbent** (Bradbent), **Valentine**; adm. B.A. 26 June 1624, det. $162\frac{4}{5}$; lic. M.A. — Apr. 1627, inc. 1627; adm. M.B. and lic. to pract. med. 10 Mar. $163\frac{1}{2}$; suppl. M.D. 10 Dec. 1635, lic. 7 July 1636, inc. 1636. ⟨Demy of Magd. C. 1621–1625, Fellow, 1625–1637; Blox. 5, p. 106.⟩

Magd. C. **Hyde** (Hide), **John**; adm. B.A. 26 June 1624, det. $162\frac{4}{5}$; lic. M.A. — Apr. 1627, inc. 1627. [Magd. H., ii. 390]

New Coll. **Draper, Robert**; adm. B.A. 30 June 1624. [ii. 402]

*S. Mary H.** **Collins, James**; adm. B.A. (S. Mary H.) 30 June 1624, det. $162\frac{4}{5}$; lic. M.A. (New C.) 10 May 1627, inc. 1627. [Wadh., ii. 389]

S. Mary H. **Bull, Christopher**; adm. B.A. 30 June 1624, det. $162\frac{4}{5}$. [ii. 399]

S. Mary H. **Haywood** (Hayward), **Richard**; adm. B.A. 30 June 1624, det. $162\frac{4}{5}$. [Wadh., ii. 389]

S. Mary H. **Day, William**; adm. B.A. 30 June 1624, det. $162\frac{4}{5}$.

Jesus. **Stradling, Edmund**; (bart. fil.) adm. B.A. 1 July 1624, det. $162\frac{4}{5}$; lic. M.A. — Apr. 1627, inc. 1627.

Jesus. Jones, **Walter**; adm. B.A. 1 July 1624, det. 162⅕; lic. M.A. — Apr. 1627, inc. 1627. [ii. 399]
Jesus. **Griffith, Robert**; (doctoris fil.) adm. B.A. 1 July 1624, det. 162⅕. [? Bras., ii. 403]
Queen's. **Preston, Thomas**; suppl. B.A. ('John') 1 June, adm. ('Thomas') 5 July 1624, det. 162⅘ [? John, ii. 400]
Queen's.* **Gorges, Thomas**; adm. B.A. (Queen's) 5 July 1624, det. 162⅘; lic. M.A. (S. Alb. H.) 14 Apr. 1627, inc. 1627. [ii. 404]
Ch. Ch. **Wylde** (Wilde), **Rowland**; adm. B.A. 7 July 1624, det. 162⅘; lic. M.A. — Apr. 1627, inc. 1627. [ii. 388]
New Coll. **Thomas, John**; adm. B.A. 7 July 1624, det. 162⅕; lic. M.A. 7 May 1628, inc. 1628.
Brasenose. **Chambers, William**; adm. B.A. 7 July 1624, det. 162⅘; lic. M.A. 5 July 1627, inc. 1627. [ii. 395]
Brasenose. **Bold** (Bould), **Edward**; adm. B.A. 7 July 1624, det. 162⅘; lic. M.A. 5 July 1627, inc. 1627.
Brasenose. **Hall, John**; adm. B.A. 7 July 1624. [ii. 399]
Brasenose. **Smaleman, John**; adm. B.A. 7 July 1624, det. 162⅘; lic. M.A. 5 July 1627, inc. 1627. [ii. 399]
Brasenose. **Bridges, William**; adm. B.A. 7 July 1624, det. 162⅘; lic. M.A. 5 July 1627, inc. 1627. [ii. 395]
Brasenose. **Nixon, Edmund**; adm. B.A. 7 July 1624, det. 162⅕. [ii. 396]
Brasenose. **Lench, Ralph**; adm. B.A. 7 July 1624, det. 162⅘; suppl. B.C.L. (All So. 'Robert') 4 Nov. 1629, and again ('Ralph,' All So.) in Mich. Term 1630, adm. ('Ralph,' All So.) 16 Nov. 1630. [ii. 395]
Brasenose.* **Dumvill** (Domvill), **Randall**; adm. B.A. (Bras.) 7 July 1624, det. (Mert.) 162⅘; lic. M.A. (Mert.) 10 July 1629, inc. 1629. [ii. 395] Brod., p. 284.
Broadg. H.* **Hampton, John**; (arm. fil. n. m.) adm. B.A. (Broadg. H.) 7 July 1624, det. (Pembr.) 162⅕; lic. M.A. (Pembr.) — Apr. 1627, inc. 1627.
Queen's. **Fawsit, Robert**; adm. B.A. 9 July 1624. [ii. 384]
Queen's.* **Lovell, Nathaniel**; adm. B.A. (Queen's) 9 July 1624, det. 162⅘; lic. M.A. (S. Edm. H.) 25 June 1628, inc. 1628. [S. Edm. H., ii. 384]
Trinity. **Dier, Benjamin**; adm. B.A. 9 July 1624. [ii. 394]
Jesus.* **Reading, Thomas**; adm. B.A. (Jes.) 9 July 1624, det. (Queen's) 162 9/7.
Jesus. **Thomas, Lewis**; adm. B.A. 9 July 1624, det. 162⅕.
Magd. H. **Loe, William**; suppl. B.A. ('Lawde') 9 July, adm. ('Loe') 9 July 1624, det. ('Loe') 162⅕. [ii. 390]
Merton.* **Selfe, George**; adm. B.A. (Mert.) 10 July 1624, det. 162⅘; lic. M.A. (Pembr.) 17 Apr. 1627, inc. 1627. [ii. 398]
Merton. **Haslewood** (Hasslewood, Haselwood, Hasselwood), **John**; adm. B.A. 10 July 1624, det. 162⅘; lic. M.A. — Apr. 1627, inc. 1627. [Trin., ii. 394]
S. John's.* **Ringe, Thomas**; adm. B.A. (S. Jo.) 10 July 1624, det. 162⅘; lic. M.A. (Hart H.) 6 June 1627, inc. 1627.

S. John's. **Laurence, Job**; adm. B.A. 10 July 1624, det. 162$\frac{4}{5}$. John Laurence, Gloc. H., suppl. M.A. 31 Jan., lic. 14 Feb. 162$\frac{7}{8}$, inc. 1628 ⟨perhaps this man, by an error in the Christian name⟩.

S. Alb. H. **Print, Richard**; adm. B.A. 10 July 1624, det. 162$\frac{4}{5}$.

*S. Edm. H.** **Barkly** (Berklie), **William**; (eq. aur. fil.) adm. B.A. (S. Edm. H.) 10 July 1624; lic. M.A. (Mert.) 10 July 1629, inc. 1629. Brod., p. 284.

All Souls. **Thomas, Solomon**; adm. B.A. 14 July 1624. [ii. 395]

All Souls. **Goldwyer** (Goldswier), **John**; adm. B.A. 14 July 1624, det. 162$\frac{4}{5}$. [ii. 395]

*Broadg. H.** **Hull, Thomas**; adm. B.A. (Broadg. H.) 18 July 1624, det. (Pembr.) 162$\frac{4}{5}$. [ii. 396]

*All Souls.** **Saunders, Edward**; adm. B.A. (All So.) 26 July 1624, det. 162$\frac{4}{5}$; lic. M.A. (Bras.) 17 June 1629, inc. 1629. [Oriel, ii. 402]

Balliol. **Hyde** (Hide), **William**; adm. B.A. 19 Oct. 1624, det. 162$\frac{4}{5}$; suppl. M.A. 30 May 1627. [ii. 392]

Pembroke.[1] **Nixon, Joseph**; adm. B.A. 19 Oct. 1624, det. 162$\frac{4}{5}$; lic. M.A. 1 June 1627, inc. 1627. [Queen's, ii. 386]

Pembroke.[1] **Cleaves** (Cleeves), **Edward**; adm. B.A. 19 Oct. 1624, det. 162$\frac{4}{5}$; lic. M.A. 1 June 1627, inc. 1627. [Ch. Ch., ii. 393]

Pembroke.[1] **Marrowe, Thomas**; (eq. aur. fil.) adm. B.A. 19 Oct. 1624, det. 162$\frac{4}{5}$; lic. M.A. 1 June 1627, inc. 1627.

Brasenose. **Kent, Thomas**; suppl. B.A. ('Thomas') 11 June, adm. ('John') 21 Oct. 1624, det. ('John') 162$\frac{4}{5}$; suppl. M.A. ('Thomas') 30 May, lic. ('Thomas') 5 July 1627, inc. 1627. John Kent, Bras., was adm. M.B. and lic. to pract. med. 16 Dec. 1630. [ii. 381]

Queen's. **Churchill, John**; adm. B.A. (Queen's) 21 Oct. 1624, det. 162$\frac{4}{5}$; lic. M.A. (S. Edm. H.) 26 May 1627, inc. 1627. [ii. 400]

New Coll. **Edmunds, John**; adm. B.A. 21 Oct. 1624, det. 162$\frac{4}{5}$; lic. M.A. 17 June 1628, inc. 1628. [ii. 387]

New Coll. **Sadler** (Sadlier), **Ferdinando**; adm. B.A. 21 Oct. 1624, det. 162$\frac{4}{5}$; lic. M.A. 17 June 1628, inc. 1628. [ii. 398]

Magd. H. **Hodson** (Hudson), **Thomas**; adm. B.A. 21 Oct. 1624, det. 162$\frac{4}{5}$. [ii. 398]

Magd. H. **Barkley** (Berkley), **Thomas**; adm. B.A. 21 Oct. 1624, det. 162$\frac{4}{5}$. [ii. 390]

Magd. H. **Webb, John**; adm. B.A. 21 Oct. 1624, det. 162$\frac{4}{5}$; lic. M.A. 25 June 1628, inc. 1628. [ii. 391]

Magd. H. **Gay** (Gey), **Robert**; adm. B.A. 21 Oct. 1624, det. 162$\frac{4}{5}$; lic. M.A. 1 June 1627, inc. 1627. [ii. 400]

Magd. H. **Knight, John**; adm. B.A. 21 Oct. 1624, det. 162$\frac{4}{5}$. [ii. 390]

Magd. H. **Harris, Robert**; adm. B.A. 21 Oct. 1624, det. 162$\frac{4}{5}$; lic. M.A. 1 June 1627, inc. 1627. [Exet., ii. 387]

*Magd. H.** **Duke, Henry**; (arm. fil. n. m.) adm. B.A. (Magd. H.) 21 Oct. 1624, det. 162$\frac{4}{5}$; lic. M.A. (S. Edm. H.) 30 June 1627, inc. 1627.

Magd. H. **Williamson, Henry**; (doctoris fil.) adm. B.A. 21 Oct. 1624, det. 162$\frac{4}{5}$.

Magd. H. **Bacchelor** (Bachelor), **William**; adm. B.A. 21 Oct. 1624, det. 162$\frac{4}{5}$; lic. M.A. 1 June 1627, inc. 1627. [ii. 390]

[1] These were the first admitted B.A. from Pembroke College.

Magd. H. **Richardson, Edward**; adm. B.A. 21 Oct. 1624, det. $162\frac{4}{5}$. [ii. 401]

S. Alb. H. **Ansloe** (Anslowe, Onsloe), **Edward**; adm. B.A. 21 Oct. 1624, det. $162\frac{4}{5}$; lic. M.A. ('Onsloe') 2 June 1627, inc. 1627. [Gloc. H., ii. 387]

S. Alb. H. **Biggs, Joseph**; adm. B.A. 21 Oct. 1624, det. $162\frac{4}{5}$; lic. M.A. 2 June 1627, inc. ('Briggs') 1627. [ii. 398]

S. Alb. H. **Gad, John**; adm. B.A. 21 Oct. 1624, det. $162\frac{4}{5}$. [? Godd, Wadh., ii. 387]

*Balliol.** **Kyffin** (Kiffin), **David**; adm. B.A. (Ball.) 21 Oct. 1624, det. $162\frac{4}{5}$; lic. M.A. (Hart H.) 26 Jan. $16\frac{29}{30}$, inc. 1630.

*New Coll.** **Phillipps, John**; adm. B.A. (New C.) 23 Oct. 1624, det. $162\frac{4}{5}$; lic. M.A. (Hart H.) 6 June 1627, inc. 1627. [ii. 394]

New Coll. **Thorne, John**; adm. B.A. 23 Oct. 1624, det. $162\frac{4}{5}$.

Exeter. **Page, Freman**; (arm. fil. n. m.) adm. B.A. 25 Oct. 1624, det. (Exet.) $162\frac{4}{5}$; suppl. M.A. ('Stephen Page,' Hart H.) 30 May, lic. ('Freman Page,' Exet.) 2 June 1627, inc. (Exet.) 1627. [ii. 387] Boase, p. 61.

Exeter. **Fulford, Thomas**; (eq. aur. fil.) adm. B.A. 25 Oct. 1624, det. $162\frac{4}{5}$. [ii. 393]

Exeter. **Bennet, Robert**; (arm. fil. n. m.) adm. B.A. 25 Oct. 1624, det. $162\frac{4}{5}$.

Exeter. **Gardner** (Gardener), **Thomas**; adm. B.A. 25 Oct. 1624, det. $162\frac{4}{5}$; lic. M.A. 2 June 1627, inc. 1627.

New Coll. **Baylie** (Bailie), **William**; adm. B.A. 27 Oct. 1624; lic. M.A. 3 July 1628, inc. 1628. [ii. 398]

Brasenose. **Wilkinson, William**; adm. B.A. 29 Oct. 1624, det. $162\frac{4}{5}$. [ii. 396]

S. Alb. H. **Chapman** (Chepman), **Joseph**; adm. B.A. 6 Nov. 1624, det. $162\frac{4}{5}$; lic. M.A. 6 June 1627, inc. 1627. [ii. 390]

S. Edm. H. **Morgan, Thomas**; adm. B.A. 6 Nov. 1624, det. $162\frac{4}{5}$. [ii. 394]

S. Edm. H. **Davis, John**; adm. B.A. 6 Nov. 1624, det. $162\frac{4}{5}$. [ii. 402]

Trinity. **Mitchill, John**; adm. B.A. 16 Nov. 1624. [ii. 402]

*S. John's.** **Hathway, Francis**; adm. B.A. (S. Jo.) 18 Nov. 1624, det. $162\frac{4}{5}$; lic. M.A. (S. Mary H.) 2 July 1627, inc. 1627. [ii. 400]

S. John's. **Manning** (Mannering), **John**; adm. B.A. 18 Nov. 1624, det. $162\frac{4}{5}$. [ii. 402]

Queen's. **Alfrey** (Alfray), **Francis**; adm. B.A. 20 Nov. 1624. [ii. 394]

Lincoln. **Primat, Stephen**; adm. B.A. 25 Nov. 1624, det. $162\frac{4}{5}$. [ii. 398]

Exeter. **Leech, Richard**; adm. B.A. 2 Dec. 1624, det. $162\frac{4}{5}$. [ii. 393]

Wadham. **Farren, Richard**; adm. B.A. 2 Dec. 1624, det. $162\frac{4}{5}$. [ii. 387, 392]

Wadham. **Porret, William**; adm. B.A. 2 Dec. 1624, det. $162\frac{4}{5}$. [ii. 392]

Wadham. **Langham, Edward**; adm. B.A. 2 Dec. 1624, det. $162\frac{4}{5}$; lic. M.A. 5 July 1627, inc. 1627. [ii. 389]

Ch. Ch. **Browne** (Broune), **Thomas**; adm. B.A. 2 Dec. 1624, det. $162\frac{4}{5}$; lic. M.A. 2 June 1627, inc. 1627; adm. B.D. 12 June 1637. [ii. 393]

Magd. H. Reynolds, Rowland; adm. B.A. 2 Dec. 1624, det. 162⅘;
 lic. M.A. 1 June 1627, inc. 1627. [Exet., ii. 387]
Exeter. Peirs (Peirce), Edmund; adm. B.A. 13 Dec. 1624, det.
 162⅘. [ii. 387]
Ch. Ch.* Noyse (Noice, Noyce), William; adm. B.A. (Ch. Ch.) 13
 Dec. 1624, det. 162⅘; lic. M.A. (Corp.) 5 July 1628, inc. 1628. [S.
 Alb. H., ii. 402]
Ch. Ch. Clifford, Richard; adm. B.A. 13 Dec. 1624, det. 162⅘;
 lic. M.A. 30 June 1627, inc. 1627. [ii. 389]
Ch. Ch. Pembrooke, William; adm. B.A. 13 Dec. 1624, det. 162⅘;
 lic. M.A. 7 July 1627, inc. 1627. [ii. 389]
Lincoln. Goslinge, Anthony; adm. B.A. 14 Dec. 1624, det. 162⅘.
Balliol. Thorne, John; adm. B.A. 14 Dec. 1624, det. 162⅘.
S. Alb. H. Fisshenden, George; adm. B.A. 14 Dec. 1624, det. 162⅘;
 suppl. M.A. ('Matthew') 21 June, lic. ('George') 30 June 1627,
 inc. 1627. [ii. 402]
Queen's.* Robinson, John; adm. B.A. (Queen's) 15 Dec. 1624, det.
 162⅘; lic. M.A. (S. Alb. H.) 2 June 1627, inc. 1627; suppl. B.D.
 (S. Alb. H.) 2 July 1638, adm. 10 July 1639. [? Corp., ii. 383]
New Coll. Bromely, Timothy; adm. B.A. 15 Dec. 1624, det. 162⅘.
Magd. H. Warwick, Arthur; adm. B.A. 15 Dec. 1624, det. 162⅘.
New Coll.* Hensman (Hentsman, Hensham), Toby; adm. B.A. (New C.)
 15 Dec. 1624, det. 162⅘; lic. M.A. (N. I. H.) 3 July 1628, inc. 1628.
Merton.* Beesly (Beeslie), Henry; adm. B.A. (Mert.) 15 Dec. 1624,
 det. 162⅘; lic. M.A. (S. Alb. H.) 2 June 1627, inc. 1627. [ii. 398]
Merton.* Goffe, Stephen; adm. B.A. (Mert.) 15 Dec. 1624, det. 162⅘;
 lic. M.A. (S. Alb. H.) 2 June 1627, inc. 1627. [ii. 400]

New Inn H. Ware, John; suppl. B.A. 15 Jan. 162¾. [? Exet., ii. 388]
Magd. C. Summers, John; suppl. B.A. 26 Jan. 162¾. [ii. 381]
Magd. C. Wood, Griffin; suppl. B.A. 27 Jan. 162¾.
S. Mary H. Freeman, Bartholomew; suppl. B.A. 2 June 1624. [Univ.,
 ii. 389]
All Souls. Pamphlin, Robert; suppl. B.A. 2 June 1624. [ii. 395]
Brasenose. Kempe, John; suppl. B.A. 16 Oct. 1624.
Magd. C. Allen, John; suppl. B.A. 19 Oct. 1624.
Merton. Bartlett (?), ...; det. 162⅘.

Balliol. Bactree (?), Edward: suppl. M.A. 2 June 1624.
Broadg. H.* Ford (Foorde), William; lic. M.A. (Broadg. H.) 10 June
 1624, inc. 1624; lic. to pract. med. (Pembr.) 18 July 1631, adm.
 M.B. and lic. M.D. (Pembr.) 21 July 1631. ⟨Incorp. as B.A. from
 Cambr. 15 Oct. 1622.⟩
Broadg. H.* Littleton, John; lic. M.A. (Broadg. H.) 10 June 1624, inc.
 1624: suppl. B.D. (Jes., 'John') 10 Dec., adm. (Jes., 'Robert') 17
 Dec. 1631; lic. D.D. (Jes.) 8 Dec. 1635, inc. (Jes.) 1635.
Queen's. Page, William; lic. M.A. 22 June 1624. ⟨Clearly an error,
 as there is no suppl. nor inc. to attach to this entry; I take it to be
 a mistake for 'William Jey,' *supra*, p. 402.⟩
Merton. Holloway, John; suppl. M.A. 6 July, lic. 10 July 1624,
 inc. 1624.

F f 2

Trinity. **Dixon, Thomas**; suppl. M.A. 23 July, lic. 26 July 1624. ⟨A Wood seems to read this name as 'Gibson'; 'Thomas Dixon' incorp. as B.A. from Cambr. 13 July 1624.⟩

New Coll. **Dillon, William**; adm. B.C.L. (New C.) 28 May 1624; suppl. D.C.L. (New C.) 29 May, lic. (Gloc. H.?) 30 June 1630, inc. (New C.) 1630. [ii. 367]
New Coll. **Lambert, Henry**; adm. B.C.L. 28 May 1624. [ii. 367]
S. Edm. H. **Temple, Thomas**; adm. B.C.L. 15 Dec. 1624; lic. D.C.L. 3 June 1633, inc. 1633. [Hart H., ii. 384]

Exeter. **Primrose** (Primerose), **David**; suppl. B.D. 13 Apr., adm. 22 Apr. 1624. ⟨Incorp. as M.A. from Bordeaux 27 Jan. 162$\frac{3}{4}$.⟩
S. Alb. H. **Audrey, John**; suppl. B.D. 10 May, adm. 11 May 1624.
Balliol. **Prichard, Richard**; suppl. B.D. 20 Nov. 1623, adm. 13 May 1624.
Lincoln. **Sibthorpe, Robert**; adm. B.D. and lic. D.D. 2 June 1624, inc. D.D. 1624 lic. to preach 17 June 1646. [i. 361]
Jesus. **Pritchard, Edward**; adm. B.D. 1 July 1624. ⟨Perhaps the same as *supra*, p. 196.⟩
Jesus. **Lloyd, Hugh**; adm. B.D. 1 July 1624; lic. D.D. 26 June 1638, inc. 1638. ⟨Said to be the Hugh Lloyd who was Bishop of Llandaff in 1660.⟩

1625 [1].

New Coll. **Booth, Esdras**; adm. B.A. 16 Jan. 162$\frac{4}{5}$, det. 162$\frac{4}{5}$. [ii. 389]
Exeter. **Miller, Leonard**; adm. B.A. 22 Jan. 162$\frac{4}{5}$, det. 162$\frac{4}{5}$. [ii. 387]
Exeter. **Turner, Roger**; adm. B.A. 22 Jan. 162$\frac{4}{5}$, det. 162$\frac{4}{5}$; lic. M.A. 6 July 1627, inc. 1627.
Queen's. **Holland, William**; adm. B.A. 27 Jan. 162$\frac{4}{5}$, det. 162$\frac{4}{5}$. [ii. 400]
Queen's. **Troutbecke, Anthony**; adm. B.A. 27 Jan. 162$\frac{4}{5}$, det. 162$\frac{4}{5}$. [ii. 398]
*Queen's.** **Jackman, Simon**; adm. B.A. (Queen's) 27 Jan. 162$\frac{4}{5}$, det. 162$\frac{4}{5}$; suppl. M.A. ('Samuel,' S. Edm. H.) 23 May, lic. ('Simon,' S. Edm. H.) 26 May 1627, inc. (Exet.) 1627. [ii. 398]
Queen's. **Light, William**; (arm. fil. n. m.) adm. B.A. 27 Jan. 162$\frac{4}{5}$, det. 162$\frac{4}{5}$.
Balliol. **Marshall, Alexander**; (arm. fil. n. m.) adm. B.A. 27 Jan. 162$\frac{4}{5}$, det. 162$\frac{4}{5}$. [ii. 393]
Lincoln. **Piggot** (Pigott), **Walter**; adm. B.A. 3 Feb. 162$\frac{4}{5}$, det. 162$\frac{4}{5}$.
*Lincoln.** **Kinaston** (Kynaston), **Samuel**; adm. B.A. (Linc.) 3 Feb. 162$\frac{4}{5}$, det. 162$\frac{4}{5}$; lic. M.A. (All So.) 11 July 1628, inc. 1628. [ii. 398]
Hart H. **Palmer, Anthony**; adm. B.A. 7 Feb. 162$\frac{4}{5}$, det. 162$\frac{4}{5}$. [Queen's, ii. 388]
Hart H. **Owin** (Owen), **John**; adm. B.A. 7 Feb. 162$\frac{4}{5}$, det. 162$\frac{4}{5}$; lic. M.A. 6 June 1627, inc. 1627.

[1] The list of determining bachelors for Lent 162$\frac{4}{5}$ is omitted in the Register of Congregation.

Hart H. **Bannister** (Banister), **Edward**; adm. B.A. 7 Feb. 162$\frac{4}{5}$, det. 162$\frac{4}{5}$; lic. M.A. 6 June 1627, inc. 1627. [Trin., ii. 394]

Lincoln. **Webb** (Webbe), **Theophilus**, (D.D. fil.) adm. B.A. 12 Feb. 162$\frac{4}{5}$, det. 162$\frac{4}{5}$; lic. M.A. 18 June 1627, inc. 1627.

Lincoln. **Dauson** (Dawson), **James**; adm. B.A. 12 Feb. 162$\frac{4}{5}$, det. 162$\frac{4}{5}$; lic. M.A. 16 June 1627, inc. 1627. [Magd. H., ii. 390]

University. **Shercliffe, Nicholas**; adm. B.A. 14 Feb. 162$\frac{4}{5}$, det. 162$\frac{4}{5}$; lic. M.A. 6 July 1627, inc. 1627. [ii. 389]

University. **Squier** (Squire), **William**; adm. B.A. 14 Feb. 162$\frac{4}{5}$, det. 162$\frac{4}{5}$; lic. M.A. 6 July 1627, inc. 1627. [ii. 384]

University. **Gunsley, Robert**; adm. B.A. 14 Feb. 162$\frac{4}{5}$, det. 162$\frac{4}{5}$. [ii. 389]

S. Edm. H. **Calvert, Sampson**; adm. B.A. 14 Feb. 162$\frac{4}{5}$, det. 162$\frac{4}{5}$.

Corpus. **Holt** (Holte), **James**; adm. B.A. 15 Feb. 162$\frac{4}{5}$, det. 162$\frac{4}{5}$; lic. M.A. 13 Mar. 162$\frac{7}{8}$, inc. 1628. [ii. 397]

Corpus. **Raineboe, John**; adm. B.A. 15 Feb. 162$\frac{4}{5}$, det. 162$\frac{4}{5}$; lic. M.A. 13 Mar. 162$\frac{7}{8}$, inc. 1628. [ii. 397]

Corpus. **Kerswell, John**; adm. B.A. 15 Feb. 162$\frac{4}{5}$, det. 162$\frac{4}{5}$; lic. M.A. 13 Mar. 162$\frac{7}{8}$, inc. 1628; adm. B.D. 18 Nov. 1636. [ii. 401]

Corpus. **Wrench, Elias**; adm. B.A. 15 Feb. 162$\frac{4}{5}$, det. 162$\frac{4}{5}$; lic. M.A. 30 Mar. 162$\frac{7}{8}$, inc. 1628; adm. B.D. 6 July 1637. [ii. 401]

*Corpus.** **Barcroft, William**; adm. B.A. (Corp.) 15 Feb. 162$\frac{4}{5}$, det. 162$\frac{4}{5}$; lic. M.A. (Pembr.) 1 June 1627, inc. 1627. [ii. 397]

Corpus. **Shaler, Richard**; adm. B.A. 15 Feb. 162$\frac{4}{5}$, det. 162$\frac{4}{5}$; lic. M.A. 30 June 1627, inc. 1627. [ii. 399]

New Coll. **Younge** (Young), **Christopher**; adm. B.A. 15 Feb. 162$\frac{4}{5}$, det. 162$\frac{4}{5}$; lic. M.A. 17 June 1628, inc. 1628. [? Hart H., ii. 396]

S. Alb. H. **Sherwill, Abraham**; adm. B.A. 16 Feb. 162$\frac{4}{5}$, det. 162$\frac{4}{5}$; lic. M.A. 2 June 1627, inc. 1627. [ii. 398]

S. Alb. H. **Heathfield, John**; adm. B.A. 16 Feb. 162$\frac{4}{5}$, det. 162$\frac{4}{5}$. [ii. 387]

S. Alb. H. **Gundrie** (Gundrey, Gundey), **Hugh**; adm. B.A. 16 Feb. 162$\frac{4}{5}$, det. 162$\frac{4}{5}$. [ii. 398]

*Magd. H.** **Burt, Ellis**; adm. B.A. (Magd. H.) 16 Feb. 162$\frac{4}{5}$, det. (S. Alb. H.) 162$\frac{4}{5}$. [S. Alb. H., ii. 398]

*Merton.** **Locket, Stephen**; adm. B.A. (Mert.) 16 Feb. 162$\frac{4}{5}$, det. 162$\frac{4}{5}$; lic. M.A. (Linc.) 16 June 1627, inc. 1627.

Lincoln. **Winne, Richard**; adm. B.A. 17 Feb. 162$\frac{4}{5}$, det. 162$\frac{4}{5}$; lic. M.A. 28 June 1628, inc. 1628. [ii. 401]

Exeter. **Clifford, Thomas**; adm. B.A. 17 Feb. 162$\frac{4}{5}$, det. 162$\frac{4}{5}$; lic. M.A. 13 May 1628, inc. 1628. [ii. 388]

Exeter. **Belmayne** (Belman, Belmaine), **Robert**; adm. B.A. 17 Feb. 162$\frac{4}{5}$, det. 162$\frac{4}{5}$; lic. M.A. 6 July 1627, inc. 1627. [ii. 393]

Exeter. **Tyrling** (Tirling, Tireling), **Robert**; adm. B.A. 17 Feb. 162$\frac{4}{5}$, det. 162$\frac{4}{5}$. [ii. 388]

Exeter. **Keate, John**; adm. B.A. 17 Feb. 162$\frac{4}{5}$, det. 162$\frac{4}{5}$. [ii. 393]

Exeter. **Carrill** (Carill), **Joseph**; adm. B.A. 17 Feb. 162$\frac{4}{5}$, det. 162$\frac{4}{5}$; lic. M.A. 2 June 1627, inc. 1627. [ii. 393]

Exeter. **Basvargus, William**; adm. B.A. 17 Feb. 162$\frac{4}{5}$. [ii. 387]

Magd. C. **Trumball, William**; (arm. fil. n. m.) adm. B.A. 19 Feb. 162$\frac{4}{5}$, det. 162$\frac{4}{5}$; lic. M.A. 2 June 1627, inc. 1627.

Magd. C. **Burton, Nicholas**; adm. B.A. 19 Feb. 162$\frac{4}{5}$, det. 162$\frac{4}{5}$; lic.

M.A. 8 Dec. 1627, inc. 1628; lic. to pract. med. 15 July 1634; adm. M.B. 24 July 1634.

Magd. C. **Nicholson** (Nicolson), **John**; adm. B.A. 19 Feb. $162\frac{4}{5}$, det. $162\frac{4}{5}$; lic. M.A. 8 Dec. 1627, inc. 1628. [Magd. H., ii. 390]

Magd. C. **Kem** (Kame), **Samuel**; adm. B.A. 19 Feb. $162\frac{4}{5}$, det. $162\frac{4}{5}$. [Magd. H., ii. 390]

Oriel. **Rackster** (Rackston), **Robert**; adm. B.A. 19 Feb. $162\frac{4}{5}$, det. $162\frac{4}{5}$. [ii. 378]

Oriel. **Hubbucke, Thomas**; adm. B.A. 19 Feb. $162\frac{4}{5}$, det. $162\frac{4}{5}$; lic. M.A. 7 July 1627, inc. 1627. [ii. 385]

Oriel. **Owen, Richard**; adm. B.A. 19 Feb. $162\frac{4}{5}$, det. $162\frac{4}{5}$; lic. M.A. 22 June 1630, inc. 1630; adm. B.D. and lic. to preach 4 Dec. 1638.

Oriel. **Jones, Thomas**; adm. B.A. 19 Feb. $162\frac{4}{5}$, det. $162\frac{4}{5}$. [ii. 398]

Balliol. **Cooper** (Cowper), **Edward**; adm. B.A. 19 Feb. $162\frac{4}{5}$, det. $162\frac{4}{5}$; lic. M.A. 18 June 1627, inc. 1627. [ii. 395]

Balliol. **Ellis, Edmund**; adm. B.A. 19 Feb. $162\frac{4}{5}$, det. $162\frac{4}{5}$; lic. M.A. 18 June 1627, inc. 1627. [ii. 401]

Jesus. **Parry, William**; adm. B.A. 19 Feb. $162\frac{4}{5}$, det. $162\frac{4}{5}$. [ii. 397]

Jesus. **Habberley, Richard**; adm. B.A. 19 Feb. $162\frac{4}{5}$, det. $162\frac{4}{5}$; lic. M.A. 2 June 1627, inc. 1627. [Bras., ii. 403]

Trinity. **Frogg, Devereux** (Devreux); adm. B.A. 21 Feb. $162\frac{4}{5}$, det. $162\frac{4}{5}$; lic. M.A. 6 June 1627, inc. 1627. [ii. 394]

Trinity. **Buckland, Thomas**; adm. B.A. 21 Feb. $162\frac{4}{5}$, det. $162\frac{4}{5}$; lic. M.A. 25 June 1628, inc. (Bras.?) 1628. [ii. 394]

Trinity. **Ellis, Simon**; adm. B.A. 21 Feb. $162\frac{4}{5}$, det. $162\frac{4}{5}$. [ii. 394]

Wadham. **Martin** (Marten), **Joseph**; adm. B.A. 21 Feb. $162\frac{4}{5}$, det. $162\frac{4}{5}$; lic. M.A. 11 June 1627, inc. 1627. [ii. 399]

Wadham. **Taylor, William**; adm. B.A. 21 Feb. $162\frac{4}{5}$, det. $162\frac{4}{5}$; lic. M.A. 5 July 1627, inc. 1627. [ii. 386]

Wadham. **Reinolds** (Reynolds), **George**; adm. B.A. (Wadh.) 21 Feb. $162\frac{4}{5}$, det. $162\frac{4}{5}$; suppl. M.A. (Wadh.) 23 June, lic. (Magd. C.?) 25 June 1628, inc. (Wadh.) 1628. [ii. 386]

Corpus. **Bridgman, Thomas**; (eq. aur. fil.) adm. B.A. 21 Feb. $162\frac{4}{5}$, det. $162\frac{4}{5}$.

Corpus. **Page, Edward**; adm. B.A. 21 Feb. $162\frac{4}{5}$, det. $162\frac{4}{5}$.

Corpus. **Johnson, Clement**; adm. B.A. 21 Feb. $162\frac{4}{5}$, det. $162\frac{4}{5}$.

Pembroke. **Dennis, John**; adm. B.A. 21 Feb. $162\frac{4}{5}$, det. $162\frac{4}{5}$. [Broadg. H., ii. 396]

Pembroke. **Challoner, Francis**; adm. B.A. 21 Feb. $162\frac{4}{5}$, det. $162\frac{4}{5}$. [Broadg. H., ii. 306]

Pembroke. **Streete, Nicholas**; adm. B.A. 21 Feb. $162\frac{4}{5}$, det. $162\frac{4}{5}$. [Broadg. H., ii. 396]

Pembroke. **Drant, Theophilus**; adm. B.A. 21 Feb. $162\frac{4}{5}$, det. $162\frac{4}{5}$.

Pembroke. **Wilmott, Samuel**; adm. B.A. 21 Feb. $162\frac{4}{5}$, det. $162\frac{4}{5}$.

Hart H. **Powell, Maurice**; adm. B.A. 21 Feb. $162\frac{4}{5}$, det. $162\frac{4}{5}$; lic. M.A. 6 June 1627, inc. 1627. [ii. 393]

Exeter. **Filoll** (Filler, Filloll), **Richard**; adm. B.A. 22 Feb. $162\frac{4}{5}$, det. $162\frac{4}{5}$; lic. M.A. 10 July 1628, inc. 1628. [ii. 393]

Exeter. **Chappell, Bartholomew**; adm. B.A. 22 Feb. $162\frac{4}{5}$, det. $162\frac{4}{5}$; lic. M.A. 6 July 1627, inc. 1627.

Exeter. **Langford, Ellis**; adm. B.A. 22 Feb. $162\frac{4}{5}$.

Corpus. **Chapman, William**; adm. B.A. 22 Feb. 162$\frac{4}{5}$, det. 162$\frac{4}{5}$; lic. M.A. 13 Mar. 162$\frac{7}{8}$, inc. 1628. [? Magd. H., ii. 400]
Corpus. **Sampson, John**; adm. B.A. 22 Feb. 162$\frac{4}{5}$, det. 162$\frac{4}{5}$; lic. M.A. 23 Feb. 162$\frac{7}{8}$, inc. 1628. [Ball., ii. 397]
S. Mary H. **Godwin, Richard**; adm. B.A. 22 Feb. 162$\frac{4}{5}$, det. 162$\frac{4}{5}$.
S. Mary H. **Elderfield, Christopher**; adm. B.A. 22 Feb. 162$\frac{4}{5}$, det. 162$\frac{4}{5}$; lic. M.A. 2 July 1627, inc. 1627. [ii. 400]
Magd. H. **Wilkins, James**; adm. B.A. 22 Feb. 162$\frac{4}{5}$, det. 162$\frac{4}{5}$; lic. M.A. 1 June 1627, inc. 1627.
Magd. H. **Ford, Thomas**; adm. B.A. 22 Feb. 162$\frac{4}{5}$, det. 162$\frac{4}{5}$; lic. M.A. 1 June 1627, inc. 1627. [ii. 390]
Magd. H. **Sessions, James**; adm. B.A. 22 Feb. 162$\frac{4}{5}$, det. 162$\frac{4}{5}$; lic. M.A. 1 June 1627, inc. 1627; adm. B.D. and lic. to preach 16 Nov. 1638. [ii. 404]
Magd. H. **Latham, Thomas**; adm. B.A. 22 Feb. 162$\frac{4}{5}$, det. 162$\frac{4}{5}$; lic. M.A. 26 May 1627, inc. 1627. [ii. 400]
Magd. H. **Ford** (Foord), **John**; adm. B.A. 22 Feb. 162$\frac{4}{5}$, det. 162$\frac{4}{5}$; lic. M.A. 15 Apr. 1630, inc. 1630 [ii. 400]
Magd. H. **Erbury** (Erbery), **Matthias**; adm. B.A. 22 Feb. 162$\frac{4}{5}$, det. 162$\frac{4}{5}$; suppl. M.A. ('Matthew') 30 May, lic. ('Matthias') 1 June 1627, inc. 1627. ⟨Matthias Erbury, Magd. H., is also entered as suppl. M.A. 10 July 1626, and lic. 'post comitia' (10 July) 1626.⟩ [ii. 403]
Magd. H. **Hall, William**; adm. B.A. 22 Feb. 162$\frac{4}{5}$, det. 162$\frac{4}{5}$; lic. M.A. 26 May 1627, inc. 1627. [ii. 403]
Magd. H. **Kent, William**; (arm. fil. n. m.) adm. B.A. 22 Feb. 162$\frac{4}{5}$, det. 162$\frac{4}{5}$.
*Magd. H.** **Baynard** (Bainard), **Adriel**; (arm. fil. n. m.) adm. B.A. (Magd. H.) 22 Feb. 162$\frac{4}{5}$, det. 162$\frac{4}{5}$; lic. M.A. (Ball. 'Adiel') 5 July 1627, inc. 1627.
Magd. H. **Smith, Robert**; adm. B.A. 22 Feb. 162$\frac{4}{5}$, det. 162$\frac{4}{5}$; lic. M.A. 1 June 1627, inc. 1627. [ii. 404]
Magd. H. **Dorrington** (Doddington, Dodington), **Henry**; (arm. fil. n. m.) adm. B.A. 22 Feb. 162$\frac{4}{5}$, det. 162$\frac{4}{5}$; lic. M.A. 1 June 1627, inc. 1627.
Magd. H. **Champneys, John**; (arm. fil. n. m.) adm. B.A. 22 Feb. 162$\frac{4}{5}$, det. 162$\frac{4}{5}$; lic. M.A. 1 June 1627, inc. 1627. [Exet., ii. 379]
*Magd. H.** **Brooke, Robert**; (episcopi fil.) adm. B.A. (Magd. H.) 22 Feb. 162$\frac{4}{5}$, det. 162$\frac{4}{5}$; lic. M.A. (S. Edm. H.) 2 July 1627, inc. 1627.
Magd. H. **Newman, John**; adm. B.A. 22 Feb. 162$\frac{4}{5}$, det. 162$\frac{4}{5}$; lic. M.A. 1 June 1627, inc. 1627.
Corpus. **Simpson, Nicholas**; adm. B.A. 22 Feb. 162$\frac{4}{5}$, det. 162$\frac{4}{5}$; suppl. M.A. 31 Jan. 162$\frac{7}{8}$, lic. 29 Jan. 162$\frac{8}{9}$, inc. 1629; adm. B.D. 13 July 1637. [ii. 402]
Merton. **Bancks, John**; adm. B.A. 22 Feb. 162$\frac{4}{5}$, det. 162$\frac{4}{5}$; lic. M.A. 28 June 1628, inc. 1628. [ii. 398]
S. John's. **Webb, Christopher**; adm. B.A. 23 Feb. 162$\frac{4}{5}$, det. 162$\frac{4}{5}$. [ii. 373]
N. I. H. **Stubber, Toby**; adm. B.A. 23 Feb. 162$\frac{4}{5}$, det. 162$\frac{4}{5}$. [Magd. H., ii. 392]
N. I. H. **Cuffley** (Cuflie), **Francis**; adm. B.A. 23 Feb. 162$\frac{4}{5}$, det. 162$\frac{4}{5}$. [Univ., ii. 389]
N. I. H. **Bright, Francis**; adm. B.A. 23 Feb. 162$\frac{4}{5}$, det. 162$\frac{4}{5}$.

Corpus. **Bridges, Stephen**; adm. B.A. 23 Feb. $162\frac{4}{5}$, det. $162\frac{4}{5}$; suppl. M.A. ('Samuel') 31 Jan. $162\frac{7}{8}$, lic. ('Stephen') 2 May 1629, inc. 1629.

Hart H. **Lake, Lancellot**; (eq. aur. fil.) adm. B.A. 23 Feb. $162\frac{4}{5}$, det. $162\frac{4}{5}$.

Hart H. **Rich, Samuel**; adm. B.A. 23 Feb. $162\frac{4}{5}$, det. $162\frac{4}{5}$; lic. M.A. 6 June 1627, inc. 1627.

Lincoln. **Royse** (Roise), **David**; adm. B.A. 23 Feb. $162\frac{4}{5}$, det. $162\frac{4}{5}$.

Brasenose. **Ambrose, Isaac**; adm. B.A. 25 Feb. $162\frac{4}{5}$, det. $162\frac{4}{5}$. [ii. 395]

Brasenose. **Aspinall, William**; adm. B.A. 25 Feb. $162\frac{4}{5}$, det. $162\frac{4}{5}$. [ii. 395]

Brasenose. **Johnson, Richard**; adm. B.A. 25 Feb. $162\frac{4}{5}$, det. $162\frac{4}{5}$; lic. M.A. 5 July 1627, inc. 1627. [ii. 395]

*Brasenose.** **Watson, Job**; adm. B.A. (Bras.) 25 Feb. $162\frac{4}{5}$, det. $162\frac{4}{5}$; lic. M.A. (Ball.) 11 July 1627, inc. 1628. [ii. 402]

Wadham. **Whyte, William**; adm. B.A. 25 Feb. $162\frac{4}{5}$, det. $162\frac{4}{5}$; lic. M.A. 25 June 1628, inc. 1628. [ii. 392]

Ch. Ch. **Cotton, Simon**; adm. B.A. 25 Feb. $162\frac{4}{5}$, det. $162\frac{4}{5}$. [ii. 379]

All Souls. **Featlye, John**; adm. B.A. 25 Feb. $162\frac{4}{5}$, det. $162\frac{4}{5}$. [ii. 385]

*All Souls.** **Meredith, Thomas**; adm. B.A. (All So.) 25 Feb. $162\frac{4}{5}$, det. $162\frac{4}{5}$; lic. M.A. (Jes.) 2 June 1627, inc. 1627. [ii. 395]

All Souls. **Crouch, James**; adm. B.A. 25 Feb. $162\frac{4}{5}$, det. $162\frac{4}{5}$. [Broadg. H., ii. 397]

All Souls. **Mathewes, Marmaduke**; adm. B.A. 25 Feb. $162\frac{4}{5}$, det. $162\frac{4}{5}$; lic. M.A. 5 July 1627, inc. 1627.

Magd. H. **Russell, Thomas**; adm. B.A. 25 Feb. $162\frac{4}{5}$, det. $162\frac{4}{5}$. [ii. 390]

Gloc. H. **Bye, Samuel**; adm. B.A. 25 Feb. $162\frac{4}{5}$, det. $162\frac{4}{5}$.

Hart H. **Foukes** (Foulkes), **John**; adm. B.A. 25 Feb. $162\frac{4}{5}$, det. $162\frac{4}{5}$; lic. M.A. 6 June 1627, inc. 1627.

Magd. H. **Henshaw, Joseph**; adm. B.A. 26 Feb. $162\frac{4}{5}$, det. $162\frac{4}{5}$; adm. B.D. 15 Dec. 1635; lic. D.D. 2 July 1639, inc. 1639. [ii. 403]

N. I. H. **Lacie, William**; suppl. B.A. ('James') 25 Feb., adm. ('William') 26 Feb. $162\frac{4}{5}$, det. $162\frac{4}{5}$.

Jesus. **Lloyd, Owen**; adm. B.A. 26 Feb. $162\frac{4}{5}$, det. $162\frac{4}{5}$. [?Queen s, ii. 400]

Jesus. **Davis, Francis**; adm. B.A. 26 Feb. $162\frac{4}{5}$, det. $162\frac{4}{5}$; lic. M.A. 14 Mar. $162\frac{7}{8}$, inc. 1628; adm. B.D. 22 June 1640. [ii. 399]

S. Alb. H. **Hassall** (Hassold), **Thomas**; suppl. B.A. ('Halswell') 22 Apr. 1624, adm. ('Hassold') 26 Feb. $162\frac{4}{5}$, det. $162\frac{4}{5}$; suppl. M.A. ('John Hassard') 5 July, lic. ('Thomas Hassold') 8 July 1628, inc. ('Thomas Halsell') 1628. [ii. 398]

Lincoln. **Pickering, James**; adm. B.A. 26 Feb. $162\frac{4}{5}$, det. $162\frac{4}{5}$. [ii. 398]

S. John's. **Watts, Richard**; adm. B.A. 5 Mar. $162\frac{4}{5}$.

N. I. H. **Hodson, Richard**; adm. B.A. 15 Mar. $162\frac{4}{5}$. [ii. 400]

Exeter. **Smith, Philip**; adm. B.A. 1 Apr. 1625. [ii. 388]

Magd. H. Kistill, William; adm. B.A. 6 Apr. 1625; lic. M.A. 1 June 1627, inc. 1627. [ii. 400]
New Coll. Miller, Henry; adm. B.A. 29 Apr. 1625; lic. M.A. (Millard) 29 Jan. 162⅞, inc. 1629. [ii. 397]
New Coll. Wells, Robert; adm. B.A. 29 Apr. 1625. [ii. 402]
New Coll. Woodward, Michael; adm. B.A. 29 Apr. 1625; lic. M.A. 29 Jan. 162⅞, inc. 1629; adm. B.D. 23 June 1637. [ii. 398]
Lincoln. Dreidon, John; (arm. fil. n. m.) adm. B.A. 3 May 1625.
Lincoln. Horner, George; (eq. aur. fil.) adm. B.A. 3 May 1625.
Ch. Ch. Warmstrey, Gervas; adm. B.A. 5 May 1625; lic. M.A. 27 June 1628, inc. 1628.
Ch. Ch. Brockden, William; suppl. B.A. (Magd. H.) 4 May, adm. (Ch. Ch.) 5 May 1625. [Magd. H., ii. 390]
S. John's. Buckeridge (Puckering), John; adm. B.A. 16 May 1625; lic. M.A. 28 Apr. 1629, inc. 1629. [ii. 400]
S. John's. Burges, Thomas; adm. B.A. 16 May 1625.
S. John's. Bellamy (Bellamie), Henry; adm. B.A. 16 May 1625; lic. M.A. 28 Apr. 1629, inc. 1629; adm. B.D. 18 Dec. 1637. [ii. 399]
Queen's. Barkley, John; (eq. aur. fil.) adm. B.A. 1 June 1625.
Lincoln. Simpson, Thomas; adm. B.A. 1 June 1625. [ii. 399]
Queen's. Parkinson, James; adm. B.A. 2 June 1625; lic. M.A. 20 May 1628, inc. 1628. [ii. 400]
Queen's. Johnson, William; (arm. fil. n. m.) adm. B.A. 2 June 1625.
Ch. Ch. Price, Edward; adm. B.A. 20 June 1625; lic. M.A. 27 June 1628, inc. 1628.
Exeter. Mainard (Maynard), Joseph; adm. B.A. 21 June 1625; lic. M.A. 13 May 1628, inc. 1628; adm. B.D. 28 July 1636. Boase, p. 62.
Exeter. Hatch, John; adm. B.A. 21 June 1625; lic. M.A. 13 May 1628, inc. 1628.
Exeter. Carew, John; adm. B.A. 21 June 1625; lic. M.A. 13 May 1628, inc. 1628.
Exeter. Helliar (Hellior), Henry; adm. B.A. 21 June 1625; lic. M.A. — Feb. 162⅞, inc. 1629. [ii. 405]
Exeter. Sherfeild (Shercliffe), Roger; adm. B.A. 21 June 1625.
Exeter. Comage, David; adm. B.A. 21 June 1625.
Exeter. Collins, Thomas; adm. B.A. 21 June 1625. (See p. 430.)
*Oriel.** Chichester (Chicester), John; adm. B.A. (Oriel) 21 June 1625; lic. M.A. (S. Alb. H.) 25 June 1628, inc. 1628. [ii. 398]
Oriel. Burley (Burleigh, Burly, Burlie), John; adm. B.A. 21 June 1625; lic. M.A. 5 July 1628, inc. 1628. [ii. 372]
Oriel. Carpenter, Robert; adm. B.A. 21 June 1625; lic. M.A. 15 May 1628, inc. 1628.
Jesus. Winne, John; adm. B.A. 21 June 1625. [ii. 397]
Jesus. Griffin (Griffith), Walter; adm. B.A. 21 June 1625; lic. M.A. 20 May 1628, inc. 1628.
Jesus. Gibbs, William; adm. B.A. 21 June 1625. [ii. 404]
Jesus. Gamage, Nathaniel; adm. B.A. 21 June 1625.
Hart H. Pyne (Pine), Jasper; adm. B.A. 21 June 1625. [ii. 402]
Hart H. Bragge, Thomas; adm. B.A. 21 June 1625; lic. M.A. 25 June 1628, inc. 1628. [Trin., ii. 394]

New Coll. Tinker, Philip; adm. B.A. 21 June 1625; lic. M.A. 3 July 1628, inc. 1628. [ii. 397]
*S. Mary H.** Farmer, Francis; adm. B.A. (S. Mary H.) 22 June 1625; suppl. M.A. (S. Alb. H.) 15 May, lic. (S. Edm. H.) 5 July 1628, inc. (S. Mary H.) 1628. [Trin., ii. 400]
Queen's. Constable (Cunstable), Edward; adm. B.A. 22 June 1625, det. 162⁶⁄₇. [ii. 398]
Queen's. Cope, John; (eq. aur. fil.) adm. B.A. 22 June 1625.
Balliol. Sparks, Roger; adm. B.A. 22 June 1625, det. 162⁶⁄₇. [ii. 397]
Balliol. Wall, Edward; adm. B.A. 22 June 1625; lic. M.A. 13 May 1628, inc. 1628.
Balliol. Culpepper, William; adm. B.A. 22 June 1625.
Balliol. Tattersall, Nathaniel; adm. B.A. 22 June 1625.
Ch. Ch. Bennett (Bennell), Christopher; adm. B.A. 22 June 1625; lic. M.A. 27 June 1628, inc. 1628.
Ch. Ch. Elsinge, Henry; (arm. fil. n. m.) adm. B.A. 22 June 1625.
Ch. Ch. Willis, Thomas; suppl. B.A. 21 June, adm. 22 June 1625. [ii. 403] Thomas Willis, Ch. Ch. (perhaps a different person), was adm. M.B. and lic. to pract. med. 8 Dec. 1646.
Ch. Ch. Hemmings, William; adm. B.A. 22 June 1625; lic. M.A. 27 June 1628, inc. 1628.
Oriel. Homan, James; adm. B.A. 22 June 1625. [Whoman, ii. 404]
Lincoln. Earle (Erle), Richard; adm. B.A. 27 June 1625; lic. M.A. 28 June 1628, inc. 1628.
Lincoln. Rhodes (Roades), Richard; adm. B.A. 29 June 1625. [ii. 401]
Magd. C. Adams, Ralph; adm. B.A. 31 June 1625; lic. M.A. 12 July 1628, inc. 1629. [Magd. H., ii. 390]
Magd. C. Jones, Richard; adm. B.A. 31 June 1625.
Hart H. Jones, Robert; suppl. B.A. 21 June 1623, adm. 31 June 1625; a ... Jones, Hart H., det. 162⁶⁄₇; Robert Jones, Hart H., lic. M.A. 15 May 1628, inc. 1628. [ii. 379]
Exeter. Hamlin, Roger; adm. B.A. 2 July 1625. [ii. 388]
*New Coll.** Price, Richard; adm. B.A. (New C.) 5 July 1625; lic. M.A. (Hart H.) 3 July 1628, inc. 1628. [ii. 402]
Trinity. Andrews (Andrewes), Anthony; adm. B.A. 6 July 1625; lic. M.A. 11 June 1629, inc. 1629. [ii. 394]
Trinity. Peshall, Thomas; adm. B.A. 6 July 1625.
Trinity. Hicks, Jasper; adm. B.A. 6 July 1625; lic. M.A. 15 May 1628, inc. 1628. [ii. 394]
Lincoln. Crosse, Robert; adm. B.A. 6 July 1625; lic. M.A. 10 May 1628, inc. 1628; adm. B.D. 6 July 1637.
Lincoln. Rucke, Arthur; adm. B.A. 6 July 1625. [ii. 405]
University. Wentworth, Matthew; adm. B.A. 6 July 1625; lic. M.A. 8 July 1628, inc. 1628.
Brasenose. Holland, Thomas; adm. B.A. 7 July 1625; lic. M.A. 17 June 1629, inc. 1629. [ii. 395]
Brasenose. Durant, Francis; adm. B.A. 7 July 1625.
Wadham. Waren (Warren), John; adm. B.A. 7 July 1625; lic. M.A. ('Thomas') 25 June 1628, inc. ('John') 1628. [ii. 381]
Wadham. Selwin, Nicholas; adm. B.A. 7 July 1625. [ii. 399]

Wadham.	Simons (Sims), Jasper ; adm. B.A. 7 July 1625. [ii. 399]
S. John's.	Some, John ; adm. B.A. 7 July 1625.
*S. John's.**	Roole (Rolle), John ; adm. B.A. (S. Jo.) 7 July 1625 ; suppl. M.A. (S. Alb. H.) 20 June, lic. (S. Mary H.) 28 June 1628, inc. 1628. [ii. 400]
Oriel.	Dunch, Henry ; (eq. aur. fil.) adm. B.A. 7 July 1625.
Oriel.	Allen, John ; (doctoris fil.) suppl. B.A. 6 July, adm. 7 July 1625 ; lic. M.A. 15 May 1628, inc. (' Thomas ') 1628.
Ch. Ch.	Griffith, Thomas ; adm. B.A. 7 July 1625. [ii. 401]
Magd. H.	Bartlett (Bartlit), Robert ; suppl. B.A. (' Barkley') 23 June, adm. (' Bartlett ') 7 July 1625 ; lic. M.A. 13 May 1628, inc. 1628. [ii. 400]
Magd. H.	Furth (Firth), Emor ; adm. B.A. 7 July 1625 ; lic. M.A. 13 May 1628, inc. 1628. [ii. 402]
Magd. H.	Edmunds, Francis ; adm. B.A. 7 July 1625.
Magd. H.	Smith, Richard ; adm. B.A. 7 July 1625 ; suppl. M.A. 12 May 1628, lic. 13 May 1628, inc. 1628.
Magd. H.	Mitchill, Samuel ; adm. B.A. 7 July 1625.
*Magd. H.**	Bently (Bentley), Edward ; adm. B.A. (Magd. H.) 7 July 1625 ; lic. M.A. (Magd. H.) 13 May 1628, inc. 1628 ; suppl. B.C.L. (All So.) 28 June 1632, adm. 11 Dec. 1634. [ii. 403]
Magd. H.	Calcott, Ralph ; adm. B.A. 7 July 1625 ; lic. M.A. 13 May 1628, inc. 1628.
Magd. H.	Poines, Nicholas ; (eq. aur. fil.) adm. B.A. 7 July 1625.
Magd. H.	Burden (Burdon, Bourden), John ; adm. B.A. 7 July 1625 ; suppl. M.A. (' Thomas ') 8 July, lic. 10 July 1628, inc. 1628. [Corp., ii. 399]
S. Alb. H.	Eyres (Eires), Samuel ; adm. B.A. 7 July 1625.
Queen's.	Blacker (Blaker), Thomas ; adm. B.A. 7 July 1625. [ii. 403]
Queen's.	Calverley, Thomas ; (eq. aur. fil.) adm. B.A. 7 July 1625.
S. Mary H.	Harding, Richard ; adm. B.A. 13 July 1625.
Jesus.	Nicolas, John ; adm. B.A. 13 July 1625. [ii. 404]
Queen's.	Jackson, James ; adm. B.A. 21 July 1625. [ii. 400]
Queen's.	Winter, John ; adm. B.A. 21 July 1625. [ii. 400]
All Souls.	Knappe, Henry ; adm. B.A. 21 July 1625. [ii. 403]
. . .	Hamilton, George ; adm. B.A. 21 July 1625.
*Lincoln.**	Norton, Leonard ; adm. B.A. (Linc.) 12 Nov. 1625 ; lic. M.A. (N. I. H.) 21 June 1628, inc. 1628.
Queen's.	Studdert, Peter ; adm. B.A. 18 Nov. 1625 ; suppl. M.A. (' Henry ') 10 June, lic. (' Peter ') 11 June 1629, inc. 1629.
Hart H.	Roberts, Griffin ; adm. B.A. 18 Nov. 1625 ; suppl. M.A. 6 Feb. 16$\frac{29}{30}$, inc. 1630.
Oriel.	Wall, Pauncefoot (Pansfoot, Panfoot) ; adm. B.A. 22 Nov. 1625 ; lic. M.A. 22 Oct. 1629, inc. 1630.
Magd. H.	Wimpew (Winpew), William ; adm. B.A. 22 Nov. 1625 ; lic. M.A. 25 June 1628, inc. 1628.
New Coll.	Barker, William ; adm. B.A. (' Baker ') 22 Nov. 1625 ; lic. M.A. (' Barker ') 6 June 1629, inc. 1629 ; adm. B.D. (' Barker ') 25 May 1637. [ii. 404]
New Coll.	Masters (Master), Thomas ; adm. B.A. 22 Nov. 1625 ; lic. M.A. 6 June 1629, inc. 1629 ; adm. B.D. 30 Jan. 164$\frac{0}{1}$.

All Souls.* **Chidleighe** (Chidley, Chudly, Chydly), **William**; adm. B.A. (All So.) 22 Nov. 1625; lic. M.A. (Queen's) 15 July 1628, inc. 1628; suppl. lic. to preach (Queen's) 7 July 1636; suppl. B.D. (Queen's) 16 Dec., adm. 17 Dec. 1636. [? Corp., ii. 397]
Balliol. **Savadge** (Savage), **Henry**; adm. B.A. 24 Nov. 1625; suppl. M.A. 4 Feb. $16\frac{2 \cdot 9}{3 \cdot 0}$, lic. M.A. (registered in error as adm. B.A.) 4 Feb. $16\frac{2 \cdot 9}{3 \cdot 0}$, inc. 1630; adm. B.D. 8 Nov. 1637; lic. to preach 25 Feb. $163\frac{8}{9}$.
Balliol. **Wakeman, Thomas**; adm. B.A. 24 Nov. 1625.
Merton. **Ellis, Robert**; adm. B.A. 26 Nov. 1625.
Magd. H. **Goter** (Goler?), **Silvester**; adm. B.A. 26 Nov. 1625; lic. M.A. 25 June 1628, inc. 1628.
Magd. H.* **Hill, Thomas**; suppl. B.A. (Corp.?) 5 July, adm. (Magd. H.) 26 Nov. 1625; lic. M.A. (Magd. H.) 25 June 1628, inc. 1628. [Corp., ii. 404]
Brasenose. **Smith, Jervase**; adm. B.A. 3 Dec. 1625.
Magd. C. **Hobs, Richard**; adm. B.A. 9 Dec. 1625. [ii. 401]
New Coll. **Hathwaite, Francis**; adm. B.A. 9 Dec. 1625.
Trinity. **Gill. Nathaniel**; adm. B.A. 10 Dec. 1625; lic. M.A. 21 May 1629, inc. 1629.
Trinity. **Deodate, Charles**; adm. B.A. 10 Dec. 1625; lic. M.A. 8 July 1628, inc. 1628.
Trinity.* **Bainam** (Baynam), **John**; adm. B.A. (Trin.) 10 Dec. 1625; lic. M.A. (Gloc. H.) 19 June 1628, inc. 1628.
Trinity. **Axdell** (Axtell), **Stephen**; adm. B.A. 10 Dec. 1625; adm. M.B. and lic. to pract. med. 5 July 1630.
Gloc. H. **Winston, Walter**; adm. B.A. 13 Dec. 1625; lic. M.A. 21 June 1628, inc. 1628.
S. Mary H. **Evans, John**; adm. B.A. 13 Dec. 1625.
Hart H. **Price, Robert**; adm. B.A. 13 Dec. 1625.
Exeter. **Clarke, George**; adm. B.A. 16 Dec. 1625.
Exeter. **Willis,** (Wills), **Charles**; adm. B.A. 16 Dec. 1625; lic. M.A. 10 July 1628, inc. 1628.
Queen's. **Airey** (Ayrey), **Christopher**; adm. B.A. 16 Dec. 1625, det. $162\frac{7}{9}$; lic. M.A. 29 Jan. $162\frac{8}{9}$, inc. 1629. [ii. 398]
Queen's. **Copperthawite** (Copperthwaite), **Edmund**; adm. B.A. 16 Dec. 1625, det. $162\frac{7}{9}$; lic. M.A. 29 Jan. $162\frac{8}{9}$, inc. 1629. [ii. 402]
Magd. H. **Parsons, William**; adm. B.A. 17 Dec. 1625. [ii. 392]
Queen's. **Lancaster, Robert**; adm. B.A. 17 Dec. 1625, det. $162\frac{7}{9}$; lic. M.A. 29 Jan. $162\frac{8}{9}$, inc. 1629. [ii. 400]

Magd. H. **Goulder, Thomas**; suppl. B.A. 12 Feb. $162\frac{4}{5}$, det. $162\frac{4}{5}$. (Probably an error for 'John' Golder, ii. 392.) John Golder, Magd. H., suppl. M.A. 30 May, lic. 2 June 1627, inc. 1627.
Balliol. **Leeke, Walter**; suppl. B.A. — Feb. $162\frac{4}{5}$. [ii. 393]
Exeter. **Ewins, Matthew**; (eq. aur. fil.) suppl. B.A. 20 May 1625.

Lincoln. **Vicars, John**; lic. M.A. 28 Mar. 1625, inc. 1625. (Incorp. as B.A. from Cambr. 24 Feb. $162\frac{4}{5}$.)

Ch. Ch. Louther, Lancelot; lic. M.A. 20 June 1625, inc. 1625. ⟨Incorp. as B.A. from Dublin 11 Oct. 1624.⟩
Ch. Ch. Adams, Ranulphus; lic. M.A. 20 June 1625, inc. 1625. ⟨Incorp. as B.A. from S. Andrew's 19 Jan. 162$\frac{4}{5}$.⟩

S. John's. Owin, Jonas; adm. B.C.L. 18 Jan. 162$\frac{4}{5}$. [ii. 370]
Hart H. Iles, John; adm. B.C.L. 19 Jan. 162$\frac{4}{5}$.
Gloc. H. Browne, Jonathan; adm. B.C.L. 3 Feb. 162$\frac{4}{5}$; suppl. D.C.L. 29 May, lic. 30 June (?) 1630, inc. 1630. [ii. 384]
Lincoln. Basset, Richard; adm. B.C.L. ('cumulatus') 6 Apr. 1625.
New Coll. Evans, Hugh; adm. B.C.L. 3 May 1625. [ii. 363]
All Souls. Masters, Richard; adm. B.C.L. 4 July 1625. [? S. Jo., ii. 378]

Magd. H. Davenport, John; adm. B.D. 28 June 1625. ⟨Perhaps the one, *supra*, p. 156.⟩

1626.

New Coll. Kitchener, Thomas; adm. B.C.L. 16 Jan. 162$\frac{5}{6}$. [ii. 371]
New Coll. Ryves, Robert; adm. B.C.L. 20 Apr. 1626. [ii. 371]
New Coll. Mottershed, Edward; adm. B.C.L. ('Moltershed') 20 Apr. 1626; lic. D.C.L. ('Motterfield') 4 July 1632, inc. ('Mottershed') 1632. [ii. 371]
New Coll. Merriwether, John; adm. B.C.L. 20 Apr. 1626. [ii. 371]
Pembroke. Codringtón, Richard; suppl. B.C.L. in Easter Term 1626, adm. . . . 1626.
New Coll. Colnett, Thomas; adm. B.C.L. 10 Oct. 1626. [ii. 385]

1627.

Pembroke. Griffith, William; adm. B.C.L. 17 Mar. 162$\frac{6}{7}$. [ii. 399]
S. John's. Phillipps, Thomas; adm. B.C.L. . . . May 1627. [ii. 383]
Pembroke. Marwood, William; suppl. B.C.L. ⟨registered in error as suppl. M.A.⟩ 19 Apr., adm. 30 June 1627.

Pembroke. Pearse, Vincent; adm. B.D. and lic. D.D. ('cumulatus') 25 June 1627, inc. D.D. 1627 [? ii. 335]
Brasenose. Byrom, George; adm. B.D. and lic. D.D. 27 June 1627, inc. D.D. 1627. [ii. 271] ⟨Parson of Thornton, Cheshire.⟩

1628.

S. Alb. H. Lake, Edward; adm. B.C.L. 24 Jan. 162$\frac{7}{8}$.
Hart H. Ryves, George; suppl. B.C.L. 17 Dec. 1627, adm. 24 Jan. 162$\frac{7}{8}$; lic. D.C.L. 5 July 1634, inc. 1634. [? Wadh., ii. 363]

Jesus. Dowle, John; adm. B.D. and lic. D.D. 9 July 1628, inc. D.D. 1628. [? ii. 329, *or* Magd. H., ii. 341]

TABLES.

The completion of Part III enables us to put in a tabular form some relations of the degrees with the matriculations. This I have done in two tables supplementary to those given at the end of Part II.

TABLE F.

In this table I have placed side by side in each year the total number of persons who are recorded to have taken a first step to graduation, side by side with a statement of how many of these persons cannot be found in the matriculation records.

By a first step to graduation I mean, being admitted to B.A., or supplicating for B.A. or determining if the admission is not recorded, and being admitted to B.C.L. (in those cases where no previous course in arts was taken) or supplicating for B.C.L. if the admission is not recorded. These entries may reasonably be taken as giving us the grand total of persons who passed the first stage in the University degree-system.

In estimating the number of those who are found in the matriculation records, I have of course excluded the lists (which come at the beginning of the first Matriculation Register and are given in Part II, pp. 10 to 46), because these are an unusual addition to the Matriculation Register. Our business is with the ordinary records of matriculations as ordered by University Statute to begin in 156½ (see Part I, p. 163). I have, however, allowed the Matriculation Registers to have the benefit of the additional names supplied after 1581 by the Subscription Books.

The number given is only an approximate one, because in a few cases, with fuller knowledge than we at present possess, some additional degrees might be attached to the matriculations. But I believe that in most cases the number given as absent from the Matriculation records is rather under than above the mark, because in making the table I have admitted several identifications of degrees with matriculations which are at best very uncertain.

Taken in the rough this table brings out in a remarkable way the deficiencies of the records of Matriculations. There is a marked improvement towards the end of this period; but even in the best years the proportion of graduates whose matriculation is not recorded seldom sinks below a tenth of the whole number, and in many years is nearer a sixth or a fourth.

There is on record a sufficient explanation of this. Wood in his life (Bliss' Wood's Ath. I, p. xiii) tells us that he himself was matriculated on 26 May 1647, and had a certificate to that effect from Matthew Crosse, the esquire bedell of Law. This certificate was with him, no doubt, (as it is still) the ordinary testimony[1] of matriculation, and as such was probably produced when Wood took his degree. But afterwards, when he came to search the matriculation register, he found that the bedell had not recorded[2] his matriculation in any of the books.

If this was the case with persons who proceeded regularly through the curriculum of the University, and completed it by graduating, how much more probable it becomes that no record should be preserved of many who came to Oxford for a short time only, or with no intention of graduating.

Wood tells us in one place in the Athenae that in his day poor scholars often came to Oxford for a time and avoided matriculation on the score of expense. And we have often fairly strong evidence that sons of noblemen and gentlemen studied at the University for some time, though no record of their matriculation exists.

The deficiency of the Matriculation Registers of the University can in many cases be supplied from College documents. And I anticipate that the publication of the University records, when completed, will only bring out more markedly than before the necessity of supplementing them from College Admission-books, Caution-books, and Account-books. Until these are searched and the names they yield published we are still a great way off anything like a full record of Oxford names. These College records may also give us in many cases the true date of the commencement of a man's Oxford course, which (as I have shown on pp. v, vi) is often put two or three years too late in the University Matriculation register.

Table G.

This table places side by side in each year the total number of matriculations and a statement of how many of these are altogether absent from the degree records of the University. It will be observed that towards the end of the period the number of persons who take no degree diminishes from about half to about a third of the whole number who matriculated.

---

[1] Wood later on speaks of similar certificates being granted in testimony of the performance of degree exercises; Bliss' Wood's Ath. I. p. xxiii.
[2] A fee was exacted at Matriculation. It would be interesting to know whether the fees of persons whose names were thus left unrecorded were accounted for to the University.

F. *Table of Graduates whose Matriculation is not recorded.*
G. *Table of persons matriculated who did not graduate.*

F.			G.		
Year.	First step to Graduation.	Not recorded in Matriculation.	Year.	Matriculation.	Not graduating.
1571	36	36	1567	6	5
1572	147	141	1568	30	24
1573	131	102	1571	111	60
1574	181	161	1572	121	75
1575	92	71	1573	35	24
1576	152	101	1574	104	76
1577	138	90	1575	467	335
1578	105	59	1576	153	104
1579	144	86	1577	259	170
1580	107	56	1578	210	149
1581	133	53	1579	249	173
1582	146	36	1580	199	145
1583	167	40	1581	829	477
1584	178	46	1582	310	212
1585	153	40	1583	356	231
1586	134	30	1584	262	178
1587	171	34	1585	365	212
1588	124	19	1586	310	201
1589	132	21	1587	178	106
1590	127	25	1588	232	129
1591	139	33	1589	264	156
1592	134	32	1590	290	171
1593	117	27	1591	225	130
1594	159	35	1592	297	156
1595	172	41	1593	153	82
1596	152	33	1594	411	255
1597	164	49	1595	142	78
1598	124	35	1596	249	128
1599	139	30	1597	234	120
1600	131	31	1598	296	155
1601	144	24	1599	272	146
1602	203	37	1600	270	148
1603	128	28	1601	346	194
1604	170	19	1602	331	166
1605	207	29	1603	248	124
1606	185	29	1604	376	191
1607	167	28	1605	381	195
1608	200	41	1606	200	93
1609	199	44	1607	297	150
1610	180	47	1608	180	89
1611	217	41	1609	193	64
1612	212	42	1610	526	230
1613	194	40	1611	155	79
1614	220	64	1612	164	63
1615	204	43	1613	278	122
1616	217	23	1614	209	89
1617	222	28	1615	504	183
1618	249	22	1616	424	155
1619	258	29	1617	369	144
1620	271	27	1618	307	115
1621	282	22	1619	309	110
			1620	210	65

END OF VOL. II. PART III.

www.ingramcontent.com/pod-product-compliance
Lightning Source LLC
Chambersburg PA
CBHW032008300426
44117CB00008B/949